# 优秀幼儿教师的专业成长之路

## ——全国幼儿教师获奖论文汇编

## (中册)

主　编　苏　津
副主编　戴红艳　马永彬



中国商业出版社

**图书在版编目（CIP）数据**

优秀幼儿教师的专业成长之路 ：全国幼儿教师获奖论文汇编. 中 / 苏津主编. -- 北京 ：中国商业出版社，2024. 11. -- ISBN 978-7-5208-3226-7

Ⅰ. G612-53

中国国家版本馆 CIP 数据核字第 2024GQ6316 号

责任编辑：李 飞

（策划编辑：蔡 凯）

**中国商业出版社出版发行**

（www. zgsycb. com 100053 北京广安门内报国寺 1 号）

总编室：010－63180647 编辑室：010－83114579

发行部：010－83120835/8286

**新华书店经销**

**北京九州迅驰传媒文化有限公司印刷**

*

787 毫米×1092 毫米 16 开 65 印张 1400 千字

2024 年 11 月第 1 版 2024 年 11 月第 1 次印刷

**定价（全三册）：198. 00 元**

* * * *

（如有印装质量问题可更换）

# 编委会


**主　编**　苏　津

**副主编**　戴红艳　马永彬

**编　委**　安　瑶　陈楚莹　柴玉瑞　杜淑平
付　饶　巩爱弟　胡　蝶　胡国森
黄惠惠　胡　杰　侯雨彤　李桂芳
李　健　刘晶晶　刘美杞　刘淑新
卢喜梅　穆春雨　米　娜　欧阳芳
潘承萍　干　敏　孙冬琳　宋　柳
孙嵌嵌　司娓娓　吴　晋　万　莉
徐淑松　叶雯婷　赵　侠

# 前　言

为深入落实《中共中央国务院关于学前教育深化改革规范发展的若干意见》《幼儿园保育教育质量评估指南》规范要求，全面贯彻国家中长期教育改革和发展目标，由《学前教育》杂志社、“当代学前教育网”联合举办了第十二届全国幼儿教师优秀论文评选活动。现将从获奖作品中遴选出部分优质的获奖作品结集出版。全书共分幼儿教育理论篇、幼师教育实践篇、幼儿游戏实施篇三册，共计300篇文章。

《幼儿教育理论篇》主要内容：

本篇汇集了全国幼儿园和其他教育机构的一线教师、教科研人员和管理者在幼儿教育理论方面中学习、归纳、提炼、总结的珍贵经验。介绍了现代幼儿教育的核心理念，如尊重儿童、发展个性、培养创造力等，以及如何将这些理念融入到幼儿教育工作中。它展示的幼儿教育理论，不仅为幼儿教育实践提供了科学指导，还反映了教育的思想和方向，对于提高幼儿教育的质量和效果具有不可或缺的作用。通过对学前教育理论的系统梳理和阐述，帮助幼儿教师建立起科学的教育观念，提高他们的教育理论素养。推动学前教育改革、提高幼儿教师的教育理论素养和实践能力、提升全国幼儿园的保育教育水平、培养新时期幼儿教师队伍和人才储备等都具有重要的价值。

《幼师教育实践篇》主要内容：

本篇内容包含了全国各地从事学前教育工作者在进行学前儿童教育实践工作中的探究和反思。充分体现一线教师在幼儿教育中的关键作用，涵盖了幼儿教育的各个方面，包括教育理念、教学方法、课程设计、评价体系等。并在内容呈现基础上提供了丰富的案例，理论与实践紧密结合，本篇对于培养新时期幼儿教师队伍具有积极的推动作用。通过本篇，幼儿教师可以不断提高自己的综合素质，为新时期幼儿教育事业的发展作出更大的贡献。

《幼儿游戏实施篇》主要内容：

本篇游戏在幼儿教育中起着至关重要的作用，是促进学龄前儿童心理发展的最好活动形式，也是幼儿教师必须具备的专业能力之一。内容包括如何设计和组织幼儿游戏活动、如何在游戏中引导幼儿进行学习和发展，以及怎样通过合理的游戏设计和有效的教学引导促进幼儿的全面发展。对提升教师专业技能、培养教师创新思维、提升教师综合素质、对加强幼儿教师队伍建设和职业发展具有反思和借鉴意义。

全书所精选的获奖作品为广大幼儿教师教学、幼儿园管理人员提供了很好的学习资料。

# 目　录

# 基于“五育融合”视角下，幼儿园种植活动中的实践与研究
## ——以中班种养殖活动为例

（王燕　湖北省麻城市第六幼儿园松鹤园区）

**摘　要：**“五育融合”已经成为当前教育改革与发展的基本趋势，将影响幼儿身心健康成长，也为现阶段幼儿园种植活动的开展提供了科学指导。在新时期的幼儿园中班教育中，教师应当积极转变传统的教学方式，以“五育融合”为主题扎实开展创新性保教实践和研究，树立正确的质量观和儿童观，促进幼儿德智体美劳全面发展。在幼儿园种植活动中，教师可以根据当前的教学现状，探索五育融合的教育教学方案。通过种植预想、观察实践、养殖体验、采摘实践，能够提高幼儿园保教质量，促进幼儿五育协调发展，更好地促进幼儿健康成长与全面发展。

**关键词：**五育融合；幼儿园教育；种植活动；活动实施

《关于深化教育教学改革全面提升义务教育质量的意见》中提出“坚持五育并举”，强调“突出德育实施”“提升智育水平”“强化体育锻炼”“增强美育熏陶”“加强劳动教育”，以此全面发展素质教育。教育家陈鹤琴认为“大自然、大社会是活教材”，大自然、大社会是知识的主要来源。幼儿园的种植园活动就是亲近大自然的一种方式，根据幼儿特点创设种植园环境让幼儿成为种植活动的主人，幼儿通过亲历种植不仅能了解当季常见农作物的生长过程，还能体验成长的不易和劳动的艰辛，更加获得了播种、耕耘以及收获的喜悦和成就感。因此，幼儿园结合中班幼儿特点，开展了种养殖活动，通过带领幼儿实践探索，促进幼儿各方面能力的综合提升，实现全面育人。

### 一、种植预想提升幼儿想象能力

春天是种子萌发的季节，在明媚的春光里，小草破土而出，树枝萌发新叶……优美的自然景色激发着幼儿探索的欲望。那么在幼儿园种植园地或者班级的植物角，能够种植什么样的植物呢？什么样的植物适合种植在植物角或者种植在室外的园地中呢？这些都是需要考虑的问题。而种植活动不仅是一种行为活动，更是一项思考活动，种植什么样的种子，收获什么样的果实。因此，在种植之初，教师可以带领幼儿开展种植预想，引导幼儿发挥想象力。

幼儿在日常生活中已经获得了部分生活认知和经验，他们可以根据自己的已有认知，结合自然植物，开展预想。幼儿可以通过探讨和交流，讨论种植在植物角的植物，植物角在室内，很少有阳光，什么植物最适宜种植呢？幼儿经过商量、探讨以及向家长汲取经验，最终确定种植菌菇类植物。此时，教师可以组织“菌菇大搜索”游戏，由幼儿自主表达想要种植的菌菇的形状、颜色和特点，有的幼儿在讨论表达的同时，激发了更加浓厚的想象力，并将他们的想象结果用生动形象和充满创造力的绘画表现出来，绘画出了五颜六色的菌菇图案以及自己种植菌菇的过程。在种植预想的过程中，幼儿不仅调动了已有的认知和经验，也激发了想象思维，通过热烈的讨论和交流，触发了他们内心对于种植活动的畅想，从而更加期望去种植，更能够享受种植带来的乐趣和成果，最终不断提升幼儿的想象力。

## 二、观察实践增强幼儿发现能力

栽种的过程是较为短暂的，养殖的过程却是非常漫长的，要等待种子破土而出，要等待植物慢慢长大。而植物的成长过程也是种植活动中非常重要的内容，带领幼儿观察植物的成长，让他们感受到生命的开始和生命的发展，是探索自然、感受自然教育活动中非常关键的环节。因此，在幼儿园种植活动中，教师还需要引导学生开展观察实践，通过各种工具支持观察过程与结果，并通过详尽地记录，真正将植物的成长过程刻进幼儿脑海里，使他们获得有效的认知和体验。

观察实践活动是对植物生长过程的观察和记录过程。在这个过程中，幼儿通过频繁地观察和记录，能够发现随着时间的推移，植物所发生的不同变化，从微小的种粒逐步成长为成熟的个体，而在整个过程中，幼儿是观察主体，教师是引导者和辅助者，发挥着重要的作用。例如，在观察实践中，教师可以让幼儿自主探讨如何才能记录植物的成长，有的幼儿觉得“可以将成长过程画下来”，这是记录植物的外形变化；有的幼儿觉得可以用雨点或太阳记录当天的天气，这是记录植物生长的环境变化；还有的幼儿觉得可以用颜色做标记，这是记录植物生长的一种方法……通过自主探讨，幼儿形成了有效的观察实践方法，即可以用图形图画来进行植物观察，用标记表示自己的养殖操作，从而记录植物的变化。在这个过程中，为了引导幼儿更加准确地开展记录，帮助他们查看发现成果，教师可以给幼儿准备适量的测量工具，如微笑吸管、数字爬梯、记录纸，同时鼓励幼儿记录植物生长的日期、天气、浇水情况，还可以鼓励幼儿创建植物画册，将自己的发现通过图画的形式记录下来，更加生动和形象地帮助幼儿记录自己的发现，从而通过记录观察到植物的变化，增强幼儿的发现能力。

## 三、养殖体验促进幼儿自主能力

对于幼儿来说，植物的养殖过程是自己动手实践的过程，更是亲近自然的最佳方式。无论是植物角还是幼儿园的植物园地，无论是室内还是室外的种植，都可以带领幼儿去实际参与，这不仅能让他们感受到种植过程中的快乐，体会种植的辛苦，更能够促使他们在收获自己种植的成果时，感受满满的丰收的喜悦。这种养殖体验引导幼儿深度参与种植，自主开展养殖过程，能够促进幼儿自主能力的极大提升。因此，教师在种植主题活动中，可以鼓励幼儿动手养殖，体验养殖过程的快乐和艰辛，幼儿在好奇心的驱使下，将能够自主开展养殖操作，从而提升探索自然的主动性与积极性。

例如，随着夏天的到来，幼儿园内的小菜园逐渐丰富了起来，各种各样的植物，如茄子、番茄、黄瓜、辣椒等茁壮成长，看着幼小的植物果实挂满枝头，幼儿会萌生保护果实的想法。教师可以引导幼儿每天对植物进行观察，看看有没有小虫、有没有缺水、有没有干瘪或腐烂等，通过观察发现植物的需求，通过浇水、捉虫等养殖操作，或者说服其他幼儿不在未成熟时采摘等，帮助幼小的果实健康地长大。在这个过程中，幼儿对果实的外形和变化有了更加深刻的认识，黄瓜是长长的、红红的，茄子是长长的、紫紫的，辣椒尖尖的，番茄却是圆圆的、绿绿的，他们对未来果实的收获有着美好的期望和畅想。通过体验养殖的过程，幼儿不仅提升了对自然植物的认知，从外形到颜色，从形状变化到颜色变化，都能够较为全面地认识植物的神奇变化。同时，还能够增强对劳动成果的珍视，以及对植物的爱惜，最终激发他们自主地去养护植物、探索植物，从而逐步增强自主能力。

## 四、采摘实践培养幼儿合作意识

种植活动最令人激动的时刻，就是采摘收获果实的时刻，对于幼儿来说同样如此。采摘实践不仅是幼儿体验采摘的过程，也是他们感受丰收的喜悦情感的过程。经过辛苦的养殖和保护，自己栽种的果实终于成熟了，要怎么确保果实更好地被摘下而不破坏果实呢？这是幼儿采摘实践时最为关心的问题，因为他们珍视自己的劳动成果，珍视来之不易的果实。在日常生活中幼儿可能看过或听过一些采摘方法，但很少有亲身实践过的，而有些果实长得较为结实，对于幼儿而言可能需要更大的力量才能够摘下它们，因此，教师可以在采摘实践中引导幼儿交流和探讨，共同想办法解决采摘的问题。

在采摘过程中通常会有幼儿无法独立完成采摘的问题，或者幼儿在采摘过程中个体意识太强，不愿意与他人共同采摘，因此在幼儿无法独立完成采摘过程时，教师可以引导幼儿共同探讨和交流如何顺利采摘。有的幼儿可能想到借助工具，有的幼儿可能想到找其他幼儿一起采摘等，通过幼儿的探讨和交流，他们能够想到更多需要合作的采摘方法，继而教师引导幼儿去实践采摘过程。幼儿在采摘的过程中相互配合，比如菌菇的采摘，一个幼儿负责剪下菌菇，一个幼儿负责接住菌菇，甚至在采摘过程中还可以交换角色，让幼儿都能够体会到采摘的乐趣。在小菜园的采摘活动中，幼儿可以合力采摘番茄、茄子等，其他幼儿负责用菜筐接住果实，在相互配合中，采摘不仅快速地完成了，还有效地确保了果实的完好。通过采摘实践，幼儿体会到了活动过程中合作的力量，从而在增进与同伴交流的基础上，进一步提升了他们的合作能力。

## 五、结语

种植活动是一项综合性的实践活动，活动过程能够从想一想、说一说、看一看、做一做的角度引导幼儿开展对自然的实践探索，幼儿在整个过程中不仅能够增强交流的能力，还能够增强观察、操作能力，增进自主和合作意识。基于“五育融合”视角下，探索与实践幼儿园植物种植活动，幼儿园教师应该充分挖掘种植活动所能够带来的教学效用，要着力于教育教学活动的创新及优化，有效地利用生活资源，带领幼儿体验生活，感知自然，享受自然与生活带来的无穷魅力。

**参考文献**

郑娜兰．“五育”融合视域下的幼儿劳动教育［J］．天津教育，2024（2）：49－51.

# 培养小班幼儿良好常规的有效策略研究

（王中玉　北京经济技术开发区经海第一幼儿园）

**摘　要：**小班幼儿对事物充满好奇，是培养幼儿良好生活常规的最佳时机，引导幼儿在愉快、轻松的环境下养成良好的习惯。本文主要探讨了教师应该如何站在幼儿的角度，根据幼儿的年龄特点，以幼儿喜欢的容易接受的方式，让幼儿在积极快乐的情绪情感中建立良好的常规习惯的问题。

**关键词：**小班幼儿；常规培养；策略

## 一、幼儿园小班的常规培养

### （一）幼儿园常规

幼儿园常规是教师班级管理的重要一环。本文中的幼儿常规为幼儿在教师的指导下形成的具有自主性和习惯性的在生活活动、班级教育活动中的行为规则。

### （二）幼儿生活常规

幼儿生活常规为幼儿在园中的一日生活下的常规，比如吃饭时不讲话，其他小朋友在讲故事或者表演时保持安静并给予掌声，如厕时男生、女生分开并且能够在门口耐心等待、不推不挤。

### （三）小班幼儿年龄特点

小班阶段的幼儿思维由直观行动向具体形象过渡，语言能力飞速发展，但有时需要通过行动或者语言来表达，表现出不安、易激动、不善交流、易冲突并且生活自理能力较差、生活常规不规范等情况。

## 二、在幼儿园生活活动中开展小班幼儿常规的问题

“无规矩不成方圆”，实际上，自幼儿出生开始就已经不断接受着常规的影响，这种影响是来自多方面的，有自身的也有外在的，并且是时时刻刻存在的，是幼儿作为个体进入集体生活所必须接受的。心理学家皮亚杰认为，幼儿已经具备自觉控制自己行为，并且遵从一定规则的能力，这使得他们能够适应集体生活。洛克也提出，孩子的教育不仅应该要趁孩子年龄小，而且要纠正及时鼓励正确行为习惯，并且在不断的重复过程中养成良好的行为习惯。

教师在常规教育过程中要了解幼儿的身心发展特点，尤其要深入了解幼儿的情感、社会性、生理以及智力等，从而能够更有效地去引导幼儿自主建构规则意识。

## 三、在幼儿园生活活动中开展小班幼儿常规的策略

### （一）重视生活活动中小班幼儿良好常规的培养

在幼儿生活中蕴含着许多具有教育价值的契机，但是年轻教师常常缺乏教育敏感。我们

要认识到生活活动是构成小班幼儿生活的主要部分，尤其是在幼儿园生活活动中的几个环节对培养小班幼儿良好常规教育有特殊的教育价值。如进餐前，教师可以让幼儿了解饭菜的名称和营养价值，让幼儿获悉更多的膳食常识，对于改善挑食、厌食的情况也有一定帮助；在取餐时有序排队，让幼儿养成规则意识，学会独立进餐；饭后擦嘴培养小班幼儿自我服务能力，饭后漱口养成生活好习惯。年轻教师要重视微不足道的生活活动，积极利用生活活动进行小班常规教育活动。

### （二）利用生活活动中的各个环节，进行多种形式的常规培养

1. 伴着儿歌进行常规教育。儿歌的特点是朗朗上口，形象生动，容易让幼儿直观地理解，符合小班幼儿具体形象的思维特点。教师可以将常规教育的要求编制成儿歌，比如编创盥洗的儿歌："来了一只小螃蟹，咕噜咕噜吐泡泡，背一背，抱一抱，握握小手好朋友。"每次幼儿在盥洗的时候一边念着有趣的儿歌，一边认真洗手，形成良好的盥洗常规。

2. 通过日常小实验引发幼儿喝水的兴趣，知道要常喝水。在班级自然角放置两盆正在生长的"蘑菇宝宝"，每天引导幼儿给其中的一盆"蘑菇宝宝"浇水。几天后就有幼儿发现，每天浇水的那一盆蘑菇生长得很好，没有浇水的那一盆快要枯死了。于是教师组织幼儿谈话，讨论"为什么两盆'蘑菇宝宝'会出现不同的生长现象"。最后，幼儿找到了答案："蘑菇宝宝"生长的过程中需要"喝水"，每天给它浇适量的水，它才能健康成长。如果不及时给"蘑菇宝宝"喝水，它就会因为缺水而"生病"，慢慢地干枯，不生长。通过形象直观的生活小实验，幼儿知道了日常喝水的重要性。

## 四、利用环境资源，巩固幼儿自觉喝水的行为

### （一）饮水记录环境，激励小班幼儿养成饮水好习惯

环境是不可忽视的重要教育引导方式之一。为了帮助幼儿养成和巩固良好的喝水习惯，教师和幼儿共同创设"池塘里的鸭宝宝"饮水记录墙，把幼儿快乐喝水的情景拍下来，饮水记录墙面周围，引导幼儿养成自觉、自愿的喝水良好习惯。"我要给我的鸭宝宝送水，咕咚咕咚倒入池塘里，池塘里的水越多，我的小鸭宝宝就越开心……"孩子们拉着我的手走到池塘边说："教师，你看，我做了记号，我在小鸭子旁边做了小水滴，我给小鸭子送一桶水，我的小鸭子就多露出一点，只要我送给它 8 桶水，我的小鸭子就可以开心地游泳了。"这样的记录操作简单方便，激发幼儿的饮水兴趣，通过观察小鸭子的变化，可以直观地看到幼儿饮水情况，准确地依据幼儿需要给予提示。

### （二）班级里的标记使小班幼儿的生活更加有序

幼儿教师对班级进行常规管理的过程中离不开标记。利用标记，小班幼儿可以轻松地在幼儿园生活和学习，还能遵守教师规定的秩序要求，从而养成良好的生活习惯。但是有序的生活学习习惯不是立刻形成的，需要教师的引导提示。有了标记的提示，幼儿就能更加有序地参与生活活动。

在小班幼儿进行区域实践活动时，教师了解到小班幼儿可以凭借直观的标记提示快速到达正确的活动区域，并通过标记了解活动的规则，从而自主地进行区域活动。我们利用标记使幼儿区域活动变得丰富。我们在娃娃家区域活动利用标记让幼儿了解自己要扮演的角色和要完成的活动任务。由于小班幼儿年龄小，教师在活动中要尽可能选择他们生活中了解的角色，这样才能有效完成活动任务。比如，在娃娃家，我们通过让每位幼儿佩戴自己的角色标记，从而让其了解所扮演的角色等。利用标记可以让幼儿了解区域活动的情节发展，丰富小班幼儿活动内容，从而帮助幼儿迅速成长。

### （三）教师对小班幼儿的常规教育要协调一致，形成动力定型

巴甫洛夫认为动力定型是人的习惯的生理基础，人们每天起床穿衣、洗脸、刷牙不需要太多的努力就可以自然而然地进行，不用花费太多的精力。儿童年龄越小，就越容易建立起动力定型。《幼儿园工作规程》指出："幼儿园日常生活组织，要从实际出发，建立必要的合理的常规，坚持一贯性、一致性和灵活性的原则，培养幼儿的良好习惯。"因此，班级三位教师要密切配合，统一要求和标准，不轻易改变幼儿初步形成的生活习惯和秩序，巩固初步形成的动力定型。

常规培养是幼儿园小班的重要构成部分，常规培养要科学化、规范化，通过改变年轻教师对常规培养的认识；严格落实一日生活流程，巧妙运用环境教育等，通过这些方法的落实，让小班幼儿常规培养正规化和不断完善。小班幼儿生活常规培养需要一个长期的过程，还需要在教育中进一步深化实践、总结，寻找更多小班幼儿常规培养的有效策略。

### 参考文献

王冰燕．浅析小班幼儿常规培养的方法策略［J］．考试周刊，2019（35）：195.

# 在科学游戏中如何促进幼儿问题解决能力
## ——以大班科学活动为例

（何梦琦　广东省珠海市斗门区行知幼儿园）

**摘　要**：《幼儿园教育指导纲要》指出："幼儿的科学教育是科学启蒙教育，重在激发幼儿的认识兴趣和探究欲望。"大班幼儿对科学区域活动表现出浓厚的兴趣，也具有一定的动手操作和主动思维能力。在大班科学区域活动中，教师要满足和支持幼儿科学探究兴趣，利用教育契机培养和促进幼儿的问题解决能力，培养幼儿自主探究能力，激发幼儿的探究潜能。

**关键词**：大班幼儿；科学教育；问题解决能力

## 一、科学教育及科学问题解决能力

面向幼儿开展的幼儿园科学教育带有启迪意义，能够满足幼儿与生俱来的好奇心和求知欲，使幼儿掌握与科学相关的能力，并为其终身学习与发展打下良好的基础。幼儿的科学问题解决能力是科学相关的能力之一，是适应未来发展的关键。吴荔红等人认为幼儿科学问题解决能力指幼儿利用已有的科学知识和经验、生活常识及科学探究技能，理解问题情境并有效解决与日常生活情境相关科学问题的能力。

## 二、国内外参考文献

笔者在使用中国知网检索"幼儿园科学活动"时，有291篇相关期刊，其中论文170篇；检索"幼儿科学问题解决能力"关键字时，发现从2020年直至今日，仅有13篇学术期刊、7篇论文有相关阐述。研究表明，在我国幼儿科学教育日渐兴起的今天，仍少有实证研究对如何提高幼儿科学问题解决能力进行探讨。就目前形式来看，大班幼儿科学问题解决能力水平也并不理想。

综上所述，笔者结合自身班级开展的科学活动经验及相关文献，提出了一些关于如何在科学游戏中促进幼儿问题解决能力的建议，以供同行参考。

## 三、方法建议

### （一）创设问题情境，选择适宜内容

大班科学区域活动是幼儿喜欢的活动形式。教师在区域活动中要为幼儿创设适宜探究的问题情境，提供适宜的科学探究内容。例如，有趣的磁铁、神奇的虹吸现象等，都是从生活中来，满足幼儿科学探究兴趣，适宜幼儿进行科学探究活动；班级幼儿在户外玩CS枪战时，发现了木梯上的黑点点，并产生了好奇心，教师就开展了有关于"黑点点是什么"的系列探究活动，满足幼儿的兴趣需求。幼儿有强烈的好奇心和探究欲望，教师要善于倾听幼儿的谈话主题，在幼儿平时的一惊一喜中不断发现他们的兴趣，并寻找适宜的教育内容。

### （二）抓住问题主线，开展探究活动

大班幼儿在科学探究活动中有着强烈的好奇心，在他们探究遇到障碍时，教师要给予引导。在开展《宝石》活动中，幼儿在用石头搭建的过程中遇到了材料不够、大小不适宜等情况，在幼儿自己解决无果后，教师通过明确的问题导向，引导幼儿围绕核心问题进行讨论和探究，从而自主得出解决办法。

### （三）支持幼儿亲历探究过程，提高幼儿自主学习能力

科学探究活动要尊重幼儿的主体地位，鼓励幼儿自主发现科学的奥秘。例如，在《石头沉浮》的科学探究中，星亦自信地说："海绵可以使更多的石头浮起来，其他的都不行。"其他幼儿也都附和起来。教师见状，继续抛出问题："那你觉得海绵可以承受多少颗石头呢?"幼儿讨论后发现只有亲自尝试，才能知道自己的猜想是否正确。于是，教师请幼儿自主准备水盆、水等材料，幼儿在亲自尝试中，发现了实际上水瓶能够使更多的石头浮起来。他们因为这件事情兴奋了很久。由此可见，幼儿亲身经历、体验探究的过程对他们有着不一般的效果和作用。这样得来的经验对他们是最直接的经验，也会有特别深刻的印象。

幼儿通过亲历科学探究过程，调动了多感官参与，他们用眼睛观察、用大脑思考、用语言表达，感受着科学探究活动的无限乐趣，同时也通过操作、体验的过程，发现科学的乐趣。

### （四）自主探究，培养良好学习品质

1. 保护幼儿的好奇心。幼儿对于科学现象有着较为强烈的好奇心，他们渴望探究更多有关科学的内容。教师倾听幼儿的想法，更要保护他们的好奇心，满足他们对探究的需求。所以，教师可以带幼儿在科学区域中进行各种好玩、有趣的小实验，如好玩的火山喷发、纸片快艇、神奇的三原色、摩擦起电等，满足幼儿科学探究的兴趣。

2. 鼓励幼儿大胆猜想和质疑。幼儿是活动的主体，在实验前他们有很多猜想和期待。尽管幼儿的猜想有时不是正确的，但教师不要否定他们的答案，而是要保护幼儿的学习兴趣，让他们有进一步探究的欲望。教师要学会放手，让幼儿自主体验和操作来获得直接经验，发现科学探究活动的奥秘。

《3—6岁儿童学习与发展指南》中指出："科学探究的基本价值是探究而非传授科学知识。"科学活动中教师要不断转变教学理念，推进课程改革。有研究发现，接受教师有效教学指令的幼儿在科学问题解决任务中的表现优于一般幼儿。因此教师要关注幼儿的主体性，要将幼儿的自主学习渗透于活动之中。幼儿在科学探究活动中的好奇心、探索欲望是非常强烈的，教师要引导幼儿从生活中发现问题，创设问题情境，引发幼儿的探究兴趣。发挥幼儿在活动中的自主性，引导幼儿学会解决问题，进而提升综合能力。

### 参考文献

[1] LUCIA F. Science as the center of a coherent，integrated early childhood curriculum [J] . Early childhood research quarterly，2004（19）：138—149.

[2] 吴荔红，廖雨曈，田晶晶，等. 幼儿科学问题解决能力的发展特点与家长教育卷入的影响 [J]. 学前教育研究，2021（2）：42—56.

[3] 中华人民共和国教育部 . 3—6岁儿童学习与发展指南 [M] . 北京：首都师范大学出版社，2012.

[4] HONG SOO — YOUNG，KAREN E D. Two approaches to Teaching young children science concepts，vocabulary，and scientific problem — solving skills [J] . Early childhood research quarterly，2012（27）：295—305.

# 基于"儿童立场"探讨幼儿园环境建设生态化的优化路径

（王翊霖　辽宁省大连市西岗区第十二幼儿园）

**摘　要：**本文基于"儿童立场"，深入探讨了幼儿园环境建设生态化的优化路径。通过规划与设计、设施配备、绿化与景观以及管理与维护四个层面的综合优化，实现了幼儿园环境的生态化转型。案例分析显示，生态化环境建设不仅美化了幼儿园环境，更促进了儿童的全面发展，提升了家长满意度。希望本文能为幼儿园环境建设提供生态化实践的参考与借鉴，推动幼儿园环境建设向更加健康、美丽、可持续的方向发展。

**关键词：**儿童立场；幼儿园环境建设；生态化

## 一、幼儿园环境建设现状分析

### （一）幼儿园环境建设现状

当前幼儿园注重室内空间的合理规划，为孩子们提供了宽敞明亮的活动室，幼儿园也配备了丰富的玩教具、图书等资源，以满足孩子们多样化的学习需求。在室外环境方面，多数幼儿园都拥有宽敞的户外活动场地，配备了滑梯、秋千等儿童游乐设施，为孩子们提供了充足的户外活动空间。

然而在绿化方面，部分幼儿园仍然存在不足。虽然一些幼儿园已经开始重视绿化工作，但仍有部分幼儿园绿地面积较小，植物种类单一，缺乏生态多样性。这不仅影响了幼儿园的整体美观度，也不利于孩子们接触和了解自然环境。

### （二）存在的问题与不足

环境设计缺乏生态理念。例如，部分幼儿园的室内空间过于封闭，缺乏自然通风和采光；室外环境绿化不足，缺乏生态景观等；设施配备不符合儿童的身心发展特点，玩具尺寸过大或过小、颜色过于刺眼等；部分幼儿园的绿地面积较小，植物种类单一，缺乏生态多样性。如前所述，这不仅影响了孩子们接触和了解自然环境的机会，也不利于培养他们的环保意识和生态素养。

## 二、儿童立场下的幼儿园环境建设理念

### （一）儿童立场的概念

儿童立场，简而言之，是指在幼儿园环境建设中，从儿童的视角和需求出发，将儿童作为环境设计的核心和主体。儿童立场强调以儿童为中心，尊重儿童的个性和需求，这意味着在幼儿园环境建设中，要关注儿童的身心发展特点、兴趣爱好和认知水平，确保幼儿园环境能够满足儿童的成长需求，促进他们的全面发展。

### （二）基于儿童立场的生态化环境建设理念

基于儿童立场的生态化环境建设理念，意味着在规划、设计和管理幼儿园环境时，要充

分考虑儿童的身心发展需求，以生态化的视角来优化环境建设。具体而言，就是要创造一个自然、和谐、可持续的生态环境，让儿童在接触自然、探索自然的过程中，培养环保意识、生态素养和生命意识。主要注重以下几个方面：第一，要合理规划空间布局，确保室内外环境的安全、舒适和美观，同时考虑到儿童的活动需求和审美偏好；第二，要选择环保、健康的材料和设施，如无毒无害的玩具、教具和装饰材料等，为儿童创造一个健康、安全的生活和学习环境；第三，要加强绿化和景观的营造，通过增加绿地面积、种植多样化的植物、设计生态景观等方式，让儿童在接触自然、探索自然的过程中，感受到大自然的魅力和生命的价值。

## 三、幼儿园环境建设生态化的优化路径

### （一）规划与设计层面的优化

在幼儿园环境建设的规划与设计层面中，合理规划空间布局是确保生态化环境建设的基础。幼儿园应充分利用自然光线和通风，创造明亮、宽敞的活动空间。此外，设计时应注重室内外空间的衔接与过渡，打造自然流畅的活动流线。在材料选择上，应采用环保、可持续的材料，减少对环境的污染。例如，使用可再生资源制成的玩具和教具，选择无毒无害的涂料和装饰材料等。这些举措不仅有助于保护环境，还能为儿童提供一个健康、安全的生活和学习环境。规划与设计过程中要充分考虑儿童的身心发展特点，通过设置多功能活动区、游戏区等，满足儿童多样化的活动需求。此外，环境设计应具有启发性和教育性，让儿童在互动中学习和成长。

### （二）设施配备层面的优化

在幼儿园环境建设中，设施配备的优化是实现生态化目标的关键一环，基于儿童立场，设施的设计应符合儿童的身心发展特点。例如，玩具和教具的大小、形状和颜色应适合儿童的年龄和兴趣；设施的材质也应考虑儿童的安全和健康，避免使用过于尖锐或有毒的材料；设施的功能应多样化，以满足儿童不同的学习和发展需求，如音乐角、绘画角、科学实验室等；设施的布置也应灵活可变，以适应不同活动和课程的需要；设施的可持续性也是生态化环境建设的重要考虑因素。幼儿园应优先选择可再生资源或可回收材料制成的设施，减少对环境的影响。同时，设施的维护和更新也应注重可持续性原则，避免浪费和过度消耗资源。

### （三）绿化与景观层面的优化

在幼儿园环境建设中，绿化与景观的优化是提高幼儿园生态环境质量的基础。通过种植多样化的植物，如树木、花草等，可以为儿童创造一个自然、宜人的学习和活动空间。绿化还能有效改善空气质量，为儿童提供更加健康的生活环境；设计生态景观是提升幼儿园环境美观度和趣味性的重要手段。我们可以利用自然景观元素，如小溪、山石、树木等，设计富有层次感和趣味性的景观空间。此外，还可以结合儿童的兴趣爱好，设计一些互动式的景观设施，让儿童在玩耍中感受自然的魅力；绿化与景观的优化还应注重儿童的参与性。我们可以鼓励儿童参与植物的种植和养护过程，让他们在实践中培养环保意识和生态素养。还可以设置一些观察记录本或植物日记等，让儿童记录植物的生长变化，培养他们的观察力和责任感。

### （四）管理与维护层面的优化

在幼儿园环境建设的生态化路径中，制定环保管理制度是确保幼儿园环境生态化的重要保障。这包括明确环保目标和责任分工，制定资源节约、废物减排的具体措施，以及建立环

境监测和评估机制等。通过制度化管理，我们可以确保幼儿园环境的生态化理念得以贯彻和执行；加强日常维护是保持幼儿园环境整洁、美观和可持续的关键。我们应定期对室内外环境进行清洁和维护，及时修复损坏的设施和设备，确保它们的正常运行和使用。同时我们还应关注环境的保养和更新，及时更新老旧设施，引入更加环保和可持续的材料和设备；加强环保教育和培训也是提升幼儿园环境生态化水平的重要途径。我们应向儿童普及环保知识和理念，培养他们的环保意识和行为习惯。同时，对于幼儿园工作人员也应进行环保培训和教育，提升他们的环保意识和专业能力，确保他们能够在日常工作中贯彻生态化理念；我们可以与社区合作开展环保活动和项目，共同营造生态友好的社区环境；我们也应积极与家长沟通合作，让他们了解和支持幼儿园的环保工作，共同为儿童的健康成长贡献力量。

## 四、案例分析

### （一）案例选择背景

为了深入探讨幼儿园环境建设生态化的优化路径，本节选取了一个典型的幼儿园环境建设案例进行分析。该幼儿园位于城市郊区，拥有宽敞的室内外活动空间。该幼儿园在环境建设方面注重生态化理念，取得了显著的实际效果和影响。

### （二）生态化环境建设的实施措施

在该幼儿园的环境建设中，生态化理念得到了充分体现。在规划与设计层面，幼儿园充分利用了自然光线和通风，合理规划了空间布局，为儿童创造了明亮、宽敞的活动空间。采用了环保、可持续的材料进行室内外装修和设施建设。在设施配备方面，幼儿园根据儿童的身心发展特点，设置了多功能活动区、音乐角、绘画角等多样化的活动区域。提供了丰富多样的玩具和教具，满足了儿童不同的学习和发展需求。在绿化与景观方面，幼儿园增加了绿化面积，种植了多种植物，打造了生态景观区。这些绿化和景观不仅美化了环境，还为儿童提供了接触自然、探索自然的机会。在管理与维护方面，幼儿园制定了环保管理制度，加强了日常维护和保养工作，同时开展了环保教育和培训活动，提高了儿童的环保意识和行为习惯。

### （三）实际效果与影响分析

通过实施上述生态化环境建设的措施，该幼儿园取得了显著的实际效果和影响。幼儿园的环境变得更加美丽、宜居，为儿童提供了一个健康、安全、舒适的生活和学习空间；儿童的身心发展得到了更好的促进，他们在多样化的活动和自然环境中得到了全面的发展。与此同时，家长的满意度也显著提高，他们对幼儿园的环境建设给予了高度评价。

## 五、结语

生态化环境建设对于幼儿园而言具有重要意义，它不仅关系儿童的健康成长，也反映了教育理念的更新与进步。通过本文的探讨，我们可以看到生态化环境建设在实践中的积极效果，也看到了其未来的巨大潜力。我们期待更多的幼儿园能够借鉴这些成功经验，将生态化理念融入环境建设之中，为孩子们创造一个更加美好、更加和谐的成长环境。让我们共同努力，推动幼儿园环境建设迈向一个更加绿色、可持续的未来。

### 参考文献

[1] 朱娟．基于儿童立场的幼儿园户外环境建设的思与行——以“小树林”户外环境创

设为例［J］．好家长，2023（40）：76—77.
［2］李美珍．基于儿童立场的游戏分享策略［J］．好家长，2023（40）：86—87.
［3］齐香艳．幼儿园班级人文环境生态化构建与实施［J］．课外语文，2017（5）：12.
［4］王绍侠．利用田园资源创设幼儿园多元环境［J］．陕西教育（综合版），2024（Z1）：71—72.

# 本土资源在幼儿园社会实践活动中的运用经验

（王美淇　陕西省西安市新合街道中心幼儿园）

**摘　要：**《幼儿园教育指导纲要（试行）》指出：“充分利用社会资源，引导幼儿感受祖国文化的丰富与优秀，感受家乡的变化和发展，激发幼儿爱祖国、爱家乡的情感。”随着教育改革的不断深入，幼儿园社会实践活动的重要性日益凸显。本土资源作为丰富多样的教育资源，具有独特的育人价值，能够为幼儿提供更加生动、丰富、有趣的学习体验，有助于深化幼儿的认知，培养他们的本土意识和文化认同感。

**关键词：**本土资源；幼儿园；社会实践活动

为了更好地挖掘和利用本土资源，促进幼儿全面发展，本文对本土资源在幼儿园社会实践活动中的运用策略进行深入研究，促使幼儿社会实践活动更加丰富多样，以此唤醒幼儿的情感认同。

## 一、研究背景

幼儿阶段了解和体验家乡丰厚独特的文化生活，能使幼儿学会关注自己周围生活的社会环境，感受丰富的文化内涵，从小在本土优秀传统文化的影响和熏陶下，培养良好的道德品质和行为习惯，自觉地热爱它，主动地宣传它，从而为建设家乡作出贡献。我园根据地域文化及特点，充分开发和利用身边的自然地理资源、人文历史、社会发展资源等雄厚的“活”资源对幼儿进行教育。以我园为中心，方圆百公里内的建筑、文化、生活场所等作为我们的实践基地，带领幼儿切身经历，从中体验生动独特的社会生活，感受家乡的自然之美和人文之美。

## 二、研究的意义与价值

我园教师在平时教学中经常会利用本土资源开展社会实践活动，取得了一定的效果，但也存在着随意性，缺乏系统性和深入性。针对我园现用教材的不足之处，我们通过深入研究，有效开发和利用了本土资源，在一定意义上弥补了现有教材的缺陷和不足，不仅充实了课程内容，还形成了符合我园幼儿自身发展需求的一系列接地气的园本课程，真正将“身边的、自然的”教育资源充分利用起来，为我园的课程开发和建设赋能添彩。

## 三、研究目的

身为幼教工作者，我们有责任、有义务创新幼儿园教育活动来继承和发扬具有优秀的本土文化，让幼儿了解家乡，培养幼儿热爱家乡的情感。本文旨在探讨本土资源在幼儿园社会实践活动中运用的有效策略和方法，以及这些策略和方法对幼儿的成长和发展所产生的影响。我们期望通过本文，为幼儿园教育提供更多的参考和借鉴，促进本土资源的有效利用和推广。

## 四、研究方法

本文将采用问卷调查、访谈和观察法等多种形式，收集和分析数据，以期获得更加全面和准确的研究结果。基于此，我们邀请了幼儿园教师、家长和相关专家参与访谈和问卷调查，以便更全面地了解本土资源在幼儿园社会实践活动中运用的实际情况。通过一系列的应用研究活动，了解班家村的本土资源，实现幼儿社会性发展目标，总结出本土资源在幼儿园社会实践活动中的运用策略。同时，向幼儿介绍我国劳动人民的聪明才智和创造发明，以此激发幼儿的民族自豪感，增强幼儿热爱家乡、热爱祖国的深厚感情。

## 五、研究策略

通过研究，我们发现本土资源在幼儿园社会实践活动中具有多种优势和价值。首先，本土资源可以激发幼儿的学习兴趣和热情，增强幼儿的探索欲望和创新精神；其次，本土资源有助于培养幼儿的团队协作能力和社会交往能力；最后，本土资源的运用可以增强幼儿对本土文化的认同感和归属感。根据研究结果，我们提出以下策略和方法。

### （一）注重教师专业成长

一是坚持理论学习是幼儿教师专业成长的基石。教师们一致认为，要学的东西很多。我们利用空余时间主要进行了集中和分散的理论学习和研讨，不断积累经验。学习研讨的内容有《幼儿园教育指导纲要》《幼儿园工作规程》《3—6 岁儿童学习与发展指南》以及教科研理论等，并了解当前国内外研究进展情况和最新成果。另外，我们还组织教师参加本土资源课程的培训，提高教师的专业素养和教育理念，确保课程实施的质量，不断积累经验，完善、优化自身的知识结构，在学习和讨论中放飞思想，各抒己见。经过思想与思想碰撞，观点与观点交融，明确了利用本土资源在幼儿园开展社会实践活动的重要性，掌握了教科研的一些方式方法，完善了自身的知识结构，找准了研究行动的切入点，为深度研究做了充分准备。

二是定期开展教研活动是幼儿教师专业成长的关键。利用每周二教研活动时间，在教导处的统筹安排下，我们将幼儿园教学开放与研究成果展示相结合，利用一切机会开展研究活动，加强专业切磋、协调、交流与合作，共同分享经验，展示研究成果。在这种氛围下，大家各抒己见，畅所欲言，诉心声、道困惑、谈感受、说反思、悟成长，在心与心的交流中，彼此沟通，互相学习，共同进步。

三是积极开展实践活动是幼儿教师专业成长的保障。通过观察和访谈，我们找到了活动资源—活动设计（笔者对活动内容的初步设想）—练习（组织孩子开展活动）—反思（完善活动组织）—再练习—归纳总结。具体为识别问题—设计活动—第一次组织活动—评价反思效果—修改活动设计—第二次组织活动—评价反思—分享成果；让教师这个教研主体充分发挥主动性和创造性，增强研究意识。我们要求教师撰写有关的经验总结、教育随笔、教育案例等，不断进行教学反思，从而形成更合理、更科学的策略。

### （二）“五部曲”有效运用本土资源

一是查找罗列本土资源，建立地方特色资源网络。幼儿园应组织教师对本土资源进行深入挖掘，了解其特色和价值。教师要清楚地了解和掌握本地区蕴藏的课程资源，可以通过实地调查、人员采访，上网收集、地方文献查阅等方法，以园所为中心，对本县境内的自然环境、名胜古迹、民俗风情、名优特产、社会资源等进行整理，找到最适合在园本课程中使用的部分。

二是筛选本土资源，为教学所用。本土资源应具有自身特质和潜在利用价值的资源，如何使这些资源符合教学规律，更好地为教学服务，我们以贴近幼儿生活，用实践性、操作性强的要求对资源进行甄别筛选利用。同时，将本土资源融入课程设计中，创新教学方式和方法，注重开发课程的趣味性和生活性，激发幼儿的学习兴趣，如组织实地参观、开展主题活动、制作手工艺品等，激发幼儿的学习兴趣和参与度。

三是充分利用社区资源，创新课程设计。幼儿园应与社区、企事业单位等建立合作关系，争取更多的本土资源支持，比如我们邀请专业人士举办讲座、提供实践场所等，丰富园本课程内容，为幼儿创设丰富多样的学习环境和实践机会，形成符合本园幼儿自身发展需求的一系列接地气的园本课程，真正将“身边的、自然的”这一生动的教育资源充分利用，促进教育教学质量提升。

## 六、研究成效

### （一）教师观念发生了进一步的转变

在社会实践活动的探究过程中，教师观念发生了彻底转变，参与研究的教师带头在研究中学习先进理念、积极寻找解决问题的策略等，其自我学习能力、总结概括能力、分析解决问题能力都得到相应提高，专业能力也得到有效提升。每位参与者积极撰写实践活动记录、心得体会、教育随笔等，并且从原先的按教材照搬照抄，逐步提高到能自主开发和开展教学活动。

### （二）促进了园本课程的有效开展

园本教研活动的开展，有效解决了教师工作中的实际问题，幼儿园形成了人人求上进的教学研究氛围。目前我们将开发的课程初步与园本课程相结合，进一步完善本园已有课程结构增加课程的选择性，促进课程与幼儿生活、课程与幼儿周边社会环境的联系。

### （三）能充分利用本土资源开发应用园本课程

结合幼儿已有的学习经验，认真研究如何将地方特色自然生态文化资源，包括地方风俗、文物古迹、饮食文化、民间艺术等融入课程实践。充分利用这些资源，不仅为幼儿提供了亲近大自然、直接感受当地文化的机会，也培养了幼儿热爱家乡的思想感情。

## 七、具体实施案例

以笔者幼儿园所处的地域为例，班家村被誉为“中国葡萄之乡”，这里人杰地灵、风景秀丽、物产丰富，加之悠久的四圣文化更给这片神奇的土地增添了无穷的魅力。我们充分挖掘身边的人文、自然、社会等“活”资源，从幼儿已知经验出发，支持幼儿进行系列探索活动。在《有你，真好》园本课程中，我们通过多次社会实践活动，让幼儿在自然教育环境中探索兴趣，体验合作、分享、成功的快乐，激发了幼儿热爱家乡的美好情感。

## 八、结语

幼儿阶段是开发思维能力的黄金阶段，在这一时期，加强本土资源在幼儿园社会实践活动中的运用，能够达到理论与实践的完美统一，为培养幼儿的学习兴趣、掌握学习技能添彩，让幼教工作者焕发青春光彩，让幼儿教育充满生命活力。

## 参考文献

[1] 华静．利用苏州地域资源，发展幼儿亲社会情感的实践研究［J］．新课程（上旬），2017（11）：32.

[2] 黄秀兰．将地域文化资源融入幼儿美术活动的实践［J］．广西教育（义务教育），2019（6）：153—155.

[3] 倪凌云．挖掘地域乡土资源，创设特色区域活动［J］．教师，2018（36）：125.

# 基于二十四节气的幼儿园食育课程开发实践研究

（易伶玲　深圳市福田区第三幼儿园石厦分园）

**摘　要：**随着社会经济的发展和人们生活水平的提高，越来越多的家长开始关注孩子的健康成长。食育作为一种全面培养孩子健康饮食习惯和生活方式的教育方式，越来越受到重视。本文以二十四节气为背景，结合幼儿园的实际情况，探究如何利用一套基于二十四节气的幼儿园食育课程的食育教育方法。通过对该课程的实施和效果评估，旨在为幼儿园提供一种有效的食育教育课程，促进幼儿健康成长。

**关键词：**二十四节气；幼儿园；食育课程开发

二十四节气是中国古代农耕文化的重要组成部分，反映了自然界的季节变化和气候变化规律。在幼儿园阶段，幼儿正处于身体发育和认知能力发展的关键时期，因此，通过食育课程的开发和实施，可以帮助幼儿建立正确的饮食观念，养成良好的饮食习惯，从而促进幼儿的身心健康发展。

## 一、二十四节气与幼儿园食育课程的关系

### （一）二十四节气对幼儿园食育课程的影响

二十四节气是中国古代农耕文化的重要组成部分，根据太阳在黄道上的位置变化，将一年分为二十四个节气。每个节气都有其独特的气候特点和物候现象，这些特点对季节食材的生长和成熟有着重要的影响。因此，了解二十四节气对季节食材的影响，对于幼儿园的食育课程具有重要意义。首先，二十四节气可以帮助幼儿园教师更好地选择食材。每个节气都有其对应的季节食材，如春季的蔬菜、夏季的水果、秋季的谷物和冬季的根茎类食物。了解这些食材的特点和营养价值，可以帮助教师为幼儿提供更加丰富多样的饮食选择，满足幼儿的营养需求。其次，二十四节气可以促进幼儿对食物的认知和兴趣。通过介绍每个节气对应的季节食材，教师可以让幼儿了解到不同食材的特点和生长过程，培养幼儿对食物的兴趣和好奇心。在立春这个节气，教师可以向幼儿介绍春季蔬菜的种类和烹饪方法，让幼儿亲自参与制作春季菜肴，增加幼儿对食物的认知和体验。最后，二十四节气可以帮助幼儿养成良好的饮食习惯。每个节气都有其对应的饮食养生原则，如春季应多吃清淡易消化的食物，夏季应多喝水和吃清凉解暑的食物等。教师可以根据这些原则，引导幼儿养成良好的饮食习惯。

### （二）幼儿园食育课程对二十四节气的利用

在幼儿园教育中，食育课程是一项重要的内容，旨在培养幼儿良好的饮食习惯和健康意识。而二十四节气作为中国传统文化的重要组成部分，具有丰富的文化内涵和生活智慧。因此，将二十四节气融入幼儿园食育课程中，不仅可以丰富课程内容，还可以提高幼儿的饮食健康意识和实践能力。首先，教师可以通过讲解二十四节气的由来和意义，让幼儿了解中国传统的时间观念和季节变化规律。在春分时节，可以介绍春季养生的重要性，如多吃新鲜蔬菜、水果等；在夏至时节，可以讲解夏季饮食的特点，如清淡、易消化等。通过这种方式，幼儿可以在轻松愉快的氛围中学习到有关二十四节气的知识。其次，教师可以根据二十四节气的特点，设计丰富多样的食育活动。在立春时节，可以组织幼儿制作春卷、春饼等春季特

色食品；在立秋时节，可以教幼儿制作月饼、柚子茶等秋季美食。这些活动不仅能够锻炼幼儿的动手能力，还能够让幼儿在实践中感受到食物的美好和传统文化的魅力。教师还可以引导幼儿观察和体验不同节气下的食物变化。在小满时节，可以带领幼儿走进农田，了解稻谷的生长过程；在大暑时节，可以组织幼儿品尝各种夏季消暑饮品。通过这些活动，幼儿可以更加直观地感受到食物与自然、季节之间的紧密联系，从而培养幼儿的环保意识和珍惜粮食的观念。最后，教师可以借助二十四节气的故事、诗歌等形式，激发幼儿对食育课程的兴趣。在寒露时节，可以讲述关于“寒露吃梨”的民间故事；在霜降时节，可以教唱关于“霜降吃柿子”的儿歌。这些富有趣味性的内容不仅能够吸引幼儿的注意力，还能帮助幼儿更好地理解和记忆二十四节气的相关知识。

## 二、基于二十四节气的幼儿园食育课程开发实践

### （一）明确课程目标

本课程旨在通过基于二十四节气的幼儿园食育，培养幼儿的饮食健康意识，提高幼儿的饮食实践能力。具体目标如下：第一，培养幼儿的饮食健康意识。通过学习二十四节气与食物的关系，让幼儿了解不同季节的食物特点和营养价值，培养幼儿对健康饮食的认识和重视。通过观察、实践和讨论，引导幼儿形成良好的饮食习惯，如多吃蔬菜水果、适量摄入蛋白质和碳水化合物等。第二，提高幼儿的饮食实践能力。通过实际操作和参与，让幼儿学会选择适合自己年龄和身体状况的食物，掌握基本的烹饪技巧和食品安全知识。通过制作简单的食谱和食物拼盘，培养幼儿的创造力和动手能力，提高幼儿在日常生活中的饮食自理能力。第三，培养幼儿的团队合作精神。在课程中，鼓励幼儿与同伴一起合作完成食物制作和分享活动，培养幼儿的团队合作精神和沟通能力。通过小组合作，让幼儿学会倾听他人的意见、尊重他人的选择，并共同解决问题。第四，增强幼儿的文化认同感。通过介绍二十四节气的历史和文化背景，让幼儿了解中国传统文化中的食育观念和价值观念。通过与传统节日相关的食育活动，让幼儿感受到传统文化的魅力，增强幼儿的文化认同感。第五，培养幼儿的环保意识。在课程中，引导幼儿关注食物的来源和生产过程，培养幼儿的环保意识。通过讲解食物浪费对环境的影响，让幼儿学会珍惜食物资源，减少浪费行为。同时，鼓励幼儿参与垃圾分类和回收活动，培养幼儿的环保习惯。

### （二）课程内容开发

根据二十四节气的特点，设计相应的饮食教育内容，包括食材的选择、烹饪方法的介绍、饮食习惯的培养等。在设计这个课程时，教师要重点关注二十四节气对人们饮食的影响，并以此为基础，为幼儿提供全面的营养知识和健康饮食习惯的培养。第一，介绍每个节气的特点和与之相关的食材选择。在春季的立春和雨水节气，可以选择新鲜的蔬菜、水果和嫩芽作为主要食材，因为富含维生素和矿物质，有助于增强免疫力和促进新陈代谢。而在夏季的夏至和大暑节气，可以选择清凉解暑的食物，如西瓜、黄瓜和苦瓜，以帮助身体降温和保持水分平衡。第二，介绍不同节气的烹饪方法和技巧。在秋季的白露和寒露节气，选择炖煮、蒸煮或烤制食物，因为这些方法可以保留食材的营养成分，并且更加适合凉爽的天气。而在冬季的冬至和大寒节气，可以选择炖汤、煮粥或火锅等热食，以帮助身体保暖和增加能量。第三，培养幼儿良好的饮食习惯。强调均衡饮食的重要性，包括摄入足够的蛋白质、碳水化合物、脂肪、维生素和矿物质。教授幼儿如何选择健康的食材，如选择有机食品、减少盐和糖的摄入量等。教师还要鼓励幼儿养成良好的饮食习惯，如定时进餐、适量饮水、避免暴饮暴食等。

### （三）灵活采用教学方法

为了激发幼儿的学习兴趣，提高幼儿的学习效果，采用了多种教学方法，如情境教学法、游戏教学法、探究式教学法等。第一，创设情境，引导幼儿感受节气文化。为了让幼儿更好地了解二十四节气的起源、意义和与自然界的关系，通过讲故事、观看图片、播放视频等方式，创设了丰富多样的情境。在讲解春分时，会讲述“春分种菜”的故事，让幼儿了解到春分正是播种的好时机；在讲解立夏时，会展示立夏的美景图片，让幼儿感受到大自然的变化。通过这些情境的创设，幼儿能够更加直观地理解节气的含义，从而培养幼儿对节气文化的热爱。第二，组织游戏，培养幼儿的实践能力。游戏是幼儿最喜欢的学习方式。因此，教师可以设计一系列与节气特点相关的游戏活动，如“春分种菜”“立夏摘果”等。在这些游戏中，幼儿需要根据节气的特点，选择和制作适合的食物。这样既能让幼儿在游戏中学会选择和制作食物，又能培养幼儿的实践能力。第三，开展探究活动，培养幼儿的思考能力。教师要鼓励幼儿提出问题，引导幼儿通过观察、实验、讨论等方式，探究节气与食物之间的关系。在讲解冬至时，教师要组织幼儿观察冬至的天气变化，让幼儿思考为什么冬至会这么冷；在讲解小满时，教师要让幼儿品尝不同种类的水果，让幼儿发现小满正是水果丰收的时候。通过探究活动，幼儿能够培养自己的思考能力，更好地理解节气与食物之间的关系。

## 三、结语

本文通过对二十四节气的深入研究，结合幼儿园的实际情况，开发了具有实践意义的食育课程。通过对该课程的实施和效果评估，发现该课程能够有效地提高幼儿对二十四节气的认识，培养幼儿健康饮食的意识，从而促进幼儿的身心健康发展。

### 参考文献

[1] 邓青青，何冬梅．二十四节气背景下食育课程的实施原则及途径［J］．云南教育（视界综合版），2023（6）：47—48.

[2] 赵兰兰．二十四节气文化资源在幼儿课程中的运用［J］．新课程研究，2023（9）：86—88.

[3] 陈云丽．幼儿二十四节气的食育课程开发实践分析［J］．智力，2022（26）：151—154.

[4] 陈艳丽．运用二十四节气进行幼儿食育的课程开发与实践策略［J］．福建教育学院学报，2022，23（3）：34—36.

# 花开两朵，各表一枝；幼儿课程，多元启智
## ——探讨幼儿园多元化课程设计的实践与思考

（张媛媛　济南市市中区魏新第一幼儿园）

**摘　要：**本文以幼儿教育为例，探讨了幼儿园多元化课程设计的原则、方法和效果。通过分析幼儿的发展特点和需求，以及社会和家庭的变化和期待，幼儿园应该提供多元化的课程，以满足幼儿的个性化、多样化和全面化的发展。本文提出了幼儿园多元化课程设计的四个原则，即以幼儿为本、以活动为核心、以环境为支撑、以评价为反馈。介绍了幼儿园多元化课程设计的三个方法，即主题式、项目式和情境式。以某幼儿园的案例为例，展示了幼儿园多元化课程设计的具体过程、结果和反思。最后总结了幼儿园多元化课程设计的优势和挑战，以及需要注意的问题和建议。

**关键词：**幼儿园；多元化；课程设计

## 一、幼儿园多元化课程设计的原则

幼儿园多元化课程设计应该遵循以下四个原则。

### （一）以幼儿为本

幼儿是幼儿园课程设计的主体和对象，幼儿的发展特点和需求是幼儿园课程设计的出发点和归宿。幼儿园多元化课程设计应该以幼儿的年龄、性别、能力、兴趣、经验、背景等为基本，以幼儿的发展目标、过程、效果为导向，以幼儿的参与、体验、感受、反馈为依据，以幼儿的个性、多样、全面发展为目标，设计和提供适合幼儿的多元化课程。

### （二）以活动为核心

活动是幼儿园课程的主要形式和内容，活动是幼儿学习和发展的主要方式和途径。幼儿园多元化课程设计应该以活动为核心，以幼儿的兴趣和需求为动力，以幼儿的生活和经验为基础，以幼儿的探究和创造为主线，设计和提供丰富、有趣、有意义、有挑战的多元化活动，让幼儿在活动中学习和发展。

### （三）以环境为支撑

环境是幼儿园课程的重要条件和资源，环境是幼儿学习和发展的重要影响元素和促进因素。幼儿园多元化课程设计应该以环境为支撑，以幼儿的安全和舒适为前提，以幼儿的探索和发现为目的，以幼儿的交流和合作为方式，设计和提供安全、舒适、美观、丰富、开放、灵活的多元化环境，让幼儿在环境中学习和发展。

### （四）以评价为反馈

评价是幼儿园课程的重要环节和手段，评价是幼儿学习和发展的重要保障和推动力。幼儿园多元化课程设计应该以评价为反馈，以幼儿的发展为标准，以幼儿的进步为重点，以幼儿的自我为主体，以幼儿的参与为方式，设计和提供多元、全面、客观、公正、及时的多元化评价，让幼儿在评价中学习和发展。

## 二、幼儿园多元化课程设计的方法

幼儿园多元化课程设计可以采用以下三种方法。

### （一）主题式

主题式课程设计是指以幼儿感兴趣的主题为中心，围绕主题的内容、目标、活动、资源、评价等进行系统的设计和安排的课程设计方法。主题式课程设计的特点是：主题来源于幼儿的生活和兴趣，与幼儿的实际和需求相联系；主题涉及多个领域和方面，与幼儿的认知和发展相协调；主题具有一定的时效性和灵活性，与幼儿的变化和进步相适应。

### （二）项目式

项目式课程设计是指以幼儿感兴趣的问题为导向，围绕问题的提出、分析、解决、展示等进行系统的设计和安排的课程设计方法。项目式课程设计的特点是：问题来源于幼儿的疑惑和好奇，与幼儿的思维和探究相符合；问题具有一定的难度和挑战，与幼儿的能力和进步相匹配；问题具有一定的实际性和意义，与幼儿的生活和经验相结合。

### （三）情境式

情境式课程设计是指以幼儿感兴趣的情境为载体，围绕情境的设定、展开、变化、结束等进行系统的设计和安排的课程设计方法。情境式课程设计的特点是：情境来源于幼儿的想象和创造，与幼儿的情感和审美相契合；情境涉及多个角色和事件，与幼儿的社会和道德相关联；情境具有一定的开放性和变化性，与幼儿的选择和参与相适应。

## 三、幼儿园多元化课程设计的实践与思考

### （一）幼儿园多元化课程设计的实践案例

为了展示幼儿园多元化课程设计的具体过程、结果和反思，本文选取了某幼儿园的一个案例进行介绍。

案例名称：《我是小小建筑师》

《我是小小建筑师》是一个以建筑为主题的项目式课程，旨在培养幼儿的空间感、观察力、创造力和合作能力。该课程的设计和实施过程如下。

1. 问题的提出。该课程的问题来源于幼儿的生活经验和兴趣。幼儿园的周围有很多建筑物，幼儿对这些建筑物的形状、颜色、功能等感到好奇，也喜欢用积木、泥土、纸盒等材料搭建自己的小房子。教师根据幼儿的表现，提出了一个问题：你知道建筑物是怎么建造的吗？你想成为一名建筑师吗？你想设计和建造什么样的建筑物呢？

2. 问题的分析。该课程的问题涉及建筑的历史、文化、科学、艺术等方面，需要幼儿从多个角度和层次进行分析。教师引导幼儿通过观察、访问、收集、整理等方式，了解建筑的基本概念、类型、特点、功能、风格等，以及建筑的设计和建造的原理、方法、步骤、工具等，从而为幼儿自己的设计和建造提供参考和启发。

3. 问题的解决。该课程的问题需要幼儿通过创造、实践、展示等方式进行解决。教师鼓励幼儿根据自己的想法和喜好，选择和确定自己想要设计和建造的建筑物的主题、内容、形式、材料等，然后按照设计图纸、准备材料、搭建模型、装饰美化等步骤，分组或个别地进行设计和建造。教师在幼儿的设计和建造过程中，提供必要的指导、帮助和支持，并尊重幼儿的选择和创造。

4. 问题的展示。该课程的问题的展示是幼儿学习成果的呈现和分享。教师提供了一个专门的展示区域，让幼儿将自己的设计图纸和建筑模型摆放在展示台上，邀请其他班级的幼儿、教师和家长来参观和交流。教师引导幼儿介绍自己的设计和建造的过程、结果和感受，并听取其他人的评价和建议，从而增强幼儿的自信心和自豪感，也提高了幼儿的表达能力和交流能力。

### （二）幼儿园多元化课程设计的思考和反思

通过以上案例，我们可以看到幼儿园多元化课程设计的一些优势和挑战，以及需要注意的问题和建议。

1. 优势。幼儿园多元化课程设计的优势主要有以下几点：

（1）能够充分发挥幼儿的主体地位和作用，让幼儿参与课程的设计、实施和评价，培养幼儿的学习主动性和自主性。

（2）能够充分利用幼儿的生活经验和兴趣，让幼儿从自己熟悉和喜爱的主题、问题和情境出发，增强幼儿的学习兴趣和动机。

（3）能够充分培养幼儿的综合能力和素养，让幼儿在多种类型、形式、方法和组织的课程中，发展自己的思维、创造、情感、社会、审美等方面的能力和素养，提高幼儿的学习质量和效果。

2. 挑战。幼儿园多元化课程设计的挑战主要有以下几点：

（1）需要较高的教师素质和能力，教师应具备多元化课程设计的理论知识、方法技巧、实践经验等，提升灵活应变、及时调整、有效沟通、合理评价等能力，这对教师的专业发展提出了较高的要求。

（2）需要较多的时间和资源的投入，多元化课程设计需要教师花费大量的时间和精力进行课程的策划、准备、实施和评价等，并利用更多的资源和材料进行课程的支持和丰富等，这给教师的工作增加了压力。

（3）需要较好的环境和条件的保障，多元化课程设计需要教师创设和提供安全、舒适、美观、丰富、开放、灵活的学习环境，同时协调和利用好幼儿园内外的各种条件和资源，如教室、操场、图书馆、博物馆、社区等，教师会在环境管理和资源整合等方面面临挑战。

3. 问题和建议。幼儿园多元化课程设计的问题和建议主要有以下几点：

（1）如何保证多元化课程设计的科学性和合理性，避免盲目地追求多样性和新颖性，而忽视了幼儿的发展规律和需求，以及课程的目标和效果。

（2）如何保证多元化课程设计的连贯性和一致性，避免出现课程的碎片化和随意化，而影响了幼儿的学习过程和效果，以及课程的质量和效率。

（3）如何保证多元化课程设计的平衡性和公平性，避免出现课程的偏颇和不平等，而导致了幼儿的学习差异和矛盾，以及课程的公正和公信。

（4）如何加强多元化课程设计的家园社合作和沟通，增加家长、社会对多元化课程设计的了解和支持，以及家长、社会的参与和满意度。

## 四、结语

幼儿园多元化课程设计是幼儿园教育改革和创新的重要方向，也是幼儿园教育质量和效果提高的有效途径。幼儿园多元化课程设计的意义、原则、方法、效果、问题和建议，值得我们深入探讨和研究，以期为幼儿园教育的发展和进步作出贡献。

## 参考文献

［1］张晓梅．幼儿园多元化课程设计的理论与实践［J］．幼儿教育，2023（12）：5—8.

［2］李娜．幼儿园多元化课程设计的实施策略与效果评价［J］．幼儿教师，2023（10）：19—22.

［3］王丽．幼儿园多元化课程设计的案例分析与反思［J］．家长，2022（12）：3—6.

［4］刘婷．幼儿园多元化课程设计的意义与方法［J］．新思维，2022（03）：12—14.

［5］郭娟．幼儿园多元化课程设计的原则与实践［J］．幼儿教育与保健，2021（04）：18—20.

# 巧用潮州歌谣推动幼儿园健康教育

（黄丽敏　广东省潮州市绵德幼儿园）

**摘　要：**在幼儿园健康教育活动中巧用潮州歌谣，既能促进幼儿身心健康发展，又可传承弘扬潮州文化，具有较强的可操作性和实效性。本文作者通过四个幼儿园健康活动进行分析。

**关键词：**潮州歌谣；幼儿；健康教育

《3—6岁儿童学习与发展指南》指出，健康是指人在身体、心理和社会适应方面的良好状态。幼儿阶段是儿童身体发育和机能发展极为迅速的时期，也是形成安全感和乐观态度的重要阶段。发育良好的身体、愉快的情绪、强健的体质、协调的动作、良好的生活习惯和基本生活能力是幼儿身心健康的重要标志，也是其他领域学习与发展的基础。中国传统文化经过几千年的沉淀，蕴含着许多优秀的教育资源，如能将本土传统文化与幼儿教育相结合，可丰富幼儿教育的教学思路和教学方法，也可增强儿童的民族归属感，有利于传统文化的保护和传承。通过反复研究和实践，我认为开展幼儿健康教育活动，既要符合幼儿身心特点，又要保障具有一定的教育作用。潮州歌谣属优秀地方传统文化，是潮汕文化宝库中一颗熠熠生辉的明珠，千百年来，世世代代耳传口诵，经久不衰。巧用潮歌谣通俗易懂、趣味横生的特点，根据幼儿身心健康发展和年龄特征，选择贴近幼儿实际生活、符合本时代幼儿审美情趣、健康有趣的潮州歌谣，运用幼儿乐于接受的方式融入健康教育活动正好能满足这样的要求。它具有较强的可操作性和实效性，既可传承弘扬潮州文化，又能凭借其文化内涵巧妙地促进儿童思想品质发展。

## 一、巧用潮州歌谣促进幼儿良好饮食习惯的培养

不少家长反映，幼儿在家面对自己喜欢的食物时，毫无节制，暴饮暴食，恨不得把所有东西都吃到肚子里，而面对自己不喜欢的食物却“不动碗筷”。我选择讲述一个幼儿因为暴饮暴食而肚子疼痛的潮州歌谣《阿八弟》，帮助幼儿养成良好的饮食习惯。首先，我以谈话引入，激发兴趣，接着边吟诵歌谣《阿八弟》，边在黑板进行绘画。这时幼儿的活动兴趣被激发得淋漓尽致，我便组织幼儿进行讨论、理解歌谣，并启发幼儿思考应该如何对待食物，激发幼儿倡导健康饮食行为，养成健康意愿。接着我鼓励幼儿边念歌谣边根据歌谣进行人物创作，进而体验潮州歌谣的趣味性。这个活动巧用潮州歌谣《阿八弟》的诙谐有趣自然而然地启发幼儿思考并探索健康的饮食习惯。通过活动的开展，让幼儿知道健康饮食的重要性，并尝试督促自己主动养成良好的饮食习惯。我们跟踪之前存在暴饮暴食及挑食的幼儿发现这些幼儿在家也逐渐养成较好的饮食习惯，在家长的提醒下能做到不挑食、不浪费粮食，且能自觉注意餐桌礼仪。

附：潮州歌谣《阿八弟》

阿八弟，偷食我两粒牛肉丸；
一个三角粿，欠我四分钱；
老数圈圈掉，耳知听，目知看；
偷食我三条乌蜡蔗，食了肚欲疼；
手知揞，行路行了长短脚。

## 二、巧用潮州歌谣促进幼儿良好卫生习惯的培养

夏天到了，幼儿每天都会流很多汗，一些孩子却因为怕水进入眼睛、耳朵等不愿意洗澡。《洗浴歌》是一首押韵充满童趣的潮州歌谣，描述了洗澡的乐趣和重要性，利用其对幼儿进行卫生健康教育再合适不过了。首先，我通过情景表演《脏脏的小猪贝贝》引入，激发幼儿的活动兴趣，让幼儿讨论解决问题的方法，自然而然引入歌谣《洗浴歌》；其次，设计了帮助小动物们洗澡的游戏，让幼儿边实践边吟唱歌谣；最后，引导幼儿进行归纳小结，分享洗澡的方法，激发幼儿自觉养成良好卫生习惯的意愿。这个活动以有趣的情景表演引入，幼儿在吟诵歌谣中了解了洗澡的重要性，在动手操作中学会洗澡，知道要爱清洁讲卫生，活动效果良好。在活动开展一段时间后我们陆续收到家长们的反馈：之前晚上总是赖着不洗澡的幼儿每晚都会主动提出要洗澡，而且要妈妈按照他念的歌谣节奏洗澡；每天洗澡时间都成了亲子互动的温馨时光；不少幼儿还学会了自己洗澡；幼儿变得爱干净，勤洗澡、勤洗手、勤剪指甲。

附：潮州歌谣《洗浴歌》

一、二、三，洗浴免穿衫；
三、四、五，身体殿过老石部；
拍胸肝，饲大大，拍胸后，食到老。

## 三、巧用潮州歌谣促进幼儿健康心理的培养

有些家长工作繁忙，疏于陪伴幼儿，对幼儿“放养”、溺爱，或用无底线满足孩子的物质需求进行弥补，导致幼儿养成自私暴躁、不懂分享、悲观的性格。为了让幼儿学会分享，拥有阳光的心态、健康的人格，我利用描写孩童们一起捡龙眼、一起分享果实的趣事的潮州歌谣《相揽肩》对幼儿进行健康教育。首先，我播放歌谣《相揽肩》动画视频引入，激发活动兴趣，通过组织幼儿讨论视频中看到的画面，帮助他们理解歌谣；又抛出：“如果捡到龙眼，你会分享给你的朋友吗？如果你们都捡不到，你会不开心吗？你会怪你的朋友吗？”等问题引导幼儿进行思考分析，从而学会交往。为了让幼儿有更深刻的实践体验，我又开展“相揽肩捡树叶做手工”的活动，让幼儿体验合作的快乐，感受分享的乐趣。最后以展示“收获”、分享经验、评价自己与同伴的表现并说出自己和好朋友的三个优点结束活动。活动中我把歌谣《相揽肩》的文化内涵深挖得淋漓尽致，幼儿懂得和好朋友“相揽肩”，“捡到好东西”要和好朋友“相共食”，学会分享；当没有“捡到好东西”时也无所谓，要拥有阳光的心态。这也正是歌谣的魅力，潜移默化地促进幼儿形成健康的心理。我们的博博因为二胎妹妹的到来而变得越来越自私，讨厌妹妹，不跟妹妹说话，不让妹妹碰他的东西。经过一系列的健康教育活动的熏陶，特别是该歌谣的学习，博博回家主动教妹妹吟唱歌谣，还和妹妹一起表演呢！博博妈妈兴奋地发来照片及视频进行反馈。

附：潮州歌谣《相揽肩》

相揽肩，掇龙眼，
掇有相共食，
掇无勿相看。

## 四、巧用潮州歌谣促进幼儿身体健康发展

在快节奏的当今社会，人们都急于求成，很多家长恨不得孩子一夜成龙、成凤，只重视孩子的识字量、计算能力等，而忽视了孩子的身心健康，很多孩子养成了不爱运动、害怕困

难的性格，导致了身体健康受影响，甚至心理也不健康。歌谣《潮州湘桥好风流》为我们展示了世界上第一座启闭式桥梁的雄伟壮观。我决定巧用这首有趣的歌谣让孩子团结协作一起搭建湘子桥，一起游湘子桥，尽情进行体育锻炼。首先我播放音乐《潮州湘桥好风流》，让孩子进行热身运动；让幼儿说出湘子桥的结构并讨论用什么器材来建桥；讨论后孩子们分工协作，用叠、搭、垒、扣、拼等方法建造湘桥并探索玩法，自己制定规则。准备就绪后，孩子们选择自己喜欢的动物角色，佩戴好头饰进行过桥游戏。游戏中孩子们不断交流分享过桥经验，还挑战用所佩戴的动物角色的动作过桥。潮州湘子桥是中国四大古桥之一，且桥的建筑造形独特，历史悠久。孩子们对游玩家乡湘子桥的话题非常感兴趣，所以在游玩湘子桥的游戏中尽情投入，有效地提升了平衡、跳、走、跑、攀、爬等各项运动能力。通过活动，澄澄还在家教爸爸妈妈学唱潮州歌谣《潮州湘桥好风光》，还给他们讲述了在幼儿园玩“过湘子桥”的游戏，自豪地告诉爸爸妈妈自己终于敢攀爬高高的梯子了。孩子的勇敢行为和对家乡的自豪感让澄澄妈妈马上利用周末时间带澄澄到湘子桥实地游玩。

附：潮州歌谣《潮州湘桥好风流》

潮州湘桥好风流，十八梭船廿四洲，
廿四楼台廿四样，二只鉎牛一只溜。
潮州湘桥好踢跎，十八梭船廿四垛，
廿四楼台廿四样，二只鉎牛一只无。

可见，巧用朗朗上口、生动有趣的潮州歌谣进行幼儿园健康教育活动，能有效促进幼儿身心健康发展，满足幼儿生长发育的需要，让幼儿形成积极稳定的情绪情感，帮助幼儿养成良好的生活与卫生习惯，提高自我保护能力，形成使其终身受益的生活能力和文明生活方式。因此，我们将持之以恒，不断探索，深挖、巧用潮州歌谣的积极元素和文化底蕴，引导幼儿倾听与感悟生活的美好，促进幼儿身心健康发展，推动幼儿园健康教育事业的发展。

## 参考文献

[1] 中华人民共和国教育部．3～6岁儿童学习与发展指南［M］．北京：首都师范大学出版社，2012.

[2] 程五一，杨明欢．基于中国传统文化的幼儿教育资源开发与应用研究［J］．中国电化教育，2012（8）：97－101.

# 四季·八导：幼儿新劳动教育载体的设计与实施

（胡姝伶　山西省运城市稷山县稷王幼儿园）

**摘　要：**劳动教育，是人的全面发展教育的重要内容和主要形式。当下学前教育阶段的劳动教育尚存在诸多问题，如“劳动常识缺少·掌握不够”“劳动习惯缺乏·养成不足”“劳动品质缺失·提升不良”等问题。本文通过“四季种植”项目的具体实施，在“春”“夏”“秋”“冬”的四大劳动项目中寻求八小路径创新。把握新时代劳动教育在幼儿教育中的关键作用，不断丰富与创新劳动教育的内容、路径和载体，以饱满的热情开创学前教育阶段劳动教育的新样态。

**关键词：**劳动教育；四季；支架

我园幼儿园园区设置了专项种植区，可供幼儿作为劳动教育实践基地，这为班内劳动教育的实施与开展提供了丰厚的物质基础与条件。而且，班内幼儿的有许多祖辈家长多以农民为主，极富耕种经验，可供幼儿进行亲身性的学习与借鉴，这为班级劳动教育的开展提供了丰富的经验支持。为了改变班内幼儿劳动素养缺失的现状，改善幼儿劳动技能不足、劳动习惯不良、劳动品质不佳的现象。

笔者结合园区的地理位置优势和家长主体资源，创设了“四季·八导”这一全新的、基于幼儿内在发展需求的劳动教育实施载体。“四季·八导”是在教师的引导下，“‘四季’原指春、夏、秋、冬四个季节，影响和决定着地球环境中很多事物的运动节律。‘八导’指的四季劳动下的八个小支架策略，它的开展能够引导幼儿亲身参与种植，从规划小农田、选择种子、翻土播种、养护丰收，幼儿对农田里的植物有着深厚的感情。当看到有人去破坏种植园时能够正确指正他人；当发现下雨时会特别担心种植园的蔬菜安危，在秋天知道按时收获，在冬日能够售卖粮食，用售卖粮食的钱换取下一年播种的种子”。它将以一种全新的、连贯成线的方式，帮助幼儿真正亲近自然、亲身劳动，以实现真实的获得。

## 一、春生：认知·耕耘 提升幼儿劳动意识

春天是万物复苏的季节，也是播种的时节。幼儿园种植活动是幼儿感受自然、喜爱自然的一种途径。因此在春生活动教师将劳动还给幼儿，引导幼儿思考种植的意义，并从认知、播种、耕耘多个角度，提升多维度的能力。引导幼儿通过“春耕讨论会”制订春耕计划，在教师和保育员的协助下，开垦土地、播撒希望、快乐耕耘，提升幼儿主动进行劳动的意识。

### （一）认知——种什么

在种植活动中，每种植物对温度都有不同的要求，有的喜热，有的喜寒；它们的生长期也有长有短，这些因素决定了它们的栽种时间。因此，我们要了解植物对温度的要求，成熟需要的时间，再结合当地的气候特征，才能知道什么时候种什么菜最好。在春生系列劳动初期，引导幼儿围绕“种什么?”这一问题，通过上网调查、图书阅览以及请教长辈等方法了解了大量的蔬菜资料。结合植物生长特征，根据花期、果期等要素，分析各类植物可能蕴含

的教育价值，遵循本土化的种植环境。通过调查问卷的形式选择可种植对象，并以集体探讨和投票的方式选出了最想种植的蔬菜类型。

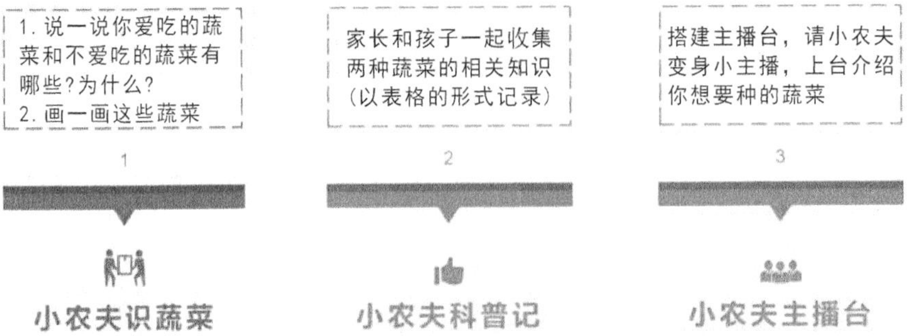


图 1　“种什么？”：目标决定过程路径图

## （二）耕耘——规划场地

耕耘是幼儿在自然劳动中需完成的主要步骤，教师可引导幼儿统筹规划种植活动，合理布局，用纸筒、筷子、排笔、自己的身体等工具在种植园进行测量，让每个小坑间距均匀，找来长竹竿做标线，将小坑挖得整齐后进行翻土，引导幼儿实地观察种植活动规划小农田，促进幼儿生活中使用数学的能力、规划能力、书写能力得到提升。

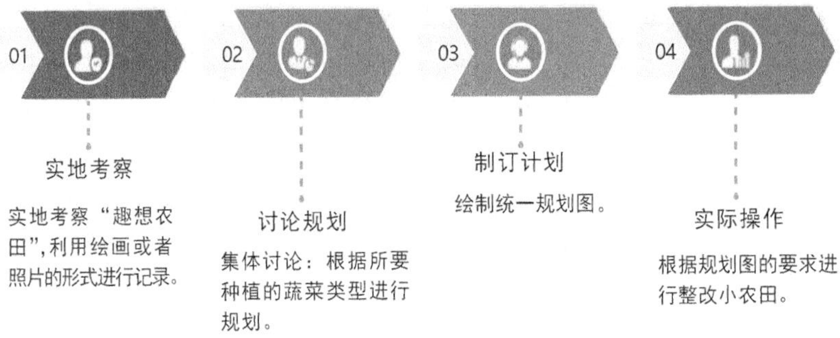


图 2　种植活动小农田步骤图

在具体耕耘中引导幼儿讨论种种子需要哪些工具？需要对“田园”里的泥土做什么？这些农具哪里去搜集？引导幼儿设计相关的调查表。了解锄头、浇水壶、手套、肥料等工具名称和价值。幼儿结合自身看过的学过的种植经验，拿着自己的小工具将小坑挖得整齐后进行翻土、锄草、搬运土壤，并探索每种农具的使用方式，助力孩子进行种子的合理种植。

| 工具名称 | 图片 | 作用 |
|---|---|---|
| 锄头 |  | 除草、松土、翻土 |
| 铲子 |  | 起苗、种植 |
| 手套 |  | 保护双手 |
| 浇水壶 | 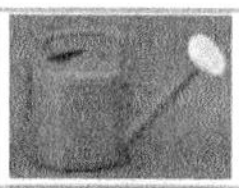 | 给蔬菜浇水 |
| 肥料 | 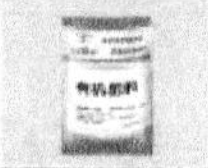 | 提高土壤质量，供给蔬菜生产发育所需养分 |
| 花盆 |  | 种植蔬菜 |

图 3　“田园”活动工具及作用图

## 二、夏长：养护、记录 促进幼儿劳动能力

夏天是植物生长的季节，在每一天植物都可能有不同的变化，因此夏长劳动是让幼儿感受惊喜的过程。在这个过程中，幼儿看到植物在自己的精心照顾下长高了、开花了，或发现了一只小小的昆虫，都会欢呼雀跃、惊奇不已。同时，夏长劳动也是幼儿发现问题、解决问题的过程。植物得了病虫害，或需要浇水施肥时，幼儿都会主动讨论，及时解决问题，促进幼儿劳动能力。

### （一）勤于养护，推行“承包责任制”

在一般的养护过程中，教师的分配和提醒占主导地位，从而导致幼儿的责任意识不强，植物的生长无人问津。因此我们推出小组承包责任制，以小组为单位分别分工进行养护任务。每组负责一种蔬菜的养护，任务包括定期浇水、除草、捉虫、施肥。同时相互监督，保证所有蔬菜健康成长。

### （二）观察记录，形成“夏长焦点记录”

记录观察结果，是提高幼儿观察能力的一种方式。教师需要不断引导幼儿观察，创设条件让幼儿运用多种形式记录观察的结果，准确、连贯地表达自己的发现。在夏长记录活动中采取综合记录的方式，将图片、文字或者表格等方式进行自主设计，幼儿通过丰富的形式以表达自己的发现和收获。每组都有一本特制的“种植活动记录本”，幼儿可以根据自己的观察随时随地用绘画或者图片的形式记录。

| 日期 | 天气 |  |  |  |
|---|---|---|---|---|
| ___月<br>___日 | （　）<br>（　）<br>（　） | | | |
| ___月<br>___日 | （　）<br>（　）<br>（　） | | | |

图 4　种植活动气象记录图

在记录中，结合种植活动植物生长的过程，在“生成—生发—生长”的循环往复中构建劳动脉络，赋予幼儿最大的权利，以幼儿的问题解决植物的生长难题，鼓励幼儿根据植物的记录观察提出问题，解决问题，如植物被虫蛀了、发现蚯蚓了、雨水后植物为什么长高了等活动。请幼儿在雨水节气观察小草发芽、惊蛰节气观察蚂蚁，在幼儿园的菜地认识红薯的生态体验活动等。户外自然观察活动有利于幼儿近距离接触大自然，触摸大生命教育的脉搏，用种的植物如胡萝卜喂小兔子，用地里的野菜喂小鸡、小鸭，引导幼儿感受自然教育是一个循环。

## 三、秋收：收获、晾晒 体会劳动教育意义

金秋是一个收获的季节，也是亲近大自然的最佳时节。为了让幼儿深度感受种植活动的秘密，让幼儿在亲近大自然中，感知秋收的魅力。引导幼儿在与金色的果实、湿润的泥土、藏满惊喜的大地、晾晒与品尝真正地感受自然的实际价值。收获是幼儿最期盼、最快乐的活动。除了成果的收获外，在种植的过程中幼儿收获了什么是值得我们探讨的。在四季劳动中，幼儿对自己的观察、发现，有很多独有的见解，或者对自己的情绪、搜索结果想要表达，都具有一定的教育价值。

### （一）一分耕耘，感受千分收获

引导幼儿利用各种工具进行成熟果实的收获，在收获中开展称一称、比一比、玩一玩等活动，引导幼儿结合各类不同的果实学习不同主题劳动，如《丝瓜秘语》《玉米的故事》，结合已有经验探究每一样所种植物的价值、营养成分、生长过程；结合各种农作物开展艺术体验活动，引导幼儿进行植物画的设计。

### （二）晾晒果实，体验劳动辛苦

晒秋，“秋”是指丰收的农作物和果实，晒秋就是晾晒农作物和果实的农俗现象。通过晒秋活动，让幼儿了解到春生夏长、秋收冬藏的自然规律，也让幼儿明白了每种食物都有它的价值，体验粒粒皆辛苦的含义。引导幼儿探索在晒秋活动中既考虑怎么能不让果实被雨水淋到，又要考虑不让麻雀吃到，结合晒秋活动生成多类的劳动。如根据“如何晒番薯干”这

一话题展开调查，通过网络搜索发现，需要先将番薯洗干净，再经历蒸熟、剥皮、切条、晒干这几个流程，美味的番薯干就制作完成了。

## 四、冬藏：储存·售卖 感受劳动教育循环

劳动来源幼儿生活，是一个循环性的劳动教育过程，因此在开展劳动教育中我们开展了储存及售卖活动，让幼儿感受到了劳动教育的循环。

### （一）探究冬藏，了解储存食物的方法

结合孩子的实际问题，共同开启了一场关于冬藏的旅程。鼓励幼儿去调查和探索冬季食物的储藏条件，知道食物储藏的传统方法，了解腌菜、存菜、挂蜡以及建设地下冷库的方法，感受中国人在生活中的智慧，感知和传承民族文化遗产，在生活里，细品人间烟火色。同时，结合“冬藏”打造专项主题活动。

图5　“冬藏”主题活动

### （二）售卖果实，感受自然循环

引导幼儿开启美食铺活动，把冬藏的果实一部分拿出来售卖，一部分制作成食物供孩子们和家长食用，幼儿的食用为每日午餐中融入，家长则是可以在幼儿园购买，而孩子负责售卖，将售卖的钱用来在明年春日进行购买种子。

四季多导下的劳动教育活动中，并非等同于一般意义上走马观花式的浅尝辄止，而是引领幼儿对一些典型的种植活动农耕传统文化进行深度的体验。尝试寻求与现代幼儿相匹配的认知、活动方式助力幼儿在劳动中进行深度学习。以幼儿适宜的表现方式给予创造性的指导，助力儿童达成深层学习的效果，同时也让幼儿的劳动在学下生发，在学中进步。

### 参考文献

［1］蔡冬雅．快乐学习 美妙收获——浅谈幼儿种植活动的开展［J］．新课程（上），2019（3）：190—191.

［2］朱惠芬．幼儿园种植活动中幼儿种植行为的观察与探讨［J］．好家长，2018（7）．

# 基于项目学习的幼儿园 STEM 教育活动实践探究
## ——以“菜园种植”为例

（高尚文　山东省青岛胶州市实验幼儿园）

**摘　要**：STEM 教育是教育思路的创新，这是幼儿进行整体学习、了解世界的良好方法。种植活动是幼儿园中最常见的学习活动形式。幼儿通过与各种植物、泥土、工具进行接触和作用，加深幼儿对于植物的基本认识，以“菜园种植”为基本的切入点，通过幼儿园中 STEM 教育活动的形式，增强幼儿的综合素养。

**关键词**：项目学习；STEM 教育活动；菜园种植

STEM 教育强调幼儿在学习过程中拥有自己的体验性，这符合幼儿当前阶段中的发展情况。在项目学习的背景下，开展幼儿园 STEM 教育，让幼儿以“菜园种植”为基本的项目进行实践和动手，切实解决幼儿在菜园种植中遇到的问题，提升幼儿在“菜园种植”中的体验性，让幼儿和大自然多接触，从自然中学习知识，获得启发。

### 一、建立项目中心，提升幼儿知识汇总能力

建立项目中心，是为了方便教师在进行幼儿园 STEM 教育活动时，能够使得幼儿明确开展“菜园种植”活动的目的性。利用这样的方式，解决针对于低龄幼儿理解能力不足的问题。

例如，在开展“菜园种植”活动时，教师可以将幼儿组织起来，将幼儿带到幼儿园中的空地前面，告诉幼儿：如果你现在拥有了一个菜园子，你想在菜园子里面都种上什么呢？当幼儿接到这个任务之后，就会积极思考，想一想自己平时都见过哪些蔬菜，有的幼儿还会想着能不能在种植完蔬菜之后，有空余的地方种植一些花卉呢？面对这一任务，幼儿纷纷都参与了进来，有的开始在图画本上利用自己的彩笔设计该怎么进行种植蔬菜，有的幼儿回家找自己的爷爷奶奶帮忙，向爷爷奶奶询问哪一个植物比较好种植。利用开展多种形式的调查准备。幼儿在经过分类、统计之后，决定了自己想要在菜园子中种植青菜。因为青菜是一个比较好种植的蔬菜，十分有利于幼儿动手。

在这一过程中，给予幼儿两天的时间，让幼儿自己去寻找办法，查询资料，调查一下看哪个蔬菜比较好种植。利用讨论的方式，解决幼儿在意见上的不统一，建立了项目的中心“菜园”。

### 二、支持项目生长，提升幼儿的感性体验

建立项目中心之后，在实践动手的过程中，幼儿会遇到很多问题，这些问题会给幼儿带来一些困惑，由此生成了一些小的项目。比如：青菜怎么进行种植？在这个项目中，利用一些综合性的知识，遵照当前幼儿发展的认知情况，解决幼儿在种植蔬菜中遇到的问题。

例如，在“菜园种植”项目中，教师应让幼儿自己动手种植青菜，在观察、种植和沟通交流的过程中，掌握关于种植蔬菜的基本方法。利用这样的方式，提升幼儿的探索能力，激发出幼儿身上的责任感，让幼儿感受到劳动带来的愉悦性。在蔬菜园的专门场地中，幼儿首先需要开辟出一个专门的、适合蔬菜生长的地区，在种植青菜的过程中，掌握种植青菜的方

法，认识到青菜在生长时所必需的条件。在活动中，教师可以先带领幼儿观看种子发芽的录像，以一个视频的形式，生动地描绘出种子是怎么一点点成长起来，怎么给种子施肥，种子又是怎么长大的，最后怎么变成桌子上的一道菜的。通过这个视频，教师可以向幼儿进行询问：看了整个种子发芽的过程，你觉得神奇吗？当种子开始萌芽之后，那么整个植物又是怎么进行生长的呢？利用这样的方式，鼓励幼儿进行回答。在项目活动中，教师可以让幼儿进行讨论，一起寻找怎么种植青菜的种子。当幼儿经过了讨论之后，确定了大致的方向。首先，幼儿要在蔬菜园中挖出一个小坑，然后将种子撒在里面，每个小坑之间应保持几厘米的间距，最后为这些小坑盖上土埋好。利用这样的方式，完成对于青菜的种植活动。

## 三、加入常规任务内容，提升幼儿解决问题能力

为了让幼儿在STEM教育活动中，做到像科学家、工程师等多种职业进行研究。因此，在教育活动中，教师需要引导幼儿把握好“怎么动手种植”的实践过程，让幼儿在教育活动中进行科学化的个人思考。通过这样的方式，幼儿在一开始只是下意识地动手种植青菜，后来逐步变成有目的地和计划地进行种植青菜，回到幼儿学习的原点，完成幼儿教育的本质工作。

例如，在“菜园种植”的活动中，幼儿需要每天做到管理青菜，每天给青菜浇水、除草、施肥。只有足够的水量，才能让种子萌芽。当种子出苗之后，教师应重视安排给幼儿任务，让幼儿进行浇水。在浇水的时候，教师应重视向幼儿强调，水必须渗透到土层中，只有渗透到土层中，才能让青菜种子长得更好。当青菜出苗之后，在青菜的周围会生出很多的杂草，这些杂草必须及时进行根除，才能保证青菜的正常长大。如果周围的杂草过多，那么就会影响青菜的成长。在每天中，教师都可以选择时间，带幼儿手动为青菜拔除杂草，让植物能够更好地成长。在幼儿每天对于青菜的观察中，会发现这样的问题，有的青菜的小苗长势很好，有的青菜的小苗却长得不佳。在这时，教师可以告诉幼儿，这些成长不好的小苗需要进行施肥了，给予它们特别的营养，组织幼儿给这些青菜的小苗施肥，利用施肥的方式，让这些长势不好的小苗可以追上其他小苗。通过一系列的活动内容方式，充分锻炼幼儿动手的能力。同时针对于在种植青菜中出现的问题进行解决，让幼儿面对问题进行积极思考，提升幼儿解决问题的基本能力。在这一阶段的过程中，幼儿展现了自己的责任心，也有利于幼儿形成一个良好的学习品质。通过在活动中引导幼儿进行探索，解决在种植青菜中的问题，充分提升幼儿的研究力。

## 四、链接拓展性问题，升华幼儿个人情感素养

STEM教育活动强调真实性和有效性，旨在打破传统学习活动中的局限性。利用引导幼儿进行综合探索的方式，让幼儿解决实际生活中的问题，同时培养幼儿拥有一个综合解决问题的基本能力。STEM需要关注到幼儿的学习经验和幼儿的发展点，提倡引导幼儿进行深度学习。

当幼儿长时间和自己的植物进行接触，幼儿对于自己的植物就会有更多的喜爱之情。在这一过程中，教师可以开展小剧场扮演，听着关于植物成长的过程，看着关于植物成长的绘本，在教室中模拟演出。模拟演出的出现是因为幼儿喜欢模仿，个人喜欢表演，喜欢玩和游戏。利用开展剧场扮演的方式，让幼儿向着更深层次、更宽视域的方向进行学习。利用从一开始的热爱植物，再到扮演植物，从实践到角色表演，丰富了幼儿教育活动的架构性，让幼儿的学习更具有实效性。当幼儿种植的青菜成熟之后，教师可以引导幼儿自己将这些青菜带回家去，变成自己家中的一道菜，还可以将多余的菜作为今天幼儿园中的一道菜肴。当幼儿吃到自己种植的青菜后，会有着更多的喜悦之情，会感受到自己的劳动成果。从幼儿的言语

和行动中，有助于激发出幼儿进行探究的兴趣，切实提升幼儿对于种植植物的探究兴趣。幼儿在 STEM 活动中，其个人从认识植物到照顾植物，有助于锻炼幼儿的动手能力、思维能力、沟通交流能力。通过完成一些小组合作任务，小组进行浇水、除草、施肥，充分促进幼儿之间进行友好沟通，切实保证幼儿身上的社会性得到发展。幼儿在整个活动过程中，也能感受到劳动的价值性，认识到只有经过劳动，才能有所收获。

## 五、结语

在“菜园种植”的项目中，追随幼儿的整体学习活动，明确幼儿是 STEM 活动的教学主体，充分利用多媒体的方式辅助“菜园种植”的项目活动，加入情境教学和体验式的教学方式，能够切实激发出幼儿对于自己动手探索的热爱，进一步发展幼儿的动手能力，增强幼儿的综合素养。

### 参考文献

[1] 陈育芬．幼儿园 STEM 项目化学习活动的实践探究［J］．辽宁教育，2022（02）：84—87.

[2] 白明旭，张路曼．基于项目学习的幼儿园 STEM＋教育活动实践探究——以大班“塔项目”为例［J］．儿童与健康，2021（09）：37—39.

# 数学活动在幼儿园一日生活中的渗透

（张立双　北京市朝阳区丽景幼儿园）

**摘　要：**幼儿园数学教育在幼儿园活动中占据重要地位，幼儿的学习是在游戏、操作、体验中进行的，将数学活动渗透到幼儿园一日生活中，能将活动形式和内容都随机化，既有既定的目标，又有随机的教育特性。本文围绕幼儿如何学习数学，幼儿园如何根据幼儿学习数学的特点开展渗透性数学活动进行了探讨，希望总结自身的教育经验，提高专业水平的同时，能为同行给予一定的启发与借鉴。

**关键词：**渗透；数学活动；整合

幼儿学习数学需要持续、反复，教师应充分了解并遵循其学习特点，因此有多种数学活动出现于幼儿园活动中。我们发现，即使我们把“数学”作为一个独立的学科来设计活动，在其他领域活动中它也仍常出现并扮演着非常重要的角色。这时候数学似乎并没有被着重提出来。这样数学知识融合在其他活动中算不算一种活动形式呢？

数学活动按照形式来看的话，渗透性数学活动无疑就是讲数学知识“生活化、经验化”，用“整合、渗透”的观念挖掘生成和预成数学教育价值，将数学教育内容有机地渗透融合在一些活动、游戏、环境中，引导幼儿通过发现、探索、操作来积累有益的数学经验，促进其数学知识的建构。

## 一、为什么要开展渗透性数学活动

### （一）对教师的帮助

幼儿园活动的主体是幼儿，主要方式是游戏，作为幼儿游戏的组织者、支持者、引导者和合作者，教师在向幼儿传输数学知识的过程中往往会遇到各种各样的现象，怎样将数学带给孩子呢？

渗透性数学活动对于教师来说，首先在保证严谨性的前提下，形式上不那么严肃了，能够轻松地将数学融合在其他活动中。其次，在活动开展前，节省了准备材料的时间，教师在开展某一活动前将活动材料准备好，活动中数学的渗透恰好可以利用这些材料，节省了教师再次准备数学活动材料的时间，提高了工作效率。此外，渗透性数学活动需要教师在其他活动中发现数学教育价值从而开展，长此以往，教师的观察能力得以提高。

### （二）对幼儿的帮助

正如渗透性数学活动的名称一样，它是渗透于其他活动中的。对于幼儿来言，这样的渗透更加自然、轻松，他们在学习数学知识时更加愉快地获得并不难理解的数学知识，有利于幼儿的内化与运用。例如：在户外活动时，教师请中大班幼儿排队，他们会按照平时的习惯男孩子一队，女孩子一队，这时教师请一个男孩子在前面，后面排两个女孩子，然后再排一个男孩子，后面再排两个女孩子，接下来请其他幼儿观察后进行排队，幼儿便会按照教师给出的规律排队。这样一个 ABB 形式的按规律排序就在户外活动中渗透了，孩子们亲身体验尝试的就更容易记住，教师再利用放松环节进行经验总结和提升，幼儿就更加清楚地掌握了排序的技巧，可以随时运用到日后的游戏和活动中了。

## 二、如何在一日生活中进行渗透性数学活动

### （一）在主题中渗透数学

以幼儿兴趣为出发点，教师寻找和发现教育契机，在一段时间内围绕这个中心内容（即主题）组织活动。这样，打破学科之间的界限，将各种学习内容围绕一个中心有机连接起来，让学习者通过活动获得与“中心”有关的较为完整的经验。或许这个中心并不是数学知识，但是在这一整个活动中，数学活动能够很完美地渗透其中。

1. 分类概念在小班的主题活动《动漫糖果屋》中的渗透。教师发现幼儿对各种各样的包装纸兴趣浓厚，顺势请所有幼儿回家收集各种各样的包装纸带来与同伴分享。活动中通过家长的协助，有个别幼儿在介绍自己收集的糖纸时还清晰地说出了颜色、形状，于是教师有意识地将分类这一概念渗透进来，利用孩子们收集的糖纸开展了“彩色的糖纸”活动，引导幼儿按颜色分类。在这个过程中，教师提出“还可以怎样分”的问题，让幼儿利用已知的分类经验发现其他角度的分类，从而掌握分类技巧，并运用到生活中去。

2. 排序知识在《神奇的交通工具》主题活动中的渗透。教师在主题活动中将分类的概念渗透其中。例如，分别根据交通工具的作用、大小、外形、使用方式等不同特点进行分类。在与主题活动同步进行的区角活动中，教师发现幼儿在玩各种玩具车时还自发地“建造”了一个停车场。这时教师便从孩子的兴趣点出发，利用停车场的活动将排序的知识渗透其中。

3. 空间方位在《我爱我家》主题活动中的渗透。在新学期《我爱我家》主题中，加入了熟悉新教室的内容，空间方位的知识就可以渗透进去。例如，在对新教室的描述中，教师引导幼儿观察在哪里有什么，通过同伴间的影响，幼儿回答和思考的过程中自然而然地掌握了如上、中、下等空间方位知识。

### （二）在环境中渗透数学

环境是幼儿园的重要组成部分，对于幼儿来说，环境对他们起着重要的作用。它可以让幼儿在一个宽松舒适的环境中得到好的发展。“让环境会说话”成了幼儿园环境创设的主要核心。环境会说话，在布置环境的时候将数学知识体现出来，让幼儿感受到数学的有趣。

1. 几何图形在墙面环境中的体现。在孩子们每天生活的教室里，有很多与他们互动的墙面环境。在这些环境布置时，教师用几何图形作为背景，如值日生墙用圆形背景，各种值日项目贴在圆的周围，圆心处安一枚可以活动的指针指向相应的项目处。又如，在盥洗室地面贴几何图形的排列，引导幼儿按照几何图形排队，巧妙地利用环境的作用解决了盥洗室幼儿拥挤的现象。

2. 数字在生日墙上的体现。生日墙面上，呈现一片天空，飘着一些热气球，每个热气球下面都有该月生日的孩子的头像，孩子们可以通过热气球上面的数字知道同伴的生日，那么孩子们会明白平日里常说的阿拉伯数字所代表的便不仅是“几”“几个”，也可以表示日期。

3. 统计在天气预报中的运用。在大班天气预报墙面，设置一个天气统计表，幼儿通过每日播报天气并进行记录，每月底数一数晴天、雨天、多云等天气各有几天，记录在统计表中。统计的知识就是这样，在每天都做的事情中完成，并且呈现在墙面上。

### （三）在一日生活过渡环节中渗透数学

“生活中的数学，让幼儿能自然而然、不知不觉地学习‘数学’，获得有关数学经验。”幼儿在幼儿园一天的全部经历，便是一日生活，是幼儿学习和发展的机会，教师应抓住并珍惜这一契机对幼儿进行观察和有效干预。从早入园到晚离园，数学活动的渗透其实已经在进行了。

1. 时间概念在晚离园环节的积累。一天的幼儿园生活，孩子们过得充实有趣，在晚饭结束和晚离园之间的10分钟里，教师仍然没有浪费。教师将每天的这10分钟利用起来作为一天的总结，总结时教师有意引导幼儿按照时间顺序来回顾这一天，引导幼儿说一说今天，将“上午”“下午”“早上”“中午”“晚上”的时间概念进行提升总结。

2. 一一对应在餐前环节的运用。小班下学期，在班中加入了值日生，孩子们都非常踊跃参与。在讨论之后决定了值日生一天的职责，其中有一项是在餐前帮同伴分发盘子和碗。起初教师先按照出勤人数将盘子和勺子摆放好，然后由值日生摆放碗，教师会告诉他每一个盘子旁边放一个碗就可以了，于是按照这样一一对应的方法，值日生开始分发碗，到最后他突然跑到教师身边说少了一个碗，教师问他：“你怎么知道少了一个碗呀？”他说：“因为有一个盘子旁边没有碗了。”

利用一一对应的方法比较多少，教师可以直接告诉孩子，但是数学知识毕竟不是光靠教孩子就能会的知识，它需要孩子自己去操作和体验。案例中，我们可以看出值日生在一一对应发放碗的时候发现少了一个碗，如果教师在没有请幼儿一一对应发碗时问他碗多不多，少不少，那么这对于一个小班幼儿来说简直是难题。所以这个值日生通过发碗的操作获得了利用一一对应的方法比较多少的数学知识。

3. 测量活动在户外中转环节的渗透。

户外中转环节，个别幼儿会在自然角观察植物，也会有相互比较谁的植物长得快的幼儿。教师引导幼儿如何知道植物到底有多高，孩子们会拿起自然角准备的自制尺子测量植物的高度，也有利用教师准备的小芽模型去比一比有几个小芽的高度。

早操时幼儿排队，有的会以身高作为依据进行比较；户外活动时幼儿观察影子的变化发现时间的规律；进餐前分发盘子和碗发现一一对应可以用来比较多少；点名环节数数有几个小朋友没来……这些都是在一日生活中数学教育的体现，也正是这些渗透在生活中的数学，让孩子能够自主学习，发展自主性和创造性。

数学活动整合于幼儿经历的每一件事中，给面对幼儿园数学教育的教师们减轻了负担，为幼儿带来了更快乐的学习方法，同时也培养幼儿的逻辑思维。所以，教师更应充分了解孩子的实际发展水平，发现他们的经历中可用的资源，将数学渗透其中。

## 参考文献

[1] 中华人民共和国教育部．幼儿园教育指导纲要［M］．北京：北京师范大学出版社，2001.

[2] 中华人民共和国教育部．3～6岁儿童学习与发展指南［M］．北京：首都师范大学出版社，2014.

# 立德树人视角下科学教育活动中的德育渗透研究
## ——以“传密信，递爱心”活动为例

（杨晓　陈鹏　北京市朝阳区丽景幼儿园）

**摘　要：**自党的十八大以来，国家将立德树人作为教育的根本任务，可见德育的重要性。幼儿德育是个体发展的奠基过程，从幼儿抓起，培养德智体美劳全面发展的社会主义建设者和接班人。在学前教育阶段，将科学教育资源应用到幼儿园德育工作之中，既能发展幼儿的科学素养，也能在这个过程中实现“立德树人”任务。本文以“传密信，递爱心”的科学活动为例，从立德树人视角探究如何从幼儿成长实践过程，有效运用科学教育资源，促进幼儿身心健康成长，加强幼儿园德育教育工作。

**关键词：**立德树人；科学教育；德育

## 一、德育在幼儿阶段的意义

学前教育是基础教育的启蒙阶段，德育是学前教育阶段的重要组成部分，为幼儿一生的发展奠定基础。《幼儿园工作规程》提出了幼儿德育总目标：“萌发幼儿爱祖国、爱家乡、爱集体、爱劳动、爱科学的情感，培养诚实、自信、友爱、勇敢、勤学、好问、爱护公物、克服困难、讲礼貌、守纪律等良好的品德行为和习惯，以及活泼开朗的性格。”德育在幼儿园中可以利用多种方式开展，运用科学教育资源，激发幼儿在探索科学奥秘的过程中，树立正确的道德观，培育正确的思想意识和价值观，健全幼儿人格、品质，实现科学教育资源与幼儿园德育活动的有机融合。

## 二、新时期幼儿德育教育的特征

### （一）突出幼儿在教育中的主体性

随着幼儿教育逐渐被社会所重视，社会、学校和家庭也对学前教育投入更多的关注。在学前教育阶段，教育者应以儿童为中心，充分考虑到他们的成长需求和发展。学龄前的幼儿正处于认知能力和思维方式发展的关键阶段，幼儿主体性需要被重视和尊重，在进行德育教育时，要依据幼儿的发展水平创设德育活动和游戏，依据儿童的兴趣来规划多样化的活动方案，以满足他们多元化的参与需求。幼儿教师还需扮演好引导者的角色，激励幼儿依据自身的社会理解和生活体验积极加入德育实践。面对难题时，应鼓励孩子们自我探索，同时教师要细致观察，适时提供指导，以此不仅促进幼儿全面发展，还有效推进德育教育的实施。

### （二）实现幼儿全面发展

幼儿教育在个体发展的整个过程中承担着至关重要的角色。幼儿园的德育教育并不仅局限于教学活动中，而是融入幼儿一日生活的各个环节。这样做不仅能帮助幼儿建立起正确的世界观、人生观和价值观，还能通过潜移默化的方式让幼儿在一日生活中领会道德观念、充实精神的力量，将内化的道德观转化成行动，做出正确的道德行为。通过在科学教育中渗透德育课程，一方面，可以利用科学教育加强幼儿的道德教育，实现教育目标，即培养德才兼备的人才；另一方面，能够充分发挥科学资源的教育潜力，最大化地开发儿童的潜能，从而促进他们的全面发展，这符合中国特色社会主义发展的核心要求。

## 三、科学教育活动中的德育渗透

### （一）在科学教育活动中培养幼儿良好的学习品质

1. 发展幼儿主动探究的能力。发挥幼儿个体的主观能动性，让其自身产生主观意识上积极的学习态度，科学教育活动为幼儿提供了丰富的主动探究的学习机会。以“传密信，递爱心”活动为例，幼儿根据收到的密信猜测怎样让空白的密信显现出来，他们提出了各种各样的想法，幼儿在验证他们的猜想时，会利用不同的方式猜测实验材料，愿意通过不同的材料、反复操作尝试，每个幼儿都主动去操作，用多种方式解决问题。在实验过程中，通过对碘伏、酱油、醋三种液体的对比进行实验，发现结果。最终发现碘伏可以让纸出现图案，原来碘伏是可以让信显现出来的神奇药水。需要注意，主动探究的前提是贴近幼儿的生活和激发幼儿的兴趣，从而发挥幼儿的主动性。

2. 培养幼儿的专注性。专注性是现代社会很多人缺乏的一种学习品质，而科学活动由于其经常包含神秘的科学原理、有趣的科学探索、操作性的实验活动而吸引幼儿的兴趣，使其专注地投入到科学活动中。例如，在幼儿自己尝试通过实验找出可以写密信的材料时，确保实验结果的成功和准确就需要幼儿足够的专注，依次将自己猜测的液体用毛笔蘸取后按顺序排列在纸上，然后用碘伏依次进行尝试，最终确认实验结果，淀粉水可以作为写密信的材料，并将自己的发现记录在表格中。这一系列的操作都需要幼儿专注地投入其中。专注和认真是科学实验能够成功的保证。

3. 激发幼儿观察兴趣，引导幼儿多维度观察。观察是幼儿探索世界的重要方式之一，它能助力于幼儿对周围环境的理解。为了培养和激发幼儿对观察的兴趣，教师首先需深入了解每位幼儿，抓住他们的兴趣所在，并采取合适的方法来激发他们的观察欲望。其次，应鼓励幼儿通过视觉、触觉、听觉和嗅觉等多种感官参与到认知活动中，促使他们进行全方位的体验，这正符合德育认知发展中强调的采取亲身体验的学习方式。同时，考虑到幼儿观察事物的角度往往具有其独特性，教育者在保护这种独特视角时，还需要指导幼儿发展系统性的观察方法，引导他们遵循一定的逻辑和规律进行仔细和全面的观察，以获得更加完整的认知视角。

在让密信内容显现的过程中，根据教师的实验，幼儿发现空白的纸加上神奇的液体后能显现出文字。之后，幼儿开始观察教师提供的这几种不同的液体，利用看、闻等方法猜三种液体分别是什么。通过多种感官的参与，幼儿发现了其中醋、有酱油，之后通过科学实验的开展，幼儿一个个目不转睛地观察着实验结果，最终锁定了其中一个药水是让密信显现的神奇药水。持续、多维度的观察是这次活动中必不可少的。

### （二）在科学活动中发展幼儿社会性

1. 在沟通交流中发展社会交往能力。人与人之间的社会交往离不开语言的交流和沟通，幼儿社会性的发展很多时候以语言作为媒介。科学活动中，幼儿需要在合作性的实验中进行语言、情感、动作上的交流，如“传密信，递爱心”活动中是以小组的形式开展实验，这时就需要利用到幼儿的沟通和交流能力商讨实验的操作步骤，分工的任务，等等。

2. 在分工合作中促进社会交往。《3—6 岁儿童学习与发展指南》中指出，5—6 岁儿童活动时能与同伴分工合作，遇到困难能一起探究。小组合作的形式能让幼儿在小组中提升学习能力，提升小组成员学习的主动性。发展幼儿的学习品质，在小组中学习分工，学习与人交往，学习解决问题的方法。在“传密信，递爱心”活动中采用小组合作的形式，幼儿在小组内会协商分工，有人负责记录，有人负责举着纸，有人负责用喷壶喷。在小组合作中发现问题、讨论问题，最终通过小组的力量解决问题，促进幼儿的主动学习。

3. 在分享中体验社会情感。分享能够将个体的收获和快乐扩散至更广泛的群体之中，实现从个人到集体的快乐转化，从而达到物质和精神双重满足的社会交往目标。在幼儿园这个微缩的社会场景中，实验结果的分享让幼儿将这份成功的科学秘密与同伴共享，这不仅仅是分享物质成果，更是分享劳动的喜悦和成功的欣慰，体现了积极的社交行为和正能量的传递。

幼儿园作为幼儿的社会起点，汇聚了不同性格和背景的小成员。在这里，资源虽然有限，但通过分享，可以有效提升资源的使用效率和价值，促进了社交技能的提升和人际关系的和谐。幼儿通过分享，不仅学习到如何与人交往、如何成为一个受欢迎和尊重的人，还能在潜移默化中认识到合作与共享的重要性。而且在幼儿阶段就形成分享的习惯有利于其长远发展。那些在幼年时期就展现出分享习惯的孩子，长大后在社会中往往能获得更快的发展，更容易赢得他人的尊重和喜爱，且在职业和个人成就上也更为突出。这一点强调了分享不只是一种短暂的行为表现，而是一种可以影响个人一生的重要社会技能和价值观。

### （三）在科学活动中渗透感恩教育

拥有感恩之心是中华民族崇尚的美德之一，同时，爱也是人类最伟大的情感，是所有高尚品质和美好道德的核心。3—6 岁的幼儿正处于情商、智商发育的快速时期，对情感的感受最自然、最丰富，从小培养幼儿的爱心意识、培养他们懂得感恩，有利于幼儿以后乃至一生的发展。《幼儿园教育指导纲要》中明确指出：要培养幼儿爱父母长辈、教师和同伴，爱集体、爱家乡、爱祖国。由此可见，教师要重视对幼儿进行爱的教育，用心去引导幼儿，帮助他们去发现爱，感受爱，表达爱，付出爱。

在活动最后一个“送密信”环节，幼儿自己动手操作体验制作密信的过程，之后，教师鼓励幼儿给同伴、父母、教师写信，通过这样特别的方式表达自己对周围人的关心和感恩之情。

### 参考文献

[1] 彭凤. “立德树人”教育思想指导下的幼儿园德育 [J]. 学前教育研究，2020 (7)：89—92.

[2] 华红艳. 立德树人背景下重申幼儿德育问题的意义 [J]. 教育导刊（下半月），2020 (4)：5—9.

[3] 黄博伦. 立德树人教育思想指导下的幼儿德育思考 [J]. 基础教育论坛（上旬刊），2021 (7).

[4] 赵世兰. 立德树人背景下幼儿园德育渗透策略研究 [J]. 求知导刊，2019 (39)：57—58.

# 利用音乐培养幼儿良好行为习惯

（张晓飞　北京市朝阳区丽景幼儿园）

**摘　要：**本文从幼儿良好行为习惯培养中的困境入手，指出了当前幼儿行为习惯培养中存在的阻力，分析了音乐对幼儿思想认识、行为举止以及习惯等方面的积极作用，提出了选择合适音乐内容进行教育引导，借助园内音乐约束幼儿行为习惯，利用音乐反复播放督促习惯养成等策略。由此来推动幼儿良好行为习惯的培养，促进幼儿更好发展。

**关键词：**幼儿；音乐；行为习惯

在幼儿园的教育教学活动中，教师一方面要努力地拓展幼儿的思维认知，让幼儿更深刻地了解世界；另一方面，培养幼儿良好的行为习惯，为幼儿未来的学习和生活奠定基础。幼儿良好行为习惯的养成与很多因素相关联。所以，在幼儿教育中教师可以利用音乐来培养幼儿良好的行为习惯，让幼儿能够更好地适应未来的生活。

## 一、幼儿良好行为习惯培养中的困境

在幼儿教育中，教师要从不同的角度来培养幼儿良好的行为习惯。从现在幼儿教育的实际情况来看，良好习惯的养成需要多方面的条件支持，然而在具体的教育活动中却存在较多的障碍。

### （一）教师引导的策略不够合理

在幼儿教育中幼儿良好行为习惯的养成需要教师的有效引导，比如引导幼儿辨认行为的是否合适，让幼儿能够主动地参与到符合集体意识到行为中去。但是，我们看到很多的教师并不会循序渐进地引导幼儿，而是简单粗暴地用语言来进行限制和命令。久而久之，幼儿就会产生逆反心理，甚至会故意对抗教师的引导指令。

### （二）幼儿的感知能力受到限制

幼儿的认知能力受到了生理的限制，很多孩子注意力不够集中，教师即使多次指令或者呼唤，都不能引起幼儿的注意。这就会导致幼儿难以较好地接受教师的指导，不能学习掌握更多的生活技能，也无法坚持培养良好的生活习惯。尤其是幼儿对事物的理解不同于成年人，一些很常规的行为习惯他们也无法理解和接受。

### （三）系统化习惯培养难以坚持

良好的行为习惯的养成需要较长时间的训练和坚持。多数幼儿活泼好动，无法真正地静下心来学习实践。一些系统化的教育策略和措施非常好，但是因为幼儿难以持之以恒地训练，这些好策略和方法也就难以落到实处，不能发挥较好的作用。例如，阅读习惯的养成需要幼儿不间断地参与阅读活动，然而不少幼儿会因为各种原因让阅读活动不连贯。这样自然就不能形成较好的阅读习惯。

这些方面的问题是幼儿行为习惯培养过程中存在的主要困境，对幼儿后期教育的影响是很直接的。所以，教师要想培养幼儿良好的行为习惯，必须寻找合适而有效的方法和策略。

## 二、音乐对幼儿行为习惯的影响

在幼儿教育活动中音乐的作用是非常大的。音乐能够陶冶人的情操，纾解人的心理情绪，帮助人产生条件反射。在幼儿教育中，音乐能够运用到教育的各个方面，对幼儿的行为习惯产生不同程度的影响。

### （一）强化幼儿的思想接受

幼儿的接受能力往往受到心理和生理的限制，不少的幼儿会表现得很散漫，记不住教师的指令，也就无法做出对应的动作。幼儿教师为了让幼儿养成良好的行为习惯，会利用语言、身势语等来做出要求。但是单纯的语言教导显然强制性太强，很多幼儿只是畏惧教师而遵从教师的指令，这一引导方式无法让幼儿主动地接受教师的教导。但是音乐能够潜移默化地影响幼儿的思想，让他们不自觉地接受各种行为认知，比如在《洗手歌》中的反复播放中，幼儿会懂得洗手的重要性。当幼儿在音乐歌谣中了解到了一些行为规范，也就会在生活中慢慢地遵循行为规范，并且积极地参与到具体活动中。

### （二）约束幼儿的行为举止

幼儿在生活中表现得比较随心散漫，他们不喜欢束缚，也不愿意被别人教导。在极端情况下甚至会出现很严重的逆反行为。所以，幼儿教育应该是循序渐进、良性互动的。因为幼儿对生活的黑暗面认识得比较少，所以他们并不明白为什么要形成良好的行为习惯。但是在教师的长期要求之下，并将音乐作为约束幼儿行为的辅助力量，那么就能够起到事半功倍的效果。在我们现阶段的教育活动中，通过反复的音乐活动可以约束幼儿的行为举止，比如在一些提示语之前播放一段比较特殊的音乐，反复地播放后幼儿就会通过音乐记住提示语的内容。那么，他们就会快速地做出行为反应。例如，在电器附近设置了音乐按钮，幼儿触碰到危险区域，那么就会出现对应的音乐以及触电危险警示，当同样的音乐响起的时候，即使没有提示音，幼儿也会形成条件反射，并下意识地约束个人的行为。这就说明音乐能够在一定程度上约束幼儿的行为举止。

### （三）促进幼儿的习惯养成

在幼儿教育教学活动中，幼儿没有较强的自我约束能力，所以很多行为习惯是很难养成的。例如，要求幼儿勤洗手、讲卫生。但是很多幼儿可能就只是坚持了很短的时间，所以习惯很难养成。音乐能够刺激幼儿的思维，在长久的行为习惯约束中会形成一定的心理暗示或者刺激，比如幼儿园将一首曲子设置成了起床铃声，幼儿习惯在这样的音乐铃声中起床。那么，即使在其他地方听到同样的声音，他们也可能做出同样的行为反应。借助音乐内容可以促进幼儿良好习惯的养成，比如通过舒缓的音乐引导幼儿入眠，利用铿锵有力的音乐节奏来推动课间运动，等等。从这个方面来看，音乐能够促进幼儿良好习惯的养成，让幼儿能够顺利地养成好的行为习惯。

从这些方面来看，音乐可以影响到幼儿行为习惯的养成。因此，教师就可以利用音乐教育来开展幼儿的多样化教育，培养幼儿良好的行为习惯。

## 三、利用音乐培养幼儿良好行为习惯的策略

利用音乐来培养幼儿良好的行为习惯是一个很有创意的教育策略。在幼儿教育中，教师可以利用音乐教育来进行幼儿行为习惯的培养。

### （一）选择合适音乐内容进行教育引导

在幼儿教育中，利用音乐内容来进行幼儿行为习惯的引导，需要选择合适的音乐内容。从现在的幼儿教育来看，并不是所有的音乐都能够对幼儿的行为习惯产生明显的影响。而且即使有些音乐内容可以运用到幼儿行为习惯培养过程中，但还是需要根据幼儿的实际情况来进行调整。因此，幼儿教师想要利用音乐培养幼儿良好的行为习惯，就要先选择合适的内容，对应地进行幼儿行为习惯的引导和教育。教师在教学设计的时候需要重点分析学情，还可以从网络上查阅资料，对所有的教学资料进行分析和挑选，最后选择最合适的内容来开展趣味教育活动，将音乐融入幼儿生活的各个环节。

### （二）借助园内音乐约束幼儿行为习惯

在幼儿教育中借助音乐来约束幼儿的行为习惯也需要教师采用多样化的方式来实践。在教育与生活中播放音乐是一种方式，幼儿可以通过聆听来形成条件反射。但是千篇一律地听音乐容易让幼儿产生审美疲劳。所以教师要利用音乐来进行多样化的教育，比如在游戏活动中增加音乐内容，形成“音乐＋游戏”的模式来开展幼儿行为习惯教育，让幼儿能够从简单的模仿活动中逐渐地掌握好的行为习惯，像听《爸爸妈妈我爱你》的歌曲来参与娃娃屋整理游戏，让幼儿在游戏中养成收纳的好习惯。除了听音乐感受节奏外，教师还可以组织幼儿去了解音乐的内容，通过歌词的内容来明白一些道理，慢慢地对自己的行为进行反思，像《上学歌》的歌词就很有童趣，幼儿在传唱的时候思考歌词的内容，那么就会懂得上学的意义，自然也就养成了不迟到、不早退的好习惯。

### （三）利用音乐反复播放督促习惯养成

在幼儿的行为习惯教育中，教师可以利用音乐来督促幼儿养成良好的行为习惯，比如起床铃声会让幼儿从睡梦中醒来，进入新一轮的学习过程中；就餐的音乐让幼儿主动地排队洗手、准备就餐等。教师在对应的时候播放各种音乐，一旦时间长了幼儿都不用教师监督就会依照指令来实践。这样幼儿的一些好的习惯也就逐渐养成了。那么，幼儿教师要选定合适的音乐内容，然后再反复地播放，直到音乐对幼儿的行为习惯产生一定的影响。例如，在午睡之后反复播放节奏感较强的音乐，让幼儿快速地从睡梦中醒来，准备参与下午的学习和游戏活动等。

这些策略和措施的落实能从多个方面来影响幼儿的行为习惯，帮助幼儿更好地接受习惯内容，并且自觉地约束自己的行为，最终形成比较好的社会适应能力。如此也就能完成幼儿教育的任务和要求，促进幼儿健康成长。

### 参考文献

［1］孙昕．音乐活动提升中班幼儿自我控制能力的行动研究［D］．吉林外国语大学，2023.

［2］王艳．音乐游戏提高幼儿自我控制能力的实践探索［J］．幼儿教育，2021.

［3］王美娥．音乐律动促进幼儿自我控制的实验研究［D］．辽宁师范大学，2017.

# 小班幼儿绘画教学有效性策略探析

（王茉暄　钱姗姗　北京市朝阳区丽景幼儿园）

**摘　要：**小班幼儿处于绘画涂鸦的初步阶段，这个阶段幼儿在绘画创作的时候会受到其认知能力发展的影响。为此，文章结合《3—6岁儿童学习与发展指南》对于小班幼儿绘画教学提出的要求，立足于当前小班幼儿绘画教学存在的问题及如何优化小班幼儿绘画教学进行策略分析，旨在能够更好地促进小班幼儿的绘画学习及绘画能力提升。

**关键词：**小班幼儿；绘画教学；有效性

3—4岁的低龄段幼儿处于涂鸦发展阶段的末期，在这个阶段幼儿的涂鸦开始从无意识的涂鸦创作转变到有意识地涂鸦创作。基于这个阶段幼儿的心理特点在教学过程中教师需要有意识地培养幼儿的心理指引能力，通过绘画教学让幼儿充分感受到绘画的微妙，并在绘画中感受到自我成就感和自主感。

## 一、《3—6岁儿童学习与发展指南》对小班幼儿绘画教学提出的要求

结合《3—6岁儿童学习与发展指南》指出小班阶段的幼儿绘画教学要注重培养他们的绘画兴趣和审美能力，即在成人的指导下，学习观察周围环境，对常见的、形象突出且色彩鲜明的事物感兴趣，喜欢周围美好的事物。在绘画教学方面教师需要引导幼儿愿意参加绘画活动，对绘画活动感兴趣，大胆涂鸦。要求幼儿在学习中能认识常用的笔，如油画棒、水彩笔和纸等绘画工具材料；掌握其基本使用方法，尝试用点（雨点、圆点等）、线条（直线、曲线、折线）和简单形态（圆形、方形等），表现日常生活中熟悉的、简单的物体特征。养成正确的握笔姿势和作画姿态；常规养成方面在使用工具和材料后摆放有序。

## 二、小班幼儿绘画教学发展存在的问题

### （一）幼儿绘画积极性不高

在小班幼儿绘画教学中幼儿经常会出现不会画或者不知道画什么的现象，对于幼儿的这些问题，如果教师没有及时采取措施予以帮助，就会严重挫伤幼儿绘画的积极性，最终导致幼儿绘画效果不理想。另外，在绘画教学中也存在这样一个现象，教师一味地主管打压评价幼儿的绘画作品，最终也会挫伤幼儿绘画的积极性。

### （二）幼儿绘画缺乏审美愉悦感

在小班幼儿绘画教学中很多教师会让幼儿一味地临摹一些画作，之后通过简单的训练来帮助幼儿掌握更多的绘画技巧，但是这种教学方式会严重限制幼儿的审美能力的发展。从绘画教学发展实际情况来看，教师很少会让小班幼儿欣赏绘画作品，也忽视了对生活中美好事物的关注。

### （三）幼儿缺乏绘画能力

在小班幼儿绘画教学的时候，很多幼儿仅仅在于自己绘画和其他绘画的相似情况，没有

意识去进行绘画创新，在绘画的过程中也没有在绘画中融入自己的想法。

# 三、小班幼儿绘画优化对策

## （一）精准的定位小班幼儿绘画教学目标

结合《3—6岁儿童学习与发展指南》的基本要求，将小班幼儿绘画的教育目标设定为：①有人能够自愿参与到绘画学习中，并在绘画学习的过程中感受到绘画活动的乐趣，在绘画创作的过程中大胆地融入自己的喜好和习惯。②了解油画棒、水彩、蜡笔等绘画工具的使用方式，科学使用绘画工具来完成画作。③掌握线条和简单形状的基本勾勒方式，从生活中幼儿常见的物体来寻找临摹的对象。④认识七色光中的构成，了解颜色和颜色之间的组成规律，在对颜色把握产生兴趣的基础上进行绘画创作。⑤在绘画创作的时候要大胆安排主要形象。

## （二）在小班幼儿绘画教学中教师要注重采取积极的措施来激发幼儿的绘画兴趣

让幼儿能够在兴趣的指引下更好地完成绘画创作，并在绘画教学中注重调动幼儿的主观能动性。比如在开展“吹泡泡”游戏活动的时候教师可以创设这样的游戏情境，幼儿扮演小鱼，教师说：“鱼宝宝们，我们一起去水里游一游吧。（教师带领幼儿跟随音乐的节拍走进教室。）在水里游泳真快活，我们一起来吐泡泡吧！”（教师与幼儿一起玩吹泡泡。）这一情境的创设充满了童真和童趣，幼儿会扮演小鱼的角色，这个角色的设定符合小班幼儿的年龄特点，在轻松、愉悦的游戏情境中唤起他们的学习兴趣，满足游戏的需要，并积累吹泡泡的经验。

## （三）充分了解幼儿的绘画习惯和绘画特点

1. 从生理发展角度把握幼儿绘画特点。从小班幼儿的生理发展角度来看，在这个阶段幼儿的生理发展处于肌肉逐渐朝着精细化手腕肌肉发展的过程中，与此同时，在这个时期幼儿的手、眼睛也开始协调发展，但是这个阶段幼儿的神经系统发育不完善，大脑皮层和抑制能力薄弱，因而在绘画创作的时候幼儿往往不具备审美意识。在经历了无意识涂鸦创作阶段，幼儿的线条勾勒和描绘开始呈现出一定无规律的圆形和线条。为了能够更好地促进幼儿的绘画学习，在这个阶段绘画教师需要仔细分析幼儿动作的基本特点和规律。

2. 从心理角度把握小班幼儿的绘画特点。幼儿阶段的本能涂鸦都是一种本能冲动行为，在涂鸦中也是反映了这个时期的幼儿心理发展特点。总体来看，这个时期的幼儿涂鸦作品十分不成熟，但是教师可以把握幼儿的绘画特点和规律来开展后期教学。另外，在绘画教学的时候教师要充分立足于幼儿的实际生活，在生活中发展幼儿的想象力和创造力。比如在冬天到来的时候教师可以组织幼儿对帽子和手套进行绘画，选择这样的绘画是幼儿生活中所熟悉的物体，能够调动幼儿的回忆来进行绘画，不至于让幼儿在绘画的时候手足无措。

## （四）组织多样化的绘画教学形式，实施多样化的绘画组织形式

在绘画课题的设定上教师要注重激发幼儿的学习兴趣，并在绘画课程开始的时候注重激发幼儿的绘画兴趣。在教学中教师不能够采取单一的临摹绘画模式，而是可以选择多种教学方式。在《小蝌蚪》教学中，教师要求学生一律用黑色的油画棒来画，当他走到一名叫亮亮的小朋友旁边时，发现他画的小蝌蚪在圆圆的、黑黑的身体外面勾画了其他颜色的轮廓线，对面的幼儿磊磊本来用黑色画小蝌蚪画得很好，当一看到亮亮用了别的颜色，赶紧也用另外的颜色来画小蝌蚪……由他们两人一带头，幼儿都开始用各种颜色来画小蝌蚪。对于这样的现象，教师没有否定幼儿的做法，而是鼓励他们在绘画创作的时候充分发挥出自己的想象

力，从而创作出更多高质量的绘画作品。实施多样化的绘画方式。小班幼儿的小肌肉不发达，对一项运动难以保持长期的兴趣，为了能够让幼儿更好地参与到绘画学习中，教师需要注重使用多种形式来组织幼儿绘画，比如在绘画教学的时候可以组织幼儿开展棉签画、手指印画、沙画等绘画活动。

第一，在幼儿绘画的过程中教师要对幼儿的绘画予以肯定。在绘画的过程中教师可以引导幼儿一边绘画一边说自己的绘画思路，积极大胆地表达自己的主观感受。如果幼儿不小心将整幅画作弄脏，教师不能够一味地批评幼儿，而是需要耐心询问幼儿将画作弄脏的原因，根据幼儿的行为来对其绘画予以指导，并鼓励其这次弄脏画作没关系，下次一定能够很好地完成绘画创作。第二，对幼儿的创作态度教师要予以积极的肯定。幼儿会将绘画活动看作一种玩乐活动，且在绘画的时候会投入自己的所有情绪。为了能够更好地调动幼儿参与绘画的积极性，教师需要在把握幼儿绘画心理的基础上对幼儿的绘画创作予以肯定支持。第三，对幼儿的绘画作品做出评价，全面激发幼儿的学习兴趣和学习主动性。教师在对幼儿作品进行评价的时候不能够将优劣作为评价标准，而是要让幼儿在绘画活动中培养自己的审美能力，让幼儿能够真正感受到绘画的美好。在绘画完成之后教师还需要引导幼儿对自己的作品做出科学点评。在幼儿绘画的时候教师还需要注重将最终的评价转变为一种过程中的评价，在幼儿绘画的过程中教师应及时发现和肯定幼儿的闪光点，随时对积极的思维、大胆的想象予以肯定，并鼓励幼儿在绘画创作的时候互相学习，由此来达到理想的绘画学习效果。

## 四、结语

在小班幼儿绘画教学中教师需要根据幼儿的年龄特点来开展有效的绘画教学，根据幼儿的成长发展特点来选择一种有效的教学方式、教学手段，并在幼儿完成画作之后教师要对幼儿的作品予以积极的肯定和评价，从而更好地激发幼儿参与绘画创作的积极性。

**参考文献**

[1] 冯天瑶．刍议小班幼儿涂鸦教学的有效性 [J]．新课程（小学），2015，000（2）：9—9.

[2] 杨丹．提高幼儿绘画教学有效性的策略 [J]．散文百家·国学教育，2019，000（12）：29.

[3] 杜秋红．幼儿美术教学的四个策略 [J]．北京教育（普教版），2016，000（12）：71.

[4] 黄琴琴．对幼儿小班绘画有效性教学的分析 [J]．课堂内外：教师版，2015（4）：65—65.

# 教师应对中班幼儿告状行为的指导策略

（蒋华青　王岩　北京市朝阳区丽景幼儿园）

**摘　要：**幼儿与同伴之间的互动行为有很多种，例如有冲突、炫耀、互助等行为。然而却发现在师幼互动中告状行为最为频繁，告状这种现象虽然看起来是小事，但却也影响着幼儿的身心发展，因此，正确认识和处理幼儿告状行为在幼儿园中显得十分重要，教师不可等闲视之，应该引起重视。本文主要以作者所在幼儿园为背景，以教师的角度来研究真实情境中教师应对幼儿告状行为的策略，采用观察法和访谈法对中班幼儿告状的原因和特点进行了探讨和分析，针对问题提出了因材施教、独立解决、家园合作等建议。

**关键词：**中班；告状行为；指导策略

刘晶波在《师幼互动研究中》一文中将幼儿告状行为概念界定为："幼儿园中幼儿的告状行为即幼儿在他们自己认为受到同伴的侵犯或者发现同伴某种行为与幼儿园的集体规则、教师的某项要求不相符合时，向教师发起的一种互动行为，它突出的目的就是要阻止同伴的行为。"告状行为也是幼儿社会性发展的标志之一，于是研究者将"告状"放大细化，由于中班的孩子（4—5岁）的认知发展已经达到一定的水平，其告状行为具有典型性，所以我们主要是在4—5岁这一年龄阶段中来分析幼儿告状的原因，并尝试从教师的角度出发，揭示本园师幼互动的现状，从而提高本园教师的应对策略，而良好的应对策略可以帮助教师节约很多时间和精力，对于幼儿来说，也可以提高其解决问题的能力，学会更好地与同伴相处，改善其人际关系。

## 一、教师应对幼儿告状的现状分析

经过两个星期的观察，共收到了"告状—策略"事件66起，根据不同的教师和幼儿的情况，总结出以下几种策略。

| 方式 | 过程 |
|---|---|
| 1. 公平裁决 | 教师以判官的角色，在弄明白事情的原委以后，以班级常规和规则为准来公平裁决，双方幼儿都要照顾 |
| 2. 耐心引导 | 有些教师会耐心地倾听和引导幼儿，根据幼儿的发展水平，帮助其解决还尽量引导幼儿不要为了一些小事来告状 |
| 3. 道德教育 | 引导幼儿换位思考，站在别人的角度想问题，要学会宽容，开展有关德育的绘本之类的教学活动 |
| 4. 让幼儿自己解决问题 | 教师应通过教学活动或者创造一些情景来培养幼儿独立解决问题的能力 |
| 5. 教师包办 | 教师为了提高工作效率，就快速解决争端，不给幼儿解释的机会，从而能够顺利进入下一步的教学计划中 |
| 6. 冷处理 | 教师在面对一些无足轻重的告状时，采取冷处理，先不回应幼儿的状子，在幼儿心情好一点时再做处理 |

续表

| | |
|---|---|
| 7. 忽略 | 教师对于幼儿的状子，没有任何的反应，还是忙于自己的工作，导致幼儿更加为所欲为 |
| 8. 敷衍了事 | 在教师忙的时候，会说："哦，我知道。"就没有下文了，打发幼儿走掉了 |
| 9. 把双方都批评一顿 | 教师为了减少幼儿的告状行为，不分青红皂白，把原告和被告通通批评一顿 |

通过对这 66 个事件进行分析，其频率分析如下图所示。

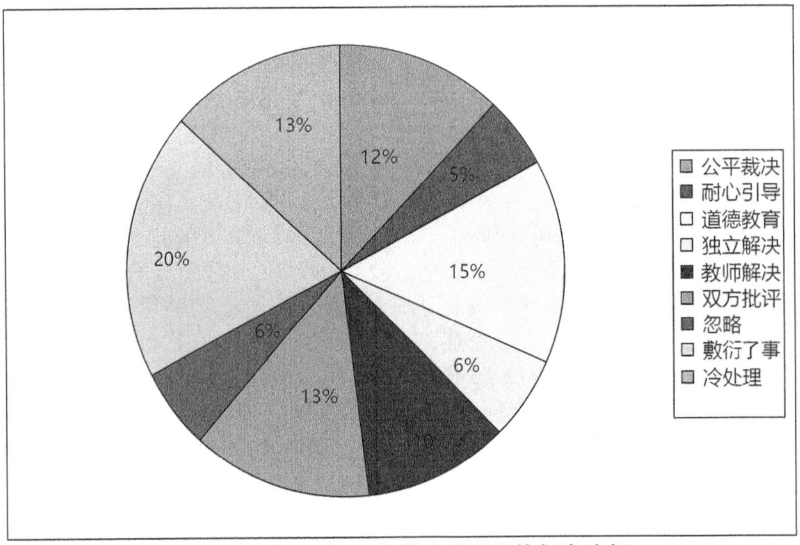


**图 1—1　教师对 10 种策略的使用的频率分析**

从研究结果来看，教师多倾向使用敷衍了事、道德教育和冷处理，而耐心引导，独立解决的策略使用较少。

## 二、教育建议

### （一）"因材施教"的策略——了解动机，区别对待

每一个孩子都是与众不同的，每一个孩子的性格也都不一样，因此每一个孩子的告状原因和告状动机也会不一样，所以教师要了解其原因和动机，采取不同的应对策略。比如，对待那些比较顽皮、性格外向的，一天能告上 10 次以上的孩子，他们主要的动机是获得教师的关注，因此教师可以采取冷处理和鼓励其独立解决的方法，减少其无意义的告状。而对于那些性格内向，其告状的目的主要是想向教师寻求帮助，这种孩子一般都比较胆小而且缺乏自信心。因此，面对这类孩子的告状应该给予其更多的正面回应，使其增强自信心，在平常的生活和教学中，应用眼神或者语言给他们更多的鼓励，慢慢地培养他们独立解决问题的能力。而对于那些只是为了试探教师而告状的幼儿，教师要给予明确的态度，给出是非标准，让幼儿知道什么事该做，什么事不该做；反之，如果教师置之不理的话，那些调皮的孩子就会更加肆无忌惮，造成了更多小朋友的效仿。对于那些只是为了陈述某一件事实，只是想让教师知道这些事情而已，教师应该耐心倾听，因为陈述一件事情对于幼儿的语言表达和逻辑思维的训练都有很大的帮助。

## (二)“独立解决”的策略

每一种策略最后都是为了让孩子能够独立去解决问题，因此可以采取以下措施来实现。

1. 运用绘本教学，提高幼儿的移情能力。《3—6岁儿童学习与发展指南》表明：幼儿的语言能力是在交流和运用的过程中发展起来的。幼儿可以在阅读图画中产生愉悦的情绪情感体验；阅读图画书可以从中学会人际交往的方式，使幼儿提高处理与父母、教师、伙伴之间关系的能力，有利于促进幼儿社会化的发展。

【案例】在户外活动的时候，马天宇在玩足球，而马勇在玩拍皮球，过了一会儿，马勇觉得拍皮球没有意思，就过去抢马天宇的足球，马天宇抱着足球不给马勇玩，就把马勇给推倒了，教师来到时，马天宇赶忙告状说：“教师，是他抢我的球。”马勇连忙告教师：“教师，他把我推倒了。”教师向旁边的小朋友们了解完情况以后，先安慰马勇，并询问有没有受伤，暂时将两个人分开。在下午上故事课的时候，教师选择了《小公鸡和小鸭子》的故事，讲完以后，教师引导小朋友说出其中的道理：“小公鸡和小鸭子是好朋友，他们之间只有互相帮助才能一起完成任务，那么我们小朋友之间是不是也要互相帮助，尤其是不能欺负胆小的小伙伴，对不对？那接下来我们请马勇和马天宇一起来表演一下这个故事好吗？”

2. 培养幼儿的分享意识。分享意识对于现在幼儿的发展可谓至关重要，现在的家里大多数是独生子女，分享意识比较差，教师应该抓住教育机会。比如在游戏活动以后，在放学之前进行回顾时，可以对那些懂得分享的小朋友进行奖励，逐渐从外在动机发展为内在动机。在观察的幼儿园里，每周五都是分享日，小朋友可以从家里带来玩具、吃的给大家一起分享，教师逐渐引导幼儿由物质的分享过渡到精神的分享，比如情绪情感，等等。

3. 转变教师的角色——由解决者变为引导者。教育家蒙台梭利说：“教育家首先要引导孩子沿着独立的道路前进。”对于幼儿的争执，教师不要急于去帮助幼儿解决问题，要先观察幼儿是怎么解决的，要让教师等一等。当有问题的时候，教师要充分尊重幼儿的意愿，不要简单地做对与错的判断，而是有意识地把问题留给孩子，让其学会自己去解决。其实在幼儿自己解决问题的过程中，幼儿还可以感受到因自己解决问题而带来的成就感，以后再遇到问题，他会首先想到的是自己能不能解决，而不再每次都求助于教师。

4. 采取“家园合作”的策略。幼儿的教育工作仅靠幼儿园一方是很难做到，如果有家长的帮助效果会事半功倍的，因此增强家庭教育是至关重要的。所以家长必须正确，理性地培养孩子，当他在做一些事情的时候，不要因为着急或怕孩子做不来，去挺身而出为孩子解决。给孩子一点时间，给他发表意见和见解的权利，让他积极参与家庭中的事务的决策。孩子做某些事情的时候，家长只需要引导、帮助和监督。在实际生活中有很多锻炼的机会，比如让孩子打扫自己的房间，孩子能学会为自己的生活改造环境，让孩子自己准备出行的行装，他能渐渐学会凡事计划在先，分清条理；孩子通过自己的努力获得的成果，是孩子快乐自信的最大源泉和进取向上的最强的推动力，父母与孩子之间才更能形成一种建立在互相尊重和依靠基础上的浓厚亲情。然而教师作为幼儿的启蒙者和领路人，应对孩子的这种社会性行为多加关注，不够细心的人可能觉得幼儿的告状看来事小，其实与幼儿的心理发展关系很大，关键在于教育者运用什么样的策略，好的应对策略它还能帮助教师或家长提高教育效果。因此只有双方共同努力，才能更好地应对幼儿的告状行为。

## 参考文献

[1] 杨翠美. 4—7岁幼儿告状行为研究[D]. 南京师范大学，2007.
[2] 郭云. 教师应对幼儿告状行为的策略研究[D]. 华中师范大学，2014.
[3] 刘晓静. 幼儿同伴冲突行为研究[D]. 南京师范大学，2002.4.
[4] 蒋秋芳. 中班幼儿同伴冲突及应对策略研究[D]. 南京师范大学，2007.5.
[5] 刘晶波. 社会学视野下的师幼互动行为研究——我在幼儿园里看到了什么[M].

南京：南京师范大学出版社，2006：149.

[6] 杨翠美，刘晶波．5—7 岁幼儿告状行为策略分析 [J]．幼儿教育（教育科学版），2007（9）．

[7] 郑名，李春丽．4—5 岁幼儿告状行为的研究 [J]．学前教育研究，2005（1）．

[8] 吕纪增．幼儿园幼儿受到攻击后告状行为的发生与发展 [J]．心理研究，2013（6）．

# 优化幼儿园一日作息时间安排的实践研究

（温馨　四川省眉山市洪雅县第四幼儿园）

**摘　要**：随着我国幼儿教育事业的不断改革和成熟，对于幼儿园一日作息时间的优化和改革也应当得到幼儿园管理者和教师的重视。良好的作息时间，不仅能够帮助幼儿养成更加优秀的时间观念和规范意识，还能够帮助幼儿园进一步规范幼儿的教学活动、游戏活动和生活活动，提高幼儿园的各项工作效率。为此，本文分析了幼儿园一日作息时间安排的问题，并且提出了优化幼儿园一日作息时间安排的措施，供参考。

**关键词**：幼儿园；作息时间；安排实践

一日作息时间安排作为幼儿园管理工作中最重要的环节之一，其对于幼儿园的高效运转有着非常重要的帮助。不过由于部分幼儿园缺乏对作息时间安排的重视，因此在作息时间设置上很容易出现不符合幼儿成长需求的情况。为此，幼儿园管理者和教师应当共同加强对幼儿园一日作息时间优化工作的重视，并且需要结合幼儿的成长需求进行优化，以确保幼儿园的作息时间能够更加科学、合理。

## 一、目前幼儿园一日作息时间安排的现状

虽然目前很多幼儿园推出了较为科学的一日作息时间表，但是由于部分幼儿园在编制时间表的过程中过于重视园区的活动安排和教师的作息安排，反而忽视了幼儿成长和年龄对幼儿园作息时间的影响，因此部分幼儿园的一日作息时间安排很容易出现以下问题。

### （一）重视教学活动设计忽视生活活动安排

部分幼儿园一日作息时间安排面临的首要问题便是过于重视教学活动设计却忽视生活活动安排的情况。这类幼儿园通常会将注意力专注于幼儿学习能力的培养方面，在游戏活动、集体教学活动方面安排的时间相对较多，反而没有意识到通过幼儿作息时间安排加强生活活动优化的重要性。例如，部分幼儿园会出现因为过于迁就教学活动而导致午睡时间过短或者缺乏、饮食时间不固定等问题，这对于幼儿心理健康以及生活能力的养成非常不利。同时，由于部分幼儿园开展的教学活动基本以教室内的活动为主，甚至部分教学活动需要幼儿久坐，加之休息时间和户外活动的缺乏，很容易对幼儿的身体发育产生一定影响。此外，还存在幼儿园忽视生活活动的安排，导致幼儿良好的生活习惯和自理能力难以养成。

### （二）作息时间安排不符合幼儿成长规律

部分幼儿园在作息时间安排设计的过程中出现不符合幼儿成长规律的情况。由于受到幼儿教育理念误区、幼儿园市场竞争等方面的影响，部分幼儿园在设计幼儿作息时间时，通常会结合教学互动以及教师的作息时间进行安排，忽视了幼儿的成长规律。首先是幼儿园作息时间较长。部分幼儿园为了能够契合家长的需求，作息时间会相应加长。但由于园所内部环境较为封闭以及活动安排等问题，过长的作息时间很容易让幼儿感到过于疲劳。此外，有些幼儿园还会出现作息时间过于紧凑的情况，尤其是在教学活动较多的幼儿园。紧凑的作息时间很容易导致幼儿没有足够的时间休息和放松，进而产生压力和焦虑等不良情绪。除以上情况外，还有的幼儿园作息时间经常因为教学活动问题打乱，例如缺乏固定的饮食和休息时间

等，反复打乱生物钟，影响幼儿的精神和身体状态。

### （三）作息时间没有真正尊重幼儿意愿

当前，大部分幼儿园一日生活作息时间表是以园级领导制定为主，相对而言，教师、家长、幼儿参与较少。同时在一日生活环节安排上过于细致，规定了某一时间段必须完成什么。幼儿和教师能够自主性掌握的时间较少，大部分呈现的形式也是以集体的方式展现，全班统一行动，行为动作统一规划。教师在执行中严格遵守园方制定的时间流程，忽视了幼儿的个体差异性，也禁锢了幼儿的自主表现力。幼儿整天在高控的管理模式下，也极容易产生压力和疲惫情绪。

## 二、优化幼儿园一日作息时间的策略

### （一）观察幼儿生活作息调整作息时间

结合幼儿的作息习惯以及成长需求对幼儿作息时间进行调整是非常重要的。为此，幼儿园在调整作息时间的过程中，既需要通过日常的观察和总结幼儿的习惯进行优化，也需要结合幼儿园教学和生活活动帮助幼儿养成更加科学的作息习惯。例如，在调整幼儿园进餐、点心时间的过程中，幼儿园管理人员则可以通过幼儿的平均到校时间、幼儿家长的上下班时间、幼儿午饭时间以及幼儿离校时间等因素进行适当调整。根据幼儿的饭量、用餐速度和消化情况对用餐时长进行调整，确保幼儿能够在充足的时间内完成用餐并充分消化，针对于用餐速度快或者较慢的幼儿，管理人员和教师则需要采取其他应对措施，例如适当延长时间、融入餐后助消化活动等，以确保用餐时间的合理性。而在午休方面，幼儿体质的不同对于午休时间的需求也存在一定差异，教师可以根据午休时间进行科学的优化。针对不想午休或者午休时间较短的幼儿（精力旺盛型幼儿），教师则可以单独将幼儿集中起来开展其他较为安静的活动，以便于大部分幼儿能够有充足的午休时间。此外，幼儿入园和离园的时间也需要做好调整，教师需要以幼儿家长上下班的时间为基础，并且结合幼儿的需求设定幼儿入园和离园的时间，对于部分幼儿家长下班较晚的情况，幼儿教师则可以组织游戏活动，或者通过幼儿自主区角游戏的方式避免幼儿因为长时间在园区而产生枯燥甚至焦虑的心理。

### （二）对教学活动时间进行优化

优化教学活动时间是提高幼儿园一日作息时间效率的关键，教师一定要控制好日常课程教学的时间，并且对教学活动进行优化，以保障能够对教学活动时间进行针对性优化。为此，教师应当合理设置教学目标和内容，减少不必要的环节，确保教学有效性和效率；同时，教师还需要根据幼儿的专注度等因素对教学速度和进度进行优化，既要确保教学质量，也要避免对教学时间进行过度压缩。由此，教师可以采用更加多样化的教学方法。融入有趣的游戏活动、小组合作、户外教育，运用好希沃白板、多功能操作室等，确保幼儿既能通过活动学习到知识，也能在活动中减轻在园学习的压力。而教师也更加合理安排教学内容，以确保教学时间能够得到充分且高效的利用。

### （三）帮助幼儿养成良好的生活习惯和时间观念

《幼儿园教育指导纲要》指出："建立良好的常规，避免不必要的管理行为，逐步引导幼儿学习自我管理。"因此，提升幼儿园一日作息时间的利用率，帮助幼儿养成良好生活习惯和建立时间观念非常重要。幼儿园要通过一系列生活活动和教学活动对幼儿潜移默化地进行培养，以便幼儿能够在生活中的方方面面意识到珍惜时间的重要性。例如，吃饭时，为了确保幼儿能够在保障消化的同时还能避免过度浪费时间的情况，教师可以对吃饭较慢或者在吃饭中扰乱秩序的幼儿进行有针对性的教育。通过带领其他幼儿集体鼓励、带领其他幼儿去展开饭后消化游戏等形式，以便那些故意拖延时间的幼儿可以在潜移默化地影响下养成良好的用餐习惯。此外，教学活动中教师更需要帮助幼儿养成良好的时间观念，而这也是提高幼儿园一日作息时间利用率的关键，毕竟教学活动是幼儿园一日作息时间中集中占比最多的环节，一旦出现幼儿教学活动秩序乱、教师教学效率低等问题，则很容易影响幼儿园一天的作息时间。而在优化教学活动时间的过程中，教师需要严格规定游戏活动和小组合作活动的时间，一旦超出规定的时间则会被判作淘汰，无法得到任何活动奖励，这对于帮助幼儿树立时间观念、规范教学秩序有着非常重要的帮助。

### （四）探索充满幼儿自主性的弹性一日作息

《幼儿园教育指导纲要》指出："科学合理地安排和组织一日生活，尽量减少不必要的集体行动和过渡环节，减少和消除消极等待现象。""时间安排应有相对的稳定性与灵活性，既有利于形成秩序，又能满足幼儿的合理需要。"游戏是幼儿的天性，让幼儿自主选择游戏时间、场地、形式，按照一日作息自主安排自己的活动，让幼儿自己能够掌控自己的活动。因此，将幼儿园一日作息时间安排的权利交给教师、交给幼儿，探索弹性一日作息是非常有必要的。尝试探索从常规时间作息表到各班特色作息表，随着幼儿自主性的增强、教师的放手，逐步延伸出"我的一日活动"幼儿自主安排表，在实践中优化幼儿园的一日作息时间安排。

## 三、结语

总的来说，想要对幼儿园一日作息时间展开合理优化，就必须贴合幼儿的成长需求和习惯养成需求，并且结合幼儿的作息时间和习惯、教学活动优化、帮助幼儿养成良好的生活习惯和时间观念等方式，确保幼儿园一日作息能够更加科学合理，为帮助幼儿养成良好的时间观念和意识打好坚实的基础。

### 参考文献

［1］白雪．幼儿园小班一日生活活动过渡环节组织现状研究［D］．辽宁师范大学，2021.

［2］张瑜．以弹性作息促进大班幼儿自我管理的行动研究［D］．沈阳师范大学，2021.

［3］李艳．大班幼儿对幼儿园生活的时间体验研究［D］．南京师范大学，2020.

［4］单雪婷．时间去哪儿了——基于户外活动质量提升的幼儿园一日作息时间优化［J］．学前教育，2020（10）：36—40.

［5］莫娇．优化幼儿园一日作息时间安排的实践研究［J］．幼儿教育，2016（Z4）：78—79.

［6］刘晓娟．优化幼儿园一日活动的实践与思考［J］．辽宁教育行政学院学报，2014，31（6）：45—48.

# 提高3—4岁幼儿阅读兴趣的实践研究

（王骁　北京市丰台区蒲黄榆第一幼儿园）

**摘　要：**阅读，不只是看书，对于幼儿而言，它是认识外在世界的重要管道。阅读可以发展幼儿的视知觉、丰富词汇量提高语言表达能力、练习手指小肌肉的发展、提高想象力、满足好奇心和求知欲。对于3—4岁的幼儿来讲，阅读不仅可以培养观察能力，更能从图画书中学到好习惯、好品质，对以后的学习和成长有很大的帮助。在本课题中，我以观察法、个案分析法、问卷调查、资料查阅等方法为主，对投放材料、教师主导和幼儿自主阅读以及亲子阅读几方面进行了实践研究，通过多种尝试和调整，有效使幼儿的阅读兴趣有所提高，从最初的被动阅读到主动阅读，形成良好的阅读习惯，提高了阅读能力。

**关键词：**小班；阅读；阅读兴趣

## 一、引言

近年来，在国际儿童语言界影响至深的全语言教育背景下，阅读教育的改革在我国幼教界引起普遍关注，早期阅读逐渐成了幼教界高度重视的新课题。教育部颁布的《幼儿园教育指导纲要（试行）》第一次把幼儿前阅读的要求纳入语言教育的目标体系："培养幼儿对生活中常见的标记和文字符号感兴趣，利用图书、绘画和其他多种方式，引发幼儿对书籍、阅读和书写的兴趣，培养前阅读和前书写技能。"这表明教育部对幼儿早期阅读的提倡和重视，同时也清楚地告诉我们，幼儿早期阅读教育从概念到具体的教学内容等，都不是识字和写字教学可以代替的。因此，在幼儿早期阅读能力的培养方面必须加强教师观念的改变，对早期阅读理论的研究和学习。

## 二、问题提出

阅读，不只是看书，对于孩子而言，它是认识外在世界的重要管道。阅读的内容有很多，这里我们主要研究的是阅读图书，因为小班幼儿不识字，所以3—4岁幼儿的阅读为图文并茂、情节单纯的图画书。

阅读可以发展孩子的视知觉、丰富词汇量提高语言表达能力、练习手指小肌肉的发展、提高想象力、满足好奇心和求知欲。对于小班幼儿来讲就更重要了，因为一个人从浅阅读到深阅读是一个循序渐进的过程，而这种能力的基础阶段就是在3—4岁的反复阅读中逐渐形成的。阅读图书不仅可以培养小班幼儿的观察能力，更能从图画书中学到好习惯、好品质，对以后的学习和成长有很大的帮助。

早在20世纪50年代，美国有学者在对6岁幼儿的阅读研究中发现，具有一定阅读能力的幼儿，有强烈的求知欲望。通过早期阅读，幼儿的阅读兴趣被大大激发，幼儿的语言能力得以不断提高。

而我国对于幼儿早期阅读方面的研究起步较晚，对幼儿早期阅读进行专门的研究和探讨始于20世纪90年代，随着《幼儿园教育指导纲要（试行）》颁布实施后，对幼儿早期阅读的问题越来越重视，先后对早期阅读教育基本观念、早期阅读对幼儿的影响、如何指导幼儿进行早期阅读等方面进行深入的研究。由北京师范大学心理学院舒华教授、伍新春教授和美国伊利诺伊大学阅读研究中心安德森、李文玲等专家为核心的课题组，比较了我国与西方发达国家幼儿的阅读水平，对我国早期阅读的状况进行了深入分析。报告显示，美国幼儿在 4 岁后进入独立的、自主性的大量阅读阶段，而我国幼儿平均到 8 岁才能达到这个水平。新的教育指导纲要的颁行与学前教育领域思想的解放与改革，我国早期阅读也逐渐得到大众的关注。教育部学前分级阅读项目负责人周合认为，在阅读基础上成长的孩子有很强的铭记和辨别力，情感稳定，更容易被外部世界肯定和认同，也更容易受到关爱。

但是作者发现，虽然国内外都加大了对幼儿阅读兴趣的重视，但对于幼儿早期阅读环境的创设和书籍投放研究方面成果较少，因此，下面以这方面作为突破口进行探讨。

通过对我班幼儿阅读图书的兴趣为期一个月的持续观察中发现：

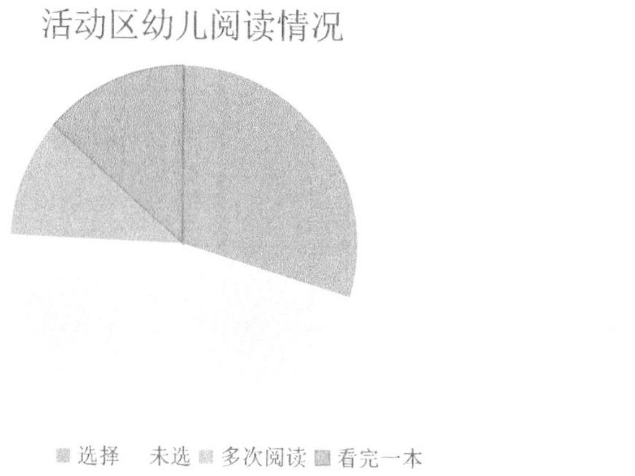


通过统计可以看出，一个月中全班有大部分的幼儿对看书不感兴趣，看书兴趣非常浓厚的幼儿仅占少部分，因此提高 3—4 岁幼儿阅读兴趣是非常重要的。

## 三、研究目标

通过研究，使 3—4 岁幼儿对阅读感兴趣，喜欢看书，从被动阅读到主动阅读，能够积极阅读图书，养成好的阅读习惯，提高阅读能力；提高本人指导幼儿阅读的技能（指导方法）；筛选适合小班阅读兴趣和能力的图书（拉出个目前有的书籍清单）。

## 四、研究内容

### （一）适合 3—4 岁幼儿的绘本

以日常生活为主题的绘本——a. 生活 b. 教育 c. 情绪
以启发智力为主题的绘本——a. 创意 b. 游戏 c. 感官
以探索发现为主题的绘本——a. 工具 b. 科普及故事类

### （二）阅读环境的创设

阅读物质环境包括物质环境和精神环境两个方面。在物质环境方面，作者选择了光线充足、环境幽雅、宽敞、安静的阅读活动空间——班级图书室。图书的放置，要方便幼儿自由取放，要符合各年龄层次、不同身高孩子的特点。除了桌椅外，我们还投放了柔软、便于收放的地垫、靠垫、屏风等，孩子们在自由活动时总喜欢三三两两结伴看书，在屏风的遮挡下，满足了幼儿相互自由交流的愿望，每次图书角一有新书，孩子们都会互相交流，形成了一个很热烈的读书氛围。另外，我们还倡导每个孩子的家庭给孩子准备一个适合阅读的场所，有的家庭有一个孩子的小书房，有的家庭给孩子准备了一个专用的小书架，使孩子们在家中也有一个舒适的阅读空间。

阅读精神环境主要是指阅读的氛围，这对幼儿来说是极为重要的。3—4 岁的幼儿言行大多源于模仿，如果孩子身边的伙伴、教师、父母喜爱看书，有良好的阅读行为习惯，那么这些行为肯定会潜移默化地影响着孩子。除此之外，教师引导性、鼓励性的语言也至关重要。

在实践中，我们最大的收获之一就是多元化的环境营造，为幼儿创造了趣味性、开放性、发展性的阅读环境，扩展了幼儿的语言经验，也促进了幼儿阅读能力的发展。随着环境的一次次调整，图书的一次次调换，更推动了阅读区教育价值的形成。

### （三）采用主导阅读的方式方法，引导提高幼儿阅读兴趣

1. 教师投放幼儿的阅读材料。3—4 岁幼儿游戏的主动性较弱，经常会追寻教师及成人，所以教师通过投放趣味性强、简单易懂、色彩鲜艳的图书，引发幼儿的阅读兴趣。

2. 参与幼儿的阅读过程并进行互动。在研究中发现，幼儿非常喜欢在教师的陪伴下阅读，他们往往更依赖与成人陪伴的共同游戏，所以教师要在一定时间内参与幼儿的阅读并且进行有效互动，通过长时间的陪伴激发幼儿自主阅读的意识。

3. 组织阅读教学活动。在区域进行阅读只能指导个别幼儿，但良好的阅读习惯、有效的阅读方式需要被大多数幼儿所接受，阅读除了安静舒适的环境还需要一个阅读氛围浓厚的大环境，所以，适当进行集体阅读活动也是激发全体幼儿对阅读感兴趣的有效手段。

4. 引导幼儿循序渐进地学习自主阅读的方法。

### （四）从时间空间上保证幼儿自主阅读

在阅读过程中建立幼儿阅读的信心。在这一过程中，教师要肯定幼儿的所想、所说及表现，对幼儿肯定及认可，不因说的声音小、不敢表达而批评幼儿，而是要帮助他们感受阅读的乐趣。同时，我们进行了亲子阅读的方式方法的研究，包括听读法、角色扮演法、移情法、改变情节法，以及共同阅读法。

## 五、结语

### （一）幼儿的阅读兴趣与水平有了大幅度的提高

1. 通过早期阅读的实验，提高了幼儿对阅读的兴趣，使幼儿能从阅读中感受到趣味性。

2. 培养了幼儿良好的阅读习惯，有效提高了幼儿的阅读能力。

（1）获得了翻阅读书的经验，学习掌握普通的翻阅图书的方式和规则。

（2）掌握了读懂图书内容的经验，学会看画面人的表情、动作、背景，想象简单的故事情节。

（3）对文字感兴趣，能理解图书画面，文字与口语对应关系，会用口语讲出画面内容。

3. 丰富幼儿的词汇量，提高了幼儿的口语表达能力。

4. 通过早期阅读的实验研究，提高了幼儿理解思考的能力，并对幼儿在记忆、思维等方面都有很大的帮助。

**参考文献**

［1］教育部基础教育局．《幼儿园教育指导纲要（试行）》解读［M］．南京：江苏教育出版社，2002.

［2］何幼华．幼儿园课程［M］．北京：北京师范大学出版社，2001.

[3] 周兢著．幼儿园语言文学教育活动 [M]．北京：中国广播电视出版社，1992.
[4] 唐淑．幼儿园课程基本理论和整体改革 [M]．南京：南京师范大学出版社，1998.
[5] 周兢．造就成功阅读者的培养目标 [J]．早期教育，2002，07.
[6] 周欣．前阅读和前书写能力的发展和培养 [J]．早期教育，2002，4—5.

# 多元学习中心视野下幼儿“沉浸式”混龄走班的实践研究

（伊丽梅　深圳市龙华区华南实验学校附属春华四季幼儿园）

**摘　要：**在多元学习中心视野下，本文以幼儿教育为研究对象，探讨了“沉浸式”混龄走班的实践效果。通过分析混龄走班制对幼儿学习方式的影响，以及教师在其中的角色转变，本文旨在为幼儿教育改革提供一定的理论支持。

**关键词：**多元学习中心；幼儿教育；混龄走班；沉浸式；实践研究

在多元学习中心视野下，幼儿教育正面临着前所未有的挑战与机遇。在当前的幼儿教育实践中，传统的教学模式逐渐暴露出一些弊端，如过于强调学科知识的学习，忽视了幼儿的个性化需求和兴趣培养等，传统的教室格局和教学模式已经无法满足现代幼儿多样化的学习需求。因此，探索一种能够更好地促进幼儿全面发展的教育模式势在必行。多元学习中心和“沉浸式”混龄走班教学模式应运而生，通过对这种教学模式的实践研究，我们旨在为幼儿提供一个更加自由、开放、互动、探索的学习环境，激发他们的学习兴趣和潜能，培养他们的自主学习能力，从而为他们的发展奠定坚实的基础。

## 一、多元学习中心视野下的混龄走班制

### （一）多元学习中心的概念和原则

多元学习中心是一种以学习者为中心的教育空间，强调个性化学习、多元智能发展和合作学习。其核心原则包括提供多样化的学习资源和学习方式，鼓励学习者主动探索和参与，以及促进学习者之间的交流和合作。

### （二）混龄走班制的定义和特点

混龄走班制是一种将不同年龄段的幼儿组织在一起进行学习和活动的教育模式。这种模式打破了传统按照年龄分班的限制，使幼儿能够在多样化的学习环境中与不同年龄的伙伴共同成长。混龄走班制的核心特点在于其灵活性和互动性，通过不同年龄段的幼儿相互交流、合作和互助，促进幼儿的全面发展。

### （三）混龄走班制在多元学习中心的实践和应用

在多元学习中心的实践中，混龄走班制通过以下方式实现：首先，我园创设以生态化、生活化、生命化、生长化为课程核心，融合自然、文化、科技三个维度创设五大学习中心，以多特色、多元素、多维度构建 18 大主题场馆使幼儿能够根据自己的兴趣和能力选择适合自己的学习内容。其次，鼓励幼儿主动探索和参与，培养他们的自主学习能力和问题解决能力。再次，促进幼儿之间的交流和合作，使他们能够通过与不同年龄的伙伴互动，共同完成任务和解决问题。最后，注重教师的引导和支持，确保幼儿在混龄走班制中得到适宜的教育和关怀。

通过以上实践和应用，混龄走班制在多元学习中心中能够更好地发挥其优势，为幼儿提

供更加丰富和全面的学习体验。

## 二、幼儿在混龄走班制中的学习体验

### （一）幼儿的学习需求和特点

在多元学习中心视野下，幼儿的学习需求和特点得到了更好的满足。每个幼儿都有其独特的学习风格和兴趣点，混龄走班制为幼儿提供了多样化的学习选择，使他们能够在自己感兴趣的领域深入学习，从而激发学习热情和主动性。此外，幼儿在学习过程中需要不断地刺激和互动，混龄走班制通过与不同年龄段的幼儿交流合作，促进了幼儿之间的思维碰撞和经验分享，有助于培养他们的社交技能和团队合作能力。

### （二）幼儿在混龄走班中的学习体验和感受

幼儿在混龄走班中的学习体验和感受是非常积极和正面的。他们喜欢与不同年龄段的幼儿一起学习，觉得这样的学习方式更有趣和刺激。在混龄走班中，幼儿能够自由选择学习内容和活动，根据自己的兴趣和发展水平进行学习，这使他们感到更加自主和有控制感。此外，混龄走班制还提供了更多的交流和合作机会，幼儿能够与不同年龄段的幼儿互动，分享经验，解决问题，这使他们感到兴奋和满足。总的来说，幼儿在混龄走班中体验到了学习的乐趣和成长的价值，他们对这种学习方式给予了高度的评价和认可。

## 三、教师的协作教学和指导策略

### （一）混龄走班制下教师的角色的转变

在混龄走班制下，教师的角色发生了显著的变化。从传统的知识传授者转变为学习引导者、观察者和协助者。教师需要根据每个孩子的学习特点和需求，为他们提供个性化的学习支持，同时促进他们之间的交流和合作。此外，教师还需要具备跨学科的知识和技能，以便在混龄课堂上有效地进行协作教学。

### （二）协作教学的重要性和方法

协作教学对于混龄走班制的成功实施至关重要。通过协作教学，教师可以共同设计和实施教学活动，共享教育资源，互相学习和借鉴，从而提高教学效果。协作教学的方法包括：定期开展教研活动，共同讨论教学问题，分享教学经验和教材；进行跨学科的教学设计，让幼儿在不同的学科之间建立联系；鼓励幼儿参与教学活动，让他们成为教学的主体等。

### （三）教师在混龄走班中的指导策略和实践经验

在混龄走班中，教师需要具备一定的指导策略和实践经验。首先，教师需要了解每个孩子的学习特点和需求，为他们提供个性化的学习支持。其次，教师需要鼓励幼儿进行自主学习、合作学习和探究学习，培养他们的学习兴趣和学习能力。最后，教师需要建立良好的班级氛围，让学生在安全、自由和支持的环境中学习和成长。

在实践中，教师可以采用以下策略：观察幼儿的学习情况和行为表现，及时了解他们的需求和问题；与幼儿进行积极的交流和互动，鼓励他们表达自己的想法和观点；设计有趣的教学活动和游戏，激发幼儿的学习兴趣和参与度；提供适当的反馈和激励，增强幼儿的自信心和学习动力；与家长进行沟通和合作，共同关注和支持孩子的成长。

## 四、实践案例分析：沉浸式混龄走班制

### （一）沉浸式混龄走班的实施背景和过程

实施沉浸式混龄走班制的过程：首先，幼儿园对教师进行了专业培训，使其具备跨年龄段教学的能力。其次，重新规划了课程内容和教学方法，注重培养幼儿的自主学习能力和社交能力。在实施过程中，幼儿可以根据自己的兴趣选择学习中心和活动，教师则根据幼儿的需求和特点进行个性化指导。

### （二）实践案例中的问题和挑战

在实施沉浸式混龄走班制的过程中，我园遇到了以下问题和挑战。

1. 教师角色转变：从传统的知识点传授者转变为引导者和观察者，需要时间适应。

2. 幼儿适应问题：部分幼儿在混龄环境中表现出不适应，如社交恐惧、自信心不足等。

3. 课程设计和实施难度：如何满足不同年龄段、不同兴趣的幼儿的需求，实现个性化教学，对教师提出了更高的要求。

### （三）实践案例的成果和启示

尽管在实施过程中遇到了一系列问题和挑战，但沉浸式混龄走班制还是取得了一定的成果。

1. 幼儿自主学习能力得到提升：在混龄环境中，幼儿学会了独立思考、主动探索，自主学习能力得到了锻炼。

2. 社交能力得到培养：混龄走班制让幼儿有机会与不同年龄段的伙伴交流，学会了合作、分享和尊重，社交能力得到了提升。

3. 教师专业素养得到提高：在实施过程中，教师不断反思、调整教学策略，专业素养得到了提升。

从这一实践案例中，我们可以得到以下启示。

1. 重视教师培训：教师是教育改革的关键，要加强对其专业素养的培养。

2. 关注幼儿需求：在教学过程中，要密切关注幼儿的需求，及时调整教学策略。

3. 营造良好的混龄环境：通过优化课程设计和教学方法，营造一个包容、和谐、有利于幼儿成长的混龄环境。

4. 加强家园合作：家庭是幼儿的第一所学校，要加强家园合作，共同促进幼儿全面发展。

## 五、结论与展望

本文围绕多元学习中心视野下幼儿“沉浸式”混龄走班的实践进行研究，通过深入分析和探讨，得出以下结论和发现。

1. 混龄走班制能够有效促进幼儿的全面发展。在混龄走班中，幼儿能够与不同年龄段的伙伴互动，学习社交技能，培养团队合作精神和解决问题的能力。

2. 沉浸式教学方法能够提高幼儿的学习兴趣和积极性。通过情境模拟、游戏化教学等方式，让幼儿在实践中学习，增强学习体验，提高学习效果。

3. 教师在混龄走班教学中的角色发生了变化。教师需要具备更高的教学能力和更灵活的教学策略，以满足不同年龄段幼儿的需求。同时，教师之间需要加强合作，共同制订教学计划，共享教学资源，形成教学共同体。

总之，混龄走班和沉浸式教学在多元学习中心视野下具有广阔的应用前景，通过对多元学习中心视野下幼儿“沉浸式”混龄走班的实践研究，我们发现混龄走班制对幼儿的学习方式、教师的角色转变以及幼儿园的教育环境都产生了积极影响。因此，推广混龄走班制在我国幼儿教育中的应用，有助于推动幼儿教育的改革与发展。但仍需进一步研究和实践探索，以充分发挥其优势，促进幼儿的全面发展。

## 参考文献

[1] 覃佳．混龄区域活动的组织实施现状研究［D］．成都大学，2023.

[2] 王卓斌．跨班区域活动促进幼儿社会性发展的策略研究［D］．湖北师范大学，2023.

[3] 刘冉冉．幼儿园共享区域中的同伴互动行为研究［D］．江西科技师范大学，2022.

[4] 郭千宁．混龄班幼儿社会适应能力培养状况研究［D］．河北师范大学，2022.

# 幼儿园小班晨谈活动组织策略

（陈茉莉　广东省深圳市龙华区桂花小学附属簕杜鹃幼儿园）

**摘　要：** 新时代发展背景下，教师应当积极探索幼儿园小班晨谈活动的优化策略，有效助力晨谈活动教学效果和培养成效的提高。本文简要分析了幼儿园小班晨谈活动的基本现状，并提出了切实可行的活动组织策略与应用方法。

**关键词：** 幼儿园；小班；晨谈活动；组织策略

幼儿园小班的晨谈是幼儿一天中的重要时刻，能够为幼儿一日学习生活提供良好开端，小班幼儿正处于语言能力、感知能力以及自我认知意识培养的关键阶段，通过晨谈活动能够有效促进幼儿社会性行为的发展提升。也是培养幼儿语言表达能力、社交能力和学习习惯的重要机会，有效发展幼儿的语言能力和交流能力。一个有效的晨谈组织策略可以帮助教师更好地引导幼儿参与活动，提高他们的学习兴趣和积极性。

## 一、小班晨谈活动的现状

晨谈活动作为幼儿园小班的核心活动内容之一，对幼儿教育具有重要影响。对幼儿自身而言，小班晨谈活动普遍存在谈话内容不丰富、幼儿能力水平不适配的问题。对于教师而言，由于幼儿晨间上学突发性状况较多，教师的工作重点更加侧重于幼儿保育和秩序维护上，晨谈活动难以稳定有序开展，在幼儿进行晨谈交流时，教师的指导作用和组织作用比重过大，幼儿自主参与意识和主观表达空间不足，晨谈活动难以达到预期教学目标。

## 二、小班晨谈活动组织策略

### （一）创设适宜谈话环境

1. 营造轻松愉悦的氛围。幼儿对于新的一天充满了期待，创设一个温馨、舒适的谈话环境能够让幼儿更加放松，敢于表达自己的想法。教师应保持微笑，与幼儿互动交流，鼓励他们参与谈话，不要让他们感到拘束。

2. 合理布置教室环境。教室内的布置应该色彩丰富、温馨舒适，为幼儿提供丰富的视觉刺激。同时，应摆放一些可供幼儿自由取放的物品，如书籍、玩具等，方便他们随时交流。此外，教室内的装饰物应避免尖锐、易碎的物品，确保幼儿的安全。

3. 提供适宜的谈话话题。谈话话题的选择对于幼儿来说非常重要。教师应根据幼儿的兴趣和关注点，选择一些贴近他们生活的话题，如动画片、美食、动物等。同时，话题应该具有启发性，能够引导幼儿思考、表达自己的想法。通过讨论这些话题，幼儿可以逐渐提高自己的语言表达能力。

4. 鼓励幼儿积极参与。在晨谈过程中，教师应鼓励幼儿积极参与谈话，不要害怕表达自己的想法。教师可以引导幼儿轮流发言，让他们感受到自己的重要性。同时，教师还可以设置一些奖励机制，如表扬、小贴纸等，激发幼儿的参与热情。

5. 培养良好的谈话习惯。良好的谈话习惯对于幼儿的语言发展具有重要作用。教师应教育幼儿尊重他人的发言，不要打断别人说话；要注意倾听他人的意见和建议，学会尊重和理解他人。通过培养良好的谈话习惯，幼儿可以逐渐提高自己的社交能力。

晨谈活动处于幼儿刚刚入园的时段，小班幼儿容易出现哭闹等不良心理情绪，传统活动形式难以促使幼儿有效融入幼儿保育教育活动之中。教师应当结合谈话主题和谈话内容，利用多种手段创设出适宜的谈话环境，通过外界因素的影响和熏陶营造出良好的谈话氛围，从而引导幼儿积极主动地参与到晨谈活动之中，有效助力晨谈活动教育培养效果的优化提高。

创设适宜的谈话环境对于幼儿园小班的晨谈过程至关重要。通过营造轻松愉悦的氛围、合理布置教室环境、提供适宜的谈话话题、鼓励幼儿积极参与以及培养良好的谈话习惯，我们可以为幼儿创造一个有利于他们语言发展的环境。这些策略将有助于提高幼儿的语言表达能力和思维能力，为他们的未来发展奠定坚实的基础。

### （二）适度拓展谈话范围

首先，晨谈的组织策略需要考虑到幼儿园小班孩子们的年龄特点和发展水平。他们通常处于语言发展的关键期，喜欢听故事、唱歌、玩游戏等互动性强的活动。因此，教师可以设计一些有趣的游戏、故事分享、歌曲表演等环节，吸引幼儿的注意力，激发他们的兴趣。

小班幼儿的个人经历较为匮乏、生活范围基本局限于学校和家庭两种场景之中，幼儿难以自主进行谈话主题的选择和谈话内容的丰富。幼儿谈话主题大致分为生活常规与日常事件两大类别。教师结合幼儿生活实际进行谈话范围的适度拓展，能够有效助力小班幼儿晨谈活动积极性的调动激发。

其次，教师需要提前规划好晨谈的时间、地点和活动内容，确保每个环节的衔接紧凑、有序。晨谈的时间不宜过长，一般控制在 15—20 分钟，以免幼儿过度疲劳。地点可以选择宽敞明亮、色彩鲜艳的活动室或教室，营造出温馨愉悦的氛围。

在晨谈过程中，教师需要密切关注幼儿的反应和表现，及时调整活动内容和节奏。对于积极参与、表现优秀的幼儿，教师可以给予适当的表扬和鼓励，增强他们的自信心和积极性。对于表现稍弱的幼儿，教师需要给予更多的关注和引导，帮助他们逐渐适应活动，积极参与其中。

晨谈结束后，教师需要对活动进行总结和反馈，了解幼儿的收获和不足之处，以便更好地调整和完善下一次的晨谈组织策略。

### （三）提升教师专业素养

作为一名幼儿园教师，晨谈的组织策略对于提升教师专业素养具有重要意义。晨谈是幼儿园一日生活中的重要环节，它不仅可以帮助教师与幼儿建立良好的关系，还可以为教师提供与幼儿互动的机会，从而更好地了解幼儿的需求和兴趣。

首先，有效的晨谈组织策略可以帮助教师更好地了解幼儿。通过与幼儿的交流，教师可以了解幼儿的性格、兴趣和需求，从而更好地制订教学计划和方案。这种互动还能够增强教师与幼儿之间的信任感和亲近感，有助于建立良好的师生关系。

在幼儿园小班晨谈活动过程中，教师作为晨谈活动中的核心板块之一，应当充分发挥自身交流倾听者、秩序维护者以及教育引导者作用，通过科学专业的教学手段助力晨谈活动的高质高效进行。教师应当充分正视自身能力短板与教学问题，积极主动地探索提高自身专业素养与幼儿保育教育能力水平的渠道，有效助力幼儿园小班晨谈活动的顺利开展与发展提升。

其次，晨谈组织策略还能够提升教师的专业素养。在晨谈过程中，教师需要具备一定的观察、沟通、分析、解决问题的能力。通过不断地反思和总结，教师可以提升自己的教育理念和教育技能，更好地应对教育教学中的各种问题。

有效的晨谈组织策略还有助于培养幼儿的语言表达能力和思维能力。在与教师的交流中，幼儿能够学会如何表达自己的想法和感受，这对于他们今后的学习和成长具有重要的意义。幼儿园小班晨谈组织策略对于提升教师专业素养具有重要意义。为了更好地组织晨谈，教师需要注重与幼儿的互动和沟通，关注幼儿的兴趣和需求，同时不断反思和总结自己的教育实践。只有这样，才能更好地发挥晨谈在教育教学中的作用，促进幼儿的全面发展。

除了提升教师专业素养，幼儿园小班晨谈组织策略还有许多其他的好处。晨谈可以帮助教师更好地了解幼儿的生活环境和家庭背景，从而更好地关注每个幼儿的需求和特点。晨谈可以增强教师与幼儿之间的互动和交流，有助于培养幼儿的语言表达能力和社交能力。此外，晨谈还可以为教师提供机会，了解幼儿在家庭和社区中的表现和行为，从而更好地指导幼儿的发展。

为了组织有效的晨谈，教师需要制订明确的计划和目标，并注重与幼儿的互动和沟通。教师可以与幼儿一起制定晨谈的主题和讨论的问题，以确保谈话的内容符合幼儿的兴趣和需求。教师需要注重与幼儿的互动和交流，鼓励幼儿表达自己的想法和感受，并给予积极的反馈和支持。教师还需要注重晨谈的持续时间和频率，以确保幼儿能够充分参与并从中受益。

幼儿园小班晨谈组织策略对于提升教师专业素养和促进幼儿全面发展具有重要意义。为了更好地组织晨谈，教师需要注重与幼儿的互动和沟通，制订明确的计划和目标，并注重持续性和频率。只有这样，才能充分发挥晨谈在教育教学中的作用，为幼儿创造一个更加健康、快乐、和谐的学习环境。

## 三、结语

综上所述，幼儿园小班晨谈组织策略需要注重孩子们的兴趣和特点，合理规划时间、地点和内容，关注孩子们的反应和表现，及时调整和完善策略。通过这样的组织策略，不仅可以提高孩子们的学习兴趣和积极性，还可以培养他们的语言表达能力、社交能力和学习习惯，为他们的全面发展打下坚实的基础。

随着教育领域的不断发展和教育手段的不断演进，幼儿园小班教育对晨谈活动板块提出了更高的教育要求。晨谈活动是锻炼幼儿交流能力、促进幼儿社会性发展，助力幼儿融入幼儿园教育活动的重要途径。教师应当创设适宜谈话环境，适度拓宽谈话范围，提升教师专业素养，通过科学高效的教学手段拉近师幼互动距离，打造良好晨谈活动结构，有效助力晨谈活动幼儿教育效果的优化提高。

### 参考文献

［1］庞海燕．幼儿园小班晨间活动中师幼互动研究［J］．智力，2023（11）：151—154.
［2］陈宇．优化幼儿园晨间谈话活动的方法［J］．家长，2022（20）：75—77.

# 基于儿童视角下小班集体教学活动设计的实践研究

（陈旻洁　上海市徐汇区长桥第二幼儿园）

**摘　要：**本文讨论了如何基于《3—6岁儿童学习与发展指南》从儿童视角出发，设计有效的幼儿园集体教学活动。文章首先阐释了“儿童视角”的重要性，即教师在设计活动时需基于儿童的经验、兴趣和需求。以小班活动《小司机》为例，文章详细分析了确立活动目标、设计递进式环节、推动情节发展以及利用信息技术增强教学效果的策略。通过情景化和层层递进的环节设计，结合信息技术的辅助，教师可以为幼儿创造一个更加有趣、直观、互动的学习环境，从而满足幼儿的学习需求，促进其全面发展。

**关键词：**儿童视角；小班；集体教学活动设计

随着《3—6岁儿童学习与发展指南》的颁布与实施，教师在设计集体教学活动时，在关注幼儿年龄特点的基础上，更要了解幼儿的已有经验，分析幼儿的需求，知道他们到底“要什么”，教师要站在幼儿的视角来思考如何设计集体教学活动。一个有效的集体教学活动要由好的内容选择、符合幼儿年龄特点及现有经验的目标以及有趣合理的教学环节组成。在日常集体教学活动中，教师更关注的是采用什么形式、运用何种教学方法、使用了哪些新颖有趣又丰富的教玩具来吸引幼儿，而这些做法的背后，则反映了在集体教学活动中教师更关注的是成人的预设。教师往往容易站在成人的视角，凭借以往经验进行主观判断，错误地解读儿童等问题。

## 一、理解含义

“儿童视角”通常是指成人在了解儿童的特点和兴趣的基础上对其认知、经验和行为的理解，是成人在尽可能接近儿童的经验之后所获得的“对儿童的理解”，而“儿童的视角”则是指儿童对自己生活的认知、经验和理解。

幼儿园集体教学活动是幼儿园教育活动的一种重要形式，是教师有目的、有计划地组织、班级所有幼儿都参加的教育活动。

基于儿童视角下的集体教学活动则是教师要站在儿童的立场，从儿童的经验、兴趣、需求出发，真正尊重儿童，在理解儿童的基础上转变观念和方法，设计满足幼儿全面发展需要的集体教学活动。

接下来，我将以小班集体活动《小司机》为例，从目标确立、环节设计、情节推动及信息技术运用四个方面浅谈站在儿童视角，对于集体教学活动设计的思考。

## 二、实践中设计集体教学活动的思考

### （一）基于幼儿的兴趣与经验，确立适切的活动目标

在制定目标的时候，高了达不到，低了没挑战，因此我们尝试在分析幼儿经验和活动价值的基础上，明确本次活动要实现的目标，并用准确的语言加以表述。这样一来，可以为我们后续设计活动的各个环节、组织活动过程、把握生成的问题等提供一个明确的依据和方向。

在“小司机”主题中，提出的内容与要求是：了解常见车辆的不同外形，体验车辆给我们带来的方便。在活动素材点里，我们发现涉及的车辆有轿车、卡车、面包车、大客车、救护车、警车、洒水车、货车等。我们班的孩子在这个主题开展时兴趣尤为浓厚，他们带来了各种各样的车，对于车的玩法也各不相同。由于孩子的天性，尤其是男孩子对于车辆的认识已不只局限在形状和名称上，他们更喜欢接触各种功能不同的车，对特殊车辆也充满着好奇。

于是我们追随着孩子的脚步，在自由活动时和他们一起玩车、聊车，到了主题开展的中后期，在幼儿已有一定知识积累的情况下，教师则通过梳理帮助幼儿把个体的经验共同分享从而积累新的经验。为了达成这样一个目标，并更好地切合幼儿的认知特点，我们把活动的目标定位在几种较常见的特殊本领的车辆上，借助活动过程来帮助幼儿丰富经验，在巩固已有经验的同时，体验到车给我们生活带来的方便。

## （二）基于主题的活动背景，设计递进式的活动环节

对于小班幼儿来说，利用情景串起，层层递进式的环节设计能够使整个活动更有趣，而有趣的教学活动能够更好地满足幼儿视角下的活动需求，可以和幼儿视角形成高度的契合。

1. 以“小司机”主题为背景。这个集体活动是在“小司机”的主题活动背景下，以认知各种常见的、会唱歌的车为重难点，引导幼儿通过情节中的线索充分挖掘贴近幼儿生活的车辆、认识这些车辆的外形、功能、辨识其特有的声音等，将警车、消防车、救护车作为重点，有目的地引导孩子进行主动活动。

2. 环节设计层层递进。环节设计时根据幼儿的最近发展区，最容易辨识的内容用观察的方式来解决，孩子们通过观察能迅速引发回忆，根据红蓝颜色的警灯推理出警车的外部特征，再通过声音加以强化，引出预设。但经验不仅与此，教师还针对性地梳理出警车不仅是常见的轿车式样，只要有警徽标识及红蓝警灯的都是警车。

通过对要救高楼上的羊羊这个问题情境，引出“云梯”这一新的知识点。消防车上的云梯是提升经验的一个点，但这个点不容易讲清，教师则巧妙地通过一段小视频让幼儿边看边理解消防车上云梯的功用。

教师要把幼儿平时看不到的救护车的内部结构通过图片和讲解的形式帮幼儿揭秘，让他们知道为什么救护车可以抢救病人，使幼儿的经验进一步得到提升。

## （三）基于小班的年龄特点，推动活动情节的展开

在活动设计中，我们发现小班幼儿特别喜欢游戏化的活动方式，容易融入故事情节中，因此我们在这个活动中尝试用“情节推进法”来架构活动环节。

“情节推进法”即在环节架构中，将角色或一系列合理的、层层推进的情节融入整个活动中，让孩子随着情节的深入，用角色的身份参与其中，将问题逐步推进。例如，在“车车本领大”活动中，教师就利用小班幼儿对喜羊羊和灰太狼的兴趣热点，以“灰太狼偷羊羊”、“灰太狼放火烧房子”和“羊羊受伤了”的故事情景为主线贯穿始终，帮助幼儿了解特殊车的特殊本领。

由于警车是幼儿最为熟悉的，我们在情节设置上就将“灰太狼偷羊羊”的故事放在了最前面，当认识完警车后，在活动的第二部分中，以突然想起的“叮铃铃”电话铃声引起幼儿的兴趣，于是教师拿出一部夸张的仿真电话和羊村长隔空对话。原来是羊村长打电话来报告灰太狼又回来干坏事了，顷刻间便让幼儿都置身于羊村着火了的情景中，从而引出消防车的经验。结合小班幼儿爱模仿的年龄特点，结合动静交替的活动原则教师设计了让孩子们模仿消防员叔叔开着消防车帮忙去灭火这个情节，让孩子们通过模仿来了解消防车的特殊本领。同时提出问题引出云梯车，让孩子的原有经验有所提升。最后，被救下的羊羊受伤了，故事顺理成章地进入了第三环节，孩子们也在这个环节中了解到救护车的内部结构，对救护车有

了新的认识。在整个故事中，孩子们是在情节的推动下帮助羊村的朋友们，不知不觉就完成了教学目标。

### （四）基于信息技术的支持，提高学习活动的有效性

对新奇的事物充满了无限求知欲的年龄特点，信息技术的运用则以它特有的声像兼具的特性，良好的交互性，为教学活动创设了良好的活动情境。“四性”的呈现使整个教学活动更有效。

1. 趣味性。在制作多媒体之前，我们抓住孩子的兴趣点《喜羊羊》，卡通形象的加入使教学活动更生动有趣，情节也由喜羊羊等卡通人物来推动，这种情节推进形式使小班幼儿的注意力更加集中，能较长时间地关注多媒体所播放的内容，更为幼儿所接受。

2. 直观性。在对警车的外形观察中，教师对孩子找到的警车外形特征进行重点标示，比如警车警徽，着重用红色的圈圈出，之后孩子抓住这个特征，观察了各种车型的警车，进一步验证了之前的观察所得，随后总结车身上有警徽的车是警车。这种清晰直观标示有利于幼儿进行重点观察，有效帮助幼儿提炼。

3. 互动性。多媒体运用能更好地与孩子进行互动，教师通过操作让图像或声音让孩子做出相应的回应，从而使教学活动更具参与性。如在介绍消防车时，图像中出现大火的情景，孩子边模拟喷水的动作，边发出“嗞嗞”的喷水声，多媒体中的大火也相应地熄灭，使活动在互动的同时兼具了情景性、情趣性。

4. 不可替代性。多媒体的运用使得图像、声音、视频三者可以紧密结合，尤其对于小年龄的孩子来说，对车子有了多感官的认识，比如在介绍消防车时，孩子通过“看消防车各个角度图片，听消防车的警笛声，看云梯伸缩的视频”三个步骤，让孩子对消防车的认识更全面具体，这样环环相扣紧密联系的教学方法，若没有多媒体的帮助是无法做到的。

随着教学理念的不断升级和教育技术的日益革新，幼儿教育活动的设计也日趋丰富多彩。通过情景串起、层层递进式的环节设计，以及信息技术的巧妙运用，我们可以为幼儿创造一个更加有趣、生动、直观的学习环境。这种教学方法不仅满足了幼儿视角下的活动需求，更与他们的兴趣点和认知能力形成了高度契合，让幼儿在游戏中学习，在快乐中成长。

### 参考文献

李季湄，冯晓霞．《3－6 岁儿童学习与发展指南》解读［M］．北京：人民教育出版社，2013.

# 从政策到教室：幼小衔接的案例分析与启示

（张小琴　深圳市宝安区福永兴围幼儿园）

**摘　要：** 本文探讨了中国幼儿园与小学在科学教育上的衔接实践，特别是政策如何转化为教室内的具体实践问题。通过分析国家政策背景和两个关键案例——广州市番禺区北城幼儿园的双向衔接行动，以及小明与小刚的学习对比案例，揭示了幼小衔接过程中的挑战与机遇。研究发现，有效的幼小衔接需要多方协作，包括教师、家长和政策制定者，以确保平稳过渡和学生的全面发展。避免“小学化”的幼儿教育，才能促进孩子在认知、情感和社交方面的均衡发展。希望本文能为中国乃至全球其他地区的幼小衔接提供宝贵的经验和启示。

**关键词：** 幼小衔接；教育政策；实践案例；教育改革；儿童发展

## 一、引言

幼儿园与小学之间的衔接是儿童教育中的一个关键环节，对儿童的学习和整体发展具有深远影响。这一过渡期不仅是学习环境和教学内容的变化，更是儿童从游戏为主的学前教育模式过渡到更加系统、规范的小学教育的重要时期。在我国幼小衔接的重要性日益受到政策制定者和教育工作者的重视。近年来，教育部等发布了一系列政策和指导意见，旨在推动幼儿园和小学之间的有效衔接。这些政策旨在减少幼儿园与小学之间在教育目标、教学内容和教学方法上的差异，从而为儿童提供一个更加平滑、连贯的学习过渡。

从教育部门的试点项目到各地区的创新实践，我国在幼小衔接方面的尝试反映了对儿童早期教育连续性和整体性的重视。这些实践不仅包括教育内容和方法上的调整，也涉及家长参与、教师培训和跨学段协作等多个方面。幼小衔接不仅是一个教育阶段的过渡，更是孩子成长的关键时期。

## 二、政策与理论框架

中国政府对幼小衔接的重视体现在一系列的政策和指导意见中。这些政策旨在为幼儿园和小学之间的平稳过渡提供明确的框架和指导。

### （一）指导意见和政策措施

《教育部关于大力推进幼儿园与小学科学衔接的指导意见》强调了建立幼小互通学习共同体的重要性。这一政策指出，幼儿园和小学应共同协作，通过互通的学习活动和教育内容，促进儿童在两个学段之间的无缝过渡。政策还提倡完善家园共育机制，即强化家长、幼儿园和小学之间的合作与沟通。通过这种方式，家长成为教育过程的积极参与者，帮助孩子更好地适应学校生活和学习。

### （二）理论框架

在理论上，这些政策基于对儿童早期发展阶段特点的理解。认识到儿童在不同年龄阶段的学习和发展需要不同，这些政策鼓励采用发展适宜的教学方法和活动。例如，重视儿童在情感、社交和认知方面的全面发展，而不只是学术知识的积累。这反映了一个更加全面的教育观念，即教育应该促进儿童的整体发展，包括情感智力和社会技能。

## 三、案例分析

### （一）案例一：广州市番禺区北城幼儿园

广州市番禺区北城幼儿园的案例展示了一种创新且有效的幼小衔接实践。该幼儿园采取了一系列双向衔接行动，以确保儿童能够平滑过渡到小学环境。

1. 实施双向衔接行动。北城幼儿园与市桥中心小学合作，开展了一系列活动，促进幼儿园和小学之间的互动和理解。这些活动包括儿童摄影、访谈等，旨在让幼儿园的孩子们深入了解小学的学习和生活。

通过这些活动，孩子们不仅能够对小学有一个初步的认识，而且能够表达自己对即将到来的小学生活的看法和期待。

2. 促进幼小衔接的作用。儿童摄影和访谈等活动使孩子们能够直观地了解小学的环境和日常生活。例如，孩子们通过拍摄小学生的日常活动，更直观地感受到小学生活的样貌。访谈环节中，小学生对幼儿园孩子们的疑问进行了回答，如上课时间、课程内容等，这有助于幼儿园孩子们消除对小学的陌生感和紧张感。

3. 实践效果。这种互动方式不仅加深了幼儿园孩子们对小学生活的理解，而且帮助他们建立了对小学的积极期待。通过这样的活动，孩子们在心理上为即将到来的学校生活做好了准备。此外，这些活动也加强了幼儿园和小学之间的联系，促进了教育资源的共享和教学方法的互补。

通过这种创新的双向衔接行动，广州市番禺区北城幼儿园的实践不仅为孩子们提供了一个平稳的过渡期，也为其他幼儿园和小学提供了一个可借鉴的模式。

### （二）案例二：小明与小刚的学习对比

小明与小刚的案例提供了对幼小衔接中早期学习强度与小学成绩关系的深入洞察。这两个学生的学习经历体现了不同幼小衔接模式对儿童早期教育结果的影响。

1. 学习经历对比。小明在进入小学前没有接受过正规的学前教育，而小刚则接受了更为系统的学前学习。一开始，小刚在学校的学习成绩明显优于小明，这在一定程度上反映了他早期学习的成果。然而，随着时间的推移，小明的学习表现逐渐超过了小刚。小刚在进入高年级后开始感到学习压力，而小明则逐渐适应了学习环境，表现出更好的学习状态。

2. 早期学习强度与成绩的关系。此案例反映出早期学习强度和后续学业成绩之间并非成正比关系。小刚虽然早期接受了更多的学前教育，但这并没有在长期内给他带来持续的学习优势。相反，小明在没有经历强化的学前教育的情况下，能够更好地适应小学的学习节奏和环境。这表明，在幼小衔接阶段，适当的学习强度和关注孩子个体差异可能比提前学习更复杂的学术内容更为重要。

3. 对幼小衔接的启示。这个案例表明，幼小衔接过程中需要关注儿童的个体差异和长期发展，而不只是短期的学术成就。对于教育者和家长而言，重要的是创造一个支持性的环境，让孩子在适应新的学习环境的同时，也能够保持学习的兴趣和好奇心。

通过小明与小刚的学习对比，我们可以看到，幼小衔接不仅仅是学术知识的传递，更是关注儿童个性化需求和整体发展的过程。正确理解和实施幼小衔接策略对于促进儿童的健康成长和学业成功至关重要。

## 四、实践中的挑战与对策

### （一）分析实施过程中遇到的主要挑战和困难

1. 教育内容和方法的一致性。幼儿园与小学在教育内容和教学方法上存在差异，如何在保持各自特色的同时实现平稳过渡是一大挑战。

2. 师资培训和专业发展。教师需要具备跨学段教育的知识和技能，但目前师资培训在这方面的覆盖度和深度不足。

3. 家庭—学校合作。家长的参与对幼小衔接至关重要，但如何建立有效的家园协同机制仍是一项挑战。

4. 儿童个体差异。每个儿童的发展速度和兴趣点不同，如何满足每个孩子的个性化需求是实践中的一个难题。

### （二）提出解决这些挑战的对策和建议

1. 协调一致的教育内容和方法。增强幼儿园和小学之间的沟通与合作，共同开发衔接课程，确保教育内容的连续性和适应性。

2. 加强师资培训和专业发展。为教师提供跨学段教育的专业培训，增强他们在幼小衔接方面的教学能力和理解。

3. 促进家庭—学校合作。建立有效的沟通渠道，使家长能够了解孩子的学习进程，参与到幼小衔接的过程中。

4. 关注儿童个体差异。实施个性化教育策略，关注每个孩子的特点和需求，提供适应其发展阶段的学习内容和方法。

通过这些对策，可以有效地应对幼小衔接过程中的挑战，为儿童提供一个更加顺畅、有效的学习过渡期。

## 五、结论与启示

### （一）总结中国幼小衔接实践的经验和教训

1. 多元化策略的重要性。中国幼小衔接实践显示，通过多元化策略，包括政策支持、教育内容的创新、家长参与及师资培训，可以有效促进幼小衔接的平稳过渡。

2. 政策与实践的紧密结合。成功的案例表明，理论和政策的指导对实践具有重要影响，但同时也需要根据实际情况进行灵活调整。

3. 关注个体差异。重视每个孩子的个性化需求和差异，避免“一刀切”式的教育模式，对孩子的长期发展更为有利。

### （二）探讨这些实践对未来幼小衔接政策和实践的启示

1. 强化政策与实践的相互促进。政策制定者需要关注实践中的反馈和成果，以便持续改进和优化幼小衔接政策。

2. 创新教育模式。未来的幼小衔接应更多地采用创新教育模式，如游戏化学习、项目式学习等，以激发孩子的学习兴趣和创造力。

3. 加强家庭和社区的参与。家庭和社区的参与对于幼小衔接至关重要，应鼓励家长和社区资源共同参与孩子的教育过程。

4. 持续的教师专业发展。加强教师的持续专业发展，特别是在跨学段教育技能方面的培训，以适应教育模式的变化和孩子需求的多样性。

## 参考文献

[1] 教育部．教基〔2021〕4 号：关于大力推进幼儿园与小学科学衔接的指导意见，2021 年 3 月 30 日．

[2] 靳晓燕，周世祥．幼儿园小学化顽疾能否化解．光明日报，2021 年 4 月 10 日．

[3] 新华社．幼小衔接迎来改革今年秋季学期启动试点，2021 年 4 月 9 日．

[4] 广东教育 & 广州教育．幼小衔接科学过渡：广州市番禺区北城幼儿园案例分享，2022 年 5 月 30 日．

[5] 苏令．学前教育“小学化”：功利的成人视角让幼小衔接走偏．中国教育报，2018 年 6 月 20 日．

# 在幼儿园开展中草药种植活动的探索经验

（胡桑　广东省广州市白云区同和第一幼儿园）

**摘　要：** 推动中医药文化进幼儿园，将中医药文化和幼儿园种植活动有效整合，既是社会发展的需要，也是我园开发特色课程的探索与实践。本文探讨了幼儿体验种植中草药的过程等问题，以便发展幼儿科学探究能力，促进幼儿的全面发展。

**关键词：** 中草药；种植；体验；探究

幼儿园种植活动可以让幼儿在亲历种植的过程中提高观察、探索、表达、表现的能力，积累相关的经验，培养幼儿对世界的好奇心、爱心、耐心，提高幼儿的科学素养，并体验到劳动、合作与收获的快乐。

如何将中医药文化和幼儿园种植活动有效整合？我园对中草药种植活动进行了探索和实践研究。

## 一、工欲善其事，必先利其器——种植前的准备工作

### （一）实地研学

广东省 T 园位于中国最南部，气候适宜，山林茂密，江河汇海，动植物种类繁多，有丰富的中药材资源。教职工和幼儿通过到广州神农草堂中医药博物馆进行研学，感受了中华中医药、岭南中医药、中医养生、大南药、青蒿抗虐、凉茶等丰富的中医药文化内涵，近距离学习了中医药图片、标本、文字、故事、典故、名家书画等物品的陈列展示和百余种不同种植方式的天然药草的种植，为接下来在幼儿园开展中草药种植活动积累了基础。

### （二）教师培训

鉴于中草药的特殊性，为加深教师对中草药的认识，幼儿园特别邀请专业的中药师对教师进行培训，帮助教师了解中草药对于光照、水分的喜好，了解它们的功效和使用方法，知道中草药不能随意入口，确保幼儿的安全与健康。

此外，组织教师学习中医药文化，了解我国古代伟大的医学家的故事，如“药王”孙思邈治病、“医圣”李时珍采药、华佗与五禽戏等；认识中医巨著，如《黄帝内经》《伤寒论》《神农本草经》《本草纲目》等。教师有良好的专业理论基础，才能成为幼儿活动的支持者、合作者、引导者。

### （三）土壤改善

有了之前在幼儿园果蔬园进行种植的经验，幼儿知道了植物生长必备的因素：泥土、阳光、水。经过观察，幼儿发现新开辟的中草药种植园泥土偏沙质，少营养。为了在种植前改善土壤质量，幼儿将过年时家里购买的年橘盆栽带回幼儿园，收集营养土。老家在广州近郊农村的幼儿利用周末时间，在家长的帮助下，挖了肥沃的塘泥带回，将之拌到中草药种植园的泥土中。

在幼儿园，教师引导幼儿开展了许多有趣的活动提高土壤肥力。例如，每次餐点后吃剩的鸡蛋壳、花生壳，幼儿用手捏碎、用锤子锤碎、用搅拌机打碎后，撒到了泥土里。如果水

果餐有香蕉，那么幼儿就用小剪刀将香蕉皮剪得细碎，用竹盘装好到太阳底下进行晾晒，晒干后拌进泥土里。如果是糖分较高的果皮，如苹果皮、梨子皮，就用浸泡肥液的方式，等待发酵熟腐，稀释后可以用来追肥。

通过这些活动，中草药种植园的土壤终于得到了改善。幼儿不仅知道了许多自制肥料的科学方法，他们的动手能力也得到了提高。

### （四）工具准备

种植中草药需要哪些工具呢？有的幼儿说需要锄头，有的幼儿说需要小铲子，有的幼儿说需要水桶喷壶，还有的幼儿说需要图案标志，不然大家不知道我们班种的是什么中草药……

幼儿将自己认为需要的工具画下来，列成表格，请教了爸爸妈妈爷爷奶奶和教师。经过调查，幼儿制定的工具清单上除了有锄头、铲子、小水桶、洒水壶、园艺剪等，还有家长和园长建议增加的一些后期所需工具，如可收集和晾晒中草药的竹盘、捣药的研钵、研磨中草药的药碾子等。

对于这些较为陌生的工具，幼儿先通过图片和视频资料进行了认识，然后观察和操作了实物，知道了它们的用法，认知水平得到发展。

## 二、因地制宜，初定中草药种类

《幼儿园教育指导纲要（试行）》提出，要充分利用自然环境和社区的教育资源，扩展幼儿生活和学习的空间。

经调查，我园有85%的教职工和77.34%的家长是岭南人，有76.92%的教职工和74.61%的家长知道一些岭南中草药常识。因此，种植岭南的中草药，能够更好地利用自然资源和家长资源，便于开展社会实践活动和亲子活动。

教师应成为幼儿学习活动的支持者、合作者、引导者。经过与幼儿的谈话与讨论，他们在日常生活中常见的岭南中草药有金银花、艾草、蒲公英、铜钱草等，具有外形特征明显，辨识性强等特点。通过幼儿的讨论与投票，各班决定种植一至两种岭南常见中草药进行探究。小一班决定种植艾草，小二班决定种植蒲公英、小三班决定种植鱼腥草，中一班决定种植枸杞和薄荷，中二班决定种植紫苏，中三班决定种植金银花，大一班决定种植铜钱草和香茅草、大二班决定种植车前草和桑树。

## 三、体验种植中草药的完整过程，开展丰富多彩的活动

中草药的成长是一个较为漫长的过程，幼儿在参与中积累了许多有益的直接经验和感性认识。

### （一）养成了良好的科学素养

为了使幼儿感受到完整的中草药生长过程，各班从“生命的起点”开始，根据中草药品种的不同，选择不同的繁殖方式，帮助幼儿无形中感受、感知生物的多样性和独特性。

蒲公英、紫苏、枸杞、车前草适合从种子开始育苗。幼儿把种子放在打湿的纸巾上浸泡，一天后，将种子撒到泥土中，上面轻轻地覆盖上一层薄土，耐心等待种子发芽。

艾草、鱼腥草、铜钱草、香茅草可以分株繁殖。周末的时候，家长带幼儿去农村田野里挖成熟植株旁的幼株，然后送回幼儿园。热心的家长还将挖幼株的过程细心拍摄下来，发送到班级群里，便于其他幼儿能“云体验”这个过程。

在植树节的时候种下一棵小桑树，幼儿每天数它的叶子，每一片新叶子都在无数的期待

中长出来。还有幼儿好奇：桑树上会长出蚕宝宝吗？

至于金银花的繁殖更有趣。在教师的引导下，幼儿用剪刀将幼儿园院墙上的金银花枝剪下一截，进行扦插。幼儿既好奇又惊讶——这样真的能长出新的金银花来吗？幼儿在自己扦插的金银花枝条上绑了标签，准备进行长期的观察与记录。

在进行中草药播种和繁殖时，各班打破了班级的界限，常常去参观其他班级的活动。在这个过程中，幼儿增长了见识，激发了探究兴趣，体验了探究过程，有利于发展初步的探究能力。

### （二）种植中草药需要耐心和爱心，也有助于养成良好的观察能力

幼儿浇水、施肥、除杂草、除虫，照顾中草药慢慢长大，了解它们的生长规律，关爱生命的天性得以发展。

各年龄段的幼儿用自己的方式进行中草药观察记录。小班幼儿主要用拍照片和录视频的方式进行记录；中大班幼儿设计了具有班级特色的观察记录本，用做标记、绘画、拍照、做标本等方式进行记录。

幼儿在观察和记录中发现问题："我画金银花的叶子时发现它们是一对一对长的""我刚刚摸了香茅草，现在我的手闻起来好香啊！""为什么紫苏的叶子有的是紫色，有的不全是紫色的呢？"

幼儿在探究中思考，在探究中认识了周围的事物和现象。

### （三）在收获中草药的过程中感受丰收的喜悦

认识到我国传统中医药文化的博大精深。不同的中草药，采摘部位、收获时节、处理方法都不同。在专业中药师的指导下，幼儿学习简单的中草药炮制方法。比如，在种植蒲公英的第二年夏季，幼儿将整株蒲公英挖出来，洗干净晒干，知道蒲公英泡水喝可以去火消炎；夏天时，被蚊子咬了，摘片香茅草的叶子涂一涂，很快就止痒了；秋冬季，紫苏结了种子，植株慢慢变干枯，将整个植株挖出来清洗晒干——原来不仅紫苏叶是药，紫苏梗和紫苏种子也可以入药。

中草药神奇的药性让幼儿惊叹，他们感受到了浓厚的民族自豪感，这对于中医药文化的传承具有非常重要的意义。

### （四）中草药种植活动的延伸

在中草药种植活动中，根据幼儿的兴趣与发现，生成了许多有价值的精彩活动。如通过观察紫苏叶的色彩，开展了"寻找植物色素之旅"，幼儿寻找自然界中不同颜色的叶子、花朵、蔬菜、水果，体验敲拓染，创作出一幅幅自然天成的作品，体验用压榨、蒸煮、研磨等方式提取植物色素，做出彩色面条、彩色饺子；如将自己晒干剪碎的香茅叶、紫苏叶装进布袋，做成精美的手工香囊，拿到跳蚤市场、拿到社区进行义卖，引起好评；如在幼儿园小茶馆泡上一壶金银花茶，和好朋友纳凉休憩，好不舒畅；如在清明节采摘艾叶，亲手制作艾粑并品尝；如在小小中医馆扮演药童，学习碾药、研磨，学习使用称中药的小称……

这些活动，不仅丰富了中草药种植课程的内涵，还增强了幼儿的动手能力、创造能力、探究能力、人际交往能力等，实现了主动发展。

## 四、结语

开展中草药种植课程是我园践行"中医药文化弘扬工程"的一次探索与尝试，最终有效促进了幼儿发展，实现在幼儿园开展中草药启蒙教育的目标。值得注意的是，鉴于中草药的特殊性，幼儿安全是关键。幼儿园必须在专业人士的指导下，种植无毒无害的中草药，并慎重入口，保障师生安全。

## 参考文献

［1］中华人民共和国教育部．3～6岁儿童学习与发展指南［M］．北京：首都师范大学出版社，2012.

［2］教育部基础教育司．《幼儿园教育指导纲要（试行）》解读［M］．南京：江苏教育出版社，2002.

［3］中华人民共和国教育部．幼儿园教育指导纲要［M］．北京：北京师范大学出版社，2001

# “时”全“时”美
## ——以“慧准备，巧衔接”为主题的班本课程探究

（夏静　江苏省南通市新开街道星海幼儿园）

**摘　要：**本文以班级微课程为出发点，围绕《“慧”准备，“巧”衔接》主题，结合幼儿对时间的认知和兴趣开展实施探究活动。通过主题缘起、脉络导图、课程实施和总结反思这四个阶段逐步完成主题下的课程探究。幼小衔接是指幼儿园和小学两个相邻教育阶段之间在教育上的互相连接。其实质是儿童连续的、不断发展的社会性心理、身体发展上的衔接。幼小衔接应该贯穿幼儿园的教育和管理之中，帮助幼儿正确认识自己，感知世界。随着大班幼儿对时间的认知和管理逐步增强，需要幼儿教师在进行课程实施和班级管理时，应用各种方法，营造良好的生活和活动环境，抓住一切机会，对幼儿进行引导和启发，促进幼小衔接的有效实施。

**关键词：**时间；幼小衔接 ；班本课程

大班是幼小衔接的重要时期，是培养幼儿珍惜时间观念，增强时间管理能力的关键期。我国著名教育学家陶行知先生曾提出“教学做合一”的教学思想，让教师在做中教，在做中学，将教学做三者有效地融合在一起进行指导教学。不仅改变了过去传统的教学方式，还进一步为幼儿园班本课程构建了新的教学形式，提高了幼儿园整体的教学质量。因此当孩子们对时间产生了关注时，教师及时捕捉契机，以孩子们的兴趣为课程开展的出发点，创新学习方式，优化幼小衔接教育策略，助推幼儿成长与发展。

### 一、主题缘起

集体活动开始了，彤彤却姗姗来迟。当她刚踏进教室，就有小朋友喊道：“彤彤，你今天迟到了呦。”辰辰说：“我今天来得最早，我是第一名。彤彤你是不是起晚了?”彤彤说：“才不是，因为妈妈要送姐姐上学，我才会迟到。”孩子们对于迟到问题的议论，引起了大家的思考与关注。

当下课程游戏化项目全面推进，结合主题活动的开展，教师积极关注幼儿生活、追随幼儿兴趣、创新幼儿学习方式，进一步优化幼小衔接教育策略。对于大班孩子而言，正确认识和管理时间是幼小衔接学习中必不可少的部分。因此培养良好的时间观念，养成正确的生活习惯，懂得参与各项活动要抓紧珍惜时间，才能为小学的学习和生活做好充足准备。

## 二、脉络导图

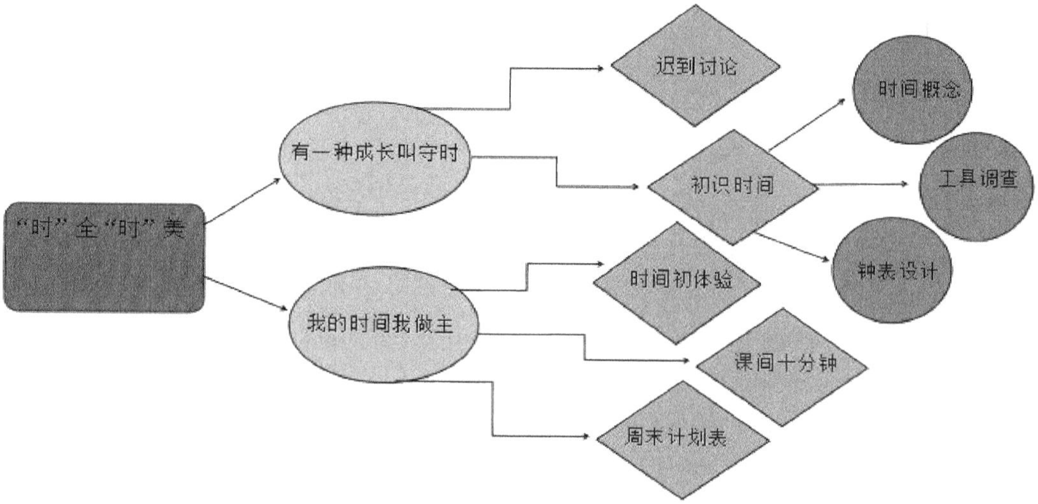


## 三、课程实施

### （一）有一种成长叫守时

1. 迟到讨论

晨谈活动时，孩子们热烈地讨论着：“为什么总是有人很晚才来？”“为什么他总会迟到呢？”……檬檬猜测是早上睡觉起不来，晚上睡不着。而汤汤认为是早上在家贪玩，可能忘记看时间了。符符则认为是因为早上做事拖拉，动作太慢……

孩子们发现，其实迟到的因素有很多，有自己的原因，也有外在的原因。那么为什么不能迟到呢？迟到了会有怎样的后果？比如：迟到破坏了规则；迟到来不及上课和游戏，学不到本领……

**·教师的思考·**

经过一次次团讨，大家了解到迟到是不好的习惯，也会带来很多影响。于是，教师适时抛出问题：“那怎么才能做到不迟到呢？”孩子们积极表述想法：设定闹钟；早睡早起；做事不拖拉，提高速度；制订时间计划表……我们在一次次的讨论和交流中发现问题，解决问题，提升语言表达和自我管理能力。

2. 初识时间

（1）时间概念。晨间谈话中大家展开了关于时间的讨论。辰辰说：“时间像蜗牛，慢吞吞的。”奕奕说：“时间是不能浪费的。”浩浩说：“时间是 60 秒就更换一个新时间。”天天说：“时间是透明的，我们看不见它。”……对于时间，孩子们有着自己独特的认知和理解，千奇百怪却又生动有趣。

（2）工具调查。在亲子调查中，我们发现时间的呈现方式是多种多样的。那么古代人是怎么计时的呢？孩子们带着疑问和家长一起查阅、收集资料并记录分享。通过探寻发现古代是用日晷、水漏、沙漏等工具计时。随着历史的发展，人们使用的计时工具也越来越精细。大家也找到了钟表、手表、手机等多种计时工具。原来，时间就在我们身边。

（3）钟表设计。假如没有了时钟，人们的生活会发生什么变化呢？教师带领幼儿共同阅读绘本《喜欢钟表的国王》。在故事中感受到钟表的作用，体会时间对生活的影响。

经过观察，我们发现钟表上的数字和指针代表不同的时间。在对钟表的外观有了进一步了解后，孩子们化身小小钟表设计师，以表盘为主体大胆想象，创意设计。同时，在绘画的过程中更直观形象地认识时钟。

孩子们互相展示和交流着：我设计的直升机钟表速度很快，和时间一样；我画的是机器人钟表，转动按钮可以跳舞；这是汽车钟表，做事情要像汽车一样，该快的时候快，该慢的时候慢……

**·教师的思考·**

《3—6岁儿童学习与发展指南》中指出，幼儿的学习是在探究具体事物和解决实际问题中，尝试发现事物间异同和联系的过程。幼儿在观察钟表、制作钟表的过程中了解了表盘的结构及排列规律。我们要充分尊重和保护幼儿的好奇心和学习兴趣，帮助幼儿逐步养成积极主动，敢于探究和尝试的良好学习品质。在活动中积极为孩子们创设自由宽松的环境，进行有关时间的探索和艺术表达。

## （二）我的时间我做主

1. 时间初体验

对于一分钟究竟是快还是慢，孩子们开始辩论并验证。讨论猜想：一分钟有多长？一分钟可以做什么？一分钟到底能不能完成所预想的事情呢？通过一分钟挑战赛、金鸡独立、拍球等时间小游戏，孩子的感受大不相同。有的说一分钟很长，有的说一分钟很短。教师并没有急于下定论，而是允许幼儿有不一样的感受，鼓励幼儿大胆表述出来。

同样一分钟，为什么“有快有慢”？孩子们探讨后总结道：当我们在等待或者感觉伤心的时候，就会觉得时间很长，但是高兴或者忙碌的时候又会觉得时间很短，这跟我们的情绪体验都有关系。同样一分钟做事的多少也不一样。这需要我们抓紧时间、有规划地利用。如果慢吞吞、毫无目的，一分钟就会浪费。

**·教师的思考·**

《3—6岁儿童学习与发展指南》中指出：“要充分尊重和保护幼儿的好奇心和学习兴趣，帮助幼儿逐步养成积极主动、认真专注、不怕困难、敢于探究和尝试、乐于想象和创造等良好学习品质。”一分钟的挑战对于幼儿来说是有一定难度的，但孩子们没有畏难，反而踊跃参加，有助于培养不怕困难、敢于尝试的品质。

2. 课间十分钟

“时间”是比较抽象化的概念。追随幼儿兴趣，在探索过程中不断认识、感知、体验、规划时间。那小学的课间十分钟是什么呢？为什么要有课间十分钟？大家通过绘画和模拟游戏的方式展示自己的时间安排：“我会先喝水上厕所，再准备下节课书本！”“我想先和小朋友玩一玩游戏，再去上厕所。”……

**·教师的思考·**

从了解课间十分钟的意义、讨论十分钟的长短到十分钟的安排，孩子们在真实经历中学会有计划地利用有限的时间。对课间十分钟进行重新审视，建立事件与时间的联系，时间管理能力有所提升，形成有序、安全、快乐、有意义的“课间十分钟”。

3. 周末计划表

《3—6岁儿童学习与发展指南》中指出：“要合理地安排一日生活，才是养成良好的生活习惯。”于是我们利用周末的时间让孩子们自己制订周末计划表，并尝试按照自己的时间规划完成相应的学习和生活任务。在这一过程中，孩子们感受了时间的可贵，提高了做事的计划性和效率性。一次次体验、审视过程中孩子们将会为未来的小学生活合理安排时间，真正成为时间的“小主人”。

**·教师的思考·**

时间管理是幼小衔接的一项重要内容，需要家长和教师共同坚持和鼓励，多多观察孩子，采取适宜的方法，帮助孩子逐渐形成时间意识，为小学做好准备。通过主题活动的深度探索，将关于时间的感知进行升华，并将良好的时间意识渗透到一日生活中。

4. 总结反思

《幼儿园教育指导纲要》中指出：“关注孩子活动中的表现和反应，敏感地观察他们的需要，及时以适当的方式应答，形成合作探究式的师幼互动。”此次活动，我们以幼儿对“彤彤上学迟到”的讨论为切入点，开展了一场关于时间话题的探讨。此次活动是对幼儿原有时间判断能力的一种巩固，也是幼儿整体感受小学生活的一种有效方式。

在课程实施中，我们通过多媒体手段了解时间与计时工具的发展历史，感知古今名匠的生活智慧。孩子们从生活实际中慢慢走进时间、认识时间、感受时间，并陶醉于表征钟表的创意活动。通过不断深化“时间”概念，幼儿将对时间的感知进行升华，并将良好的时间意识渗透到一日生活中。课程最后，家长参与监督和引导增添了幼儿与时间约定的仪式感，为今后良好习惯的养成奠定基础。

在主题活动的持续深入和探索过程中，孩子们有表达、有猜测、有思辨、有畅享。关于时间的课程还在继续，希望每个孩子都能够合理管理时间，平衡生活，认真对待每一分钟，做时间的主人，掌控人生方向，收获自己想要的未来。

## 参考文献

［1］朱碧莲．浅谈搞好幼小衔接教育的一些思考［J］．福建周刊，2008，3—4.

［2］张雯．基于“教—学—做”合一的园本化课程的建构与实施——以“客家童乐”课程为例［J］．福建教育学院学报，2022，23（11）：26—28.

［3］何叶慧．幼儿园园本课程班本化实施的个案研究［D］．南京师范大学，2016.

# 立足幼儿表征的大班幼儿前书写能力的提升策略探索
## ——以大班“我的名字”主题活动为例

（阳升轩　贵州省黔东南苗族侗族自治州锦屏县城关第五幼儿园）

**摘　要：**本文以“我的名字”主题活动为载体，详细阐述了如何通过“探秘名字”、“活用名字”、“书画名字”和“创写名字”四个方面的活动提升大班幼儿的前书写能力。以大班幼儿表征方式为出发点，通过主题活动的设计与实施，分析了这些活动如何促进幼儿对名字的深入认识，激发了幼儿前书写兴趣，培养书写习惯，并提升创意书写能力。结果显示，这些活动有效提高了幼儿的前书写能力，为其未来的正式书写学习打下了坚实的基础。

**关键词：**幼儿表征；幼儿前书写能力；提升策略；主题活动

前书写能力是幼儿阶段重要的发展任务之一，它是指幼儿在正式学习书写之前，所应具备的一些基本书写技能和书写意愿。幼儿表征是幼儿用图画、符号、颜色等方式表达自己对事物的理解和认识的一种行为，它是幼儿前书写能力的重要组成部分。本文以大班幼儿为研究对象，通过“我的名字”主题活动，探讨了如何通过幼儿喜欢的表征方式提升大班幼儿的前书写能力。

### 一、探秘名字——萌发幼儿前书写兴趣

《幼儿园教育指导纲要》中指出：“图书阅读、绘画等方式的合理利用往往能够激发幼儿阅读、书写的兴趣，对培养幼儿前阅读与前书写技能具有重要意义。”在这一阶段，我们开展了一系列活动，通过“名字大调查”，让幼儿通过探索自己的名字，了解名字背后的故事和文化内涵基础上，与孩子共同完成调查表，提醒家长按照孩子的想法意愿以符号、绘画的形式进行，激发幼儿自主书写的兴趣；“名字故事分享会”中，邀请每个幼儿轮流上台，手持写有自己名字和故事的小卡片，分享自己名字背后的故事，如家人对自己的期望、名字的含义等，体会自由表达和前书写的乐趣；大班孩子对汉字很敏感，我在教室设置一面“名字墙”，将每个幼儿的名字卡片悬挂起来，让幼儿在活动后过渡环节互相欣赏和学习，大家相互会认识对方的名字，这样不仅识字量多了，还激发了幼儿对文字的兴趣，也提高了幼儿前书写的信心，为他们后续书写活动奠定了基础。

### 二、活用名字——丰富幼儿前书写经验

#### （一）丰富幼儿的已有经验

前书写的前提是幼儿要具有一定的图画和符号的表征能力，这与幼儿的已有经验有关，幼儿日常生活中看到的图案、符号多，前书写就容易进行经验的迁移和调动，所以，丰富幼儿的已有经验很关键，儿童读物及周围环境的各种标识、文字信息是很好的载体。我与幼儿一起分享绘本《我的名字克里桑斯美美菊花》《我的名字有意义》《名字里的数量》等，不仅让幼儿从绘本中了解某些符号代表的意义，还懂得每一个人的名字都是独特的。让家长多带孩子观察、收集生活中常见的标识及符号，通过涂鸦、绘画等方式进行书写，幼儿的书写意愿得到了增强，也愿意主动分享自己的作品，与同伴进行交流互动。

### （二）创设适宜的前书写环境

《幼儿园教育指导纲要》中指出，环境是重要的教育资源，通过环境的创设和利用，促进幼儿的发展。我在区角投放一些可随意粘贴的趣味文字、符号标志、可以用于拼摆幼儿名字的材料、橡皮泥、玩具名称等，让幼儿去文字里找自己的名字，用各种材料拼摆自己的名字；创设“触摸墙”，幼儿通过手触体验，观察材料的造型，增强前书写体验。在班上每个幼儿都有一本签到册，基于幼儿中班一年的签到应用与实践，结合幼儿的需求我们对签到册进行了整合与优化，幼儿使用自己设计的升级版签到册，他们对晨间签到更主动了，每一天都能看到他们认真书写签到的画面，满足了幼儿的前书写愿望。当然在签到中教师会对幼儿的执笔方法和坐姿进行正确的引导，对幼儿的“自然角观察记录表”也是基于幼儿的意愿设计，幼儿通过对自然角的观察及记录，丰富幼儿书写创作途径。

### （三）开展交流活动，积累前书写经验

开展教学活动后与幼儿进行交流，建议幼儿创设自己的“名牌”，幼儿在自己的书包柜、水杯位置夹上了自绘的名字牌，再也不用担心放错啦！也可以为平时的绘画作品，夹上自己设计的名字牌。通过每天“点名游戏”环节，教师采用不同的方式进行，如倒序点名、随机点名、念名字的其中一个单字等，让幼儿更加关注自己的名字。在游戏活动“名字接龙”中，教师说出一个名字，幼儿需要接上一个以该名字最后一个字开头的名字。活动“名字谜语”中，教师根据每个幼儿的名字创作简单的谜语，如“我是红红的太阳，我的名字是什么?”然后让其他幼儿猜测。通过系列活动的开展，既能帮助幼儿积累大量词汇量及书写经验，又学会运用书面表达方式来抒发情感，逐步提升幼儿的书写技能，规范正确书写姿势与养成良好行为习惯，为其未来的阅读和书写打下了基础。

## 三、书画名字——增强幼儿规范书写技巧

### （一）正确书写名字

《3－6岁儿童学习与发展指南》在语言领域目标中提出，幼儿要具有书面表达的愿望和初步技能。愿意用图画和符号表现事物或故事，体验文字符号的功能。在活动时还要提醒幼儿在写画时，保持正确的书写姿势，但是很多幼儿书写姿势不正确，我通过播放视频学习、一对一指导、家长监督等方式帮助幼儿掌握正确的书写姿势，也用身边的榜样去激励他们。在刚开始签写名字时，发现幼儿书写名字时普遍出现少笔画及书写顺序错乱的问题，因此学习名字笔画顺序非常有必要，我们通过探索“名字笔画顺序”，帮助幼儿了解名字笔画顺序，也在阅读区内投放沙子，引导幼儿尝试正确地书写名字，在美工区投放黏土、小卡纸条、小棒等，让幼儿按顺序拼摆名字，加深对自己名字的正确书写，掌握规范的书写姿势。

### （二）进行书写实践及名字艺术化活动

在活动中为幼儿提供多种书写工具和材料，如彩铅、田字格、水彩笔、马克笔等，让幼儿在书写纸上自由练习书写自己的名字，教师可以在旁边给予指导和鼓励。在书法展示活动中，幼儿选择用毛笔、硬笔、彩笔等不同的书写工具书写自己的名字；幼儿用自己的方式将名字绘制成一幅画，可以是简单的线条勾勒，也可以是复杂的色彩渲染，完成后，并展示给全园教师的幼儿欣赏。在这一阶段，我们教授幼儿如何正确书写自己的名字，并通过系列活动开展，让幼儿在书写名字的过程中感受到文字的美感和趣味性，这些活动不仅提升了幼儿的书写技巧，也增强了他们对文字的热爱。

## 四、创写名字——提升幼儿前书写能力

### （一）进行游戏分享活动

游戏的表征与分享是与同伴、教师交流的一个重要环节。在建构区“名字我来拼”游戏中，幼儿在积木区用积木拼出自己的姓名，也可以合作拼名字，回教室后幼儿通过表征及教师的一对一倾听记录，提高幼儿的语言表达及书写能力。

### （二）创意书写名字

这一阶段，开展“名字变形记”，鼓励幼儿对自己的名字进行变形或改造，创造一个全新的名字，可以是把名字偏旁变成相似图案，使用不同的字体或颜色等。完成后，让幼儿向其他幼儿展示自己的创意名字；利用废旧材料制作“名字时装”，每个幼儿将自己的名字装饰在衣服或帽子上。然后组织一场名字时装秀，让幼儿穿上自己设计的时装进行展示；幼儿以自己的名字为主角，创作一个有趣的故事，这个故事可以是关于名字的由来、名字的冒险经历等，完成“名字故事创作”后，可以让幼儿向其他幼儿讲述自己的故事。通过这些有创意的活动开展，幼儿可以在愉快的氛围中更加深入地了解自己的名字，同时培养前书写能力、审美能力和创造力。这些活动也有助于增强幼儿的自我认同感和归属感，为他们的全面发展打下坚实的基础。

在以游戏和动手操作为主的“我的名字”主题活动中，进行系列游戏化与名字有关的活动，逐步调动幼儿对文字、符号、标记的敏感，这些活动不仅增强了幼儿对文字的兴趣和热爱，也锻炼了他们的书写技巧、语言表达能力和创新思维，有效地提升了大班幼儿的前书写能力。未来，我们将继续探索更多有效的教育策略和方法，以促进幼儿前书写能力的全面发展。

### 参考文献

［1］中华人民共和国教育部．3～6 岁儿童学习与发展指南［M］．北京：首都师范大学出版社，2012.

［2］教育部基础教育司．《幼儿园教育指导纲要（试行）》解读［M］．南京：江苏教育出版社，2002.

［3］邹芳．培养大班幼儿前书写能力的可行路径［J］．广西教育，2023.16.

［4］尤思思．关于前书写的那些事儿［J］．幼儿教育，2021.

# 趣享·乐绘
## ——大班幼儿前书写活动的实践研究与思考

（乐伊韵　杭州市娃哈哈幼儿园）

**摘　要：**前书写是幼儿自我表达的一种书面语言形式，对幼儿能否顺利适应与书本对话互动，自主探究获得纸笔经验，有着非常重要的作用。笔者观察发现大班幼儿虽有书写愿望的需要，但在经验发展和实际运用方面仍存在着一定的缺失。因此，本文将带着“大班幼儿如何从前书写中获得未来书写的经验准备？如何促进大班幼儿的前书写经验形成？”问题，以“趣享·乐绘”为核心进行探讨。通过借助生活经验、游戏载体和日记表达多维度形式，不断挖掘前书写教育契机，为发展大班幼儿实践经验打下良好的基础。

**关键词：**前书写；乐趣；记录

## 一、问题的提出

前书写是幼儿探索书面语言的主要行为，更是幼儿自我表达的主要形式，对其整体语言发展能力有着不可或缺的作用。笔者通过观察和交流发现，大班幼儿虽然具备一定的前书写能力，并有表达书写愿望的需要，但幼儿从前书写萌发到逐步发展的过程需要成人适当的支持和针对性的培养。如果教师“不敢教”，家长“过度教”，则会加剧幼儿“理解不能”“学不会”的问题频频出现。

### （一）幼儿机会缺失，难以提升能力

大班幼儿处于前书写萌芽期，对文字十分感兴趣，喜欢模仿成人在纸上“画字”或自由地涂画、涂写。但只停留在这样单一的、碎片化的前书写形式表层，不难发现幼儿呈现的内容通常比较零散、杂乱，缺乏一定的逻辑性和连续性。使原本前书写特有的趣味沟通方式，意外地变成幼儿与成人之间沟通的“屏障”，幼儿“不明白”成人的意思，成人“看不懂”幼儿的表达。

### （二）教师认知误区，错失教育契机

“防止小学化倾向”等于不能教关于文字知识是一个认识误区，使教师忽视了一日生活中大班幼儿的重要学习“经历”，导致他们无法将已有的生活经验顺利地迁移到前书写活动中去。每当幼儿对文字感兴趣并想进一步了解其含义时，教师想说不敢说，想教却无从下手的矛盾状态，一次次错失原本良好的教育契机，也让幼儿逐渐变得“不敢问”，甚至“不愿思考”。

### （三）家长揠苗助长，削减学习兴趣

家长是幼儿的第一任教师，潜移默化地影响着幼儿的身心发展。笔者通过日常与家长交流时，发现不少家长对大班阶段过度重视，甚至焦虑，觉得幼小衔接时更应多学点知识，尤其要提前学会写字，而且要写得“正确”，对前书写有理念上的误解和混淆。家长这样重知识储备，轻经验发展的观念，让原本快乐的前书写变成了过多的烦恼，使幼儿产生较大的心理负担。这样超前的学习，幼儿不但不理解书写的含义，而且限制了其想象力。

## 二、研究实践

### （一）借助生活经验，激发前书写兴趣和愿望

1. 小符号大作用

到了大班，幼儿陆陆续续迎来了换牙期，而“换牙”则成了他们时常热烈讨论的话题。在绘本《一颗超级顽固的牙》分享阅读时，教师意外发现幼儿对绘本中简单的图形、文字，尤其是“符号”十分感兴趣。

教师在自主阅读活动中，陆续开展了“寻找符号”活动，并延伸到区域游戏中，为幼儿提供方便自取的纸、笔等材料，让幼儿在游戏过程中学习记录，逐步培养幼儿有意识、有目的的记录习惯，并鼓励师幼、同伴记录分享，为前书写经验做铺垫。

2. 小发现大趣味

幼儿具有与生俱来的好奇心和探究欲望。探究生活中的发现和变化，是幼儿感兴趣的互动方式。了解幼儿天生爱玩的特性，把握“我在玩，我不只是在玩”的发展特点，引出话题“洞”的探讨，将幼儿真实生活经验与前书写自然连接，通过课前在生活中的观察，家园合作素材收集，并师幼合作记录探讨结果，初步体验文字与图画、符号的多种表达方式。

话题线索：什么是洞—哪儿有洞—这些洞有什么用

洞的探秘是具有连续性和操作性的活动，让幼儿在前期说洞、玩洞时积累生活经验，激发幼儿愿意主动探究、思考；在中期师幼探讨，同伴分享中感受洞无处不在的神奇之处，提高语言表达逻辑和联想；在后期体会画洞的乐趣，“认识”教师写的文字。幼儿前书写发展已从“假装书写”的初步探究，逐渐进入到有纸笔互动经验的稳定阶段，并熟悉一些简单的图文对应，向着拓展阶段逐步迈进。

### （二）借助游戏载体，引导同伴互学互助记录

1. 你画我猜，鼓励同伴评价

游戏是幼儿最喜爱的活动方式，你画我猜是幼儿熟悉的游戏形式。大班幼儿自我意识有着突出的发展，会关注自己以及同伴的特别之处，有着一定的自我评价能力。因此，教师引出“我和同伴”的话题讨论，鼓励幼儿拓展句式表达，如谁、哪里特别、为什么，尝试“一字一音”的对应关系前书写表达。

话题线索：说一说自己特别的地方—找一找同伴的特别之处—画一画你眼中的同伴

同伴间相互积极的学习作用对幼儿是最好的促进成长和发展的方式。不仅使幼儿对同伴的关注度提高了，也在猜猜说说中感受到前书写的特别趣味之处。教师在其中帮助幼儿在评价时整理逻辑思维，规范其语序表达，并在儿童相应的内容下书写了汉字的对应意思，帮助幼儿理解图画和简单汉字的区别。

2. 我演你猜，激发美好畅想

提升游戏的难度，运用幼儿熟悉的、常见的职业标志丰富游戏材料。增加了话题的深度，教师在上一次话题的基础上，加深幼儿对多种职业的学习和了解，引出话题“我长大了想……”激发自我树立美好理想职业的憧憬的同时，鼓励幼儿加入熟悉的汉字，感受、理解汉字之间书写的间隔。

话题线索：抽取职业标志—演一演、猜一猜同伴画的职业—画一画你喜欢的职业

职业标志的前书写形式，受到了孩子们的热烈反响。通过游戏的形式，职业的特征被放大，便于幼儿更好地观察、想象和创新。笔者惊喜地观察到，孩子们对同伴的前书写内容非常好奇，他们经常会自由讨论彼此的前书写内容。他们专注、大胆尝试用汉字或符号进行有序的条状式前书写，每一个小细节，都体现了幼儿的用心和那份美好的成长愿望。

3. 创意合作，个性小组评价

兴趣是幼儿最好的教师。教师逐步放手，鼓励幼儿自由选择感兴趣的话题，回顾所学前书写的方法，学习使用图画、符号、文字等灵活替换，尝试固定使用特色符号表达固定意思，以小组的形式进行经验分享和讨论的交流方式，并利用游戏一张纸的秘密，幼儿分组学习自制创意小书册。

话题线索：想一想我们学过哪些—说一说你们印象最深的—画一画你们最感兴趣的

自制创意书册的前书写方式，随着活动的不断深入，幼儿的合作意识也在不断增强，有分工、有按顺序或是你说我来画的不同方式，每一组都有着个性知足的设计方式。通过这次活动，教师发现幼儿的学习状态在悄然改变，逐步从被动变主动，学会分工合作，倾听他人的想法，积极自我表达等，学习简化图画和符号的意义以及固定表达，使前书写更流畅，并多方面提升和发展前书写经验。

### （三）借助日记表达，养成良好记录习惯

创设宽松、温馨的家庭氛围和自由、愉悦的前书写空间，用心观察幼儿的前书写需要，提供日记类的材料，让幼儿可以在前书写时自由地抒发、表达，培养幼儿前书写的积极性和主动性。注重教育细节，将前书写自然融入幼儿的生活中、游戏中和交流中。家园共育，鼓励幼儿记录心情日记、生活点滴或运动打卡等有趣、轻松的内容，让幼儿逐步养成前书写好习惯。家园共享，不断观察和支持幼儿前书写发展变化，让幼儿更好地体验前书写的便利与乐趣。

### （四）寻找契机，培养独立前书写意识

春秋游外出体验活动，一直是孩子们每学期最期待的活动之一。写日记的方式能有效培养幼儿的生活习惯，还能帮助幼儿的前书写能力在实际应用中发展起来。家长在日常生活中，应多提供、给予幼儿机会和权利。如亲子合作讨论的方式，共同设计一份春游计划，并把讨论的内容以前书写的方式记录下来，带来班级分享。家长通过这次活动也收获了惊喜和反思：更深入了解了幼儿的所思所想，感受幼儿在前书写过程中，变得更快乐，爱表达，更积极、爱思考，积累了丰富的前书写经验，有了质的跨越。

## 三、结语

前书写是幼儿需要习得的一项重要书面语言技能，也是丰富幼儿多元化发展的入门“金钥匙”。对于幼儿来说，学习前书写带给他们更多的是乐趣和创想，是幼儿感兴趣并乐于表达自己所思所想的“好伙伴”，是与他人沟通变得更加自信从容的“好办法”；对于家长来说，理解前书写带给他们更多的是惊喜和转变，是读懂幼儿内心世界的“好媒介”，是帮助幼儿获得更多知识能量的“好帮手”；对于教师来说，运用前书写带给我们更多的是反思和期待，是支持幼儿游戏的“引导者”，是观察幼儿发展与成长的“陪伴者”。愿这把“金钥匙”，助幼儿一臂之力，顺利、愉快地开启小学之门。

### 参考文献

［1］李季湄，冯晓霞主编．3—6岁儿童学习与发展指南［M］．北京：人民教育出版社，2013.3.

［2］教育部基础教育司．《幼儿园教育指导纲要（试行）》解读［M］．南京：江苏教育出版社，2002.2.
［3］周兢主编．学前儿童语言学习与发展核心经验［M］．南京：南京师范大学出版社，2014.9.
［4］盖伊·格朗兰德著．发展适宜性游戏：引导幼儿向更高水平发展［M］．严冷译．北京：北京师范大学出版社，2014.1.

# 以兴趣为载体激发幼儿学数学的主动性

（宋英杰　天津市滨海新区小王庄中心幼儿园）

**摘　要：** 幼儿的学习是以直接经验为主，在游戏和日常生活中进行的。儿童早期的数学学习和发展也强调儿童对自己周围环境中的数学问题的关注和兴趣，强调在日常生活中通过感知、体验、操作来理解数的抽象关系，并在日常生活中学习用数学来解决一些实际问题，逐步发展逻辑思维能力。这就说明了，我们要根据幼儿的经验，贴近幼儿的实际生活来进行数学教育，把数学学习蕴含在幼儿一日生活当中，让孩子们在做中学、玩中学、生活中学。

**关键词：** 数学；幼儿一日生活；应用；价值

## 一、背景

人们的固有观念以为学习数学就是进行专门的数学活动，或以一节课的形式呈现出来。殊不知，在我们的一日生活中处处存在着数学，比如每人拿五个水果，存在着手口一致点数的数学知识；孩子们在玩玩具的时候，会把相同颜色和形状的放在一起，存在着分类的数学知识。况且孩子们的年龄还小，他们的思维具体形象，主要是通过直接感知、亲身体验和实际操作来获取知识，所以说，我们要遵循幼儿的身心发展规律与学习方式，寓数学教育于一日生活当中，让孩子们玩有所思、玩有所获。

## 二、数学在一日生活中的应用

数学知识蕴含在幼儿的一日生活当中，但是有的时候教师忽视了这一点，舍近求远，费时费力去设计教具，由于脱离实际，孩子们对活动不理解，还不感兴趣。针对此现状，在日常的教学当中，我注重把数学知识的学习运用到一日生活当中去，贴进幼儿的生活实际来开展活动，让孩子们在做中学、玩中学。

### （一）生活活动中的数学

在进餐的环节，每顿饭都会有小值日生给大家发餐具，小值日生会根据每桌的人数，来决定发勺子的数量。简单的发餐具蕴含了点数的数学知识，孩子们能够通过一一对应的方式决定发的餐具数量。

在喝水的环节，我们设计了“能量加油站”，孩子们喝完一杯水，就会往自己的能量杯里面放一根小吸管，放了几根，就代表自己喝了几杯水。只要仔细观察，你会发现孩子们经常会数里面的吸管根数，并告诉其他小朋友或者教师自己喝了几杯水。这是孩子们在日常生活中学习点数的一个很好的机会，既与自己息息相关，又学习了数学知识。

在鲜果时间，孩子们也能学到很多数学知识。选择鲜果时间的小朋友要先数今天班里来了多少名小朋友，他们会自己去数晨检卡的个数，最后的总数就是今天来的小朋友的数量，然后去拿相同数量的盘子，来给大家准备水果。数晨检卡和数水果盘都包含了点数的数学知识。孩子们拿水果的时候，还会两个两个地数，这包含数群的知识。孩子们在为大家准备水果的时候，还会根据自己的设计图，摆出相应的造型，感知形状和空间的关系。

## （二）游戏中的数学

“萝卜蹲”是孩子们非常喜欢的游戏，我们利用点兵点将的形式，随机请6个小朋友上前来参加游戏，首先孩子们先报数，熟悉自己是数字几，然后游戏正式开始，教师说：“男孩子蹲”，这时男孩子迅速蹲下。“女孩子蹲”，女孩子迅速蹲下。“数字1蹲”，这时刚才报数是1的小朋友迅速蹲下。“数字6蹲”，是6的小朋友迅速蹲下。还有“5的前面的数字蹲”“扎辫子的小朋友蹲”“短头发的蹲”“4的相邻数蹲”，等等。虽然教师是和孩子们在做游戏，但是里面蕴含着分类、序数、相邻数等数学知识。

“动物园里有什么”也是很受欢迎的游戏，想参加游戏的小朋友站到前面来，后面的小朋友们说：“动物园里有什么?”前面的小朋友每人都会说一种动物，而且不能重复，反应慢或者重复、说不上来的小朋友就会被淘汰。除此之外，孩子们还可以玩“水果店里有什么”“农场里面有什么”的游戏，这些游戏能很好地锻炼孩子们的分类、反应能力。

## （三）主题活动中的数学

在主题《瓶瓶罐罐叮叮当》中，孩子们都带来了自己收集来的瓶子和罐子，在主题开展的过程中，我们请每个小朋友都数了自己带来的瓶罐的数量，还请他们给瓶罐进行分类，把它们放在了班里的储藏室。在瓶罐主题开展的过程中，孩子们不仅巩固了点数知识，而且学会了分类。

在主题《王牌对弈》中，孩子们对纸牌游戏很感兴趣。他们可以玩《配对》的游戏，纸牌的中间图案被取下来，孩子们根据最后剩下的方形框提供的数字和花色信息，进行配对。比如是红桃2，孩子们就要去寻找有两个红桃的图片。在游戏的过程中，孩子们既练习了点数，又知道按照颜色和图案进行配对，很好地锻炼了孩子们的思维能力。在《比大小》游戏中，利用1—10的纸牌进行游戏。每个人出一张牌，谁的数字大，就把对方的纸牌吃掉，最后纸牌多的人获胜。通过《比大小》的游戏，对孩子们进行1—10大小的比较进行了练习和巩固。《找相同》游戏，是对方每次只能出一张牌，如果出的牌与放在桌子上面的牌有相同的，就可以把两个扑克牌之间的都吃掉。通过游戏，可以巩固孩子们对数字的认识，锻炼孩子们的反应能力。

## （四）体育活动中的数学

在户外的体育活动中孩子们也能学到很多的数学知识，我们在户外玩《打保龄球》的游戏时，孩子们滚动报纸球，用它来撞击摆好的瓶子。比如我们要想学习5的分解组成，孩子们会摆5个瓶子，把击倒的瓶子和站立的瓶子记录下来，通过反复地玩游戏，孩子们能记录下不同的结果，并了解了5的分解组成。如果想学习其他数字的分解组成，我们可以摆成相应数量的瓶子来进行游戏。

孩子们在玩跳远游戏时，可以通过测量跳的距离长短来确定名次。所以，孩子们在跳远的时候，不仅能增强孩子们的弹跳能力，还能学习测量的相关知识。

通过跳绳，也能练习孩子们的数数能力，通过每个小朋友跳的多少，可以进行数量之间的比较，让孩子们来判断谁跳得最多。

## （五）区域活动中的数学

在进行区域活动的过程中，益智区的小朋友会玩不同的玩具。在玩的过程中，孩子们无意之中获得了数学知识。例如，玩雪花片的小朋友，他们会按形状给雪花片分类，三角形的放在一起，圆形的放在一起，正方形的放在一起等。他们在玩的过程中还会按照规律进行排序，一个红色圆形一个绿色圆形、一个红色圆形一个绿色圆形等；孩子们在拼插作品的时候，还会注意图形的对称。小小的雪花片，里面包含分类、排序、对称等数学知识。

建构区的小朋友，在活动的过程中，孩子们会把两个半圆拼在一起，组合成一个圆形；把两个三角形拼成一个正方形，孩子在搭建的过程中可以了解图形之间的转换。孩子们在搭建作品的时候，会左右两边放相同的积木，注意作品的对称性。孩子们在工作的过程中他们能按照自己的想法进行搭建活动，不仅丰富了孩子们的想象力，增强了他们的空间意识，还了解了图形的转换和对称知识。

## 三、数学的价值

### （一）激发幼儿的数学学习兴趣，促进思维能力的发展

教师把枯燥的数学学习贯穿在幼儿一日生活当中，通过一个小游戏，幼儿就能学习到知识，这何乐而不为呢？在玩游戏《找朋友》的时候，请玩游戏的小朋友到前面来，比如上来7个小朋友，随着音乐的开始，孩子们就开始拍手围着圈走，当唱到最后“你是我的好朋友”的时候，就两个小朋友抱在一起，如果剩下一个孩子没有伙伴，就说明7是单数。接下来还可以邀请小朋友上来游戏，如果上来8个小朋友，当唱到最后“你是我的好朋友”的时候，两个小朋友抱在一起，如果都有伙伴了，说明8是双数。在玩的时候，孩子们积极踊跃，在游戏的过程中轻轻松松就学习了单双数。在玩《萝卜蹲》的游戏时，不仅让孩子们学习了相邻数、单双数、分类，还锻炼了孩子们的思维和反应能力。

### （二）促使幼儿数学认知水平的提高

我们把数学活动渗透到幼儿一日生活当中，让孩子们在玩中学，生活中学，把复杂的数学知识简单化，让孩子们结合自己的亲身实际去理解它。日积月累，慢慢地孩子们掌握的数学知识会越来越多。例如孩子们在鲜果时间工作的时候，刚开始小班的时候可能自己不会数盘子，需要教师的帮助，然后自己用夹子一一对应地给小朋友分水果。到了中大班，孩子们能够根据晨检牌插卡的数量来自己数盘子，这时孩子们往水果盘子里面放水果能够两个、两个地数，或者三个、三个地数。而且他们在摆造型的时候，会注意图形的对称等，这说明孩子们的数学认知能力和水平在不断提高。

### （三）幼儿能够运用所学的数学知识发现、尝试解决日常生活中的实际问题

在日常的生活中，孩子们能够发现汽车的轮胎是圆形的，彩色的小旗子是三角形的，折纸是正方形的。而且有时候孩子们还会高兴地告诉教师：“教师，我穿的衣服是有规律的，一条黑色的线，一条白色的线……好像斑马一样。”可见孩子们渐渐掌握了排列的规律。孩子们还会用数学解决一些实际生活中的问题，比如有4个小朋友，每人吃一块饼干，姐姐有三块，还需要拿一块；幼儿根据教师的线索提示，会去拿相应的物品等。

### （四）为入小学做准备

在学前教育阶段，我们把数学教育渗透在幼儿的一日生活当中，让孩子们在玩中学。通过学习，孩子们会发现我们的生活与数学密切相关，而且能运用数学知识解决生活中的一些实际问题。通过数学的学习，孩子们掌握了一些基本的数概念、形状和空间的关系，激发了幼儿学习数学的兴趣，促进了幼儿思维能力的发展，为孩子们步入小学积累了丰富的经验。

## 参考文献

[1] 高巧萍．五年制学前教育专业数学教学现状及对策研究——以江苏省南通师范高等专科学校为例［J］．广西教育学院学报，2020（06）：232－235.

[2] 倪敏．游戏化教学在幼儿园数学教育中的应用［J］．科学咨询（教育科研），2020（11）：200.

[3] 丁思亦，刘维．幼儿园数学教育的生活化和游戏化策略探究［J］．教育观察，2020，9（36）：37－38＋120.

# 父母参与文学作品阅读对幼儿阅读兴趣的影响现状研究

（张玉华　青岛西海岸新区石雀滩幼儿园）

**摘　要**：近年来，随着幼儿文学作品阅读在国内外的推广和相关研究的逐渐深入，越来越多的父母对于幼儿文学作品阅读愈加重视。科学合理的阅读方式对于幼儿的阅读兴趣有着显著的促进作用，父母参与阅读作为幼儿文学作品阅读在家庭中开展的重要形式，受到越来越多父母的重视。幼儿阅读兴趣的提升是当前学前教育领域亟须解决的重要问题，但在实际生活中，多数父母从未接受过相关的系统指导，父母的文化水平也存在不同程度的差异，父母在参与幼儿文学作品阅读的过程中，亟须针对这一领域的更加专业的建议和指导。

**关键词**：父母参与；幼儿文学作品阅读；阅读兴趣

## 一、父母参与幼儿文学作品阅读的现状及问题

### （一）父母对于参与幼儿文学作品阅读的认知程度

1. 父母参与幼儿文学作品阅读认知程度的现状。父母参与幼儿文学作品阅读是培养幼儿阅读兴趣的长效机制，父母主动参与幼儿的文学作品阅读能够有效促进幼儿阅读兴趣的提升。分析调查结果得知，大部分家长都听说过文学作品但了解程度相对较低。对于如何参与幼儿文学作品阅读，有 93%的家长有一定的了解，但不知道如何参与，只有极少数家长比较了解。

2. 父母对幼儿文学作品阅读认知程度存在的问题。笔者通过对家长随机访谈发现，受过高中及以上教育的家长，对幼儿文学作品的认知程度较好，而受教育程度较少的家长对幼儿文学作品的了解程度只停留在表面，对幼儿文学作品的了解程度只停留在文字表面，对其内涵完全不知。由此可知，父母受教育程度影响对参与幼儿文学作品阅读的认知。

### （二）父母对于幼儿文学作品教育的重视程度

1. 父母对于幼儿文学作品教育的重视程度的现状。根据宋文翠在其著作——《幼儿园教育活动设计与实践》中指出的“每则故事所传达的绝不是表面绚丽的文字或情节而已，重要的是每则故事背后都蕴含了对生命的爱与期待”，研究者将父母对于幼儿文学作品教育的重视程度定义为父母在陪伴幼儿阅读过程中，父母与幼儿共同体会文学作品的教育意义。

2. 父母对于幼儿文学作品教育的重视程度不同的原因。为了了解父母对于幼儿文学作品教育重视程度不同的原因，研究者对随机选择的幼儿家长进行访谈。

通过对幼儿父母进行访谈发现，处于高学历的父母在家庭教育中更关注对幼儿阅读的参与，他们更重视参与幼儿文学作品阅读，有部分家长是因为自身经济条件达不到而忽视这一方面，有极少数家长觉得幼儿没有必要阅读，应该多游戏，释放幼儿天性。

### （三）父母对幼儿文学作品阅读材料选择的状况

本文所指的父母对幼儿文学阅读材料选择的状况是指在给幼儿挑选文学作品时父母的倾向性。研究者根据不同的类型划分了四个维度：根据幼儿年龄特点进行选择、选择父母认为

合适的、根据幼儿兴趣进行选择、教师推荐什么买什么。通过整理 92 名父母的选择情况，大多数父母在选择阅读作品的时候会倾向性别教育，进行性别爱好教育。

## 二、父母参与幼儿文学作品阅读对幼儿阅读兴趣的影响成因分析

### （一）幼儿年龄阶段特点对阅读兴趣的影响

根据维果斯基的关键期理论，3—8 岁是幼儿早期阅读能力发展的关键期。这个时期幼儿文学作品的教育价值主要体现在阅读兴趣的提升上。家庭教育具有时间上的首施性和连续性、方式方法的灵活性等特点，伴随幼儿一生。这时父母抓住幼儿早期阅读的关键期显得尤为重要。

### （二）父母对实施幼儿文学作品教育的观念

笔者通过查阅资料发现，父母的阅读观念对幼儿阅读兴趣的培养会产生根深蒂固的影响，在以后的学习和生活中很难养成。国内相关学者研究表明，在孩子的直系亲属中，父母的陪伴阅读是儿童阅读兴趣发展的决定性因素。

### （三）父母在参与幼儿文学作品阅读中缺乏特色和独创性

1. 缺少恰当的阅读情感。阅读情感是父母在陪伴幼儿阅读过程中对幼儿进行潜移默化影响的重要手段，父母在陪伴幼儿阅读过程中大多采用平缓的语调，枯燥无味，不仅无法培养幼儿的阅读兴趣，反而抑制幼儿对阅读的向往，幼儿容易产生负面的阅读体验。

2. 忽视幼儿的自主表达。在阅读过程中，父母为了阅读的流畅性以及情节的连贯性，通常进行独白式的阅读，不允许幼儿“插话”，忽视幼儿在阅读过程中的主体性，不利于幼儿自主表达能力的发展。在进行阅读幼儿文学作品过程中，父母要培养幼儿的自主表达能力，使幼儿敢说、会说、善说，在表达中获得愉悦的情感体验，从而激发幼儿的阅读兴趣。

### （四）阅读环境不利于调动幼儿的阅读兴趣

阅读环境包括物质环境和精神环境两大方面。物质环境是父母陪伴幼儿进行阅读的基础，是首要前提；而精神环境是确保阅读过程中充分发挥文学作品教育作用的保障，两者相辅相成。研究者调查发现，有条件的家庭父母认为给幼儿创设图书角或专门图书室就是为幼儿提供了良好的阅读环境，而在阅读过程中阅读形式和语言单调乏味，忽视与幼儿的沟通交流以及幼儿阅读兴趣的培养与激发。

## 三、父母对幼儿文学作品阅读兴趣的提升策略

### （一）提升父母对陪伴幼儿阅读重要性的认识

阅读是打开幼儿心灵的窗户，是幼儿与外界沟通的桥梁，能够在促进幼儿身心健康发展的同时提高幼儿的审美情趣。研究表明，父母通过声情并茂的语言，陪伴幼儿阅读能有效提升幼儿对文学作品的兴趣，而兴趣是进行一切活动的前提，在幼儿阶段，父母陪伴幼儿阅读显得尤为重要。父母通过陪伴幼儿阅读，充分发挥幼儿文学作品的教育价值和独特意义，促进幼儿的阅读能力在阅读关键期中得到极大的发展，提升幼儿的思维能力和想象能力，从而提升幼儿的阅读兴趣。

## （二）尊重幼儿的心理特点，恰当选择文学作品

3—8 岁是幼儿早期阅读能力发展的关键期。父母在选择幼儿文学作品时，不仅要注重其独特的艺术与审美的价值，还要注重幼儿的心理发展特点，选择在幼儿“最近发展区”内的，而非仅从幼儿文学作品能够给孩子带来视觉冲击，幼儿文学不应该仅仅成为幼儿成长的载体，而应该通过父母的引导实现对幼儿阅读兴趣的提升。

## （三）父母重视幼儿阅读过程的参与和指导

父母重视幼儿阅读过程的参与和指导，阅读的方法要适合幼儿。父母根据不同年龄阶段儿童的不同需要，根据作品的内容，选择能使幼儿天性发挥最大化的方式方法。年龄较小的幼儿，幼儿以集中注意力倾听为主，或者和父母一起读；年龄较大的幼儿，父母在参与阅读过程中可以鼓励幼儿尝试独立完成文学作品的阅读，阅读完成后可以鼓励幼儿到幼儿园与教师或者其他小朋友分享，使幼儿获得成就感，从而激发幼儿的阅读兴趣。

鼓励幼儿创新参与方式。幼儿期是想象力发展的高峰期，在进行幼儿文学作品阅读时父母要给幼儿足够的时间和空间，引导幼儿在过程中进行实际感知，鼓励幼儿用自己的方式进行表达，父母给予一定的鼓励和支持，引导幼儿通过不同的方式感受幼儿文学作品的独特魅力，提升幼儿的阅读兴趣。

## （四）创造良好的阅读环境

1. 物质环境的创设。研究者通过访谈发现，多数父母会在家中创设图书角、阅读区等，给幼儿创设安静的阅读环境。研究表明，父母陪伴幼儿阅读的时间越多，越有利于其阅读兴趣以及阅读动机的激发。父母不仅应该给幼儿创设良好的家庭阅读环境，也要加强对家庭以外物质环境的利用，在周末以及节假日可适当带幼儿参加儿童读书会或带幼儿到儿童读书馆，通过丰富的幼儿文学作品给幼儿创设安静愉快的阅读氛围，引起幼儿探索的欲望。

父母在进行物质环境创设时应注重多方面“物质环境”的结合，不仅注重图书角等大环境的创设，还要对阅读区的物质环境进行“净化”，在幼儿可视范围内排除“幼儿喜欢的玩具、新奇的事物”等对幼儿注意力的分散。

2. 精神环境的创设。研究者进行的访谈结果显示，多数父母对幼儿阅读的精神环境创设重视程度不高，通常以灌输的方式进行，忽略幼儿的主体性。父母在陪伴幼儿阅读的过程中应增强创设精神环境的意识，注重与幼儿的情感沟通，引导幼儿多感官参与阅读过程，注重过程中对幼儿的肯定、鼓励、支持和引导，提升幼儿的自信心，在阅读中让幼儿产生成功的情感体验，获得自我认同感，培养和巩固幼儿对文学作品的阅读兴趣。

在精神环境创设过程中，父母应更加注重与幼儿肢体交流，在阅读过程中获得安全感和成就感的情感体验，使幼儿感受到父母陪伴阅读的幸福感，提高阅读的兴趣。

## 参考文献

[1] 郑荔．教育视野中的幼儿文学［M］．南京：江苏教育出版社，2005：21.

[2] 冯帆．幼儿文学在学前教育中的作用［T］．湖南科技学院学报，2011（2）：17—19.

[3] 刘晓东，卢乐珍，等．学前教育学［M］．南京：江苏教育出版社，2009.

[4] 李季媚，冯晓霞．《3—6 岁儿童学习与发展指南》解读［M］．北京：人民教育出版社，2005.

[5] 宋文翠．儿童文学概论［M］．济南：山东人民出版社，2010：28.

# 借助体育活动重唤幼儿“野性精神”的支持策略

（龚成豪　上海市嘉定区城北幼儿园）

**摘　要：**针对当下幼儿身体素质有待提高，性格“羊性化”有待改善的现状，借助幼儿体育活动，通过教师多种有效的支持策略，重新唤回人类骨子里那股原始的“野性”，使得幼儿体质增强，脾性硬化，助于幼儿健康成长，为其今后成为国家栋梁打下坚实的基础。

**关键词：**体育活动；野性精神；支持策略

《中共中央国务院关于加强青少年体育增强青少年体质的意见》中指出：增强青少年体质、促进青少年健康成长，是关系国家和民族未来的大事。而幼儿的健康正是青少年体质、健康成长的基础。因此，作为幼儿教师，必须重视幼儿体育活动，遵从《3－6岁儿童学习与发展指南》中对于健康的指导意见，树立新的体育教育价值观，推动幼儿健康成长。

## 一、“野性精神”的定义

正如毛泽东曾在《体育之研究》中所说：“欲文明其精神，先自野蛮其体魄。”本文中论述的“野性精神”内涵之一便是“野蛮的身体”。

“野性”一词在《现代汉语词典》中解释为“不驯顺的性情”，也就是说，要有坚强的性格，面对困难具有不畏惧的性格。在这里，我们论述的“野性精神”的内涵之二便是“野兽的性格”。

## 二、“野性精神”对于幼儿成长的意义

### （一）有利于幼儿健康的身体成长

《3－6岁儿童学习与发展指南》中指出：发育良好的身体、强健的体质是其他领域学习和发展的基础。“野性精神”的唤醒，能让幼儿乐于并积极参与各项体育活动，锻炼身体，磨炼体质，拥有“野蛮的身体”，为今后的生活和学习打下基础。

### （二）有利于幼儿健康的心理建设

心理健康是“健康”中一项非常重要的内容。积极向上的体育活动，可以让幼儿在尽情挥洒汗水的同时，通过不断地自我挑战，磨炼自己的意志，培养自己坚韧不拔的性格，建设积极正面的心理，拥有“野兽的性格”。

## 三、“野性精神”的支持策略

### （一）体育活动开展前的支持策略

工欲善其事，必先利其器。要想让幼儿在体育活动的过程中，逐步唤回“野性精神”，就必须选择适宜的运动内容和适宜的引导目标。

1. 选择适宜的运动内容

(1) 从幼儿出发选择内容。可以根据本班幼儿的运动兴趣选择内容。幼儿对运动的内容感兴趣，才会发挥内驱力，才会自主地坚持运动。例如，本班幼儿对于跳绳非常感兴趣，虽然学会跳绳很难，但是幼儿也会每天坚持练习，这便是“野性精神”的体现。

可根据本班幼儿的运动经验来选择内容。幼儿有个体差异，我们可以根据不同的幼儿运动经验选择不同的内容。例如，某项运动经验丰富，我们可以对标《上海市幼儿园办园质量评价指南》，逐步控制活动难度，层层递进，帮助幼儿在潜移默化中更上一层楼。

(2) 从教师出发选择内容。从传统运动游戏中选择内容。例如，小班幼儿的老鹰捉小鸡，可以培养幼儿的“野兽性格”，无论是扮演老鹰或者小鸡、母鸡的幼儿，都会有成功或者失败的体验，面对失败不畏惧；中班幼儿的青蛙跳，可以培养幼儿的“野蛮的身体”，通过逐渐拉大每片荷叶之间的间距，增加跳远的距离，在跳的过程中锻炼下肢力量。

从本园资源中选择适宜内容。每一所幼儿园都有着丰富的资源，包括器械资源、文化资源、文本资源等。器械资源，如固定器械平衡木、可移动器械自行车等，教师可以充分利用这些器械来开展运动；文化资源，如有的幼儿园以娃娃兵为特色的幼儿园，教师可以选择“两军对战”的内容，通过两军互投沙包等辅助方式进行对抗性、规则性运动，在“激战”的过程中，唤醒“野性精神”；文本资源，如各年龄段运动内容资源库、专业书籍等，可以让教师们从中选择适宜的内容进行开展。

2. 制定适宜的引导目标

(1) 注重目标的操作性。无论是自主运动或是集体活动，作为教师心中都需要有目标，并且这个目标是需要有可操作性，是对于幼儿和教师都要有可操作性，能真实落地，有助于幼儿成长。

(2) 注重目标的科学性。我们制定的目标需要根据幼儿的年龄特点、兴趣、经验，对标《上海市幼儿园办园质量评价指南》等文件的引导进行制定。教师不可一味地为了唤醒幼儿“野性精神”就不停地增加难度，结果导致远超于幼儿所接受的范围，缺乏科学性，反而会适得其反。

(3) 注重目标的长远性。“野性精神”的唤醒不是靠一次体育活动或者一周体育活动就能达成的，它是一个长期的过程。所以我们要用长远的眼光来制定目标。先制定总目标，之后将总目标进行分解，分解成学年目标、学期目标、月目标、周目标、单次活动目标等，层层落实，最终达到唤醒“野性精神”的总目标。

## (二) 体育活动开展中的支持策略

1. 热身活动

(1) 情境法。军人、士兵，一直给我们留下了极其英勇的形象，在正式活动前，教师可以创设一个小士兵进行突击任务的情景，请幼儿模仿勇敢无畏的军人，面对敌人和困难，都会激发内向的野性，殊死拼搏，绝不后退。

(2) 音乐法。根据音乐心理学，我们了解到，音乐与人的心理有着相互的关系，并且有一定的规律，这也就是我们在做热身活动的时候，经常会伴着音乐做一些律动来激发幼儿的运动情绪以及舒缓幼儿的肌肉粘连。我们可以充分使用音乐，选择一些相对激昂的音乐作为伴奏，如《一二三四歌》等，用激昂的音乐引出我们体内激昂的斗志，唤醒我们体内的“野性”。

2. 运动过程

这个环节是体育运动中最主要的环节，我们需要充分利用这个环节，极大程度地激发他们的“野性精神”。

(1) 对抗法。对抗性本来就是体育活动的本质属性之一，是双方或多方在规则限定下追求卓越、争取胜利的努力拼争行为。对于幼儿来说，通过对抗，在身体或者其他形式的相互碰撞下，不仅能够锻炼他们的身体素质，拥有“野蛮的身体”，而且能够激发他们的斗志，磨炼他们的意识，提升竞争能力和意识，并在对抗的过程中，去了解对手，了解自己，知己知彼，提升信心，屡败屡战，增强“野兽的性格”，最终达到唤醒“野性精神”的目的。

(2) 参与法。实践证明，教师的参与往往会带动幼儿的运动情绪和运动兴趣，因此在幼儿达到瓶颈期止步不前时，教师可以亲身参与，带领幼儿爆发自己的“小宇宙”。

3. 放松环节

放松环节的主要目的就是让幼儿在紧张的体育运动后放松下来，降低心率，避免情绪高涨，避免身心疲劳而影响接下去的活动内容。因此，在这个环节中，不宜于再让幼儿情绪高涨，可以使用一些缓和的方法让幼儿了解或感受“野性精神”。

(1) 小结提升法。教师伴着舒缓的轻音乐，然后以坚定但又平缓的语言帮助幼儿小结在本次体育活动中的一些“野性精神”的体现。例如，在跑步游戏小结时，第一，你们的下肢力量得到了锻炼；第二，你们不放弃，坚持到最后。字理行间中我们可以感受教师第一项小结的是“野蛮的身体”，第二项小结的是“野兽的性格”。

(2) 生生互动法。本着以幼儿为本，正面引导的原则，教师在放松阶段可以让幼儿自己来自评或互评，评价他们认为自己或其他幼儿亮点的地方，通过他们的评价，教师再顺水推舟，引导关于“野性精神”的内容。

### (三) 体育活动开展后的支持策略

体育活动来激发幼儿的“野性精神”不是一两次就可以的，是一个长期的过程。因此教师不能只将眼光盯于一次活动中，我们可以充分利用活动后的各类途径，再进一步激发幼儿的“野性精神”。

(1) 后续延伸法。一次活动可以引申出很多相呼应的活动，我们可以利用这些延伸活动来激发幼儿的“野性精神”。例如我们在进行了一节《搬轮胎》的集体活动后，我们可以利用运动时间、户外活动时间，继续和幼儿探讨轮胎的其他玩法，如滚轮胎、拉轮胎、抬轮胎等，利用这些后续的活动继续激发幼儿的“野性精神”。

(2) 家园交流法。家长是幼儿们的第一任教师，因此，我们可以将学校中开展的体育活动内容与家长进行充分沟通，并取得家长支持后，采取多种有效措施，达到家园合力，共同来培养幼儿的“野性精神”。如爸爸男团法，让爸爸们和幼儿一起运动；群内分享法，通过分享运动视频、照片，激发更多幼儿参与运动；区内组团法，住得近的幼儿进行组团运动，一起提升自己的“野性精神”。

## 四、注意事项

### (一) 安全性

安全是底线。我们在开展活动时，一定要绷紧安全底线。事先检查好器材、场地的安全性，提前体验好活动过程中的安全性。让幼儿在安全的情况下，或者说有可控风险的情况下进行“野性精神”的培养。

### (二) 过程性

注重过程培养，切勿以结果论英雄。培养“野性精神”是一项长久的工作，是一项需要日积月累后再蓄力迸发的工作。因此，教师无论在哪一次的活动中，都以注重幼儿体验的过程为主。

党的二十大报告明确指出，要“培养德智体美劳全面发展的社会主义建设者”。作为幼儿教师，我们可以借助体育活动这一媒介，采取多样的途径，引导幼儿，培养幼儿，使其将来能够成为一个有着“野性精神”的社会主义建设者。

## 参考文献

[1] 蒋红梅．让“野性”精神回归小学体育课堂［J］．课程教材教学研究（小教研究），2021（Z6）：91—92.

[2] 江峰．体育教学中对抗性项目的教学策略刍探［J］．成才之路，2019（25）：87—88.

[3] 罗小平．音乐心理学［M］．上海：上海音乐学院出版社，2008.

[4] 杨晓晓．体育游戏在幼儿园体育教学中的开发与利用［J］．运动，2017（8）：81—82.

# 浅析一日活动过渡环节的问题与策略研究

（陈思洋　何彦林　绵阳经济技术开发区涪滨路幼儿园）

**摘　要：**过渡环节是幼儿园里各项活动的衔接与转换，在幼儿园一日生活中起着承上启下的作用，对幼儿有重要的意义。但在探究幼儿园开展过渡环节中，发现了一些问题，因此针对这些问题开展了此次研究。幼儿园在过渡环节出现问题的主要原因有：教师教育意识不够、过渡环节组织形式单一、教师对一日作息制度的利用不够灵活、教师之间的配合度不够。根据以上四个过渡环节中存在的不足，探究出了四个相应的策略：提高教师的教育意识、丰富创新过渡环节的形式、教师合理安排幼儿一日作息制度以及提高教师间的默契度。

**关键词：**幼儿园；一日活动；过渡环节

## 一、引言

《幼儿园教育指导纲要》中指出：尽量减少不必要的集体活动和过渡环节，减少和消除消极等待现象。过渡环节对幼儿的发展有重要的意义，教师应重视过渡环节。但在探究过渡环节的过程中，发现一些现象，首先是教师会用上厕所、喝水、静坐等方式来进行活动间的过渡，较为单一；其次，在环节转换时，幼儿还没有完成上一个活动，教师就会对幼儿进行催促，这些衔接与过渡并不是真正意义上的过渡环节。

在观察一日生活时，存在以下问题：在组织过渡环节时，方式较为单一，多以上厕所、读儿歌为主，时间一久，对幼儿的吸引力大大下降。造成这样的原因，基本是因为教师没有完全树立正确的组织过渡环节的观念。因此，为了帮助教师更加合理地安排幼儿一日活动，发挥隐形教育的作用；同时让幼儿逐渐对时间有准确的观念，学会自主管理，提高幼儿的自我管理能力，使幼儿健康全面地发展，开展了此次研究。

## 二、过渡环节出现问题的主要原因

### （一）教师教育意识不够

过渡环节基本占据了幼儿一日生活中三分之一的时间，其重要程度不言而喻，但是许多教师对过渡环节并没有多重视，而是将精力放在集体教学。上厕所、喝水、静坐，这些是教师最常用的活动过渡方式。还有一种形式就是教师高控幼儿，让幼儿按照教师的指令行事，没有自由发挥的空间，这些方式都是教师还没有足够意识，很容易造成幼儿出现消极等待的现象，或是没有活力和生命力。例如，在集体活动结束后，过渡到午餐时间时，教师会先发出口令，请小朋友们安静，接着带领幼儿开始阅读学过的儿歌，刚开始时，许多幼儿还是非常感兴趣，完整读出学过的儿歌，很有成就感，但是时间久了之后，会有一部分或是多部分的幼儿开始开小猜、讲话、玩自己的，整齐地和教师一起阅读，变得非常困难，需要有及时的奖励才能够将幼儿的注意力重新吸引回来。这时，因为一些不专心的幼儿，教师可能就会暂停阅读儿歌，而是去提醒那些玩耍的幼儿，而专心的幼儿不免出现等待的情况。

这个案例后续可能就会出现非常吵闹或是幼儿打闹的情况，如果不及时处理，场面就稍显混乱，甚至存在安全隐患。所以教师要有意识地多考虑如何组织过渡环节，提高过渡环节的有序和有趣。

### (二) 过渡环节组织形式单一

要使幼儿的一日活动完整精彩和有趣，合理恰当地组织过渡环节必不可少。教师对过渡活动要提前做到心中有数，而不是随意发挥、没有计划。例如：小朋友们上完厕所、洗好手，开始坐在自己的椅子上等待午餐。教师请幼儿开始分发筷子和盘子。教师说："今天我们一起来听大灰狼的故事，请小朋友们竖起耳朵仔细听。"此时坐在桃子桌的小朋友想想已经坐不住了，开始寻找好玩的。当小朋友帮助教师把渣盘放好，想想便立马拿起了渣盘开始玩要，并开始打扰其他小朋友。动静很快吸引了教师的注意，教师提醒了他，并让他将渣盘放好，接着继续讲故事。但是没过两分钟，他又开始玩弄起自己的小椅子，教师看到他敲椅子后暂停故事并立马制止，把他拉到身边询问，为什么不认真听教师讲故事，他回答说："怎么每次都是讲故事，我想玩其他的。"因为在就餐前，教师基本是用讲故事来进行过渡，但是这种教师为了自己省力，餐前过渡环节每次都用重复单一的方式，忽视了幼儿的兴趣和需要，让幼儿重复听故事，静坐时间拉长，让幼儿无目的等待，没有真正践行教师应有的教育理念。

### (三) 教师对一日作息制度的利用不够灵活

教师组织一日生活时是严格按照一日作息制度来的，这个作息具体到几点应该早操、上厕所喝水、户外活动等，虽然教师应该严格遵守作息制度，但是在一定程度上也限制了教师灵活地开展活动，同时不免造成一些消极等待现象的出现。例如，户外游戏中，幼儿正在开心地玩耍着大型玩具等，幼儿很感兴趣。游戏时间快结束了，大部分的小朋友已经玩耍尽兴，完成了大创游，听教师的指挥开始排队准备回教室，而还有一小部分的小朋友正刚准备开始攀爬或是攀爬到一半，教师已经开始催了："还没来排队的小朋友请加快速度，马上就要回教室了。"爬到一半的小朋友有些继续前进，抓紧时间赶快爬完，有些则选择原路回去，而刚准备爬的小朋友则基本选择放弃攀爬，直接去排队。对于还没有从大型玩具上下来的小朋友，教师在催促的同时，可能会走上前帮助他下来排队，并告诉他下次抓紧时间玩耍。最后所有的小朋友都排好队了，和教师一起回到教室。

从这个案例来看，出现了两种问题，第一种是大创游玩到一半不得不放弃，这样对这一部分幼儿得到的身体发展就没有已完成大创游的那一部分幼儿得到的多；第二种是提前完成大创游，并在教师规定时间范围内排队的幼儿，不得不等待还没有完成的幼儿，这是一种消极的等待。如果教师在活动前及时考虑到幼儿的各种可能情况，并提前调整一日活动流程时间，这样一定程度上可以避免这些问题的出现。

### (四) 教师之间的配合度不够

一个班级中，教师之间的配合默契尤为重要。例如，户外活动结束，幼儿回到教室，应该喝水补充水分，而保育员此时并没有将开水提前准备好，导致幼儿没有办法及时喝上水，这时当班教师不得不想其他的活动来组织幼儿，后续的活动都会受到不同程度的影响。因此，在过渡环节中，教师与保育之间的配合默契度，直接决定了过渡环节是否有序，配合度不高，幼儿就会再嬉戏打闹，使得安全事故发生率提高，对幼儿健康成长有很大的影响。

## 三、幼儿园过渡环节的组织策略

### (一) 提高教师的教育意识

首先就要丰富教师的专业知识，主动学习过渡环节的相关知识，提高对过渡环节的重视，发挥教师的指导作用，以幼儿为中心，主动观察幼儿在过渡环节中的行为，发现隐藏在过渡环节中的教育契机，生成课程，让活动寓教于乐。例如，一些幼儿总是会被教室地面上的一些事物所吸引，教师就可以引导幼儿发现教室地面上都有些什么东西，带领幼儿一起来寻找发现，最后可以延伸至安全教育，发现地面上有不一般的东西，第一时间告诉教师。教师培养幼儿发现万事万物的眼睛，也要培养自己发现教育契机的心。

### (二) 丰富创新过渡环节的形式

过渡环节应选择有趣、有用，丰富创新的过渡方式，这样不仅可以促进幼儿的发展，对教师的成长也非常有帮助。过渡环节的安排可以根据时间的长短来设计，时间较短时，可以利用儿歌、手指舞等方式来进行过渡。时间较长时，可以利用绘画、讲故事等方式来过渡，此外，还可以让幼儿来进行设计和主持，让幼儿得到真正的成长。

### (三) 教师合理安排幼儿一日作息制度

一个合理的符合本班幼儿年龄特点和身心发展水平的作息制度，不仅可以让他们有条理地度过一天，而且对他们的独立性、自主性和自我照顾能力也有重大影响。幼儿的日常活动由许多阶段组成，但教师控制的阶段越多，孩子们的空闲时间就越少。因此，通过删除或延长过渡环节，增加弹性时间，建立合理的作息时间表，不仅有利于教师开展教学活动，也有利于幼儿有自由支配的时间。

### (四) 提高教师间的默契度

在日常工作或生活中，为了提高教师的默契度，可以通过集体拓展游戏帮助教师良好沟通；加强细化岗位职责和考评细则，在制度上规范教师的行为；每位教师都保持良好的沟通习惯，对于班级的事情，主动积极告知其他两位教师，保证信息共享；一起商议在活动中的站位，做到能够观察、照顾到每一位幼儿。幼儿园中教师配置是两教一保，教师之间默契搭配，可以使得班级内的氛围温馨和谐。

## 四、结语

过渡环节在幼儿一日生活中的重要性不言而喻，合理地安排幼儿过渡环节，可以使得一日活动更加地完整和有序，促进幼儿更好地成长和发展。所以每一位教师都要认真对待每一次过渡环节，减少不必要的过渡，减少幼儿消极等待的现象，主动思考组织过渡活动，主动发现教育契机，发挥过渡环节独特的教育价值。

### 参考文献

[1] 教育部基础教育司．幼儿园教育指导纲要（试行）解读［M］．南京：江苏教育出版社，2002.

[2] 吴文艳．幼儿园一日生活过渡环节的组织策略［M］．北京：中国轻工业出版社，2010.

[3] 侯娅丽．合理组织一日生活的过渡环节［J］．科技资讯，2006（29）．

[4] 朱细文．积极对待幼儿一日生活中的过渡环节［J］．学前教育研究，2004（02）．

[5] 万绮萍．幼儿园过渡环节的问题、成因及对策［J］．读与写（教育教学刊），2019，16（10）．

# 大班幼儿开展亲子定向运动的实践研究

（刘丽坤　北京市昌平区工业幼儿园）

**摘　要：**定向运动对幼儿空间表征能力的发展有显著的促进作用。本文从一次亲子定向运动出发，通过对数据的比较与分析，我们发现喜爱运动、经常操作建构类玩具、参与美术活动能够提高幼儿定向运动能力。定向运动能够显著提高幼儿游戏水平，男生运动成绩提高得更为明显；男女生之间的表现存在性别差异。

**关键词：**大班；定向运动；亲子定向

定向运动对幼儿空间表征能力的发展有显著的促进作用，我园围绕幼儿空间表征能力的培养，开展了多样化的系列活动，如认识地图、绘画表征、藏宝寻宝等游戏，通过观察与记录，对孩子们对空间认识的行为表现和心理运动过程有了更加深入的了解。现通过对大班幼儿亲子定向运动进行分析，讨论促进幼儿空间表征能力发展的有效策略。

## 一、问题的提出

定向运动就是利用一张详细精确的地图和一个指北针，按顺序到访地图上所指示的各个点标，以最短时间到所有点标，定向运动的实质是完成二维空间到三维空间之间的宏观转化的过程。在大班的亲子定向运动中幼儿使用地图和指北针，按照顺序完成打卡任务我们通过对活动结果进行数据分析的方法，了解亲子定向运动对大班幼儿空间表征能力的影响。

## 二、录入有效成绩相关分析

### （一）喜爱运动、经常操作建构类玩具、参与美术活动能够提高幼儿定向运动能力

本次共收集 5 个大班幼儿定向运动成绩 98 份，有效成绩为成功打卡个数在 75%即 9 个点以上的幼儿，共计 92 人，其中男生 46 人，女生 46 人，男女生比例相同，下述所有分析数据，均在有效成绩的基础上进行统计。定向运动全程为 1.2 千米，共计 12 个点标。此次定向运动最短用时 25′49″，为一名男生所在的家庭。其他班级的最短用时基本在 32′至 35′之间。根据班级教师反馈，这些最好成绩的幼儿有喜爱运动，身体素质好；好奇心求知欲强；细心，观察能力强；喜爱建构类玩具；绘画好等特点。可见，定向运动成绩好的幼儿具有一定的共性。良好的体能支持幼儿可以更快地到达打卡点进行打卡。好奇心求知欲是幼儿积极参与定向运动进行识图、辨别方向的内在动力。细心观察帮助幼儿准确地找到打卡点进行打卡。

### （二）通过开展定向运动能够显著提高幼儿游戏水平，男生运动成绩提高得更为明显

课题小组在研究的过程中，小组成员围绕定向运动开展过一系列活动，此次采集的数据中，有 4 个班级是开展过定向运动活动的实验班，有 1 个班级是没有刻意开展过定向活动的对照班。相关人数和平均用时见图 1 表 1。

表 1　幼儿定向运动平均成绩统计表

| | 总人数 | 男生人数 | 女生人数 | 平均成绩 | 男生平均成绩 | 女生平均成绩 |
|---|---|---|---|---|---|---|
| 全体幼儿 | 92 | 46 | 46 | 50′41″ | 48′44″ | 53′08″ |
| 实验班 | 66 | 33 | 33 | 50′13″ | 47′24″ | 53′40″ |
| 对照班 | 26 | 13 | 13 | 52′56″ | 55′26″ | 50′26″ |

结合表 1 和图 1 可以看出实验班的平均成绩和男生平均成绩要优于对照班，实验班幼儿平均成绩优于对照班 2′43″；男生平均成绩高出特别明显，优于对照班 8′02″；女生平均成绩要落后于对照班，落后 3′14″。就总体而言，开展过定向运动的班级在此次亲子定向越野活动中的表现较为优秀，男生运动成绩显然高于对照班。

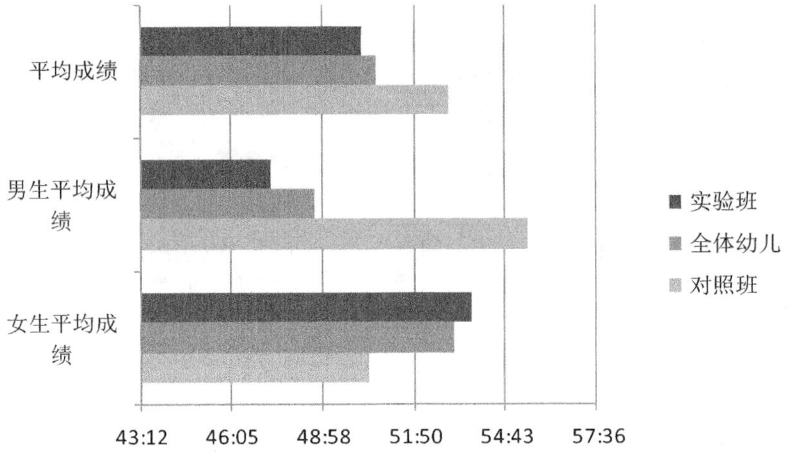


图 1　幼儿定向运动平均成绩分析图

对比男女生的平均成绩可以发现，男生整体平均成绩优于女生，高出 4′64″，实验班中男生平均成绩高出女生 6′16″，且 4 个实验班中男生成绩均高于女生。而对照班中女生平均成绩表现出优势，高出男生 5′。由此可见，在定向运动中男生成绩表现出优于女生的趋势，如幼儿参与过相应的定向运动活动，男生的优势表现会更加明显。而幼儿如未参与过相关的活动，则男生的优势水平未必会表现出来。

## 三、幼儿活动正确率相关分析

### （一）女生打卡正确率略高于男生

在此次定向运动活动中幼儿从起点出发，共需要打卡 12 个点，每个点都有对应的点标。由表 2 可以看出实验班幼儿整体的正确率为 57.6%、男生正确率为 54.5%和女生正确率 60.6%都要高出对照班 10 个百分点左右。就男女生的正确率来看，全体女生的正确率和实验班女生的正确率均要高于男生，高出 5 个百分点左右。

表 2　幼儿定向运动正确率统计表

| | 总人数 | 男生人数 | 女生人数 | 总体正确率 | 男生正确率 | 女生正确率 |
|---|---|---|---|---|---|---|
| 全体幼儿 | 50 | 24 | 26 | 54.3% | 52.2% | 56.5% |
| 实验班 | 38 | 18 | 20 | 57.6% | 54.5% | 60.6% |
| 对照班 | 12 | 6 | 6 | 46.2% | 46.2% | 46.2% |

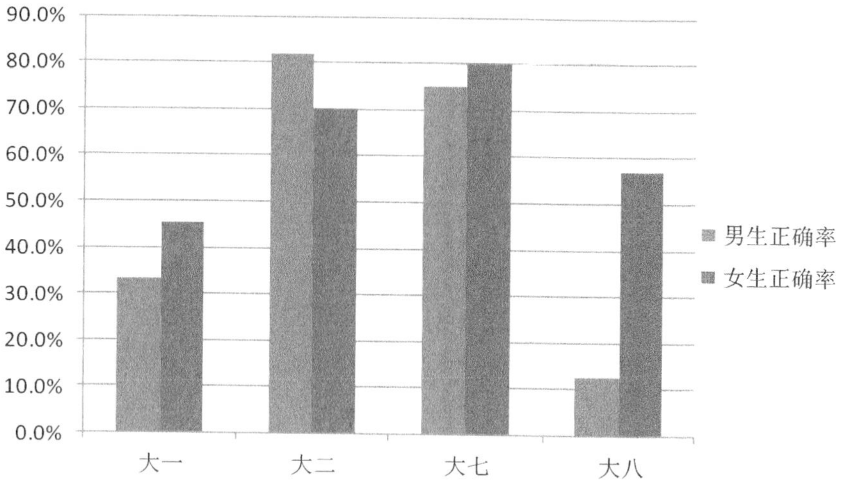


图 2　实验班男女生定向运动正确率柱状图

### (二) 亲子定向运动活动中家长参与度显著影响幼儿游戏水平

各班幼儿定向运动的正确率受班级开展活动的影响，会存在较大的差距。从图 2 可以看出，大二和大七班在此次定向运动中幼儿正确率在 70%－80%，平日里两个班级多开展相关的活动存在一定关系。大二班分别以集体和小组的形式开展过画图找点盖章的游戏活动，幼儿通过拿着地图按顺序找点而提高识图能力。大七班幼儿经常开展绘画写生和绘制地图活动，幼儿在表现物体空间位置关系的能力比较高。而大一和大八班存在差距的原因表现在，大一班开展的活动多在认识地图，辨别位置方面，幼儿实际对空间表征的能力不高。大八班开展多米诺等结构材料较多，但是幼儿对地图的使用经验较少。因为是亲子定向运动，所以家长的参与程度和家长的识图定向能力对活动的结果也具有一定的影响。

## 四、讨论

### (一) 空间表征系列教育活动会提高幼儿定向运动成绩

从录入的有效成绩可以看出开展过定向运动相关活动的班级，幼儿在亲子定向越野中会有更好的表现，男生的运动成绩要显著高于平日里未开展相关活动的班级。活动结果与国外学者 DeLoache 等人指出的，幼儿通过语言描述获得的实际空间经验，远不如在游戏、集体教学活动中，通过绘画、玩具、操作实物模型等形式获得空间表征经验相一致。正如《〈3－6 岁儿童学习与发展指南〉解读》中提到的由于集体教育活动时教师有目的、有计划组织的、班级所有幼儿都参加的一种教育活动，具有高效、经济、系统性强的特点。同时，国内研究者华爱华也指出，结构游戏对幼儿几何空间知觉和概念方面有重要的作用。苏州市吴中区木读实验幼儿园的马蓉珍以《表现物体的空间关系》美术活动为案例，提高幼儿空间关系转化为平面关系的能力。所以，教师在大班幼儿中开展的空间表征教育干预活动会显著影响幼儿在定向运动中的表现。

### （二）男女生在定向运动中的表现存在一定差异

此研究的结果进一步认证了男生空间认识能力优于女生的观点，从最短用时和录入的有效成绩均可以看出。这也说明男生在体能更好，空间感知能力更强。此研究同时发现，女生在活动中虽然所用时间要长，但女生整体会比男生表现出更高的正确率，这也进一步说明，女生在活动中会更加耐心、细致，这与生物因素理论的说法相吻合，也正是因为这个原因，女生的在查询站点时所用的时间也会更长。

正如研究表明，第一，受性别上心理品质差异的影响。男生的好奇心品质的发展要优于女生，与胡克祖、刘云燕等人的研究相一致，已有研究也指出在敏感、兴趣、探索、提问、幻想等 5 个因素中，男孩的得分普遍高于女孩。男孩在探究的主动性和好奇体验水平上显著高于女孩，女孩在探索持久性方面要强于男孩，但总体上男孩好奇心要强于女孩。第二，从教育文化的角度看，我们教育文化对于两性的要求是有差异的，对于女性，我们更多鼓励听话与服从；对于男性，我们更多鼓励勇气与挑战。这就导致男孩出现更多接近新奇物，进行操作、观察与幻想的机会；女孩要富有同情心，关心体贴。女孩子较文静，观察力强，因此生活中经历的事易于在脑海中留下印象，做事更加仔细。结合本次结果和过往的研究说明了男女生在定向运动中的表现存在差异。

## 五、建议

基于此研究，使得教师进一步认识到开展空间表征教育活动的重要性，亲子定向运动提高空间方向感和空间知觉，同时可以提高孩子们思考问题、解决问题的能力，增强幼儿体魄，配有幼儿观察能力，更加细心、耐心，更是在互动的过程中增进亲子间的情感。反之，多样化的空间定向运动活动，会提高幼儿的空间认知能力，二者间相互促进。同时，教师应当结合男女生在定向运动中的表现，采用不同的支持策略促进幼儿进一步发展。如男生在运动时间上虽然有优势，可进一步提示幼儿在运动中要认真、细致、确认好站点后再打卡，以提高活动的正确率。而女生则与之相反，提示女生在确保正确的前提下，需要进一步提高活动的效率，以赢取更多的时间，取得更好的成绩。最后，从整体的正确率我们也可以看出，对于定向运动活动，教师的指导还有进一步可以提升的空间，以便幼儿在今后的活动中取得更加优秀的成绩。

### 参考文献

[1] 赵民涛．物体位置与空间关系的心理表征［J］．心理学进展，2006（3）：321—327.

[2] 李季湄，冯晓霞．《3—6 岁儿童学习与发展指南》解读［M］．北京：人民教育出版社，2013：138.

[3] 庞丽娟等人．3—5 岁儿童理解和使用空间表征的特点［J］．心理发展与教育，2008（4）：1.

[4] 马蓉珍．大班美术活动：表现物体的空间关系［J］．早期教育，2009（7—8）：8.

# 乘着想象的翅膀，和线条一起起舞
## ——浅谈线条画教学的初探

（刘佳　北京市平谷区第三幼儿园）

**摘　要：**线是绘画活动中最本的基元素。线条是最简单的绘画语汇，孩子们绘画也都是由线组成的。能表现简单的图形，也能诠释复杂的形态。让幼儿在乱画的自由创作中建立自信，在赏析作品时丰富经验，在大胆创作中获得发展。我们要用睿智的眼光与孩子们一起去观察、去思考、去想象、去创作，和孩子们一起领略线描画的无限魅力。

**关键词：**线条画；想象力；创造力；表现力

线是绘画活动中最本的基元素。线条是最简单的绘画语汇，孩子们绘画也都是由线组成的。它既能表现简单的图形，也能诠释复杂的形态，其实也是幼儿最简单、最直接地表现自我的一种绘画语言。德国艺术家保罗克利有句名言“用一根线条去散步”，道出了线条的本质在于它的情感意味。而幼儿线条画正是用线条千变万化的形态，通过繁简、疏密的线条对比以及画面节奏的掌握，根据幼儿自己的想象和创造，用各种线条组合形成作品。

在当今幼儿园绘画领域中，线条画成为幼儿绘画及教师教学的热点。它不仅能表达幼儿的想法，塑造优美形象，还能通过作品传递作者情感。在熟悉线条表现力，创作线条画作品的过程中，能培养幼儿的观察力、表现力、想象力和创造力。

针对线描画所特有的审美性与独创性，我尝试在中班开展线条画教学。旨在培养幼儿大胆创作的能力，通过幼儿线条画的创作，从中懂得美、发现美，也能欣赏美、表现美。

## 一、鼓励幼儿自由创作，建立幼儿绘画的自信心

乱画线条是幼儿涂鸦阶段的显著特征，是每个孩子表达自己所想，所看的方式。在绘画活动中，自信心是很重要的。但怎样在线条画的教学中给予孩子信心？任何一个孩子，在他毫不困难、潇洒自如地拿起画笔来表现的时候，正是他们最快乐、最有自信的时候。

让孩子在纸上自由地表现，并得到教师的表扬和同伴的认可。使他们从刚开始就感觉到自己有能力进行绘画活动，从而树立一种良好的学习心境。他们画的线有的看似简单却是表现着不同性格和年龄的孩子的不同思想与情感。有的线条粗狂，有的线条飘逸，有的线条跳跃，有的线条平静。如果幼儿的“乱画”能及时得到教师、同伴的肯定，将给孩子很大的自信和力量；有的孩子不敢“乱画”就是因为受到教师的责备，所以他的“乱画”思想和行为就被扼杀。因此，教师更应该重视这种现象，使孩子走向线条画的第一步。例如：在集体教学活动中，教师让幼儿拿着粗、细不同的记号笔，随心所欲地在纸上乱画，当他们无意中画出长线、短线、点线、粗线、细线、转弯的线、乱七八糟的线……教师应带着赞赏的口吻说：“哦！这是长长的线，这是雨点的线，这线跑得真快呀……你真棒，能画出这么多种的线。”或者用鼓励的口吻：“你能画比跑步跑得快的线吗？”“能。”“你能画排队排得很整齐的线吗？”“可以。”“你可以在粗粗的线旁边加上细细的线吗？”“可以！”孩子们的回答是充满兴奋和信心的，他们在“乱画”中思维更活跃，画法更灵活。孩子的绘画能力和表现能力都有所提高，对他们从“乱画涂鸦”到规律线条创作有很大的帮助。同时也蕴藏了人类最宝贵的精神——信心！

## 二、赏析优秀作品，丰富幼儿绘画经验

认识线条要从作品欣赏中发现。罗丹说：美到处都有的，对于我们的眼睛，不是缺少美，而是缺少发现。幼儿日常接触的是五颜六色的世界。黑白线描画让幼儿体会到：没有其他色彩，黑白也可以这么美，从而让幼儿了解到了与以往截然不同的色彩感受。我在课上向孩子们展示了许多线条画作品，有静物、人物、动植物等，让幼儿发现黑白世界虽为简单，却仍然可以表现自己的意愿。只是一种黑色可以作画；只是粗细不同的线条也可以组合成色块。黑白给人无尽的想象空间和美感。通过大量的作品欣赏播放，幼儿感受到了线描画与众不同的美感，从而激发了对线描画的兴趣，也从中认识了许多不同的线条。

## 三、大胆创作，插上想象的翅膀

绘画线条其实是很轻而易举的事情。“带着一根线条去散步，和一根线条起舞”。就一根线来说，没有对与错，好与差，美与丑，只要按照自己的意愿随心所欲地和线条一起舞蹈，跳出来的都是最美的舞。让幼儿愿意用自己喜爱的线条去表达自己的情感世界。为了引导幼儿愉快地走进线条的世界，我设计了众多的线条游戏。例如，“添画游戏”让幼儿在我画的基础线上根据自己的想法随意地进行添画。在活动中，幼儿不仅能发展想象力，创造力，更重要的是从“乱画线”中走出来，开始有规律地创作。再如，我设计了一个活动“线的旅行”，让幼儿用一根线随意走、交叉、重叠，并用游戏化语言“线条弟弟在路上蹦蹦跳跳的（画折线），线条弟弟真开心，转个圆圈跳个舞（画螺旋线），线条弟弟在山上像滑滑梯一样滑下来（画斜线）等等”，引导幼儿画各种不同的线条。使幼儿逐渐爱上了线条，他们常常在创作中愉快地交流；“看，我变出来一只三角蝴蝶。”“我的线宝宝会跳两种舞呢！”孩子在活动中积累了线条画经验，提高了对线条画创作的兴趣，同时也创作了很多不同的线条。于是，我们共同商讨之下，开设了“我爱线条画”这一板块，专门展示孩子们创作出来的不同线条。每每有不一样的线条，都要集体分享，并且展示在板块中，供大家学习参考，短短半年时间，整个板块几乎都满了，上面画满了许多不一样的线条，孩子们常常引以为傲。从而，对线条画的规律掌握和运用有了更深的认识和了解，对线条画的创作也有更加浓厚的兴趣。

随着孩子绘画水平的不断提高，孩子们已不满足简单的线条画，而是开始出现线条组合的绘画作品了。为了满足幼儿兴趣与发展的需要，我们又进行了组合线条绘画的尝试与探究。

组合线条就是让各种线条一起拉手起舞。在积累了各种线条后我们进行组合线条，画出千秋百媚的线条，如弧线与折线组合、直线与城墙线组合、图形与直线组合等。线条组合、变化是如此的随意、美观，组合后形成的各种面是如此多样、神奇。这些各种线条的“群舞”组合的成功，让我们可以发现装饰性的线描画其实是很美的。在装饰的过程中，我们要从整体到局部进行组合装饰，装饰过程中要疏密有致、富有变化，线条和图形交错应用，避免单一的线条重复，从简单的线条到复杂的组合，由线到面，从变换排列到变换组合，无须特殊的技巧。在教学过程中，孩子们还发现，用各种黑白线条将画面事物分割，在每个分割出来的空间内，涂上自己喜欢的颜色，黑白与色彩相结合，会有不一样的效果。

世界上没有完全相同的两片树叶，更没有完全相同的两个孩子，在点、线、面的变化与组合中，没有谁的线描画是一样的。孩子在进行线描画创作时，可以不受限制，无拘无束，思想上没有定见，造型上没有定向，画法上没有定法。应用不同的线条与小图形，画出更多更好的，而且决不重复的作品来。我们要用睿智的眼光与孩子们一起去观察、去思考、去想象、去创作，和孩子们一起领略线描画的无限魅力。

让我们一起走进线描画这个纯净的世界，乘着想象的翅膀，和线条一起起舞！

## 参考文献

[1] 中华人民共和国教育部．3～6岁儿童学习与发展指南［M］．北京：首都师范大学出版社，2012.

[2] 幼儿园快乐与发展课程教师指导用书［M］．北京：北京师范大学出版社，2002.

[3] 中国幼教网．

[4] 学前教育网站．

# 如何在数学活动中充分发挥幼儿探究的自主性

（曹明媚　北京市平谷区第三幼儿园）

**摘　要：** 幼儿对数学的学习依赖于生活中对具体事物的反复自由探索和亲身体验，只有通过与环境的交互作用，幼儿才能使数学经验逐渐内化，并从自我建构中获得发展。在数学思维的培养过程中要充分激发幼儿主动性学习，让幼儿有机会大胆尝试并勇于探索。

**关键词：** 数学；幼儿；自主；探究

随着对幼儿教育改革工作的深入开展，教学活动的自主性探索备受重视。皮亚杰认为："学习是主体主动活动的过程，应让幼儿通过自行操作去建构知识。"这句话道出了自主学习的真谛。幼儿对数学的学习依赖于生活中对具体事物的反复自由探索和亲身体验，只有通过与环境的交互作用，幼儿才能使数学经验逐渐内化，并从自我建构中获得发展。如果仅给幼儿以语言讲解，而没有实际操作，只是将抽象的数字符号强加给孩子，那么幼儿并不能很好地掌握数学概念，违背了幼儿的学习特点，在数学活动中如何充分发挥幼儿探索的自主性呢？

## 一、注重教育形式的适宜性

《3—6岁幼儿学习与发展指南》告诉我们：幼儿的教学活动除了集体教学形式，还有小组、个别化教育形式，我们要根据幼儿对数学学习的不同阶段、不同需要和不同特点等来灵活地将集体教学形式、小组和个别化教育形式相结合起来，发挥各自不同的优势。例如在户外活动之前，我们会请小朋友集体数一数今天来了多少人，有多少人没有来幼儿园；在幼儿饮水时，我们会单独问每个孩子："你的杯子从左边数是在第几行的第几个？"在幼儿取餐点时，幼儿可以尝试一个一个地数也可以一次性取够食物的数量等，这样不仅能减少过渡环节的消极等待现象，还能使幼儿在生活中会正确运用数学。而集体教育活动和区域活动一般是我们精心设计、准备的教育活动。又如在建构区中，我把以往贴标识的教育策略调整为幼儿可按自己的方法给积木进行分类。最后发现每组幼儿的分类方法都不一样，我们利用区域评价环节，组织所有幼儿根据相片资料总结哪些积木大家放的位置是一样的，而哪些积木的位置会容易改变，然后孩子们再分组讨论为什么会出现这样的情况。幼儿在集体学习、小组讨论和个别尝试的过程中不仅学会了分类、统计，还养成了善于观察和总结的习惯。另外，我们也会把集体活动中需要继续延伸的数学内容或是孩子们需要探索的，特别感兴趣的活动投放到益智区中去，这样的活动形式更能满足不同能力水平幼儿的需要。

## 二、确保活动材料的多元化

结合幼儿的生活经验，我们要多投放一些能激发幼儿主动探索的、有意义的玩法多样的材料，让幼儿根据自己的兴趣与意愿，自由选择活动材料、观察操作材料。在投放材料中我力求多样，给幼儿丰富的感官刺激，激发幼儿探索的欲望和兴趣。例如，中班的数学活动《认识5以内的相邻数》的活动后，会让幼儿自己搜集有关找相邻数游戏的操作材料。孩子们的兴趣很高，有的幼儿拿来了扑克牌，有的幼儿拿来了骰子，还有的幼儿拿来了不同数量的物体图片，而且幼儿之间互相分享、探索这些材料的不同玩法。我们注重种类多样的同时，也要注重数量的充足，以满足幼儿的好奇心和认知兴趣，满足幼儿自由选择的需要。在操作活动中，即使是小组活动，我们也会保证每个孩子都有操作材料。同时材料的投放还要有适宜性，要符合幼儿的年龄特点和认知规律。我们在上集体教学活动时，经常会出现过早投放操作材料的现象，而导致幼儿注意力不集中，还有的是材料不符合本班幼儿的年龄特点，孩子基本不感兴趣或是不会操作，从而影响了活动的效果。当然材料投放在层次性上也要适合幼儿的发展水平，选择幼儿的“最近发展区”，为发展水平不一样的幼儿提供不同功能、难度的材料，使不同层次的幼儿能够积极动手操作、主动进行探索，从而有效地促进每一个幼儿在原有的基础上得到发展。

## 三、家园共育要保持一致性

可以充分地利用家长的优势和资源让幼儿充分地感受数学的有用和有趣。例如，我们会利用各种途径向家长宣传解读《3—6岁儿童学习与发展指南》精神。同时，我们也会经常与家长沟通孩子对数学的认知情况，使家长能及时了解幼儿园在数学方面的培养方法和技巧。针对每个孩子的情况我们再向家长提出适宜的教育策略，如点数我们就会与家长沟通，在家中家长和幼儿一起数数家中有几口人，帮助妈妈摆碗筷，找找家中不同的图形有几个，路过的一路有多少红绿灯，上楼有多少级楼梯等。这样就会使家长与幼儿园的教育观念、教育方法、教育内容等保持一致性，在家园的共同配合中不知不觉地培养幼儿的数学思维，在生活中感受数学的有用和有趣。

## 四、注重教师指导的有效性

在工作实践中，我们强调数学活动中幼儿的自主学习，但并不是对幼儿游戏的一种放任。当然，教师的指导也不是为了干扰幼儿的游戏，而是引导幼儿发挥想象力，提升幼儿的原有经验，更好地开展游戏。在给幼儿指导时，我也会充分考虑应该给予幼儿怎样的指导才能更有利于幼儿的自主学习。在工作实践中我非常注重以下几点。

### （一）尊重幼儿个体差异

在数学思维的培养过程中要面向全体幼儿，要考虑幼儿整体思维水平的发展，又要考虑到幼儿的个体差异，使每个幼儿在不同的水平上向前发展。如果数学活动统一划一就容易造成能力强的孩子“吃不饱”而能力弱的孩子“吃不下”的现象，两极分化越来越厉害，使得能力弱的孩子逐渐失去数学活动的兴趣。例如每个班的幼儿都有着不同的个性品质，有的幼儿善于表达，有的就羞于启齿；有的活泼好动，有的就文静听话；有的争强好胜，有的就胆小怕事……教师在教育过程中针对不同的幼儿必须采用不同的方法、手段，才能达到事半功倍的效果。在建构区活动中，小朋友喜欢边看图例边搭建，表现出了安静、专注、独立等特点，而有的小朋友喜欢一边商量一边搭建，表现出思维活跃、好表达、合作强的特点。所以，教师要根据孩子的不同特点，提供适宜的支持材料和指导策略，以满足不同幼儿的需要，促进每个幼儿都有所发展。

### （二）在循序渐进中有效引导

教师要对幼儿的发展水平和现有水平心中有数，要考虑与前一个活动的衔接，在下一次的游戏活动中进行查漏补缺。这样既调动了幼儿的原有经验，又提升了幼儿的现有经验。即使前面数学活动的目标和发展水平在原有经验上有所提升，幼儿都掌握得较好了，在设计新的数学活动时，也应该有复习旧知识技能方面的环节，但是要求上应有所提高，要体现出循序渐进的特点。例如，在第一节集体教学活动《认识5以内的相邻数》时，重、难点的突破很有困难，只有40%的幼儿基本理解了相邻数的概念，经过反思之后，我发现在活动前的准备工作做得并不到位，我只考虑到了对10以内物与数的对应、认识数字等相关经验的铺垫，而在活动中孩子们明显对数量之间多1少1的关系掌握并不熟练，所以导致幼儿对相邻数概念的理解有困难。同样的道理，我们把相邻数掌握熟练后，对今后的序数学习也打下了基础。这就像迈台阶一样，第一个台阶走扎实了，幼儿才有兴趣、有信心探索下一个台阶。

### （三）赏识鼓励每个幼儿

要想让幼儿感到数学的有趣，愿意自主学习，就很需要教师的赏识鼓励。教师要为幼儿的探索活动提供充分的时间和空间，给幼儿一个发表意见和思考的机会，更不要以教师的教学设计而中断幼儿的探索过程。对幼儿的探索行为一定及时给予肯定，并对幼儿的下一个目标提出合理期望，使幼儿在欢愉、轻松的氛围中自主参与、体验、感受和学习数学知识。

总之，教学活动是教与学的双边活动，在幼儿园的数学教学中，教师要让幼儿极大程度地发挥主动性和积极性，在活动中逐渐学会自我选择、自我决定、自我探索和自我表达。为幼儿今后的数学学习打下坚实的基础。

### 参考文献

[1] 吴淑芳．幼儿园数学教学活动的有效性研究［J］．新课程改革与实践，2010（24）．

[2] 张汉萍．幼儿园数学教学中应注意的几个问题［J］．基础教育研究，2010（14）．

[3] 中华人民共和国教育部．3～6岁儿童学习与发展指南［M］．北京：首都师范大学出版社，2012.

# 幼儿园教育评价策略与实施

（赵莉　新疆省昌吉市御景·蕾朵幼儿园）

**摘　要：**幼儿园教育是我们国家教育体系当中非常重要的存在，在开展幼儿园教育时，一定要高度重视幼儿园教育评价。教师需要结合幼儿教育目标，不断地完善自己的教学理念，也需要注重和选择一些评价的方式方法，通过发挥现代化信息技术的作用优势，保证信息的客观性、准确性和真实性。在开展幼儿园教育评价过程中，相关人员需要了解教育结果的价值情况，不断完善教育评价的策略，并将这些策略实施在日常的教学活动当中，以此来推动幼儿园教育教学水平的持续提高。

**关键词：**幼儿园；教育评价；策略实施

幼儿园教育评价我们可以简单理解为幼儿园的相关评价人员根据对应的教育目标，采用科学的方法收集与教学相关的各种信息，以此来对教学的过程还有教学的结果进行一个价值判断的综合性活动。在评价的内容上，主要是评价与提高教学质量相关的各种要素，比如对于教师的评价、对于幼儿发展的相关评价、对于教学活动的评价等。通过教育评价能够更好地发现在幼儿园教育过程当中存在的一些问题，在后续发展过程中能够有针对性地完善和解决，只有这样才能够充分地体现幼儿园教育评价的价值。

## 一、实施幼儿园教育评价的作用

幼儿园教育评价可以简单理解为是幼儿发展的一个重要方向盘，只有不断地完善教育评价，才能够更好地促进幼儿的身心健康发展，保证幼儿园的教学质量。开展幼儿园教育评价不但是符合当前教育的相关要求，而且能够让教师更好地思考教育的发展，是否坚持了以幼儿为根本，各种教学活动是否遵循了幼儿的发展规律。教育评价一般情况下将自我评价、相互评价，还有他人评价进行一个融合，这样能够让更多的教师树立正确的教育观，也需要尊重幼儿的个性差异。在开展教育评价的过程当中，我们需要注重教育的过程以及教师的观察等，这些都是评价的重点，这样能够更好地激发教师的主动反思能力。

## 二、幼儿园教育评价存在的问题

### （一）评价体系单一

在大部分情况下，很多幼儿园开展教育评价最重要的一个内容就是对里面的教师进行职称的评定，并且也设置了很多细节和评价标准来考验教师的综合能力和专业能力。从某种角度来讲，部分教师在教学评价当中往往只关注教师的总结性评价，却没有从更加长久的角度去了解教师本身的发展潜能和发展状态。在后期缺乏对教师的一个引导和培训，没有体现教师教学的发展性，也没有体现教师教学的重要意义，没有办法真正意义上实现评价资源的优化。除此之外，部分幼儿园的教学评价并没有认真地分析和研究更多教师发展的内在动力以及教师的发展理念等，这样一来就对教师产生了评价的局限性，有的教师最终往往只重视教学任务的分析，并没有考虑当前幼儿的成长需要。忽略了个性化的成长，出现了某种急功近利的心态。

### （二）评价不够全面

幼儿园教育评价工作不仅包括对教师进行评价，还包括对幼儿进行评价。在当前这个时代背景下，很多人都比较注重幼儿的发展，幼儿园教师也需要更好地承担教育幼儿的相关责任，考虑自身的专业发展不仅需要为了掌握幼儿的发展要求，而且需要合理地进行引导，这样才能够促进幼儿的发展。在评价幼儿的过程当中，部分教师为了完成教育指标可能比较注重对幼儿进行灌输和讲解。为了评价而展开评价，就导致最终忽略了对幼儿评价的内容。最终会让评价行为变得比较被动，最终的结果脱离了主观影响和幼儿的发展需求存在很大的矛盾，与此同时，结果没有一定的指导性，还会浪费很多资源。

## 三、幼儿园教育评价策略与实施

### （一）保教质量评价策略

一般情况下保教质量评价最重要的一点，就是为了能够提高保教的教育质量。幼儿园需要从现有角度出发制定客观可操作性比较强的评价指标，同时也需要建立完善的评价制度，并且有效的检查这些评价制度。这样才能够逐步地提高幼儿园保育和教育的工作水平。除此之外，还需要对保教评价质量的内容和标准进行专业化的研究，管理人员需要分析当前保教工作的现状，并联系实际情况提出一定的改进策略，针对重点项目作出专项研究。需要管理人员和保教工作人员共同探讨，制定出符合实际的评价标准。

### （二）幼儿发展评价策略

在对幼儿进行评价的时候，教师需要合理运用观察法。教师需要对幼儿进行全方位的观察和记录，这也是开展幼儿评价策略的基础，其内容包括如何开展并且观察的要点有哪些，等等。幼儿园的园长也需要带领教师开展与观察相关的教研活动，这样能够让更多的教师明确观察的步骤和要求，学习观察的理论知识以及掌握一些实践的案例。同时，需要充分地发挥幼儿档案的评价价值。教师可以收集一些能够代表幼儿发展的作品，并将这些作品进行一定的对比，这样能够更好地明确幼儿现阶段的发展特点，让幼儿对自己的内容作出评价。

### （三）教师评价策略

对教师展开评价，这也是影响教育质量的一个关键因素。在实际进展过程当中，教师需要树立正确的评价观，并且教师评价就是为了发现问题改进问题具有一定的指导性。在实际发展过程当中，我们不能将其作为结果性的考核成绩。如果评价工作出现偏差，那么会影响教师的工作热情。因此在实施教师评价策略时，一定要把握好方向，控制好整个评价的过程，运用一定的标准，建立比较有效的教师评价体系。同时需要设置一定的分层分项评价制度，可以根据教师的评价进行有层次的划分，针对不同的教师采取不一样的标准，这样能够保证评价的实效性和针对性。在标准的设置过程当中，还需要让设定的目标更加符合教师自身的发展期望。

### （四）加强评价主体之间的互动

很多幼儿园都需要注重教师和幼儿家长之间的联系，通过加强二者之间的互动，能够让更多社会人士有效地参与到幼儿园的教育评价当中，通过将直接评价和间接评价两种方式有效地融合。例如，幼儿园需要不断地拓展家长会和访谈会的形式，这样能够让家长更加了解幼儿园的教育，给幼儿园教育评价工作提供一定的意见或者是有用的参考，等等。对于条件较好的幼儿园来讲，也可以聘请一些与教育评价相关的专家来参与整个评价过程，针对自身评价当中存在的问题提供一定的整改策略，在获得专家的帮助之下，能够保证整个评价工作的科学性和有效性。此外，需要注意的是，不管是怎样的教育评价工作都要以贴合幼儿的良好发展为主题，考虑幼儿的不同情况，更新教学理念，真正意义上做到因材施教，给幼儿的成长和发展带来一个更加温馨的外部环境。

### (五) 健全多元评价体系

我们开展幼儿园教育评价，最重要的一点就是要促进教师教育质量的提高，让教学活动高效地开展下去。幼儿园的教师需要避免进行单一化的评价，要减少评价过程当中的与职称相关的功利性色彩。在对教师进行评价的时候，要注重教师评价指标体系的全面性和层次性，通过构建一个完善的评价机制，让教师严格按照专业标准的核心内容提高自身的专业能力。这样能够最终确保教师采取创造性的教育评价方式。此外，还需要在现有的基础上不断地更新传统的奖惩制度，让过程评价和机构评价进行有效的连接，这样才能够保证最终结果的合理性和综合性。

## 四、结语

在未来的发展过程当中，幼儿园教育需要不断地完善自身的评价策略，认真地从多个角度考察当前评价体系当中存在的一些细节问题，只有这样，才能够更好地评价教学方面的各种指标。以此再去调整自己的教育方案，给幼儿带来一个更好的学习环境，让幼儿获得良好的发展。

### 参考文献

［1］李晔，朱璐璇．幼儿园教师评价问题探析［J］．基础教育研究，2017（14）.

［2］时嫒．构建幼儿园教师发展性评价模式的实践研究［J］．科技教育，2017（16）.

［3］章晨茜，梁慧娟．教师有效开展幼儿档案袋评价的思考［J］．教育导刊，2017（6）.

［4］姚伟．幼儿园教育评价研究［D］．东北师范大学，2012.

# 论交互式电子白板在幼儿园数学活动中的运用

（林冰　福建省龙岩市永定区高陂中心幼儿园）

**摘　要：**在信息技术时代，交互式电子白板作为一类具有非常多优点的教学辅助工具，已被教育学界广泛运用。对于学前教育来说，电子白板所具有的直观、动态、人机交互等功能特点，可增强数学活动的趣味性和互动感，备受幼儿喜欢，体现出交互式电子白板在幼儿园数学活动开展过程中的突出作用。本文结合笔者工作经验和日常总结，探讨并分享了交互式电子白板的作用以及在幼儿园数学活动中的运用策略，与教师们一起交流，共同学习提升。

**关键词：**信息技术；电子白板；数学活动

## 一、交互式电子白板运用于幼儿园数学活动的价值

### （一）有助于促进幼儿直观思维得到更好发展

基于特定的年龄结构，学前幼儿对数学知识的掌握，不是建立在知识经验和理解认知层面的，而是通过对事物的观察和直观感知方面。因此通过交互式电子白板的展示功能，可以让数学活动更加具体化和形象化，幼儿通过观察图形或形象特征的印象感知，以此来获取相应的数学知识内容。对幼儿直观思维的培养锻炼，也将带来积极帮助。交互式白板的展示，可以把原本静态的事物动态化，或以拟人化的图像来呈现，可更好地吸引幼儿的注意力，培养良好的关注力。

### （二）有助于激发幼儿的参与兴趣

在数学教学活动中运用交互式电子白板，可以让幼儿直接参与相应的互动环节和实际操作，在现场操作过程中不仅可深刻印象和强化感知，而且在教师的引导下，学习能力也将得到提升。通过电子白板的可视化教学过程，教师可以及时发现存在的问题，给予纠正和规范，动态调整教学环节，激发幼儿参与兴趣，增加数学活动的开展效果。

### （三）有助于创新互动模式

幼儿园数学活动开展过程中运用交互式电子白板，可以充分激发幼儿天真无邪的互动本能，依托创设的丰富教学环境，可以改变传统单向活动模式，互动质量和深度进一步加强。以交互式电子白板为介质，可以更好地表现幼儿在数学活动中的想法和具体行为，在教师的帮助下，双向交流更加地顺畅，实现知识的拓展，数学活动开展也将变得更加精彩，人机互动让幼儿的学习力和参与力均会得到提高。

## 二、交互式电子白板在幼儿园数学活动中的有效运用

作为优质的信息化教学辅助工具，交互式电子白板的作用价值有目共睹，特别对于农村幼儿园来说，交互式电子白板的引入，对幼儿提高数学活动的参与度和强化数理认知有很大的帮助。但对于教师来说也是一种挑战，如何运用好这一信息技术辅教设备，笔者认为需要做好四个方面的工作。

## （一）加强教师对电子白板的专业操作技巧

教师是电子白板运用的操作者，教师的熟练程度和运用技巧直接影响数学活动的教学质量。因此要发挥交互式电子白板在幼儿园数学活动中的价值，必须重视教师操作技巧的提升。比如，在加强教师的操作水平上，需要得到学校和上级主管部门的重视，持续加强培训和园际交流，让教师们的电子白板运用能力得到提高，在相学互鉴中把更多先进做法得到普及。另外，在设备的选取上，学校可以选择触摸屏，触摸屏更加符合教师做好教学材料的存储需要，做成电子文件夹统一放到资源库里边，在数学活动过程中需要使用到素材的时候，可以及时调出来使用。比如在进行数字大小对比游戏的时候，教师就可以从素材库里调出有关动物数量材料在电子白板展示，不仅减少了教师的工作量，而且对于加强幼儿的数字认知也是具有重要帮助。此外，电子白板存储的材料可重复使用，通过不断积累素材，实现资源库电子文档的持续丰富，不用重复做工作，教师可结合课堂需要，简单整合就可进行利用，把更多的时间和精力放在其他工作上。

## （二）结合个体差异设定不同教学模式

交互式电子白板的重要功能之一是具有动态性、互动性和内容互切功能，这很好地迎合了幼儿《幼儿园教育指导纲要》精神。尽可能结合不同层次、不同个体的差异，设定相应的教学内容和教学形式，照顾到每个幼儿的特点，从而推进数学活动与个体差异的高度吻合。打破教学“一刀切”的不良现象，照顾到每个幼儿的实际，可以更好推动学前数学活动开展成效。比如，在完善课件方案的时候，需要充分利用好白板的动画功能，以视听和图文并茂的方式设定内容，吸引更多幼儿的关注。此前教师们经常使用的幻灯片进行演示，缺点是缺乏互动，而且属于教师的单向知识传递，整个过程孩子们都非常地被动，活动效果也就大打折扣。通过导入电子白板，互动通道就此打通了。而且充分结合实际需要，通过教学模式的切换可把交互式电子白板与幻灯片结合起来展开数学活动，不断探索更多的教学模式，实现交互式电子白板在数学活动中的运用更加丰富。比如，进行“点、数对应”教学时，教师可以根据幼儿能力层次不同的实际，设计出难易不同的闯关游戏。能力强的幼儿分一组，点数对应可放到 20 以内；能力较弱的一组点数对应放到 10 以内。游戏的关卡可以设计成根据“点”的数量写出相应的数字。这种难易程度不同且孩子们都非常喜欢的有趣游戏，也更好地照顾到幼儿个体差异，使每个幼儿都可以参与进来。

## （三）善于做好教学问题的总结评价

只有不断进行总结分析，针对存在的问题进行归纳，在解决问题的过程中不断增强交互式电子白板的运用水平。在此过程中，要求教师善于做好记录，对数学活动过程中存在的问题或幼儿表现进行总结，了解他们参与情况和数学活动的兴趣激发方法等，在做好记录分析的时候及时进行研判。了解交互式白板运用过程中的不足之处和经典有效做法。对于幼儿兴趣参与不足的问题，那么就需要对交互式电子白板的运用进行创新。例如，巧用拉幕技巧，在进行数学游戏《龟兔赛跑》的时候，可以把相应内容用拉幕方式呈现，让幼儿在好奇中互动起来，大家一起参与进来猜测最后的结果是谁胜出。

## （四）重视幼儿在活动中的主体地位发挥

数学属于逻辑强而且非常抽象的学科，但幼儿认知的特点是以具象为主，导致很多幼儿对数学活动兴趣不足或被动参与的局面，究其原因是活动中幼儿的主体地位没有发挥出来。基于此，可以通过电子白板为介质，在现场演示的时候，可以让幼儿上来点击屏幕，以身临其境的方式，或者参与到图片和视频等的素材的制作。例如，开展《色彩搭配》活动课程时，为了发挥幼儿的主观灵动性，可先播放一段动画片，然后按幼儿观察动画片中的人物穿着颜色来分类，幼儿是全程参与进来的，教师只扮演好引导者和促进者的角色，尽可能让幼儿在整个活动过程中有更多的主导权。教师通过不断探索实践，总结出数学活动中幼儿主体地位体现的有效方法，确保更多幼儿能参与进来，增强其操作能力和主观认知能力，通过加强训练，培养幼儿在数学活动中的主导能力也更加扎实。

## 三、结语

交互式电子白板在幼儿园数学活动中的运用，需要加强认知，不仅教师专业运用能力需要加强，同时学校也需要对设施进行更新完善，以此更好地推动数学活动的开展，激发幼儿学习数学的兴趣。持续加强信息技术在学前教育过程中的辅助作用，把交互式电子白板作为一种新的教学工具发挥到最大化，贯穿于幼儿园的日常教学中。当然在此过程中还需要针对交互式电子白板在幼儿园小班教学应用层次进行评价，真正把交互式电子白板强大的交互性、便捷的操作性以及功能多样化等优点充分挖掘和展示出来，全面呈现交互式电子白板在数学活动中的趣味性。以此提高幼儿数学活动中的参与性、互动性、体验性，使得教学效果更显著，进一步增强幼儿合作能力和动手能力的培养。

### 参考文献

[1] 柳文燕．交互式电子白板在幼儿数学活动中的运用［J］．读与写：中旬，2021（3）：340.

[2] 严小莉．交互式电子白板在幼儿数学活动中的运用［J］．试题与研究：高考版，2019（32）：21.

[3] 周圆．探析交互式电子白板在幼儿园小班教学应用中存在的问题及对策［J］．河南教育：幼教，2019（1）：48—51.

[4] 齐晶晶．有效运用交互式电子白板，聚焦幼儿数学核心经验［J］．幼儿教育研究，2019（1）：52—54.

# 幼小衔接视角下美术教育对幼儿语言发展的影响与实践
## ——基于“季节画展”主题绘画的案例分析

（刘晓宇　上海市青浦区贝贝幼儿园）

**摘　要：** 本文探讨了美术教育对幼儿语言发展的影响，并针对幼儿园季节画展中存在的问题提出实践策略。研究发现，幼儿在美术创作中缺乏对季节特点的个性化理解、美术教育未充分考虑语言发展需求、教师缺乏对幼儿语言发展的专业指导。针对这些问题，本文提出了提升幼儿参与积极性、强化语言发展需求和加强教师专业支持的策略。研究结果表明，通过创设启发性情境和提供个性化选择，美术教育有助于促进幼儿语言发展。

**关键词：** 幼小衔接；美术教育；语言发展

## 一、现状研究

【案例一】某幼儿园即将举办“季节画展”，以启发孩子们对自然的深刻理解，有利于未来的学科学习。然而，在美术创作的过程中，孩子们在表达季节特点上存在单一性问题。

在“春季”板块中，画面充斥着一片绿油油的草原，但却缺乏对春天更具体、更细致的描绘，如花朵、昆虫等。同样，“夏季”板块多为大太阳的简单描绘，而缺少对炎热季节独特景象的观察。在“秋季”板块，大多数画作只呈现了一棵枯树，而未深入挖掘秋天多彩的叶子。至于“冬季”，雪人和雪花成了画布上的主角，而忽略了寒冷季节更多元的景象。

站在画展一角，我们看到大部分孩子仿佛只是在完成任务，画布上的图案缺乏独特的个性和创意。为了更好地迎接小学学科的学习，我们需要从幼儿园阶段开始培养他们语言表达的思维。

### （一）幼儿参与美术教育活动的积极性和主动性较低

孩子们在画季节的作品中呈现出相似的图像，缺乏对季节特点的个性化理解。他们似乎更关注画布上的表象，而不是通过个人的感悟去表达对季节变化的独特理解，显示出对美术活动的参与欠缺主动性和创造性。

### （二）美术教育在课程中未充分考虑语言发展的需求

在画展中，孩子们的语言表达显得有些匮乏。他们沉浸在色彩的世界中，似乎只关注画面的美感，而忽略了用言语诉说内心对季节的深刻感受。这表明美术教育未在课程中充分考虑语言发展的需求，缺少对孩子们语言表达能力的引导。

### （三）教师在美术教育中缺乏对幼儿语言发展的专业指导

在案例中，当教师试图引导孩子们更深层次理解时，孩子们的回答显得机械而缺乏深度。这反映出教师在美术教育中缺乏对幼儿语言发展的专业指导，需要更注重引导孩子们用言语表达自己对艺术作品的认知和感悟。

## 二、核心概念界定

### （一）幼小衔接

幼小衔接是指幼儿园与小学之间的过渡阶段，旨在促使幼儿在从幼儿园过渡到小学的过程中顺利适应学校的学习环境、教育体制和学科要求。在幼小衔接中，重视个体差异，提供有针对性的支持和引导，以确保幼儿在新的学习阶段获得成功和自信。

### （二）美术教育

美术教育是一种通过艺术活动促进个体审美情感、培养创造力和发展美感的教育形式。它涵盖了对绘画、雕塑、手工艺等各种艺术形式的学习和探索。在教学中，美术教育强调启发幼儿的创造潜能、培养审美意识，倡导个性发展和独立思考。

### （三）语言发展

语言发展是指个体在不同生命周期内逐步习得并运用语言的过程。这一过程包括语音、词汇、语法、交际等多个方面。在幼儿阶段，语言发展尤为重要，因为在这个阶段，孩子们通过听、说、读、写等方式逐渐建立对语言的认知和运用能力。语言发展涉及个体对语言的理解、表达和沟通能力，是认知、社交和情感发展的重要组成部分。

## 三、美术教育设计

### （一）课程设计

1. 整合美术教育与语言发展的设计理念。课程设计应强调美术教育与语言发展之间的有机关系。此设计理念将注重培养幼儿通过艺术创作表达自己的思想和情感，同时促进语言表达能力的提升。通过在美术活动中引入对季节的深度探讨，鼓励幼儿用语言描述他们的创作，建立起艺术作品与语言表达的紧密联系。

2. 理论基础和方法的选择。课程设计需要建立在有关美术教育、幼儿发展和语言习得等领域的理论基础之上。采用多元化的教学方法，如启发式教学、探究式学习和合作学习，以激发幼儿的创造力和语言表达能力。

### （二）材料选择

1. 材料促进语言表达。选择具有丰富质感和形态的材料，例如不同纹理的纸张、丰富多彩的颜料以及立体感强的造型材料，以激发幼儿的触觉和视觉感知，从而更好地启发他们用语言表达所感受到的观感和情感。

2. 选择特定的美术材料。材料的选择应该与季节画展的主题和教学目标相契合。为孩子们提供能够展现季节特点的材料，如秋天的干枯树叶、冬天的雪花纸片等，有助于引导幼儿更深入地理解和感受季节变化。

## 四、实践策略

### （一）提升幼儿参与美术教育活动的积极性和主动性

1. 创设启发性情境。为了提升幼儿的积极性和主动性，教师可以通过创设启发性的情境，激发幼儿的好奇心和兴趣。

【案例二】在春日的户外活动中，教师可以带领幼儿前往学校周围的花园，用画笔记录自己找到的季节之“美”，并引导幼儿用言语描述他们所看到的景象，逐渐培养了幼儿运用语言表达的主动性。

2. 提供个性化选择。幼儿在美术活动中展现出的主动性和积极性可能受到兴趣和个性的影响。因此，教师可以根据幼儿的个体差异，提供多样化的美术任务和材料选择，以满足不同兴趣和学习风格的幼儿，激发他们更主动地参与美术创作。

【案例三】在美术活动中，教师可以设置不同主题的绘画任务，包括动物、自然风景等，幼儿则根据自己选择的兴趣点进行绘画。这样的个性化选择使幼儿更有动力和兴趣参与美术创作，提高了他们在活动中的主动性。

### （二）强化美术教育中的语言发展需求

1. 整合语言发展任务。在美术课程中，教师可以有意识地整合与语言发展相关的任务。

【案例四】在一堂美术课中，教师提出一个任务：通过绘画表达自己对家庭的感情。在绘画过程中，教师鼓励幼儿用语言描述他们的画作，包括家庭成员的形象、画中的场景以及表达的情感。这样的任务整合了语言发展的要求，激发了幼儿在绘画中更主动地运用语言表达自己的内心世界。

2. 提供有针对性的语言引导。教师在美术活动中可以提供有针对性的语言引导，使用富有情感色彩的词汇来描述色彩选择。这样的引导有助于提高幼儿对语言表达的敏感性和准确性。

【案例五】在一次绘画任务中，教师引导幼儿观察水面的倒影，并用画笔将这一场景表现在画纸上。在这个任务中，教师有意识地提供有针对性的语言引导，鼓励幼儿使用形容词描述水面的倒影，用名词描述画中的物体。通过这样的引导，幼儿在绘画的同时得到了语言表达能力的锻炼。

### （三）加强教师对幼儿语言发展的专业指导

为了提高教师对幼儿语言发展的专业指导水平，学校可以鼓励教师进行持续的专业发展。参与有关幼儿语言发展的研讨会、培训课程，使教师不断更新对语言发展理论和实践的认知，更好地应用于美术教育中。

## 五、研究成效

### （一）幼小衔接视角下美术教育对幼儿语言发展的影响

在幼小衔接视角下，美术教育对幼儿语言发展的影响，显著体现在创设启发性情境和提供个性化选择的策略上。

首先，通过创设启发性情境，教师能够激发幼儿的好奇心和兴趣，使他们更加投入美术创作。其次，巧妙的任务设计考虑了个体差异，为幼儿提供多样化的选择，以助于满足不同兴趣和学习风格的幼儿需求，使其更有兴趣参与美术创作。

### （二）深化美术教育与语言发展的融合

在深化美术教育与语言发展的融合过程中，两个关键策略是整合语言发展任务和提供有针对性的语言引导。通过整合语言发展任务，美术教育强调语言与绘画的有机结合，而提供有针对性的语言引导是深化美术教育与语言发展融合的另一重要策略。

### （三）加强教师对幼儿语言发展的专业支持

在加强教师对幼儿语言发展的专业支持方面，主要策略是持续专业发展，以提升教师的专业水平，强化幼儿语言科学发展。

## 六、总结思考

### （一）启发性情境与个性化选择

通过创设启发性情境和提供个性化选择，美术教育在幼小衔接阶段为幼儿的语言发展奠定了坚实的基础。创设性的环境和任务设计激发了幼儿的参与热情，使他们更自觉地探索和表达，为语言能力的培养提供了丰富的素材和机会。

### （二）深化美术与语言融合

美术教育与语言发展的融合强化了幼儿的语言能力培养。任务设计促使幼儿更主动地运用语言表达绘画创作中的思想和情感，而有针对性的语言引导则使其绘画语言表达更丰富、更深入，为幼儿创造了更全面、更具表达力的美术教育体验。

### （三）教师专业支持强化

加强教师对幼儿语言发展的专业支持通过持续专业发展，为教师提供了更多的机会学习和分享。持续专业发展使教师能够不断更新对语言发展理论和实践的认知，增强引导幼儿语言发展的能力。

### 参考文献

[1] 李召存．论基于儿童视角的幼小衔接研究［J］．全球教育展望，2012，41（11）：57—62.

[2] 徐光辉．幼儿园教育环境质量和幼儿语言发展水平关系研究［D］．浙江师范大学，2012.

[3] 张江阁．幼小衔接视角下大班儿童美术语言习得准备研究［D］．安徽师范大学，2022.

[4] 俞秀菊．生活化材料在幼儿美术活动中的优化与应用［J］．基础教育论坛，2023（01）：88—90.

# 学前儿童劳动习惯养成策略研究
## ——以大班幼儿为例

（张冬莹　陕西省人民政府机关幼儿园）

**摘　要**：颁布《中共中央国务院关于全面加强新时代大中小学劳动教育的意见》后，作为教育者的我们再次审视劳动教育这一重要内容，作为新时代的一员更要重视劳动习惯的养成教育。大班幼儿正处于幼小衔接的关键期，本文通过劳动习惯研究现状，根据大班幼儿的实际情况探讨大班幼儿劳动习惯养成现状以及他们所理解的劳动价值，继而提出相关策略。让大班幼儿在劳动中体验劳动的快乐，通过一系列方法帮助幼儿逐步养成良好的劳动习惯。

**关键词**：大班幼儿；劳动习惯；策略

## 一、劳动习惯概述和研究现状

### （一）劳动习惯概述

习惯的养成是一个漫长的过程。通过合理的教育、适宜的资源，幼儿在劳动教育的过程中不断地练习，逐渐养成良好的劳动习惯，更好地全面、健康发展。

### （二）关于劳动习惯的研究现状

2020年颁布的《中共中央 国务院关于全面加强新时代大中小学劳动教育的意见》提出：劳动教育是中国特色社会主义教育制度的重要内容；劳动教育是国民教育体系的重要内容，是学生成长的必要途径，具有树德、增智、强体、育美的综合育人价值；家庭要发挥在劳动教育中的基础作用；具备满足生存发展需要的基本劳动能力，形成良好劳动习惯。孙云晓在《光明日报》发表的《养成劳动习惯为美好生活奠基》针对《意见》阐述道“我们不仅仅要培养孩子认识劳动的价值并且有劳动的体验，更要注重劳动习惯的养成，因为习惯才是稳定的、自动化的行为”。根据文献资料的查询可以看出，劳动习惯的养成是幼儿行为习惯养成中很重要的一部分。在《幼儿行为习惯养成教育的实践研究》中王雯波认为，幼儿行为习惯养成教育内容包括道德习惯、生活习惯、活动习惯和劳动习惯；马欢欢在硕士学位论文《家园合作培养幼儿劳动习惯的行动研究》中认为，幼儿劳动习惯是幼儿在利用各种劳动工具完成劳动任务的过程中形成的稳定行为倾向。

## 二、幼儿劳动习惯现状分析

### （一）大班幼儿养成劳动习惯概况

随着教育观念的更新劳动教育近两年越来越被重视，教师通过一些常见的方法帮助大班幼儿养成良好的劳动习惯以及纠正不良的习惯。能有效地自我服务、乐于参加值日劳动、做家务以及各项力所能及的事情等是体现逐步养成的好习惯，安排值日生是良好的劳动习惯养成最为常见、最易实施、最显成效的方法之一，每日安排幼儿轮流承担班级值日工作服务于班级，在学习劳动技能的同时幼儿的规则意识和集体意识也得到了加强，很容易帮助良好劳动习惯的养成，在所有形式的劳动中都需要在适当的时候给予幼儿一定的正面强化与奖励，给他们积极的反馈。在面对幼儿所出现的不良劳动习惯时，通常所采取的是言语上的暗示、间接提醒、动作示意，还会根据个体差异选择性地针对某一习惯进行教育教学，通过正强化，增强积极的刺激来减少不良习惯的频率的发生。

### （二）大班幼儿对劳动的价值认识

社会心理学家弗里德曼认为态度是个体对某一特定事物、观念或他人稳固的，由认知、情感、行为倾向三个成分组成的心理倾向。在对大班幼儿进行劳动习惯的培养上，让其认识到劳动的价值是幼儿自觉主动养成劳动习惯的必要条件。作为儿童，他们对待劳动的态度是在一定程度上取决于劳动这件事情的本身对于他们的意义大小，所以在帮助他们养成劳动习惯之前，要让他们认识到劳动的价值所在，认识到劳动所带给他们的意义。

由于儿童对待劳动和被人对待劳动有着明显的区别，我们应该注意幼儿在劳动的类型、目的以及程度上的不同，关注他们在面对不同的劳动主体都能够认识到劳动所反馈出来的价值。在不同的劳动习惯中他们所认为其价值也是不同的，比如在整理区域玩具柜、分发餐具、餐后整理、抬床、摆放水杯等这类劳动时大部分的幼儿认为是为了完成作为值日生所承担的任务、帮助维持班级良好运转，部分幼儿觉得完成劳动后可以获得 sticker 或是教师的一些语言性夸赞，只有少部分幼儿认为劳动是快乐的，每一次的值日都是在享受劳动所带来的快乐。在采访他们认为成人为什么要工作劳动时有幼儿认为要赚钱，也就是经济价值，从劳动中获得利益，有的幼儿认为是喜欢这样的工作，做这样的事他们很开心。从中可以看出大班幼儿在劳动的价值认知上也有了初步的理解，基本上可以关注到劳动所带来在经济、社会以及个人上的价值，这一点也是我没预料到的。而针对不同的劳动他们所赋予的价值也是不同的，有些幼儿认为他的劳动能够给别人带来帮助，在一定程度上这就是自我价值的体现。在除个人单独的劳动之外，还会有合作劳动，尤其是在班级中多个幼儿共同完成某项劳动是可以提高自我效能感的，这对于劳动习惯的养成有很大积极促进作用。在劳动中及时给予幼儿反馈、进行正强化，是能够帮助他们形成积极的态度以此养成良好的劳动习惯。

## 三、针对大班幼儿养成良好劳动习惯的策略

### （一）提高劳动教育的意识，树立正确的劳动观

从《中共中央 国务院关于全面加强新时代大中小学劳动教育的意见》文件中可以看出，由于学前教育是基础，在学前阶段注重劳动教育也是目前实施的关键一环，劳动习惯养成也日趋重要。实施文件的提出，切实提升了劳动教育的地位，也为劳动习惯养成提供了理论基础。瓦·阿·苏霍姆林斯基在论教育中的有关劳动教育的部分认为“劳动以外的教育和没有劳动的教育，是不存在也不可能存在的”。作为教育者我们要提高劳动教育的意识，帮助幼儿树立正确的劳动观，劳动中的直接体验和亲身参与，让大班幼儿在“做中学、学中做，做中求进步”中一点点养成劳动习惯。

### （二）提升劳动习惯养成的知识和能力

作为大班教师，在帮助幼儿劳动习惯的养成方面有着重要的作用，教师所掌握的专业能力与知识经验对大班幼儿劳动习惯养成呈一定相关性。积极学习有关劳动教育以及劳动习惯养成的知识；在条件允许的前提下多为幼儿提供实践的机会，让幼儿独立、自主，多动手，在实践中逐步养成良好的劳动习惯；还要根据实际情况，把相关知识掌握后运用到自己的教育教学之中，并及时进行反思，在这一过程中不断提高专业能力，为大班幼儿的劳动习惯养成保驾护航。

## （三）在大班幼儿劳动习惯养成的同时注重劳动活动的质量

大班幼儿处于5—6岁年龄段，虽所处年龄段的发展水平与培养目标是一样的，但也要考量个体差异性和发展的不平衡性。在帮助幼儿养成劳动习惯时我们要注意每位幼儿所得到的劳动机会是否都基本平等，尤其注意能力强的幼儿与能力弱的幼儿，比如同样都是午睡起来整理被子，能力强的幼儿能快速且高质量地完成，而能力弱的幼儿不仅速度上慢吞吞，被子的整理也是乱糟糟。而在此时教师就应给予这类幼儿更加多的时间与耐心协助他完成本次劳动，并且帮助他找技巧勤练习，养成良好劳动习惯的同时注重劳动活动的质量。让其在服务自己的同时爱上劳动，体验到劳动的快乐。

## （四）通过增强家园合作促进习惯养成

夸美纽斯在《母育学校》一书中写道“家庭是儿童的第一所学校，父母是儿童们的第一位教师”，不管是幼儿园还是教师都要帮助家长了解实施劳动教育所带来的积极价值和实践意义，明白养成劳动习惯对于幼儿的全面发展有着良好促进作用。让家长理解劳动教育对于幼儿的重要性，帮助家长树立正确劳动教育观。在家庭教育中要注意以身作则帮助幼儿养成良好的劳动习惯，让幼儿参与到家务劳动中，《3—6岁儿童学习与发展指南》中对5—6岁儿童建议“鼓励幼儿做力所能及的事情，对幼儿的尝试与努力给予肯定，不因做不好或做得慢而包办代替，指导幼儿学习和掌握生活自理的基本方法”，秉承幼儿能做的就让他自己做，要让幼儿适当地参与到我们的家庭劳动中，在出现消极情绪时及时鼓励、引导，慢慢培养劳动习惯。还可以在周末还有假期的时候带着幼儿一起去尝试社区公益性的劳动，带给幼儿不同价值的劳动体验，这些都对幼儿劳动习惯的养成有着良好的推进作用。就像《中共中央国务院关于全面加强新时代大中小学劳动教育的意见》中指出的“家庭要发挥在劳动教育中的基础作用。注重抓住衣食住行等日常生活中的劳动实践机会，鼓励孩子自觉参与、自己动手，随时随地、坚持不懈进行劳动”。

总之，要整合家园社力量，共同推动、协同配合，劳动习惯的逐步养成，促进幼儿的全面发展、健康成长。

## 参考文献

［1］中共中央 国务院关于全面加强新时代中小学劳动教育的意见［N］．中国教育报，2020—3—20.

［2］孙云晓．养成劳动习惯为美好生活奠基［N］．光明日报，2020—03—27.

［3］王雯波．幼儿行为习惯养成教育的实践研究［J］．宁波教育学报，2008，10（5）：117—119.

［4］马欢欢．家园合作培养幼儿劳动习惯的行动研究［D］．湖南师范大学，2020.

［5］J.L. 弗里德曼．社会心理学［M］．高地，译．哈尔滨：黑龙江人民出版社，1997：95.

［6］夸美纽斯．夸美纽斯教育论著选［M］．任宝祥，译．北京：人民教育出版社，2004：1—76.

［7］中华人民共和国教育部．3～6岁儿童学习与发展指南［M］．北京：首都师范大学出版社，2012.

# 在幼儿园里美术教育活动研究

（梁赛　北京市东城区东四五条幼儿园）

**摘　要：**随着知识经济的不断发展，为了能与社会经济的发展步伐保持一致，我国的幼儿美术教育体制也在不断地进行着改革。在这个主张素质教育的时代，发展孩子的创造力成为素质教育的重要途径。而美术教育的显著功能是培养人在创造能力方面的作用。美术教育对创造思维的培育有特殊的、不行代替的效果，被公认为是对创造力培育的最有成效的学科之一。

**关键词：**幼儿园；美术教育活动；兴趣

## 一、幼儿园美术活动实施现状

### （一）采用各种方式，充分调动绘画兴趣

兴趣是幼儿最好的教师，只有在幼儿感兴趣的情况下，他们才会学得轻松、学得愉快。一般来说，幼儿对绘画和手工都比较感兴越，但往往不是持久的，因此在教学过程中，教师要通过各种方式，充分调动、培养运用幼儿对美术活动的兴趣。比如在《蚂蚁飞上天》的教学活动中，教师先出示了指偶（悲伤的小蚂蚁），让小朋友猜为什么小蚂蚁今天很不开心，很多幼儿都发表了自己的想法，有的说“蚂蚁肚子饿了”，有的说“找不到家了”……幼儿的兴趣被调动起来了，然后教师告诉小朋友原来呀是小蚂蚁想上天去旅行，小蚂蚁没有翅膀不会飞，怎么办呢？请小朋友帮忙想想办法。这一提问，进一步激发幼儿的兴趣和帮助小蚂蚁的愿望，幼儿们又议论开了，有的说氢气球带它上天，有的说坐飞机上天，有的说蒲公英带它上天……幼儿一下子想了许多办法，办法太多了，这时教师请小朋友把想的办法画下来，幼儿就带着兴趣，带着帮小蚂蚁的心情开始作画了。同时，教师出示一只快乐的小蚂蚁指偶，来感谢小朋友，从中幼儿体验到了帮助他人的快乐。

### （二）通过各类载体，训练幼儿的观察力

美术活动是一种视觉艺术活动，幼儿在绘画和做手工之前，通过视觉来观察所要表现的对象，因此训练幼儿的观察力是提高美术教学质量的基础，比如在教幼儿绘画“我的幼儿园”时，教师先带领幼儿在活动前参观幼儿园。看了幼儿园一共有几层楼，每层都有几个教室，从外面看，幼儿园像一个城堡等，上课时，通过向全班提问，幼儿对幼儿园就会有个初步印象。在美术活动中，多配合这样的观察活动会逐渐让幼儿养成观察事物的习惯，逐步提高幼儿的观察能力。

## 二、幼儿园美术活动实施存在的问题

### （一）美术教学的创设的形式不实在

在教案分析中，我们经常会发现有的教师在创设教学情景时，为“作秀”而创设，只追求形式上的热闹，美术教学的创设的形式毫无意义。好的教学情境都是为达成教学目标服务的，应根据教材的特点和幼儿的实际情况灵活创设适宜的情境，否则单单留于形式，不但浪

费了教学时间，也无法达到教学要求。因此，对于一些比较乏味或抽象的美术活动内容，我们在激发幼儿参与兴趣的同时，更应注重情境创设的实效性。

### （二）美术教学方式不新颖

美术教学不应为热闹而创设情景，这样的情景会给幼儿造成教学上的指向不明。美术教学最好能激发幼儿的创新精神与创造能力。在幼儿美术教学过程中，我们经常要求孩子有创新精神，要与众不同，而且要与己不同，避免与自己以前的美术作品内容相似。

## 三、幼儿园美术活动实施存在的建议

### （一）努力培养专业素质教育

幼儿园美术教师不是专业的美术教师。事实上，他们是使用艺术来促进儿童发展的学前教育者。幼儿园一般没有专职美术教师。多学科教学在幼儿教师中非常普遍。这种分工从表面上看，容易使教师对各个学科的内容进行整合，但实际上，教师学科本位的观念比较强。在美术教学的日常活动中，美术的学科特征是至关重要的，教学活动一般是围绕美术学科组织的。在设计和实施美术教学活动时，教师往往忽视幼儿在美术活动中的表现和创造的主动性和差异性。在幼儿园教育精神指导下，通过了解美术教师在幼儿园扮演的角色与地位，可以发现幼儿会逐渐掌握规划和控制幼教教学的主动权。在实践中，教师必须让幼儿在活动中真正“活”起来，让他们释放内在能量，构建积极有效的多方向互动，走出原来的教育模式。在幼儿园美术教育的多向互动活动中，教师必须转变观念，尊重幼儿的主体地位，不仅要把幼儿作为对象和主体，而且要作为教学资源的重要生成者。

### （二）教学目的要有针对性

在幼儿园开展美术教学活动是为了促进幼儿的发展，孩子们的活动应该受到充分尊重。但在实际的美术教学活动中，情况并不乐观，幼儿园教学组织的基本形式仍然是班级教学制度。大多数时候，美术教学活动是在全班进行的，要充分尊重儿童的个性特征是很困难的。

在设计美术教学活动时，教师应注意幼儿的起始能力、学习能力、表达风格和年龄特征。这里的起始能力是指幼儿的美术表达能力和知识水平、参加美术活动的态度和美术表现所需的生活经验。学习能力或表达风格是个人完成学习任务如何和接收信息的一个特征。由于幼儿自身存在着心理和生理上的差异，不同个体信息获取速度和对刺激的感知和反应存在很大差异。美术表达中的分析幼儿的风格是设计美术教学活动个别化时要考虑的重要内容。年龄特征是指幼儿在不同年龄段的认知、行为、社会性、能力、情感和情绪的典型特征。许多教师在过去设计幼儿园美术教学活动中，更加注重幼儿的个体审美表现，而较少关注社会性和情感方面。因此，值得我们警惕的是对幼儿主体性的认识不全面，促使教育的效果大大降低。教师在设计美术教学活动中，年龄特征的分析有助于准确定位自己的目标。

### （三）教育重心扩大到不同年龄阶段

如何根据幼儿发展的可能性和个体需要，在幼儿园开展艺术教育是一个重要的研究课题。在幼儿艺术表达能力发展的不同阶段，他们的艺术学习需求也大不相同。教师需要设计有针对性的教学活动。例如，3 岁的孩子对涂鸦感兴趣，但是他们学习和使用涂鸦的能力相对薄弱；4 岁的孩子对符号图形的创作感兴趣，但是表达冲动和缺乏表达能力之间常常存在矛盾；5—6 岁的孩子对涂鸦的创作感兴趣。情节绘画，他们也具有丰富的经验和表达技巧的支持等。

对于 3 岁的幼儿，应该设计基于涂鸦的艺术游戏，而“游戏”应该是现阶段美术教学活动的重点。在孩子们享受游戏带来的乐趣的同时，教师可以逐渐引导他们走向色彩，线条和图形的美丽，然后逐渐发现和感受生活与艺术的美，从而激发孩子们的创造性冲动和“学习”欲望。为幼儿提供涂鸦创作的条件，鼓励孩子涂鸦，倾听孩子对涂鸦的诠释，尊重孩子的表达和创作成果。

对于4—5岁的幼儿，教师应注意扩大其符号存储，引导他们把符号与生活中的具体对象联系起来，允许他们大胆地命名自己创造的符号，并为他们提供各种必要的艺术表达技巧支持。“学”应是现阶段美术教学活动的重点。

对于6岁的幼儿，教师可以根据他们的学习情景设计和作文指导他们进行大胆的艺术表演。使用“应该是这个阶段的重点”。教师应鼓励幼儿用自己的艺术作品来表达自己的思想感情，美化自己的生活，玩游戏。通过参与和创造艺术活动，进一步理解艺术、文化和生活的关系。把游戏与美术学习有效地结合在一起，但它们不是完全分开的，而是相对而言的。在教学实践中它们往往是相伴相随的。

### （四）完善幼儿美术教学与评价策略

结合幼儿园艺术教育的现状，艺术教育的实施应从以下两个方面着手：第一，适应幼儿的发展阶段，如果艺术教育不能满足幼儿的需要和理解。这将导致教育效率低下甚至引起对幼儿的反感。艺术创作分为三个阶段，即社会与自然创造者的视觉习得阶段、视觉形象创作者的转换阶段以及制作者视觉形象的创作阶段。制作者在艺术的不同阶段有不同的需求。视觉习得阶段应该知道如何获得性能信息，如观察方面。在转换阶段，我们需要知道如何转换，也就是需要，创建和连接符号的技术。在创作阶段，我们需要知道如何创作，如艺术表现技巧。因此，在美术教学活动的设计中，教师应树立过程观，了解幼儿在美术创作中需要帮助的阶段。第二，注重艺术教学的效率，追求教学、学习、使用的统一。

面对学前美术教育发展变化的新趋势和新要求，只有深入研究和正确把握幼儿美术教育的基本概念，针对当前美术教育中存在的问题，采取相应的教学对策，才能真正将幼儿的先进美术教育思想转化为具体的教育行为。构建中国幼儿美术教育新体系，从而促进幼儿美术教育更快、更健康发展。

### 参考文献

[1] 牛文华．幼儿园美术教育中如何培养幼儿的创造性［J］．文教资料，2018（22）：84—85.

[2] 张蓉．让幼儿园美术活动“妙趣横生”的途径研究［J］．读与写（教育教学刊），2018，15（5）：224.

[3] 何海波．基于PCK的“学前幼儿美术教育”教学实践［J］．天津市教科院学报，2018（2）：61—64.

[4] 卢怀慈．乡镇幼儿园美术教育活动开展现状的观察研究——以平和县某幼儿园为例［J］．幼儿教育研究，2018（1）：15—17.

[5] 张霄．基于创造性培养视角下的幼儿美术教育活动研究［J］．美术教育研究，2017（23）：146.

[6] 吴伟红．幼儿园美术区角设计的指导策略分析［J］．美术教育研究，2017（22）：175—176.

[7] 肖滢，何小芬．幼儿混龄美术游戏在幼儿园开展的实际意义［J］．大众文艺，2017（21）：202—203.

# 马赛克方法的生成性课程探究
## ——以“树枝记”为例

（王可欣　江苏省扬州市机关第三幼儿园绿杨园）

**摘　要：**在现代教育理念中，活动的开展要从聚焦预设转到关注生成，捕捉活动契机、活动元素，继而开展生成活动。在这个过程中教师要清晰地认识生成活动的特点，准确在儿童兴趣中把握教育契机。如何避免教师过多的预设，让幼儿真正参与到生成活动，有活动的话语权和决策权？我们遇到了“马赛克方法”。

**关键词：**生成课程；马赛克方法；幼儿教育

生成课程源于幼儿的兴趣和认知需求，通过实际情况和互动变化不断动态调整，最大限度地发挥幼儿在课程建设中的主体地位。马赛克方法是为了解决儿童口语、书面表达的局限，通过传统观察法和儿童访谈、儿童拍照、绘图、幼儿园旅行、儿童会议等多种方式相结合的综合性研究方法。在建构生成性课程时，教师可借助马赛克方法鼓励幼儿多角度表现自己的想法和体验，引发幼儿在课程中的参与热情，避免过多教师预设环节。同时，马赛克方法的运用，也有助于教师更深入地倾听幼儿、读懂幼儿，从而有效支持幼儿在课程活动中思考、探索、发现和创造。

## 一、课程来源于生活，多形式聚焦幼儿

### （一）运用儿童拍照的工具抓住幼儿的关注点

在教育教学活动中，通常以教师采用拍照、视频等方式记录幼儿的发展为主。教师可从幼儿的角度出发，采用马赛克方法中“儿童拍照”的工具，把主动权交给幼儿。例如，在“树枝记”课程缘起中，幼儿关注到“春天花开，绿叶发芽”，在教师支持下，幼儿以电子设备为辅助工具，将自己的关注点用照片的方式记录下来。幼儿拍摄的照片内容非常丰富：有小菜地、蒲公英、梅花、树，等等。在集体分享时教师发现，幼儿的话题从“花”转移到“没有发芽的树”，对“为什么有的树没有发芽”表示格外的关注。为此，教师支持幼儿再次对树枝进行观察比对，验证自己的猜测。最终得出结论：没发芽的树枝和发芽的树枝颜色不一样，触感不一样，没发芽的树枝可能已经枯萎了。

陶行知先生认为：“教的方法根据学的方法、学的方法根据做的方法。”照片能够为幼儿提供一种强有力的新语言。教师通过幼儿拍摄的照片，从儿童视角倾听拍摄意图，抓住他们的兴趣点和看待事物的方式，进而支持幼儿的想法，衍生新的思考，推动幼儿兴趣发展。

### （二）运用地图制作的工具辨明幼儿的侧重点

幼儿的学习离不开自身的经验基础，活动的实施应贴近他们的生活经验。“树枝记”的兴趣由儿童拍照开始，那么从马赛克方法的角度来说，“幼儿园之旅”便是摄影的一种拓展行动。针对“幼儿园哪里可以寻找到枯树枝”的问题，幼儿自发地在园内进行了一场“幼儿园之旅”，一部分幼儿负责拍照，记录树枝所在位置，另一部分幼儿负责寻找树枝。地图制作是对位置的二维表征，对于中班幼儿来说比较困难，因此，教师降低了制作地图的难度。幼儿首先通过协商、合作，将幼儿园的立体空间布局以平面的方式进行位置划分，绘制在面

积比较大的纸上，便于粘贴照片。接着，他们将照片按原貌摆放在地图相应的位置，完整地呈现出幼儿园之旅的过程，教师通过倾听幼儿对照片和位置的“解释”，做好倾听记录。最后将地图张贴在班级显眼的位置，供幼儿自由欣赏讨论。地图清晰地突出他们探索过程中的侧重点，例如：园内一些关键的游戏设施（滑滑梯）和场地（小菜地、栅栏），以及他们认为树枝比较多的区域（攀爬架、后操场）；人物当时的状态和树枝的不同形态特征在地图上出现的频率也比较高。由此可见，制作地图的过程与他们当时的感受是紧密相关的。

地图制作的目的是运用幼儿拍的照片，把他们所处的环境和实际经验结合起来，进一步告诉我们他们心中重要的空间、事物和人物。在此系列过程中教师充分尊重幼儿的想法，鼓励他们自发、自主地去做，支持他们实施自己的计划。同时在倾听中分析幼儿做的过程和结果，从中深挖新的问题，唤起幼儿新的探究表现欲望，获得新的学习发展可能。

## 二、课程来源于实践，多渠道倾听幼儿

### （一）勤用儿童访谈，引发思维碰撞

儿童访谈与儿童对话是马赛克方法的重要组成部分，贯穿各个环节。在地图制作的过程中，教师发现幼儿想对树枝的外形特征进行进一步探索。因此，在圆圈时间，教师请幼儿自由探索收集来的树枝，近距离观察讨论。幼儿通过看一看、摸一摸、比一比，对树枝有更细致的了解。教师围绕树枝的不同外形特征对幼儿进行集体访谈、小组访谈、个别访谈，倾听他们的发现。例如，小语说：“我的树枝是长的，人家的树枝是短的。”可可说：“我的树枝粗，她的树枝细。”和和说：“我的树枝像箭头，他的树枝像字母，我们的形状不一样。”经过交流，共同汇总出结论：树枝的形状、颜色、长短、粗细、花纹、质地均有不同之处，每一根树枝都是独特的存在。

访谈既有助于幼儿梳理自己的想法和体验，促进其语言表达、思维拓展等能力的提高，又能引发其他幼儿的共鸣，彼此倾听想法，就会得出更多的想法。在此过程中，教师要习惯性对幼儿的表述进行记录，在深度了解幼儿思想的同时，更有利于分析汇总他们的经验。

### （二）借助儿童表征，引导自创认知

教师要成为幼儿游戏的支持者和引导者，应极大程度地满足他们直接感知，实际操作，亲身体验。且《幼儿园保育教育质量评估指南》指出：“重视幼儿通过绘画、讲述等方式对自己经历过的游戏、观察等活动进行表达表征。”幼儿将思考以表征的方式呈现是一种有效推进课程发展的方式。借助表征，可以让幼儿的学习被看见，让思维可视化。例如，幼儿发现收集的树枝堆了满满一大筐，既影响班级环境美观度，又影响拿取。为此，教师抛出问题：“怎样将树枝收纳整齐，方便玩游戏时拿取？”幼儿将想法表征在记录本上，再尝试按计划整理。在实践过程中，幼儿互相协助、参照，成功将树枝全部整理到位。活动后作小结时，大家发现实际操作和设想的不一样，在实际操作时，他们更多的目标是把长的树枝变短，如用手把树枝掰断、用脚把树枝踩断等。他们将实践的结果进行表征，以此进行回忆和再现，主动对自己的方式进行比对和评价。

## 三、艺术来源于创造，多样化发展幼儿

### （一）区域活动重视幼儿创造的体验

《幼儿园教育指导纲要（试行）》指出：“教育活动要注重综合性、趣味性、活动性，寓教育于生活、游戏之中。”将课程延展至区域活动，能很好地使幼儿有“行动能力”、有“生

活力”、有“创造力”。教师要重视幼儿在探索、创造过程中的体验与收获，并鼓励幼儿通过语言、艺术、健康等多种方式进行表现。例如，在美工区中，幼儿自主选择游戏材料，采用涂色、添画的方式，创作出“小蝴蝶”“小树叶”“蒲公英”等画面；动手能力较强的幼儿，会选择毛根、剪刀、双面胶、皱纹纸等材料，将树枝组装成人物造型；在阅读区中，幼儿用树枝代替画笔，在读写桌上拼搭造型，一边拼一边“碎碎念”式讲故事，并和同伴共同设计故事的内容；体育游戏时，幼儿用树枝玩跳房子、钻山洞、骑马、跳高，在锻炼身体的同时，还体会到了一物多玩的乐趣。

### （二）角色游戏赋予幼儿经验的价值

角色扮演游戏是马赛克方法的工具之一，是幼儿借助真实或可替代的游戏材料，以模仿和想象进行扮演游戏，创造性反映生活的游戏方式。在马赛克方法中，幼儿前期积累的经验在角色游戏中能够发挥综合性的运用。例如，户外游戏时，幼儿自发用树枝玩起了角色游戏——烧烤。在这个过程中，教师运用马赛克中“观察”的方法对幼儿的行为进行了记录。恬恬建议睿睿把树叶串在树枝上作烤肉，诺诺则表示应该先找个烧烤架子。崧崧尝试解决问题：“我用树枝搭一个架子。”他用树枝横竖交叉逐层叠加，但是“烤架”很容易倒。经过几次失败，恬恬说：“我觉得这个不像烤架，像一堆柴火。”游戏后教师对幼儿做了访谈，首先对游戏进行简单回顾，再针对烤架、食材的问题采取一定的解决方案。再次角色游戏时，按他们的设想，一步步合作、尝试，顺利进行着烧烤游戏。

角色游戏的拓展，既能使幼儿很好地巩固已有经验，收获新经验，也可以帮助教师采用多种方法倾听，如自由谈话、观察、访谈、表征等。教师在整个课程活动中，也能对幼儿的行为做出更加客观具体的评价。教师的评价及幼儿的自我评价会赋予他们的经验以不同的价值和影响，从而更有助于幼儿深度探索。

## 四、马赛克方法在生成性课程中的整合反思

在生成性课程“树枝记”开展过程中，教师并未单一使用马赛克的单一方法，而是作为参与的工具，灵活有效地倾听幼儿的想法。本次课程活动中运用的儿童拍照、儿童访谈、旅行、地图制作等工具都是幼儿与同伴、成人交流想法和感受的途径。幼儿有一百种语言，马赛克方法恰好通过多种途径收集幼儿的语言，再把这些单个的碎片拼接起来，帮助教师理解幼儿真正考虑的问题是什么，在理解的基础上去支持幼儿的游戏，幼儿才能更好地展开课程活动，并从中获得更全面的发展。

### 参考文献

［1］Alison Clark. 倾听幼儿——马赛克方法［M］. 北京：中国轻工业出版社，2020.

［2］吴萍．运用马赛克方法支持幼儿深度学习——以中班项目化学习活动“海蛎节”为例［J］. 福建教育，2023（3）：37—38.

# “三阶四曲”：体育活动缓解幼儿分离焦虑体悟

（曹宇　嘉兴市秀洲区庆安启蒙幼儿园）

**摘　要：** 分离焦虑是新入园幼儿常见的一种心理现象，如果幼儿长期处于恐慌不安的状态，会影响到幼儿身心健康发展。户外体育活动是幼儿一日生活当中必不可少的环节，教师可以通过各种有趣的体育活动来转移幼儿的注意力，帮助幼儿缓解分离焦虑。

**关键词：** 分离焦虑；体育活动；新入园幼儿

## 一、分离焦虑的表现

参考 1987 年楼必生等人开展的“一至两岁幼儿进园时情绪改变的调查”把幼儿产生的行为以及情绪分为“跟人、乱跑、拒睡、侵犯、呆坐、随地大小便等几项”。本文将幼儿园分离焦虑表现分为以下几个纬度：大声哭喊、依恋物品、跟随教师、不吃午饭、不睡午觉、跑出教室、沉默不语等。大部分幼儿的分离焦虑会随着时间的推移，有所缓解；而幼儿的哭泣也将贯穿于整个分离焦虑期，教师在带班的过程当中，不能全面关注到每一个幼儿，幼儿在意识到大声哭喊也没有相应回应时，便对幼儿形成了对现实情境的认知理解，由大声的哭喊，转变为沉默或者其他方式表达。这与鲍尔毕的分离焦虑分为三个阶段：反抗、失望、超脱是相符的。

## 二、体育活动对幼儿分离焦虑的作用

在《3—6 岁儿童学习与发展指南》中指出，“游戏是幼儿最喜欢的活动形式，特别是户外游戏活动，幼儿更加钟爱。组织幼儿户外游戏活动，是幼儿园非常重要的教育环节之一”。我们根据小班新生幼儿的年龄特点创设适宜幼儿身心发展的体育活动，如幼儿与教师共同玩《大家抱一抱》的体育游戏活动，通过拥抱、抚摩等游戏方式来安抚幼儿，帮助幼儿舒缓情绪，从而让幼儿对教师产生依恋意识。教师在幼儿的体育活动中也可对幼儿进行实质性的奖励，如小红花、幼儿喜欢的贴贴纸等。通过这样的方式，帮助幼儿构建自信心，又能让幼儿逐渐接受自己目前所处的环境。这样幼儿在体育活动中，既提升了幼儿的体育游戏经验，又能让幼儿在专注于体育活动中而改善分离焦虑。

## 三、体育活动的形式

### （一）亲子形式，增互动

幼儿园在开学前可以开展亲子类的体育活动，让新生家长分批分流来园内进行亲子运动会，如组织蚂蚁搬豆、爬爬山、快乐投篮等亲子游戏。这样能够让幼儿初步了解感受幼儿园内的环境，熟悉幼儿园内的事物；能够通过亲子形式，引导幼儿寻找在园内的归属感。在这样的活动中促进了家长、教师、幼儿园三方的有效互动，这样既减轻了家长对于幼儿园不了解的焦虑情绪，又能让家长从中影响幼儿，减少幼儿分离焦虑。但在设计活动时，教师要注意一些可操作性强且富有乐趣与意义的活动组织与实施。

### （二）班级形式，增信任

班级内的体育活动分为两大类：一是室内体育活动；二是户外体育活动。由于刚入园的幼儿情绪不稳定且注意力较难集中，刚开始入园不宜进行户外集体性的体育活动，所以我们可以从室内体育游戏进行过渡，逐渐过渡到户外体育活动。在此策略实施的过程中，也是幼儿对教师熟悉的过程，也可以使教师更快地了解幼儿，从而制定有针对性的分离焦虑策略。

## 四、体育活动缓解分离焦虑的有效策略

### （一）室内体育活动，三阶式

在初期，游戏对于孩子们而言都是在进行无序游戏。教师要结合掌握的幼儿现状，对幼儿进行循序渐进的引导，开放式地进行室内体育活动，让室内的体育活动成为户外体育活动的开展基础，培养幼儿的规则意识、集体意识。

1. 多样式

多样式幼儿室内体育活动，教师可以通过语言引导、动作示范以及多样性的低结构材料、音乐等来辅助开展幼儿室内体育活动，如吹泡泡，让幼儿手拉手吹泡泡，“嘭”泡泡破了，幼儿松开同伴的手；关于低结构化的材料投放，如《咕噜咕噜滚》，幼儿运用奶粉罐，两两做伴，将奶粉罐滚来滚去，锻炼幼儿手臂与手腕肌肉力量的同时，又能增强幼儿同伴交往能力；关于音乐体育活动，如《请跟我来……》，教师边唱边引导幼儿跟随教师有意识地集体走、停，这样既丰富了幼儿对音乐节奏的认识，又增强了幼儿的规则意识。

2. 阶梯式

入园分离焦虑严重地影响了幼儿对事物的关注时间，所以我们进行阶梯式室内体育活动，对活动时间以及活动形式严格把控，对游戏的时间从3分钟—5分钟—8分钟……对幼儿进行时间阶梯式游戏管理，这样能够更好地向较长时间的户外体育活动过渡。

3. 渐进式

根据小班幼儿在《3—6岁儿童学习与发展指南》中的健康领域目标，我们在制定室内体育活动时，游戏方式与游戏的技巧性从易到难，制订游戏计划。例如，《跟教师走一走》，幼儿在室内跟着教师走一走的过程当中能够培养幼儿对教师的信任感与依赖感；接下来的游戏可以更加深入一些，如《欢乐蹦蹦跳》，幼儿在教师的节奏指令下，进行跳跃运动；在节奏中教师可以控制节奏的快慢或者快慢交替，在这个游戏的过程当中锻炼了幼儿的手脚协调性。诸如此类的活动，根据游戏方式和游戏技巧进行渐进式游戏，这样更有利于幼儿接受幼儿园内的各项活动。

### （二）室外体育活动，四部曲

新入园的小班幼儿缺自我保护能力和规则意识，因此教师在组织小班新生户外体育活动时，要有一定的室内集体体育游戏为基础。教师在设定游戏时还应遵循幼儿身心发展规律，组织开展一些较轻松愉快且简单的体育活动。如在“老鹰捉小鸡”游戏中，幼儿既意识到“鸡妈妈”是自己的依赖者，又能锻炼幼儿的体能。这些对于小班新生入园的幼儿来讲，既促进了幼儿与同伴之间的交往，又能帮助幼儿更快适应与融入新的环境。

1. 曲一：空间材料

教师要为幼儿提供空旷平坦且较柔软的户外场地，小班新生幼儿身体协调能力差，自我保护意识薄弱，容易产生安全隐患。因此，在户外活动的场地上选择时也尤为重要，避免安全隐患的发生。教师在选择时，还应注意，选择外界因素干扰较少的地方，新生幼儿注意力时间短，发散力强。教师在组织幼儿户外体育活动时，应提供低结构且丰富充足的材料，教

师对于幼儿的人数、场地的位置进行分组，这样进行户外体育活动，既能提高活动的安全性，又能让幼儿有充分的自主选择权，从而喜欢上户外体育活动。

2. 曲二：情境创造

幼儿的体育游戏主要有情境性游戏和竞技性游戏两类，而幼儿较为喜欢的是情境性游戏，幼儿在情境游戏中会自主代入到角色和情节中。如在游戏“启蒙速递站”中，孩子们既当了“快递员”，又能做“交通警察”；孩子们在角色游戏中既增强了幼儿的交通规则意识，孩子们也在做“快递员”的过程当中体会到了送快递的乐趣。在这样的情境游戏过程中，孩子的角色意识、规则意识以及生活经验、运动技能都得到了发展。

3. 曲三：游戏指导

教师在体育游戏的指导中也起着重要的作用，教师既是幼儿游戏的引导者也是游戏的支持者，教师在游戏当中对幼儿进行实时指导，缓解游戏的难度以及游戏的正确操作性。如在游戏“抓小猪”中，教师在指导中说清楚指令“小猪怎样抓?”“谁是小猪?”等一系列的问题，让幼儿理解游戏的规则与玩法。同时，教师在给予幼儿下达游戏任务时要明确，幼儿在不理解游戏时，教师要做好及时性的关注。

4. 曲四：合作游戏

小班新生幼儿刚入园，并不能理解“合作”的意义，教师在户外体育活动游戏中有目的地引领幼儿进行合作性游戏。让幼儿在游戏过程中建立合作意识，启发与培养幼儿与班中其他幼儿合作、交流游戏，培养幼儿良好的合作习惯。如在蘑菇屋中，幼儿两两合作游戏，玩躲猫猫，也是一种简单的合作游戏形式。这样既能使幼儿能够理解合作的意义，也能让幼儿对幼儿园产生兴趣，产生交朋友的想法。

## 五、结语

教师只有认真地执行《3－6 岁儿童学习与发展指南》、各项工作贯彻指南中各项细则，将健康领域的内容与《完整儿童课程》相结合，才能让幼儿通过丰富愉快的体育活动，爱上幼儿园，爱上教师，从根本上缓解幼儿入园分离焦虑，促进其身心健康和发展。

### 参考文献

［1］中华人民共和国教育部．3～6 岁儿童学习与发展指南［M］．北京：首都师范大学出版社，2012.

［2］陈蕾．浅析体育游戏中幼儿自主探究能力的培养策略——以幼儿园小班“赶小猪”游戏为例［J］．教师教育论坛，2019（4）：53－55.

［3］谢芳．浅谈提高小班户外体育活动的有效性［J］．教育，2018（45）：47.

［4］向晓燕．小班亲子体育活动和爸爸妈妈去旅行［J］．早期教育，2014（7）：7－8.

［5］白筠．循序渐进引导托班新生开展户外体育活动［J］．幼教天地，2016（34）：188－189.

［6］宋玲姣．开展幼儿园小班体育活动的探究［J］．幼儿教育，2017（2）：4.

［7］裘瑜芳．小班室内体育游戏活动指导策略探析［J］．幼儿教育，2020（1）：15，34.

# 基于本土环境的农村幼儿园科学教育活动设计与实施效果评价

（罗丽君　柳州市融安县大良镇中心幼儿园）

**摘　要：**在农村幼儿园教育领域，将科学教育活动与本土环境结合是一个富有成效的探索方向。通过调研和分析，本文展示了如何利用农村地区独特的自然和文化资源，设计出适合幼儿的科学教育活动。这些活动不仅提高了幼儿对科学的兴趣和理解，还增强了他们对本土环境的认识。文章比较详细地阐述了活动的具体实施过程，包括教师角色的重要性、家庭和社区的参与。通过综合评价方法，评估了这些活动的实施效果，揭示了其在提升幼儿科学素养和环境意识方面的积极影响。希望本文能为农村幼儿园未来的科学教育实践提供一些参考。

**关键词：**农村幼儿园；科学教育；本土环境；活动设计；实施效果

## 一、引言

在教育多元化和个性化的大背景下，农村幼儿园科学教育的发展显得尤为关键。尽管农村幼儿教育在近年来取得了一定的进展，但在科学教育领域，特别是在利用本土环境开展科学启蒙和实践活动方面，依然存在显著的差距。农村地区独有的自然环境和文化资源为幼儿提供了丰富的科学学习素材，如何有效利用这些资源并设计出符合农村幼儿实际需要的科学教育活动，成为一个重要的研究课题。本研究的目的在于探索和实践基于本土环境的农村幼儿园科学教育活动设计。通过这项研究，我们不仅可以提高农村幼儿对自然科学的兴趣和探究能力，还可以培养他们对本土文化的认同感。

## 二、农村幼儿园科学教育的现状与挑战

### （一）农村幼儿园的特点

1. 资源配置与环境差异。农村幼儿园相比城市幼儿园，通常面临资源配置的不足，包括教育设施的简陋、教学器材的缺乏以及专业师资的短缺。然而，这些幼儿园往往位于自然环境丰富的地区，如靠近农田、山林和河流等，这为开展基于自然环境的学习活动提供了独特的条件。

2. 文化背景与教育理念。农村幼儿园深受当地文化的影响，教育内容和方式多与农村的生活习惯和传统价值观紧密相关。由于地理和文化的特殊性，这些幼儿园在教育理念和方法上展现出独特性，强调与自然的互动和对本土文化的传承。

3. 家庭与社区参与度。农村家庭和社区对幼儿园教育的参与度与城市相比有所不同。在许多农村地区，家庭成员（特别是长辈）在幼儿教育中扮演着重要角色，他们的生活经验和知识常常被整合进幼儿园的教育活动中。同时，社区资源（如农业、手工艺等）也常被用于教育活动，使得学习更贴近实际生活。

### （二）面临的主要挑战

1. 资源和资金限制。农村幼儿园最显著的挑战之一是资源和资金的严重限制。这不仅

包括基础设施的缺乏，如学校建筑、游乐设施和学习材料，还包括教育质量上的缺陷，如教育技术的落后、教学方法的单一和师资力量的不足。资金短缺导致这些问题难以有效解决，进而影响幼儿的学习体验和教育成果。

2. 师资培训和教育质量。尽管农村幼儿园的教师通常对工作充满热情，但他们往往缺乏专业的培训和发展机会。这种情况限制了教师的教育能力和创新教学的实施，使得教育方法往往停留在传统的、效率较低的水平。此外，教师的高流动率也给教育质量的持续提升带来了挑战。

3. 家庭和社区的支持。农村地区的家庭和社区对教育的支持程度往往受限于文化、经济和认识上的因素。在一些农村地区，由于对早期教育重要性的认识不足，家庭对幼儿园教育的投入和参与度有限。同时，社区资源的缺乏和社区成员对教育的参与不足，也成为幼儿园发展面临的重大挑战。

## 三、基于本土环境的科学教育活动设计

### （一）活动设计原则

设计基于本土环境的科学教育活动时，首要原则是确保活动与当地的自然环境和文化背景紧密结合。这意味着活动内容应充分利用当地的自然资源（如植物、动物、土壤、水源等），并融入当地的文化传统和社区特色。例如，在农业较为发达的地区，可以设计与农作物生长、土壤成分分析相关的科学活动。此外，活动设计应注重实践性和互动性，鼓励幼儿通过实地考察、动手实验等方式，直接与自然环境互动，从而增强学习的体验性和趣味性。

### （二）活动内容与方法

在活动内容的选择上，应充分考虑幼儿的年龄特点和认知能力，选择既能激发幼儿好奇心，又能有效促进其科学认知发展的主题。例如，对于幼儿来说，可以设计观察植物生长的过程、探索水的物理性质、了解当地气候和季节变化等活动。在教学方法上，应采用以幼儿为中心的探索式学习方法，鼓励幼儿提出问题、进行实验和探索，教师则扮演引导者和协助者的角色。此外，可以利用当地社区的资源，如邀请农民或手工艺人来园进行交流，让幼儿直接从实践中学习科学知识。

### （三）预期目标与评估

在活动设计的初期，明确活动的预期学习目标至关重要。这些目标不仅应包括科学知识和技能的掌握，还应包括对本土环境的认识和尊重，以及科学探究精神的培养。例如，目标可以是使幼儿了解本地生态系统的多样性，或是培养幼儿通过观察和实验来解决问题的能力。为了确保活动的有效性，需要对活动的实施效果进行评估。评估方法可以包括幼儿的学习成果展示、教师和家长的反馈以及幼儿的行为和态度变化等。

## 四、活动实施与案例分析

### （一）活动实施过程

在实施基于本土环境的科学教育活动时，需要确保活动设计与幼儿园的实际条件相适应。例如，在一个以农业为主的农村地区，可以组织幼儿参观当地农田，了解不同作物的生长条件和季节变化。在实施过程中，教师扮演着关键的引导者角色，他们不仅提供必要的科学知识，还引导幼儿进行观察和实验。此外，家长和社区成员的参与也是成功实施这些活动

的关键，他们可以分享本地的知识和经验，使幼儿的学习更加生动和具有实践意义。为了保证活动的有效性，持续的观察和评估是必要的，这包括跟踪幼儿的参与度、兴趣和学习进步。

### （二）案例分析

在探索基于本土环境的科学教育活动设计时，某农村幼儿园以当地盛产的甘蔗为主题开展了一系列科学教育活动。这些活动围绕甘蔗的种植、生长过程和甘蔗在当地经济中的作用进行设计。孩子们参与到甘蔗田的实地考察中，学习甘蔗的生长周期，观察甘蔗的不同生长阶段，从种植、生长到收割的全过程。同时，通过实验室活动，孩子们学习了如何从甘蔗中提取糖分，了解了甘蔗到糖的转化过程。教师在活动中不仅传授相关的生物学和化学知识，还引导孩子们思考甘蔗对当地社会经济的影响。家长和社区成员，尤其是甘蔗农民的参与，为孩子们提供了真实的学习经验和知识。他们分享了种植甘蔗的经验、甘蔗的经济价值以及与甘蔗种植相关的环境保护措施。通过这个案例，幼儿不仅增长了科学知识，还深入了解了本地的农业实践和环境保护的重要性，从而培养了对本土文化和经济的尊重与认同。

## 五、实施效果的评价方法

### （一）基于目标的评价方法

评价应基于活动的预设学习目标进行，包括对幼儿科学知识、探究技能和对本土环境的理解等方面的评估。通过设计与活动目标相对应的评估工具（如测试、观察清单、幼儿访谈），可以系统地收集和分析幼儿在科学认知和技能上的进步。此外，评价还应包括幼儿对本土环境的认识和态度变化，这可以通过幼儿的绘画作品、口头表述或行为观察来体现。

### （二）参与者反馈的收集与分析

为了全面评估活动的实施效果，收集教师、家长和幼儿的反馈至关重要。教师的反馈可提供关于活动实施的可行性、挑战和改进空间的洞见。家长的反馈则能反映活动对幼儿家庭生活和行为习惯的影响。同时，直接从幼儿处获取反馈，了解他们对活动的感受和学习体验，可以提供活动吸引力和教育效果的第一手信息。

### （三）长期影响的评估

除了短期效果的评价，长期影响的评估同样重要，尤其是活动对幼儿环境意识和科学探究态度的持续影响。这可以通过定期追踪幼儿的学习表现、态度变化和行为习惯来完成。例如，可以在活动结束后的几个月或一年进行跟踪评估，观察幼儿对科学和环境问题的兴趣是否有持续提升，以及他们是否能将在活动中学到的知识应用于日常生活中。

## 六、结语

在探索基于本土环境的农村幼儿园科学教育活动设计与实施效果评价的过程中，本文揭示了这类活动对于农村幼儿科学教育的重要性和影响力。通过将教育活动与农村地区的自然环境和文化资源相结合，不仅丰富了幼儿的学习内容，也激发了他们对于科学探索的兴趣和热情。这些活动有效地提高了幼儿对本土环境的认识，促进了他们科学技能和环境意识的发展。教师在活动的设计和实施中扮演了关键角色，他们的创新教学方法和对本土文化的深入理解对于活动成功至关重要。

## 参考文献

［1］李林翠．农村幼儿园科学活动环境中培养幼儿科学素养的途径［J］．新课程教学（电子版），2023（06）：168—169.

［2］姚惠．农村幼儿园科学教育活动的开展路径初探［C］//广东省教师继续教育学会．广东省教师继续教育学会第五届教学研讨会论文集（四）．内蒙古自治区鄂尔多斯市杭锦旗巴拉贡镇巴拉贡幼儿园，2022：2.

［3］吕松哲．农村幼儿园科学教育活动有效实施路径探索［J］．黑龙江粮食，2021（09）：53—54.

［4］杨国旭．关于农村幼儿园科学教育策略的研究［J］．天天爱科学（教学研究），2021（02）：61—62.

# 趣玩AI，多元成长

（孙妍妍　苏州市相城第一实验幼儿园）

**摘　要**：STEM教育旨在鼓励幼儿积极发现问题、自己探索问题、讨论并解决问题，形成幼儿自主探索发现式的学习方式。幼儿AI活动主要与机器人小贝进行互动，同时融合多领域内容，以提升幼儿沟通力、创造力、逻辑思维等多方面的发展。STEM教育理念下的AI活动更为多元整合化、富于探究实践、满含情景化、生活化。通过个性化讨论方式、提升教师素养、增加家园互动的策略，提升STEM教育理念下的幼儿AI活动的有效性，促进幼儿的多元发展。

**关键词**：STEM教育理念；幼儿；AI活动

STEM是英文Science，Technology，Engineering and Mathematics的缩写，顾名思义，STEM教育是科学、技术、工程和数学四门学科交叉融合的教育。随着时代的进步，学前教育中也在逐步推广STEM教育，旨在提高幼儿发现问题、探究问题、解决问题的能力，提升幼儿的综合素质。STEM教育理念与幼儿教育理念有诸多契合，如二者均着眼于培养幼儿良好的学习品质；强调学习内容的整合性；均以幼儿的兴趣为导向，鼓励其在主动操作中，建构经验、提升技能。AI活动以特色功能室为依托，在STEM教育理念下，融合社会、语言、艺术等多个领域，开展相关活动，促进幼儿多元化发展。

## 一、概述

STEM教育理念下，旨在转变以教师为中心的活动模式，鼓励幼儿积极发现问题，自己探索问题、讨论并解决问题，形成幼儿自主探索发现式的学习方式。这与幼儿教育不谋而合，在幼儿园AI活动主要与机器人小贝进行互动交流，以编程活动为主要形式，同时融合多领域内容，旨在提升幼儿沟通力、创造力、逻辑思维等多方面的发展。AI活动以特色功能室为依托，开展路径铺设、小小旅行家、智慧小读者、创意AI天地等多种活动，在其中逐步提升语言阅读表达、空间感、模块认知等多方面能力。

## 二、STEM教育理念下的幼儿AI活动

### （一）多元整合的AI活动

STEM教育实则体现了多元融合的教育理念，其核心是不同学科的整合，而非相关学科的简单拼凑和对接，这与幼儿AI活动不谋而合，幼儿的AI活动并非简单的AI小贝的路线铺设活动，而应该是与其他领域的多元整合，在此理念下，幼儿的AI活动更增加了一些提升、学习，他们在真实的、复杂的、综合的问题中调动多方面的能力，尝试分析问题、解决问题。在处理问题的过程中，不单单是某一领域的知识、技能，更是需要幼儿以整合的思维去寻求问题解决的路径和方法。

例如，在中班的AI特色活动《去春游》活动中，幼儿主线任务带小贝去春游，但是春游的地点、所需物品、物品收集、春游计划等均需孩子们逐步去攻克，确定好地点后，选择适宜的物品并进行收集。在此过程中，孩子们不仅需要了解小贝创想模块及路线的操作方

法，还需要与同伴相互配合，通过语言讨论交流想法，需要通过绘画表征记录下自己的春游计划以及遇到的问题。在STEM教育理念下，幼儿的AI活动不单单是以某一形式进行，而是多形式、多方式进行，同时幼儿在语言、社会、科学等多领域也得到了相应的发展。

### （二）探究、实践下的AI活动

STEM教育理念下主张教学过程以儿童的自主探索和实践为主，教师通过适宜的引导，让幼儿通过实际探究、亲身体验、交流分享等自主解决问题。幼儿园的孩子们受其年龄特点的限制，游戏是其主要活动形式，所以在游戏中开设AI编程活动，根据幼儿年龄段设置相适宜的游戏，使其在有趣的AI游戏中，以游戏的专注度和忘我、投入的状态进行探索，潜移默化地发展思维、解决问题，从而获得成长。在大班的AI编程活动中，孩子们在游戏中，自主铺设道路后，进行逻辑编程，逐步辨别客体的左右，并尝试简化逻辑指令，在实际探究中，深化方位感、提升编程指令书写能力。

### （三）情景化、生活化的AI互动

幼儿的AI编程活动不是单独存在的，而是在一定的情境中进行的，所以在日常活动中，教师会对活动进行一定的预设，创设适宜的情境。在情境中设置待解决的中心问题，让幼儿自主去探索发现，不单单是一个简单的问题，还将是一个贯穿收尾的核心问题。幼儿可以沉浸在其中，积极调动头脑中已有的相关知识禁言，从而解决问题。这与STEM教育理念也不谋而合，STEM教育也更关注与幼儿的生活相连，在真实或创设的生活情境中学习，幼儿对于自己身边的事物或熟知的场景更为感兴趣，有探究的欲望。所以在AI活动中，教师进行预设时，会连接幼儿当下的活动兴趣，同时与幼儿的实际生活相联系，引发相关话题。

## 三、基于STEM教育理念的多元深化，共促AI活动的有效进行

### （一）个性化讨论方式中进行AI活动

个性化学习并非幼儿独自完成学习，而是强调活动中给予幼儿个体差异设定的不同学习目标，从而制定差异化的学习能力，充分发挥AI活动对幼儿逻辑思维能力的积极作用，培养其独立自主、协作沟通的negligible，发挥创造力。在此过程中幼儿将会以小组的形式进行活动，在STEM教学理念影响下，教师将通过不同的抛问，引导幼儿通过小组的方式分析问题、解决问题，通过小组讨论、集体讨论等形式尝试解决问题，提升幼儿间的分工合作能力。例如，在创想模块活动过程中，教师抛出春游需收集的物品后，幼儿先进行了集体讨论，认为需要收集的物品太多了，所以决定分组进行收集活动。另外，小组内幼儿再次进行了操作分工讨论，个别幼儿进行了创想模块录入工作，个别幼儿则进行路线规划、铺设的工作。在此过程中，孩子们各有分工，沉浸在自己的工作中。同时以“提出问题→讨论→实施计划→发现新问题→调整计划实现新目标”的模式不断深入，在提升幼儿学习技能的同时，更加激发了幼儿的活动乐趣。

### （二）提升教师素养，深化幼儿AI活动

幼儿园一日活动中，幼儿会提出一连串的问题，例如“蚕宝宝为什么长得这么快啊”“为什么叶子在酒精里变颜色了”等，以幼儿感兴趣的问题为导向，教师更能调动幼儿活动的积极性及其主动探索的兴趣。而STEM教育理念下即鼓励幼儿参与问题讨论、发表自己的观点，因此教师要提升自身课程把握、生发的能力。例如，幼儿在操作小贝时，发现小贝不动了，孩子们纷纷提出自己的猜想，然后逐个验证，最后在验证尝试中发现是由于电量过

低导致小贝自动关机了。

在人工智能时代背景下，幼儿园教师只具备专业知识是不够的，而是要有终身学习的理念，不断投入到专业知识以及其他领域知识的学习中，提升自身专业素养以及综合能力。另外，在时代背景下，教师信息素养内涵较之前有了变化和拓展，所以在提升教师 AI 互动素养时也要高度重视实践，幼儿园要构建良好的支持体系，对教师进行培训，在培训中掌握 AI 小贝的多方面使用方法，将其与其他区域活动巧妙融合促进幼儿多方面的发展。例如户外活动中，将大型建构活动与 AI 相融合，将建构技巧与科学探知相交融，孩子们既提升了搭建技巧，也锻炼了模块编程能力以及 AI 互动技能，更是增强了同伴合作能力。

### （三）家园互动，玩转 AI 活动

STEM 教育理念下的 AI 活动强调开放、多元、个性化的学习，强调有趣的探探、分享、合作，更为关注个性化主动学习和社会化人文能力，关注自身体验、直接感知、动手操作等合作实践能力。在幼儿 AI 小小旅行家活动中，孩子们需要在互动操作中，感受各国风情，打开视野，这也就要求我们的家长要多鼓励幼儿了解世界文化，感受优秀人物的格局。另外，STEM 教育理念强调融合，家长可以有意识地培养幼儿的 STEM 综合艺术、动手和创新能力，引导幼儿的天赋与热情、创新与感恩，家庭文化注重勇于质疑的、挑战突破的精神品质。

### 参考文献

［1］朱婷婷．基于 STEM 教育理念的幼儿教育模式创新研究［J］．幼教与成才研究，2020（4）：98.

［2］刘思莹．人工智能时代幼儿教师信息素养的内涵与培养［J］．知识文库，2022（20）：100.

［3］刘静．人工智能引领新时代，与幼儿共建美好未来［J］．新课程，2019（6）：9.

# 关于培养小班幼儿良好习惯品德养成的教育研究

（樊晨阳　射阳县盘湾镇实验幼儿园）

**摘　要：**品德教育是当代社会德育工作的基础，习惯养成的品德教育是一种幼儿教育的初级阶段。幼儿良好习惯养成的品德教育是他们人生教育的起点，为幼儿创造良好的生活环境，有利于幼儿更好地踏入小学，更好地了解和感受好习惯对于生活的重要意义。

**关键词：**小班；良好习惯养成；品德教育

## 一、研究背景

1. 小班阶段是品德培养的关键期。幼儿良好品质形成的标志是养成良好的行为习惯，幼儿的个人品德好坏往往表现在其养成行为习惯的好坏。也就是说，行为习惯的培养在幼儿的道德品质的建立和良好教育过程中很关键。小班年龄时期是关键时期，我们应该正确引导幼儿进行科学、合理、有序的幼儿园一日活动，使幼儿形成良好的情感和健康品德。

2. 当前家庭教育忽视品德培养，培养幼儿良好习惯对于研究者面临着很多的问题，现在的幼儿成为每个家庭的核心，家长宠爱孩子，还有许多祖辈固执地认为小班年龄的幼儿太小不用着急的想法。家长都重视孩子智力开发和艺术技能的培养，忽略了家庭行为习惯的养成。观察发现在溺爱中成长的孩子不懂得个人卫生、不会自己穿脱衣服、性格内向不开朗，甚至不懂得简单的文明礼仪，有时候还会产生很多不好的习惯。因此，从小班阶段就应该开始尝试让幼儿从良好习惯入手进行操作实践，让每个孩子的健康人格素养和优良品质得到发展。

## 二、研究设计

### （一）概念界定

1. 品德教育，主要是指对幼儿进行教育的品德素养。它是依托于幼儿年龄的特征，根据幼儿品德教育的目标和内容，旨在对幼儿产生正面的影响。品德教育是我国思想教育的关键，也是基本的教育工作，我们要从幼儿生活行为习惯入手推进品德教育工作，才能培养出幼儿健康人格。

2. 良好的生活行为习惯，是指每一个幼儿在一日各种生活活动开展过程中，进行多次锻炼所形成的、符合幼儿年龄、身心发育特点的较好生活常规行为和初步的生活自理能力。主要包括一些幼儿的良好卫生意识、午餐习惯、幼儿园睡觉习惯和适当的生活能力等。

### （二）研究目标

1. 收集小班幼儿行为习惯发展中存在的问题，并找出存在的原因。

2. 在分析原因的基础上提出幼儿园和家庭在小班品德教育中的指导策略。

### （三）研究内容

1. 通过研讨园所对幼儿发展性评价的方式，找出不足并寻求改良的方法。
2. 幼儿园小班幼儿生活能力现状的调查。

### （四）研究方法

1. 文献研究法。通过查阅各种相关的文献书籍，了解一些相关理论，进行反复观察、记录与实践操作。

2. 问卷调查法。通过开展有针对性的问卷调查进行内容和数据的分析，用心去了解不良习惯现象发生的原因，提出解决的有效策略，促进每个幼儿良好习惯的建立。

3. 行动研究法。在活动中通过各种情境的渲染，调动幼儿学榜样、爱模仿的积极性，促进幼儿获得正确的生活规则意识。

## 三、研究过程

### （一）幼儿生活习惯调查及结果分析

1. 幼儿生活自理能力的现状统计。在参考各种相关文献和调查研究的基础上，设计出幼儿生活习惯调查问卷，其目的是收集数据进行调查分析幼儿的家庭基本的结构和幼儿生活能力的现实情况。研究者发现，在家中生活自理能力较强的幼儿占班级人数的三分之一，处于一般水平幼儿占三分之一，较弱幼儿占三分之一。家长们表示孩子吃饭不理想，需要喂食，速度慢。一部分孩子午睡需要家长陪伴。穿脱衣服、自己大小便等方面不太理想，严重缺乏生活自理能力。

2. 饮食习惯的现状统计。通过调查问卷让研究者了解到，研究者班级的幼儿存在较严重的吃零食现象，还有一部分孩子比较挑食，很多幼儿进餐不认真、拖拉等不良习惯。

### （二）幼儿不良生活习惯养成的原因

1. 教育思想不统一，观察发现家长们都觉得学习是重点，习惯长大就会了。自己也没有时间去培养幼儿的习惯为主要理由。这些明显看出家长们对于孩子良好生活习惯的养成不够重视，不正确的观念和想法直接阻挠着好习惯的养成。对小班幼儿教育的理解存在很大的差异，完全忽视养成教育。另外，家庭成员的要求不统一容易引发冲突，更无法给孩子创造良好的家庭环境，在教育的家长也会失去教育的权威性。

2. 教育习惯方法存在问题，当代“90 后”家长对于孩子过分娇惯，孩子成为家庭的核心。所有事情都替孩子包办完成，他们觉得这都是为孩子发展好的行为。为了让幼儿适应社会各种不同生活，从学龄前开始培养他们良好的习惯、独立自主的能力。

### （三）幼儿养成良好品德习惯的家庭教育策略

1. 为幼儿树立较好的家庭榜样，创设温馨的家庭环境 。《幼儿园教育指导纲要》中指出：“模仿能力是幼儿交往初级阶段学习的重要方式，教师和每个家长的一字一句直接或间接地影响到幼儿的行为发展，也是他们学习的榜样。”所以，家长一定要注意自己的一切行为，以身作则，为幼儿做好榜样作用。除此之外，家庭成员和亲子交往的氛围要健康和谐，能让幼儿在温馨的家庭中感受到父母对他的爱，这些都有助于孩子的自我意识和责任心的养成。

2. 借助绘本故事内容，感知良好品德习惯的养成。小班阶段是亲子陪伴增进情感的重要阶段。俗话说得好，“书中自有黄金屋”，绘本阅读是一种非常有效的习惯养成途径。在家长教育过程中，可以根据幼儿发展规律选择绘本故事内容进行亲子阅读；在和谐氛围中建立亲子间良好的互动关系，利用绘本故事传递给幼儿正面的品德认知，促进幼儿品德行为习惯的养成。

3. 重视品质塑造的意义，积极参与社会实践活动。社会实践是幼儿社会领域教育的一部分，其中包含社会交往能力、社会适应能力、社会规则意识等。家长要重视社会实践带给幼儿情感的体验和渗透，推动形成幼儿良好的人格品质。

### （四）幼儿养成良好品德习惯的幼儿园教育策略

1. 优化幼儿园环境的创设，在布置中渗透道德良好习惯。幼儿园环境也是一种有效的教育方法，也能使幼儿感受到爱和尊重。营造有爱的环境才能使幼儿身心健康成长。创设幼儿感兴趣的环境使幼儿愿意参加各种生活活动。例如，在盥洗室里为幼儿准备了卡通的洗手七步骤流程图，在厕所张贴醒目的男女孩子头像，等等。这些图示标记起到了环境引导教育的作用。

2. 从日常规则意识的教育入手，注重良好习惯的培养 。有学者认为，“28 天就能养成一个好的习惯”。良好习惯的养成其实是一个循序渐进、日积月累的过程。幼儿园一日生活活动给予了每个幼儿行为学习和实践的绝好机会。教师通过多次的示范、视频分享、照片比较等形式，使幼儿了解和掌握日常各种生活规则的正确方法。多鼓励、多实践才能使幼儿生活技能得到提高。

（1）盥洗中培养洗手环节用幼儿能理解的简单儿歌进行引导，使幼儿很快就掌握了洗手的方法。根据实践情况增加分享环节，利用“大家一起来帮忙”游戏使每个幼儿有巩固的机会。

（2）午餐中培养幼儿在幼儿园用餐，为了使幼儿用餐更有序，我们设计了以不同水果命名的小队和成员名单，每个桌子贴不同水果图案，使幼儿能更快适应进餐次序。我们还不断鼓励锻炼幼儿自己吃饭，对于表现好的幼儿给予表扬和奖励，还利用儿歌的形式让幼儿喜欢上吃饭，等等。一系列复杂又烦琐的步骤在一次次的纠正、鼓励、实践、表扬中渐渐建立起幼儿强大的自信心，养成文明进餐的习惯指日可待。

（3）午睡前后的培养是教孩子整齐摆放自己的鞋子和折叠衣服的最好练习时间。以“两只鞋子做朋友”生动的话语引导幼儿正确整齐放鞋子。每次示范怎样折叠衣服、裤子的方法使幼儿有反复模仿的机会，做到及时表扬和鼓励使幼儿拥有自豪、成就感。通过每天的练习，生活自理能力大大提高了。

3. 家园携手前行，促进幼儿习惯养成家庭和幼儿园之间的关系密不可分，我们发现，家园之间要做到经常联系和沟通幼儿在园的阶段性发展情况，经过严密的讨论后有针对性地对幼儿进行教育，使之得到改善。只有家园携手，才能形成一股合力，才能使幼儿的良好习惯养成。通过建立微信群、家园平台互动等方式，让教师与家长能及时地联系交流班级幼儿习惯养成的现状和孩子每个不同阶段的改善情况，提出中肯的建议，给予家长在育儿过程中遇到的困惑提供及时而有效的支持和帮助。

## 四、结语

幼儿生活习惯养成教育是幼儿教育的基础，是幼儿德育的基础。因此，需要教师和家长有着较好的关心、耐心和放心，懂得观察和反思，懂得适时地放手和对幼儿的信任，懂得家园携手共进，才能使幼儿得以更好发展。

### 参考文献

[1] 上海市教育委员会．上海市学前教育课程指南解读［M]．上海：上海教育出版社，2006：169－194.

[2] 教育部基础教育司．幼儿园教育指导纲要（试行）解读［M]．南京：江苏教育出版社，2002．

[3] 中华人民共和国教育部．3－6 岁儿童学习与发展指南［M]．北京：首都师范大学出版社，2012：42－64.

[4] 唐宋．习惯决定命运——“道德教育与习惯养成”论坛综述［J］．少年儿童研究，2002（2）．

[5] 张胜男．培养幼儿良好生活习惯的研究报告［J］．中国校外教育，2015（4）．

# 阅读活动中培养中班幼儿语言表达能力的实践研究

（徐萌萌　北京市昌平区崔村镇中心幼儿园）

**摘　要：**幼儿时期是培养语言表达能力的关键时期，幼儿只有拥有了良好的语言表达能力才能更好地与他人沟通，才能更好地去学习和发展。目前，大多数幼儿阅读活动开展带有明显的偏向性，忽视了幼儿语言表达训练能力的提高，二者严重脱节。本文针对以上现状，对阅读活动中培养中班幼儿语言表达能力展开了研究。笔者通过实地调查，分析了目前中班幼儿语言表达能力方面存在的众多问题，并针对相应问题提出解决方法，充分认识幼儿语言发展的过程，更客观地利用从外部环境促进幼儿语言的发展，帮助中班幼儿更好、更快地发展语言能力。

**关键词：**阅读活动；中班幼儿；语言表达能力

《幼儿园教育指导纲要》语言领域中提出，儿童语言的发展与情感、认知、思维和社会性等其他方面的发展密切相关。教师不得机械地、孤立地进行语言培训。绘本教育与阅读活动的支持密不可分。故事、儿歌、方言等绘本作品的语言简短、生动、富有感情，通过讲述绘本故事，教师可以让孩子们使用形容词来描述自然现象、动植物特征和人类外貌；儿童文学作品生动的情节和形象描写有助于儿童口语表达能力的发展。因此，阅读在促进中班幼儿语言多样性的培养方面起着重要作用。

## 一、中班幼儿语言表达能力的现状及影响因素分析

### （一）中班幼儿语言表达能力的现状

3—6 岁的幼儿在学习能力、接受能力方面较强，但由于年龄较小，各方面发展还不完善，在语言表达方面还存在诸多问题。例如，语病、口吃、用词不当、发音不准、常用重叠词、词汇量不多以及不爱开口，用行动代替语言表达，等等。具体表现为教学过程中幼儿常常对教师的问题保持沉默。有时他们会回答，但往往只能用一些不连贯的词语来表达自己。对于教师的反馈，幼儿不喜欢用语言来表达他们的感受和需要，经常使用简单的手势表达自己的情感。

### （二）影响幼儿语言表达能力的因素

1. 幼儿因素。由于中班幼儿专注力低，注意力易分散，无法从教师所说的信息中提炼出重点，因此阻碍了幼儿语言表达的反馈。中班幼儿具有自我中心性，在表达时常常从自己角度出发，这样会导致冲突的发生。

2. 家庭环境与父母教养因素。父母是孩子的启蒙教师，幼儿的成长离不开家庭环境的熏染。笔者从带班教师了解到许多父母对于语言表达能力的培养有着不同的见解。语言是幼儿表达自己想法的一种工具，如若缺乏语言应用的机会，工具的使用会变得生疏，导致幼儿语言表达能力的发展减慢。

3. 教师因素。教师缺乏对幼儿语言表达的培养和指导，如教师因为与主题无关而打断幼儿的思维表达，或没有给幼儿足够的机会表达，会使幼儿失去学习兴趣，变得不敢说，从而影响语言表达。

## 二、解决的方法和建议

针对以上存在的实际问题，我认为应从以下几点进行改善。

### （一）开展丰富、有趣的阅读活动

对于幼儿园来说，阅读活动会结合学习活动和班级的阅读区角，让孩子在更好的阅读活动中发展语言表达能力。在阅读活动中应当注重引导和榜样示范，让孩子在一日活动中养成正确表达自己意愿的能力。能及时发现幼儿的情况，并根据实际情况进行个案调查，观察记录，跟踪指导。

1. 故事盒。故事盒的个性化学习活动对于促进儿童语言的发展非常有用。它不仅可以帮助儿童提高听力、言语、语言交流、形象编排和创造力，还可以帮助儿童交流事实。该活动将儿童的语言发展与认知探索活动有效地结合起来，使儿童语言态度、能力和良好习惯的发展在这一过程中同步实现。

故事盒个性化学习活动也是利用大学因素促进幼儿相互学习和语言学习的良好阶段。在活动过程中，孩子们运用语言与同学进行不同方向的交流，如协商、策划、设计活动等方法来完成故事内容和角色的安排，这不仅提高了孩子的合作能力，也提高了孩子的语言表达能力。此外，儿童的语言使用差异很大，能力差的儿童通常是倾听者。我们让能力强的孩子驱动能力差的孩子，让能力差的孩子用语言与同学交流想法。同学之间的合作完成了故事，这不仅提高了语言交流的能力，也增进了彼此的感情。

2. 表演故事内容。开展丰富多彩的阅读学习活动，从此提高幼儿的语言表达能力。例如阅读活动《胡萝卜先生的胡子》，这是一个充满想象的故事，活动中借助一根胡子来引导幼儿发散思维，实际上就是生活中绳子的用处，这一内容让幼儿有无穷无尽想象的空间，有东西可想有话可说，充分调动幼儿的积极性，活动氛围较好，提高了他们的语言表达能力，体现活动的价值。

### （二）营造宽松的阅读活动氛围

营造宽松、愉快的阅读活动给幼儿提供交流的机会，引导幼儿“乐意与人交谈，能清楚地说出自己想说的事”。

首先，通过摆设教具、手偶、纸偶及不同场景的背景图让幼儿边操作边讲述，加深理解活动内容，使语言活动更为生动有趣；或者投放一些头饰激发幼儿表演图书中的故事，幼儿通过角色对话表演某一情节、片段，提高说话的积极性。

其次，提供配套的故事、儿歌、散文磁带供幼儿欣赏，在这些形式多样的语言操作练习中使幼儿得以愉快地动脑、动手、动口，发展了个性化的语言。例如，在阅读绘本故事《逃家兔子》时，教师与幼儿进行讨论，一起厘清故事的情节顺序，并讨论出了可以用序号来展现故事的情节顺序。

### （三）提高师幼互动能力

在幼儿阅读活动时，教师要注意观察，适时介入，引导幼儿用恰当的语言表达，对程度不同的幼儿进行分层指导，通过多层次的指导。以提高不同能力幼儿用语言表达自己想法的技能。

1. 鼓励大胆表达。对于中班幼儿来说，大多数幼儿都会说简单的语言。教师创造机会和条件，陪伴幼儿连贯具体地表达内容。它使幼儿能够根据书中相应的情节准确、全面地实现故事的语言内容。此外，孩子们可以相互交流，评论他们的工作，讨论他们的工作，这可以显著提高幼儿的说话能力。在阅读和绘画中，幼儿可以制作简单愉悦的音乐，让幼儿们充分激发想象力，让幼儿在符号和自身情感流动的过程中创作出有趣的作品。幼儿的画很好。教师可以将图片中的故事场景融入幼儿，让幼儿在阅读幼儿读物的过程中倾听故事，激发想象力，从而更好地促进幼儿的创造力。

2. 重视指导评价。首先，教师提供及时的指导。孩子们在阅读了他们的绘本后，需要在他们不同的创作中进行自主创新，但教师的及时指导也是必不可少的。其次，儿童绘本完成后，教师可以给予适当而慷慨的评价，为儿童提供心理满足，不断激发他们的创作动机，并继续探索后续的绘画活动。在评估效果的时候，教师应注重儿童的不同特点，以便他们尊重幼儿的创造性表现，更好地突出教育评估的效果。

3. 交流讲述内容。促进题材多样化和同伴之间的学习经验交流可以帮助孩子们相互学习和促进。在与同学交换绘本的过程中，孩子们获得了更多的语言交流机会，从而不仅享受表达自己的乐趣，而且有助于语言素养的发展。通过教师和学生之间的交流，他们可以帮助孩子们成功地表达。与教师相比，家长可以缩短与孩子的情感距离，更容易消除沟通障碍。这项研究鼓励父母与孩子交流。

不同的情节有不同的细节。这些细节对于理解这个故事有着特殊的意义。教师陪伴孩子注意细节，培养孩子的阅读理解能力。语言能力不仅表现在语言表达上，还表现在对词语的理解上。孩子们控制着绘本中的细节，这有助于他们理解文章和故事。

## 三、结语

总之，幼儿语言表达能力的培养需要一个长时间的过程，我们必须重视语言的教育价值。根据中班幼儿年龄发展的特点，以幼儿为主体，把幼儿的兴趣放在首位，将语言的教育渗透入生活的各个环节，进行碎片化教学，由浅入深，使幼儿语言表达能力得到逐步提升，促进幼儿全面发展。

### 参考文献

［1］教育部基础教育司．《幼儿园教育指导纲要（试行）》解读［M］．南京：江苏教育出版社，2002.

［2］张明红．学前儿童语言教育［M］．上海：华东师范大学出版社，2006.

［3］黄颂人．学前教育学［M］．北京：人民教育出版社，1989.

［4］康雪珍，岳正西．幼儿早期阅读兴趣培养的启示［J］．科学咨询（教育科研），2021.

［5］实陆亚琴．践整合教育理念下的幼儿早期阅读［J］．山东教育，2021.

［6］李银婷．幼儿园“绘本”教育中感恩意识培养路径研究［J］．长江丛刊，2020.

# 在一日生活中培养幼儿良好学习习惯的养成

（王思思　北京市昌平区崔村镇中心幼儿园）

**摘　要：**学习习惯是在学习过程中经过反复练习形成并发展的，也是成为一种个体需要的自动化学习行为方式。本文主要探讨了在幼儿的一日活动中如何培养他们良好的学习习惯。研究结果表明：良好的学习习惯，有利于激发幼儿学习的积极性和主动性；有利于形成学习策略，提高学习效率；有利于培养自主学习能力；有利于培养学生的创新精神和创造能力，使学生终身受益。

**关键词：**一日生活；学习习惯

学习习惯是在学习过程中经过反复练习形成并发展的，也是一种个体需要的自动化学习行为方式。良好的学习习惯，有利于激发幼儿学习的积极性和主动性；有利于形成学习策略，提高学习效率；有利于培养自主学习能力；有利于培养学生的创新精神和创造能力，使学生终身受益。

## 一、园本调研分析，发现实际问题

通过园本课题对幼儿良好学习习惯的培养，我们对幼儿学习习惯养成情况做了调研和观察分析，发现园所还存在诸多学习习惯的实际问题。

### （一）幼儿问题

1. 幼儿生活在农村，习惯于自由散漫的生活，不习惯约束和自控，经常存在放任，懒惰和随意现象。

2. 幼儿的良好学习习惯依赖于特定环境（课堂教学环境），没有形成一种内化自然的习惯定势，幼儿良好学习习惯没有形成内化的行为，常常停留在表面，经常需要家长、教师的监督、提醒、检查。

### （二）家长问题

1. 家长自身素质及文化水平较低，自身存在诸多学习习惯问题，如说话不拘小节、生活作息不稳定、言谈举止粗鲁，不能给幼儿良好的榜样示范作用。不能保持良好的学习习惯，并经常在公共场合不遵守秩序。

2. 家长对幼儿良好学习习惯的养成缺乏足够的重视，不重视幼儿在家中学习习惯的培养，没有做到监督和指导，也没有起到榜样示范作用。

### （三）社会环境问题

1. 地处农村，基础设施不齐全，教育资源比较匮乏，例如，没有比较正规的图书馆，没有书店、科技馆、正规经营的教育机构等。

2. 家庭、学校经济承受能力较弱。在实施素质教育的过程中，开展参观、体验等实践类的活动要求一定的经济实力作后盾，这些都受到了当地经济能力的制约。

## 二、现状调查分析，总结设定策略

在本次调查中，我们将幼儿的学习习惯分为正确的坐姿、书写姿势、握笔姿势、专注力、喜好、图书量、提问量和收整等方面，设计出相应的问题，通过问卷的形式，来了解幼儿在这些学习习惯方面的养成情况。调查问卷在选项设置方面，A 选项为最好，即良好学习习惯已经养成；B 选项为好，即良好学习习惯正在养成，并往好的方向发展；C 选项为中，即好的学习习惯养成受到了种种阻力；D 选项为差，即幼儿几乎从不这么做，良好学习习惯没有得到培养。问卷分析中要考虑到各年龄段问卷发放的数量。

### （一）全园幼儿学习习惯方面的现状调查

在 6 道题中，第 1、第 2、第 3、第 4、第 6 题五道题选项为 A 的人数较选项为 B 的人数少，但是第 3、第 5 题中选项 A 和 B 的总人数要大于选项 C 和 D 的。第 2、第 4、第 6 题选项为 C 的人数也较多，第 5 题中没有人选 D。

分析：

1. 本园大部分幼儿都在家很喜欢提问题，因为孩子的好奇心重，喜欢提问。

2. 幼儿在家有正确的坐姿、书写姿势、握笔姿势、幼儿的专注力和游戏后及时收整自己的学习和游戏用品方面都需要成人们的偶尔提醒。

3. 幼儿的图书数量少，大部分有 10—30 本，这点需要多开展一些阅读活动，增加幼儿的图书数量。

4. 大部分幼儿在家学习或游戏后都经常需要成人的提醒才能收拾整理自己的学习和游戏用品，这说明孩子比较依赖于成人，有待提高。

### （二）各年龄段幼儿学习习惯方面的现状调查

小班幼儿分析：

1. 本园小班大部分幼儿在正确的坐姿、书写姿势、握笔姿势、专注力等方面的学习习惯的养成状况都较好。

2. 小班幼儿大部分幼儿喜欢看书，其次是益智类游戏，相对于小班幼儿益智类的游戏，孩子还是不太喜欢的。

3. 小班幼儿的好奇心是最强的，所以 60%的幼儿都有很多的问题。

4. 小班幼儿自主能力较差，还不能做到及时收拾整理自己的学习和游戏用品，需经常有成人的提醒。

中班幼儿分析：

1. 中班大部分幼儿都是遇到自己感兴趣的问题提问得较多，因为孩子对自己喜欢的东西好奇心重，喜欢提问。

2. 中班幼儿在家有正确的坐姿、书写姿势、握笔姿势、幼儿的专注力和游戏后及时收整自己的学习和游戏用品方面都经常需要成人提醒，这说明孩子比较依赖于成人，有待提高。

3. 中班幼儿的图书数量少，大部分只有 10—30 本，这点需要多开展一些阅读活动，增加幼儿的图书数量。

4. 中班大部分幼儿在家都喜欢看书，极少部分看动画片，这说明孩子的活动很好。

可以看出，在 6 道题中，第 1、第 2、第 3、第 5 题选项 B 的人数较多，第 3 题和第 5 题选 A 的一样多，第 2 题和第 4 题选 A 的一样多，只有第 5 题选 D 的没有。

大班幼儿分析：

1. 大班大部分幼儿都是遇到自己感兴趣的问题提问的较多，因为孩子对自己喜欢的东西好奇心重，喜欢提问。

2. 大班幼儿在家有正确的坐姿、书写姿势、握笔姿势、幼儿的专注力和游戏后及时收整自己的学习和游戏用品方面都经常需要成人们提醒，这说明孩子比较依赖于成人，有待提高。

3. 大班幼儿的图书数量还不错，大部分都有10—50本，这点需要多开展一些阅读活动，增加幼儿的图书数量，为幼小衔接做好准备。

4. 大班幼儿一部分喜欢做益智类的游戏，一部分喜欢看书，这说明还是正式在开动脑筋的年龄段，看动画片的人数较少。

## 三、良好习惯养成策略

1. 由于大班幼儿自控能力有了一定的基础，但很多方面还是需要成人的提醒和帮助，太过依赖成人。因此我们开展了“参观比如世界”的活动来提高幼儿良好习惯的养成。

可以将参观比如世界分成活动前、活动中、活动后三个方面的内容：在活动前，开展谈话活动，介绍各种职业行业的特点，使幼儿了解服务行业应该掌握的礼貌用语。开展角色扮演活动，在角色区体验各种角色的内容。思考自己想要扮演哪些职业，这些职业都需要做什么。在活动中，鼓励幼儿积极体验到各种角色中，在体验中运用各种礼貌用语，独立体验各种角色。大胆地使用礼貌用语与人交流。活动后，我们谈了今天尝试的角色，和最喜欢的职业，也谈了谈哪些职业的人最辛苦。孩子们都知道了作为办公人员要有正确的坐姿、书写姿势等。也体验了消防员叔叔的辛苦，用完的东西要及时收拾整理，下次用的时候会很方便。

2. 由于小班幼儿有42.86%的幼儿在家的活动都是喜欢看图书，但是家中有50本以上的幼儿仅有14.29%，有30—50本的22.86%，有10—30本的40.00%，10本以下的22.86%。这表明孩子在家的书籍并不是很多，对于小班幼儿的需求不够。因此，我们开展了“亲子阅读大比拼”的活动。

首先，我们购置了大量的图书，召开了亲子阅读大会，让家长们先体会到孩子的需求，并且了解阅读的重要性。其次，开展借阅图书的活动。我们让家长签订借书协议书，与幼儿讨论如何阅读及如何保护图书。随后教师们制定了每班的借书记录，确定各班的借阅时间，然后开展了借阅图书的活动。孩子们每周都有新的图书可以借回家阅读，这样大大丰富了孩子们的图书量，孩子们可以大量地阅读各种书籍。提高幼儿的阅读兴趣，丰富幼儿的生活，满足幼儿的求知欲望。

## 四、结语

虽然我园强调对幼儿学习习惯的培养，建构了系统的学习习惯园本课程，在学习习惯这一方面，大部分幼儿在很多方面养成了好的习惯，但是仍有一部分幼儿好的习惯养成仍需要成人的提醒和监督，幼儿的良好学习习惯没有得到内化。

### 参考文献

［1］孙云晓．儿童教育就是培养好习惯［J］．幼儿教育：教育教学，2010（10）：48.
［2］北京市贯彻《幼鳄元教育指导纲要（试行）》实施细则．
［3］孙云晓．向孩子学习［M］．昆明：云南少年儿童出版社，1998，12.

# 技术赋能，提升实效
## ——AR 技术在幼儿体适能训练中的应用及其效果

（王晶　北京市昌平区崔村镇中心幼儿园）

**摘　要：**体育活动是幼儿体适能训练中不可缺少的部分，教师在进行体适能训练时要结合幼儿的身心特点，遵循幼儿发展规律，创设情境、搭建支架，充分调动幼儿参与体适能训练的积极性和主动性。本文结合幼儿园实践案例，阐述 AR 技术在幼儿体适能训练中的应用策略以及应用成果，为一线体育教师提供实践参考。

《3—6 岁儿童学习与发展指南》明确指出："3—6 岁幼儿主要是动作发展的重要时期，应着重培养他们的动作能力和控制身体的能力。"体适能训练是幼儿生长发育过程中的重要组成部分，是促进幼儿身体协调、平衡、速度等能力发展的有效手段。因此教师应借助技术手段，实现教学创新，促进幼儿健康发展。

**关键词：**AR 技术；幼儿；体适能训练；应用；效果

## 一、AR 技术在幼儿体适能训练中的应用

### （一）创设情境，激发幼儿参与兴趣

体适能训练是一项集趣味性、娱乐性、挑战性于一体的活动，教师在组织体适能训练时，要遵循幼儿的身心发展规律，遵循幼儿的运动兴趣，创设与训练内容相关的情境，让幼儿在情境中充分激发参与体适能训练的兴趣和积极性。在幼儿体适能训练中，情境创设是一项非常重要的内容，其创设可以激发幼儿参与活动的兴趣和积极性。

在幼儿体适能训练中，利用 AR 技术可以创设出各种生动有趣的情境，如动物王国、童话世界等，这些情境可以引发幼儿的好奇心和想象力，让他们自然而然地参与到体适能训练中。例如，在练习跳跃能力时，教师可以利用 AR 技术创造一个"小青蛙跳荷叶"的情境，幼儿可以通过虚拟现实技术看到小青蛙跳跃的场景，并跟随小青蛙一起进行跳跃练习。这样的情境创设不仅可以让幼儿感到有趣，也能激发他们的参与兴趣和积极性。首先，教师通过生动的语言描述和 AR 技术展示介绍"小青蛙跳荷叶"的情境，激发幼儿的好奇心，让他们渴望参与。其次，教师可以利用虚拟技术示范小青蛙的跳跃动作，强调荷叶的高度和跳跃的技巧，使幼儿对活动有更清晰的认识。在示范后，教师鼓励幼儿模仿小青蛙的跳跃动作，通过欢快的音乐或声效增加活动趣味性，激发幼儿的积极性。在引导过程中，教师要注重个性化指导，观察幼儿的表现并提供针对性的建议。利用 AR 技术的实时检测功能，教师可以调整指导策略，根据幼儿的实际情况进行个性化的辅导，以确保每个幼儿都能理解和掌握跳跃技巧。最后，为了增加趣味性和挑战性，教师可以将跳跃训练设计成有趣的游戏，设置挑战关卡或竞赛。AR 技术在虚拟场景中增加游戏元素，使训练更具吸引力。通过这样的情境创设和引导，幼儿在愉悦的氛围中参与体适能训练，提高了跳跃能力和协调能力。

### （二）搭建支架，丰富幼儿运动经验

体育活动是幼儿运动经验的重要来源，而幼儿运动经验的形成需要借助一定的环境，所以教师可以在幼儿体适能训练中为幼儿搭建支架，提供丰富的运动材料和器械，让幼儿通过自主探索、同伴合作等方式积累丰富的运动经验。AR 技术能够提供丰富多样、直观生动、

交互多样的游戏场景，教师可以将 AR 技术应用到体育游戏中，引导幼儿通过观察、探索来获得运动经验。在幼儿体适能训练中，利用 AR 技术可以为幼儿搭建一个立体、多维度的运动环境，提供丰富的运动材料和器械，让幼儿通过自主探索、同伴合作等方式积累丰富的运动经验。AR 技术可以模拟各种现实生活中的运动场景，如跳跃、攀爬、跑动等，为幼儿提供多样化的运动体验。例如，利用 AR 技术进行足球比赛的情境模拟，教师可以为幼儿搭建一个虚拟的足球场，并提供各种与足球相关的道具和场景，如球门、球员、草坪等。幼儿可以通过 AR 技术进行足球比赛的模拟，体验到足球运动的乐趣和技巧。在游戏中，幼儿可以通过观察、探索和实践来掌握足球的基本规则和技巧，从而丰富他们的运动经验。

### （三）分层教学，提高幼儿学习效率

在幼儿体适能训练过程中，教师要根据幼儿的体能发展情况，遵循因材施教、循序渐进的教学原则，设计科学合理的活动内容，保证每一个幼儿都能参与活动。AR 技术在幼儿体适能训练中的应用，能够为教师开展分层教学提供技术支持。分层教学是指根据幼儿的体能发展情况和兴趣爱好，将幼儿分成不同的层次，并为不同层次的幼儿设计不同的活动内容和方法，以实现更好的教学效果。AR 技术可以提供虚拟现实游戏场景和互动体验，为幼儿提供更加生动、直观、有趣的训练内容，同时也可以为教师提供更加科学、合理、有效的分层教学方法。例如，利用 AR 技术进行跳跃训练时，教师可以根据幼儿的体能发展情况将其分成不同的层次，并为不同层次的幼儿设计不同的训练内容和方法。对于体能较差的幼儿，教师可以设计一个“小青蛙跳荷叶”的虚拟现实游戏场景，让幼儿通过游戏中的荷叶跳跃练习，逐渐提高他们的跳跃能力和平衡感；对于体能较好的幼儿，教师可以设计一个“小兔子跳萝卜”的虚拟现实游戏场景，让幼儿通过游戏中的萝卜跳跃练习，逐渐提高他们的跳跃高度和速度。同时，AR 技术也可以为教师提供更加科学、合理、有效的分层教学方法，帮助他们更好地了解幼儿的体能发展情况和兴趣爱好，为幼儿提供更加个性化、针对性的训练指导。

### （四）记录数据，引导幼儿自我管理

在幼儿体适能训练中，教师要引导幼儿养成良好的锻炼习惯，通过记录数据的方式进行自我管理。教师要帮助幼儿建立运动档案。利用 AR 技术可以有效地记录幼儿的运动数据，帮助他们进行自我管理。通过 AR 技术，教师可以为每个幼儿建立一份运动档案，记录他们在训练中的各项数据，如运动时间、运动量、心率、速度等。这些数据不仅可以直观地展示幼儿的体能发展情况，还可以帮助幼儿自己了解自己的运动习惯和水平。例如，利用 AR 技术进行跑步训练时，教师可以记录幼儿跑步的时间、距离、速度等数据，并将这些数据录入幼儿的运动档案中。通过查看这些数据，幼儿可以了解到自己的跑步习惯和体能状况，从而进行针对性的锻炼。教师也可以根据这些数据为幼儿提供更加个性化的指导和建议。通过 AR 技术记录数据的方式，可以帮助幼儿更好地了解自己的运动习惯和水平，从而进行自我管理和锻炼。教师也可以根据这些数据为幼儿提供更加个性化、针对性的指导和建议，帮助他们更好地提高自己的体能水平。

## 二、AR 技术对幼儿体适能训练效果的影响分析

AR 技术在幼儿体适能训练中发挥着重要的作用，对训练效果产生积极的影响。

首先，AR 技术可以提高幼儿的身体素质。通过虚拟现实游戏场景和互动体验，AR 技术让幼儿在游戏中进行身体锻炼，提高他们的身体协调性、平衡感、柔韧性、速度等方面的能力。例如，利用 AR 技术进行跑步训练时，可以通过虚拟现实技术为幼儿创造一个趣味性的跑步场景，让幼儿在跑步过程中感受到游戏的乐趣，同时也能够提高他们的

耐力和速度等方面的身体素质。

其次，AR 技术可以增强幼儿的自信心和自尊心。在体适能训练中，幼儿可以通过 AR 技术进行挑战和比赛，获得成就感和自信心。同时，AR 技术也可以为幼儿创造一个安全、舒适的训练环境，让他们在训练中感受到尊重和关爱，从而增强他们的自尊心。例如，利用 AR 技术进行攀爬训练时，教师可以为幼儿创造一个“爬山”的情境，让他们在游戏中学习攀爬技巧，也可以培养他们的勇气和自信心。

最后，AR 技术还可以培养幼儿良好的运动习惯。通过 AR 技术进行的训练可以让幼儿感受到运动的乐趣和意义，从而培养他们良好的运动习惯。例如，利用 AR 技术进行舞蹈训练时，教师可以为幼儿创造一个欢快的舞蹈场景，让他们在游戏中学习舞蹈动作，同时也可以培养他们的节奏感和协调能力。长期进行这样的训练可以让幼儿养成良好的运动习惯，促进他们健康地成长。

## 三、结语

AR 技术在幼儿体适能训练中的应用，不仅为教师提供了更多创新的教学手段，也为幼儿提供了更富有趣味性和个性化的学习体验，可以改善传统教学中使用理论讲学、媒体演示、亲身示范等方法，实现教学意图表达和传递，提高体育教学效率。

**参考文献**

［1］吴柳燕．人工智能技术在幼儿体育活动中的应用［J］．福建教育，2023（25）：34—36.

［2］王惠玲，郭智惠．例谈信息技术在幼儿体育活动中的应用——以漳州市 T 幼儿园为例［J］．新课程研究，2023（11）：92—95.

# 师幼双视角下的生活化数学教学策略研究

（宋薇　北京市西城区实验幼儿园）

**摘　要：** 本文关注师幼双视角下的生活化数学教学策略，旨在分析当前幼儿园数学教学的现状，识别存在的问题，并提出相应的解决策略。生活化数学教学是将数学知识与儿童日常生活实践相结合，以提升儿童的数学认知和实际应用能力。研究发现，尽管生活化教学模式在幼教实践中被广泛推崇，但在实际操作过程中仍面临着一系列挑战。文章最后提出了从教师和幼儿双重视角出发的教学策略，以期优化教学效果，促进儿童数学能力的全面发展。

**关键词：** 生活化数学教学；师幼双视角；教学策略

## 一、引言

在当前的教育实践中，数学作为基础学科之一，对儿童的逻辑思维、问题解决能力及未来学术成就具有深远影响。然而，传统的数学教育往往过于强调理论知识的灌输，忽略了数学与幼儿日常生活的实际联系。导致幼儿可能会感到数学抽象难懂，缺乏学习兴趣和动力。生活化数学教学策略的提出，旨在将数学教学内容与幼儿的日常生活紧密结合，希望通过生活场景的引入使数学学习变得更加有趣和富有意义。

## 二、生活化数学教学的定义和特点

### （一）生活化数学教学的定义

生活化数学教学可以定义为：以幼儿的生活经验为基础，将数学概念、原理和技能的学习与幼儿日常生活中的实际情境相结合的教学方法。这种方法不仅仅关注数学知识的传授，更强调数学知识的实用性和应用价值，让幼儿在参与具体生活情境中自然而然地学习和运用数学。

### （二）生活化数学教学的特点

1. 情境性。教学内容紧密联系幼儿的生活实际，通过具体的生活场景作为教学背景，让幼儿在自然的生活环境中体验数学。

2. 实用性。强调数学知识的应用价值，鼓励幼儿将所学的数学知识用于解决日常生活中的具体问题。

3. 互动性。在教学过程中，师幼、幼幼之间进行充分的交流和互动，以实现知识的共建。

4. 趣味性。通过与生活相关的游戏、故事或挑战等形式，激发幼儿学习数学的兴趣。

## 三、师幼双视角在生活化数学教学中的应用和表现

在生活化数学教学中，师幼双视角的运用至关重要，它涉及如何将教学内容与幼儿的日常生活紧密结合的问题。对于教师而言，这意味着必须设计出符合课程标准并与幼儿生活经验相关的活动。教师采用的教学方法需要多样化，例如通过情境模拟、角色扮

演和游戏化学习吸引幼儿的兴趣，并鼓励他们积极参与。评估方式也要与生活化教学相适应，不仅关注学习成果，还要关注幼儿的参与程度、合作和问题解决能力。此外，教师要整合各种教学资源，如利用日用品或社区环境作为教学工具，并且不断提升专业能力以满足教学的需求。

从幼儿的视角来看，生活化的数学教学能够提高他们的学习动机。因为内容与他们的日常生活直接相关，幼儿能够更容易地发现学习的意义，从而产生学习兴趣。通过参与教师设计的数学活动，幼儿不仅体验到学习的乐趣，而且对数学知识有了更深刻的理解。他们在教学过程中被鼓励主动探究和解决问题，与同伴互动，这对他们社交技能的发展尤为重要。幼儿将所学应用到生活中，如在游戏和手工活动中使用数学知识，进一步体会到数学的实用性。幼儿的反馈对于教师来说也非常重要，因为这有助于教师评估和调整教学策略。

## 四、问题探讨

### （一）教师视角下存在的问题

1. 教师对生活化教学理解的局限性。一些教师可能仅将生活化教学视作将日常生活中的内容简单植入课程之中的行为，而忽视了它的核心意义——通过日常生活体验来深化幼儿对数学知识的理解和应用。他们可能没有充分认识到，生活化教学实际上是要求教师创造出有意义的学习情境，让幼儿在自然和真实的环境中探索数学概念。

2. 缺乏有效的教学资源和方法。在许多情况下，教师可能没有足够的材料、工具或者策略来设计和实施生活化的教学活动，这不仅限制了课堂的创新性，也影响了幼儿学习的深度和广度。即便是有意愿将数学与幼儿的日常生活相结合的教师，也可能因为缺乏具体的指导和支持而感到挫败。

3. 教学评价体系与生活化教学不匹配。传统的评价体系往往强调标准化测试和量化结果，这可能与生活化教学所倡导的创造性思维、问题解决和实际应用能力的培养目标不一致。如果评价体系不能适当地调整以反映生活化教学的价值，教师就可能会发现自己在努力提供富有创造性和实用性的教学时，其成果却无法通过现有的评价体系得到充分的认可和激励。

### （二）幼儿视角下存在的问题

1. 学习兴趣和动机的差异。有的孩子可能天生对数字或者解决问题感兴趣，而另一些孩子可能更倾向于通过游戏或者故事来学习。这种差异要求教师必须具备高度的敏感性和创造力来设计能激发所有孩子兴趣的教学活动。

2. 生活经验与数学知识融合的困难。尽管生活化教学旨在将数学概念与孩子们熟悉的日常生活相结合，但不是所有的孩子都能自然而然地看到这两者之间的联系。这可能是因为他们缺乏足够的生活经验，或他们还未发展出将抽象概念与具体情境相联系的能力。

3. 幼儿个体差异对教学的挑战。幼儿在认知、语言、社交和情感发展上的差异可能导致对同一教学内容的理解和反应截然不同。一些孩子可能很快就能理解教学的要点，而有的则可能需要更多的时间和支持。教师需要对每个孩子的独特需要有深刻的了解，提供适宜的指导和帮助，这无疑增加了教学设计和实施的复杂性。

## 五、教学策略建议

### （一）增强教师的生活化教学理念和能力

1. 开展专业培训和工作坊。教师应该参与专业培训和工作坊，以增强对生活化教学的深刻理解和掌握实施的技巧。通过培训，可以学习如何设计与幼儿日常生活紧密相关的教学活动，如何将数学概念与实际情境相结合，如何激发幼儿的学习兴趣和动机。工作坊可以提供一个实践和分享的平台，让教师们展示自己教学创意，相互学习，从同行的反馈中受益。

2. 建立生活化教学资源库。幼儿园可以建立一个生活化教学资源库，收集和分享各种教学材料、工具和实践案例。资源库包括具体的教学活动设计、多媒体材料、游戏、教具等，这些资源可以帮助教师丰富教学手段，提供更多元化的教学内容。资源库应该定期更新，以保证教学内容与时俱进，反映最新的教育理念和幼儿的实际需要。

3. 研发符合生活化教学的评价体系。评价体系的改革是提升生活化教学效果的关键。应当研发新的评价方法，不仅能够评价幼儿的学习成果，也能够评价学习过程、创造性思维和问题解决能力。评价体系应该能够反映幼儿如何将数学知识应用在日常生活中，参与活动的积极性和合作能力。教师则需培训以理解和运用新的评价工具，以便他们能够更全面地评估幼儿的学习效果，并据此调整教学策略。

### （二）从幼儿视角出发优化教学设计

1. 以幼儿的日常生活经验为出发点。教学内容的设计应该紧密连接幼儿的日常生活经验。通过观察和了解幼儿的兴趣点、日常习惯和他们熟悉的生活环境，教师可以创造更有意义的学习情境。例如，利用孩子们喜爱的故事、玩具或家庭活动来引入数学概念。这种方法可以帮助幼儿看到数学与他们生活的密切联系，从而更容易理解和吸收数学知识。

2. 采用游戏化和情境化的教学方法。游戏是幼儿天然的学习方式。教师可以设计游戏化的数学活动，如数学故事、角色扮演、解决问题的游戏等，让幼儿在玩乐中学习数学。情境化的教学方法能够让孩子们在具体的、与生活相关的情境中发现和解决问题，从而提高他们的学习兴趣和实际应用能力。通过游戏和情境化教学，幼儿可以在轻松愉快的环境中发展数学思维和技能。

3. 关注幼儿个体差异，提供个性化学习支持。认识到幼儿之间存在的个体差异，教师应当根据每个孩子的具体情况提供相应的支持和引导。这可能涉及调整教学节奏，使用不同的教学资源，或者为不同能力水平的幼儿提供不同难度的活动。在教学中注重个性化，可以帮助每个幼儿都能够在自己的节奏下探索和学习，确保每个孩子都能从教学活动中获得成长和发展。

## 六、结语

通过师幼双视角深入探讨了生活化数学教学策略，指出虽然这种教学模式强调情境性、实用性、互动性和趣味性，有助于提升儿童的数学认知和应用能力，但在实践中仍存在一系列挑战。教师在理解和实施生活化教学方面存在局限，缺少相应的教学资源和评价体系；从幼儿的视角看，他们在学习兴趣、经验与知识融合以及个体差异方面也面临困难。因此，研究建议通过专业培训提升教师的生活化教学理念和能力，建立资源库，研发新的评价体系；并从幼儿的视角出发，以其日常生活经验为基础，采用游戏化和情境化方法，并关注个体差异，提供个性化学习支持。综上所述，这些策略的实施有望优化教学效果，促进幼儿数学能力的全面发展。

## 参考文献

[1] 余洁，孙玲，李艳玮．指向儿童关键经验的数学活动生活化研究［J］．早期儿童发展，2023（04）：75—83.

[2] 郭丽蓉．“以幼儿为本”践行生活化的数学教育［J］．考试周刊，2023（50）：89—92.

[3] 黄秀莲．幼儿园数学教育活动中的师幼互动［J］．当代家庭教育，2021（34）：61—62.

[4] 陈瑜．让教育追随儿童生活，并为儿童创造更有品质的生活——生活化教育的思与行［J］．福建教育，2021（38）：19—21.

# 如何进行幼儿园家园共育

（庞梁钰　深圳市宝安区沙井恒源幼儿园）

**摘　要：** 家园共育不仅是幼儿教育领域的一种重要理念，也是促进幼儿发展的一种重要手段，家园共育需要幼儿园和家长，共同努力，共同发展。只有双方主动认识，互相配合，互相支持，才能推动幼儿园提高教育教学质量。本文旨在探讨有效的幼儿园家园共育的方法和策略，促进幼儿的全方位发展，让家园共育不再只是形式上的流派，真正提供一个让幼儿和家长受益的平台。

**关键词：** 家园共育；沟通交流；教育理念

## 一、幼儿园家园共育的内涵

幼儿园家园共育是指家庭与园方通力合作，共同承担教育过程，共同教育幼儿的一种教育方式。

《3—6 岁幼儿学习与发展指南》指出：幼儿园最重要的伙伴是来自家庭，幼儿教师要遵循尊重、平等、合作的原则，让家长主动参与到家园共育的过程中来，而教师在共同教育的过程中，积极支持和帮助家长提高教育能力，在共同教育的过程中，幼儿教师要积极主动地通过家长与园方的通力合作，让幼儿在更好的环境下健康学习、快乐成长，共同关注幼儿的心理健康，共同承担起教育幼儿，为幼儿的发展打好基础的责任。

## 二、幼儿园家园共育的重要性

### （一）促进幼儿身心全面发展

幼儿园与家庭是幼儿成长过程中的重要环节，家园合作可以促进幼儿在家庭和幼儿园的双向互动，更快速、全方位地激发幼儿的潜能。通过家园之间良好的交流和友好的合作方式，让家长了解幼儿园的教育理念，同时也让家长能够更好地配合幼儿园的各项工作，给幼儿提供更全面的教育支持，让幼儿在生理、心理、情感、认知等各个方面都能够得到全方位的发展。

### （二）提高幼儿教育的质量

家园共育不仅使幼儿园与家庭之间建立了紧密的联系和合作，而且使教师更了解幼儿的情况和家长的需求，让家长更好地协助教师进行教育指导，使幼儿得到更有针对性的发展教育。同时，家园共育也为教师了解家长的教育需求，对教育方式与方法进行更好的调整，以至教育质量得到提高。家园共育既增强了幼儿园与家庭之间的相互信任和合作，也使幼儿与教师都能得到更好的发展。

### （三）提升家长教育理念

家园共育有利于提高家长的教育思想，幼儿园通过多种形式帮助家长学习科学的教育方法，认识幼儿发展的科学规律和教育的全面性，从而更有效地支持幼儿在家庭环境中的学习和成长。家长还可以通过接受新的教育策略，不断反思和调整自己的教育行为，在家园共育的互动交流中，逐渐树立起更现代、更先进的教育理念，从中得到更多的启发和收获。

## 三、幼儿园家园共育存在的问题

### （一）教育观念存在差异

《幼儿园教育指导纲要》中明确指出：要有针对性地开展教育工作计划，了解幼儿的特点和需要，了解家庭的教育背景和需求。现在很多的家长都是“90后”，整体的学历和素质比较高，有些甚至可能是半个育儿专家，所以他们对某些指引或者是在某个事情的角度上有了更多属于自己的见解。以幼小衔接为例，很多家长会说幼儿园不教写字，也不教拼音，到了小学跟不上怎么办，导致家长会出现与幼儿发展规律相悖的现象，出现教育理念和方法与教师对立的现象，让家长和幼儿园站在同一起跑线上，家园互动就变得特别重要了。

### （二）家园共育缺乏时效性

幼儿园家园共育的时效性不足在实际操作中体现得尤为明显，这主要表现在家长对幼儿教育的参与度不够，与幼儿园沟通交流不及时。例如，家长错过幼儿园举办的家长会和亲子活动，导致家长无法实时了解并参与到幼儿的学习生活中。此外，家园共育的合作机制有时也显得力不从心，缺乏有效的互动和协调，有些幼儿园未能提供足够灵活的参与方式来适应不同家庭的情况，或者在活动设计上没有充分考虑到家长的实际需求，使得家长感到难以融入或不感兴趣。

### （三）家园共育缺乏清晰的规划和目标

在家园共育的过程中，由于没有制订明确的家园共育计划和目标，导致家长和幼儿园在教育幼儿的过程中，教育理念和教学方式不统一，容易产生分歧，这是一个很容易被忽视的问题。没有共同的指导方针和明确的目标，家长和教师之间很难形成有效的配合，加之家园共育的活动在没有明确的计划和目标的情况下，可能缺乏条理、连续性，造成资源分散，劳力分散，从而影响幼儿全面发展的机会。因此，制订明确的、可实施的家园共育计划和目标，是提高家园共育工作成效的关键所在。

## 四、幼儿园家园共育的途径与策略

### （一）搭建家长互动平台

在“望子成龙，望女成凤”的社会背景下，大多数家长极其重视幼儿的教育，但缺乏经验，经常会出现一些错误的教育方式。注重家园互动，实现家园共育，以家园教育的连贯性为保障，以家园教育的协调性为促进，促进教育工作的协调推进。

家长互动平台可在幼儿园搭建。这个平台可以是一个线上论坛、微信群、QQ群等，也可以是线下家长座谈会、亲子活动、家庭教育培训等。通过这些平台，家长可以及时了解幼儿园的教育动态、活动安排，也可以与其他家长分享育儿心得、交流经验，既增进了家长与幼儿的亲子关系，又提高了家长的教育素养，让家长可以发挥对幼儿的教育。如我园成立的家委会、伙委会、家庭教育微课堂等，主动要求家长亲自参与幼儿园的日常服务和管理工作，了解幼儿园的一些日常工作，了解幼儿园对饮食卫生安全的严格把控，了解家庭教育的重要性，平时教师都会把问题发在群里，把科学的育儿方法发到群里，在日常的服务和管理中做到心中有数，让家长在引导家长树立正确的教育理念的同时，让家长在日常的服务和管理中体会到各抒己见、群策群力、互相沟通的道理，为家园共育提供坚强的后盾。

### （二）家长助教

家长助教是幼儿园与家长相互理解、相互支持的一种有效的家园共育方式，家长的资源可以为幼儿提供丰富的学习资源和教学方法，使幼儿的学习经验更加丰富，教育视野更加开阔。幼儿园可以定期组织家长参加支教活动，使家长对幼儿在园的生活、学习环境有深入的了解，对幼儿园的教育工作有更多的肯定和支持，并能亲自参与到幼儿的教育过程中来。在元旦节的活动中，我班就组织了一次家长助教活动，一位家长带来了关于元旦节的故事分享，使幼儿对元旦节有了进一步的了解和认识；另外两位家长则带领幼儿一起学习包饺子，在活动中与幼儿共同度过了一段愉快的时光。通过这次家长助教活动的开展，在家园共育的合力下，在幼儿的成长道路上，又增添了一份温暖与欢乐。家长助教不仅能给幼儿更多的关爱与帮助，而且能促使家长在实践中学习并掌握教育方法，使自身具有更高的教育能力。

### （三）开展丰富多彩的活动

幼儿园可以定期举办丰富多彩的活动，如节日庆典、主题活动、运动会等，邀请家长和幼儿共同参与，通过活动的方式，增进家长和幼儿之间的感情，提高家园互动的频次，提高家园互动的质量。像我园刚举办结束的元宵节红红火火的美食一条街活动，幼儿和教师负责各种美食摊位的制作，家长负责美食的制作，大家共同参与其中。活动中摊位上摆放了各种诱人的美食，家长与幼儿纷纷在摊位前扮演起老板，热情地向来来往往的顾客推销自己的美食，招揽生意，耐心地为小顾客服务，各种的买买买！不仅幼儿高兴地在欢呼，家长也不亦乐乎地挑选着，欢笑声和叫卖声此起彼伏，汇成了欢乐的集市交响曲。

### （四）制订明确的家园共育计划和目标

幼儿园要通过家长会、家园栏、微信群等形式，让家长了解本学期的计划目标，涵盖幼儿的成长需求、教育内容、活动安排等各个方面，同时也要将幼儿的表现情况及时反馈给家长，听取家长的意见和建议，做到心中有数，才能使家园共育工作更有序、更有成效，才可以在教育幼儿的过程中，让家长跟着幼儿园有章可循。同时，幼儿园也应通过定期评估，及时发现问题，以适应幼儿和家长的需求变化，不断调整计划和目标，让家园共育工作有序开展，做好幼儿全面发展的坚实后盾。幼儿园和家庭通过制订清晰的计划和目标，共同为幼儿创造更加宽松、愉悦的成长环境，使他们更加健康、快乐地成长，从而更有效地协调工作。

## 五、结语

幼儿园的家园共育是幼儿教育的重要内容之一，它既有利于幼儿的身心发展，又为提高幼儿的教育质量打下了坚实的基础，因此对于幼儿的全面发展具有举足轻重的作用。在以后的实践中，幼儿园与家庭需要通力合作，不断创新家园共育的方式，为幼儿创造更加良好的成长环境，使幼儿得到全面的发展。我们为幼儿创造更加美好的未来，为了他们将来的成长而不懈奋斗，并为之努力。

### 参考文献

［1］教育部基础教育司．《幼儿园教育指导纲要（试行）》解读［M］．南京：江苏教育出版社，2002.

［2］王原．浅谈家园共育中存在的问题及策略［J］. 长春教育学院学报，2023.6.

［3］肖晓华．幼儿园家园共育模式创新探究［J］. 国家通用语言文字教学与研究，2023.9.

# 幼儿园家园共育的方法与策略

（朱爱晓　张曼　山东省淄博市临淄区朱台镇宁王幼儿园）

**摘　要：**家园共育作为学前教育的重要组成部分，其在当今社会中的地位日益凸显，受到了广泛关注。本文探讨了幼儿园家园共育的具体方法与实施策略，旨在通过家庭与幼儿园的紧密合作，为幼儿创造一个全面、和谐的成长环境，从而促进幼儿的全面发展。

**关键词：**幼儿园；家园共育；学前教育

家园共育，指的是幼儿园和家庭双方积极主动地参与到学前教育的过程中，共同合作、相互支持，为幼儿创造一个良好的成长环境。家园共育强调幼儿园和家庭双方在教育目标、教育内容、教育方法等方面的一致性和协同性，以促进幼儿全面发展。

## 一、幼儿园家园共育的重要性

### （一）有助于幼儿建立健康的身心素质

家庭和幼儿园共同关注幼儿的体育锻炼、生活习惯和心理健康，确保他们在愉快的氛围中成长。通过家园共育，幼儿可以在家庭中获得关爱和温暖，并在幼儿园与同伴互动，增强自信心和团队协作能力。

### （二）有助于幼儿提高学习能力

家庭和幼儿园共同关注幼儿的早期教育，培养他们的阅读兴趣和习惯，激发创新思维。在家庭中，家长可以引导幼儿关注生活中的科学现象，培养他们的观察力和思考能力；在幼儿园，教师则可以教授系统的知识体系，让幼儿在课堂上获得丰富的认知体验。

### （三）有助于幼儿培养良好的情感态度和价值观

家庭和幼儿园共同关注幼儿的情感需求，引导他们学会关爱他人，尊重差异，树立正确的价值观。在家庭中，家长可以以身作则，传递家庭美德和道德观念；幼儿园则通过举办各类活动，让幼儿在实践中感受美好，培养积极向上的情感态度。

## 二、当前幼儿园家园共育存在的问题

### （一）家园沟通不畅

目前，幼儿园教师与家长之间的沟通方式相对有限，主要集中在接送孩子时的面对面交流和电话沟通。这些沟通方式虽然在一定程度上能够满足日常需求，但存在很大的不足。首先，面对面交流和电话沟通的时间和地点受限，很难保证双方都能在合适的时间和地点进行沟通。其次，这些沟通方式主要依赖于口语，缺乏书面记录，容易导致信息传递不全或误解。更为重要的是，这些沟通方式缺乏有效的信息反馈机制，使双方在遇到问题时难以得到及时的解决。

### （二）家园共育活动形式单一

当前，幼儿园家园共育活动的开展形式较为单一，其主要方式多为家长会、亲子活动等。这些活动对于增进家长与幼儿园之间的沟通与互动起到了一定的积极作用，但是，这种模式显然无法满足现代教育的发展需求。首先，这些活动过于笼统，缺乏针对性。每个家庭的教育背景、教育观念都有所不同，而现有的家园共育活动未能针对这些差异进行有针对性的开展。这样一来，部分家庭和幼儿的需求无法得到满足，从而导致家园共育活动的效果大打折扣。其次，这些活动缺乏创新性。在当今社会，科技日新月异，人们的生活方式和教育理念也在不断更新。然而，现行的家园共育活动却未能紧跟时代步伐，大多仍停留在传统的家长会、亲子活动等形式上。这种缺乏创新性的活动方式，难以激发家长和幼儿的参与兴趣，也难以达到预期的教育效果。

### （三）家庭和幼儿园教育方向不同

幼儿教育是对孩子一生具有深远影响的关键阶段。然而，在当前，许多家长受到应试教育观念的影响，过于注重孩子的文化知识和学业成绩，忽视了教育对象的特性。例如，他们过分强调幼儿的识字量、算术能力、古诗背诵等，过早地呈现出“小学化”的教育倾向，而对幼儿的行为习惯、自理能力、社交能力等方面的培养则相对忽视。另外，家长对于“不让孩子输在起跑线上”的理解各不相同，这导致了家园共育的合力效应产生较大偏差。在日常生活中，家长在聚会、微信群或朋友圈中，大多数分享的是孩子的“才艺竞赛”和“成长亮点”，这种现象虽能提升家长的“面子”，却忽视了幼儿教育原则，即让孩子快乐生活、快乐学习，以促进他们综合素质的全面发展。同时，有些家长在生活中过于迁就孩子、过度保护，将孩子局限在狭窄的空间中，忽视了幼儿社会性能力的发展，以及他们学会合作、生存和做人的能力培养，这导致越来越多的“宅男宅女”现象，甚至使幼儿性格趋于孤僻、抗挫能力较弱。事实上，一个人的成功与否，取决于他们的综合素质，而非单纯的学科分数或某一项才艺。这一点是家长需要重视的。因此，应更加关注幼儿的全面发展，重视他们的身心健康、行为习惯、自理能力、合作精神等方面的培养，为他们未来的发展奠定坚实的基础。

## 三、幼儿园家园共育策略改进

### （一）加强家园沟通渠道建设

家园沟通是幼儿园工作中至关重要的环节，它关系幼儿的成长和家长的满意度。为了改善家园沟通不畅的问题，幼儿园可以采取一系列完善的沟通机制，以确保信息的畅通和家长参与度的提高。首先，幼儿园可以设立家长联络员。家长联络员是由幼儿园指定的一名或多名家长，负责协调家长与幼儿园之间的沟通。他们可以定期召开家长会，传达幼儿园的政策、教学计划和重要活动安排，让家长第一时间了解孩子在园的生活和学习情况。同时，家长联络员还可以收集家长的意见和建议，反馈给幼儿园，以便幼儿园及时调整教学策略和管理措施。其次，幼儿园可以建立家长微信群。家长微信群是一个便捷的线上沟通平台，可以让家长随时随地交流育儿心得、分享教育经验。幼儿园可以在微信群中发布幼儿在园的生活照片、视频以及各类通知，使家长能够实时了解幼儿的成长点滴。此外，家长在微信群中还可以就教育问题进行互动讨论，共同提高育儿水平。

### （二）创新家园共育活动形式

为了满足不同家庭和幼儿的需求，幼儿园可以开展丰富多样的家园共育活动，使得家长和幼儿在愉悦的氛围中共同成长。首先，主题亲子游是一种寓教于乐的活动方式。通过组织家长和幼儿共同参与各种主题的亲子游，如自然科普、历史文化等，让家长和幼儿在游玩的过程中增进亲子关系，同时也能让幼儿在实践中学习到知识，激发他们的探索欲望。这类活动要注重趣味性，让家长和幼儿在轻松愉快的氛围中享受陪伴时光。其次，家长沙龙是一种促进家长之间交流与互动的平台。通过举办家长沙龙，幼儿园可以邀请专家和有经验的家长分享育儿心得，解答家长在教育过程中遇到的困惑。家长之间也可以互相交流育儿经验，共同学习、共同进步。家长沙龙要注重实践性，让家长能够学以致用，将育儿知识运用到日常生活中。最后，家庭教育培训是一种提升家长教育理念和育儿技能的有效途径。幼儿园可以定期组织家庭教育培训活动，邀请专业讲师为家长提供育儿技巧和方法。通过系统的培训，家长可以更好地了解幼儿的成长需求，提高自身的教育水平，为幼儿提供一个更加优质的家庭教育环境。家庭教育培训要注重教育性，让家长在培训过程中受益。

### （三）协同家庭教育方向

幼儿园和家庭是孩子成长过程中最重要的两个环境，二者的共同努力是促进幼儿全面发展的关键。为了实现这一目标，幼儿园需要与家庭密切合作，引导家长树立正确的教育观念，关注幼儿的全面发展。首先，幼儿园要通过举办家庭教育讲座、家长座谈会等活动，提高家长对幼儿教育的认识。这些活动可以让家长了解幼儿教育的发展趋势，认识到幼儿教育不仅仅是传授知识，更重要的是培养孩子的品格、兴趣和能力。这样，家长就能转变过于注重学科分数和才艺竞赛的观念，关注孩子的全面发展。其次，幼儿园还要引导家长正确看待幼儿之间的差异。每个孩子都是独一无二的，他们的兴趣、特长和潜能各不相同。幼儿园要帮助家长认识到，尊重和引导孩子的个性发展是至关重要的。家长应该关注孩子的内心需求，鼓励他们勇敢地追求自己的梦想，而不是过分追求外在的分数和荣誉。最后，幼儿园要与家庭共同营造良好的教育氛围。家长要树立正确的教育观，关注孩子的身心健康，给予孩子充分的关爱和支持。幼儿园也要关注每个孩子的成长，为他们提供温馨、和谐的成长环境。只有这样，幼儿才能在家庭和幼儿园的共同呵护下，全面发展，健康成长。

## 四、结语

幼儿园家园共育是幼儿教育的重要组成部分，对于幼儿的全面发展具有深远影响。当前，我国幼儿园家园共育存在一定的问题，需要从加强沟通、提高家长参与度、创新活动形式和协同家庭教育方向等方面进行改进。只有幼儿园和家庭共同努力，才能为幼儿创造一个良好的成长环境，促进他们全面、和谐、快乐地成长。

### 参考文献

[1] 孟宝珠．“双减”背景下幼儿园家园共育策略的创新研究［J］．今天，2022（12）：25—26.

[2] 祁爱耘．浅析幼儿园做好家园共育工作的策略［J］．学周刊，2018（6）：093—094.

[3] 张秀珍．幼儿园家园共育的积极互动策略初探［J］．好家长，2019（40）：16—17.

# 推动幼儿园家园合作行稳致远

（李艳　江苏省苏州市吴中区东山中心幼儿园）

**摘　要：**教育在每个人的人生当中都有极为重要的意义，但是在最初启蒙的幼儿时期，人们所接受的教育更多的是来源于家庭以及幼儿园两个社会文化环境。这两个社会文化环境对于幼儿所起的教育作用不仅会影响孩子未来的发展趋势，对于孩子性格的塑造也有着重要的作用。为了给孩子一个更好的发展空间，幼儿园应该与家庭联系起来，通过家园合作的方式让孩子身心健康发展。而地区无论是师资力量还是教育资源都与城市有着一定的差别，因此为了缩小城乡教育现状，本文主要研究内容是幼儿园之中家园合作的实际状况。

**关键词：**幼儿园；家园合作；教育提升

随着我国教育理念的不断更新，我们对于当前幼儿园家园合作的现状有了深入的了解。目前，虽然随着新课程标准的推进，我国很多幼儿园家园合作方面有些许改进，但其存在的问题也较多。

## 一、家园合作现状

对于幼儿来说，家中的父母与幼儿园的教师都属于他们的教育者，都发挥着重要作用，所以为了幼儿更好地成长与发展，需要双方共同努力做出改进和完善，但是我们通过问卷调查的形式发现，虽然随着教育理念的不断完善，贯彻家园合作的理念一直流于表面，不够深入，仍然会存在一些问题需要分析和解决。具体来说，有以下三个方面。

### （一）认知存在偏差

随着新课程理念的不断推进，家长基本能够理解，并且口头表示会配合家园合作的实施。然而，仍有一些家长或教师对家庭合作的理解存在一定偏差，他们认为教育孩子仅仅是教师的责任。这种认知偏差对于幼儿园家园合作的顺利开展有着十分不利的影响。这种对于孩子教育问题相互推脱的做法，从侧面也反映出家长与教师之间并不存在一种和谐相处的关系，彼此之间缺少应有的信任，这种现象不利于家园合作的深入开展，同时阻碍了孩子健康发展。

### （二）涉及内容浅显

我们在研究的过程中，发现当前一些幼儿园在开展家园合作的过程中，对于家园合作内容的理念并不深入，其所做的工作内容也仅仅涉及一些方面，并且教师与家长在对幼儿进行教育的过程中所关注的点并不是一样的。教师在对幼儿进行教育的时候所关注的重点主要集中在幼儿行为习惯的塑造，以及兴趣爱好的培养上，更为客观和系统化，夹带的感情相对家长较低，但是家长的观念都是由于望子成龙心理的影响，对于幼儿的学习情况比较重视，但对如何进行教育并没有涉及，家长在学前教育中不能主动参与进去。

### （三）采取形式单一

教育部门在提出家园合作的教学方法的时候制定了多样化的形式，但是我们在对幼儿园家园合作的形式进行调查的过程中就会发现，大多幼儿园在使用家园合作教学模式进行教学时所采用的教学形式是十分单一的。家长会是大多数幼儿园在进行家园合作时采取的主要形式，并且在家长会的过程中仅仅是教师向家长反映孩子的情况，家长与教师之间缺少双行性的互动。

## 二、当前存在问题的原因

### （一）观念差异，重视不够

由于老一辈人员接受教育水平比较落后，基本上小学毕业即可，所以他们难免出现跟不上时代发展，接受最新教育观念，以及发展潮流等更无从谈起。由于他们不重视，导致孩子输在了起跑线上，在幼儿教育方面有很多缺失。相对城市多方面都很落后，比如经济水平和教育资源等，因此政府部门对于学前教育的重视程度不足，导致在学前教育的进程中，教师的教学遇到了一定的阻碍。地区由于思维局限性等原因也不认可学前教育不可忽视和替代的重要作用，甚至很多家长认为将孩子送到幼儿园进行学习只是让孩子在里面玩耍，对于幼儿学习到什么样的知识并不是很关心。

### （二）缺乏政策，支持不够

幼儿园与家长之间的家园合作之所以不能较好地得以发展，其原因包括我国教育法中并没有提出家长要参与到学前教育中的政策，只是在个别条例中涉及一些学前教育理念。但这并不足以使家长在孩子的学前教育中意识到自己的义务和权利。家园合作制度缺失法律政策的支持，使得家长认为学前教育只是教师的责任，不主动参与到学前教育的过程中去。

### （三）认知差异，意见不一

教师与家长之间缺乏具体明确的职责划分，导致一些模糊和不清晰，幼儿园开展家园合作存在问题的主要原因。家长普遍认为送孩子去幼儿园自己就省事了，就撒手不管了，自己缺少积极参与，认为教育问题应该是教师所承担的责任。并且家长交了大量的学费给幼儿园，那么幼儿园以及幼儿教师就应该承担幼儿成长过程中的所有责任，在教育工作中，教师还要对家长的各种需求进行满足。

教师与家长教育观念上的差异是影响家园合作的原因。这主要是由于家长与教师身份的不同、在幼儿教育中所承担的责任不同，以及经历体验也存在不同造成的。随着我国学前教育理念的不断推进，幼儿教师的教学观念也在不断创新，开始将工作重点放在幼儿的素质教育上。但是在本次调查中，我们就会发现，幼儿教师在与家长进行沟通的时候，大多关注的重点都在于幼儿的成长方面，很少会关注孩子个性化以及心理等方面的发展。家长十分重视孩子在幼儿园学习的情况，因此对于教师的要求也是重视智育发展为主，对于德育的发展不是十分重视。家长在选择幼儿园的过程中，对于学生智育发展情况比较重视，因此幼儿园也会为了利益角度考虑，不负责任地去许诺达到家长的要求，对孩子的教育问题上也更为重视学生智育的发展，对于其他方面的教育自然存在一定的忽视。

## 三、提高幼儿园家园合作的对策

### （一）改变思路，增加重视

为了更好地提高幼儿园家园合作的实施情况，教师要将自己的工作思路进行转变。首先，教师在与家长进行沟通的时候要注重双方之间的沟通，不能使得家长一直处于被动的状态，要引导家长参与到学生的教育过程，使得家长明白家园合作的真正意义。这就要求教师要注重沟通技巧的使用，引导家长主动参与到学生如何更好地教育过程中，使得家长更好地配合教师的教育工作。除此之外，教师要减少电话交流的形式，增加面对面交流的频率。电话交流虽然说比较方便，但是其会存在一定的局限性，不能对孩子的问题进行深入交流。因此我们未来使家园合作的实效性得以增强，要创新沟通方式，在于家长进行交流的过程中寻找更多的方式，从而使得家长对于家园合作有着更加深入的理解。

在明确家园合作的含义以及实施条件后，让教师和家长达成一致的教育目标，积极聚拢合适优秀的教育资源，来更好地引导和促进幼儿的积极向上发展。教师和家长应该做到转变自身的观念，树立正确的合作观念。

### （二）健全制度，提供支持

缺少相关法律制度对于家园合作的开展也有着较大的制约作用，因此要建立、健全家园合作制度，从而可以完善幼儿园的科学管理制度，使幼儿园的组织体系更加完善。幼儿园要根据实际情况，从而制定具体的家园合作制度，不仅要使教师明白自己在家园合作中所承担的作用，还要使家长明白自己在家园合作中所发挥的责任。只有建立制度化的交流活动，才能有效保证家园合作的效果。

### （三）建立信任，相互理解

家园合作顺利进行的前提和基础是家长和教师能够有正确平和的心态，做到平等沟通，坦诚交流，信任是第一位的。在幼儿教师与家长的沟通关系中，双方都肩负着各自的教育责任，以实现相同的教育目标，应该在人格和地位上完全平等。家庭和幼儿园密不可分，彼此是合作伙伴，对幼儿都有着重要的作用，所以双方要始终坚持换位思考，互相帮助互相支持的良好态度和原则。能够让家长自觉主动地关心幼儿园内的情况，积极与教师进行多层次多方面的沟通和交流，共同推进家园共育的早日实现。

当前教师和家长对于法律方面的知识匮乏。可能是幼儿园师资力量比较弱，家长的文化程度比较低，教师与家长应该主动地去了解和学习相关的法律法规，所以要加强教师与家长法律方面的知识。幼儿园教师要定期进修培训，从而进一步地掌握家园合作的手段，而家长也应该关注幼儿园家园合作国家所出台的各项措施，从而配合教师的工作。

## 四、结语

教育部门有着独特且重要的作用，应该积极跟上潮流和趋势，不断提高对自身的要求，积极主动有效地促进学前教育的发展，准备尽可能充足的经费，改善相关设施，支持举行家园合作的多种活动，进行大力宣传和推行，努力提高家长的理解程度和配合程度，转变教师和家长死板陈旧的观念。贯彻相关法律，并实施合理及时有效的监督。

为了使孩子能够全面发展，家庭教育和幼儿园的教育一定要结合起来，从而使幼儿教育取得更好的效果。在研究过程中，我们虽然发现了幼儿园的一些改进，但是不能满足现状继续止步不前，而应该改变思路，继续从更多方面进行深入细致的考察，不仅要仔细认真准确地分析目前和未来可能存在的问题，还要未雨绸缪，做好未来几年的可行性规划，采用更多办法推动幼儿园家园合作，促使幼儿园家园合作更加合理地发展。意义深远，值得继续为之努力。

## 参考文献


[1] 蔡清云．幼儿园家园合作现状的调查研究［D］．河南师范大学，2021.

[2] 王桂春．幼儿园家园合作现状、问题及对策研究——以重庆市巫溪县为例［J］．亚太教育，2021（29）：256－257.

[3] 覃丽．家园合作方式探讨［J］．文教资料，2020（4）：124－125.

# 幼儿园德育课程的实践与思考

（曹亚会　北京市怀柔区桥梓镇中心幼儿园）

**摘　要**：百年大计，教育为本，教育的根本任务就是“人无德不立，育人的根本在于立德”。立德树人是教育的根本任务，教师的使命在于为党育人、为国育才。学前阶段是德育的关键时期，只有对幼儿进行及时、适当的道德教育，应当营造良好的环境，发挥环境以及榜样潜移默化的影响，才能为幼儿良好人格的形成、发展和巩固奠定基础。

**关键词**：幼儿园；德育课程

## 一、幼儿园德育课程实践的重要意义

教育部在《关于全面深化课程改革落实立德树人根本任务的意见》中指出：“课程是教育思想、教育目标和教育内容的主要载体，集中体现国家意志和社会主义核心价值观，是学校教育教学活动的基本依据，直接影响人才培养质量。”立德树人是教育的根本任务，德是做人的根本，更是一个人成长的根基，《大中小幼一体化德育体系建设指导纲要》的出台更是表明了德育教育对于提高教育教学质量的重要意义。将“双减”工作与幼儿园工作相结合，以德育课程为引领，着力建设德育课程一体化，从而实现了全员育人、全科育人和全方位育人的目标，办好人民满意的幼儿园，为孩子们未来的学习与发展奠定根基，培养有创新精神、创新能力，能够服务于国家战略需求和社会主义现代化建设的人才。

## 二、幼儿园德育课程设计

### （一）树立育人理念，以课程为载体，落实立德树人根本任务

在德育课程的实施过程中，我们要坚持“以幼儿为本，以德树人”的课程理念，在传承和发扬德育优良传统的基础上，从幼儿主体出发，从园所实际出发，以养成教育为基础，以一日生活中的德育渗透为主渠道，围绕幼儿一日生活，以“爱他人，爱幼儿园，爱家乡，爱祖国”为教育重点，以完善制度和规范管理为抓手，形成了回归生活，以幼儿为本的德育课程特色，创新德育工作机制，形成德育教育品牌。

### （二）依据幼儿年龄特点及发展目标，细化3—6岁幼儿德育目标，提升课程可操作性

依据《3—6岁儿童学习与发展指南》《幼儿园教育指导纲要》《大中小幼一体化德育体系建设实施细则》以及小中大班幼儿的年龄特点，将德育教育目标进行细化，梳理总结小中大班德育培养目标。例如，小班幼儿以生活氛围切入：有礼貌、爱家人、爱护身边的动植物等；中班幼儿以身边点滴故事引导：敬教师、爱同伴、做爱心义事；大班幼儿以传统文化及时事要闻升华：明事知理、爱祖国、树榜样。

## 三、幼儿园德育课程的实施

### （一）注重幼儿行为习惯的养成，关注学习品质的培养

将德育教育渗透在一日生活的各项环节当中。品德的养成，是一个循序渐进、不断积累的过程，关注日常生活中点点滴滴的细节，适时适当引导幼儿的生活习惯、行为规范、礼仪常规等，与弘扬中华传统美德有机结合，引导幼儿做一名合格的小公民。

### （二）注重教育教学的影响，开展关于德育的教学活动

引导幼儿在多种多样的活动中进行品德教育，培养幼儿的良好思想品德。例如，开展爱国教育，为祖国妈妈庆生，用优美的歌声来表达对祖国妈妈的爱，培养幼儿从爱家庭、爱幼儿园，到爱家乡、爱祖国，建立热爱祖国的美好情感。

### （三）注重家园共育，保持家与园的教育一致性

鼓励家长引导幼儿主动承担一定的家务劳动，在家成为父母的得力小帮手，培养幼儿的劳动意识与社会服务意识，以及鼓励幼儿的亲社会行为。

### （四）明确课程理念，形成德育课程实践经验

1. 注重即时教育，将德育渗透于幼儿一日生活之中。《幼儿园教育指导纲要》中指出："幼儿园中的德育教育应在日常生活中根据幼儿的年龄特点，进行点点滴滴的随时教育。"作为幼儿教师必须把握这个有利时机，有目的地将德育渗透于幼儿一日生活之中，逐渐培养幼儿良好的道德情感和行为习惯，促进幼儿身心全面、和谐的发展。

创设德育环境，环境是幼儿学习的重要环节，通过交通角、礼仪墙、节粮天地等环境创设，潜移默化地进行德育渗透。

区域中融入德育教育。利用图书区、表演区回顾经典故事等，加深幼儿的认识与感知。

国旗下德育教育。升旗仪式是进行爱国主义教育的重要途径，可以宣扬优秀的文化传统，拓宽幼儿视野，增强幼儿的爱国情感。

2. 节日主题活动中进行德育教育。中国传统节日蕴含着中华文明的内涵，体现了中华民族的优秀品德和精神风貌，寄托着人们理想情怀，饱含了人们对美好生活的不懈追求，对自然的感恩与敬畏，对家国兴旺安康的企望，凸显了可贵的自尊、自爱、自信、自强的民族精神。通过传统节日及节庆活动展现得淋漓尽致。基于年龄特征，幼儿在接收信息的方式上、获取知识的容量上都有一定的限度，生硬、抽象的课堂教学并不能取得有效的成果。结合幼儿生理和心理特征，幼儿园开展的德育教育必须是具体的、形象的、生动的、有趣的、可参与、可操作的，而中国传统节庆活动具备以上特征，是幼儿德育教育最直接、最具体、最有效的方式。抓住节点，开展丰富多彩的活动，将德育融入其中，帮助幼儿建立美好的品德，传承优秀文化。除了春节、元宵节、清明节、端午节、中秋节、重阳节几个传统节日外，二十四节气也有很多的习俗和庆祝的活动。幼儿园应根据幼儿的年龄特征和实际情况，将德育融入节庆活动中，让幼儿在体验传统节日的魅力中，接收德育的熏陶，传承中华优秀传统文化。

3. 开展游戏化的德育教学活动，在游戏中养成文明的交往方式。幼儿的学习形式是生活化游戏化的，是通过直接感知实际操作中获得的，幼儿的德育教育要更加符合幼儿的年龄特点，遵循幼儿的教育规律，这就要求教师要开展游戏化的德育教学活动，发挥出幼儿在游戏中的创造性和主动性来全面提升幼儿的道德品质。例如在游戏中，教师要让幼儿懂得分享和谦让，学会和他人合作。游戏给幼儿提供了展现自己的机会，让幼儿在游戏中认识到自己是独立的，在游戏过程中还能够有效帮助幼儿正确面对困境，并培养幼儿的人际交往能力，增强幼儿人际关系概念的理解。在游戏化德育教学活动中，教师要多鼓励、多引导和多启发，适时渗透德育内容。

## （五）家园配合，重视德育养成

1. 德育教育不仅是学校的教育任务，还是每个家庭的教育责任。家庭品德教育中存在几个误区：一是偏重智力培养而忽视品德的教育；二是不良家庭氛围和不良“榜样”；三是亲子间缺乏理解和沟通；四是重物质刺激而忽视精神指引；五是宠爱、溺爱或体罚等。

2. 家长必须深入了解孩子，与他们保持沟通交流，了解他们在“做坏事”时候内心的想法、思想意识、行为和情感的目的，结合孩子的个性特征和自身发展的情况，专门地对孩子进行德育教育。

3. 抓住教育时机，灵活多变地对孩子进行德育的教育。例如，孩子获得成功时，家长在表扬之后，适时地提出新要求，即定出最近发展区，做孩子成长的“助推器”，助力成长；当孩子受挫时，家长要关注孩子的情绪和心态，引导孩子正确面对失败，教会他们调节情绪，帮助他们直面困难，建立解决困难的信心；抓住教育时机，能让家长的教育效果事半功倍。

4. 家长应充分意识到自己和家庭对孩子的优良品德养成的影响，潜移默化、耳濡目染，做好榜样和示范，这是家庭德育教育最重要的一环。

优良品德的养成是衡量教育成功与否的根本，德育教育是所有教育的根基。德育教育是一项长期的、系统的工作，它需要我们坚持不懈地探索，持之以恒地实践；需要根据孩子的发展有目的、有计划地实施开展。对幼儿实施德育教育，是每个教育工作者、每一位家长、每一位社会人应尽的责任，需要全社会共同努力。

## 参考文献

［1］肖世强．浅析幼儿时期德育教育的重要性［J］．科学咨询（教育科研），2019（4）：39.

［2］教育部基础教育司．3—6岁儿童学习与发展指南［M］．北京：人民教育出版社，2001.

［3］袁海霞．课程游戏化背景下的幼儿园德育课程的思考与实践［J］．幸福家庭期刊，2020（15）.

# 蓬莱区某幼儿园大班性别教育实施现状及策略研究

（陈伊凡　烟台市蓬莱区实验幼儿园）

**摘　要：**性别教育关乎儿童性别认知、性别行为等问题，同时也与性别平等、双性化教育等社会热点问题息息相关，但在性别教育实际实施的过程却存在许多问题。笔者以烟台市蓬莱区某幼儿园大班幼儿以及幼儿教师为研究对象对该园大班性别教育实施现状进行研究，采用观察法、访谈法等多种手段，针对性别教育的实施现状，总结性别教育实施过程中存在的问题，依据问题剖解制约幼儿性别教育的原因，以及根据大班身心发展特点和儿童认知发展水平并用双性化视角，提出了幼儿园真正重视性别教育、大班教师提升自身素质、建立有效的家园合作体系等有效策略。

**关键词：**性别教育；性别平等；双性化教育

## 一、大班幼儿性别教育实施现状

### （一）大班幼儿教师性别教育的意识与行为

该园大班教师是具有一定的性别教育意识的，但是由于自身条件以及后续没有性别教育相关培训经验的限制，存在与性别教育的真正目标相偏离的情况；在家园合作这一方面，该园大班教师都有与家长交流沟通的心向，但由于教师自身性别教育理论体系不健全以及家长不理解等种种原因导致了大班幼儿性别教育问题沟通不畅的局面。

### （二）幼儿园大班性别教育活动开展的实施现状

1. 有关性别教育的活动

（1）有关性别教育的教学活动。该园大班教师都有根据教材开展性别教育活动，知道让幼儿了解各自性别，知道各个器官的名称、如何保护爱护我们的器官，知道男女先天差别等等，这是值得肯定的，但是该园大班性别教育专题活动开展次数不多，教材中有要求的便开展相应教学活动，并不会进行拓展或组织性别教育主题活动日。

（2）有关性别教育的主题活动。在对该园大班主题活动的观察中发现仍存在性别刻板印象，在角色扮演游戏中存在给幼儿固定的性别角色，如男孩扮演爸爸、女孩扮演妈妈，且过分强化性别特征的现象。

2. 有关性别教育的书籍

经过实地调查研究发现，该幼儿园大班设置的图书角中的图书主要角色性别所占百分比为：无性别角色绘本占 40%，男性角色绘本占 35%，而女性角色绘本只占 25%。

3. 师幼互动的差异

在教育活动进行过程中，教师仍会出现因自身根深蒂固的传统观念对不同性别的幼儿进行差异对待的情况，在处理大班幼儿打闹问题时教师对于女孩子会更加苛刻，然而在处理男孩子打闹问题时教师往往更加容忍、包容。

## 二、大班性别教育中存在的问题以及原因分析

### （一）从幼儿园层面来看

1. 性别教育专题活动开展次数少。性别教育活动相比亲子活动以及其他类型的专题活动，显然更重视后者。后者开展专题活动更能在短时间内看到明显效果且能得到家长的好评反馈，性别教育活动对于家长来说过于陌生，若开展次数过多有可能引起争议。

2. 性别教育理念有待更新。在观察期间，当教学活动涉及性别教育时，该园的性别教育并没有达到性别教育的真正目标。在进行性别教育活动时大班教师往往也只针对性别教育的表面问题展开，并不会向幼儿科普自我保护的常识以及渗透双性化教育。

### （二）从幼儿教师自身素质来看

1. 教师性别教育的意识与能力欠缺 。该园大班教师性别教育意识缺乏主要有以下几个原因：第一，教师对性别教育理解不准确，错误地将性别教育看成单一的性别教育，认为讲清楚男女性别特点，强化性别界限就是性别教育的目标。由于传统性别观念的根深蒂固，导致了该园大班教师在明知道对待幼儿应一视同仁的前提下，仍在具体教学指导中存在性别差异。第二，在进行性别教育的过程中忽视了大班幼儿的主观能动性，为了凸显出性别差异，明确性别界限，盲目地根据自己对性别角色的理解，分配指导大班幼儿做出与传统观念相符的活动。第三，教师没有真正认识性别教育对于大班幼儿的重要性，对性别教育作用的认识仅停留在性别教育对大班幼儿是必要的。

2. 教师在性别教育活动指导中存在性别差异。教师在互动中对幼儿的评价会影响幼儿对自身性别的认知以及对于自身性别角色的自信，在相同条件下，教师对于不同性别的幼儿具有有差别的性别角色期待以及教育指导不知不觉中给幼儿造成人为的性别定位。

3. 教师间缺乏交流合作。教师间文化水平参差不齐，性别教育能力的高低完全靠教师自身的素质，没有适当的交流研讨就会导致在实施性别教育活动时一意孤行，教育方法单一。

### （三）从家园合作效果来看

性别教育能否实施的一个重要因素来源于家庭，父母对性别教育的看法、重视程度、教育方法都影响大班幼儿对于性别认知的构建。家长对于性别教育的实施往往没有科学的方法，完全依赖个人经验，对孩子性别发展易造成不良影响。

## 三、幼儿园大班性别教育改进策略

### （一）幼儿园真正重视性别教育

1. 开展幼儿教师性别教育培训活动。

第一，开展园内教师性别教育培训活动是关键。例如，可以定期组织性别教育专家讲座以及专家旁听的方式，让大班教师了解性别教育的真正目的以及科学性别教育的方法，将教师性别观念中的传统糟粕加以剔除。

第二，定期组织园内性别教育交流研讨活动，引导教师在合作交流中分享自己对于大班幼儿性别教育心得。在开展性别教育活动中也要根据儿童的认知能力和认知特点选取适合大班幼儿的教育内容与教育目标。

第三，通过系统培训引导教师在幼儿一日生活中抓住时机渗透对幼儿的性别教育，比如

在幼儿如厕问题上，大班教师可以相互交流自己是如何处理大班幼儿如厕问题的，例如引导大班幼儿说出自己的性别特征，从而借此机会教给幼儿自己各个部位的名称以及保护自己隐私部位的方法。

2. 教职工树立正确的性别平等原则。

第一，强化大班教育工作者的性别平等意识。例如，幼儿园可以组织大班教职工性别平等教育的相关演讲比赛，通过比赛来强化大班教育工作者的性别平等意识。

第二，提高大班教育工作者实施性别平等教育的行为能力。作为教育工作者在任何时候都要秉持性别平等的观念来进行一系列的性别教育活动，不能因为性别差异而对不同性别的幼儿有不同的要求和评价标准。

3. 在幼儿园环境创设中渗透性别教育。

第一，在物质环境的创设中教师要保证物品的投放在材料、数量、大小等方面要一致。例如，在大班户外活动中教师可以设计需要大班男生女生共同完成的游戏，保证男孩女孩在游戏标准和材料上一致，从而体现性别教育。

第二，在心理环境的创设上，该园大班教师也要避免性别刻板印象对幼儿带来的思维定式，根据大班幼儿身心发展特点进行环境的布置组合。

### （二）幼儿教师提升自身职业素养

1. 增强性别教育理论知识与实施能力

第一，本身专业知识匮乏的大班教师应该多向有经验的教师积极请教，在自身开展性别教育活动时可以采取慕课的方式加以记录和总结，进行教育反思。除此之外，应多看相关性别教育的权威书籍，网上查阅性别教育公开课，帮助自己树立正确的性别教育目标和方法。

第二，在实施性别教育的过程中，可以记录班内孩子提出的有关性别的问题以及同伴交往中所出现的排斥行为，善于观察了解每个幼儿的自身特点。对问题加以汇总后根据大班幼儿身心发展规律制定相关的活动环节，采用符合幼儿认知发展规律的方法，以开展性别教育相关活动的方式向幼儿呈现相关知识，增加自己性别教育方法的多样性。

2. 树立科学的性别发展观念

想要对大班幼儿进行理想化的性别教育，必须树立双性化的性别教育观念，所以对于教师来说，无论是专门性质的性别教育活动，还是渗透在幼儿一日生活中的性别教育活动，幼儿教师都应该始终坚持双性化的教育观念。

### （三）建立有效的家园合作体系

1. 帮助家长树立正确的性别教育观念。主动与家长进行沟通，引导家长了解性别教育，重视性别教育，帮助家长树立正确的双性化的性别教育观念，邀请家长参加园内有关性别教育的课程讲座，并定期进行家访。

2. 帮助家长寻找适合的性别教育方法。大班教师可以建立微信公众号或者微信群，定时向家长普及科学性别教育知识与教育方法，为家长提供合理的指导。此外，教师还可以定期整理家长的共同疑惑，联系园方邀请专家为家长答疑解惑，提高家长对幼儿教育的参与度。一方面，定期举行幼儿园开放日，让家长真正参与到幼儿一日教育生活中，拉近家长与教师的距离；另一方面，大班教师可以引导家长建立家庭档案袋，记录用自己学习到的性别教育知识与方法教育大班幼儿。

#### 参考文献

[1] 鲁向黎．论性别教育的必要性［J］．科教导刊，2011（11）．

[2] 戴莉．学前儿童性别教育的研究现状及其启示［J］．中华女子学院学报，2016（4）．

[3] 常洪，红秀敏．幼儿园教师性别教育观念现状研究 [J]．幼儿教育：教育科学，2008 (7)．

[4] 史静寰．现代西方女性主义的教育理论与实践 [D]．北京师范大学，2003.

[5] 丛中笑．浅析现代幼儿性别教育的基本问题 [J]．中华女子学院学报，2005 (4)．

[6] 董雪婷．学前儿童性别教育实施中存在的问题及对策研究——以 Z 市为例 [D]．江苏大学，2018.

# 聚焦儿童视角的幼小衔接实际探究

（杨洋　吉林省长春市汽开区杨柳幼儿园）

**摘　要：**在幼小衔接阶段，儿童对即将到来的小学生活有怎样的认识和需求，如何基于儿童视角科学开展幼小衔接工作，是值得幼儿园教师重新审视并深入研究的。本文立足儿童视角下探讨幼小衔接问题。通过多形式的自主表达、多渠道的心理疏导、多维度的实践体验等举措，为幼儿入学适应提供积极有效的精神支持。

**关键词：**儿童视角；幼小衔接；表达；疏导；体验

儿童是积极主动的学习者，是幼小衔接活动的直接体验者，儿童视角是其生活世界中独有的经验、感知和理解。立足儿童视角的幼小衔接活动，要尊重儿童发展的自然规律回归儿童的经验、感受和内心，关注儿童自身的需求，倾听儿童，尊重“儿童的话语权”，关注他们需要成人给予哪些支持和帮助，鼓励他们提出自己解决问题的办法，并以此为依据，寻找、发现入学准备的教育契机来回应儿童。为此，本文从这些问题切入，尝试解决幼儿内心的种种困扰并给予及时的疏导，为幼儿入学适应提供积极有效的精神支持。

## 一、给予“话语权”，鼓励多形式的自主表达

“儿童有一百个想法，一百种语言。”教师应该以幼儿为主体，询问幼儿：对于即将上小学有着怎样的想法？如何认识小学以及小学生？需要教师给予怎样的支持和帮助等，即给予幼儿真正的话语权，提供多形式表达的契机，进而让他们在表达中进行“倾诉”。

### （一）开展“问卷调查”

为了解幼儿对于上小学的真实想法，教师设计以“我的期待与担忧”为主题的调查表，让幼儿在家长的引导和陪伴下，对这部分内容“发声”，如在“我的期待”一栏中，有的幼儿说：“上小学可以像哥哥姐姐一样戴上红领巾。”还有的说：“上小学可以学到很多本领。”而在“我的担忧”一栏，教师也“倾听”到幼儿不同角度的担忧：“我担心考试0分，会被教师和爸爸妈妈批评。”“我担心上学迟到了，会被教师批评。”“我担心上小学作业太多做不完。”“我担心上学路上会迷路”。通过调查发现，幼儿除了有热切期待上学的愿望外，也有许多担忧。

### （二）创设“心情互动墙”

通过与“心情互动墙”的互动，让幼儿将自己对上学的内心感受表达出来。在“心愿卡”上，教师发现幼儿对上学的期待几乎是相同的，如很多幼儿都表达出“成为小学生能学到很多知识、很能干”的自豪感，而对于“内心的担忧”，却大相径庭。

### （三）设置“私密帐篷”

在无人管辖的空间里畅所欲言，是幼儿热衷的表达方式之一，能够为幼儿自由自主的表达营造安全的体验。为了让幼儿更多地表达自己对上学的认识与期待，教师精心设置、提供“私密帐篷”。每天都会有幼儿相互邀约进入私密空间，相互交流自己的想法。有的幼儿提出，如果小学教师批评他们，他们就到幼儿园的帐篷里来玩；有的幼儿提出，可以给教师和

好朋友写信等。

### （四）借助图画表征

由于幼儿年龄小，其书写及表达能力有一定的局限性。图画表征是幼儿表达外界事物和内心想法的一种重要方式。在幼小衔接阶段，教师可引导幼儿用图画表征这种艺术方式表达内心的感受与想法，促进幼儿与教师、幼儿与同伴间的交流，教师也能更好地理解幼儿、读懂幼儿，了解幼儿内心的需求。如通过“心情贴纸”等形式，鼓励幼儿用绘画、符号等自己喜欢的方式，表达入学前的困惑、担忧与期待等各种情绪和需求，从不同角度表达内心的真实声音。

## 二、关注“担忧”，采取多渠道的心理疏导

从上述幼儿表达中发现，对于即将到来的小学生活，幼儿有对自身成长的渴望，有对全新环境的期待，也有对学业成绩、生活适应以及同伴关系的担忧。幼儿作为幼小衔接的实践者，他们的视角是独特且现实的。作为成人的教师，要关注他们的内心世界，并通过多种方式，给予他们面对困难的勇气和解决问题的信心，鼓励和引导他们用自己的方式及时疏泄消极情绪，积极寻求解决问题的方法，化解担忧。教师可采取以下几种心理疏导方式。

### （一）探讨式疏导

探讨式疏导指教师引导幼儿共同围绕他们提出的“担忧”展开讨论，集思广益，寻找解决问题的办法，以消除心中的不安。在与教师和同伴的探讨交流中，幼儿能够学习从不同的角度思考问题，知道解决问题可以有很多方法，从而缓解、降低心理压力。教师将幼儿提出的问题反抛给他们，引导他们积极思考，与同伴合作讨论，不仅能帮助幼儿提升学习经验，也能有效解决问题。通过探讨式疏导，打消幼儿心中的顾虑。

### （二）共情式疏导

共情也称为同理心，即从他人的角度出发，理解他人。共情式疏导是指教师或幼儿对幼儿同伴发出的心声或行为表示理解并接纳，使其正视自己的担忧，减轻情绪困扰。当幼儿和同伴一起想出解决担忧的办法时，教师以“有担忧很正常，只要我们勇敢面对，一起想办法，就能解决我们的担忧”进行回应，在共情的同时，鼓励幼儿勇敢面对担忧。此外，教师还可以通过认真倾听幼儿讲话、换位思考、复述幼儿感受等形式回应幼儿，与幼儿共情。

阅读图画书也是共情式疏导的途径之一。图画书是幼儿了解世界、认识社会、感知情绪的一个重要载体，它以独特的儿童视角，反映和贴近幼儿的心理，帮助幼儿更好地看待问题。幼儿在阅读时，往往能感受到与图画书主人公相似的情绪体验，进而产生情感共鸣，在共情中接纳、疏导自己的情绪，也从中学会解决问题的办法。

### （三）移情式疏导

幼儿对即将到来的小学生活产生负面情绪时，移情式疏导可以帮助幼儿转移注意力，缓解负面情绪。移情式疏导是指通过鼓励引导、沟通交流、结交朋友或做一些自己喜欢的事等形式，引导幼儿转移注意，从而收获愉悦的情感体验。当幼儿对入学提出担忧时，教师可采取转向正能量话题的方式给予疏导。如在主题谈话中，面对幼儿的种种担忧，引导幼儿畅谈对小学生活的期待；定期邀请小学生来园交流、鼓励幼儿与小学生交朋友，激发他们对小学生活的信心和向往，使不良情绪、担忧在移情中得到疏导。

## 三、创设“实习场”，提供多维度的实践体验

科学的幼小衔接，是一个全面适应的过程，包括身心健康、生活准备、学习准备和社会准备。只有做好身心全面的入学准备，幼儿才能更加顺利地过渡到小学阶段。“直接感知、亲身体验和实际操作”是幼儿获得感性经验的重要方式。教师要为幼儿创设小学生活的“实习场”，提供多维度的实践体验，帮助幼儿丰富认知，积累经验，强化适应体验，培养良好的学习品质、生活习惯和适应能力，从而化解担忧，做好入学准备。

### （一）场景化实践

场景化实践是指教师为幼儿创设一个拟真的活动、游戏场景，让幼儿身临其境，有较真实的实践体验。场景化实践能在拟真的场景中激发幼儿兴趣，引发他们在活动和游戏中主动参与实践，使其身心获得真实的体验，从而将亲身经历内化为自身经验。例如，在班级设置“小学生活体验区”，模拟小学座位摆放形式，指导幼儿在游戏中学习整理书包、系红领巾等。开展“一分钟挑战”“体验课间十分钟”等游戏，让幼儿在真实体验的过程中，感受时间长短，学会科学合理安排时间，逐步建立良好的时间观念。

### （二）生活化实践

“幼儿的学习是以直接经验为基础，在游戏和日常生活中进行的”。教师要创设丰富的教育环境，支持和满足幼儿通过直接感知、亲身体验和实际操作获取经验。丰富的生活经验能提升幼儿的适应能力，增强幼儿的自我认同感，为幼儿进行理性思考和科学系统的学习打下基础。例如，立足幼儿对入学生活自理和承担值日生等工作的担忧，引导幼儿学习分类整理个人用品，自己的事自己做，养成良好的行为习惯：每天开展“小小值日生”活动，提升为他人服务的意识和能力；通过完成一些小任务，如填写“调查表”、准备一次“班级播报”活动等，培养幼儿的任务意识和责任意识。此外，教师还可以与幼儿共同商讨、制定班级公约、活动规则等，引导幼儿将各种规则逐步内化为自律行为。

### （三）互动化实践

互动化实践是指教师充分创造活动的机会和条件，引导幼儿在个人之间、群体之间，通过语言或其他手段进行互动交往与实践体验，促使幼儿在身心、学习、生活、社会等方面做好幼小衔接准备的过程。在互动性实践中，教师要以平等宽容的心态追随幼儿，支持和鼓励幼儿，促进幼儿自主学习、主动发展，并形成良好的同伴关系和社会交往技能。例如，基于幼儿对入学社会交往方面的担忧，通过混班游戏、大带小游戏、“采访小学生”等活动，为幼儿创设条件，引导幼儿认识新朋友，学会和同伴分享合作。

综上所述，教师应关注儿童的视角，珍视儿童的声音，重视儿童的成长，通过多形式的自主表达、多渠道的心理疏导、多维度的实践体验，合理开展幼小衔接工作，为幼儿入学适应提供支持。

### 参考文献

［1］［美］卡洛琳·爱德华兹，莱拉·甘第尼，乔治·福尔曼．儿童的一百种语言［M］．尹坚勤，王坚红，沈尹婧，译．南京：南京师范大学出版社，2014：154，69—70.

［2］钱志亮．入学早知道：儿童入学必备的八种技能［M］．北京：北京师范大学出版社，2011：278—279.

［3］李季湄，冯晓霞．《3—6岁儿童发展学习与指南》解读［M］．北京：人民教育出版社，2013：315，288.

# 从“形”到“意”：基于项目活动培养幼儿文化自信新路径

## ——以大班“有趣的中国字”项目活动为例

（丁玉婷　杭州市安华幼儿园）

**摘　要**：中华文化源远流长、博大精深。汉字是中华文化最为显著的文化象征符号。汉字作为一种文化元素，本身就是中国优秀传统文化中的典型象征，是培育幼儿文化认同感、归属感的重要载体。本文以大班“有趣的中国字”项目活动为例，以象形字为载体，根据幼儿的认知发展特点，通过在玩中学、学中玩的方式，培养幼儿对于符号、文字的敏感性，促进大班儿童的认知发展、社会性发展、早期阅读能力的发展、客观知识经验的增长，同时迎合全球化背景下筑牢中华民族共体意识，促进中华文化认同、文化自信的要求。

**关键词**：项目活动；文化自信；新路径；有趣的中国字

## 一、《有趣的中国字》项目活动开展的必要性

### （一）符号、文字对于幼儿入学准备有着重要意义

《3—6岁儿童学习与发展指南》中指出：幼儿“对生活中常见的标识、符号感兴趣，知道它们表示一定的意义”，之所以强调幼儿对于符号、文字的兴趣和敏感性，其根源在于儿童自身的发展规律与认知特使5—6岁的儿童对符号与文字具有特殊的敏感性。除此之外，儿童对于符号、文字的兴趣与敏感性很大程度地决定了儿童早期阅读能力的发展。因此要培养儿童对于符号、文字的兴趣和敏感性，必须将符号、文字作为一种与儿童经验密切相关的现象加以关注和理解。

### （二）象形字的构字特点与幼儿的认知特点相符

象形字作为一种具有“画成其物”象形特点和镌刻中华文化基因的文字样式，它们带有图画的性质，大班幼儿对图书和生活情境中的文字符号感兴趣，以汉字主题为线索，让幼儿在写写画画的过程中体验文字符号的功能，培养前书写兴趣，既符合其现实生活和游戏的需要，也是幼儿早期阅读能力发展与幼小衔接的一部分。此外，汉字作为当今世界上仅存的形、音、义相结合的语素文字，蕴含了丰富的幼儿教育资源。

### （三）象形字是对幼儿进行爱国教育，弘扬中华文化的重要载体

汉字的起源、演变负载着中华民族的悠久历史，汉字的结构规律、造字方法有其独特的文化意蕴，书法艺术中蕴含着“方块字”独有的审美价值和艺术魅力，具有幼儿社会、语言、艺术教育等多个领域的教育价值。因此，以“有趣的中国字”项目活动作为中华传统文化认同教育的切入点，贴近幼儿的生活和年龄发展特征，契合幼儿园课程的整体性特点。象形字作为表达汉语音义结合体的表意文字，是中华民族传统文化思想最为凝练的物化形态，是实现爱国主义文化认同教育的适宜载体。

## 二、《有趣的中国字》项目活动开展的策略

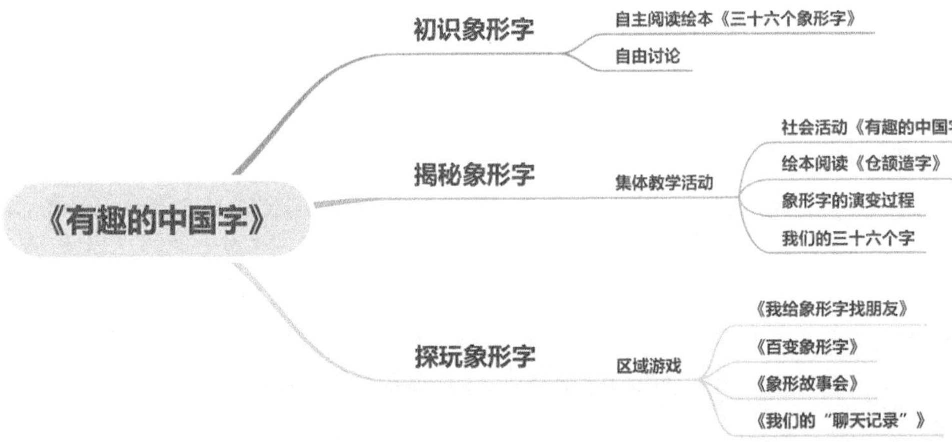


图1　项目活动开展路径

根据本班幼儿年龄特点及认知水平，《有趣的中国字》班本课程将从初识象形字、揭秘象形字、探玩象形字三个板块来开展，具体操作如下。

### （一）初识象形字，激发兴趣

一天餐后阅读环节，《三十六个字》引起了幼儿的注意。“这本书上面的字跟其他书上的字不一样，这是什么意思呢?”“这个中间高，两边矮一看就是山，它肯定代表的是山的意思。”“这本书的名字我认识，他叫三十六个象形字。”“什么是象形字呢?”“象形字到底是什么?”从幼儿激烈的讨论声中，我发现他们在自主阅读绘本的时候，对绘本中的文字已经有了一定的概念，会关注到新投放绘本上的文字与其他绘本上的文字形象不一样，并大胆地表达自己的猜测与意见。由此可见，幼儿对象形文字有着浓厚的兴趣，教师鼓励幼儿自己提出问题、表达自己的想法，初步体验汉字的图形特征，感受其形象性表、意性等特点。

基于儿童的兴趣，我们认真分析了此次课程开展的意义与价值。我们认为象形文字的特点和大班幼儿的年龄特点不谋而合。为了让幼儿更多地了解中国字的起源和发展史，在字、图、形的多种游戏中激发学习文字的兴趣，萌发身为中国人的自豪感，作为教师我们应关注幼儿的需求与最近发展区，结合相关理论搭建主题支架，让幼儿得到实实在在的发展。

### （二）揭秘象形字，加深理解

带着对象形字的疑问与好奇，我们借助集体教学活动《有趣的中国字》和绘本阅读《仓颉造字》为幼儿揭开象形字“神秘的面纱”。跟随着仓颉造字的故事，幼儿了解了中国的汉字起源，并对中国字的发展历程赞不绝口，还对祖国产生了崇拜之情。幼儿初步感知了汉字的发展变化等，他们对象形文字产生了浓厚的兴趣。通过再读《三十六个字》，幼儿对里面象形字的认知进一步加深，能够很快说出画面上的象形字是什么意思了。他们以小组合作的方式优化介绍内容，大家决定结合象形字的特点和汉字起源，创编汉字连环画，分小组制作属于“我们的三十六个字”。

以幼儿的兴趣为线索，从汉字的起源、特点开始，通过个人与小组的表征、创造、表达，幼儿在潜移默化中感受汉字文化的演变历史，了解汉字是中国人的代表性文化符号。活

动过程渗透着爱国主义教育中的文化认同教育幼儿持续地参与情感和思维的投入程度尤为关键，在此基础上形成的熟悉感、归属感是爱国主义情感教育启蒙的重要基础。

### （三）探玩象形字，体验快乐

游戏1：我给象形字找朋友

我们在语言区为幼儿提供了图片、象形字和现代汉字的操作材料。随着游戏难度的升级，幼儿也越来越专注，不仅要找到对应的“朋友”，还要说一说为什么。在幼儿游戏过程中我们发现幼儿配对的顺序一般是图片、象形字再到文字。在幼儿的认知中，他们对于图片的识别更加直观，其次是象形字和现代汉字，这的确符合幼儿年龄特点，因此，象形文字在幼儿对文字的经验获得中起着非常重要的作用。

游戏2：百变象形字

区域游戏时，幼儿会用积木摆出小羊的触角和身体，用磁力片摆出树木的样子，等等。有的还甚至用身体摆出象形字。手拉手、脚对脚，幼儿用身体创造着不同的象形字。幼儿在游戏探索过程中，自主合作、探索、体验象形文字带来的乐趣，共同寻找更多象形文字的奇妙之处。

游戏3：象形故事会

随着对象形文字的认识越来越深刻，幼儿开始用象形文字创编故事。以前的故事都是通过绘画场景来表达，这一次幼儿用简单的象形字也创编出了精彩故事。书写绘画并讲述象形字的故事，是基于幼儿对于象形字的理解之上的。从刚开始的认识，到理解再到运用融合，象形字对于幼儿越来越熟悉，印象在不断地加深，在重启“象形字”的路上绘下了深刻的一笔。幼儿对文字的认知兴趣日益高涨。

游戏4：我们的“聊天记录”

幼儿园的生活活动、物质环境等都是重要的隐性课程资源。随着《有趣的中国字》项目活动的持续推进，幼儿又有了新的想法——大人可以用手机微信打字、发表情图片，我们能不能也有一部这样可以随时聊天的“手机”呢？大家参考生活中卷纸的做法，用卷轴和绘画白纸在班级走廊制作了一个可滑动的微信聊天界面。幼儿用班级的“手机”微信聊天，聊天界面常常有文字，有代替文字的图画，还有他们自己绘制的独有表情包。

将幼儿个性化的符号表征方式作为同伴互动和环境创设的素材，让幼儿进行持续性的表征、交流，能在潜移默化中调动他们的已有经验、建构新认知，将个体经验转化成集体经验。

## 三、《有趣的中国字》项目活动开展的成效

### （一）激发与培养了幼儿对于符号、文字的兴趣与敏感性

大班儿童本身正处于“汉字敏感期”，他们自然而然地表现出对汉字异于其他年龄段的兴趣。通过初识、揭秘、探玩象形字，我发现他们对于汉字的关注点发生了变化。幼儿原来对于汉字的兴趣停留在这个字念什么什么意思，但是很少有人帮他们分析这个字的背后的含义。为什么会这样？通过《有趣的中国字》项目活动的开展，孩子的提问方式发生了明显改变，他们急切地想知道汉字的原型和各种原型组合的含义。

### （二）促进儿童客观知识经验和技能的增长

每一个汉字都有其文化背景，向人们展示了一段历史、一种行为、一个科学原理等，这对于儿童而言是学习各种知识的不二选择，是了解中国历史与文化的有益资料。《有趣的中国字》项目活动的开展，使儿童的知识面明显得到拓宽，并且能够将所学运用到实际生活

中，已有的经验认识也得到深化。

### （三）加深了幼儿与中华优秀传统文化之间的联系

通过《有趣的中国字》项目活动的开展，幼儿“由内而外”地感受着中华文化的博大精深。比如，在揭秘象形字板块，当幼儿了解了汉字的起源与发展，他们不禁发出感叹，一种对祖国文化崇拜之情油然而生，对身为中国人而感到骄傲。

在幼儿园开展传统文化教育是十分必要的，幼儿无须对传统文化进行系统的掌握，但可以在传统文化的浸润与熏陶中成长，让他们成为打上民族文化“底色”的人，逐渐形成对中华文化的自信与认同，做小小文化“传承者”。

### 参考文献

［1］教育部．幼儿园教育指导纲要（试行）［M］．北京：北京师范大学出版社，2001.
［2］周兢．幼儿园早期阅读教育研究的新进展［J］．幼儿教育，2009（12）：14—18.
［3］刘志基．汉字文化综论［M］．南宁：广西教育出版社，1996.

# 高质量背景下幼儿园班本课程实施的探究
## ——以项目课程《吃饭香，长得棒》为例

（马勉华　河源市紫金县城南实验幼儿园）

**摘　要：**项目式学习方式是一种引导幼儿自主“计划—行动—观察—反思—评价”螺旋循环步骤，是探索教育内容的一种学习方式，是实现幼儿综合能力发展的基本途径，是支持幼儿主动学习的有效方法。现阶段的班本课程创设中还存在诸多问题，如缺乏追随幼儿视角以及有效的支持、缺失主体支持幼儿等，这些问题的存在导致了幼儿难以在课程中得到提升。在这时以项目式方式支持班本课程，是一种引导幼儿去自我探索、发现与完善的课程。它用探究线索代替了固定教案，发现更多转瞬即逝的美好瞬间和更自由的教育可能性，本文便是以《吃饭香，长得棒》为例开展幼儿园项目式班本课程的实践研究。

**关键词：**项目式；班本课程；食谱

遵循陶行知先生倡导的“生活即教育”理念，我们充分利用身边最真实、丰富、淳朴的资源，让幼儿在“真生活、真情境、真实践、真体验”中获得“真学习”。吃饭是幼儿获得身体健康的主要方式，但是近期我们发现我园幼儿经常出现挑食等现状，以此为线索我们开展了项目式导向下的班本课程活动，以下为具体课程实施研究。

## 一、课程驱动——幼儿园项目式班本课程的开展缘起

《幼儿园教育指导纲要》中健康领域曾指出：“教师要帮助幼儿了解食物的营养价值，引导他们不偏食不挑食、少吃或不吃不利于健康的食品。”因此，为了保证幼儿的身体健康，我们从幼儿的进餐情况入手，进行了现状统计，我们发现幼儿偏食现象严重。不喜欢的原因也是多种多样，有的幼儿觉得，蔬菜的气味有点难闻，有的幼儿觉得蔬菜的味道怪怪的，还有的幼儿觉得蔬菜口感太清淡等，总之存在不良的偏食现状。基于此教师拟定开展《吃得香，长得棒》项目式班本课程的实践研究。通过一系列的活动增强幼儿对食物的感情，引导幼儿自主了解食物营养，设计食谱，最终养成不挑食的习惯，与各类食物之间建构起一种和谐的关系。

## 二、识别问题——以往项目班本课程中存在的问题

项目式班本课程的开展是由幼儿经验和兴趣而产生的。以往教师虽然已经有利用项目式相关理念开展课程活动的意识，但很多活动大多还是由“教师”输出，幼儿“被动”接受，理念与实际始终结合不够紧密。基于此我融合生活课程论对班本课程重新做了梳理与研究，在关于《吃得香，长得棒》班本课程中创设出以调查、认知、操作为主的生活课程实践体系，满足幼儿对班本课程内容多感官、全方位认知的需求，助力孩子综合能力发展。

## 三、课程生成——幼儿园项目式班本课程《吃得香，长得棒》实施策略

围绕本文中项目式班本课程的开展，我们拟定引导幼儿的自我探索与实践，发现与完善。在具体实施中，教师要从幼儿的生活经验和已有知识认知结构出发，联系幼儿在项目式

班本课程开发中遇到的实际问题进行活动的优化及设计。教师要注意与幼儿共生课程，注重幼儿通过亲身经历、实际感知来获取相关的体验和知识的获得，注重幼儿问题生发的瞬间与给予支持的方式，落脚儿童视角不断生成课程相关活动，具体有如下几个方面。

## （一）问题式驱动：识别“吃”秘 探食营养

《幼儿园教育指导纲要》曾指出：“幼儿园课程内容既要来源于幼儿生活中感兴趣的事物，又能够拓宽幼儿的视野及生活经验。”因此，项目式班本课程实施中，当教师发现幼儿对周边生活中有感兴趣的内容点时，就要寻找幼儿身边的多种资源，为幼儿创设班本课程活动，支持幼儿在玩中学习，满足“玩”是幼儿的天性特点。具体实施中尝试将幼儿的兴趣、需求与探索内容进行融合嫁接与支持，吸引幼儿参与到班本课程之中，自主自发地探索教学内容，引导幼儿逐渐理解课程。

例如，在班本课程《吃得香，长得棒》开展中，幼儿不理解为什么要什么都吃，食物的营养究竟都有什么，教师便请幼儿先参观幼儿园的食谱，再回家和家长讨论结合平时吃的每餐开展了拍照打卡活动，最后邀请育儿保健医生来讲解营养食谱构成，制作成了“食物金字塔”。由此引导幼儿进行观察并讨论“食物金字塔”中有哪些食物，它们是怎样分布的。说说哪些食物应该多吃些，哪些食物应该少吃些。“食物金字塔”里有米饭、面包、水果和青菜，还有鸡蛋和牛奶、糖果、鱼、肉、鸡腿……就这样我们带幼儿认识了金字塔中每一层的食物，并了解五谷类的食物含有热量，可以使身体有力气，肉类食物中含有脂肪，蛋白质，可以补充身体的能量；蛋奶类食物中含有大量的钙，可以使牙齿骨骼强壮，蔬果类食物中含有维生素，有助于我们的消化，没有一种食物能够提供人体健康所需的全部营养。同时，我们请幼儿将金字塔做了分层，分成了“胖胖金字塔”“瘦瘦金字塔”“健康金字塔”。引导幼儿了解吃哪些会发胖，吃哪些会营养不良，最终找到食物吃法的最佳搭配。

## （二）探究式剖析：食谱认知解决现状

启发幼儿的自主深入探索问题，是项目活动进行过程中关键的一步。在项目活动中教师将问题转化为更深层次的关联性问题，对幼儿进行启发，引导幼儿分析及思考问题，帮助幼儿着眼于探究事物之间的关系，发现现象产生的原因、规律等更深层的信息，并联合家长、绘本、周边环境等多种资源，引导幼儿进行探究，对幼儿深度学习有重要的价值及作用。

例如，在本次《吃得香，长得棒》课程中幼儿最大的问题是挑食，那么怎么解决挑食的问题呢，教师从认知食谱—设计食谱—宣传食谱的三个环节中，引导幼儿深度解决了这个问题。

1. 剖析现状——认知食谱

在了解了食物的营养价值后，我们请孩子谈论了自己挑食的原因。

“我一点也不喜欢吃蘑菇。吃它我会想吐，为什么要加蘑菇啊?”

“我一点也不喜欢吃木耳，我每次吃都感觉到很噎!”

“为什么非要吃这些啊?”

“因为食谱里面有啊?”

食谱是什么？这个问题引起了班级小朋友的好奇心。我们找到了幼儿园里的食谱，在观察的时候、教师带着幼儿探究其中的秘密。

通过讨论，小朋友知道了幼儿园食谱是告诉大家一周吃什么的菜单。

讨论过程中豆豆提出了一个困扰她许久的问题：“那是谁决定食谱的啊？可不可以让他不要煮蘑菇?”

豆豆的这个问题很快引起了个别小朋友的共鸣和其他小朋友的思考。经过询问园长、厨房阿姨、保健医生后，我们了解到不同食材中的营养成分，以及如何搭配更健康。幼儿也准备结合这些经验自己设计食谱，跃跃欲试地准备着。

2. 解决问题——设计食谱

怎么设计食谱呢？为了快速解决幼儿的未知，教师从以下几个问题入手进行了设计食谱的驱动活动：

(1) 制定食谱需要哪些步骤呢？

小A：首先要了解怎么制定食谱。

小B：要了解一下各种食物的特点和营养，看怎么搭配。

小C：需要画一个食谱，把菜名都画下来或者写下来。

(2) 食谱要包含哪些信息呢？

小D：要包含今天吃的菜名，还要有早饭、午饭和晚饭这样的分类。

小F：食谱上有每天吃的所有东西，比如，有鸡蛋、青菜，还有盐和油。

(3) 如何制定出所有人都喜欢的食谱呢？

“可以问问小朋友都喜欢吃什么，然后按照小朋友的喜好来制定食谱。”

“可以我们自己来画食谱，最后综合到一起!”

结合讨论与黄金金字塔的经验幼儿总结出了食谱设计的三个定律“荤素搭配”“多吃蔬菜”“粗细搭配”，教师为幼儿提供了绘本、动画、各类型食谱等资源，幼儿结合这些综合的经验，在自由讨论的环节后，以小组的模式根据自己的喜好，定制了属于自己的一份菜单。在制作后进行了菜谱的展示，并进行了调整。

3. 深入问题——宣传食谱

结合食谱的设计我们请幼儿开展了食谱宣传活动，让幼儿根据已有经验对食谱进行简单的介绍，并进行食谱海报的设计与午餐活动后小话筒的播报。引导其他班级幼儿知道要做到合理膳食，哪些食物适量吃，哪些食物要少吃。在这个过程中让幼儿关于食谱的经验更加丰富。

### (三) 趣味性拓展：食物多玩 拓展课程

项目式学习注重幼儿的深度学习，基于此，教师要给幼儿操作的机会，帮助幼儿在操作与游戏中深度地解析与了解“食物”，寻找关于食物的更多价值，品味食物的多元价值。在幼儿操作的过程中，教师要将幼儿作为游戏的主体，承担支持者与引导者的角色。既要在幼儿无法进行活动时进行介入，又要把握尺度不让幼儿丧失对活动的兴趣，坚持以“幼”为主，以“师”为辅的原则，让幼儿在操作中深层发现食物的秘密。

## 四、结语

以上便是项目化课程《吃得香，长得棒》开展的全过程。在活动开展中，教师通过小小的食物，萌发了幼儿对于课程内容探索和体验的欲望，进一步深挖幼儿的好奇心和探索心。当教师追随幼儿的脚步时，从幼儿的视角中，收获一群善于发现、乐于表达、忠于探索的儿童观。这便是幼儿在理解课程视角下的教育实施中成长最理想的样子，它改良传统的预成课程，使教师预设的教育活动走向“生活”、走向“开放”，走向幼儿的需要与发现。

### 参考文献

[1] 姜靓．班本课程中的“玩”与“学”——浅谈班本课程与游戏活动的融合［J］．当代家庭教育，(33)，87—88.

[2] 钱敏．“筝”奇斗艳，快乐翱翔——小班风筝班本活动初探［J］．山西教育（幼教）(10)，64—65.

# 项目活动促进家园合作有效性的探究

（赵博茹　郭欣　河北省石家庄市桥西区瑞特幼儿园）

**摘　要：**家庭是幼儿园重要的合作伙伴。放手让幼儿游戏，支持幼儿在自主的游戏中获得身心健康和谐的发展，是幼儿园和家庭共同的责任。我园以“真游戏、真教研、真教育”为宗旨，以自主游戏为载体，将项目式学习方式与安吉游戏理念相融合，不断树立正确、科学的育儿观。项目活动能让家长在主动参与中完成觉知—反思—调整—自我完善，让家长在形式多样的体验和丰富有趣的活动中感悟和理解游戏对幼儿发展的重要意义，并主动支持幼儿的游戏，和教师一起成为维护幼儿游戏权利的“同盟军”。

**关键词：**项目式学习；家园共育；合作

## 一、吸引家长“进来”——达成教育价值的合力

项目式学习活动强调以幼儿为主体，鼓励幼儿主动学习。家长作为幼儿成长过程中最重要的陪伴者，其观念的转变尤为重要。项目式学习活动中的“家长参与”不仅仅是指参加学校的活动，它更应该引导家长主动担当维护幼儿游戏权利的责任，将有效地推进幼儿园项目式学习活动的开展。

根据幼儿兴趣，教师与幼儿确定了项目活动内容。教师通过发放告知函、家长会等形式，让家长知道师幼是如何确定项目主题的，家长可以提供哪些支持，将项目问题延伸到家庭中。鼓励家长和幼儿一起收集资料，让幼儿在和家长一起寻找、选择、设计、制作的过程中，增强主动参与活动和学习的积极性。

| 项目活动中教师这样做 | 家长会（讲述项目主题） |
| --- | --- |
| 教师的目的 | 用家长会的方式向家长讲述项目进程，帮助家长了解项目的内容和行进过程，期待家长的认同和支持 |
| 幼儿的发展 | 幼儿可以在家中也围绕项目问题进行探索，持续性的学习有助于增强幼儿的学习兴趣，探索欲望 |
| 家长的发展 | 吸引家长了解项目内容，为后续支持幼儿的活动打下基础 |
| 项目的推进 | 存在于在项目式学习活动的第一阶段，是项目活动的基础 |

## 二、指导家长“会看”——学习读懂儿童的能力

项目化学习活动具有连续性，不是一次性的表演、观摩、展示活动，而是以一个主题为核心，通过一系列的子活动或者阶段性成果来推动活动的深入开展，让学习真实发生。在这个过程中，家长的持续深度参与，能够更好地促进幼儿发展。

项目式学习活动中的教师在日常教学活动中会以观察、记录、谈话与聆听作为主要的教育教学方式，这些既是与幼儿交流、沟通的教学方法，又是研究幼儿、了解幼儿的途径。教

师希望通过开放活动、亲子活动等让家长亲身体验，这将会大大改善家长认为自己不了解儿童、不知道要如何与孩子交流、不明白孩子到底在想什么的家庭教育误区。

| 教师做了什么 | 邀请家长参与教学（家长开放日）（项目实地探访） |
|---|---|
| 教师的目的 | 让家长在教学状态中直接感知项目式学习活动的特点和价值，并能直观感受到孩子在其中的发展，同时也能利用家长的专业资源 |
| 幼儿的发展 | 有父母参与的课堂学习对儿童的情感、精神等方面都有积极正面的影响 |
| 家长的发展 | 直观体验项目式学习活动的实施，有利于家长明晰活动如何培养幼儿的各种能力 |
| 项目的推进 | 适用于在项目式学习活动的第二阶段，是项目活动的核心 |

在项目式的学习活动中家长究竟应该扮演什么角色？家长应该是教师的合作伙伴，家长不仅需要向教师咨询教育意见，更应该是主动的。在各种项目式学习活动中，家长作为“专家”被邀请进入课堂，家长的专业技能和知识得到教师群体的承认。有的时候家长因为工作的关系可以为幼儿提供各种校外实践活动，成为教育辅助资源。家长如果带有观察儿童、研究儿童的理念，也将能够为幼儿教育工作提供服务，与教师共同承担教育子女的责任。

## 三、给予家长“成果”——坚定欣赏鼓励的共育

项目式学习活动中的教师经常会记录儿童在项目中的点点滴滴，从“一对一”的倾听中走近孩子，了解他们内心的真实想法，经常会利用碎片化时间进行一对一倾听记录。例如，晨间自主活动、午饭后、游戏活动后，运用“一对一倾听与记录”，在尊重幼儿个体差异的同时将主动权还给幼儿，倾听他们的真实表达和声音，给儿童提供关于他们所说所做的具体可见的“记忆”，为下一步学习提供起点。同时也为家长提供详细的信息而记录，让他们知道学校在进行什么，从而获得家长的反馈和支持。

| 教师做了什么 | 分享幼儿成果（分享幼儿作品、建立幼儿成长档案、倾听幼儿项目呈现） |
|---|---|
| 教师的目的 | 让幼儿了解自己，成为有觉知的学习者。让家长从各个角度了解自己的孩子，为孩子的努力而自豪。保留教育痕迹，为项目式学习活动积累资料，形成反思 |
| 幼儿的发展 | 幼儿可以不断阅读，反思，成为一个深入思考者，为后继学习打下基础。 |
| 家长的发展 | 能够从教师分析的角度去思考儿童学习的价值，从而反观自己的教育行为。从儿童呈现的角度思考儿童的成长，为孩子的努力而自豪。 |
| 项目的推进 | 适用于在项目式学习活动的第三阶段，是项目活动的推进 |

教师通过观察法、问卷调查法、作品展示法、测试和测量等手段，运用文字、图片、视频、家长调查问卷、标准化测量工具等实施方法，对幼儿身体发展、语言表达、社交情感、艺术创造和科学探索等五大领域的综合性发展进行评价。从而帮助教师了解每个幼儿在不同

领域的表现和进步，包括：评价幼儿语言运用的能力；与人交往时沟通的技巧、友善与合作；身体协调和运动技能的发展；艺术的表达和创造能力；对自然、科学的探索能力等。

教师对幼儿行为进行注解和分析是最富有挑战性，最需要在智力和情感上积极投入的。需要教师群体调动自己的敏锐洞察力与专业分析能力。只有在记录中的分析可以使教育工作者更加关注儿童的发展，更加了解儿童的思维过程和学习方式，在与家长沟通时，不至于只是简单陈述孩子的活动。因为只有思考性的对话，才能持续深入，才能更加激发双方的思考与合作，这也是我们所期望的更有内涵的家园合作方式。

## 四、形成家长“特色”——打造儿童幸福的世界

在家园同步的教育过程中，家长通过线上“项目式自主游戏家长说明会”，以及每日教师分享幼儿在自主游戏中的“游戏瞬间”“游戏故事”“游戏表征”等解读项目式化的自主游戏教育理念、形式以及对幼儿发展的意义和价值，逐步重视幼儿社会性发展，理解游戏、认同游戏、支持游戏。通过与家长的沟通，使家长了解到项目本身源于一个真实的问题。在解决这个大问题的过程中，通常还会遭遇许多小问题，从而形成问题链。因此，完成项目游戏的过程就是对幼儿解决问题能力的不断挑战和训练。在项目化游戏实施中由一些发散性的问题，引导幼儿自己去发现问题，自己提问，互相提问。只有幼儿自己提出问题，才会激发他们想要解决问题的主动性，从而提升其自主学习能力和经验迁移能力。使家长了解到项目式游戏活动中教师通过运用多维表征，帮助幼儿明确任务。

无论教师用何种教育方式，何种方式的家园合作，最终的目的是要读懂儿童，提升孩子的生命质量和幸福感。总而言之，在项目式学习活动中，教师与家长秉持共同的教育目标，一起思考、分析、商议，出谋划策。教师用自身专业素养对儿童进行深入理解和分析，如此才能真正让家长走进、理解、思考幼儿教学工作，和教师一起促进幼儿的发展。

### 参考文献

［1］刘晓文．谈当前幼儿园家园共育的特殊性［J］．魅力中国，2021（15）．

［2］毛小碧．携手合作家园共育——浅谈幼儿园家园合作新思路［J］．快乐阅读，2022（14）．

［3］辛修勤．浅谈幼儿教育中家园合作的运用［J］．科技资讯，2022（31）．

［4］董旭花．成就幼儿快乐而有意义的童年［J］．自主游戏．

# 小班幼儿美术活动教学方法的研究

（赵微　赵紫帆　石家庄市桥西区瑞特幼儿园）

**摘　要**：幼儿美术教学活动是促进幼儿全面发展的重要内容，同时美术教育在发展幼儿感受美、表现美和创造美等能力以及在提高幼儿综合素质中发挥着重要作用。在启迪幼儿心智、净化幼儿心灵、丰富幼儿审美体验、促进幼儿健康成长等方面发挥重要作用。基于此，本文从幼儿园小班美术教学活动中教学方法的运用、美术教学活动中存在的问题，提出合理化的建议，旨在提高学前教育质量的同时促进幼儿各方面能力的发展。

**关键词**：美术活动；教学方法

本次研究根据小班幼儿注意力容易分散和转移、好模仿、自控能力较差的特点，针对幼儿教师在开展美术教学活动时存在的问题提出合理的建议。有利于调动幼儿参与美术活动的积极性、主动性，并能够激发幼儿的创造力与想象力，对幼儿身心全面和谐发展具有极其重要的意义。

## 一、幼儿园开展美术教学活动的重要性

### （一）开展美术活动是《幼儿园教育指导纲要》的重要内容

《幼儿园教育指导纲要》中指出："幼儿园教育应当贯彻国家的教育方针，对幼儿实施体智德美劳等诸多方面的教育，幼儿园教育内容是广泛的，具有启蒙性。"幼儿美术教学活动属于幼儿学习范畴五大领域的艺术领域，美术教育活动能够发挥艺术的教育功能，使幼儿通过积极情感的熏陶，促进幼儿健全人格的形成。同时幼儿美术活动中通过自己作品来表达自己的情感，从而促进幼儿美术活动能力的发展。

### （二）促进幼儿个性发展，感受艺术的魅力

美术不仅仅是教孩子绘画一些简单的图形以及训练一下他们的绘画技能，对于喜好新鲜事物的幼儿来说，在这个被电子科技包裹的时代中找到让孩子用眼睛、用心灵看世界的机会，让孩子感受艺术的魅力，在享受艺术的愉悦同时激发幼儿对参与美术活动的积极性。只有孩子积极参与整个美术活动，教师才能从多方面去发掘孩子的天赋与能力，从而促进儿童全面发展。幼儿在美术活动通过简单的涂鸦、手工等形式，来表达情感和对生活的观察，从而提高他们的审美水平和艺术兴趣，促进身心发展和综合素质的提升，同时培养幼儿的良好品格。艺术教育有助于儿童情感的陶冶、观察、想象和塑造，能够发掘孩子的优点，促进其情感、语言表达等能力的提升。

## 二、美术教学活动存在的问题及原因分析

### （一）开展美术教学活动的方法调查结果与分析

表 1　美术教学活动常用的教学方法情况

| 项目 | 选项 | 人数 | 各项比例 |
|---|---|---|---|
| 美术教学活动常用的教学方法 | 示范讲解 | 29 | 58.63% |
| | 反复训练 | 10 | 20.79% |
| | 自由创意 | 7 | 14.95% |
| | 其他 | 4 | 5.63% |
| | 合计 | 50 | 100% |
| 是否不同于传统的“示范—讲解—临摹” | 是 | 13 | 26.11% |
| | 否 | 37 | 73.89% |
| | 合计 | 50 | 100% |

由表 1 可知，幼儿园教师在进行美术教学活动时经常采用的教学方法中，运用示范讲解法的有 29 个，占总体的 58.63%；其次是运用反复训练的有 10 个，占总体的 20.79%；而自由创意和其他分别有 7 个、4 个，分别占总体的 14.95%、5.63%。在不同于传统教学方法方面，教学方法不同于传统的有 13 个，占总体的 26.11%，而采用传统的教学方法的有 37 个，占总体的 73.89%。从数据中可以看出，大多数教师在进行美术教学活动经常运用示范讲解的最多，同时采用传统的教学方法教学的也居多。教师受传统教学方法的影响，根据自身的经验与传统教学观念来开展美术教学活动，不能够充分发挥幼儿的主体地位，教学观念深受传统的教学方法影响，在教学方式与方法上固定且统一的教学步骤渗透在美术活动中。

### （二）美术教学活动存在的问题及原因

1. 教学方式、方法单一。幼儿园美术教学活动中，教师运用多种教学方法使幼儿各方面能力实现最大化。教师只有针对不同的活动内容采取有效的方法进行教学，才能在努力做到因材施教的同时力求达到最好的活动效果。由表 1 可知，在一定程度上忽略了幼儿的自主性和个体差异，教师在活动中只注重自己的讲解，不能够给予建议并及时鼓励、支持幼儿，激发幼儿自主创作能力。在教学内容以及授课方式的选择上只考虑自身的因素，以教师为中心，忽视了幼儿的发展性，从而幼儿自主创造性程度比较低，阻碍了幼儿各方面能力的发展。

2. 教师美术素养有待提高。首先，教师在开展美术活动时的教育理念更新不及时。拥有先进的理念是行动的前提和基础，树立正确的素质教育观是幼儿美术教育活动有效性的保障。当下仍然有一部分教师对美术教育活动不够重视，认为美术活动对幼儿发展不起作用，对美术教育的作用认识不到位，影响了幼儿美术教育的有效开展。其次，幼儿教师专业素养

不足，基本功不扎实，在教学方法和内容的选择上比较单一。最后，在幼儿美术教育活动中，他们大多数教师仍然采用出示范画让幼儿对其临摹，限制了幼儿自主创作的可能，忽视了幼儿的生活经验、兴趣爱好，不利于幼儿参与美术活动主观体验以及艺术创造力的挖掘。

3. 美术作品评价方法不科学。首先，美术作品评价理论体系不完善。评价方法缺乏多元性，部分教师在评价幼儿美术作品时，过于注重作品的最终成果，并没有将幼儿作为活动的主体，从而体验不到创作的快乐。其次，评价方式过于单一。在对幼儿美术作品评价时，教师缺少及时退步的能力，不能将活动的权利还给幼儿，无法大胆地引导幼儿去感知事物美，进一步无法调动幼儿参与活动的积极性。最后，在对幼儿作品评价时，所使用的言语表达过于笼统，缺乏具体性与针对性，无法提升幼儿创造美和欣赏美的能力。

## 三、美术教学活动方法的建议

### （一）综合运用多种教学方法

幼儿期是人的智力开发的关键期，具有活泼好动、好模仿，注意力不集中的年龄阶段，思维以直接行动思维为主，而美术活动以生动形象性吸引着幼儿。教师应该结合幼儿已有生活的经验和各方面能力发展的需要，在满足幼儿需要的同时综合运用丰富的教学方法支持和鼓励幼儿，树立寓教于乐的理念，贯彻因材施教的教育原则，综合运用反复训练、自由创意、游戏情境法、观察引导法、物象分析法、作品赏析法等多种途径与方法进行开展活动，采用的方式与方法要注重游戏性与创新性。教师在进行示范时，应多次邀请幼儿进行示范，以此达到师幼交流互动的效果，在充分调动幼儿参与活动的积极性和兴趣的同时，来培养幼儿的创造力与审美能力。此外，在幼儿示范时，教师及时的鼓励可以增强幼儿的自信心，要给予幼儿充足的时间和空间，为幼儿营造一个宽松、平等、民主、活泼、互动的美术活动氛围。

### （二）提高教师的美术素养

教师要树立终身学习的教育理念，不断提升自身专业能力。教育思想是教师行动的先导。教师应走在时代的前沿，学习先进的教育理念成果，丰富自身的文化知识底蕴，教师的思想决定幼儿创造能力的发展，是激发幼儿美感的关键一环。因此，教师应该通过多种渠道，积极学习美术教育理论知识、技巧与方法。教师可以多观摩优秀教师美术活动示范课，将理论与实践相结合，与前辈进行交流研讨，从中汲取灵感，不断总结和反思适合自己的教学方法。为幼儿提供丰富的材料，注重调动参与美术创作的积极性，进一步培养幼儿艺术能力和审美情趣。

### （三）优化幼儿美术作品评价方法

教师要科学、合理地评价幼儿作品。站在儿童的角度去看、去听、去思考，充分理解儿童的作品。幼儿美术作品是他们内心世界的诠释，应充分积极鼓励，科学有效，多元化去评价。同时，转变评价观念，不要用标准去要求他们，把想象力和创造力作为反映幼儿绘画能力的指标。多角度、多方位去鼓励和呵护幼儿心灵的成长，多一点耐心去倾听幼儿内心，更加精准地了解绘画水平，帮助幼儿提升审美能力和创造力。

除此之外，教师要积极构建多元评价体系，切实提高评价活动的实效性和针对性。教师可以通过集体评价的方式对幼儿作品进行点评，引导幼儿大胆表达自己的观点，营造良好的氛围，通过在幼儿表达中提升幼儿的欣赏美和感受美的能力。教师也可以通过引导幼儿互评的方式，倾听别人的观点和建议，鼓励幼儿大胆发言，培养幼儿倾听能力的同时审美情趣也不断提升。教师鼓励幼儿通过自主评价的方式，在自主评价中正确认识自我，进一步激发幼儿审美潜能，促进评价活动的有效性。

## 四、结语

随着幼儿园课程不断地深入改革，学前教育的质量也得到了前所未有的提高。美术教育使幼儿与事物、与人接触的过程中丰富自身的经验，启发幼儿对美的感受，在创设的情境中自由表达和亲自感知事物，从而激发幼儿的表现美的能力与创造力。因此重视幼儿园美术教学活动的开展成为越来越多幼教工作者的共识。幼儿园美术教学活动现状的研究，对提升幼儿园教学质量及对幼儿身心全面和谐发展都具有极其重要的意义。

**参考文献**

[1] 教育部教师工作司．幼儿园教师专业标准（试行）解读［M］．北京：北京师范大学出版社，2013.1

[2] 教育部基础教育司．幼儿园教育指导纲要（试行）［M］．南京：江苏教育出版社，2002.10.

[3] 中华人民共和国教育部．幼儿园工作规程［Z］．北京：北京师范大学出版社，2001.

# 家园共创语言环境，多途径发展小班幼儿语言能力

（乔雯　魏薇　石家庄市桥西区瑞特幼儿园）

**摘　要：**语言环境是指在说话时，人所处的状况和状态。幼儿语言的发展，大部分是通过模仿成人而习得的，如果没有较为规范的语言模板进行示范，很可能幼儿的语言就得不到正常的发展。而幼儿语言教育的过程不是一种从成人向幼儿单向的传递有关于语言知识的过程，而是通过交流和对话让幼儿主动进行“社会的、认知的结构和与他人进行意义协商的动态过程”。所以，为幼儿创设一个想说、敢说、喜欢说、有机会说的良好环境，这对幼儿一生的语言发展是非常重要的。

**关键词：**家园环；多途径；语言能力

## 一、幼儿园教育中对幼儿语言能力的培养

《幼儿园教育指导纲要》中指出：“创造一个自由、宽松的语言交往环境，支持、鼓励、吸引幼儿与教师、同伴或其他人交谈，体验语言交流的乐趣。”小班幼儿刚入园时，离开了熟悉的家庭环境，开始进入陌生的幼儿园环境中，不是每个孩子都能够很快适应的，有的孩子就表现在不肯说话，不爱吃饭，或者不喜欢和小朋友在一起玩。慢慢地等孩子熟悉幼儿园环境以后，他们开始用自己喜欢的方式表达自己的情感体验。在幼儿园一日生活中，教师要善于观察每个孩子的表现，了解幼儿的内在需求，与幼儿建立起一种亲密、和谐、信任、融洽的关系，使幼儿乐意把自己的疑问、想法或需求传递给教师，而教师也要善于倾听，捕捉幼儿所想表达的信息并及时给予回应，满足幼儿的好奇心和求知欲。

### （一）在区域活动中发展语言能力

在进行娃娃家和小医院的角色扮演游戏时，对幼儿语言能力的培养具有促进作用。小班幼儿由于年龄特点，对角色扮演类的游戏都非常感兴趣。例如在娃娃家中，孩子们通过扮演家庭成员，模仿自己的爸爸妈妈或爷爷奶奶在日常生活中的对话。在小医院的游戏中，幼儿会将自己去医院看病的经历迁移到游戏当中，会模仿医生、护士和病人之间的对话。这在无形当中，幼儿的语言能力都得到了发展。在图书区，尤其是阅读绘本，幼儿兴趣很高，当教师声情并茂地讲述每个故事时，幼儿听得那么的投入和认真，再请他们复述故事内容时，有的幼儿甚至可以绘声绘色地进行表演。其他幼儿在讲故事活动的训练下，语言表达能力也得到了很大提高。

### （二）在“自主游戏”中发展语言能力

1. 游戏前趣聊，鼓励幼儿大胆说。在“自主游戏”活动开始前，与幼儿的交流是一个很好的语言教育契机，通过谈话不仅可以了解幼儿游戏前的计划准备，还可以从中发现幼儿在说话时发音是否正确，词汇的掌握是否丰富，语言的表达是否清晰，符合逻辑等发展的水平。教师通过谈话也可以纠正幼儿的语言错误，发展幼儿的口语水平。为幼儿创设轻松的语言氛围，鼓励幼儿大胆地表达自己的想法。

2. 户外活动，围绕游戏具体说。开展户外“自主游戏”活动时，可以先让幼儿观察幼儿园中的各种活动场地及器材，请幼儿说一说它的名称及自己最喜欢玩的活动，并引导幼儿说出自己为什么喜欢它们。这样，孩子们在愉快的游戏活动中积极开动脑筋，丰富自己的想

象，个个争先恐后地向教师讲述自己喜爱的玩具器械以及创新的玩法。

3. 游戏结束，总结经验准确说。户外“自主游戏”活动结束后，回到教师中，教师可以启发幼儿分享自己的游戏故事，可以说一说观察到的事物和现象，也可以说一说在游戏中的经验。在此过程中教师可以鼓励幼儿大胆发言，也可以随意和个别幼儿进行交谈。这样不仅能培养教师和幼儿间的感情，而且能使幼儿的口头表达能力得到生动活泼的发展。

### （三）注重谈话方式，在信任中发展语言能力

1. 平等交流，让幼儿获得情感满足。小班幼儿由于年龄特点，对于周围陌生环境的变化，都感到恐惧。此时的幼儿处于情绪不稳定，缺乏安全感的焦虑情感中，导致有的幼儿变得“沉默寡言”。这时教师应善于和他们亲近，以和蔼的态度、亲切的话语，跟他们交流，例如可以从幼儿的“感兴趣”的话题入手：你最喜欢的动画片是什么？你喜欢吃什么食物？今天你穿的衣服真漂亮等，通过与幼儿进行亲切平等的对话，逐渐拉近彼此间的距离，使幼儿在感情上得到满足。

2. 把握心理，帮助幼儿打开“话匣子”。待陌生感、胆怯逐渐消失，对新的环境、教师和小伙伴发生兴趣，这时幼儿也就逐渐产生了说话的愿望。此时教师要抓住时机，可以通过与教师和同伴玩“找朋友”的游戏，敬个礼，握握手，抱一抱，发生肢体接触，并互相进行简单的自我介绍，加深幼儿之间愿意相处的意愿，从而发展幼儿的说话兴趣，使他们有话愿意说，有事愿意讲。

## 二、家庭中对幼儿语言能力的培养

家庭是幼儿最温暖、最安全、最自由、最快乐的港湾，也是幼儿成长过程中最主要的环境 。日常生活是幼儿学习语言的基本环境，作为孩子的第一任教师，父母的言谈举止都会潜移默化地影响他们。因此，作为家长在家庭中应做到以下几个方面。

### （一）生活中对幼儿进行语言能力的培养

“生活，即是教育。”小班幼儿正处在接受语言能力最强的时期，幼儿接触到的词句都是与具体事物、具体动作同时出现的。例如教幼儿穿衣服时，可以教幼儿正确叫出各种衣服的名称；带幼儿外出游玩时，主动与幼儿交谈，利用幼儿感兴趣的景物，在玩的过程中教幼儿认识事物，遇到路人，鼓励幼儿勇于交谈。在与幼儿日常交流中，家长也最容易发现幼儿口语表达中的问题，这些都可以通过示范及时进行纠正，发展小班孩子的语言能力就事半功倍了。

### （二）让阅读成为幼儿的好习惯

“亲子共读”对幼儿来说可以算是最温馨、最幸福的时刻了：孩子轻轻依偎在妈妈、爸爸的怀抱中，看着生动的画面，听着有趣的故事，这不但是一种可以增进感情的方式，还可以让孩子在不知不觉中接受到语言的熏陶。此时家长可适当地提出问题，帮助幼儿理解故事内容，让幼儿通过语言来表达对故事中人物的看法等，从中培养幼儿的语言表达能力。

教育家卡伯曾指出：“正是幼儿时代的幻想，引发形成了以后所有的创造性活动。”语言活动为幼儿的幻想提供了肥沃土壤。是培养幼儿创造性思维的重大阵地。在语言教学中教师和家长应根据幼儿的年龄特点，及时捕捉教育契机，营造宽松、自由的创造氛围，鼓励幼儿

敢想、敢说，成为幼儿创造性思维的启蒙者、引导者。使幼儿在丰富多彩的语言活动中，发展个性，展示才能，逐步形成良好的智力素质和健全的身心素质，为日后成为高素质的创造型人才奠定坚实的基础。

## 参考文献

叶娟．浅谈如何培养小班幼儿的语言能力［G］．科教导刊—电子版（下旬），2018—06—30.

# 聚焦·追随·支持：幼儿园班级主题墙三段式创设实践
## ——以中班“镜子探秘”主题为例

（于晗　石家庄市桥西区瑞特幼儿园）

**摘　要：**“主题墙”是基于不同主题的班本课程，是幼儿园班级环境创设中重要的一环，对幼儿在主题实施中的问题表达、探索发现与经验提升有不可或缺的支持性作用。通过内容聚焦、多维记录、支持探索三个阶段来创设主题墙，在实践中遵循幼儿的认知发展规律，让幼儿亲自参与，真正帮助环境回归儿童发展的教育价值。

**关键词：**幼儿园；主题墙；中班；“镜子探秘”

《幼儿园教育指导纲要》中明确指出：“环境是重要的教育资源，应通过环境的创设和利用，有效地促进幼儿的发展。”在基于班本化课程的主题活动实施中，主题环境创设并非由教师“一手包办”，需要考虑幼儿在这一过程的主体性。怎样通过“主题墙”的设计与实施，让主题版面更好地为幼儿的发展服务？由此分析当前主题墙面创设的问题所在，并结合王海英博士提出的主题模式，即以幼儿为主体，用绘画、符号等表征呈现，教师用脉络图、流程图等形式加以梳理、整合的主题，注入儿童本位的内核，探索出真正让孩子参与其中，助推其深度学习的有价值的主题环境。

### 一、主题墙的创设现状

在对不同幼儿班级主题墙面创设的调研中，我遇到了以下两则典型案例。

案例 1：一面“水果宝宝”主题墙上，教师呈现了“猜猜我是谁”“水果变变变”“水果翻翻乐”三个板块内容，看似是教师精心设计的问题版面，但是板块内容前后断裂，幼儿的参与也只是一种形式。

案例 2：某一班级的主题是“形状大集合”，将各种图片打印出来，构成一个不同形状王国的照片，墙面没有幼儿亲身实践、动手操作、探究发现的过程，缺少整体性。通过对案例 1 和案例 2 的分析，我认为幼儿园主题墙面创设现状可以概括为以下三个方面。

#### （一）内容线索断裂，缺少儿童的问题

案例 1 中的主题墙面上，往往一个问题的提出紧接着就是另一个问题，相互之间却没有连接性。主题墙面问题内容断裂化的根本原因就是没有树立正确的儿童观，没有考虑到幼儿的兴趣与需要。

#### （二）探索过程零碎，缺乏真实的参与

主题墙面中探索过程碎片化的主要原因就是幼儿的参与性不够，造成教师主导、幼儿旁观。幼儿与墙面的互动性缺失，没有幼儿真实探索的过程会让主题墙变得高高在上。

#### （三）经验记录浅显，缺失深度的体验

上述两个案例中，主题墙面的经验记录既体现在形式上，也体现在内容上，而主题墙面

上总是缺少了源于孩子的东西。主题墙面浅显的幼儿经验记录表明了环境赋予的整体性、教育性的缺失，儿童无法在环境中学习，就会直接影响环境潜移默化的教育作用。

## 二、主题墙的创设实践

基于对现状的内因与外因分析，我以中班“镜子探秘”主题墙创设为例，将其过程分为内容聚焦、多维记录、支持探索三个阶段。其中，内容聚焦指是聚焦幼儿，内容生成；多维记录指追随幼儿，多维呈现；支持探索是指支持幼儿，助力发展。

### （一）聚焦幼儿，内容生成

在过往实践例证中，主题环境创设一直是教师预设的内容，而主题墙的创设主体是幼儿，应将幼儿放在中心位置。幼儿的经验有哪些？喜欢关注主题里的哪些方面？有什么疑惑？这些是版面的聚焦内容。

1. 经验点记录。幼儿的生长方式、发展情况的差异性影响着他们对某一事物的经验认知。对于幼儿经验点的记录，可以从谈话或教师对幼儿的发展分析中获得。在中班“镜子探秘”主题墙的创设中，教师可通过谈话了解幼儿对于生活中镜子的不同经验，或是结合幼儿的生长特点，分析幼儿认知发展水平，将幼儿已经知道的内容呈现于主题版面。

2. 兴趣点生成。主题不尽相同，主题下生成的内容也非常丰富。通过细致观察和日常捕捉，教师可以看出大多数幼儿真实喜欢、想要的部分。在“镜子探秘”主题中，涉及的关于“镜子”的感官体验很广泛，这个时候就需要抓住契机，寻找有价值点的内容，以幼儿最感兴趣的部分作为主题墙创设的缘起，会更有利于发挥幼儿的主动性。

3. 问题点收集。幼儿个体发展的差异性决定了每位幼儿对待事物的认知都会有偏差。在“镜子探秘”主题中，幼儿会有很多问题点，教师如果能够支持幼儿去探索发现这些有价值的内容，会有效帮助幼儿在原有水平上获得进一步提升。

### （二）追随幼儿，多维呈现

主题墙创设应该是幼儿主动参与、教师时刻追随幼儿的过程。多样化的内容呈现将以往静态的搁置墙转变为动态的操作墙，真正实现幼儿与环境的互动，使其作为隐性的教育资源更好地作用于幼儿。

1.“随”动的问题。这里的“随”动是指幼儿参与的墙面问题不是照搬主题、固定不变的。随着幼儿对“镜子探秘”相关内容的深入探索，他们已经不满足于平常惯见的镜子认知或游戏，“各种各样的镜子”“镜子的秘密”等多种内容映入眼帘，于是产生“随”动的问题。

2.“触”动的墙面。主题墙面的创设，无论是信息收集、资料张贴、作品展示等都是可以触动的，始终满足幼儿参与主体的愿望。在“镜子探秘”主题板块中用触摸墙的方式进行镜子的探索，用悬挂方式进行多种镜面玩具的摆弄，这些都直接引发幼儿在墙面上进行自主的触动操作。

3.“协”动的内容。“协”动的内容意味着主题墙中幼儿的问题、探索与经验具有特殊的思维碰撞、行为传递的作用。“协”动的内容帮助幼儿和同伴产生互动，让他们在交流中建立联系，同时幼儿也能学习新的经验，促进共同成长。

### （三）支持幼儿，助力发展

主题墙环境创设是一个连续性的过程，幼儿的探索与发现也跟随着这一过程不断拓宽深入。教师借助“问题驱动、图标支持、互享平台”等形式支持幼儿，促进幼儿的发展。

1. 问题驱动，深度发展。在墙的实践过程中，幼儿是主体，这体现在以幼儿的问题为依据，将幼儿实际的问题点串联，形成驱动性问题墙。在“镜子探秘”主题中，幼儿会用一些简单的图像符号表示镜子或者是相关联物体的形象特征，用涂鸦、绘画来呈现他们的思考，这就是幼儿的问题表征，是属于他们的经验再现。

2. 图表支持，梳理助推。主题墙的内容来源于幼儿，过程追随幼儿，那么价值也将回归幼儿。我们要利用不同图表形式支持、满足幼儿拓展知识、梳理回顾经验的需求。例如，幼儿围绕“哈哈镜”这一大气泡中心，散发出了小气泡，幼儿将自己的发现、体验分别整理在小气泡中，形成完整的幼儿的经验墙面。

3. 互享平台，提升经验。教师需要给幼儿一个表达、记录、抒发的空间。当幼儿的这些体验通过不同的记录方式呈现在墙面，此时主题墙的创设开始回归幼儿，真正实现环境的教育价值。

## 三、主题墙的创设反思

基于幼儿的主题墙的实施探究，教师在主题环境创设中取得了一定成效，打造了一个良好循环的学习、成长的空间。通过创设实践，笔者形成了以下三点认识。

### （一）创设中要注重过程

“聚焦、追随、支持”三段式班级主题墙创设让幼儿在主题墙创设中有存在感，真正做到尊重幼儿。它站在幼儿的立场，能倾听幼儿真实的想法，注重幼儿自己的探索、发现和约定。

### （二）教师做“减法”，幼儿做“加法”

“聚焦、追随、支持”三段式班级主题墙创设提倡解放教师的思想，转变教师的观念。在主题活动前中后引导孩子怎么发现问题、探索问题、解决问题。教师时刻关注幼儿并支持他们的表现与创造。当幼儿对主题内容表现出疑问时，教师引导幼儿针对某些共性或个性的问题进行探索，并鼓励幼儿大胆表达。

### （三）知识、技能、情感均衡

陈鹤琴先生说过，用幼儿的双手和思想布置的环境，会使幼儿更加深刻地理解环境中的实物，也会使他们更加爱护环境。主题墙的创设呈现的是幼儿活动的动态过程，记录的是幼儿经验的前后变化，反思的是幼儿学习策略的有效性。在创设过程中，幼儿经历了由浅入深、从静到动的深入体验，开始实现知识、技能、情感等方面的均衡的、多样的经验提升，真正实现环境的最大教育价值。

综上所述，“聚焦、追随、支持”三段式主题墙创设的每一步都建立在看见幼儿的学习理念下，始终将幼儿放在主题环创的主体地位，这一过程中有教师的引导和支持，有同伴的交往和碰撞，也有幼儿的成长和收获。

### 参考文献

[1] 于俊霞．用互动主题墙对幼儿进行传统文化教育的研究［J］．基础教育论坛，2021（25）：81＋83.

[2] 陶春．各年龄段幼儿在不同主题下开展创意美术内容研究［J］. 当代家庭教育，2021（23）：47－48.

[3] 张文欣．以幼儿为主体的幼儿园主题墙创设探究［J］．教育探索，2021（06）：28－33.

[4] 张全超. 大班幼儿参与主题墙创设的调查研究［D］．哈尔滨师范大学，2021.

# 倾听的力量
## ——马赛克方法促进小班自然角环境改造实践探索

（刘兴蓉　北京市大兴区第八幼儿园）

**摘　要：**自然角是幼儿重要的自然体验学习场所，它为幼儿提供了一个工作空间来提出关于自然界的问题。目前，对于幼儿来说，创设出来的自然角环境是否真正是他们想要的并不能够保证。幼儿在区域环境创设过程中依旧保持着“失语”状态，但实则只有幼儿参与的区域环境创设才是“幼儿的环境”，而不是“成人构想的幼儿的环境”。马赛克方法的出现帮助教师尝试倾听幼儿的声音、支持他们的想法，在师幼相互尊重与共同建构下创设出自然角环境，从幼儿出发又回归幼儿，使得自然角的环境趋于最适合幼儿心中的状态。

**关键词：**马赛克方法；小班；自然角

## 一、马赛克方法的出现

2022年是我国加入联合国《儿童权利公约》的30周年，关于儿童的视角、倾听儿童的声音成了国内外教育研究的趋势，不论是一线实践还是学术界，学者、专家及实践者纷纷采用和借鉴多种国内外各种方法探寻儿童语言、动作、行为背后的秘密，不仅“走近”儿童，更是“走进”儿童，赋权儿童给予他们自己对自己的生活发声的权利。近年来，中国的高校学者和部分幼儿园一线工作者尝试在幼儿园实践中引入“马赛克方法”（Mosaic approach），这种技术强调儿童不应是被动的权利接收者，而是积极的、具有能动性的“权利拥有者”，尤其强调儿童的参与权。因此，与儿童一起工作的成年人如何支持儿童积极参与共同决策的过程也日益受到关注。

马赛克方法起源于1999—2000年的“倾听儿童”研究项目，最初是作为特定的研究工具而开发的，旨在倾听5岁以下儿童的意见和经验，以用于评估英国的儿童服务，目的是为幼儿的声音作出贡献，并认识到幼儿对其环境的看法。它实则是用来倾听儿童的研究范式，并不单单指一种方法，而是由一系列方法组成的“工具箱”，主要包含儿童会议、儿童拍照、幼儿园之旅、魔毯等，方便教师能够更好地了解年龄小的幼儿在区域环境创设方面的想法、兴趣与需要。马赛克方法的实施由三个环节构成：（一）信息生成与采集；（二）信息汇总与处理；（三）结论反思及实践改造。其中第一个环节就是运用多种方法来生成和收集关于幼儿想法的信息，常见的途径有儿童访谈、儿童拍照及图书制作、游戏扮演、游览及地图制作等。在第二个环节中，将对第一环节所收集的信息进行分析与处理，并在此基础上提出对环境的改进策略，以完成马赛克方法第三个环节的落地。

2015年陈晓红首次以实践的方式运用马赛克方法研究了关于幼儿园户外自主活动的看法和体验，这是马赛克方法在我国的实践研究中的初步尝试。由此开始，国内学者们逐渐意识到了马赛克方法在研究儿童领域内的重要价值。

## 二、儿童拍照初体验

春天的到来，万物有了生机。幼儿园的小院儿也悄悄地发生着变化，孩子们细腻的感知似乎也发现了这一点，总是在户外寻找着各种小树枝、小叶子以及小种子，用这些自然材料进行角色类的游戏或者建构类的游戏……

孩子们眼里的春天和成人是一样的吗？他们关注到了什么呢？除了直接用口头问他们“春天里都有什么呀？”等之类的问题，还可以有什么样的方式能够更加了解他们对春天的认知和想法呢？

要知道小班的孩子们有时候因为语言表达能力弱或者对问题的解读有偏差，常常会出现“答非所问”“想说但说不出来”的情况。他们的想法可能藏在动作、表情里，这些都是我们无法用语言这样的单一模式所能捕捉到的。

于是教师尝试采用研究儿童的“马赛克”方法中的儿童拍照方法，大胆放权，将孩子们分成三组到户外寻找春天，组长负责亲自拍照记录，组员负责寻找——一双双小小的眼睛里藏着数不尽的春天的痕迹。

照片能够为幼儿提供一种强有力的新语言，也打开了教师了解幼儿关注点的新通道。幼儿可以通过“相机沉默的声音”来传递他们的情感和信息。栅栏外、墙角里、小树上、草丛中……原来春天真的来了，孩子们的照片中有许多成人都没有注意到的事物，那些成人的不经意，也许就是孩子们的关注点，而这也正是这次活动的意义所在。孩子们在同伴的合作下、主动探究中，通过他们自己，收获了未经“成人之手”的第一手经验。教师们发现，在整个活动中，孩子们都保持着兴趣的高涨、注意力的高度集中——他们在真正享受着被赋权的自由与快乐。

结束了有趣的户外探索后，教师将孩子们寻找到的春天照片都一一打印了出来，制作成“幼儿园春天地图”，方便他们回顾和梳理自己的经验，孩子们在七嘴八舌中重温了这次特别的活动。

## 三、马赛克方法在小班自然角中的实践探索

在对马赛克方法中的儿童拍照法进行了初步尝试并取得较好效果后，教师根据文献资料的查询与了解，转向了对班级环境的思考。首先便是幼儿重要的自然体验学习场所——自然角。进入小班下学期的孩子们对班级里的自然角环境是如何看待的呢？他们有什么样的想法呢？可以采用马赛克的哪些方法对幼儿的观点进行收集呢？

### （一）一次集体访谈

为了对全体幼儿关于自然角的认知进行一个摸底，教师组织了一次集体性的幼儿访谈，列出了如下八个问题，主要是了解幼儿对自然角的认知情况、关于自然角的设置等看法。

1. 你们知道什么是自然角吗？
2. 你们觉得咱们班的自然角怎么样？好看吗？
3. 你们喜欢自然角里的什么？
4. 你们对咱们班的自然角有什么不满意的地方吗？（你觉得咱们班的自然角哪儿不好？）
5. 你们希望咱们班的自然角里有什么？
6. 你们希望自然角放在哪里？
7. 你们在什么时间会去自然角？
8. 你们会在自然角里做什么呢？

在这次集体性的儿童访谈中，通过孩子们的自由、自主表达，教师收集到如下信息：班级里的小花、小乌龟引起了孩子们的关注，并且在回答第六个问题“你们希望自然角放在哪里？”时有更多幼儿的参与发言，各抒己见，表示想把自然角换一下位置。但是在回答“你们希望咱们班的自然角里有什么”时很多孩子都回答不上来，以及在回答“你们喜欢自然角里的什么”时答非所问，甚至偏离主题，会有类似“我喜欢汪汪队。”的回答。

教师分析了所收集到的信息后总结了两方面的支持策略：一是支持幼儿把自然角换到他们喜欢的位置（由投票决定），二是补充幼儿关于自然角环境创设方面的经验。

### （二）魔毯的魅力

教师决定采用魔毯的方法帮助幼儿补充自然角环境创设的经验。在幻灯片上为幼儿呈现不同的自然角环境，丰富他们的经验认知，孩子们通过观看幻灯片，了解到自然角里都可以有哪些事物。活动结束后，教师通过梳理幼儿的录音：有关自然角风格、功能方面的内容、观赏区的事物以及各类装饰物都被他们所提及和关注。

同时教师在班级群中发送调查问卷以及绿植、装饰物等的征集信息，家长们在了解到最近班级里关于自然角环境改造的同时，也提供了一些力所能及的帮助——自然角的环境在家园共建中越来越丰富了！

### （三）两次分组访谈

在自然角环境逐渐丰富的基础上，教师希望能够更加深入地和孩子们进行一些探讨，继续明晰他们内心真正的需要。第二次儿童访谈是分组访谈，了解孩子们对饲养和种植方面的认知情况，例如蚕宝宝、小乌龟该怎么照顾，会用到什么工具；小花小草是怎么生长等。

第三次儿童访谈在分组的基础上加入了布娃娃“小南瓜”，尝试从另一个视角更加深入具体地了解到孩子们在自然角里的高频关注点，并进一步了解孩子们的需求。班级里的自然角就这样在师幼、家园的共同建构下逐渐完善和有趣。

## 四、结语

在马赛克方法运用到自然角环境改造的实践中，孩子们的氛围是自由、自主宽松的，对于环境的看法也能够大胆表述。教师能够尊重他们的参与权与选择权。同时有待提升的部分在于教师在使用马赛克方法前期要做好规划，什么样的年龄段适合用什么样的马赛克方法、问题的设计要符合孩子年龄特点及经验水平，魔毯的氛围提前创设好，照片也要挑选等。

不论是什么样新颖的方法，在教育实践中我们更讲求能真正地落到实处，将这样的马赛克方法实践思路延伸到幼儿的一日生活的方方面面，这既是对教师的儿童观落地的挑战，也是对孩子们能力的挑战。

### 参考文献

［1］刘婧月．儿童视角下的幼儿园班级区域环境创设研究——基于马赛克方法［D］．长春师范大学，2021.

［2］李敏谊，秦思语，李峰．支持儿童参与，提升幼儿园教育质量——马赛克方法中国化的理论与实践探索［J］．学前教育，2022（1）：16—20.

［3］［英］Alison Clark 著．倾听幼儿——马赛克方法［M］．刘宇译，北京：中国轻工业出版社，2020.

# 基于提高大班幼儿投掷能力的策略研究

（杨硕　北京市东城区东四五条幼儿园）

**摘　要：** 文章介绍了幼儿投掷的概念、类型、意义及动作要求、幼儿投掷动作的表现和教师支持幼儿投掷能力发展的策略，提出了教师要针对幼儿投掷动作的发展表现与序列，创设有趣情境的投掷游戏、开展目标明确的体育游戏、设计丰富多变的规则玩法、预设有序列性的游戏内容、以多途径教育的整合提升，从而支持幼儿积极主动愉悦参与活动的同时，有效促进幼儿投掷能力的发展。

**关键词：** 大班幼儿；投掷能力；投掷游戏；支持策略

## 一、投掷的概念及动作要求

投掷是将物体投出一定距离的动作。它既是人们日常生活中必不可少的一种实用技能，又是宣泄情绪的一种特殊动作方式（如生气时扔东西），也是锻炼身体的重要手段之一。投掷是一项很受幼儿喜欢的体育活动，也是幼儿日常生活、末来工作所必须具备的一项基本活动技能。

通过投掷动作练习，不仅能增强幼儿上肢、腰部、背部、胸部等部位的肌肉力量，提高上肢各关节的柔韧性、灵活性，发展动作的准确性、协调性，而且能发展幼儿的目测力、判断力，提高空间方位知觉及视觉运动能力。

《幼儿园体育活动设计与教学指导》一书中指出：大班幼儿能投 5－6 米远。要求学会侧面投。投掷前，身体侧对投掷方向，投掷手臂自然后伸，略低于肩，另一只手臂自然放松，屈肘于胸前，上体放松，稍微转向右下方，略微后倾，由下往上用力，后脚蹬地，转体、转肩，支撑好以后挥臂、甩腕，将投掷物迅速向前上方投掷出去。此外，大班还要求投准练习。

## 二、幼儿投掷动作表现

通过观察大班幼儿的投掷动作可以发现，其身体各部位分工很明确，总体上可以归结到五个部分活动：向前迈步、躯干、上臂后引、上臂前挥、辅助手位置。下面我们进行详细说明。

1. 向前迈步。双脚并立，投掷时静止或微微屈膝；大部分幼儿借助与投掷手同侧脚大跨步来带动手臂发力；在球出手后，脚步呈弓步支撑身体，或上小步膝盖支撑。

2. 躯干。躯干不发力，向前挥臂时只有肩部扭动。少部分幼儿肩部、躯干、髋部同时向右转后再向左转，髋部只有轻微的带动，不起发力作用。

3. 上臂后引。无明显后引动作，手持球放于脑后，前臂屈肘与上臂的夹角小于 90 度，肘部上抬；部分幼儿出现握球于肩部，肘部下垂的情况。偶尔见到上臂后引动作，但肩关节、肘关节活动范围较小。

4. 上臂前挥。开始挥动时，球经脑后方向上扔出，此时肘关节朝向投掷方向；前挥接近水平时，腕关节的角度小于 180 度将球投出，肘关节伸直，前臂滞后于躯干；部分幼儿有上臂轻一点的滞后动作。

5. 辅助手。无意识地在身体斜前方伸直，没有辅助瞄准意识。

## 三、支持幼儿投掷能力发展的策略

### (一) 创设有趣情境的投掷游戏

幼儿园体育教学活动不能局限于课堂之上，还应该积极组织丰富的游戏活动，把掌握的投掷技能和幼儿喜爱的游戏相融合，保证投掷游戏的有效性和趣味性的良好结合，使幼儿在运动中游戏、在游戏中成长。教师在针对投掷活动进行体育游戏设计时，应该根据幼儿表现出的不同的投掷问题，进行针对问题性动作的游戏活动，进而提升幼儿的投掷能力发展，使幼儿能够始终带着兴趣，积极参与游戏。

在户外自主大循环中，教师发现别的项目都排满了幼儿，唯有投掷项目很少有人来，为了提升大班幼儿对于投掷的兴趣，使单一重复、周而复始的练习变得更有兴趣，教师为幼儿创设投掷游戏《炸碉堡》。把沙包作为“炸弹”，隔板作为“碉堡”，以操场上的红线作为中线。幼儿分为人数相同的两组，站在自己队的隔板后投掷和躲避“炸弹”。在两队对战的游戏情境中，提出投掷动作要领：投掷时，左腿在前，左手臂和指尖向前上方瞄准，右手拿沙包曲臂放在右耳侧，右腿在后膝盖微曲，做准备姿势。投时，转体用全身协调用力，从腰腹到大臂到小臂再到手腕，迅速在制高点把沙包投出，出手时控制手腕方向注意出手角度，把“炸弹”努力跃过中间的红线，投进对方的地盘。果然，在有趣的游戏情境中，孩子们的参与度极高，积极地参与到投掷游戏中，不仅锻炼了单手肩上投掷的技能，感受了体育游戏的快乐，也萌发了集体荣誉感，提高了小组合作能力。

### (二) 开展目标明确的体育游戏

教师在教学中要善于细心观察幼儿的动作表现，找出幼儿投掷动作中的关键性问题：是挥臂的问题，是动作放松的问题，是出手角度的问题，是重心转移的问题，是蹬地、转体的问题，还是身体协调、配合的问题，或者是同时存在的多个问题。要解决问题，首先需要教师细致观察，只有发现关键问题所在，才能有针对性地解决问题。

通过日常观察，能够发现大班幼儿在投掷时，有较多的幼儿会把沙包投歪，有少部分幼儿会把沙包往地下投，手腕的力量和灵活度还需提升，所以教师设计《赶小猪》体育游戏。游戏目标就是练习各种与投掷动作紧密相关的动作，摆、抖、甩等精细动作，发展投掷动作技能，提升手、眼脑协调能力及动作的协调性、灵活性，同时提升参与游戏活动的积极性，体验参与体育游戏的乐趣。把传统体育游戏材料蹴鞠球作为“小猪”，橡胶棒作为“赶猪棒”。幼儿用橡胶棒抽赶“小猪”，使其滚动到指定的区域或沿规定的路线赶“小猪”。在游戏时，幼儿拿住赶猪棒的一端，手腕使力横向抽球。在绕障碍物时，球往左绕锥桶，手要在球的右边往左甩动手腕抽球；往右绕锥桶，手要在球的左边往右甩动手腕抽球，来控制球的方向，并且身体也要跟着球的方向来进行调整，跟上球的滚动。《赶小猪》这个有针对性目标的体育游戏，锻炼幼儿手腕力量和灵活度，练习手、眼和身体的协调性，使幼儿在投掷中的问题得到改善。

### (三) 设计丰富多变的规则玩法

材料单一、玩法固定。对于孩子而言，在传统投掷游戏时只能选择沙包来进行投掷，玩法也是固定的，拿取投掷材料—投掷练习—捡回投掷材料—继续练习，机械的单纯动作练习让孩子们失去了对投掷游戏的热情，到了一定游戏时间后，对于投掷的积极性就会大打折扣，可见能够可变多变的游戏规则的重要性。

以《赶小猪》游戏为例，游戏共有四种规则玩法。第一次游戏：幼儿练习用橡胶棒拨弄“小猪”，使其滚动到指定的区域（猪圈）。第二次游戏：设置一条起始线，几名幼儿同时赶

“小猪”，看谁赶“小猪”走得又快又好（不越过指定的路径）。第三次游戏：设置有障碍物的路径，让幼儿各自赶着自己的“小猪”沿规定的路线赶“小猪”，不要碰到障碍物。第四次游戏：将幼儿分为两组，小猪组，手脚着地爬行，代表小猪；赶猪组，赶猪棒赶着“小猪”，向指定的区域走；也可以用纸团或沙包投掷随意乱跑的“小猪”，驱赶“小猪”到预定的“猪圈”，幼儿完成赶猪任务后，两组幼儿互换角色，继续游戏。孩子们在这丰富多样的规则玩法中玩得乐此不疲，也锻炼了动作技能。

### (四) 预设有序列性的游戏内容

根据幼儿投掷动作发展具有序列性的特点，教师可利用幼儿投掷动作发展的整体序列理论、部分序列理论及《3—6 岁儿童学习与发展指南》关于投掷学习与发展的典型表现，观察幼儿投掷动作及投掷的远度，分析投掷动作的发展阶段，判断最近发展区，提供有效支持。

例如，幼儿投掷时可以“同侧步”迈步，那么下一个最近发展区是“异侧步”（幼儿迈出的脚步与扔球手臂异侧）。为幼儿创设“投掷小能手”的游戏内容，投掷线位置不变，场地上每间隔 0.5 米设置投掷物落地区。在游戏中幼儿尝试左手、右手投掷，探索哪只手投掷更远。幼儿在不断的尝试中发现用“异侧步”投掷更远。因为“异侧步”能使脚、躯干、手臂等部位协调配合发力。幼儿在尝试探索中，自然习得“异侧步”投掷的经验。

### (五) 以多途径教育的整合提升

投掷能力的发展与身体素质相互关联。因此教师要有整合的教育理念，利用多种活动、多个途径提高幼儿的身体素质，促进其投掷能力的发展。

例如，结合健康领域开展《护肺大作战》主题环创，创设“影响肺部变化的因素”“做什么护肺”“吃什么护肺”“肺活量小游戏”的板块，通过环境教育使幼儿掌握提升身体素质（肺活量）的方法。幼儿在玩“吹纸看图”和“看谁的小球吹得高”的肺活量小游戏中，既体验了游戏的乐趣，又锻炼了肺活量，为幼儿即将上小学的肺活量测试打下基础，做好幼小衔接。

## 四、结语

生活处处皆教育。除了以上五种支持幼儿投掷能力发展的有效策略外，教师还可以运用材料支持、教师示范、同伴资源、师幼合作和家园共育等方法，以及开展室内外多样化的体育游戏和体育活动来支持幼儿提高投掷能力的发展。

# 开展小班幼儿绘画活动的实施策略

（孙冬琳　北京市通州区幼儿园）

**摘　要：**幼儿绘画是一种思维方式特殊的展现，也是幼儿了解世界与表达自我的一种方法和手段。本文探究了小班幼儿的绘画能力发展现状，并根据幼儿的年龄特点，通过调动幼儿绘画热情，激发幼儿兴趣、开展“添画”活动、采用多元化支持策略等方式，对开展小班绘画活动的有效策略进行探究。

**关键词：**幼儿园；绘画活动；艺术教育

《3－6岁儿童学习与发展指南》中指出：“幼儿的绘画活动应该顺应幼儿发展的特点，寓教育于美的享受之中，强调在幼儿精神获得满足和愉悦的同时，培养其对美的感受能力，提高他们的审美情趣。”有计划地引导幼儿参加美术实践活动，可以促进幼儿对美的感受力、理解力得到进一步的发展。

绘画是幼儿的另一种语言，每幅作品的背后都流露着一件真情实感的故事，而作品中的每一个角色都被赋予了生命并与幼儿本身紧密相连，幼儿在美术活动中将自己在日常生活中美的印象和感受通过绘画手段具体表现出来时，这就加深了他们对日常生活中美的感受和理解。因此在循序渐进的绘画活动中，引导幼儿不断地追求美、探求美、感受美、理解美，从而不断地发展幼儿的审美情感。

## 一、小班幼儿绘画能力发展现状

学前儿童绘画发展一般要经历“涂鸦期（1.5—3.5岁）”“象征期（3.5—5岁）”“图式期（5—7岁）”三个阶段。而从年龄分界来看，小班幼儿正处于涂鸦期向象征期的过渡时期，他们的绘画正由无意识、无目的逐渐向有初步的意识和目的过渡。涂鸦期是幼儿绘画的准备阶段，是幼儿在对周围世界的一种积极探索，同时也是幼儿本身的一种积极学习的活动方式，并且在此之中幼儿能够获得动作的快感以及视觉的愉悦感。

认知靠行动是小班幼儿年龄特点之一。孩子们大多数是喜欢涂涂画画的，但一旦正式让他们开始进行绘画，他们往往缺乏热情与想法，常常是面对画纸不敢下笔，小班幼儿受年龄的限制，小肌肉发展还不完善。入园初期，小班幼儿不足以完全掌握绘画的各种技能技巧，所以幼儿以涂鸦的方式在游戏中熟悉绘画工具，同时学习正确的握笔姿势，为他们后期大胆、无拘无束地参与绘画创作奠定坚实的基础。

## 二、小班绘画活动的实施策略

### （一）调动幼儿的绘画热情，激发幼儿的绘画兴趣

1. 开展多种形式的绘画活动，丰富幼儿对绘画活动的认识

皮亚杰认为儿童的认知发展具有内在的主动性，其动力在于儿童自身，而非外部环境因素。基于对这一点的认识，教师要尽可能地为幼儿创设丰富并存在有效互动的教育环境及教学策略以激发幼儿内在的主动性。

小班幼儿正处于涂鸦期向象征期的过渡时期，是绘画活动的起始阶段与基础阶段，所以

让小班幼儿对绘画活动充满兴趣尤为重要。但小班幼儿受年龄的限制，对一项单一的活动兴趣并不能持久。针对这一年龄特点，在这一学期中我开展了多种形式的绘画活动，尽量让幼儿对绘画活动始终保持着浓厚的兴趣，如手掌印画、手指点画、拓印图形、纸团压印、涂色等多种形式的活动。孩子们在游戏中认识与学习多种颜色，运用多种感官去接受色彩的刺激，对色彩产生了一种情绪表达的需要与欲望。

2. 着眼于幼儿的生活，开展有趣的“添画”活动

生活是幼儿创作的源泉。熟悉并富有生活化的情景会使幼儿感到亲切和好奇，从而调动幼儿参与活动的积极性和主动性，从而激发幼儿的好奇心和绘画的动机。游戏是幼儿喜欢的活动，在美术活动中渗透游戏环节，更能激发幼儿绘画的兴趣。因此，教师在选择的绘画内容应从幼儿熟悉且感兴趣的事物入手，以生活化、故事化的内容激发幼儿积极参与绘画活动的兴趣。在教育教学中，我发现往往包含角色扮演的教学方式能增添教育教学活动的趣味性，并能积极调动幼儿的主观能动性。使幼儿以绘画过程扮演自己喜欢的角色获得愉悦感。因此在开展教育教学活动时，我会选择幼儿生活中所熟悉并喜欢的“诱导物”，鼓励幼儿主动并积极地参与，努力地表达出自己的想法。

在最初进行绘画活动时，我是以添画的形式进行的。我在纸上画上一些漂亮而有趣的图画，随后引导他们继续完成剩余的部分，虽然“添画”的内容很简单，但在整个画面上必不可少，能够让孩子们感到自己在做一件很重要的工作。如在学画直线时，我给他们讲“狼吃小兔”的故事，提议大家带小兔建篱笆，我便在纸上画了小兔和狼，请孩子们画短直线，有的孩子画着画着，直线成了斜线，我就提醒幼儿“这儿的篱笆快倒了，再插几根直的吧!”有的孩子画得很稀，我就指着空隙说：“这儿还有个大洞，老狼要钻进来了，赶快补上几根。”等孩子们都完成了，我就会用小兔的口吻感谢他们，孩子们都感到自己为小兔做了一件好事。这样富有生活化的情景，会让幼儿感到亲切与熟悉，也会自然地吸引幼儿的注意力，调动幼儿参与绘画活动的积极性。

### （二）采用多元化支持策略开展小班幼儿的绘画活动

1. 提供多种绘画材料，提高主动探究与学习的积极性

绘画是幼儿理解与认识生活的一种重要方式，所以绘画教育活动对其健康成长与发展来说意义重大。将不同的材料及玩法融入小班幼儿绘画活动中，丰富幼儿认知的同时，又提高孩子参与绘画教育活动的兴趣，提高了他们参与活动的主动性。而且，通过绘画方式与材料的有效并合理运用，使得绘画活动从描绘固定物体到最后的栩栩如生，让孩子在这生动的背景下体验成功的愉悦感与获得感。

如小班绘画活动《柳树发芽了》中，在选择半成品材料，即幼儿绘画的背景时，我进行了留白的递进式教学的方式：首先，给幼儿提供了绿色颜料、涂好色的树干的画面，树干占画面的很大部分，孩子们只能在很小的空白处用手指“点”画；其次，提供实心树干和树枝画面，留白的空间变大；最后，提供用棕色颜料勾画出错落有致的树干，留出大量的空白让幼儿自行探索，幼儿创作方式从点、抹、涂，还增加了用手的各个部位的印画，让创作充满了趣味性，作品也呈现出更加丰富立体的层次和效果。

2. 利用多媒体资源，将动态画面融入绘画教学中

具体形象思维占主导地位是小班幼儿的年龄特点之一，在幼儿的绘画教学活动中加入动态画面的应用，使得教师的示范案例以与动画、配音相结合的形式体现在幼儿的面前，他们能够更直接与清晰地感受绘画对象。通过动态画面的完美生动呈现，引导幼儿去感受、去理解，这样幼儿不但能够绘画出好的作品，也能够提高幼儿的思维创造能力。有视频的实体显示，幼儿也不至于凭借天马行空的想象任意绘画，他们的思维以一个基点向四周扩散，充分地调动了幼儿参与的积极性，更好地去表现、创作绘画作品。

3. 从“话”到“画”，让幼儿会讲会画

小班幼儿生活经验不够充足，语言表达能力尚在发展的上升阶段，并且处于涂鸦期向象征期的过渡时期，属于无目的的绘画阶段，我们常会听到“不会画”“不知道画什么”的话语。此外，有的幼儿在绘画时，往往会伴随着自言自语，一些孩子兴趣高涨时甚至还会“手舞足蹈”。那是因为孩子们在为自己的作品“添油加醋”。这便是幼儿认识世界的独特方式，即通过语言表达和绘画变现。“话中见画”的“话”还有很多的来源，它可能来源于孩子们所见的儿童文学或电子作品，有可能来源于孩子们生活中的童言稚语。

绘画时把自己想表达的“话”通过画笔再形象地表达出来，在创作过程中，我们就会慢慢地发现，孩子不再说“教师，我不会画”或“我不知道画什么”了。通过将语言表达的内容和图像表达的作品相结合，调动幼儿想说、愿意说、爱说的特点与积极性，为“画”做好铺垫，这样幼儿能发自内心地感受到这件事物的内在特点，他们的绘画内容也就更加丰富了。

4. 巧妙指导，提高幼儿的创作水平

评价是绘画活动中一个非常重要的环节，是提高幼儿审美能力与思维发散的过程。绘画作品表现出孩子们内心世界的想法，是孩子表达自己想法的一种语言，画面上的线条、图形、色彩都在表达幼儿的想法和情感。小班幼儿完成绘画作品后往往都需要教师来评价，我们在欣赏孩子绘画作品的时候，要“倾听”他们画中所表达的意思，发现作品中的精华所在。同时，让幼儿也参与到评价中去，让他们在同伴中展示，在大众中发言。孩子们会在互相欣赏、互相评价中产生愉悦感，受到激励。

## 三、结语

在小班幼儿的绘画活动中，教师应注意根据幼儿的年龄和心理认知特点，选择适宜的绘画内容，运用有效的教学策略，创设宽松的绘画环境，尊重幼儿的兴趣和独特感受，创造机会和条件，支持幼儿自发的艺术表现和创造。给幼儿一个自由的空间、给幼儿一片自主的天地，他们就会用神奇的画笔还你一个美丽神奇的故事，这便是绘画教育的出发点和归宿！

### 参考文献

［1］郑玥瑾．小班绘画活动游戏化初探［J］．考试周刊，2020，(18)：167－168.

［2］吴珊娜．浅谈幼儿绘画活动的指导策略［J］．大众文艺：学术版，2012.

［3］袁琳燕．巧妙融入 提升水平 ——浅谈小班绘画活动的组织策略［J］．报刊精萃，2019 (4)．

# 传承民间艺术，开发园本课程
## ——浅谈多元学习中心课程下民间手工馆的环境创设

（胡佩　深圳市龙华区华南实验学校附属春华四季幼儿园）

**摘　要：**环境在幼儿成长与发展的过程中发挥着举足轻重的作用，幼儿园环境对幼儿教育有巨大的影响，幼儿在幼儿园的学习和进步离不开幼儿园环境的熏陶和感染。民间艺术是中华民族几千年创成下来的优秀的艺术，是中华民族深厚文化底蕴的象征。随着社会的快速发展，物质生活得到了极大的提高，精神境界同时得到升华，幼儿教育也需随着时代的变化而改变。

**关键词：**民间艺术；多元探究课程；环境创设

我园课程以独具特色的“学习中心”为体现，“混龄走班制”为特色，从课程组织到课程实施评价都打破了传统幼儿园教育模式的“壁垒”，从本质上实现了以儿童为本的多样化和自主性学习，为儿童创设了未来样式的生活形态，是一种活动性、综合性的全课程模式，以培养全面发展儿童为目标，覆盖幼儿全部生活。在“多元探究”课程中，我们创设了“民间手工馆”“自然生态馆”“民族音乐馆”“生活体验馆”“经典传诵馆”“岭南文化馆”“生命成长馆”等二十八个学习中心区域，为孩子提供了丰富的学习资源，给孩子们提供了无限的学习机会。其中，民间手工馆是一个为幼儿感受传统文化、体验民间艺术而设立的传统民间艺术文化环境。在这个充满民间韵味的学习空间中，幼儿能亲身体验民间工艺制作过程，在实际操作中掌握民间工艺技巧，锻炼手部动作的灵活与协调，并了解其中的中国传统文化背景，感受民间艺术的特征和美感。低结构的民间艺术材料具有极大的可塑性，幼儿可以充分发挥想象力，以种类丰富的民间艺术形式进行各种创造性表征活动，满足创作的欲望。

### 一、创设具有民间艺术特色的民间艺术场馆

我们将民间手工馆的活动区域融入民间艺术的特点和流传及保留在民间的手工艺术，包括民间剪纸、泥工、编织、扎染、刺绣、雕刻、糖画等艺术形式。在民间手工馆的学习中，不只是停留在对民间艺术作品的欣赏上，还让幼儿在制作作品的过程中体会民间艺术的魅力。我们应该让幼儿在真实的、开放的、情境化的、行动化的、带有民间韵味的民间艺术活动中，与同伴们合作、互动来体验民间的文化。使在民间手工馆的幼儿成为学习、环境、活动的主人。

#### （一）好绣坊

好绣坊主要提供适合不同年龄段操作的各种开放性低结构操作材料四大名绣作品、各种大刺绣架、小刺绣圈、各种粗细不同的毛线、丝线、刺绣线、各色无纺布刺绣布、彩色油性笔，以及各种扣子、亮片等装饰小物件。幼儿在欣赏中初步了解四大名绣，通过练习利用不同的针法进行绣制，学习穿针走线和刺绣的各种针法，随着针在布上面上上下下地穿越，感受了解针法的变化，点、线、面的基本关系，色彩的搭配，并能用针线绣出自己设计的图案，表现出相应的主题内容，在各种穿针走线操作活动中培养幼儿的手眼协调能力。

## （二）雕刻区

雕刻区主要投放材料：陶泥、雕刻印模、石头、雕刻刀等各种雕刻工具，孩子们通过雕琢等形式，将自己的想法和感受通过形象化的方式传达给观众。对培养幼儿发展自己的空间认知和想象力有着积极的促进作用。刻刀在小手中翻转不息，是文化的传承，是爱的传递，更是非遗种子的植根，然而“雕刻画”的区域探究，不仅弘扬了中国优秀传统文化，也让幼儿园的区域活动更富有生命力。

## （三）剪纸区

剪纸区主要提供各种欣赏的作品、各种剪纸绘本小书、撕贴作品集、彩色卡纸、彩色手工纸、大小彩色正方形纸、彩色长方形纸、各种废旧纸、剪刀、刻刀、笔、白乳胶、空白小书，有各种折剪的图示说明，剪纸步骤图、撕贴纸的各种材料工具和相关绘本故事书。在这里，孩子们通过欣赏各式剪纸艺术作品，在不断尝试练习中学习边角对折，剪纸的折法、折纸的折法，连接与断开，孩子们可以尝试多种方法进行剪贴，形成完整的剪纸作品。小班幼儿学习按照画出图形沿线剪出简单的直线实心图案；中班幼儿在学习使用方形的纸进行2—3次连续对角折，剪出简单的镂空图案；大班幼儿可用方形进行3—4次连续对边或对角折，剪出各种较复杂变化弧线的镂空图案。

## （四）面泥区

面泥区主要投放的材料：十二生肖面泥作品、各种民间面人作品、各色面泥，各色超轻黏土，竹签、木、弹、面泥等工具。孩子们不仅能欣赏民间面人的作品，还能利用刀、面泥板、小擀面杖，各种材料自选操作，在动手体验中感受温度与黏性，运用揉、压、印、团、搓、刻、嵌、切，或者借助模具的使用，制作各种实物或景观、刻画出人物或动物等的五官和身体特征，制作出心仪的作品。这里，需要孩子们将自己的想象力和创造力大大地调动起来，借由小小手呈现出来。比较难的是对动物、人物完整形象的表现，特别是不同动作或者不同场景的综合表现。还有一点，就是物体的比例问题。所以发现问题后，教师就能有的放矢，对于小班幼儿的要求，是面泥基本方法的习得，对于中大班幼儿来说，要注重培养他们空间的想象力和创造力的表现，就是他们在掌握了基本的技巧，知道单一的创作后，还能利用辅助材料进行高难度的有场景、有故事情节、能表现出人物或者动物性格甚至是内心世界的创作。

## （五）糖画区

糖画区的糖画制作是一件非常好玩又有趣的工作。这里有各种糖艺小书、糖、竹签、木棍、油刷、各种大小不同的糖画制作专用勺子、铲子、炉子、电磁炉、熬糖锅、纸、笔、转盘、手套以及各种糖画作品图片、糖画制作步骤，还有蓄冷冰板，便于让孩子把制作好的糖艺作品及时到冰板上进行迅速降温，避免烫伤等。孩子们不但能欣赏到民间艺人的糖画作品，还能动手体验操作，感知热糖的特性，制作出好看的糖画作品。小班幼儿可以将勺子里的糖全部倒在一个点上，然后用勺子压成形状幼儿做成块状图案。中班幼儿会将勺子里的糖慢慢倒在案的线条上，并能多次填补不成型的图案，逐渐形成连续的图案。大班幼儿能根据线条粗细的需要控制浇糖的流量，手能较大范围快速移动，能较流畅地形成复杂的线条图案，制作出不同效果，能直立且构图丰富的糖画作品。

## （六）印染区

印染区主要提供的材料：大小不同的吸水性较好的纸、宣纸、各种材质的白棉布、围巾、白T恤、白布袋、白方巾、彩色水笔墨水、各种扎染染料、助染剂、固色剂、扎染模型、弹珠、橡皮筋、麻绳、染缸、夹子、软铁丝、绳子、塑料手套、围裙、吸管、小喷壶、剪刀、镊子，等等。在这里，幼儿通过欣赏各种印染、滴染、沾染、扎染、蜡染作品，学习一些简单的印染、扎染和蜡染的方法，使用餐巾纸、宣纸、棉白布和染料进行染色，了解材料的吸水性和简单的二方、四方连续图案的制作。小班幼儿了解二方连续图案的基本特点，学会次对折，用较大的方形餐巾进行滴染和沾染，创作简单的对称案。中班幼儿学会对折并设计图案的形状，幼儿知道二方连续图案是由一个单独纹样，向上下或左右两个方向反复连续而形成的纹样，创设较复杂的对称图案。大班幼儿学会对折并设计图案的形状，根据厚薄不同的餐巾纸，控制水量和速度，图案的创设以及颜色的搭配，运用各种扎染方法设计制作出有规律的垂直式、散点式、波纹式的等对称的连续图案。

### （七）青花瓷展览区

青花瓷展览区创设较宽敞的区域空间，便于幼儿进行参观及创作，提供材料：纸盘、蛋糕托、纸伞、纸筒、白纸、瓶罐、葫芦、黏土其他辅助装饰材料，让幼儿通过不同的技法设计并创作青花作品。

从发现、寻找、了解到制作，幼儿多感官体验，感受中华传统文化的博大精深，感受中华传统艺术的无限魅力。

幼儿在欣赏与创作中，用自己的方式去表现和创作青花的美；在合作与分享中，能够发现和思考问题，并用积极的态度去解决问题，享受创造的乐趣，促进同伴之间交往能力的发展，播种下一颗热爱中华传统文化的美好种子！

## 二、融欣赏、创作、展示为一体的民间艺术教育环境

1. 区域环境的不断调整与更新。如在原来印染区的基础上将区域延伸拓展到走廊，增加古法染布区域，利用蓝靛泥植物染料进行染布，更换一批更具特色的蓝印花染布，展示更丰富多样化的幼儿蓝印花作品，形成更具特色的染布坊。

2. 幼儿作品在每个区域里面的展示与分享，充分展示幼儿与区域材料的互动性。

3. 民间手工馆主题墙面的展示：根据每个主题不断进行更新不同的主题作品，展示方法可充分利用民间馆的现有材料，如扎染、剪纸、糖葫芦杆、风筝等根据不同主题及时进行更新创设，注重作品的立体感和艺术感，展现更有创意、更丰富的民间艺术栏，体现孩子学习的多样性。

### 参考文献

[1] 陆洋．将民间艺术之美点亮幼儿生活［J］．科学大众（科学教育），2018.8.

[2] 刘娟，唐茸，章文艳．幼儿园民间艺术教育环境的创设与利用［J］．学前教育研究，2004：39－40.

[3] 王翔．幼儿园返本课程——在行动中学习［M］．南京：南京师范大学出版社，2016.11.

# 对于缓解托班幼儿分离焦虑的具体方法的研究

（杨悦　吉林省长春汽车经济技术开发区杨柳幼儿园）

**摘　要：** 分离焦虑无论是对于幼儿还是教师都是一大难题，能否顺利度过分离焦虑期对于幼儿的成长影响颇深。本次研究活动基于理论的基础，通过音乐律动、游戏以及绘本故事三种方式，对某所公立幼儿园中，三个托班的入园新生幼儿进行活动干预，依据幼儿的表现和分离焦虑的缓解程度来探究具有实践性和具体操作性的有效缓解幼儿焦虑情绪的方法。

**关键词：** 分离焦虑；音乐律动；游戏；绘本故事

## 一、研究过程

### （一）发现问题

作为一名一线教师，如何帮助幼儿缓解分离焦虑带来的负面影响，帮助孩子尽快适应幼儿园的一日生活活动，是接新班的一大难关。针对幼儿分离焦虑，不同学者有着不同的定义。Silverman 和 Dick（2004）将分离焦虑定义为当儿童与依恋对象分开时产生非常恐惧的情绪，过于担心无法与依恋对象重聚从而表现出焦虑的行为。

邹静认为分离焦虑主要指幼儿与家人分开后所产生的过度焦虑情绪和发展性不适。

笔者认为，幼儿分离焦虑的程度受多种因素影响，幼儿家庭背景、家长不同的教养方式、幼儿自身性格差异等都会导致幼儿适应能力有所差异。在此阶段，幼儿常常会面临着生理和心理的双重挑战，若无法顺利度过分离焦虑期，幼儿则会产生应激反应，表现为持续性哭闹、免疫力降低、情绪不稳定、缺乏安全感等不良影响，严重者会影响幼儿日后的成长。作为一线教师，如何帮助幼儿顺利平稳地度过分离焦虑期是幼儿教师要面临的一大难题。

### （二）研究目的

对于缓解幼儿分离焦虑这一问题，很多学者做出了很细致的研究，但大部分研究更多地从理论上出发，对于一线教师来说，很难将理论运用到实际教学工作中。此次研究目的基于两方面：一是找到能够切实缓解幼儿分离焦虑情绪的具体方法；二是为一线教师提供具有可操作性的参考方法。

### （三）研究对象

本次研究选择吉林省长春市某公立幼儿园新入园的三个托班幼儿为参考对象，共有 50 名幼儿，其中男孩 28 名，女孩 22 名，年龄段为 2—2.5 周岁，在入园前无长期离开家长的生活经历，无独自参加托管或幼儿教育机构的经历。

### （四）研究方法

本次研究过程采用行动研究法，即研究者通过音乐律动、游戏、绘本阅读等方式组织幼儿进行活动，对研究对象进行干预，结果具有动态性，且由于研究对象的特殊性，在研究过程中需研究者通过研究对象的反应而在内容上作出相应的调整。

### （五）具体研究方案

1. 行动实施时间

黄志敏指出，幼儿明显表现出焦虑情绪和焦虑行为的时间分别在入园时、午餐时及午睡前后。结合园所作息时间表，将行动实施时间确定为早上 8：30—9：00 和 10：00—10：30。

2. 行动实施周期

本次干预活动选取三种干预方法，分别为音乐律动、游戏和绘本阅读。托一班进行音乐律动，托二班进行游戏，托三班进行绘本阅读。整个干预活动为期五天。

3. 行动实施方式

（1）教师选取节奏感较强、幼儿耳熟能详且符合托班幼儿年龄特点的儿歌，利用多媒体工具播放儿歌及动画，同时利用夸张的表情和肢体活动吸引幼儿的注意力，带动幼儿情绪。

选取儿歌：《数鸭子》《我有一头小毛驴》《两只老虎》《我爱我的幼儿园》《拔萝卜》

（2）选取适合托班幼儿年龄特点的小游戏来转移幼儿注意力，从而缓解幼儿的焦虑情绪。

选取游戏：《下雪啦》（撕纸、扬纸片、捡纸片）、《反应游戏》（听指令做动作）、《乒乓球，上高楼》（手指游戏）、《赶小鱼》（体能游戏）、《对对碰》（益智配对游戏）

（3）选取符合托班幼儿年龄段，与幼儿入园适应主题相关的绘本故事，通过故事内容引导幼儿适应幼儿园生活，潜移默化地帮助幼儿度过分离焦虑期。

选取绘本内容：《幼儿园的一天》《我不想离开你》《一口袋的吻》《你好幼儿园》《不再害怕和妈妈分开》

### （六）行动实施结果

| 行动实施方式 | 幼儿表现 | 出现问题及调整方法 |
|---|---|---|
| 音乐律动 | 第 1—3 天，大部分幼儿被吸引注意力，停止哭闹行为；个别幼儿哭闹时间缩短。第 4—5 天，所有幼儿停止哭闹，约三分之二的幼儿表现出愉悦情绪，并愿意与教师一起进行肢体律动 | 个别幼儿异常兴奋，肢体动作幅度过大，易撞到旁边的幼儿。教师及时组织幼儿平复情绪，反复强调安全问题 |
| 游戏 | 第 1—2 天，3 名幼儿愿意参与游戏，大部分幼儿仍出现持续性哭闹。第 3—5 天，约四分之一的幼儿快速止哭，参加游戏，剩余幼儿停止哭闹但一直处于旁观的状态 | 考虑到幼儿年龄特点导致幼儿专注于游戏时间短，反复出现哭闹现象。教师选取更多游戏，缩短单个游戏时长 |
| 绘本故事 | 第 1—3 天，个别幼儿专注于绘本故事内容，大部分幼儿仍持续性哭闹。第 4—5 天，大部分幼儿专注于绘本故事内容，其余幼儿仍无法安静，间歇性哭闹 | 考虑到幼儿年龄特点导致幼儿专注于绘本时间短，对于绘本中提到的“妈妈”“想念”等词汇，会反复出现哭闹现象。进行绘本故事活动时，更改活动方式，如结合多媒体画面或变成情景剧的形式 |

## 二、基于行动实施结果产生的应对策略

进行为期五天的干预活动后，研究对象的分离焦虑情绪皆有所缓解，焦虑行为，如哭闹的频率有明显减少，持续时间大幅缩短。在如上研究结果的基础上，笔者提出以下几点应对策略。

1. 音乐律动能够有效缓解幼儿的焦虑情绪

富有节奏感的音乐律动加上丰富的动画效果可以第一时间吸引幼儿的注意力，使幼儿暂时遗忘“悲伤”与“害怕”的负面情绪。年龄较小的幼儿似乎是天生的“音乐家”，他们可以瞬间感知音乐表达的感情，愿意随音乐舞动身体，愿意在音乐中发泄自己的消极情绪。

在进行音乐律动时，教师要注意使用夸张的表情和大幅度的肢体语言来调动幼儿的积极性，同时准备一些教具，如打击乐器、与歌词相对应的头饰等，可以更加吸引幼儿的注意力，使得幼儿愿意参加到律动中，在跳一跳、唱一唱中分散焦虑情绪，快速与教师熟悉起来并喜欢上教师，获得心理上的安全感，从而快速摆脱分离焦虑。

2. 满足幼儿爱玩的天性，巧用游戏抚焦虑

游戏作为幼儿整个学龄前阶段的主要活动方式，在幼儿的成长过程中起着至关重要的作用。在缓解幼儿分离焦虑方面也是教师可利用的一大利器。在进行游戏活动时，切记要注意活动安全。新入园的幼儿还未养成良好常规，且情绪不稳定，为此所选游戏要偏向于气氛欢快但易于教师掌控、能够及时组织幼儿有序进行活动的类型，如“反应游戏”，教师运用不同的语气、语速、音调变换指令，考验幼儿的反应能力。此类游戏极易引起幼儿的兴趣，规则简单易懂，幼儿可以快速加入，易于调动幼儿参与游戏的积极性，使幼儿快速转换成欢乐的情绪。同时又易于教师掌控活动节奏，不会出现碰撞、拥挤摔倒之类的安全隐患。

除此之外，情景游戏也很受幼儿喜爱，如“角色扮演”，以“我去幼儿园”为主题设计情境，将“勇敢”“我不哭”“幼儿园真好玩”等积极的心理暗示在情景故事中表现出来，可以潜移默化地帮助幼儿建立“喜欢去幼儿园”的意识，也可以帮助幼儿尽快地过渡。

3. 绘本故事做辅助，帮助幼儿进行情感体验

笔者认为，在实际活动中，可以将绘本故事与其他活动相结合，或穿插在活动中，可以加快幼儿摆脱焦虑情绪的速度。在选择绘本故事时，一定要选择符合托班幼儿年龄特点的故事内容和故事画面，托班幼儿注意力集中时间短，内容过难或过长都会使幼儿很快失去兴趣，进而加剧哭闹程度。

在阅读绘本故事时，幼儿会将自己代入绘本中的角色，仿佛身临其境，产生和故事主人公相同的情绪体验，将自己的消极情绪发泄出来，被故事中的温暖情节和积极情绪所感染，更快地放下防备和害怕，愿意接受身边的新环境、新教师、新同伴，使得“去幼儿园”成为“长大了”的标志，增强自信心和成就感。

## 三、结语

幼儿园是幼儿进入自己的小社会、走向独立的第一步，需要家长和教师的帮助。作为一名一线幼儿教师，深知照顾新入园幼儿的辛酸和困难，为此在学习了众多学者的研究成果下，结合自己的研究结果和经验，提出一些具体的操作方法，可以帮助幼儿顺利度过焦虑阶

段，又能为缓解幼儿教师的工作重担献计献策。

此次研究活动为期较短，且研究对象较少，还需进行更加严密的活动来证明方法的有效性。在接下来的工作当中，我们会优化本次研究活动的方法，并继续探索更加科学、有效地缓解分离焦虑的教学手段。

## 参考文献

［1］邹静．创设缓解小班新生分离焦虑的支持性环境［J］．学周刊，2014（8）．

［2］张鹏．从依恋理论看幼儿分离焦虑及其消除策略［J］．读与写杂志，2008（3）．

［3］Silverman，W. K. Dick－Niederhauser. A Separation Anxiety Disorder. InMoris，T. L. March，J. S.（Eds）. Anxiety Disorders in Children and Adolescents（2nd ed.）. New York：Guilford Press，2004，164－188.

# 幼儿园剪纸活动教学策略的研究

（麦苗　罗定市幼儿园）

**摘　要：** 剪纸活动是幼儿园艺术教育活动之一，它能够培养幼儿的手眼协调能力、创造力和想象力，也可以促进幼儿的审美情感和艺术修养。然而，幼儿园教师在进行剪纸活动时需要一定的指导策略，才能让幼儿在活动中获得更多的收获和成长。本文主要探讨幼儿园剪纸活动的教师指导策略，以期为教师提供一些有益的启示。

**关键词：** 幼儿园；剪纸活动；有效教学策略

在这个多元化、多样性的时代，培养幼儿的良好个性品质显得尤为重要，而剪纸活动正是一个非常好的途径。通过剪纸活动，幼儿可以培养耐心、细心、创造力、想象力、耐挫力、自信心、团队合作精神和责任感等良好品质。在剪纸活动中，教师可以通过适当的引导和教育，帮助幼儿更好地发挥自己的潜力，促进他们的全面发展。

## 一、创设环境，激发兴趣

为幼儿提供安全、舒适、充满鼓励和激励的环境，让他们在自由、愉悦的氛围中参与剪纸活动，可以激发他们的学习兴趣。例如，可以让孩子为即将到来的节日制作贺卡，或者为故事书制作插图，通过欣赏剪纸作品、讲解剪纸故事和参与剪纸创作，激发幼儿对剪纸活动的兴趣；为幼儿提供足够的纸张、剪刀、胶水、颜料等材料和工具，以确保他们能够充分地发挥自己的创造力；鼓励幼儿在剪纸活动中探索不同的材料、工具和方法，发现适合自己的独特方式，有助于培养幼儿的探索精神和创造力。

剪纸需要一定的耐心和细心，特别是对于年龄较小的幼儿。在剪纸活动中，幼儿可能会遇到各种困难和挑战，如剪错、剪破等。但只要他们坚持不懈，克服困难，最终完成了一幅作品，就会收获到成功的喜悦和自豪感，从而培养了他们的耐挫力和自信心。这对幼儿的成长和发展具有积极的促进作用。

在剪纸过程中，教师需要引导幼儿保持专注，耐心地完成每一个步骤，鼓励幼儿尝试不同的剪纸技巧和方法，即使失败了也不要紧，引导幼儿尝试和失败，鼓励幼儿尝试不同的方法和技巧，学会从中吸取教训，不断进步。

## 二、内容适宜，提升能力

提前规划好剪纸活动的主题和内容，考虑到幼儿的年龄特点、发展水平和兴趣，遵循从易到难、循序渐进的原则，确保活动有一定的教育意义和艺术性，选择适合他们的剪纸内容和难度。在准备阶段，教师还需要考虑到安全因素，确保幼儿在剪纸活动中不会受伤。

根据幼儿年龄特征不同，设计适合不同阶段的剪纸活动。例如，对于 3－4 岁的幼儿，可以选择一些简单的剪纸图案，如动物、植物等，让他们在教师的指导下进行剪纸，培养他们的观察力和动手能力。而对于 5－6 岁的幼儿，可以选择一些稍微复杂一些的剪纸图案，比如节日主题的剪纸，让他们在剪纸的过程中感受到节日的欢乐和文化的内涵。

从简单的几何形状到复杂的图案，让幼儿逐渐掌握剪纸的技巧和规律。不要一次性教授太多的内容，可以分阶段进行剪纸活动。例如，先教幼儿学习简单的折叠和剪纸技巧，然后逐渐增加难度，让他们学习画出更复杂的图案和进行更精细的剪裁。

在剪纸活动中，可以选择一些贴近生活的事物作为剪纸活动内容，幼儿更加熟知选材的内容，增加幼儿的兴趣；也可以引入不同地域和文化背景的剪纸艺术，让幼儿了解不同剪纸的风格和特点，通过欣赏不同类型的剪纸作品，引导幼儿发现美、感受美和创造美，拓宽幼儿的文化视野，增强他们的文化素养。

## 三、个性指导，因材施教

每个幼儿的性格、兴趣和能力都不同，教师在组织剪纸活动时，应根据幼儿的特点进行个性化指导，根据实际情况灵活调整策略，关注每个幼儿的需求和发展，比如有些幼儿喜欢动物，有些幼儿喜欢植物，有些幼儿喜欢故事题材，等等。在剪纸活动中，可以根据幼儿的兴趣爱好来选择剪纸图案，让他们在剪纸的过程中感受到快乐和满足。每个幼儿都有自己的个体差异，比如有些幼儿剪纸的速度快，有些幼儿剪纸的速度慢，有些幼儿剪纸的技巧好，有些幼儿剪纸的技巧差。让每个孩子都能够得到适合自己的教学。对于动手能力较强的孩子，我们可以适当地增加难度，让他们尝试剪出更加复杂的图案；对于动手能力较弱的孩子，我们可以从基础开始，帮助他们逐渐提高难度，同时给予更多的鼓励和支持。在进行剪纸活动时，教师需要根据每个幼儿的个体差异进行指导，让每个幼儿都能够在剪纸活动中找到自己的快乐和成就感。

教师可以给予幼儿一定的自由度，让他们在剪纸活动中展现自己独特的风采和创意，同时也要及时给予指导和帮助，确保幼儿能够顺利完成作品并取得成就感。

在剪纸活动中，可以给幼儿分配任务和角色，让他们承担一定的责任。这有助于培养幼儿的责任感和自律。

## 四、重视合作，共同提高

剪纸活动不仅可以培养幼儿的个人能力，还可以促进他们之间的合作和交流。教师可以设计一些合作型的剪纸任务，组织小组形式的剪纸活动，让他们一起设计和制作剪纸作品，和其他小伙伴一起合作，共同完成一幅作品，让幼儿在活动中互相帮助和协作，鼓励幼儿之间进行合作，让幼儿在合作中共同完成作品，相互配合、互相帮助，培养他们的团队意识和集体荣誉感、沟通能力和责任感。同时，教师还可以组织一些剪纸作品展示和交流活动，让幼儿有机会展示自己的作品，并互相学习借鉴，这不仅可以激发幼儿的学习兴趣，还可以促进他们的艺术交流和情感交流。

## 五、注重评价，增强自信

在幼儿完成作品后，给予他们肯定和鼓励，让他们感到自己的努力得到了认可，同时，也要鼓励他们分享自己的创作思路和过程，表达自己的想法和创意，引导幼儿进行反思，让他们总结自己的学习经验和收获，与其他幼儿进行分享、交流，这样可以让他们更好地掌握剪纸技巧和方法，培养他们的语言表达能力和自信心，也可以培养他们的自我认知能力。

全面客观地评价作品，在评价作品时要注意肯定和鼓励幼儿的创造力和进步，让他们感到自己的作品是有价值的，使幼儿感受到自己的作品受到教师的重视和喜爱，得到教师的尊重，从而增强自信心。对幼儿的剪纸作品进行评价，关注他们的进步和成长，同时引导他们学会自我评价和反思。这有助于培养幼儿的自我意识和自我管理能力。

在教室中设置一个展示幼儿作品的区域，将他们的作品展示出来，这样可以激发他们的自信心和学习动力。

## 六、结语

只有教师在活动中充分发挥自己的指导作用，并注重幼儿的个性发展和情感教育，才能让剪纸活动真正成为一种有益的教育和艺术活动，并为幼儿的成长和发展带来更多的启迪和帮助。家长和教师也应该给予幼儿更多的支持和鼓励，让他们在剪纸活动中得到更多的成长和发展，为幼儿的健康成长和全面发展而共同努力。

### 参考文献

[1] 周灵瑶．幼儿园传统手工艺启蒙教育行动研究 [D]．喀什大学，2019.

[2] 吴兴美．中班剪纸活动中幼儿学习品质的表现及提升策略研究 [D]．河北大学，2021.

[3] 耿敏．幼儿剪纸活动中教师有效指导策略 [J]．美术教育研究，2019.

[4] 李浩雯，肖友兴．民间剪纸融入幼儿园课程的实践研究 [J]．教育观察，2021.

# 科学探究主题活动中促进幼儿深度学习的实践研究

（刘冬雨　北京经济技术开发区第一幼儿园）

**摘　要：**深度学习是一种目的明确、注重理解的学习方式。它要求学习者有强烈的自我驱动力，能够将已掌握的知识灵活运用到实际问题中。同时，深度学习也需要学习者注重知识之间的联系、迁移，从而加深对知识的理解和应用能力。基于科学探究主题活动中，通过激发幼儿兴趣，鼓励幼儿制订任务完成计划，在实践实施过程中幼儿通过自我尝试或寻求他人帮助来探索，以此培养幼儿养成良好的科学素养。通过观察发现，科学探究主题活动开展，使幼儿在同伴以及教师的鼓励和合作下找到解决问题的方法，从而培养了幼儿解决问题的能力，促进幼儿深度学习。基于此，本文就基于对科学探究主题活动有效开展促进幼儿深度学习的实践进行了深入研究，并提出具体实施策略。

**关键词：**科学探究；主题活动；深度学习

## 一、核心概念界定

### （一）科学探究主题活动

科学探究主题活动是指在幼儿围绕某一科学现象让幼儿进行观察主题，按照一定的计划组织和操作建构的活动，通过建构主题活动促进幼儿对相关问题进行深度思考。科学主题活动具有鲜明的特点，其独特的魅力深受幼儿的青睐，通过主题活动可以真正促进幼儿创造力、思维力的发展。

### （二）深度学习

为实现从“浅层”到“深度”学习的转变，2012 年教育部发布了《3－6 岁儿童学习与发展指南》，强调了解儿童学习方式和特点的重要性，并重视其学习品质。儿童学习，特别是深度学习，已成为当今幼儿教育的核心。深度学习不仅是社会人才发展的需求，也对学习者发展具有重大价值。在学前阶段，发展深度学习能力尤为重要。深度学习强调解决实际问题，通过科学探究主题活动，让幼儿在活动中探究、发现和思考问题的解决方法。《3－6 岁儿童学习与发展指南》指出，成年人应保护和引导幼儿的好奇心，利用生活中的自然和情境，引导幼儿发现、分析和解决问题。因此，以科学探究主题活动中的问题解决为导向的幼儿深度学习至关重要。

## 二、基于科学探究主题活动中促进幼儿深度学习的重要意义

### （一）深度学习是学前教育的价值追求

提高学前教育质量已成为世界学前教育发展的主要目标，我国主要通过制定和实施学前教育政策，致力于提高学前教育质量。学前教育的质量主要体现在每个孩子的学习和发展质量上，虞永平教授表示：“学前教育质量的核心是持续支持和促进儿童的成长，本质是让儿童更好地发展。”近年来，儿童的深度学习备受研究人员的关注，基于科学探究主题活动开展，强调儿童积极参与活动，通过批判性的理解体验，融合对于科学知识认识的新旧知识，

积极构建经验体系，并将获得的经验灵活地转移到新的情境中以解决问题。深度学习不同于基于记忆的浅层学习，它强调体验式探索和建构的过程，重视儿童解决问题能力的发展和高水平思维能力的形成。

### （二）深度学习是幼儿学会学习的诉求

我国《国家中长期教育改革和发展计划（2010—2020 年）》强调“建设学习型社会”，使所有人都能终身学习，以应对不断变化的社会。在此基础上，幼儿通常通过学习获得终身发展所需的技能和方法，幼儿教育的价值不在于孩子获得的知识的广度和深度，而在于对孩子的引导，为他们的终身发展奠定良好的基础。引导孩子学习意味着改变他们的学习方式，从被动接受转变为主动探索；教育内容从静态知识向动态体验转变；教师将把注意力从“他们学到了什么”转移到“他们是如何学到的”。目前，基于科学探究主题活动的深度学习强调儿童积极参与活动，在解决实际问题时传递新的经验，而不是机械地、被动地接受问题情境的知识。深度学习不强调对知识的表面记忆，而是注重培养孩子的高水平解决问题和思考能力，让孩子获得学习所需的能力和思维品质。

### （三）深度学习是知识建构过程

科学现象随处可见，孩子们对此充满好奇。科学探究主题活动激发了他们的探索欲望，引导他们自由探索科学知识的奥秘，享受有趣的科学之旅。研究表明，科学活动对儿童的深度学习有积极影响，有助于提高他们的思维和学习质量，为全面发展打下基础。通过直接感知、实践和操作，孩子们在探究中学习科学原理，解决问题，积累经验。科学探究主题活动是儿童深度学习的重要工具，孩子们在活动中使用不同物体，了解科学特性，丰富和发展新旧经验，符合深度学习的知识建构过程。

## 三、基于科学探究主题活动中促进幼儿深度学习的实践实施策略

### （一）基于科学探究主题活动，激发幼儿自主探究兴趣

基于对科学知识的探索活动，有效激发幼儿的好奇心，促进幼儿自主探究兴趣。

例如，幼儿为保护小兔子不被黄鼠狼吃掉，进行了探究。师生共同了解黄鼠狼，认识其在生态系统中的作用，并学习安全知识。他们为小兔子建造安全居住区，用网栏围住，并放置天然驱鼠植物。孩子们还排班观察小兔子，及时调整环境。此过程让孩子们学会保护、尊重动物，创造性解决问题，并意识到野生动物与人类共生的重要性。通过探究学习，孩子们更好地了解自然、掌握知识，为保护生态系统做出贡献。

### （二）基于科学探究主题活动，引发幼儿的深度思考

通过开展科学探究主题活动，引发幼儿的深度思考。幼儿通过对日常科学现象的长期、深入和有效观察，以此引发幼儿深度思考，促进幼儿对问题的探索兴趣，促进幼儿积累经验。

例如，开展种植的科学探究主题活动，幼儿对植物进行观察，教师可以启发幼儿观察种植作物，用直观的发现来引发思考，并引导幼儿更深入地研究问题并解决问题。或者从发现的问题中观察问题、解决问题，并尝试通过实际观察找到答案。例如，在开展种植油菜的科学主题活动中，一个孩子说油菜的叶子被毛毛虫吃掉了。由于直觉行为和思维的影响，幼儿往往会觉是毛毛虫在吃叶子，但这实际上是幼儿直接推测的那样吗？这时，教师可以启发孩子们去种植区寻找吃叶子的“罪魁祸首”。孩子们在油菜叶子附近观察到有绿色小飞虫和黄色小瓢虫。通过幼儿的深入观察研究发现，小飞虫才是吃卷心菜叶子的“罪魁祸首”，而黄

色小瓢虫是保护油菜的有益昆虫。在基于科学探究的种植主题活动过程中，教师充分注重幼儿的主体地位，通过问题引导幼儿思想，让幼儿从质疑和猜测开始，培养他们积极探索、从实践中寻求答案的科学精神，充分利用种植活动的实践价值，引发幼儿的深度思考，促进幼儿深度学习。

### （三）创设科学趣味性教学情境，促进幼儿深度学习

基于科学探究主题活动，创设轻松愉快的教学氛围和有趣的教学情境，不仅有利于幼儿的身心发展，也促进了幼儿思维的发散，从而促进幼儿深度学习。教师应该根据孩子的兴趣和问题，结合实际生活，以最大限度地提高幼儿在学习中的主动性和探索意识。

例如，班级小朋友对《小熊造船记》这本绘本非常感兴趣，于是结合给小熊造船的情境，开展探索关于《造船》的科学主题活动，激发幼儿帮助小熊造一艘能在水上航行的船。鼓励幼儿寻找班级的物品并尝试操作，感受物品的沉浮，帮助孩子们理解自然界中的沉浮现象。

在这样的主题活动中，教师创造轻松愉快的教学氛围和有趣的情境，引导幼儿主动参与和探索，促进幼儿思维的发散和深入。通过对具体问题的探究和解决，幼儿能够加深对自然现象的理解，同时也提高了他们的实践能力和科学素养，从而更好地促进幼儿深度学习。

### （四）知识经验的迁移，促进幼儿深度学习

深度学习的知识经验迁移，可以将一个领域的经验应用到另一个领域中来，通过不断地迁移、运用，促进幼儿更加深度的学习。

例如，幼儿在木质欣赏作品方面积累了很多木工制作的经验，可以将他们在设计、选择材料、加工工艺和装饰等方面的经验迁移到班级椅子修缮上。他们可以运用自己在木制品制作方面的专业知识来确定修缮方案，使用他们自己研究的新型工具、技能或者材料，来提升对班级椅子的修缮效果，以确保修缮后的椅子耐用舒适。总之，深度学习的知识经验迁移，可以帮助我们更好地应用已有的经验，并且为其他领域的发展提供更多的想象空间。

## 四、结语

在科学探究主题活动中，幼儿可以通过直接感知、实际操作、亲身体验来掌握、运用知识，也可以在探究的过程中培养自己解决问题的能力和思维方式，从而促进幼儿深度学习。此外，科学探究主题活动还能够激发幼儿的好奇心和兴趣，提高他们的学习动力和参与度，让幼儿在愉悦的氛围中学习，更加高效地掌握知识。因此，教师应该在教学实践中积极开展科学探究主题活动，让幼儿在愉悦的探索中学习，为幼儿今后的成长和发展奠定坚实的基础。

### 参考文献

［1］孙玲，周娇婷．基于深度学习的幼儿园种植课程建设策略——以“大班金盏菊种植活动”为例［J］．家长（上旬刊），2020（9）：137－139，141.

［2］刘丹．在生活化课程中促进幼儿深度体验与表达——记小班种植活动“趣探南瓜”［J］．动漫界，2021（44）：24－25.

［3］高甜．幼儿园户外种植活动存在问题及对策的个案研究——以南京市J幼儿园为例［D］．南京师范大学，2020.

# 幼小衔接背景下提升大班幼儿阅读能力的策略研究

（任文慧　北京市经开区第一幼儿园）

**摘　要：**良好的阅读行为能够丰富知识、开阔眼界、激发想象力，对于大班幼儿来说，他们即将面临的是步入小学，学习更丰富的知识，那么阅读则能够帮助幼儿在日后的小学学习中奠定基础，包括理解复杂知识、口语表达等。但由于大班幼儿的年龄特点，使得有的幼儿没有形成良好的阅读习惯，因此笔者通过观察、从多方面分析原因、找出解决策略的研究方法来提升大班幼儿的阅读能力。

**关键词：**幼小衔接；大班幼儿；阅读能力

## 一、幼小衔接背景下大班幼儿阅读的重要性

1989 年，我国发布了《幼儿园工作规程（试行）》，它首次提出了幼儿园和小学之间应该密切联系，相互配合，注意这两个教育阶段之间的衔接，以确保幼儿平稳地从幼儿园过渡到小学。2001 年 7 月，教育部发布的《幼儿园教育指导纲要（试行）》再次强调了幼小衔接的重要性，强调幼儿园应该与家庭、社区紧密合作，与小学相互衔接。这份文件进一步明确了学前教育的重要性，并且指出了幼小衔接对于整个教育过程的连续性至关重要。

儿童阅读能力发展的关键期是 3—8 岁，大班阶段正是幼小衔接的关键，也是其脑部发育的黄金时期，提升大班幼儿阅读能力将有利于其进入小学学习，也有利于为以后的终身发展奠定文化基础。除此之外，幼儿良好的阅读能力还有利于提升其思维能力及创造力，因此，培养大班幼儿阅读能力至关重要。

## 二、大班幼儿阅读存在的问题

大班幼儿阅读中存在的问题主要有三个方面：幼儿不愿意主动选择图书区、阅读时幼儿注意力不集中以及幼儿阅读持续性较差。

### （一）幼儿不愿意主动选择图书区

笔者作为幼儿园教师发现在幼儿园区域活动中，幼儿不太愿意主动选择图书区，并且幼儿在图书区经常把书籍当成玩具，或者将书籍翻开放在桌面上当成笔记本电脑。在图书区还会出现幼儿将书籍放在桌面上但不阅读，与其他幼儿说笑聊天的现象，对于图书中内容的兴趣较小，容易对阅读图书感到无聊。

### （二）阅读时幼儿注意力不集中

在阅读图书时，经常容易被外界的声音、行为等干扰，打断注意力，从而不能很好地认真阅读。即使一开始幼儿在认真阅读，当周围有其他幼儿说话聊天时，其注意力也会被打断，将其兴趣吸引到别的内容上去，从而将其注意力转移到与别人的聊天中。当教师提醒幼儿专注阅读时，幼儿会再次进入阅读状态，但还是会再次发生以上情况。有的幼儿进行阅读时只是胡乱翻翻，还没看完就着急更换下一本书，幼儿还会表现出阅读过程中发呆的现象，从而不能集中注意力专注阅读。

### （三）幼儿阅读持续性较差

幼儿在阅读书籍时往往持续的时间较短，常常出现频繁更换书籍的现象。有的幼儿拿取一本书只走马观花地翻阅一遍后就阅读完毕，对书籍里面的图画及内容理解少之又少，甚至阅读完只记得书籍里面的一些显眼图画，并没有理解绘本中的简单故事情节，就立刻更换书籍的现象。

## 三、大班幼儿阅读能力不足的原因

### （一）大班幼儿自身年龄特点

大班幼儿年龄相对较小，注意力发展不完善，呈现注意力较为短暂、稳定性不强、注意范围较小等特点。并且幼儿更偏爱形象、直观的图像，因此有的幼儿只关注绘本书籍里面的某个角色或者插图，只看自己感兴趣的画面，从而忽视故事情节及内容，于是也很难集中注意力思考故事内容了。大班幼儿很难对抽象的知识产生兴趣，因此很少有孩子能够长时间阅读。大多数幼儿喜欢印有可爱的动物形象的图书，对于故事情节复杂的图书兴趣不足，整体的阅读层次较浅。对于他们来说，图片的结构、色彩、线条和图像，就是他们所能感知的全部，他们只能通过图片来理解阅读的内容。

### （二）家庭教育的影响

1. 阅读小学化。幼儿在家阅读时，有的家长的指导偏离了阅读的本质，过度焦虑导致家长乐于让幼儿识字式阅读，经常认为幼儿认识的字多就是良好的表现，却忽略了阅读的本质是理解故事情节及内容并会表达自己的想法，甚至会给幼儿增加文字较多的图书来阅读。这样小学化的阅读有些揠苗助长，不利于培养幼儿阅读的专注力和思维能力。

2. 家长的榜样作用。有些家长由于忙于工作，在幼儿面前表现的是没时间阅读，或者玩手机等电子产品的行为，幼儿每天看在眼里，也会模仿大人的行为。没有家庭阅读氛围的熏陶，幼儿也不乐于在空闲时间阅读，因此幼儿的阅读兴趣没有较好养成。

### （三）幼儿教师的指导

1. 教师自身阅读习惯的影响。有的教师自己在阅读时只是片面阅读书籍内容，没有将内容转化为自己的理解，因此在指导幼儿阅读时也容易将阅读停留于表面，而不加以深入探究故事内涵。有的教师在为幼儿讲绘本书籍时只是片面讲一个故事，讲完之后缺乏对故事情节及内容的谈论，也没有及时关注幼儿对故事的理解和想法。

2. 培养幼儿阅读习惯方面不足。有些幼儿会出现撕书、乱涂乱画、在地板上摩擦书籍等不良习惯，还有幼儿随便将书籍翻开一页就阅读，没有连续性阅读故事的意识，这种细微的行为又不易引起教师的关注，从而有些幼儿没有养成良好的阅读习惯。

## 四、培养大班幼儿阅读能力的策略

### （一）尊重大班幼儿发展规律

在大班幼儿阅读时应该尊重幼儿的发展特点，引导幼儿学习掌握有效阅读的技巧，成人应该了解阅读对儿童成长的重要性，学会引导和约束，不要放纵孩子或者盲目强迫儿童进行阅读，应该根据儿童的性格特点选择合适的指导方针，帮助他们获得阅读技能。

## （二）家庭

1. 家长做好榜样作用。家庭阅读环境作为幼儿早期阅读的环境基础，对幼儿阅读兴趣和阅读能力的发展具有重要价值。高质量的亲子阅读对于幼儿多种能力的发展具有促进作用，如幼儿的注意力、语言表达能力、语言组织能力、观察能力、理解力，以及思维能力与想象能力。因此在家庭中家长应为幼儿创设安静的阅读环境、温馨的阅读空间以及充足的自主阅读时间，这样可以使幼儿全身心地投入到阅读中，集中注意力去感受书籍中的故事情节和内容，幼儿才能去体会、去表达自己对故事的理解。而且家长也应尽可能多地与幼儿一起阅读，家长在阅读中有足够的耐心，幼儿也会模仿家长同样的行为，这样能够提高阅读质量，并且进一步增加亲子感情。

2. 减少对幼儿学习的焦虑。家长应关注大班幼儿的身心发展特点以及阅读需求，尊重幼儿发展规律，不自作主张地为幼儿选择家长认为好的书籍，在选择书籍方面多关注幼儿自己的意见和兴趣，尊重幼儿自己的选择。家长对幼儿应多给予一些信任，只有相信自己的孩子能够做出选择、能够有良好的阅读行为、能够在自己感兴趣的绘本故事中获得知识，幼儿才能真正将这些优秀的阅读品质展现出来。

## （三）教师

1. 为大班幼儿选择合适的绘本书籍。在班级中尽量为幼儿多投放文字较少的绘本图书，引导幼儿自主看图阅读，帮助幼儿对图画内容的连续性进行思考，但在此过程中避免过多引导，以免限制幼儿的想象力和创造力。引导幼儿看图画尝试说出自己对绘本故事的理解和思考，并向他人表达。

2. 培养大班幼儿良好的阅读习惯。对于大班幼儿出现的不良阅读习惯，教师要及时关注并纠正。除此之外，教师还应帮助幼儿学习阅读的技巧和方法，并将幼儿出现的阅读问题与教育活动联系在一起。在阅读前教师尽量先为幼儿铺垫阅读内容，使幼儿对本次阅读产生一定的兴趣，激发幼儿进一步深入阅读的行为，充分感受书籍中角色、故事情节内容的发展及变化，体验到自主阅读的乐趣。教师还要关注幼儿的理解及口语表达能力，发现问题并帮助幼儿学会弥补自己的不足，获得阅读技能，养成良好的阅读习惯。

## 参考文献

［1］裴真真．幼小衔接视角下大班幼儿前阅读教育活动的行动研究［D］．伊犁师范大学，2023.

［2］陈奕同．大班幼儿早期阅读能力提升策略研究［J］．研学堂，2023（15）．

［3］李秀明．亲子绘本阅读教学在幼儿家庭教育中的实施策略［J］．新课程研究，2022（2）．

［4］刘芮彤．家庭早期阅读环境创设的现状及对策研究［D］．辽宁师范大学，2023.

# 浅议高龄父母在早期教育中存在的问题、成因分析及应对策略

（吴改丽　广东省珠海市香洲区岱山幼儿园）

**摘　要：**高龄父母在孩子的早期教育中面临许多独特的问题，这些问题可能会影响孩子的成长和发展。本文探讨了高龄父母在早期教育中存在的问题、成因分析以及应对策略，并结合具体教育案例进行了论述。

**关键词：**高龄父母；早期教育；问题；成因分析；应对策略

随着社会的发展，人们的生活水平不断提高，许多人在追求事业和经济稳定的同时也推迟了生育年龄。高龄父母在孩子的早期教育中面临许多独特的问题，有一项研究发现："随着年龄的增长，父母的身体状况和心理健康状况可能会出现问题，这可能会影响他们对孩子的照顾和关注，从而影响孩子的发展。"这些问题可能会影响孩子的成长和发展。本文将探讨高龄父母在早期教育中存在的问题、成因分析以及应对策略，并结合班级具体教育案例进行论述。

## 一、高龄父母在早期教育中存在的问题

### （一）孩子的生理健康问题

高龄父母在生育孩子时，孩子的生理健康问题是不可避免的。女性的卵子和男性的精子在年龄增长后会出现质量下降的情况，这可能导致孩子在出生时存在一些健康问题。例如，孩子可能会出现先天性心脏病、唇裂、早产等问题。

此外，高龄孕妇在怀孕期间也会面临许多健康问题，例如高血压、糖尿病、胎盘早剥等，这些问题都会对孩子的健康产生一定的影响。

### （二）孩子的情感问题

高龄父母在孩子的成长过程中可能会面临一些情感问题。例如，他们可能会因为年龄较大而无法像年轻父母一样和孩子一起亲子游戏、亲子锻炼等。这可能导致孩子缺乏父母的陪伴和亲密互动，从而影响孩子的情感发展。

此外，高龄父母可能会因为孩子的成长和发展过程中的一些问题而感到焦虑和担忧。例如，他们可能会担心孩子身体上的问题、学习上的问题、社交上的问题等。这些焦虑和担忧可能会影响到他们与孩子的情感交流，从而影响孩子的情感发展。

### （三）孩子的教育问题

高龄父母在孩子的早期教育中可能会面临一些教育问题。例如，他们可能因为年龄较大而无法及时掌握新的教育理念和方法，从而导致他们的教育方式过于保守和陈旧。这可能会影响孩子的学习兴趣和学习效果。

此外，高龄父母可能会因自身的认知和语言能力等问题而无法满足孩子的学习需求。例如，他们可能无法教授孩子一些新的科技知识和技能。

## 二、成因分析

### （一）社会因素

随着社会的发展，人们的生活水平不断提高，许多人在追求事业和经济稳定的同时也推迟了生育年龄。这可能导致了高龄父母的出现。此外，社会的老龄化也是高龄父母增多的原因之一。随着人口老龄化程度的加深，越来越多的人在年龄较大时才开始生育。

### （二）生物因素

女性的卵子和男性的精子在年龄增长后会出现质量下降的情况，这可能导致孩子在出生时存在一些健康问题。此外，高龄孕妇在怀孕期间也会面临许多健康问题，这些问题都会对孩子的健康产生一定的影响。生物因素是高龄父母在早期教育中存在问题的主要原因之一。

### （三）心理因素

高龄父母可能会因为自身的年龄和生育经历等而感到焦虑和担忧。这些焦虑和担忧可能会影响他们与孩子的情感交流，从而影响孩子的情感发展。此外，高龄父母也可能因为无法满足孩子的学习需求而感到无助和无能为力，这可能会影响孩子的学习兴趣和学习效果。

## 三、应对策略

### （一）关注孩子的健康问题

高龄父母在孩子的早期教育中应该重视孩子的健康问题，及时进行体检和治疗。此外，高龄父母还应该注意自身的健康状况，保持良好的心态和生活习惯，以提高孩子的健康水平。

### （二）加强与孩子的情感交流

有研究表明："高龄父母可通过与孩子的情感交流来增强亲子关系，这有助于促进孩子的情感发展和社交能力的培养。"高龄父母应该注重与孩子的情感交流，多陪伴孩子、关注孩子的生活和学习情况。同时，高龄父母也应该学会放松心态，不要因为自身的年龄和经验而过于紧张和担心。

### （三）学习新的教育理念和方法

高龄父母应该积极学习新的教育理念和方法，了解孩子的学习需求和兴趣，灵活地运用不同的教育方法和手段。此外，有一位教育研究者建议："高龄父母可以参加一些教育培训和研讨会，了解最新的教育理念和方法，同时也可以向专业人士寻求教育建议和指导。"高龄父母也可以寻求专业的教育辅导和咨询服务，以提高自己的教育水平和能力。

## 四、案例分析

小 A 今年 5 岁，他的父母都已经年过五十，他们在小 A 出生时也已经是高龄父母了。小 A 的父母在教育小 A 的过程中遇到了不少问题。

首先，小 A 被诊断出感统失调且体质很弱，单脚站立等平衡动作发展较弱，同时一学期因为病假而缺勤至少一个月，刮风下雨等恶劣天气小 A 都会感冒咳嗽。他们花费了大量的时间和精力照顾小A的生活和身体康复。

其次，小A的父母由于年龄较大，无法像年轻父母一样和小A一起玩耍、锻炼等。这可能导致小A缺乏父母的陪伴和亲密互动，从而影响小A的情感发展。

最后，小A的父母因为年龄较大，无法及时掌握新的教育理念和方法，他们对待教育的方法沿袭传统，存在重身体健康轻心理健康，重物质投入轻精神投入的现象。即便关注家庭教育，也总是注重知识的传授和技能的学习。如给孩子讲绘本故事的时候就照着绘本念字，然后指着字教小A，今天教了，明天忘了，就说小A不是读书的料，干脆放弃给他讲故事了。由于父母受传统思想的束缚，接受新事物慢，对幼儿的探索没有提供足够的支持，如小A想拆开玩具看看里面的构造，以及想饲养蚕宝宝时就会受到父母的阻止，他们眼中听话，按部就班才是好孩子，这种教育方式扼杀了小A追求新事物的好奇心，不利于幼儿的学习，继而不利于个性的养成。

针对小A的情况，我们给他的父母提供了以下应对策略，以期待家长能够有效调整育儿观念和措施，更好地帮助小A成长。

首先，建议父母应该重视小A的健康问题，加强生活护理的同时，引导小A养成不挑食、勤锻炼、讲卫生、早入睡等健康习惯。他们可以咨询专业医生，了解如何更好地照顾小A的生活。

其次，建议他们应该注重与小A的情感交流，多陪伴小A、关注小A的生活和学习情况，还可以通过一些简单的游戏和活动来促进亲子关系，增强彼此之间的感情。

最后，邀请家长参加幼儿园的各种家长学校如家长沙龙、家长讲座、家长开放日等提高家庭教育科学水平。同时引导家长加强自主学习、交流和实践。如请教育成功的家长分享经验总结，帮助家长正确处理好管束、期望、教导、关爱之间的关系，不断改进家庭教育方式。总之引导家长积极学习新的教育理念和方法，了解小A的学习需求和兴趣，灵活地运用不同的教育方法和手段，促进小A的健康成长。

通过以上措施的调整和实践，小A的父母可以更好地应对高龄父母在早期教育中存在的一些问题，逐步改变育儿策略，并通过与教师之间的配合，大家明显看到了孩子取得的进步，在促进小A的全面发展和成长过程中，家长也不再手足无措了。

## 五、结语

高龄父母在早期教育中面临许多独特的问题，这些问题可能会影响孩子的成长和发展。针对这些问题，高龄父母可以采取多种应对策略，如重视孩子的健康问题、加强与孩子的情感交流、学习新的教育理念和方法等。通过这些措施，高龄父母也可以更好地应对早期教育中存在的问题，促进孩子的全面发展和成长。

# 幼儿为本，晨间“趣”谈
## ——幼儿园晨谈活动的组织与实施探析

（郑晓芬　广东省深圳市龙华区第三外国语学校附属卓尔幼儿园）

**摘　要：**“一日之计在于晨。”晨谈活动作为幼儿园一日生活的开端，是幼儿表达见解、分享经验、建立自信的良好途径。教师还可以借此向幼儿传递信息、渗透知识，引导幼儿做好活动计划，为建立班级的常规打好基础。但在实际开展过程中，教师的计划性较低，目的性不强。为提高晨谈质量，我园尝试借助“晨谈墙”开展晨谈活动，力求最大限度地发挥晨谈的教育功能。本文将以“晨谈墙”为依据，厘清晨谈活动的价值，并为有效组织晨谈活动、促进幼儿全面发展提出相关建议。

**关键词：**晨谈活动；幼儿为本；全面发展

晨谈活动是一项由教师发起和组织的集体教育活动，其内容和范畴涉及《3—6岁儿童学习与发展指南》（以下简称《指南》）中多个领域，包括语言领域、社会领域和科学领域等。如分享时能够大胆自信并清晰表达；在他人讲话时做到认真倾听；能够感知生活中数学的有用和有趣，学会点数、唱数、群数等，理解数量关系。

晨谈活动作为一项综合多方面能力的活动，其开展的质量直接决定了晨谈活动的价值能否实现真正落地。笔者认为，晨谈活动的组织应以幼儿为本，立足于幼儿的发展需要，为幼儿创设适宜的条件与机会，支持幼儿的主动学习、全面发展。

### 一、晨谈环境以幼为本，尊重幼儿的主体性

《幼儿园教育指导纲要（试行）》（以下简称《纲要》）指出：“环境是重要的教育资源，应通过环境的创设和利用，有效地促进幼儿的发展。”而幼儿是幼儿园生活的主体，晨谈展示墙作为幼儿学习的环境，应该从幼儿视角出发进行创设，并尝试将话语权归还给幼儿。教师作为一名协助者，应与幼儿共同商讨内容的制定。如班级公约，教师可以与幼儿一起制定，促进幼儿更有效地履行，做好班级的常规建设。在快乐的一天板块，小班可采用幼儿真实的活动照片，帮助幼儿直观地了解一日活动的流程；中班可采用幼儿亲自创作的简笔画；大班则可以让幼儿画时钟画，引导幼儿观察当前时间，并匹配时钟以感知时间，了解时间与自身活动之间的关系和实际意义。在进区卡的设计上，可与幼儿讨论其形状、样式等，中大班还能在合适的尺寸范围内自己设计进区卡。以幼为本的晨谈墙，可以有效建立幼儿的主人翁意识，让幼儿成为环境的主人，也为晨谈活动的顺利实施提供了条件。

### 二、晨谈机会公平均等，调动幼儿的积极性

晨谈活动应该面向全体幼儿，保证每位幼儿都有机会参与。研究表明，在集体活动中，教师容易倾向于选择较活跃的幼儿进行互动交流，而忽略了部分反应较安静的幼儿，剥夺了其发展的机会。《指南》提出：要多给幼儿提供倾听和交谈的机会，引导幼儿清楚地表达。因此，教师应该根据实际，提前制定好时间安排表，让幼儿轮流分享今日话题，成为晨谈的主角，并担任小小播报员播报日期、天气、湿度等；在进区计划分享环节，根据班级人数，每天安排3—5名幼儿进行分享，保证每位幼儿都有表达、交流的机会，充分调动幼儿表达

的积极性，以提高幼儿的语言表达能力。

## 三、晨谈过程宽松自在，提高幼儿的参与度

《纲要》中要求：创设一个自由、宽松的语言交往环境，吸引幼儿与教师、同伴或其他人交谈。在晨谈活动中，教师应面带微笑，认真倾听并积极给予幼儿回应。教师还应把握提问的方式、方法，要学会借助开放式的问题引导幼儿观察、表达。例如，小小播报员在播报“谁没来”时，可引导幼儿观察今天谁没来，让播报员选择缺勤幼儿的进区卡，而非采取直接告知的方式。在半日或全日活动计划板块，教师可引导幼儿观察户外场地图、核心技能的简笔画，让幼儿说一说在活动场地儿、练习哪些核心技能，同时教师还应着重讲解技能练习的注意事项，如双脚连续跳落地时膝盖要弯曲，提高幼儿的安全意识和自我保护能力。在小组学习活动板块，教师可根据提前贴好的分组询问幼儿：“今天轮到哪一组小朋友上课了呢”“都有谁呢？请举手”等，来加强与幼儿的互动。此外，还要表明“去哪里、跟哪个教师、做什么”三要素，帮助幼儿明确自己的活动计划和流程。

## 四、晨谈互动有效高质，发挥幼儿的主动性

教师的主导作用体现在：要组织和控制整个教育过程，保证晨谈活动的高效实施。在晨谈组织中，教师要明确自己的角色定位，不只是晨谈活动的组织者，更应该以支持者、引导者的角色为幼儿提供经验支持。在晨谈互动中，还应注重提问的有效性，让幼儿成为学习的主动者，提高师幼互动的质量，这对教师储备通识知识提出了更严格的要求。

幼儿进行今日分享时，教师要通过适宜的提问，引导话题更加深入，并及时提炼语言、总结经验，巩固幼儿的认知。例如，幼儿分享手工作品“龙”时，教师根据对龙结构的已有认知，采用开放式提问，“龙头都用到了什么颜色呢？它的眼睛是什么形状的？龙角是什么颜色的?”等，依次引导幼儿说出龙头、龙角的颜色；“龙身是用什么材料制作的，是如何将他们粘贴在一起的？龙尾上有什么东西?”等，唤醒幼儿的已有经验，引导幼儿说出制作龙身的材料、方法及龙尾上鳞片的形状等。经过一系列的提问、追问，能巩固幼儿对龙的结构的认识，也为其他幼儿提供观察学习的机会。

## 五、晨谈内容全面详细，丰富幼儿的生活经验

幼儿的学习与发展具有整体性。晨谈活动涵盖多领域的发展目标，为丰富幼儿经验创设了良好的机会与条件。如小小播报员板块，幼儿通过播报日期、周数、温湿度等，可以感知生活中数学的有用；在播报出勤、缺勤人数时，可以掌握数与量的对应关系，发展数的概念；在播放天气时，可以提高观察力，更深入地了解自然环境，并初步感知天气对穿衣指数的影响，学会随着天气的变化增减衣物。在晨谈活动组织中，教师还可以以晨谈墙为依托渗透贴近幼儿生活经验的日常教育，如幼儿因病缺勤时，可以提醒其他幼儿多喝水保持喉咙湿润，防止咳嗽；教育幼儿爱清洁，保持个人卫生等。

## 六、晨谈分享形式多样，支持幼儿的多元表达

晨谈活动的开展应基于幼儿的生活经验与学习兴趣。在每日分享环节，教师应该将话语权归还给幼儿，鼓励幼儿以多种形式进行分享。幼儿可以围绕周末趣事、喜欢的玩具或节日等；或围绕与主题相关的话题，如小班开展《这就是我》主题，可以围绕“我的五官”“我的小手”“我的小脚”“我的身体”等进行分享。分享时可借助图片、视频或图文并茂的思维

导图等。为充分支持幼儿的多元表达，离不开家庭与幼儿园一方的力量。家长应该协助幼儿提前准备分享的内容，并尝试运用多样化的形式进行展示，将分享内容具体化、情境化，便于幼儿理解晨谈内容。如通过拍照、摄影的方式为幼儿记录画面，或借助实物展示、动作演示来描绘自己分享的物品，或采用调查访问表向同伴分享自己的调查发现等。教师应提前向家长了解幼儿分享的内容，并做好相关的知识储备。在幼儿分享时，教师需通过有效的提问，推动分享更加深入，以拓宽幼儿的视野，丰富幼儿对事物的认识。

## 七、结语

晨谈活动是幼儿园一日活动中的重要环节，以幼儿为本的晨谈活动，为幼儿提供了展示自我、相互交流的机会。在晨谈环境的创设上，应考虑幼儿的意见，为幼儿提供有准备的环境，让环境与幼儿进行充分对话。在晨谈互动中，教师要创设安全的心理环境，让每位幼儿想说、敢说、愿意说，在一次次的交流、反馈中提升经验，增长见识。教师要重视晨谈活动的开展，坚持走好晨谈组织的每一步，让幼儿成为晨谈活动的主角，促进其全面发展。

### 参考文献

[1] 教育部基础教育司．《幼儿园教育指导纲要（试行）》解读［M］．南京：江苏教育出版社，2002.

[2] 中华人民共和国教育部．3～6岁儿童学习与发展指南［M］．北京：首都师范大学出版社，2012.

[3] 徐毅．走向幼儿的晨谈活动——对幼儿园晨谈活动组织与实施的思考［J］．早期教育（教育教学），2019（04）：12－15.

# 小班幼儿打击乐活动的开展现状及指导策略研究
## ——以西安市某幼儿园为例

（熊希望　西咸新区沣东七里镇第二幼儿园）

**摘　要：**打击乐活动在幼儿音乐活动中具有重要作用，在教学活动中开展次数较多，是幼儿表达音乐和情感的方式，有利于幼儿智力、情绪情感、审美能力和创新能力等方面的发展。通过作者在幼儿园工作，发现在实际的教学实践中，幼儿园打击乐活动的开展往往由于种种原因而存在一些问题，使打击乐活动不能达到教学目的，不能充分地发挥其作用。例如，教师在教学方式、教具以及指导策略的选择与使用上会直接影响教学质量和效果；教师在教态、体态和语态的使用上会影响幼儿学习的兴趣、表现力及创造力；教师欠缺专业素养，导致把打击乐活动的重点只是放在了让幼儿学会运用身体部位或乐器来表现音乐节奏上等。通过使用观察法、文献分析法、问卷调查法、案例分析法等研究方法来深入分析这些问题，从而为小班幼儿打击乐活动提供一些合理有效的指导策略。

**关键词：**小班幼儿；打击乐活动；指导策略

幼儿园打击乐活动是幼儿表达音乐和情感的一种形式，对幼儿艺术情操的培养、创造力的发展、智力的提升和审美能力的塑造，都有着十分重要的作用。它不仅仅教会幼儿如何打击节奏，同时也会激发幼儿对音乐的热爱，培养幼儿的美感和乐感，使幼儿的音乐感受力、表现力、创造力得以丰富。在打击乐活动的组织与开展的过程中会存在哪些问题？为什么会有这样的问题出现？我们又该如何解决？教师该如何引导幼儿学习？这些都是我们幼儿教师应该研究的内容与问题。

## 一、小班幼儿打击乐活动的开展现状

### （一）教学内容形式单一导致幼儿缺乏学习兴趣

作为教师不能只是依赖幼儿园的现有教材来组织开展活动，大部分教师每次打击乐活动就只是导入欣赏、了解节奏、乐器演奏三个环节，在教学中很少涉及认识乐器这一环节，即使涉及也只是告诉幼儿乐器的名称，而没有教给幼儿乐器的正确演奏方法。例如，铃鼓可以用手敲击鼓面或手摇铃鼓，演奏乐器时都应告诉幼儿手腕要放轻松灵活，不要太僵硬，能够逐渐自己控制手部的动作，自然地演奏乐器。教师应该根据幼儿的年龄特点和兴趣需要创设不同的教学内容，对教材进行二次创新，这样才能激发幼儿的兴趣。

### （二）欠缺专业素养，教师对打击乐活动的认识不足

部分幼儿教师其实并不是学前教育专业或音乐教育专业，她们的专业性不是很强，同时自身演奏水平和把握节奏的水平也不是很好，对打击乐活动的认识和重视度也不足，这就对幼儿节奏感的培养有所影响，无法充分发挥打击乐活动的价值。

### （三）打击乐活动内容的选择与幼儿生活相脱离

教师开展的打击乐活动的歌曲来自幼儿园的教材，在选择歌曲内容时具有局限性，就只是根据教材来进行，教学内容没有结合幼儿的生活实际，幼儿也就不能积极主动地参与到打

击乐活动中来，教学质量就不高。

### （四）忽视幼儿在打击乐活动中的参与和体验

教师的主导作用较强，幼儿只是跟着教师的节奏来走，没有发挥幼儿的主体地位。教师把整个活动的重点都放到了幼儿会敲击乐器上，有时在演奏乐曲时有的幼儿不敢在集体大胆自信地表现，这说明了幼儿的自信心、参与性和体验性不足，从侧面也反映了教师忽视了幼儿对打击乐活动的参与性和体验性；教师在打击乐活动中也没有引导幼儿用拍手、拍肩、拍膝盖、跺脚等方式随音乐表现节奏，留给幼儿自主探索乐器的时间较少。

## 二、小班幼儿打击乐活动中存在的问题的原因分析

### （一）教师选择教学内容较随意，教学方法较单一

打击乐活动中所用到的歌曲是从幼儿园小班教材中选择的歌曲，也有的是从其他教材中选择的歌曲，这些歌曲有的是与本周主题相符合，有的是幼儿比较熟悉的、有的是教师之前教过的、有的是歌词旋律简单的，幼儿在运用乐器演奏歌曲时会进行简单的哼唱；在开展活动时教师也只是将教材中的活动过程运用到课堂上，并没有结合本班幼儿特点进行创新设计，所以在实际开展活动时并不能达到教师的预设，也不能激发幼儿的兴趣。

### （二）教师专业知识与技能有所欠缺

教师自身的知识水平参差不齐，打击乐方面的知识和技能有所欠缺，不能根据幼儿的实际情况进行打击乐活动的组织与实施，幼儿就会对打击乐活动产生不良情绪，幼儿的学习效果就会不好，节奏能力、乐器演奏能力等得不到培养。

### （三）教师过于依赖教材或教学资料，活动前准备不充分

教师组织的打击乐活动中的歌曲大部分来自幼儿园统一的教材，而且每个班所开展的打击乐活动基本相同，在打击乐活动中运用到的教具、乐器也基本相同。例如，打击乐活动《大鼓和小铃》，在这次活动中运用到的教具和乐器是“鼓”“铃鼓”“图谱”，那么其他班级也会开展这节活动，而且教师运用到的教具和乐器一模一样。教师在上课前一般会看一下教材，熟悉一下歌曲的旋律节奏和环节就可以，并没有做过多的课前准备工作，也没有对教材中的内容进行二次创设，只是直接拿来生搬硬套。对于幼儿教师而言，平时应该多积累，多观察，多为幼儿挑选合适的音乐。

### （四）教师打击乐活动的理论与实践相脱离

通过观摩教师上课，笔者发现幼儿一开始的表现很积极、很活跃，注意力比较集中，但过一会儿就会发现幼儿不积极，有的甚至已经玩玩具了，对打击乐缺乏兴趣。在工作中笔者还看到教师每周都会进行教研和学习，但大部分教师不能把打击乐活动的理论运用到实际教学中。

## 三、小班幼儿打击乐活动的教师指导策略

### （一）提高自身专业素养，创造舒适的学习环境

幼儿园应该为教师营造良好的学习环境，加强教师在音乐专业知识和学前教育专业知识这方面的培训学习，使教师融入到提升自身专业素养的氛围中去；学校应该加强学生的音乐

知识和学前教育知识的学习，让学生在理论和实践的学习中提升自身的专业素养，特别是加强学生打击乐活动理论与实践的学习；幼儿教师应该自觉学习提升专业知识和技能，积极主动地学习有关打击乐活动方面的知识，加强自身的节奏练习。

### （二）转变自身教学理念，注重理论联系实际

幼儿园应该定期对教师进行思想教育，及时了解教师对学前教育的想法，加强对教师打击乐活动的监督，发现问题及时解决；学校及时调整学前教育专业的人才培养方案，教育学生树立正确的教育观、教师观和儿童观；幼儿教师应该自觉主动地学习科学的教育理念，理论联系实际，及时进行自我反思，不断完善自己的教育理念和教育行为，缩小理论和实践两者之间的差距。

### （三）选择适宜的教学内容，尊重幼儿的学习方式

幼儿园应选择有着丰富的研究经验的学者所编写的高质量的教材，丰富幼儿园打击乐活动所需的材料与资源，在选择教材时可以与教师商量讨论。幼儿教师应根据小班幼儿的年龄特点、兴趣需要、本班幼儿打击演奏乐能力的水平来选择合适的歌曲或音乐来开展活动。教师在确定合适的教学内容后应精心准备教学活动，对教材的活动过程要根据本班幼儿的特点进行创新设计。

### （四）提升对打击乐活动的认知，选择合适的教学方式

教师应从思想上认识到打击乐活动的价值，从行为上增加开展打击乐活动的频率，合理设计音乐活动室的空间布局，为幼儿营造良好的学习氛围；加强对打击乐活动目标、内容的认知，精心设计活动过程，选择合适的教学方式引导幼儿积极主动地参与到整个活动中，鼓励幼儿大胆自信地表现自己，引导幼儿初步掌握演奏简单乐器的方法和打击乐活动的常规，利用图谱使幼儿更加清晰直观地感受音乐节奏的变化；教师应认识到打击乐活动并不只是为歌唱活动伴奏，它可以渗透到一日生活中，教师在一日生活中对幼儿进行节奏练习。例如：教师与幼儿进行游戏时可以带领幼儿根据游戏音乐的节奏拍打出相应的节奏，表现节奏的快慢、强弱等；教师在开展活动之前或口头表扬时可以利用身体部位打有规律的节奏型等。

## 四、结语

打击乐活动是幼儿园音乐教学的重要组成部分，每个幼儿都喜欢敲敲打打，对声音有一种天生的敏感性，打击乐就很适合幼儿这种与生俱来的本能。在活动中，幼儿手、眼、脑、心并用，使大脑建立起复杂的神经联系，让头脑变得灵活聪慧。而小班打击乐活动的重点是培养幼儿对打击乐的兴趣和良好的听节奏的习惯。如果从小班就开始逐步渗透打击乐的内容，这将会对培养幼儿的音乐才能有很大的帮助。

### 参考文献

[1] 许卓娅．打击乐器演奏活动［M］．南京：南京师范大学出版社，2012.

[2] 马成．幼儿打击乐活动［M］．北京：首都师范大学出版社，2010.

[3] 方佳思．幼儿园打击乐活动中教师自主支持行为的研究［D］．湖南师范大学，2018.

[4] 曹青．奥尔夫音乐教学法的中国本土化进程初探［D］．南京艺术学院，2007：28—39.

# 多元学习中心混龄走班课程背景下的“保教合一”能力提升研究策略

（戴福音　深圳市龙华区华南实验学校附属春华四季幼儿园）

**摘　要：** 在开展多元学习中心混龄走班制活动中，如何指导保育员参与到课程实践中，并根据不同年龄段的孩子给予保教的指导，是提升“保教合一”能力的关键。保育员需要主动参与到课程的研讨中、了解不同年龄段孩子的特征、实施不同年龄段保教指导的策略，观察孩子的行为，及时反思、反馈和分析存在的问题，虚心请教，从而有效地开展混龄走班指导活动，让幼儿在多元学习中心最大限度地享有高度的自由，他们可以根据自己的需要自由选择、开展游戏，最真实、自然地表现自己。

**关键词：** 混龄走班；保教并重；策略

《幼儿园教育指导纲要（试行）》中明确指出：“幼儿园应坚持保育和教育相结合。”但很多人对保育的理解不够全面和充分。往往把保育和教育分开来，把保育简单等同于只负责孩子的吃喝拉撒，认为保育员只需要负责“保”而“教”则是教师的事情，没有看到保育与幼儿全面发展需求和教育的内在关联，无法从系统性、动态性的角度看待保育的过程，“保教合一”很难在幼儿园实践中得到落实。

## 一、坚持保教结合的原则

### （一）幼儿园不仅有教育教学的问题，还有保育问题

作为幼儿教育工作者，不应该片面地把保育工作认为是照顾小孩的起居生活，而应该有意识地去指导幼儿在生活中进行教育，培养幼儿良好的生活习惯和健全的人格发展。

### （二）保育和教育工作有着同等重要的地位

保育工作是贯穿于一日生活的全部过程，借助对幼儿一日生活的保育工作实施相应的教育内容。不但要对幼儿的身体进行自我保护教育，还要对幼儿的心理进行教育，让孩子身心健康发展最终成为健康的幼儿。

### （三）保育和教育相结合、相渗透、相联系

做好保教结合关系到幼儿的身心健康与安全，培养幼儿独立、阳光、自信等良好的行为习惯和心理品质，将保育和教育相融合贯穿到一日生活与活动中，真正做到“保育”和“教育”有机结合，是幼儿教育工作的重要支撑，与教育活动密切关联，因此，坚持保教并重成为幼儿园教育的重要原则。

## 二、混龄走班“保教合一”存在的问题

### （一）角色认知

教师和保育员对自身价值认知不足，很多保育员没有将自己定位在教育者的角色上，认为自己只负责搞卫生和照顾孩子的生活，没意识到自己的举手投足对幼儿也是具有教育教养的作用，所以他们在面对教育幼儿任务时通常采取回避的态度或者把教育问题推给教师。也有部分教师在工作中认为自己才是教育者，地位比保育员高，所以在教育过程中忽略保育员的作用，只要求他们做好卫生消毒工作就行。

### （二）对于不同年龄段孩子身心发展的规律掌握不够全面

在混龄走班过程中面对不同年龄段的孩子保育员能在专业技能（卫生消毒技能、生活管理技能、安全工作技能等）方面做得较好，但在学科专业知识（幼儿心理发展基础知识、教育基础知识等）较为薄弱，对开展学习中心混龄走班指导区域活动有一定的困难。

### （三）保育员专业素养不高，组织管理能力较弱

缺乏专业素养的系统培训、技能和方法的指导，对自身专业发展没有长远规划，组织开展活动能力和应用现代教育技术能力不足。

### （四）不主动参与课程研讨，对学习中心创设和混龄走班概念不清晰

缺乏专业精神、进取精神和创新精神，提高内在学习的动力是促进保育员专业发展的关键因素。

## 三、“保教合一”能力提升的策略

根据以上混龄走班“保教合一”存在的问题，我们可以通过树立正确的教育观念、专业培训、制定保育员参与教学制度、教学计划、师徒结对引领、保员工作评价机制等方面加强管理，从而有效提升“保教合一”。

### （一）树立科学的保育观念，认识保教结合的重要性

观念对行为起到导向的作用，因此要改变重“教”轻“保”的观念。保育工作也可以由幼儿教师实施，只有二者配合好，才能顺利地完成幼儿园保育工作。在保育员的工作中，蕴含着丰富的教育元素，包括生活常识教育、健康教育、卫生习惯和行为的宣传教育、仪表礼仪教育、安全教育、性教育等。保育员在对幼儿进行生活管理和指导中，应该注意发掘、发现并有效组织日常生活中的教育因素，把握教育契机，培养幼儿良好的生活习惯和独立自主能力。只有更新教师和保育员的观念才能落实保育工作，将保教合一的原则落到实处，使她们成为最默契的合作伙伴。

### （二）拟定保育员参与教学活动制度

相应的制度是指引保育员有效参与教学活动的依据。可以根据以下几个原则拟定。

1. 根据园所实际情况，如结合园所课程需要、保育员学历、年龄、专业、自身素养等外在原因拟定适合保育员发展的相关制度。

2. 建立保育工作领导小组，健全管理组织网络，拟定后勤园长为保育组管理的责任人，对保育员参与教学活动做总体布置并全面监管，年级组长负责制订保育员具体工作计划、落

实检查并监管考核，后勤主任负责指导、检查保育员日常保育工作落实情况，并根据问题做研讨，促发展。

3.《幼儿园工作规程》指出：“保育员在教师的指导下，管理幼儿，并配合教师组织教学活动。”由此可见，教师有责任、有必要利用一日活动有效地与保育员互动，通过与保育员沟通交流，指导保育员日常工作，提高保育员的业务素质。

4. 互帮互助。保育员积极参与教学互动的同时，教师也应主动参与到保育工作中，减缓保育员的工作压力，从而与保育员携手共进，共同完成保教任务，让保教紧密相结合。

### （三）以能力培养为抓手，提高保育员的专业素养

新时期的保育员已不是单纯的照顾式保姆，要认识到自身的价值和自己的言行举止，将影响孩子的一生，积极学习先进的教育理念和方法，树立正确的保育观，充分发挥工作的积极性、主动性和创造性，发挥出保育员专业的能力。制定适合本园，以人为本的培训，使培训和学习真正起到促进保育员专业发展的作用。可以拟定四个方面的内容：

1. 学科专业知识理论方面的学习。作为一名幼儿教育工作者，应该认识幼儿的生长发育规律，明白幼儿的生长发展是一个由量变到质变的过程，幼儿的生长发展存在着个别差异性。因此我们定期组织保育员学习《婴幼儿心理发展基础知识》《婴幼儿教育基础知识》《幼儿园工程规程》《幼儿园教育指导纲要（试行）》《婴幼儿卫生保健知识》等，让保育员了解相关的育儿知识，遵循幼儿的生长发育规律，选准时机来对幼儿进行有针对性的教育。

2. 把“被动接受”转为“主动参与”。保育员积极参与教师课程设置、一日活动研讨、教玩具制作等，及时了解教学计划和目标，协助教师进行环境创设和区域活动材料制作，积极与教师沟通，虚心听取教师的意见和建议，并用到自己的工作中。后勤主任制订计划时也要根据保育员个人素养能力实施个人定制，做出适宜教学活动的安排，并给予有效的支持至关重要，通过师徒结对的方式，由师父在实践中帮助指导保育员开展教学活动。

3. 定期交流研讨。建立定期交流的机制，如每周或每月通过培训、现场观摩、经验分享等活动与教师进行近距离平等对话，商议教学进展，交流工作中遇到的问题和困难，帮助保育员学会判断教育行为的合理性及有效性，适宜为保育员提供恰当的指引、支持与帮助。这样才能真正地“从本园课程条件出发，结合本班实际情况，制订切实可行的工作计划并灵活地执行”，才能真正地把保育和教育相结合，让每位孩子得到全方面发展。

4. 建立科学有效的保育工作评价体系。通过保育工作分类问卷调查方式，收集保育员工作质量信息并进行汇总分析，积极引导保育员对来自各方面的评价信息进行总结反思，调整工作思路，规范保育行为，促进保育员更好地、持续发展。开展“创优争先”评比活动，给予保育员分层奖励，充分调动保育员工作的积极性，增强保育员的责任心和竞争意识。

## 四、结语

保教结合对于幼儿的全面发展至关重要。它不仅能够为幼儿提供全面的关怀和照顾，提高他们的学习兴趣和动力，促进他们的认知和社会发展，还能够培养他们的美感和创造力。因此，幼儿园应该重示“保教合一”，为幼儿提供更好的教育和保育，让他们更好地学习和成长。保育员也应该不断地提高自己的专业素养，以更好地支持和引导幼儿的全面发展。

### 参考文献

［1］杨兴国，刘婧. 幼儿园保育员配班工作存在的问题及对策［J］. 教育导刊（幼儿教育），2009（11）：35—37.

［2］马丽娜. 幼儿园保育员参与教学活动的研究［D］. 华中师范大学，2016.

# 以“媒”促教“语”润心间

## ——幼儿语言活动中多媒体的运用探究

（董雯雯　宜昌市伍家岗区听涛苑幼儿园）

**摘　要：**现代信息化技术的发展与进步，已经深刻影响我们生活的每个角落，学校教育也不例外。在幼儿教育过程中，有效地运用信息技术能丰富课堂表现，吸引幼儿的注意力，提升课堂上课效果。为此，本文从幼儿语言活动角度，概述了信息化在幼儿语言活动中的使用现状及意义，并指出了信息化在幼儿语言活动中的应用策略，旨在引导幼儿教师更好地借助信息化这一介质提升幼儿语言教学活动的效果，促进幼儿言语运用能力提升。

**关键词：**信息化；语言活动；策略；事项

幼儿阶段是孩子语言发展的关键期，创建更多的语言表达环境，能更好地促进幼儿语言运用能力的提升。而信息化技术的介入，则为幼儿语言活动开展创建了一个新的途径。所以，作为幼儿教师应该积极地在平时的授课中，有意识地运用信息化技术，以此来促进幼儿运用能力的提高。那么，如何在幼儿语言活动中巧妙地运用信息化技术呢？信息化技术在实际运用中应该注意什么事项呢？对于这些问题，本文将进行如下论述。

### 一、关于信息化在幼儿语言活动中运用的概述

如今信息化技术虽然发展已经趋于成熟，但是在实际幼儿教育活动中，其运用的层次较低，还仅停留在播放视频、图片以吸引幼儿眼球，博取幼儿开心的阶段。下面对信息化在幼儿语言活动中的使用现状及作用概述如下。

#### （一）信息化在幼儿语言活动中的使用现状

当下，信息化技术虽已经渗透到幼儿园实际教学中，但是在幼儿语言活动中的使用现状却不容乐观，具体体现在以下两点：（1）信息化使用频率少。信息化技术尽管现在已经趋向大众化，可是仍有不少民办幼儿园及规模较小的幼儿园并没有配备信息化或者配备得比较少，难以满足每个班级同时使用，致使只能在一些特殊的节日活动才使用信息化，使用频率明显偏低。（2）信息化与语言教育活动结合的程度不够。在实际教学活动中，只有信息化与语言教学活动有机结合在一起，才能充分发挥信息化的价值。然而，在实际班级教学中，信息化在班级中多用来播放动画片、图片和歌曲了，并没有借助各种视频材料的播放，来激发幼儿的语言表达能力。

#### （二）信息化在幼儿语言活动中的主要作用

与传统教学媒体相比，信息化技术具有诸多优越性，其在幼儿语言教学活动中的作用主要表现在以下三个方面：（1）信息化技术的应用，更易激发学生的语言学习兴趣。兴趣幼儿学习语言的动力和支撑。在语言教学活动中，运用信息化的音效效果，能为幼儿营造良好的视听语言环境，激发幼儿对语言交流的兴趣。（2）打开思维的大门，拓宽幼儿想象空间。幼儿年龄小，认知少，对很多现象理解不透，很难在头脑中构建事物模型。这时，若借助信息化将幼儿日常生活中难以见到的事物展现在幼儿眼前，则能拓展幼儿的认知，帮助幼儿打开思维的大门，拓宽幼儿的想象空间。（3）变革授课模式，提高语言教学效率。传统的教师

“一言堂”的授课模式，教师上课累且信息传授慢，课堂教学效果低下。信息化技术的应用，能有效提升信息输出效果，扩大课堂容量，促进幼儿语言训练效果的提高。

## 二、信息化在幼儿语言活动中的应用策略分析

由上面的分析可知，信息化技术在幼儿语言教学方面的应用，能有效提升课堂教学的效果。下面，结合自身对信息化教学的认识，谈一谈信息化在幼儿言语活动中的应用策略。

### （一）巧用信息技术，激发幼儿语言表达的兴趣

幼儿阶段的孩子，其注意力集中性不高，很易受到外界的声音、图片等影响。作为教师，应该充分看到这一情况，积极地巧用信息化技术来激发学生对语言活动的兴趣，具体来说，可以这样做：（1）借助信息化的视频播放，让幼儿对言语表达感兴趣。信息化可以播放很多幼儿视频对话，在平时上课期间，教师可以播放一些在不同场景下幼儿与他人的对话，如幼儿与父母的对话、与同伴间的对话、与叔叔阿姨间的对话等，让幼儿感受到对话的魅力，增强幼儿对对话的兴趣。（2）借助信息化播放一些图片，激发幼儿说的欲望。信息化可以播放很多日常幼儿不易见到的场景图片，如秀美的山地、无际的大海、美丽的彩虹等，这些图片景色秀丽，很容易激发幼儿说的欲望。所以，在日常上课期间，可以多给孩子展示一些场景或图片，引导幼儿看图说话。

### （二）构建动态语言，调动幼儿语言表达的热情

传统的课堂，教师在进行幼儿语言活动教学时，常是借助一些挂图或者卡通片，带着幼儿去读上面的词语或者句子，这种机械的“跟读”式语言训练，课堂缺乏生机，教师累幼儿也容易烦，不易调动幼儿语言表达的积极性。对此，作为幼儿教师可以转变思路，通过构建动态语言交流情境，以此来调动幼儿语言表达的积极性。例如，在向幼儿讲述《小蝌蚪找妈妈》的故事时，教师若单纯地讲小蝌蚪如何找妈妈，可能很多幼儿并不感兴趣，也不愿跟着教师的思路去思考和表达自己的想法。因为很多学生没有见过小蝌蚪，连小蝌蚪长啥样子都不清楚，所以很难对教师的故事和话题感兴趣。但此时，若教师事先播放一段小蝌蚪找妈妈的视频，让幼儿对小蝌蚪的模样及游动特点有个大概的了解，则幼儿就很容易对故事产生兴趣。然后，教师再进行该故事讲述，讲述时教师应该结合视频中小蝌蚪游动情况进行讲解。在教师结合动画视频绘声绘色讲解时，幼儿便会慢慢融入故事情境之中，不断地提出疑问：小蝌蚪妈妈在哪里呢？小蝌蚪能找到自己的妈妈吗？这一系列疑问的提出，激起了孩子表达自己想法的欲望，有效地调动了幼儿语言表达的积极性。

### （三）营造欣赏氛围，提高幼儿语言感知的能力

良好的语言环境对幼儿的语言发展能起到促进作用，所以在幼儿语言教学活动中，作为教师应该为幼儿营造欣赏氛围，让幼儿倾听一些优秀的传统文化以提高幼儿对语言的感知力。具体可以这样做：（1）欣赏优秀文化朗诵，让幼儿感知语言魅力。中国传统文化源远流长，如《弟子规》《三字经》等，都是非常适合幼儿诵读的精髓文化。所以，在幼儿语言活动教学时，教师可以借助信息化播放一些优秀的诵读视频，让幼儿在“听”中去感受传统文化的语言魅力。虽然受幼儿认知限制，幼儿很难完全明白诵读材料的意思，但是对幼儿语言的发展却能起到潜移默化的影响。例如，在语言教学活动中，教师可以将《三字经》朗诵欣赏作为幼儿语言教学的一种方式进行渗透，让幼儿在反复的“人之初，性本善……”朗诵循环中感受传统文化的魅力，提升对文字的感知能力。（2）编制语言游戏，让幼儿更好地熟知一些词汇。在幼儿语言活动中，让幼儿乐于开口说出来，才能真正达到锻炼语言运用能力的效果。所以，此时作为教师可以借助信息化编制一些猜字词的游戏，让幼儿在猜字词中感受

语言活动的快乐，进而达到锻炼幼儿语言运用能力的目的。例如，在教授幼儿学习一些常见水果名称时，教师可以在信息化课件上配上一些水果的照片，图片下面是对应水果的名称，当幼儿猜对时屏幕上会播放掌声，并弹出小红花作为鼓励。借助这种猜字游戏，幼儿为得到“掌声”和“红花”并会争先恐后地去竞猜谜底，这能有效调动幼儿的语言表达欲望，促进对水果词汇的认知。

## 三、结语

信息化技术作为现代化教育技术手段，若恰当地与教学相结合，能有效地提升课堂教学效果。对于幼儿语言教育活动而言，作为教师应有意识地将信息化与幼儿语言活动结合起来，通过巧用信息化，激发幼儿对语言活动的兴趣；构建动态语言交流情境，调动幼儿语言表达的积极性；营造欣赏氛围，提高幼儿对语言的感知能力；借助信息化的共享性，丰富幼儿语言训练资源等途径，来激发幼儿的说话欲望，促进幼儿语言更好地发展。

**参考文献**

[1] 何磊，黄艳霞，金晓晓．信息技术与幼儿教育的整合［J］．学前教育研究，2009（1）．

[2] 安雪花．浅谈幼儿语言能力的培养［A］．幼儿教师专业与发展论坛论文集［C］．2012.

[3] 于华楠．如何发展幼儿语言能力［A］．现代教育教学探索学术交流会论文集［C］．2013（6）．

# 主题课程助推托班与幼儿园有效衔接的尝试
## ——托班主题活动《变变变》为例

（徐月娟　朱航羽　江苏省常州市红溪实验幼儿园）

**摘　要：**托班幼儿进入幼儿园由于教师、环境、伙伴的变化，会影响幼儿适应新环境。开展相应主题活动可以帮助小朋友更快、更好地适应小班生活。教师在托班下学期主题活动《变变变》中从幼儿感兴趣的色彩导入，感受艺术变化的魅力；从实际操作的物体改变中，体验事物创新的乐趣；在解读多变的表情中，学会调整不良的情绪；在对照不同的环境中，提升观察细节的能力。经过一个多月的主题活动孩子们对小班充满期待，能较快、较平稳地适应小班生活。

**关键词：**主题课程；助推；托幼衔接

通过一年托班的生活，孩子们逐渐熟练集体生活的流程，了解初步的行为规则。托班最后一学期面临再次分班，教师为让孩子们能平稳过渡到小班，引导幼儿在颜色变幻中欣赏美，从体验创新中丰富想象力，在表情模仿中学会正确表达，在不同活动中提升各方面能力。孩子们在活动中感受变化带来的美，学会主动改变思维，寻找积极的情绪。为托幼进行有效衔接，教师为小朋友进入幼儿园新环境做好铺垫，为适应小班生活做足准备。

## 一、探色彩变幻，享受艺术之魅力

托班孩子的年龄特点决定主题活动要以趣字当头，玩字为主，以趣促行。在一次美术活动中孩子对偶然出现的颜色碰撞产生兴趣。教师借助绘本《变变变》扩宽孩子们的视野，利用动手、翻页、合起书页等互动形式中感受颜色的变化，操作的神奇，艺术的魅力。在阅读中教师给孩子赋予魔术师的身份，让他们变书上的魔术，孩子们认真地按照要求涂抹、翻转、按压绘本，有的幼儿在按压颜色后，会谨慎地看看手上有没有沾上颜料，专注地期待着下一页的变化，每一次的变化都会激起孩子惊喜的鼓掌。小朋友在活动中通过看、听、讲、操作的多种渠道大胆地猜想，大大激发了幼儿的探索兴趣，加快对颜色变幻的期许。

在延伸活动玩颜料时，孩子们大胆玩色，在区域中探索滴漏，可湿的书、不同颜色卡片等材料。熟悉材料后孩子会手里握着所有卡片尝试任意颜色重叠看和玩。

颜色是幼儿每天都能感受到的，颜色的千变万化让生活变得多姿多彩，认识和玩耍颜色可以让孩子们成为色彩世界的探索者，在快乐的游戏体验中练就一双发现美的眼睛。观察力、创造力、操作等能力都有促进和提高。在猜测、试验中发现变化之美。

## 二、赋物体变身，获得创新之灵感

对物体的再创新为孩子打开固有思维。教师每隔一段时间在活动室新添置一些玩具，教室格局也再调整，这些变化总会引起小朋友注意，他们或驻足观看，或触摸探索，或询问教师。孩子们也会将两个不相干的材料进行组合创新，赋予新的玩法：将汽车和积木放在竖立的百变针上观察它的印子，将汽车开进纸盒架中，说纸盒架是停车场，将串珠放入锅中说是在煮彩色汤圆，等等。

教师通过和面带领孩子做馒头，让孩子见证面粉变美食的过程；小纸片在压花机的按压下变成不同图案；彩色的边角料在孩子手中折叠变成一只可爱的小狗，教师从各项活动中让幼儿感受物品变化的神奇。在教室区域中投放的明显变化的材料帮助孩子进一步地探索变化：用放大镜感受凸透镜带来的视觉体验；百变针的随意造型；鳞片墙的创设让孩子任意划出图案；睡莲的浸泡让孩子每天关注植物的生长和变化，多了一份责任和担当意识，也增强了观察和探索能力。

世间唯一不变的是变化，教师创设变化的环境和提供可变化物体的材料都将成为幼儿再创造的灵感，帮助幼儿打破原来固有思维，养成以开放的姿态期待新鲜事物的习惯。

## 三、学表情变化，寻找快乐之源泉

良好情绪可以有助于幼儿开心入园，教师平时多发现、多引导孩子有利于小朋友积累调节情绪经验。一天朵朵入园时噘着小嘴走进教室，当教师将她抱在怀中，问她怎么了时，她哭了起来，嘟嘟跑来关心地看着她，贝贝抽出餐巾纸给她擦眼泪，经过一段时间的询问她告诉我们是忘记带她的小青蛙玩偶了，最后在递给她百变针后才露出了笑容。经常能够遇到托班的孩子情绪急变的情况，有的孩子可以快速调整好，有的孩子需要耐心地引导，正确的情绪表达是托班幼儿需要学会和掌握的。

### （一）绘本讲述，认识不同情绪

教师借助绘本《脸、脸、各种各样的脸》的阅读，让孩子们通过回忆讲述自己相应表情故事，倾听绘本《表情的表演》时，孩子认识了不同表情的名称，明白不管哪种表情，都是我们内心真实的反应，遇到不开心的事情需要学会通过自己调节：可以跟教师、小朋友说一说，也可以通过玩玩具转移注意力。中午睡前故事《我的情绪小怪兽》鼓励孩子们做情绪的小主人。

### （二）表达表现，任意切换表情

说唱儿歌《我的表情变变变》中开心、生气、思考、很冷、好辣的表情相对应的语气词，让孩子们有充分模仿体验空间。当说到开心时，孩子就会发出治愈式的大笑；当说到生气时，孩子又立马跺脚叉腰发出哼声作生气状。上午学本领前的每人一句的分享环节，孩子们可以尽情表露自己的想法感受，教师可以捕捉到每一位孩子的情绪信息，给出相应的正向回应。一次小宝不肯主动分享游戏感受，在不断追问和分析下了解到她是因为没有玩到自己喜欢的乐高，旁边的叮当马上搂着她的脖子说：明天我和你一起玩，小宝在解开心结后脸上瞬间露出笑容。

### （三）操作材料，熟练掌握表情

班上有一面表情操作墙，上半部分是不同表情的集合，下半部分是孩子可以动手变换粘贴不同表情的五官。一天丛丛在那粘贴表情，一边粘一边说：小朋友要哭了，今天无法去游乐场了，旁边的恺恺说：文化广场也可以去呀，那里有唱歌的。心心在地垫上玩滴漏时看到旁边点点手中的放大镜很想玩，于是将自己的滴漏递给点点，但点点并没有跟他交换的意思，仍然拿着放大镜不松手，这时心心将滴漏在手中给点点演示怎么玩，说了好一会儿，点点才将放大镜放在了心心手中，交换成功后的心心很开心。

管理好自己的情绪可以让孩子成为情绪的主人，通过各种活动孩子能够正确认识情绪、恰当地表达情绪，学会准确辨认别人的情绪，明白情绪的变化是可以进行控制的，为托升幼打下坚实的情绪基础。

## 四、随环境变迁，见证成长之蜕变

小朋友托升幼需要面对环境和教师的变化，有意识引导幼儿学会观察两者区别可快速调整自己的心境。可可接连几天在喝水时找不到自己的水壶，但她却说早上带过来了，教师在房间里找了半天也没找到，最后在幼幼二班水杯架上找到了，原来她在入园时将水壶放错水杯架了，水杯架上的班级数字大写标识只是一笔之差，不仔细看很难辨别，于是我们组织了系列活动帮助幼儿学会观察生活的环境。

### （一）两个班的不同

通过让小朋友仔细观察两个班水杯架的不同，走进不同教室引导孩子们发现两个班环境的差异，孩子找出了许多不一样的地方。贝贝说幼幼二班有巧虎玩偶，安安说我们班比他们班大，恺恺说幼幼二班有饮水机，筱筱说教师不一样，圆宝说幼幼一班的窗户多，等等。这些观察和讲述让孩子养成观察周围环境的习惯。

### （二）我的亲子班

7 月 2 日即将迎来大部分孩子的暑期亲子适应课。为了让孩子们怀着期待和自豪的心情去面对新环境的挑战，我们将红溪总园的环境以及每个班的教师和即将分入的孩子进行介绍，报过第一期亲子班的消消乐看到熟悉的环境和教师时会兴奋地说这就是我上次去过的地方，这是我的苏教师，孩子们听得很认真，都很期待周末新环境的遇见。在班级墙上的——环境变变变版面上也展现了从红溪早教到红溪幼儿园各个班的思维导图，形象的水果标识让孩子们从图中一目了然地了解大家都分配到哪个班，孩子们在自由玩耍时会聚集在那儿交流讨论。大部分孩子过渡得很顺利，只有嘟嘟会有抵触心理。通过与嘟嘟单独沟通，贴画约定，邀请她班上的倪教师到班上带班等方式，嘟嘟最后也适应了。

### （三）我们毕业啦

一年的幼幼班生活即将结束，回顾刚来托班时的场景照片，孩子们都觉得自己已经长大了。为了给孩子们创设仪式感的氛围，在离园的最后一天，教师举行了毕业典礼，给孩子颁发毕业证奖状，拍摄了博士照片，与自己喜欢的好朋友、托班环境合影留恋，与教室道别。班上宝贝一名被分到机关幼儿园，其他被分到本园四个班，班上教师反映这些孩子适应得都很快。小朋友在早操时间经常会彼此遇见，也会热情地打招呼。

世界万物都在变化，正是这种不断地变化，让生命有了色彩。时间是光与影的魔术师，让大家见证了许多精彩时光，享受生命，享受未知。主题《变变变》的组织和推进让教师和孩子们双向奔赴，怀揣浓烈的爱，积攒足够前行的能量。即使遇见再多的未知变化，都足以应对。

### 参考文献

［1］张春霞．小荷才露尖尖角——探索托班课程的感悟［J］．教师，2011.16.
［2］唐水芬．做好托幼衔接工作［J］．幼儿教育，1994.21.

# 幼儿园融合教育评价的策略与实施

（卞瑜静　江苏省徐州市新沂市合沟镇中心幼儿园）

**摘　要：**幼儿园的融合教育是当前幼儿园教育中的一个重点方向，其主要目的是将普通幼儿与特殊幼儿纳入相同的教育和生活环境，使得幼儿能够享有同等的教育模式以及教育水平；其本质是在于平等、包容、合作，并在融合教育中让特殊幼儿获得全面、多方位的成长和发展。本文主要以融合教育评价的策略为切入点，浅谈在融合教育中如何进行评价。

**关键词：**幼儿园；融合教育；评价策略

随着社会经济的进步与发展，我国的教育领域迎来了关键的进步时期，教育公平在历次大会中被不断提出，其重点也从“让每一个儿童能够享有公平的教育”提升和转变为“让每一个儿童都能够享有教育公平的有效途径。它让教育面向包括特殊儿童在内的所有儿童都能够享有平等教育的权利”，并且随着“‘十四五’特殊教育发展提升行动计划”的提出，更加意味着幼儿融合教育已经成为其中的重点，它是完善和确保每一个儿童享有高质量公平教育的关键。因此在整个幼儿园的融合教育中应当具备一套行之有效的融合教育评价策略与实施。本文主要是通过对幼儿园融合教育评价的策略与实施进行讨论，从而研究在当前的幼儿融合教育中在面对相关问题时，应当如何规范与形成完善的教育体系以及评价体系。

## 一、幼儿园融合教育的本质内涵

### （一）融合教育的意义

融合教育是实现公平教育，提升特殊儿童教育水平的重要途径。从 1994 年联合国教科文组织发表的《萨拉曼卡宣言》到我国的“‘十四五’特殊教育发展提升行动计划”中都明确认为，融合教育是帮助特殊儿童在正常教学环境中接受平等、适当教育的必要性。尤其是对于学前儿童而言，融合教育更是特殊儿童在后期融入日常生活、教育和发展的必要条件，因此在整个教育体系中融合教育具有十分重要的作用。

### （二）融合教育是高质量发展的必要前提

我国教育领域的全面发展必须是高质量发展。在整个教育发展过程中融合教育是帮助特殊教育儿童能够“幼有所育”“学有所教”的必要前提。只有融合教育能够高质量发展，才能够更好地提升整个教育的高质量发展。

## 二、融合教育评价中存在的问题

### （一）质量评价问题

幼儿园融合教育在整个教育体系中没有完整的整体方案与计划制订，常常是粗暴地将教学质量评价与工作考核画等号，在整个评价过程中没有后续的改进措施与改进方法，缺少了对质量提升的要求，使得整个融合教育的评价没有发挥出促进幼儿教师积极改正的目的，反而影响了幼儿教师的工作积极性。

### （二）评价策略不科学

幼儿园融合教育的整体制定不够全面，在整个幼儿教育的评价策略中更倾向于教育方面的评价，更加注重在某一项、两项上的评价。在整体的评价过程中很多评价没有实际的评价策略与方式，存在照抄、照搬等现象，也没有实事求是地根据本园内的实际情况进行改进和完善。

### （三）评价缺乏主体

在整个评价过程中主要是通过自身评价、学校评价、家长评价、幼儿评价四个方面进行，这种传统的评价模式使得整个评价过程中都处于被动的评价状态，从而使得整个评价中没有及时性和客观性。尤其是教师、学校、家长在评价过程中对整体了解不清楚，从而影响了评价的真实性和有效性，导致整个评价可靠性差。

## 三、以实际案例分析幼儿园融合教育的实施策略

### （一）教学环境的设计

在整个融合教育的实施过程中，对于特殊儿童的教学应当具备普遍性和特殊性，普遍性是指在整个教学过程中学前教师应当尊重每一位特殊儿童，在整个学习中不存在歧视、在特殊儿童能够适应的教学模式中不应当存在特殊看待和特殊对待，让特殊儿童在教育中能够享有平等的对待。特殊性则是在针对特殊儿童的教育过程中教师应当尊重特殊儿童的特殊之处，根据其实际需求来制定个别化的教学模式与方法，同时在教学过程中教师应当对专业知识进行学习，根据幼儿不同的心理发展水平和身体状况来提供更多更好的帮助与指导。

例如，在针对孤独症儿童特殊教育的融合教育过程中，幼儿园应当在提供更加舒适和安全的环境的基础上创造一个满足特殊儿童需求的人文与物质关怀环境。教师在教学过程中应当尊重孤独症患者儿童的特殊感知和情感需求，为他们尽可能地减少刺激与干扰，提供“最少受限制的环境”，从而使得孤独症幼儿能够有良好的学习基础。同时，在融合教育中尤其是硬件的设计上要注重“家”的建设和“稳定”环境的建设，增强可移动设施的安全性和环境的设计，设计三角区域或者半包围区域形成自然安全感，有效地降低其无意识的奔跑频率与教育，从而达到提升学习环境的建设。

### （二）制定个别化教育

个别化教育主要是指在针对特殊儿童的教育过程中，应当组建校方、教师、医生、监护人组成的共同小组，根据特殊儿童的特殊需求来为特殊儿童制订个别化教育计划，从而使得教师在教育过程中能够根据计划和要求来满足儿童在教学过程中的发展和学习需求。在整个计划的制订过程中，要注重收集儿童的日常习惯、医嘱、生活评估等，从而真正达到高质量的融合教育发展体系。

例如，在日常的教育过程中，在针对孤独症幼儿患者小天（化名）的个性化教育建设过程中发现其家庭、生活等较为正常，爱好主要集中在动物上，但对于跟人交往则有很大的抵触情绪，交往能力和沟通意识较差，则需要根据其实际发展水平及相关评估来估算小天的真实社交能力而后为小天定制由家长、校方、社会等组成的模拟社交场所，从而提供全方位的教学支撑。与此同时，还可以在日常的教学过程中适当地增强小天的交往能力培训和训练，从而更好地改善其日常的社交能力提升短板，增强适应性能力。

### （三）教学模式改进

在整个融合教育的过程中，教师可以根据当前幼儿的实际情况对整个教学模式进行改善和完善，尤其是对于一般特殊教育来说更应当尊重幼儿的现实差距，从实际角度出发来完善教育模式，从而提高教育的整体水平。

例如，在针对多动症患者的特殊儿童的教育过程中，教师可以根据多动症幼儿的实际情况来调整教学模式，增强加油助力的同时增强对于教学模式的改变，可以通过更加简单明了的指令来增强幼儿的注意力和集中能力。同时，在日常生活中要注重对于幼儿的鼓励与指导，增强幼儿的兴趣能力，通过精神、物质奖励等多个方面来提升幼儿的专注能力。

## 四、幼儿园融合教育的教师能力培养及评价策略

### （一）多元化培训

幼儿园的融合教育中对于教师能力的需求是必然的，因此在幼儿园融合教育的过程中教师要充分了解和学习融合教育中特殊教育儿童的特殊性以及习惯等，以“研究”“反思”“讨论”等为抓手增强融合教育中特殊教育儿童教学模式的培训和学习内容，根据每个个例学生的实际案例进行针对性的学习和提升，从而增强教师在融合教育中对于特殊教育儿童的认知和指导能力。

### （二）增强家校融合

在整个学前教育过程中，家庭教育与校园教育相辅相成，因此在整个特殊教育过程中幼儿园应当及时地与特殊儿童家长进行及时沟通。通过相互之间的配合来及时了解儿童在日常学习和生活中的特殊、微妙变化，从而促使家、校等都能够更好地了解当前幼儿的实际情况，通过科学的手段来为下一步的学习制订更加合理的计划和策略。

### （三）多元化评价策略

在针对幼儿园的融合教育的评价和教学过程中，园方应当根据实际情况来制定科学合理的教学评价体系。从实际出发，增强对于加强融合教育高质量发展的反思性评价和综合评价，在整个评价过程中应当增加对于实际教育的评判标准，同时要与专家、医生等共同探讨和研究真正符合当前幼儿园融合教育实际情况的评价策略，并根据实际评价来提升和改善当前的教学环境，从而更好地完善和提升幼儿园的融合教育。

## 五、结语

在当前的幼儿园融合教育策略中，幼儿园应当充分尊重科学教育发展的实际情况，从实际出发，促进幼儿的融合教育的发展，真正实现公平教育和提升教育质量。

**参考文献**

[1] 孙颖，杜媛，朱振云，等．基于 APS 质量框架的孤独症儿童融合教育质量提升实践研究——以北京市为例［J］．中国特殊教育，2023（6）：89－96.

［2］张国栋．质量评价视角下学前融合教育现状的跨个案研究［D］．浙江师范大学，2013.

［3］尤赵薇．基于全纳教育视野开展幼儿园融合教育的策略研究［J］．天天爱科学（教学研究），2022（3）：161－162.

［4］杨蓉．特殊儿童教育中责任督学的作用探析［J］．基础教育参考，2021（10）：62－64.

# “儿童为本”理念下幼儿园主题环境创设的实施策略

（蓝可清　武义县泉溪镇中心幼儿园）

**摘　要：**《幼儿园教育指导纲要（试行）》指出：“环境是重要的教育资源，应通过环境的创设和利用，有效促进幼儿的发展。”主题环境作为一种隐性的教育形式，其独特的价值越来越受到学前教育界的广泛关注。但笔者在工作中发现，主题环境创设仍存在着脱离儿童，浮于表面，重于形式和结果等问题。基于此现象，本文从“儿童为本”理念出发，为强化儿童在主题环境创设过程中主体地位提供相应的策略。

**关键词：**儿童为本；主题环境创设；实施策略

当前大部分幼儿园的主题环境创设现状是教师作为环创的主体，伴随着大量的教学任务，以“教师视角”创设与主题活动相关的环境，此类以教师为主体创设的主题环境对于幼儿的教育意义却微乎其微。而幼儿本该作为环境创设真正的“受益者”，却在环境创设的过程中出现参与度低、体验感弱的现象。究其本质，主题环境创设脱离了“儿童为本”的理念，幼儿在主题环创的过程中丧失了主体性地位，导致环境对幼儿的教育作用几乎消失殆尽。

基于此现象，笔者在工作期间，重点观察了多所幼儿园的主题环境，通过实地观察、亲身实践、走访调查的途径，分析当前幼儿园开展主题环境创设的现状，把“儿童为本”的思想引入幼儿园的主题环境创设中. 根据现状，笔者还提出有针对性的对策，目的在于通过创设主题环境来提升幼儿的参与程度和兴趣度，提高幼儿的动手操作、动脑思考能力，让幼儿的想象力、创造力得到锻炼和思考，促进幼儿身心健康发展。

## 一、革新教育观念，提高理论素养

每位教师的教学思想、教学方式不同，不同的教学思想、教学方式创设出来的主题环境也各不相同。幼儿园主题环境创设更是与教师的教育观念息息相关。因此，如何树立正确的教育观念是实施“儿童为本”理念下幼儿园主题环境创设的关键所在。“儿童为本”理念下的幼儿园主题环境创设要求教师基于儿童的视角，想儿童所想，思儿童所思，给予儿童所需要的帮助和支持，让儿童享受探索环境、创造环境、欣赏环境的过程，共同创造符合儿童身心发展规律的有探索性的主题环境，使得儿童在这样的环境中可以主动学习、探索发现、思考创造。通过强化师资培训，创新教学理念，提高“儿童为本”理念下的幼儿园主题环境创设的意识与水准，以实现幼儿主体情境对幼儿的教育意义。

强化教师培训的主要方式：购置有关理论图书，扩大教师的理论知识储备；定期组织“儿童为本”理念相关的理论研讨会和分享会；观摩参观优秀幼儿园实施“儿童为本”理念下幼儿园主题环境创设的案例；开展教师实践后的评比，学习反思不断提高实施水平，等等。强化师资培训能够有效地加强和巩固教师在“儿童为本”理念下幼儿园主题环境创设的相关理论基础，为新教师提供学习经验，为老教师拓展理论新知识，打造高水平、高质量的教师队伍，更新教师教育观念，提升教师理论素养。

## 二、依据年龄特征，贯彻“儿童为本”

教师在幼儿园主题环境创设的过程中，包括前期准备、实施过程和评价与反思，都要贯彻落实“儿童为本”理念，尊重儿童的年龄特点，重视儿童的兴趣，提高儿童参与主题环境创设的能力和水平。

小、中、大班的幼儿在其特有的年龄阶段存在较大的差异，教师要根据本班幼儿的年龄特征，根据儿童身心发展的特点，在创设内容、方式、方法等方面，灵活地组织各要素创设主题环境，以达到促进儿童身心健康全面发展的目的。

《幼儿园教育指导纲要》中指出：在理解幼儿学习方式和特点的基础上，尊重幼儿以直接经验为基础的学习方式，创设丰富的教育环境吸引幼儿参与活动。因此，最适宜儿童的学习方式是处于实际情境中的具体感知、亲身体验和实际操作，通过这些实际具体的方式，在主题环境创设的过程中获得体验感和参与性。要把握好儿童在主题情境中的兴趣点，必须符合其年龄特点，并遵循其身心发展规律。比如，在小班阶段，幼儿的思考主要是以直观的行为思考为主，大部分的思考都是由行为引起的。根据这一心理特点可以明晰，小班的幼儿一般是通过动作来感知世界。所以在环境创设的过程中，环境中要提供儿童可直接操作且操作方法简单的材料供幼儿探索创造，使得幼儿的兴趣度大大提升。而中班幼儿的思维特征则逐渐从直观的动作到具体的形象思维，幼儿通过对事物的具体形象来进行思考。此时，教师则应该提供充足的操作材料和大量半成品供中班幼儿自主探索，锻炼其思维能力、动手能力。大班的幼儿随着知识的不断积累，幼儿的语言和抽象归纳能力也有了很大的提升，从而使他们的逻辑能力有了初步的发展。所以，教师应提供探索性强、操作性强的材料让大班幼儿有足够的探索操作的空间，满足该阶段幼儿的探索欲和好奇心。

总之，教师要主动发现各个年龄段的儿童的兴趣，并针对不同年龄段儿童的不同特征，为他们选择合适的主题环境材料，给予幼儿独立探索和获取经验的机会，让幼儿根据自己的喜好进行主题环境的创设，自由愉快地和主题环境互动。

## 三、关注幼儿兴趣，激发参与意愿

“儿童为本”的主题环境创设是以“儿童为本”为核心的，所以，儿童对主题环境的态度在很大程度上影响了主题环创的实施。在“儿童为本”的思想下，要改善幼儿园的主题环境创设质量和水准，必须激发幼儿积极参与的自觉意识，增强幼儿在环创中的主体地位，并尽可能地给予幼儿在活动中的帮助和支持。

首先，要激发幼儿积极参与主题情境，教师要在环境创设主体（幼儿）与主题环境之间扮演好中介角色，通过贯彻“儿童为本”的理念，在主题环境创设的实施过程中关注幼儿的需求与喜好，激发幼儿参与的意愿及兴趣。其次，教师要提供完善的材料支持幼儿参与主题环境的创设，提供多种参与渠道和方式，让幼儿在环创的过程中被关注、被感知、被理解、被支持，让他们感受到参与主题环境创设的快乐和意义，从而持续地激发出参与主题环境创设的热情和激情，使儿童在环创的过程中获得积极良好的情感体验。在儿童遇到困难或意志消退时，教师应当慢慢引导，及时鼓励，调动幼儿的主观能动性和主动创造性，实现其多方位的发展。在主题环境创设的过程中，教师也要时刻关注安全问题，营造轻松、安全、自在的环境，关注儿童所能达到的最高的能力，及时阻止超过儿童能力之外的危险情况的发生，为儿童遇到的麻烦提供指导和帮助，推进主题环境的创设。

## 四、整合环境资源，促进家园合力

“儿童为本”理念下的幼儿园主题环境创设需整合全方位的环境资源，联结家庭和幼儿园之间的纽带，支持幼儿园主题环境创设得到更好、更高水平、更深层次的发展。

要改变父母角色，树立正确的教育理念，营造良好的家庭环境，促进儿童的学习与发展。家长对于幼儿园主题环境的支持与参与可以带动幼儿参与主题环创的兴趣与热情，让家园协作更上一个层次，将家长的角色从“旁观者”转变为“支持者”“合作者”。幼儿园可以通过家长进课堂的方式让家长直接参与到主题活动创设中，也可以让幼儿将部分手工作品带回家中与家长合作完成。增进家园联系与合作，对促进“儿童为本”理念下主题环境的创设具有重大意义。

### 参考文献

[1] 中华人民共和国教育部. 3～6 岁儿童学习与发展指南［M］. 北京：首都师范大学出版社，2012.

[2] 葛平. 浅谈幼儿文化与相关文化群体的关系［J］. 教育教学论坛，2012 (3)：117－118.

[3] 顾易涛. 以“情境”带“科探”以“材料”富“科探”——对中班科学活动设计的一些思考［J］. 当代学前教育，2017 (3)：5.

[4] 符建峰. 论我国古代学前教育思想及其现实意义［J］. 洛阳师范学院学报，2011，30 (10)：3.

[5] 周冬. 发现儿童与教育儿童——论五四新文学作家的儿童观及其创作实践［D］. 吉林大学，2007：16－17.

[6] 支少瑞. 遏制教育的抢跑——“零起点教学”研究. 南昌大学，2016.

[7] 崔青华，张丽霞. 杜威学前教育思想探析［J］. 河北学刊，2011，31 (5)：252－254.

[8] 刘放桐. 杜威的经验概念重释［J］. 江海学刊，2013 (1)：9.

[9] 杨林海. 陈鹤琴的儿童教育观评述——儿童观作为人性的尺度［J］. 内蒙古师范大学学报：教育科学版，2006，19 (6)：4.

[10] 罗一然. 儿童中心视域下的陈鹤琴“活教育”思想的解读［J］. 安阳师范学院学报，2016 (1)：4.

# 浅谈利用绘本培养幼儿利他行为的方法和途径

（杜泉洁　北京市平谷区第四幼儿园）

**摘　要**：在幼儿的社会化和认知发展过程中，利他行为的培养是十分重要的。利他行为使幼儿能够理解他人的情感和需求，从他人的角度看待问题，提高他们的社会性认知能力。而绘本作为一种教育媒介，因其图文并茂的特点很容易引发幼儿的情感共鸣。幼儿通过阅读绘本，能更好地理解他人的情感和需求。教师善用绘本媒介进而培养幼儿的同理心和社交能力也极为便利。通过了解故事和主题，幼儿能学会处理人际关系、尊重他人和面对困难，这些都是为他们未来的成长打下坚实基础的重要观念。本文探讨了在日常教学实践中利用绘本培养幼儿利他行为的方法和途径。

**关键词**：绘本；幼儿；利他行为

## 一、培养幼儿利他行为的意义

首先，培养幼儿利他行为的意义不可忽视。随着经济全球化的加强和社会价值观念的变化，当代中国社会的各种现状不可避免地影响着幼儿。不良的社会风气和多元的价值观通过各种途径和方式传达给幼儿。构建幼儿价值观体系是助推幼儿成长的基础事业，需要全社会的支持和家庭的共同努力。

其次，家庭养育结构对幼儿利他行为的培养也有重要影响。尽管生育政策全面开放，但独生子女家庭仍然占据较大比例。在这样的家庭环境中成长的幼儿往往以自我为中心，只考虑自己而忽视他人，缺乏谦让、分享和互助的意识。这种情况下，幼儿的社会性发展可能存在缺陷。幼儿能否获得积极的情感态度和良好的生活质量不置可否地将关系他们将来在社会上立足的能力，也关系社会的安定和国民素质的提高。

陈鹤琴先生曾提出："我们要救国保民必定从教训小孩子爱人着手，小孩子今日能爱人，他年就能爱国了。"有利他行为的幼儿情绪表达更积极，更容易欣赏同伴的优点，更愿意为集体做事情，处理问题更能兼顾左右。因此，培养幼儿的利他行为应成为幼儿园保教工作中的重要内容。

## 二、绘本培养幼儿利他行为的价值

绘本具有独特的教育价值，可以帮助培养幼儿的利他行为。在阅读绘本的过程中，幼儿首先会关注绘本的画面。直观生动的画面很容易被幼儿接受和理解。例如，《菲菲生气了》这本绘本的画面色彩艳丽，人物肢体特征凸显，给幼儿带来视觉冲击。这本绘本以全景的方式展现了菲菲和姐姐的冲突，菲菲生气以及情绪平静后的状态，能够让幼儿深刻体会到菲菲情绪的变化，从而联想到自己在生气时以及家人生气时的状态，加深幼儿对情感的体验。此外，绘本还能引发幼儿对同伴交往和情绪管理的思考。

另外，在阅读绘本的过程中，幼儿往往喜欢让成人讲给自己听。这是因为有了语言的参与，幼儿就能更好地理解故事的内容和情节。例如，《我想和你交朋友》这本绘本中，新入学的小团子发现了班中同伴的不同优点，但却始终不敢鼓起勇气与人交朋友。最后，爸爸告诉小团子交朋友可以说的话。绘本中的语言可以成为言语交往的范本，为新入园的幼儿提供指导，帮助他们尽快熟悉同伴并展开友好交往。

绘本中的情节、场景众多，其中不乏幼儿喜欢的、熟悉的，这为幼儿进行良好阅读、经验迁移提供了非常大的帮助。同样，教师在寻找培养幼儿亲社会行为、利他行为方面的绘本也呈现多样性的选择。例如，《波西和皮普》系列绘本中体现了同伴间的交往和互助；《14只老鼠》系列绘本中体现了家庭成员间的关爱与付出，等等。幼儿从这些绘本中总会找到自己的影子，联想到自己身上、周围曾经发生过的事情。幼儿通过阅读、模仿可以提升幼儿利他行为的经验和促进幼儿利他行为的产生。

## 三、利用绘本培养幼儿利他行为的方法和途径

### （一）情感引导法

绘本是培养幼儿利他行为的一种有效方法和途径。其中，情感引导法是一种重要的方式。通过情感引导，幼儿能够更好地理解他人的情感和情绪状态，并产生共鸣的情感反应。研究表明，情感引导训练可以提高幼儿的情感引导能力和认知水平，促进他们的社会认知水平和利他行为的培养。对于那些具备利他行为的幼儿来说，他们常常表现出强烈的情绪。利用绘本中的情景，幼儿能够体验到一种积极的情绪和感情，并产生减少他人痛苦的动机。帮助他人消除痛苦是减少痛苦的最好方法之一。例如，在绘本《你看起来好像很好吃》中，有一个情节描述了霸王龙在睡觉时，有人去摘红果子想给他吃，但霸王龙却很生气。通过引导幼儿想象自己最喜欢、最重视的东西不见了时的感受，让幼儿理解霸王龙焦急、生气、担心的情感和思维活动，从而培养幼儿设身处地为别人着想的能力。通过这样的经验迁移，教育幼儿私自拿别人的东西会让别人处于这种情绪中。

### （二）感知需要法

除了情感引导法，还可以利用感知需要法培养幼儿的利他行为。感知需要是指让幼儿扮演现实社会中某些情景的角色，从该角色的立场上体验情感、分析问题、处理问题，并通过及时的反馈和教师的指导，了解别人的需求和感受，更好地掌握与角色相适应的行为和规范。幼儿的认知能力、感知需要和道德判断能力等因素会影响他们的利他行为。因此，在这个阶段，通过游戏特别是感知需要的游戏来教育幼儿“替他人着想”“要关心他人”“不要侵犯他人利益”是最好的方法之一。利用绘本作为幼儿喜欢的游戏方式，在感知需要的情境中进行引导，可以使幼儿体会如何关心他人、照顾他人，并了解遵守规则、不制造麻烦的重要性。例如，在绘本《一只孤独的野兽》中，可以通过角色扮演的游戏方式，引导幼儿体验一只孤独的野兽在花园里的惬意和孤独两种感受。通过游戏，幼儿可以体会一只孤独的野兽回家后见到同伴后的满足和被需要的感觉，从而体验与同伴在一起的快乐。在绘本《野兽国》中，可以引导幼儿思考如果他们是马克斯，要怎样才能加入野兽的世界，并通过自己来装扮自己。当每位幼儿如愿成为“野兽”时，再通过体验游戏来探索野兽的世界是否需要规则，需要什么样的规则，以及为什么要出现这样的规则。通过这样的游戏，幼儿可以理解社会规则存在的意义，并成为遵守规则的小公民。感知需要法为幼儿提供了一个利他的情境，使他们能够通过感知需要来实现角色的转换过程，并体验他人的情感和行为经验。在这个过程中，他们学会了如何实施和执行这种行为，并了解到利他与否的后果。同时，感知需要法还可以培养幼儿对他人的敏感性，增加他们的角色选择能力和移情能力。此外，研究还发现，长时间的感知需要经验可以改变人们的心理结构，促进人的社会化，提高利他行为的产生。因此，利用绘本进行感知需要的游戏可以有效地培养幼儿的利他行为。

通过对幼儿感知需求的引导，我们可以帮助他们更好地理解他人的角色、思维和情感，并在此基础上教导他们站在他人的角度思考，并在各种情境中展现对他人的多种利他行为。

### （三）模仿鼓励法

针对绘本采用的模仿鼓励法同样可以加强幼儿的利他行为。利他行为与其他各种行为一样，都可以通过加强来维持和扩大。采用恰当的行为加强方法，不仅有助于加强幼儿的无私行为，也能在其行为中获得他人的赞赏和认同，并从他人的正面情感反应中感受到满足和快乐。举例来说，当幼儿展现出无私的行为时，适时的称赞和激励可以帮助他们维持这种行为。当他们获得来自外部的称赞和赏识时，他们会逐步展现出一种内在的自我满足和奖赏的趋势。如果我们能从外部的强化方式转向内部的强化，那么利他的行为将会得到更为稳固的加强。表扬利他行为是对孩子行为正确性的确认、加强和支持，这样可以帮助孩子明确什么是“好”的行为，提升他们对良好行为的积极性，从而促进孩子行为的健康发展。在积极的表扬和鼓励中融入了尊重和信任的元素，这有助于激发幼儿的主动性和积极性，从而达到事半功倍的效果。

幼儿喜爱模仿，也善于模仿，模仿会影响孩子的自我强化（自我赏罚）。在讲述完绘本《彩虹色的花》后，我邀请幼儿进行故事续编，请幼儿想想哪些小动物还需要帮助，彩虹色的花是否还愿意帮助它们。续编后我邀请幼儿进行故事表演，幼儿纷纷表示想扮演彩虹色的花。很高兴通过这样的绘本阅读活动能够强化幼儿的利他思维和行动，在他们小小的心灵中种下助人为乐的种子。

随着社会的发展，幼儿的阅读需求、教师的专业能力以及利他的行为都随之增长。我在挖掘绘本内容的同时也摸索出一系列的绘本阅读的途径和方法。通过这些讲述、游戏、表演等途径不仅能够让幼儿加深自己对绘本内容的理解，还能够帮助教师有侧重地培养幼儿某一方面的能力。而利用情感引导法、感知需要法、模仿鼓励法更能有效地培养幼儿的利他行为。让每一位幼儿都能适应社会的变化、顺利地进行社交活动、拥有高情商。

### 参考文献

［1］中华人民共和国教育部．3～6岁儿童学习与发展指南［M］．北京：首都师范大学出版社，2012.

［2］教育部基础教育司．《幼儿园教育指导纲要（试行）》解读［M］．南京：江苏教育出版社，2002.

［3］陈鹤琴．家庭教育（第二版）［M］．上海：华东师范大学出版社，2013.

［4］唐英芸．幼儿利他行为的培养与研究［J］．中国教育技术装备，2011（19）：21—22.

# 幼儿园班级环境创设与利用的有效性研究

（颜莉芳　市桥街中心幼儿园水悦轩分园）

**摘　要**：近年来，我国教育部门积极推进学前教育改革试点工作。而幼儿园的班级环境、幼儿园的整个环境是重要的环节之一。对于幼儿来说，它则是一个重要的场所和宝贵的教育资源。通过对班级环境创设的研究，可以充分反映出现阶段幼儿园班级环境的发展状况，提高教师环境创设的水平，提高班级环境质量。本文主要从班级环境的概念、重要性、现状分析、有效措施上等方面进行深入分析。本文采取了观察法，对幼儿园班级环境创设内容和幼儿的接受状况进行了观察，利用文献综述法，增添本文的可信度。研究成果表现在，可以为在创设班级环境中的教师提高工作效率，为幼儿营造一个良好的班级环境奠定理论基础。

**关键词**：幼儿园；幼儿；班级环境；创设；有效性

## 一、幼儿园班级环境的概念

郑丽圆曾在出版的书籍中指出，幼儿园的班级环境对于幼儿园来说，属于小环境，主要包括物化形态的和观念形态的两种，以及班级的物质环境和精神环境。

### （一）物质环境

陈明华、张妍指出，幼儿园班级的物质环境是指班级活动室的物质条件。幼儿园的物质环境具体体现在主题墙、活动区、桌椅摆放、教学设施摆放、室内温度及灯光色调等的创设。

### （二）精神环境

幼儿园班级的精神环境又称心理环境，是指观念形态的环境，是隐性的，如幼儿园的传统、人际关系（包括教师之间、教师与幼儿之间、幼儿与幼儿之间的关系等）、情感氛围等。它会在潜移默化的过程中对幼儿的学习活动造成影响，在一定程度上对幼儿的身体和心理上有着非常长远的影响。

## 二、幼儿园班级环境创设与利用的意义

### （一）对幼儿智力的发展起着重要作用

丁艳珍在《幼儿园班级环境创设的有效性探究》中提到创设幼儿园班级环境能够培养幼儿求知欲，促进幼儿智力的养成。幼儿在班级中，会通过环境去发现新的问题，并在发现中解决问题，从而对幼儿的智力发展起着重要的作用。

### （二）有利于培养幼儿的主人翁意识

陈鹤琴先生指出，幼儿通过参与班级环境的布置中，以班级主人翁的身份参与到班级环境布置中，不仅获得了新的宝贵经验，在这个过程中也会让幼儿对于自己参与布置的班级环境感到一种亲切感和满足感，从而培养了他们的主人翁意识。

### （三）有利于激发幼儿探索的兴趣

环境作为一个动态的活动过程，在环境创设中，教师可以为幼儿提供多种废旧材料，供班上的幼儿操作使用，从而激发幼儿动手的欲望和学习的兴趣，如在美工区配置空的矿泉水瓶、果壳等。

### （四）有利于提升幼儿感受美、欣赏美的能力

班级环境各种材料、装饰品的摆放，以及教师有意布置的教学作品展示，不仅可以让幼儿直接去感受生活中的美、体验生活中的美，而且在与班上的教师和同伴参与班级环境创设中，还能体验自己动手创造美的乐趣，从而萌发美好的情感。

## 三、幼儿园环境创设的现状分析

### （一）内容与主题脱离

孙巍曾表示，在幼儿园的班级环境创设选择主题内容时，幼儿教师应考虑到幼儿的年龄特点和最近发展区，主题和所选择的内容要对幼儿有吸引力，是幼儿感兴趣的话题。但是经过长期的观察来看，很多幼儿园的班级环境创设都有因为没有从科学、合理的设计，出现了内容与主题不相照应、无关等情况。

### （二）教育价值低

许多幼儿园在环境创设特别是班级环境创设时只重视装饰作用，表现方式非常单一，忽视环境的教育功能，从而降低了环境利用的价值。例如，在观察到的班级中一些教师会为了教室能达到美观、童趣的视觉效果，会在墙壁或其他空白区域贴上动画人物或花朵等。

### （三）幼儿参与少

班级环境创设中，很多教师对环境与幼儿产生互动的情况缺乏思考，有的教师简单地认为让幼儿提供照片或玩具等物品呈现在教室中就已经算是参与到环境创设中了。其实，教师的最终意图幼儿并没有明白，幼儿自己在收集材料的时候也不知道意义。因此，严格意义上的幼儿参与少之又少。

### （四）更新周期长

晏理和唐振宇在《幼儿园环境创设现状的调查研究》中指出从教师对班级整个学期开展环境布置的次数来看，一学期布置次数为 2—3 次和 1 次的占 83％ 以上，布置次数为 4—5 次的占 9.2％ ，布置次数为 5 次以上的占 7.6％。由此可见，幼儿园环境的更新频率还是比较低的。

### （五）布局不合理

班级环境的整体规划也是一门艺术，需要教师慎重考虑。既要考虑幼儿的安全，又要考虑整体的舒适感和带动幼儿的兴趣。在本次观察中就发现，有些幼儿园班级就存在自由活动区（动静、干湿）没有很好地隔开，桌椅的摆放不合理，（每次活动时还需摆弄桌椅）主题墙的位置、高度规划不合理等问题。

## 四、幼儿园班级环境创设与利用的有效措施

### （一）合理规划班级环境

1. 班级区域的规划

（1）班级教室要尽力配齐所需要的基础设备。桌椅、钢琴、绘本、多媒体等是幼儿园班级中所需要用到物品，若在条件不允许的情况下，可以几个班级轮流使用电子设备。但其中，必须满足绘本和教玩具要有充足的数量，并且符合班级幼儿的年龄特点。

（2）家具和教学设备的摆放要符合幼儿的发展特点。教学设备的摆放与利用方式直接影响着幼儿的学习热情、学习方式和学习效果。为了平等对待每一个孩子，在开展集体活动时，要坐在每个孩子的等距离位置。如果是小组或自由活动时，那么教室的凳子、桌子等家具和教学设备的摆放应该方便幼儿与幼儿、幼儿与教师之间的互动，利于幼儿的跑动和拿取教具。

（3）科学划分活动区域，注意彼此联系和隔开的关系。结合班上幼儿的发展需要，班级中的各个活动区域既可以独自发挥作用，也可以随时调整内容。在布置时，可以利用家具将他们分隔成面积不同大小的区域，呈现出一个个半封闭半开放的小空间，还要注意干、湿和动、静区域的合理划分，如音乐区要和阅读区隔开，避免互相干扰。

（4）教室中的任何一个角落教师都要加以利用。墙角、窗台等容易被忽视的角落都可以被利用起来，可提供一些益智类玩具或粘贴一些生动有趣的小贴纸和小谜语，还可以摆放一些植物、安全和方便喂养的小动物等，以此来充分实现环境的育人功能。

（5）充分利用班级活动室的空间优势。目前，很多教师都会把班级活动室的墙面和四周空白的空间作为班级环境创设的重要部分，还有不少的幼儿园把活动室的上部空间也巧妙地运用了起来，如悬挂一些班上幼儿的作品，或是一些与本期主题有关的幼儿手工作品。

（6）符合班上幼儿身心发展特点。不同年龄阶段的幼儿身体和心理发展都存在着差异性。其中，小班的班级活动室应以尽快熟悉幼儿园环境、适应集体生活，初步养成良好的生活习惯为中心。到了中、大班，则要侧重结合课程的内容，整体呈现出环境的教育功能。

2. 重视主题墙的创设

蔡秀萍曾指出，研究班级主题墙饰创设，是幼儿园重视“幼儿在环境中成长、在教育中发展”理念的体现。教师在创设主题墙饰时，一要根据幼儿自身兴趣、需要和发展进行创设，二要根据《幼儿园教育指导纲要》、幼儿身心发展需求进行创设。

3. 保证三个方面的平衡

第一，班级活动室的布局要达到集体和小组活动的平衡，要保证无论是开展哪一项活动都能顺利进行。第二，班级活动室的创设既要有动，也要有静，动静结合。第三，班级活动室还要保证室内光线充足明亮、温度适中、空气清新自然，物品摆放整洁有序，这样不仅为幼儿创设了一个温馨安全的班级环境，还有利于在生活中良好习惯的形成。

### （二）构建和谐班集体

1. 转变教师角色

教师平时在与幼儿交流对话时，要注意与幼儿说话的语气和态度，要以真诚、亲切、温和的形象展现在幼儿面前，努力与幼儿建立亲密的朋友关系，让幼儿愿意主动亲近教师。

2. 建立团结友爱的幼儿关系

教师在帮助幼儿交往中可以注意做到：鼓励幼儿之间相互交流自己的情感和思想，从而产生合作、帮助行为；在日常的一日生活和教学中，引导幼儿之间相互帮助、相互关爱，如在幼儿游戏时，鼓励他们之间相互分享玩具，一起玩耍。

3. 重视活动规则的制定

由于幼儿的身心发展不够完善，不能很好地控制自己的行为，所以还需要活动规则的指引。在制定规则时，教师应坚持主体性原则，确保所有的规则的制定都是面对全部幼儿。尊重个体差异，保证全体幼儿是共同的进步而不是受益于一小部分幼儿。

## 五、结语

幼儿园班级环境的创设影响着班上的每一个幼儿的学习与日常生活，使幼儿各方面都能得到一定的发展。良好的班级环境的创设与利用，能够增强教师与幼儿、幼儿与幼儿之间的感情，促进幼儿智力、探索能力的发展，让幼儿在轻松、快乐的环境中成长。

### 参考文献

[1] 蔡秀萍．幼儿园探究式环境创设［M］．北京：北京师范大学出版社，2013（6）：248—270.

[2] 郑丽圆．幼儿班级管理问题与处理［M］．北京：中国轻工业出版社，2017（9）：65—91.

# 聚焦园本课程开发，探寻资源有效利用

（王燕子　江苏省常州市金坛新城实验幼儿园）

**摘　要：**“资源”作为幼儿园园本课程开发的一部分，在课程建设的过程中起着重要的作用。我园在园本课程研发过程中发现了一系列资源利用的困境，通过完善资源管理制度、优化资源审议方式、推进资源使用效率、活化资源联动机制等方式，探寻到适合园本课程中资源有效利用的发展方式，为我园一系列活动的展开提供了参考性的指引。

**关键词：**课程；资源；有效利用

随着沟通和交流的便利，越来越多的资源成为幼儿园课程的一部分，但并不是所有的资源我们都可以用，也并不是所有可以用的资源都能物尽其用。如何推动资源真正实现课程化，并且成为幼儿游戏活动中的助推剂也是一直困扰幼儿园当下的难题。为此，我园通过园长、中层、一线教师和家长一起形成合力重新审视园本课程推进过程中资源利用的现实状况，综合梳理出当下亟待解决的问题，以发展性的视角、多角度的磨合，尝试探索出园本性、特色化资源有效利用的发展路径。幼儿园当下的资源，如园内资源、家长资源、社会资源等，可谓是丰富多样。幼儿园的每个班级也会通过多元方式收集各类资源，可谓是五花八门、花团锦簇。当所有的资源一股脑儿地全部涌入班级里面，班级教师用得不亦乐乎，一次次资源的堆积，造成了教师的盲目使用，孩子的随意把弄，家长的不能理解，久而久之，原本可以为课程开展助力的资源，就变成了家长、幼儿、教师的负担，形成了恶性循环。可以总括为资源与课程，资源与幼儿的发展之间缺乏有效的紧密的勾连。

## 一、对资源的真正价值缺乏深度研究

我们经过前期的走访调查，查阅和研究了幼儿园三年内的课程材料，进行学期和年龄段之间的横向对比发现：我园的教师对于“资源”存在思维固化现象，缺乏对资源审议的积极研究态度。举例来说，幼儿园班级中比较常见的资源如瓶子。大中小班对瓶子的使用方法上年龄差异性不明显，特色化不显著，也没有结合新的主题、新的课程赋予瓶子不同的价值和内涵。对于资源到底是什么，为什么我们要使用资源，资源对于课程的价值和意义是什么等一系列问题，缺乏深度的思考。

## 二、资源与课程的关联缺乏深入思考

这就需要去考虑资源的课程价值，幼儿园的课程是为幼儿发展服务的，是以幼儿在游戏和生活中获得经验为目的的。真正让幼儿获得发展的课程需要教师专业性的引领和支持。因此，作为课程的重要组成部分，资源的使用就不是简简单单“拿来即用”的原则了。这也提示我们重新审视资源和课程之间的深层关系。

## 三、资源使用过程中教师定位的偏差

在资源的使用过程中，教师认为资源的使用主体是幼儿，把幼儿需要的资源投放到班级以后就算是大功告成了，往往忽略了资源的前置审议环节、资源实用过程中的评价追踪环节，以及资源使用后的梳理总结环节。幼儿因为年龄和经验的局限性，对于资源仅限于最基本的认知阶段，如果在这些环节中，教师的参与缺失，就会形成资源使用的效率低下，资源使用方向的单一，资源投入与产出产生不对等的现象，造成资源的严重浪费，也就无法体现资源的真正价值。如何转变教师的思路，把“领导安排式”转为“自我研究式”，这也提示管理者进行推动教师角色转变的深层变革。

## 四、资源管理体系有待完善

综合以上三点，究其根源是我园在资源管理系统中，有一部分是脱节的。从资源的开发、资源的优化利用、资源与课程的有效链接，到资源的动态循环使用上，我们需要进行系统性的梳理和统整。从高处着手，优化资源管理，让教师不再把资源的使用当作负担，让幼儿可以在游戏中物尽其用，这也是我们在这次资源管理改革中一直在思考的要点。

### （一）完善资源管理制度

建立幼儿园资源管理小组，前期由园长、保教处、年级组长、后勤、教师代表等进行商议统筹。先梳理幼儿园的现有资源，按照两条线，一条线为幼儿园的物质资源库，另一条线为幼儿园线上资源库。设立专人负责，把物质资源库的物品按照用途不同进行分块放置。并且对资源库现有的物品进行线上公示，教师如果有需要的东西，可以经过快速查询，及时准确领取，同时追踪资源库物品的走向。

建立幼儿园线上共享资源库，对于前期的课程审议、绘本资源、区域游戏资源、环境创设资源等进行资源共享，鼓励教师推陈出新，在现有资源的基础上进行班级特色化的创新使用，赋予资源新的内涵和价值。

在户外建立资源责任田，将幼儿园的户外环境分包到班级，梳理户外区域中可以利用的资源，教师和幼儿在相关游戏区开展游戏的时候，就可以对当前的资源了然于心，减少资源的搁置化现象，逐步将户外的资源活化使用起来。

### （二）优化资源审议方式

细化主题相关资源的审议，如果资源库中已经审议过某一个资源的利用方式，就不必再绕弯路重来一次，而是鼓励教师在现有基础上，结合当下主题，研讨资源新的教育价值。同时，找出与当下主题相关的所有资源，结合幼儿的核心经验，进行资源的去粗取精、去伪存真，优化资源的使用方式，把一股脑的资源投放逐渐演化为有目标、有发展的课程资源利用。课程审议中对资源的审议就会为下次课程审议提供前期经验，如此螺旋式的优化提升，逐步催生课程资源新的生命力。

本学期，我们开始关注班本课程中资源的有效利用情况，经过前期跟班实践，发现幼儿园中出现了“班本课程”跟风潮，好多班级开始脱离主题课程审议，进行自主化的班本课程。在进行资源跟进的过程中我们发现，有一些经验不足的班级教师，对课程资源的科学性和实用性存在认知偏差。基于以上现状，一方面，我们积极采取措施转变教师对资源的固有认识；另一方面，建立班级课程资源审议机制，从保教处牵头，以年级组为单位对班级课程资源的科学使用进行层层把关。

### （三）推进资源使用效率

资源经过了审议和筛选，在班级中如何优化利用呢？我们广泛征求教师与幼儿的意见，分层组织教师进行商议，探讨出以下工作思路。

（1）根据教师群体专业性的差异，进行了教师的分层研究。成熟教师探寻资源优化使用的具体方法，骨干教师参与动态调整资源使用的举措、制度，青年教师学习资源使用的方法，并定期反馈自己在推进资源利用过程中的问题和心得。新教师学习课程资源使用的相关理论，扎实自己的专业功底。后来，我们发现教师对于资源的分层定位可以广而扩之，延展到教师培养的各个方面，如分层学习、分层研讨、分层培训等，这也是我们当下一直在不断摸索并且初见成效的方式。

(2) 资源评价机制。随着《保育教育质量评估指南》的逐步推进，我们考虑在资源使用的过程中，加入评价的环节，这样就可以动态监测班级投放的资源是否符合班级幼儿当下的发展实际，是否需要进行调整，活化资源的使用方式，推动教师思考，也能在很大程度上提升幼儿与资源使用的契合度。为了减轻教师的压力，我们把资源的评价糅合到班级一日活动复盘评价中和主题复盘评价中。将幼儿的游戏状态作为资源适宜性的评价标准之一。这也是我们在摸索过程中发现的有效路径之一，这样也不割裂资源与一日活动课程的链接，实现多管齐下，一起优化的目的。

### (四) 推进资源联动方式

随着对资源优化利用过程的层层探索，我们开始拓宽当下的思维，思考是否可以卷入更多的人群，如家长、社会资源真正的创造者、幼儿等。这些以往被我们看作“不专业”的人群，他们的想法和建议能否给我们的资源优化探索之路注入新鲜的血液呢？我们开始了新的尝试：

我们使用问卷星的方式收集家长和社会工作者对某一资源利用的思考，我们惊喜地发现，家长在一些资源利用方面的专业性和见解的独到性给了我园很大的灵感，也弥补了幼儿教师在某些方面专业性不强的缺陷。

为了更好地实现资源探索中的家园互动，也为了给幼儿更多自主的空间。我们在每个班级门口都设立了资源收集小站，幼儿在活动中发现缺少什么资源，可以通过家园互动的方式收集到班级。接下来把相应的资源用到对应的区域中，实现资源收集—利用—优化的良性循环。

在探寻资源优化使用的路上，我们相信还有更多的方式，我们也逐步建立和优化“幼儿—资源—课程”的三维立体发展思路，这次对资源的研究其实也带动了班级课程、一日活动、户外环境创设、家园合作等多个方向的研究和拓宽，我园也会使用研究、思考，再研究、再思考的方法探寻更多的发展。

### 参考文献

[1] 虞永平．从物质环境中感知幼儿园课程文化．教育导刊（幼儿教育），2008（7）：4—6.

[2] 秦红．坚守儿童立场的幼儿园课程资源审议．学前教育研究，2002（2）：1—5.

[3] 张华．课程与教学论［M］．上海：上海教育出版社，2000：21.

# 幼儿园开展种植活动园本课程的思考

（黄银辉　广东省阳春市春城国鼎御景幼儿园）

**摘　要**：种植活动是幼儿科学探究的重要课程，是幼儿感官发展的重要途径，也是教师在实施教学活动中蕴含的丰富教育契机。园本课程于21世纪初期在我国兴起，教育行业逐渐重视幼儿园园本课程的构建。随着越来越多园本课程的开发与改革，幼儿园园本课程也呈现出诸多的问题。本文对这些问题加以分析与研究，以使园本课程更加丰富而被家长和教师接受，并促进幼儿园园本课程的不断发展。丰富园本课程的内涵，提高幼儿园教育质量，实现师生与课程的进步，最终促进幼儿德智体美劳的全面发展。

**关键词**：种植活动；幼儿园；园本课程

## 一、引言

在现代幼儿园幼儿的学习生活中，大多数幼儿通常是与水泥建筑和人工建设的园林有更多的接触。为了让幼儿能够与大自然，与生活中的“食物”“植物”有更多的接触，我园特意开展了种植园活动。教师带领幼儿通过讨论、购买种子、播种、浇水、施肥、拔草、采摘、食育、品尝、记录，实施实践教学。在种植活动过程中，幼儿能感受种植活动的有趣，能体验种植过程的“辛劳”，能体会等待漫长时间的过程，能亲尝收获的喜悦。种植活动不但让儿童的幼儿园生活留下难忘的回忆，也让幼儿园的园本课程增添了色彩。教师在开展种植活动的园本课程，需要准备大量的功课，并详细记录过程，以让幼儿能感受到种植活动的特点和意义，从而提高幼儿园园本课程的质量。

## 二、种植活动课程开发的理论与思想

中国著名教育家、儿童心理学家陈鹤琴“活教育”理论指出：“大自然、大社会，都是活教材。”所谓“活教材”“活教育”从根本上理解，就是儿童的生活方式，组织形式应符合儿童与自然、社会环境的有效方式。在这种理论的指导下开展园本课程，能让园本课程更加丰满而内涵充溢。

《幼儿园教育指导纲要》在“组织与实施”中强调：幼儿园应“充分利用自然环境和社区的教育资源，扩展幼儿生活和学习的空间”。我们在实施园本课程的同时，应结合本园的传统和优势、幼儿的需要与兴趣、选择或开发适合本园的课程，园本课程的思想与实践是一致的。

## 三、种植活动课程的概念选择

农作物是指农业上栽培的各种植物，可食用的农作物是人类基本食物的来源之一。民以食为天，表达了人与食物的关系。

农作物种植活动是指通过教师带领幼儿进行亲身感知和体验农作物的选种、种植、栽培、收获等一种简单的劳动过程。

种植活动园本课程是从幼儿的身心发展出发，通过培养幼儿的初步认知，让幼儿了解劳动的过程，教师、家长和幼儿共同参与种植活动，引导幼儿观察并学会记录种植的过程。在实践过程中幼儿与家长、教师为了一个目标而同步和谐相处、探索自然的奥秘，以达到幼儿认知的发展。

## 四、种植活动园本课程的主要目标

构建种植活动园本课程的课程体系与内容，根据各班年龄特点创设系列的活动方案，探索幼儿在活动过程的实践方式与活动评价，教师总结与反思此次活动的实施成果。

通过当次种植活动的开发与实施，培养幼儿对种植活动的兴趣，激发幼儿的探索精神，使幼儿的思维得以广阔开发，让幼儿体会到大自然的神奇与一分耕耘一分收获的喜悦，从而增强幼儿的科学探索兴趣与尊重劳动的观念，发展幼儿的动手操作能力，让幼儿在“劳动”过程中形成初步的观念，从而促进思想与实践的成长。

种植活动园本课程的开发，也可提高教师创设园本课程的能力和素养，增强教师的团队意识，教师在实施园本课程的过程中能学会思考与反思，以推进园本课程稳步发展。

种植活动园本课程可体现于环境，处处可见，处处可证；体现于教师，能明白，能认同，能践行；体现于家长，看得懂，读得顺，传得开；体现于儿童，玩得自由，玩得开心，玩得持久。

## 五、种植活动园本课程的实施

### （一）种植园本课程目标体系构成的研究

目标是实施课程的重要指向。我园开展种植园本课程，是根据幼儿身心发展的需要以及教育的要求来建立目标体系。目标包括幼儿的兴趣、探索的能力、创造能力、动手操作能力等，幼儿的道德教育、社会性认知也在目标范围内。

### （二）种植园本课程内容体系构建的研究

种植内容的选择基于目标、环境、幼儿学习的多种需要，我们从多角度思考，采用了以下依据：以幼儿园为主要基地，开辟一角种植园，和区域活动以及食育活动相结合，开展多形式的内容体系。以“植树节”“季节植物”为契地特点，以幼儿的兴趣与需求为主要内容选择的方向，以幼儿探索的过程为目标，以及随时调整课程内容的方向。开展种植园本课程时，以幼儿的身心发展和生活经验为主要的目标设计课程的活动内容，在实践中可根据幼儿的兴趣调整课程的方向，并让幼儿记录探索的过程，园本课程丰富后可让幼儿参加手制绘本，教师随时记录幼儿在开展活动时的观察、动手操作能力、幼儿在活动当中的语言等，发展形成园本种植课程的系列化。

### （三）种植园本课程实施途径的研究

园本课程在实施过程中，根据幼儿身心发展的特点，研究种植活动的可行性，探索种植活动的模式，选择种植活动的合适指导方式方法，使园本种植课程能够更加具体化、直观性，具有创造性。

课程实施应知行合一，落实理念目标，立体架构，拓宽课程空间。实现幼儿园种植应尊重幼儿的思想、劳动成果，无论过程是否完美，都应在实施的过程中让幼儿体验到活动过程本身存在的快乐。在实践中互相分享成功的喜悦，在失败中寻找原因。让幼儿参与主导分析成功与失败的缘由，记录这一过程，过程的导向性具有生活化、活动化、经验性、生成性与开放性，实施的最根本目的是幼儿身心和谐发展。

### （四）种植园本课程实施评价的研究

根据种植活动设计的目标，评价课程目标实施完成度；评价课程对幼儿的相关发展；评价幼儿在课程中主动积极的参与程度；对评价进行研究，探索园本课程能否使幼儿从中成长。

种植园本课程并不是一蹴而就的事情，所有的活动过程并不是对幼儿进行灌输，而是让幼儿在活动中学习，在活动中玩，在活动中探究，在活动中体检，在活动中成长。这样的园本课程才能让幼儿和教师共同成长，对种植活动更具有探索的欲望和挑战！

## 六、种植园本课程的价值研究

园本课程的实施，能够让幼儿将所学的知识与经验有效结合，更好地进行同化和顺应，从而促进幼儿发展；园本课程的实施能更好地促进教师的素质和能力提升，也能够促进幼儿教师的成长。一直以来，我们的观念是园本课程是教育者的任务，与家长无关，但在实施园本过程中，能够听取家长的意见，结合家长的资源，能够让课程更加的完善，也有利于家园合作，从而促进幼儿的发展。园本课程也让我们开始思考本园的办园目标、办园理念、教学特色、管理方向等，通过开展种植园本课程，幼儿园有了自己独特的园本文化，办园目标及办园理念更加清晰化，师资队伍力量也能得到净化，这些都能使幼儿园的办学质量大幅提高。

## 七、结语

近年来，随着城乡一体化建设的迅速发展，大部分的幼儿都很少有机会与大自然亲近，不认识禾苗，不认识青菜，不认识家禽……大自然是世界上最有趣的教师，它的教育会让孩子一生受益无穷。作为幼教工作者，我们是幼儿暂时的引路人，我们在开展课程的同时，以种植活动为媒介，带领幼儿走进一种植物。帮助他们掌握科学研究的方法，培养幼儿科学素养，激发他们对科学的热情。种植活动能够让幼儿领略实践的魅力，真切地感受劳动的快乐。

幼儿园种植园本课程的实施不仅能促进幼儿的成长，也能提升幼儿各方面的能力以及身心健康的发展。教师在带领幼儿开展课程的过程中，通过为幼儿提供优质的种植体验，也可充分地调动教师进行科研的积极性。教师在开展课程时的思考与反思，可促进园本课程的提升，幼儿园的特色课程应用到其他幼儿与家长身上，这种新型的课程模式能够为幼儿、教师、家长所接纳，便可形成本园的园本课程。幼儿园的园本课程实施过程，是家园合作的基石，也是化解家园矛盾的重要途径，更是教师、幼儿、家长共同成长、积累经验、互相信任的过程！

### 参考文献

［1］张澜．园本课程的实践研究［M］．北京：北京师范大学出版社，2006：3－5.

［2］杨晓霞．借“亲禾”之径，拓“课程”之道：园本课程框架建构的思考［J］．教育界，2020（33）87－88.

［3］朱冬．园本课程开发研究：内涵、制约因素及路径选择——基于自主创新理论的分析［J］．教育现代化，2020，7（32）：123－125.

［4］张超．在开发少数民族园本课程中促进教师专业成长［J］．学前教育研究，200（87）：68－69.

# 以“鸡蛋的奥秘”为例探讨幼儿园班本课程的建构与实施

（梁铭微　广东省阳春市春城国鼎御景幼儿园）

**摘　要：**本文以“鸡蛋的奥秘”为例，探讨了幼儿园班本课程的建构与实施。首先介绍了幼儿园班本课程的内涵和价值，强调了因材施教的重要性。接着结合具体案例，详细阐述了如何构建和实施这些课程。提出了一系列教学策略，包括捕捉兴趣、构建网络、创设良好的学习环境、选择适宜的教学方法、调整活动内容、关注评价等。最后总结了班本课程建构与实施的意义，强调了教师以幼儿为本、灵活实施的重要性。

**关键词：**班本课程；中班；建构；实施；鸡蛋

古希腊哲学家赫拉克利特说：“教育不是灌输，而是点燃火焰。”在当今社会，教育的目的是培养具有创新精神和实践能力的人才。在幼儿教育中，幼儿园班本课程作为一种新型的教育模式，正是为了实现这一目标而诞生的。班本课程的建构与实施是一项重要的工作。它不仅能够点燃幼儿对知识的渴望，优化学习成果，还有助于培育他们的创新思维和动手操作能力。本文以中班班本课程“鸡蛋的奥秘”为例，从幼儿的角度出发，探讨如何开展班本课程的建构与实施。

## 一、幼儿园班本课程概述

对班本课程内涵的全面认识和科学理解，有助于幼儿园和教师关注幼儿的兴趣和需要，综合利用课程资源，构建符合本园和本班级特色的课程。

王梦云从班本课程的探索和实践出发，认为班本课程是国家课程、地方课程与园本课程的“班本化”，是以班级为单位和开发主体，由师幼共同参与的富有班级特色的课程。陈东梅等人总结以往研究，认为幼儿园班本课程的内涵应包括以幼儿的兴趣与需要为出发点，善于发现幼儿感兴趣的事物生发课程与以幼儿的生活经验为基础，整合利用各种资源，创建班本课程。

班本课程的核心理念是“因材施教”。正如古人所说：“因人制宜，量体裁衣。”每个孩子都是独一无二的个体，他们的兴趣、特长和发展潜力各不相同。因此，幼儿园班本课程注重因材施教，聚焦孩子的特点和需求，制订个性化的教学计划。实施班本课程的价值在于促进幼儿全面发展，提升教师专业成长，更有利于幼儿园特色课程的建构。

## 二、班本课程的建构方法

### （一）捕捉兴趣，预设主题目标

对于中班的孩子来说，他们的认知能力和兴趣都是非常有限的，我们需要选择那些既能吸引他们的注意力，又能引导他们进行深入思考的主题。从一次就餐过程中小朋友看着一只水煮蛋发问缘起，“教师，鸡蛋是怎么来的?”一句简单的提问，瞬间把师幼的脑神经引向了科学研究。

南京师范大学虞永平教授曾说：“幼儿园课程要更加贴近幼儿的实际发展水平，贴近幼儿的学习特点，贴近幼儿的生活及兴趣与需要。”就这样，“鸡蛋的奥秘”成为我们探索的主题。鸡蛋是我们日常生活中常见的食物，小朋友们都认识它。通过探究鸡蛋，既能让孩子了解鸡蛋的形成过程，知道鸡蛋的作用，激发孩子们对生命的好奇心，掌握鸡蛋的基本知识，又能引导他们探索科学的秘密。

在班本课程“鸡蛋的奥秘”中，教师结合《3—6岁儿童学习与发展指南》要求制定了以下目标：认识鸡蛋的外形特征和内部结构，了解鸡蛋的食用价值和烹制方法，知道鸡蛋很有营养；通过实验，知道盐可以增加水的浮力，使鸡蛋浮起来，知道蛋壳消失的秘密，充分体验“科学就在身边”，还了解了蛋壳可以作画；通过观察孵化过程，帮助他们了解“鸡生蛋、蛋变鸡”的自然规律，还能让他们理解生命循环和起源，激发对生物学的兴趣。

### （二）建构网络，生成主题内容

《3—6岁儿童学习与发展指南》中写道：“儿童的发展是一个整体，要注重领域之间、目标之间的相互渗透和整合，促进幼儿身心全面协调发展。”在开展主题活动“鸡蛋的奥秘”时，教师以幼儿的兴趣为切入点，分析幼儿年龄特点及最近发展区，与幼儿一起规划了“初识蛋”、“探秘蛋”和“趣玩蛋”三个小主题，并生成一系列的教学实践活动。如下图所示。

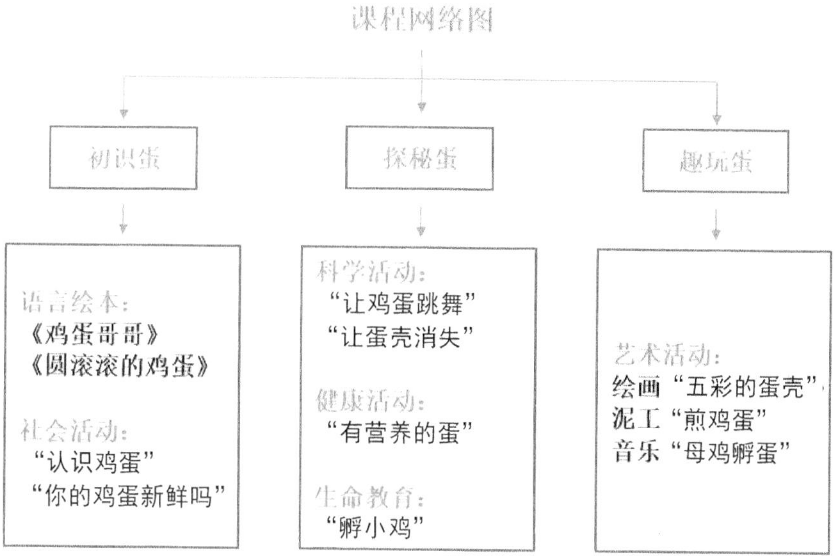


## 三、班本课程的实施策略

### （一）创设良好的学习环境

1. 围绕主题活动，创设与幼儿互动的主题墙

把主题墙分成四大板块。第一板块是“鸡蛋的结构”和“小鸡怎么来的”，通过图文说明的方式，让幼儿直观地了解鸡蛋的内部结构和小鸡孵化的全过程。第二板块是“鸡妈妈一家”生活场景，给鸡妈妈和鸡宝宝盖了两间小别墅，并圈起一个户外活动的小院子，幼儿通过观察生活模型了解鸡的生活习性。第三板块是“主题调查表”，以调查表的形式记录下幼儿的观察与猜想。第四板块是“作品展示墙”，以作品的形式呈现丰富多彩的实践内容。

2. 满足幼儿兴趣，创设与主题相关的区域活动

在“鸡蛋的奥秘”开展过程中，教师将活动拓宽到区域游戏中，如阅读区、美工区、娃娃家、科学区等。阅读区投放了关于鸡蛋的绘本《鸡蛋哥哥》和《圆滚滚的鸡蛋》，提供了空白画册、各类画笔工具、订书机，打孔器胶圈等操作材料，供幼儿自主创作与鸡蛋主题相关的绘本。美工区投放了许多干净的空蛋壳、轻黏土、白纸、蜡笔等辅助材料和工具，支持幼儿制作五彩蛋壳和泥工煎鸡蛋。在娃娃家投放了一些鸡蛋模型，供幼儿模仿煮饭做与鸡蛋相关的菜品。科学区投放了一些新鲜鸡蛋和过期鸡蛋，还配备了盐和醋辅助材料供做科学实验。主题活动与各区域的创设进行有机整合，不仅能激发幼儿的动手动脑体验，更能促进幼儿全面发展。

### （二）选择适宜的教学方法

在实施班本课程时，教师可以按课程的实际需要，采用多种教学方法引导幼儿参与学习，提高教学效果。例如，“鸡蛋是如何产生的?”可以采用问题引导法，提出一些开放性的问题激发幼儿的思考与讨论；“让蛋壳消失”可以采用示范法，通过实际操作和演示来帮助幼儿理解和掌握知识；“泥工‘煎鸡蛋’”可以采用合作学习法，支持幼儿与同伴共同完成任务和解决问题；阅读绘本时采用情景化教学，让幼儿身临其境模仿学习；“母鸡孵蛋”采用游戏形式，鼓励幼儿积极参与到活动中，体验游戏带来的快乐。还有一个寓教于乐的“孵小鸡”活动，融合了多种教学方法，通过实践活动，让幼儿在实践中学习，从而更好地理解和掌握知识。同时，通过团队合作和情境体验，培养幼儿的各种能力，为他们的全面发展打下坚实的基础。

### （三）调整活动内容，丰富课程形式

俗话说：“计划赶不上变化。”课程内容并非固定，教师需在计划的基础上，根据幼儿的需求和兴趣，适时调整课程。在“鸡蛋的奥秘”实施中，预设并未涉及“孵不出的鸡蛋”的成因。然而，幼儿偶然发现了一个开裂的蛋，并对它产生了兴趣，关于这个开裂的蛋展开了一系列的假设问题与思考分析，进行了主题外的探讨。因此，教师根据五大领域的要求和幼儿的兴趣加以引导，稍作调整可能就会让主题活动开展得更多彩。

丰富的课程实施方式有利于激发幼儿对班本课程的学习兴趣，让幼儿在玩乐中有所收获。教师巧妙安排与适时调整实施方式，发挥各个活动环节的功能作用，完善班本课程的实施策略，能够实现课程活动的高效开展，体现“玩中学、学中玩”的幼教理念，保持幼儿对课程学习的热情。

### （四）重视评价，携手进步

在开展班本课程时，观察、记录和评价是至关重要的环节。它们使教师能够把握幼儿在探索学习中的进展，以便及时调节学习材料和教学策略，促进师生共同成长。

幼儿的学习以直接经验为基础，在“鸡蛋的奥秘”课程实施中，幼儿学会了发现问题、分析问题、解决问题，幼儿的学习品质得到提升。在“孵小鸡”生命教育中，幼儿感受到爱与关怀，情感方面的能力得到提升。孩子们可以亲眼看到鸡蛋从无到有，小鸡从蛋壳中孵化出来的过程。这个过程让孩子们了解到生命的诞生是如此神奇和不易，从而培养他们对生命的尊重和珍视。同时，这也让孩子们理解了每一个生命都是独特的，都值得我们去爱护和保护。在实验活动和实际操作中的观察记录，锻炼了幼儿的观察力、语言表达能力和动手操作能力。附“孵小鸡”活动的观察记录表：

班本课程的建构与实施，教师以幼儿为本，立足幼儿视角，灵活实施。在课程探索过程中提升了教师的教学设计能力、团队协作能力和专业素养，更为教师提供了一个全新的发展平台，实现自我发展，为幼儿的成长提供更好的教育服务。

## 四、结语

本文以“鸡蛋的奥秘”为例，探讨了幼儿园班本课程的建构与实施。通过对中班幼儿的兴趣需求进行深入分析，教师从幼儿角度观察所得生成了一系列课程案例，并详细阐述了如何建构与实施这些课程。实践证明，这种以幼儿为中心的课程建构与实施方式能够有效地激发幼儿的学习兴趣和潜能，促进幼儿全面发展。因此，幼儿园教师应该重视班本课程的建构与实施，不断探索适合幼儿发展的教育教学模式。

### 参考文献

［1］王梦云．幼儿园班本课程的探索和实践［J］．课程教育研究，2020（42）：86—87.

［2］陈东梅，等．幼儿园班本课程的内涵价值与建构［J］．早期教育（教科研版），2017（6）：36—38.

［3］钮莹莹．浅议幼儿园班本课程的设计与实施策略［J］．教育界，2023（12）：107—109.

# 将中华传统文化活动融入幼儿园环境创设的方法探析

（甘文敏　广东省深圳市龙岗区龙城街道保利上城幼儿园）

**摘　要：**幼儿对中华传统文化活动的兴趣对幼儿今后的发展具有重要意义，因此有必要在幼儿园营造良好的语言表达氛围，完善师幼应用中华传统文化活动，进一步激发幼儿对中华传统文化活动的兴趣。幼儿对世界充满好奇心，中华传统文化活动是吸引他们注意力的好方法。但是中华传统文化活动学习需要幼儿不断探索，能够让幼儿从外界学到很多知识，能够与社会达到一定的适应程度，这对他们在未来的社会中生存，并且顺利积极表达自己非常重要。因此需要制定针对性的中华传统文化活动融入幼儿园环境创设的方法，促进教学效率的提升。

**关键词：**幼儿园；中华传统文化活动；教学策略

## 一、将中华传统文化活动融入幼儿园环境创设的意义

### （一）发展传承中华文化

儿童选择参与更多的中华传统文化活动，从而发展自己的能力，即使有的中华传统文化活动是重复以前做过的、玩过的，甚至有些是比较枯燥的，儿童仍反复参加，中华传统文化活动材料准备不充足。幼儿教育属于其接受系统教育的开端，因此在此阶段当中幼儿对中华传统文化活动的兴趣的好坏，直接影响幼儿的成长。所以需要联系实际，帮助存在中华传统文化活动兴趣的幼儿解决中华传统文化活动上的问题，建立中华传统文化活动兴趣，促进幼儿的健康成长。了解影响中华传统文化活动兴趣的原因，确定对应的中华传统文化活动兴趣教育措施，发展传承中华文化，满足其健康成长的需求。

### （二）培养幼儿爱国情感

培养幼儿爱国情感使幼儿不仅能够选择自己熟悉的中华传统文化活动，还能尝试新的和不熟悉的中华传统文化活动，以及有一定挑战性的、复杂的中华传统文化活动，并发现中华传统文化活动的乐趣。但是在操作当中，许多教师没有意识到其中的重要性，没有开展相关的措施，使幼儿对中华传统文化活动的兴趣得不到提高。因此幼儿教师要贴近幼儿的现实生活，创设出生动的教学情境，培养和发展幼儿的创造力和想象力。比如开放式中华传统文化活动的应用对提高幼儿参与活动的积极性具有重要的作用。例如在活动中，教师可以根据活动内容设计一些中华传统文化活动。在活动结束时，教师可以根据问题向幼儿开展中华传统文化活动，这些问题必须结合幼儿的实际情况，有一定的思考能力，不能使幼儿产生对困难情绪的恐惧，当问题得到解决时，教师也可以与幼儿进行一些有趣的活动延伸，使他们能够有一个更开阔的思维，对活动内容有一个更全面的了解。在这个过程中，激发幼儿的探究兴趣，提高幼儿的探究能力，感受传统文化当中爱国情怀，培养幼儿爱国情感。

## 二、将中华传统文化活动融入幼儿园环境创设的现状问题

### （一）环境规划简单，整体布局失调

幼儿园开展中华传统文化活动材料比较多，常常一个星期开展一两次，出现环境规划简单，整体布局失调的问题。通过中华传统文化活动材料的开展可以加强教师与教师之间的沟通交流，促进幼儿园合作，更融洽地为幼儿教育提供保障，儿童通过积极探索实验满足自身的中华传统文化活动兴趣，同时表现出强烈的动手操作的愿望，这样才能促进中华传统文化活动的顺利开展。幼儿时期属于其接受教育的重要时期，因此需要关注这一时期的教育，帮助幼儿健康成长。

### （二）组织设计不当，主体地位不明

每个教师每学期至少要开展2—3个中华传统文化活动，且所有中华传统文化活动在平行班级推广使用。比如，大班组共六个班级，那每个教师在中华传统文化活动时要开展相同的活动，这样每个班都可以得到开展。这样既可以减少教师的工作量，又促进了中华传统文化活动的使用效果。但是很多幼儿园在布置传统文化环境创设时，大多是由教师一手包办的，或是一些带有指令、禁止性质的标识，这样的环境更多的是适合成人阅览，而非适合儿童去参与、学习，往往会导致儿童注意力涣散、对之无法产生兴趣，甚至感到压抑。许多教师没有意识到其中的问题，出现组织设计不当、主体地位不明的问题，并且不愿意在此投入时间和材料，教师和幼儿园没有得到有效合作，使得幼儿园教育不一致。在幼儿出现中华传统文化活动兴趣的时候，需要及时了解其中的原因，引导其掌握与人交往的方式，获得更多的快乐。积极探索实验，确定有效的幼儿对中华传统文化活动的兴趣健康教育措施，满足幼儿成长的需求。

### （三）主题更改频繁，教师倦怠明显

幼儿教育离不开中华传统文化活动，中华传统文化活动又离不开教师的引导。幼儿园需要开展大量中华传统文化活动，但是有的活动缺少现在幼儿园教育的目的性和教育性，满足不了目前幼儿园的全部需求。研究者统计，中华传统文化活动的数量比较多，但是令人遗憾的是，中华传统文化活动的质量令人担忧，存在主题更改频繁，教师倦怠明显的问题。访谈中，大部分教师苦恼没有适合幼儿操作的中华传统文化活动，导致幼儿自身不擅长应用中华传统文化活动。

## 三、将传统文化融入幼儿园环境创设的方法探析

### （一）把握整体风格，营造艺术氛围

幼儿对世界充满好奇心，中华传统文化活动是吸引他们注意力的好方法，因此需要把握整体风格，营造艺术氛围。但是中华传统文化活动具有一定的风险，需要幼儿不断探索，能

够让幼儿从外界学到很多知识，能够与社会达到一定的适应程度，这对他们在未来的社会中生存，并且顺利积极表达自己非常重要。因此在师幼应用中华传统文化活动当中需要合理应用中华传统文化活动模式，吸引幼儿的注意，提高中华传统文化活动的积极性。幼儿对中华传统文化活动的兴趣的提高对幼儿今后的发展具有重要意义，因此有必要在幼儿园营造良好的语言表达氛围。例如，以传统节日文化为主题开展环境创设。新年之际，教师和孩子们一起动手制作灯笼；元宵节闹元宵、赏花灯，孩子们将自己亲手制作的花灯悬挂在活动室内外；端午节粽子飘香，中秋节月圆人圆，重阳节登高望远，教师和孩子们一起收集、整理节日的资料，做好节日的调查，将相关的图画、文字布置在班级的主题墙，进一步激发幼儿对中华传统文化活动的兴趣。

### （二）进行系统培训，提升教师素养

在实际工作中，教师需要积极调整教育方式。在进行幼儿应用现代信息技术时，教师可透过教学融入教学内容和要求，从而满足幼儿对学习的兴趣需要和特点，增强幼儿学习知识的积极性，为幼儿的后续自我发展提供更好的环境，让幼儿在轻松的环境中提高知识水平。比如，在中华传统文化活动时，教师可以给幼儿看事先准备好的中华传统文化活动，引导幼儿进行游戏，教师要及时表扬玩得好的幼儿，点燃幼儿的中华传统文化活动兴趣，让他们在中华传统文化活动中获得乐趣。例如，根据幼儿年龄特点选择了古诗、传说故事等作为古典文学的教育载体，教师充分利用语言教育策略和古诗文的特性，创设语言交往的环境，激发幼儿对古代文学的兴趣。并且在走廊的两侧布置了与古典诗词、民间故事相关的图片，班级教室的主题墙上有孩子们的古诗绘画作品，让古典文学陶冶幼儿的性情。

### （三）加强内涵融入，增强幼儿感知

在进行幼儿应用中华传统文化活动时，可透过中华传统文化活动融入教学内容和要求，从而满足幼儿对中华传统文化活动的需要和特点，增强幼儿对中华传统文化活动的积极性，为幼儿的后续自我发展提供更好的环境，让幼儿在轻松的环境中提升知识水平，进一步激发幼儿对中华传统文化活动的兴趣。在实际工作中需要采用积极乐观的心态对待幼儿，加强内涵融入，增强幼儿感知。正确分析出中华传统文化活动兴趣的原因，主动与幼儿互动和沟通，加强幼儿和其他小朋友一起完成中华传统文化活动。帮助幼儿了解合作的重要性及合作方式，引导幼儿和其他小朋友应用中华传统文化活动，获得更多的朋友，健康成长。由此可见，开放式幼儿中华传统文化学习的应用对提高幼儿学习的积极性具有重要的作用。

## 四、结语

幼儿阶段的中华传统文化活动兴趣培养直接影响幼儿的成长，因此需要教师、幼儿园一起合作，共同分析幼儿对中华传统文化活动的兴趣问题，制定有效的措施，帮助幼儿解开心结，设计能吸引幼儿兴趣的中华传统文化活动，才能有效提高幼儿回答问题的热情。幼儿园教师的教育会直接影响幼儿的成长，幼儿园教师的行为也会对幼儿的成长造成影响。总之，教师在幼儿参与中华传统文化活动时选择适当的时机进行引导，提高中华传统文化活动在幼

儿园环境创设当中的效果，才能满足幼儿学习传统文化的需求。

## 参考文献

［1］刘焱．中华传统文化活动的意义、指导思想和评价标准［J］．学前教育研究，2020（9）：24—30.

［2］刘峰峰．“全国幼儿园优秀中华传统文化活动展评活动培训班”会议综述［J］. 学前教育研究，2020（9）：58—59.

［3］邱学青．中华传统文化活动提供中应注意的几个问题［J］．幼儿教育，2020（4）：10—11.

［4］何建闽．中华传统文化活动在教育实践中的运用［J］．幼儿教育·教育教学，2021（4）：15—18.

［5］毛菊，于影丽，赵艳．幼儿教师中华传统文化活动开展现状审思［J］．天津师范大学学报（基础教育版），2011（4）．

# 巧用信息化打造新教育
## ——论信息技术在幼儿园学习活动中的运用

（胡玉婷　武汉市蔡甸区新天幼儿园）

**摘　要：**在当今信息技术快速发展的时代背景下，为了适应信息技术迅猛发展的社会环境，我们需要将这些先进的技术工具应用到幼儿园的教育过程中，并与各种学习活动紧密相连，共同创建一个信息化的儿童学习环境。这样可以让儿童的学习过程变得更加丰富多彩，提升学习的趣味性和多元性，同时也为儿童的身心健康全面发展提供助力。本文是深入挖掘了信息技术在幼儿园学习活动中的运用策略，对现行幼儿园学习活动的信息化教育应用情况以及其潜在优势进行了全面的分析。

**关键词：**信息技术；幼儿园；学习活动

在当前这个信息技术飞速发展的社会中，我们有必要将这种先进的技术手段融入幼儿园的教育活动中，并将其与各类学习活动紧密结合起来，构建适宜幼儿学习的信息化环境。通过将信息技术融入传统的教学模式，可以实现教学效率的提高以及儿童认知能力的进步。

## 一、幼儿园学习活动教育信息化的应用现状

众多教育学家热衷于讨论是否应将信息技术应用到儿童的生活与教育环境中。信息技术领域包含了丰富的内容，既有积极的元素，也存在许多消极的影响。因此，关键问题在于如何有效地利用这个“双刃剑”，即教师和幼儿园管理人员如何恰当地应用信息技术。

### （一）幼儿教师理念陈旧，缺乏信息化应用能力

有的幼儿园教师重视提高自身学前教育的专业知识技能，往往忽略了一个关键因素——提高自身的信息素养，这使一些幼儿教师在信息意识和信息化应用方面的能力显得不足，实践技巧也相对匮乏。由于缺乏全面的教学技能，他们无法有效地满足幼儿教学需求。更有一些教师对于新媒体技术的重视程度不足，甚至从未尝试过制作课件，他们的教学方式始终停留在传统模式上，缺乏任何形式的改革和创新。这种现象不仅削弱了教学质量和效果，而且有可能阻碍儿童认知能力和创造性思维的发展。

### （二）信息技术与幼儿园学习活动教育相结合的独特之处

将信息技术应用于幼儿园学习活动教育的过程中，存在着许多独特之处，这对于教师来说具有重要的参考价值。在一些经济繁荣的区域，幼儿园的信息化设施已经相当完善，因此，这些地方的教师倾向于采纳以信息技术为基础的教学模式。然而，许多教师的教学设计技能相对薄弱，他们往往过分依赖于各种教学设备，以及媒体教学，导致他们在教学过程中过度追求信息化技术的运用，而忽略了教学设计的本质。我们必须认识到，信息技术的使用主要针对的是儿童，其目的是更好地满足他们的需求，并从儿童的视角来理解和运用这些技术。因此，我们不能仅仅从教师的角度来看待这个问题，而是应该始终把儿童作为教育的核心。只有通过深入了解儿童的特点和教学活动的性质，制定出符合实际的教学目标，才能选择出最适合班级儿童的教学策略，从而更好地利用信息技术来组织教学活动。

## 二、幼儿园学习活动教育信息化的应用优势

### （一）用信息化手段创设情境，增加幼儿沉浸式体验

在教育环境中，教师通过精心设计并结合主题以及儿童的心理需求，创造出一种特定的情感氛围，这种过程被称为“情境创设”。借助信息技术，教师能够灵活地创建各种类型的场景，例如日常生活的场景（如超市购物、烹饪厨房、理发店等）、游戏化的场景（如迷宫探险、森林奇遇、解救公主）以及基于故事的场景（如阅读《三只蝴蝶》和《野猫的城市》这样的绘本故事）。教师会根据活动内容和活动目标，选择适当的多媒体元素来构建一个能激发幼儿兴趣和参与度的活动环境。这种策略不仅有助于提高幼儿的深度学习体验，还能进一步提升他们的生活经验和社会认知。

### （二）信息技术丰富活动内容，提供多元化呈现方式

这些丰富的教学内容和多样的呈现方式为幼儿提供了广泛的学习机会和深度的知识探索途径。传统的模式容易使幼儿产生厌倦的情绪，无法引起幼儿的兴趣，由于活动内容缺乏吸引力，儿童在活动过程中容易分心，这不仅影响了他们的注意力集中程度，也削弱了教育效果。信息技术的应用能够彻底改革传统的教学方式，它使得教师能将《蚂蚁搬豆》故事转化为生动的动画，并提供丰富的视觉体验和美妙的音效。

### （三）提高教学灵活性，深化教师与幼儿之间的交流互动

利用信息技术，我们可以为教育活动注入更多的元素和多样性，从而增强其灵活性，并深化与儿童的互动。以《小熊一家和吵吵闹闹的怪物们》为例，教师可以通过创建互动课件来实现复合分类这一活动目标。该活动包括一系列的挑战性游戏，这些游戏旨在帮助孩子们探索不同的分类。在每个游戏关卡中，幼儿都能接触到不同的分类方式，这种教学方式充分利用了信息技术的优势，创造出独特的教学环境，通过游戏化的挑战设定，有效地吸引了幼儿的注意力，激发了他们的探索热情。此外，这种教学模式还为幼儿提供了克服困难后的成就感。

## 三、幼儿园学习活动教育信息化的运用策略

在整合信息技术和幼儿教育的过程中，我们面临着许多挑战。这些问题需要我们在实际操作中不断地总结经验并进行改进，以逐步实现信息技术与幼儿教育活动的深度结合，以及持续优化幼儿教育活动的教学策略。

### （一）教师更新教育理念，提高信息化教学能力

对于新一代的幼儿教师而言，掌握并实践前沿的教育观念是至关重要的。现代信息技术在教育领域中的应用日益显著，因此，教师们必须意识到如何有效地利用这些工具来优化幼儿园的教学环境。具体来说，我们可以设计和开发具有情境性和游戏性的多媒体活动，以增强教学的效果。这种方式不仅能提高教学质量，还能让孩子们在参与游戏的过程中，享受到学习的乐趣，从而提高他们的学习成果。

### （二）利用信息技术，巩固展示学习步骤

儿童天生就对未知事物充满探索欲望与新奇体验。因此，利用多种媒介如文字、语音以及图像等手段，向他们展示新的内容，这种方式不仅能让他们接触到更多的知识领域，而且

能够有效地刺激他们的记忆力，从而增强他们的认知深度和理解能力。相比之下，传统的教学模式往往依赖于教师的口头解释，这可能会限制幼儿的想象空间。例如，手工学习活动中，信息技术可以将每个步骤放大展示给孩子们，等待孩子们完成后，讲解下一步骤，上一步骤也可通过技术同时展示，让孩子回味手工过程，而不是学过即忘。

### （三）利用信息技术，给孩子多样化体验

3—6岁这一年龄段的幼儿正是身心成长的重要时期，这个阶段的孩子通常表现出强烈的好奇心和活跃的行为，对于新颖和未知的领域有着极大的探索欲望。利用信息技术有助于孩子们在长期的学习过程中保持积极的态度，从而获得更多的知识储备和丰富的实践经验。例如，在音乐学习活动《口哨与小狗》中，孩子根据音乐进行身体模仿，猜测小狗在这个过程中发生的事情，让幼儿感受音乐的魅力。这种信息技术在音乐学习活动中的应用，让孩子在听觉、视觉、感受上同时触动幼儿，给孩子感官上多角度的体验。

### （四）利用信息技术，丰富教师的讲解方式

在中国的传统教育模式下，幼儿只是被动地接受知识，无法利用他们的各种感官来深度理解这些知识点。这导致了教育的机械性和单调性，从而降低了幼儿的学习热情。然而，随着多媒体技术的广泛应用于幼儿教育活动，这种状况得到了改善。例如，在科学活动《风的力量》中，教师利用信息技术进行小实验，让孩子们通过动画步骤一步一步地引导幼儿知道实验过程中产生的现象，克服了教师操作途中又讲又操作还担心达不到效果的困难，让孩子了解操作流程，并感受到实验理想状态与自己实际操作过程中的差别，从而去操作、去探究、去假设、去反复推理，提升幼儿对科学活动的探究精神。

## 四、结语

教育信息化的应用在推动幼儿教育的发展和改革过程中扮演着关键角色，它已经成为一种无法抗拒的力量。这种趋势所带来的教育价值不容忽视，也激励着幼儿教师去深入研究和挖掘。因此，在当前的教育环境下，幼儿教师需要增强他们的信息化教育观念，持续提升自身的信息化教育能力。这样，他们不仅能够优化和创新幼儿的学习活动教育方式，而且可以激发幼儿对各种学习活动的兴趣，从而促进学习活动的有效进行。最终，这将有助于实现理想的幼儿学习活动教育的目标，让幼儿在成长和发展的过程中获得真正的收益。

### 参考文献

[1] 陈丽坚．幼儿园信息化教学活动设计研究［J］．教育观察，2020：142.
[2] 薛飞．信息技术与幼儿园教学活动整合的实证研究［D］．华中师范大学，2017.

# 在一日生活中利用绘画表征促进幼儿多元化发展的策略浅探

（陶庆庆　鱼台县老砦镇中心幼儿园）

**摘　要**：当前幼儿园教学中更注重对学生的思维和精神层面的引导，打破传统讲解式的教学模式，尝试通过思维游戏的方式，带领学生共同完成学习任务。其中绘画表征就是一种比较常见的引导性教学模式，通过将绘画活动转化为“会话”的方式，感受绘画中孩子的思想和意图，提升幼儿的想象力、表达力和创造力。而且当前部分幼儿园已经将绘画表征应用到一日生活中。本文主要对绘画表征的概念进行分析，并探究绘画表征促进幼儿多元化发展的要求以及具体的应用策略，为幼儿多元化发展提供一定的参考。

**关键词**：幼儿园；一日生活；绘画表征；幼儿多元化发展；要求

幼儿的成长中需要与外部的世界产生联结，将自己的想法准确输出，也让大人可以读懂。但是由于幼儿的自我表达能力比较弱，与成人间的思维存在一定的差距，语言的表达方式不够完善和准确，因此在对幼儿内心世界的揣摩中还需要借助其他的工具。绘画表征便是通过对幼儿绘画的分析，了解幼儿内心世界的重要途径。同时还可以通过绘画表征的方式引导幼儿思维的发展，提升幼儿的综合能力，促进幼儿的多元化发展。因此可以将绘画表征融入幼儿园的一日生活中，并做好对幼儿绘画表征的解读和引导，保证教学效率。

## 一、绘画表征概述

幼儿绘画表征指的是幼儿通过绘画的方式表达自身的观察感知、情感和思想等，通过对幼儿绘画形式、内容等方面的分析，感受幼儿的内心，同时也可以提升幼儿的社交能力、想象力和创造力。绘画表征是当前幼儿绘画教育中的重要艺术手法，通过幼儿创作的可视化图形，能够表达出幼儿对外部世界的感知情况。当前绘画表征也被幼儿教育作为一种逻辑起点培养的基础，通过对幼儿绘画表征的观察，确定幼儿当前的思维发展情况，了解幼儿的最近发展区，并以此为基础提升幼儿的综合能力。

## 二、绘画表征促进幼儿多元化发展的要求

### （一）为幼儿提供自主表征空间

通过大量研究可以发现，幼儿表征教学中需要为幼儿营造轻松、自由的环境空间，激发幼儿的创造性思维，促进幼儿的综合发展。因此在绘画表征教学中，可以在游戏区域根据绘画主题进行布置，打破传统绘画教学的布置方式。避免学生将绘画表征与绘画教学等同认知，将绘画作为一种任务，产生畏难心理。同时，自由空间的创作，可以有效避免雷同，防止幼儿自身以及家长对幼儿的创作进行比较，导致幼儿对创作失去兴趣。在空间的设置中，第一，不需要太过于开阔的空间，空间过于开阔容易导致幼儿缺乏安全感，这种情况下幼儿会回避自身情感的表达，导致绘画表征不够全面。第二，要保证创作空间的安静性。将绘画的空间与表演等声响比较大的区域空间隔离开，避免影响幼儿的注意力，导致绘画中无法全

身心投入。第三，一个区域内绘画的人数不宜过多，一般5－8人比较合适。幼儿间可以互相沟通和分享，又不会因为交流声音过于嘈杂互相影响，而且教师可以关注到每个人的绘画表征情况，有利于后续的评价和分析。第四，在绘画中不要对幼儿提出过多的约束，幼儿之间可以小声交谈，充分发挥自身的想象，不为幼儿做出任何的限制行为。但声音不宜过大，避免对他人造成影响。第五，保证绘画材料的充分性，以及种类的齐全性，满足幼儿绘画中各个细节的处理需要。幼儿在思维的支配下，绘画的速度会逐渐加快，如果花费大量时间找笔会影响幼儿的注意力，打乱幼儿思路。因此所有的画笔和画具都要放在幼儿容易获取的地方。并将幼儿的作品收集在一起，做装订，标号日期，有利于后期的观察。

### （二）活化绘画表征的内容

幼儿绘画表征教学中要符合灵活性的原则，打破传统的教材教学限制，幼儿园中的一切资源以及自然资源都可以作为幼儿创作的活材料。幼儿可以将这些外在的物品转变为自己内心的一幅美丽画卷。在幼儿绘画表征的解析中，可以更好地了解幼儿的情感需求，并在比较研究中，将自己对外部物品的体验以及自身的情感等进行融合，形成绘画的经验。幼儿只有获得良好的认知结构经验，才能丰富自身的知识架构，形成的绘画表征更准确、全面。为了达到这个效果，首先对绘画表征的目标进行活化，同一个年龄段的幼儿，在情感以及认知方面都会存在一定的差异性，如果教学中采用统一的课程目标，会导致大部分幼儿对课程的吸收受到影响。因此教师需要结合绘画表征结果，对幼儿的思维发展以及最近发展区等进行确定，并制定差异性的目标，保证幼儿可以在自己的努力下不断获得发展。其次，对课程内容活化。大自然和社会都可以为幼儿提供充分的教材，比如，针对大班的幼儿，马上面临要升小学的问题，这个阶段要有意识地培养幼儿对小学的向往，帮助幼儿更好地适应小学生活。因此在绘画表征活动开展中，可以引导幼儿绘制自己理想中的小学，通过对绘画表征的分析可以了解幼儿对小学的印象以及担心的问题，并以此为基础进行引导，促进幼儿的健康发展。

### （三）满足幼儿情感需求

每个幼儿都是一个独立体，有自己的个性，因此从幼儿绘画表征中也可以表现出来幼儿的性格。通过对绘画构图、色彩、内容等方面的分析，可以追踪到幼儿的个性。因此在绘画表征教学中，教师要充分尊重幼儿的风格表现，满足幼儿的情感表达需求。在绘画中教师要保证幼儿能够释放真情实感，针对幼儿表达出的任何信息都要表示接受和宽容。针对幼儿的自我质疑，也要及时给予肯定，不要轻易否定幼儿绘画的内容，尽可能为幼儿提供鼓励，帮助孩子感受来自教师的支持。同时从幼儿的绘画表征中及时捕捉幼儿的情感需求，并及时为幼儿提供相应的情感体验，使幼儿在宣泄自身情绪的同时，也可以被这些绘画治愈。

## 三、一日生活中利用绘画表征促进幼儿多元化发展的策略

### （一）鼓励幼儿采用多种绘画表征方式

一日生活中通过绘画表征教学的应用可以促进幼儿的多元化发展，但是绘画表征教学需要基于幼儿具有一定的生活经验和体验，才能将情绪通过绘画的方式准确表达出来，促进幼儿绘画表征能力的发展。因此在日常训练中教师要多为幼儿提供视觉、知觉等方面的感知，丰富幼儿的生活体验，还要提升幼儿的注意力。具体可以采用多种绘画表征方式，比如可利用简单的线条记录自然事物的外在特征，表达自己对周围事物的感觉、认知和情感，促进幼儿手部肌肉的发展，同时可以提升幼儿的观察能力和感知能力；还可以用比较细致的方式对事物内在的细节进行展示，更多的是从幼儿自身的主观层面进行表达；针对能力比较强的幼

儿还可以引导幼儿从形象思维向抽象思维过渡，促进幼儿想象力的发展。引导幼儿用画笔记录一天中印象最深刻的事情，大胆地发挥自身的想象力，提升幼儿的表现能力。总之，可以结合不同阶段、不同特点的幼儿采取不同的引导方法。

### （二）实现幼儿绘画的因材施教教育

传统绘画教学中教师更关注的是学生最后完成的作品，但是却忽视幼儿绘画的观察和跟踪。绘画表征是幼儿情感和思想表达的工具，教师需要关注幼儿的整个绘画过程，耐心地做好记录，确定幼儿作画时的思维走向，并以此为基础获取更多的幼儿绘画信息。但是不同幼儿的个性不同，在绘画表征中也会存在一定的差异。比如，部分幼儿的绘画速度比较慢，绘画前不停地思考，但是始终不动笔，这种类型的幼儿一般思维比较严谨，但是也容易出现犹豫不决的情况，教师在之后的教学中就要针对幼儿的特点，培养果敢能力。部分幼儿在绘画的过程中无法坐住板凳，经常放下画笔做其他的事情，这种幼儿缺乏耐心，在之后的引导中则要从培养耐心方面入手。针对不同的孩子，采用不同的指导方式，达到更好的教学效果。

### （三）融入合作式绘画表征活动

绘画表征可以采用合作式的交流方式，比如采用师幼合作的方式，教师带领幼儿共同探究绘画主题，收集材料，但是在最后的创作中则由幼儿自行完成，鼓励幼儿大胆创新，并利用不同的方法和材料，全面准确地表达内心的想法。还可以采用幼幼合作的方式，幼儿在绘制的过程中可以根据共同的目标，融入自身的想法，通过讨论的方式进行绘制。在绘制中可以关注同伴的创作，做好分工，共同进步。

## 四、结语

绘画表征在幼儿园一日生活中的引入，可以为教师了解幼儿的思维、思想以及最近发展区等提供有效的依据。还可以提升幼儿的想象力、表达力和创作力等综合能力。因此要加强对绘画表征的重视，采用科学的引导和评价方式，更深入地了解幼儿，并进行针对性的引导。同时，绘画本身就是一种多元化的思维和行为模式，可以促进幼儿的多元化发展，是值得当前幼儿教育推广的教学方式。

### 参考文献

[1] 王爱琴．通过绘画表征引导大幼儿向更高游戏水平发展 [J]．当代家庭教育，2019 (36)：61.

[2] 窦海．对幼儿绘画表征特点及支持策略的研究 [J]．教师，2021 (17)：86—87.

[3] 王美芬．基于大班幼儿绘画表征的解析及支持性策略 [J]．新课程，2020 (50)：142.

[4] 范凌霄．大班幼儿绘画表征解析及支持策略 [J]．互动软件，2022 (1)：400—402.

# 变“废”为宝
## ——浅谈废旧环保材料制作的教玩具

（冯佳　浙江省金华市金东区东孝街道康济幼儿园）

**摘　要：**教玩具是幼儿园教育教学、孩子学习活动必不可少的工具，对孩子的观察力、创造力、动手实践能力、自主进行探究等能力的发展研究具有非常重要的作用。废旧环保材料的开发利用不仅能使儿童在生产中充分表达自己的想法，还能促进儿童的全面发展。

**关键词：**幼儿园；自制玩教具；废旧材料

玩，是孩子的天性，是3—6岁儿童生活的主要内容。而在玩的过程中，孩子的玩具是不可或缺的。玩具是孩子的亲密伙伴，它们能让我们孩子在玩的过程中可以认识这个世界，感知世界，培养孩子的能力。对于孩子来说，玩具可以是任何一件物品，教具有时候也可以是孩子们的玩具。

随着社会科技的发展，民间简单原始的自制玩具逐渐被各类现代玩具取代。然而，许多现代玩具具有局限性，仅供孩子简单操作。部分玩具为吸引孩子，使用含有害成分的油漆，既不环保也不安全，对孩子的身心发展产生不利影响。

### 一、利用废旧环保材料自制玩教具的意义

废旧环保材料是常被忽视的游戏资源，它们是我们生活中常见、可再生、安全卫生的废旧物品。通常被视为无用垃圾，但实际上，这些材料是孩子们绝佳的玩具，可就地取材，简单快捷且经济实惠。

孩子通过收集废旧环保材料，亲身参与活动，真实感受节能环保的意义，体验保护环境的重要性。这些废旧材料并非无价值，经过制作或改造，可变为有价值的物品。此外，收集环保材料的过程也有助于培养孩子的探索精神。

合理利用颜色丰富、造型美观的教玩具，能够更大程度地吸引孩子的注意力，是教师在集体教育教学实践活动中不可缺少的辅助管理工具。在教玩具的制作过程中，教师可以通过制作的过程交流分享各自的经验，促进同事和合作伙伴之间的关系，相关资源也可以共享。而且自制教玩具能够节约部分玩具经费，更新也相对更及时。

### 二、利用废旧环保材料自制玩具，丰富孩子区域活动

废旧环保材料可以作为孩子们的玩具，这些材料可以就地取材，简单快捷，经济实惠。教师可以鼓励孩子们收集有用的环保材料。具体有哪些种类，可以用到哪些区域，我们来一一列举说明。

第一种：纸张类。如旧挂历、报纸、海报等纸张，可让孩子随意撕拉，锻炼手部小肌肉。旧报纸捏成球，蘸上颜料绘画，也可团成球进行接抛或踢球活动，提升手眼和身体协调能力。

第二种：包装盒类。如纸袋、纸杯、纸箱、纸盒等，让孩子们运输纸箱到指定位置，培养听指令和做动作的能力；同时，可以用各种形状的盒子制作玩具，训练孩子对物品大小、形状、颜色的认知能力。

第三种：塑料瓶类。如矿泉水瓶、牛奶瓶等。可作为区角内投放物，也可用于训练孩子的感知学习能力，如按大小、高矮、粗细分类。利用瓶盖进行配对游戏，锻炼孩子的手部能力。在瓶子内装入粮食，让孩子认识农作物，拓宽视野，并通过摇动、发声训练孩子的听觉能力。

第四种：棍棒类物品。如棒冰棍、吸管等，有助于训练孩子的点数能力。教师可将吸管剪成小段，让孩子用线绳穿连，锻炼其手眼协调发展能力。

### （一）在植物角中的运用

植物角，孩子们的观察乐园。在此，教师种植各种植物，养殖小动物供孩子喂养。教师巧妙利用废旧物品如塑料奶瓶、矿泉水瓶、油壶等制作花盆，既实用又美观。孩子们都会和其他班的孩子说：“你们看，挂在墙上像风铃一样的花盆是用矿泉水瓶剪起来的哦!”“这朵小花真好看，是用塑料奶瓶制作的呢!”这些作品，让孩子享受制作的过程，他们利用废旧环保材料制作各类物品的意愿也会越来越高。

### （二）在区域设置中的运用

在设置区域时，教师和孩子们收集各种纸盒、箱子、奶粉罐、纸杯、卫生纸卷筒等废旧材料，通过筛选、组合、制作，结合班级的主题活动，将作品投放到区域中。如中班《我的家乡》主题活动中，孩子们通过绘画和故事分享了解家乡特色后，利用废弃环保材料自由创作。他们利用硬纸板制作铁路，用奶粉罐装饰成轻轨路墩，最终完成了一条中班特色的轻轨桥，孩子们还可以自由选择路线进行拼装。小班《新年》活动，教师用水果网套制作糖果形状，让孩子们加工。有的孩子拼成糖果盒，有的变成“草靶子”，装饰糖葫芦。像这样的环境创设不仅提升孩子的实践和创造力，更让他们体验成功的快乐。让孩子们认识到，废旧材料只要善用，也能变废为宝，养成勤俭节约的好习惯。

### （三）在户外运动中的运用

孩子户外活动中，小班教师用金属罐和麻绳制作“高跷”和梅花桩，用大水管和废旧轮胎制作钻爬网和钻洞。中班孩子用废弃布料制作沙包，大班孩子用废旧铁丝制作滚轮，用旧衣服和毛绒玩具填充物制作降落伞。这些玩具能提升孩子的实践能力，锻炼他们的摸爬滚打能力，激发对体育运动的兴趣，提供探索和发现的平台。

## 三、利用废旧环保材料自制玩具的设计原则

1. 教育性。自制教玩具应满足《幼儿园教育指导纲要》要求，鼓励孩子积极参与制作，结合教学活动明确其“用途”，实现“做”与“用”的结合，避免无目的的制作。

2. 科学性。自制教玩具设计应包含准确的知识、概念和原理，适应3—6岁儿童身心发展特点。难度适中，让孩子通过努力能完成，激发其兴趣，避免过于困难导致孩子失去兴趣，使教玩具成为无用之物。

3. 适宜性。根据孩子的具体实际情况提出适当的要求，教玩具需要符合孩子的审美观，激发孩子对活动的兴趣。

4. 创新性。教师设计的教玩具构思要新颖，独特的形状和形象应该满足儿童的心理需求，能够吸引孩子的注意力，通过对玩具的熟悉，激发孩子们无限的创造力和想象力。

5. 多样性。充分利用各种资源，利用当地材料，不但可以丰富废旧环保材料的种类，还可以拓展孩子的认知，让孩子知道同一种物品，可以有各种不同的玩法，在不同的玩法中感受不同的体验。

6. 安全性。制作的教玩具都要以孩子教育为主，符合安全标准和卫生要求，不含有毒

物质，不存在锋利的边边角角、缝隙。所有玩具都应该易于清洁和消毒，玩具的大小要符合孩子的身体健康发展特征。

## 四、利用废旧环保材料制作玩具，促进家园合作

《幼儿园教育指导纲要》中指出："家庭是幼儿园的重要伙伴。应本着尊重、平等、合作的原则，争取家长的理解、支持和主动参与，并积极支持、帮助家长提高教育能力。"

在日常生活中，许多家长将废旧材料视为无用垃圾并投放到回收站。有些家长认为让孩子收集这些材料是浪费时间，不愿参与。有的家长担心卫生问题，不让孩子参与，甚至直接购买材料。这违背了教育初衷，表明幼儿园宣传不足。为开展这类活动，需获得家长认同。幼儿园可通过公告栏、家长开放日、家长会等渠道，提高家长意识，展示孩子使用废旧环保材料制作的作品，让家长了解废旧材料对孩子的价值。

幼儿园教师可以利用家长资源，收集废旧环保材料，为孩子提供手工制作"物资储备"。家长和孩子一起动手制作玩具，加强情感交流，提升孩子的探索力和创造力。同时，吸纳家长的意见和建议，增进家园合作，为孩子提供更广阔的平台。

## 五、利用废旧环保材料制作玩具，促进孩子能力全面发展

在用废旧环保材料制作玩具的过程中，通过各种实践，不仅可以满足孩子们对游戏的积极渴望和需求，还可以让孩子们获得快乐的劳动体验和成功的快乐，更有效地促进孩子能力的多元化发展。

### （一）提升孩子的认知能力

孩子在制作教玩具时，既能享受玩乐，又能提升认知能力。在制作过程中，他们需要挑选材料、观察样品、切割和组装。教师会引导他们理解整个过程，随着玩具的完成，孩子们会积累制作和认知经验。

### （二）提高孩子的动手能力

中国著名教育家陶行知先生说："合作是创新教育的开始，双手和大脑都是创新教育的目的。"双手和大脑都是实现创新的关键。孩子自制教玩具是一个提升创新思维的过程，同时训练各种技能和合作能力。通过动手操作，孩子们不仅可以学习新技能，还能增强与同伴的合作和审美能力。

### （三）培养孩子的团结协作能力

孩子在制作教玩具时，需独立思考和解决问题。若遇困难，可寻求伙伴帮助，共同解决分歧。成功后，孩子能体验成功乐趣，增强自信，促进合作意愿。同时，制作玩具让孩子体验创新合作的快乐，提升合作和分享能力。

皮亚杰理论强调儿童智慧教育源于生活材料。高结构区域材料在幼儿园操作中有局限性，无法充分激发孩子积极性。相反，利用废旧环保材料制作的教玩具更能吸引孩子尝试，发掘更多可能性。教师在孩子操作过程中及时发现问题，进行改进、创新和修改，满足孩子需求，使自制教学玩具在孩子日常生活中发挥重要作用。

## 参考文献

[1] 卢秀琴. 幼儿园利用废旧材料自制玩具教学中的体会 [J]. 都市家教（上半月），2016 (2).

[2] 呙福兴. 变废为宝——谈低年级美术材料的收集与利用 [J]. 中华少年（研究青少年教育），2013 (18).

[3] 饶然. 浅谈幼儿区域活动中废旧材料的有效运用 [J]. 传奇故事，2020 (5).

[4] 陈征. 利用废旧环保材料自制孩子玩具和教具的实践 [J]. 科技视界，2017 (27).

[5] 顾晓梅. 浅谈幼儿园利用废旧材料自制玩具 [J]. 新课程学习（基础教育），2009 (5).

[6] 马秀兰. 利用废旧材料自制玩具　促孩子全面发展 [J]. 儿童与健康，2015 (6).

# 小班幼儿同伴冲突中教师介入行为研究

（周海艳　高密市机关幼儿园）

**摘　要：**同伴冲突在幼儿园尤其是小班幼儿活动中，是一种常见的、无法避免的现象。对于幼儿来说，同伴冲突是一把双刃剑，一方面它会使幼儿感到不愉快，甚至会给幼儿的身心造成一定程度的消极影响；另一方面，它对幼儿的社会性发展具有促进作用，使幼儿从冲突解决中学习如何与人交往。小班幼儿在发生同伴冲突时更需要教师的帮助，教师的合理介入对幼儿冲突的解决质量至关重要，将直接影响孩子的成长。因此，笔者对小班幼儿同伴冲突中教师介入行为进行了研究，发现教师介入行为存在偏被动、时机不当、方式欠妥的问题，并针对存在的问题提出了一些对策，旨在为改善小班幼儿同伴冲突中教师介入行为提供参考，促进幼儿身心健康发展。

**关键词：**小班幼儿；同伴冲突；教师介入行为

教师作为幼儿的教育者，是挖掘幼儿同伴冲突中教育意义的关键。因此，从教师的角度出发，探讨、研究幼儿同伴冲突中教师的介入行为就显得很有意义。在本文中，笔者对幼儿同伴冲突的界定为：在幼儿园中，幼儿同伴之间因意见不一致或需求不相同而引起的语言、肢体等争执对立的心情不愉快的状态。笔者仔细观察教师的介入行为，注意教师的表情、态度、言语、动作等表现，结合访谈法，分析总结了小班幼儿教师介入行为存在的问题及影响因素，理论联系实际，提出教师对小班幼儿同伴冲突的恰当介入策略，以期帮助教师提高处理小班幼儿同伴冲突的能力。

## 一、小班幼儿教师介入行为存在的问题

通过观察和分析，笔者发现小班幼儿教师的冲突介入行为存在的问题有：

### （一）教师的介入行为偏被动

主动介入是指当教师看到或听到幼儿发生冲突时，能够自觉主动介入幼儿的冲突，使冲突得以解决。被动介入是指教师在幼儿告状或求助时再采取措施解决冲突的情况。

### （二）教师的介入时机不当

教师介入小班幼儿同伴冲突的时机分为冲突开始时、冲突激化时和冲突结束后。

### （三）教师的介入方式正面引导较少

笔者借鉴贾会娟（2010）对教师介入行为的划分，将介入行为划分为五类：教育引导、单纯制止、权威仲裁、粗暴对待和忽视不理。

## 二、小班幼儿教师介入行为问题的影响因素

### （一）介入行为偏被动的影响因素

1. 教育任务安排。幼儿教师的一日工作比较烦琐，不仅要照顾好幼儿的生活起居，还要做好幼儿的教育工作。教师为了一日活动的顺利进行，往往疲于关注幼儿同伴间的冲突事件。

2. 幼儿人数。幼儿人数多，幼儿之间难免发生冲突，争抢玩具等的概率也会增加。而小班幼儿年龄小，自理能力差，需要教师帮助的事情较多，面对的幼儿越多，在对待幼儿同伴冲突时，采取的介入方式就越直接，很难照顾到每一个幼儿的感受。

3. 活动材料投放。因玩具数量有限，小班幼儿常会争抢玩具。面对幼儿的争抢行为，教师的处理方法一般是教育幼儿分享或者是直接禁止幼儿玩耍。

### （二）介入时机不当的影响因素

小班幼儿年龄小，尚缺乏自主解决冲突的能力。多数小班教师认为，小班幼儿年龄小，与中大班的幼儿相比更需要教师的帮助，使教师多偏向于在冲突刚发生就立即介入。

### （三）介入方式正面引导较少的影响因素

1. 教师的情绪状态。当幼儿教师情绪状态非常好时，面对幼儿冲突就会很有耐心；反之，当情绪状态不佳时，很容易动怒，常会用粗暴的方式对待幼儿冲突，即使是经验丰富的幼儿教师也会受到负面情绪的影响。

2. 教师专业素质。有多年工作经验的教师和新教师，专业素质会存在差别，新教师对介入行为的把握上难免遇到困难。

3. 家园合作方面。家园合作密切程度，家长是否对教师工作理解与支持，直接影响着教师在幼儿同伴冲突中的介入行为。

## 三、小班幼儿教师介入行为的对策及建议

针对以上问题及影响因素，笔者提出以下几个对策。

### （一）为主动介入创造条件

1. 树立主动的冲突介入意识。对于幼儿同伴冲突，教师要善于发现它的教育价值，对需要教师介入的冲突做到主动介入。教师应随时留意幼儿的情绪变化，关注幼儿之间的行为，树立主动介入的意识，那么教师就会变被动为主动。在这个过程中能了解冲突的整个发生过程以及幼儿的情绪变化，有针对性地选择合适的介入时机、方式等，提高教师介入的积极效果。

2. 增加师资投入或减小班额。笔者在观察过程中发现许多幼儿同伴冲突是教师并不知

晓的，小班教师的工作内容烦琐，教师有时做不到关注全体，幼儿的许多冲突事件只能是幼儿告知，教师才能知晓。因此，幼儿园可通过缩小班额或增加师资投入的方式，使教师能够很好地关注到每个孩子，发现冲突能够主动介入。

3. 活动材料的投放量要合理。小班幼儿常会争抢玩具，导致幼儿冲突发生频繁，因此，活动材料的投放充足，可以促进各活动区幼儿的良好活动秩序，减少幼儿冲突发生频率。

### （二）视情况选择介入时机

1. 明确教师所扮演的角色。教师在幼儿冲突介入时扮演的角色应是引导者。小班幼儿以游戏为主，教师可以以幼儿游戏时的某个角色适时介入，向幼儿提供思路，帮助幼儿解决冲突；而不应是冲突解决的主导者，即使是面对自理能力特别差的幼儿，教师也不可以包办代替，剥夺幼儿发展的机会。

2. 选择合适时机。在合适的时机对幼儿同伴冲突进行介入有利于取得积极的介入效果。面对不同幼儿同伴冲突，教师应视情况适时进行介入。

（1）如果幼儿发生肢体冲突，彼此抓挠或动手打人，这时教师要及时介入。小班幼儿比较稚嫩，为了幼儿的安全考虑，教师要及时制止冲突，然后再耐心地对幼儿进行教育引导，化解矛盾。

（2）对于幼儿言语上的冲突，教师可以先静观其变，不过早介入，给幼儿自己解决冲突的机会。如果介入过早，那么幼儿自主解决冲突的机会便会被剥夺。

（3）对于冲突结束后仍有不良情绪的幼儿，教师不可视若无睹，应主动与幼儿谈心，了解幼儿的真实想法，对不合适的介入行为做出补救。对于已经结束的冲突，教师也要进行适当的批评教育。

### （三）为正向积极的介入方式创造条件

1. 提高教师的职业素质和自我管理能力。幼儿园可以通过对幼儿教师的在职培训，进一步提高教师的职业素质；可以建立合理的竞争机制和奖励制度，防止教师的职业倦怠。教师也要积极上进，主动学习，注意积累经验，提高自身专业素养，并做到理论与实践的结合，不断提升自身素质。教师要提高自控能力，善于管理自己的情绪，不把不良情绪带到工作中来。同时要具有自我反思意识，在反思中发现自身的优点与存在的问题并改进。

2. 注意与家长的沟通。幼儿园教育工作的开展离不开家长的理解与支持。父母是孩子的第一任教师，其重要性万万不可忽视。父母要以身作则，做好榜样，以良好的言行影响孩子，生活中遇到小矛盾时，有意引导孩子独立解决问题，不要事事包办代替，剥夺孩子成长的机会。教师要善于与家长沟通，协调好家园关系，保证家园教育一致。幼儿教师经常向家长了解幼儿对教师的冲突介入行为的反应，对不理解的家长耐心解释，争取家长对幼儿园工作的理解与支持，促进良好家园合力的形成。

3. 选择合适的介入方式。面对幼儿同伴之间发生的冲突，教师应在恰当的时机采用恰当的介入方法。教师应具体问题具体分析，厘清冲突的前因后果，仔细观察幼儿的不同需求。研究发现，介入效果与介入方式息息相关，若想取得积极的介入效果，在介入冲突时就要以教育引导为主。当幼儿发生冲突时，教师要心平气和地同幼儿讲道理，这样幼儿比较容易接受和理解。教师要耐心倾听幼儿的想法，引导幼儿认知对错，教育幼儿与人相处要谦让、友好，学会合作，学会分享。在面对小班幼儿同伴冲突时，不要只是单纯制止，多数小班幼儿还分不清对错，单纯制止只是阻止了冲突的升级，教育效果不大。权威仲裁要慎用，只以幼儿平时的表现来断定幼儿孰是孰非，会让幼儿觉得不公平，使幼儿觉得教师不爱他，久而久之养成自卑或无所谓的心理，甚至讨厌上幼儿园。粗暴对待的介入方式要杜绝使用，避免大声呵斥和拉扯推搡幼儿，如果遇到幼儿大哭大闹情绪激动的情况，教师要尽量安抚使其平静下来再进行教育引导，不可操之过急。

4. 教给幼儿一些避免和解决冲突的基本技巧。由于小班幼儿口语表达能力落后于行为能力，在不如意的情况下，出现攻击性行为是难以避免的，所以首要的是教给孩子一些交往的技巧，逐步学习怎样解决矛盾冲突。小班幼儿虽然不善表达，但其模仿力极强，他们能通过模仿去学习攻击性行为，同样也可以通过模仿去学会谦让、互助、分享和合作等一些行为。如小班幼儿不会等待、轮流等方法，教师可以利用故事、儿歌、游戏等形式，或者在区域活动中创设不同的生活情境，让幼儿学习使用礼貌用语与同伴进行交往，帮助其学会解决冲突的技巧。教师也可以参与到幼儿的游戏中，因为幼儿非常具有向师性，所以教师参与游戏也可以加速幼儿的模仿。教师参与角色游戏中渗透言语交往技能，更益于促进幼儿人际交往能力的发展。

## 参考文献

樊雪玲．解决托小班幼儿在交往过程中矛盾冲突的案例分析［J］．文理导航·教育研究与实践，2018.

# STEM 教育在幼儿园课程中的实践探究
## ——以珠海市香洲区健民幼儿园为例

（刘艳芳　广东省珠海市香洲区健民幼儿园）

**摘　要**：STEM 教育强调学习者的主体性，幼儿是真正的学习者。STEM 教育是发现并解决问题、获取经验、培养逻辑思维的过程。STEM 教育更多地注重把知识融入具体生活中，幼儿在探索过程中培养批判性、逻辑性和创造性思维，这些能力将使幼儿受益终生。STEM 教育的内涵契合幼儿教育的价值取向，幼儿园教育与 STEM 教育融合过程出现教育理念更新、教师角色转变、STEM 教育特征渐显，都凸显着幼儿教师从幼稚走向成熟。但幼儿园课程与 SEM 教育有效融合策略还需大量的实践验证。

**关键词**：STEM 教育；自主性；整合性

## 一、STEM 教育在幼儿园教育中的价值

### （一）STEM 教育契合学前教育价值取向

相关研究表明，教育界不断更新发展，幼儿园课程经历了分科—整合、学科—活动，意味着幼儿园课程向多元融合转变。《3－6 岁儿童学习与发展指南》（以下简称《指南》）科学系统地融合 3－6 岁儿童的特点，将活动分为五大领域，又并未割裂开，而是强调各领域之间相互渗透、整合，以主题活动形式实施课程。STEM 教育体现跨学科整合的教育理念，将碎片化的知识与信息建立联系，强调相关知识的结合及综合运用。在教育理念发展、动态更新的时代背景下，五大领域的主题活动渐渐不能满足多元化的个体。在长期教育实践中，教育研究者、一线教师发现，STEM 教育体现学科整合、知识整合的特征与我国幼儿园教育观、课程观相适应。

### （二）STEM 教育强调在真实的情境中解决问题

《幼儿园教育指导纲要（试行）》（以下简称《纲要》）强调教育内容的选择："贴近幼儿生活，倾向于选择幼儿感兴趣的事物和问题。"可见，STEM 教育价值倾向于幼儿积累真实的经验，而非达到教学目标、完成教学任务。

STEM 教育强调在真实情境中解决问题，儿童的问题来源生活，又解决生活中的问题。依据社会实践价值取向：STEM 教育源于生活，归于生活，真实问题情境在幼儿新旧经验冲突下产生；在幼儿强烈的探究欲望和参与兴趣中展开。健民幼儿园（以下简称 J 园）的 STEM 教育实践中，多个案例就建立在真实问题的基础上，如毕业泳池派对、水的奥秘、轮胎的滚动、在幼儿园建造公园、在幼儿园开小朋友的超市等，这不仅是解决儿童的需要，也映射着解决社会生活问题的过程，甚至产生社会生活发展的增殖效应。

### （三）STEM 教育中的合作和互动

《纲要》指出："幼儿与成人、同伴之间的交往是社会学习的重要途径。"合作是同伴交往的重要形式。参与社交活动，是培养亲社会行为的有效途径。STEM 教育蕴含合作、分工、互动、交流、解决等社交契机。在教师的引导下，能力强的幼儿可通过小组学习、集体学习以及个别化自主学习的方式，实现问题解决的目的，这种问题解决过程提高了

幼儿创新思维和能力。

### （四）工程和技术思维意识凸显

《指南》指出："幼儿科学学习的核心是激发探究兴趣，体验探究过程，发展初步的探究能力。"这表明了幼儿需要通过观察、比较、操作、实验等发现问题、分析问题和解决问题，这是幼儿工程、技术思维的开始，是高级理性思维的雏形，也是创造性思维和理性思维的统一。

3—6 岁儿童的思维意识在动手操作中得到发展，需大量的材料支持。J 园大班幼儿在搭建遮阳棚时，幼儿使用到废旧 PVC 管、矿泉水瓶、麻绳、废旧篷布、塑料布、床单、木棍等工具，进行一次又一次的搭建实验，在大量材料的加持下才顺利完成此项目。而幼儿在操作的过程中既要考虑选材，又要考虑搭建技术，可以说幼儿的每一次尝试都是创造的过程。

## 二、STEM 教育在幼儿园课程中的实践现状

### （一）教育观向STEM 教育靠拢，教师角色发生转变

J 园的 STEM 教育实施路径：教师初探索—专家指导—优化实践—专家再点评—继续优化—专家结合实践开展针对性指导—再实践。由此形成实践积累经验的良好闭环，教师只有真正进行了实践，才能更加深刻理解 STEM 教育内涵。J 园在课程组织形式、教师教科研成果上都能凸显了教育观向 STEM 教育靠拢，教师角色发生转变的过程。

在教师角色定位上，教师变成了引导者、支持者。实践中更多考虑如何让幼儿发现、提出问题；更加倾向引导幼儿收集、筛选适用的材料。如举办毕业泳池派对讨论中，幼儿提出："怎么让更多的人来参加我们的派对？"此时教师进行引导提问，鼓励幼儿自制派对广告，在幼儿园粘贴广告；在搭建泳池时，幼儿发现如果没有物体支撑，泳池无法蓄水。多轮筛选后，幼儿选择椅子作为围栏，泳池派对实践活动体现了教师既尊重了幼儿的问题，又发展了幼儿的兴趣。

### （二）以项目活动为组织形式，STEM 教育特征渐显

STEM 教育核心特征为整合性、实践性、情境性和趣味性，课程以项目化学习模式是其教学模式的代表之一。在真实问题驱动下，一个完整的实践活动包含准备、实施、改进、反思四个阶段，幼儿在此过程中进行观察、分析、比较、综合与概括，完成科学性、整体性的学习，体现个体理性思维发展，这为幼儿探究能力的发展提供方向。J 园在实践中优化课程模式，既呈现 STEM 教育的特征，又适用于园本课程。此模式呈现为发现问题—分析经验—拟订计划—开展活动—优化方案—反思—高潮—结束。这也为教师理解 STEM 教育提供了完整的理论框架和基础，是建构 STEM 教育活动的重要基础。

### （三）形成连贯的线索

在幼儿园教育模式改革的实践中，幼儿园教育曾经存在过弊端："分科教学并不能有效适应幼儿身心发展特点，且存在教学内容重复、与幼儿实际经验脱节等问题。"

《指南》强调五大领域相互渗透、整合，STEM 教育的整合性很好地将这些领域经验串联，此时教起到串联线索的作用。J 园教师开展"滚动"探究活动时将活动的问题链详细列举出来，有效整合活动和总结经验。

### （四）游戏性和趣味性欠缺

学前教育阶段，年龄越低，好奇心就越重，如何保持幼儿的好奇心在 STEM 教育中至

关重要。区别传统幼儿园课程的关键因素是，STEM 教育蕴含大量动手操作、团队合作，且 STEM 教育对幼儿兴趣的启发更为全面了，让幼儿感兴趣，产生驱动力，由此发现和解决问题，才是 STEM 教育理念的充分体现。J 园已有教师用游戏吸引幼儿参与活动，如用游戏方式让小班幼儿体验球的滚动、搬轮胎大赛；但是仍有教师采用“排排坐”“讲解”“上课”等传统模式。

虽然 J 园的课程模式融合了 STEM 教育，但受到原有教育模式的影响，仍未能够充分融合游戏的因素开展活动。STEM 教育实践把多领域知识融于有趣、具挑战性、生活相关的问题中，问题和活动设计激发内在学习动机；问题的解决能让幼儿有成就感，因此需有趣味性。即便诸多教师意识到了游戏的重要性，但如何真正地融合仍有待探索。

## 三、幼儿园课程与STEM 教育有效融合的策略探究

### （一）提供丰富的操作材料，创设 STEM 教育环境

陈鹤琴先生曾指出：“要给幼儿创设审美的环境和科学的环境。”幼儿园课程要与 STEM 教育融合，首要为开展 STEM 教育创设良好的环境。

### （二）关注幼儿问题，解决真实问题

成人的帮助和支持是驱使幼儿触碰更加高级方法和策略的动力，成人的干预和参与有助于幼儿挑战新难度。在 STEM 教育中，教师既不能受幼儿左右，又不能落后于幼儿，二者应是学习的共同体。幼儿发现和解决问题的过程中，教师更需要进行追问，延伸、发展幼儿的问题，助力深度思考。

案例《梦想超市》中，幼儿不了解超市的摆放及商品陈列方式，教师给予充足的时间，让幼儿多次去超市考察，在真实的生活中理解货架和商品的摆放关系。解决此问题后，教师又提出新的问题：“商品的价格标签上都有什么?”通过追问让幼儿不断积累经验，实现观察—发现—思考—体验—解决—提高能力这一高质量的思维发展。

### （三）关注幼儿表征、了解幼儿想法

儿童有一百种语言，表征是儿童思维内化的过程，可分为绘画、符号、数字、图表。表征作为一种有意义的语言，是幼儿思维的主要载体，是想象力发展的基础，是幼儿表达记忆、想法、感受及经验的方式；是幼儿自我经验梳理和记录、表达自我的重要手段，也是读懂幼儿的关键。

在 STEM 教育中，不同阶段的表征呈现幼儿经验发展。在《滑轮转转转》中，教师将幼儿不同阶段滑轮表征进行对比。发现多次开展滑轮探究活动后，幼儿对滑轮的认识逐步加深，表现为，从绘制简单形状到绘制详细齿轮。

## 四、结语

STEM 教育以幼儿为中心，强调幼儿的主体性，鼓励幼儿探索发现问题，让幼儿在活动过程中更加独立、不断成长，是有效的教学模式之一，幼儿园或可将园本课程与 STEM 融合。J 园在融合过程中采用多元教育教学方式，培养幼儿学习的兴趣，提高内驱力，解决真实问题。实现了幼儿、课程、教师的有效融合。

### 参考文献

［1］王颖，李欣菊．我国幼儿园教育实践模式改革历程的回顾及启示［J］．文教资料，

2021（21）：162—164.

［2］孔芳芳，李倩．融合教育视角下幼儿园教育模式的创新［J］．基础教育研究，2021（10）：91—94.

［3］程洁．STEM 背景下幼儿园教育模式的创新［J］．学周刊，2021（10）：185—186.

［4］陈亚敏，王淑熠．促进幼儿深度学习多元表征的路径探索［J］．山西教育（幼教），2022（11）：15—16.

# 班级中幼儿伙伴交往中存在的问题分析

（刘鸿琳　尹迪　深圳市福田区科技中学附属幼儿园）

**摘　要：**同伴的沟通能力是指在与同一年龄的人的沟通过程中感知、调整、协调和处理伙伴关系的儿童数量。这是儿童最重要的社会沟通能力之一，在儿童的社会化过程和一般的身体和心理健康发展中扮演着非常重要的角色。通过对今天的情况进行调查和分析，在毕节市的儿童公园中，来自中产阶级和大型儿童的共同交流能力表明，其他孩子的交流能力并不强、不合群、交友圈小等问题，分析影响孩子们交流能力的因素，然后从父母、孩子花园和家庭合作的三个方面提高孩子们的伙伴交流能力。结果显示：大班的幼儿已有想与人交往的意识，然而，儿童年龄的心理特征是“自我中心”，总是把自己的利益和需求作为起点，从不考虑他人。这跟幼儿自身、幼儿家长以及幼儿教师都有关系。

**关键词：**肢体沟通能力；练习策略

伙伴交流是孩子们的主要方式和社交内容，早期伙伴交流对孩子们的身体和精神发展有着重要的影响。在孩子的成长过程中，培养伙伴的沟通能力需要孩子与他人合作和沟通，是让孩子们逐渐在积极健康的人际关系中获得安全感和信任。因此，家庭和儿童公园应该共同努力，为幼儿创造一个温馨、关爱与平等的活动环境，以此构建起和谐良好的亲子关系、师生关系和同伴关系。3—6 岁是儿童生理和心理发育的关键时期。儿童公园应根据 3—6 岁儿童学习和发展指南的基本要求实施教学。大一点的孩子通常指 5 到 6 岁的孩子，他们将进入小学，他们的身体和精神发育进一步发展，因此本研究将目光锁定在大班幼儿身上，具有一定的研究意义。

## 一、问题出现在孩子们在课堂上的沟通伙伴中

### 幼儿同伴交往能力的现状

由于 J 代表同伴的沟通能力，J1 代表主动性，J2 代表社会保障能力，J3 代表语言和非语言能力，J4 代表社会障碍，我们正在调查幼儿同伴 3—6 岁沟通能力的共同发展。

**表 1　小、中、大班幼儿同伴交往能力总体情况**

| 维度 | M（肢体沟通能力各方面的平均得分） | | | |
|---|---|---|---|---|
| | 全体 | 小班 | 中班 | 大班 |
| J | 3.12 | 2.56 | 3.06 | 3.14 |
| J1 | 2.97 | 2.70 | 2.77 | 2.96 |
| J2 | 3.26 | 2.54 | 3.27 | 3.37 |
| J3 | 3.97 | 2.49 | 4.11 | 4.05 |
| J4 | 2.27 | 2.49 | 2.10 | 2.17 |

从表1看到，配偶的沟通能力随着年龄的增长而增加，但年长夫妇的沟通能力并不都比中级学生高。例如，中级儿童在语言能力和非语言能力以及社会障碍方面的表现比大一点的孩子好一点。在一般趋势表中，老年夫妇的沟通能力略低于中级子女，但这两者之间的差异并不重要。从调查问卷的最终得分来看，得“优”者有18人，占30%，得“良”者有35人，占58.3%，得“差”者有7人，占11.7%，这表明较大班级的伙伴沟通能力较高。

在社会主动性方面，得分集中分布在11—21分的有43人，占71.7%，低于11分的有17人，占28.3%，其中说明大班幼儿与同伴交往的意愿很高，人部分愿意积极主动去和同伴进行交流、玩耍，但也有一部分幼儿的主动性低，不愿意主动参与到同伴交往中或不知道该如何主动参与进去。

在语言和非语言方面，得分集中分布在9—18分，有45人，占75%，只有3人得分超过20分及以上，说明幼儿愿意主动与他人交流，词汇较贫乏，不能准确地表达出自己。另外，对于“幼儿能否普遍做到经常亲切自然地赞美他人”这一回答，选择“不能”选项的人有37人，占61.7%，其中一部分幼儿在交往中更希望得到他人对自己的赞美而不愿去赞美他人。

亲社会性方面，得分均低于20，集中于10—20分的有48人，占80%；在5—10分有12人，占20%。大部分幼儿的亲社会性差强人意，其中66.7%的幼儿喜欢只和某一个同伴玩；73.3%的幼儿出现消极情绪对他人倾诉，不会自己排遣；53.3%的家长对幼儿同伴交往能力认为“不太重要”或“无所谓”。

## 二、幼儿同伴交往中存在的问题

### （一）语言能力不强

孩子的语言能力是影响其他孩子交流能力的一个重要因素。4—6岁的幼儿逻辑思维能力正处于开始形成阶段，对于部分幼儿，按照逻辑清楚地表述一件事情有一定难度。因此幼儿想与家长朋友分享高兴或倾述烦恼时，会出现逻辑混乱，倾听者听不懂或者没兴致听，这样导致幼儿产生失落感，对他下一次的诉说造成心里阻碍，不再愿意主动分享和表达情感。再有，这个年龄段的幼儿的语言储备量较少，使幼儿在很多时候用少量的浅显的词汇无法表达出略复杂的意思，在述说过程中出现卡壳，停下来思考用什么词语来进行描述要表达的想法。

### （二）不合群

不合群分为主动和被动两种。由于家庭条件的限制或家长教育的不足，有的幼儿会因为个人卫生不整洁、文明礼仪欠缺导致其他同伴刻意疏远他，使其只能被迫处于孤立状态。有的幼儿由于先天性格内向，在同伴的互动中，不愿意和同伴一起玩，集体活动时，不擅长与他人进行情感交流。不快乐和过度敏感。他们更喜欢一个人待着，不交流，也不积极参与合作游戏。这些不愉快的心理特征影响儿童健康的身心发展。

### （三）交友圈小，且玩伴较固定

一方面，幼儿从小班升到中班再升到大班，对同班同学之间有了更深的了解，必然会结识一个或几个性格相合，兴趣相近的朋友，和其他人的关系出现疏远。另一方面，由于居住环境的限制。幼儿选择玩伴的一个最常见的理由就是两家人是邻居，住得近。对于大多数家庭来说，虽然住在同一个小区，但彼此之间并不熟悉。家长担心自家幼儿被欺负，不放心让幼儿去主动结识新朋友，从而减少了幼儿结交新朋友的机会。

## 三、建议

### （一）家长方面

1. 营造温馨平等的家庭氛围。我国台湾心理学家张春星指出，心理健康问题来自家庭、社会和学校表现。伙伴关系的发展受到心理环境的影响，家庭是其中非常重要的一部分。创造一种环境，让孩子们需要帮助，可以帮助别人，培养孩子们愿意帮助别人的精神，让孩子们感受到集体生活的好处。在家庭教育中，父母不仅要关心孩子的身体健康，还要关心孩子的心理健康。父母为孩子提供机会与朋友互动，让他们在互动中体验幸福，学会分享和合作。

2. 在正常的人际交流中，父母努力以身作则。家庭中，父母在与他人交流经验，对孩子产生了影响。儿童有很强的模仿能力。父母应该以身作则，在与他人和孩子的谈话中使用礼貌的言辞，言行一致。父母必须鼓励孩子积极与同伴交往，谈论他们最喜欢的脸谱网、卡通、玩具等。父母还必须经常带着孩子参加各种活动，提高孩子的认知能力、主动性、沟通能力。

### （二）幼儿园方面

1. 开设交往能力培养的相关课程。儿科教育指南中，《指导手册》的第一篇文章清楚地表明，教师、学生和伙伴之间的良好关系应该建立起来，让孩子们在集体生活中感到温暖和快乐，并形成一种安全感和信任感。这有利于幼儿人际交往教育。

2. 教师提高他们的教学质量和方法。教师之间和谐友好的人际关系将对孩子同伴的沟通发展产生微妙的影响，并为孩子树立榜样。因此，教师必须创造一个温暖、关爱、尊重、信任和教育儿童的心理环境。

### （三）两者相互协作

在童年教育实践中，每一位教师都创造了不同的物质和心理环境。物理环境主要是指活动空间的设置，教师的选择和提供活动材料。他在孩子的情绪、社会交流活动、社会行为中扮演积极或消极的角色。研究表明，清洁、美丽、有规律的身体环境将稳定孩子的情绪，改善孩子的行为准则，帮助他们遵守社会规范；与此同时，混乱的身体环境可能会让孩子感到不安，导致争吵和冲突。物理环境是教师为孩子们创造的一个良好的心理环境。心理学环境主要指的是教师通过自己与他人和儿童的交流行为、沟通态度和沟通指导方针创造的心理氛围。

## 四、结语

大班孩子他们喜欢同伴和集体游戏，由于他们的年龄和“自我为中心”。把自己的利益和需求作为起点，从不考虑他人。在家庭中心，衣、食、住、行都给他们提供最好的资源，各方面需求得到满足，甚至有的家长过分溺爱，从而使幼儿形成一种“我是最重要的”自我的心理。另外，当与同伴发生矛盾后，以自我为中心的幼儿不愿意承认错误，把责任推到他人或为自己找一些原因来逃避责任。

### 参考文献

[1] 杜才飞，武元丽，吕苹．混龄走班游戏中无结构小组对幼儿同伴交往的影响［J］．学前教育研究，2020（4）：73－84.

[2] 侯莉芳．一日生活中幼儿“失范”行为的研究——以×幼儿园为例［J］．教育观察，2020，9（12）：93—96.

[3] 刘继霞．角色游戏中幼儿同伴交往能力的培养［J］．新课程研究，2020（9）：124—125.

[4] 黄波．被拒幼儿行为问题的个案研究［J］．教育教学论坛，2020（10）：330—331.

[5] 何双琦．幼儿区角游戏中同伴冲突行为的成因及解决办法［J］．河南科技学院学报，2020，40（2）：35—39.

[6] 刘彩倩，安燕，李永久．小班幼儿问题行为与其同伴交往能力的关系研究［J］．陕西学前师范学院学报，2020，36（1）：41—46.

[7] 李恒．留守幼儿同伴交往能力的早期干预研究［J］．科技视界，2019（33）：44—45.

[8] 刘继霞．运用角色游戏培养幼儿的同伴交往能力［J］．新课程研究，2019（29）：117—118.

[9] 黄波．被拒绝幼儿同伴交往的状况及教育培养策略［J］．产业与科技论坛，2019，18（20）：139—140.

# 课程领导力视域下幼儿园课程的实践与探索

（邓婕　深圳市第十幼儿园）

**摘　要：**幼儿园课程建设是一项关系国计民生的重要教育工程，幼儿园课程建设的水准是实现教育目标、衡量教育质量的重要标准。在国家政策推动背景下，国家、地方、幼儿园三级课程管理体制逐渐深入落实。强化幼儿园课程领导权力，是幼儿园课程改革发展的必然趋势，也是推进幼儿园高质量发展的内在需要。本文从课程领导力的视角来探讨幼儿园课程整合与实施，发现传统科层制教育管理体制在一定程度上阻碍幼儿园课程整合与实施，在课程领导力视角下审视课程整合与实施有利于发现幼儿园课程整合实践中存在的深层次问题与矛盾，增强课程权力意识与实施能力，构建幼儿园课程整合机制，助推幼儿园课程建设朝着民主、高质量的方向发展。

**关键词：**课程领导力；幼儿园课程；实践

## 一、课程领导力的核心定义

缪伦（Mullen）指出课程领导力是在解决问题和制定决策的过程中具有的一种功能。邹鲁峰认为，幼儿园园长课程领导力的内涵应包括四个核心点，即课程领导的主体是园长，课程领导的基础是构建课程团队，实质是一种全方位的影响力，目标是高品质的幼儿园课程。陆燕萍强调，课程领导的教师在课程规划资源建设实施与评价等方面的规划力、整合力、开发力等是教师专业发展的标志，是学校领导文化转型的标志。因此，我们认为幼儿园课程领导力是指幼儿园领导者在制定、实施和评估幼儿园课程方面所展现的能力和技巧。这包括对教学目标、教学方法、教材选择等方面进行决策，以及对教师进行指导和支持，是幼儿园领导者在制定、实施和评估幼儿园课程方面所展现的能力和技巧。这是个重要的领域。一个好的幼儿园课程可以帮助孩子们获得知识和技能，促进他们的全面发展。而一个好的幼儿园课程需要有一个具备良好领导力的管理者来制定、实施和评估。具体有以下四个特征：（1）目标导向：能够制定清晰的教学目标，并使教师和学生明确这些目标；（2）创新性：能够不断地探索新的教学方法和教材，以满足不同的学生需求；（3）协作性：能够与教师、家长和其他幼儿园管理者合作，共同实现课程目标；（4）反思性：能够对课程进行反思和评估，及时调整策略以提高教学效果。

## 二、课程领导力的价值

### （一）信息化时代对课程整合的能力要求越来越高

教育信息化是新时期发展的基本表征，对幼儿园教育人才质量培养提出了许多新的要求，如注重培养儿童的动手能力、高阶思维品质以及问题解决能力。在此背景下，幼儿园深化课程改革需要从两方面着手：一是要改变幼儿园课程繁难偏旧以及内容之间缺乏整合的现状。课程整合是基础教育改革和发展的重要方向，对提升育人质量具有重要意义。在幼儿园课程改革进入深水区，课程整合作为课程改革的应然要求和实然需要，正在成为新时代解决应试教育所产生的问题、实现教育革新和迈向素质教育的重要举措和长远策略。二是要顺应跨学科的整合趋势，确立以培养核心素养为导向的育人理念和教学方式。跨学科学习是一种集知识综合与问题解决于一体的深度学习方式，是素养时代课程整合的重要实施途径。以我园课程“幼儿园积极情感教育”课程为例，形成了以一日生活、环境创设、师幼互动、特色活动等作为主要组织形式的课程，我园将综合主题课程和领域课程相结合，整合各方教育资源，营造良好的育人环境，对幼儿实施全面素质教育的课程模式，符合园长领导力下的幼儿园整合课程的发展。

### （二）运用课程领导力能有效提升幼儿园课程整合质量的手段

由于幼儿园课程本身具有整合性、活动性、生活性，实施幼儿园课程必须充分动员各种人力、财力、物力，并且使各种条件达到最佳关系状态。因此课程整合真正要解决的问题在于如何激发教育主体与各利益主体的积极性与创造性。由于传统管理模式不利于激发幼儿园教育主体的积极性，因此改革传统教育管理模式，整合课程领导主体的凝聚力，使更多的力量投入课程整合，才能为构建现代意义上的课程整合奠定基础。一方面，应充分发挥国家各级各类教育行政部门和幼儿园的文化引导力和制度约束力，健全课程整合领导机制，协调各方力量，共同推动幼儿园课程发展；另一方面，要充分赋予幼儿园课程领导力，特别要重视培养园长、教职工、家长等群体在课程规划设计、课程组织实施、课程反思评价等方面的综合能力或者说影响力。以我园“幼儿园积极情感教育”为例，在课程前期的规划中，便以课程领导力为主线，将课程的设计、组织、实施等权利下放到每一位教师、家长手中，使其成为课程的主体、领导者、规划者，成为课程架构中的重要一环。

## 三、课程领导力存在的问题

传统的课程领导由于权力集中于个别人或少数人，形成了基于个体经验的集权化管理模式。园长被赋予最大权力，同时也承担着最大的责任，在一些重大问题上，园长往往只召集个别领导进行商议，谋断决策，因此频频出现决策失误等问题，给学校和幼儿园带来较大损失。久而久之，教师对行政权威形成了既厌恶又畏惧的复杂态度，从而影响课程领导力的发挥。杨帆认为课程领导力存在以下问题：一是园长自身问题，包括角色定位不准，自身素质不高等问题；二是外部问题，包括培训不足、教师专业不高、缺少外部支持的问题。陈莉指出教师课程领导力发展中存在的困境，包括思维习惯的制约、课程意识不够、课程能力不足。综上，学者们主要是从以下几个方面来论述提升策略的：一是从课程领导力主体的理念入手，认为要改变理念和意识；二是从主体的知识、能力方面入手，认为要加强主体学习，不断提高能力；三是从构建课程领导文化入手，认为要营造良好的学校（幼儿园）领导文化，建立民主、平等的学校（幼儿园）氛围；四是从优化课程领导力的评价机制入手，认为要对主体提出具体的评估目标，并注重对主体的考核与要求。

基于以上研究，课程整合真正要解决的问题在于如何激发教育主体与各利益主体的积极性与创造性，打破传统科层制教育管理模式，整合课程领导主体的凝聚力，使更多的力量投入课程整合，才能为构建现代意义上的课程整合奠定基础。

## 四、提升幼儿园课程领导力的实施策略

幼儿园课程领导力的提升，需要构建多元化领导共同体，并且各成员要在课程价值取向上即理念与目标上取得一致性，与此同时，创新课程整合培训、健全民主化组织管理机制、加强资源整合迫在眉睫。最后，课程领导理论启示幼儿园管理人员要着眼园内外教育生态，构建全方位育人体系。

### （一）打造共同体，确立发展目标

新型课程领导力强调愿景性、合作性、建构性、反思性，表明课程领导共同体是一个团队，团队内部要不断学习，分享交流，与传统的领导性要做出高度区分。分布式领导理论强调赋权意识，即要重视多元化领导组织的构建。“赋权”即分权，要改变自上而下的授权式领导，施行分权式领导。幼儿园课程整合需要构建多元领导主体，且主体成员需具备丰富扎实的理论知识和操作能力，以及相关的素养。在这个共同体构成中，园长应是关键的引领者、组织者。园长负责制的管理体制决定了园长在幼儿园工作中的双重权力身份，即行政领导者和专业领导者。这双重权力身份也赋予了园长在课程事务中的核心地位，有利于提升园长的权力责任意识以及专业技术领导执行力。

### （二）加强资源利用，提升整合绩效

陈鹤琴主张大自然和大社会是最好的课程资源，有利于幼儿获得直接的生活经验，从而为未来发展打下坚实的基础。陈鹤琴的“活教育”思想强调要从周边“大自然、大社会”获取教育资源，因此蕴含了丰富的课程本土化思想，不仅指明了园本课程资源开发的重要意义，也为幼儿园明确其园本课程资源开发的目标、内容和方法提供了重要的理论依据。课程整合的首要价值应体现在从资源上寻求突破，作为课程整合的最重要一步，也是关键之举。为此幼儿园要从以下两方面加强资源整合：（1）增强资源利用意识；（2）从幼儿需要出发，提高资源整合利用技能。还可以利用家长、社区人力资源优势开展丰富多彩的教育教学活动，创新园本课程实施方式，提高整合的效果。

### （三）创新整合培训，助推专业发展

课程领导力具体表现为以园长为核心，以教师为主体的团队在幼儿园课程规划与实施等方面的能力，可见园长、教师是课程建设的主要人员，尤其是教师，其专业素养的高低，直接关系幼儿园课程整合的质量。因此，幼儿园应从整合的困境与需要出发，注重提升园长、教师的专业能力，使园本培训更好地体现针对性。

### 参考文献

[1] 邹鲁峰．幼儿园园长课程领导力的个案研究［D］．南京师范大学，2011.

[2] 刘霞，戴双翔．幼儿园园长课程领导力：现状、影响因素与提升策略［J］．教师发展研究，2023，7（3）：56—66.

[3] 王牧华，邱钰超．学习机会视域下校长课程领导力的提升路径［J］．中国教育学刊，2022（10）：81—86.

[4] 田友谊，石蕾．课程图谱：教师课程领导力提升的新路径［J］．教育理论与实践，2022，42（16）：51—56.

[5] 吕立杰，丁奕然．中小学校长课程领导力构成要素及作用机制研究——基于 PLS—SEM 的实证研究［J］．华东师范大学学报（教育科学版），2022，40（3）：20—29.

# 教育信息化在幼儿园教育教学管理中的应用

（罗悦莎　南宁市良庆区百灵路幼儿园）

**摘　要：** 随着互联网的快速发展，人们的日常学习和生活与互联网的联系也越来越紧密，教育信息化也越来越多地应用于日常的教育教学活动中。本文主要探讨了教育信息化在幼儿园教育教学管理中的应用。通过对教育信息化的概念和特点进行阐述，以及对幼儿园教育教学管理的重要性进行分析，探讨教学资源的数字化整合与共享、教学过程的智能化辅助、幼儿学习活动、游戏活动情况的数据化分析和评估，以及家校互动的信息化支持等方面的应用。以期对幼儿园教育教学管理的信息化实践提供有效的参考和指导，进一步推动幼儿园教育的现代化发展。

**关键词：** 信息化；幼儿园；教育教学管理

在当今数字化时代，信息技术已经渗透到各个领域，教育领域也不例外。教育信息化可以为教育教学提供丰富的资源和工具，拓展学习空间和方式，提高教学效果和学习成果。幼儿园是儿童成长和发展的关键时期，有效的教育教学管理可以促进教学资源的合理配置，优化教学过程，提高教师的教学能力，增强家校合作，保障幼儿的权益和安全。通过研究和实践教育信息化在幼儿园教育教学管理中的应用，可以探索适合幼儿园的教育信息化模式和策略，丰富幼儿的学习内容和体验，提高教学效率和效果。这对于幼儿园教育工作者和决策者来说，具有重要的指导意义和实践参考价值。

## 一、教育信息化的概念和特点

### （一）教育信息化的定义

教育信息化是指将信息技术与教育教学相结合，利用信息技术手段改善和促进教育教学的过程和效果的过程。它包括利用计算机、互联网、多媒体等信息技术手段进行教学资源的数字化、网络化、智能化，以及教学过程的优化和管理的全过程。

### （二）教育信息化的特点

1. 数字化。教育信息化的特点之一是数字化，即将教育资源、教材、教学内容等进行数字化处理，使其能够以数字形式存储、传输和呈现。数字化使得教学资源更易于存储、管理和共享。教师可以利用数字化的教学资源进行创新的教学设计，幼儿可以通过数字化材料开展自主游戏和个性化学习。

2. 网络化。教育信息化的另一个特点是网络化，即利用互联网和局域网等网络技术，实现教学资源的远程访问、共享和交流。网络化使得教学可以突破时空限制，实现教师和幼儿之间的远程互动和协作。教师可以通过网络与幼儿进行在线互动和指导，幼儿可以在家长的帮助下通过网络获取各种资源和参与远程课程。

3. 智能化。教育信息化的特点还包括智能化，即利用人工智能、大数据分析等技术，实现教学过程的智能化辅助和个性化定制。智能化技术可以根据幼儿的学习活动和游戏活动情况和特点，提供个性化的学习资源和学习路径，提高学习效果和效率。

4. 教学管理的全程化。教育信息化还强调教学管理的全程化，即从教学资源的管理到教学过程的管理，全面推动教育教学的规范化和科学化。通过信息化手段，可以对教学资源、教学进度、幼儿学习情况等进行实时监控和评估，提供决策支持和教学改进的参考。教师和管理者可以通过教育信息化系统对幼儿的学习情况进行跟踪和分析，及时调整教学策略和资源配置，提高教学效果。

## 二、幼儿园教育教学管理的重要性

### （一）提高教育教学质量

幼儿园教育教学管理的重要性在于提高教育教学的质量。通过合理配置教育资源、科学制订教学计划、规范教学过程和促进教师专业发展，幼儿园能够提供高质量的教育环境，促进幼儿全面发展和个性发展，提高教学效果。有效的管理手段可以确保教育资源的充分利用和优化，保证教学计划的科学实施，规范教学过程，激发教师的教学热情，从而提高幼儿园教育教学的质量和水平。

### （二）保障幼儿权益和安全

幼儿园教育教学管理的重要性还在于保障幼儿的权益和安全。管理工作包括制定安全规章制度、确保教室设施的安全性、加强食品卫生管理、落实幼儿保健等。通过有效的管理措施，可以极大程度地保护幼儿的合法权益，营造安全、健康的教育环境，为幼儿的成长提供保障。

### （三）促进幼儿园的可持续发展

幼儿园教育教学管理的重要性还在于促进幼儿园的可持续发展。管理工作涉及幼儿园的规划与发展、财务管理、人力资源管理等方面。通过科学的管理，可以使幼儿园健康、稳定地运行，提高园所的声誉和影响力，增强园所的可持续发展能力。

## 三、教育信息化在幼儿园教育教学管理中的应用

### （一）教学资源的数字化整合与共享

随着科技的快速发展，数字化技术为幼儿园教育带来了新的机遇。通过教育信息化，幼儿园可以将教学资源进行数字化整合，包括玩教具、多媒体资料等，以便更好地满足教学需求。教学资源的数字化整合使得幼儿园能够更加高效地管理和利用资源。管理者可以建立数字资源库，将各类教学资源进行分类、整理和存储，方便教师和幼儿随时获取。教师可以通过电子设备浏览和检索资源，快速找到适合的教学内容，提高教学效率。同时，数字化整合也方便了资源的更新和共享，教师可以上传和分享自己制作的教学资源，促进教师之间的互动和合作。教学资源的数字化整合与共享还为幼儿园提供了更多的教学方式和手段。通过数字化技术，幼儿园可以将传统的教学资源转化为多媒体、互动式的形式，丰富了教学内容和形式，增加了幼儿的学习兴趣和参与度。教师可以利用数字化工具设计活动课件，利用多媒体设备进行互动和展示，使教学更加生动有趣。

### （二）教学过程的智能化辅助

随着人工智能技术的不断进步，智能化辅助系统为幼儿园教学提供了更多的可能性和支持。首先，智能化辅助系统可以提供个性化的学习支持。通过分析幼儿的学习数据和行为模式，智能化辅助系统能够了解每个幼儿的学习需求和能力水平，并根据其特点提供个性化的

学习建议和资源推荐。这样，教师可以更好地满足幼儿的学习需求，帮助他们更加有效地学习和进步。其次，智能化辅助系统可以提供实时的反馈和评估。传统的评估方式往往需要教师花费大量时间和精力进行，且结果有时不够准确。而智能化辅助系统可以通过数据分析和算法，迅速对幼儿的学习情况进行评估，并提供详细的反馈。教师可以根据系统的评估结果，及时调整教学策略，帮助幼儿克服困难，提高学习效果。最后，智能化辅助系统还可以提供教学过程中的实时支持和辅助。例如，语音识别技术和机器学习算法可以帮助幼儿进行语音交流和发音纠正；虚拟现实技术可以创造沉浸式的学习环境，增强幼儿的学习体验；智能化辅助工具可以提供教学资源和教学策略的推荐，帮助教师更好地设计和组织教学活动。

### （三）幼儿发展情况的数据化分析和评估

通过收集、分析和评估幼儿发展状况相关数据，幼儿园可以更好地了解幼儿的能力发展情况，提供有针对性的教学支持和个性化的学习指导。首先，数据化分析可以帮助教师全面了解幼儿的学习情况。通过收集学生的个性化数据，包括行为习惯、体质发展、游戏水平等进行数据化分析，发现幼儿的特点和问题，及时采取相应的教学策略和措施，帮助幼儿克服困难，提高全面素质。其次，数据化分析可以提供客观的评估和反馈。传统的评估方式可能受到主观因素的影响，而数据化分析可以提供客观的评估结果。这样，家长可以清晰地了解自己的孩子发展所达到的水平，根据其最近发展区制订合理的目标和计划。最后，数据化分析还可以实现个性化的活动指导。通过对幼儿学习数据的深入分析，可以了解每位幼儿的特点、优势和需求。教师可以根据个体的特点和需求，提供个性化的活动指导和资源推荐。这样，每位幼儿都能够获得针对性的学习支持，充分发挥自己的潜力。

### （四）家园互动的信息化支持

通过信息化技术，幼儿园可以实现家园之间的即时沟通、信息共享和互动交流，促进家园合作，共同关注幼儿的学习和成长。首先，信息化支持可以实现家园之间的即时沟通。传统的家园沟通往往面临时间和空间的限制，而信息化技术可以打破这些限制。幼儿园可以利用电子邮件、短信、即时通信等工具，及时向家长传达重要信息，家长也可以通过这些渠道与教师进行沟通，咨询幼儿在园的各方面表现、提出问题或意见，促进家园之间的有效沟通和合作。其次，信息化支持可以实现家园之间的信息共享。幼儿园可以建立家校信息平台或网站，将幼儿园的一日活动流程安排、教学计划、活动资料等信息进行数字化整理和发布，方便家长随时获取。教师可以通过平台向家长分享幼儿参与活动的照片和视频等，让家长更加了解和关注孩子在学校的情况。这样，家长和教师可以共同参与孩子的教育，形成家园共育的良好氛围。最后，信息化支持还可以促进家园之间的互动交流。通过在线讨论区、家长会议的网络参与等方式，家长可以与其他家长和教师进行交流和分享经验，共同探讨教育问题和解决方案。幼儿园也可以利用信息化技术组织家长参观、讲座、开放日、亲子活动等，促进家长之间的交流和互动，提供更多的教育支持和资源。

### 参考文献

［1］李卓玛草．"互联网＋"背景下幼儿园教育信息化创新应用探讨［J］．中国新通信，2023，25（18）：186－188.

［2］王文婷．探究信息技术在幼儿园教育教学中的应用［J］．中国新通信，2023，25（15）：167－169.

［3］杜联桃．浅谈多媒体技术在幼儿园教学中的应用［J］．家庭影院技术，2023，（12）：54－58.

［4］闫伟．在幼儿园教育教学中有效运用信息技术开展家园共育方法浅谈［J］．中国新通信，2023，25（6）：218－220.

［5］罗钊．幼儿园教师信息技术应用能力提升策略研究［J］．国家通用语言文字教学与研究，2023（3）：186－187＋196.

［6］完玛吉．“互联网＋”背景下幼儿园教育信息化创新应用［J］．中国新通信，2023，25（3）：143－145.

［7］张瑞芳．谈信息技术在幼儿园教育中的应用［J］．中国新通信，2022，24（22）：221－223.

［8］徐怡婷，曾彬．省级示范幼儿园集体教学活动信息技术应用调查研究［J］．陕西学前师范学院学报，2022，38（6）：47－57.

［9］张玲霞．信息化时代下新媒体技术在幼儿园教育应用探析［J］．数据，2021（4）：174－176.

［10］马元志．学前教育信息化研究现状与展望［J］．中国教育技术装备，2020（15）：66－69＋79.

# 幼儿园STEM教育的建构实践与效果评估

（商攀　北京市大兴区黄村镇第二中心幼儿园）

**摘　要：**幼儿园STEM教育的建构实践研究旨在探索幼儿园中STEM教育的实施方式及其对幼儿发展的影响。本文在考虑幼儿认知水平和兴趣爱好的基础上，探讨了通过提供多样化的STEM活动，培养幼儿与科学、技术、工程和数学相关的素养和能力的问题。通过观察和记录，研究发现幼儿在STEM教育中表现出积极的参与度和学习兴趣，培养了他们的观察、探索和解决问题的能力。同时，幼儿在STEM教育中也体会到了团队合作的重要性，培养了他们的沟通和合作能力。幼儿园STEM教育既为幼儿教育提供了实践经验和理论支持，又为促进幼儿科学素养和创新能力的培养提供了参考。

**关键词：**幼儿园；STEM教育；实践研究；幼儿发展；学习兴趣

## 一、引言

幼儿园STEM教育的建构实践研究旨在探索幼儿园中STEM教育的实施方式及其对幼儿发展的影响。随着社会的进步和科技的飞速发展，STEM教育作为一种新兴的教育模式，备受关注。幼儿期是个体发展的关键时期，为幼儿提供有针对性的STEM教育，对其认知、观察和解决问题的能力培养具有重要意义。因此，本研究选择了幼儿园这一阶段，以STEM教育为研究对象进行深入探讨。

本文的创新点在于研究内容的专业性和实用性。通过在幼儿园实施STEM教育并进行观察和记录，本文探索了幼儿园STEM教育的具体建构实践过程，提出了针对幼儿园STEM教育的具体策略和方法。同时，本文还评估STEM教育的建构实践效果，从数据分析的角度量化了STEM教育对幼儿发展的影响。研究结果为幼儿园的STEM教育提供了实践经验和理论支持，为促进幼儿科学素养和创新能力的培养提供了参考。

## 二、幼儿园STEM教育的建构实践

### （一）案例分析：某幼儿园STEM教育的建构实践过程

某幼儿园STEM教育的建构实践过程是本研究的重点内容之一。在这个过程中，研究团队积极探索了幼儿园中STEM教育的实施方式，并深入研究了这种教育方式对幼儿发展的影响。

一方面，在考虑幼儿的认知水平和兴趣爱好的基础上，研究团队为幼儿提供了多样化的STEM活动。例如，在科学领域，幼儿通过参与实验和观察科学现象，培养了他们的观察和探索能力。在技术领域，幼儿通过使用不同的工具和设备，学习了解决问题的技能。在工程领域，幼儿通过设计和搭建模型，锻炼了他们的创造力和解决问题的能力。在数学领域，幼儿通过参与数学游戏和解决数学问题，提高了他们的数学思维能力。

另一方面，研究团队通过观察和记录，发现幼儿在STEM教育中表现出了积极的参与度和学习兴趣。他们对STEM活动产生了浓厚的兴趣，并且乐于主动地参与其中。通过参与STEM活动，幼儿逐渐培养了观察、探索和解决问题的能力。他们学会了用科学的眼光看待世界，通过实践来验证自己的观点和想法。

与此同时，幼儿在STEM教育中也体会到了团队合作的重要性。在STEM活动中，幼儿需要与其他同学合作，共同解决问题和完成任务。这种团队合作的经验培养了幼儿的沟通和合作能力，使他们学会了倾听他人的意见、尊重他人的观点，并通过讨论和合作来达成共识。这些沟通和合作能力对幼儿的个人发展和社交能力的培养都起到积极的作用。

### （二）STEM教育建构实践中的策略与方法

在幼儿园STEM教育的建构实践中，针对幼儿认知水平和兴趣爱好的不同，我们需要提供多样化的STEM活动。通过根据幼儿的不同认知水平和兴趣爱好设计不同的STEM活动，可以促使幼儿更好地参与其中，提高他们的学习效果。例如，在幼儿园中可以设置不同的STEM活动区域，分别提供与科学、技术、工程和数学相关的活动，供幼儿选择参与。这样一来，幼儿可以根据自己的兴趣和能力选择适合自己的STEM活动，提高了他们的积极性和参与度。

观察和记录在STEM教育中起到了重要的作用。通过观察和记录幼儿在STEM教育中的表现，可以及时了解幼儿的学习情况和问题所在，并针对性地进行调整和改进。观察和记录还能够帮助研究者对STEM教育的效果进行评估和分析，从而得出科学的结论和建议。因此，在STEM教育建构实践中，观察和记录是必不可少的一环。

团队合作也是STEM教育建构实践中的重要策略和方法之一。STEM教育强调多学科融合和综合能力的培养，而团队合作正是培养这些能力的有效途径之一。在STEM教育中，幼儿可以通过小组活动或合作项目来共同解决问题，促进彼此之间的交流和合作。通过团队合作，幼儿可以学会与他人合作、分享和倾听他人的观点，培养了他们的沟通和合作能力。

STEM教育建构实践中，鼓励幼儿进行观察、探索和解决问题的能力也是至关重要的。STEM教育旨在培养幼儿的科学思维和创新能力，因此，我们需要通过提供与幼儿认知水平和兴趣爱好相适应的观察、探索和解决问题的活动来培养他们的能力。通过这些活动，幼儿可以学会主动思考和探索，培养了他们的观察、探索和解决问题的能力。

## 三、STEM教育建构实践效果评估

### （一）建构实践效果的观察和记录

幼儿园STEM教育的建构实践研究旨在通过观察和记录来评估STEM教育对幼儿发展的影响。本文考虑到幼儿的认知水平和兴趣爱好，通过提供多样化的STEM活动来培养幼儿与科学、技术、工程和数学相关的素养和能力。

在本文中，我们通过观察幼儿在STEM教育中的参与度和学习兴趣来评估建构实践的效果。观察发现，幼儿在STEM教育中表现出积极的参与度和对学习的浓厚兴趣。他们主动参与STEM活动，积极探索和解决问题，展现出了较强的观察力和思考能力。

通过记录幼儿在STEM教育中的表现，我们发现幼儿在实践中逐渐培养了观察、探索和解决问题的能力。他们学会了通过观察和实验来获取知识，运用科学方法来解决问题。例如，在进行科学实验时，幼儿能够提出假设、设计实验、记录数据，并根据实验结果进行总结和推理。

与此同时，幼儿在STEM教育中也体会到了团队合作的重要性。通过小组合作的活动，幼儿学会了与他人合作、分享和交流，培养了他们的沟通和合作能力。他们学会了倾听他人的观点、尊重他人的想法，并通过合作解决问题和完成任务。

本研究的发现为幼儿园的STEM教育提供了实践经验和理论支持。通过观察和记录，我们发现STEM教育能够培养幼儿的观察、探索和解决问题的能力，同时也促进了他们的沟通和合作能力的发展。这为幼儿园的教师和教育者提供了指导，帮助他们更好地设计和实施 STEM 教育活动，促进幼儿科学素养和创新能力的培养。

### (二) 建构实践效果的数据分析

为了评估建构实践效果，研究者可通过观察和记录幼儿在 STEM 教育中的表现。研究结果显示，幼儿在 STEM 教育中表现出积极的参与度和学习兴趣。他们通过观察、探索和解决问题的实践，培养了自己的观察力、探索力和问题解决能力。例如，在进行科学实验时，幼儿学会了观察实验现象、提出问题、进行实验探索和总结结论。

与此同时，STEM 教育也促进了幼儿的团队合作能力。在 STEM 活动中，幼儿需要与其他同学合作，共同完成任务。他们学会了倾听他人意见、尊重他人想法，并且有效地进行沟通和合作。这种团队合作的经验对幼儿的社交技能和人际关系发展具有积极的影响。

本文通过对幼儿园 STEM 教育的建构实践进行数据分析，发现幼儿在 STEM 教育中表现出积极的参与度和学习兴趣，培养了他们的观察、探索和解决问题的能力。同时，STEM 教育也促进了幼儿的团队合作能力，培养了他们的沟通和合作能力。这些发现为幼儿园的 STEM 教育提供了实践经验和理论支持，为促进幼儿科学素养和创新能力的培养提供了参考。通过进一步的研究和实践，可以进一步提升幼儿园 STEM 教育的实施效果，为幼儿的全面发展提供更好的支持。

## 四、结语

本文的结论对幼儿园的 STEM 教育具有重要的理论和实践意义。首先，通过案例分析，展示了某幼儿园 STEM 教育的建构实践过程，充分说明了 STEM 教育在幼儿园的可行性和有效性。其次，探讨了 STEM 教育建构实践中的策略与方法，为幼儿园教师提供了具体的指导和启示。最后，通过对建构实践效果的观察和数据分析，验证了幼儿 STEM 教育对幼儿发展的积极影响，为幼儿园教育改革和创新提供了有力的证据。

在实践建议方面，本文建议幼儿园教师在实施 STEM 教育时，应根据幼儿的认知水平和兴趣爱好，提供多样化的 STEM 活动，激发幼儿的学习兴趣和参与度。同时，注重培养幼儿的观察、探索和解决问题的能力，通过团队合作的方式，培养幼儿的沟通和合作能力。此外，幼儿园应加强与家长的沟通和合作，共同关注幼儿的 STEM 教育，促进幼儿的全面发展。

### 参考文献

[1] D Wang，XU Shi－Fang. Practical Exploration of STEM Educationin Kindergarten Teaching Activities [D] . Journal of Qiannan Normal University for Nationalities，2019.

[2] 黄明美. STEM 教学在幼儿园区域活动中的运用——以大班建构区游戏“斜坡滚珠”为例 [J] . 文学少年，2021.

[3] 韩丽英. 幼儿建构游戏中的行为观察与分析 [J] . 幼儿教育科学，2021.

[4] 林碧琦. 关于 STEM 教育理念下幼儿园建构游戏的实践探索 [J] . 家庭 · 育儿，2020.

# 学陶，探索幼儿创造性思维发展

（沈心怡　江苏省无锡市新吴区香楠幼儿园）

**摘　要：**在我国的幼儿教育领域，创造力培养一直是备受关注的话题。在众多理论和实践探索中，“六大解放”思想为幼儿创造力培养提供了一个独特且具有深度的视角。本文将围绕“六大解放”思想在幼儿创造力培养中的应用与实践进行深度解析，以期为教育工作者提供一些新的思考和启示。

**关键词：**“六大解放”思想；幼儿创造力；培养策略

## 一、幼儿创造力培养的重要性

### （一）提高孩子的综合素质

幼儿创造力培养能够激发孩子的好奇心，使他们勇于探索未知领域，培养独立思考和解决问题的能力。在这个过程中，孩子的观察力、记忆力、思维力等智力因素得到锻炼和提高，同时，孩子的情感、意志、兴趣等非智力因素也得到充分发展，从而全面提升孩子的综合素质。

### （二）为孩子的未来发展奠定基础

在知识经济时代，创新能力成为人们最重要的能力之一。对孩子进行创造力培养，可以帮助他们在未来的学习和工作中，发挥主观能动性，勇于创新，突破传统思维的束缚。此外，创造力培养还可以帮助孩子形成独特的个性，提高他们的社会适应能力，为未来的发展奠定坚实的基础。

### （三）促进家庭、社会的和谐发展

孩子是家庭的希望，是国家的未来。对幼儿进行创造力培养，有利于培养出具有创新精神和创造能力的新一代，为家庭、为社会创造更多的价值。同时，家长和教师在培养孩子创造力的过程中，也能不断丰富自己的教育理念和方法，实现自身的成长和进步。

## 二、基于“六大解放”思想的幼儿创造力培养具体措施

“六大解放”思想，即解放孩子的头脑、双手、嘴巴、眼睛、时间和空间，这为我们提供了一种指导思想，帮助我们理解和解决如何保护孩子的好奇心，鼓励他们探索世界。

### （一）解放头脑：培养幼儿独立思考的能力

1. 为幼儿提供良好环境。在幼儿教育中，让孩子们学会独立思考和解决问题，是培养他们未来创新能力的基础。因此，解放孩子们的头脑，让他们敢于思考、敢于表达，是幼儿教育的重要目标。

要实现这一目标，需要为幼儿营造一个宽松、自由、积极的学习环境。在这个环境中，孩子们被鼓励提问，被鼓励去质疑，被鼓励去发表自己的观点。这种环境不仅可以让孩子们积极思考，还能让他们明白，自己的观点是被重视的，是有价值的。

在教育实践中，教育者可以通过各种方式来培养幼儿的独立思考能力。例如，在科学实验活动中，教师可以让幼儿自主设计实验方案，自主操作实验器材，自主总结实验结果。在这个过程中，孩子们不仅学会了科学知识，更重要的是，他们学会了如何设计问题、如何解决问题。

2. 开展各类活动。教育者还可以通过各种活动来培养幼儿的问题解决能力。例如，在故事讲述中，可以让孩子们根据故事情节，自己提出解决方案。在数学游戏中，可以让孩子们根据问题情境，自己设计解题策略。这样的活动不仅能提高孩子们的思考能力，还能提高他们的解决问题的能力。

### （二）解放双手：培养幼儿动手操作的能力

1. 提供丰富的操作材料。为了激发幼儿的动手操作能力，教师需要提供各种类型的操作材料，包括纸、笔、剪刀、胶水、颜料，等等。同时，还可以根据季节、节日等不同因素更换操作材料，让幼儿保持新鲜感和兴趣。

2. 创设自主操作的环境。幼儿需要在自由、宽松的环境中进行操作。教师可以为幼儿创设一个安全、舒适的操作环境，例如铺上软垫或报纸，为幼儿提供适当的保护。同时，教师还可以在教室中设置专门的区域供幼儿进行操作。

3. 引导幼儿主动参与。培养幼儿的动手操作能力，需要引导幼儿主动参与。教师可以向幼儿介绍材料的用途和方法，鼓励他们自己动手尝试。在幼儿遇到困难时，教师可以给予适当的指导和帮助，引导他们解决问题。

### （三）解放嘴巴：培养幼儿表达的能力

1. 采取多样化方式。在幼儿教育过程中，教师可以通过多种方式来鼓励和培养幼儿的表达能力。除了在故事活动中引导幼儿复述和创造性表达，还可以组织讨论、角色扮演、演讲等活动，让幼儿有更多机会表达自己的观点和情感。这些活动不仅可以让幼儿的语言表达得到锻炼，还可以让他们学习如何倾听他人、尊重他人、理解他人的观点，从而更好地与他人合作和交流。

2. 提供丰富语言材料和环境。教师应该给幼儿提供丰富多样的语言材料和环境，如图书、图片、音频、视频等，以及与幼儿年龄特点相适应的活动和游戏，如手指游戏、绘画等。这些活动可以帮助幼儿扩展词汇量、理解不同的语言表达方式，从而培养他们的语言表达能力和思维灵活性。

3. 注重沟通交流。教师应该注重与幼儿的沟通和交流，认真倾听他们的表达，理解他们的需要和情感，并给予积极的回应和支持。这不仅可以增强幼儿与教师之间的互动关系，还可以帮助幼儿建立自信心，激发他们的表达欲望。同时，教师也应该鼓励幼儿之间互相学习和交流，让他们从同伴的发言中学习表达技巧和语言表达方式。

### （四）解放眼睛：培养幼儿观察的能力

1. 设置合适的观察目标和内容。在培养幼儿的观察能力时，教师应根据幼儿的年龄和兴趣，设置合适的观察目标和内容。例如，对于喜欢动物的孩子，可以引导他们观察动物的外形特征、生活习性，乃至动物与人之间的互动。对于喜欢植物的孩子，可以引导他们观察植物的生长过程，从种子发芽到植株生长，再到开花结果，让他们在观察中发现生命的奇妙。

2. 积极引导幼儿进行思考和提问。观察并非单纯地看，而是需要与思维活动相结合。在观察中，教师应当鼓励幼儿提问，引导他们思考问题的答案，这样不仅可以提高他们的观察能力，还能培养他们的探究精神。为了有效引导幼儿进行思考和提问，教师需要具备良好的观察技巧，需要学会认真观察幼儿的一举一动，记录下来他们的行为、语言和情感变化。

通过细致入微的观察，教师可以及时发现幼儿的兴趣点和困惑点，从而为他们提供有针对性的指导。

### （五）解放时间：为幼儿提供充足的时间和空间

1. 设置开放式问题和情境。在规划教育活动时，教师应该避免填鸭式的教学方式，尽可能地为幼儿设置开放式的问题和情境，让他们有机会自己发现、自己探索、自己解决遇到的问题。例如，在绘画教学中，教师可以提供一个主题，然后让孩子们自由发挥，画他们理解的主题，这样不仅能让他们自由表达自己的想法，也能培养他们的独立思考能力。

2. 为幼儿提供思考时间。解放时间也意味着要给予幼儿足够的时间去思考和探索。对于他们来说，每一个新的活动或任务都是一个全新的挑战，他们需要时间来理解和消化这些新的信息。如果教师急于推进教学进度，或者频繁打扰他们的探索过程，可能会阻碍他们的思考和学习。在面对一个新的活动或任务时，孩子们需要时间来理解、分析和解决其中的问题。他们可能需要弄清楚规则、理解材料的用途、思考如何将材料组合起来以完成某个目标，或者与其他孩子一起协商合作的方式。这个过程可能会花费较长的时间，也可能会遭遇一些挫折，但这些都是他们在思考和学习过程中必须经历的。

### （六）解放空间：创设多样化的教育环境

1. 借助环境激发幼儿创作欲望。借助环境激发幼儿创作在幼儿的成长过程中，环境对他们的影响是深远的。一个富有创造力和启发性的环境能够激发幼儿的探索欲望，进而培养他们的创新思维和创造力。在创设多样化的教育环境时，教师应当考虑各种因素，包括教室的布置、材料的投放、活动的安排等。对于教室的布置，可以在墙上布置各种艺术品和作品，展示孩子们的创意和成果。这些作品不仅能让孩子们自我肯定，也能激发他们的创作欲望。

2. 开展特色活动。开展特色活动不仅可以帮助孩子们发现自己的兴趣爱好，还可以让他们更好地了解和欣赏不同的文化和生活方式。例如，可以安排一些特色主题活动，如“传统文化体验”“世界文化探索”等。这些活动将带领孩子们了解不同地域的文化传统和风俗习惯，让他们更好地认识和理解这个多元化的世界。

此外，也可以安排一些更具有实用性的特色活动，如“生活技能大赛”“厨艺大赛”等。这些活动将帮助孩子们掌握一些基本的生活技能，提高他们的自理能力，同时也能让他们更好地理解和欣赏不同的生活方式。

## 三、结语

“六大解放”思想在幼儿创造力培养中具有重要的实践价值。只有真正解放幼儿的头脑、双手、嘴巴、眼睛、时间和空间，才能为他们的创造力发展创造良好的条件。希望广大家长和教育工作者能够从“六大解放”思想中汲取智慧，为幼儿创造力的培养贡献自己的力量。

**参考文献**

[1] 龚晶．陶行知“六大解放”思想对幼儿创造性的启发［J］．幸福家庭，2020（8）．

[2] 刘雪萍．渗透陶行知解放思想培养幼儿创造力［J］．新智慧，2020（6）．

# 基于儿童视角的幼儿园室内环境创设

（廖晓惠　深圳市福田区黄埔学校附属幼儿园）

**摘　要**：幼儿园室内环境是儿童接触最多、对儿童影响最大的一个环境，积极创设并合理利用室内环境，可以辅助教学活动的开展，促进儿童的身心健康成长。但当前大多以成人视角创设室内环境，难以充分发挥出环境对儿童潜移默化的影响作用。基于此，从客观性、安全性、主体性等室内环境创设优化的设计原则出发，从重视环境设计美感、给予儿童邀请信号、建立融合班级区域、投放多样化的材料、注重墙面留白设计等角度出发，阐述了儿童视角下室内环境创设优化策略，旨在将单一、固化的环境变为互动、多元的环境，推动儿童的全面发展。

**关键词**：儿童视角；室内环境；幼儿园

随着学前教育的快速发展，人们越来越关注幼儿园室内环境的创设，然而很多传统幼儿园在室内环境创设中缺乏优化和创新，同时在室内设计中还存在诸多不合理的地方，导致室内环境难以充分满足儿童的多元成长需求。因此，在创设幼儿园室内环境时，教师要站在儿童视角进行思考和设计，切实考虑儿童的身心感受，将儿童教育与室内环境的创设结合起来，以更贴合儿童认知、更具生活化和人性化的室内环境带给其更深刻的体验和感受，进而推动儿童能力和思维的不断发展。

## 一、幼儿园室内环境创设的设计原则

### （一）客观性原则

环境的好坏会对儿童的身心发展有着直接影响，因此，在幼儿园室内环境创设过程中，教师要充分考虑到室内的采光、温度等因素。为了使环境能够为儿童带来较强的舒适感和幸福感，就要确保幼儿园室内环境有充足的阳光，以适宜的光线强度对儿童认知环境产生积极影响。同时，还要遵循空间多功能模式，确保室内空间规划能够满足儿童的娱乐需求、学习需求、休息需求，进而培养起儿童的规范意识和归属感。

### （二）安全性原则

儿童安全问题一直是社会各界最为关注的问题之一，在创设和优化幼儿园室内环境时，需要始终遵循安全性原则。室内悬挂物、锋利边角和突出异物等，都会对儿童的学习生活带来一定的安全隐患，导致其受伤，需要关注和及时改进这些可能存在危险的地方。因此，在优化幼儿园室内环境的创设时，还要减少室内障碍物的存放，在高度差处设计明显标语等。

### （三）主体性原则

在幼儿园教育教学过程中，要利用好室内环境这一隐性教育素材，使儿童获得身心健康发展。但是在实际情况中，幼儿园室内环境绝大多数以教师的视角进行摆放，使得环境成了一种装饰品，供领导检查评阅、供家长观赏称赞等，违背了儿童教育的初衷。因此，幼儿园室内环境的创设还要遵循主体性原则，教师要与儿童共同参与到室内环境主题风格的创设和材料的设计摆放中，尊重儿童的想法，以环境创设满足儿童的身心发展需要为目标。

## 二、基于儿童视角的幼儿园室内环境创设优化策略

### （一）重视环境设计美感，增进儿童情感体验

一般情况下，幼儿园室内环境形状漂亮、色彩鲜艳的材料更能吸引儿童的目光，更能使儿童获得积极的情感体验，因此，教师要站在儿童的视角，不断优化幼儿园室内环境创设的美感，使儿童在美好的环境中感知美、欣赏美并学会创造美。当前，一部分教师在创设幼儿园室内环境时存在无计划、无目标等现象，往往是通过网络搜集图片拼拼凑凑，缺乏系统的分析和设计，导致创设的幼儿园室内环境不够协调、内容杂乱且无法起到育人作用。幼儿园室内环境之美在于自然、生动和真实，自然物是最接近儿童认知能力的材料，如藤萝、棉麻、松果等，大自然赋予了它们独特的质感、颜色和线条，能够带给儿童其他材料难以企及的美感和亲切感，因此，教师要将这些自然物合理运用到幼儿园室内环境的优化设计中。

### （二）给予儿童邀请信号，吸引儿童参与创设

如果仅以教师作为幼儿园室内环境创设的主体，缺少儿童的参与，就会导致幼儿园室内环境从内容上到形式上，都充满成人化的特点和色彩，难以吸引儿童的关注。因此，教师基于儿童视角创设室内环境，还要重视儿童参与环境创设与优化的主体性，给予儿童邀请信号，吸引其积极参与到幼儿园室内环境的创设中，这样就能够确保环境充满“儿童味”，能够发挥出环境对儿童教育的作用和价值。例如，每当新学期到来时，教师都会将教室装扮得焕然一新，以此迎接儿童的到来，但由于在这个创设过程中缺乏儿童的积极参与，很多儿童无法与教师创设的室内环境产生互动和交流。为此，在临放假之前，教师就可以与儿童进行积极的沟通，鼓励儿童说出自己在新学期想要看到的室内环境的变化，在整合儿童需求、与儿童意见达成一致的基础上，选定一个或多个特定主题，引导儿童在放假期间认真搜集并准备室内环境创设的相关素材，到新学期开学时，将自己准备好的资料和素材带到园中，根据原先商定好的环境创设主题，与教师一起利用这些材料进行装扮。这样从确定主题到准备材料，再到参与环境创设，都有儿童积极参与的身影，这种充分尊重儿童主体性的幼儿园室内环境创设更能引发儿童与环境的互动，使儿童全身心投入环境中去探索、去学习、去成长。

### （三）建立融合班级区域，灵活划分各功能区

儿童心理学和教育学相关研究证明，儿童的成长既需要与同龄人之间的交流和学习，也需要与成人、与不同年龄段儿童之间的沟通，这样才能获得更全面的成长和发展。因此，基于儿童视角的幼儿园室内环境创设优化，还要重视引导不同年级、不同班级儿童加强互动和交流，积极建立一些融合班级活动区域，如通过两两共用一个空间的形式建立活动室，这样既能保证空间功能的多样性和便捷性，还能有效促进不同年级儿童之间的交流与互动，体现了室内环境布局方式的有效性和经济性。这样集中式的服务空间推动不同年级、不同班级儿童共同参与到活动过程中，在互相交流的过程中开阔眼界、相互帮助、相互学习、共同成长。同时，教师还要对室内空间进行合理划分，尽可能地将“动”与“静”功能区分开来，这样才能促进儿童的健康成长。

### （四）投放多样化的材料，满足儿童探索需求

由于儿童正处在活泼好动的年纪，喜欢新鲜事物，因此，在优化室内环境的过程中，创作手法要多样、内容要丰富，材料的选择和使用要贴合儿童的身心特点。在创作手法上，要注重儿童、家长与教师的参与和互动，体现各种信息和资源的整合；在内容上，要以主题贯穿始终，涉及各个领域，通过发散式思维考虑与主题相关的题材，从多个角度进行设置；在

材料的选择和使用上，要体现各种材料的组合功能，特别是对室内结构和废弃物的巧妙应用。例如，在建构区、图书区等区域，配置靠枕、垫子、地板垫和地毯等柔软的材料，不但可以起到吸音的作用，还可以为儿童创设一个像家一样温暖舒适的室内环境。在幼儿园室内环境创作手法方面，还可以通过使用半立体的、立体的以及平面的材料，使环境富有层次感，满足儿童多元化的学习需求，照顾到不同能力儿童的动手操作需要，同时，以这些材料激发儿童的探索兴趣和探究精神。

### （五）注重墙面留白设计，激发儿童想象思维

基于儿童视角的幼儿园室内环境创设优化，还体现在室内空间的利用与设计上，为此，教师要注重墙面留白设计，激发儿童的想象思维。长期以来，幼儿园室内环境多以满满当当的材料和夸张的、鲜艳的装饰进行装扮，试图以充满童趣的环境吸引儿童的注意，但教师辛苦创设的幼儿园室内环境并不一定是儿童需要的。相关研究表明，在视觉环境较复杂的室内空间中，儿童难以集中注意力，装饰过多的内部环境对儿童正在形成的抗干扰能力造成了较大负担。因此，教师在创设和优化幼儿园室内环境时，还要注意墙面的留白，这里的留白既要减少室内墙面上过多的装饰物，还要留给儿童一定的动手操作空间。使儿童积极参与到自主设计墙面环境中，进而在自己喜欢的室内环境中更好地学习和生活。

## 三、结语

教师要基于儿童视角创设幼儿园室内环境，并引导儿童积极参与其中，关注儿童的兴趣和需求，鼓励儿童对游戏、生活和学习的空间提出自己的想法，自制设计和决策。通过精心设计符合儿童身心发展规律的幼儿园室内环境，营造一个和谐、平等的教学氛围，使儿童在一个良好的环境中获得较快成长。

### 参考文献

［1］崔淑婧，田兴江．基于儿童视角的室内环境创设优化［J］．陕西学前师范学院学报，2022，38（7）：38—45.

［2］韩雯丽．浅谈幼儿园环境创设存在的问题及对策［J］．科幻画报，2021（10）：143—144.

［3］郭小红．幼儿园室内环境创设策略研究［J］．科普童话，2020（28）：111.

［4］万立纯．幼儿园室内环境的教育价值及其创设分析［J］．小学生（下旬刊），2020（3）：80.

［5］鹿爱莲．自主游戏视野下幼儿园室内区域环境创设的问题与策略［J］．早期教育，2022（26）：44—45.

# 绘本为“媒”缓解分离焦虑

## ——借助绘本阅读缓解小班幼儿分离焦虑的研究

（李泽瑞　南京市仙林实验幼儿园学思路分园）

**摘　要：**对于小班幼儿而言，从家庭走向幼儿园是一个艰难和陌生的过程。离开最亲密的家人，走向陌生的环境，大部分小班幼儿会焦躁不安、紧张和恐惧。对于这种现象我们通常称为“分离焦虑”。分离焦虑在小班刚入园的幼儿中最为常见，一部分幼儿分离焦虑的周期极长，这对于幼儿本身和家长都造成了一定的担忧和困扰。在教育实践中表明，绘本阅读对幼儿分离焦虑有着积极的影响和作用。本文结合小班幼儿的年龄特点，从绘本选择的方向、绘本的阅读形式、绘本阅读的环境创设三个方面探讨了绘本对缓解小班分离焦虑的积极作用。

**关键词：**绘本；缓解；小班幼儿；分离焦虑

### 一、绘本选择的方向

#### （一）画面直观、色彩明亮的绘本，更能吸引小班幼儿的注意

对于小班幼儿来说，他们不认识汉字，文字过多的绘本往往会阻碍小班幼儿对于绘本持续阅读的兴趣。他们对于色彩的直接视觉冲击大于文字的影响。而且他们只对具有较强视觉刺激的色彩感兴趣，能够较多注意颜色鲜艳、色彩对比强烈的物体。根据小班幼儿年龄特点，由于他们的生活经验有限，再加上小班幼儿只能理解具体的事情，不会做复杂的分析和综合，只能做直接推理，不会进行逻辑推理。所以，在选择绘本的时候，要注意画面要直观、形象、简洁，这样有助于幼儿对故事内容的理解。

#### （二）内容有趣、生动，依据幼儿焦虑程度有效选择适合幼儿的绘本

对于分离焦虑期的幼儿，离开家庭、父母后，产生的焦虑和悲伤的心理状态较为强烈，此时往往会出现幼儿拒绝与同伴游戏或与教师沟通的情况。选择生动有趣、贴合幼儿心理状态的绘本，幼儿往往会有较为明显的“移情”状态，将自己的处境投射在绘本中塑造的人物上，使幼儿的情绪得到缓解和宽慰。同时，在实际教学的过程中根据小班幼儿分离焦虑的程度，选择不同故事内容的绘本。

1. 幼儿焦虑程度严重。幼儿分离焦虑情绪较为明显，此时常有持续性哭闹，无法正常开展一日活动。在此时教师可以选择认可此时心理状态的绘本，肯定幼儿的情绪，让幼儿出现明显的“移情”状态，以缓解幼儿较为强烈的不安情绪。如《汤姆上幼儿园》一书，书中描述了汤姆在上幼儿园前的心理状态，会紧张、会害怕、会抵触，这些状态都与小班幼儿刚入园焦虑严重状态相符合，幼儿阅读后会感到自身的情感状态有同伴相似和理解。

2. 幼儿焦虑程度中度。幼儿焦虑程度中度时，往往会有间歇性的哭闹。此时幼儿已经可以正常开展活动，偶尔会陷入不安情绪，应选择描写幼儿心理状态和幼儿园中趣事相结合的绘本。例如，绘本《我爱幼儿园》，描述刚进幼儿园幼儿的心理成长轨迹，描述幼儿在幼儿园的活动和趣事。释放对幼儿园的抵触情绪。

## 二、绘本的阅读形式

### （一）提前热身，忧虑入园前的亲子阅读

入园前的家庭时光中，焦虑的对象往往不止幼儿本身。此时，家长有的也显得焦虑和担忧。3—6岁是儿童语言发展的关键阶段，在这个年龄阶段，儿童需要借助与他人的沟通、对图书的阅读等各种方式将口头语言与书面语言结合起来。家庭对幼儿来说是最重要的生活场所，所以幼儿的父母需要承担起引导幼儿进入集体生活的责任。家长应尽可能地调整自己的心态，帮助幼儿稳定入园前的焦虑情绪，培养幼儿基本的生活能力和良好生活习惯，并在入学前给予充分的陪伴，帮助幼儿建立安全感和对幼儿园生活的自信心。

此时把握入园前的亲子阅读时间就显得尤为重要。家长可以选择侧重描写入园心理状态的绘本。以书为媒，以阅读为纽带，更能拉进幼儿与家长之间的亲子关系，增强幼儿对家庭的安全感，对幼儿入园前的引导和安慰不仅是口头上的话语和叮嘱，家庭中也要选择适宜小班幼儿的方式进行必要的入学前引导。

### （二）聚焦当下，焦虑严重下的集体阅读

集体阅读是幼儿刚入园时的一种有效的阅读形式。教师可以在阅读绘本的过程中，全面观察多数幼儿的活动情况，便于掌握班级整体的幼儿心理状态。在集体阅读中，可以提高幼儿对绘本故事情节的注意力，将分离焦虑的情绪进行转移。幼儿仔细聆听教师阅读的故事，通过贴合自身情绪特点的故事，幼儿进入到了一个全新的世界，一边聆听，一边想象自己是故事中的主角，延伸出自己的想法和对当下情绪如何排解的方法。

## 三、绘本阅读的环境创设

《幼儿园教育指导纲要》中指出，“环境对幼儿的心理发展有重要的影响”，如何运用绘本把班级的环境营造成“家”的氛围，以缓解幼儿的分离焦虑呢？

### （一）将绘本情节与集体活动相结合

领域活动是幼儿获取知识经验的基本途径，也是展开教育活动的最佳途径。在利用绘本故事缓解幼儿入园分离焦虑时，教师可以用故事的趣味性吸引幼儿注意，通过情节讲解缓解幼儿的焦虑情绪，同时也帮助幼儿认识全新的学习、生活环境，让其尽快地适应新集体。

以社会领域活动为例，幼儿的分离焦虑很多也来源于对幼儿园的教师、同伴和工作人员的不熟悉，在绘本《我的幼儿园教师》中，描述了教师是护士、是妈妈……是幼儿眼中的多重身份。结合社会领域中活动《猜猜他是谁》，幼儿可以结合绘本中教师的多重身份，实地参观保健教师、厨房人员和保安爷爷的工作场所，让幼儿了解到幼儿园除了班级的教师还有这么多其他教师也都深爱着他们。

### （二）结合娃娃家区域，让绘本故事“活”起来

生活中，爸爸妈妈都是孩子们最熟悉、最亲密的人，是无可取代的角色。在学习了绘本《我妈妈》《我爸爸》之后，孩子们会大胆地表达心中的爸爸妈妈像什么，有些孩子还会模仿着做出爸爸妈妈的样子。于是，我们在班级的“娃娃家”收集了许多爸爸妈妈的照片，鼓励幼儿向同伴介绍、模仿自己的爸爸、妈妈来转移孩子的注意力；摆放许多娃娃推车，让幼儿以“爸爸”“妈妈”的身份照顾宝宝，令他（她）们的责任感不断强化，从而逐渐削弱他（她）们的分离焦虑，渐渐适应和喜爱集体生活。

### （三）创造温暖舒适的阅读区环境

与其他教学方式相比较，对于小班幼儿而言，绘本阅读具有趣味性，对培养幼儿的阅读习惯具有积极作用。小班幼儿在绘本阅读中会受到外界环境的影响，同时也容易受到其他幼儿行为习惯的影响。因此，教师在开展小班幼儿阅读活动时，要结合小班幼儿特点，充分利用丰富的资源，创设良好的绘本阅读环境。教师可以采用歌曲、视频、游戏等方式进行阅读导入，调动幼儿的兴趣。例如，在阅读绘本《你好，幼儿园》前，教师可以先开展问答互动，向幼儿提问："你们觉得小动物去幼儿园的话，需要学习什么本领呢?"引发幼儿的积极思考和踊跃回答；教师从互动中进入正式的阅读，又继续提问："那么小朋友来到幼儿园需要学习什么本领呢?"通过小动物和幼儿之间的对比，这种有效的"移情"引导能提高幼儿的专注度，将幼儿的注意力集中到绘本中。在绘本阅读中，有些幼儿会积极发言，有些幼儿会认真思考，从而形成了良好的阅读环境。

## 四、结语

绘本阅读对于幼儿缓解分离焦虑有着至关重要的作用。教师应了解小班幼儿的年龄特点和分离焦虑的心理特点，为幼儿创造适宜他们的绘本阅读环境，并根据焦虑程度的不同采取不同的阅读形式；家庭中也需要和幼儿园相配合，把握住亲子阅读的机会，通过阅读切合入园心理主题的绘本给予幼儿家庭的安全感和对校园生活的憧憬。总之，通过本文的探讨，期待能够对缓解小班幼儿的入园焦虑提供实践性的帮助，促进小班幼儿尽快适应美好的幼儿园生活。

### 参考文献

［1］教育部基础教育司．《幼儿园教育指导纲要（试行）》解读［M］．南京：江苏教育出版社，2002.

［2］陈帼眉，冯晓霞．学前儿童发展心理学［M］．北京：北京师范大学出版社，2013.

［3］刘畅，刘晓．集体阅读情境下幼儿绘本阅读反应的研究［J］．学前教育，2023（3）：5.

［4］陈凤．运用绘本教学有效缓解小班幼儿的分离焦虑［J］．儿童与健康，2020（6）：2.

［5］张丽．缓解小班幼儿入园分离焦虑策略的研究［J］．当代家庭教育，2020（8）：1.

［6］朱真真．以绘本为载体缓解幼儿入园分离焦虑的有效方法［J］．新智慧，2022（30）：3.

［7］高敏．巧用绘本有效缓解幼儿入园分离焦虑［J］．科学咨询（教育科研），2018（6）：168.

# 幼儿园亲自然课程的探索与实践

（沈熠锦　无锡市新吴区丽景幼儿园）

**摘　要**：随着科技实力的不断发展，人们和自然之间的距离已越来越远，作为一名教育者，应深入思考如何基于自然教育理念构建园本课程并不断优化。本文基于自然教育理念，深入了解幼儿园和其他自然环境的优势，并根据幼儿的年龄和学习需求，提供了具有启蒙意义的“亲自然”课程。从课程理念、课程核心、课程内容、课程实施、课程评价进行论述，旨在帮助幼儿正确看待和尊重大自然，并树立良好的人际关系和社会责任感。

**关键词**：亲自然；幼儿园教学；课程实施

## 一、课程理念

### （一）亲近自然物

不同的教育有不一样的教育效果，对“亲自然”的教育理念而言也有其独特的教育结果。“亲自然”的教育理念包含了亲近自然事物的教育和自然性的教育。其中，将体验、亲近大自然作为基础来进行教学，让人们能够有一种敬畏大自然的心态，并且能以这种心态亲近大自然、感受自然、理解自然，了解大自然在人类社会当中所提供的环境。同时幼儿也能理解自然的“无私奉献”。在此基础上讲解大自然生命的伟大和多样，从与自然的亲近当中能充分地感受自我、发现自我、领悟自我，这样的教育模式可以称为亲近自然物的教育模式。

### （二）感受自然性

通过与自然的互动，孩子们可以体验到它的美妙，但要真正深入了解它，还需要教师的指点。目前，许多孩子仍停留在外观上，没有真正去探索和体验它。为了促进对自然的深入了解，“亲自然”的教学方法强调了孩子们从观察、探究到体会的全面参与，从而使他们能够深刻领悟到大自然的神奇之处。除了传授知识，还需要鼓励孩子们深入探索，从而获得对于自身的真正了解。

## 二、课程核心

孩子们的成长涉及各个方面，包括身体、智能、思想、道德等。这个成长过程既依赖于我们的教育，也取决于教师如何利用这些因素来帮助孩子们实现他们的潜能。通过亲自然课程，孩子们能够深入体验到大自然的美妙，并且能够感受到人与人之间的关系，从而激励孩子们更好地实现他们的潜能。“亲”“趣”“情”是自然课程的核心元素。通过参加亲自然课程，教师可以让孩子们更好地了解周围的环境，培养他们的兴趣爱好，激励他们去探索世界。此外，通过参与亲自然课程，孩子们可以更好地实现他们的潜能，更好地认识到自己的价值。通过让孩子们参与到自然的活动当中，可以更好地了解它的奥秘，同时也可以培养他们对于环境的尊重。因此，教师的目标就是让孩子们更加热爱自然，并培养他们的环保意识。

## 三、课程内容

### （一）从儿童的兴趣和需要出发

在日常生活中，教师应仔细观察学生感兴趣的东西。课程内容是儿童感兴趣的，能激励孩子主动参与其中。在选择课程时，应综合考虑它的教育价值和对孩子发展的影响。教师要从孩子感兴趣的内容和满足他们需求的活动中选择，这样的课程才能真正有意义和价值。

### （二）贴近儿童生活

儿童的学习和成长需要通过实际的体验和操作来获得新的知识。因此，亲自然课程的内容应该与孩子的日常生活紧密相连，让孩子们有机会去实践，并且可以利用他们的经验来进行更深入的学习，从而激发他们对自然的探索欲望。

### （三）符合当下时节

为了更好地开展亲自然课程，教师应该尽可能多地利用当地的自然资源，让课程内容更加贴近季节变化，从而更有效地激发儿童对自然的兴趣。此外，教师还可以利用节日教育的机会，比如，植树节期间，让孩子们一起研究树木的生长及其保护；劳动节期间，让他们一起挖掘土壤、清理落叶、拔除杂草等，让他们更加自然地接受学习。

### （四）主题活动下生成。

主题活动是落实幼儿园课程实施的一种途径，规划一学年的班级主题活动应考虑整合性。可以选择亲自然教育的主题活动，例如，中班主题《石头》《树叶》等，系统规划主题探究活动，有计划地设计主题背景下的亲自然课程。在主题活动实施过程中，教师有意识地利用身边的自然教育资源，生成利于儿童发展的亲自然课程。

### （五）把握随机教育契机

在一日生活中，会出现意想不到的教育契机，教师要敏锐地捕捉到并及时开展教育活动，在当下场景，孩子们兴趣正浓厚，加以教师适宜的教育引导与支持，能增强孩子对事物探索的欲望，保持对事物的好奇心，发展学习力和探究能力。如在户外运动时，孩子们会被地上的蚂蚁所吸引，注意力很快转移到蚂蚁身上，积极讨论关于蚂蚁的话题。教师可以支持孩子们的观察和讨论，把握住当下教育契机，和孩子们一起交流自己的发现，提出相关问题，后续也可延展关于蚂蚁的亲自然课程的探索。

## 四、课程实施

幼儿园希望孩子能更加深入地接触大自然，以实践的方式获取宝贵的知识经验；而教师则要不断努力，提升自己的专业技能，为幼儿园的自然课程的发展做出贡献。教师在构建亲自然课程内容体系时，应以“五育融合”理念为方向引领，建构适宜的、整合的、有教育性的亲自然课程内容体系。

德育。幼儿园始终坚持德育为先的原则。在亲自然课程设计时，从德育的角度建构相关内容：走进大自然，感受自然的美；爱护身边的植物和动物的教育；环保教育等。教育过程中，教师以优秀的品格影响着儿童，使其潜移默化地习染终身受益的品格。

智育。当教师开展自然课程时，应认真思考如何制造出一个适合儿童自主学习的环境，并且让他们感到自己是一个自由而又愉悦的学习者。这样，他们会更加热爱自己的自然课程，并且更加乐于探索。通过开放性的提出问题，激励孩子们去寻找答案，鼓励他们将自己的见解与大家分享，这样可以培养孩子们的创新精神、独立性、求知欲以及合作意识。由此可见，智育不是简单地教授知识，而是通过有意义的教育活动，培养孩子的学习能力。

体育。亲自然课程教育模式不仅包括室内，还包括室外。家长们应该让孩子参与到室内的各种体育项目中，从而提高他们的水平。通过举办各种与大自然有关的社区实践，如徒步旅行、参加公共场所的运动会和收集水果，我们希望让孩子有机会接触到大自然，并通过这些活动来提高他们的身体素质，培养他们的体育修养和毅力。

美育。大自然本身蕴含着十分丰富的教育契机，幼儿园引导儿童走进大自然，感受与欣赏身边自然的美。在美术教育方面，和孩子们一起发现各类树木、花卉的多姿多彩；感受四季变化的自然现象；探索石头、贝壳等自然材料的天然美；并用多种表现方式创造性地表达美……在音乐教育方面，聆听大自然的美妙声音，发现鸟叫、虫鸣的美好；探索运用身边自然材料发出的节奏感……教师和孩子一起在亲自然课程中，发现美、欣赏美、感受美、创造美、分享美。

劳动教育。一是在幼儿园里的劳动，孩子们每周照顾自然角和种植区，为植物松土、浇水、拔杂草等；班级开展周二劳动日，组织孩子们打扫教室卫生，到操场扫落叶。二是在家庭的亲子劳动，鼓励孩子做力所能及的事情，利用周末时间，孩子参与家务活，和爸爸妈妈一起择菜、打扫卫生，将劳动教育延伸到家庭。三是开展社区服务的劳动，教师组织幼儿到社区维护公共卫生，宣传垃圾分类知识，引导孩子们爱护周围的环境，从小热爱劳动。

## 五、课程评价

评估自然课程的重点是多样性。我们强调让孩子们与自然建立联系，并培养他们的自然情感。在这种情感中，不仅包括对自然的关注，还包括与其他人的互动，例如幼儿与小朋友、小朋友与成年人之间的交流。这些因素共同构成了孩子们对自然的热爱。为了更好地评估幼儿的自然课程，我们需要让家长、教师和孩子都参与进来。加强他们之间的交流和理解，并共同确保孩子们能够真正感受到他们在自然界中的成长。另外，我们还应该采用多种评估方式，包括活动记录、作品、访谈、成长档案、学习故事等，来衡量孩子的学习和发展情况。在亲自然课程评价中，重点在于对活动过程的全面反映，通过实时观察、记录、跟踪等方式，不断深入了解孩子的学习情况，而不仅仅停留在表面现象上，从而更好地为下一步活动提供参考，这是一种动态而有效的评估过程。通过活动过程中的评估，教师可以对学生的表现进行观察和记录，并对其作品进行分析。家长也可以提供反馈，让幼儿进行自我评估。这些评估不仅可以记录孩子的学习情况，还能帮助教师更好地组织下一次活动。

## 六、结语

自然课程是一种让孩子们更加深入探索自然的有效方式，它将科学知识融入实践操作中，让孩子们在体验和操作中不断发现自然的神奇，并且从中获得丰富的认知经验。在轻松的氛围中，让幼儿自由地探索、游戏，是亲自然课程的最佳实施方式。通过丰富多彩的自然课程，不仅可以帮助儿童身心健康地成长，还可以让他们有机会接触大自然，让他们有机会去思考、探究，从而培养他们的可持续发展能力。

### 参考文献

[1] 王美．让幼儿成为环境创设的参与者 [J]．大连教育学院学报，2017 (4)．
[2] 施立美．幼儿园“亲自然”课程实施的要素 [J]．好家长，2018 (32)．
[3] 刘玉霞．浅谈环境创设对幼儿教育的作用 [J]．中华少年，2017 (9)．

# 浅析幼小衔接的现状以及对策研究
## ——以广州市白云区某一幼儿园为例

（潘茵芳）

**摘　要：** 近年来，幼小衔接成为教育界的热点讨论问题之一。幼小衔接是指在学前教育阶段时，幼儿园与家长、小学三者间相互交流、支持、合作，帮助幼儿顺利过渡到小学阶段。本文通过以广州市白云区某一幼儿园为例分析该园在幼小衔接中的现状，探讨了如何更科学、有效地开展幼小衔接的实施策略等问题。

**关键词：** 幼小衔接；家园共育；儿童成长

## 一、引言

“幼小衔接”指的是儿童从幼儿园向小学的过渡过程中，幼儿园、小学以及家庭在儿童的认知、情感、习惯方面所做的衔接工作，从而保障儿童适应小学生活的一种教育。幼儿从游戏为主的学习模式进入到学习任务有所加重，教师教学方式、教育管理模式迥然不同的学习生活。此期间若幼儿无法适应小学中的课堂模式、教师的教育教学方法，出现不能专心听讲，甚至是抗拒上学，这不仅不利于幼儿的继续学习，还会损伤儿童的身心健康发展。

## 二、幼小衔接中出现的主要现状

通过在广州市白云区某一幼儿园的幼小衔接教育实践和文献学习，梳理出幼小衔接开展过程中的主要现状。

### （一）幼小衔接的教育目标过于片面化

在幼小衔接中对幼儿学习品质的培养不够重视。我国《3—6 岁儿童学习与发展指南》指出：要充分尊重和保护幼儿的好奇心和学习兴趣，帮助幼儿逐步养成积极主动、认真专注、不怕困难、敢于想象和创造等良好的学习品质。良好的学习品质对幼儿适应小学的学习任务加重以及未来的继续学习都有着无可比拟的重要意义。但在幼小衔接中的“小学化”“学科化”等现象，片面地追求幼儿的认字量、拼音、数学认知等，所采取教育方式单一、不符合幼儿年龄特征等行为，都不利于幼儿形成主动学习、专注的学习品质。

幼儿园对幼儿行为习惯培养缺乏科学的教育方法。在我园与附近小学携手开展的“幼小衔接专题研讨会活动”中，小学教师向我园大班级教师反馈，部分幼儿进入小学后经常出现把教室里的物品弄得凌乱不堪，不爱整理桌面等问题。这给小学教师教育工作的开展带来一定的困难。在幼儿园期间，教师也十分重视幼儿各种行为习惯的培养，但由于缺乏行之有效的教育方式和家庭教育等各种原因，仍有幼儿没有养成良好的行为习惯。

在对幼儿进行心理适应和社会适应能力的教育上幼儿园缺乏有效的教育策略。幼儿园倾向于幼儿的生活自理能力、规则意识、行为习惯、阅读等方面的培养。近年来虽也意识到对幼儿的社会适应能力在幼小衔接中的重要性，但还是缺乏科学的引导方式。幼儿进入小学后，除了接踵而至的学业任务，更有陌生的学习环境、教师、同学。在面对这一变化时，如果幼儿不善于进行自我心理的调适，主动搭建起和谐的同伴关系、师生关系，向大人倾诉寻求帮助，就很容易导致幼儿出现焦虑、迷茫、恐慌等消极情绪，甚至出现“厌学”心理。

近年来，在幼小衔接中，幼儿园与小学间不再是“闭门造车”的状态，幼儿园会定期组织幼儿去小学校园里面参观。但多数只是存在于表面的参观，而缺乏深刻的教研活动，并以此加深对彼此教育目标、教育方式、教学评价等的理解。

### （二）家庭教育中存在的负面影响因素

家长对幼小衔接的错误认知。在和班级家长沟通交流中，了解到有大部分家长认为幼小衔接，主要是知识上的储备，知识储备量越大对幼儿适应小学的学习越有利，忽略对幼儿自理能力、学习习惯、幼儿心理健康、社会适应能力的关注。也有部分家长认为幼小衔接主要是幼儿园和小学的责任，缺乏主动参与到幼小衔接中的意识。此外，还有家长对幼小衔接处于“无能为力”的状态，他们深知幼小衔接的重要性，但由于自身对幼小衔接的家庭教育知识欠缺，便一味盲从社会上的各种“幼小衔接”热潮。

### （三）幼儿园与小学一年级教育上缺乏过渡期

在教育目标、教学方法、教学管理上，幼儿园以保教为主要目标，以游戏为主要活动形式。小学则是以分科教学为主，更多地以读书指导法、练习法、讲述法为主。于幼儿而言，猛然地从幼儿园以具体形象性思维为主的活动，过渡到以抽象思维为主，这是难以迅速适应的，易使儿童日渐失去对学习的兴趣与自信心。

## 三、幼小衔接中存在问题的原因分析

幼儿园作为“幼小衔接”的主要承担者，幼儿园的教育理念、幼儿园管理层管理观念、幼儿园一线教师的教育素质以及幼小衔接中的家园共育观都会直接地影响到幼儿园的“幼小衔接”的开展。

每个家庭都有其独特的育儿理念与教育方法。家长具有科学的幼小衔接观，在育儿实践中做到“尊重但不放纵，关怀而不干涉，分享而不教导，邀请而不要求”，幼儿更能从容地应对全新的小学生活；但也有家长的教育方式是“溺爱型”“权威型”“放任型”，没能给予幼儿正确的引导，促使幼儿养成一些不良的行为习惯。

小学教师与幼儿园教师定期开展的教研活动中，出现流于形式的教研，各持己见，缺乏对彼此教育的认同感。由于长期教育对象的不同，小学教师容易出现对大班幼儿身心发展特征缺乏科学的认识，缺乏让幼儿在一年级时拥有一个心理过渡适应期的衔接意识。

## 四、解决的策略

### （一）幼儿园确定科学的幼小衔接实施方案

幼儿园秉承“幼儿中心，协同多方，科学衔接，儿童成长”的幼小衔接观，幼儿园管理者充分意识到，幼小衔接是一项长期性、统筹多方面教育资源开展的全面性教育。首先，幼儿园主动协同各方面教育资源（小学、家庭、社区），组织幼儿园教师和小学教师定期地进行交流研讨，解答彼此在幼小衔接中的疑惑，在研讨中幼儿教师也能更清晰地了解到小学对幼儿的要求，从而更有针对性地确定了其幼小衔接计划。其次，重视家庭教育的力量，定期通过公众号推送、线上家长会等方式，公布幼儿园、小学方面关于幼小衔接方面的信息，引导家长树立科学的幼小衔接观，更好地参与到幼小衔接活动中。

### （二）提高教师的理论基础和专业技能

教师作为幼小衔接的实施主体。教师树立科学教育理念，意识到幼小衔接是一个长期性、全面性、多向性的过程。用科学的教育理念来指导自身教育实践活动，多观摩骨干教师的公开课，在观摩中思考、反观自身幼小衔接中的教育实践行为；定期参加幼小衔接教研活动，如小学教师尝试到幼儿园上一节课，幼儿园教师尝试到小学给一年级学生上一节课，在交换教育对象的体验过程中，感受幼儿园、小学阶段的教育对象的年龄特征、实际发展情况。此后回归幼小衔接教育实践活动中，在做到坚持以学生为中心的基础上，更乐于为对方考虑，相互支持、学习，对幼小衔接的开展起到积极的促进作用。

### （三）家长树立科学的幼小衔接观

在幼小衔接中家长可借助幼儿园家园共育平台等渠道，更新自己的教育理念，了解幼小衔接教育要求、幼儿园与小学之间的差异，从而确定幼儿在家中所接受的教育。幼小衔接是一个短暂而又关键的一个时期，家长应合理地协调陪伴幼儿和工作的时间，避免出现因工作忙碌而疏忽孩子的现象。

### （四）小学一年级主动参与幼小衔接

小学方面积极配合幼儿园工作，主动地走进幼儿园，了解大班年龄段幼儿的年龄特征、心理特点、发展需求。尊重学生，允许一年级新生有日渐适应小学生活的过渡期，并采取措施帮助儿童尽快顺利地适应小学生活。例如，在小学班级环境创设上，小学教师可以在开学前协同班级家长、邀请高年级的小学生共同布置班级环境，如张贴一年级新生的照片；张贴温暖的便利贴（教师对一年级新生的祝福，高年级哥哥姐姐的寄语等）；创设情绪驿站，在这里新生可以将自己的情绪真实地记录下来，同时遵循自主自愿原则，将自身真实情绪感受分享给信任的教师、同学，以此帮助儿童合理地宣泄负面情绪。

### （五）帮助幼儿建立对小学的积极性认知并做好准备

幼儿是幼小衔接中的教育对象。幼儿园和小学相互配合，定期组织大班幼儿走进小学校园，邀请小学教师给大班幼儿介绍小学的校园生活，让幼儿正面、客观地了解到小学生活。通过家园共育帮助幼儿做好进入小学的准备，如自我服务能力、良好行为习惯，社会适应能力。小学有语文等学科知识的学习，为此幼儿园、家长还应帮助幼儿掌握学习的基本方法、端正学习态度、养成良好的学习习惯。

## 五、结语

幼小衔接是儿童成长道路上的重要转折点，关乎幼儿未来的学习生活、身心健康发展。幼小衔接不是“一方孤战”，而是多方教育资源间的相互交流，相互支持，相互合作，共同助力儿童成长的长期性教育过程。

### 参考文献

［1］张玲玉．幼小衔接中存在的问题和对策探究［D］．扬州大学，2018.

［2］吴婷婷．幼小衔接中儿童人际交往能力培养的问题及对策研究［D］．东北师范大学，2010.

［3］汪攀．家长对幼小衔接的认识研究［D］．河北大学，2020.

[4] 苏晓波．我国“幼小衔接”教育存在的问题及策略研究［D］．沈阳师范大学，2017.

[5] 廖颖．幼儿园幼小衔接的现状及对策研究［D］．江西科技师范大学，2018.

[6] 王燕．幼小衔接教育实践研究［D］．辽宁师范大学，2015.

[7] 谢鹏辉．我国幼儿体育幼小衔接现状的调查研究［D］．华东师范大学，2019.

# 5—6岁幼儿前阅读支持策略的实践研究

（代晋丹　昆明市盘龙区云南师范大学实验中学附属幼儿园）

**摘　要：**幼儿园“前阅读”是支持幼儿在终身学习中成为成功的阅读者所必应具备的经验。5—6岁幼儿“前阅读”的核心经验包括以下三个方面：良好的阅读习惯和行为的养成；内容的理解和阅读策略的形成；阅读内容的表达和评判。本文主要通过关注教学活动中的细节，来探讨在一日生活中互动表达，在游戏活动中想象建构来促进5—6岁幼儿对阅读内容的理解与表达等问题。通过分享、体验和创编，培养5—6岁幼儿“前阅读”的能力。

**关键词：**5—6岁幼儿；前阅读；策略

## 一、问题提出

《幼儿园教育指导纲要》中指出，要利用图书、绘画和其他多种方式，引发幼儿对阅读的兴趣。《3—6岁儿童学习与发展指南》中也提出，要培养幼儿的阅读兴趣和良好的阅读习惯。绘本已经成为幼儿园教育不可缺少的资源，以绘本阅读为代表的前阅读活动也成了幼儿园语言教育的重要载体，据笔者调查发现很多教师在教学过程中没有真正发挥绘本的价值，在开展前阅读活动中也出现了一些问题：重画面，轻细节；重理解，轻表达 ；重讲述，轻想象等。

我们在“学前儿童前阅读学习的核心经验”理念指引下，从教师和家长指导幼儿阅读理解绘本入手，找到对幼儿前阅读核心经验形成的有效的教育契机，重视幼儿一日生活中的阅读以及在语言教学活动中的阅读策略，使幼儿在绘本游戏过程中逐步养成良好的阅读习惯和行为。通过有效的阅读策略，获得相应的表达与评判能力，为成为良好的阅读者打下坚实的基础。

## 二、操作定义

本文中指以绘本为载体，通过有效阅读策略的指导，使幼儿理解绘本的内容。包括良好阅读习惯和行为的养成、阅读内容的理解、阅读策略的形成、表达和评判。

## 三、5—6岁幼儿前阅读的支持策略

一个有着良好阅读能力的幼儿，应对阅读有着浓厚的兴趣并且具有正确的阅读行为，能了解绘本的基本内容；能通过多样的方式对所读的内容进行表达并形成自己的看法；能尝试根据人物特征进行评判。本文主要从集中教学活动、生活活动和游戏活动三个方面进行分析和探讨。

### （一）教学活动中关注细节

教师在教学活动中，除了让幼儿观察画面，理解画面所表达的意思，更重要的是引导幼儿去关注细节部分，激发幼儿挖掘图画书更深层次的含义所在。具体从引趣、提问、聚焦三个方面进行，即一读封面图文，进行猜测想象；二读故事片段，进行猜测理解；三读重点画面，进行细节表达。

1. 引趣：读封面图文。从阅读封面开始，引导幼儿读懂封面上的图画和文字，引导幼儿大胆猜测故事的内容，从而激发幼儿的阅读兴趣。阅读方式主要为读图和读文。读图是通过细致地观察看图，发表自己所看到的画面，同时在这个过程中进行猜测；读文指的是幼儿在认识部分文字的情况下，猜测故事中的文字内容，了解故事情节的发展。

2. 提问：读故事片段。阅读故事的过程中，教师使用提问、追问的方式帮助幼儿理解内容，通过递进式的提问，小组化讨论策略，让幼儿在小组中大胆表达想法，既能让每位幼儿都有发言的机会，还能让幼儿之间产生小讨论，在一次次的猜测、验证过程更深入理解绘本的内容。

3. 聚焦：读重点画面。让幼儿在论证自己猜想的过程中一次次地去翻阅图书，自主阅读，表达自己的猜测，在一次次的语言或者动作的论证过程中，得到一个猜测，最后通过留疑的方式再来互相讨论。

### （二）生活活动中互动表达

在一日生活中，我们关注幼儿的表达欲望，鼓励幼儿进行多种形式的表现。一般采用说说、做做、画画等多种方式表达。满足幼儿在阅读中的多元表达兴趣，在一日生活中以晨间、餐后、离园等时间段，以分享式、体验式、创编式的阅读方法，通过互动交流、观察图片、制作规则的方法，让幼儿在愉悦宽松的氛围中，促进 5—6 岁幼儿阅读的多元表达能力。

1. 相互交流：关注分享者与倾听者。优秀的文学作品，影响幼儿一生的发展。通过同伴和教师之间相互分享交流，文学内容逐渐内化为自我的文学。分享环节能使幼儿记住故事情节，加深故事人物印象，理解词语的意思。幼儿间分享能带动其他同伴参与到其中，激发幼儿的阅读兴趣，促进幼儿表达和表现能力，在交流中也能促进幼儿的社会交往能力。

2. 观察图片：教师巧引促体验。教师引导幼儿仔细观察图片，体验和感受绘本中主人公情感和心理的变化过程，并尝试用语言或者肢体等表现，是一种体验式的阅读。阅读需要让幼儿静下来读图，需要教师有效提问，幼儿在阅读绘本中，教师要引导幼儿注意图片的观察，为故事理解内容做好一些铺垫准备。

3. 规则制作：引导幼儿积极参与。常规教育中师幼都觉得枯燥且无趣。以图文形式创编环境规则，让幼儿通过阅读理解，使阅读与常规两个相互融入，用图文并茂方式进行表现，以便幼儿更好地阅读和理解进行创编式阅读。第一，编于形而非于本，引导幼儿敢于创编。借鉴图文形式表达运用日常常规教育。餐前餐后、午睡起床等可以让幼儿说说、画画、做做，以幼儿自己理解的形式制作图文常规。第二，师幼齐心，共同参与制作图文。

### （三）游戏活动中想象建构

幼儿在理解图画书内容的基础上，在游戏活动中通过画画、说说、演演对故事进行大胆想象，创编部分情节或结尾。我们可以延伸到区域中，让幼儿在区域中画一画、说一说、演一演中进行积极的想象与表达。我们梳理了以下一些策略，通过游戏促进幼儿语言发展的形式，可以让幼儿获得阅读的快乐，加深对绘本的理解。

1. 画一画：以要素为载体，自由表达想象的故事内容。教师通过搭建支架，丰富幼儿的创编内容，教师根据内容提供给孩子表达的四要素，即时间、地点、人物、事件，幼儿愿意在绘画中回忆和表现自己看过的绘本的形象，创作中，主题有依据，内容连贯清晰，幼儿的阅读表达能力得到了锻炼。

2. 说一说：以角色为载体，自主表达想象的故事情节。教师提供角色指偶，让幼儿根据自己对绘本的理解，单独或合作完成了自制绘本的表演，并且将这一材料投放到语言区，供幼儿进行故事讲述。在讲述过程中，提供了已绘制好的单幅图片和有联系的多幅图片，将不同画面进行关系串联，帮助幼儿理解故事内容。

3. 演一演：以道具为载体，自如演绎创编的故事情节。幼儿在表演绘本故事中，教师和幼儿共同创情境，以道具为载体，加深幼儿对故事情节的理解和表达。将绘本中关键情境的内容转为符合幼儿游戏的场景，可以更进一步理解故事内容，在幼儿的经验与绘本内容之间建立联系，增强阅读的兴趣，获得阅读的快乐。

## 四、研究成效

通过在教学活动、生活活动、游戏活动中进行前阅读的实践研究，培养5—6岁幼儿良好阅读习惯和行为，帮助5—6岁幼儿形成基本的阅读策略，激发幼儿对阅读内容的表达和评判。具体成效如下：

### （一）培养了5—6岁幼儿良好阅读习惯和行为

通过活动培养了幼儿良好的阅读习惯，获得图画书的基本概念，形成正确的阅读行为。教师在选择图画书时往往考虑幼儿的兴趣点，贴近幼儿生活，让幼儿能够喜欢上这本图画书，并有兴趣去看。教师也会在教学活动中，讲解一些看书的方式方法，纠正幼儿一些不良的阅读习惯和阅读行为，同时引导幼儿学习基本的翻书技能，学习观察图画书中的物体和形象，帮助幼儿养成良好的阅读习惯。

### （二）帮助5—6岁幼儿形成基本的阅读策略

《3—6岁儿童学习与发展指南》要求，5—6岁幼儿“能说出所阅读的幼儿文学作品的主要内容”，反映幼儿对“阅读理解”的期望。在阅读的过程中，幼儿需要逐步获得一些基本的阅读策略，如预期、假设、比较、验证等，这些能帮助幼儿准确地理解图画书的内容。而在教学活动中，教师往往会通过提问、追问来帮助幼儿理解故事的内容，激发幼儿去想象猜测故事情节的发展，最后一起来验证自己的猜测，锻炼幼儿的观察力和思维能力。

### （三）引发幼儿对阅读内容的表达和评判

《3—6岁儿童学习与发展指南》指出，5—6岁幼儿能“对看过的图书、听过的故事说出自己的看法”，幼儿在阅读过程中，常出现有话要说、有话想说，却无法准确表达的现象。此时教师给予鼓励和支持，帮助幼儿记录故事，有助于幼儿理解口头语言向书面语言的转化，理解文字符号和书面语言的功能。当幼儿编好自己的故事以后，却无法将这些信息串联起来时，通过以要素为载体，自由表达想象的故事内容；以角色为载体，自主表达想象的故事情节；以道具为载体，自如演绎创编的故事情节三个策略，幼儿对故事内容有了进一步的理解，并愿意用绘画、语言、动作等进行表达或表现。在画、说、演中，可以提高幼儿对阅读内容的表达。

**参考文献**

[1] 周兢．学前儿童语言学习与发展核心经验［M］．南京：南京师范大学出版社，2014.

[2] 刘宝根．学前儿童语言教育与活动指导［M］．上海：华东师范大学出版社，2014.

[3] 李季湄，冯晓霞．3—6 岁儿童学习与发展指南解读［M］．北京：人民教育出版社，2013.

[4] 中华人民共和国教育部．3～6 岁儿童学习与发展指南［M］．北京：首都师范大学出版社，2012.

[5] 教育部基础教育司．《幼儿园教育指导纲要（试行）》解读［M］．南京：江苏教育出版社，2002.

# 美育活动中，共促“同伴交往”实践探索
## ——“以风筝世界为例”

（付雨童　北京市通州区临河里幼儿园）

**摘　要：**中华民族灿烂文化的结晶是中国的非物质文化遗产，也是我国中华民族的财富。在幼儿课堂上引入“非物质文化遗产”，不仅能让逐渐消失的民间艺术重现，也能在下一代实现“非物质文化遗产”的传承。非遗教学的重要意义是培养幼儿的爱国主义、民族的自豪情感和综合审美素养等。宣传并开展非遗文化是幼儿园美育教育活动中的重要游戏活动。本文以非遗文化——纸鸢风筝大班主题活动为例，对幼儿实施“美育”教育的同时发展同伴合作与交往的能力进行了实践研究。

**关键词：**美育教育；同伴合作与交往

美育是不可或缺的，美育有助于人们崇尚自然，发展个性。美育通过提高人的审美能力，培养人们积极健康的审美趣味，陶冶人的心灵，使人格健全，从而提升人的境界。我们需要与时俱进，通过狭义的美育和作为广义美育的审美活动互补，推进人的全面发展。

幼儿园在开展美育教育活动时，主要通过欣赏、创作、再创造等内容，尤其是在幼儿园的美育教育中，教师从幼儿阶段培养幼儿的文化传承意识，促进幼儿的审美等综合能力的发展进步。纸鸢是我国的非物质文化遗产，距今已有2000多年的历史，在漫长的岁月里，不仅创造出凝聚着中华民族智慧的文字和绘画，还创造了许多反映人们对美好生活的向往、寓意吉祥的图案，代表了人们勇敢追求梦想的精神。大班幼儿对纸鸢风筝兴趣度高，创作的能力强，在美育教育的活动中，结合非遗文化的开展，教师培养大班幼儿的同伴交往与合作可以采取以下实施方法。

## 一、解析幼儿需求，互促幼儿交流

角色区幼儿开展售卖风筝活动时，幼儿提出“海报”需求，角色区幼儿来到了美工区，和美工区幼儿说出了自己的需求：“我们的商店需要一张宣传海报，你能帮我画一个吗?”美工区幼儿答应后，进行了第一次的海报制作。在沟通的过程中，角色区幼儿并没有提出对海报内容的具体要求，美工区幼儿的完成度并不高。于是，在区域评价的环节进行提问：

（1）你们需要什么样的海报呀?

（2）有什么颜色、符号、文字、图形的要求?

角色区幼儿积累经验后进行了第二次的沟通。在这次沟通的过程中，角色区幼儿对制作海报的过程很感兴趣，加入一起制作。在两个人的协商、合作下，第二次的海报制作完成了，角色区的幼儿很满意。

教师通过对幼儿活动的观察与分析，发现角色区的幼儿是个理解能力、沟通能力强的幼儿，但她在绘画方面表现力比较薄弱，结合美工区绘画能力强、观察能力强的特点，完成了海报制作。在活动中，教师要尽可能地满足幼儿的社交需要。不仅促进了语言表达能力、安全感、成就感的形成，也是提升幼儿的同伴交往能力的重要途径。

## 二、适时介入游戏，提升幼儿交往

当幼儿发现美工区的展品不充足的时候，小朋友们展开了小组讨论，教师抓住教育契机展开了儿童会议。美工区幼儿提出想要“黏土风筝”，他们来到了拼插区，看到拼插区幼儿此时正在用大树玩具合作拼一个蝴蝶风筝。

美工区幼儿：“你们愿不愿把拼插好的风筝拿到我们角色区卖呀？”

拼插区的两个人都没有回答，我在旁边观察着。

美工区幼儿：“教师，他们不想，我们风筝商店的风筝不够了。”

教师：“那你再想想还有什么别的好办法吗？”

美工区幼儿：“我可以把他们的风筝买来，我给他们钱，我们交换就有了。”

于是吉吉拿来了角色区的卡片钱和瑞瑞在做着交易。

在此过程中，教师适时地介入幼儿的游戏，对于有一定组织能力、有带动力的幼儿，可以让幼儿担任游戏中的主要角色，参与分配角色和解决问题。例如，在本次的活动中，拼插区幼儿为美工区做风筝，激发了拼插区幼儿的游戏兴趣，幼儿不断地与同伴发生互动，交往能力有所提升，同样幼儿获得了情感的满足和自信心。使他们的兴趣、需要得到满足，社会交往技能得以培养，从而促进幼儿身心和谐发展，教师适宜的指导，是强化幼儿同伴交往技能的关键。

通过区域活动，我发现提升幼儿游戏能力体现在以下两个方面。

（1）教师的提问策略：美育教育活动中，过多的提问不仅会耽误幼儿的创作时间，也会让幼儿失去在活动中的自主性和主体地位。有效的提问引起幼儿的兴趣，不要只让幼儿的回答停留在喜欢、好看、愿意等方面。如果教师要出示一幅图片，教师可以请幼儿先欣赏然后去感受美，通过感受美的过程中启迪美的接受主体。提问要有发散性，提问要让幼儿有思考，最后才能引起幼儿想要回答解决这个问题的兴趣。然后才能进行下一步。

（2）教师的指导策略：每个年龄班的美术指导策略也有所不同。如小班的幼儿处于涂鸦期，而且还比较容易受到同伴的影响，容易动摇。这时候教师就要鼓励幼儿的信心，给幼儿提供充分的材料支持他们的创作。中班的幼儿开始进入形象期，这时候教师就要让他们多接触和表现各种不同的事物，多积累形象经验，他们的画画要求不仅要停留在物体的大轮廓上，还要有一些细节的表现。大班幼儿的发展较中班幼儿更为深入，能够表现出一些有情节的作品来。所以我们在指导的时候要让幼儿认识到有些事物有差异性。

所以在幼儿园的美育中，要重视在培养幼儿之间、幼儿与教师之间、幼儿与其他成人之间和谐友爱关系。这样可以使幼儿学会关心他人、帮助他人、齐心向上的良好品质，教师对幼儿的关心和爱护，可以激发他们产生巨大的学习动力等。

## 三、重视游戏评价，实现交往目标

幼儿在活动中，教师需要适宜、合理、有效地对幼儿进行评价，教师必须在对幼儿身心发展的评价方面下功夫，科学地评价幼儿。科学评价幼儿应做到有理有据，有理即评价要有合理的依据，有据即评价要有可靠的证据。缺少依据或证据的评价都是主观武断的。因此，要提升教师评价幼儿的能力，教师需要从确立评价标准和收集评价证据两个方面进行努力。当主题游戏告一段落时，教师在区域评价环节可组织幼儿谈论并充分表达他们自己在角色区游戏中的的感受，以更好地挖掘游戏中蕴含的丰富的教育潜能，实现幼儿的发展。在游戏中，有些幼儿不顾别人的需要，随手去拿同伴的游戏材料，同时会出现争吵、告状等现象，教师在引导后，也可以在评价环节启发幼儿思考：如果别人拿了自己需要的材料，自己会怎样对待？你需要的材料能否用其他的代替？等等问题。通过引导，幼儿能使自己置身于情境中，设身处地为他人着想，体验到他人正体验的或设想他人正体验的情绪、情感，从而产生移情。在游戏后说出自己的经验，给其他幼儿提供了分享和学习别人的经验的机会。幼儿在互动的作用下，游戏会开展得越来越生动。特别要强调的是，科学地评价幼儿是为了了解幼儿身心发展的需要，以便提供更适宜的帮助和指导，提高幼儿园教育质量。

## 四、结语

幼儿美育是运用自然美、社会美和艺术美培养幼儿正确的审美观念，使其具有感受美、鉴赏美、表现美和创造美的能力及培养健康审美态度的教育。在《3－6岁儿童学习与发展指南》背景下，教师在提高幼儿素质，促进幼儿全面发展方面有着其他教育不可替代的作用，实行美育，可以促进孩子的智力发展，训练他们的思维，启发他们的想象力，从审美活动中学到知识，开阔眼界。

美育教育不仅渗透在美术教育活动中，还可以依存于其他的活动中。坚持对于幼儿的美育教育实际上是对幼儿健全发展的重视，促进幼儿的全面发展，在幼儿时期使幼儿知道什么是真正的美，对日后的人生起着重要的作用。

### 参考文献

［1］中华人民共和国教育部．3～6岁儿童学习与发展指南［M］．北京：首都师范大学出版社，2012.

［2］中华优秀传统文化融入幼儿园美育教育的实践研究［C］．第八届生活教育学术论坛，2023.

［3］刘芳．试论艺术教育与素质教育［J］．教育与职业，2007.

# 基于深度学习视角下的教师有效提问研究
## ——以科学教育活动为例

（李平　北京市昌平区机关幼儿园）

**摘　要**：深度学习能力是新时代对人提出的新要求。从小培养幼儿的深度学习能力，不仅可以提升幼儿的认知能力和思维品质，还可以发展幼儿的情感、意志、动机等非智力因素，为幼儿的后继学习与终身发展奠定良好的基础。深度学习的实现需要充分发挥幼儿教师的引导作用。教师的有效提问能促使幼儿有意识地感知观察、探究问题、寻找答案，在合作中不断超越，促进自身学习水平的进步。

**关键词**：深度学习；有效提问

深度学习能力是新时代对人提出的新要求。学前教育是终身教育的奠基阶段，从小培养幼儿的深度学习能力，不仅可以提升幼儿的认知能力和思维品质，还可以发展幼儿的情感、意志、动机等非智力因素，为幼儿的后继学习与终身发展奠定良好的基础。幼儿的深度学习不是指向高深的学习内容，也不是超越幼儿认知能力的小学化的学习，它注重以感性经验为基础，依托具体情境、动手操作，重视幼儿间的合作与探究以及幼儿在解决问题过程中的积极情绪体验。

科学教育活动为幼儿搭建了科学探究、问题解决的平台，是幼儿深度学习发生的重要场域。《3－6岁儿童学习与发展指南》中指出："幼儿科学学习的核心是激发探究兴趣，体验探究过程，发展初步的探究能力。成人引导幼儿通过观察、比较、操作、实验等方法，学习发现问题、分析问题和解决问题；帮助幼儿不断积累经验，并运用于新的学习活动，形成受益终身的学习态度和能力。"

深度学习的实现需要充分发挥幼儿教师的引导作用。受思维发展水平的限制，幼儿自身的探究行为往往是随意的、无目的的，因而教师要多方面支持和鼓励幼儿的探索行为。教师的有效提问是一种重要的支持策略，在幼儿园这样一个充满师幼互动、幼幼互动、人际交互影响的学习情境中，教师提出有探究意义且能激发幼儿兴趣的问题，引导幼儿猜一猜、想一想，或鼓励幼儿根据观察或发现提出值得继续探究的问题，既尊重了幼儿的主体性，又能促使幼儿有意识地感知观察、探究问题、寻找答案，在合作中不断超越，促进自身学习水平的进步。

### 一、精心设计提问，激发探究兴趣

提问设计是提问的初始环节，该环节的重要目标是预设可能出现的问题和情境，激发幼儿的好奇心和探索欲，增加高水平提问的数量，引导幼儿有序探索新知。因而教师必须保证问题的逻辑性与开放度，支持幼儿既能了解科学规范，又能开拓性思考。

#### （一）设计求真式问题，形成科学思维

科学探究是幼儿科学学习的重要组成部分，科学探究不仅有其基本的探究步骤，也有其专业的表达方式。教师要依照科学探究程序，按照记忆、理解、应用、分析、评价、创造等建立问题序列，让幼儿学会比较、概括、推论与预测。例如，在做出假设阶段，教师可以问幼儿"你猜测会有什么结果""你预测的依据是什么"；在探究过程中提问幼儿"接下来我们

要进行哪个步骤”“我们验证了吗”等；在验证之后提问幼儿“实验结果和你的猜测一样吗，哪里不一样，原因可能是什么”“根据实验结果，你有什么新发现”等。在这样的提问下，幼儿逐渐学会科学探究的规范程序，科学思维逐渐得到强化。

### （二）设计开放式问题，拓宽思维空间

在活动的不同阶段，教师要善于根据探究内容的不同，设计不同类型的高水平、开放式问题。例如，针对需要幼儿理解的内容，教师可以运用“你觉得什么是……”“你观察到了什么”“你听到了什么”等理解性问题；对于实验操作类的内容，可以运用“你是怎么操作的”“我们要怎样做呢”等应用性问题；在活动总结阶段，可以运用“你想研究什么问题”“你还有什么办法”等创造性的问题。上述问题从幼儿的观察、感知中来，给出幼儿思考的空间，会让幼儿积极投入、精神振奋，因为幼儿可以运用所学所知，按照自己的方式来回答，而不是回忆死记硬背的信息。

## 二、灵活应对提问过程，打开探索空间

深度学习既包含认知维度在内的诸多智力因素的投入，也有动机、情感、意志等非智力因素的投入。幼儿是“情绪的俘虏”，因而教师在活动中要维持幼儿积极情绪的参与。在提问过程中，教师要营造探究气氛，把握提问时机，引发幼儿的主动学习倾向。

### （一）营造探究气氛，激活积极思维

教师要真正融入幼儿活动，为幼儿提供一个允许他们思考、探究、犯错的环境，鼓励幼儿自由表达、大胆实践，利用自己对科学领域的好奇心和探究热情感染幼儿，鼓励同伴合作、小组探究，持续引发幼儿获得积极的学习体验。在提问过程中，教师要了解幼儿的“最近发展区”，并保持提问的难度，激发幼儿的探究积极性。例如，“你们喜欢这个杯子的什么地方”“请你描述一下自己的宠物”“如果你们可以设计一辆跑得飞快的小汽车，那么这辆小汽车会是什么样子的，为什么?”上述问题与幼儿的生活联系紧密，又有一定的挑战度，能够推动幼儿细致地观察、深入地思考，甚至能够引发同伴之间的讨论、争辩，深度学习自然产生。

### （二）把握提问时机，激励主动建构

教师可以在以下节点适时提出问题，引发幼儿的主动学习意识：一是在幼儿的兴趣点设置问题，激发幼儿的求知欲；二是在幼儿思维活跃、似懂非懂的兴趣点提出问题，点拨答惑，达到以问促思的效果；三是在幼儿观点不一致时，教师可以抓住异议点提出问题，让幼儿阐述观点、讨论互动，在思维的碰撞中主动建构新知。教师要为幼儿预留思考空间，主动建构：其一，教师提出高水平问题时，可以通过观察幼儿表情、动作反应等，确定其思考时间是否充足；其二，教师放手让幼儿大胆猜想与假设，真正动脑深入思考、解决问题，切忌急于提出自己所谓的“正确”想法；其三，为幼儿提供机会，用自己的语言表达、解释对知识的理解，让教师更好地判断幼儿的知识建构状况。

## 三、优化理答过程，促进元认知发展

深度学习指向幼儿的元认知反思。教师要重视理答，通过巧妙追问，外显幼儿的认知过程；提问面向全体，引发幼儿的互动反馈；通过具体评价，推进幼儿自我反思；适当放手，引导幼儿主动提问。

## （一）巧妙追问，外显认知过程

使用追问的情况有三种：一是幼儿回答虽然正确但极为简略、没有过程分析；二是幼儿因思考方向不对路而回答不完整或错误；三是幼儿回答出乎意料，未在教师预设范围之内。出现上述情况时，教师可追问，“你为什么选择这个”“你为什么这么猜测”等，引导幼儿把自己的思维过程用外显的语言表达出来。这种做法有助于教师和幼儿一起反思幼儿在认知过程中表现出来的思维优势与不足，帮助幼儿调整思维方式，提升思维能力，学会对自身思维的监控与调整。

## （二）面向全体，引发幼儿互动

深度学习具有社会交往属性，因而幼儿的深度学习评价不仅来自自己，也可以来自同伴。幼儿之间的互动评价，能够帮助幼儿对比自己与他人的思维，在对他人及自己思维的认同或否定过程中，不断产生认知冲突。而认知冲突能够引发幼儿之间的辩论或讨论，在这一过程中，幼儿对事物的认知会更为全面、深刻，其批判性思维和反思性思维得以发展。教师可以提出“其他小朋友还有补充吗”“谁能帮助他完善一下答案”“其他小朋友有不同答案吗”等问题，让尽可能多的幼儿参与到积极的批判性思考之中。在评价个别幼儿答案的过程中，其他幼儿也会对比自己与他人的思维过程，在批判反思中深化自己对知识的理解。

## （三）具体反馈，推进幼儿反思

教师具体、恰当的评价不仅有利于增强幼儿的自信心，也有利于引发幼儿的自我反思。在对幼儿进行评价时，教师应根据幼儿的不同答案给予不同的评价。当幼儿回答正确时，教师评价多用正向、具体化的称赞，如“你的回答很完整”“你的方法很有效”“你观察得很仔细”等。有针对性的称赞既能加强幼儿对自我表现的反思，也能为幼儿树立榜样，强化好的学习品质和正确的思维方式。当幼儿回答错误或者不完整时，教师尽量避免直接指出错误或者对幼儿进行批评质疑，而是通过追问促使幼儿主动修正自己的思考方向，得出正确的答案。这样既可以避免伤害幼儿的自尊心，又能够让幼儿主动发现错误、更正思路和答案，深化幼儿对问题的理解。

## （四）适当放手，引导幼儿发问

教师应主动询问幼儿“有何想法、有何疑惑”，鼓励幼儿提出问题。教师可通过以下三种方式引导幼儿主动提问：一是设置较为明显的问题情境，在新旧知识的交界处给予提醒，通过“看完视频你有什么问题”“哪位小朋友可以提出一个你想探索的问题呢”等提问，引导幼儿说出自己的问题；二是教师主动出错，在提问时故意放慢语速说出错误答案，引导幼儿进行批判反思，提出问题；三是活动结束时，教师可以鼓励幼儿提出自己不明白的问题、想要继续探索的问题，强化幼儿的问题意识。当然，幼儿提出的有些问题是无法直接探究的，但教师可以和幼儿就这些问题展开持续讨论，生成新的课程资源，让幼儿感到自己的问题得到了重视，从而更加主动地关注周围世界。

在科学活动中，教师要有意识地去问一些不同认知层次的问题，可以从低层次开始到高层次一步一步地引导，也可以直接跳到高层次的问题。简单的问题也能引发不简单的思考，教师要能够通过不同认知层次的问题，在不知不觉中帮助幼儿进行深度学习，从而提高幼儿解决问题的能力，并让幼儿变得更善于思考，敢于创新。

## 参考文献

［1］郭华．“教与学永远统一”再认识——教学认识论的视角［J］．四川师范大学学报（社会科学版），2017，44（1）：75－83.

［2］王小英，刘思源．幼儿深度学习的基本特质与逻辑架构［J］．学前教育研究，2020（1）：3—10.
［3］龚映丽．从学生“认知水平”谈“问题连续体”的设计［J］．玉溪师范学院学报，2006（10）：9—70.
［4］安富海．促进深度学习的课堂教学策略研究［J］．课程·教材·教法，2014，34（11）：57—62.

# 浅谈幼儿园美术教育中美育的融入与创新策略

（刘晶晶　北京市昌平区马池口镇中心幼儿园）

**摘　要**：幼儿园美育课程是以幼儿已有的生活、学习经验为基础，把各个领域中分化了的各种相关的因素相互渗透、联系起来，从而培养幼儿初步地感受美、表现美、创造美的情趣和能力以及全面和谐发展的课程。以泛美论和马斯洛的需要层次论为理念基础，确立幼儿园美育课程的目标、内容、实施及评价，体现出不同于传统美育的设训主张和方式。

**关键词**：幼儿园美育；课程；美术

## 一、美育的含义

美育，又称美感教育。通过培养人们认识美、体验美、感受美、欣赏美和创造美的能力，从而使我们具有美的理想、美的情操、美的品格和美的素养。

狭义的美育，极端的定义是认为美育专指“艺术教育”；其一般的定义是认为美育指“美感教育”“审美教育”“审美观和美学素养教育”等。广义的美育，有人认为：“真正的美育是将美学原则渗透于各科教学后形成的教育。”

美育定义由狭义、广义的过程中夹杂的另一个维度的变化：由形式美育走向了实质美育。所谓“形式美育”，指的是以培养对象的审美素养（如审美观、欣赏美和创造美的能力等）为目标的教育活动。而“实质美育”则以上述目标为手段，追求美育的精神实质：人生的美学趣味和教育的审美境界。强调美育对诗意人生的促进功能已成为现代美育的核心。这样，美育概念就应在从狭义走向广义的同时，也实现由形式向实质的革命。

## 二、幼儿园美术课程离不开美育

幼儿园的美术教育包括创作和欣赏等内容。美术是一种造型艺术。由于它色彩协调，线条清晰，形象生动，有助于锻炼幼儿的视觉，又能够发展幼儿的观察力和艺术想象力。幼儿对形象美好、色彩鲜艳的玩具和图片能表现出极大的欣赏欲，喜欢用画笔涂画出一些他们想象的图案来，这一过程中实际上就是幼儿对美的追求和创造。所以教给幼儿简单的绘画、泥工、手工、纸工、制作玩具的技能，使他们能够从事一些简单的美术，可以培养幼儿对美术的兴趣，并激发他们的美术创造能力。例如，幼儿最初画花朵时，所有孩子画的花朵几乎一个模样“五瓣一芯”，画面单调。当幼儿掌握了一定的技能并经过对各种花的观察之后，再动笔时，就会画出不同颜色、不同形状的花来，这时幼儿已经进入了创造美的境界之中。幼儿绘画教学作为艺术教育的有机组成部分，既是素质教育的内容，也是实施素质教育的重要手段。幼儿绘画的目的主要是在画面以外所获得的那些东西，例如绘画有助于完成视力和动作的发展，促使幼儿认知能力的成长；绘画有助于幼儿的观察力、记忆力、想象力和创造力的培养；绘画可以使幼儿表现、舒展自己内在的意欲和情感，从而获得内心平衡和在复杂的环境中保持稳定的作用；绘画可以帮助幼儿培养坚韧精神；等等。幼儿绘画教学并不以培养少数画家为目的，而是通过绘画能力的训练培养人的智能和悟性，完善他们美的情操和人格。幼儿绘画的过程中要尊重和顺应孩子的天性，在“玩耍”中培养他们的绘画能力，“润物细无声”，保护他们的探求心理，培养孩子的自信心和创造力，这一点对完善人格的形成非常重要。

我发现幼儿园的小朋友其实大都有绘画的潜能，并非少数幼儿所独有的能力。因此，教师不需要教他们怎么画，而是引导他们学会如何自己画，充分发挥想象力。但我发现许多教师都只让孩子画规定内的东西，慢慢地，幼儿习惯了照着别人的画或实物画，丧失了绘画的自信，画面上看不到想象和创造的东西，没有了天真，失去了个性，只剩下苍白的模仿。让孩子们自由表现、自由探索，使他们在创造中得到自信，才是比较科学的方法。教师和家长在指导幼儿的过程中具有关键的作用，大人们的评判直接影响到幼儿的学画热情和兴趣。

我认为作为专业的幼儿教师，应有高水平的艺术修养，能在艺术的高起点上去启迪幼儿用健康的审美情趣去丰富孩子的情感，要善于发现每个幼儿的个性、爱好、兴趣、性格，然后因势利导，循循善诱。不能顺应孩子天性而抑制孩子的发展，甚至会毁掉有艺术天赋的孩子。

作为家长，也不要简单地以像与不像去评判幼儿作的画，要从其认知水平出发。从幼儿的独特视角和思维角度去评判。是不是一幅好的儿童画，主要看画面是否生动、有想象力、有创意，是否表达了幼儿的情感。幼儿有独特的造型语言，这种造型能力是非常可贵的。轻易否定会严重挫伤他们的绘画兴趣。家长觉得自己“外行”，可让幼儿介绍自己的画，和幼儿共享其中的发现和快乐，以表示对他们的关爱和支持，保持其学习的热情。幼儿进行绘画游戏的学习一定要充分尊重他们的天性，利用他们的探求心理，培养他们的自信心和创造力，并且开发空间直观智能、身体活动智能与个人控制感情。尽可能让孩子在各类游戏活动中获取知识并且茁壮成长。

## 三、幼儿园教学中美育教学渗透的途径

随着幼儿教学改革的不断推进和深化，幼儿美育教育的重要性正在逐步被相关教育人士和家长所认可，结合幼儿阶段学生的发展特点，从幼儿园教学的实际出发，我建议从以下几个方面做好美育教学的渗透。

### （一）多角度开展幼儿园美育教学渗透

幼儿好奇心强、爱玩，对事物有着新鲜感和探究欲望，针对幼儿的这一发展特点，在开展幼儿园美育教学渗透的时候，建议幼儿园教师要做好多个方面的教学工作，从多个角度对幼儿开展美育教学渗透。

一是开展主题美育渗透教育活动。基于某一个主题，设置一些活动来开展美育教学渗透，是幼儿园开展美育教学的主要方式之一。比如，对于刚进入幼儿园大班的孩子，我们设置了一个“我是大班哥哥姐姐”的主题活动，通过“我长大了”“我的新班”等一系列具体的活动，帮助幼儿初步建立自尊心和自信心，引导幼儿去主动关心和帮助其他小朋友，尊敬教师、热爱班级。在具体的主题活动实施过程中，首先通过故事《我当哥哥了》，提醒大班的小朋友自己在新学期的“身份”。然后结合新生入园的契机，开展“大带小活动”，让大班的小朋友去接待、帮助刚入园的小朋友，学习关爱和照顾弟弟妹妹，比如午餐后帮助弟弟妹妹洗手，尝试着去安慰刚入园不适应而哭闹的弟弟妹妹，让大班的孩子在这个过程中去体会当哥哥姐姐的自豪感。在这个过程中，教师要注重对幼儿的鼓励、表扬，并且将这些表现反馈给幼儿家长，让幼儿家长也赞扬幼儿的行为，以帮助其获得更好的成长。

### （二）提高教师美育教学素质和能力

教师在幼儿园教学中占据着十分重要的地位，甚至可以说是幼儿接触社会的第一群体，因此，幼儿教师的教学能力直接关系幼儿的人格塑造，幼儿教师的美育教学素质则会对幼儿产生直接的影响。因此，广大的幼儿教师要不断提高自身的综合素质和教学水平，加强分析幼儿、掌握幼儿发展规律和美育教学活动设计的能力，通过科学、合理、有趣的美育教学活

动，增加幼儿在美育教学中的情感感受，为幼儿的发展提供良好的智力支持。

例如，在手工区活动的组织中，教师要充分挖掘身边的“美”，进而让幼儿在直观感受中形成美感。我们可以组织幼儿进行轴对称图形的制作，让幼儿在动手操作的过程中感受轴对称的美。但是，需要注意的是，作为幼儿教师的我们，要有能力去挖掘身边的这些具有美育教育的素材，要从实际出发，通过对幼儿学习特点的了解，选择恰当的方式来对幼儿进行美育教育。当然，这也要求幼儿教师要不断充实自己，不断提高自己的学习能力，这样才能为幼儿课堂增加亮点，才能为幼儿正确审美意识的形成作出贡献。

## 四、结语

幼儿在园的一日活动对幼儿的美育并不是单一的，有时一个活动中可以包含多个领域，根据一个主题也可以延伸出不同的活动。

儿童绘画的创作过程及其中思想情感的表达更应值得我们的关注。我们要以科学的眼光来欣赏和评价儿童绘画的全过程，正确地引导孩子，让每个儿童都能通过绘画获得愉悦和进步，引导他们走向更加广阔的天地，让每个孩子都在内心世界里种下一颗五彩的种子。

### 参考文献

[1] 郑东明．浅谈幼儿美育［J］．山东教育科研，2015（1）．
[2] 郑东明．幼儿美育的途径和形式［J］．当代教育科学，2013（13）．
[3] 岳亚平．学前教育原理［M］．北京：高等教育出版社，2014：190.

# 浅谈动画片对幼儿亲社会行为的发展的影响
## ——以昆明市 S 幼儿园为例

（蒋关勇　昆明市人民政府机关幼儿园教育集团）

**摘　要**：动画片是一种源于生活又高于生活的文化艺术表现形式，通过图画形式结合音乐来表现夸张的人物形象和充满奇思妙想的故事情节，在潜移默化中影响着幼儿的亲社会行为的发展。本文针对昆明市S幼儿园的幼儿观看动画片的情况做了问卷调查和访谈记录，探讨和了解了在日常生活中，幼儿观看动画片后产生的助人、安慰、同情、帮助等一系列的亲社会行为的表现，发现观看动画片对幼儿的亲社会行为有积极的促进作用和一些消极的影响。同时，就如何借助动画片帮助幼儿培养亲社会行为提出了意见和建议。

**关键词**：动画片；幼儿亲社会行为；影响

## 一、引言

自动画片诞生以来，一直受到人们的青睐，尤其是孩子。《熊出没》《铠甲勇士》等成为幼儿的“好伙伴”，调皮好动的孩子面对他们感兴趣的动画片就能马上安静下来。在幼儿的发展过程中，对幼儿的亲社会行为家园却缺乏重视。幼儿期是培养亲社会态度和行为的最佳阶段。幼儿亲社会行为是其良好个性品德形成的基础，是幼儿社会性发展和个性形成的重要方面。我国教育部于2001年颁布的《幼儿园教育指导纲要（试行）》（以下简称《纲要》）中关于幼儿社会性发展的部分就明确地提出了对幼儿四种典型亲社会行为的培养，即“乐意与人交往，学习互助，合作和分享，有同情心”，从政策层面反映了亲社会行为的重要性，也体现了国家部门对幼儿亲社会行为培养的重要。可见，研究幼儿的亲社会行为对幼儿社会性发展与教育具有重要意义。

本文采用文献研究、问卷调查、访谈法和实地观察相互结合的研究方法，查阅对于动画片对幼儿亲社会行为的影响研究，了解相关动画片、幼儿亲社会行为的概念；对抽取的幼儿园家长、教师进行问卷调查，了解在家里、幼儿园里，幼儿对动画片的喜爱程度以及家长和教师对动画片的看法；在问卷调查的基础上，对幼儿家长、幼儿教师，以及一部分幼儿进行访谈，从而更进一步地掌握问题的情况；对选定的幼儿园，在合适的时间段进行现场观察，并记录，得出一些动画片对幼儿亲社会行为的影响的数据。最终了解动画片对促进幼儿亲社会行为的价值所在和消极因素，针对动画片对幼儿亲社会行为的消极影响，为父母与幼儿园教师为幼儿选择动画片时提出相应策略。

## 二、对 S 幼儿园观看动画片的调查情况

### （一）该幼儿园观看动画片的情况

综合以下表格信息可以看出，本次参与调查的男女比例大致处于平衡状态。数据显示，观看动画片最多的年龄段在4—5岁。幼儿对动画片的喜爱程度较高，他们喜欢在晚上和下午观看动画片，观看一小时左右的幼儿比较高，一天观看一次的幼儿占35%。当下热播的动画片主要分为以下几类：第一种是家庭、生活类，观看幼儿占57.5%；第二类是魔幻、战斗类，观看幼儿占18.75%；第三类是知识教育类，观看幼儿占20%；第四类是校园类，

观看幼儿占1.25%，可以看出校园类的动画片孩子是不喜欢看的，而这些是很好的教育资源，值得教育者深思。92.5%幼儿会模仿动画片中的人物或者是行为。根据班杜拉的社会学习理论，儿童能够进行观察学习，对观察对象进行模仿学习，因此家长应该特别关注幼儿观看动画片的情况。

**表1 幼儿性别统计表 N=80**

| 选项 | 小计 | 比例（%） |
| --- | --- | --- |
| 男 | 45 | 56.25 |
| 女 | 35 | 43.75 |

**表2 幼儿年龄统计表 N=80**

| 选项 | 小计 | 比例（%） |
| --- | --- | --- |
| 3—4岁 | 31 | 38.75 |
| 4—5岁 | 44 | 55 |
| 5—6岁 | 5 | 6.25 |

**表3 幼儿喜爱程度统计表 N=80**

| 选项 | 小计 | 比例（%） |
| --- | --- | --- |
| 非常喜欢 | 45 | 56.25 |
| 喜欢 | 31 | 38.75 |
| 一般 | 4 | 5 |
| 不喜欢 | 0 | 0 |

**表4 幼儿观看时间段统计表 N=80**

| 选项 | 小计 | 比例（%） |
| --- | --- | --- |
| 早上 | 6 | 7.5 |
| 中午 | 3 | 3.75 |
| 下午 | 12 | 15 |
| 晚上 | 59 | 73.75 |

**表5 幼儿观看动画片时长统计表 N=80**

| 选项 | 小计 | 比例（%） |
| --- | --- | --- |
| 1小时 | 62 | 77.5 |
| 2—3小时 | 16 | 20 |
| 3小时以上 | 2 | 2.5 |

表 6　幼儿观看动画片频率统计表 N=80

| 选项 | 小计 | 比例（%） |
|---|---|---|
| 1 天 | 28 | 35 |
| 2—3 天 | 23 | 28.75 |
| 3—4 天 | 15 | 18.75 |
| 只要有时间就看 | 14 | 17.5 |

表 7　观看类型统计表 N=80

| 选项 | 小计 | 比例（%） |
|---|---|---|
| 家庭、生活类（如大头儿子小头爸爸） | 46 | 57.5 |
| 校园类（如灌篮高手） | 1 | 1.25 |
| 侦探推理类（如名侦探柯南） | 2 | 2.5 |
| 知识教育类（如蓝猫） | 16 | 20 |
| 魔幻、战斗类（如奥特曼） | 15 | 18.75 |

表 8　幼儿观看模仿情况统计表 N=80

| 选项 | 小计 | 比例（%） |
|---|---|---|
| 会 | 74 | 92.5 |
| 不会 | 6 | 7.5 |

### (二) 家长对幼儿观看动画片的态度

针对 S 幼儿园的调查研究发现，家长大多都是支持孩子看动画片的。47.55%的家长表示会陪同孩子；37.5%的家长偶尔陪同孩子。61.25%的家长表示不了解幼儿亲社会行为的发展，可见家长对此方面知识的欠缺。

### (三) 幼儿观看动画片后表现出的行为种类

幼儿喜爱模仿，图 1 中显示，72.5%的幼儿会出现分享行为；62.5%和 61.25%的幼儿表现出合作和保护行为；43.75%的幼儿有同情行为，46.25%的幼儿有安慰行为；但 38.75%和 13.75%的幼儿表现出打斗和破坏行为，由此可以看出，观看动画片以后，很多幼儿还是在观看中学到一些好的行为。

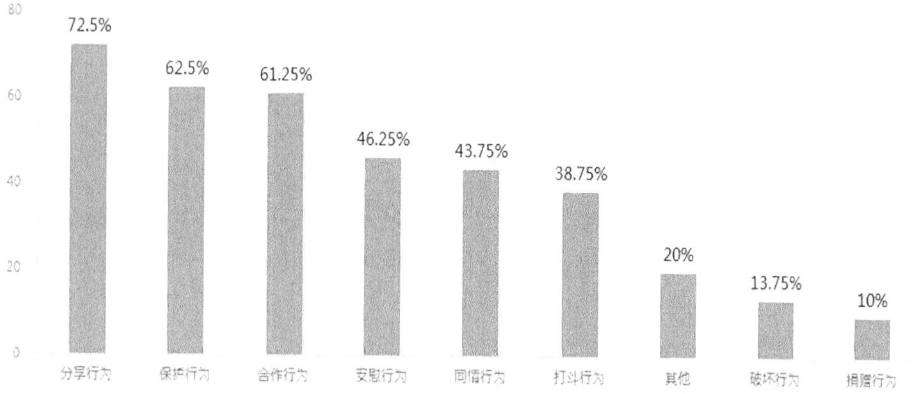


图1　幼儿模仿行为种类度统计表 N=80

### (四) 个案追踪记录结果

在S幼儿园抽取了两名中班幼儿进行访谈和观察。发现：

小乔的家长不筛选动画片的内容，他喜欢什么就看什么，小乔想像动画片中的小英雄一样做一个很棒的孩子。但他会模仿动画片中的一些动作，在班级里经常殴打同伴，破坏公共玩具等。而他的这些行为或多或少都与他观看的动画片有关。依依最喜欢观看一些打扮很美丽、声音很温柔的动画角色，如《爱莎公主》，在平时的活动中，依依愿与同伴分享和合作，对教师、同伴都很有礼貌。

## 三、动画片对促进幼儿亲社会行为的价值

### (一) 积极因素

1. 有利于促进幼儿的语言发展和社会认知的发展。首先，动画片中的人物大多通过语言交流，这些在一定程度上促进幼儿沟通交流的学习。其次，动画片中含有具有教育意义的内容能培养幼儿尊老爱幼、爱护环境、谦让礼貌、遵守规则等良好品质，促进幼儿社会性的发展。

2. 有利于促进幼儿思维能力的发展。幼儿想象在2岁左右开始萌芽，动画片里的许多情节充满魔幻色彩，给幼儿极大的想象空间，可以刺激幼儿的创造想象。

3. 有利于促进幼儿性别角色的形成。英雄主义动画片里的小英雄英勇无畏、助人为乐，总能找到战胜各种困难的办法。这些能培养男孩的坚强个性。

4. 有利于促进幼儿的社会情感体验的发展。各类型的动画片可帮助幼儿体验多种情感，在观看自己喜欢的动画片中，无形中促进幼儿社会情感体验的发展。

### (二) 消极因素

1. 增加幼儿的攻击性行为发生的频率。幼儿爱模仿，往往将虚拟世界和现实世界混淆，模仿一些动画片中的不良行为。

2. 影响幼儿视力。调查发现每天观看动画片时间在2—3小时的孩子大约占20%，三个小时以上的占2.5%，这些孩子的视力相对于一般的孩子的视力都要低。

3. 阻碍幼儿的社会交往。幼儿大部分的时间都花在了看动画片上，他们与现实世界的接触时间减少，与其他幼儿和大人之间的交流也减少，不利于幼儿的社会交往。

## 四、针对动画片对幼儿消极影响的对策

### （一）社会方面

第一，政府应在加强对动画产业扶持发展的同时，应高度重视动画片产业的健康发展和市场规范。第二，政府加大宣传和惩罚力度。对于积极向上、内容健康、传播民族文化弘扬民族精神的动画片应加大宣传和鼓励；对于含低级趣味、暴力恐怖、崇洋西化、反道德的动画片进行严格处理，影响严重的给予一定的法律制裁。要创造健康的文化环境。

### （二）家长方面

1. 对幼儿观看的动画片进行筛选。幼儿分辨是非的意识薄弱，不能准确判断对错，需要家长要根据幼儿的心理发展特点帮助幼儿选择合适的动画片。

2. 严格控制幼儿观看动画片的时间。幼儿的自我控制能力较差，家长应控制幼儿观看动画片的时间，可以 2 天看一次，一次半小时。同时家长要以身作则，尽量少接触手机、电脑。

3. 家长陪伴幼儿观看。家长和幼儿一起观看动画片并进行适当的交流讨论，可以加强幼儿理解学习的能力，对亲子关系的发展有很大的促进作用。

4. 让幼儿养成良好的观看习惯。幼儿看动画片时的不良姿势会影响身体发育，所以家长应该时刻督促，一般与眼睛保持 25 厘米左右，引导幼儿在观看动画片时不吃东西。

5. 寻找替代方式。家长应尽量陪伴孩子，和孩子一起做游戏来代替观看动画片的时间，带孩子主动用感官来发现、观察、学习身边的事物，培养孩子主动思考、学习的习惯。

### （三）幼儿园方面

1. 教师应结合幼儿的年龄特点，选择适合幼儿发展的动画片。

2. 家园合作能帮助家长树立正确的教育观念，让家长充分了解到幼儿观看动画片的利弊，引导家长运用科学的教育方式和方法，帮助家长培养幼儿良好的习惯。

3. 合理安排观看动画片的时间。

4. 教师可组织引导幼儿对所观看的动画片内容讨论交流，或组织幼儿对观看的内容进行角色扮演，引导帮助幼儿模仿学习一些亲社会行为，强化幼儿对亲社会行为的认识。

## 五、结语

动画片对幼儿的亲社会行为的发展具有一定的促进作用，观看动画片对幼儿亲社会行为的积极影响包括促进幼儿言语表达能力的发展、幼儿认知能力的发展，以及幼儿社会化和现代观念的形成，而消极影响包括幼儿攻击性行为的增多，幼儿视力下降、不利于幼儿的身心发展等。同时针对幼儿观看动画片中存在的问题提出几点建议，以便更好地促进幼儿的健康成长。

### 参考文献

[1] 薛小凤．动画片对幼儿亲社会行为的影响［D］．内蒙古师范大学，2012.

[2] 苏中红．利用动画片对幼儿四种典型亲社会行为的干预研究［D］．沈阳师范大学，2012.

[3] 肖薇．论动画片对幼儿教育的影响和价值［J］．才智，2015（11）：82.

[4] 崔露．幼儿动画人物的性别角色研究［D］．西南大学，2016.

［5］孟博．动画片对幼儿攻击行为的影响及对策［J］．科教文汇（下旬刊），2015(1)：174—175.
［6］路晨．动画片对幼儿交往能力影响的研究［D］．西南大学，2006.
［7］但非．幼儿社会性发展与教育活动设计［M］．北京：高等教育出版社，2008.3.
［8］Oleg Pavlov. Problems on (ir) resolvability［M］. Elsevier Inc.：2007—06—15.

# 优秀幼儿教师的专业成长之路

## ——全国幼儿教师获奖论文汇编

## （上册）


主　编　苏　津

副主编　戴红艳　马永彬



中国商业出版社

**图书在版编目（CIP）数据**

优秀幼儿教师的专业成长之路 ：全国幼儿教师获奖论文汇编. 上 / 苏津主编. -- 北京 ：中国商业出版社，2024. 11. -- ISBN 978-7-5208-3226-7

Ⅰ. G612-53

中国国家版本馆 CIP 数据核字第 2024E38L99 号

责任编辑：李 飞

（策划编辑：蔡 凯）

**中国商业出版社出版发行**

（www. zgsycb. com　100053　北京广安门内报国寺 1 号）

总编室：010－63180647　编辑室：010－83114579

发行部：010－83120835/8286

**新华书店经销**

**北京九州迅驰传媒文化有限公司印刷**

*

787 毫米×1092 毫米　16 开　65 印张　1400 千字

2024 年 11 月第 1 版　2024 年 11 月第 1 次印刷

**定价（全三册）：198.00 元**

*　*　*　*

（如有印装质量问题可更换）

# 编委会

# 前　言

为深入落实《中共中央国务院关于学前教育深化改革规范发展的若干意见》《幼儿园保育教育质量评估指南》规范要求，全面贯彻国家中长期教育改革和发展目标，由《学前教育》杂志社、“当代学前教育网”联合举办了第十二届全国幼儿教师优秀论文评选活动。现将从获奖作品中遴选出部分优质的获奖作品结集出版。全书共分幼儿教育理论篇、幼师教育实践篇、幼儿游戏实施篇三册，共计300篇文章。

《幼儿教育理论篇》主要内容：

本篇汇集了全国幼儿园和其他教育机构的一线教师、教科研人员和管理者在幼儿教育理论方面中学习、归纳、提炼、总结的珍贵经验。介绍了现代幼儿教育的核心理念，如尊重儿童、发展个性、培养创造力等，以及如何将这些理念融入到幼儿教育工作中。它展示的幼儿教育理论，不仅为幼儿教育实践提供了科学指导，还反映了教育的思想和方向，对于提高幼儿教育的质量和效果具有不可或缺的作用。通过对学前教育理论的系统梳理和阐述，帮助幼儿教师建立起科学的教育观念，提高他们的教育理论素养。推动学前教育改革、提高幼儿教师的教育理论素养和实践能力、提升全国幼儿园的保育教育水平、培养新时期幼儿教师队伍和人才储备等都具有重要的价值。

《幼师教育实践篇》主要内容：

本篇内容包含了全国各地从事学前教育工作者在进行学前儿童教育实践工作中的探究和反思。充分体现一线教师在幼儿教育中的关键作用，涵盖了幼儿教育的各个方面，包括教育理念、教学方法、课程设计、评价体系等。并在内容呈现基础上提供了丰富的案例，理论与实践紧密结合，本篇对于培养新时期幼儿教师队伍具有积极的推动作用。通过本篇，幼儿教师可以不断提高自己的综合素质，为新时期幼儿教育事业的发展作出更大的贡献。

《幼儿游戏实施篇》主要内容：

本篇游戏在幼儿教育中起着至关重要的作用，是促进学龄前儿童心理发展的最好活动形式，也是幼儿教师必须具备的专业能力之一。内容包括如何设计和组织幼儿游戏活动、如何在游戏中引导幼儿进行学习和发展，以及怎样通过合理的游戏设计和有效的教学引导促进幼儿的全面发展。对提升教师专业技能、培养教师创新思维、提升教师综合素质、对加强幼儿教师队伍建设和职业发展具有反思和借鉴意义。

全书所精选的获奖作品为广大幼儿教师教学、幼儿园管理人员提供了很好的学习资料。

# 目　录

# 幼儿园新质生产力高质量发展的探究与实践

（陶茹　湖北省麻城市第六幼儿园松鹤园区）

**摘　要**：新质生产力是推动高质量发展的内在要求和重要着力点。从幼儿园角度来说，因缺少对新质生产力相关知识的关注、忽视创新意识、对教师专业可持续发展重视不够而无法很好地应对这种新的挑战。新质生产力理念下的幼儿园高质量发展的首要是创新，通过营造创新的生态学习圈，引导教师以欣赏的视角悦纳人人，学习学前教育发展的创新趋势，将数字化、绿色化发展要求融入新质生产力教师培养过程，形成幼儿园高质量发展和新质生产力双向并行的新格局。

**关键词**：新质生产力；教师培养；创新性发展

新质生产力是习近平总书记站在中国式现代化建设全局的高度作出的重大理论创新。强调必须牢记高质量发展是新时代的硬道理，全面贯彻新发展理念，为推动高质量发展打牢基础。发展新质生产力是推动高质量发展的内在要求和重要着力点。怎么做高质量的教育？怎样发展新质生产力？这是摆在教师面前追问内心的问题，撸起袖子加油干，振奋精神、开拓创新、真抓实干是高质量发展的基础，让生活热气腾腾地向前奔跑是迈向高质量的精神境界。高质量发展凝聚我们共同的追求、向往、共识，并形成一种自觉的行动。

## 一、何为新质生产力

什么是新质生产力？概括地说，新质生产力由创新起主导作用，摆脱传统生产力的发展路径，拥抱高质量，追求新发展理念的先进生产力的质态。

发展新质生产力的本质是先进生产力；发展新质生产力的核心是创新；抓创新就是抓发展，谋创新就是谋未来。发展新质生产力，是现实所需，更是未来所向。

## 二、新质生产力教师培养

发展新质生产力的关键是高质量，高质量最需要的是优秀老师，新质生产力理念下的优秀教师的特质首要是创新，那么在幼儿园怎么培养优秀教师，做好创新这篇大文章是我们的首要任务。

### （一）营造创新的生态学习圈

通过线上线下的培训营造创新的生态学习圈，让教师保持积极学习的动力，努力成为行家里手。搭建学习社区，利用社交媒体建立学习群组，鼓励教师在线上进行讨论和交流，分享学习心得和工作经验。开展知识讲座，让教师能够接触到更广泛的知识和信息。设置奖励系统教师学习的过程中，可以通过证书发放、积分兑换等形式满足教师的“追求荣誉”“攀比心”等心理需求，形成“比学赶超”的学习氛围。

### （二）关注国内国际的双循环

发展新质生产力不仅是推动我国高质量发展的重要动力，也是提升国际竞争实力的重要支撑，更是满足人民群众对美好生活需要的必然要求。

## （三）以欣赏的视角悦纳人人

新质生产力的核心是人的创新性发展，这一点在幼儿教育领域尤其重要。高素质的教师是新质生产力的第一要素。在幼儿园的实践中我们要始终装着人才强国的思想认识，发展新质生产力，需要创造新质生产力的人才，相信每个儿童都是独一无二的个体，因为欣赏儿童的独一无二，所以让孩子的独一无二来引领我们的教育。人是生产力中最活跃、最具决定意义的因素，新质生产力对教师的专业知识和专业能力提出更高要求。教师不仅是传授知识，更重要的是激发儿童的创新思维，培养儿童的创新能力。高质量发展是新时代的硬道理，需要新的生产力理论来指导。

1. 提供自主游戏的机会

让理论在实践的生活中闪光，才会有意义。席勒说："只有当人充分是人的时候，他才游戏。"幼儿阶段就开始被成人逐步剥夺了游戏的权利和乐趣。即使在幼儿园里，孩子们也没有"玩与不玩"的自由选择，游戏成了孩子的区域作业，成了枯燥的功课。评价儿童绘画时以完整不完整、评价儿童成长时以能力目标达到没达到……以成人的主观判断绑架着孩子的创新思维。教育需要走出"成人化"的思维误区，把自由游戏的机会还给儿童。

幼儿是一个对外界环境的积极探索者，对任何奇特的事物都会产生好奇，要注重激发和保护儿童的好奇心、冒险性和挑战性。成人要给儿童选择的自由，心理自由和心理安全是创新能力得以发挥的重要条件。所以，我们要为儿童创造宽松、自由、愉快的精神环境，使儿童的创新能力得到充分发展。幼儿身心发展的规律决定了幼儿的创新主要是给幼儿兴趣满足、自主活动、充分探索。

在以往的实践中，教师对幼儿活动过程的价值认识不够，对幼儿活动的结果评价过重，缺少宽容与鼓励，对幼儿活动过程控制程度过高，常常以自己的主导作用替代幼儿的主体地位，成了幼儿创造性萌发的羁绊。因此，解放幼儿，让幼儿用自己的眼睛去观察世界，用自己的语言表达所想，用自己的头脑去思考问题，用自己的双手去感受自然和社会是最重要的。这样成长的幼儿才会拥有创新的兴趣和精神。

2. 培养创新和试错精神

培养儿童的批判性思维能力，鼓励儿童质疑和反思，这是创新思维的重要基础。在创新的过程中，失败是不可避免的，教育者要有包容的胸怀、容错的意识，允许失败，鼓励孩子分析、尝试、体验，建立在解决问题的过程中学习和成长的认识观。

幼儿园一日生活的各个环节，都可以发展儿童的创新能力，有时看似孩子的问题但充满着教育的智慧。关键在于教师是否具有发现儿童创新的意识；是否有能力发掘出生活环节中潜在的创新内容；是否能够把握教育契机与儿童有效的互动。

生活即教育，幼儿是在生活中自然习得经验的。那么我们又是怎样对待孩子的生活的？幼儿的生活就是幼儿创新能力成长的途径和载体。例如，儿童为什么喜欢玩水，孩子在玩水的过程中教师是怎么与儿童交流互动的？假如我们认为这是孩子不遵守常规要求的问题，不给孩子试错的机会，一味地用约束、要求和命令的方式，那我们可能失去了对孩子最好的教育机会，这样儿童的创新思维的培养也就不可能发生，有可能在我们的批评指责中磨灭了孩子的创新力而不自知呢。这也就是为什么很多教育大家都让我们的幼教人：能够慢下来倾听儿童的声音、了解儿童的想法、关注儿童的行为的要求原因。因为生活中的点点滴滴激励着儿童的发散思维，丰富着儿童的想象。

在与儿童共同的学习过程中，教育者必须确信每个幼儿都有创新的潜能，幼儿的创新就在于用眼睛去观察、用双手去尝试、用大脑去思考。因此，教师应将工作的重点放在激发幼儿自主观察、想象、表达和操作上，并培养幼儿对生活、对自然以及对社会的探索欲望和精神，为未来的创新能力打下坚实的基础。

3. 师幼互动中拓宽儿童的思维

师幼互动是在教师和幼儿之间发生的一种人际互动，其互动主体是教师和幼儿。教师和幼儿双方在互动中是同等重要、互为主体的。互动需要以观察为载体，帮助儿童储备大量信息经验。在日常生活中，要随时捕捉到各种的信息源，培养儿童的观察兴趣和观察能力，养成主动探索的习惯。例如，在游戏活动时，通过师幼互动交流启发儿童观察玩具是什么材料的，什么形状的，积木和塑料插接的方式有什么相同和不同……在散步时，引导儿童感受和观察不同时间影子的变化；户外活动中观察自然角中种子的生长过程，饲养角中动物的生活习性；等等。

## 三、近年来学前发展的创新趋势

### （一）STEAM 教育

STEAM 教育结合了科学、技术、工程、艺术和数学领域，旨在激发儿童的创新思维和解决问题的能力。通过解决真实情景中遇到的问题进行实践和探索活动。

### （二）户外学习和自然教育

强调在自然环境中学习的重要价值和意义，鼓励孩子探索和体验户外环境。这种活动不仅为儿童创设了自由广阔的空间，还激发了儿童对自然界事物的好奇、理解与尊重。

### （三）数字技术的整合

随着技术的发展，提供个性化学习路径，增强儿童的学习体验。让孩子们以有趣且互动的方式学习媒体中经常讲述的话题和探索未知的世界。

### （四）多元文化教育

多元文化教育在幼儿教育中发挥着重要作用。这种教育方法旨在培养孩子对不同文化的欣赏和尊重，以及能够在多元文化环境中有效互动和交流的能力。

### （五）家庭和社区参与

通过家园携手、社区联动和家园研讨活动，树立人人都是优秀教育者的思想，建立合作伙伴关系，共同促进孩子的发展。这些创新型发展趋势表现出的内容方式不是孤立存在的，而是需要有融合的思想认知，也映射出创新需要抱有全面、包容、多元，可持续发展的追求。

幼儿园助力新质生产力高质量发展，是学前教育承担社会责任和历史使命的重要体现。幼儿园助力新质生产力高质量发展，归根结底在于提高保教质量。幼儿园助力新质生产力高质量发展，要注重教师综合性能力培养。幼儿园增强教师培养的针对性，将数字化、绿色化和蓝色化发展要求融入学前教育，形成幼儿园教师培养和新质生产力双向并行高质量发展新格局。

### 参考文献

林夕宝，余景波，宋燕．高职院校助力新质生产力高质量发展探究［J/OL］．职业技术教育：1—9［2024—03—14］．

# 幼儿园课程实践与思考

（殷佳梅　江苏省南通市通州区兴仁幼儿园）

**摘　要：** 本文主要探讨了幼儿园课程实践中的几个关键问题。处理好这些关键问题，就是要结合幼儿的年龄特点，注重启发式教学和情境教学，提高幼儿的学习兴趣和主动性，为幼儿未来的发展打下坚实基础。

**关键词：** 幼儿园；课程实践；提升策略

## 一、引言

随着社会的快速发展和人们对早期教育的重视程度不断提高，幼儿园课程实践成了教育领域中备受关注的话题。幼儿园是孩子们接受教育的起点，其课程设置和实践方式对于孩子们的身心发展、认知能力以及未来的学习都具有深远的影响。因此，对幼儿园课程实践进行深入研究，具有重要的现实意义和理论价值。也可以深入了解当前教育的不足，为课程设置的改革和创新提供理论支持和实践指导。

## 二、课程实施存在的问题

### （一）教育资源分配不均

教师的素质和能力对于幼儿园课程实践的质量起着至关重要的作用。而部分幼儿园由于待遇不高或招聘条件限制，却难以吸引和留住高素质的教师。在课程设计、教学方法等方面难以达到理想的状态。良好的教学设施是幼儿园开展有效教育活动的基础。但部分幼儿园由于资金和场地限制，教学设施不完善，如缺乏图书资料、教具、活动场地等，课程实施的效果大打折扣。

### （二）教师素质参差不齐

首先现在部分幼儿园教师缺乏系统的专业知识和技能培训，对于幼儿教育的特点和规律了解不够深入，导致他们在课程设计、教学方法和课堂管理等方面存在明显不足，难以有效地引导幼儿发展。教师的教学能力也是影响课程实施效果的重要因素。教学能力包括教学内容的选择、教学方法的运用、课堂互动的组织等方面。部分教师缺乏有效的教学策略和技巧，难以激发幼儿的学习兴趣和积极性。他们往往采取传统的讲授方式，缺乏与幼儿的互动和沟通，导致教学效果不佳。

### （三）教学方法单一

在幼儿园教育中，教学方法对于孩子们的学习效果和兴趣培养具有至关重要的作用。然而，部分幼儿园教师往往采用单一的教学方法，缺乏多样性和创新性，既限制了教学效果，也影响孩子们的全面发展。

如果教师长时间采用同一种教学方法，如讲授、示范等，孩子们会感到枯燥乏味，丧失对学习的热情和兴趣。而兴趣是激发孩子们主动学习和探索的关键因素，因此教学方法的单一性可能会对孩子们的长期发展产生负面影响。教学方法单一限制了孩子们的思维能力和创造力发展。在幼儿园阶段，孩子们正处于认知和思维发展的关键期。他们通过观察、实验、探索等方式来认识世界，形成初步的思维模式和解决问题的能力。如果教师过于依赖传统的讲授方式，缺乏启发式、开放式的教学方法，孩子们的思维能力和创造力的发展会受到限制。此外，教学方法单一还影响孩子们的个性发展。每个孩子都是独特的个体，他们有着不同的兴趣、爱好和学习能力。单一的教学方法无法满足每个孩子的个性化需求，导致部分孩子在学习的过程中感到挫败或无法发挥自己的优势。

### （四）课程内容与现实生活脱节

在幼儿园教育中，课程内容是实现教育目标的重要载体。部分幼儿园的课程内容过于偏重知识传授和技能训练，忽略了与现实生活的联系，则导致孩子们无法将所学知识与实际生活相结合，影响他们的学习兴趣和全面发展。

课程内容与现实生活脱节导致孩子们对学习失去兴趣，对于幼儿来说，学习往往与日常生活紧密相关。如果课程内容过于抽象化、概念化，缺乏与实际生活的联系，孩子们会感到难以理解，从而失去学习的兴趣和动力。课程内容与现实生活脱节会影响孩子们的社会适应能力。幼儿园是孩子们接触社会的初步阶段，他们需要逐渐了解和适应社会规则、人际关系等。如果课程内容过于脱离现实生活，孩子们就无法获得足够的社会经验和人际交往能力，这会影响他们未来的社会适应能力。

### （五）家庭教育与幼儿园教育的矛盾

家庭教育方式和幼儿园教育方式的差异导致矛盾。家庭是孩子们的第一个教育环境，家长的教育方式和观念对孩子们的影响深远。在现实生活中，家长和幼儿园教师之间的教育理念和方法存在差异。例如，部分家长过于溺爱孩子，而幼儿园教师则强调培养孩子的独立性和自主性。这种差异导致家庭和幼儿园之间的教育效果不协调，甚至产生矛盾。家庭与幼儿园的教育目标存在不一致。每个家庭的教育目标和期望不同，而幼儿园的教育目标通常是按照教育部门的要求和课程标准来制定的。如果家庭和幼儿园的教育目标不一致，就会导致教育效果的偏离。例如，部分家长过于注重孩子的知识学习，而忽略了孩子的情感和社交需求，这与幼儿园的全面教育目标是相悖的。

## 三、幼儿园课程实践探索

### （一）结合幼儿年龄特点设计课程

幼儿期是孩子们身心发展的关键阶段，不同年龄段的幼儿有着不同的认知水平和兴趣特点。因此，幼儿园的课程设计应该充分考虑幼儿的年龄特点，针对不同年龄段的孩子制订相应的教育计划和活动内容。例如，针对小班幼儿，课程设计应该注重生活化和趣味性，通过简单的手工制作、角色扮演等活动激发孩子们的学习兴趣；而对于大班幼儿，则可以增加部分探索性和创造性的活动，培养孩子们的思维能力和创新能力。这样的设计有助于更好地满足孩子们的身心发展需求，增强教育效果，促进幼儿的全面发展。同时，结合幼儿年龄特点的课程设计也有助于教师更好地了解和关注孩子们的成长变化，从而更好地指导他们的学习和成长。

### （二）融入趣味性、互动性强的教学方法

趣味性、互动性强的教学方法是增强幼儿园课程实践效果的重要手段。幼儿期的孩子好奇心强、好动活泼，对于枯燥乏味的教学方式容易失去兴趣。因此，教师在课程实践中应该采用生动有趣、互动性强的教学方法，激发孩子们的学习兴趣和积极性。例如，通过游戏化

教学、情境教学、探究式教学等方式，让孩子们在玩中学、学中玩，培养他们的动手能力、观察能力和合作精神。同时，教师还可以利用现代化的教育技术手段，如多媒体教学、虚拟现实技术等，为孩子们提供更加丰富多样的学习体验。

### （三）整合丰富的教育资源

整合丰富的教育资源是实现幼儿园课程创新的重要途径。幼儿园课程实践中需要各种教育资源的支持，如图书资料、教具、场地等。为了增强教育效果，幼儿园应该积极整合各种教育资源，为孩子们提供更加丰富多样的学习环境和材料。例如，利用社区资源，组织孩子们参加社区活动和参观游览，拓宽他们的视野；利用家长资源，邀请家长参与课程设计和实施，增强家园共育的效果；利用网络资源，开展线上教育活动和家庭教育指导；等等。

### （四）跨学科融合，培养幼儿综合素养

随着教育理念的不断更新，跨学科融合成为幼儿园课程实践的一个重要方向。传统的教学模式往往将各个学科领域割裂开来，导致孩子们难以形成全面的认识和理解。而跨学科融合的教学方式则注重不同学科之间的联系和整合，通过多种学科的交叉融合，培养孩子们的综合素养和全面发展。

在幼儿园课程实践中，要采用多种方式实现跨学科融合。例如，在语言教学中融入数学思维，通过故事情节和数学概念的结合，让孩子们在语言学习的同时锻炼数学思维能力；在科学教育中融入艺术元素，通过科学实验和艺术创作的结合，激发孩子们的创造力和想象力。

### （五）加强教师培训，引入优秀人才

教师是幼儿园课程实践中的关键因素，教师的素质和能力直接影响到课程实施的效果和质量。因此，加强教师培训、引入优秀人才是提高幼儿园教育质量的重要途径。首先，应该加强对现有教师的培训和提升。通过定期的教师培训、学术交流、观摩学习等方式，提高教师的专业素养和教育理念。同时，鼓励教师积极参加各类教育研讨会和教育交流活动，拓宽视野、更新观念。其次，应该积极引入优秀的教育人才。提高幼儿园教师的待遇和地位，吸引更多的优秀人才投身于幼儿教育事业。与此同时，要加强与高等师范院校的合作和交流，吸引更多的优秀师范生加入幼儿园教师队伍。

## 四、结语

幼儿园课程实践是幼儿教育的重要组成部分，对于幼儿的身心发展具有深远的影响。在幼儿园课程实践中，需要关注幼儿的全面发展，注重游戏化教学和多样化的教学方法，提高幼儿的学习兴趣和主动性。同时，也需要对幼儿的发展进行科学、客观、全面的评估，关注幼儿的情感、社会性和认知等方面的发展。

### 参考文献

[1] 吴丹青. 幼儿园课程游戏化的实践与思考 [J]. 好家长，2023 (5)：10.

[2] 顾灵玲. 幼儿园“三服务”课程实践与思考 [J]. 今日教育（幼教金刊），2022 (Suppl1)：82－83.

[3] 刘占兰. 幼儿园课程实践中的突出问题与思考 [J]. 福建教育，2021 (42)：57.

[4] 刘占兰. 幼儿园课程实践中的突出问题与思考 [J]. 幼儿教育，2021 (28)：4－7.

[5] 顾旅明. 幼儿园课程审议的实践与思考 [J]. 学前课程研究，2007 (3)：47－49.

# 浅谈幼儿园构建家园社协同育人体系的实践与思考

（潘小楠　济南市天桥区尚品清河幼儿园）

**摘　要：**在现代教育生态中，家庭教育承载着不可替代的作用。然而，部分家庭在孩子的早期教育中面临知识、时间、技能等多方面的挑战。本文探讨了幼儿园在保障日常保教工作正常高效运转的同时，如何构建家园社协同的幼儿育人体系问题。家庭、幼儿园、社区都要以实际行动承担起培育未来希望的重任，为构建和谐的家园社协同育人体系贡献力量。

**关键词：**幼儿园；家庭教育；家园社；幼儿；家长

在当今社会，教育已经成为国家发展和社会进步的重要推动力。特别是在幼儿教育阶段，如何有效地整合家庭、幼儿园以及社区的教育资源，构建一个家园社协同育人的生态系统，已经成为我们面临的一项重要任务。幼儿园深谙此道，通过教师志愿服务队的创新实践，探索出了一条家园社协同育人的新路径。这不仅为幼儿的全面发展提供了有力保障，也为家庭教育水平的提升和社区文化的建设做出了积极贡献，展现了教育创新与社会发展相结合的光明前景。

## 一、队伍建设与制度保障——锻造“红色教育链”

一支专业而富有激情的教师队伍是开展家庭教育志愿服务的坚强后盾。在“党建引领，育人先行”的原则下，幼儿园注重选拔那些不仅具备热情和责任感，而且在教育实践中有所建树的党员教师及家庭教育指导师。他们是这条“红色教育链”的关键节点。

专业培训是提高党员教师队伍素质的重要环节。要定期为党员教师组织教育理论和实践操作的培训，内容应涵盖儿童心理学、家庭教育理念、教育方法创新等多个方面。这些培训旨在使教师能够更好地理解儿童的成长需求，掌握科学的家庭教育方法，并能够在实践中灵活应用。

制度保障是确保志愿服务有序进行的基础。幼儿园制定了一套完善的管理办法，包括《家庭教育志愿服务指南》和《志愿服务活动管理流程》等。志愿服务记录的详尽性和透明性保障了服务质量，让每一次服务都有迹可循。家庭访谈反馈则成为增强服务效果的重要手段，教师通过直接与家长沟通，了解服务的即时效果，积极收集家长和孩子的反馈，定期进行自我反思和总结。

## 二、资源整合——构建“共育资源链”

资源整合不仅是一项常规工作，更是贯彻“三全育人”理念，实现家园社协同育人体系的关键举措。为了提高家庭教育的质量和效率，幼儿园采取了创新性的资源整合策略，打造了一条覆盖广泛、功能丰富的“共育资源链”。

在内部资源方面，志愿者服务团队首先立足于幼儿园现有的教育资源，包括优质的师资力量、丰富的教学材料以及先进的教育理念。通过教研活动，共同开发了一系列适合不同年龄段孩子的家庭教育课程。同时，幼儿园还建立了“家园共育”网络平台，使得家庭教育资源得以数字化、可视化，极大地方便了家长获取信息和资源。

在外部资源整合上，积极拓展与社区、图书馆、科技馆等公共教育机构的合作。不仅是简单的资源共享，更是一种深度的教育联动。例如，与黄河水文馆合作举办的“行走中，我们一起慢慢长大”活动，有效地推动了黄河文化在家庭中的普及。走进科技馆“亲子研学”活动，则激发了孩子们的创造力和探索精神。

## 三、资源利用与成效——织密“成效反馈链”

资源的有效利用是衡量幼儿园志愿服务成效的关键。志愿者们不仅将资源整合转化为具体的家庭教育实践，而且通过精心设计的活动，使得家庭教育的理念深入人心，提高了整个社区的育儿质量。

“家园社活动”作为志愿者们的主要服务形式之一，通过多样化的教育活动，如专题宣讲活动、故事分享会，手工制作，亲子实验等，旨在实践中找到家庭教育正确的方向和方法。除了活动内容的丰富多彩，志愿者们在活动过程中还注重家长的参与，倡导家长与孩子一起动手，一起探究，真正实现家园共育。这种参与式家庭教育模式大大增强了家长的育儿信心和能力。与此同时，幼儿园用专业的方式“打开”园门，通过开办讲座、组织论坛等方式为社区居民提供亲子教养、家庭关系构建等各方面的帮助。通过园所带动，形成社区影响力，共同架构家园社三位一体协同育人模式。

为了确保活动的有效性和持续性，幼儿园还制定了一套完整的成效评估体系。通过家长反馈问卷、孩子成长档案、家访记录等多渠道收集反馈信息，形成“成效反馈链”，“成效反馈链”上的每一条信息都是对志愿服务价值的肯定，随着时间的推移，积累下来的成效反馈逐渐形成了一个宝贵的数据库，为幼儿园的教育研究提供了丰富的第一手资料。

通过对这些数据的分析和研究，幼儿园不断优化自己的教育方法和服务流程，真正实现了教育服务的闭环管理，织密了一条不仅连接着当前，也通向未来的“成效反馈链”。

## 四、拓宽未来视野——延伸“红色教育链”

一个家庭是一座堡垒，一名幼儿是一个希望。展望未来，将继续深化党员的责任意识和服务能力，优化志愿服务的内容，将“红色教育链”延伸至更多家庭。通过定期的需求调研和服务评估，不断丰富服务形式和内容，确保每个孩子都能在家庭教育中感受到教育的温暖和智慧，共同为孩子们的明天播种希望。

**参考文献**

［1］王浩．家庭教育是学校教育的重要基础［J］．人民教育，2013.

［2］刘国艳，陈旭，詹雯琪．学前教育家园共育的困境与完善路径：基于《家庭教育促进法》的视角［J］．基础教育参考，2022（12）．

［3］何凤旦．家园社联动的行与思［J］．今日教育（幼教金刊），2022（2）．

［4］颜磊，李晓莉，杜立凡．基于生态系统理论的家园共育课程实践探索［J］．学前教育，2020（9）．

# 回归自然，培养生态小公民
## ——幼儿园教育中可持续发展教育的价值观培养探析

（高芳芳　浙江省台州市玉环市清港中心幼儿园）

**摘　要：**在全球生态环境问题日益严重的背景下，可持续发展已经成为各国的重要战略目标。而这一目标的实现，离不开从幼儿园就开始的深入教育。幼儿园教育作为个体发展的关键阶段，对于培养儿童的可持续发展价值观具有不可替代的作用。可持续发展教育是培养人们树立科学发展观，通过环境创设、课程内容和活动方式的变革，形成家园共育、社区合作的协同机制，为幼儿可持续发展价值观的形成提供良好的环境。教师应尊重幼儿身心发展规律，让幼儿在自然中学习、在探究中发现、在操作中探索，实现环境创设与幼儿可持续发展教育价值观的有机统一。

**关键词：**可持续发展教育；生态小公民；活动方式

环境是人类生存、繁衍、生活的必要条件，是人类赖以生存和发展的基础。环境保护的任务是保护环境、治理污染，它包括对自然生态系统和人文生态系统的保护，是一项关系到人类社会可持续发展的全球性战略。随着人们生活水平的提高，对物质生活条件要求的提高，人们对自然环境和生态系统的破坏也越来越严重。环境教育是人类社会发展的重要课题，特别是在幼儿园阶段，环保教育的开展对于培养儿童的可持续发展价值观具有不可替代的作用。环保教育不仅能够帮助幼儿认识自然、了解自然，更重要的是培养他们爱护环境的情感态度和行为习惯，这对于幼儿园的可持续发展至关重要。

## 一、幼儿园教育中可持续发展教育的价值观培养意义

### （一）渗透主人翁意识

在幼儿园可持续发展的教学中，要将主人翁精神融入对儿童可持续发展的培养，让幼儿成为“环境的小主人”，建立起对环保的正确理念，使孩子们养成良好的生活习惯，并自觉地保护生态环境。可持续发展教育以生态文明的构建为中心，萌发幼儿保护生态环境的意识，以及对其进行保护的生态环境的认识，是幼儿园可持续发展教育的目的。将生态文明思想融入幼儿园教学，有利于儿童养成正确的生态文明观念，使其成为爱护环境、爱护自然，热爱生命的好公民。

### （二）提升环保意识

广泛传播可持续发展的理念，将环保融入幼儿生活，使其成为举手之劳的自然流露。将幼儿环保教育全面铺开，推行涵盖“垃圾分类”竞技在内的丰富多样的“绿色环保”行动。对幼儿进行环保教育，提升他们对环境保护的高度关注，全面育人助力环保认知提升。

### （三）提升责任意识

可持续发展教育中的价值观念的培养，不仅要在儿童中形成对环境的正确认识，更要在儿童中树立起责任感。幼儿园是一个培养儿童责任感的地方，在幼儿园这个时期，幼儿教师要使孩子们认识到，他们是国家的明天，肩负着维护社会环境的重任。

## 二、幼儿园教育中可持续发展教育的价值观培养策略

### （一）借助信息技术开展环保教育

信息技术与教育相融合是信息时代的趋势，将其应用到幼儿园可持续发展的教育中，能够激发幼儿的积极性，为幼儿提供足够的学习资源，有助于幼儿树立可持续发展的理念。在课堂上运用可持续发展的思想，把信息技术运用于动画、视频等，使幼儿身临其境。同时，为幼儿设计符合生态环境的教育资料，并针对幼儿的认知水平及爱好，进行可持续发展的教育活动。

1. 观看环境污染图片。新兴的可持续观念崛起，全球瞩目之环保困境日益加剧。整合可持续发展教育相关课程元素，运用动画、视频等多重载体进行呈现，启迪幼儿认识环境污染对生活的负面影响。为幼儿呈现绿色影片，普及有害物质风险认知，借助此类影像，令幼儿深刻领悟到可持续发展之关键意义，激发幼儿探索周边环境的奥秘。

例如，教师可为学生展示“空气污染”或“水污染”等相关短片，引导幼儿认识人类面临生存挑战的种种困境，以及这些污染如何影响动植物和人类的生活。还可以通过手机App同步观赏《绿色出行》等教学影片，借助影像让生态保护意识在幼儿的日常生活中逐步渗透，提倡幼儿运用网络途径或绘本书籍获取相关资讯，探究各种环保知识。

2. 了解环境治理过程。为了让幼儿深刻理解环境保护的重要性，我们应当让幼儿了解环境治理的过程。例如，有条件的幼儿园，可以通过组织参观垃圾处理厂、污水处理厂等设施，让孩子们亲眼看到环境保护工作的实际操作过程，以及废弃物如何被转化为有用的资源。这样的活动有助于让孩子们理解自然界的运作方式，以及人类如何通过科学的方法来保护环境。通过实地观察，幼儿能够了解水污染的来源和危害，以及治理水污染的必要性和复杂性。还可以选择有关水污染治理的绘本故事，通过生动有趣的故事情节，让幼儿了解水污染的来源、危害以及治理方法。

### （二）结合实际情况渗透环保意识

依据幼儿园对环保的重视程度，在日常实践中强化儿童环保观念。比如，“自然角”的开展，萌发幼儿对自然生物的探究。教师运用各类科研书进行深度剖析，对儿童实施环保教育，提升幼儿对环保的理解。

1. 观察幼儿园现有环境。环境教育是幼儿园教育的重要组成部分，尤其是在当前全球环境问题日益严重的情况下，培养幼儿对环境的认识和保护意识显得尤为重要。教师通过幼儿园现有环境，引领幼儿亲近自然，认识自然，观察探究动植物的奥秘，帮助幼儿了解生态系统的运作，增强幼儿生态意识，有助于培养未来可持续发展的生态公民。

2. 强调节约资源的重要性。节约资源是实现可持续发展的重要前提。在幼儿园教育中，教师和家长应共同强调节约资源的重要性，教育幼儿珍惜资源，让他们了解资源的有限性，从而养成节约的习惯。例如，在日常生活中，可以引导幼儿参与节约用水、用电、垃圾分类、废物再利用、低碳出行等环保活动，减少对环境的污染。

3. 渗透自然资源的重要性。自然资源是人类生存和发展的基础，对幼儿的成长和发展有重要意义。在幼儿园教育中，引导幼儿感知自然资源的重要性，培养他们珍惜自然、保护环境的意识，是实现人与自然和谐发展的基础。教师可以通过组织户外活动，带领幼儿探索自然环境，让他们亲身体验自然之美，了解动植物的生长和变化，感知自然资源的作用和价值，以及它的珍贵。

### （三）开展生态小公民实践活动

1. 小农场种植时蔬。启动“生态小公民”项目，可持续教育日益凸显其对幼儿园品质提升的关键作用，增进幼儿对生态环境的重视程度，加强环保意识，勇于担负相应职责。随着生活水平的提高和对自然的关注，“农家乐”逐渐成了人们追求健康饮食、回归自然的新选择。例如，在幼儿园中设立小农场种植区，让幼儿参与种植蔬菜、瓜果、五谷杂粮等植物，强调绿色生态理念。孩子们亲身体验种植的乐趣，主动参与管理照料农作物。通过参与种植过程，他们可以学习到植物生长的条件和过程，了解有机农业的基本知识，同时也可以体验到劳作带来的成就感。除了种植环节，还可鼓励幼儿参与除草、浇水、收割、采摘等环节。通过体验农民的辛勤劳作，让幼儿了解食物的珍贵。

2. 幼儿饲养小动物。在幼儿园开展饲养小动物的实践活动，可以培养幼儿热爱生命、爱护小动物的情感。幼儿园设立饲养区，幼儿通过参与饲养照顾小动物，了解动物的生活习性，培养他们的爱心和责任感，从而意识到人类行为对动物生存环境的影响。

3. 参与垃圾分类活动。在可持续发展征程中，环保及垃圾分类堪称举足轻重，是培养幼儿可持续发展理念的重要内容。鼓励幼儿参与垃圾分类，知道废弃物分类技巧，垃圾分类的重要收益有哪些？培养幼儿成为“环保小卫士”等，构建环保家园，护卫幼苗崛起，将幼儿培养为环保尖兵，这些游戏催生了教师与幼儿间的多元化互动，有助于增进幼儿对可持续发展的理解。

## 三、结语

在人与自然的关系问题上，可持续发展教育的核心就是要树立科学的发展观，正确认识人与自然之间的相互关系，协调人类社会与自然环境之间的关系，实现经济、社会、资源和环境的可持续发展。在幼儿园教育中，可持续发展教育价值观的形成，应该建立在幼儿对环境有一个感性的认识基础之上。可以通过开设有关可持续发展教育的课程，创设优美、舒适、安全的环境，培养幼儿成为热爱大自然、热爱生命、热爱生活的绿色生态小公民。

### 参考文献

[1] 陈晓菁，余雯诗．可持续发展教育视角下幼儿园美工区废旧材料投放现状研究［J］．齐齐哈尔师范高等专科学校学报，2022（4）：11—13.

[2] 韩黎黎．可持续发展教育理念下森林幼儿园教育模式的探讨［J］．科技视界，2022（8）：83—85.

[3] 李萍．幼儿园可持续发展教育的家、园、社会一体化研究［J］．学园（教育科研），2011（24）：90—90.

[4] 杨博雅．深度学习视角下幼儿园亲自然活动实施环节的实践与思考［J］．科普童话，2023（25）：69—71. DOI：10.3969/j.issn.1673—9442.2023.25.028.

# 幼儿园与小学的科学衔接

（金寒冰　北京市丰台区同心稚乐幼儿园）

**摘　要：** 幼小衔接是指学龄前儿童从幼儿园过渡到小学的过程，幼儿园大班是幼儿园教育的最后一个学习阶段，而小学是幼儿进入正式学习的起点。本文探讨了如何实现幼小衔接的顺利过渡问题。希望有利于幼儿的学习成长和发展。

**关键词：** 幼儿；幼小衔接；过渡

孩子们从出生到成年，会经历很多阶段。幼儿园阶段不单是孩子们的启蒙阶段，更是承接漫长人生的一个重要阶梯。

从幼儿园到小学是幼儿成长过程中的一个关键的转折点，但是我们要跨过一个误区。就是幼小衔接并非单纯的知识的衔接，而是让幼儿从习惯培养、能力积累等多方面进行积累。从而获得自然顺利过渡到小学的能力。其中幼儿思维能力的培养、语言表达能力的培养、幼儿良好的学习习惯的培养、情绪管理能力的提升都是十分重要的部分。在日常教育教学工作的实践探索中，我也是围绕这四个方面来进行探究，期望能帮助幼儿获得由幼儿园科学衔接到小学的综合能力。

## 一、思维能力的培养

思维能力是指幼儿在认知中应用逻辑推理、空间想象、问题解决等综合能力的体现。思维能力的获得不能源自死记硬背、不能源自过度学习，换言之幼小衔接阶段思维能力的培养并不是说把一年级的知识提前学习一遍，而是引导幼儿在一日生活活动、游戏活动、教育活动甚至说自主游戏活动的过程中去尝试归类、排序、判断、推理，从而发展幼儿的思维能力。尤其在自主游戏环节要支持、引导、协助幼儿去有意识地发现问题、分析问题和解决问题，通过解决问题的过程不断积累经验，把这种经验再运用到下一次，或下一个环节的活动中去，久而久之将经验转化成能力。

从实践角度来讲思维能力的培养可以在多途径进行，在操作活动中，引导幼儿主动去感知、操作探索事物的整体与部分、理解增加和减少等内容，并引导幼儿运用在日常生活中，尝试解决简单问题。利用游戏活动培养幼儿的逻辑推理能力，以游戏的形式让幼儿学会比较、进行排序或者有规律分类。创设各种时机，鼓励幼儿运用已有经验去解决实践中的问题，还可以通过开设跳蚤市场的活动让幼儿结合现实生活的情景，通过给物品标价、买和卖等，在活动的过程中让幼儿参与计算和付款将已有经验和实际生活意义联合起来。

## 二、语言表达能力的培养

语言是交流和思维的工具，幼儿在运用语言进行表达交流的同时，也在发展着人际交往能力、理解能力和判断交往情境的能力。幼儿的语言能力是在交流和运用的过程中发展起来的，为幼儿创设自由、宽松的语言环境，鼓励和支持幼儿与成人交流，让幼儿想说、敢说、喜欢说，通过多种方式来培养丰富幼儿的表达能力。

对于本来就内向、不愿表达、缺乏自信心的幼儿，可以开展适宜的活动来给予幼儿进行表达的机会，甚至可以为内向的幼儿定制专项活动。例如，小小天气播报员的活动。小小天气播报员工作对小朋友来说是一个很好的锻炼机会，可以让小朋友自己报名播报，这样就给予幼儿进行思考与选择的机会，可以自己决定想不想参与、怎么参与、想不想表达、怎么去和老师表达参与的意愿、怎么作为播报员和幼儿之间进行表达。这样就给予内向的幼儿留出了缓冲的时间，可以陪伴、鼓励、引导他们去按照自己的方式进行表达。

利用过渡时间给幼儿创设自由宽松的环境，让幼儿围绕着一个话题展开讨论，让幼儿大胆地倾诉自己的想法，分享自己的假期趣事，或者印象最深的事情。让幼儿学会表达自己的思想和情感。提供一些看图说话的图片，看图说话有利于锻炼我们的思维能力，让幼儿通过观察图画，发散幼儿的思维，他们想的结果也许是不同的，但通过看图讲述可以培养观察事物的能力，也可以激发想象力。能丰富幼儿的知识，能够培养个人的语言表达能力，这是一个锻炼幼儿语言表达能力的好方法。在区域游戏结束后让幼儿进行区域分享：在玩区域游戏过程中遇到了什么问题或者介绍一下自己的作品。无论对或错，教师作为观察者、引导者、陪伴者不要急于给予肯定或否定，作为一个观察者要观察幼儿当下发生的情境。在幼儿提出邀请或申请协助时教师作为倾听者、陪伴者要给予幼儿支持，鼓励幼儿想说、敢说，这样才能更好地培养幼儿的语言表达能力。

## 三、良好的学习习惯的培养

《3—6 岁儿童学习与发展指南》明确指出：拥有良好的行为习惯是考量幼儿身心健康的重要标准之一，也是幼儿时期需要学习和发展的关键内容，好的行为习惯是幼儿积极促进自身健康成长的重要途径。

### （一）时间观念培养

在幼小衔接过程中，幼儿从认识钟表感知时间到建立初步的时间观念，从制订单一的活动计划、制订日计划、制订周计划来养成合理管理时间的习惯也是一个重要任务。培养幼儿的时间观念，帮助孩子建立时间观念和任务意识，使之成为一种习惯和内在的需要，形成做事有计划、遵守时间、不拖拉的好习惯。从幼儿园进入小学是幼儿生活中的一件大事，也是人生旅途中的一次重大转折。幼儿园和小学在作息时间上存在着很大差异，这种差异就必会影响幼儿将来在小学的生活与学习。教师要帮助其建立时间观念和任务意识。通过活动，帮助幼儿认识时间的真正意义，建立良好的时间观念和任务意识，养成做事有计划，遵守时间、不拖拉的好习惯。

### （二）正确坐姿培养

良好的坐姿对幼儿非常重要，因为它对幼儿的身体健康、学习效率和成长发育都有着积极的影响。良好的坐姿对幼儿十分重要。（1）可以保护脊柱健康：坐姿不良会给幼儿的脊柱造成很大的压力，导致脊柱畸形、骨骼变形等问题。良好的坐姿可以避免这些问题的发生。（2）改善视力：坐姿不良会导致幼儿的身体前倾或扭曲，使得眼睛距离书本或电子屏幕过近，容易引起视力疲劳、近视等问题。良好的坐姿可以改善这些问题。（3）提高学习效率：良好的坐姿可以让幼儿更加专注于学习，提高学习效率。（4）增强自信心：良好的坐姿可以让幼儿感觉更加自信，显得更加自信和大方。

### （三）认真倾听习惯培养

在讲故事的时候，让他们在听故事的同时，学习如何倾听和理解。讲故事时，采用适时的停顿、提问，来培养幼儿认真倾听的好习惯。通过游戏让幼儿学会倾听。带领幼儿玩“指令游戏”，说出一个指令，引导幼儿按照指令做出相应的动作。模仿倾听：让幼儿模仿说的话或做的事情，以此锻炼他们的倾听能力。

## 四、情绪管理能力的提升

喜怒哀乐是人的基本情绪，分别代表着人的不同心情，好的情绪会让人伤心、沮丧、崩溃或者发脾气。帮助幼儿识别情绪，理解情绪，表达内心感受，逐步掌握处理负面情绪的方法。引导幼儿学会控制调节不良情绪，学会用语言表达自己的情绪，让问题得到解决。

帮助幼儿识别自己的情绪：引导幼儿认识自己的情绪，让他们能够识别并了解轻松、愤怒、焦虑等情绪是如何体验的。经常与幼儿交流：不断与幼儿沟通，了解他们的感受，听取他们所说，关注他们的生活体验。培养幼儿的冷静与耐心：鼓励幼儿在情绪激动时保持冷静和耐心，帮助他们学会控制自己的情绪。帮助幼儿了解情绪的正负面影响：让幼儿了解情绪可能对行为和生活的影响，并鼓励他们找到一些应对策略。借助大自然：带幼儿去户外运动、散步，帮助他们放松身体的同时缓解情绪。鼓励幼儿试着说出自己的感受：鼓励幼儿在不同的情境下表达情绪，让他们能够尝试用语言表达自己的情感。鼓励幼儿找到适合自己的情绪管理方法：对于不同的情感，幼儿需要尝试不同的情绪管理方法。

科学的幼小衔接通过思维能力的培养和语言表达能力的培养以及幼儿良好的学习习惯的培养和情绪管理能力的提升，能够让幼儿更快地适应小学环境，不同的孩子适应环境的能力不同，教师还要因材施教，不断学习提高自己的专业能力及教育教学方法。帮助引导幼儿由幼儿园顺利过渡到小学。

**参考文献**

［1］教育部基础教育司．《幼儿园教育指导纲要（试行）》解读［M］．南京：江苏凤凰教育出版社，2017.

［2］中华人民共和国教育部．3—6岁儿童学习与发展指南［S］．北京：首都师范大学出版社，2012.

# 浅谈幼小衔接背景下大班幼儿生活自理能力的培养

（唐钰　天津市河西区棣棠幼儿园 ）

**摘　要：** 幼小衔接是幼儿从幼儿园步入小学的桥梁，是儿童成长过程中的一个重大转折。科学的幼小衔接可以帮助幼儿建立正确的世界观、人生观和价值观，尽快地适应新的学习生活。在幼小衔接中幼儿的生活自理能力常常被忽略，幼儿良好的生活自理能力能帮助幼儿快速适应小学一年级的学习生活，我们应该重视幼儿生活自理能力的培养，为幼儿的小学生活打下坚实基础。

**关键词：** 幼小衔接；生活自理能力；大班；生活准备

## 一、问题的提出

2021年教育部印发的《教育部关于大力推进幼儿园与小学科学衔接的指导意见》指出："全面推进幼儿园和小学实施入学准备和入学适应教育，减缓衔接坡度，帮助幼儿顺利实现从幼儿园到小学的过渡。"科学的幼小衔接可以减少或避免因两个学习阶段间存在的差异给幼儿身心发展带来的负担，对于幼儿今后的人生成长具有巨大的帮助。生活自理能力是幼儿入学必备的关键素质之一，《幼儿园入学准备教育指导要点》针对幼儿入学所需的关键素质，在生活准备方面指出，较强的生活自理能力有助于幼儿做好入学后学习和生活的自我管理和服务，增强独立性和自信心。但是家长对幼小衔接的认识仅局限于学习算数、拼音、识字上，忽视了对幼儿生活自理能力的培养。生活自理能力是每个人应该具备的基本能力，一个人能否在社会上生存、发展、立足，生活自理能力起着很大的作用。如果只重视知识，而忽略建立幼儿生活自理能力培养的幼小衔接教育，违背了幼儿正常的身心发展规律，导致孩子入学后依赖性强，不能独立，以致于产生对新环境的不适应。所以，在幼小衔接的过程中培养幼儿的生活自理能力是至关重要的。

## 二、大班幼儿生活自理能力教育中出现的问题

### （一）过度安排幼儿的一日生活

在幼儿一日生活中，大多数教师为了幼儿的生命安全对幼儿始终保持着"高度控制"，每天严格按照一日生活作息表规划幼儿的活动，包括什么时候上厕所、什么时候喝水、什么时候需要穿衣服等。正是因为这种"高度控制"的爱使幼儿每天处于被动中，失去了自己规划自己生活的能力，缺乏生活的自主性，导致幼儿觉得生活活动只需要跟着老师的计划进行就可以了，不会根据自己的需要喝水、如厕，需要在教师的安排下进行活动，生活自理能力下降。

### （二）生活教育缺乏趣味性

幼儿园生活活动进行的时候，教师总是会对幼儿反复地提醒。例如，上厕所时要提醒幼儿排队、不拥挤、扶好两边的扶手，洗手的时候要提醒幼儿打肥皂、用七步洗手法洗手、洗手后手擦干，接水的时候提醒幼儿不洒水，等等。这种反复枯燥的言语提醒会让幼儿产生一

种抵触心理，从孩子的角度来看，这样的活动安排是死板无趣的，生活活动的进行只是幼儿对教师命令的被动执行，幼儿渐渐地对生活活动失去兴趣，生活自理意识慢慢减弱。

### （三）家园教育相脱离

我们常说“5+2=0”，意思是幼儿5天在幼儿园中养成的良好生活习惯，过一个周六周日再回到幼儿园的时候好习惯就消失了。在幼儿园中每个幼儿都是一个独立的个体，但是当孩子回归家庭，孩子们是每一个家庭的中心，一家所有大人全心全意地照顾一个孩子，对孩子溺爱，对孩子自己能做的事情包办代替，总是认为幼儿的年龄还太小，生活自理能力差，担心幼儿自己做不好，剥夺了幼儿自己尝试、学习、亲身实践的机会。久而久之，幼儿潜意识中就会出现严重的依赖心理，失去想要探索与实践的好奇心，什么事情都想要依赖家长，甚至在幼儿园自己可以干的事情到了家中自己就不会做了。还有的家长怕麻烦，觉得幼儿的尝试是在浪费时间，嫌费事，所以幼儿的一切自己都包办代替。正是因为家长以各种理由反对幼儿自己亲身实践，与幼儿园的教育目标相违背，严重阻碍了幼儿生活自理能力的发展，不利于幼儿良好生活习惯的养成，导致幼儿升入小学后不适应小学的独立生活，产生焦虑、自卑等心理。

## 三、大班幼儿生活自理能力的培养策略

幼儿生活自理能力是幼儿独立性发展中重要的一步，对其身心健康发展、自信心、责任感、问题解决能力等方面有着重要影响。幼小衔接中，幼儿的自理能力是幼小衔接培养的重点，有意识地让幼儿自己独立做力所能及的事，幼儿慢慢会建立起属于自己的小世界，自理能力也会慢慢地培养起来。幼儿通过在幼儿园内良好的生活自理能力的培养，能够为即将迎来的新的小学生活、学习的自我管理和服务打下良好的基础，增强幼儿的自信心和独立性。

### （一）建立幼儿的生活自理意识

只有帮助幼儿建立生活自理意识，才能够提高幼儿的生活自理能力，为幼儿以后的独立生活打下坚实的基础。教师和家长应该为幼儿提供自主操作的机会和时间，尊重幼儿的独立性意向需求，适当放手，鼓励幼儿做自己能力所及的事情，当幼儿在独立探索中遇到困难的时候适时地介入幼儿的活动，适当地为幼儿提供帮助，帮助幼儿树立劳动自信心。比如，玩具清洗后，教师可以放手让幼儿对玩具进行分类整理，允许幼儿的试错行为，当幼儿活动无法继续进行的时候适当地给幼儿一些提示，幼儿完成后奖励幼儿一个小贴纸或者给予幼儿鼓励性的话语，幼儿会慢慢地在自我独立操作中感受到自我管理的快乐，建立生活自理的意识。我们要在日常生活中注重每一件小事，从小事做起，幼儿在通过不断地进行自我服务和劳动锻炼中逐渐增强他们的自我服务意识，提高生活自理能力，为进入小学生活后快速适应小学生活树立自信心和责任心。

### （二）养成良好的生活管理习惯

在一日生活中，适当地减少对幼儿的统一安排，大胆放手，请幼儿根据自己的生活需求安排自己的活动，教师减少对幼儿的干预。通过讲绘本的方式使幼儿知道穿脱衣服的方法，养成自己穿脱衣服的好习惯。在安吉游戏中，幼儿自带水壶下楼玩耍，口渴时自主喝水，每一次自主喝水可以找教师领一枚小粘贴贴在自己的水壶上，放学前水壶粘贴多的小朋友可以找教师换一个小印章，从而来鼓励幼儿自主喝水，培养幼儿的个人生活管理能力。在区域活动中创设天气与衣物一一对应的游戏，幼儿根据天气变化更换不同样式的衣服，逐步培养幼儿在实际生活中能够做到根据天气变化和活动需要增减衣物。

### （三）提高自我服务能力

良好的自我服务能力能使幼儿更好地适应未来社会的需要，形成坚韧和自立的性格，我们在日常生活中要设计有趣的活动，引发幼儿的兴趣，发挥幼儿的主动性。邀请幼儿自己设计“我的好习惯”打卡记录表，表内设计饭后自己把桌子收拾干净、午睡后自己整理床铺等自我服务项目的小图标，让幼儿每天主动地进行自我服务，养成自我生活服务的意识。安吉游戏结束后请幼儿自己收拾玩具，如请幼儿注意观察积木的图形特征，按形状分类整理积木，摆放整齐收回到玩具柜中。这样一方面锻炼了幼儿分类思维能力，另一方面培养了幼儿自我服务的能力。同时，开展“参观小学”的活动，引导幼儿了解有关小学学校生活的常规知识，针对幼儿园与小学的不同，进行“书包乐园”主题活动，通过绘本故事、整理书包大赛等趣味游戏了解升入小学后书包的作用，锻炼幼儿整理书包、课本、文具的能力，进一步增强幼儿的责任意识，提高幼儿的自理能力，为进入小学做好准备。

### （四）树立时间观念

时间管理是幼儿顺利适应小学生活的关键因素之一，管理好时间有助于培养孩子正确的时间观念，养成按时、有序、守时、惜时的习惯。为了让幼儿了解时间，学会时间管理，开展了“我是时间小主人”主题活动，组织了各种各样的游戏活动，以减缓幼小衔接坡度。利用希沃多媒体技术，在大屏幕上全方面地展示时钟的运转规律，帮助幼儿了解时钟的结构及分针、时针的关系。当幼儿有了初步的时间观念后，家园共育开展了“我有一个小闹钟”活动，建立时间与自身活动的关系，养成幼儿按时作息的好习惯。结合“走进小学”主题活动，组织“课间十分钟”活动，引导幼儿了解课间十分钟，最后请幼儿用画笔把自己进入小学后计划课间十分钟要干的事情画下来，并相互交流，激发幼儿参与活动的兴趣，使幼儿真正了解小学的课间十分钟。分配、计划自己的时间也是非常重要的，请幼儿自己设计自己的一日生活时间表，合理安排自己的时间，在持续的时间计划与实施中，逐渐养成守时、做事不拖沓的好习惯，以更好更快地适应小学生活。

### （五）家园共育，相互合作

良好生活自理能力的培养需要家庭和幼儿园双方共同努力，形成合力。开展“幼小衔接”家长学校，向家长传授在幼小衔接中生活自理能力的重要性与培养策略。家长要改变一手包办的坏习惯，为幼儿提供自主发挥的时间和空间，大胆地放手，相信幼儿，让幼儿从点滴小事做起，如自己起床、刷牙、洗袜子等。向幼儿示弱，请求幼儿的帮忙，如洗菜、擦桌子、扔垃圾等。对于幼儿不会的事情家长不能怕麻烦就不让幼儿去尝试，而是应该耐心地指导幼儿，当幼儿自己做好一件事后，要给予幼儿表扬，让幼儿知道自己是有能力干好很多事情的，让幼儿感受到有能力干好一件事情的骄傲与自豪，在不断的鼓励中，源源不断地产生劳动的动力，提高生活自理能力，为小学生活打下基础。

## 四、结语

对于幼儿来说，良好的生活自理能力有利于促进他们的全面发展，培养良好的学习和生活习惯。我们家长以及教师应该相互合作、家园共育，结合幼儿的年龄与特点，组织开展各类有趣的活动建立幼儿的生活自理意识、养成幼儿良好的生活管理习惯、提高幼儿的自我服务能力、引导幼儿逐步树立时间观念，以提高幼儿的生活自理能力，做好升入小学的生活准备，为幼儿未来的学习和生活保驾护航。

## 参考文献

[1] 中华人民共和国教育部关于大力推进幼儿园与小学科学衔接的指导意见［S］．北京：人民教育出版社，2021.

[2] 李君玲．基于问题导向的幼小衔接：以“12345”机制助力科学幼小衔接［J］．儿童与健康，2022（9）：52—53.

# 实施大班幼儿品德教育的家园共育研究与实践

（白雪　天津市河西区棣棠幼儿园）

**摘　要**：当前大多数大班幼儿家长都较重视对幼儿智育的培养，而忽视了良好品德对幼儿成长的重要作用，帮助大班幼儿家长认识到品德教育的重要性，促进幼儿全面发展是当前亟须解决的问题。在家园共育下实施大班幼儿品德教育的策略包括：通过多渠道提高家长对品德教育的重视程度、通过多种活动提高家长在品德教育中的参与度、家园在幼小衔接中提高大班幼儿品德素养、提供多种家园交流机会提高品德教育有效性、家园做好品德榜样保持教育一致性。

**关键词**：家园共育；品德教育；大班幼儿；家庭教育

## 一、问题的提出

习近平总书记在第一届全国文明家庭表彰大会上的重要讲话中指出："家庭教育涉及很多方面，但最重要的是品德教育，是如何做人的教育。"但是，当前大多数大班幼儿的家长只注重幼儿成绩的提升而忽视了幼儿品德素养的养成。《幼儿园教育指导纲要（试行）》解读指出："家庭是幼儿园重要的合作伙伴。应本着尊重、平等、合作的原则，争取家长的理解、支持和主动参与，并积极支持、帮助家长提高教育能力。"因此，教师需要通过多种途径做好大班幼儿品德教育的家园共育工作，使家庭和幼儿园形成教育合力，实现幼儿园家庭教育双方的智慧潜能整合，共同实施好大班幼儿品德教育，塑造大班幼儿良好品德。

## 二、家园共育对大班幼儿品德教育的重要性

### （一）有利于提高大班幼儿品德教育的有效性

观察调研发现，有许多幼儿存在着在园里和在家中表现不一的情况，大班幼儿已经具备较强的"察言观色"的能力，在园里幼儿可能会因为一些一日常规的要求和教师的督促，表现得较为听话、乖巧，但是在家里没有了规则的约束再加上老人的宠溺就会表现出较任性、调皮、霸道的一面。通过家园共育，幼儿园和家庭双方可以相互分享幼儿在幼儿园、在家庭的情况，教师可以更加全面地了解幼儿的发展情况和需求，掌握幼儿的个性化特征，从而制订更加适合幼儿的品德教育计划，提高品德教育的有效性。

### （二）有利于保持大班幼儿品德教育的一致性

整个幼儿期的幼儿都具有爱模仿的特点，家长和教师的言行举止都会对幼儿的品德形成产生潜移默化的影响和作用。家园共育能为家长和幼儿园提供一个相互沟通、传授教育经验的平台，使幼儿受到的品德教育保持一致性。

### （三）有利于促进大班幼儿社会化稳步发展

大班时期是幼儿社会化发展的关键时期，是幼儿进入社会的起点。幼儿在家庭和幼儿园中会接触到不同的人和事，这些经历会帮助他们逐渐适应社会生活，并学会遵守社会规则和道德准则。家庭是幼儿个体社会化的开端，幼儿园可以拓宽社会化的范围和内涵，家园共育

能使两者相互补充，形成促进幼儿社会化的合力。

## 三、当前家园共育实施大班幼儿品德教育中存在的问题

为深入探究当前家园共育实施大班幼儿品德教育中存在的问题，我们面向大班幼儿的家长发放了120份问卷，通过对问卷结果数据的分析，找出以下存在的问题。

### （一）家长偏重于对幼儿智育的培养

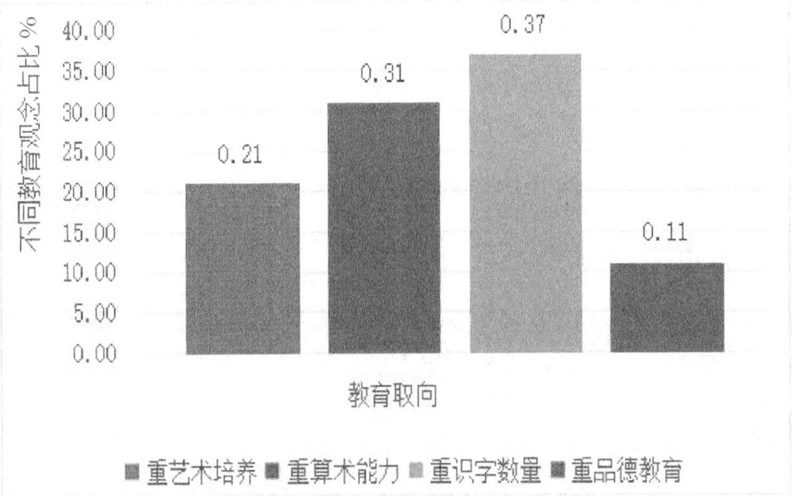


图1　家长教育观念取向统计

从图1中可以看出，大班幼儿家长都较偏向于对幼儿智育和美育的培养，偏向品德教育的人数较少。大班幼儿即将升入小学，大多数大班幼儿的家长都把全部的精力投入如何提高幼儿的识字量、如何提高幼儿算数的准确度上，在整个大班时期家庭教育的内容大多向“小学化”倾向，将幼小衔接简单地理解为知识的衔接，而忽视了对幼儿良好品德的培养。

### （二）家长参与家园共育的主动性不足

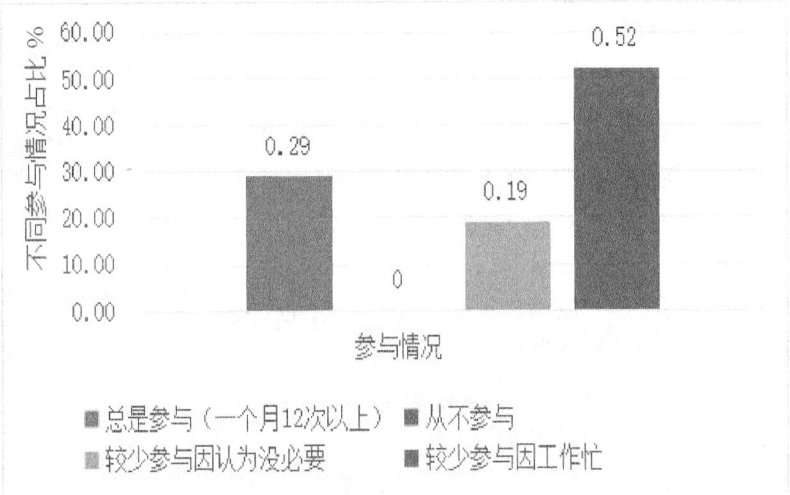


图2　家长参与家园共育情况统计

从图 2 中可以看出，虽然家长都参与家园共育活动，但参与的家长较少，也存在认为没有必要参与家园共育的家长，认为幼儿的教育全权由老师负责，家长只负责管理幼儿的生活，使得部分家长参与家园共育的积极性较低，在家园共育中表现出消极的态度，不愿意配合幼儿园的工作。占比最高的就是家长由于工作繁忙，无法同时兼顾上班和照顾幼儿，更多时间是把孩子放到爷爷奶奶家照看，自己直接参与幼儿教育的较少。

## （三）家园共育层次较浅

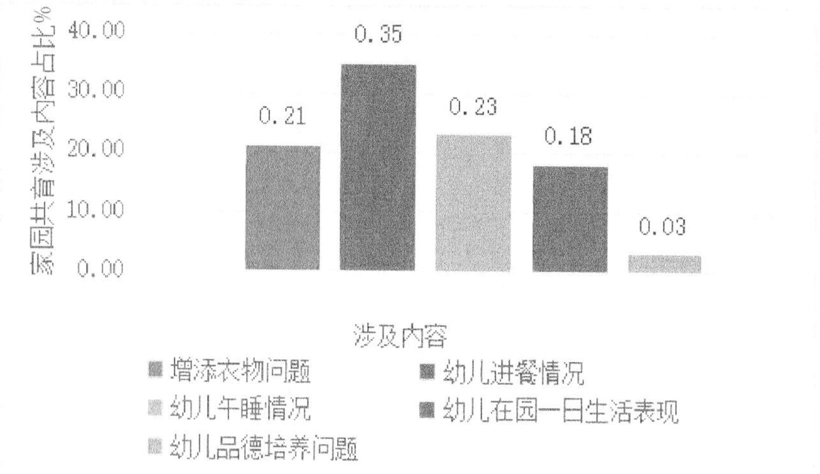


**图 3　家园共育涉及内容范围统计**

从图 3 中可以看出，教师和家长平时大多是沟通一些琐事，如饮食、午睡情况、更换衣物等，很少探讨幼儿品德培养的问题。并且，大多数教师和家长都只是在接送孩子的时候进行沟通，在这短暂的沟通与交流中，家长与教师无法深度探讨幼儿的教育问题。以此可以得知，当前家园共育所涉及的层次还较浅，家园之间合作还不够深入，未能真正实现家园共育。

## （四）家长参与家园共育活动多浮于表面

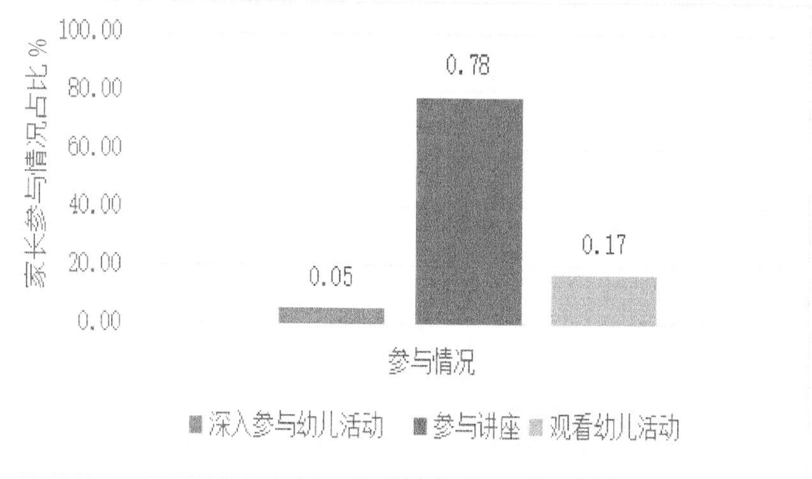


**图 4　家长参与品德教育活动情况统计**

从图 4 中可以看出，家长很少深入参与幼儿的活动，融入幼儿的实际幼儿园生活，当前家长参与幼儿园组织的活动大多为讲座的形式，多为教师讲家长听，这样的家园共育缺乏良好的互动交流与反馈，导致品德教育效果不理想。

## 四、实施大班幼儿品德教育的家园共育实践策略

### （一）通过多渠道提高家长对品德教育的重视程度

现如今，许多大班幼儿的家长还仍停留在只重视幼儿智育发展的阶段，缺乏促进幼儿全面发展的全局意识，没有从思想上重视对幼儿品德的培养。幼儿园教师要发挥自己的专业优势，通过多种渠道的宣传引导家长充分认识到对幼儿进行品德培养的重要性，从而积极主动地承担起对幼儿品德素养的培养。

1. 定期组织家长来园参加品德教育讲座。幼儿园开设品德教育家长学校，定期根据每个班幼儿的品德发展情况，有针对性地为家长开展品德教育讲座，能够提高家长对幼儿品德教育重要性的认知，帮助家长掌握科学的品德教育方法。

2. 充分利用线上沟通渠道加大宣传力度。幼儿园可以充分利用现代信息技术带来的宣传效果，通过发布微信公众号，制作美篇等线上渠道宣传品德教育的相关知识，提高家长对品德教育的认知水平。

### （二）通过多种活动提高家长在品德教育中的参与度

在以家园共育为基础实施幼儿品德教育的过程中，必须改变家长被动参与的局面，要充分发挥家长的能动性，使家长深入幼儿的品德教育活动，改变传统的说教模式。

1. 开展促进大班幼儿品德发展的亲子活动。开展亲子活动有助于家长更好地参与幼儿品德教育，促进幼儿品德的发展。比如，幼儿园在传统节日期间，邀请家长到园和幼儿一起制作一些小手工，一起共读传统节日主题绘本，在家长和幼儿的互动中激发幼儿的爱国情感、塑造幼儿良好品德，同时也能帮助大班幼儿做好入学前的社会准备，初步形成爱家乡、爱祖国的情感。

2. 教师、家长、幼儿共创品德文化环境。环境是幼儿园中隐性的教师，对幼儿的品德教育有着潜移默化的影响，教师邀请家长参与幼儿园品德教育环创的过程，可以激发家长参与幼儿品德教育的积极性与主动性，同时也进一步增进了幼儿与家长的亲近关系。

3. 组织打卡活动培养幼儿良好品德。21 天可以养成一个好的习惯，教师在线上发起良好品德行为打卡活动，邀请家长每天在家中通过打卡小程序打卡幼儿的良好品德行为，如做家务，每天向长辈主动问好等，坚持 21 天打卡的小朋友可以获得小奖状。通过打卡活动正强化幼儿良好品德行为，让良好的品德生根发芽。

### （三）家园在幼小衔接中提高大班幼儿品德素养

家庭和幼儿园要充分意识到幼儿良好品德的培养是帮助幼儿适应小学生活的重要途径，应结合幼儿园入学准备教育指导要点开展品德教育活动，促进大班幼儿良好品德的发展。例如，结合入学准备指导要点生活准备中参与劳动的发展目标，家园社区共同开展“环境小卫士”活动，利用周末时间教师和家长带领幼儿打扫社区卫生，培养幼儿的劳动技能，锻炼幼儿的合作意识，强化幼儿的任务意识，同时也为幼儿升入小学做好生活准备和社会准备。

### （四）提供多种家园交流机会提高品德教育有效性

幼儿园可以定期开展“幼儿品德教育研讨会”“品德教育活动观摩”等活动，为家长和教师提供深入讨论的平台，双方可以有足够的时间讨论幼儿情况，交流好的品德教育经验，解决在品德教育中遇到的困难，助力幼儿品德发展。

### （五）家园做好品德榜样保持教育一致性

家长和教师都是幼儿重要的模仿对象，家长和教师要保持教育的一致性，树立正面的榜样，通过展示良好的行为习惯和道德品质，感染和影响幼儿的行为表现，促进幼儿良好品德行为的形成。

## 五、结语

幼儿时期是培养孩子良好品德素质的黄金时期，幼儿园须通过多渠道提高家长对品德教育的重视程度、通过多种活动提高家长在品德教育中的参与度，同时家园在幼小衔接中提高大班幼儿品德素养、提供多种家园交流机会、提高品德教育有效性，使品德榜样保持教育一致性，通过以上策略形成家园共育合力，共同促进幼儿良好品德的形成。

### 参考文献

教育部基础教育司.《幼儿园教育指导纲要（试行）》解读［M］. 南京：江苏教育出版社，2002.

# 家园共育改善家庭教育中父亲缺位现象研究

（凌维　江西省直第一幼儿园）

**摘　要：**幼儿期是人生发展的奠基阶段，是影响幼儿一生发展的关键时期。家庭教育是培养幼儿身心全面发展的重要途径，也是一个人终身发展的奠基阶段。随着社会的发展和进步，家庭结构发生了很大的变化，父亲在家庭教育中扮演着越来越重要的角色。但是由于各种原因，父亲在家庭教育中缺位现象严重。如何改善这一现象已经成为幼儿园教育中需要解决的重要问题。本文从家园共育角度通过分析父亲在家庭教育的重要性，提出了改善父亲缺位现象的相关策略。

**关键词：**父亲；家庭教育；家园共育

## 一、引言

随着社会的发展，父母对孩子教育问题越来越重视，父母是家庭教育的重要组成部分，好的家庭教育是孩子健康成长的保障。在家庭中，父亲的角色不仅要照顾家庭，还承担着教育孩子、与孩子互动等成长过程中的主要责任，因此，父亲的角色应该是“参与、支持”。但从社会现实来看，部分父亲在家庭教育中处于缺位状态，许多父亲在工作中无暇照顾孩子，将孩子交给了老人或保姆；也有部分父亲自己没有文化、没有工作，也不会教育孩子。父亲在幼儿园家庭教育中的缺位，会影响孩子的心理发展、人格发展和社会适应性。从我国现实情况来看，父亲在幼儿园教育中的缺席已经成为影响幼儿发展的重要因素。因此，改善幼儿园家庭教育中父亲缺位的问题对儿童的发展具有重要意义，这需要家园共育、相互配合、共同努力。

## 二、父亲在家庭教育中的重要性

### （一）父亲带给孩子的精神财富

父亲作为一个男人，在家庭中应该起到榜样的作用，要承担起这个责任。而对于孩子来说，父亲是他们在这个世界上接触的第一个男人，是他们模仿的对象。因此，父亲对于孩子的影响是巨大而深远的。

有了父亲这个榜样，孩子们才能感受到责任和担当，孩子通过与父亲一起游戏、玩耍，来学习父亲的处事态度、精神品质和行为方式；通过与父亲交谈来学习父亲的待人接物和社会经验；通过与父亲一起参加户外活动来学习父亲的坚毅和勇敢；通过与父亲一起分享快乐来学会宽容和谅解等。

### （二）父亲可以培养孩子敢于面对困难的勇气

在生活中，父亲更多时候是要为家庭、为自己的事业而努力，而母亲则多为家庭生活操劳，所以他们就更容易让孩子养成一些坚韧、顽强的性格。但现实生活中，我们却常常看到这样一种情况：那就是有些孩子由于缺乏父亲教育，从小就没有养成坚强勇敢、百折不挠的性格；而有些孩子则相反，他们由于长期在父母呵护下成长，缺乏面对困难、挫折的勇气和信心。所以作为父亲，应该适时地为孩子提供一些面对困难与挫折的机会，培养他们勇敢面对困难和挫折的勇气。

### (三) 父亲可以培养孩子大胆探索、勇于冒险的精神

父亲对于子女的影响是潜移默化、无处不在的，是孩子成长过程中必不可少的一部分。如果一个孩子的父亲能够经常带他们做一些有难度、有危险性和挑战性的活动，那么他们就会从中体会到一种兴奋、刺激和成就感，进而会把这种兴奋和刺激延续到以后人生发展过程中去，也会从中收获更多、更丰富的人生体验。

相反，如果一个父亲在家里喜欢玩手机游戏或者看电视，那么孩子也会受其影响，渐渐也会对一些网络游戏产生兴趣，并渴望自己尝试着去玩。这样一来既影响了孩子的学习成绩，又耽误了学习时间，还分散了孩子对学习的注意力和兴趣。

## 三、家园共育改善幼儿园家庭教育父亲缺位的策略

### (一) 开展家长会改变父亲教育观念，提升父亲的“角色”意识

1. 教师分享，推进观念更新。幼儿园应及时更新观念，提高教师对父亲参与家庭教育重要性的认识。幼儿园应定期举办专门的家长会或讲座，请教师给家长介绍科学育儿知识和经验，让家长了解到父亲在家庭中与母亲承担着同样重要的责任，即教育孩子、维持家庭关系。让家长看到在幼儿成长过程中父亲所扮演的重要角色。通过定期举办家长会、亲子游戏活动等方式，可以让家长更好地了解孩子在园活动情况、孩子在园表现情况。通过邀请家长在幼儿园和老师一起学习有关家庭教育的理论知识、分享家庭教育经验等，使每一位父亲和母亲都能够通过与幼儿园教师交流实现互相学习、互相借鉴、共同成长的目标。

2. 家长交流，促进经验分享。父亲参与幼儿园活动的积极性不高，尤其是对教育的理解不够，在家庭教育中更多的是把教育责任推给母亲。为了提高父亲参与幼儿园活动的积极性，我们组织了家长经验交流会，鼓励父亲多参与亲子活动和家长讲座。在交流会上，我们邀请了很多优秀的爸爸来分享育儿经验和方法。比如“孩子的童年只有一次，爸爸要给孩子高质量的陪伴”“爸爸是孩子第一个好朋友”“爸爸要和妈妈一起努力”等。同时，让父亲和母亲交流彼此在家庭教育中角色扮演的经验以及感受，这些分享会给家长很大的鼓舞，也给了他们很多启发。

3. 鼓励参与，陪伴幼儿成长。积极引导父亲参与幼儿的游戏和活动，为其提供交流、学习、沟通、合作的机会，提供有效指导。通过亲子活动、家长课堂等形式，帮助父亲认识到他是孩子成长过程中最重要的教育资源，使其认识到家庭教育不只是陪伴孩子成长这么简单。此外，幼儿园可以开设家长课堂等课程，帮助家长树立正确的家庭教育理念和方法。

### (二) 幼儿园举办亲子活动，提高父亲的积极性和参与度

1. 幼儿园建立奖励机制，激发父亲参与家庭的积极性。调查显示，父亲参与家庭教育的程度与幼儿园的奖励制度存在一定的关系。对父亲参与家庭教育的奖励制度可以为父亲参与家庭教育提供一定的动力和动机。因此，在制定奖励制度时，要在制度中明确规定奖励的形式、标准和具体操作方式。例如，给每位父亲准备了一张小卡片，上面写着“亲爱的爸爸：您是最棒的，您是我最崇拜的人”。同时，孩子们可以给爸爸准备一份小礼物，自己制作手工作品来表达对父亲的爱。“我爱你”手工制作卡片不仅可以让父亲感受到了来自家人的爱，同时也可以让他们知道如何去表达自己对家人的爱。让父亲得到来自孩子的奖励，这样才能更好地激发父亲参与家庭教育的积极性。

2. 幼儿园提供亲子互动机会，提高父亲对孩子成长的参与度。在幼儿园组织的活动中，可以增加一些亲子互动环节，让家长与孩子一起参与其中，利用游戏这种儿童最喜爱的方式

进行交流互动，增进父母与孩子之间的感情。在亲子活动中，父亲和孩子之间可以从眼神交流到语言交流再到身体动作的交流，从简单的互动到复杂互动再到游戏互动，等等。父亲可以通过与孩子之间的语言交流来了解孩子的生活和学习情况。同时，父亲还可以通过游戏活动来丰富孩子的生活。比如，父子或母子一起搭积木、角色扮演、玩玩具、做家务等游戏活动。在这些游戏活动中，父母和孩子可以相互学习、共同进步，使亲子关系得到良好发展。

为了鼓励父亲更多地参与幼儿园活动，我们开展了一次父亲日活动。让大家了解到父亲的更多优点。比如：有的爸爸会和孩子一起做手工；有的爸爸会带孩子去户外运动……因为“父亲节”给了孩子们一个向父亲表达爱意和感激的机会，让孩子们知道自己在家庭中是一个重要的角色。设立“父亲节”可以让幼儿了解到父亲在家庭中的角色，让父亲更好地了解幼儿，并通过这种方式来建立和发展与父亲之间的关系，增加幼儿对父亲角色的认识，激发孩子与父亲交往的兴趣和积极性，使他们能主动地去了解父亲，增进亲子之间的感情。此外，“父亲节”还可以促进家庭成员之间的关系，增强家庭凝聚力。

## 四、结语

“一个父亲的成功，就是给孩子最好的教育；一个父亲的失败，就是给孩子最好的教育。”父亲在家庭中有着其他角色不可替代的作用，对幼儿成长具有重要的影响。因此，幼儿园应该认识到父亲在家庭教育中的重要性，认识到父亲缺位对幼儿成长带来的不良影响。通过多种途径改变幼儿园家庭教育中父亲缺位的现状，使幼儿在不同时间、不同空间、不同角色、不同情感体验中健康发展。在幼儿园和家庭中发挥父亲教育作用，让父母们认识到自己对幼儿教育中的角色缺失问题，提高重视程度。同时，幼儿园应该充分利用各种渠道，积极与家庭沟通合作，为家长提供家庭教育方面的帮助和支持，共同促进幼儿健康成长。

**参考文献**

[1] 温召玮，翟秀海．儿童家庭教育中“父亲缺位”问题探析［J］．现代商贸工业，2019，40（34）：132—134.

[2] 王卫红，苏庆华．父亲“缺位”对家庭教育的影响探析［J］．福建开放大学学报，2022（3）：80—83.

[3] 刘园．家庭教育中父亲参与教养问题探析［J］．西部学刊，2021（19）：113—115.

[4] 王格媛．家园共育中“父亲缺位”现象的困境及突破策略探讨［J］．花炮科技与市场，2019（4）：291—292.

[5] 全国家庭教育现状调查：近半数父亲“缺位”子女教育［J］．云南教育（视界综合版），2015（12）：21.

# 幼小衔接视角下的幼儿劳动教育探究

（穆雪松　任雅庆　北京市房山区长阳镇中心幼儿园）

**摘　要：**劳动是一种能力和习惯的培养，是促进幼儿能力发展的重要途径。本文从幼小衔接的角度探讨了如何开展幼儿劳动教育的问题。幼儿劳动教育，不仅能培养幼儿的劳动技能，树立正确的劳动观念和劳动意识，养成热爱劳动、尊重劳动人民、珍惜劳动成果的好习惯和好品质，也引导幼儿进入小学后，能迅速适应小学生活，并在劳动教育中获得良好的学习态度、学习习惯和学习品质。

**关键词：**幼小衔接；劳动教育；幼儿

中共中央、国务院《关于全面加强新时代大中小学劳动教育的意见》指出，劳动教育在于有目的、有计划地组织学生参加日常生活劳动、生产劳动和服务性劳动，让学生动手实践、出力出汗，接受锻炼、磨炼意志，培养学生正确的劳动价值观和良好劳动品质。

## 一、幼小衔接视角下幼儿劳动教育的意义

### （一）有利于幼儿迅速适应小学生活

日常的劳动活动，能够使幼儿懂得劳动人民的辛苦，减少对成人的依赖，懂得换位思考，能够独立做事，养成能独立解决问题的能力。同时，幼儿园的劳动教育与小学教育中相关的实践课程相呼应。所以，幼儿园的劳动教育也为小学阶段的课程奠定了良好的基础。

### （二）树立正确的劳动观

幼儿阶段是树立正确劳动观的重要阶段。幼儿在持续的劳动教育中获得动手操作、独立思考解决问题的能力，逐渐形成正确的劳动观。在幼儿阶段，应及时帮助幼儿树立正确的劳动观，如团结合作、友好相处、关心他人、热爱劳动，珍惜劳动成果、尊重劳动人民等。

### （三）培养幼儿热爱劳动人民的积极情感

《幼儿园教育指导纲要（试行）》指出，“引导幼儿了解自己的亲人以及与自己生活有关的各行各业人们的劳动，培养其对劳动者的热爱和对劳动成果的尊重”。劳动教育不仅引导幼儿掌握劳动技能，还帮助幼儿懂得理解他人，培养了幼儿热爱劳动人民的积极情感。通过了解不同职业的劳动人民的辛苦，进一步深化幼儿对社会角色的认识，使幼儿懂得珍惜他人的劳动成果，培养热爱劳动人民的积极情感。

## 二、幼小衔接视角下培养幼儿劳动能力的重要价值

### （一）劳动教育可以培养幼儿对劳动的认识

劳动是一种积极的探索活动。幼儿通过对各式各样的劳动工具和材料的使用，获得大量的劳动知识和劳动技能。通过集体活动、劳动教育活动等丰富的形式开展活动，帮助幼儿了解劳动的含义和重要性，感受团队合作的重要性。

### （二）劳动教育可以培养幼儿的劳动意识

在幼儿园劳动教育的过程中，培养幼儿的劳动意识是至关重要的。通过开展教育活动、集体劳动、家庭合作、游戏活动等多种方式来培养幼儿的劳动意识，以促进幼儿自主参与劳动活动，并逐步养成热爱劳动的良好习惯。

### （三）劳动教育可以提升幼儿的劳动品质

劳动的意蕴在幼儿的一日生活中无处不在。例如：通过参与丰富多彩的区域活动，锻炼幼儿动手能力；积极主动参与游戏活动，学习劳动知识；饭前便后洗手、自主进餐饮水、整理衣物等生活活动，养成良好的生活习惯。幼儿在亲身体验劳动的过程中，提高动手能力，熟悉日常的自我服务活动，带动幼儿参与劳动的积极性，学会劳动的方法，体会劳动中的快乐，在劳动的过程中培养幼儿良好的劳动习惯，提升幼儿良好的劳动品质。

## 三、幼小衔接视角下的幼儿劳动教育实施策略

### （一）转变劳动教育观念，正确认识劳动教育

劳动教育需要从小加强对幼儿的引导，帮助幼儿养成积极的劳动观念，培养幼儿养成良好的劳动习惯和劳动品质，激发幼儿热爱劳动的兴趣，养成尊重劳动人民，珍惜劳动成果的积极情感。《幼儿园教育指导纲要（试行）》所指出的，要“充分利用自然环境和社区的教育资源，扩展幼儿的生活和学习空间”。通过家园社三者的密切联系，利用多媒体、互联网等渠道弘扬劳动教育，积极宣传劳动的教育价值，营造尊重劳动人民的社会风尚。帮助家园社提高对劳动教育的认知，形成正确的劳动观。积极利用资源，形成教育合力，使幼儿通过多种方式感受不同职业劳动人民的辛苦，养成热爱劳动、尊重劳动人民的积极情感和珍惜劳动成果的优秀品质。

### （二）结合幼儿年龄特点，选取劳动教育内容

幼儿劳动教育内容的选取要根据不同年龄段幼儿的年龄特点选取。在关注幼儿需求的基础上，发挥劳动教育的教育价值，树立正确的劳动观念。结合幼儿的年龄特点和实际情况，以日常生活劳动、服务性劳动、饲养耕作劳动、创造性劳动社区公益服务劳动，如劳动日、值日生、自我服务劳动、为他人服务劳动、耕作养殖、农事体验、创作体验等多种丰富的劳动活动的形式，设立开展劳动教育课程。确定以幼儿为本的劳动教育观，落实五大领域中的劳动教育内容，建立劳动教育课程，提升幼儿对劳动态度的认知，促进幼儿的多元化发展。

### （三）结合幼儿学习特点，拓宽劳动教育途径

幼儿的劳动教育需要坚持和连续性，培养幼儿良好的劳动习惯和态度，要在经常的劳动中培养，保持幼儿劳动的连续性。

1. 将劳动教育融入幼儿一日生活。通过幼儿一日生活的各个环节，用贴近生活的案例向幼儿普及劳动的重要性。把握对幼儿游戏、活动中的偶发事件中的教育契机；采用多种方式记录幼儿的劳动过程；利用各种契机，鼓励幼儿积极参与劳动教育，使幼儿掌握相应的劳动技能，深化幼儿的劳动意识，逐渐养成吃苦耐劳的品质和付出才有收获的劳动精神。通过一日生活的各个环节获得相互学习、相互交流和探索的机会，为幼儿建立起正确的劳动观念。

2. 将劳动教育融入区域游戏。“儿童是以游戏为生活的，游戏是儿童的生命。”中国著名儿童教育家陈鹤琴曾说：游戏是幼儿教育的基本组织方式，游戏对幼儿的终身发展具有不

可或缺的意义，游戏与教育相结合成为当前幼儿教育改革发展的重要方向。将劳动教育融入游戏可以激发幼儿对劳动的兴趣，达到寓教于乐的目的。通过情景游戏、故事表演、实际操作等方式，提高幼儿的劳动意识和劳动技能，使幼儿在玩中学，认识了解劳动的意义和价值。

3. 将劳动教育融入环境创设。创设与劳动教育相适应的环境，为幼儿提供活动和表现能力的机会和条件。鼓励幼儿将一日生活中的劳动过程以图画表征、拍照等形式记录并展示，使幼儿感受劳动的乐趣，感知劳动的意义和价值。

### （四）加强教师培养，促进劳动教育可持续性发展

教师专业的可持续性发展是核心理念。所以，教师要在学习中获得先进的劳动教育观念、良好的劳动教育指导和评价方式。在注重劳动教育理论学习的同时，还要关注教师劳动教育实践水平的提高。比如，常见劳动工具的使用方法，在实践和游戏中掌握劳动常识和劳动技能，力求在回应幼儿提出的问题时能够做到游刃有余。

### （五）加强家园共育，引导家长重视幼儿劳动教育

1. 向家长宣传劳动教育观念。父母是孩子的第一任老师，父母的劳动教育思想对幼儿的认识、态度和情感具有深远的影响。因此，向家长宣传劳动教育观念，强化家长的劳动教育思想尤为重要。利用家园共育、家长会等方式，向家长普及宣传科学正确的劳动教育观念，向家长展示幼儿在幼儿园参与丰富的劳动教育活动、集体活动、游戏活动、绘画表征等，鼓励家长积极参与幼儿的劳动教育，引导家长重视幼儿劳动教育。

2. 指导家长在家庭中开展劳动教育。家庭劳动教育是追随家庭中各种不同的事物开展多种方式的劳动教育。家长要为幼儿传播正确的劳动观念，引导幼儿热爱劳动人民，珍惜劳动成果。家长可以带着幼儿在实际体验中感知劳动人民的辛苦和劳动成果的来之不易，体会劳动的意义。温馨的交流、轻松的话语，在与幼儿交流的同时，也拉近了家长与幼儿之间的距离，提升了幼儿的劳动能力。

3. 鼓励家长积极参与劳动教育。积极邀请家长走进幼儿园，鼓励家长成为幼儿的老师，向幼儿介绍自己的职业，让幼儿了解父母的工作。同时，邀请家长积极参与形式丰富的劳动教育活动，共同策划、组织、实施劳动教育活动，让家长和幼儿在丰富多彩的活动中，感受劳动教育的重要性。

## 四、结语

劳动教育是国民教育体系的重要内容，是学生成长的必要途径。幼儿园劳动教育源于幼儿的生活与经验，幼儿是劳动的直接参与者，将劳动体验中产生的直接经验发展为具体的学习内容。幼儿进入小学后，能够迅速适应小学生活，并在劳动教育中获得良好的学习态度、学习习惯和学习品质。

### 参考文献

［1］教育部．幼儿园教育指导纲要（试行）［M］．北京：北京师范大学出版社，2001.
［2］中共中央　国务院关于全面加强新时代大中小学劳动教育的意见［N］．人民日报，2020（001）：1.
［3］陈鹤琴．陈鹤琴教育文集［M］．北京：北京出版社，1985.
［4］教育部．3—6岁儿童学习与发展指南［M］．北京：首都师范大学出版社，2012.
［5］陈鹤琴．家庭教育与父母教育［M］．上海：上海人民出版社，2016.
［6］中央教育科学研究所．陶行知教育文选［M］．北京教育科学出版社，1981.

# 幼儿园大班开展餐桌礼仪课程的必要性探索
## ——从红楼梦林黛玉进贾府在家宴表现的角度

（黄金华　东兴市幼儿园）

**摘　要**：幼儿园在餐桌礼仪课程上的实践探索，顺应幼儿年龄发展的需要，助力幼儿行为礼仪规范的养成，有利于将礼仪教育的观念深植入幼儿意识，培养幼儿人际交往的能力，促进幼儿的身心发展。

**关键词**：餐桌礼仪；园本课程；黛玉进贾府；课程构建

《红楼梦》里的第三回，林黛玉因母亲去世投奔外祖母初进贾府，贾母安排了家宴。曹公用了200多字写了这顿饭，蕴藏着深厚的文化底蕴，更凸显了黛玉这位六七岁的女孩得体的举止。

突出表现在两个方面：一是在座次上的推让，二是黛玉饭后吃茶之礼不动声色。贾府待客吃饭是极讲规矩的，座次的排列显示出身份、地位的尊卑贵贱之别。贾母设的虽为家宴，但同样显示出宴请的礼仪。堂上的宴请座次是颇为讲究的，清代座次排列上最尊为南向坐，次为西向坐，再次为北向坐，最后才是东向坐。座次安排要看人物的身份、地位。按传统礼仪客人不能主动就座，王夫人来了设桌椅，贾母正面榻上独坐，王熙凤拉了黛玉在左边第一张椅上坐了，黛玉知是上座十分推让，贾母解释后才肯落座。饭后清桌倒茶是待客的礼仪，饭毕后丫鬟用小茶盘捧上茶来，黛玉接过茶后，她是个有心人，处处留心观察其他姐妹，看到这杯茶并不是让喝的而是漱口。她便照样漱了口，接着是盥手，后丫鬟捧茶上来，这才是喝的茶。这一切有礼有节黛玉都是在无声中有条不紊地进行，从黛玉的表现可以看出其家庭礼仪习俗的严谨，无愧于诗礼簪缨之族的称谓。

## 一、大班幼儿餐桌礼仪课程的实施价值

中国是礼仪之邦，自古以来对用餐的礼节非常重视，论语有云“食不言，寝不语”讲的是用餐时要态度恭敬。孔子当年说过“夫礼之初，始诸饮食”，说的是从敬献饮食的东西（形式）开始的。因此有人说最初的礼仪是从饮食礼仪开始的。林黛玉这个六七岁的小女孩，正是现在幼儿园大班的年纪，在贾母家宴中能有如此得体的表现。由此可见，礼仪行为规范是幼儿发展时期需要格外重视的内容，教师充分利用幼儿的生活活动，加强对幼儿的餐桌礼仪教育，帮助幼儿掌握餐桌礼仪，树立良好的餐桌礼仪意识，倡导幼儿培养积淀弘扬中国传统文化和礼仪。

## 二、大班开展餐桌礼仪教育现存问题剖析

### （一）地域文化的影响及师资培训投入不足

对于边境少数民族自治地区来讲，教育教学质量较其他中东部地区相对落后，教育资源分配相对不足，幼儿园的管理层更倾向于日常主题式课程的教学，大部分教师对礼仪教育只停留在观念层面，这对教师开展餐桌礼仪教育的实际工作提供的帮助和指导程度远远不够。

### （二）餐桌礼仪教育知识储备不足，教育行为无法和意识相匹配

在幼儿园餐桌礼仪教育中，教师是主要的实施者、引导者，教师的礼仪知识储备是餐桌礼仪教育工作得以开展的基础，这既包括对餐桌礼仪知识的掌握和储备，对《3—6岁儿童学习与发展指南》和《幼儿园教育指导纲要（试行）》规定的目标和建议的明确理解，又包括寻找合适的教育时机、选择合适的教育方法、施行落地的教育行为的能力。现阶段多数教师餐桌礼仪知识储备不足，没有能力选择合适的教育时机，教育方式无法落地。

### （三）家庭和社会资源利用不全面，园内教育与家庭教育脱节

幼儿园开展的教育教学活动，还需要在实际生活中践行。受家长的文化程度、个人观念、教育的方式方法、家庭氛围以及社会上一些不良环境因素的影响，生活氛围感的不足，幼儿在园学习到的很多餐桌礼仪知识无法在生活中践行，家园共育无法同步，家园共育是让幼儿习得礼仪知识的良好能量场。长久的学而习之，方能从行为能力转变为意识。

## 三、幼儿在园生活活动中开展餐桌礼仪教育的重要途径

幼儿园作为孩子活动以及生活的主要场所，幼儿园教学结合大班幼儿的心理以及生理特点，在遵循幼儿成长规律的基础上，围绕幼儿园一日生活，尝试从加强师资培训、课程构建与家园共建三个方面入手，重视对餐桌礼仪文化的教育引导，以大班组“餐桌有礼”项目课程的开展情况为例，有针对性地制定礼仪教育的内容，深入探讨“用餐有礼”课程教育机制，采用兴趣化以及规范化的指导方式，营造出更为浓厚的礼仪氛围，加强对幼儿的餐桌礼仪教育。

### （一）提升教师的餐桌礼仪素养，明确教育内容

教师是教育行为的执行人，要想幼儿园餐桌礼仪教育落到实处，教师须通过有针对性的集体培训，更新教师对餐桌礼仪的认知，完善自身知识体系。探讨研究明确餐桌礼仪课程内容按时间维度区分包括餐前、餐中和餐后三个阶段的内容。餐前的礼仪涵盖邀约邀请礼仪、用餐着装准备礼仪、餐桌座次礼仪、点餐礼仪等；餐中的礼仪涵盖奉茶礼仪、端碗礼仪、执筷礼仪、持勺礼仪、刀叉礼仪等；餐后的礼仪涵盖餐毕餐具收拾摆放礼仪、告别礼仪等。这些内容需通过有效的教育教学方式落实到幼儿餐桌礼仪教育中。

### （二）构建符合幼儿年龄特点的餐桌礼仪教育课题体系和方式方法

结合餐桌礼仪课程不同阶段的内容，传承并创新教育教学方法，同时挖掘出幼儿园生活各个环节的潜在价值，构建符合大班幼儿年龄特点的课程体系，将教育落实到细节中，形成一套系统的餐桌礼仪园本课程。

课程体系架构设计六步法（以持勺礼仪为例）：

步骤一：引经据典，结合《弟子规》《道德经》等经典引出课程内容。

步骤二：和幼儿分享故事案例，主要是持勺礼仪的一个场景，并对故事的部分内容进行提问，加深幼儿对案例内容的记忆，做案例分析。

步骤三：课程内容教学，以提问导入和发散思考的方式。问题举例：使用勺子吃饭或者喝汤的时候能把勺子完全放入口中吗？用勺子喝汤时能发出声音吗？不使用勺子时，能将勺子与碗、碟子、杯子等发出碰撞的声音吗？用餐时可以有甩勺子的动作吗？

步骤四：常用勺子正确持勺方式的教学。

步骤五：寓教于乐，设计游戏《你说我做》，完成培养幼儿正确使用勺子的教学目标。课程材料准备：不同的勺子（大小不同饭勺、汤勺、点心勺、咖啡勺等）。玩法举例：两人

一组，一人说出勺子的名称和使用场合，另一人拿出对应的勺子并做出对应场景的正确动作，也可以多人玩，做对者获爱心贴纸一枚，获得最多者取胜。

步骤六：课后思考，布置家庭作业，幼儿放学回家与家人一同分享课程内容。

幼儿园大班餐桌礼仪细节教育实操环境列举：进餐前清洁双手，入座等候；餐中正确地使用勺子、筷子等餐具，轻拿轻放，使用餐具夹取食物，不乱翻挑拣，进餐时不发出声音，不大声喧哗，不与同伴玩闹，不拨弄洒落饭菜，咳嗽或打喷嚏时侧转身体向无人的方向，用纸巾或是手肘遮住口鼻，避免喷溅到他人身上；用餐后主动告知一同用餐人自己已经吃好了，请对方慢用，做好手部和口腔清洁，保持餐桌、自身衣物和周边地面的干净整洁。

### （三）共建家园合作，倡导在家庭用餐和社会交往中践行餐桌礼仪

餐桌礼仪的践行需要幼儿园、家庭、社会三个层面的良好配合。幼儿每天在园生活的时间是固定的，大部分时间是在家庭和父母构建的社会关系空间中度过的。没有好的家庭氛围和社会环境，园内课程短时间的技能教育会随时间的流逝逐渐弱化，甚至被遗忘。

《幼儿园教育指导纲要（试行）》多次提到家庭是幼儿园重要的合作伙伴，幼儿园应争取家长的理解、支持和主动参与，并积极支持、帮助家长提升教育能力。教师可通过班级微信群分享课程内容、召开家长会、举办餐桌礼仪教育家长讲座和家长来园接送幼儿时与其交流等加深家园联系的方式向家长宣传餐桌礼仪知识，帮助家长提升礼仪教育意识，进一步促进家园共育，推进幼儿餐桌礼仪知识的应用和巩固。

## 四、大班开展餐桌礼仪教育的启示及意义

成若少天性，习惯如自然。六七岁进贾府的林黛玉能在贾母家宴中有如此的餐桌礼仪礼让意识及得体的行为表现，除了封建社会贵族小姐出身的历史环境影响，更是基于其家庭（家庭环境、家庭教师）早期礼仪教育的有效践行。

大班的学前儿童可塑性较强，对事物的认知以及行为模仿较快，如能在其成长发育以及礼仪行为规范养成的关键期有针对性地对幼儿进行餐桌礼仪教育，幼儿更容易养成良好的餐桌礼仪习惯。本研究成果从《林黛玉进贾府》家宴中黛玉表现的角度出发，从幼儿园及教师要真正重视餐桌礼仪教育，幼儿教师要加强餐桌礼仪修养，创建餐桌礼仪教育环境，言传身教做幼儿的榜样，到建立全面的科学的幼儿餐桌礼仪课程体系，再到强化家园合作，发挥家庭教育和社会教育的作用四个方面提出相应的改进策略，探索大班幼儿餐桌礼仪课程的实践，旨在结合开展餐桌礼仪教育活动，有助于幼儿园完善幼儿餐桌礼仪教育体系，指导幼儿园更好地实施幼儿餐桌礼仪教育，培养幼儿从小学礼、习礼、传礼，促进其身心健康发展，为幼儿今后的成长奠定良好的基础。

### 参考文献


［1］曹雪芹，高鹗．红楼梦［M］．北京：人民日报出版社，2006.1.1.

［2］李成旋，吴珊，袁瑶．《红楼梦》饮食文化中的礼仪研究：透析饮食文化背后蕴藏的礼仪［J］．青年文学家，2013（8）．

［3］郭静静．幼儿园生活礼仪教育存在的问题及对策研究［J］·社会科学Ⅱ辑·学前教育；《求知导刊》，2020（28）：80—81.

# 以塞利格曼幸福理论剖析班主任职业幸福感
## ——基于深圳市7名幼儿园班主任的深度分析

（宋嘉　深圳市龙华区教科院附属外国语学校卓雅幼儿园）

**摘　要**：在当前教育改革时代浪潮中，幼儿园班主任面临着种种机遇和挑战。本文以塞利格曼PERMA幸福理论为基础对深圳市龙华区7名班主任职业幸福感进行调查，剖析了幼儿园班主任的职业幸福感及相关问题。结果显示，导致班主任职业幸福感缺失的因素有工作的重复和琐碎、工作压力大、专业引领不足等。

**关键词**：幼儿园；班主任；职业幸福感

## 一、幼儿园班主任职业幸福感有待提升

近年来，国家大力发展学前教育，2018年发布的《中共中央　国务院关于学前教育深化改革规范发展的若干意见》明确提出，要加大对学前教育的投入力度，学前教育领域迎来了发展的春天。但是当前幼儿教师的职业幸福感仍有提升空间，在洪丹对苏州市工业园区幼儿教师职业幸福感的调查中显示，在“总是能感受幸福”这方面“非常不符合”“不太符合”的人数占比48.9%；在唐冬梅、徐东、夏巍学者对2009—2018年的有关研究述评中也提到当前我国幼儿教师的职业幸福感存在缺失的现象。在幼儿园中，班主任属于幼儿教师的一分子，班主任的职业幸福感同样有待提升。

## 二、塞利格曼PERMA幸福理论

塞利格曼提出了“PERMA”幸福模型，包括积极情绪（Positive）、投入（Engagement）、关系（Relationships）、意义（Meaning）和成就（Accomplishment）这五个可测量、可创造的元素。积极情绪是一种主观感受，指的是人们对过去、对现在、对将来感受到的良好情绪，弗雷德里克森认为积极情绪包括喜悦、希望、自豪等10种；投入指的是注意力完全集中、全身心沉浸在一项活动当中；关系包括与家人的关系、与同事的关系等，积极的人际关系能促进幸福的获得；意义能让人感受到生命的价值所在；在成就的实现过程中和达成成就的时候往往伴随着幸福的体验。

## 三、班主任职业幸福感获得的来源

### （一）幼儿的纯真和爱让班主任获得积极情绪

和孩子们在一起的时刻是美好的，能让班主任投入其中，享受孩子带来的快乐。孩子的健康成长能让班主任感到兴奋，孩子的纯真浪漫能让她们感受到温暖，获得积极情绪，找寻到工作的意义。

A教师提到“在和孩子一起玩游戏时确实很快乐，有时到结束时才觉得时间过得真快。

比如，在和孩子们一起尝试用彩虹伞做成一个鼓鼓的蛋糕时，孩子在活动中的欢声笑语一直充盈在我耳边，让我享受在其中”。D教师说：“老师外出学习或者请假时，第二天来园时孩子会主动询问老师昨天怎么没来，老师去哪了？经常小朋友也会跑到老师面前说悄悄话和分享秘密，如你什么时候去我家，我妈会做好多好吃的给你。”E教师说：“当孩子早上来的时候跟你说老师我好爱你，就觉得很开心，觉得为他们付出了那么多，都是很值得的。”可见班主任享受与幼儿活动的过程，在她们对幼儿细致照顾的同时，幼儿给予她们的爱让她们感到开心，感受到付出的价值与意义。

### （二）幼儿的进步与成长能让教师感受到价值所在

潜心育人是老师的本职工作，当幼儿经过自身的教育获得进步和成长时，班主任能从中获得成就感，并感受到幼儿教师这份职业的意义。

B教师分享了一个案例：“刚开始，小班的小朋友都是以哭闹来的，过了一段时间的焦虑期，情况逐渐稳定了。当然，午休总有一个不睡觉的小朋友，我们班也不例外，常常在睡觉的时候拿着玩具整个教室跑来跑去……刚开始我也很忧虑，我也知道孩子的安全感不足，所以常常做一些抗拒的行为动作……我们便和他轻声交流，也开展了一系列的课程，由于老师们时常夸赞他，他慢慢地也有了自己的好朋友，到现在不吵不闹，自己安静入睡，也不再在床底下躲避了，也喜欢和老师聊天，慢慢地在进步……孩子的进步、纯真的爱，让我感受到职业中满满的幸福感。”可见当老师看到孩子逐渐进步，能够获得幸福的体验感。

### （三）家长的支持与配合是班主任前进的动力

家长的认可、支持与配合能让老师感受到幸福。幼儿的教育离不开家园共育，如果家长在过程中对老师的教育方式表示认可，愿意积极地配合老师的工作，积极参加幼儿园组织的活动，班主任能从良好的关系中感受到被尊重，感受到幸福。如G老师说：“特别是当我们的工作得到家长的认可，还有孩子的进步时，我们的幸福感是特别强的。”

## 四、班主任职业幸福感缺失的因素

当前导致班主任职业幸福感缺失的因素主要来自工作内容、与家长的关系。如工作的重复与琐碎、家长的不信任和不理解、薪酬与付出不成正比、工作没有安全感和稳定感、工作中很少获得成就感、社会对幼师职业的误解。这些都会导致职业幸福感缺失。

### （一）工作的重复和琐碎影响班主任的幸福感受

幼儿园教师要负责3—6岁幼儿的保育和教育，工作内容是较为细碎和烦琐的。在访谈中A教师提到“因为3—6岁的儿童自理能力较差，所以大家都知道幼师的工作是比较烦琐的，而且每天的形式都是一样的”。

除了工作性质本身的细碎之外，幼儿园的管理也会影响老师们工作的效率。在访谈中有老师提到“希望在日常的工作中可以适当减负，减少不必要的重复工作及适时简化工作程序，提高工作质量及效率”。

### （二）工作压力大，教师被繁杂的事务支配

幼儿能否获得发展，家长的不信任及幼儿的安全问题，日常工作的繁杂及可支配的休息

时间过少都会导致老师们工作压力大。

1. 新时代社会对幼儿教师的要求越来越高，不仅要做好保育工作，而且要做到因材施教，幼儿能否获得进步与成长也成了教师担忧的因素之一。当前家长的文化水平越来越高，也需要幼儿教师有更高水平来面对家长。班主任A在访谈中说道："现在的家长学历都比较高，有些家庭也有自己家庭的育儿观，所以老师要有很强的知识储备来面对孩子和孩子背后的家长。"

2. 当家长不信任班主任时，会增加班主任的精神压力。例如，班主任D说道："家长的不信任和不理解会导致班级工作难以开展，也会时刻记挂着，神经紧绷，久而久之对自身精神、身体方面都有很大的隐患，如孩子身上的一点伤，就会觉得是不是老师打的，或是揪着这个问题不放，也会怀疑你的工作能力等。"

3. 班主任统管班级的各项事务，肩负的责任更重了，用在工作上的精力会比以前当配班老师更多，个人的时间和空间就会变少。班主任A反映："有时候是会因为一些很繁杂的事情堆积在一起，事情多了就会手忙脚乱嘛，会影响心情。"

### （三）班主任对专业发展需要比较强烈，园内教研质量须提高

成就是塞利格曼"PERMA"幸福模型中的元素之一，班主任在专业上的成长能够促成她们获得成就感。调查发现，研究对象对专业发展的需要比较强烈，当前幼儿园现有的专业发展途径主要来自幼儿园提供的外出进修、教育部门安排的教师专业培训、附近幼儿园相互观摩，较少来自幼儿园请专家来园培训、园内教师互相交流、自我学习和反思，可见园内的教研与教师的自我提升能力存在短板。

### （四）园内硬件条件限制影响班主任的职业幸福感

幼儿园于2020年民转公，基础十分薄弱，在民转公后尽管投入了大量经费进行改造，但为教师准备的办公环境仍不足，如缺少了教师储物柜，教师台式电脑数量有限，老师们在日常中多有不便。

班主任A说："教师的办公设施少，有时候需要用到电脑时会出现拥挤的现象。"班主任B说："我非常希望有教师的储物的地方，因为教室每天需要规整，但是东西没有地方放就不合理，保育物品也没有地方存放，个人物品常常需要思考放在哪里，非常浪费教师的时间。"班主任D说："希望给教师一个集体备课、放松的温馨办公环境。因平常教师的工作压力及强度都比较大，需要温馨放松的环境释放自己。"可见有关教师的硬件支持也影响着教师的积极情绪。

## 五、结语

提升班主任职业幸福感能帮助班主任在不断改革的时代背景下找到自身价值，提升教学能力。在改革的时代浪潮下，幼儿园班主任的职业幸福受到多种因素影响。结合塞利格曼幸福理论进行剖析后，发现对于班主任而言，幼儿的纯真与爱、进步与成长，家长的支持和配合能让她们感受到幸福；而工作的重复和琐碎、家长的不认可、缺少专业发展途径、硬件条件限制都会降低班主任的职业幸福感。幼儿园可以增设所需的办公软硬件、开展有趣的教师活动、改进与优化管理制度、为班主任提供专业上的支持与外出学习的机会等，提升班主任

对工作的积极情绪，让班主任在工作中感受到成就与意义，从而获得职业幸福感。

## 参考文献

［1］洪丹．苏州市工业园区幼儿教师职业幸福感调查研究［D］．江苏：苏州大学，2019.

［2］唐冬梅，徐东，夏巍．10 年来我国幼儿教师职业幸福感研究述评—基于 2009—2018 年 CNKI 的文献分析［J］．信阳师范学院学报（哲学社会科学版），2020，40（1）：94—99.

［3］兰晶．基于塞利格曼幸福理论的中小学教师幸福感提升研究［D］．哈尔滨：哈尔滨师范大学，2020.

［4］华宝峰．提升幼儿教师职业幸福感的策略研究［D］．哈尔滨：哈尔滨师范大学，2020.

# 浅谈幼儿教师心理健康问题

（周维红　广西南宁市武鸣区灵马镇中心幼儿园）

**摘　要：**幼儿教师是当今社会重要的职业之一。幼儿教育是基础教育的第一阶段，幼儿教师的心理健康水平，无疑深刻地影响着幼儿的心理及行为模式。幼儿教师心理健康问题解决刻不容缓。本文主要分析了幼儿教师心理健康问题形成的原因，并提出了一些办法和解决建议。

**关键词：**幼儿教师；心理健康

## 一、什么是心理健康

心理健康主要是指人们以积极的心理活动、平稳的正常心理状态，对当前和发展着的社会与自然环境有良好的适应，从而能够积极有效地进行工作、学习，保持良好的人际关系，心情的愉快。

## 二、幼儿教师心理健康的意义

### （一）幼儿方面

幼儿教师的素质是保证幼儿教育质量的前提，担负着促进幼儿身心全面健康发展的重任，对实现幼儿教育目标起着关键作用。能不能培养出健康成长的孩子，除了教师本身的专业素质外，关键在于教师的心理素质结构是否健康。因此，在对教师的管理中加强教师的心理健康，对于成功的幼儿教育有着极其重要的意义。

### （二）教师本身

心理健康与生理健康互为因果，相互制约。心理健康可以提高幼儿教师抗病防病的能力。如果心理是健康的，即使身体有了疾病，也会较快地治愈。有的癌症患者正是因为以积极进取、乐观向上的态度对待人生，积极治疗，从而战胜疾病，有的甚至出现了奇迹。所谓“三分药，七分养”讲的就是要重视心理的调节。幼儿教师心理健康存在着不同层次的亚健康状态。因此，保持良好的心理健康状态就显得尤为重要，心理健康对于幼儿教师来说也有着举足轻重的意义。

### （三）社会适应方面

幼儿教师作为现代社会中的一员，心理健康状态或多或少受到社会各种思潮的影响。过去，幼儿教师在工作中以追求物质利益为耻，以“园丁”或“蜡烛”似的无私奉献精神为职业理想。然而，随着商品意识不断对教育的影响和渗透，幼儿教师固有的道德价值观开始动摇、解体。有的幼儿教师出现不安心工作、跳槽等现象就不足为怪了。因此，良好的心理健康素质是幼儿教师从事工作、社会适应能力的重要条件。幼儿教师的心理健康问题对于社会适应能力也有着重要的意义。

## 三、幼儿教师心理健康问题的表现

### （一）职业行为问题

幼儿教师的心理健康问题在职业活动中的主要表现有：逐渐失去对学生的爱心和耐心，并开始疏远学生，备课不认真甚至不备课，教学活动缺乏创造性，并过多运用权力关系（主要是奖惩的方式）来影响学生；在教学过程中遇到挫折时，拒绝领导和其他人的帮助和建议；对学生和家长的期望降低，认为学生“孺子不可教也”。对教学完全丧失热情，甚至开始厌恶、恐怖教育工作，试图离开教育岗位，另觅职业。

### （二）人际关系问题

幼儿教师心理健康问题的身心症状主要在人际交往中表现出：自卑感、心神不宁、明显不自在，以及在人际交往中自我意识过强、消极，等等。但不仅限于个人的主观体验，而且会渗透到教师的人际关系网络中，影响到教师与家人、朋友、学生的关系。教师的劳动特点使其更容易在工作中产生焦虑、愤怒、抑郁等不良情绪，而且角色的多重性（教师既是学生的教师，也是一家之长，子女的家庭教师，家庭的主要劳动力和社会的模范公民）也使教师几乎没有时间和精力做出种种心理调节。因此，教师容易在人际关系中表现出适应不良。

### （三）生理和心理症状

生理主要反映在：身体不适、头痛、背痛，以及肌肉酸痛的其他躯体表现。“每天太累了，回到家只想躺在沙发上一个人静静地，话都不想多说一句”这就是来自他们的心声。心理主要表现为：情绪低落、暴躁易怒、心境苦闷、动力缺乏、活力丧失、失望、悲观，对学生淡漠、生活兴趣减退、对外界事物失去兴趣等心态。例如，有些爱唱歌和听音乐的教师回到家听到老公听音乐，也会发出厌烦的话语：“能不能让我安静一下。”会产生敌意、时常有厌烦的感觉、摔物、喜欢与人争论，直到脾气爆发。例如：“莫名其妙地回到家就想发脾气。”“在幼儿园听孩子吵了一天，所有的耐心都给了班里的孩子，听到自己的孩子吵，特没耐心。”这些都是幼儿教师的内心写照。

## 四、幼儿教师心理健康问题的形成原因

幼儿教师心理健康问题是在外界压力和自身心理素质的互动下形成的。下面从社会、幼儿园、职业、家庭、个人五个方面来分析幼儿教师心理问题的因素。

### （一）社会关注的压力过大

由于社会历史文化的原因，人们往往只重视教师的教育教学质量，而忽视教师的家庭、个体、生活质量，重视教师对社会的责任，忽视教师应有的物质享受。这种相对不良的文化积累就成了幼儿教师心理不健康的重要因素。

### （二）幼儿园管理和条件不完善

幼儿园是幼儿教师生活工作的主要场所，它对教师的心理健康产生重要的影响。学校的管理和条件不完善，容易导致教师心理健康问题的产生。

### （三）职业角色冲突

教师职业特殊性决定的多角色性，使得教师面临许多角色转换和多种角色期待，如果不

能顺利处理这些问题，就会出现角色冲突。教师角色冲突来源主要有以下几种：

（1）人们期望教师提供给学生高质量的教育，但教师缺乏选择自己认为最好的教学方法和教材的自主权。

（2）教师有维护纪律的责任，但教师又没有足够的权威做到这些。

（3）社会对教师职责的高要求，教师对自己从事教育事业的光荣感与现实社会中教师的经济地位、职业声望等方面造成的角色冲突。

（4）教师所承担许多繁杂的非教学任务（如维持纪律、管理幼儿值日、卫生、上操等）与教师所要完成的教学任务之间的冲突。

（5）幼儿、家长和学校对教师角色的不同期望以及与教师自己的价值观之间的冲突。

（6）教师的社会角色规定与其真实人格及真实的情绪体验之间的冲突。

### （四）家庭角色转换冲突

家庭是最重要的社会支持资源和压力应对资源，面对外在工作的压力，人们需要一个温暖的家庭进行自身的复原和调整，以消除压力和紧张。

基于教师职业的特殊性，教师夫妻在角色期望扮演上较易出现“角色窄化”现象，教师往往容易把在学校中的传递角色带回家中，这就使得教师难有休闲调节时间。子女升学和就业困难是教师压力的又一重要来源。目前，教师子女升学和就业情况不容乐观，而教师把子女的前途看得极其重要。

### （五）个人心理压力不能正确释放已有的人格特征

研究表明，不能客观地认识自己和现实，目标不符合实际，理想和现实距离远离的教师或自尊和自我实现欲望较强烈的教师更易产生心理问题。近年来，随着社会各行各业人事制度改革的深入，幼儿园管理也引入了竞争机制，这无形中提高了对教师的要求，增大了对教师的压力，而许多教师已经形成的惯性工作方式难以改变，又不能进行自我改变，往往导致心理问题的产生。

## 五、促进幼儿教师心理健康的方法和策略

### （一）贯彻落实教育方针，获得社会支持，提高教师职业社会地位

社会在对于幼儿教师提出各种各样的要求的同时也应该关心教师的切身利益，提高幼儿教师的社会地位与经济地位。政府在制定有关教育政策时，应该注意政策倾斜，切实保障幼儿教师的经济地位与职业声誉。政府不仅要制定政策与法律来保障教师的各种权利，而且要抓落实，使全社会都形成一种尊重教师的气氛。

### （二）建立一种民主开放和谐的工作环境

幼儿园应该建立一种公平合理的具有激励机制的制度，使教师在竞争上岗、晋升职务、评审职称、进修深造、工资福利待遇等方面能够获得公正的对待，一视同仁。幼儿园的领导者应具有一种民主的领导风格，关心尊重教师，给予教师更多的教学自主权，提供更多的参与幼儿园管理的机会，增强责任感。运用科学的方法管理幼儿园，努力建立一套现代化的民主管理制度，适当使用经济奖励、荣誉奖励、感情投资、榜样作用等手段，调动广大幼儿教师的工作热情，激发教师的动力，产生团队意识，形成集体归属感。

### （三）帮助教师规划职业发展、提供发展平台

在工作中产生的职业倦怠会使教师产生消极情绪，要帮助教师规划他们的职业发展道

路，让他们看到更为美好的未来，特别是在工作中让这些老师感受到对他们的重视与理解，并尽力为他们创造发展空间。

## （四）加强自我修养，进行自我心理调整

1. 要保持良好的心态 。教师遭受挫折时不要失去信心，应该理性地分析所遇到的困难，实事求是，一分为二地看问题，找出解决问题的方法与途径；培养开朗豁达的性格，对于身心与工作都有益处。

2. 积极参加文体活动，增强信心与勇气 。幼儿教师应经常进行健康有益的文体活动，不仅能够增强体质，而且可以释放压力。保持开朗愉快的心情。

3. 增强社交适应能力，发展人际关系 。幼儿教师应该积极地进行社会交往，参加学校以及社会的集体活动，与同事及朋友保持正常的社会交往，增进彼此之间的友谊，来满足彼此之间的心理需要。通过与人的交往培养良好的社交能力，建立和谐的人际关系。

总之，幼儿教师的心理健康是每位幼儿教师都应开始关注与学习起来的问题。教师不但要重视自身理论知识与教学经验的积累，还要重视自身的心理健康，培养良好的品德，以促进幼儿教师的全面发展，让幼儿在良好的环境下成长。

## 参考文献

[1] 金吉姊．浅谈幼儿教师心理健康的维护［J］．新课程学习（上），2012（3）：130．

[2] 张培琰．什么是心理健康［J］．中华全科医师杂志，2003，2（3）：138－139．

[3] 吴聪治．教师心理健康问题的表现、成因及其诊断［J］．高教论坛，2003（4）：140－141．

[4] 朱维莉．幼儿教师心理健康现状分析和对策的研究［J］．科教导刊（电子版），2017（27）：48.

# 农耕文化视野下幼儿园劳动教育的实践探究

（刘艳　山西省运城市稷山县稷王幼儿园）

**摘　要：**劳动教育是国民教育体系的重要内容，贯穿个体一生的成长发展。我园地处稷山，是中华民族农耕文化的发祥地。在此基础上本研究提出，在农耕文化视野下进行幼儿园劳动教育，基本路径以“亲农耕、学农事、爱劳动”为三个劳动教育内容构建主题框架；丰富农耕文化视野下的幼儿园劳动教育文化；开展农耕节气课程，探究农耕班本化课程，挖掘农耕种植活动，在实践中享田园劳作；通过挖掘春夏秋冬自然与文化资源，生成四季文化节等，助力幼儿更好的成长，充分发挥劳动育人的价值。

**关键词：**农耕文化；幼儿园；劳动教育

2020年3月20日，中共中央、国务院正式发布《关于全面加强新时代大中小学劳动教育的意见》指出“把劳动教育纳入人才培养全过程”，明确要求将劳动教育与德育、智育体育、美育“相融合”。《3－6岁儿童学习与发展指南》指出让“幼儿具备基本的生活自理能力”，还要“引导幼儿懂得尊重劳动人民的劳动，珍惜劳动成果”。

我园地处稷山，是中华民族农耕文化的发祥地，2017年习近平总书记视察山西时曾讲到“后稷教民稼穑于稷山”，现在依旧保留着高跷走兽、高台花鼓、稷山老调等农耕传统文化。我园占地面积30亩，绿化面积达60%以上，园内有草坪、果园、田园、种植园、沙土地，园所周围还有大片农田、果园、枣园、可体验的生态种植园，以上种种为能开展丰富多样的劳动教育奠定了物质基础。

## 一、劳动教育对幼儿发展的意义

劳动教育是国民教育体系的重要内容，具有树德、增智、强体、育美的综合育人价值，贯穿个体一生的成长发展。幼儿劳动是一种实践行为，与幼儿的动作机能发展、意志品质发展、知识技能习得、态度情感养成都有着密切关联。劳动不仅能锻炼幼儿的动作能力、生活自理能力，还会对幼儿的综合素质发展、全面发展产生深远的影响。

有学者指出，当前幼儿园劳动教育面临着课程体系零散、实施内容不清，专业师资缺乏等突出问题。《关于全面加强新时代大中小学劳动教育的意见》也看到，近年来一些青少年中出现了不珍惜劳动成果、不想劳动、不会劳动的现象，劳动的独特育人价值在一定程度上被忽视，劳动教育正被淡化、弱化。因此，开展幼儿园劳动教育的实践探究，优化幼儿园劳动教育的培育途径很有必要。

## 二、幼儿园劳动教育的内涵

《大中小学劳动教育指导纲要（试行）》进一步明确了劳动教育的性质和基本理念，结合《大中小学劳动教育指导纲要（试行）》中对劳动教育的相关定义，“幼儿园劳动教育”包括幼儿的劳动情感、劳动认知、劳动习惯，主要是指幼儿在幼儿园活动中渗透日常生活劳动、服务性劳动和生产劳动三个劳动教育内容，培养幼儿爱劳动的意识，养成积极主动的劳动习惯，形成能劳动、会劳动、肯劳动、爱劳动的优良品质，促进幼儿身心和谐、可持续发展。

## 三、农耕文化视野下劳动教育培育幼儿的基本路径

### （一）建主体框架

我园在田园课程基础上，以“亲农耕、学农事、爱劳动”为三个劳动教育内容，通过亲农耕中的知节气、品文化、享习俗；学农事中的种植、管理、采摘、冬藏；爱劳动中的小农匠、小厨师、小艺工、小饲养员等多维度、多面向的亲身体验、实践操作来达成爱劳动、乐成长的目的。

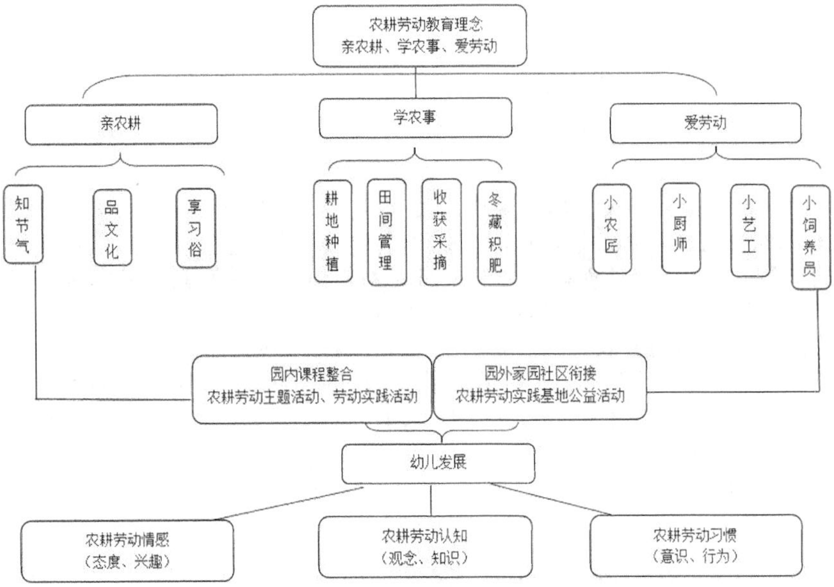


### （二）创农耕文化

我园在坚持“绿在心田 育在自然”田园教育理念下，丰富农耕文化视野下的幼儿园劳动教育文化。创设植物探秘大厅，以最简单的“根—茎—叶—花—果实”为出发点，发散幼儿思维与想象，了解现代农业、太空种植等。打造农耕博物馆，开设微型农具展，在公共区域展示锄头、镰刀、播种机、拖拉机、小推车等万用传统工具及农用车类；绘制稷王教民稼穑、树艺五谷的传说故事及二十四节气，引导幼儿了解农耕发展痕迹、农耕历史风貌、农耕工具演变。同时，开设农耕体验馆、虫虫乐园、木工坊等12个多元体验馆与实践基地，实验班级呈现自然角文化与农耕文化墙，感受农耕文化底蕴和科技种植的创新精神。

### （三）融劳动主题

1. 开展农耕节气课程。以节气课程为主线，融入五大领域核心经验，开展节气探究、农耕体验、节气文化、饮食保健等系列活动，让幼儿通过表征节气图、体验节气习俗、探索节气物候现象，逐渐了解节气与农事耕作的变化规律。例如，在春分日，小班幼儿玩民间游戏“竖蛋”，亲身体验画春牛、赠春牛的习俗。中班幼儿走进田间地头采摘美味，初步感受了采野菜、择野菜、做菜饼等传统活动。大班幼儿通过“春耕讨论会”制订春耕计划，在种植顾问和教师的协助下，开垦土地、播撒希望、快乐耕耘。

2. 探究农耕班本化课程。在幼儿兴趣和发展需要基础上，分别从农耕工具、地域美食、

植物扎染等进行农耕劳动实践活动，开展“一班一品”班本化研究。例如，一班一品《花花果果》，依托稷山板枣丰收节，开启家乡特色劳动系列活动——研学点心店/制作枣泥月饼/设计包装/月饼打包/竞聘售卖员/我们的月饼摊等活动，在真体验中感受劳动创造美好生活，形成班班有特色，个个能出彩，人人都自信的文化底蕴。

3. 挖掘农耕种植活动。以“宝宝蔬菜园”作为农耕种植活动的“试验田”，以“农家乐”作为探究式种植活动的“加工间”，使每个孩子在亲历种植、观察、收获、品尝等农事劳动中，获得劳动经验。

### （四）享田园劳作

1. 开展“引进来、走出去”研学。让本土“稷山四宝”（麻花、饼子、鸡蛋、枣）文化进校园，进行鸡蛋养殖基地、稷山县板枣公园研学实践，引导幼儿深入了解稷王农耕文化，萌发创新探究、乐于钻研、吃苦耐劳的学习和劳动品质。

2. 开展体验式工坊活动。为幼儿营造花草园、农家乐、布艺坊、家乡味道、科技馆等多种公共体验区真实场景，每周开展一次混龄游戏，幼儿在准备、制作、服务、整理与清洁过程中，感受劳动的艰辛，提高幼儿会劳动、爱劳动的能力。例如，在农家乐，幼儿可将“宝宝蔬菜园”中采摘的成熟作物进行“再加工”，开展磨、舂、筛等农事活动，这里已成为孩子们体验旧时农家生活、寻找传统农耕乐趣的“农家乐俱乐部”。

3. 整合多元资源。持续开辟农耕实践基地多样性，从户外种植园延续到班级种植箱，以实验、管理、播种、收获为主要内容，全过程关注种植。利用后勤资源，生成剥玉米、择芹菜、冬藏酸菜等帮厨活动，在参与中提升获得感和荣誉感；聘用种植顾问指导，努力突破传统种植；在自然角中增加科技无土栽培实验，从探索芽苗到实验蔬菜种植，不断挑战科技种植奇迹。

### （五）庆节日活动

通过挖掘春夏秋冬自然与文化资源，生成四季文化节——春天的田园种植节、夏天的田园艺术节、秋天的快乐丰收节和冬天的多元文化节。

1. 田园种植节。三月至五月通过“开锄—种植—管理”的方式，家长、幼儿、教师共同参与开锄节和种植节实践活动，聘请种植专家开垦土地、亲子种植、田间管理，感知农艺劳动和美好生活的内在联系。

2. 田园艺术节。六月以劳动中的喜悦、回归自然的真生活、真体验、真游戏为主，通过舞蹈、情景表演、亲子混龄工坊体验等方式带领幼儿了解稷山文化、稷王文化、农耕文化，萌发爱科学、爱农业的情感。

3. 快乐丰收节。九月到十月的丰收节，通过“采摘、晒秋、秋味”等主题系列活动，感受自然生长、五谷丰登的生态之美，丰富劳动生活认知与经验，弘扬中国农俗传统文化。

4. 多元文化节。以“民俗文化”为主线，在表演民间文化节目、制作手工艺品、品尝传统美食中，感受中国民俗文化独特魅力。

春播——田园种植节（开锄、播种、劳作）
夏耕——田园艺术节（收麦、游戏、艺创）
秋收——快乐丰收节（采摘、制作、分享）
冬藏——多元文化节（民俗、表演、祝福）

### （六）促劳动评价

我们的劳动教育强调幼儿在田间地头、生活实践、生产劳动中与同伴、老师、家长互动体验，从而激发幼儿爱劳动、享受劳动快乐的情感教育。因而，我们的评价需要幼儿、教师、家长的参与，共同支持幼儿的成长。在评价中，关注个体差异，将过程性评价和发展性评价相结合，基于幼儿与同伴自身感受的自我评价，基于活动过程性的观察评价，基于农耕劳动清单完成的目标评价，基于课程故事分享中儿童发展的追踪评价，基于实践活动的多元评价，这些评价方式一方面促进了幼儿各方面能力不断发展，另一方面支持和优化了活动的持续发展。

劳动教育对孩子的终身成长具有重要的意义，有目的、有方法地坚持开展劳动教育，重视幼儿劳动兴趣、劳动情感、劳动品质，相信在真实的劳动体验中能让劳动教育落地生根，助力幼儿更好地成长，最终成为热爱劳动、勤于劳动、善于劳动的人。

## 参考文献

[1] 中华人民共和国教育部．教育部关于印发《关于全面加强新时代大中小学劳动教育的意见》，2020.3.20.

[2] 中华人民共和国教育部．教育部关于印发《大中小学劳动教育指导纲要（试行）》的通知，2020.7.7.

[3] 姜晓，胥兴春．我国幼儿劳动教育实施现状及路径探析［J］．重庆第二师范学院学报，2020.

[4] 张妙妙．幼儿园劳动教育的实践困境与对策研究究［D］．湖北：华中师范大学，2020.

# 幼儿园中班幼小衔接

（郑雨姿　乌鲁木齐市红旗幼儿园）

**摘　要：**本文研究幼儿园中班幼小衔接问题。主要介绍了幼儿园中班教育的特点以及幼小衔接的理论基础，明确了中班教育的目标和任务。阐述了中班教育实践中的教学方法、教学内容和教学评价。探讨了幼儿园中班与小学一年级的衔接的必要性、难点和挑战，提出了衔接的策略和方法，并对衔接效果进行评估。

**关键词：**幼小衔接；幼儿园中班

幼儿园中班幼小衔接是幼儿教育领域亟待解决的一个重要问题。在幼儿园中班阶段，幼儿正处于进一步发展身心、认知和社交能力的关键时期。同时，幼儿园毕业后将进入小学，面临着学习环境、教学方式和课程内容的巨大变化。因而，如何有效地实施幼儿园中班幼小衔接，确保幼儿顺利过渡并适应小学的学习生活，成为幼儿教育界必须面对的挑战。

## 一、中班教育理论

### （一）中班教育的特点

幼儿园相关的教育文件曾明确地提出，对待幼儿教育，要注重游戏的元素，引导孩子们在玩中学，杜绝出现识字、写字、拼音等知识性课程。但在当前的社会发展背景下，受社会和家长的压力，一些园所会展开一些小学知识的讲解，如学拼音、写生字、朗读、背诵、计算等课程。这些课程让幼儿对学习产生了强烈抗拒的心理，并且在未来的小学生活中，由于过早地接触了这些知识，反而让孩子们在课堂中丧失耐性。

### （二）幼小衔接的理论基础

幼小衔接是指幼儿园与小学之间的过渡，它涉及幼儿园中班阶段的教育内容与小学一年级的教学需求之间的对接。在幼小衔接过程中，理论基础起着重要的指导作用。

幼儿发展理论为幼小衔接提供了基本的理论框架。根据儿童发展的阶段特点，幼儿园中班教育应当贴近幼儿的认知、语言、社交和情感发展需求，为幼儿打下坚实的基础。

### （三）中班教育的目标与任务

中班教育是幼儿园教育的重要阶段，它承上启下，为幼儿的全面发展奠定了坚实的基础。

中班教育促进幼儿的身心健康发展。幼儿的身体和认知能力都得到了较大的发展，中班教育的目标是通过各种活动和游戏，培养幼儿的身体协调性、灵活性和精细动作。

中班教育促进幼儿的社会情感发展。中班教育的目标是培养幼儿的友善、合作和分享精神，帮助他们逐渐认识到集体生活的重要性。

中班教育促进幼儿的语言和认知发展。中班教育的目标是培养幼儿的语言交流能力，丰富他们的词汇量，提高他们的思维和解决问题的能力。

## 二、幼儿园中班教育实践

### （一）中班的教学方法

在中班教学中，我们以提供多样化的学习体验为目标，积极培养孩子的主动性和创造力。中班的教学方法及其在幼儿园教育实践中所起的作用主要有以下几个方面。

首先，我们采用探究式教学法。这种教学方法通过激发孩子的好奇心和探索欲望，引导他们主动参与学习的过程。在教学中，我们提供丰富的学习资源，设计一系列的问题和任务，让孩子们积极思考、观察、实践，从中获取知识和经验。

其次，我们注重情境式教学。通过将学习与实际生活相连接，帮助孩子们理解和应用所学知识。设计了丰富多样的情境，如角色扮演、游戏活动、实地考察等，让孩子们在具体的情境中学习。

最后，我们强调个性化教学。每个孩子都是独特的个体，拥有不同的兴趣、特长和学习方式。在中班教学中，我们注重发现和尊重每个孩子的个性差异，根据他们的兴趣和能力量身定制教学内容和活动。

### （二）中班的教学内容

中班作为幼儿园教育中的重要阶段，其教学内容应该与幼儿的认知和发展水平相匹配。

语言和文字是中班教学的重要内容之一。教师要进一步扩展幼儿的词汇量和语言运用能力。还包括初步的文字启蒙，让幼儿了解字母、字的基本结构和意义，为日后的阅读和写作打下坚实基础。

数学是中班教学中的核心内容之一。教师可以通过游戏、手工操作和实际生活情境等方式，引导幼儿学习数字的认识和比较、数数、简单的加减法等数学概念。

另外，艺术教育可以培养幼儿的审美和创造力，科学教育可以培养幼儿的观察和探究能力。社会与生活教育则可以培养幼儿的生活自理能力和社交交往能力，让他们逐渐适应社会生活的要求。健康则是教育幼儿正确的生活习惯和保健知识，培养他们关注自身健康的意识和能力。

中班的教学内容涵盖了语言和文字、数学、艺术、科学、社会与生活、体育、游戏和健康教育等多个领域。教师在教学中应注重针对幼儿的发展特点进行教学设计，合理安排教学内容的组织和展示方式，以促进幼儿在各方面的全面发展。

### （三）中班教学评价

中班的教学评价是对幼儿在学习过程中的表现和能力的评估和总结。通过评价，可以了解幼儿的学习情况，发现他们的优势和不足，并采取相应的教学和辅导措施，促进他们的全面发展。

中班的教学评价中，我们采用多种方法和工具进行评估。首先，我们注重观察、记录和分析幼儿在日常活动中的表现。这包括观察幼儿的语言表达能力、社交与合作能力、注意力集中程度等方面。

我们还利用课堂作业和小组活动等形式进行评价。并鼓励幼儿主动参与活动，在小组讨论和展示等环节中发表自己的见解和观点。

我们还采用口头评价的方式，与家长进行沟通和交流。家长是孩子成长中最重要的伙伴，他们对孩子的观察和理解也十分重要。

## 三、幼儿园中班与小学一年级的衔接

### （一）衔接的必要性

在幼儿园中班与小学一年级的衔接过程中，确保孩子顺利过渡非常重要。衔接的必要性是基于幼儿园和小学教育之间存在着不同的教学方法、学习环境以及教育目标。幼儿园注重培养孩子的综合素质，发展他们的观察力、动手能力、社交能力等。而小学则更注重培养孩子的学习能力，强调知识的系统性和逻辑性。因此，幼儿园中班与小学一年级的衔接就是为了使孩子能够适应小学学习，顺利过渡，确保他们在学习上不会出现较大的困难。

### （二）衔接的难点与挑战

在幼儿园中班与小学一年级的衔接过程中，不可避免地会面临一些难点和挑战。

一个主要的难点是幼儿园与小学之间的教学内容的转变。在幼儿园中班，教学主要侧重于启蒙和基础教育，而小学一年级则延续了幼儿园的一部分内容，并开始引入更多的学科知识。

幼儿在进入小学一年级后，面临着学习环境和规则的改变。在幼儿园中，他们通常享受着自由玩耍的氛围，而在小学，他们需要适应更加严谨和纪律性强的学习环境。

此外，幼小衔接的成功也需要与家长的紧密配合。家庭教育和学校教育的一致性对于幼儿的学业发展至关重要。

幼儿园中班与小学一年级的衔接是一项复杂而重要的任务。我们需要正确认识衔接过程中的难点和挑战，并采取相应的策略和方法来应对。

### （三）衔接的策略与方法

要重视个体差异，给予个性化的关注。每个幼儿的学习背景、兴趣爱好、学习成绩都有所不同。针对幼儿的个体特点，教师可以制订个性化的过渡计划，根据幼儿的需求提供有针对性的学习支持。

要加强幼小衔接的教研合作。幼儿园和小学应加强教师之间的沟通与合作，共同探讨幼儿园中班和小学一年级之间的教学衔接问题。教师们可以定期召开研讨会议，分享衔接经验，总结有效的教学策略，共同制订衔接计划。

可以通过逐步深化课程内容和教学方法的衔接，帮助幼儿适应小学的学习。在幼儿园中班阶段，可以适当引入一些小学教学的元素。

另外，要重视家校合作，加强家长的参与。幼儿的衔接过程不仅发生在学校，家庭的支持和关注也起到至关重要的作用。学校可以定期组织家长会，向家长介绍衔接计划和衔接的相关信息，提供家长支持的机会和资源。家长可积极与学校合作，共同关注幼儿的学习情况和转变，提供必要的支持和鼓励。

### （四）衔接的效果评估

在过去的几年里，幼儿园中班与小学一年级的衔接一直备受关注。为了评估衔接的效果，研究者们进行了各种调研，并探讨其影响因素。

衔接的效果评估可以通过学生学习成绩的变化来衡量。研究表明，一个有效的衔接过程可以帮助幼儿园中班的孩子更好地适应小学一年级的学习要求，从而提高他们的学习成绩。

衔接的效果评估还可以从教师和家长的角度进行。教师可以通过观察孩子在衔接期间的学习和适应情况来评估衔接的效果。家长可以注意孩子在学习兴趣、学习态度和学习动力等方面的变化。

同时，衔接的效果评估还可以通过对孩子的情感和行为表现进行分析。

总之，评估衔接的效果是一个复杂的过程，需要综合考虑来自学生、教师和家长的多种信息和反馈。只有通过全面的评估，我们才能了解幼儿园中班与小学一年级衔接的实际效果，为进一步改进衔接工作提供有效的参考。

## 参考文献

[1] 曹玲．幼小衔接背景下中班幼儿课程游戏化实践研究，2022.

[2] 李碧云．幼小衔接问题与对策研究［D］．青海：青海师范大学，2019.

[3] 况萍．幼儿园幼小衔接策略研究．语文课内外，2022.

[4] 王晓玲．大班幼儿阅读习惯养成的实践研究，2020.

[5] 教育部．3—6岁学习发展指南解读．北京：人民教育出版社，2013.

[6] 朱慧玲．幼儿入学准备教育家园合作的调查研究——以南昌市城区幼儿园为例，2021.

[7] 汪攀．家长对幼小衔接的认识研究，2020.

# 如何提高大班幼儿良好交往习惯的实践研究

（苌静雅　北京市朝阳区丽景幼儿园）

**摘　要：** 幼儿良好的交往能力是幼儿园工作的重中之重。良好的交往能力是行为习惯养成的一部分，著名教育家陈鹤琴认为一个人要养成良好的习惯，应该从小就加以训练。他指出："教育一个人要从小就注意，讲话怎么样讲，批评怎样批评，做人的态度，对人的礼貌，以及一切的一切都要从小养成。"本文从研究目的、研究方法、研究过程、研究成效与反思等几方面对"提高大班幼儿良好交往习惯"进行了阐述。

**关键词：** 交往；行为；习惯

现在的孩子大都是独生子女，从小家庭的溺爱，养成了孩子不愿与别人分享或遇到了矛盾，不会相互协商解决问题。孩子们大多生活范围狭小，与外界接触不多，生活在高楼大厦中"单家独户"里，形成了胆小怕事的性格，使得孩子的群体意识淡薄，不会与人交往，孤僻，不合群体。大班幼儿马上就要步入小学，大胆主动与人交往的能力及友好与别人相处是至关重要的。在当今社会，良好的交往习惯更成为现代人应具备的最起码素质，《幼儿园教育指导纲要（试行）》也明确指出"幼儿园教育是基础教育的重要组成部分，是我国学校教育和终身教育的奠基阶段"，它要为"幼儿一生的发展打好基础"。幼儿良好的交往能力是幼儿园工作的重中之重。

## 一、调查研究贯穿始终，使我们的研究更具科学性

实验前期，我们进行了家长的调查及幼儿的调查。家长的调查问卷是调查幼儿在家的交往情况和家长的教养情况。而幼儿的调查是以观察为主，我们对班里每个孩子连续观察4～5周，了解孩子在交往能力上有哪些特点和不足，我们应在哪些方面施加教育或影响。大班幼儿交往能力方面，在关爱他人的方面有待进一步提高。根据调查的数据，我们调整完善了我们的目标和内容，使我们提出的目标更具有科学性。课题前期的调查，同时也为我们有针对性地对个别幼儿进行教育提供了重要依据。我们在每班调查后，写一份调查分析报告，分析本班的情况，并了解每个幼儿的交往能力状况。

## 二、行动研究法使我们的研究更具操作性

行动研究法也是我们在教科研工作中最能取得预期实效的基本方法。换言之"行动研究"就是要求在实践工作中通过行动与研究结合，运用教育理论去研究和解决我们在组织幼儿一日活动中所遇到具体问题，或者是要落实我们的预定目标所付之的行动研究，因此我们组织了操作性极强的几项活动。

### （一）设计开放式的日常生活活动，拓宽交往的空间

交往能力单靠说教是收不到很好的效果的，为了让孩子的交往能力有更好的发展，我们设计了多样的开放式交往活动，打造幼儿良好的交往品质。

1. 班级混龄游戏混班游戏：打破班级界限，让孩子自由选择游戏。我们每星期有两天进行混班游戏，内容的设计有意识地选择了有助于培养交往能力的游戏，如角色游戏、时装

秀、邀请舞、故事表演、结构游戏、组画等，每一个游戏设定名额并制作名额牌发放到每个班级，幼儿在班级自由选好游戏内容并挂上相应的牌子到游戏角里去玩。在这种自由选择、自由组合的活动中，幼儿的主动性、积极性更强，游戏活动中因为是混班，有很多同伴都是互不认识的，所以交往的意识与技能相应地要求更高。

2. 做客：每一个孩子都有做客的经验，在做客游戏中培养幼儿的交往能力，获得经验。

3. 小记者活动：如参观邮局、移动公司，幼儿故事比赛等活动。

### （二）通过主题教学，培养孩子的交往行为能力

愉快的交往经验可以提高幼儿的自信心，而自信心的增强又会引发更强的交往主动性，两者相互促进形成良性循环。主题活动为幼儿创设了愉快的交往机会，是提高交往能力的最有益的活动之一。我们每个学期都有意识地安排设计一些幼儿交往行为的主题，通过主题教学，在多个领域渗入交往行为的内容。

### （三）创设能“对话”的环境

1. 在幼儿园公共场所创设会说话的标志。在每个走廊、楼梯，我们都创设了相应的标志，这些标志，无一不在提醒孩子应有的规则，如楼梯上的小鱼标志会提醒你下楼梯时应走哪一边，厕所有提示教你洗手的方法标志、活动区有入区标志，这些标志，就如一个会说话的老师，无时无刻地提醒着幼儿的行为。

2. 班级里幼儿与环境的对话。礼仪小标兵评比栏：为规范孩子的交往行为，我们每个班都设计了富有童趣的“礼仪小标兵”评比栏；丰富的语言活动区；中、大班的新闻区，这一些区域为培养孩子大胆讲述、表达提供了条件。

3. 架起家园共育的桥梁，打造快乐家园。随着社会的进步发展，亲子间的交往也更加受到重视，幼儿园为亲子间的交往搭建了平台，设计了全园性、班级性等亲子活动，更好地促进孩子与家人间的沟通，也使家长更了解孩子的行为、学习特点，真正地体现了家园共育的理念。

（1）亲子沟通活动：为了更好地促进孩子与家人间的沟通，我们在大班设计了“写信”活动。首先，带孩子到邮局去参观，然后，每个幼儿用图画的形式写一封信给自己的爸爸妈妈，教师在班级的家园联系栏里要求家长在收到信时也给孩子回信。在这种“写信”和“收信”的过程中，进一步增进亲子间的沟通。

（2）家长宣传工作：“智慧家”是我园每月向家长“出版”的园报，我们利用园报向家长宣传培养幼儿交往能力和重要性，同时在每班的家园联系栏里也有意识地向家长介绍班级的教育工作，向家长介绍一些培养幼儿交往能力必要性及方法，让家长了解幼儿交往能力的重要性。

## 三、个案观察法让我们的研究落到实处

1. 个案追踪记录。个案追踪是我们对不良交往行为矫正的重要手段，我们在班级观察了解本班孩子的基础上选取几个典型的个案进行追踪观察记录然后施加于教育，确实了解影响、制约幼儿交往行为的因素，运用什么方法去引导幼儿，这些方法对培养幼儿交往行为有怎样的成效。例如，在课题开始之初，大班有一幼儿，在班里每天说得最多的话是“是他先打我的”，从我们跟家长的访谈中发现，家长在家很少带他外出，认为外面太复杂、不安全。后来我们大班设计了一个活动“到超市买东西”，让每个孩子带上 5～10 元到超市买自己喜欢的食物，这孩子在超市里一连说了几句“请问机器人多少钱?”“这个玩具怎样玩”，这些对小孩的交往有了很大的促进作用。这让我们知道，幼儿在一些特定的环境之下其交往能力的发展是我们预料不到的，我们应抓住契机对孩子施以有利于其发展的影响，让孩子在原有

水平上不断地成长。

2. 幼儿成长记录册。《幼儿园教育指导纲要（试行）》指出："幼儿的行为表现和发展变化具有重要的价值意义，老师应视之为重要的评价信息和改进工作的依据。"为此，大班尝试进行了幼儿交往能力的成长记录。首先是对每个孩子的现状进行分析；其次制定观察的内容，每个星期对孩子的表现进行记录，周末时让孩子把记录表带回家，并让家长观察孩子在家的交往行为，填写好另一表周一时交给老师。

幼儿交往能力得到了很大的提高。幼儿的交往语言、态度、分享等行为中都有了很大的提高。比如，在做客活动中，大三班第一次去同伴家做客时表现十分兴奋，抢着玩客人家的玩具，对客人家的食物也毫不客气。而第二次去，这样的情况改变了，知道去了别人家待人接物要有礼貌。

家长的育儿观得到了很好的改善。在我们的各种亲子活动中，家长的参与率都非常高，有些家长都是请假来参加活动的，从我们每次的活动反馈意见中，家长都提到喜欢这样的亲子活动并说要多点这样的活动。

亲子间的沟通得到了进一步的发展。亲子沟通对孩子的交往是十分重要的，以前，家长往往认为孩子还小，与他们沟通是很容易的事，却忽略了与孩子沟通的技巧。比如，一开始，我们举行"亲子科技小制作"时，很多家长根本不用孩子动手，很快就做好了一样作品，孩子在这一过程中只是一旁的观看者。后来通过学习，在后面的亲子活动中，大部分的家长会引导孩子与自己一起动手。例如，在今年的"三·八"包饺子活动中，可以看到孩子已是一个小帮手或小包手了。通过我们设计的多种亲子活动，家长知道怎么去引导孩子，我们的家长调查中可以看到，家长对亲子沟通有了深层次的看法，如大班的写信活动，很多家长就对此写出了自己的感受，并深情地给孩子回了信。

我们培养的是跨世纪的公民，未来的社会是高度发展、高度竞争的社会。培养孩子的交往能力，将有利于孩子在以后的生活中形成较强的社会适应能力，并帮助孩子顺利成长。

## 参考文献

[1] 陈军霞．环境创设在幼儿交往礼仪中的作用分析［J］．小学科学：教师，2014（2）：1.

[2] 建萍．不同情境条件下幼儿交往策略的实验研究［J］．心理科学，2007，30（6）：3.

[3] 吴宗英．角色游戏中的幼儿交往培养过程［J］．中国校外教育旬刊，2012.

# 浅析基于传统文化的幼儿德育教育实践策略

（王岩　北京市朝阳区丽景幼儿园）

**摘　要：** 在弘扬和传承优秀传统文化的教育背景下，幼儿园以促进幼儿全面发展、健康成长为主要目的，将立德树人作为教育根本任务，通过诵读文学经典、关注传统节日和设计专题活动等方式，将中华优秀传统文化融入幼儿德育工作，为幼儿提供具有引导性和教育性的阅读资源、设计趣味化的游戏活动等，让幼儿在一种轻松和愉悦的环境中，感受中华民族优秀传统文化的深厚意蕴，以此提升他们的文化素养，促使他们对中华文化乃至中华民族的千年历史产生认同感。本文立足于幼儿德育教学角度，分析了基于传统文化的幼儿德育教育实践策略，对于同行从业者具有一定参考价值。

**关键词：** 传统文化；幼儿德育；教育活动

## 一、中华优秀传统文化中的德育依据

### （一）养德宜早

在幼儿启蒙教育阶段，对幼儿进行德育尤为重要，古人对幼儿的品德培养就非常重视。《周易·象传》说："山下出泉，蒙；君子以果行育德。"这句话的意思是指泉水刚从山上流出时还未受到污染，也没有固定流向，如同人的童年时期。此时是接受教育的黄金时期，让幼儿观善行必然能启发其善心，所以君子要对幼儿的德行进行引导与培养。幼儿天真好问，对这个世界充满了好奇，什么都想知道，什么都想学习。对幼儿进行品德培养更是宜早不宜迟，要抓住宝贵的启蒙期。

### （二）养德宜正

《易经》上说"蒙以养正，圣功也"。这句话是说要在童蒙期培养幼儿纯正无邪的品质，保持幼儿的天然善性，这也是圣人成功的必经之路。在中国古代文化中，"正"代表"中正"，更多指道德之正、做人之正。可见，古人非常重视幼儿的德育，从一开始就要求保持幼儿的纯正之性，注重幼儿德育的中正之本。幼儿天性纯洁，懵懵懂懂，培养其德行确实需要中正的方向引领。

### （三）养德宜渐

"贞有正义，有渐义，教蒙以正，而又当需之以渐，其利大矣。"这句话是说幼儿德育不仅需要以中正为导向，教师还需要明白渐进的道理。培养德行是一项长期的工程，要持之以恒，循序渐进，不能一蹴而就，急功近利。教师要借助中华优秀传统文化对幼儿进行潜移默化的浸润教育，在无形中逐步培育幼儿美好的德行。

## 二、基于传统文化的幼儿德育教育实践策略

### （一）关注传统节日，搭桥梁，增强幼儿文化自信

在幼儿德育中引进传统节日文化，是将中华优秀传统文化融入幼儿教育的重要举措。当

幼儿了解节日背后隐含的民族风俗和神话传说后，他们对于节日所隐含的文化元素和民族传统也能有所了解。此外，以传统节日文化作为开展德育活动的素材和内容，幼儿的参与性和积极性也会不断增强，这也有助于强化幼儿的文化自信心。

《幼儿园教育指导纲要（试行）》指出："教育活动内容的组织应充分考虑幼儿的学习特点和认识规律。"结合这一理念，在以传统节日为素材的德育活动中，教师要选择幼儿感兴趣的故事化、游戏化等形式的传统节日专题活动。以端午节为例，教师可以通过讲故事的方式，提前收集和整理与端午节相关的传统文化素材，如神话传说、历史典故等，将其编创为与幼儿学习特点和认知规律相吻合的故事，以专题故事会为载体，将中华优秀传统文化渗透于幼儿德育活动之中。

首先，教师可结合史料资源、网络素材，准备故事会中的内容，编创具有感染力的故事文本，为吸引幼儿的关注做好准备；其次，以生动形象、抑扬顿挫的语音、语调，呈现"纪念屈原"的故事文本内容，将屈原沉痛投身汨罗江、楚国百姓哀痛泣哭、渔夫"扑通扑通"投放饭团等情节展现出来，让幼儿了解与端午节相关的传统文化故事；最后，在幼儿对故事内容有所了解后，教师注重引导幼儿自主表述，让他们将故事中包含的美好品质、人们对生活的期冀等表达出来。如此，幼儿不仅能增强文化自信心和民族认同感，也能被屈原热爱祖国、不畏权贵的道德素质感染，在此基础上，德育效果也可得到不断增强。

### （二）丰富和改良传统游戏的玩法

传统游戏中含有丰富的德育资源，幼儿教师在开展传统游戏时，既要有所继承，又要有所创新，要根据实际情况对传统游戏进行改良，丰富传统游戏的玩法，结合现代幼儿德育目标，把这些目标以游戏的方式融入幼儿的活动和生活。

例如，木射游戏本身就侧重对人们进行道德规范教育，"仁、义、礼、智、信、温、良、恭、俭、让"是儒家思想所提倡的良好品德，在今天依然有存在的价值，幼儿教师可以把这些良好品德修改为更易于幼儿理解的：诚实、自信、友爱、勇敢、勤学、好问、分享、守纪、谦虚、礼让。"慢、傲、吝、贪、滥"是儒家思想所不提倡的道德品质，幼儿教师可以把它们修改为更易于幼儿理解的：任性、自私、独占、懒惰、打斗。幼儿教师可以通过收集和这些词语有关的故事、绘本、儿歌、儿童剧等，把这些内容逐步介绍给幼儿，在幼儿理解这些词语的基础上，再通过开展游戏活动来帮助幼儿强化和巩固这些知识。幼儿教师可以根据幼儿的年龄特征设计适合不同年龄段的幼儿的木射游戏，如小班幼儿可以先通过故事、绘本、儿歌、儿童剧等形式学习和理解这些词语所指向的不同品德行为。中班幼儿可以进行木射游戏，幼儿教师可在室内摆放好靶子，把写着红色和黑色的字的纸张分别贴在代表值得被提倡的道德品质和不值得被提倡的道德品质的靶子上，让幼儿轮流对靶子进行击打。教师可以引导大班幼儿自由调整靶子的摆放位置，还可以制定新的游戏规则，帮助幼儿在愉快的游戏中不断强化对品德行为的认知。

### （三）留出动手空间，鼓励幼儿手工实践

前文已经论述，在幼儿园的传统节日的主题活动之中，少不了手工实践环节，幼儿可以在教师精心策划的活动中充分展示自己的手工技能，训练幼儿的动手能力和思维能力。教师在开展手工活动之前，需要针对手工物料做好充分准备，讲解制作步骤和制作小技巧，而后让幼儿自行制作，并且在制作的过程中进行耐心指导。

例如，在春节的相关活动之中，最有特色的就是贴春联、放鞭炮、挂灯笼以及吃饺子，春联的制作难度太大，因此不予采用，教师可以借助卡纸、剪刀、彩笔和橡皮泥等物料鼓励幼儿制作鞭炮、灯笼等模型。在包饺子的过程中，教师可以先给幼儿演示包饺子的步骤和形状，起到示范作用，而后让幼儿自行利用橡皮泥去捏饺子，如果幼儿捏出形状新奇的饺子，教师可以及时沟通，了解幼儿的内心想法，并且进行鼓励，而在制作鞭炮的过程中，幼儿可

以用卡纸制作鞭炮外形，并且涂色，还可以根据鞭炮的大小制作俄罗斯套娃式的鞭炮玩具。

## 三、结语

在文化自信视域下，探索如何借助中华优秀传统文化开展幼儿德育工作，一方面有助于在幼儿园教育中传承和弘扬中华优秀传统文化；另一方面有助于充分发挥中华优秀传统文化在育人中的独特作用，培养幼儿的文化自信。让幼儿从小在中华优秀传统文化的文化资源中成长为一个“有根”的孩子，为在增强幼儿文化自信的过程中发挥中华优秀传统文化应有的作用提供了可供借鉴的思路。

**参考文献**

[1] 试析传统文化在幼儿教育中的渗透［C］//. 创新教育实践国际学术会议论文集（六）.2022：23—25.

[2] 亚力坤·吐松尼牙孜．论传统儿童游戏对儿童文化自信的提升［J］．佳木斯职业学院学报，2022，38（10）：106—108.

# 在区域活动中培养中班幼儿自主学习能力的研究

（安丽娜　北京市朝阳区丽景幼儿园）

**摘　要**：区域活动的科学合理性，体现了师幼互动、生生互动、生境互动的价值所在，更完善了教师抓住契机，捕捉兴趣的主导作用。幼儿期原本是人的主体性初步确立的时期，在正常情况下，儿童主体性的各方面品质已经萌芽，甚至十分活跃，他们什么都想知道，什么都想参与，他们思维活跃，想象力丰富，对自己充满信心，只要能提供一个宽松的环境，支持鼓励儿童的探索和创造活动，主体性品质便可以保持并稳定下来，成为新时代所需要的人格特征。

**关键词**：自主；动手；探索

## 一、问题的提出

《幼儿园教育指导纲要（试行）》指出：为幼儿的自主探究活动创造宽松的环境，让每个幼儿都有机会参与尝试，支持、鼓励幼儿大胆提出问题，发表不同意见，学会尊重别人的观点和经验，支持和引发幼儿的操作，探索制作活动，引导他们通过自己主动的发现，建构有关的知识经验。

## 二、概念的界定

### （一）区域活动

教师根据教育目标和幼儿发展水平，有目的地创设活动环境，投放活动材料，让幼儿按照自己的意愿和能力，以操作摆弄为主的方式进行个别化的自主学习的活动。它的主要功能：一是幼儿对已学过的知识加以复习、巩固、消化、升华；二是幼儿对未知理论做新的探究、发现和创新。区域活动是自我发现、自我探索、自我完善的过程。

### （二）自主学习

自主学习指教师根据幼儿课程、社会、学习等综合要求，创设教育环境和情境，自主地选择学习的方向与目标，在自由的探索和学习中获得成长与发展。幼儿的自主学习，即指幼儿依据自己的兴趣、经验和需要，在与环境的交互作用中自主性的活动，幼儿按自己的思想和心意，选择自己的喜好，自己的方式，接触信息，获得经验，提升认识，自主的发展。儿童的世界是儿童自己去探索发现的，他们自己所探索来的知识才是真正的知识，他们自己发现的世界才是真世界。

## 三、中班幼儿的特点分析

### （一）活动的交往性

幼儿社会性交往水平开始从以自我为中心向以社会为中心转移，他们已不再满足于自己玩，而是开始喜欢找同伴一起玩，有强烈的参与同伴游戏的愿望。

### （二）活动的创造性

幼儿具备了一定的创造意识并能付诸行动。对于同一材料，当他们多次操作后便不再满足于原有的常规性玩法，而是尝试着提出自己的见解。尤其是男孩子，能积极调动已有的生活经验，不断地变换方法和角度进行试验和探索。

### （三）活动的问题性

幼儿解决问题的能力比小班幼儿明显增强，遇到困难不再表现出畏惧或马上放弃，但缺乏独立解决问题的意识。当发生常规性争执时，经常采用直接向老师告状、求助的方式来解决；当发生知识性、技能性的困难时，一开始会尝试解决，但解决的办法比较简单，一旦不成功，往往转而选择其他内容的活动。

### （四）活动的自主性

幼儿在区域活动中的自主性日渐发展，有了比较明显的自主意识，从对活动材料的使用到游戏同伴的选择；从活动玩法的确定到游戏纠纷的解决，幼儿都表现出了比较鲜明的自主意识和自主决策的能力。

## 四、在区域活动中培养中班幼儿自主学习能力的措施

### （一）创设自主活动的环境，提供开放性的时间

幼儿教育家蒙台梭利强调指出，对于幼儿生理和心理的正常发展来说，准备一个适宜的环境是十分重要的。她说："必须注意为儿童期设置一个适当的世界和一个适当的环境，这是一个绝对迫切的需要。"只有给儿童准备一个适宜的环境，才能开创一个教育的新纪元。中班阶段是培养自主性的一个好时期，这一年龄孩子由于身体活动能力和语言的发展，活动范围扩大了，喜欢尝试探索，有较强的求知欲，而且他们也意识到自己长大了，产生了较强的独立愿望。

1. 创设宽松、自由发展的心理环境。幼儿能得到自由发展，有助于幼儿创造自我和自我实现。它应该是一个有秩序的、生气勃勃的、愉快的环境，是容易为幼儿所接受的，幼儿喜爱的环境。

开设的活动区应该是幼儿喜欢的、需要的。教师可以与幼儿共同讨论班级里需要哪些活动区。让幼儿根据自己的需要提出想法，设计活动区标志。例如，班中在研究"福娃"的主题时，幼儿提议开个"福娃专卖店"和"福娃绘画室"，并亲自参观了专卖店，幼儿自己便开始收集材料，教师则担任组织者和材料提供者的角色，如为幼儿准备设计标志的材料、提供活动区的隔断等。这样，班级开设的活动区，一定是他们最需要和最喜欢的，幼儿在选择活动区活动时，就一定是主动的。教师就要尊重幼儿的意愿，变换或增设新的活动区。

2. 创设新奇、动态的物质环境。"兴趣是个水闸，依靠它，能打开注意的水库并指引注意流下来。"孩子们会动用各种感官参与其中，通过眼看、耳听、口尝、手摸，了解各种事物的特性。所以，教师应根据幼儿年龄特点、教育内容、季节变化不断创设新奇的环境，为幼儿提供充分活动的机会，尽量让幼儿在区域活动中有更多的选择，从而引起幼儿参与的积极性和主动性，独立自主去观察、操作、探索、发现，从而认识问题和解决问题。对于中班孩子来讲，这就是一个了不起的发现。

### （二）多元的探究材料，促进幼儿自主探究能力的发展

1. 投放不同层次的材料，让幼儿乐于探索。不同层次的材料包括层次性和递进性。层

次性的材料是指教师围绕各区域内相同的内容，而投放多层次的活动材料，目的是适应不同幼儿发展水平和水平速度，满足不同幼儿的兴趣需要和认知特点，使每个幼儿都能找到适合自己的操作材料，参与探究。

2. 投放多样性的材料，让幼儿学会探究 。具有多样性的材料，能发挥幼儿探究的自主性，培养幼儿学会探索。因为多样性的材料能满足幼儿不同的兴趣需要和表征特点，能使幼儿专注、持久地探究，同时让幼儿有更多的选择余地，引发幼儿的探究行为，幼儿在探究过程中学会发现问题、解决问题。

### （三）宽松自由的交流分享活动，可以更好地促进幼儿自主表达、评价能力的发展

幼儿在各自选择的区域内进行自主探索的基础上，一定会有各自的发现，幼儿交流自己的活动过程、方式与结果，相互评价活动情况，这些来自儿童本体的发现和心得，放之于幼儿群体中最具引发和触类旁通。因为，孩子的心是相通的。在区域活动中让幼儿交流自己的发现和心得，再谈谈“你是怎么发现的”“你是怎么想的”，使孩子了解别人的视角，领略别人的思维方式，从中获得许多感知经验，发现许多问题，共同解决，并将进一步促进幼儿与材料的互动，从而推动探索活动的深入开展。

### （四）采用开放式指导方法，促进幼儿独立性思维的发展

1. 建立平等的师幼关系。在活动中我们与幼儿建立一种平等、相互尊重的师生关系。采用弯腰、半蹲姿势与幼儿平视对话。不打扰幼儿的活动，即使发现幼儿采用的方法达不到活动结果，也不强迫幼儿停止，而采用建议、协商的口吻。

2. 采取启发诱导的方式。在活动中教师注意观察幼儿常采用“你是怎么想的?”“你发现了什么?”等开放的启发式提问，耐心引导幼儿寻找答案，当幼儿不会时，则教给相应技能，幼儿会时，教师及时退出。活动后，引导幼儿参与讨论，阐述自己的发现，对大部分幼儿没有参与的活动结果，不做肯定或否定的评价，留给幼儿探索的空间，待全体幼儿参加活动后共同讨论，得出结果。教师不代替幼儿思维，让幼儿在活动中自己判断、自己思考。

3. 多用鼓励赏识的语言。活动中我们要经常对幼儿给予由衷的赞赏。在指导幼儿活动时，教师要耐心倾听幼儿的发现，投以幼儿赞赏的目光，用欣赏的口吻夸奖激励幼儿更积极地投入活动。在幼儿操作的过程中，对他们的大胆尝试教师表现出极大的惊喜，“你们像魔术师一样，知道用哪两种颜色变出绿色了，太棒了!”一下激发了幼儿的自信，并引导幼儿再用两种颜色尝试，探索出更多的颜色，同时发现颜料与水之间的比例关系。活动后，教师鼓励幼儿相互交流自己的经验，得出正确安全的使用方法。

## 五、结语

总之，在区域活动中，创设更多的机会让幼儿自己来学习。虽然幼儿掌握知识的历程很缓慢，但教师应以一颗平常心对待。不追求知识掌握的多少，只追求学习方法的获得。因为学习方法是获取知识的手段，将使幼儿终身受益。让这个部分发挥更有利的力量是需要思考

和研究的一个问题，在不断的探索和研究中让幼儿区域活动中的发现延伸到各个方面，让幼儿的探索和自主性有更好地发展。所以老师要和家长沟通，让家长知道自主性和探索的重要行，家园共育一起为了孩子的发展而努力。

## 参考文献

[1] 晨曦．让孩子自觉主动地学习［M］．北京：石油工业出版社，2004.

[2] 小巫．给孩子自由［M］．北京：民主与建设出版社，2003.

[3] 孙瑞雪．爱和自由［M］．北京：宁夏教育出版社，2000.

[4] Thomas Armstrong. 课堂中的多元智能：开展以学生为中心的教学［M］．北京：中国轻工业出版社，2003.

[5] 陈家宝．引爆孩子的潜能［M］．北京：人民日报出版社，2004.

# 浅谈拥有“童心”的学前儿童美术教育

（郝梦凡　北京市朝阳区丽景幼儿园）

**摘　要：**美术教育活动是学前儿童艺术领域的重要组成部分，对于学前儿童全面发展具有重要的意义与价值。当前，在学前儿童美术教育活动中，成人化和功利化倾向严重，教师过于偏重学前儿童美术技能的练习，忽视儿童的自由创造，忽视儿童的兴趣与本真。本文以幼儿的“童心”为切入点对学前儿童美术教育进行研究，并为家长与教师进行学前儿童美术教育提出具体和可参考的建议。

**关键词：**学前儿童；美术教育；童心

## 一、研究缘起

《3－6岁儿童学习与发展指南》（以下简称《指南》）指出“健康、语言、社会、科学、艺术五个领域是儿童学习与发展最基本、最重要的内容”。美术教育是艺术领域中的一部分，旨在丰富幼儿的情感，培养初步的表达和发现美的能力。学前儿童应能在活动中表达出他们最真实的情感，体现出他们最真实的自我。笔者曾观摩过一节主题为《漂亮的渔网》美术课。即在一张只画有小鱼的白纸上，教师指导学前儿童如何画横平竖直的线条。

在巡视指导的过程中，我发现大部分孩子都能依照教师的指导顺利地画出一张《漂亮的渔网》。与此同时，我又在个别小朋友的画中发现了一些多出来的东西。比如：有的小朋友会画出其他波浪线，因为他认为小鱼生活在水里，所以要画水给它，不然它就死掉了；还有小朋友在小鱼身上画一团乱线，因为他觉得渔网将小鱼缠住了；而有的小朋友会用各种颜色的笔为涂色作衣服。

在此我仅仅列举部分我感兴趣的回答，幼儿表现出来诸如此类老师要求之外的创作比比皆是。笔者针对儿童自由发挥的原因及如何将自由发挥与教师引导相结合的问题进行研究分析，为以后自身的教育教学活动提供一些帮助。

## 二、研究意义

### （一）理论意义

一方面，本研究对陶冶儿童审美情操，培养儿童对大自然的喜爱，激发儿童潜在的想象与创造能力有重要意义；另一方面本研究对促进幼儿自我表达，初步认识自我潜在价值，从而为帮助教师和家长转变幼儿美术教育观念提供理论依据。

### （二）实践意义

本研究为教师、家长提供美术教育活动的建议，在美术教育活动中保护儿童的童心，共同帮助儿童在美术教育活动中回归自然本性。

## 三、研究方法

### （一）文献综述法

文献综述法为研究提供了理论依据。通过阅读分析相关文献材料，收集国内外有关儿童美术教育活动、儿童“童心”在美术教育活动中的表现等相关信息，综合地为研究提供线索，在查阅文献的过程中受到启发，在此基础上为自己的观点提供更有力的支持。

### （二）案例分析法

案例分析法要确定本研究的目的、内容、范围及对象，从平常收集的资料中选择恰当的案例作为论文研究的案例，从案例中找出问题，挑选出最恰当的解决策略。

## 四、理论基础

### （一）卢梭自然主义教育思想

卢梭自然主义教育思想主要体现在热爱儿童和尊重儿童的天性上。他认为一味地要求儿童做成人认为该做的事儿是违反教育原则的，是违背儿童自由发展规律，是不被允许的。所以他强调推崇自由，“要让孩子在游戏活动中学习”。尊崇儿童天性，为儿童提供自由发挥的舞台。

### （二）杜威的“儿童中心论”

权威的“儿童中心论”核心是遵从儿童本能，因材施教。他认为，儿童心理学的内容基本就是以本能活动为核心的。教育就是促进本能的生长过程。“必须以儿童为教育的出发点，把儿童当做目的，而不是当做手段来看待，教育措施一定要围绕着儿童来实施。”要求教师应考虑儿童的个性特征，使每个学生都能发展他们的特长，尊重儿童在教育活动中的主体地位。

## 五、学前儿童美术教育中忽略“童心”的表现

### （一）偏重学前儿童美术技能的练习，忽视儿童的自由创造

例如，在某节美术教育活动课上，题目为《漂亮的气球》，旨在引导儿童如何画圆。教师为儿童演示如何绘画气球后，在巡视过程中发现一名小朋友将气球画成了小兔子形状。教师当即对小朋友说你要画兔子就在区域活动时候画，现在先画圆。

由此可以看出，教师过分强调气球外观是圆形，忽略了儿童本身对气球的认知，没有注意到儿童眼中的气球不仅仅是圆形。教师忽视对儿童心理、情感的认知，不注重儿童“童心”的自我发挥，这种以技能为主的美术教育活动沉重打击了儿童创作的积极性。

### （二）学前儿童美术教育成人化严重，忽视儿童的兴趣与本真

比如，牛牛是个聪明的小男孩儿，非常喜欢画画，他主动对妈妈提出想学习绘画。但是在进行了几节课的培训后，牛牛开始不喜欢绘画了，他在一堂课上将太阳涂成蓝色，将云彩涂成了红色，老师批评他绘画不认真，要求重画。

由此可以看出，该案例的成人化倾向严重，成人过多地对儿童进行干预，认为太阳是红色，云朵是白色才是正确的。在美术创作中，我们应该理解儿童，在他们的作品中不应该出现所谓的标准答案。因为儿童的创作更多的是其精神深处的体会与表达。以成人的思维评价儿童的美术作品，会让儿童失去对绘画的兴趣，更可能过早地抹杀其“童心”。

## 六、学前儿童美术教育中“童心”的价值

### （一）“童心”是幼儿美术创作的动力，能够激发幼儿兴趣

在某节《春天在哪里》的美术教育活动课上，教师带领儿童在户外活动时间中进行对春天的观察，从天空到陆地，儿童兴致勃勃地跟老师分享所发现的春天。儿童回到班级后一个个摩拳擦掌恨不得将自己刚刚所看到的，感受到的全部画出来。

“童心”是最原始的、自然的物质，我们的世界对于儿童来说充满着未知，充满着新奇。儿童对一切事物都会产生兴趣。我们在美术教育活动中可以通过让儿童自己去接触这些新鲜事物，与同伴分享所见所闻，来提升其对美术活动的兴趣，从而更好地展现自我，促进儿童全面发展。

### （二）“童心”是幼儿情感宣泄的源泉，有助于儿童表达自我

某节美术活动课是引导儿童绘画《海底世界》，在巡视过程中，教师发现一名小朋友的“海底”是黑色的，在海水中游动的不是小鱼，竟然是废旧的瓶子，深绿色的水草后面还藏着一个鱼骨头。教师通过询问得知，这名小朋友的爸爸从事水源保护的工作，在周末时候跟爸爸去工作地点游玩的时候发现了令他感到害怕的污水区。教师对他的作品进行了个别指导，引导他将当时的画面一点一点地画出来。最后呈现在大家眼中的不是五光十色的海底，而是令人沉重的污水区。

由此我们可以发现，“童心”是具有求真性的，儿童看到什么，就会画什么。但这与儿童的创作想象并不冲突。我们的老师对这名小朋友因材施教，以引导为主，让这名小朋友将“海底”的另一面展现出来，儿童用“童心”接触这个世界的时候，发现的并不光是阳光灿烂，很有可能儿童在作品中会表达他的不解、愤怒、委屈、悲伤等情绪，要正视儿童的情感与表达方式。

## 七、教育建议

1. 开展多渠道美术教育途径，充分探究幼儿美术作品中的童心

幼儿美术教育是全方位的，不光是眼、手、脑等协调运作，还是各种感知经验的综合体现。因此，在学前儿童美术教育中，教师应积极创造条件，开展多渠道美术教育途径，拓宽

儿童的审美视野与审美体验。例如，让儿童多亲近大自然，在丰富多彩的大自然中、引导孩子去发现美、观察美。给予儿童足够的时间进行独立观察、体验。在这之后也可以给幼儿畅所欲言的机会，通过语言交流，为儿童带来与他人不一样的体会，启发儿童思考。而教师对于儿童的种种感受也不宜作过多否定评价，或者意图更改其想法，等等。

因为幼儿处在发展的初始阶段，所以儿童的一切，包括他们的认知水平、表达水平等，都是远远低于成人的。因而，教师应注意结合儿童目前发展的特点，引导他们对事物进行全方位的想象。例如：引导儿童画一只大老鼠和几只小老鼠，我们不应该将眼光放在大小上面，而是可以引导儿童进行想象，这是不是鼠妈妈带着鼠宝宝去找吃的？这样一来，儿童结合了外在表象与内在情感的体验，更能促进儿童审美情操及创作力的发展。

2. 教师在保护幼儿童心和个体差异的基础上组织相关美术教育活动

《3－6岁儿童学习与发展指南》提出："尊重幼儿发展的个体差异，切忌用一把'尺子'衡量所有幼儿。"在美术教育活动中我们也应注意因材施教的问题。在实习期间，笔者曾指导过小五班一节《小鱼吹泡泡》的美术活动课。除了准备纸和笔外，我另外准备了圆形的橡皮章，供能力较弱的儿童使用。能力强的儿童可以直接用画笔将泡泡画出来。笔者充分运用丰富教具的优势，在这堂课中兼顾了不同能力儿童，使他们都能在这堂课有新的体验。

## 参考文献

［1］林宁宁，吴丽芳．《3－6岁儿童学习与发展指南》背景下幼儿园多元化美术教育活动的探索与思考［J］．福建教育，2013.

［2］郭雯．回归童心的儿童美术教育研究［D］．开封：河南大学，2011.

［3］幼儿园教育指导纲要（试行）［J］．山东教育，2001.

［4］方春华．卢梭自然主义教育观及其对大学生思想政治教育的启示［D］．马鞍山：安徽工业大学，2012.

［5］黎雯．杜威的"儿童中心论"对个性化教育的启示［J］．科学教育，2009.

［6］什么是学前儿童美术教育：《学前儿童美术教育》评介［J］．幼儿教育，2000.

［7］张敏．学前儿童美术技能与创造力协同发展的研究［D］．武汉：华中师范大学，2009.

# 聚焦家园协同育人，多元助力习惯衔接
## ——基于家园共育模式的幼小衔接阶段幼儿习惯培养策略探究

（林雪　北京市朝阳区丽景幼儿园）

**摘　要：**幼儿的素质教育离不开教师的多元化指导，幼小的高效化衔接工作也离不开家园共育模式下的常态化配合。为了在行为习惯培养、心理准备强化、综合素能提升等方面稳健推进跨区衔接工作，本文充分聚焦家园共育模式，立足于趣味化、协育化、共情化的模式构建要求，并深入结合了园区教学实践经验，从生活和学习两个维度探讨了家园共育视角下的习惯培育模式，为当下幼小衔接家园合作引导提供了教学理论与实践参考。

**关键词：**幼小衔接；家园共育；策略；习惯

## 一、幼小衔接家园共育工作存在的问题

### （一）宣传教育缺位，沟通性不足

园区内对幼小衔接宣传工作开展不到位，没有借助多元化教育宣传策略与协同化教育沟通，提升家长对配合参与幼儿幼小衔接教育工作的关注度，没有让家长意识到自身在幼小衔接教育工作上作为家庭教育角色参与的重要性与必要性。这导致许多家长对教师要求参与配合的幼小衔接教育活动显示出了不配合、不认同、不支持的态度，认为教育孩子的事应当完全交付给园内老师，并对这种协同化教育沟通模式表现出了厌倦、淡漠、不耐烦的情绪，阻碍了幼小衔接家园共育工作的进一步展开。

### （二）常态教育缺位，协育性不足

针对家园共育模式下幼小衔接工作开展状况，园区教师与家长有时在教育活动联合开展上没有扮演好一个协育沟通的角色，对幼儿的常态化行为规范、家庭活动开展、学习习惯纠正、作息规范调整等方面进行协同教育，导致相关家园共育工作开展不深入、不彻底、质效低，在影响幼小衔接教育成效的同时，也对幼儿身心健康的成长与发展产生了一定的负面影响。

### （三）习惯培养缺位，质效性不足

在深入推进家园共育模式过程中，家长与教师往往在幼小衔接行为习惯培养工作细节上对接不够深入，多教育主体下其内在的教育联系不够明显。家长往往难以将幼儿的生活习惯、学习习惯及行为规范意识有机结合在一起，导致幼儿在家庭常态化教育过程中，往往难以在运动习惯、饮食偏好，在坐姿习惯、阅读方式等生活习惯上得到良性规范与协同培养，影响了家园共育模式下幼小衔接工作的综合成效。

## 二、基于家园共育模式的生活习惯培养策略性探究

基于《幼儿园入学准备教育指导要点》，在幼小衔接阶段幼儿身心准备、生活准备、社会准备、学习准备上明确提出的培养要求，笔者聚焦于生本化色彩、协同化引导、行为化规范及趣味化衔接，对幼小衔接阶段的家园共育模式做出了以下策略性探究。

### （一）聚焦“身心准备＋协育沟通”模式，达成教育共识

为进一步深化幼儿在小学入学前的行为规范与习惯养成，教师和家长应当充分聚焦幼儿的协育化沟通，积极从幼儿的生活习惯、学习习惯、行为规范意识培养等方面出发达成教育共识。

1. 保持一颗诚心，主动增进沟通。为促进各项幼小衔接工作得以顺利开展，在与家长接触过程中，教师应当始终保持一颗诚心，以礼待人、以情动人，积极转变观念，主动增进沟通。在大班幼儿开学前两周，可将班级家长进行分组，利用分组开启腾讯视频会议的方式积极约定好时间，针对孩子新学期的幼小衔接教育问题与家长做好沟通，消除部分家长的教育隔阂。

2. 保持一颗细心，善用沟通技巧。在与家长进行教育沟通过程中，难免会针对某个问题产生部分教育分歧。例如，开展户外游戏时，部分家长建议取消相关活动，原因是有太多不安全因素，却忽略了从学生自身行为角度出发进行教育反思。针对部分家长因噎废食的教育想法，教师应当在与之沟通过程中保持一颗细心，谈及对孩子的教育方法，始终语气委婉、面带微笑、多赞美、少批评，同时关注家长的神态反应，从而巧妙地提出改正孩子缺点的一些措施，使家长配合好幼小衔接工作开展的各项积极建设策略，避免出现过激的反应。

3. 保持一颗恒心，建设教育同盟。对于班级的各项建设工作仅靠班主任的力量是有限的，因此可通过积极组建家长委员会，引导家长参与班级各项教育事务管理工作，从而逐步打造起一个教育同盟，积极做好家校共育、协同沟通的工作。对此，教师可积极采取社群管理的方法，借助连线会议，定期展开沟通。例如，每月可积极通过在家长课堂召开线上家长会的方式，针对幼儿的专注、合作、抗挫折、时间规划等优秀品格的培育工作与家长展开深入探讨，并指导家长在家中通过合理安排时间，积极开展包括亲子共读、做手工、玩益智游戏、设计日常行程规划等在内的多元活动，强化孩子的综合品格培养工作，为实现幼儿从幼儿园到小学学习的平稳过渡积聚教育动能，从而在家园共育中逐步促进幼小衔接工作的深层次开展。

### （二）聚焦“习惯培养＋趣味游戏”模式，强化多维引导

在幼小衔接习惯培养工作的多元开展上，教育者应当充分聚焦家园主体的合力，积极借助趣味性游戏体验、激励性的活动文化与示范性的情感培育工作，积极培养幼儿对小学生活的热爱与向往，协同幼儿以满腔的热情与良好的行为习惯迎接幼儿小学的新生活。例如，在日常趣味化学习过程中，教师与家长可积极借助多元游戏活动加深幼儿对小学生活的正面认知，并在引导幼儿参与园区内“幼小衔接”相关趣味性体验活动的同时，告诉幼儿在小学可以学习到更多有用的本领，也将面临更多的学习与生活的挑战，从而在趣味性与积极性引导过程中，让幼儿在身心上做好协调准备，在保持对小学生活向往的同时，也更愿意为适应小学学习与智力生活而做出积极准备。

### （三）聚焦“生活自理＋常态教育”模式，重视督促激励

1. 以常态教育为抓手，上一堂课。在幼小衔接家园共育工作开展过程中，应当始终坚持常态教育原则，积极面向协同化教育，聚焦综合引导，制订大班幼儿幼小衔接工作的宣传活动方案，邀请各班家长协同幼儿上好一堂生活自理方面的行为管理课，从而以协同化宣传促进家园共管，以一体化教育强化宣传重心，强化家园共育、携手指导。

2. 以常抓不懈为原则，打一次卡。鼓励幼儿在家长陪同下，积极参与 21 天的微信朋友圈“生活自理”打卡活动，鼓励幼儿自觉完成刷牙、洗脸、整理床铺等自我管理工作，并在家长协同引导下完成每日打卡。在习惯打卡期间，教师可针对包括衣、食、住、行、学习等各项行为管理清单，积极呼吁家长对孩子的行为习惯采取鼓励式、陪伴式、引导式教育。

例如，当孩子因为内心懈怠不想继续完成任务计划表时，家长可采取提醒型鼓励：“孩子，还记得我们的约定吗?”当孩子成功达成一个自我管理任务时，幼师和家长可采取感谢型鼓励：“谢谢你宝贝，你让我看到了你的进步，我为你开心。”当孩子因为任务较难，不愿意继续下去时，则要采取信任型鼓励：“我相信你宝贝，无论任务有没有完成，只要你去做了，你就是最棒的!”在温暖的鼓励、温柔的督促中实现教育的陪伴，用陪伴者的姿态，唤醒幼儿自我管理的价值定位，也在师生情、亲子情持续升温过程中多维度实现幼儿行为习惯的转变。

3. 以家园共育为核心，定一次时。为了强化幼儿在生活自理上的时间管理与自我规划意识，教师可积极引导家长了解科学衔接、家园共育、时间管理等方面的理论，协同监督幼儿时间管理习惯，引导幼儿形成良好的时间规划意识。例如，对日常生活中的各项治理任务设定时间限制，并督促幼儿在相关时限内积极完成，从而在时间规划能力与素养上引导幼儿逐步实现幼儿园向小学学习阶段对接。同时，聚焦幼儿自我管理、自我规划、自我约束意识，教师可依据幼儿在幼小衔接年龄段的自我规范要求，立足常态联动，坚持鼓励认同，促进家园共育模式下的幼小衔接生活管理工作积极实现常态化、制度化、有序化。

4. 以户外活动为重点，健一次身。健康管理作为幼小衔接工作中不可或缺的重要内容，在幼儿的身体素能衔接上发挥了重要作用。因此，家长可协同幼儿园积极展开家庭户外活动，鼓励幼儿在生活管理过程中形成自主锻炼意识。同时，聚焦科学依照“户外运动+健康管理”开展原则，教师和家长可积极为幼儿创造良好的户外活动环境，聚焦多维化运动习惯培养，引导幼儿增加户外活动，为幼儿在幼小衔接阶段创建良好的身心健康成长环境。

## 三、结语

幼小衔接，任重道远，落实“双减”政策，做好幼小衔接，应当充分聚焦多方主体联动，在家园共育机制的完善与家园联动路径的拓宽上，遵循儿童身心发展规律和教育规律，建立起幼儿园与小学科学衔接的长效机制。同时，在家园共育模式下，引导者与教育者应当始终坚持以儿童为本、坚持双向化衔接、坚持统筹化推进和模式规范化管理，确保幼小衔接工作沿着科学方向稳健前进、有序发展。

### 参考文献

［1］单敏月，王晓平．观察儿童［M］．上海：华东师范大学出版社，2008.

［2］杨丽．幼儿园家庭教育指导的问题、成因及对策研究［D］．济南：山东师范大学，2019.

［3］毛迎春．幼小衔接之幼儿行为习惯的养成探讨［J］．天津教育，2020（6）．

# 研究生学历教师在幼儿园教科研工作中的发展路径及管理策略

（李佳景　北京市朝阳区丽景幼儿园）

**摘　要**：越来越多的研究生学历教师走进幼儿园工作。但是，研究生学历教师在幼儿园的发展现状不容乐观。管理过程发现，研究生学历教师擅长科研工作；研究生教师在教研工作中存在巨大潜力。那么，根据研究生学历教师发展情况，规划合适的路径：入职前3年，深入教育实践一线了解幼儿园实际情况；入职4～5年，逐步接触课程建设、培训等工作，进行全面思考；入职5年以上，在区域内发挥教科研优势并提升统筹、计划能力。研究生教师发展路径实施需要园所管理者发挥作用和研究生教师提升内驱力。

**关键词**：研究生学历教师；幼儿园；教科研工作；发展路径

随着学前教育专业的发展，尤其是在《国务院关于当前发展学前教育的若干意见》《中共中央 国务院关于学前教育深化改革规范发展的若干意见》两个文件的有力推动下，国家对高层次的学前教育人才的培养力度加大，越来越多的研究生学历教师走进幼儿园工作。但是我们也发现，研究生学历教师在幼儿园的发展现状不容乐观。调查显示，有73.8%的教师产生离职倾向。其中，自身能力得不到重视和提升，发展空间受限成为重要的原因之一。就研究生学历的教师而言，教科研工作是他们亮相的舞台，尤其是在科研工作中可以发挥巨大作用。基于这种广泛存在的现实情况结合研究生教师优势和特长，如何发挥他们在幼儿园教科研工作中的作用，是急需重视和亟待解决的问题。

## 一、研究生学历教师教科研工作中的优势

教研和科研在幼儿园是密不可分的，教研往往是幼儿园科研实施的有效途径之一，但两者的作用、组织实施等方面也存在差异。就研究生学历教师而言，他们相对更熟悉和擅长科研工作并在教研工作中存在巨大潜力。

### （一）研究生学历教师擅长科研工作

扎实的理论基础和系统的教科研方法的掌握使得研究生学历教师在幼儿园科研方面存在天然的优势，这些理论和教科研方法帮助他们在科研工作中更有“抓手”，更快“上手”。不仅如此，研究生学历教师的思维系统性和思考的结构性是经过长期专业教育训练的，这样的思考方式能够帮助他们把握科研工作的路径，做到进行课题实施路径架构时井然有序，进行课题教育实践时有条不紊。

可笔者在长期的幼儿园科研工作中也发现，“科研有时又面临着时间问题，缺乏足够的时间和精力兼顾教学和科研”。这个问题存在于管理岗位以及教学岗位的研究生学历教师中。还有，对于新入职的研究生学历教师来说，他们“在重实践操作的幼儿园中第一缺乏教学实践技能与技巧，第二缺乏教学经验，对教学活动的把握不到位”。这些实践经验的不足也确实造成科研工作“大而虚”“不落地”的问题，且他们在幼儿园一线科研工作的选题、组织和实施方式也是需要学习的。所幸这些教师有很强的学习能力和良好的理论基础，在幼儿园的实践和前辈的带动下，假以时日即可有所了解。

### （二）研究生学历教师在教研工作中存在巨大潜力

相对幼儿园的科研，教研工作是新入职的研究生学历教师比较陌生的。因为在研究生学历教师长期的学习经历中，尤其是读研期间，都在导师的指导下或多或少地接触过科研课题研究。但在学习过程中，虽然学校也会安排他们在幼儿园实习，却以保育岗位为主，不能接触到实习单位的教研活动，所以一时不能理解教研活动在幼儿园的效用。

但是幼儿园的教研工作是科研课题实施的重要手段，因此，绝大部分研究生学历教师都会参与教研活动的研讨甚至组织过程中，尤其是管理岗位的研究生学历教师，往往在教科研主任或业务园长的岗位上，需要进行教研的设计和指导，有大量练习和实操的机会。且教研与科研紧密联系，最了解幼儿园课题的研究生学历教师群体会随着参与教研经验的提升，快速掌握教研的组织实施方式，在其中发挥自己的作用。还有，研究生学历教师的总结、归纳能力强，能够快速提炼教研组教师的观点并进行归纳，基于这个特点，研究生学历教师非常适宜承担教研组长的岗位，弥补教师思维碎片化、喜欢就事论事的特点。

## 二、研究生学历教师教科研工作中的发展路径

从高学历学生到能够进行幼儿园课题统筹的科研干部，研究生学历教师的成长离不开幼儿园的培养和任用。区别于上学时候的课程学习，研究生学历教师在工作中通过师徒制、参与研讨培训、边做边总结的方式习得工作经验，体现出“做中学”的特点。那么，怎样的时间规划和培养路径能够最大限度地发挥研究生学历教师在教科研工作中的作用呢？

### （一）入职前 3 年，深入教育实践一线了解幼儿园实际情况

当研究生学历教师走进幼儿园，会面临岗位适应问题。尽管这部分教师学历高，但存在实践经验不足的情况，幼儿园教科研是以实践中的问题为基础的，脱离实践的科研就会存在“假大空”的情况，且每个地域、每个园所都存在差异，因此研究生学历教师应该在入职前 3 年深入教育实践一线，观察和了解本班、本园的幼儿、教师、家长等具体情况。同时，以实验班教师或课题组核心成员的身份参与课题研究的工作，负责理论架构与研究课的实践工作。更重要的是需要积极参与教研活动，快速学习和弥补教研能力的不足并多加反思教研的组织方法，积累感性认识。幼儿园管理者也应了解研究生学历教师的具体能力短板和工作情况，取长补短，在教科研工作方面进行有针对性的培养。

### （二）入职 4～5 年，逐步接触课程建设、培训等工作，进行全面思考

经过 3 年的实践，有条件的园所可以让研究生学历教师跳脱出班级工作，进行园所课程建设、教师培训、队伍建设等与教科研息息相关的工作，做到研训一体，站在更高位、宏观的角度去思考和认识教科研对于教师专业成长和幼儿发展的意义。研究生学历教师可以作为课题主持人、科研管理者或教研组长进行幼儿园教科研整体工作的规划和筹谋。在此阶段，管理者应该多关注研究生学历教师的工作管理统筹能力、沟通合作能力的提升，寻找有经验的管理者对其提供有效的支持和帮助。

### （三）入职 5 年以上，在区域内发挥教科研优势并提升统筹、计划能力

经过 5 年的学习和工作经验积累，此时的研究生学历教师已经具备课题的组织和实施能力，也清晰了解本园、本地域的研究情况和问题。那么，教育主管部门和园所就应该为其提供研究的机会和平台，让他们在区域中发挥自己的科研优势，在更大范围的课题研究中进行统筹和实施。

这样的培养路径既能够满足新手研究生学历教师实践经验不足的短板，给予教师成长、

学习的空间和机会又能尽可能发挥他们在教科研工作中的优势，提升教科研工作质量。需要注意的是，研究生学历教师的兴趣、能力、性格也不尽相同，无法用统一的标尺去评估，也需要不同的路径去培养，且每个园的情况也千差万别，这就需要幼儿园管理者知人善任，具体问题具体分析。

## 三、研究生学历教师发展路径实施策略

### （一）园所管理者作用发挥

研究生学历教师的成长速度比其他幼儿教师快得多。幼儿园的相关领导应与研究生学历教师一起，根据教师自身的需求和园所的发展需要，将高学历的研究生学历教师安排在合理的岗位上，不要让他们长期待在一个班级，限制他们的思维。还要为研究生学历教师安排具有挑战性的工作，更能激发教师的创新意识。研究生学历教师往往有清晰的职业规划，对自己的期待和要求也更高。希望有更上位的工作机会去进行学术研究和教师培训等工作，发挥自己的优势和教育理想。那么，幼儿园管理者要认识和理解研究生学历教师这样的想法，给予他们这样的机会，适当倾斜研究机会。

### （二）研究生学历教师提升教科研工作的内驱力

职业初心和专业理想是研究生学历教师成长的助推器。“对于高学历大学生来说，毕业后能够找到自己喜欢的工作并为之奋斗是一件幸福的事情。以硕士研究生这样的高学历选择进入幼儿园工作不是头脑发热，是她们喜欢的工作并愿意为之奋斗的，是深思熟虑后作出的决定。”在幼儿园繁杂、细碎的工作中，研究生学历教师应该保持自己进入幼儿园的初心，从点滴小事做起，认识到自己的工作对幼儿发展的意义。不仅如此，理论提升和教学实践能够促进研究生学历教师走得更远。

研究生学历教师在幼儿园教科研工作中发挥着不可替代的积极作用，是幼儿园教育质量提升的宝贵财富。因而，幼儿园和社会都需要投入更多的关注，真正把研究生学历教师的特征体现出来，切实通过研究生学历教师的作用发挥提高幼儿园教科研工作质量。

### 参考文献

［1］苗苗．高学历幼儿教师离职倾向的个案研究［D］．武汉：华中师范大学，2021.

［2］陈笑颜．研究生教师在幼儿园工作中存在的问题及对策：以 30 位教师为例［J］．幼儿教育（教育科学版），2012（33）．

［3］杨利霞．研究生学历幼儿园教师入职适应研究［D］．南京：南京师范大学，2012.

［4］李欣雨．研究生学历教师自我价值感现状及影响因素研究［D］．沈阳：沈阳师范大学，2020.

［5］张玉，左俊楠．研究生学历教师入职现状研究［J］．西昌学院学报（社会科学版），2014，26（4）：3.

# "互联网+"背景下幼儿园家园共育新模式探究

（苑桂靖　济南高新区将山佳苑第二幼儿园）

**摘　要：**随着"互联网+"时代的到来，信息技术在学前教育领域的应用越发广泛，尤其是在幼儿园家园共育方面展现出独特优势。本文深入探讨了互联网技术如何优化家园共育，通过国家教育资源公共服务平台，实现家庭、幼儿园及社会之间的高效互动。通过借助国家教育资源公共服务平台，实现了幼儿园、家庭和社会之间的快捷、有效、多维和零距离互动，提出了面向未来的家园共育新策略，旨在为学前教育领域提供创新思路和实践指导。

**关键词：**"互联网+"；幼儿园；家园共育

在"互联网+"的大背景下，家园共育正经历着翻天覆地的变化。传统的互动模式已不能满足当前社会和教育的需求，迫切需要通过信息技术的力量，构建一种新型的家园共育机制。这种机制不仅能够打破时空限制，提高互动效率，还能实现全方位多角色的共育，从而为幼儿提供一个更加全面和丰富的成长环境。探究"互联网+家园共育"的新模式，不仅是顺应时代发展的必然选择，也是推动学前教育创新与进步的重要途径。

## 一、"互联网+"背景下构建家园共育新模式的意义

### （一）拓宽教育资源的获取与分享

在"互联网+"的背景下构建家园共育新模式，意味着能够有效拓宽教育资源的获取与分享渠道，为幼儿提供更加丰富多样的学习内容。通过互联网技术，幼儿园可以利用电子书籍、在线课程、虚拟实验等资源，使幼儿在课堂之外也能接触到更多有价值的知识。同时，家长可以通过网络平台了解到幼儿园的教学情况和孩子的学习进度，从而更好地参与孩子的教育过程。这种资源共享机制不仅能够提高教育资源的利用效率，还能够促进家长和教师之间的沟通与协作，形成良好的教育生态环境。因此，构建家园共育新模式，对于实现资源共享、提高教育质量具有重要的意义。

### （二）促进教育方式的创新与变革

"互联网+"背景下构建的家园共育新模式，为教育方式的创新与变革提供了可能。这一模式通过引入互联网技术，使得幼儿教育不再局限于传统的面对面教学，而是可以采用更为灵活多样的教学方法。例如，通过沉浸式虚拟现实技术，可以为幼儿创造出生动有趣的学习环境，使其在游戏中学习，提高学习兴趣和效率。此外，互联网技术还能够帮助教师实现个性化教学，根据每个幼儿的学习情况提供定制化的学习资源和指导，从而有效提高学习效率。因此，构建家园共育新模式，对于推动教育方式的创新与变革，满足幼儿个性化学习需求具有深远的影响。

### （二）加强家园之间的互动与合作

构建"互联网+"背景下的家园共育新模式，对加强家园之间的互动与合作具有重要意义。在这一模式下，利用互联网平台，如幼儿园的官方网站、微信公众号等，可以实时更新幼儿的学习和生活情况，让家长随时了解孩子在园的表现。同时，互联网平台还提供了一个

便捷的沟通渠道，家长和教师可以通过在线咨询、电子邮件等方式进行沟通，及时解决教育过程中遇到的问题。此外，家长也可以通过网络平台参与幼儿园的教育教学活动，如在线家长会、虚拟课堂观摩等，这不仅增加了家长对幼儿教育的参与度，而且促进了家园之间的互动与合作。因此，构建家园共育新模式，对于加强家园互动，建立和谐的教育共育关系具有积极的作用。

## 二、“互联网＋”背景下构建幼儿园家园共育新模式的策略

### （一）拓宽互动渠道，促进信息共享

在“互联网＋”背景下，构建幼儿园家园共育新模式的首要策略是拓宽互动渠道，促进信息共享。利用互联网技术的发展，幼儿园可以通过建立官方网站、社交媒体账号、在线直播等多种形式，为家长提供一个随时随地参与幼儿教育的平台。这种策略不仅可以将课堂活动、教育资源以及幼儿的学习生活情况及时传递给家长，还可以通过收集家长的反馈和建议，实现家园之间的双向沟通和信息共享。

例如，幼儿园教师可以创新性地运用互联网技术，构建一个全方位、互动式的家园共育平台，从而促进信息共享和教育合作。具体而言，教师可以通过创建专属于幼儿园的社交媒体账号，如微信公众号，定期发布幼儿园的日常活动照片、教学视频以及教育资讯。这不仅让家长能够实时了解到孩子在幼儿园的学习和生活状态，也为家长提供了一个与教师沟通交流的便捷渠道。进一步地，教师还可以利用直播技术，将特定的课堂活动或节日庆典进行在线直播，让无法亲临现场的家长也能够实时参与孩子的教育生活。此外，幼儿园还可以建立一个家长交流群，通过这个群组分享育儿知识、教育资源，以及幼儿园的最新通知和活动安排，同时鼓励家长在群内分享自己的育儿经验和心得，形成一个积极互动、共同成长的社区氛围。通过这些举措，教师不仅能够有效利用互联网技术拓宽家园互动的渠道，还能够加强与家长的沟通联系，使家长更加便捷地参与幼儿教育，共同关注和支持幼儿的成长和发展。这种基于“互联网＋”的家园共育新模式，将极大地促进信息的开放共享，增强家园合作的深度和广度，为幼儿打造一个更加温馨、高效的成长环境。

### （二）提升信息素养，优化共育环境

在“互联网＋”时代下，提升信息素养，优化共育环境成为构建幼儿园家园共育新模式的重要策略。这要求幼儿园和家长双方不仅要熟练掌握互联网工具的使用，还需具备筛选、评估网络信息的能力，确保获取和分享的内容是健康、有益的。幼儿园可以通过组织线上线下的信息素养培训课程，引导家长学习如何利用互联网资源进行家庭教育，同时教会家长识别和防范网络风险。

例如，教师可以利用网络平台，定期发布与信息素养相关的教育内容，包括如何安全使用互联网、如何鉴别网络信息的真伪、如何高效利用网络资源进行家庭教育等。此外，教师还可以开展专门的线上家长会，邀请信息技术专家和经验丰富的家长共同参与，分享他们在互联网使用过程中的心得体会和实用技巧，增进家长对互联网安全和信息筛选的认识。同时，教师可以创建一个专门的在线学习社区，鼓励家长在这个平台上交流自己在使用互联网资源进行家庭教育时的经验和遇到的问题，形成一个互帮互助的学习氛围。教师在这个过程中扮演着引导者和协调者的角色，不仅提供专业的建议和资源，还监督社区的互动，确保讨论的健康和积极。通过这种方式，幼儿园和家长能够形成一个紧密的合作伙伴关系，共同为幼儿营造一个更安全、更有益的网络学习和生活环境。这不仅能够提升家长的信息素养，还能够优化家园共育的整体环境，使家园共育工作在“互联网＋”的大背景下，更加高效、有序地进行。

### （三）平衡参与关系，实现共育共赢

在“互联网+”背景下，平衡参与关系，实现共育共赢是构建幼儿园家园共育新模式的关键策略。这一策略强调在家园共育过程中，幼儿园和家庭应该是平等的合作伙伴，共同参与到幼儿的教育和成长过程。幼儿园需通过互联网平台，主动分享教育资源、教学计划和幼儿的学习进展，鼓励家长提供反馈，共同参与幼儿教育的决策和实施。

例如，教师可以主动利用数字平台，创建一个幼儿园的在线社区，这个社区不仅作为教育资源和学习进展的分享平台，还作为家长反馈和建议的收集点。在这个平台上，教师可以定期发布幼儿的学习计划、课程活动的照片和视频，以及教育相关的文章，让家长即时了解幼儿在园的表现和教育内容。同时，这个在线社区也会有专门的讨论区，供家长分享自己的教育观点、育儿经验，甚至提出对幼儿园教育方案的建议和反馈。教师从中可以获得宝贵的第一手资料，更好地理解家长的需求和期望，进而调整和优化教学计划和教育方法。通过这种方式，幼儿园和家庭可以建立起一种平等、开放和互动的合作关系，共同为幼儿创造一个更加丰富多彩、健康成长的教育环境。这不仅能够实现家园之间的信息共享和资源互补，还能够让双方在共育过程中实现共赢，共同促进幼儿的全面发展。

## 三、结语

总之，在“互联网+”时代背景下，幼儿园家园共育模式正朝着更为开放、互动和共享的方向发展。这不仅要求教师和家长共同提升信息素养，还需要双方在平等的基础上积极参与，通过互联网平台共同构建和谐的共育环境。因此，教师可以利用互联网技术创新教育方式，主动分享教育资源，开展线上互动，以及定期收集和反馈家长的意见和建议，从而优化教育过程，实现家园共育的共赢目标。

### 参考文献

[1] 郎雅晶．互联网时代农村幼儿园家园共育的新模式探索［J］．文学少年，2021（29）：1.

[2] 丁瑜．互联网时代下幼儿园家园共育的新模式探索［J］．家教世界，2021（2）：61－62.

# 教育现代化背景下的幼儿园信息化管理实践研究

（宋思瑶　成都高新区天映幼儿园）

**摘　要：**随着信息技术的迅猛发展，教育领域也逐渐进入了信息化时代。幼儿园作为基础教育的重要组成部分，信息化管理已经成为提高教育质量和效率的重要手段，也是幼教信息化发展的要求和大势所趋。随着国家对教育信息化建设的重视和宣传推广，越来越多的幼儿园管理者和教师意识到信息化的重要性和必要性，信息技术在幼儿教育中的应用逐渐增多。信息化在幼儿园管理自动化方面也发挥了巨大作用，应用多媒体技术，还能提高幼儿教师的信息素养。本文旨在探讨教育现代化背景下幼儿园信息化管理的重要性、现状和发展趋势，并提出相应的策略和建议。

**关键词：**信息化时代；信息化管理；教育现代化

教育现代化是当今社会发展的必然趋势，随着教育现代化的推进，幼儿园信息化管理成了教育领域的重要议题。幼儿园作为幼儿教育的起点，信息化管理可以提高教育质量、提高教师教学水平、促进教育公平，促进家园合作，并满足社会对教育现代化的需求。然而，目前我国幼儿园信息化管理还存在一些问题和挑战，需要进一步研究和探索。

## 一、时代背景及重点要求

《中国教育现代化 2035》提出："要推进教育现代化，建成服务全民终身学习的现代教育体系、普及有质量的学前教育、形成全社会共同参与的教育治理新格局。加快信息化时代教育变革：建设智能化校园，统筹建设一体化智能化教学、管理与服务平台。利用现代技术加快推动人才培养模式改革，实现规模化教育与个性化培养的有机结合。创新教育服务业态，建立数字教育资源共建共享机制，完善利益分配机制、知识产权保护制度和新型教育服务监管制度。推进教育治理方式变革，加快形成现代化的教育管理与监测体系，推进管理精准化和决策科学化。"

## 二、教育现代化背景下幼儿园信息化管理的定义

信息化是当今世界各国应对知识经济挑战，实现现代化的重要战略选择，也是衡量一个行业现代化程度以及实力的重要标志。幼儿园信息化管理是指运用信息技术手段，提高幼儿园管理效率、优化教育资源配置、促进教育教学改革的管理模式。幼儿园信息化管理就是要全面深入地利用信息技术，同时紧密结合幼儿园的实际情况，以网络技术、通信技术和计算机技术为核心技术支撑，以信息和知识资源的充分共享为手段，更新教育观念和传统思维模式，提高管理效率和效益，实现教师备课电子化、资源共享立体化、家园联系网络化、设施保障可控化，有效解决社会、园所和家长教育资源的有机整合，最终实现幼儿园教学和管理的全面、协调、可持续发展。

## 三、教育现代化背景下幼儿园信息化管理的意义

### （一）提高教育质量

信息化管理可以提供丰富的教育资源和优质的教学内容，实现教育资源的共享和优化配置，提供个性化的教育服务。通过信息化管理系统，幼儿园可以更好地了解每个幼儿的学习特点和需求，为其提供有针对性的教学资源和活动，从而提高教育质量，促进幼儿全面发展。

### （二）提高教师教学水平

信息化管理可以为教师提供更多的教学资源和工具，提高教师的教学能力和专业素养。教师可以通过信息化管理系统获取到最新的教学方法和教育研究成果，进行在线学习和交流，不断提高自己的教学水平。

### （三）促进教育公平

信息化管理可以缩小幼儿园之间的教育资源差距，实现教育公平。

### （四）促进家园合作

信息化管理可以方便家长了解幼儿的学习情况和园所的教育理念，促进家园合作，共同关注幼儿的成长。通过信息化管理系统，家长可以随时查看幼儿的学习记录、作业布置和评价等信息，与教师进行及时沟通和交流，共同关注幼儿的发展。

### （五）提高管理效率

信息化管理系统，可以提高幼儿园的管理效率和工作效能。幼儿园能够优化现有的管理组织结构，调整管理体制，在提高效率的基础上，增加协同办公能力，强化决策的一致性，最后实现提高决策效能的目的。信息化管理还可实现对教学资源、幼儿档案、教师信息、幼儿园等级评估档案管理、固定资产管理、图书馆登记借阅管理、音像制品登记借阅管理以及幼儿营养分析、幼儿发展评价、幼儿卫生保健等的统一管理和快速查询，减少烦琐的手工操作，大大提高幼儿园的管理效率和水平，提高工作效率。

### （六）推动教育创新

信息化管理可以推动教育创新和发展。通过信息化管理系统，幼儿园可以开展在线教育、远程教育等形式的教学活动，拓宽教育资源的渠道，为幼儿提供更多元化的学习机会和体验。

### （七）适应社会需求

随着国家对教育信息化建设的重视和宣传推广，越来越多的幼儿园管理者和教师意识到信息化的重要性和必要性，信息技术在幼儿教育中的应用逐渐增多。信息化管理符合社会对教育现代化的需求，培养适应未来社会发展的幼儿。

## 四、教育现代化背景下幼儿园信息化管理的现状与问题

### （一）基础设施建设不完善

1. 部分幼儿园在信息化基础设施建设方面存在不足，如网络覆盖不全、设备更新不及时等。

2. 幼儿园信息化平台的建设程度不一，存在一些幼儿园没有建设信息化平台的情况。幼儿园信息化平台的功能和性能需要进一步完善，以满足教育管理的需求。

### （二）教师信息素养不高

1. 教育信息化与传统教育模式的融合，需要进一步探索教育信息化在幼儿园教育管理中的应用模式。

2. 教师对教育信息化的认知和应用能力有待提高，部分教师对信息技术的应用和操作不熟悉，需要加强教师的信息技术培训和支持。

### （三）家园沟通不畅

部分幼儿园在家园沟通方面存在问题，如信息传递不及时、互动平台不便利等。

## 五、教育现代化背景下幼儿园信息化管理的策略和建议

### （一）加强对幼儿园信息化平台建设

1. 幼儿园要加大对信息化基础设施的投入，提高网络覆盖和设备更新的速度、提高幼儿园信息化平台的功能和性能，满足教育管理的需求。

2. 推动幼儿园信息化平台与其他教育管理系统的互联互通，实现信息共享和资源整合。

### （二）推进教育信息化与传统教育模式的融合

1. 幼儿园要加强对教师的信息技术培训和支持，提高教师的信息素养和信息化教学能力。

2. 探索教育信息化与传统教育模式的有机结合，发挥各自的优势，增强教育教学效果。

### （三）加强家园沟通

幼儿园要开发、建立更加便捷和互动的家园沟通平台，加强与家长的沟通和合作。

### （四）制订信息化建设发展规划

建立幼儿园信息化领导小组，负责构建、完善、指导教育信息化工作。根据幼儿园的实际情况，制订信息化建设发展规划、制订教育信息化建设规划，完善幼儿园信息化管理制度；不断完善信息化技术标准体系；建立和完善评估标准和评估机制。

### （五）加强信息安全管理

园所要建立信息安全组织管理体、建立保障幼儿园信息化安全运行的长效机制、落实信息安全责任制，严格执行国家信息安全相关政策法规，加强对教育信息的保护和管理，确保信息的安全性和隐私性。

## 六、结语

随着社会现代化进程的不断推进，各行各业对信息化的需求和利用程度不断加大，学前教育行业自然也必须紧跟时代的潮流。教育现代化背景下的幼儿园信息化管理是提高教育质量和效率的重要手段。幼儿园应加大对信息化基础设施的投入，通过信息化管理，加速幼儿教育观念现代化、幼儿课程现代化、以及幼儿园管理、幼儿教育手段的现代化，提升教师信息素养，加强家园沟通和信息安全管理，提高管理效率和推动教育创新，不断推动教育现代化进程，更好地服务于幼儿的成长和园所的发展。

**参考文献**

［1］崔波．幼儿园信息化管理模式探讨［J］．幼儿教育，2014（8）：24—25.
［2］胡志洁．幼儿园信息化管理模式研究［J］．幼儿教育科技，2015（2）：45—46.
［3］朱辉明．基于信息化的幼儿园管理模式研究［J］．科技导报，2017（1）：67—68.
［4］樊文娟，韩轩．基于关键成功因素的幼儿园信息化管理研究［J］．幼儿教育研究，2018（3）：45—47.
［5］李晓燕．基于体系环境的幼儿园信息化管理探析［J］．幼儿教育论坛，2015（5）：78—80.
［6］王静静，张艳红．幼儿园信息化管理模式及优化路径研究［J］．现代教育技术，2016（6）：52—54.
［7］黄敏．幼儿园信息化管理探析及实现路径［J］．幼儿教育研究，2014（8）：67—69.

# 幼儿园教育信息化助力新时代学前教育

（雷祥雨　黑龙江省大庆市铁人学院龙庆幼教总园悦园一幼）

**摘　要：** 在人工智能的背景下，如何将人工智能应用到幼儿园教育活动中，已成为幼儿园积极探索的重要课题。因为，当人工智能应用于教育活动时，能够有效利用人工智能信息化技术助力幼儿教育新模式，改革教学方法，构建包括智能学习和互动学习的新型幼儿教育体系，进行“人工智能信息化＋教学”的推进策略研究幼儿园课程的建设与实施。因此，幼儿教师应重视人工智能的应用，为幼儿构建高效的教育教学课堂。

**关键词：** 幼儿园；人工智能；教学策略

自 2017 年 7 月国务院发布《新一代人工智能发展规划》及 2018 年 4 月教育部发布《教育信息化 2.0 行动计划》以来，“人工智能＋教学”信息化模式逐渐成为教育工作者关注的热点。在《信息技术 2.0 科学技术》的指导下，人工智能融入新时代幼儿教育新模式已成为广大幼教工作者关注的方向。随着人工智能技术的发展，人工智能信息化教育在幼儿教育领域的应用越来越受到幼教工作者的重视。不断地探索发展，也开启了新时代的幼儿教育新模式从最初的理解认知摸索实践，利用人工智能信息化技术助力幼儿教育新模式，改革教学方法，构建包括智能学习和互动学习的新型幼儿教育体系，进行“人工智能信息化＋教学”的推进策略研究幼儿园课程的建设与实施，通过对幼儿园不同年龄段的差异进行实践研究，提出切实可行的方案，对当下信息化在教学活动中的实践应用都有着十分积极的现实指导和推广意义。

## 一、幼儿园教育信息化发展策略

随着信息化教育的发展，信息化主要体现在：幼儿园智能测温、刷卡登记、教室以及的全面智能监控、幼儿园安保系统、更多不同的形式来加入学前教育体制。例如，学前教师教育平台等内容，只有将人工智能信息化引入学前教育。当前阶段，幼儿教育存在的问题也受到教师与家庭关注，幼儿获取知识途径单一，幼儿教育教学形式单一，幼儿教育缺乏主动性，将信息化人工智能教育融入幼儿园的一日生活，将学习的主动权交给孩子，孩子们才能学得开心，玩得舒心，健康快乐成长。

1. 通过研究，推进教师使用人工智能信息化软件形式的教育手段来提升教育能力，转变教师的思想。

2. 信息化教育提升幼儿主动求知的兴趣，促进幼儿多元智能、思维的发展，从而养成幼儿主动探究的品质。

3. 提升幼儿园所在新媒体、新技术下的信息化管理水平，从而达到和谐快乐的师生关系，构建“高效课堂”。

4. 每名教师课堂中运用的微课，建立园所的“微课库”，让信息化助力新时代的幼儿教育。

5. 开展教师信息化微视频，微课的制作大赛。及时总结，定期交流，为信息化视频库补充更新教学视频等。

6. 每月开展如“我是思维小明星”“谁的飞机飞得快”“我是粉刷匠”等幼儿参与的人工智能竞技游戏活动。在活动中研究幼儿的能力提高变化，及时调整各班级计划内容。

7. 开展家园互动，得到家长支持及时反馈幼儿的变化，积累经验，加以实践。
8. 幼儿园人工智能环创软成果，达到环境的“信息化育人”。

## 二、幼儿园教育信息化助力新时代幼儿教育的开展与实践

### （一）信息化课程视频库助力幼儿教育

幼儿园应根据儿童的年龄特点和认知水平，以信息化人工智能与课程学习，从而提高儿童的学习兴趣和学习效率。同时，以技术为支撑，合理运用信息化人工智能技术，以信息化现代教育的形式呈现幼儿园教学内容，让孩子们兴趣盎然，开展信息化教育不仅可以带领幼儿深入学习课程知识，还可以不断提高孩子的认知水平。例如，幼儿方面，孩子们可以在园所视频库内了解每项教学活动的内容，选择自己喜欢的内容来尝试学习。教师通过微课、微视频、等教学活动，突破传统教育模式，在实践中可以加入地域特色。例如，大庆油田是城市的亮点，加入了石油科普的微课程，激发幼儿的学习兴趣，培养幼儿的学习主动性，促进幼儿智力发展，使幼儿真正成为学习的主人。幼儿园通过培训、比赛、展示、奖励等方式，鼓励教师运用人工智能的手段制作微课，编程课，并通过建立微课平台、集中展播和共享交流等长效机制，达到资源共享的效果。在视频库建立时，教师首先要调查儿童不同的学习过程、目标、效果和合作方式。同时，兼顾幼儿兴趣和认知能力，根据儿童的实际需要，利用多媒体技术信息化现代教育制作视频库教学内容，帮助幼儿感受氛围形成浓厚兴趣。通过信息化搭建桥梁建立园所“微课库”，不断更新储存大量的微课以后，教师可以像课程用书一样取之即用，不断完善，让更多的幼儿和教师受益。

### （二）“信息化+教学”的推进研究

处于3～6岁的儿童，他们的认知很容易受外在环境的影响，他们更喜欢也更容易接受图像、声音等视频类信息化教学内容。信息化人工智能工具的运用能以图像、声音和视频等形式将教学内容呈现给孩子，让孩子多感官地接触学习内容，激发他们学习的好奇心和兴趣。同时，信息化人工智能教育工具可以让孩子自主选择自己感兴趣的学习内容，有利于培养孩子的爱好和学习自主性。尤其是园所在教育环境中的创设，使得环境育人，环境会“说话”。环境是育人的隐性课堂。我们将人工智能信息化的手段运用到环境的教育功能中来，在幼儿园里的每一面墙、每一块草地乃至每一个活动角都制作了二维码，通过扫码，让它们都会“说话”，让孩子们通过最形象的方式或驻足倾听，或感动于每一个小故事。让环境营造出一种能够产生教育作用的“氛围”，发挥教育的作用。通过人工智能的手段解决环境育人的目标，这是一种教育，一种更高层次的教育。例如，幼儿教师在教授幼儿生活技能为了进行进一步的设计和优化，实现有效生动的教育目标时，可以利用信息化教育的多媒体技术，向幼儿展示生活中的场景视频。例如，“小熊找牙刷”活动中，活动内容是教师准备各种小熊牙刷等模拟智能模拟情境，并组织幼儿开展活动，当教师说出某个大小形状颜色等特征以后，幼儿利用手触等应用来对应选择答案，充分调动幼儿的积极性；也可以在信息化应用中根据每个儿童不同的学习兴趣和认知水平选择适合自己的学习资料，启发他们想出各种各样的办法以解决遇到的问题，促进幼儿多元智能发展，使幼儿快乐学习和健康成长。同时，将信息化人工智能教育手段应用于幼儿教育中，可以有效提高教师业务水平、丰富教学内容和教学方法，有利于幼儿教育在一定程度上实现信息化、智能化和个性化，在幼儿教育中发挥重要作用。

### （三）信息化教育促家园共合作

我们进行了“幼儿现阶段信息化应用产品现状”的问卷调查，调查问卷共发放95份，

有效问卷95份，回收率为百分之百。通过统计结果，幼儿利用人工智能的教学方式使用率很高，也能看出，家长对人工智能教学模式的支持。家长更加认可人工智能应用到幼儿一日活动中，体会幼儿接触人工智能后发生的变化，对此更加理解、支持智能化教学模式，同时也投入了更多的关注力和执行力。

### （四）信息化家园共育人工智能平台的建立

在开展园所信息化教育过程中，可以加入设计家园共育信息化人工智能平台的建立，园所可以为每名幼儿建立电子档案，让家长每天看到孩子的活动视频、幼儿园的一日生活。电子填写调查问卷，将每名幼儿的信息录入平台，设置每日留言区等平台，拉近了家长和教师的距离，实现了信息化家园共育双赢。教育的双向互动在这里得到了淋漓尽致的发挥，使教师指导更具有针对性、实效性。通过信息化智能互动，有效地形成幼儿园、家庭、社会三位一体的优势互补、资源共享的“教育社会”。园所公众号的建立，在交流时间、合作渠道、沟通内容、共育效果等方面体现出了突出的优势作用。通过网上互动，有效地形成幼儿园、家庭、社会三位一体的优势互补、资源共享的“教育社会”。

### （五）信息化专业培训引领方向

园所组织教师积极参加信息化人工智能专业培训。在2022年参加的人工智能2.0的培训中，教师接触前沿的理论知识，听名家讲座，多位专家在线为教师解惑答疑，使教师受益匪浅，更新教师的知识储备，为今后更好地服务于教学奠定基础。园所也组织教师参加线上和线下，省市级的人工智能相关培训，都取得了明显的成效。

## 三、结语

幼儿园信息化教育在新时代学前教育以及家园共育中的有效运用，不仅会使得幼儿教育更具时代特征，为每个幼儿的发展起到不同程度的积极催化作用，而且进一步连接了互动信息化的桥梁，以更快、更广的方式丰富了幼儿教育的形态，实现了信息化教育助力新时代学前教育，开创了幼儿信息化教育的新时代新局面！

### 参考文献

[1] 刘鸿雁．幼儿智能课程教学模式探究［J］．西部素质教育，2017（2）．

[2] 仲晓娇．幼儿园智能课程教学模式的优化研究［D］．石家庄：河北师范大学，2020.

# 幼儿园创造教育：激发幼儿创新思维的有效途径

（屈佳萌　北京经济技术开发区兴海幼儿园）

**摘　要：**本文探讨了幼儿园创造教育的有效途径，以激发幼儿的创新思维能力。首先介绍了幼儿园创造教育的概念及其重要性，以及创新思维在幼儿发展中的作用。其次，提出了两个创造教育的有效途径，即提供创造性的环境和材料，以及鼓励幼儿自主探索和思考。最后，讨论了实施幼儿园创造教育的策略，包括教师的角色与能力培养，以及家庭与学校的合作。通过研究和分析，本文得出结论：幼儿园创造教育的有效途径对于激发幼儿创新思维能力具有重要意义。

**关键词：**创造教育；幼儿园；创新思维

## 一、引言

幼儿园阶段是儿童成长和发展的关键时期，也是培养幼儿创新思维的重要阶段。在当今时代背景下，培养幼儿的创新思维能力对于他们未来的发展至关重要。通过创新思维的培养，幼儿能够更好地适应未来社会的发展需求。幼儿园创造教育是指通过创意思维和创新能力的培养，激发幼儿的创造潜能和创新思维，促进他们综合能力的全面发展。创造教育在幼儿园教育中具有重要的意义和价值，可以培养幼儿的创造力、想象力、逻辑思维和解决问题的能力，提高他们的学习兴趣和学习成果。因此，探索幼儿园创造教育的有效途径成为教育研究的重点。

## 二、理论框架

### （一）幼儿园创造教育的概念和重要性

幼儿园创造教育是通过提供适应幼儿年龄特点和发展需求的创造性环境与活动，促进幼儿思维发展和创造力培养的教育方式。创造教育注重培养幼儿的想象力、探索精神、解决问题的能力和创新思维，帮助幼儿成为独立、创造性思维的未来公民。根据赖世雄（2002）的研究，创造教育有助于激发幼儿内在的好奇心和创造潜能，培养幼儿探索未知领域和面对新问题的能力。此外，创造教育还能够促进幼儿的整体发展，包括认知、语言、社交和情感等方面。因此，幼儿园创造教育在幼儿的全面发展中起着至关重要的作用。

### （二）创新思维在幼儿发展中的作用

创新思维是指在面对新的情况和问题时，能够产生新想法、新观点和新解决方案的思维能力。创新思维对幼儿的发展具有多方面的积极影响。首先，创新思维能够激发幼儿的好奇心和求知欲。幼儿具备创新思维能力时，他们更容易对周围的事物感到好奇，并积极主动地与环境进行互动和探索。其次，创新思维培养了幼儿的批判性思维能力。幼儿通过创新思维的训练，能够更好地思考问题并提出自己的见解。最后，创新思维能够提高幼儿解决问题的能力。幼儿具备创新思维能力时，他们能够更好地应对复杂的问题，并通过创新的方式来解决问题。研究显示，创新思维对幼儿的问题解决能力有着积极的影响，可以提高幼儿在解决问题时的灵活性和创造性。

翟远光等（2019）的研究表明，通过创造性游戏和活动，幼儿具备了更丰富的思维表现形式，能够提升幼儿的创造性思维和表现力。在学习画画的过程中，幼儿被鼓励用自己的方式来表达自己的想法和情感。他们可以选择不同颜色和纹理的材料，运用丰富的图形和线条进行创造，培养和发展幼儿的创造性思维能力。

## 三、创造教育的有效途径

### （一）提供创造性的环境和材料

创造性的环境和材料是激发幼儿创新思维的重要途径之一。幼儿园应当为幼儿创造一个富有刺激性的环境，提供多样化的材料，以激发他们的观察力、想象力和创造力。

首先，创造性的环境应该充满灵感和刺激。布置幼儿园的教室应注重色彩搭配，用丰富多彩的墙画、挂图、海报等来营造一个活泼、温馨的氛围。例如，在墙上贴上大自然的图片，鼓励幼儿观察、模仿、研究自然界的各种事物。同时，教室中的摆设也应当有足够的空间供幼儿进行活动和探索。其次，幼儿园应提供多样化的创造性材料。这些材料应能够激发幼儿的好奇心和创造力。同时，还可以提供一些废旧材料和工具，如纸箱、瓶盖、布料等，鼓励幼儿动手制作，培养他们的创造性和操作能力。在这个过程中，幼儿可以自主选择和组合材料，发挥自己的想象力和创造力。

创造性的环境和材料可以激发幼儿的主动性和创造性思维。在这样的环境中，幼儿可以自由地选择和探索活动，发展自己的兴趣和能力。同时，他们还可以通过拼插等活动，锻炼手眼协调能力和逻辑思维能力。这些活动不仅丰富了幼儿的学习内容，还培养了他们的创造性思维和解决问题的能力。此外，幼儿园还可以组织一些绘画比赛、手工制作比赛等活动，鼓励幼儿展示自己的作品和创意。这不仅能增加他们的自信心，还能让他们感受到创造的乐趣和成就感。同时，幼儿园还可以与社区合作，邀请一些艺术家或专业人士到幼儿园进行讲座和指导，培养幼儿对艺术的兴趣和认知。

### （二）鼓励幼儿自主探索和自主思考

鼓励幼儿自主探索和自主思考是幼儿园创造教育的又一重要途径。这种方法强调幼儿的主动参与和独立思考，培养他们的问题解决能力和创新意识。

首先，幼儿园可以提供开放的学习场景，鼓励幼儿主动探索和发现。在教师的指导下，幼儿可以提出问题、寻找答案、做实验等，培养他们的观察力和实践能力。同时，教师应当鼓励幼儿质疑和思考，引导他们主动提出问题并寻找答案，激发他们的自主学习意识。其次，幼儿园可以设置一些个性化的学习任务，让幼儿按照自己的兴趣和能力进行探索。例如，幼儿可以选择自己感兴趣的图书进行阅读和讨论，或者参与一些小组活动，进行合作探究。这样的学习任务能够激发幼儿的思考和创造力，让他们体验到自己是主动学习者的快乐。

鼓励幼儿自主探索和自主思考还可以通过提供开放式的教育工具和游戏玩具来实现。幼儿园可以提供一些模块化的玩具或建造材料，供幼儿按照自己的想法进行搭建和创意。幼儿可以利用乐高积木进行创造性的搭建，培养他们的空间想象力和逻辑思维能力。同时，这些开放式的教育工具和游戏玩具也可以激发幼儿的好奇心，让他们主动探索和学习。除此之外，教师在课堂中的角色也非常重要。教师应当成为激发幼儿自主探索和自主思考的引导者和支持者。他们需要倾听幼儿的想法和问题，鼓励幼儿表达和分享自己的观点。同时，教师还需要及时给予幼儿反馈和指导，帮助他们解决问题和拓宽思路。通过教师的引导和支持，幼儿在自主探索和自主思考中可以不断地提高自己的思维能力和创新意识。

## 四、幼儿园创造教育的实施策略

### （一）教师的角色与能力培养

幼儿园教师在幼儿创新思维的培养中起着至关重要的作用。他们不仅是知识的传授者，更应该充当幼儿的引导者和激励者。为了更好地发挥教师在创造教育中的作用，需要加强教师的角色与能力培养。

首先，教师应具备创新思维能力。为了培养教师的创新思维，可以通过开展教师的专业培训和学习交流活动，提高他们对创新教育的理解和认识。也可以创建创新教育研究小组或者邀请专家学者进行讲座，进一步提升教师的创新思维能力。其次，教师的角色应更多地转变为引导者和激励者。传统上，教师在教育过程中起着主导作用，而在创造教育中，教师应更多地担任引导者的角色。他们应该提供一个充满创造性的环境和材料，并引导幼儿积极思考、尝试和探索。同时，教师也应激励幼儿勇于表达自己的创意和想法，鼓励他们在尝试中发现问题并寻求解决方案。

### （二）家庭与学校的合作

创造教育需要学校和家庭的紧密合作才能更好地发挥作用。家庭是孩子最早接触到的环境，对幼儿的发展起着举足轻重的作用，因此，家庭和学校需要共同努力，创造一个积极的创新教育环境。

家庭可以通过提供丰富多样的创造性材料和游戏，培养幼儿的创新思维能力。例如，家长可以给孩子提供各种拼图、积木、画笔等玩具，鼓励他们自由组合和创作。同时，家庭也应鼓励孩子在日常生活中表达自己的创意和想法，倾听并尊重他们的意见。学校和家庭还可以通过定期的家校互动活动促进合作。学校可以组织家庭参观活动、亲子游戏和创意作品展示等，让家长更好地了解学校的创造教育理念和实践，与教师进行深入交流。同时，学校也可以邀请家长参与创造教育，如鼓励家长在幼儿园申请创新项目的时候提供支持和指导。

## 五、结语

幼儿园创造教育是激发幼儿创新思维的有效途径。通过提供创造性的环境和材料、鼓励幼儿自主探索和自主思考，培养教师的角色与能力，以及加强家庭与学校的合作，可以有效地激发幼儿的创新思维，促进他们的全面发展和成长。幼儿园创造教育对于培养幼儿的创造力、自信心和合作意识具有重要意义。学校和家庭应共同努力，创造一个积极的创新教育环境，为幼儿的创新思维的培养提供支持和指导。这些策略的实施，可以让幼儿园成为激发幼儿创新思维的有效途径。

## 参考文献

[1] 赖世雄．教育心理学［M］．北京：北京师范大学出版社，2002.

[2] Hennessey，B A，& Amabile，T. M. Creativity. Annual Review of Psychology，2010（61）：569—598.

[3] 李琳．幼儿自主学习培养创新思维的实践研究［J］．中国学前教育，2019（1）：64—65.

[4] 施章．幼儿自主学习和思维创新的启示［J］．中国教育新闻，2017（10）：58—59.

# 幼儿园语言教学活动中教师有效提问方法探究

（江晓娜　深圳市宝安区福永兴围幼儿园）

**摘　要：**在教学过程中，教师的提问方法十分重要，有效的提问可以激发幼儿的思考和表达能力。但在实际的语言教学活动中，教师提问还存在许多问题。本文通过对教师语言提问现状的分析，探讨了教师在语言教学活动中有效提问的方法，提出了一些提高幼儿园语言教学活动中教师有效提问方法的建议。

**关键词：**幼儿园；语言教学；有效提问

幼儿园语言教学是培养幼儿语言能力和沟通技巧的重要环节，有效的提问是与幼儿的生活经验相结合的，是以幼儿已有的认知经验为基础的，是能满足幼儿的学习需求和激发幼儿学习兴趣的，在实际的语言教学活动中，教师的提问还存在许多问题，如教师提问形式单一、不够精准、缺乏启发性和引导性、忽视幼儿的情感体验等。这些问题不仅挫伤了幼儿回答问题的积极性，而且不利于培养幼儿的思维能力和口语表达能力。因此，提问设计是否得法，引导是否得力，将直接影响教学活动的效果和幼儿的终身发展，以《幼儿园教育指导纲要（试行）》（以下简称《纲要》）和《3—6岁儿童学习与发展指南》为依据，分析幼儿园语言教学活动中教师提问存在的问题及原因，并积极探索有效的提问方法和策略，不断提高幼儿园语言教学活动中教师提问的质量。

## 一、幼儿园语言教学活动中教师有效提问现状

### （一）提问形式单一，限于形式

在幼儿园语言教学活动中，教师的提问往往以提问问题的形式出现，且提问的方式已经定向了幼儿的思维。例如，教师在给幼儿讲述《狼来了》故事时，用“故事里的小男孩做得对不对”“你会不会学这个小男孩”等，这种提问形式比较单一，缺少启发性和引导性。教师在语言教学活动中采用这种形式提问，不仅限制了幼儿的思维，而且降低了幼儿参与语言教学活动的积极性。教师采用封闭式的问答形式提问，这虽然可以帮助幼儿记忆一些概念和规则，但使幼儿失去了主动思考的机会。因此，教师在语言教学活动中应该采用开放式或启发式问题来代替封闭式或封闭式问题。

### （二）提问不够精准，缺乏启发性和引导性

《纲要》明确提出“幼儿的思维以具体形象思维为主，应鼓励幼儿用语言表达自己的想法和感受”。因此，教师在进行语言教学活动时要注重培养幼儿的思维能力，要通过提问让幼儿能够主动思考问题，从而加深对问题的理解。但在实际教学中，有些教师在进行语言教学活动时，问题设置不够精准，缺乏启发性和引导性。例如，在“走进动物王国”系列活动中，有一节是《我喜欢的动物》。教师设置了许多问题供幼儿思考：“哪只是你喜欢的动物?”“你最喜欢和动物做什么事?”“你平时是怎样照顾小动物的?”等。这些问题看似为幼儿提供了一个具体的问题情境，但仔细观察就会发现这些问题不够精准。例如，在提问“你最喜欢和动物做什么事?”时，教师所提问的“最喜欢”只是一个笼统的概念，没有具体描述和动物做什么事。由此可见，教师在语言教学活动中所设计的问题过于笼统，缺乏启发性和引导

性，影响了幼儿参与语言活动的积极性，降低了幼儿口语表达能力。

### （三）提问时机不当，忽视幼儿的情感体验

提问的时机对幼儿参与活动的积极性有重要影响。教师提问应该适时而问，使幼儿在轻松愉快的氛围中完成活动。有些教师在提问时忽略了幼儿的情感体验，问题设置脱离实际生活，使幼儿产生困惑、迷惘的心理状态。例如，在语言教学活动“我长大了”中，教师提出问题：“你长大后是怎样的?”问题一提出便引起了幼儿的注意。但教师忽视了幼儿的情感体验，将提问变成了单纯的知识灌输。这样教师就难以帮助幼儿体验长大的不同，使幼儿失去了对语言活动的兴趣。因此，教师应根据不同活动内容、不同年龄段幼儿的特点选择适宜的提问方式。

## 二、幼儿园语言教学活动中教师有效提问的策略

### （一）提问时应注意把握时间和幼儿的接受程度

教师的提问不能太随意，要考虑幼儿的理解能力，在幼儿能够理解的基础上提出问题。提问的时间不要太长，要留给幼儿思考、观察和回答问题的时间，最好在10秒左右，这样才能保证幼儿有充足的思考时间和回答问题的时间。如果是针对大部分幼儿提出的问题，教师则需要进行简单回答；如果是针对个别幼儿提出的问题，则需要教师进行详细的解答。

1. 教师提问的内容要具有层次性和系统性，要保证幼儿有足够的思考和回答时间。

由于幼儿的思维发展水平较低，教师提问时要采用通俗易懂、简单明了的语言，对问题进行概括和总结，并适当地增加一些难度。同时，教师还要善于观察幼儿的反应，了解幼儿是否能够理解问题的内容，如果不能理解，教师要及时调整提问的角度和难度，以保证幼儿有足够的思考和回答时间。

2. 教师提问要以幼儿为中心，充分调动幼儿的积极性。

在幼儿的语言学习过程中，教师应该把幼儿当作学习的主人，让他们在课堂中主动地参与学习。例如，在教学“小狗睡觉”这一活动中，教师可以让幼儿根据自己的观察说出小狗睡觉的样子。当幼儿能够把自己观察到的小狗睡觉的样子进行描述时，教师就可以提问：“你觉得小狗睡觉有什么不同呢?”通过这样的提问让幼儿学会观察和表达，让他们知道只有仔细观察才能发现问题。这样不但可以让幼儿更加主动地参与学习活动，还可以提高他们的语言表达能力和想象力。

### （二）提问应注意避免出现重复性提问

在语言教学活动中，教师采用的提问方式也决定了幼儿的回应方式，因此好的提问方式要注意数量、梯度和时机等问题。在课堂提问时，应由浅入深、由易到难，这样可以有效地避免出现重复性提问。例如，在学完《我的妈妈》这首儿歌之后，教师可以给幼儿提出一个这样的问题：“儿歌里的妈妈做了什么事情。”然后再提问：“你的妈妈在家和你做了什么事情。”在这样的问题设置下，幼儿能够更好地理解儿歌的内容，教师也可以让幼儿选择自己喜欢的小伙伴进行交流。值得注意的是，在进行这类教学活动时，教师应该根据活动内容来设计问题。还可以给幼儿提出一些较为复杂的问题：“回到家后，你想和妈妈做什么事情?”这样可以有效地激发幼儿学习的兴趣和积极性，使幼儿在不断的思考中提高语言表达能力。所提问题要让幼儿“跳一跳，够得着”。只有这样才能使提问发挥它应有的作用和价值。

### （三）提问时应注意结合活动的实际情况来进行

语言活动本身就具有一定的情境性，教师在设计提问时必须考虑到活动情境的真实性、

完整性和丰富性，并在此基础上根据幼儿的实际情况进行提问。例如，在进行“小兔过生日”活动时，教师可以先请幼儿观察活动前和活动中的视频片段，然后提问：“如果你是小兔，你会怎么过生日呢?”通过这些问题引发幼儿思考：小熊为什么没在家、小兔为什么没有去找小熊、小熊在家里都做了些什么……这样可以使幼儿根据自己的实际情况来讲述故事情节。又如，在学习“我和动物交朋友”这一主题时，教师可以让幼儿说说自己养过的小动物，接着教师可以出示图片问幼儿：“为什么小狗是我们的好朋友、小猫是我们的好朋友?”通过这些提问来引发幼儿对小动物之间有哪些关系进行思考和探索，从而使他们掌握相关的知识技能。

## 三、结语

作为教师，不仅要教会幼儿学会知识，更要教会幼儿如何学习，培养他们良好的学习习惯。课堂上教师应该用丰富的语言，丰富的表情、动作、手势等让幼儿感受到语言的魅力和作用；教师还应该及时提问，激发幼儿积极思考；还要教会幼儿倾听，学会倾听别人的想法，不要轻易打断别人。总之，我们在不断总结、不断摸索课堂教学中有效的提问方法，只有在教学实践中不断地积累经验，才能使自己在教育教学工作中更好地开展语言教学活动。只有这样才能共同助力幼儿的语言发展和成长。

### 参考文献

[1] 何菲．幼儿园语言教学活动中教师有效提问的策略［J］．天津教育，2021（9）：151—153.

[2] 季锦．幼儿园语言教学活动中教师有效提问的策略［J］．教育艺术，2020（1）：76.

[3] 王萍．幼儿园语言教学活动中青年教师有效提问的研究［J］．儿童与健康，2017（Suppl2）：42—44.

[4] 李迪．幼儿园语言教学活动中教师的有效提问：以《啪啦啪啦嘭》为例［J］．现代交际，2018（1）：105—106.

# 幼儿同伴交往的问题及对策研究

（祝乃花　山东省德州市平原县王打卦镇大褚小学附设幼儿园）

**摘　要：**在幼儿园里，孩子们和同龄孩子们相处的时间最长，所以孩子们的同伴交流是非常重要的，和孩子们保持友好的关系，也是非常重要的。但是，在幼儿的同伴互动中，却有很多问题。本文针对目前幼儿同伴交往中所出现的问题，并分别从家长和教师两个方面来讨论了一些引导策略。

**关键词：**幼儿同伴交往；问题；策略

## 一、引言

幼儿的同伴交往是幼儿发展的关键，好的同伴关系对幼儿的身心发展十分重要，不仅有助于幼儿快乐地成长，也可以改善幼儿的语言表达能力。幼儿与同伴之间的交流是幼儿社交发展的重要方式。

## 二、幼儿同伴交往的问题

### （一）幼儿缺乏同伴交往策略

在同伴交往过程中，幼儿缺乏交际策略，他们不能运用正确的交际方法，导致他们在同伴交往中与他人之间出现矛盾和冲突，而他们却不知道该怎么解决。

我把他们吃饭后的餐桌打扫干净，小朋友们三五成群地玩着游戏，我看见娜娜坐在那里东张西望。不一会，我看见她从藏书角落里抽出一卷书，走向那些正和她一起玩耍的小孩。她将手中的书本高高举起，大声说道："只要有人愿意让我做，我就可以让他读书。"所有人都沉浸在游戏中，没有人注意到她。她失望地走进演播厅，微笑着说："如果你想跟着我，这本书就送给你！"我们才不信呢，这是先生的东西，不是您的。最后，娜娜闷闷不乐地走了。从娜娜与小女孩的短暂交谈中，我发现小女孩的表达能力和社交技能都很差，在男生中间很困难，也不知道该如何运用各种社交技能，结果被"闭门羹"了好几次。

### （二）幼儿缺少同伴交往机会

很多孩子性格都是比较内向的，不善于表达，话也很少，所以就失去了很多与人交流的机会，而对于独生子女来说，与其他孩子一起玩的时间就更少了。

晨晨是个很害羞的孩子，她的性格很腼腆，刚来幼儿园的时候，她可能会很害羞，也可能不太愿意和其他的孩子在一起。但时间一长，朋友们的感情就好了很多，晨晨还是老样子。在这个区域，学生或在图书馆，或在录音棚，每个人都很认真，只有晨晨是唯一一个，她只是在自己的位置上，观看别的学生打比赛。晨晨时而看向自己的同伴，时而看向自己的师父，似乎是在给自己打气，希望自己也能参与进来。从妈妈口中，我知道晨晨是家中唯一的孩子，平日里都是一个人在家玩耍，根本不会有什么同伴。而且，晨晨是被爷爷奶奶养大的，跟外面的世界接触不多。晨晨是个很腼腆的女孩子，在幼儿园的陌生环境下，性格也很腼腆。作为一个孩子，她很少有和别人接触的时间，而且她的导师也没有给她足够的鼓励和帮助，所以她很少能结交到好的朋友，也很少能得到别人的认可。

### （三）幼儿在同伴交往中出现不良行为

在与伙伴相处的过程中，一些幼儿会表现出一些不好的表现。比如，没有规则的感觉，会表现出一些欺凌其他伙伴的攻击的表现，如果在与伙伴发生矛盾后没有和平解决，也会出现一些侵害他人的表现。

在这个游戏中，许多小孩会聚在一块玩积木、搭房子、搭火车铁轨等。小可也要跟上去，一个孩子拦住了他。小可不乐意了，对身边的一个小朋友说："你们已经打够了，快滚，该我了。"因为找不到人陪他玩，他就把桌子上的棋盘推开了。我能感觉到，小可在和他的朋友相处的时候，非常的嚣张跋扈，蛮不讲理，就连和他的朋友发生矛盾，都是用了非常极端的手段。

### （四）幼儿在同伴交往中出现不良情绪

在这个世界上，竞争是无处不在的，当你以一种平和的态度去面对挑战时，就会影响到你的人际关系。例如：一天吃过午饭后，孩子们三五成群地聚在一起玩耍，我发现华华一个人站在一边，并一脸茫然，不知道要如何才能参加，于是，我就想让她参加，说道："华华，你去找你的小朋友吧。"华华竭力抗拒，不肯加入，而且显得很是害怕，很是焦急。华华很排斥和朋友们一起玩耍，很显然，她对朋友们的相处很紧张，胆小怕事，所以才会有这种不好的感觉。

## 三、解决幼儿同伴交往问题的策略

### （一）家长方面

1. 改变错误的教养态度与方式。家长首先要有一个良好的教养观念，要以理智施爱，在孩子养成坏习惯的时候，家长要及时改正。其次，父母在教育孩子时，要以平等的心态对待孩子，不要溺爱，不能视而不见，也不能过分干预。最后，对问题进行具体分析，专制型的家长应该多和孩子交流，给予孩子合适的自由，溺爱型的家长不能太过于对孩子进行保护，要对孩子进行自我解决问题的能力进行培养，要让孩子学习与他人进行沟通交往的技能。

2. 家长要起到示范作用。家长是幼儿的第一任老师，因此家长要提高自己的素质，要多留意自己的言谈举止，因为家长的一言一行都会对幼儿产生潜在的影响，会对幼儿的性格产生影响。在幼儿的成长过程中，家长应具备较高的文化素养，对幼儿的成长有较深的认识，成为一名"学习型"家长。父母要为孩子树立正确的社交榜样，并教会孩子正确的社交技能。

3. 建立良好的亲子关系。对幼儿的表扬和批评，既不能太严格，也不能太宽容，要严以律己。父母应该了解孩子是一个有个性的人。谈话时，要尽量避免消极的语言，例如："你怎能这样啊""你真使我失望""你应该……""你真笨，这都不知道""不可以……”。这些消极的语言，不能只是表示自己的看法，还要倾听孩子的心声，这样才能与孩子进行良好的沟通。

4. 建设良好的家庭环境。全家人在教养上要有一个统一的观念，要有一个共同的目标。首先，要营造一个和谐的家庭氛围，家人们要互相关爱、互相沟通、互相帮助，要有一颗开朗的心，要营造一个积极向上的家庭氛围，教会他们如何去爱人，如何去处理人际关系，在这种氛围下，他们会养成一颗善良、有同情心的心，还能学会如何处理问题。其次，父母要提升自身的道德文化素质，为子女树立良好的表率，对子女产生正面的影响，在教育子女时，要用正面的心态来看待子女。

5. 做到家园教育一致。如果教师告诉家长，幼儿存在同伴交往问题，那么家长一定要正确对待，而且要主动配合教师，达到家庭教育的目的，一起来教育幼儿，这样才不会造成教育偏差。

### （二）教师方面

1. 为幼儿创造同伴交往的机会。一般情况下，教师可以把诸如“好友握手”“我爱分享”之类的社会性活动作为主要的教学内容。在教学过程中，要为孩子们提供一些互动游戏，为孩子们创造一个与同伴们交流的平台，并对孩子们进行教育和指导，让孩子们知道如何与伙伴们一起生活，怎样解决问题。

2. 教给幼儿同伴交往技巧。老师应该教会孩子哪些人际互动技巧？教导幼儿与同伴交往的方式有：一是直接呈现，就是让幼儿直接接触同伴交往的方式，学习与人说话时面带微笑，与同伴交流时使用礼貌用语，与同伴玩耍时懂得分享，出现冲突时，不用暴力攻击的方式来处理。教师要让孩子觉得，这种社交的方式是可以给他带来幸福的。二是间接呈现，比如，老师用一些反面教材来引导孩子进行讨论，最终让孩子在讨论中慢慢地引出与同伴交往的技巧。

3. 训练幼儿社交技能和社会认知能力。幼儿的社会交往及社会意识是很重要的，老师可以采用下面的方法来训练幼儿的社会交往及社会意识。首先是认识训练，主要是让孩子们学会与同伴交流。培训主要有两个阶段，首先是讲解阶段，按照问题的具体情形，指导孩子理解自己的情感，并寻找解决问题的办法，在此阶段，教师要对孩子进行肯定、修正和补充。接下来就是玩游戏了，通过参与、冲突等不同的角色，让他们对不同的伙伴之间的关系有一个更清晰的了解。

其次，就是培养孩子的感情，让孩子在讲述这个故事的过程中，能够与主人公产生共鸣。例如，孩子在讲述一个关于“拔萝卜”的故事时，就能将孩子吸引进去，让孩子感受到自己的强大。第一步，就是身体上的体验，通过游戏，让他们感觉到同伴的喜悦和满足，同时也会感觉到被毁掉的东西的内疚。第二步，就是在游戏结束之后，让他们回忆游戏中的感觉，强化，锤炼。

4. 幼儿园环境的创设。幼儿园要注重氛围的营造。例如，幼儿园的背景墙、宣传栏，可以用与幼儿互动相关的主题照片来展现。在每个班级，老师还可以定期在课堂上向同学们进行一次有关情境的创造，这样对孩子们都会产生潜在的影响。

5. 家园合作幼儿园也要加强与父母之间的沟通，老师可以定期到幼儿家家访，幼儿园也可以通过制作幼儿成长手册，将幼儿在幼儿园时的表现记录下来，供父母查看，这样家长和幼儿园就能保持教育的一致性。

## 四、结语

幼儿是国家的花朵，是国家的希望，他们的伙伴交流对幼儿的身心发展至关重要，因此，父母和老师必须对幼儿同伴交流中存在的问题给予足够的重视。

**参考文献**

[1] 刘子一，程绍仁．融合教育背景下普通与特殊幼儿同伴交往探析［J］．绥化学院学报，2024，44（1）：38—41.

[2] 翁灿．家庭养育环境对幼儿同伴交往能力影响的研究［D］．上海：华东师范大学，2023. DOI：10.27149/d.cnki.ghdsu.2023.004723.

# 关于家园共育对幼儿行为习惯培养的研究

（高晴晴　山东省德州市平原县王打卦镇大褚小学附设幼儿园）

**摘　要：**养成一系列良好的行为习惯，有利于幼儿在日常生活中更快地实现自立自强。良好的行为习惯可以使幼儿受益终身，幼儿时期是个体身心健康发展的关键时期，其行为习惯的养成通常要比获取知识更为重要，是幼儿教育工作者应该高度重视的教育问题。帮助孩子养成一个良好的习惯，离不开家长的教导与教师的引导，家长和教师应该联手实现家园共育，一起来帮助幼儿养成良好的习惯。家庭是孩子的第一个学校，家长是孩子的第一位老师，幼儿在家庭中养成的行为习惯也将会应用到幼儿园中。幼儿教师是幼儿日常生活中能够直接接触到的交际者和教育者，因此幼儿教师对幼儿的行为也就会产生较大的影响，而幼儿在学校里所学到的行为习惯也可以在家里进行相应拓展，所以，家园共育可以根据儿童身心发展的规律和特征，逐步培养幼儿的良好行为习惯。

**关键词：**家园共育；行为习惯；协调沟通

## 一、家园共育的含义

所谓“家园共育”，就是家庭和幼儿园一起来完成对幼儿的教育，他们都要成为促进幼儿发展的主体。家庭与幼儿园携起手来，形成合力，共同为幼儿创造氛围，让孩子能够健康茁壮地成长。《三字经》是这样描述的：“养不教，父之过。教不严，师之惰。”可见，对于幼儿行为习惯的养成，影响最大的就是父母与老师。

## 二、幼儿行为习惯的表现

### （一）品德习惯

品德习惯是大班幼儿在待人接物的过程中培养的。例如：见到老师及长辈们会主动打招呼、问好；与小朋友们团结友爱，友好相处，假如不小心碰倒了身边的小朋友会主动去说“对不起”，赔礼道歉，敢于承担责任。

### （二）生活习惯

小朋友们离开爸爸妈妈来到幼儿园，吃饭、饮水、睡觉等，与家里的作息相比都发生了一定的变化，需要一段时间来适应幼儿园的生活。所以，我们家庭和老师就要教育孩子学会自己的事情自己做，从而养成自己独立自主的生活习惯，并逐步培养今日事今日毕的好习惯。

### （三）卫生习惯

每个孩子生活的环境不同，受父母的影响，他们养成的卫生习惯也会不同，大班幼儿时期需要养成良好的洗手习惯以及精神面貌，要教育大班幼儿讲究卫生、勤洗手、按时进餐、少吃零食、不偏食。

### （四）学习习惯

幼儿时期孩子们学的东西比较简单易懂，孩子们的记忆力、模仿能力都很强，对学习会非常地感兴趣。要引导幼儿自主学习的意愿。例如，培养孩子的学习兴趣，使其好问乐学、喜欢动脑、勤于思考、遵守纪律，有学习的主动性、积极性和持久性，在学习过程中能够与同伴互相帮助、合作、共享。

## 三、家园共育对培养幼儿行为习惯的作用

### （一）家园共育可以快速提升幼儿良好的行为习惯

小朋友们离开爸爸妈妈的怀抱来到幼儿园，教师要将这些孩子尽快引入正常的教育教学活动，逐步培养孩子的各类习惯标准以提高他们的能力，这需要多方面协助完成。家长在家庭中带给孩子的是家庭教育，老师在学校向幼儿传授的是学校教育，家庭教育偏向于日常生活习惯，学校教育更加偏向于生活知识的传递。力争让幼儿实现不管是放学到家，还是上学期间都能保持良好的行为习惯，这就需要家庭与幼儿园共同教育、共同努力，加强彼此之间的合作，从而促使幼儿快速地养成良好行为习惯。

### （二）家园共育可以帮助幼儿更好地树立正确的行为观

幼儿的行为习惯会影响他们的健康发展，幼儿从小养成的良好习惯，对幼儿以后的成长和发展都有很大的影响。幼儿行为习惯的养成需要家长与幼儿园共同组织，共同培养幼儿良好的生活作息习惯，使幼儿按照有序的规律积极参与教育教学活动，这样才会使幼儿更加快速地养成良好的行为习惯，培养幼儿的优良品德。

## 四、家园共育培养幼儿行为习惯现存的问题

### （一）家长与幼儿园之间的沟通不及时

1. 沟通环境有待塑造。沟通的结果受很多因素的影响，家长与老师见面的机会大部分是在孩子上学、放学还有举办活动需要家长来园时，或者当孩子犯错误，家长被老师找来谈话时。对于孩子来园和离园时的交流，因为这个时间老师要照顾很多小朋友，时间很紧，与每个家长交流的时间也很短，往往这时候彼此交流的内容仅限于孩子的日常表现。另一种沟通环境就是教师进行家访，这种情况的话，需要花费大量的时间和精力，会受到地域限制、家庭时间限制，有些家长也不太愿意接受家访。

2. 沟通理念需要改变。教师在不同类型的父母面前，存在信心不足和过于自信两种情况，不能够明确自身站位；或是因为缺少家庭和学校之间的交流经验，导致在交流时往往会感到比较棘手，会有一种措手不及的感觉。还有一些老师会避免主动沟通，害怕暴露缺点，或是觉得孩子在幼儿园一天中没有发生安全事故，则觉得没必要和家长沟通。

### （二）家园共育中教师与家长的地位不对等

老师与父母之间缺少有效的交流与良好的互动，很有可能会出现信息不对等的情况，往往是老师占据主导地位，而父母却处于完全的被动地位。北京师范大学的心理学教授李庆安研究发现，在这种情况下，老师往往会被视为“权威人物”、教育教学的行家里手，父母对自己的教养能力缺乏信心，家长也不会过多询问，只是一味地配合。其实，家园共育是家长与幼儿园共同配合，以促进幼儿的全面发展。那种认为家长的地位总是低于教师的地位，认

为只要是老师说的，就一定是对的，就一声不吭，只认真地听，让家园共育变成单方面接受，则缺少了双方互动和反馈的内容。

### （三）幼儿园与家庭对教育幼儿的责任不明晰

当幼儿在幼儿园里出现问题时，家长会认为，孩子送到幼儿园就是老师的责任，有什么问题也应该是老师来解决，跟家里没有什么关系。俗话说“教不严，师之惰”，教师是教育专业者，要有耐心、主动地与家长沟通，并有策略性地给予批评指正，才能不断培养好幼儿的行为习惯。幼儿园则认为，孩子会出现这样的问题，是因为家庭教育没有做好，因为家长是法定监护人，“养不教，父之过”，都是家长的责任，是开始的教育没有打好基础，才会出现今天的情况。

## 五、家园共育培养幼儿行为习惯的对策

### （一）定期沟通，提高家园共育水平

通过沟通可以增进彼此之间的感情，为良好的关系做铺垫。教师与家长的关系也是如此，要及时沟通，避免麻烦的造成，并且教师也要主动与家长沟通，在沟通中要做到信任家长、尊重家长，多从家长的角度思考问题，讲话平易近人，真诚地与家长沟通。在向家长介绍孩子的表现时，先说明孩子的优点，再说不足，不要对孩子表示否定，应给予家长更好的建议，多聆听家长的话语，并与家长合作，产生共鸣，促进孩子健康发展。让家长感觉老师愿意和自己共同努力把孩子教育好。

### （二）彼此尊重，搭建家园共育的桥梁

家长与老师在沟通时要互相尊重，只有相互尊重，说话注意语气态度，才能让彼此之间友好交流，共同为了孩子的健康发展努力，促进家园共育的顺利进行。家长与老师也要多站在对方的角度思考问题，把对方放在与自己平等的位置上，学会换位思考，这样才能使沟通的气氛更融洽。老师与家长沟通时，要注意说话的方式方法，不要伤害家长和孩子的自尊心，与家长沟通研究适合孩子健康发展的教育方式。幼儿园老师每天负责的工作很多，尤其是小班的孩子，需要老师的一点一滴照顾，幼儿园必须负责好每一位孩子的安全。家长要尊重教师，积极主动地配合幼儿园的工作，彼此保持友好的沟通。教师要及时向家长汇报孩子在园的情况，让家长放心，家长在解决孩子的问题时，也要和老师多沟通，认真听取教师给予的建议，支持与理解老师的工作。在对待幼儿的教育上，其实教师与家长的想法是共同的，都希望孩子可以健康快乐地长大，这就需要双方之间多一些沟通、多一些支持、多一些理解、多一些宽容、多一些尊重，从而共同促进幼儿的成长。

### （三）担当责任，夯实家园共育质量

真正的家园共育，需要学校尽可能调动家长参与学校教育的热情，获得家长对学校管理和发展的认同，也需要家长了解学校的教育教学目标，使家庭教育配合学校教育。在此基础上，划好家校共育的“经纬线”，厘清学校教育和家庭教育的任务分工、职责边界，才能各负其责、同向而行。家长与老师有效配合，形成家校共育的整合优势，有助于为幼儿营造一个和谐的家庭环境和校园环境。各方不缺位、不错位，坚持问题导向、目标导向、效果导向，疏通家校共育。

### 参考文献

[1] 张红霞．家园共育培养幼儿良好行为习惯的策略［J］．前卫，2023（32）．

[2] 肖洋．家园共育培养幼儿良好行为习惯的策略综述 [J]．中国科技经济新闻数据库教育，2021 (4)．

[3] 舒欣．浅析家园共育视角下幼儿良好行为习惯的培养 [J]．动漫界，2021 (12)．

[4] 刘春玲．“互联网+”背景下家园共育培养幼儿良好行为习惯的策略探析 [J]．中学生作文指导，2021 (6)．

[5] 贾妍君．幼小衔接视角下家园共育幼儿行为习惯的培养 [J]．儿童绘本，2023 (11)．

# 幼小衔接视野下提高小班幼儿自我服务能力的实践探究

（窦丽　山东省滨州市实验幼儿园）

**摘　要：** 教育部颁布的幼小衔接指导性文件《幼儿园入学准备教育指导要点》中关于生活准备方面，明确指出：坚持自己的事情自己做，能分类整理和保管好自己的物品。对于刚入园的小班幼儿来说，离开熟悉的家庭，进入集体生活，很多行为开始依靠自己。因此，其自我服务的意识与能力亟待提升，以期帮助幼儿实现更好的发展。

**关键词：** 幼小衔接；小班幼儿；自我服务能力；实践探究

教育部颁布的幼小衔接指导性文件《幼儿园入学准备教育指导要点》中关于生活准备方面，明确指出：坚持自己的事情自己做，能分类整理和保管好自己的物品。说到生活准备，其中就关系到培养幼儿的自我服务能力，也就是指幼儿在日常生活中照料自己生活的自我服务性劳动的能力。对于小班幼儿来说，自我服务能力的内容主要包括吃饭、穿脱衣服、穿鞋袜、拉拉链、收纳玩具等，而这些是小班幼儿比较薄弱的。因此，为了幼儿的身心健康发展，及时抓住培养幼儿自我服务能力的关键期，提高其自我服务能力是极为重要的。

## 一、小班幼儿的自我服务能力现状

目前我所教的正是小班幼儿，以本班幼儿为研究对象，对幼儿在园一日生活中的不同环节进行观察，同时向家长调查了解小班幼儿自我服务能力的现状，具体表现为两个方面。

### （一）没有意识到自我服务能力的重要性

目前幼儿园教育工作中，关注更多的往往是对幼儿知识的传授，忽视了幼儿生活技能的培养，没有意识到培养幼儿自我服务能力的重要性。一般情况下，为了提高日常工作效率，教师会直接采取代替解决的方式帮助幼儿。同时，在家庭教育中，家长也片面关注幼儿能习得多少知识，没有关注到幼儿生活技能的提高。

### （二）家长溺爱，幼儿形成依赖心理

目前，在家中大多是 6 名家长照顾 1～2 个孩子，幼儿能够得到事无巨细的照顾。家长的溺爱心理导致：幼儿能做的事情家长主观认为幼儿不能完成，就代替幼儿解决，让其坐享其成。长此以往，幼儿容易形成依赖心理，不愿意独立解决问题，阻碍自我服务能力的发展。

## 二、影响幼儿自我服务能力的因素

1. 家长过分地包办代替。幼儿在日常生活中遇到琐事的困惑，是普遍存在的。当幼儿遇到困难时，家长大多以幼儿年龄小、做不好等理由直接包办解决一些幼儿本可以完成的事情。久而久之，幼儿遇到问题时，习惯于成人代替，使得自己没有动手尝试的机会，被剥夺了锻炼的权利。

2. 不同看护人对幼儿的教育方式不同。通过调查了解，幼儿入园之前的主要看护人是父母、祖辈家长、保姆这三类。父母较为年轻，接受新鲜事物快，容易了解一些科学的育儿方法，有意识地让幼儿进行自我服务，因此这部分幼儿自我服务能力较强。但是大多数父母忙于工作，请祖辈家长或者保姆代为看护，由于对幼儿的溺爱，习惯包办一切，使幼儿没有锻炼的机会，养成依赖心理，导致幼儿自我服务能力发展较为缓慢。

3. 班级环境比家中环境更适宜。首先，幼儿在班级中的生活环境非常舒适，班级中的洗手台、小马桶、小床等是幼儿专用，其构造考虑了幼儿的年龄特点，而家中的这些生活设备是以成人为标准，幼儿使用不方便，需在成人协助下使用。其次，幼儿在园一日生活中的各方面都有明确要求，如安静吃饭、文明洗手、睡前小鞋子摆放整齐等，这使得幼儿形成文明常规。而且，在班级通常是 3～4 位教师对应 30 名左右的幼儿，教师需兼顾全体幼儿，很少有机会进行一对一照顾，很多事情需要幼儿自己完成，使其有更多自我服务的机会。

## 三、幼小衔接视野下提高小班幼儿自我服务能力的实践探究

### （一）问题萌芽，活动缘起

幼小衔接主要包括学习准备、社会准备、身心准备和生活准备，每个方面缺一不可。对小班幼儿来说，每天需要教师协助完成许多事情，比如："老师，这个衣服我不会穿。""老师，我的杯子湿了。""老师，我的鞋带开了。""老师，这个袖子我弄不出来。"……小班幼儿每天有这么多解决不了的问题，将这些问题汇总归类，同时向家长调查幼儿在园的困惑。根据汇总结果，得出幼儿在园亟待解决的问题分别是：洗手、吃饭、穿衣服、穿鞋子这四个方面。

### （二）积极探索，问题解决

幼小衔接是幼儿成长路上的重要转折点，幼儿自我服务能力的培养是幼小衔接工作的重要内容。在关注到幼儿需求后，教师和幼儿一起寻找每个问题的解决方法，虽然幼儿年龄小，但是可以尝试完成各种力所能及的事情。

1. 洗手方面。幼儿在园里需要经常洗手，吃饭前、如厕后、户外游戏后、做完手工等，洗手时总有幼儿不小心将袖子弄湿。针对这一问题，教师将幼儿洗手时的画面录制下来再展现给幼儿，引发幼儿讨论。之后教师根据幼儿讨论的湿袖原因进行梳理，发现有三类问题：第一，不会卷袖子，如袖子太紧、袖子太大总是往下掉等原因。第二，不会正确的洗手方法，如不会用"七步洗手法"洗手，水开得太大等原因。第三，态度问题，如洗手的时候不认真，喜欢玩水等原因。于是，请幼儿认真思考卷袖子的方法，同时请保健医带领幼儿认识洗手的重要性以及学习正确洗手的方法——"七步洗手法"，引导幼儿学会正确洗手，养成良好的洗手习惯。

2. 用餐方面。一段时间的适应期后，大多数幼儿已经能够完成独立进餐，但是在进餐环节仍存在吃饭时讲话、挑食、剩饭等问题。为培养幼儿良好的用餐习惯，改善挑食、浪费食物的行为，开展了一次"我喜欢的食物"调查活动，请家长协助幼儿通过绘画的方式将喜欢吃的食物记录下来。通过调查，发现每位幼儿喜欢吃的食物都不一样，大部分幼儿没有画青菜，而馒头则出现在大部分幼儿的记录中。于是，通过分享绘本故事，开展主题教育活动等形式，让幼儿明白不同的食物有不同的营养价值，应当均衡饮食、爱惜每一粒粮食，同时知道吃饭讲话是一件很危险的事情。在一段时间的纠正后，效果显著。

3. 穿衣方面。每次穿衣服时幼儿总会说："老师，你帮我拿出袖子来。"这种情况屡见不鲜，观察后发现，原来幼儿脱衣服时直接将一个袖子拽下，再将另一只胳膊拽出，所以袖子总会朝里。于是引导幼儿脱衣服时，用小手抓住袖口一拉，小手就出来了，这样脱下衣服

后的袖子是朝外的，下一次穿衣服时就简单些。穿衣服看似简单的一件小事，却需要做事有条理性。观察发现，幼儿平时在园穿脱最多的衣服要数外套，直接探索外套的穿衣方法：穿衣前，先确保后面没有人，然后拿着衣服领子猛地向后一甩，将衣服披在肩膀上，在小手钻衣袖时，要拉住穿在身上衣服的袖口，这样，里面的衣袖才不会缩上去。幼儿在一次次的实际动手中得到了锻炼。

4. 穿鞋子方面。小班幼儿刚进入幼儿园开始集体生活，经过一个多月的适应，已经能够自己穿脱鞋子，但是午休起床后会发现有部分幼儿将鞋子穿反。在调查时了解到，区分鞋子左右也是令大多数家长困扰的一项问题。于是，教师请幼儿讨论穿鞋方法，幼儿发现鞋头的形状和脚趾的形状是一样的，穿鞋前仔细观察哪只鞋子的鞋头和脚趾方向一致，然后再穿鞋子，再通过穿鞋小儿歌引导幼儿学习鞋子配对并分清楚正和反。同时，在家里也请幼儿继续动手穿鞋子，随着一次次的实践，幼儿穿鞋的正确率越来越高了。

### （三）多种途径，提高自我服务能力

1. 转变教育观念，将培养幼儿自我服务能力作为重要的教育内容。自我服务能力是一个人应具备的最基本的生活技能，对其之后的小学生活甚至未来生活有着至关重要的影响。因此，教师和家长要将对幼儿自我服务能力的培养作为教育内容中的重要一项。发现幼儿生活中的困惑，及时重视，给幼儿锻炼的机会，允许幼儿试错，让幼儿在一次次的尝试中学会思考、独立、自信，使幼儿身心得到全面发展。

2. 因材施教，正确对待个体差异。由于每个幼儿的家庭教养方式、性格、气质等因素的不同，造成了幼儿之间的个体差异。因此，教师在培养提高幼儿自我服务能力过程中应正确对待幼儿个体差异的存在，应根据幼儿个体能力的不同，实施因材施教。对于自我服务能力较强的幼儿，给予更高的要求；对于自我服务能力发展较慢的幼儿，适当降低要求，使其按照自我发展规律稳步提高。

3. 家园合作，助推幼儿自我服务能力的提升。教育家陈鹤琴说："幼儿教育是一件复杂的事情，不是家庭一方面就能胜任的，也不是幼儿园一方面就可以的，必须综合两个方面的效果。"家园教育的一致性、同步性是早期教育成功的重要保证，要在家长支持中巩固自我服务方法，让幼儿适当地参与家务，及时鼓励，家园相互配合，才能事半功倍，达到让孩子"想做""敢做""喜欢做"的效果。

## 四、结语

幼小衔接已成为教育领域中的热点话题，在幼儿园小班开始培养幼儿自我服务能力活动也成为当前幼儿教育的一项重要内容。在培养小班幼儿自我服务能力活动中，教师抓住一切时机，耐心引导，关注幼儿真实需求，适时地鼓励与引导，拓宽幼儿探究思维，提高幼儿综合能力，有效促进幼儿身心健康全面发展。

### 参考文献

[1] 张鸿宇，于婷慧．论幼儿自我服务能力特点与培养策略［J］．课程教育研究，2013（10）：210.

[2] 郭丽玲．正确对待个体差异促进幼儿自我服务能力发展［J］．名师在线，2020（19）：45－46.

# 基于幼小衔接视角下大班幼儿规律作息时间的养成

（鲍嘉雄　北京市大兴区瀛海第三幼儿园）

**摘　要：** 大班幼儿即将结束幼儿园生活升入小学，困扰家长的一大问题是如何培养幼儿良好规律的作息，很多家长十分迷惘，幼小衔接究竟如何做？除了知识技能的过渡衔接，到底还能做些什么呢？其实，对于大班幼儿来说，相对于学习“超前的知识”，规则意识、自理能力、自我管理能力以及作息时间的培养更为重要，这里我们将为各位家长分享“基于幼小衔接视角下大班幼儿规律作息时间”。

**关键词：** 大班幼儿；作息；幼小衔接

对于幼儿园大班的幼儿来说，幼小衔接是个既现实又十分重要的问题。特别需要养成良好的规律作息习惯，才能完成好“幼小衔接”。

## 一、“幼小衔接”阶段幼儿规律作息必要性

### （一）适应小学生活，减少对小学的排斥感

幼儿在幼儿园时期已经对一日生活与常规规则意识有了一定的了解与感知，而通过有规律良好的作息时间，能够让幼儿适应小学的作息生活，减少幼儿对小学的排斥感。幼儿园教育活动相较于小学教育要更加有趣且轻松自由，部分学生进入小学后因为课程时间的增加难以适应小学课堂生活，而幼儿如果可以在大班阶段适应小学阶段的作息，养成有规律的作息习惯，对小学教育的排斥就会相对减弱。

### （二）有助于情绪的稳定

无论是成人还是幼儿，倘若他不知道后面的事情，极容易产生心理焦虑与迷惘，当他可以知道接下去会发生什么，会获得一种掌控感。他也会觉得自己的生活是基本可控可预测的，从而也会带来一种稳定感和安全感。规律作息，有助于幼儿的情绪更加稳定，也使其可以专注于自己当下的活动中。

### （三）做事情会更加有规划性与条理性

幼儿在幼儿园时期就能够形成良好有规律的作息时间，对其对时间的认知起着积极的作用，经过长期对作息的坚持，幼儿能够清楚地知道什么时候该做什么事情，会因为时间作息的存在而认真、专注于自己要做的事情，做到不拖延，长此以往地积累下去，幼儿做事情便会更加有规划性与条理性。

## 二、“幼小衔接”阶段家长如何培养幼儿规律作息

### （一）树立良好的家庭教育观

良好的学校教育是建立在良好的家庭教育基础上的，若幼儿没有良好的家庭教育，再优秀的学校教育也难达到预想的效果。作为家长，一定要为幼儿带来积极向上的思想观念，多

站在幼儿的角度去考虑问题，不要因为自己是“大人”，就否定幼儿的想法，尝试让幼儿分享自己的观点，他们的视角，会让我们看到不一样的世界。作为家长可以合理将鼓励式奖励法和批评“惩罚”法有效结合，多为幼儿树立榜样作用。“父母是幼儿最好的老师也是幼儿的第一任老师”，重视幼儿的模仿，注意自己的言行举止。

### （二）每天准时接送幼儿

家长可以和幼儿一起制定每天睡觉、起床的时间，坚持早睡早起，幼儿不仅能够睡眠时间充沛，精神状态好，还可以使幼儿对时间有一定的认知，保障身体健康。对于大班幼儿来说，每天的幼儿园生活是从“家长接送”环节开始和结束的，而准时的接送，使幼儿能够按时到园和离园，使其对规律的作息会有进一步的感知。倘若父母带领幼儿每天迟到，那对其后期顺利过渡适应到小学生活是极其不利的，幼儿会认为“几点上学都可以”，进入小学后其心态也会被此观念影响，易发生迟到现象。

### （三）鼓励幼儿“自己的事情自己做”

对于大班即将进入小学的幼儿来说，应具备一定的自理能力。倘若家长一直是“包办代替”，幼儿很多事情无从下手，其无法达到一定的自我管理水平，对规律的时间无法形成具体的认知。所以，家长应适当放手，鼓励幼儿自己的事情自己做，在实践中感知认知时间，感受规律的作息，从而得到发展。

### （四）鼓励幼儿坚持来园，树立时间观念

大班是幼儿幼小衔接最为关键的一年。若幼儿做到除身体不适外每天坚持来园，对其上小学后会有着积极的影响，幼儿能够知道感受到坚持上学的快乐与责任；若家长带领幼儿“三天打鱼两天晒网”，幼儿极易对上学产生抵触与无所谓的心理，后期上小学时甚至会因为无法按照自己的想法休息而“厌学”。所以，家长一定要鼓励幼儿每天坚持来园，无特殊情况外不请假，养成良好的习惯。

在幼儿园大班的各种活动中，教师会设计各种各样的教育活动以及过渡环节增加幼儿对时间的认识，而家长也可以帮助幼儿树立时间观念。例如，在幼儿去做某件事之前（吃饭、喝水、完成小任务等）之前，让幼儿做好充分准备，明确需要完成的时间，一旦开始，就不允许以各种理由来拖延时间（如来回走动、一直去卫生间等）。除此之外，家长可以为幼儿准备一个可以定时的小闹钟，规定好时间，鼓励幼儿自己监督，通过闹钟来控制了解时间及规划。

### （五）尝试和幼儿一起制定作息时间计划表

从幼儿园生活到小学生活，其中一个明显的变化便是时间有了更加明确的规划与管理，而作息时间计划表的制定有助于幼儿规划计划自己的时间，能够明确知道自己什么时间该做什么事情。家长可以和幼儿将需要做的事情通过符号、简笔画的方式罗列出来，然后一起将其填进作息时间表中，并且在制作后将其粘贴在幼儿可以经常看到的地方。作息时间表是其良好规律作息中十分重要的一部分，通过计划表的确定，幼儿对时间也会有着更加清楚的认知，从而对作息时间也会有更多的理解。

### （六）假期作息规律

在周末及各种假期，即使是不需要上学，家长也可以陪伴幼儿尽量保持和工作日一样的作息，幼儿培养一些习惯需要长期的坚持，而将作息变得有规律同样也需要长期的坚持，所以即使是在假期，父母也尽量陪伴幼儿避免出现“晚睡晚起”的现象。在幼儿园生活中，幼儿每天都会在适当时间开展户外体育运动，进入小学后亦是一样，会有体育课、体育社团活

动等，若幼儿在假期一直进行室内活动，其运动量活动量无法达到应有的水平与发展，并且会发生难入睡、精力过于充沛等现象，适量的体育运动也可以增加亲子互动的形式与亲子感情。

## 三、"幼小衔接"阶段，家长自身应该如何做

### （一）对待幼儿需要耐心和关心

幼儿养成规律良好的作息需要长期的坚持，每个幼儿都有其自身的特点和发展水平，作为家长，一定不要急于求成。幼儿的成长是循序渐进的，家长应该用耐心去陪伴幼儿。在幼儿培养规律良好的作息这条路上，任重而道远，一定存在着困难与问题。作为家长，一定要积极关心幼儿的状态与心理，鼓励幼儿，使其能够积极向上地感受到良好规律作息的快乐与舒适。

### （二）为幼儿树立榜样作用，及时肯定幼儿

作为家长，应为幼儿树立榜样作用，若家长自身做事拖拉、毫无规划，那他教育出的幼儿也很难坚持良好的作息，家长应该努力时刻陪伴着幼儿，和其一起坚持良好作息的培养，使幼儿感受到身边的榜样作用。及时肯定幼儿，感受幼儿的成长，幼儿的成长之路需要肯定与鼓励，若幼儿能够坚持一周准时来园、按时间要求完成自己的小任务……家长应该及时发现，及时鼓励幼儿，使其能够感受到父母的肯定，树立一定的自豪感与自信心。

幼小衔接，需要长期的坚持，而幼儿良好规律作息的培养，亦是任重而道远。作为家长，一定要积极耐心陪伴幼儿，不急于求成，为幼儿树立良好的榜样作用。及时肯定幼儿，关注幼儿的成长，家园一致，携手共进，用心期待，静待花开。

### 参考文献

［1］赵伟芳．幼小衔接阶段幼儿良好习惯的构成与养成策略［J］．学前教育研究，2023（12）：84—87. DOI：10. 13861/j. cnki. sece. 2023. 12. 007

［2］林燕英，闫莹莹．幼小衔接，怎样做才科学？［N］．中山日报，2023－12－05（008）.

# 学前教育方针政策的理论探索和实践

（唐欣　珠海高新区金文幼儿园）

**摘　要**：本研究旨在探讨学前教育方针政策的理论基础及其实践应用，以期解决当前挑战并指导未来发展。通过深入分析现行政策，评估其对幼儿发展的影响，本文着重于如何将教育理念转化为具体实践，满足幼儿发展需求，促进其全面成长。同时，面对教育领域的挑战，还探讨了政策调整和教育实践创新，以提高教师能力、优化资源分配、更新教育方法，为幼儿创造良好的学习环境，期望为学前教育政策和实践提供理论与实践指导。

**关键词**：学前教育政策；挑战与对策

## 一、学前教育方针政策的理论框架

### （一）教育理论基础

学前教育方针政策的发展深受维果茨基的社会文化理论影响，该理论强调社会互动对儿童认知发展的核心作用。政策因此趋向于创造丰富的社交环境，鼓励家庭和社区参与，促进幼儿间的合作，从而支持幼儿社交、语言和情感发展。皮亚杰的认知发展理论指出教育应与儿童发展阶段相匹配，促使政策强调提供阶段性、个性化学习，如通过游戏和探索活动促进认知和语言能力。加德纳的多元智能理论则拓宽了教育视野，认为儿童拥有多种智能类型，推动教育政策提供多样化学习机会，包括音乐、美术、体育等，激发幼儿各领域兴趣和潜能。这些理论共同指导政策制定，旨在全面促进幼儿发展。

### （二）政策发展历程

学前教育政策的演变反映了对教育理念的深化和对社会需求变化的响应。起初，关注点主要在于幼儿的看护和生活技能培养。随着对幼儿发展重要性的认识增加，政策开始更多地聚焦于教育质量和内容的丰富。进入 21 世纪，随着教育研究深化，政策着重于创新教学方法和提升教师专业能力，旨在提供全面和多元化的学习体验，支持幼儿的全方位发展。为应对教育需求增长和资源不均问题，采取了公私合作等策略，扩大优质教育资源覆盖。同时，信息技术的引入，如数字学习平台，丰富了教学内容，提高了学习效率和兴趣。这些发展不仅展示了政策的理论基础，还指导了实际的政策制定和执行过程。

## 二、学前教育政策的实践探索

### （一）实践案例分析

学前教育政策的更新和深化导致创新教育模式的采用，促进幼儿的全面发展。例如，“幼儿园—社区一体化项目”通过幼儿园与社区合作，丰富了幼儿的学习和生活体验，使得参与幼儿的社交技能和学习兴趣显著提升，社交技能提高了 30%，学习兴趣增加了 25%。

同时，“数字化早教计划”通过使用互动学习软件，有效提高了幼儿的数字素养，实施一年后，幼儿的数学和逻辑思维能力平均提高了40%。这些成果展示了创新教育方法在提高幼儿能力方面的重要性和潜力。

### （二）教学改革与创新

随着社会和经济的快速发展，学前教育持续创新以适应幼儿的多样化学习需求。教学改革措施，如教师专业发展计划，显著提升了教师的教学和创新能力，其中教师的创新教学能力评分提高了35%，幼儿学习成效平均提升了20%。同时，游戏化学习方法提高了幼儿的学习动机和参与度，观察显示这种方法使幼儿的学习动机和参与度提高40%，社交和创造性思维能力也显著增强。这些改革不仅提高了教育效率和质量，还促进了幼儿全面发展。

## 三、面临的挑战与对策

### （一）现实挑战

尽管学前教育政策和实践取得了一定进展，但仍面临一系列挑战，其中包括资源分配不均、师资质量参差不齐，以及教育内容与方法的更新不足。例如，最新调查显示，某国学前教育资源的分布极不平衡，城市与农村地区在幼儿园设施和师资力量上的差距达到了40%。此外，该国约60%的学前教育机构反映，缺乏足够的专业培训资源，导致教师在采用新教学方法和技术方面存在困难。

与此同时，教育内容和方法的更新也未能跟上社会和科技的快速发展。许多幼儿园仍然采用传统的教学模式，忽视了创新和多元化学习方式的重要性。据估计，只有约30%的学前教育机构能够提供包括数字学习、探索式学习和游戏化学习在内的多元化教学活动。

### （二）应对策略

为应对学前教育面临的挑战，首先需解决资源分配不均问题，通过政府与社会资本的合作，增加农村及边远地区的教育投资。建设现代化幼儿园，提供优质教育资源，并通过“远程教师培训项目”利用网络资源，提升偏远地区教师的专业能力，预计两年内提高20%以上。

其次，提高师资质量是关键，要求政府加大教师培训投资，尤其是新教学方法和技术应用的培训。建立全国性教师培训中心和在线学习平台，让教师随时接触到最新教育资源。此外，更新教育内容与方法，鼓励开发适合幼儿的创新教育模式，增加STEM、艺术和情感社交教育的投入，旨在未来十年内显著提高教育质量，确保所有儿童获得平等、高质量的学习机会。

## 四、面临的挑战与对策

### （一）现实挑战

尽管学前教育政策和实践在不断进步，但在实施过程中仍面临诸多挑战。一项针对全国学前教育机构的调查显示，教师短缺和素质不均是普遍存在的问题，约60%的学前教育机构表示师资力量不足，而70%的机构反映教师专业培训不足。此外，教育资源分配不均也是一个突出问题，尤其是在偏远地区，优质教育资源的缺乏严重影响了幼儿教育质量。据统计，城市地区与农村地区在学前教育资源配置上的差距高达50%。

随着社会经济的发展和家庭教育观念的变化，家长对学前教育的期望也在提高，对幼儿园的教育质量、教学内容和师资力量提出了更高要求。然而，部分学前教育机构在课程设计、教学方法和环境建设等方面仍然滞后，无法满足家长和社会的期待。

### （二）应对策略

为应对学前教育挑战，政策和实践需同步加强。首先，关键在于增加学前教育投资，特别是师资培训和偏远地区资源配置。政府应提高财政支持，如设立专项基金促进教师专业成长，目标是五年内覆盖率达90%以上。同时，利用公私合作模式吸引社会资本，建设偏远地区教育设施，旨在缩小城乡教育资源差距至30%以内。

此外，教育理念与教学方法的刷新对提高教育质量至关重要。引进基于研究的教学法，如项目式和探究式学习，能显著提升幼儿学习兴趣与创造力，研究表明这些方法能使幼儿的创新和问题解决能力提高35%。加强家园社区合作，通过家长工作坊、社区活动等提高家长和社区的教育参与，这不仅丰富幼儿学习经验，也增强家长对学前教育的满意度和信任。

## 五、结论与未来展望

### （一）结论

本研究深入探讨了学前教育方针政策的理论基础和实践应用，指出了在促进幼儿全面发展方面所取得的成效，并识别出存在的主要挑战，如教育资源分配不均、教师专业发展不足和科技应用的适宜性。针对这些挑战，提出了具体的应对策略，旨在提高教育质量和效率。

### （二）未来展望

未来学前教育将更加重视教育质量，强调每个幼儿获得公平而高质量教育的重要性。随着科技的发展，预期数字化学习将成为学前教育的重要组成部分，为幼儿提供丰富的学习体验。同时，教育政策和实践将更加注重教师的专业化发展和家庭、社区的积极参与。综合来看，未来的学前教育旨在通过政策优化和实践创新，为儿童的全面成长和社会的可持续发展打下坚实的基础。

**参考文献**

［1］刘小红，杨晓萍．从“学徒困境”到“本土创生”：中国学前教育理论价值演进历程与转向［J］．西南大学学报（社会科学版），2023，49（2）：215－227.

［2］高恩胜，肖芙蓉．学前教育政策与法规［M］．武汉：华中科技大学出版社，2022.

［3］张立平，张娜．建国以来中国学前教育政策的发展与启示［J］．陕西学前师范学院学报，2020，36（2）：71－76.

［4］顾高燕，张姝玥．中国共产党发展学前教育的百年历程、成就及经验［J］．教育理

论与实践，2021，41（31）：29—35.

［5］李娜．STEM 教育在学前教育中的应用新论［J］．陕西青年职业学院学报，2020（1）：41—45.

［6］江夏．建国 70 年城市学前教育供给制度变迁的演进逻辑与未来路径［J］．教育科学，2019，35（3）：89.

［7］程维．创新创业教育与专业教学的融合探究：以学前教育专业为例［J］．济南职业学院学报，2020（1）：20—22.

［8］黄斌，李波，方超．教育促进共同富裕的独特作用：理论应然与经验实然［J］．华东师范大学学报（教育科学版），2023，41（10）：12.

# 幼儿园教育信息化的应用与探索

（陈彬彬　成都高新区天映幼儿园）

**摘　要：**随着信息技术的迅猛发展，教育信息化已经成为教育改革和发展的重要方向之一。幼儿园作为儿童教育的重要阶段，也逐渐开始应用信息化技术，但是如何能有效地利用信息化技术推动幼儿园教育的发展，成了研究和探索的热点。本文通过对幼儿园教育信息化的应用与探索进行探讨，梳理幼儿园教育信息化的意义与目标，探索与应用，发现信息化技术可以增强教学效果，丰富教学内容，提升教师和学生的学习体验。

**关键词：**幼儿园教育；信息化；应用探索

## 一、幼儿园教育信息化的意义

### （一）提供多样化的学习资源

幼儿园教育信息化可以提供更多的教育资源和教学工具，包括图书、音频、视频等，通过多媒体教学、互动教学等方式，满足幼儿的学习需求，激发幼儿的学习兴趣，提高他们的学习积极性和主动性。

### （二）个性化教育

幼儿园教育信息化可以为幼儿提供多样化的学习机会和资源，满足他们的个性化需求。通过游戏化学习、个性化评价等方式，促进幼儿的认知、语言、社交、情感等多方面的发展。

### （三）提高教育质量

信息化的幼儿园教育可以提供更科学、更多元化、个性化的教学资源，丰富教学手段，提高教育质量，促进幼儿全面发展。

### （四）促进家园合作

信息化平台可以加强家园之间的沟通与合作，促进家长参与幼儿教育，形成良好的育人合力。

### （五）培养学前信息素养

通过信息化技术的应用，可以培养幼儿的信息素养，提前适应信息社会的学习环境。

### （六）拓宽教育资源

幼儿园教育信息化可以通过网络平台、在线课程等方式，拓宽教育资源的获取渠道。无论是教育教学资料还是专业培训资源，都可以通过信息化手段进行共享和传播，提高教育资源的利用效率。

### （七）提高教师专业发展

幼儿园教育信息化可以为教师提供更多的教学工具和教学支持，提高他们的教学能力和专业素养。通过在线培训、教学资源共享等方式，可以促进教师的专业发展，增强他们的教育教学水平。

## 二、幼儿园教育信息化的目标

### （一）建立信息化教育环境

幼儿园教育信息化的目标之一是建立一个适合幼儿学习和发展的信息化教育环境。这包括提供适合幼儿学习的硬件设备和软件工具，建立网络平台和在线资源库，为幼儿提供多样化的学习机会和资源。

### （二）促进教育教学改革

幼儿园教育信息化的目标之二是促进教育教学改革。通过信息化手段，可以改变传统的教学方式，推动教育教学的创新和变革。例如，通过多媒体教学、个性化评价等方式，可以提高教学效果，促进幼儿全面发展。

### （三）提高教师专业发展水平

幼儿园教育信息化的目标之三是提高教师的专业发展水平。通过提供教学工具和教学支持，为教师提供在线培训和专业发展机会，提高他们的教育教学水平和专业素养。

### （四）加强家园合作

幼儿园教育信息化的目标之四是加强家园合作。通过信息化手段，可以与家长进行更加紧密的沟通和合作，方便家长了解幼儿园教育动态，共同关注幼儿的学习和发展。例如，通过在线家长会议、家长学习平台等方式，可以促进家园合作，共同促进幼儿的全面发展。

## 三、幼儿园教育信息化的探索

### （一）教师培训与发展

加强教师信息化技术培训，提升教师信息化教学能力，推动教师专业发展。

### （二）个性化评估与跟踪

探索信息化技术在幼儿评估与跟踪中的应用，实现对每个幼儿的个性化关怀与教育。

### （三）教育游戏与虚拟体验

借助信息化技术，开发教育游戏与虚拟体验，提供更多元化的学习方式。

## 四、幼儿园教育信息化的应用

### （一）增强教学效果

信息化技术可以为幼儿园教育提供更多的教学资源和工具，帮助教师更好地开展教学工作。通过使用多媒体教学软件、教学平台等工具，教师可以将教学内容更加生动形象地呈现给学生，提高学生的学习兴趣和参与度。同时，信息化技术还可以提供个性化的学习资源，根据学生的不同需求和兴趣，为其提供个性化的学习内容和学习方式，增强学习效果。

### （二）丰富教学内容

信息化技术可以为幼儿园教育提供更多的教学资源和内容。通过使用互联网、教育软件等工具，教师可以获取到更多的教学资源，丰富教学内容。例如，通过观看教育视频、参与在线教育课程等方式，教师可以接触到更广泛的知识和信息，拓宽他们的视野。同时，信息化技术还可以为教师提供更多的教学工具和方法，帮助他们更好地设计和组织教学活动，增强教学效果。

### （三）提升学生的学习体验

信息化技术可以为学生提供更好的学习体验。通过使用多媒体教学软件、教学平台等工具，学生可以参与更多的互动式学习活动，提高学习的趣味性和参与度。同时，信息化技术还可以为学生提供更多的学习资源和学习方式，满足他们的个性化学习需求，提高学习的效率。例如，通过使用教育游戏、虚拟实验室等工具，学生可以在游戏和实验中学习知识，提高学习的兴趣和动力。

## 五、幼儿园教育信息化的挑战

### （一）技术设备的投入和使用

幼儿园教育信息化需要投入大量的技术设备，如计算机、投影仪、平板计算机等。这些设备的购买和维护成本较高，需要幼儿园和家长的共同支持和配合。同时，教师需要具备一定的技术操作能力，才能正确地使用这些设备进行教学。因此，幼儿园教育信息化需要解决技术设备的投入和使用问题。

### （二）教师的信息素养

幼儿园教育信息化需要教师具备一定的信息素养，才能正确地使用信息化技术进行教学。然而，目前教师的信息素养普遍较低，需要加强培训和提高。教师需要学习如何使用信息化技术进行教学，如何评估和选择教学资源，如何设计和组织教学活动等。因此，幼儿园教育信息化需要加强对教师的培训和支持。

### （三）教育资源的选择和评估

幼儿园教育信息化需要选择和评估大量的教育资源，以满足学生的学习需求。然而，目前市场上的教育资源种类繁多，质量良莠不齐，教师需要具备一定的专业知识和能力，才能正确地选择和评估教育资源。

### （四）安全问题

幼儿园教育信息化涉及幼儿的个人信息和隐私，需要加强信息安全保护，防止信息泄露和滥用。

## 六、应对策略

### （一）加强技术支持

幼儿园应加强与信息技术公司的合作，提供先进的技术设备和软件，并提供技术培训和支持。

### （二）提高教师信息技术素养

幼儿园教育信息化的应用需要教师具备一定的信息化素养。因此，幼儿园应该加强对教师的信息化培训，提高教师的信息化素养。同时，幼儿园还可以建立信息化教研团队，推动教师之间的交流与合作，共同探索信息化教育的最佳实践。

### （三）选择优质的教育资源

幼儿园教育信息化需要建立教育资源共享平台，评估教育资源的质量，制定科学的选择和评估机制。

### （四）加强信息安全保护

在幼儿园教育信息化的应用过程中，保护幼儿个人信息的安全是一个重要的问题。幼儿园应该建立健全信息安全管理制度，加强对幼儿个人信息的保护。同时，幼儿园还应该加强对幼儿的信息安全教育，提高幼儿的信息安全意识。

## 七、结语

幼儿园教育信息化的应用与探索，是当前幼儿教育改革的重要方向，它为幼儿园教育带来了新的机遇和挑战。因此，幼儿园教育信息化需要全面考虑各方面的因素，以达到更好的教育效果。未来，随着信息技术的不断发展，幼儿园教育信息化将会得到更广泛的应用和推广。

通过充分利用信息化技术，可以提高教学效率，促进家园合作，培养学前信息素养，为幼儿园教育注入新的活力与动力。然而，也需要重视教师培训与发展，探索更多个性化教育方式，加强家园互动，共同推动幼儿园教育信息化的深入展开。

### 参考文献

[1] 张晓明．幼儿园教育信息化的应用与探索［J］．教育技术与教育装备，2018（5）：12—15.

[2] 李红．幼儿园教育信息化的发展与挑战［J］．幼儿教育，2019（2）：34—37.

[3] 王丽丽．幼儿园教育信息化的现状与展望［J］．现代教育技术，2020（3）：56—59.

# 基于园本环境资源下幼儿项目活动实践研究的思考

（刘苏晓　深圳市龙岗区龙城街道家和盛世花园幼儿园）

**摘　要：** 园本环境资源项目活动是幼儿园教育的重要组成部分，它充分利用园内外环境资源，通过多种形式活动促进幼儿的全面发展，园本环境资源是幼儿项目活动的重要基础，需要对这些资源进行有效整合和利用。通过分类、筛选、整理等方式，将园内设施、场地、物品等资源进行整合，使其更加有序和系统化。同时，还需要充分利用园外自然资源和社会资源以扩展幼儿的学习视野。本文主要对基于园本环境视角下如何开展幼儿项目活动的实践研究进行阐述。

**关键词：** 园本环境资源；幼儿；项目活动

## 一、什么是园本环境资源

园本环境资源是指幼儿园内部及其周围的自然、景观、文化、教育、人力、社会、技术、物资、场地等，这些资源对于幼儿园的发展和幼儿的教育都具有重要的意义。

## 二、什么是项目活动

项目活动是一种以幼儿为中心，通过主题、项目和活动等方式，引导幼儿主动探索、学习和发展的教育模式。这种模式强调幼儿的主动性和创造性，让他们在实践中学习知识，发展能力。幼儿项目活动是一种多元化、综合性强的教育模式，这种教育模式不仅能够促进幼儿的全面发展，还能够激发他们的学习兴趣和创造力，为他们的未来发展奠定坚实的基础。

## 三、幼儿园园本环境资源开发与利用

### （一）幼儿园园本环境资源的开发路径

1. 确定项目目标。在设计园本环境资源项目活动时，首先需要确定活动目标。活动目标应该符合幼儿的年龄特点和教育目标，具体、明确、可操作。例如，活动目标可以包括培养幼儿的观察能力、动手能力、语言表达能力、社交能力等。

2. 选择项目主题。选择合适的项目主题是设计园本环境资源项目活动的关键。主题应该与幼儿的日常生活密切相关，能够激发幼儿的兴趣和好奇心。例如，可以选择自然环境、动物、植物、季节等主题，让幼儿通过观察、探索、体验等活动，了解自然界的奥秘。

3. 制订项目计划。制订详细的项目计划是设计园本环境资源项目活动的必要步骤。项目计划应该包括活动时间、地点、参与人员、活动流程、所需材料等内容。同时，还需要考虑安全问题，确保活动的顺利进行。

4. 准备项目材料。准备充足的材料是设计园本环境资源项目活动的必要条件。材料的选择应该与活动主题密切相关，能够满足幼儿的操作和探索需求。同时，还需要考虑材料的安全性和环保性。

5. 实施项目活动。在实施活动时，需要注重幼儿的参与和体验。教师可以通过引导、启发、示范等方式，激发幼儿的兴趣和主动性。同时，还需要注意观察幼儿的表现和反应，及时调整活动内容和方式，确保活动的有效性。

6. 总结与反思。活动结束后，需要进行总结和反思。总结活动的成果和经验，反思活动的不足和问题。针对反思中发现的问题，进行改进和优化，为今后的活动提供借鉴和参考。

### （二）如何有效利用幼儿园园本环境资源

1. 资源整合与利用。园本环境资源是幼儿项目活动的重要基础，需要对这些资源进行有效的整合和利用。可以通过分类、筛选、整理等方式，将园内的设施、场地、物品等资源进行整合，使其更加有序和系统化。同时，还需要充分利用园外的自然资源和社会资源，以扩展幼儿的学习视野。

2. 项目设计与规划。在基于园本环境资源的幼儿项目活动中，项目设计与规划是非常重要的环节，需要根据幼儿的年龄特点和兴趣爱好，设计符合项目活动目标的主题。在项目设计中，需要注重活动的趣味性和教育性，让幼儿在愉快的氛围中学习知识、发展能力。同时，还需要对项目活动进行详细的规划，包括项目内容、时间安排、人员分工等，以确保活动的顺利进行。

3. 多元化学习体验。基于园本环境资源的幼儿项目活动应该注重为幼儿提供多元化学习体验。可以通过多种形式的活动，如观察、探索、实验、制作等，让幼儿在实践中学习和成长。同时，还需要注重活动的层次性和挑战性，逐渐提高幼儿的学习难度和深度，促进幼儿的思维发展和创新能力提升。

4. 合作与交流能力培养。在幼儿项目活动中，合作与交流能力的培养也是非常重要的。可以通过分组活动、团队游戏等形式，让幼儿在合作中互相学习、互相帮助，培养他们的团队合作精神和沟通能力。同时，还可以通过交流展示、分享会等活动，让幼儿在展示自己的成果和经验的同时，提高他们的表达能力和自信心。

5. 评估与反思机制建立。评估与反思是幼儿项目活动的重要环节，可以帮助教师了解活动的成效和不足。可以通过观察幼儿的参与度、作品质量等方式，对幼儿的学习成果进行评估。同时，还需要对活动进行反思和总结，包括活动的组织、实施、效果等方面，为今后的活动提供经验和借鉴。

6. 安全与健康保障。在幼儿项目活动中，需要注重活动的安全措施和卫生条件，确保幼儿的安全和健康。在活动前要对设施进行检查和维护，确保设施的安全性和可靠性；在活动中需要加强对幼儿的监护和管理。

7. 教师专业成长与发展。教师是幼儿项目活动的组织者和引导者，教师的专业素质和能力直接影响着活动的质量和效果。因此，需要注重教师的专业成长和发展。可以通过培训、交流、研讨等方式，提高教师的专业素质和教学能力；同时还需要鼓励教师不断学习和探索新的教育理念和方法，以适应幼儿教育的发展需求。

8. 社区与家庭合作。社区与家庭是幼儿成长的重要环境，也是幼儿项目活动的重要资源。需要积极与社区和家庭合作，充分利用他们的资源和优势，共同促进幼儿的全面发展。

## 四、基于园本环境资源开展幼儿项目活动

### （一）划分园本环境资源

1. 自然环境探索。利用幼儿园周围的自然环境，引导幼儿进行观察、探索和体验。在园内创设的自然角中的各种植物，让幼儿观察其生长过程；利用园内的花草树木，引导幼儿认识不同的植物和动物；利用园内的水源，让幼儿了解水的性质和用途；等等。这些活动可以帮助幼儿更好地了解自然环境，培养他们的观察力和探究精神。

2. 园内设施利用。幼儿园内的设施多种多样，可以充分利用这些设施开展各种项目活动。利用幼儿园的教室、活动室等场所，开展手工制作、绘画、音乐、舞蹈等艺术活动；利用幼儿园的游乐设施，开展各种户外游戏活动；等等。这些活动可以激发幼儿的兴趣和创造力，促进他们的全面发展。

3. 节日文化体验。利用各种节日和特殊日子，组织幼儿进行文化体验活动。例如，在春节期间，组织幼儿制作灯笼、剪纸等传统手工艺品；在国庆节期间，组织幼儿进行升旗仪式和爱国歌曲演唱。这些活动可以让幼儿更好地了解传统文化和节日习俗，培养他们的文化自信心和民族自豪感。

4. 种植与饲养活动。利用园内的空地和设施，开展种植和饲养活动，让幼儿亲近自然，了解生命。例如，在园内种植蔬菜和水果，让幼儿参与种植和养护；饲养小动物，让幼儿观察动物的生长和习性；开展昆虫观察活动，让幼儿了解昆虫的特点和生活习性；等等。这些活动可以帮助幼儿更好地了解生命和自然，培养他们的爱心和责任感。

5. 艺术创作空间。提供各种艺术创作材料和工具，引导幼儿进行艺术创作。例如，在绘画区设置各种画笔、颜料等绘画材料；在手工制作区提供各种纸、布、黏土等手工艺材料；在音乐区设置各种乐器和音乐器材；等等。这些活动可以激发幼儿的创造力和想象力，培养他们的审美情趣和艺术素养。

综上所述，研究者认为要充分利用园本环境资源开展幼儿项目活动，需要注重创设丰富的自然环境、构建多样化的学习空间、设计主题项目活动、利用信息化技术手段以及与家长、社区合作等多种路径。通过这些路径的综合运用，可以促进幼儿的全面发展，培养他们的综合素质和创造力。

## （二）建立项目活动资源库

建立项目资源库的目的既可以把实践中的过程性资料进行汇总存档，同时也可为后人研究提供经验支持和借鉴方向。研究者认为教师还需要定期对档案进行更新和维护，随着时间推移和项目需求变化，资源库也需要不断更新和优化，为项目的成功实施提供有力支持。

综上所述，建立项目活动资源库是一个需要教师不断实践、梳理和沉淀的过程，通过这些步骤的认真执行和不断优化，可以建立一个高质量、高效率的幼儿园项目活动资源库，能够清楚地看到以园本环境资源下构建的项目课程体系，为未来更多项目的成功和实施及幼儿的发展提供有力支持。

## 参考文献

[1] 何红漫，王微丽．幼儿园项目式园本教研活动设计与实例：支架教师的专业成长[M]．中国轻工业出版社，2022（5）：3—92.

[2] 中国人民共和国教育部．幼儿园教育指导纲要（试行）[M]．北京：北京师范大学出版集团，2000.7.

[3] 中华人民共和国教育部．3—6岁儿童学习与发展指南[M]．北京：首都师范大学出版社，2012.10.

[4] 侯翠玲．幼儿园项目化学习的价值意蕴和实践样态[J]．教育科学论坛，2022（6）.

[5] 姜家丽．依托本土资源开展幼儿户外游戏教学的实践研究[J]．枣庄学院学报，2023（1）.

[6] 袁芳芳，杨凤芹．“让园子里的资源‘活’起来：园内自然资源挖掘与运用”的专题教研实践探索[J]．淮阴师范学院学报（自然科学版），2023.12.

# 浅谈幼小科学衔接课程的开发与实施

（刘珺　北京市大兴区瀛海镇第一中心幼儿园）

**摘　要**：随着我国教育改革的不断深入，对人才的需求和学生素质教育也有了不同的要求。幼小衔接是小学生从幼儿园步入小学的第一步，也是义务教育阶段的第一步。注重幼小衔接，注重幼小科学衔接课程的开发，有利于促进幼儿德育教育。本文以“浅谈幼小科学衔接课程的开发与实施”为题，通过对相关概述的了解，总结幼小科学衔接课程存在的问题，进而提出幼小科学衔接课程的开发与实施的措施。

**关键词**：幼小科学；衔接课程；开发措施

幼小衔接是幼儿进入小学阶段的准备和转化部分，小学的课业比较沉重，幼儿若没有幼小衔接阶段的适应，没有教师帮助和调整，他们的学习和生活都会受到影响。幼小衔接课程开发就是要在这个阶段辅导幼儿的心理，培养幼儿的综合素养，让幼儿感受到学习的快乐，从体验中获得幸福感，在学习中建立积极的心理品质，才能有更好的幼小衔接效果，让幼儿在过渡的过程中很快适应小学生活。

## 一、相关概述

### （一）幼小衔接

幼儿衔接是指幼儿从幼儿园通向小学的这一过程。幼小衔接存在的目的在于让幼儿在新的学校环境中能够有更全面的准备，做好适应新环境的心理准备、行为准备等。由于幼儿园和小学阶段在教育体系、教育内容和教育理念上都有很大差异，这就使得幼小衔接阶段孩子们出现了不适应。解决好幼小衔接对幼儿教育起着决定性作用，因此需要引起幼儿园和家长的重视。

### （二）衔接课程

衔接课程是将课程进行对应，衔接考试计划，每一个阶段的课程考试的学分和学时需要与衔接考试的计划要求相符合。本文中的衔接课程主要是指幼儿园教学与小学低年级教学的教学方式、教学内容以及课堂氛围相衔接。

## 二、幼小科学衔接课程存在的问题

### （一）课程开发氛围欠缺

幼儿园开展幼小衔接的问题确实存在一些表层化的情况，这主要是因为幼儿园和小学之间缺乏深层次的协作机制。幼儿园和小学往往各自为政，缺乏有效的沟通和协商，导致两者之间教学活动的差异较大。为了建立起良好的幼小衔接机制，幼小衔接课程的开发需要从文化入手。这意味着幼儿园应该将衔接课程设计为适合幼儿发展阶段的教学内容，而非简单地以小学现有的课程为模板。衔接课程应该注重培养幼儿的自主学习和综合能力，为他们逐渐适应小学的教学生活和课程教学氛围打下基础。目前，部分幼儿园开发的幼小衔接课程存在一些问题。一个主要的方面是缺乏适合幼儿园小朋友年龄阶段的课堂氛围的营造。衔接课程应该根据幼儿的认知特点和学习需求，创造积极活跃、互动丰富的学习环境，让幼儿在轻松愉快的氛围中参与学习，培养他们的学习兴趣和积极性。

此外，幼小衔接课程的开发也需要关注教学内容的连贯性和过渡性。幼儿园应该与小学紧密合作，了解小学的教学要求和学科内容，将幼儿园的教学内容与小学的教学内容有机地连接起来，使幼儿在衔接过程中能够平稳过渡，避免教学内容的断层和重复。

### （二）教师缺乏有效衔接的专业能力

幼小衔接是幼儿园教师与小学教师共同合作完成的课程开发，然而教师在幼小衔接课程方面缺乏有效的衔接方式和专业能力，是跨界综合的活动设计和幼儿的需求存在一定的差异性。在幼小衔接方面，教师不能单纯了解幼儿教育，也不能单独了解小学教育，需要在幼儿和小学教育之间做好衔接。因此，在幼小学科衔接课程的开发中，既要注重教师科学教学能力，也要注重教师的班级管理氛围、营造能力。只有这样，才能改善幼小衔接学科课程中存在的不足。

### （三）幼小衔接课程开发理念不足

幼小衔接课程需要参与课程开发的教师拥有科学的指导理念，尤其是在开发过程中减少衔接焦虑，不能够出现病急乱投医的现象。幼小衔接课程开发需要根据幼儿园原本课程和小学学科课程的教育内容制定教育目标，然而，在幼小衔接课程开发过程中，由于缺乏课程系统构建，幼小衔接的课程内容、教学方式缺乏科学理论指导，以致在转化中出现陡坡。

### （四）幼小衔接缺乏建构系统

幼小科学衔接课程在开发的过程中缺乏构建系统，主要是由于幼儿园原本课程与小学课本之间欠缺联系，因此会出现幼小衔接中的断层问题。幼儿园教育是从幼儿的兴趣爱好、性格、年龄特点入手，开展与幼儿成长相适应的教学活动，以游戏化课程为主。小学教学是以知识的学习为主，而且教学方式也出现了很大的不同，这就让幼儿在改变的过程中缺乏思维的转变和心理接受的转变，不利于幼儿在幼小衔接过程中顺利适应，也不利于缩小幼儿在小学阶段的适应过程。

## 三、幼小科学衔接课程的开发与实施的措施

### （一）跨界造就相互映照的文化氛围

幼小衔接需要从学科课程作为开发重点，即使是跨界，也要有文化来衬托课堂氛围，利用幼儿园，小学校园等文化寻找其中相互贯通的部分来设计，共同的探索主题活动。例如，针对幼儿的年龄特点、学习习惯、生活习惯，设计特别关爱课程，主要是关注幼儿对衔接中一些不适应的内容，调整课程教师陪伴给予心理上的安慰。从班级文化入手，从校园和幼儿

园的文化营造入手，让幼儿园与小学的文化氛围相互映照，才能让幼儿在步入小学时也感受到曾经的温暖，同时给予幼儿心灵上的安慰。

### （二）跨界培育幼小互通型教师

衔接课程的主要内容要以幼儿入学适应中存在的问题冲突作为教学活动的相关主题，思考解决方法。同时，要对参与幼小衔接的教师，开展相关培训。从课程游戏化到学科教学，教师在策划教学活动时，要以阶梯式的缓步前行，实现科学衔接。只有教师通晓幼儿、小学教育才能提高衔接效率。

### （三）在项目学习中实现的辩证转换

幼小衔接中需要开发具有科学性的课程，从幼儿的思维，发展规律和现状入手设计的课程深度要呈螺旋式的上升，才能让幼儿在目前拥有的习惯素养和综合能力的情况下小步向前，一步一个脚印。在幼小衔接课程开发的过程中，主题作为课程的开发，看似有边界，实则内在相连。在不断的相互转化中，让幼儿掌握更多的学习技巧，提高幼儿综合能力。这样既减少了幼儿对陡坡上升式教学方式的厌恶，也可以让幼儿在循序渐进的过程中顺利地度过幼小衔接。

### （四）在课程生发中建立联合机制

幼小科学衔接课程的开发需要从幼儿入手，以幼儿为主体开发与幼儿兴趣相关的课程活动。弱化幼儿园原本课程与小学教学之间存在的断崖式衔接，也不能因为两个学习阶段存在一定的差异而强行提升幼儿阶段的教育。因此，课程开发需要从辩证的角度去考虑，同时也要利用课程开发将幼儿园原本课程与小学学科课程相联系，利用课程开发搭建桥梁。另外，在课程开发的过程中，也要根据课程发展意义，着眼于幼小衔接的发展目标，才能激活幼小衔接的内在动力，实现幼儿园和小学的深度合作和共同发展，进而建立长期有效的联合机制。

## 四、结语

综上所述，幼小衔接作为教育教学和课程建设的主要内容，需要得到各方的重视和积极配合。幼小科学课程衔接的开发和实施，主要是解决幼儿园和小学分离衔接意识薄弱的现状。缓解幼儿步入小学后，适应小学教育时间较长，幼儿园教育与小学教育间坡度较陡的现象。本文在关注幼小科学衔接课程的过程中，以浅谈幼小科学衔接课程的开发与实施为题，通过对幼小衔接课程等相关概述的了解，从课程开发氛围欠缺，教师缺乏有效衔接的专业能力，幼小衔接课程开发理念不足和幼小衔接欠缺，构建系统等方面总结幼小科学衔接课程存在的问题，针对其问题，从跨界造就相互映照的文化氛围，跨界培养幼小互通型教师，在项目学习中实现的辩证转换和在课程生发中建立联合机制等方面提出幼小科学衔接课程的开发与实施措施。

## 参考文献

[1] 宗月婷．幼小衔接视角下幼儿园科学活动的设计与实施［J］．好家长，2023（40）：96.

[2] 薛飞．“儿童为本”的科学幼小衔接家庭支持策略［J］．教学管理与教育研究，2023，8（22）：4—6.

[3] 张燕．“双减”背景下幼小科学衔接课程的开发策略［J］．好家长，2023（33）：96.

[4] 程伟，董吉贺，刘源．高质量过渡：小学幼小衔接课程建设探究［J］．基础教育课程，2023（5）：4—11.

[5] 韩萍．浅谈幼小科学衔接课程的开发与实施［J］．好家长，2023（2）：11.

[6] 苏蕙．幼小协同准备科学助力成长：我园“幼小衔接”课程的思与行［J］．家教世界，2021（33）：27—28.

[7] 董胤菊．科学构建幼小衔接课程：以《我能上小学啦》主题课程为例［J］．好家长，2021（70）：92.

[8] 杨彬，郑珊．意识引领，科学衔接：浅谈幼小衔接课程实施策略［C］//中国智慧工程研究会智能学习与创新研究工作委员会．2020课程教学与管理云论坛（重庆分会场）论文集．成都双流中学实验学校附属小学，2020：4. DOI：10.26914/c.cnkihy.2020.042943.

# STEAM 理念下开展幼儿园自然美育活动的实践

（何金花　福建省莆田市荔城区黄石沙堤中心幼儿园）

**摘　要**：随着STEAM教育理念的兴起，将自然美育融入跨学科教学成为提升幼儿综合素质的有效途径。本文着重探讨自然美育在STEAM教育模式下的实践意义及其在培养创新思维中的重要性。通过分析自然美育的内涵与价值，梳理了STEAM教育视域下的自然美育教学方法，揭示了自然美育与STEAM教育实践中的关键点和改进策略，为自然美育的发展和应用提供方法上的支撑，促进教育者和幼儿自然美育在跨学科教学中的思考。

**关键词**：STEAM理念；自然美育；教学模式

## 一、STEAM 理念下的自然美育活动实践重要性

### （一）拓宽幼儿的视野

自然美育有助于拓宽幼儿的视野，增强他们对自然环境的认识和理解，培养广阔的自然美感。自然环境为幼儿提供了丰富的感知体验。以我所在的幼儿园为例，我园地处农村，自然资源丰富，通过观察花草树木、倾听鸟鸣虫叫、触摸土壤石头，幼儿可以感受到自然的多姿多彩。著名儿童教育家蒙台梭利认为："儿童的感知能力是在与环境的互动中发展起来的。"自然美育活动为幼儿提供了与自然环境互动的机会，有助于扩展他们的视野。

### （二）培养幼儿的创造力和想象力

自然美育可以激发幼儿的创造力和想象力，激发他们对自然美的探索欲望，促进创新思维的培养。自然美育活动可以让幼儿在自然环境中感受美的存在。美国著名教育家约翰·杜威认为："美感是人类的一种基本需求，它源于人类对环境的感知和体验。"通过自然美育活动，幼儿可以在欣赏自然美景的同时，培养自己的创造力和想象力。

### （三）促进幼儿综合素质的提升

自然美育在STEAM教育中还可以促进学科间的融合与交叉，帮助幼儿更好地理解自然与科学、技术、工程、艺术、数学等学科之间的联系，实现跨学科的综合性学习。通过贯穿自然美育的教学实践，幼儿可以更深刻地理解自然界的规律和美感，并将这种跨学科的综合理解应用于实际问题的解决，可以培养幼儿的感知能力和审美能力，还可以促进他们综合素质的提升。在自然美育活动中，幼儿需要运用科学、技术、工程、艺术和数学等多学科知识，解决实际问题。这种综合性学习方式有助于幼儿综合素质的提升。

## 二、STEAM 理念下的自然美育活动实践方法

自然美育是指通过自然环境和自然景观对幼儿进行美育教育，培养幼儿热爱自然、保护自然的情感和意识，提高幼儿的审美情趣和审美能力。自然美育与STEAM教育的结合，在跨学科教学中起着重要作用。

### （一）跨学科整合是实施自然美育的重要方法之一

STEAM 教育倡导跨学科教学，自然美育可以成为其中的一个重要组成部分。通过将科学、技术、工程、艺术和数学等学科知识相互融合，将自然美育与 STEAM 教育有机结合，实现了学科之间的互通和交融。活动中幼儿不仅可以学习一些历史故事、文化精神等人文艺术类的知识，而且还可以学习到自然、地理、物理、天文等科学类知识，两者相互促进、相互融合，促使幼儿创新思维和解决问题能力的提升。例如，在科学课上，教师可以引导幼儿观察植物的生长过程，体会生命的奇妙；在美术课上，教师可以教授幼儿如何利用自然素材进行创作，表达对自然之美的理解。又如，在大班《红砖古厝》艺术活动中，教师需提前了解闽南古厝的一些建筑特点、气候和人文历史等。

### （二）项目式学习是实施自然美育的有效途径

通过设计具有一定挑战性和创新性的项目任务，是以 PBL 问题式为导向，幼儿主动探究和解决问题的一个过程，教师要根据幼儿的兴趣点和年龄规律，进行项目化活动设计，为幼儿提供适宜的物质空间和探索材料，设计思维导图线索，让幼儿在实际操作中体会自然美育的魅力。例如，可以组织幼儿进行生态环境改善项目，通过植树、清理垃圾等实际行动，培养幼儿的实践能力和团队合作精神，同时增强他们对自然环境的热爱和保护意识。

### （三）实地调研也是自然美育在 STEAM 教育模式下的重要教育方法之一

通过组织幼儿走出课堂，深入自然环境进行实地考察和调研。例如，在开展自然美育活动时，教师可以让幼儿亲自参与实践活动，如种植花草、观察昆虫等。通过这些实践活动，幼儿可以在实践中学习，在探索中成长，让他们近距离接触大自然，感受自然之美，培养幼儿的环境保护和可持续发展意识。

### （四）科技创新也是自然美育的重要组成部分

结合现代科技手段，如虚拟现实技术、生物科技等，引导幼儿探索自然奥秘，激发幼儿对科学的兴趣，培养他们的科学探究精神和创新精神。例如，利用现代信息技术展示自然美景，或者将自然元素引入课堂。这样可以让幼儿在有限的环境中感受到自然的魅力。

## 三、STEAM 理念下的自然美育活动建议

### （一）加强师资培训

为了更好地推广自然美育，学校应加强对教师的培训，提高他们的自然美育意识和能力。同时，鼓励教师开展跨学科合作，共同探究自然美育的教学方法，利用 xmind 等思维导图罗列出问题，开展研讨，构建 STEAM 自然美育项目化课程体系。

### （二）优化课程设置

学校应优化课程设置，将自然美育融入各个学科。此外，还可以开设专门的自然美育课程，系统地教授幼儿自然美的知识和技能。例如，利用幼儿园的植物角开展植物美育，让幼儿学习植物的枝叶、生长以及作用，最后利用纯天然的植物制作艺术作品，在探索问题当中提高幼儿的综合素质能力。

### （三）家庭教育与社区联动

自然美育的推广不仅限于学校教育，还需要家庭教育和社区的参与。家长和社区成员可

以通过带领孩子走进大自然、参加环保活动等方式，共同营造自然美育的良好氛围。在各个时节，让家长带领幼儿到大自然中去参观自然的季节变化和丰富多彩，为幼儿的美育教程扩展视野，如在制作油菜花时，可以利用周末时间带领幼儿去参观油菜花田，感受春天的气息，家长提前让幼儿了解油菜花的生长过程，为后面的课程做好铺垫。

### （四）创新教学方式

面对自然环境的限制，教师可以创新教学方式，如利用现代信息技术展示自然美景，或者将自然元素引入课堂。这样可以让幼儿在有限的环境中感受到自然的魅力。例如，在开展二十四节气的课程时，关于雨水、露水、节气等知识，教师通过多媒体查阅相关的资料，提前供幼儿学习和欣赏。

### （五）开发本土教育资源

在教育资源匮乏的情况下，教师可以开发本土教育资源，如利用我园丰富的植物、景观以及周边的资源等开展自然美育活动。这不仅可以节约成本，还可以让幼儿更好地了解家乡的自然环境。作为幼师要有敏锐的眼光，善于发现新闻时事以及国家政策，发现当下社会实践和适合本土文化的一些民俗活动，通过建立和社会文化相适宜的项目化活动，传授给幼儿历史文化和人文精神，培养他们敏锐的信息文化和创新思维。

## 四、STEAM理念下自然美育课程教学模式

把STEAM理念和本土文化相结合，探索一套适合在幼儿园开展的STEAM项目化教学方法。大致可以分为以下几个方面。

### （一）明确园本主题

在开展艺术活动时，利用幼儿园和社区资源。例如，“STEAM＋自然美育”“STEAM＋美工区自然创意坊”“STEAM＋自然非遗文化相结合”等开展形式多样的主题。例如，二十四节气美育课程、种植角美育课程、自然风情美育课程等。

### （二）教师研讨罗列思维导图

教师学习和丰富STEAM相关理论知识，研讨适合本班级的STEAM自然美育课程，预设教学活动开展的思维导图，以PBL问题式教学方法为主，通过提出问题、思考解决路径、构建场景、创作等步骤来完成课程。

### （三）幼儿实践

美育创作之前通过访谈、实地考察、绘本阅读、信息技术查阅资料等多种方式，组织幼儿了解STEAM相关的自然课程，丰富幼儿的实践经验和自然认知，积累丰富的班本资源和素材库。

总而言之，本文通过对自然美育在STEAM教育中的重要性和实际应用进行研究，为教师提供一个学习的思路和实践的方法。通过对STEAM自然美育实践的探讨，促进人们对自然美育的深度思考，从而更好地应用于教育实践中，为幼儿的全面发展提供更多的可能性。在未来的研究中，我们需要更深入地践行STEAM自然美育的实践路径，以及其在不同年龄段、不同教育环境下的差异影响。同时，在不断改进教育应对策略当中调整教师的教和幼儿的学，以便更好地促进幼儿的综合素质提升。

## 参考文献

［1］中华人民共和国教育部．3—6岁儿童学习与发展指南［M］．北京：首都师范大学出版社，2012.

［2］龙兴明，郑霜，张小玲．STEAM视域下综合实训类课程的创新设计与实践［J］．工业和信息化教育，2020.

［3］闫伟丽．STEAM教育课程在现阶段教育中的实施现状及对策探析［C］．2020年南国博览学术研讨会论文集（一），2020.

［4］施丽丽．融入自然探索自然组织幼儿STEAM教育活动［J］．试题与研究，2022：2.

［5］王艺之．自然主义教育视域下幼儿园区域游戏中自然材料的投放和利用的研究［J］．互动软件，2021：1（1301）．

# 绘本对幼儿童话剧表演能力发展的实践与研究

（杨珊　北京市朝阳区康泉新城幼儿园）

**摘　要：**童话剧是幼儿最为喜爱的表演形式之一，它独特的艺术形式符合幼儿的心理、生理特点。对于幼儿园阶段的孩子而言，是语言发展的重要时期，也是学习语言最快、最容易的时期。单一形式的教学，往往会使语言教育达不到预期的效果，而将语言与艺术相结合，在艺术中学习，在游戏中学习，可以大大提升幼儿的学习兴趣。

**关键词：**童话剧；语言发展；材料支持

《3—6岁儿童学习与发展指南》指出："幼儿的语言能力是在交流和运用的过程中发展起来的。应为幼儿提供自由、宽松的语言交往环境，鼓励和支持幼儿与成人、同伴交流，让幼儿想说、敢说、喜欢说并能得到回应。"幼儿通过模仿、想象、编故事开展童话剧表演活动，有利于提高幼儿学习的积极性，激发幼儿在课程学习当中的主体地位，发挥幼儿的创造力和想象力。为了更好地构建、实施儿童视角童话剧课程，幼儿园教师可以从以下几个方面进行。

## 一、以绘本为切入点，幼儿自发童话剧表演行为

### （一）以幼儿为主体，选择童话剧绘本

升入大班后，由于幼儿年龄与能力的增长，绘本阅读与故事盒的表演形式已不能满足幼儿的兴趣发展，教师在发现问题后，可在班级中开展"绘本我推荐"的区域活动，每日幼儿在区域中寻找自己喜欢的两本绘本进行阅读，并将绘本封面绘制出来，粘贴在推荐板块上，接着在周五区域评价时增加童话剧绘本选择活动，班级幼儿根据自身的阅读兴趣，推荐出《打瞌睡的房子》、《母鸡萝丝去散步》、《大脚丫跳芭蕾》、《蚯蚓日记》和《彩虹色的花》等五本绘本，因班中幼儿在中班时有《彩虹色的花》前期故事倾听经验，所以在最后的投票中四分之三的幼儿对《彩虹色的花》进行抉择，女孩子更是展现了满满的表演欲望，从而我们确定了最终的童话剧剧本。

### （二）师幼共读绘本，为表演积累经验

幼儿要想进行绘本表演，一定是在充分理解绘本故事的基础上，才能挖掘绘本所蕴含的价值。要完成对绘本的解读，阅读活动的集体教学就显得十分重要。教师要分析绘本阅读中的重难点，设计教育活动时，要考虑到逐页引导幼儿理解和把握绘本的内涵，体验阅读绘本故事的快乐。

绘本《彩虹色的花》讲述的是一个"慷慨"与"无私"的品格故事，彩虹色的花把它美丽的花瓣一片一片地赠给别人，同时也分享着这些小伙伴的快乐。它绚烂的生命如同彩虹一样留在伙伴们的心中。季节更替，生命轮回，但温情不变，爱心永恒。在回味故事后，引导幼儿讨论作品中角色的无私奉献，从而帮助幼儿理解故事发展的线索、感受角色当下的心情。

## 二、童话剧材料的制作与环境的支持

### （一）区域共融效应，辅助幼儿练习

在图书区，我们首先对《彩虹色的花》绘本数量进行增加，便于区域中每个孩子人手一本，大家能将绘本当成儿童版的“剧本”进行阅读，随后我们在图书区的播放器中增加绘本故事音频，使幼儿可以对照剧本倾听人物台词与故事情节发展，并引导幼儿学会使用播放器。同时，鼓励幼儿使用桌面故事盒版的《彩虹色的花》纸偶进行表演，使幼儿感受故事盒的表演的乐趣。

随后根据幼儿对绘本阅读兴趣的转变，我们也会结合幼儿兴趣进行材料与绘本的调整，做到遵从幼儿的游戏兴趣与意愿，这一过程，也使幼儿在社会准备交往合作方面得到发展，能够结合绘本提出不同的问题，自发性地针对问题与伙伴动脑思考，共同商量解决问题的办法，为升入小学后的社团活动经验打下基础。

### （二）利用区域时间，师幼共同制作道具

结合幼儿的表演需求，教师利用业余时间绘制符合自然风光的背景板，同时与幼儿共同统计绘本中所需要的道具扇子、衣服、雨伞等，幼儿四人为一组，一人用画笔记录其他三名小朋友的发言，最后汇聚在一起，统计出所需要的所有道具，随后大家利用美工区时间共同制作。

在区域活动时间小朋友们进行绘本的排练活动，一天小瑜问道：“这个区每天都是呦呦、玥玥、孟孟这些小朋友表演区？”答案当然是：“不！”每名幼儿都需要综合发展，大家都会有想要表演的欲望，这时怎么办呢？我将问题抛给了孩子们，组织小朋友们进行讨论，当当说：“昨天已经在表演区表演过的人，今天就可以去图书区一边看绘本，一边讲故事，还能练习对话……”这些方法都获得小朋友们的肯定。作为教师，我们就需要结合幼儿提出的这些解决措施进行环境的创设与材料的支持。

投入制作中，我们也遇到了问题，“有的道具太难了怎么做呢？比如蜥蜴的新衣服怎么做呢？”等问题，我们又展开了讨论，我提示道：“小朋友们也不是裁缝，用纸做太小，小朋友穿不进去，那要怎么办呢？”玥玥说道：“哦！我知道了！”便飞快去到表演区，拿着一件红色斗篷回来了，说道：“我们可以拿这件红色斗篷当蜥蜴的新衣服，正好还和绘本上的衣服一样呢！”福宝看了瞪大眼睛、张大嘴巴，说：“哇！对哦，这就可以用，玥玥你真棒！”这一问题解决了，我们便顺着故事发展继续讨论道具的事情，逐渐我们把美工区材料纸雨伞（大）涂成绿色当作小刺猬的雨伞；把纸扇子涂成蓝色当作小老鼠的扇子……利用活动区时间，我们的道具越来越丰富，很快便投入使用。

## 三、在幼儿表演中教师是平等的参与者

### （一）在区域游戏中中，讨论童话剧的编排

童话剧的编排是为了让整个绘本剧表演更加有序、连贯和顺畅，而幼儿在表演过程中的

动作、表情是让表演出彩的关键。因此，教师可在平时的活动中帮助幼儿积累有关情绪表达或不同性格的角色表现。例如，律动游戏中，可引导幼儿根据教师播放的音乐特点，做出相应的动作和表情，教师可以请表情与肢体突出的小朋友来到集体面前展示；教师可组织幼儿讨论编排绘本角色动作以及情感的表达，加上前期的经验积累，可以帮助幼儿更加到位地塑造绘本角色，让表演更加饱满和精彩。

### （二）在观察指导中，提升幼儿的表现力

1. 教师发挥观察优势，制定解决策略。随着幼儿在区域游戏中的排练，教师一定要善于观察幼儿在表演区的表现，分析幼儿的游戏情况，针对不同的问题制定不同的指导策略，才能让每一次的表演有效，推进绘本剧的不断丰富完善。活动前期，可以针对表演人员不固定的问题，引导幼儿按照角色头饰、服装数量自由组合表演，使表演人员和区域游戏时间相对固定，避免出现每次表演时参与的幼儿不同，影响幼儿之间的配合和进度。

2. 发挥幼儿优势，相互协助解决问题。对幼儿的能力进行初步调查，以强带弱，促进每位幼儿的发展。将角色制作成统计表的形式粘贴在区域墙面中，使幼儿拿着自己的头像挂牌自主粘贴选择表演的角色，便于幼儿进区后能快速完成角色的装扮，参与表演。同时，教师借助电子设备将幼儿在表演中的亮点进行展示，让幼儿在区域评价环节共同欣赏，学习他人好的地方，完善自己在表演中的不足，从而使幼儿在表演中逐渐提升自信心与语言表达能力。

## 四、童话剧对幼儿语言发展的作用

童话剧的种类和内容极为多样化，作为幼儿教师，应该从广泛的幼儿童话剧作品中，挑选具有一定教育意义的儿童文学。一方面可以锻炼幼儿的表达能力；另一方面通过童话剧作品，构建幼儿的语言组织能力，将内容和思想完整统一，进而构建幼儿的语言表达体系。通过活动的开展，小朋友们从开始的小声表演转变为洪亮表达；从最初的眼神缥缈，到与同伴、观众的眼神互动；从当初的胆小不自信，到主任老师来观看时的自信表达，偶尔还能一人客串两个角色的熟练，这都与孩子们在日常表演中积累的经验是分不开的，兴趣是最好的老师，相信童话剧的表演经验，会在小朋友们今后的学习生活中留下满满的回忆。

优秀的绘本故事，以简单的逻辑结构、丰富的情景内容，可以有效吸引幼儿的注意力，同时结合剧情的内容，实现幼儿对同伴互助、情感共鸣、感恩他人等良好品格人格的培养。通过绘本相应的故事情节进行表演，帮助幼儿实现对于角色的还原和情感的体验，帮助幼儿创造具有自身表达特点的表演模式，营造更具有个人特点的表演氛围，实现幼儿对语言情境模式的有效理解，展现多维度的思考能力和语言表达能力。

综上所述，通过童话剧的有效运用，实现幼儿语言教育与表演的有机融合，可以帮助幼儿实现对于理想角色的真实演绎，对人格建立提供良好的帮助。同样，作为教师，也需借助这些儿童文学作品，实现对幼儿情感、语言、交往、学习专注等教学目的，丰富幼儿的语言表达逻辑思维，提升幼儿的语言运用的综合能力。

### 参考文献

[1] 中华人民共和国教育部．幼儿园教育指导纲要（试行）[M]．北京：北京师范大

学出版社，2001.

[2] 许文娟．浅谈幼儿园童话剧表演的指导策略［J］．新课程（小学），2014（3）：148—149.

[3] 党守荣．浅议童话剧在幼儿园语言教育中的应用［J］．学周刊，2021（06）：175—176.

[4] 吴韦．浅谈幼儿园童话剧对幼儿语言发展的作用［J］．天天爱科学（教育前沿），2020（3）：21.

[5] 刘席．儿童视角童话剧课程的构建与实施［J］．启迪与智慧（中），2020（6）：83，82.

[6] 陈臻雯．以绘本为载体，开展幼儿园表演区绘本剧表演之我见［J］．新课程（综合版），2019（10）：28—29.

# 幼儿园教育信息化发展对幼儿认知能力的影响研究

（康远馨　北京市丰台区丰台二幼葆台园）

**摘　要**：随着信息技术的迅速发展，幼儿园教育也融入了更多信息化的元素。本文探讨了幼儿园教育信息化发展对幼儿认知能力的影响，并结合相关理论和实例进行分析，提出了在信息化教育中注重教育理论的指导，合理利用技术手段，为幼儿认知能力的发展提供一些更好支持的建议。

**关键词**：幼儿园教育；信息化；认知能力；案例分析

## 一、引言

随着信息技术的不断普及和发展，教育领域也逐渐迎来了信息化时代。在幼儿园教育中，信息化技术的应用已经成为一种趋势。幼儿期是孩子认知能力发展的关键时期，而信息化教育对于幼儿认知能力的培养具有重要意义。本文将结合教育理论和实例，探讨幼儿园教育信息化发展对幼儿认知能力的影响。

## 二、信息化教育与认知能力

### （一）信息化教育的概念与特点

信息化教育是指利用现代信息技术手段，对教育教学活动进行改进和优化的过程。它不仅包括了传统教育方式中的内容和方法，还融入了多媒体、互联网等新技术，为教学提供了更广阔的空间和更丰富的资源。信息化教育的特点在于其提供了个性化、多样化、互动性和媒体融合等优势，并能够满足幼儿不同认知特点和需求。

### （二）幼儿认知能力的重要性

幼儿期是认知能力迅速发展的关键时期，良好的认知能力对幼儿的学习和发展具有重要的促进作用。认知能力包括感知、注意力、记忆、思维等，是幼儿学习的基础。

通过信息化教育的引入，幼儿能够在富有趣味性和互动性的学习环境中进行认知能力的培养。比如，在学习数字的过程中，教师可以利用数字故事书或数字学习应用，通过多媒体展示数字形象，帮助幼儿直观地理解数字的概念。这样的教学方式可以提高幼儿的感知能力和记忆能力，培养他们对数字的理解和运用能力。

## 三、信息化教育对幼儿认知能力的影响

### （一）提供多样化的学习资源

信息化教育丰富了幼儿园的学习资源，通过多媒体、互联网等渠道，为幼儿提供了更加生动、直观的学习内容，有利于激发幼儿的学习兴趣，拓宽他们的认知领域。

通过数字故事书的形式，幼儿可以以动听的声音、生动的图像和互动的方式来学习数字概念。比如，故事书中可以有数字角色的身影，通过与角色的互动，幼儿消除了学习数字的

枯燥感，更加直观地理解和掌握了数字的概念。

与此同时，幼儿园还可以利用教育游戏提供多样化的学习资源。比如，通过电子琴教学游戏，幼儿可以在虚拟乐器上演奏，通过对音符的认知和手指的操作，培养幼儿的感知能力和注意力，增强其音乐学习的效果。

### （二）促进交互与合作

信息化教育可以为幼儿提供更多的交互与合作机会，通过网络平台、教育应用等工具，让幼儿在与同伴互动的过程中共同学习、共同探索，培养其合作精神和团队意识。

1. 虚拟合作项目。幼儿园可以组织虚拟合作项目。比如，通过在线平台或应用，让不同幼儿园的幼儿一起参与一个虚拟项目，如共同绘制一幅画、解决一个谜题或创作一个故事。在这个过程中，幼儿需要相互沟通、协作，共同完成任务，从而培养他们的合作精神和团队意识。

2. 交互式学习游戏。幼儿园可以利用交互式学习游戏，让幼儿在游戏中与同伴进行互动和合作。比如，设计一个团队拼图游戏，要求幼儿合作将拼图拼凑完成；或者是设计一个数字对对碰游戏，要求幼儿通过互相配合找到相匹配的数字。通过这些游戏，幼儿不仅能够增强合作意识和团队精神，还能够共同探索和解决问题，促进他们的社交和认知能力的发展。

3. 虚拟角色扮演活动。幼儿园可以组织虚拟角色扮演活动，通过在线平台或应用让幼儿扮演不同角色，在虚拟世界中展开合作、互动。例如，幼儿可以在模拟商店中扮演顾客和售货员，通过商务交流和合作完成购物任务；或者在模拟治疗中扮演医生和患者，学习合作与关怀。这样的活动可以促进幼儿之间的互动和合作，培养他们的社交技能和认知能力。

### （三）引导自主学习与思考

信息化教育注重个性化和自主化学习，通过提供个性化的学习路径和资源，激发幼儿的自主学习和思考能力，培养其独立解决问题的能力。

1. 个性化学习软件。幼儿园可以利用个性化学习软件，根据每个幼儿的学习特点和兴趣，量身定制学习内容。例如，软件可以根据幼儿的兴趣爱好，为其推荐相关知识和学习资源。如果幼儿对动物感兴趣，软件可以提供关于动物的故事、图片和视频，激发幼儿主动学习和探索的欲望。

2. 个性化学习项目。幼儿园可以根据幼儿的特长和发展需求，设计个性化的学习项目。例如，幼儿在自然科学方面表现出较强的兴趣和潜力，幼儿园可以组织小组科学探索项目，让幼儿根据自己的兴趣和问题进行自主学习和研究。幼儿可以选择自己感兴趣的主题，使用信息化工具和资源，自主收集、整理和呈现相关信息，培养其独立解决问题的能力。

3. 论坛和讨论组。幼儿园可以建设在线论坛和讨论组，给幼儿提供一个交流和分享的平台。幼儿可以在论坛中发表自己的观点和想法，与其他幼儿进行讨论和互动。通过与同伴的交流，幼儿不仅可以加深对学习内容的理解，也能够培养自己的思考能力和表达能力。

## 四、教育理论的指导与实践

### （一）儿童发展理论的指导

根据儿童发展理论，信息化教育应该充分考虑幼儿的发展特点和需求，注重因材施教，为幼儿提供适宜的学习环境和资源，促进其全面发展。

1. 个性化学习路径。针对不同年龄段和个体差异，幼儿园可以设置不同的学习路径和内容。比如，对于年龄较小的幼儿，可以提供简单易懂、色彩丰富的学习资源，注重感官刺激和情感体验；而对于年龄较大的幼儿，则可以提供更具挑战性、深入的学习内容，引导其进行逻辑思考和问题解决。

2. 身心发展均衡。幼儿园应该设计综合性的学习活动，促进幼儿的身心发展。比如，结合儿童发展阶段的特点，安排适当的体育运动和手工艺活动，帮助幼儿锻炼身体，培养动手能力和协调能力。

3. 情感关怀和安全保障。幼儿在成长过程中需要得到情感上的关怀和安全的保障。幼儿园应该建立良好的师生关系，关注每个幼儿的情感需求，为他们提供安全稳定的学习环境，培养其积极的情感态度和健康的人际关系。

### （二）情境学习理论的应用

情境学习理论强调学习应该在真实的情境中进行，信息化教育可以利用虚拟现实、增强现实等技术，创造具有情境感的学习场景，激发幼儿的学习兴趣和参与度。

1. 虚拟实验室。利用虚拟现实技术，幼儿园可以打造虚拟实验室，让幼儿在虚拟环境中进行科学实验。比如，模拟化学实验室或生物实验室，在这个虚拟环境中，幼儿可以自由进行实验操作，观察实验现象，体验科学探索的乐趣。

2. 增强现实场景。通过增强现实技术，幼儿园可以将学习内容与真实场景结合起来。比如，在学习自然科学知识时，可以利用增强现实应用让幼儿在户外进行观察和探索，通过手机或计算机电脑的摄像头，将现实场景中的植物、动物等信息叠加在屏幕上，让幼儿亲身体验学习内容，增强学习的情境感和参与度。

3. 情境模拟游戏。设计情境模拟游戏，让幼儿在游戏中扮演不同角色，体验不同情境。比如，设计一个模拟购物场景的游戏，让幼儿扮演顾客和售货员，在虚拟环境中进行购物交易，锻炼他们的社交能力和生活技能。

## 五、结论与建议

通过对幼儿园教育信息化发展对幼儿认知能力的影响进行分析，可以得出以下结论。

1. 增强学习效果。信息化教育通过引入多媒体、互动式学习工具等技术手段，能够使幼儿在学习过程中更加活跃和专注。例如，通过图像、动画、声音等多媒体方式呈现学习内容，能够激发幼儿的兴趣和好奇心，提高信息吸收和记忆效率。

2. 培养相关认知能力。信息化教育注重幼儿的互动和参与，通过游戏化学习、自主学习等方式，能够促进幼儿的观察、分析、解决问题等认知能力的培养。例如，在虚拟世界中进行角色扮演游戏，幼儿需要运用逻辑思维和推理能力解决问题，培养幼儿的逻辑思维和问题解决能力。

3. 促进跨学科综合能力。信息化教育提供了丰富的学习资源和多样化的学习环境，能够促进幼儿跨学科的综合能力发展。例如，在学习自然科学知识时，幼儿可以通过虚拟实验、观察和实践等方式，培养科学思维、观察能力、探索精神，同时也能够提高其信息获取和处理能力。

综上所述，通过信息化教育的实施，幼儿园能够充分利用技术手段提高学习效率，培养幼儿的认知能力。信息化教育不仅能够提供多样化的学习方式和资源，激发幼儿的学习兴趣和参与度，同时也能够培养幼儿的观察、分析、解决问题等认知能力，促进跨学科的综合能力。因此，建议幼儿园在教育实践中积极推动信息化教育的发展，为幼儿提供更加优质的学习体验和发展机会。

# 家庭共育与社区资源合作：促进幼儿全面发展的前沿实践与未来展望

（马伶　内蒙古呼伦贝尔满洲里市幼儿园）

**摘　要：** 本文通过研究幼儿园家庭共育的方法与策略，以及社区公共图书馆资源与幼儿园合作在提升家庭阅读习惯方面的实证研究，探讨学前教育中的热点问题。文章既回顾了幼儿教育思想和理论，明确了家庭共育在幼儿教育中的重要性，又结合实际教育教学改革实践，突出了在提高家庭阅读习惯方面的挑战和机遇。

**关键词：** 幼儿教育思想；学前教育；家园共育；社区公共图书馆

## 一、引言

在学前教育中，幼儿园家庭共育一直是备受关注的话题。本文旨在通过对社区公共图书馆资源与幼儿园合作在提升家庭阅读习惯方面的实证研究，深入探讨幼儿园家庭共育的方法与策略。文章从幼儿教育思想和理论的角度出发，结合实际教学改革实践，探讨家庭阅读习惯的促进机制。

## 二、幼儿教育思想与理论的指导

在幼儿园工作中，幼儿教育思想与理论是塑造教育方向的基石。多元智能理论和社会文化理论等多个角度的分析，为幼儿园教育提供了丰富的指导性原则。本文将从多元智能理论、社会文化理论两个方面深入分析，强调在家庭环境中培养综合素养的重要性，并提出家庭共育应融入幼儿园教育体系，使其更具系统性和针对性。

### （一）多元智能理论的引导

多元智能理论由霍华德·加德纳提出，强调个体在不同领域具有不同的智能。在幼儿教育中，要充分认识到每个孩子的多元智能潜能，因而家庭共育需要根据幼儿的个体特点进行有针对性的培养。例如，在家庭环境中，可以通过游戏、艺术和社交活动等方式，激发幼儿各类智能的发展。

同时，教育者要通过与家长的密切合作，了解家庭环境对幼儿多元智能的影响，以更好地制订个性化的学习计划。通过这种方式，家庭共育不仅能够充分挖掘幼儿的潜力，还能更好地满足多元智能理论的教育要求。

### （二）社会文化理论的应用

社会文化理论强调社会文化环境对个体发展的影响，认为学习是社会活动的产物。在家庭共育中，要将社会文化理论融入教育实践，建立有助于幼儿发展的社会文化环境。这涉及与家庭密切合作，共同为孩子提供有益的成长环境。

例如，在家庭共育中，可以通过传承家庭文化、举办家庭文化节等方式，让幼儿在家庭中感受到浓厚的文化氛围。这不仅有助于幼儿更好地理解社会文化，还能够培养其对社会的积极认同感。社会文化理论的运用将家庭共育置于更广泛而深刻的社会语境中，有助于促进幼儿全面发展。

### （三）家庭共育的系统性与针对性

在多元智能理论和社会文化理论的指导下，家庭共育应当注重系统性与针对性。系统性体现在将教育纳入更广泛的社会和文化环境中，使得家庭共育不仅是狭隘的学校与家庭之间的互动，更是社会整体对幼儿成长的关注。

针对性则表现在根据不同幼儿的特点和需求，量身定制个性化的共育方案。这要求教育者和家长深入了解幼儿的个体差异，关注其发展潜能，通过科学合理的方法激发其兴趣，引导其全面发展。

因此，多元智能理论和社会文化理论的指导下，家庭共育应当更加注重幼儿的个体差异，使其在丰富的社会文化环境中，得到系统性和有针对性的培养。这将为幼儿的全面成长奠定坚实基础，为未来的学习和社会参与提供有力支持。

## 三、家庭共育的方法与策略

在实现家庭共育的过程中，采用一系列有效的方法和策略是至关重要的。下面将详细探讨建立有效的沟通机制、设计个性化学习计划和组织家庭教育活动这三个方面的方法与策略。

### （一）建立有效的沟通机制

有效沟通是家庭共育的基础，有助于形成学校和家庭共同育人的合力。为实现良好的沟通，可以采用以下方法和策略：

家校互动平台：建立一个在线平台，使教育者和家长能够随时随地交流信息。这个平台可以包括学生学习情况、教育活动安排等内容，方便家长随时了解孩子在学校的表现。

家长会议：定期组织家长会议，让教育者详细介绍孩子的学习和成长情况。同时，也给家长提供了一个表达意见和建议的机会，促使双方形成更紧密的合作关系。

在线问答平台：设立一个在线问答平台，让家长在平时能够随时提出问题，得到及时解答。这有助于解决家长在孩子成长过程中的疑惑，增进双方之间的理解和信任。

### （二）设计个性化学习计划

制订个性化学习计划是实现家庭共育的关键策略，有助于更好地满足每个幼儿的学习需求。以下是一些可行的方法：

兴趣导向：了解每个幼儿的兴趣爱好，根据其兴趣制订相关学习计划。这有助于激发学习兴趣，提高学习积极性。

能力评估：定期进行幼儿的能力评估，包括认知、社交、情感等方面。根据评估结果，制订有针对性的学习计划，注重发展其优势，弥补其不足。

### （三）组织家庭教育活动

家庭教育活动是促进家庭共育的重要手段，可采取以下一些组织策略。

主题家庭教育讲座：定期邀请专业人士，为家长提供关于儿童教育的专题讲座。这有助于提高家长的教育水平，让其更好地参与孩子的学习和成长。

亲子阅读活动：组织亲子阅读活动，鼓励家长与孩子共同阅读。通过这种方式，既促进了亲子关系，又培养了孩子的阅读兴趣，形成了家庭阅读的良好氛围。

通过建立有效的沟通机制、设计个性化学习计划和组织家庭教育活动等方法与策略，可以更好地实现家庭共育的目标，促使学校和家庭形成紧密合作的教育生态。这有助于提高幼儿的学习成绩，培养其全面发展。

## 四、社区公共图书馆资源与幼儿园合作的实证研究

社区公共图书馆资源与幼儿园合作是促进家庭阅读习惯的重要途径。通过建立资源共享机制、开展互动活动和进行实证研究评估，可以更科学地推动这一合作，提高家庭阅读习惯。可采取以下具体的方法与策略。

### （一）建立资源共享机制

数字化平台搭建：利用现代技术手段，建立数字化平台，使社区图书馆和幼儿园能够实现实时信息的共享。这包括图书馆的图书目录、数字资源、教学计划等，为幼儿园教育提供更多丰富的内容。

资源清单共享：定期更新社区图书馆的资源清单，并与幼儿园共享。这有助于教育者更好地了解社区图书馆的资源，有针对性地选择适合幼儿的读物，并将这些资源整合到学前教育中。

联合采购：幼儿园可以与社区图书馆共同进行图书采购，确保图书馆的藏书更符合学前儿童的阅读需求。这样的合作不仅丰富了图书馆的藏品，也为幼儿提供了更多选择。

### （二）开展互动活动

亲子阅读互动：在社区图书馆定期举办亲子阅读活动，邀请幼儿园的家长和孩子一同参与。这有助于培养亲子共读的习惯，同时提高家长对于阅读的认知和重视程度。

专业培训工作坊：为家长和教育者提供专业的培训工作坊，让他们更好地了解如何引导幼儿阅读，以及如何利用图书馆资源进行有针对性的阅读教育。这有助于提高阅读指导的水平。

创意手工活动：结合阅读主题，在图书馆开展与图书相关的创意手工活动。通过亲子参与手工制作，不仅能够加深对图书内容的理解，还能够促进亲子之间的交流与合作。

### （三）实证研究评估

问卷调查：设计问卷，向参与合作的家庭和教育者收集数据，了解社区图书馆资源与幼儿园合作对家庭阅读习惯的影响。问卷可以涵盖家长和幼儿的阅读行为、态度和变化等方面。

观察法：对参与合作的家庭和教育者进行观察，记录他们在阅读活动中的互动情况、参与程度和变化。观察法可以更直观地反映合作的实际效果。

学业成绩分析：收集幼儿在学前教育阶段的学业成绩数据，分析与家庭阅读习惯的关联。通过对比有合作的班级和没有合作的班级的学业成绩，可以初步评估合作的教育效果。

通过这些实证研究方法，可以全面、深入地了解社区公共图书馆资源与幼儿园合作对家庭阅读习惯的实际效果。这些数据不仅有助于进一步改进合作策略，也为更广泛的推广提供科学依据。

## 五、结语

总体来说，我们要深刻认识到社区公共图书馆资源与幼儿园合作在提升家庭阅读习惯方面的巨大潜力。通过建立资源共享机制，社区图书馆的丰富资源成功地融入了学前教育，为家庭提供了更多阅读材料。亲子阅读互动活动的举办不仅增进了家长和孩子之间的关系，还使社区图书馆成了一个促进亲子共育的重要平台。

我们希望更多的学者和教育者参与这一领域的研究，共同努力推动家庭共育理念的深入

发展。通过持续的实证研究，我们可以为学前教育提供更加科学的指导，为家庭提供更加有效的支持，助力幼儿全面、健康地成长。这将是一个全社会共同关心的重要议题，也是未来学前教育领域发展的关键方向。

## 参考文献

［1］王晓菊．携手合作家园共育：浅谈幼儿园家园合作教育新思路［J］．教育艺术，2023（10）：9—10.

［2］陈赛玉．用爱走进孩子内心：幼儿园亲子活动课中家园共育的实施策略［J］．当代家庭教育，2023（19）：67—69.

［3］李镶．“双减”政策下的公共图书馆儿童服务创新研究［D］．黑龙江大学，2023.

［4］王晶．儿童阅览需求下的社区图书馆空间设计策略研究［D］．哈尔滨工业大学，2022.

［5］刘燕红，付真伟．实施家长助教，提高家园共育质量［J］．安徽教育科研，2023（31）：79—81.

# 大班以美育人新模式：以班级美促人格美

（张傲子　北京市第五幼儿园）

**摘　要**："以美育人，以文化人，以美培元"是新时代对美育提出的要求，新时代学校美育教育应延伸到班级的各个角落，注重美育实践场景的协同。本文聚焦"班级"的作用，意图通过以"班级美"为主题的活动组织，探索针对大班幼儿的以美育人新模式，使幼儿在建设班级美的过程中发现自然美、生活美、社会美等，最终促进其人格美发展。

**关键词**：以美育人；班级美；人格美；大班

"以美育人，以文化人，以美培元"是新时代对美育提出的要求，也是落实新时代"立德树人"教育根本任务的重要途径。中国特色幼儿美育旨在以"审美"为起点，以"实践"为支点，以"育人"为落点，运用美的事物、形象与环境，在感受、鉴赏、表现与创造美的艺术实践中激发幼儿创造力、激活生命力、塑造知情意。而艺术实践不应该仅局限于单一的课堂教学，更应该延伸到班级的各个角落，注重美育实践场景的协同。从"艺术教育"到班级中的"日常生活"也是学校美育实践的演进方向。本文聚焦"班级"的作用，意图通过以"班级美"为主题的活动组织，探索针对大班幼儿的以美育人新模式，使幼儿在建设班级美的过程中发现自然美、生活美、社会美等，最终促进其人格美发展。

## 一、班级美：大班以美育人新途径

班级是幼儿进行一日生活的主要空间，是包含每名幼儿和教师所组成的集体。无论是从班级的空间职能还是社会职能角度出发，班级都是实现学校美育的主要途径之一，潜移默化地影响着幼儿成长。郭声健（2022）曾提出理想的美育课程形态一定是业余化、生活化、常态化的，当幼儿的班级日常生活中处处是美育，那么幼儿的生活本身其实就是美育的主要内容。将引导幼儿建设"班级美"作为美育的内容能将班级的美育作用最大化，也能充分发挥每名班级成员的主观能动性。《3－6 岁儿童学习与发展指南》指出班级里的重大事情和计划，可以请幼儿集体讨论决定以增加幼儿的班级归属感，幼儿参与班级美丽工程的各项建设，更有助于其发展文明、守规、爱班级的人格美。

## 二、班级美的实践模式

### （一）班级美中的师幼关系

以"班级美"作为大班主题活动的内容，需牢牢把握各项班级资源。从班级资源的角度出发，教师是班级资源的挖掘者，负责发现班级所存在的各个领域、各种形式的潜在教育资源，为后续各项活动组织和班级教育体系建设打下坚实基础。幼儿是班级资源的使用者与创造者，在教师充分挖掘班级资源的基础上幼儿会对班内的成型资源进行使用。例如，活动材料再整理，自然角植物照顾与观察记录等。幼儿还可以班级资源再创造。例如，设计与制作班级环境，讨论与执行班级规则等，从而形成新的班级资源。

在"班级美"的实施过程中，教师需要充分尊重幼儿在班级中的自主权，多倾听、观察幼儿的想法和审美，为其自主活动提供充分的空间环境、物质准备等。同时，需充分重视幼儿的人格美发展，注重幼儿在班级美建设中的不同角色，引导幼儿体会不同角色背后的责任及其所需的意志品质。要以进步幅度和努力程度为标准进行评价，激发幼儿内在动力，注重以表现性、创造性、真实性任务驱动进行过程性评价。幼儿需做努力思考者、大胆表达者以及认真实施者，需要积极参与到班级美建设的各项活动中，主动思考提供创意想法、活动计划、问题解决方案等，在确定计划方向后能够或合作或独立完成各项计划。

由此可见，幼儿是班级美中的显性主体与目标主体，是美丽班级建设的主要实施者，更是美丽班级建设最后成果的主要体现。而教师是班级美中的隐性主体，需要潜移默化地对每名幼儿发展进行引导。教师和幼儿的关系在班级中形成了一个良好的循环，教师为幼儿提供现有班级资源与活动支持，幼儿为教师、班级产出更多有针对性的班级美建设资源，为教师后续引导与支持提供发展方向。

### （二）班级美中的美育空间建设

“班级美”中离不开以班级为单位的美育空间建设。徐猛和王亚军（2022）认为美育空间是一种不断变化的人为产物，会持续影响、牵引着身处其中的幼儿形成具有审美意味的行为和生活方式，是由物质空间、关系空间与文化空间共同交织组成。也就是说，我们可以从这三个空间维度表达美育信息的多渠道输入。

1. 物质空间。作为幼儿一日生活的场所，班级的物质空间可以通过对其环境的设计与装饰以培养幼儿的审美。在保证安全、整洁的前提下，幼儿可以自主设计班内的布局，通过公开投票等方式决定最终方案，包括桌椅、玩具柜的摆放位置以及设计原因，又或者如何有规律地收纳各种玩教具等，其中蕴含幼儿对于秩序美的认识。

在确定布局后，可以将环境根据适宜幼儿的高度分为两个部分，分别为 1.5 米以下的幼儿舒适区和 1.5 米以上的区域。1.5 米以下的墙面装饰可以由幼儿进行主要设计，涉及幼儿对色彩美的感知，对色彩搭配的审美教育等。教师可以引导幼儿发现主题色与搭配色之间的关系，主题色的选择以幼儿的喜好为主又要兼具耐看、可搭配性高等特点，涉及幼儿对明度、纯度、相近色、对比色的认识。还可以引导幼儿从生活和自然中美的事物上参考色彩搭配，既能让幼儿了解最自然、和谐的色彩美，又能在此基础上培养幼儿的色彩表达。其中，对于不同的游戏空间建设可以请幼儿表达对该空间想玩、想探究的内容作为该部分的设计基础。此外，环境中各类装饰都可以请幼儿制作。而 1.5 米以上的空间区域，教师可在保证整体和谐的基础上，为幼儿记录建设班级美的过程，请幼儿用拍照、绘画等各种形式记录以体现幼儿视角的班级美建设过程。

2. 关系空间。班级中的关系空间是指人与物质环境之间的联系构成的空间，这种关系以过程为依托。在班级美的建设过程中，幼儿会反复经历选择与被选择，教师需要关注个别幼儿的情绪以免在多次失败甚至无人选择后失去主动参与的信心。还可以将所有幼儿的设计结集成册进行展示，同时对幼儿的设计给予正面肯定以增加幼儿活动参与的积极性。在发展幼儿体验关系的和谐美的同时，形成人与物质环境良性互动的关系美。

此外，反思是幼儿发展审美能力、人格美形成以及班级美建设的重要途径。幼儿需要在不断的反思中重新建构或者丰富、调整自身已有的审美意识，最终形成自己独特的审美特征。班级美的建设也是在幼儿的不断试错与反思中慢慢磨合成型的。例如，班级中制作文创店的爱心兔标志和纸质品回收箱，其中遇到不同大小纸盒和爱心兔形象的适配性、爱心兔形体各部分颜色的美观性以及最终成品的坚固性等，幼儿会在不断的尝试与反思中发现胶枪连接纸箱会比双面胶更坚固，光滑材质的纸箱上色的持久性会较差等。既在制作回收箱中磨合了自身审美，又认识了不同纸质材料背后的科学探索之美，并最终成功制作后体会到了坚持的学习品质之美等。

3. 文化空间。班级中的文化空间则凸显表象空间的内涵，幼儿将想要建设的班级美最终通过形成班级文化的方式呈现出来，形成班级独有的生活美和社会美。和谐、民主的班级氛围需要幼儿共同制定各项规则，助力幼儿形成良好的生活习惯之美。在正确了解、认同、愿意主动遵守体会规则中社会规则之美，包括班级建设方向，如何分工、维护班级整洁等规则。在和谐美的班级文化建设过程中，幼儿需要更加了解集体中每名幼儿独特的美，在发展自身美的同时学会尊重、包容每个人的美。幼儿在师生共同维护的和谐美文化氛围下，将所有的经历都成为“美的经历”并形成“美的经验”，再反作用于班级。

## 三、班级美中的人格美

美育是在审美实践中提升审美能力的过程，从人格角度强调美育是以深度体验方式使德行内化为整体人格的教育过程。幼儿设计班级的环境美其实是在体验各领域与生活的联系，并将各领域之美在班级生活中加以利用，体会生活美的同时更加完善日常生活中幼儿的人格美发展。在班级美建设中，幼儿在自己创造的物质空间里生活和发展，并通过创造自己的生活空间来完善和发展自身的能力。教师还可以引导幼儿对标小学班级的物质、关系、文化之美，通过观察、调查、参观、访谈等各种方式，对比幼儿园班级和小学班级美的异同，使大班幼儿逐渐养成小学生所需人格美中必备的身心健康之美、生活自理之美、社会责任之美和学习兴趣之美，使幼儿在实践过程中将美的能力与人格内化，真正实现以美育人，提高学生审美和人文素养。

**参考文献**

[1] 尹爱青，刘畅，柳欣源．增值赋能：中国特色学生美育评价的逻辑理路与实现路径［J］．东北师范大学学报（哲学社会科学版），2022（6）：165—173.

[2] 胡杨，陈时见．我国美育的演进逻辑及未来发展路径［J］．中国高等教育，2022，701（22）：41—43.

[3] 郭声健．基于素养测评的新时代学校美育评价改革［J］．人民教育，2022，881（22）：37—40.

[4] 徐猛，王亚军．学校即美育空间：实践偏向、应然指向与建构路向［J］．课程·教材·教法，2022，42（9）：94—100.

[5] 杨晓．理解教学空间［J］．课程·教材·教法，2020（7）：38—44.

[6] 柳海民．教育原理［M］．长春：东北师范大学出版社，2006：311—313.

[7] 杜卫．美育三义［J］．文艺研究，2016（11）：9—21.

# 架起家园合作桥梁培养幼儿情绪调节能力

（唐红艳　南京市天地新城幼儿园）

**摘　要**：本文以家园合作对培养幼儿情绪调节能力的意义为出发点，指出并分析现阶段家园合作所存在的一些实际问题，并提出改进策略，让幼儿拥有良好的情绪调节能力，促进其身心健康发展。

**关键词**：家园合作；幼儿；情绪调节能力

随着人们文化水平的提高和教育观念的改变，越来越多的人开始意识到家园合作的重要性，家园协同共育已经成了幼儿教育发展的主流。幼儿情绪调节能力作为幼儿社会情绪能力发展的核心部分，能够帮助幼儿对自身情绪状态进行有效的管理。良好的情绪可以促进幼儿在认知、思维、人际交往等多方面的发展，有利于幼儿的学习与生活。幼儿情绪调节能力的培养不仅需要教师的帮助，还需要家长共同配合。因此，在培养幼儿情绪调节能力上架起家园合作的桥梁是非常必要的。

## 一、家园合作对培养幼儿情绪调节能力的重要性

幼儿情绪调节能力是3～6岁幼儿在某种情境下，觉察到自己或他人情绪变化，根据自身理解处理觉察到的情绪信息，最终做出适宜的情绪反应的能力。幼儿情绪调节能力受到诸多因素的影响。例如，幼儿父母的情绪表达、情绪调节能力及父母营造出的家庭情绪氛围以及师幼互动时教师采取的应对方法等方面都会对幼儿情绪调节能力产生影响。

在日常生活和工作、学习当中，良好的情绪调节能力能够让人们更好地适应所处的环境，并更快地融入集体。因此，幼儿阶段是对群体进行专项教育的最好阶段，家园合作对培养幼儿良好情绪调节能力具有十分重要的作用。

## 二、家园合作中存在的问题

### （一）部分家园共育主体在理念上意见不一

在家园合作共育的过程中，经常出现的一个问题就是有一部分家长和幼儿园在教学理念上意见不一致。目前，仍然有不少家长认为教育幼儿是教师的责任，希望幼儿园付出更多，从而节省自身更多的时间和精力去投入日常工作和照顾家庭其他成员。又或者是面对自己孩子情绪不稳定时，对孩子回以“不稳定的情绪”，面对孩子哭闹时常常表现出不耐烦，甚至“吼骂”。而在幼儿园及其教师看来，则希望在培养幼儿能力上发挥家长的作用，尽可能多地让家长配合幼儿园开展的活动，从而达到一定的教学效果。总之，家长和教师就会由于立场和动机的不同出现各方信息的不一致，这种不一致直接让很多工作无法顺利开展。

### （二）部分家园共育主体的沟通匮乏

1. 缺乏有效沟通。家园之间缺乏有效沟通，是对家园合作工作的最大阻碍，教师和家长都各行其是，没有真正地实现合作。很多家长表示，孩子送到幼儿园后，教师就应该负起管教孩子的责任，不需要家长进行幼儿的教育，这样才公平合理。而很多教师也没有重视家

庭教育的重要性，认为只有方法得当，不需要家长的帮助也能帮助幼儿养成良好的情绪调节能力。而且教师和家长之间平常不会对孩子的情况进行沟通，久而久之，幼儿就会养成不良的情绪习惯，再去改正就会变得十分困难。

2. 缺乏时效性。当孩子进入幼儿园后，为了给孩子创造更加舒适的生活环境，在条件允许的情况下，大部分家长都会选择重返职场，加之受社会发展各方面因素的影响，人们越来越重视在工作中实现自己的人生价值。因此，大多数家长都会忙于工作，缺乏足够的时间和精力参与幼儿园组织的各项活动，家长缺席幼儿园活动的现象比比皆是。不仅会阻碍亲子关系的和谐发展，使幼儿疏远家长，还会使家园共育无法有序推进，表现为形式化现象显著，导致家园合作的时效性不强。

3. 缺乏科学的家园合作渠道。家园合作中，缺乏有效的合作渠道，会使家园合作变得形式化，从而无法促进对幼儿情绪调节能力的培养。很多家长以工作太忙为借口，经常不参加幼儿园举办的家长会，这样会导致家园之间无法进行有效的沟通与合作，家长无法体会教师的真正意图，无法配合教师的工作，使最后的幼儿教育效果不佳。很多家长所了解的幼儿教育知识也非常少，无法真正促进对幼儿的培养，不利于幼儿形成良好的情绪调节能力。

### （三）部分家园共育主体尚未有效读懂幼儿的真实想法

培养幼儿的情绪调节能力不仅需要教师和家长之间进行信息的有效交流互动，更需要其在充分了解幼儿需求的情况下开展有针对性的活动。但是在实际生活中，部分幼儿园教师和家长往往会把注意力放在如何改进具体的问题上，或者如何增强教师和家长之间的有效联系上，反而忽视了幼儿的真实想法。事实上，幼儿不仅是过程中被动接受教育的对象，更应该在每个环节都要被重视、被关爱。我想，对幼儿做到感同深受，站在幼儿的角度上看问题，理解幼儿、接纳幼儿才是培养的第一步吧。

## 三、家园合作培养幼儿情绪调节能力的策略

### （一）遵循科学的教育理念

面对部分家园合作共育主体在理念上意见不一的实际问题，首要的解决之策就是采用专题培训、家长会互动参与等方式全面地转变现阶段的教学理念，家园各司其职、发挥合力，进而促进双方主体在合作问题上形成一致性的意见。首先，对于幼儿园教师来说，要通过组织开展相关培训，逐渐地引导教师树立科学的教育理念，形成良好的移情能力。其次，对于家长来说，幼儿园可为家长提供相关培训，帮助家长意识到自身在幼儿早期情绪发展中的重要作用，同时教给家长情绪能力相关知识，帮助家长稳定自身情绪，并学会关注、引导幼儿情绪能力的发展。可开展一系列情绪教育亲子活动，由教师进行专业指导，为家长促进幼儿情绪的发展提供互动机会和榜样示范，帮助幼儿与家长在合理温馨的亲子互动氛围中发展幼儿的情绪能力。

### （二）创造良好的沟通环境

为了更好地促进家园合作工作的开展，幼儿园要创建良好的沟通环境，这样才有助于促进家园合作工作的开展。首先，建立平等的地位。教师要与家长的地位平等，这样才能更好地进行交流。因此，双方都要明确自身的定位，实现友好沟通，这样才能促进家园合作工作的开展。其次，应该建立有效的沟通平台。例如，开通幼儿园公众号，定期投放家园合作价值、策略与培养幼儿情绪调节能力的方法的内容，供家长阅读。同时，以班级为单位，通过微信、QQ等创建家长交流群，这样家长可以针对家园合作中发现的问题，向幼儿教师或其他家长寻求帮助，提高解决问题的效率，促进家长与幼儿教师的深度合作。

### （三）树立以幼儿为中心的理念

1. 关注幼儿的情绪动机。传统的幼儿教育观念奉行智育至上，这种教育的缺陷随着时代的发展逐渐暴露出了弊端。教育不应该忽略受教育主体的参与性，尤其是幼儿这种容易被忽视的主体。不管是教师还是家长，都要关注到情绪的主体——幼儿；都要耐心地倾听幼儿的真实想法，幼儿为什么会产生当下的情绪，其动机是什么，理解幼儿，这就有助于在充分读懂幼儿的基础之上做好各项相关决策。

2. 营造良好的情绪环境。良好的心理感受和积极的情绪体验是幼儿自我情绪调节的基础。幼儿园应为幼儿提供舒适安全的生活环境，营造开放、温暖、安全、自主、平等的心理环境，以关爱、尊重、理解、包容、接纳的心态与幼儿相处，以善于倾听、平等交流、共同分享作为与幼儿互动的准则，帮助幼儿丰盈内心，获得积极的情感体验。在家庭中，父母也需要根据教师提供的建议创设良好的情绪环境，做到教育环境的一致性，增强幼儿心理情绪体验，让其在爱与包容中养成良好的情绪调节能力。

3. 开展丰富的情绪活动。现有研究中，已有较多实践案例表明丰富多彩的情绪活动有助于幼儿情绪调节能力的培养，实践方式总体分为绘本阅读、游戏两类。从绘本主题活动出发，崔冉（2022）认为要将绘本主题活动方案与日常的情绪事件紧密结合，根据中国本土绘本内容创设丰富多彩的活动，多方面促进幼儿情绪调节能力的发展，如绘画活动、律动活动、体育活动、角色扮演活动等。切身体验能加强观察学习的效果。郝馨瑶等人（2020）认为幼儿可以通过扮演不同角色，体验不同情境下的情绪状态，借助角色的情绪变化体验情绪调节的过程。幼儿在情境中自由表演，体会并调节角色生气的情绪，可以调动阅读中获得的经验，进而解决情绪问题。此外，还有学者从情境化球类游戏、规则性体育游戏方面入手进行了实证研究。

## 四、结语

本文论述了家园合作的重要性，从多个方面明确了家园合作下幼儿情绪调节能力培养存在的问题，并提出了相应的解决措施。在培养幼儿良好的情绪调节能力时，教师和家长要遵循科学的教育理念，创造良好的沟通环境，在树立以幼儿为中心的理念下关注幼儿的情绪动机、营造良好的情绪环境、开展丰富的情绪活动，为幼儿日后发展提供更有利的帮助。

### 参考文献

［1］崔冉．绘本主题活动促进中班幼儿情绪调节能力发展的研究［D］．天津：天津师范大学，2022.

［2］郝馨瑶，朱晓红．情绪主题绘本阅读活动促进幼儿情绪调节能力发展的研究［J］．教育观察，2020，9（24）：33—35，82.

［3］李盼．幼儿情绪调节能力的影响因素及培养策略［J］．教育观察，2022，11（9）：34—37.

［4］李臻．培养幼儿情绪自我调控能力初探［J］．学前教育研究，2003（5）：54—55.

# 让园本课程彰显个性
## ——谈农村幼儿园园本课程的构建

（梁瑞　合阳县黑池镇中心幼儿园）

**摘　要：**自然、人文环境中的事物与我们的生活息息相关，在利用自然、人文资源进行园本课程建设方面，农村幼儿园具有得天独厚的天然条件，这种先天优势可以潜移默化地进入幼儿的一日生活中，进一步激发幼儿的求知欲，促进幼儿的全面发展。也可以更充分地调动教师实施教育活动的积极性，彰显园所个性。

**关键词：**农村幼儿园；园本课程建设；农村幼儿教师现状

## 一、现状分析

在城乡发展不均衡的背景下，农村幼儿园普遍存在着教育资源匮乏的现象，因而农村幼儿园课程建设不能完全照搬城市幼儿园的课程。近年来，农村幼儿园课程建设越来越受到重视，但要真正让每个农村幼儿园实施独具特色的园所课程仍存在一定的难度。

在实施园本课程建设时，我们遇到了重重阻碍，怎样才能做出适合孩子们的课程呢？班本课程与园本课程建设的关系是什么？园内课程建设的方向在哪里……为了解决遇到的问题，打破园内课程建设零起点的状态，我们开展了为期两年的班本课程实践与园本课程建设与实施。

## 二、园本课程开发流程

园本课程建设本身就是根据不同幼儿园自身的状况而做出的课程研发，所以根据各个幼儿园状况的不同，其研发课程就会有所不同。以社会领域为例，在“蒸花馍”班本课程活动实施过程中，我们以乡土文化为引领，充分利用多媒体让孩子了解“蒸花馍”的由来，通过交流、讨论，以及日常在村子里的见闻，进一步了解“蒸花馍”的习俗，激发孩子对蒸花馍的兴趣。再通过观看视频、参观奶奶蒸花馍，对蒸花馍的材料与方法有了进一步的感知。最后，通过揉面、造型、上色、蒸馍等步骤的参与，让幼儿在直接感知、亲身体验、实际操作与探究中感受蒸花馍的快乐。

通过借鉴学习与不断实践总结，我们发现了能应用于园本课程构建的一般流程，即成立编创组织→对园所状况进行系统分析→确定发展目标、制定编写实施方案→对教学内容加以整理→园本课程与开展→评估和修订。

## 三、幼儿园园本课程建设的对策

### （一）加大研究力度

农村幼儿园虽然现代先进教育资源匮乏，但有自身独特的自然教育资源与人文教育资源可以加以利用，对当地独特的自然教育资源与人文教育资源充分的挖掘和利用就可以真正让每个农村幼儿园实施独具特色的园所课程。幼儿园根据本园现存问题，寻求相应的解决措施，从各角度增加园本课程建设的支持力量，完善和健全园本实际课程建设制度。比如，增加支持时间、人力、物资等。

在园本课程实施的过程中，前期通过研讨班级课程内容是否符合幼儿年龄特点，是否最大限度地结合了现有自然资源、人文资源，以及为园本课程的实施开辟充足的时间等。中期，以儿童成长为出发点，结合《3－6岁儿童学习与发展指南》要求，充分利用身边的自然资源与人文资源来实施课程活动。例如，《春天的童话》课程中，孩子们除了在书中看清明节外，更是在幼儿园内触碰了不知名的小花、小草；抚摩拥抱了幼儿园里高高的大树，发现了大树的“眼睛”（树洞）；在南社村的秋千谷体验了荡秋千的快乐，一起去祭扫了烈士墓，深切感受了幸福生活的来之不易；与同伴交流了本地清明节所做的事情等。后期总结研讨，归纳出可行的方法与值得发扬的思路，进一步完善园本课程的构建。

另外，教育行政部门的职能对幼儿园园本课程的发展具有重要影响，学前教育的发展主要依赖上级教育行政部门的指导和引领。因此，上级政府部门需要制定相关的系列措施，来推动农村幼儿园园本课程的建设。比如，将教师的工资福利与园所课程建设挂钩，激发教师的研究热情和自主能动性，提高农村幼儿教师队伍的研究能力；园内实施“请进来，走出去”，请优秀园所“进来”进行指导，让一线教师“走出去”学习优秀的课程经验；定期派遣骨干教师参加园所课程的相关培训，为园所课程建设注入新的思想与活力等。

### （二）完善管理制度

制定奖励标准。建立以自然、人文资源为基础进行园本课程建设的激励机制。不少教师对于开发课程资源的态度不够明确，甚至存在着畏难心理。适当的奖励，能够提高教师对课程建设工作的积极性，能激发出教师的潜能与竞争意识，在促进园本课程建设的同时，也为教师的专业成长奠定了基础。

建立评价管理机制。在园本课程建设的过程中，对教师实际研究情况进行有效评估，确保课程资源开发利用的科学合理性，以保证利用自然、人文资源进行园本课程建设的质量，并对其做出相应的调整，形成正确导向，从而使园本课程建设更好的为幼儿服务，让幼儿园自然、人文资源课程建设向着更好、更远地方向发展。

### （三）提高家长认识

做好家园共育，用活家长课堂。在幼儿自然、人文资源创设教育活动中，家庭是一个不可忽视的资源。我们要明确家长对幼儿园利用自然、人文资源进行园本课程建设的看法，使幼儿园和家长达到共识，为园本课程建设提供助力。

结合“自然、人文”节日开展亲子活动。幼儿园在一些有意义的节日到来时，组织关于自然资源的特色活动，让家长参与并且体验通过自然材料创作所带来的快乐。例如，世界湿地日、世界森林日、世界水日，端午节、中秋节、重阳节等。定期开展家长会与家长进行交流，让家长真正地成为园本课程建设的拥护者和参与者，为幼儿园自然、人文资源园本课程建设扩大支撑范围。

创设机会，开展家园活动。鼓励家长制作“自然”材料玩教具，通过家长和幼儿园一起制作玩教具，使教师更深刻地认识到家长资源的重要作用，充分利用家长资源的优势，为幼儿园提供丰富的自然、人文资源教育内容，为幼儿园课程建设提供各种支持与服务。

### （四）强化教师能力

幼儿园教师是教育工作的主导者也是课程建设的重要参与者，关于幼儿教师对幼儿园园本课程建设存在的一些困惑与不解，幼儿园应及时提供一些理论指导；针对教师在园本课程建设过程中遇到的问题，园内应积极组织相关教育研讨会或相关培训学习会，为园本课程的建设清理路障。

1. 加强理论学习。农村幼儿教师必须提高学习意识，要多读书，丰富自己的理论基础；

多参加教研、培训，促进自身的专业理论知识。强化利用自然、人文资源进行园本课程建设的意识，要善于思考、勇于实践，才能将理论与实际结合起来，构建自然、人文与成长融为一体的个性化园本课程。

2. 成立专研队伍。要构建独具特色的园本课程，首先应该建立一个优秀的团队，教师要积极主动地去学习国内外一些优秀的课程开发成果，能积极互相交流、研讨，并在此基础上去思考、去实践，从而去开发适合自己幼儿园的园本课程。这一学习—研讨—实践—总结—提高的过程，在逐步提升教师开发利用自然、人文资源的能力、促进教师教研水平专业化发展的同时，也促进了教师从经验型向学习型、研究型的转变，深化了教师专业性的发展，为幼儿园的园本课程建设提供软实力支撑。

3. 提供培训机会。在终身学习时代，教师要与时俱进，不断更新学习理念，建立新的教育观念。做好园本课程建设，除了结合教师的自主学习外，幼儿园还可以邀请专家来幼儿园指导，为园所教师进行培训。在拓宽教师眼界的同时，会启发教师如何开发园所现有特色，为幼儿园的园所发展及园本课程建设的方向提出准确、有效的可行性建议，有助于幼儿园园本课程建设的实施与开展。当然，理论联系实际，实践是检验真理的唯一标准。园本课程建设的过程中，课程成果的定期检查与不断的改进修正，会让幼儿教师真正成为幼儿成长的引导者，真正构建出自然、人文与成长融为一体的个性化园本课程。

## 四、结语

农村幼儿园充分依据本地乡土自然资源与人文资源来开展园本课程建设，可以促使农村幼儿园园本课程建设更具特色与个性。要更好地发挥农村幼儿园当地自然资源与人文资源的优势，就需要教师在掌握充足理论知识的基础上，深入当地生活，用心留意身边的自然资源，走进乡间，了解当地民俗文化，通过观察、了解与思考，对幼儿园所处的自然环境与社会环境有准确的掌握，再结合幼儿的年龄特点与发展需要，来充分挖掘、合理地利用自然、人文资源，整合自然、人文、园所、家庭、社会等多方面的资源，从幼儿的成长需要出发，去构建真正有意义、有个性、有特色的幼儿园园本课程。

**参考文献**

[1] 王小娟．农村幼儿园利用本土文化资源开发园本课程的实践研究［J］．亚太教育，2022（18）：24—26.

[2] 张丹．农村幼儿园“野趣”园本课程探究［J］．新教育．2022（26）：88—89.

[3] 黄艳清，谢华．农村幼儿园园本课程开发现状与策略研究：以重庆市某幼儿园为例［J］．齐齐哈尔师范高等专科学校学报，2022（1:）：116—118.

[4] 全秀红，赖天红．农村幼儿劳动教育园本课程实施策略［J］．教育实践与研究（C），2021（10）：50—54.

[5] 莫人凤．幼儿园劳动教育实施困境及对策研究［D］．桂林：广西师范大学，2021.

# 幼儿园家园共育的方法与策略

（魏丹荷　重庆市南岸区新城幼儿园）

**摘　要：**教育是一个孩子需要用一生去努力践行的观念，教育离不开家庭、社会、学校，正如小鱼不能离开水。幼儿园提供一个大环境，让孩子在这个阶段从一个独立的个体，逐步进入小社会，知道原来自己是这个世界的一分子，需要不断与他人进行交流、沟通，从而去适应社会，在这个阶段中，孩子学会自己独立去面对一些挑战与机遇，学会说“不”，学会去长大；而家庭教育，则是一个起点，是一个孩子诞生的地方。幼儿园和家庭之间应该通力协作，为孩子的共同发展创造一个舒适的条件。本文主要探讨了幼儿园家园共育的方法与策略。

**关键词：**幼儿园；家园共育；方法；策略

## 一、当前幼儿园家园共育存在的问题

### （一）家长参与度不够

父母无法兼顾工作与教育，对重心的选择有失偏颇，物质基础是最基本的选择，所以他们选择拼命赚钱，而忽略了对子女的教育，大多数家庭都是隔代抚养，教育上的不一致也是常有的事情。我们经常会发现，家人之间的沟通也有很大的问题，基本就是对孩子的教育会有不同的理念，比如，有的长辈认为孩子还小，习惯不着急培养，等他长大了自动就学会了，结果就是因为这固有的思维，让有的孩子衣来伸手饭来张口；只要会讲话就好了，而习惯培养往往越来越拖后，导致家园教育过程中会产生矛盾和冲突。因此家庭成员之间对孩子的教育理念存在差异，导致孩子左右为难。

### （二）家长与教师的沟通不足

不管是家长还是教师，我们的终极目标就是希望孩子能够健康快乐成长，可由于家长的时间不够、教师交流的时间往往是通过电话、各种媒介来了解及传达幼儿的实际情况，往往有时候会让家长与教师之间的交流不太能够触碰问题根源。比如，当教师提出一些建议时，家长并未采纳，或对教师不太信任。教师没有得到回应，往往会自我怀疑，是否对该幼儿家长继续教育沟通，所以，家园配合效果不太良好。

### （三）沟通内容太泛化

教师与家长沟通时，只讨论一些孩子的日常表现：如吃饭情况，睡觉情况、感觉说的内容太广泛，不受家长喜爱，很多家长更在乎孩子的学习情况，而忽视幼儿园阶段更重要的是习惯培养、兴趣培养。

### （四）家园共育活动形式化

有的幼儿园可能只关注教学活动等家长参与的形式，而缺少多元化的合作形式，以满足家长的多样化需求。部分家园共育活动内容单一、形式化，缺乏针对性和实效性，难以激发家长和孩子的兴趣，导致共育效果不佳。

## 二、家园共育的意义

家园共育，对幼儿而言，具有十分重要的意义。首先，家园共育可以加深家长与幼儿园之间的交流与合作，共同关注幼儿的发展，为孩子的成长创造更好的环境。

其次，家园共育能促进家长对幼儿园教育理念、教学方法有更深入的了解，能够让家长与学校的配合会更加默契，而且，现在许多幼儿园已让家长来参与。比如，让家长自己来提建议，鼓励家长从另一个层面来给活动添色，就是为了能让家长自己也能参与对孩子的教育，而不只是让家长对孩子的教育置身事外。

再次，家园共育还可以促进家长和老师相互尊重、相互信任，每个家庭对幼儿园都是从陌生到熟悉，我们就在一次次的成长中见证孩子的成长，对孩子的教育是双向反馈的过程，丢掉任何一方都是不可取的。

最后，家园共育还可以提高幼儿园的社会影响力和美誉度，增强家长对幼儿园的信任和支持。总之，家园共育有利于促进幼儿的身心全面健康发展，这是一个共赢的方法，我们一定要予以重视，不能把孩子还小当成借口。

## 三、家园共育的策略

### （一）加强沟通，建立家园共育机制

加强沟通交流，建立家园共育机制在有效交流的基础是有效的沟通上。幼儿园可以与家长共同制订教育计划，确保使家庭教育和幼儿与园方教育的一致性两不误、两促进。幼儿园应要定期组织家长会、家长学校、家长开放日等活动，让家长了解幼儿园的教育理念、教学内容和方法，同时也要让教师了解幼儿在家庭中的表现和家庭教育方式，以便更好地做到因材施教。此外，因材施教，让孩子在家庭中的同时，幼儿园也能随时保持与家长的联系，在家长的关心下，让教师通过电话、短信、微信、QQ 等现代通信手段，随时与家长保持联系，及时反馈幼儿在园期间的表现和存在的问题，确保信息传递的准确性和及时性。

### （二）家长参与幼儿园教育，促进家园共育

幼儿园可以举行各类丰富的活动。比如，亲子运动会、家长助教活动、跳蚤市场、六一美食活动等，让家长在了解幼儿园教育的同时，也能提高家长的参与度，让家长能走进幼儿园，为家长提供一定的平台。此外，我们还可以家长学校公众号，鼓励家长提出意见和建议，促进家园共育工作可以做得更好。

### （三）培养专业的师资队伍

问题的关键就是幼儿园要注重培养教师的家园共育意识和能力，教育不仅是传授知识，更多的是与时俱进学习最新的理念，不断结合自身，提高教师的修养。我们可以通过家园培训、亲子讲座、观摩活动等多种形式，提高幼儿园教师的家园共育能力。

### （四）充分利用社区资源，拓宽家园共育途径

社区资源是幼儿园教育的一项重要资源，幼儿园应充分利用社区资源，拓宽家园共育途径。在提高幼儿园社会影响力的同时，还可以与社区合作举办亲子活动、公益活动等，增进家长与孩子的感情，同时也能够提高幼儿园的社会影响力。

## 四、结论

归纳起来，幼儿园家园共育的方式和策略主要包括：加强沟通，建立家园共育机制；推动家长参与幼儿园教育的家园共育工作；教师得到了锻炼，家园教育齐抓共管，教师队伍得到了锻炼，教师队伍的整体素质得到了提高；充分利用社区资源，拓宽家园共育途径；等等。只有这些措施的实施，才能真正达到家园共育的目的，才能为孩子们更好地发展创造良好的条件。同时，我们也应该认识到，家园共育是幼儿园和家庭双方携手合作、不断沟通的一个过程。努力做到心中有数，承担起教育的责任，才能取得家园共育的良好效果。

**参考文献**

[1] 徐少华．幼儿园以家园共育组织阅读活动的策略与方法［J］．科幻画报，2022（11）：81—82.

[2] 张丽春．家园共育理念下亲子足球活动开展方法［J］．当代家庭教育，2022（14）：49—51.

[3] 王曼曼．亲子阅读越读越快乐：幼儿亲子阅读的组织与指导策略［J］．试题与研究，2022（5）：193—194.

[4] 王燕萍，朵兴林．幼儿园德育教育现状及问题解决策略探微［J］．基础教育论坛，2022（2）：102—103.

[5] 李娟．疫情背景下幼儿园开展家园共育的策略［J］．教育界，2021（26）：79—80.

[6] 吴爱林．家园共育理念下亲子足球活动开展方法分析［J］．当代家庭教育，2021（7）：25—26.

[7] 钟好静．幼儿园安全教育的方法及策略探究［J］．甘肃教育，2020（20）：27.

[8] 张莱芳．E时代下家园共育的策略［J］．当代家庭教育，2020（25）：31.

[9] 吴艳艳．浅谈构建家园关系的方法与策略［J］．科技创新与品牌，2019（8）：76—77.

[10] 张采多，刘黎莉．“新生代家庭”家园沟通方法及策略［J］．课程教育研究，2019（28）：228—229.

[11] 张同梅．幼儿园家园共同体建构的策略与方法研究［J］．中国校外教育，2017（32）：150，152.

[12] 陈学群．幼儿生命安全保护教育的实践研究［J］．早期教育（教科研版），2013（Suppl1）：21—24.

[13] 郭小兰．培养幼儿良好洗手习惯初探［J］．二十一世纪教育思想文献，2007（1）：236—240.

# 跨越数字鸿沟：农村幼儿园信息技术整合数学教育的策略与实践

（汪飞燕　福建省龙岩市永定区高陂中心幼儿园）

**摘　要：**农村幼儿园在信息技术基础设施建设方面普遍存在不足。由于经济条件和地理位置的限制，许多农村幼儿园缺乏必要的硬件设施，如计算机、投影仪、电子白板等，这些是进行信息技术整合的基本条件。即便有些幼儿园配备了这些设备，也常常因为维护不当、更新缓慢而无法充分利用。本文主要探讨农村幼儿园如何进行信息技术整合，促进数学数字教育的问题。

**关键词：**数字鸿沟；信息技术；数学教育；农村幼儿园

## 一、农村幼儿园信息技术整合数学教育现状

### （一）基础设施建设不足

农村幼儿园设备不足是个比较普遍的现象。即便在足够的情况下，缺乏专业人员的管理，网络连接的不稳定和宽带、无线网络设备的不足也限制了教师和幼儿利用网络资源进行数学学习。这种基础设施的缺乏，直接影响了数学教育的质量，使得农村幼儿在数学学习上难以与城市幼儿站在同一起跑线上。

### （二）教师信息技术应用能力薄弱

教师是信息技术整合数学教育的关键执行者，然而在农村幼儿园，教师的信息技术应用能力普遍较为薄弱。许多教师对信息技术的理解和运用仅限于基本的文档处理和网络搜索，缺乏将信息技术有效融入数学教学的知识和技能。这种情况往往是由于教师专业发展培训不足，以及缺乏持续学习和实践的机会所致。此外，教师对于如何利用信息技术激发幼儿学习兴趣、提高教学互动性和学习效率缺乏明确的思路和方法，这在一定程度上阻碍了数学教育的进程。

### （三）课程内容与教学方法的滞后

农村幼儿园的数学课程内容和教学方法往往较为传统和滞后。课程设计多依赖传统的教材和教辅资料，缺乏创新性和互动性，难以激发幼儿的学习兴趣和参与度。教学方法也多以教师讲授为主，缺少幼儿主动探索和实践的机会。在信息技术日益发展的今天，这种教学模式难以满足幼儿多样化的学习需求，也不利于培养他们的信息素养和21世纪技能。此外，数学教育评价体系也多以笔试为主，忽视了信息技术在评价过程中的应用，无法全面反映幼儿的数学学习成果。

### （四）家庭与社区支持的缺失

家庭和社区是幼儿教育的重要支持系统，但在农村地区，这一支持系统往往较为薄弱。

许多农村家庭由于父母外出务工、文化水平较低等原因，无法为幼儿提供良好的家庭学习环境和必要的学习支持。社区资源也相对匮乏，缺乏可供幼儿参与的科技活动和数学教育资源。这种家庭与社区支持的缺失，使得幼儿在校外难以获得与信息技术整合的数学学习机会，进一步加剧了城乡教育的差距。

## 二、农村幼儿园信息技术整合数学教育的意义

### （一）促进教育公平，缩小城乡教育差距

信息技术的整合为农村幼儿园提供了前所未有的教育资源和学习机会。通过信息技术的应用，农村幼儿能够接触到与城市幼儿相同的高质量教育资源，如互动软件、教育游戏和丰富的在线学习材料。这种平等获取信息的机会有助于缩小城乡之间的教育差距，确保农村幼儿在数学教育上不会落后于城市幼儿。此外，信息技术的普及还能够提高农村幼儿园的教育质量，使农村幼儿在数学思维、问题解决能力和创新能力等方面得到均衡发展，为他们未来的学习和生活打下坚实的基础。

### （二）激发幼儿学习兴趣，增强数学教育效果

信息技术的引入能够使数学教育变得更加生动有趣。通过多媒体、游戏化学习等手段，幼儿可以在互动和游戏中学习数学概念，这种学习方式更符合幼儿的认知特点和学习习惯。例如，使用图形化的编程工具教授基础数学概念，不仅能够提高幼儿的学习兴趣，还能够帮助他们更好地理解和掌握数学知识。此外，信息技术的即时反馈功能可以让教师及时了解幼儿的学习进度和理解程度，从而调整教学策略，增强教学效果。

### （三）培养幼儿的信息素养和 21 世纪技能

在 21 世纪的信息时代，信息素养和相关技能成为每个人必备的素质。通过信息技术整合数学教育，农村幼儿园的幼儿可以从小培养信息获取、处理和应用的能力。在学习数学的过程中，幼儿不仅能够学习到数学知识，还能初步了解如何使用计算机、互联网和其他数字工具，这些技能对于他们未来的学习和工作都是非常重要的。同时，信息技术的整合还能够帮助幼儿发展批判性思维、创新思维和自主学习能力，这些都是 21 世纪社会所需要的关键技能。通过这种方式，农村幼儿园的幼儿将能够更好地适应未来的社会和学习环境。

## 三、农村幼儿园信息技术整合数学教育的策略

### （一）基础设施建设与资源优化

为了有效整合信息技术于农村幼儿园的数学教育中，首先需要解决基础设施建设不足的问题。政府和教育部门应加大对农村幼儿园的资金投入，确保每所幼儿园都能配备基本的信息技术设备，如计算机、投影仪、电子白板等。同时，应优化网络环境，提供稳定高速的互联网接入服务，以便教师和幼儿能够充分利用在线教育资源。除了硬件设施，还应注重软件资源的整合，包括开发和引进适合幼儿的数学学习软件、教育游戏和互动平台，丰富教学内

容。此外，通过建立数字资源共享平台，鼓励幼儿园之间的资源共享和交流，可以有效提高资源利用效率，为幼儿创造一个更加丰富多彩的数学学习环境。

### （二）教师专业发展与培训

我们说提升农村幼儿园教师的信息技术应用能力是推动数学教育整合的关键。教育部门应组织定期的专业发展培训，帮助教师掌握最新的信息技术知识，学习如何将这些技术应用于数学教学中。培训内容应包括基础的计算机操作技能、教育软件的使用、在线教育资源的搜索与评估，以及如何有效整合信息技术与课程教学。同时，鼓励教师参与在线社区和论坛，与其他教育工作者交流经验，共同探讨信息技术在数学教育中的应用策略。通过持续的专业发展，教师不仅能够提升自身的信息技术能力，还能够更好地指导幼儿进行数学学习，激发他们的学习兴趣和创造力。

### （三）课程内容与教学方法的创新

创新课程内容和教学方法是提高农村幼儿园数学教育质量的有效途径。教育部门和幼儿园应共同开发和实施以信息技术为基础的数学课程，这些课程应注重幼儿的实际操作和体验，强调通过游戏和探索活动来学习数学概念。例如，可以利用教育软件和游戏来教授基本的数学技能，如计数、分类、排序等，让幼儿在互动中掌握知识。同时，教师应采用多样化的教学方法，如小组合作学习、项目式学习等，鼓励幼儿主动参与，培养他们的团队合作能力和问题解决能力。此外，应定期评估和更新课程内容，确保教学活动与时代发展同步，满足幼儿不断变化的学习需求。

### （四）家庭与社区的参与

家庭和社区的参与对于农村幼儿园信息技术整合数学教育至关重要。幼儿园应通过家长会、家访等方式，向家长介绍信息技术在数学教育中的重要性，鼓励家长在家中为孩子创造一个支持学习的环境。可以提供一些简单的家庭活动指南，如如何利用家用计算机或平板计算机进行数学游戏，或者如何通过日常生活中的小任务来练习数学技能。此外，幼儿园可以与社区资源进行合作，如图书馆、科技馆等，组织数学相关的亲子活动和社区活动，让家长和孩子共同参与，增强家庭与社区对数学教育的支持。通过这种多方参与的方式，可以形成一个支持幼儿数学学习的良好氛围，促进幼儿全面发展。

## 四、结语

通过对农村幼儿园信息技术整合数学教育的现状进行分析，揭示出了基础设施建设不足、教师信息技术应用能力薄弱、课程内容与教学方法滞后以及家庭与社区支持缺失等问题。面对这些问题，只有采取一系列策略，跨越数字鸿沟，才能促进农村幼儿园数学教育的均衡发展。

首先，基础设施建设与资源优化是实现信息技术整合的前提。政府和社会各界应共同努力，加大对农村幼儿园的资金投入，改善硬件设施，提升网络环境，确保每个孩子都能享受到优质的教育资源。其次，教师专业发展与培训是提高教育质量的关键。通过定期的培训和持续的专业发展，教师可以掌握最新的信息技术，提高将这些技术应用于数学教学的能力。

此外，课程内容与教学方法的创新是激发幼儿学习兴趣和增强学习效果的重要途径。教育部门和幼儿园应共同开发适应信息技术的创新课程，采用多样化的教学方法，使数学学习更加生动有趣。最后，家庭与社区的参与对于形成良好的教育环境至关重要。通过家长教育和社区活动的组织，可以增强家庭对幼儿教育的支持，构建家园共育的良好氛围。

总之，跨越数字鸿沟，实现农村幼儿园信息技术与数学教育的有效整合，需要政府、教育机构、教师、家庭和社区的共同努力。通过实施上述策略，不仅可以提升农村幼儿园的数学教育水平，还能为缩小城乡教育差距、促进教育公平做出贡献。未来，我们应持续关注农村幼儿园信息技术整合的进展，不断探索和实践，以期达到更好的教育效果，为农村幼儿的全面发展奠定坚实的基础。

## 参考文献

［1］曹燕红．“国培计划”农村幼儿园骨干教师培训体系建构研究［J］．教育观察，2023，12（33）：32－34，60.

［2］阳德华，韩莹．农村幼儿园教师专业发展需求的现状及对策研究［J］．贵州师范学院学报，2020，36（8）：77－84.

［3］李丽娥，孙刚成．多元治理理念下农村幼儿园“镇村一体化”发展困境及路径［J］．陕西学前师范学院学报，2019，35（6）：1－5，20.

［4］李萍，汤欢．农村幼儿园信息技术课程资源开发浅议［J］．新西部，2017（31）：167，155.

# 利用信息技术搭建农村家园共育新途径

（肖添红　福建省龙岩市永定区高陂中心幼儿园）

**摘　要：**家园共育是幼儿园日常教育工作的重要组成部分，在信息技术环境下，需要强调工作方法的创新，需要持续推动信息技术服务层次。本文以利用信息技术搭建农村家园共育新途径为主题，在探讨家园共育重要意义基础上，提出了搭建家园网络，发挥互动功能；搭建资源网络，推进亲子交流；搭建平台网络，提升共育质量等对策措施。

**关键词：**幼儿园；信息技术；共育策略

互联网时代，信息技术的广泛运用为家园共育提供了新的平台和拓展空间，幼儿园和幼儿家长之间的联系管道得到进一步拓展，虽然资源已经得到相应的整合，但在实际运用过程中，依然有一些问题亟待解决。如何充分利用信息技术资源，搭建更加符合农村幼儿园实际的家园共育路径，备受各方关注，也得到广大幼儿教育工作者高度重视和深入探索。本文结合笔者多年经验总结，就如何利用信息技术搭建农村家园共育新途径提出了几点看法，供同行老师们交流参考。

## 一、信息技术在农村家园共育中的重要意义

随着信息技术在幼儿园日常教学游戏过程中的运用层次得到不断深化，信息技术的渗透和促进作用更加突出。同时，在农村家园共育领域中所扮演的角色更加重要，实质意义更加突出，可打造更加科学、高效和便捷的家园共育新机制。

### （一）信息传递更加便捷性

信息技术在家园共育中的重要意义之一，就是推动日常信息传递更加高效便捷。在快节奏的当前生活环境下，年轻家长都非常忙碌，幼儿的日常接送工作基本都是由爷爷奶奶来完成，但基于爷爷奶奶年龄大，知识基础普遍不佳，对现代教育和信息技术知识的掌握也非常有限，无法满足家园合作过程中的双向沟通和工作落实。在关注度方面，爷爷奶奶把更多精力放在幼儿的日常衣食住行方面，对于教育问题则力不从心，而且也重视程度不够。这就需要得到年轻家长的配合，幼儿园搭建信息技术渠道，与幼儿家长通过微信、QQ或校讯通等平台实现及时互动，家长在忙碌的工作中也可以掌握到孩子在园的生活学习情况，及时掌握老师的反馈和配合幼儿园完成相关的合作事项。不用线下对接就可实现零距离沟通，而且更加的便捷，合作更加的顺畅，可及时处理幼儿在园期间的相关事情。

### （二）沟通方式更加多样性

幼儿园日常教学过程中，通过充分利用信息技术的资源便利性，在网络环境下可以架设更加多元的沟通方式，这对于提高农村幼儿园的家园合作质量，改善家园共育水平起到重要的推动作用。比如，幼儿园可以结合实际需要，充分运用好公众号、网站、微信群和QQ群、邮件等即时沟通工具，让家长可以结合自身的工作生活特点选择与幼儿园之间的联系管道，每个不同职业的农村家长，都可以结合自身实际，选择合适的网络渠道与幼儿园老师保持联系。形成沟通的多样性，推动信息技术环境下的家园共育质量提升。而且通过多样化交流，可以密切家园关系，及时找到解决问题的办法。

### （三）进一步提高家长的参与性

信息技术在家园共育中具有重要价值，可以进一步提高家长的参与性，信息技术的便利性打破了时间和空间的限制，家长参与互动交流也更加便利了，更加符合当前家长的合作模式，因此大家都非常乐意参与进来，家园共育理念得到落实，家园之间的互动也得到更多幼儿家长的重视。在平台载体的支撑下，通过沟通来解决更多问题，当得到家长的理解支持之后，也将逐步推动共育模式的落地，扮演好合作者与实施者的角色，双方合作层次不断提高，活动开展也更加高效，有助于家长对家园共育理念的创新。

## 二、充分利用信息技术搭建农村家园共育的创新途径

通过运用好信息技术对于改进农村家园共育效果具有重要推动作用，但在实际运作过程中，笔者认为利用信息技术搭建农村家园共育创新途径，需要做好以下几个方面的工作。

### （一）搭建家园网络，发挥互动功能

信息技术在农村幼儿园中的高效利用，需要发挥家园网络的优势，突出互动功能，把整个教育机制联动起来，把家与园的合作机制和互动特色最大化。在此过程中，需要突出幼儿园的主导角色，组织相应的活动，积极鼓励和寻求家长层面的理解支持。比如，幼儿园可以组织收集旧书活动，幼儿园邀请家长参与进来，协助他们收集更多的旧书籍，一些家长会结合找出自己学生时代的读本，进一步深化家园的互动层次。对于收集到的书籍，老师需要在班级微信群或QQ群进行不定期更新信息，然后对入选的书籍给予说明，让家长能够清晰了解旧书籍的收集方向，与孩子们一起通过各渠道收集旧书，在参与过程中，幼儿和家长也可以感受到家园合作的乐趣，培养幼儿从小爱护书籍的好习惯。

### （二）搭建资源网络，推进亲子交流

农村幼儿园搭建家园共育新途径，需要充分发挥信息技术的作用，把更多学习资源放到网络中来，目的就是让农村幼儿园与家长之间可以实现更好的互动，推动更多的合作成果，开发更多符合农村家园共育的游戏活动或学习模块。比如，可以结合当前微信小程序便利，通过开发一些阅读打卡活动，让家长带着小朋友一起在微信小程序里边打卡，晒出自己和孩子一起阅读的照片或亲子阅读视频，也可以是音频作品。通过学习网络活动，可以让孩子爱上阅读，同时对于阅读过程中存在的问题，教师也需要从专业层面给予必要的纠正指导，确保亲子活动更加规范，能取得更好的效果。那么在此过程中，为了加强对家长育儿的方法的科学辅导，需要对相关的学习资源内容进行规范，目的就是确保各方面的教育资源能更好推动家园共育环境，比如每周准备课程计划，上传平台可供参与活动的幼儿家长对整个游戏和活动、知识等流程有个了解，便于家长在家对幼儿展开相应的亲子活动，对接幼儿园学习的延伸。

### （三）搭建平台网络，提高共育质量

信息技术环境下，农村家园共育内涵进一步提升，不仅互动方式更加多元化，同时在平台网络层面也得到快速延伸。在此过程中，首先是需要拓宽更多平台资源推进共育活动，不仅需要积极推进校讯通、网站和短信平台的沟通功能，还需要充分发挥当前自媒体平台的沟通渠道，确保更多共育工作得到深入推动。比如，通过微信公众号、美篇和QQ等渠道，推送更多的亲子活动、线上微课、家庭教育知识讲座等展示出来，而这些活动和渠道普遍都是当前年轻父母日常生活中能接触和喜欢的，打造更加科学、有效、便捷的家园共育机制。其次是需要幼儿园老师更加主动作为，检讨自身工作不足，比如老师们需要善于通过电访、家

访、家长开放日等渠道，推动线上和线下平台的对接，实现相互的补充作用。同时，还需要推出评价机制，对幼儿教师的工作能力和家园管理能力等项目，要求幼儿家长进行打分评价。由此更好规范幼儿老师的工作内容，加强自我能力提升，改进工作模式和创新方法，确保更多网络平台能发挥，使信息技术环境下的农村家园共育机制更加的成熟，发挥更佳的效果，更好地通过家园平台来共同对幼儿进行全方位的教育。

## 三、结语

《幼儿园教育指导纲要（试行）》明确指出，家庭是幼儿园重要的合作伙伴，应本着尊重、平等、合作的原则，争取家长的理解、支持和主动参与，通过高效合作，进一步提高共育质量，同时也可提高家长的教育能力。家长工作是农村幼儿园日常教育工作的重要组成部分，在信息技术环境下，更加需要创新工作方法，持续推动信息技术服务家园共育，充分利用信息技术新手段，搭建起家园共育的新平台，拉近家园之间的距离，使家长更多关注和便利参与幼儿园的活动，参与幼儿成长的过程。在此过程中，需要为幼儿营造良好的教育环境，家园之间的协调氛围需要持续优化，打造更加具有互动功能的家园共育平台，依托信息技术构建科学可行的家园共育体系，让幼儿在寓教于乐中学习到良好的习惯与品质。这也充分说明要实现幼儿园与家庭的双向互动，需要持续对幼儿进行同步教育，促进幼儿身心健康发展。

### 参考文献

[1] 贾广兰．合理运用信息技术 搭建家园共育桥梁［J］．天津教育，2022（29）：105－107.

[2] 万丽．基于现代信息技术平台的农村幼儿园家园共育的实践研究［J］．文渊（高中版），2018（12）：346.

[3] 苏润．信息技术条件下的家园共育策略探究［J］．新一代：理论版，2020（2）：1.

[4] 王辉，霍宏娟．基于信息技术的农村幼儿园家园共育实践［J］．动漫界：幼教，2018（20）：51－52.

# 新时代教育评价改革机制与实践研究

（徐兰琼　延吉市新蕾幼儿园）

**摘　要：** 从我国当前的教育改革状态来看，进一步提升各学段的教学科学性和稳定性，打造完善的教育评价体系，已经成为多方关注的重点。本文从学前教育的角度出发，综合学前教育评价改革机制的时代背景进行分析，阐述了学前教育评价过程中存在的突出问题，提出了立体化的学前教育评价体系。只有从教师、幼儿、教育等多个角度出发，才能全面提升教育评价改革机制的科学性和稳定性，进一步增强评价实践的全面性。

**关键词：** 新时代；教育评价改革；创新机制；实践研究

## 一、教育评价改革的时代背景

### （一）指导思想

坚持以习近平新时代中国特色社会主义思想为指导，坚持党和国家的教育方针，坚持社会主义办学方向，在实现立德树人根本任务的同时，遵循教育创新以及教育改革的相关要求，是教育评价改革的基本指导思想。也就是说，教育评价不仅要结合教育的具体模式和成效进行评价，还需要考虑教育和其他领域之间的关联，如教育发展观、选人用人观、人才成长观等。唯有如此，才能提升教育的科学性和稳定性，同时也可以丰富教育评价的具体内容，为后续的教学可持续发展奠定良好基础。

### （二）执行教育评价改革的具体目标

学前教育在我国教学领域中越来越受到人们的关注，学前教育的教育评价需要制定完善的目标，要重点针对幼儿园的科学保障、安全卫生、教师团队建设，以及克服小学化倾向等现象进行全方位评价。与此同时，要制定符合幼儿园发展质量的评估指南，各省可以结合自身的实际情况，打造幼儿园质量评估标准，并且将各类幼儿园纳入质量评估范围内，定期向社会公布评估结果。这些数据都将作为后续幼儿园持续性发展创新以及评价改革的主要依据。

## 二、学前教育评价体系中存在的问题

学前教育评价需要坚持以幼儿的未来发展为目标进行科学设置，但是不同园区在落实评价体系改革的过程中，还存在着一些需要进行优化的问题。

### （一）评价体系存在功利化的现象

落实学前教育评价，其主要目的是维持科学规范的学前教育体系，进一步增强学前教育的综合质量。但是当前部分学前教育机构在落实评价的过程中过于强调成绩、结果、绩效这些外在工具的价值，这些指标虽然可以反映教育质量的部分关键因素，但是一旦和评价对象之间进行利益挂钩，就必然会导致评价结果丧失精准性，反而存在部分功利化问题。

### （二）评价体系存在标签化现象

标签化主要指的是在评价活动开展的过程中给评价对象贴上不同标签的行为。这种行为虽然是评价结果的一种展示行为，但是部分幼儿园或者学前教育机构过于强调贴标签的价值，优质园区、示范园区、重点幼儿园，这些标签成了划分学前教育机构等级的主要依据。但是学前教育本身便应该形成较为统一的发展指标，并且向着最高发展目标不断努力，这些标签往往会导致出现学前教育分割的现象，不仅会给部分园区的发展带来限制，还会导致区域学前教育存在重评比、轻教学的现象。标签可以作为约束园区以及相关机构教学的一种条件，但是不能单纯地将标签作为评价的最终结果。

### （三）评价体系存在形式化问题

当前有一部分学前教育机构，在落实教育评价的过程中，虽然可以按照相关政策以及规范进行评价，但最终得到的成效却未能应用到幼儿园的实际发展中去。简单来讲，整个评价体系过于强调机构自身的踊跃参与态度、积极效应，但是评价的最终结果与实际的园区管理之间并无较强联系。无论结果好坏，在评价活动结束之后也未能及时进行整改，内部监管力度较弱。这种形式化的评价体系能够营造踊跃评价的假象，但是并不利于学前教育的持续性更新和升级。

## 三、学前教育评价改革机制的具体实践策略

实现教育的评价必须结合实际需求进行创新，按照相关规定严格地制定明确的评价方法以及评价制度。从当前的幼儿园教育指导纲要角度来讲，教育评价是学前教育工作的重要组成部分，同时也是了解教育有效性和适宜性的重要指标，科学有效的教育评价改革必须迎合幼儿教育的发展标准，同时也要迎合幼儿自身的发展需求，因此可以从以下几个角度落实学前教育评价改革的创新。

### （一）积极转变评价观念，强调过程关注

传统的学前教育评价往往强调结果，这也就导致贴标签以及功利化现象的出现。因此，新形势下的学前教育评价改革机制，强调从传统的关注结果向关注过程角度进行转移。这种评价适用于学前教育的教育情况评价以及幼儿发展情况评价，比如某园区通过理论研究以及阶段性的尝试，利用幼儿成长记录档案的方式进行幼儿成长评价。

### （二）拓展评价主体，强调师幼共同的科学性

探索学前教育过程中的评价方法，打造多主体评价的方式，能够有效增强学前教育的科学性和可靠性，因此逐渐转变原有的由教师评价的方式，打造师幼共同评价体系，是当前学前教育评价改革的重点内容。

要结合幼儿阶段的实际发展水平设定不同的教育活动目标以及内容，由教师提供适宜的

指导和帮助，让幼儿在活动和教学的过程中能够发挥自身的主观能动性。这种方式有助于让幼儿参与活动评价以及教学成果评价，而教师也要积极地听取幼儿对教学活动的评价结果，不仅要注重幼儿综合能力的培养，更需要从幼儿角度获取感想和意见。

### （三）落实教师多层次评价，坚持履行教育育人使命

学前教育阶段的教育评价改革需要将教师评价以及园区的整个教务团队评价作为重点，这样才可以为学前教育的后续发展以及持续性创新奠定良好基础，而想要达成多层次的教师评价，进一步增强园区教育的综合治疗，必须将师德以及师能作为定期考核以及评价的重要指标。

首先，幼儿园教师必须具备教师资质定期参与绩效考核和职称评聘，通过评优奖励等方式落实教师思想政治素质的考察，推动师德师风建设常态化以及持续性；可以建立教师荣誉制度，选择具备典型性的示范案例进行引领，树立明确的教师榜样。

其次，要进一步突出教育教学的实际成绩，要认真履行教育教学职责，坚持以游戏作为基本的活动过程，引导幼儿主动学习，全面发展，这是关键目标。同时，还要求所有的幼儿教师能够进行阶段性的述职评价，将述职评价的具体内容和结果作为教师考核的主要指标，同时也需要与教师的薪资待遇进行关联，打造双师型教师评定、考核以及聘用机制，这样才可以为幼儿教育的发展奠定良好基础。

最后，全面增强一线幼儿工作的综合质量。各类学前教育机构，无论是幼儿园还是幼托机构，需要坚持明确教师参与幼儿工作的具体要求，并且落实好教师家访制度，将家校联系作为教师考核的主要指标，机构的领导班子成员还需要做好思政课以及教师综合能力培训的相关内容，完善园区内部管理干部任用机制，原则上应该坚持按照基础党员干部的日常管理标准，作为教师团队管理的主要依据。

### （四）达到全面化的教育工作评价体系

为了进一步增强学前教育的综合质量，幼儿园需要开展教育工作的全方位评价，要成立教育质量评价小组，由园长以及相关责任人担任组长，带领教研组长、教师代表、保育员代表，共同进行园区办学模式以及未来发展规划的全方位评价；教育质量评价小组在全面教育质量评价的过程中，还需要参考区域的相关规定以及核心制度体系，确定每个学期的具体工作重点研究，确定评价的核心内容以及具体评价指标，定位评价的方法和时间，最终需要将评价之后的材料落实全方位分析；结合评价结果分析该阶段幼儿园的实际发展问题，并且制订科学的改革和创新方案，并且提出改良教育工作的相关意见和建议。

每学期都需要开展评价活动，评价活动的具体内容以及模式，可以结合园区既有的案例进行创新，要确保所有的评价活动开展都可以产生实效，能够为下一阶段的园区改革提供参考；评价活动开展期间要总结上一阶段的评价成果以及改革策略，要解决已经出现过的所有问题，并且可以为后续的发展奠定良好基础。

## 四、结语

综上所述，新时期的学前教育改革必须倾向于全过程评价以及多层次评价的角度进行优

化，不仅要掌握时代发展思想，更需要掌握不同区域的实际发展现状。学前教育的评价要倾向于幼儿、教师以及教学管理多角度评价，评价的结果要成为园区未来发展的主要指标，这样的评价模式才有助于全面提高学前教育的综合质量，更可以为我国幼儿教育奠定良好基础。

## 参考文献

[1] 郭颂．从缺席走向共同建构：幼儿园课程评价的温暖嬗变［J］．东方娃娃·保育与教育，2022（9）：42—44.

[2] 袁园，孟戡．幼儿园教师非正式评价对幼儿人格的影响研究［J］．豫章师范学院学报，2022，37（4）：91—95，101.

[3] 张彩凤．我国托育机构教育质量评价体系研究［J］．科教文汇，2022（16）：4—7.

[4] 白茹．学前教育阶段如何培育幼儿的行为习惯［J］．科幻画报，2022（8）：221—222.

[5] 曹筱一．“幼有善育”目标下幼儿发展评价实施策略［J］．滁州学院学报，2022，24（4）：98—102.

[6] 徐简媚，李敏．《幼儿深度学习评价量表》的编制与检验［J］．早期教育，2022（Suppl4）：53—56.

# 幼儿园教育教学信息化的运用与管理研究

（陈子路　张建　湖北省武汉市东西湖区新沟镇幼儿园）

**摘　要：** 信息化技术为幼儿园的教育教学工作提供了大量资源，教学形式的不断创新为幼儿园教育的开展注入了新鲜血液。在互联网迅速普及和发展的今天，智能化和信息化网络时代发展的步伐在不断增快，互联网教育模式已经成为现代教学发展的趋势。信息化技术将从根本上打破传统的“5＋2＝0”的现状，不单在教学中使用，平时在家也可以很好地开展教学。幼儿园作为义务教育衔接的基石，其教学如何有效地实施信息化逐渐成了当前阶段社会所关注的焦点问题。本文以信息化模式引入幼儿园教育教学为背景，对信息化教学模式运用的具体路径进行了全面的分析，致力于更好地实现信息化教学的本质目标。

**关键词：** 幼儿园；信息化教学；运用措施

幼儿园应该给幼儿们提供一个健康快乐的生活环境与活动环境，并充分考虑到孩子们的身心发展规律与学习特点，以适应他们成长的现实需求，同时更应该运用科学合理的教学方式让孩子们在日常的生活与活动中开展学习。除此之外，在开展幼儿园教育活动的过程中，教师要把科学的教育思想和信息化技术贯穿活动之中，在此环境下让幼儿们得到很好的熏陶。

## 一、幼儿园开展信息化教育教学的必要性分析

应用信息技术可以提高幼儿在学习过程中的主动性。当前幼儿的学习总体状态偏于被动，对教师所传授的知识技能幼儿吸收得非常有限，最终出现教学费时费力却得到不尽如人意的结果。将信息技术与幼儿园教学整合在一起，最为突出的功用是能够加强幼儿在学习和探究过程中的主动性。

例如，教师利用多媒体材料为幼儿展示相关的研究对象或借助信息化工具举办自主性交流活动等，可以快速激发幼儿的探究思维与专注力，从而进一步改变教学课堂中幼儿被动的局面。

## 二、幼儿园教育教学信息化运用与管理的现状分析

### （一）信息化设备配置缺乏完善性

信息技术基础设备为落实幼儿园信息化教学工作提供了多方面的重要物质基础。而在实际教学管理中，一些幼儿园资金财政比较紧张或者在信息化管理方面经费投入不够，所以在配置一些相关的基础设施方面还缺乏一定的有效性，在幼儿园的信息化教学工作方面起不到有效的辅助作用。此外，一些幼儿园也缺乏系统的信息化管理软件等问题，也没有全面关注幼儿园信息化教学实施和开展的情况。

### （二）幼儿园管理者信息化观念较为落后

如今随着我国教育形势的不断转变，幼儿园信息化教学得到了一定的发展，但是仍然存在一些幼儿园管理者观念陈旧的问题。由于受到传统教育思想的束缚，教师往往会忽略对信

息化教学工作的意义和作用，而对信息化教学缺乏积极的认知，导致幼儿园未采纳信息化教学，或者采纳之后不知道如何有效实施。

### （三）幼儿教师信息化素养参差不齐

从幼儿园信息化管理工作的角度来说，对于一些管理人员和教师的要求标准需要进一步提高。如今，整体的教师素养还有着较大的差异，有一部分的教师不能够对信息技术的必要性有一个全面的意识，同时还有部分教师在运用信息化教学方式时缺乏一定的成熟性。除此之外，有一些教师还缺乏一定的应用信息技术的能力，往往会更加依赖多媒体资源，同时也不能够对教学情境进行有效的构建，不能对电子白板进行充分的利用，从而使互动式教学的效果不能很好地发挥出来。大部分教师的信息技术应用能力还有待提升，对于游戏等方面的应用水平也需要进一步提高。

## 三、幼儿园教育教学信息化运用与管理的有效对策

### （一）由传统的教学思想向“信息化教学”转变

传统的教育思想和教学模式往往会对教师产生较大的影响，在实际教学的过程中，我国的大多数教师往往会对理论灌输的形式进行应用，幼儿的学习状态往往具有被动性的特点。如果在幼儿教学的过程中对信息化技术进行全面的应用，不但可以使教学资源得到有效的拓展，使教育信息更加具有丰富性，同时也能够使传统的教育形式得到有效的转变，从而促进教学质量和效率的大幅提高。基于此，教师一定要使传统的教学模式得到完善与改进，在教学的过程中，充分发挥信息技术的作用与优势，并使其成为幼儿们在学习中的一个重要帮手，可以促进幼儿们自主学习水平的增强，同时也可以全面地培育幼儿的创新能力和思维观念，使幼儿的主体地位更好地突显出来。

### （二）建立完善的信息化教育教学标准

在幼儿教学和信息技术整合的过程中，要想充分保证信息化技术作用和优势的切实发挥，就要求幼儿园和教师必须根据不同幼儿的发展需要和个人特点进行教学结构的调整，并建立信息化的教学计划、相应的教学规范、教学标准、健全信息化技术运用环节等相关的管理机制，从而增强教学过程的监控效果，并进行规范化的管理和制度化管理。

### （三）开展幼儿微课程教学体系

目前，在“互联网＋教育”背景下，微课已经逐渐成为我国教育过程中的一个必要因素。将微课充分应用在幼儿的教学过程中，通过多媒体技术的作用，使幼儿能够更加直观地体会到教学内容，使他们可以对一些重要知识内容有一个更加全面的了解，从而全面增强自身的基础学习能力。例如，教师在实施数字认识教学时，可以充分发挥多媒体技术的优势，对一些微课视频进行有效的制作，从而使幼儿可以对相关的数量关系进行了解，最终全面增强幼儿的学习成效。

比如，“挖土机找水喝”是个讲述活动，描写了小挖土机找水喝的过程。由于年龄的关系，幼儿对挖土机缺乏感性的认识，如果只是一张张的图片，幼儿没有那种感性经验，对于挖土机的心情是无法表达的。

为此，在教学活动中，教师可以运用信息化手段，制作了课件，把静态的画面，变成了具体、形象的“动画片”，生动的形象、丰富写实的场景，极大地提高了幼儿的理解力，丰富了幼儿的感性认识。有利于幼儿进行观察、分析、综合，在边看、边想的活动中加深了对主题的理解，既发展了形象思维，又发展了语言逻辑思维。

### （四）加强幼儿教师的培训力度

在将信息化技术和幼儿教育教学进行结合的过程中，教师需要对一些应用信息技术的方式进行全面的了解和掌握，并对信息化技术的相关工作进行全面的分析与研究，在此基础上，促进自身专业能力和技术水平的不断提高，使自身的信息化知识内容进一步拓展，最终对终身学习意识进行更好的培养，及时地完善与优化教学的环节，并促进自身教学水平与适应能力的提高。教师需要具备信息化技术的教学思想，对自身的教学方式进行及时的调整，将信息化技术方式充分融合到实际教学的过程中，促进组织成效的提高，并为信息化技术与幼儿园教育的有效结合奠定一个良好的基础。

## 四、结语

通过对信息化技术进行全面的应用，能够使幼儿园的教学内容更加具有丰富性，教师在进行教学和对教学内容进行设计的过程中，可以对信息化技术进行科学的运用，使得教学的效率得到显著提高。本文主要是分析了幼儿园教育教学信息化运用的重要意义和具体策略，希望通过此次理论研究，有助于实际幼儿教育工作的开展，在此基础上，促进幼儿的学习更加有效，使幼儿的学习兴趣进一步提升，最终为幼儿的全面发展提供良好的保障。

### 参考文献

［1］佘雅斌．学前教育专业实践教学信息化改革与建设探究［J］．广西教育，2013（47）．

［2］郭琼．网络环境下幼儿园的全面信息化管理［J］．中国信息技术教育，2013（5）．

［3］黄旭丹．谈幼儿园教育教学信息化的运用与管理［J］．教育信息化论坛，2019（12）．

［4］王桂群．信息技术在幼儿园教学中的灵活运用［J］．考试周刊，2022（36）．

［5］冯君．信息技术在幼儿园教育教学中的应用与研究［J］．基础教育论坛，2022（19）．

［6］王静．信息技术在幼儿教育中的应用探究［J］．成才之路，2022（17）．

# 论支持幼儿园美育教师专业成长的重要性

（张佳　深圳市南山区南海玫瑰幼儿园）

**摘　要：**美育教师是美育教育工作的最终实施者，是开展幼儿园美育教育的关键力量，直接影响着美育教育的最终质量。本文通过对美育教师专业成长的定义、重要性及现状进行分析，探讨了支持幼儿园美育教师专业成长的有效策略，进一步明确了支持幼儿园美育教师专业成长的重要性。

**关键词：**幼儿园美育教师；专业成长；支持；重要性

幼儿园美育教师的工作承载着塑造幼儿灵魂的重任，幼儿园美育教师的专业成长对于学前教育发展至关重要。幼儿园美育教师的专业成长不仅需要教师自身的努力，还需要外部的支持和帮助。目前，幼儿园美育教师的专业成长存在一些问题和挑战，需要深入的研究和探讨。我们将以幼儿园美育教师的视角为出发点，深入了解幼儿园美育教师的专业成长需求，探讨如何支持幼儿园美育教师的专业成长，以便更好地促进幼儿园美育教育的发展。

## 一、美育教师专业成长的定义和重要性

### （一）美育教师专业成长的定义

美育教师的专业成长是指幼儿园美育教师通过系统学习、实践和反思，提高自身教学能力和专业素养的过程。

专业成长是教师持续反思和改进的过程，也涉及教师自我意识和职业认同的建立。作为美育教师，必须明确自身教育使命和职业目标，不断追求自身成长和进步。通过拥有专业意识和职业认同，保持对教育事业的热爱和责任感，为幼儿的美育教育提供良好的引领和示范。

### （二）美育教师专业成长的重要性

美育教师的专业成长对于幼儿园的教育工作具有重要的意义。美育教师专业成长能帮助其深入了解美育的理论和方法，提高专业知识和技能素养，并灵活运用于实际教学中；美育教师在专业成长过程中，也能促进其培养幼儿的感知、表现和评价能力，提升幼儿审美情感、审美意识、创新思维、想象力等，对幼儿的全面发展有积极的促进作用；美育教师专业成长可以促进幼儿园美育教师的职业发展，使其不断提高自身能力水平和职业竞争力，也为其提供更多的晋升机会和发展空间，推动其职业发展。美育教师的专业成长能够促进幼儿园美育的发展。通过学习新的教学理念和方法，丰富美育的内容和方法，使幼儿园的美育更加全面和有深度。

通过提升美育教师的专业素养，促进其职业发展，可进一步提高幼儿园艺术教育的质量和水平，培养更多具有艺术修养的人才，为孩子们的成长和未来做出更大的贡献。因此，我们应该重视和支持美育教师的专业成长，为他们提供必要的培训和发展机会，以推动幼儿园美育教育的进一步发展。

## 二、幼儿园美育教师专业成长现状面临的挑战

在当今日益竞争激烈的教育环境中，幼儿园美育教师的专业成长对于提高教育质量和满足社会需求至关重要。然而，目前美育教师专业成长仍面临着一定的挑战和困境。

### （一）整体素质与需求存在差距

不少教师欠缺美育理论知识、教育技能等，这对教师的专业成长提出了更高的要求。

### （二）缺乏明确的标准和指导

与其他教师专业成长相比，美育教师专业成长的标准与指导尚不完善。缺乏对美育教师专业成长明确的评价体系和规范，导致其成长过程存在缺乏方向性和一致性。

### （三）受到培训机会的限制

相比于其他领域，幼儿园美育教师在专业培训方面面临着较为有限的机会和资源。当前，许多幼儿园的培训投入更多集中在其他领域上，导致美育教师专业成长的培训机会受到限制，难以满足其专业发展需求。

### （四）面临知识更新的挑战

目前，美育教师专业知识体系还存在不完善、科研研究不够深入等问题，这些因素限制了其专业成长的深度和广度。

## 三、支持幼儿园美育教师专业成长的策略

在当前面临的挑战下，我们应积极面对，采取有效策略并努力探索，推动幼儿园美育教师的专业成长，提高幼儿园美育质量和水平。

### （一）提供专业培训

建立一个完善的专业培训体系。通过专业培训课程，包括艺术教育方法、儿童心理学、美育课程设计等内容，不断提高教师专业能力和教育水平，以更好地满足幼儿园美育工作的需求。注重培养教师美育教学方法和技巧，通过教学观摩、研讨和实践等形式，教师互相交流和分享经验，学习借鉴他人的成功经验。使教师在不断更新知识和技能的过程中，了解最新教育理论和实践。培训还应注重教师的个人发展和职业规划，为其提供职业发展指导和个性化培训计划，帮助他们明确自身职业方向和发展目标。

### （二）创造支持环境

在支持幼儿园美育教师专业成长的过程中，提供丰富的资源和机会，激发教师学习动力和创新思维，创造一个良好、积极的支持性环境是至关重要的。

1. 建立一个开放的学习氛围。定期举办教研活动、专题讲座或研讨会等，让教师能够自由交流、分享经验和思考问题，鼓励教师团队合作和互助互学，促进彼此之间的学习和成长。

2. 提供丰富的资源支持。投入足够的资金和资源，为教师提供丰富的教学资源和学习材料，促使教师更好地进行美育准备和创新实践。例如，购买专业美育课程教材、教具和工具等，订阅相关的学术刊物和期刊等，让教师及时了解最新的研究成果和教学方法。

3. 支持教师进修专业。鼓励教师参加各类专业培训和进修课程，可与相关机构或高校

合作，开展专门的培训课程，提升其美育专业知识和技能。同时，提供经费支持，让教师参加学术活动，与同行碰撞思想相互交流，拓宽视野和思路。

4. 鼓励教师参与课题研究和创新实践。为教师提供必要的资源支持，组织研究小组，共同研究美育教学的问题和挑战，鼓励教师实践提升经验。

5. 幼儿园为美育教师提供良好的工作环境和资源支持。为了在教育实践中发挥创造力和想象力，教师需要有充足的时间和适当的空间。例如，提供丰富的艺术资源——乐器、绘画材料、剪纸工具等，包括良好的工作场所，如美术室和音乐室等功能室，给予教师足够的自主权和支持，根据幼儿的需求和兴趣进行灵活的教学设计。

### （三）建立评价机制

在支持幼儿园美育教师专业成长的措施中，建立有效的评价机制，通过定期和系统的评价，对美育教师的专业发展进行监测和指导，从而提供有针对性的支持和帮助。

1. 明确评价标准和指标。分析美育教师专业成长的要求和目标，将其转化为可操作和可衡量的指标。例如，设定美育教师在教学设计、教学实施、幼儿评价等方面的能力指向，将其分解为具体指标，包括教学设计的创新性及实施的有效性等。将指标作为评价的依据，帮助其了解自己在专业发展中的表现。

2. 包括多种评价方法和工具。综合运用多种评价方法： 观察、访谈、作品展示等，实现对美育教师专业成长的全面评价。

3. 注重反馈和指导。在评价过程中，我们需及时给予美育教师反馈，指出他们的优点和改进空间，并提供相应指导和支持。通过持续的反馈与指导，促进美育教师了解自身专业成长短板，促使其不断进步。

建立评价机制是支持幼儿园美育教师专业成长的重要策略之一。通过评价机制，幼儿园能够不断完善美育教师的培养和发展体系，从而实现幼儿园美育的优质和可持续发展。

### （四）家园社合作策略

家庭和社区是幼儿教育的重要组成部分，他们对于美育的认可和支持至关重要。幼儿园可积极开展家长工作坊、亲子活动等，鼓励家长参与孩子的美育学习，增强他们对美育的理解和支持。还可以与社区艺术机构和行业合作，提供更多的教学资源和合作机会，使幼儿能够在不同的艺术环境中体验。

通过建立完善的培训体系、提供良好的工作环境和资源支持、与家长和社区合作，以及持续评估和调整，为幼儿园美育教师提供更好的成长环境，从而提高他们的专业水平，为幼儿的艺术教育带来更好的效果。在研究支持幼儿园美育教师专业成长的过程中，我们还需不断进行监测和评估，确保对策的有效性和可持续性。也通过收集教师的反馈意见和幼儿的发展情况，及时调整和改进对策的实施方法。这不仅能够提高教师的工作满意度，也为幼儿园美育教师的专业成长创造良好的氛围和环境。

## 四、结语

美育教师是幼儿园中具有专业知识和技能的重要角色，他们的专业成长直接关系到幼儿园美育教育的质量。

支持幼儿园美育教师专业成长可以提高教师的教学质量和专业素养，有助于提高幼儿的综合素养，促进教育的发展和创新，适应时代的发展需求。因此，支持幼儿园美育教师专业成长，不仅是对幼儿园教育的投资，更是对幼儿个体发展的投资。我们还需探索更多深入的研究方法和途径，以提供更多的理论和实践支持，为幼儿园美育教师的专业成长做出更多的贡献。

## 参考文献

[1] 叶梅．新时代美育教师专业成长的路径思考：以叶梅名师工作室为例［J］．中小学音乐教育，2022.

[2] 王琳．浅谈教师的专业成长［J］．文学教育（下），2020.

[3] 柯兰兰．新时代教育背景下幼儿园美育和课程的有效整合［J］．收藏界：名师探索，2019.

# 父母教育态度不一致对幼儿行为的影响研究

（马玉娥　沈阳市苏家屯区教工幼儿园）

**摘　要：** 家庭是孩子最重要的生活环境，孩子在与他人进行交往、在生活中和社会中的行为举止，许多行为习惯的习得和养成主要都是来源于家庭，而父母的教育态度是否一致是影响幼儿行为的主要因素。本文从家长教育态度的不一致性对幼儿的行为产生极大影响的假设出发，对所在幼儿园中班幼儿及其父母进行调查研究，提出了相应的教育建议和应变策略。父母在教育孩子时一定要站在同一立场上，教育态度达成一致，这样才能起到良好的教育，孩子也会养成良好的行为规范。

**关键词：** 父母教育态度；一致性；幼儿行为

父母也是孩子最初的第一位老师，因而家庭教育就十分重要，父母的性格特征、交往方式、教育观念和行为习惯对孩子一生都有着深远的影响。由于家长教育层次的不同，有些幼儿缺少系统的行为教育，因而，当幼儿从相对封闭的家庭空间来到幼儿园较为开放的同伴和学校空间时，难免呈现出各种各样的行为问题。有些小朋友会存在着一些不良的行为问题。例如：有的孩子脆弱，只要碰到一点小事就会哭泣；有的胆怯，遇到事情不善表达；还有的孩子要赖，一犯错误就在地上趴着不起来……对此，该如何解决呢？

## 一、幼儿行为问题现状

### （一）不同父母教育态度类型造成的幼儿行为问题现状

1. 专制性教育。专制性其主要特点是对孩子的态度生硬，不能与孩子良好的沟通，强迫孩子按照自己的意愿做事，甚至会打骂孩子。这样的教育会使孩子只会顺从、胆小，没有自信、没有主见、不能够独立。相反则会使孩子逆反心特别强、对待事物冷酷无情、有较强攻击行为。

2. 溺爱性教育。溺爱性其主要特点是对孩子非常宠爱、过度的保护及关注、帮助孩子做任何事、对孩子的要求百依百顺。这种教育会使孩子的依赖性很强、唯唯诺诺、任性自私、没有责任感、不讲道理、没有创造性等。

3. 放任性教育。放任性其主要特点是对孩子很放纵，很少甚至从不对孩子进行教育指导，对孩子不遵守某些规则也采取无所谓的态度，让孩子自由做事不去约束。这样会使孩子没有归属感、自我控制力差、自由散漫、情绪消沉、很容易受人影响误入歧途。

4. 民主性教育。民主性其主要特点是对孩子理解尊重、像朋友似的相处交流、鼓励孩子主动去探索，有问题和孩子商量，对孩子爱而不娇，严而不厉。这样的教育使孩子活泼开朗、有自信，好奇心和创造力强，尊重他人有礼貌、与人和善。

5. 父母教育态度不一致。会在解决幼儿出现的问题时，各持己见，孩子处于矛盾的教育气氛中，就会不知所措，会选择对自己有利的一方，使得父母的教育不能起到良好的教育效果，甚至会适得其反，助长幼儿的不良行为。

### （二）不同幼儿行为问题类型的表现

攻击性行为。攻击性行为是指对他人或事物实施的破坏性行为，有表现为具体的行动，也有表现为语言、文字的攻击，使他人受到身体或心理上的伤害。幼儿期攻击性行为表现为打人、踢人、咬人、冲撞、摔东西、大声叫喊、骂人、嘲笑他人、说坏话等。

活动过度。活动过度又称为多动，是指自愿或非自愿的活动异常的增加。幼儿则表现为不能安静且活动量比较大，喜欢奔跑、蹦跳，看见什么东西都要去碰一碰、看一看，在家里翻箱倒柜、破坏东西。

违抗。违抗是指幼儿脾气暴躁、容易被激怒、不听从指令、存心顶撞父母或老师，自己犯错误却指责别人，还有攻击等行为。

任性。任性是指对于自身的需要或者要求一点都不加以控制，任凭天性做事，纵容不约束自己，而且顽拒、不听从他人的管束，不依照别人的要求去做，或者表面上语言承诺、心里不服气。

社交退缩。社交退缩是指心理有一种减少与他人接触的倾向，在他人面前会感到拘束、压抑、不自在。表现为羞怯、沮丧、孤僻，不喜欢别人对自己的负面评价，与小朋友交往困难。

## 二、父母教育态度不一致产生的影响

### （一）父母教育态度不一致影响家庭教育效果

1. 降低了父母的权威。有的孩子从来都是妈妈不在时听爸爸的，妈妈在就听妈妈的。导致爸爸的教育效果只有妈妈不在时才有效，当妈妈在时一点用都没有，没有让孩子持久地养成一个良好习惯，在孩子的心里对爸爸的教育也只是口服心不服。

2. 会产生教育的反作用力。妈妈总是控制着孩子的行为，而爸爸总是一副懒得管的态度，当孩子不想听妈妈的话想找爸爸倾诉时，看到爸爸不理睬的态度，孩子就会更加心生不满，从而去找别的出口发泄，这样就会造成孩子心生怨恨，从而表现出攻击性和破坏性等。

### （二）父母教育态度不一致对幼儿行为的影响

1. 容易养成孩子的双重行为。当孩子们知道，爸爸妈妈对自己的教育态度不一样，根据本身的趋利避害，孩子会在爸爸妈妈面前有选择地来表现自己。

2. 容易影响孩子社会性的发展。父亲的教育态度会对幼儿的心理健康产生影响，而母亲的受教育程度会影响对幼儿的教育态度，受教育程度高的母亲对幼儿的教育态度多数是以讲道理的方式，给孩子更多的自由、自主。所以父母的教育态度会营造出不同的家庭氛围，对幼儿的社会性也会产生不同程度的影响。

## 三、父母教育态度不一致的教育建议

对于父母教育态度的不一致，父母双方要在教育孩子的问题上经常沟通交流。要明确地制定出一些规则与制度，有些事情可以让孩子自由掌控，有些事情孩子就必须按照要求去做，如果违反了规则该怎样处理等。如果在哪方面出现了分歧，也不要当着孩子的面训斥或反驳对方，父母双方一定要在私下里对出现的分歧进行沟通，达成一致。

经常放任孩子的父母对孩子要多一些关注、多一些责任感，要多花点时间、多花点心思在孩子身上，在孩子的生活和行为上要多一些指导和帮助，让孩子在心理上感受到父母的温暖和关怀。心理学家格尔迪说："父亲的出现是一种特殊的存在，对培养孩子有一种独特的力量。"与母亲相比，父亲对孩子有着最早、最持久的影响，是家庭教育中不可缺少的力量。多陪孩子做些游戏、远足旅行等活动。在陪伴孩子时父亲要尽可能地温和、耐心，让孩子感觉到心理上可以亲近，做一位不仅能够给孩子创造良好物质环境，也能给孩子创设一个良好精神环境的父亲。

## 四、结语

研究发现，父亲和母亲教养方式的不一致与儿童的攻击性行为密切相关。说明家庭中教育方式不一致、父母对孩子的态度变化无常，儿童就会处于不稳定或矛盾的教育氛围中，可使儿童很难形成清晰的伦理道德观念，也会发展成多重的心理品质、行为的偏离，还可能会有高攻击性。如果父母过分的关心和保护或忽视了孩子的某些要求，不知道孩子的某些反应，只有当孩子犯错的时候他们才会注意或对孩子表现出生气、失落、难堪，等情绪反应，这样一来孩子出现的任性、挑衅、反抗、攻击性行为及社会性退缩行为都会很高。因此，父母之间的教育态度应基本保持一致，父母自身的言行也要前后一致，帮助儿童分清是非，鼓励良好行为，减少其攻击性行为。

### 参考文献

[1] 周丽婷．幼儿家庭教育中父母教养方式的调查分析［J］．学理论，2013：241.
[2] 贾守梅．学龄前儿童攻击性行为的家庭系统研究［D］．上海：复旦大学，2013.
[3] 李芳霞．父母教养方式对幼儿攻击行为的影响［J］．宁夏师范学院，2015，36：147.
[4] 王莉．家庭教养方式对幼儿性格发展影响的调查研究［J］．科学大众（科学教育），2015.
[5] 叶慎花．父母教养方式与幼儿行为问题关系的研究［D］．南京：南京师范大学，2011.

# 幼儿园家园共育的有效途径和方法研究

（夏俪　江苏省宿迁市宿城区康庭茗苑幼儿园）

**摘　要：** 家园共育是一种重要的教育理念和实践方式。幼儿园作为专业的教育机构，拥有丰富的教育资源和经验，能够为孩子提供系统、科学、有计划的教育。幼儿园应积极寻求家庭的参与和支持，通过家长的参与和指导，帮助孩子们更好地适应环境、培养良好的生活习惯和学习态度。本文探讨了幼儿园与家庭之间进行合作教育的有效途径和方法。通过分析幼儿园家园共育的重要性，提出了一系列策略，以促进家长、教师和教育机构之间的互动交流，提高幼儿的教育质量。

**关键词：** 幼儿园；家园共育；有效途径

近年来，随着社会对儿童教育的重视程度不断提高，家园共育已成为学前教育领域的重要议题。家园共育旨在将幼儿园和家庭视为一个整体，相互支持，共同为孩子的成长提供良好的环境。家庭是孩子的第一课堂，对幼儿的性格塑造、行为习惯的培养等方面具有不可替代的作用。这种模式下，家长不再是单纯的受教育的对象，而是成了教育过程中的重要参与者。通过家长的积极参与和支持，孩子们可以在更广阔的社会背景下接受教育和培养，从而获得更加丰富多元的经验和能力。因此，家园共育模式的实施，需要家长积极参与幼儿园的教育活动，及时反馈孩子在家的表现和需求，与教师保持密切沟通，从而共同促进孩子的全面发展。

## 一、幼儿园家园共育的重要性

### （一）家园共育对幼儿发展的促进作用

家庭作为孩子成长的起点，其独特的家庭教育方式对孩子的发展具有深远影响。家庭教育不仅是孩子启蒙教育的关键环节，更是其后续发展的基石。与此同时，幼儿园作为儿童成长的特定场所，对孩子的身心发展同样起着至关重要的作用，不仅为孩子们提供了一个安全、温馨的环境，让他们在集体生活中学习与人相处、交流与合作，同时也为他们提供了丰富多彩的教育活动，帮助他们在探索世界的过程中建立自信、拓宽视野。此外，家园共育强调家长与幼儿园之间的密切配合，要求家庭与幼儿园共同参与幼儿的培育过程，共同促进幼儿全面、和谐的发展。这种合作模式不仅可以增强亲子关系，还可以提高教育的连续性和一致性，从而更好地促进幼儿在身体、情感、认知和社会性等方面的发展。

### （二）家园共育对幼儿园发展的意义

家园共育对园所发展的重要性不容忽视，不仅是家庭与幼儿园之间的合作关系，更是教育观念的深刻变革和教育理念的创新探索。这种新型的教育模式，将家长和教师紧密地联系在一起，形成了一种全方位、多角度的教育合力。通过有效的家园共育实践，不仅可以提高园所的整体教育水平，更能增强园所与家庭之间的信任和合作，也为幼儿的全面发展提供了更加广阔的空间。

## 二、幼儿园家园共育的有效途径

### （一）建立良好的家园合作关系

良好的家园合作关系对于幼儿园的发展至关重要。教师和家长之间应构建起一种互信、互相尊重以及积极合作的关系，以共同推动孩子的成长和教育。只有建立在信任基础上的合作，才能保证家园共育的顺利进行。作为家长，需要理解和遵守学校的教育理念和方法，积极参与和支持学校的各项工作。同时，也要积极地提出意见和建议，与学校一同制定教育目标和方案。这种互动和理解有助于加深家园之间的联系，提升彼此的合作效果。对于学校来说，也需要倾听家长的意见和建议，积极主动地与家长进行交流和沟通。双方应根据孩子的情况共同商讨、确定适当的教育策略和目标，以保证每一个孩子都能得到全面而富有个性的发展。这样的做法不仅有利于提高教育质量，还能增强家长对学校的信任和满意度。此外，我们还应该鼓励家长积极参与幼儿园的教育工作。例如，担任志愿者、参加家长委员会等，增强家长对幼儿园的信任感和归属感，同时也能促进家园合作，形成教育合力。

### （二）建立有效的家园沟通机制

家园共育的实现，离不开家长和幼儿园双方的共同努力。双方必须及时、有效地进行沟通交流，建立起密切的合作关系。只有通过双向互动，才能充分发挥家园共育的优势，为孩子的健康成长提供有力的支持。首先，幼儿园应当积极创立多种沟通渠道。为了确保与家长、教师和其他相关人员之间的有效交流和信息共享，幼儿园应该采取一系列措施来拓宽沟通途径，如建立官方网站、官方微信等渠道，为家长和学校之间搭建一个更加便捷的沟通平台。其次，教师可以通过微信、钉钉和腾讯会议等多样化的信息化平台，建立起与家长沟通交流的常态化机制，形成“家园共育”信息化的沟通网络，将“家园共育”的有效沟通落实到细节之处。通过多样化的沟通方式，幼儿园能够更好地满足不同群体的需求，并提高信息的传递效率和准确性。此外，教师应提高沟通水平，并掌握有效的沟通技巧，从而为教学质量的提高奠定坚实的基础。例如，挑选一些典型的沟通案例，让教师在小组内进行分析和讨论，探讨如何处理不同情境下的沟通难题，提高教师对实际问题的解决能力，促使他们反思自己的沟通行为，进而优化自身的沟通能力。

### （三）加强家园合作的教育理念

在实施家园共育的过程中，幼儿园应该积极树立共同教育理念，即充分认识到家庭和学校作为孩子成长的重要环境，二者应当紧密协作、互相支持，以共同促进孩子的全面发展。这一理念的贯彻实施有助于消除过去家庭教育与学校教育的隔阂，使得双方能更好地相互理解和沟通，是促进家庭与幼儿园能够共享资源、协同研究、共同解决问题，实现资源的有效利用和教育效果的优化。教师应深入理解并传达这种教育理念，使其融入日常的教学工作中，鼓励家长参与孩子的学习，提供他们了解孩子学习进度和成果的机会，同时也要邀请家长提出宝贵的意见和建议，增强家长对幼儿教育的参与感。

### （四）优化家校互动的活动形式

为了促进家园之间的紧密合作，幼儿园应当积极组织各种形式的家校互动活动，如家长会议、家长参观日、亲子活动等，这些活动可以加强家长与教师之间的沟通交流，增进彼此的理解和信任，从而为幼儿的教育提供更有力的支持。通过定期的家访、家长会、亲子活动、教育咨询等多种形式的活动，幼儿园可以为家庭和学校之间搭建起一座互信的桥梁，共同关注幼儿的成长和发展。这样的互动不仅有助于提高教育的效率和质量，还能让家长更加积极地参与幼儿教育中，形成家园共育的良好局面。此外，幼儿园在开展家园共育活动过程中，需要进一步明确活动的目的，以确保根据不同目的来选择最合适的活动形式，有助于提高活动的效率和价值。以某幼儿园开展的“环保小卫士”主题活动为例，该活动旨在提高幼儿的环保意识和实践操作能力。在活动过程中，教师引导幼儿了解环保知识，组织幼儿进行垃圾分类、制作环保手工等活动。同时，邀请家长参与其中，与幼儿一起进行环保实践活动，如家庭垃圾分类、种植植物等，不仅能提高幼儿的环保意识和实践能力，也能增强家长对环保教育的认识和重视程度。

### （五）提供家庭教育指导

幼儿园作为孩子的第一所学校，承担着重要的教育责任。为了更好地支持家长参与家庭教育，幼儿园应该积极提供家庭教育指导服务。例如，定期举办家长培训班和家庭教育讲座，可以帮助家长了解儿童成长过程中的心理特点、教育方法和策略，从而为孩子创造一个更加健康、和谐的家庭环境。此外，幼儿园可以设立专门的家庭教育咨询热线或邮箱，接受家长的个性化咨询，为他们提供及时、有针对性的建议和指导，帮助家长提升育儿技能和教育信心，从而更好地配合幼儿园的教育工作。针对特殊需求的儿童，如发育迟缓或自制力较弱的孩子，教师应当积极与家长沟通，定期进行交流，分享孩子在学校的表现，了解孩子在家的情况，共同探讨一些有效的教育资源和技巧。结合孩子的特点、兴趣和需求，教师可以与家长合作，制订个性化的教学计划。教师可以向家长推荐一些有助于孩子发展的教育资源，如特定的应用程序、书籍或课程。同时，教师也可向家长传授一些与孩子沟通的技巧，引导孩子表达自己的想法、培养孩子的自理能力等。双方持续地交流和学习，以更好地满足孩子的教育需求，促进他们的健康成长。

## 三、结语

家园共育是促进幼儿全面发展的有效途径之一，需要我们共同努力和支持。家庭是幼儿园重要的合作伙伴，应本着尊重、平等、合作的原则，争取家长的理解支持和主动参与，并积极支持，帮助家长提高教育能力。通过建立良好的合作关系和沟通机制、优化家校互动的形式、注重家庭教育指导，携手家长、教师和教育机构，形成家校合力，达成更好的教育效果，从而推动幼儿园教育工作的提质增效。

### 参考文献

［1］朱佳薇．幼儿园家园共育的实施策略［J］．华人时刊（校长），2022（9）：92－93.

［2］许海笑．幼儿园多元化家园共育模式的现状及优化策略［J］．试题与研究，2021（30）：185－186.

［3］荣莹．家长参与幼儿园教育的途径及保障策略［J］．科教导刊，2020（15）：162－164.

［4］贾云香．家园共育在幼儿园领域活动中的渗透与融合思路［J］．家长，2022（24）：174－176.

［5］廖苗，陈丽君．计划行为理论下家长参与家园共育动力提升策略研究［J］．教育科学论坛，2022（29）：71－76.

# 国学经典，古为今用“弟子规”在幼儿德育培养方面的应用价值

（王文文　孔珊珊　山东省德州市乐陵幸福二区幼儿园）

**摘　要：**本文主要探讨了《弟子规》在幼儿德育培养方面的应用价值。通过分析《弟子规》中的核心原则，包括孝道、诚实守信、泛爱众、余力学文、亲仁等，详细讨论了如何将这些价值观应用于幼儿德育中。从培养孝道情感、品德操守、人际关系、自律和正向情感等方面展开论述，强调了《弟子规》在塑造幼儿的品格、道德观念和社会适应能力方面的重要性。从而弘扬传统文化，古为今用，为幼儿德育提供有益的参考。

**关键词：**《弟子规》；幼儿；德育培养；应用价值

《弟子规》作为中国古代文化的瑰宝之一，承载着丰富的道德价值观念和行为准则。它的内容虽然古老，但在今天的幼儿德育中仍然具有深远的应用价值。在现代社会中，幼儿德育的重要性被越来越多地认识到，因为培养善良、有道德观念和积极的社会适应能力对于幼儿的成长至关重要。《弟子规》作为中国传统文化的代表之一，蕴含了丰富的道德教育资源，可以为幼儿的德育培养提供宝贵的借鉴。

## 一、弘扬传统文化，培养孝道情感

在幼儿德育中，弟子规的应用价值显而易见。首先，弟子规强调孝道，这是中华传统文化中的重要价值观。通过向幼儿传授弟子规，我们可以帮助他们建立起尊重父母、尊长敬老的观念。在一个家庭中，父母通常是孩子们的第一个榜样和权威，他们的行为和态度对孩子的情感和行为产生深远影响。

教育者可以通过弟子规中的教诲，与幼儿讨论孝道的意义，引导他们明白孝顺父母并不仅是一种义务，更是一种美德。在实际情境中，可以进行角色扮演，让幼儿扮演孩子和父母的角色，从而体验尊重和关爱的重要性。

通过《弟子规》，我们还可以教导幼儿如何倾听和理解父母的教诲。这不仅是听话的问题，更是培养沟通技巧、理解父母期望的一种方式。幼儿可以学会聆听、提问，并表达他们的感受，这将有助于建立亲子关系的沟通桥梁。

## 二、培养品德操守，倡导诚实守信

弟子规中的诚实守信原则在幼儿德育中有着显著的应用价值。品德操守的培养是幼儿教育的重要任务之一，而弟子规中的诚实守信正是品德操守的核心要素之一。

教育者可以通过弟子规中的教诲，引导幼儿明白言行一致的原则。他们可以学会言出必践，信守诺言，不轻易违背自己的承诺。这不仅是道德的要求，更是培养自律和责任感的一种方式。通过实际情境的案例分享，幼儿可以理解违背诚实守信原则可能导致的不良后果，从而更愿意恪守这些原则。

诚实守信也是建立信任的基础。在幼儿德育中，教育者可以通过游戏和团队活动来教导幼儿合作和信任的重要性。幼儿可以通过团队合作来实践诚实守信的原则，从而培养出团队

合作的能力，同时也增进了彼此之间的信任感。

弟子规中的诚实守信原则还可以用来培养幼儿的责任感。他们可以学会承担自己的行为后果，理解诚实守信不仅是对他人的尊重，也是对自己的负责。这有助于幼儿在日常生活中更加自律和谨慎，同时也提高了他们的品德操守水平。

## 三、培养人际关系，倡导友善待人

弟子规中的泛爱众的理念对于幼儿德育的重要性不可忽视。在幼儿教育中，培养积极的人际关系是至关重要的，这不仅有助于孩子们的社交能力发展，还有助于他们建立友善和包容的心态。

首先，弟子规的泛爱众原则教导幼儿要善待他人，不分贵贱。通过实际情境的案例分享，可以向幼儿解释什么是平等和友善。例如，通过故事或角色扮演，幼儿可以学到即使是和他们年龄不同或来自不同背景的孩子也值得尊重和友善对待。这有助于减少歧视和偏见的发生，建立一个更加包容与和谐的社会氛围。

其次，通过团队活动和合作，幼儿可以学会如何友善相处和培养团队合作的能力。例如，教育者可以组织团队游戏，让幼儿互相协作，共同解决问题。这不仅有助于幼儿建立友谊，还培养了他们的沟通、协作和解决冲突的技能，这些技能在未来的生活中都将非常有用。

最后，弟子规中的泛爱众原则还有助于培养幼儿的社交情感。通过教育者的引导，幼儿可以学会表达友情、关心和尊重他人的情感。这有助于幼儿建立亲密的友谊，提高他们的情感智力，使他们更加敏感和体贴。

## 四、强调自律，提升学习能力

弟子规中的余力学文观点对幼儿的自律和学习能力的培养具有深远的教育意义。在幼儿德育中，培养自律和学习的习惯是关键任务之一，而弟子规中的余力学文强调的正是这一点。

首先，余力学文教导幼儿不仅要学习，还要学会掌握自己的力量，不贪多、不急功近利。这个原则可以被用来鼓励幼儿建立起合理的学习计划和目标。教育者可以与幼儿一起制定每天的学习任务，帮助他们分配时间，避免贪多和急功近利。这有助于提高其学习效率，减轻学习压力，培养自我管理的能力。

其次，余力学文教导幼儿学习时要专心致志，不被外界干扰。这个原则可以用来培养幼儿的注意力和集中力。教育者可以通过教授专注的技巧和方法，帮助幼儿更好地应对学习中的诱惑和干扰。例如，教育者可以教导幼儿如何创建一个安静的学习环境，避免手机和电视的干扰，使他们能够专心学习。

最重要的是，余力学文强调学习需要坚持不懈，这对于幼儿来说是一个宝贵的经验。教育者可以通过鼓励幼儿克服困难，坚持不懈地追求知识，培养他们的毅力和决心。这将有助于幼儿在学业上取得更好的成绩，并为未来的学习和事业奠定坚实的基础。

## 五、引导正向情感，促进自我成长

亲仁的理念是弟子规中的一项重要价值观，它强调了对他人的善良和宽容，以及喜欢助人的情感。在幼儿德育中，引导幼儿培养这些正向情感对于促进他们的自我成长和社会适应能力至关重要。

亲仁的理念可以用来培养幼儿的善良品质。教育者可以通过故事、角色扮演和情感教育活动来传达善良的概念，让幼儿明白善良是一种美德，是对他人的尊重和关爱。例如，可以讲述一个小动物帮助受伤的同伴的故事，以激发幼儿的同情心和善良之情。通过这样的教育，幼儿将更有可能对他人展现善良的态度，建立起与他人之间的积极关系。亲仁的理念还可以培养幼儿的宽容和包容心态。教育者可以通过讨论不同文化、背景和特点的人，鼓励幼儿尊重多样性，不轻易做出歧视性的判断。与幼儿一起探讨不同的习惯和价值观，帮助他们理解每个人都是独一无二的。通过这样的教育，幼儿将更有可能在与他人互动时展现宽容和包容的态度，建立起多元化的友好关系。

最重要的是，亲仁的理念有助于培养幼儿的喜欢助人情感。教育者可以通过示范和引导，鼓励幼儿主动帮助他人，无私地提供帮助。可以组织慈善活动，让幼儿亲自参与，体验到助人的喜悦。通过这样的活动，幼儿将更容易理解亲仁的概念，并在日常生活中表现出喜欢助人的品质，培养出积极的社会责任感。

## 六、结语

《弟子规》作为中国古代国学经典，其教育理念和原则在当今幼儿德育培养中依然具有深远的意义。我们详细探讨了《弟子规》在培养孝道情感、品德操守、人际关系、自律和正向情感等方面的应用价值，强调了这一古典文本在塑造幼儿的道德价值观和品质上的作用。通过借助《弟子规》的智慧，我们能够引导幼儿在德育方面得以全面发展，为他们未来的成功和社会和谐贡献力量。最终，我们相信，在古为今用的指引下，《弟子规》将继续在幼儿教育领域中发挥着积极的作用，助力下一代培养成有德有才的公民。

**参考文献**

[1] 王键．德育工作在幼儿教育中的开展方式［J］．当代家庭教育，2023（14）：214－216.

[2] 贾秀芝，马迎春．国学启蒙与幼儿德育一体化课程的实施策略［J］．山东教育，2020（36）：10－11.

[3] 李晶淼．探究《弟子规》在德育培养方面的重要性［J］．教育，2019（19）：42.

[4] 王淑宜．蒙以养正果行育德：基于国学传承的幼儿德育模式探讨［J］．文化创新比较研究，2018，2（12）：128－129.

# 浅谈幼儿园运用信息技术推动五育并举的有效策略

（胡尧　湖北省武汉市江岸区实验幼儿园）

**摘　要：** 随着信息技术的发展与进步，幼儿园教育教学过程中已经逐步渗透信息技术的内容。信息技术的开展，能够有效推动幼儿园五育并举取得实效，同时也能够有效促进幼儿德智体美劳各方面的全面发展。本文探讨了幼儿教师如何积极将信息技术融入科学、语言、社会、健康以及艺术这五大领域教学活动，以此来推动幼儿各方面的发展与进步，有效提高幼儿教育的质量。

**关键词：** 幼儿园；信息技术；五育并举；实践策略

随着社会的发展和进步，网络技术在应用于其他领域的同时，也应用到了教育领域，其中幼儿园教育阶段也是如此。信息技术在幼儿园各个阶段的教育教学中被广泛地应用，这给幼儿带来了更丰富的学习体验，同时也让幼儿的视野被进一步拓宽，进而能够促进幼儿行为习惯的养成和能力的提升。在幼儿教育阶段，信息技术推动五育并举体现在五大领域的教育教学实践过程中，教师应充分利用信息技术开展五大领域的教育教学实践活动，以此来促进幼儿的全面发展。

## 一、幼儿园运用信息技术推动五育并举的有效策略

幼儿教育阶段，教师利用信息技术推动五育并举的目的是让幼儿对学习感兴趣，进而在丰富多彩的五大领域活动中做到玩中学，玩中求进步。在这一过程中，五大领域即语言、社会、科学、艺术、健康活动是教师信息技术得以实施的途径，因此教师应在五大领域中积极开展信息技术的教育教学实践，利用信息技术推动五育并举取得实效，带动幼儿在信息技术的引领下得到全面的发展与提升。

### （一）以幼为主，信息技术筑牢“德育”基础

德育，是各个阶段教育教学的基础性、关键性内容，是幼儿品德修养及习惯养成的重要过程。幼儿教育阶段，五育并举实施的过程中教师应以德育为重点，积极开展丰富多彩的德育教育实践活动，立足五大领域中的“社会领域”开展德育教育与信息技术的融合，进而充分发挥信息技术对幼儿园德育教育效果提升的优势作用，更好地促进幼儿身心各方面的进步与发展。《3－6 岁儿童学习与发展指南》指出：“幼儿阶段社会领域的教学目标包括人际交往目标及社会适应目标。”例如，在大班社会领域活动“我的情绪小屋”中，教师可以充分融合信息技术的手段和内容开展区域活动的创新设计与实施。结合幼儿的情绪特点和问题，制作成 PPT 课件以及不同情绪表现的动画等，通过信息技术的运用来帮助幼儿了解喜怒哀乐的情绪是如何表现出来的，同时在教学活动实施的过程中教师可以实时播放表示情绪的卡通图片，进而帮助幼儿在活动中懂得如何调节情绪，并懂得尊重他人的情绪，通过信息技术与社会领域活动的有效融合来筑牢幼儿园德育教育的根基，为幼儿园阶段推动五育并举模式打下坚实的基础。

### （二）拓宽思路，信息技术推动“智育”创新

幼儿教育阶段，“智育”教育同样不容忽视。尽管幼儿阶段的孩子年龄较小，认知能力

发展有限，但教师应通过五大领域的教育实践与活动创新来推动“智育”的实施，在过程中应以信息技术为依托，积极开展多种形式和途径的智育教育活动及内容，利用信息技术拓宽智育教育新思路，进而促进幼儿各方面的能力提升与发展。在幼儿园五大领域教育教学的过程中，科学领域、语言领域是智育教育的主要途径，其中的教学活动及内容是实施和推动智育教育取得实效的关键因素。因此，教师在设计和组织科学及语言领域活动的过程中应充分融合信息技术的内容，来实现“智育”教育的创新与优化。例如，在大班科学领域活动“神奇的指纹”中，教师可以充分运用信息技术平台和手段营造“小警察破案”的学习情境，进而帮助幼儿更加积极地投入科学活动实践，并在活动中利用电子屏幕、白板等动画播放和笔触等功能制作动画内容，设计几个科学闯关环节，让幼儿在闯关中发散思维，进而学会识别指纹，认识到指纹的神奇之处。通过科学领域教学活动与信息技术手段的结合，不仅能够有效推动科学领域的教育教学活动取得实效，同时也能进一步拓宽幼儿园智育教育路径和内容，实现教育教学质量的提高与拓展。

在“智育”教育过程中，语言领域活动也同样重要。在大班语言领域活动“春天的电话”中，活动的目的是通过理解绘本故事帮助幼儿感受春天，体会春天。在教学过程中，教师可以运用信息技术手段播放有关于春天的音乐，如森林鸟叫、风声、流水声等，通过信息技术的手段营造良好的活动情境，帮助幼儿在活动中感受春天的气息，进而发散思维并促进自身能力的提升与发展。

### （三）强健体魄，信息技术增强“体育”效果

幼儿教育阶段，五育并举与信息技术的结合是践行幼儿教育目标的重要途径，也是推动幼儿身心健康发展的有效措施。五育并举中的“体育”教育，在幼儿园五大领域的教育活动中体现在健康领域，《幼儿园教育指导纲要（试行）》指出：“健康领域活动旨在增强幼儿的体质，培养健康生活的态度和行为习惯。”因此，幼儿教师在践行五育并举的教育思路时应充分创新健康领域的教学活动设计思路，积极融入信息技术等知识和内容来促进幼儿投入到健康领域活动当中。例如，在大班健康领域活动“动物园里有什么”中，教师注重优化和创新信息技术与健康领域活动融合的形式及手段，把动物园的情景制作成动画或课件，并在课件里插入动物的声音和形象，以此来吸引孩子们的注意力。在课件制作和资源选择的过程中，教师要选择色彩鲜明且艳丽的内容，这样能够让孩子们有更加直观的感受，吸引他们投入课堂学习活动。同时，教师也可以利用信息技术软件把动物变得“鲜活”起来，调动孩子的情绪，更直观地了解不同小动物的特点和叫声，以此来加深幼儿对动物园的理解和感受。另外，信息技术软件及多媒体平台上的多样化功能也值得教师充分利用。教师在讲解和开展健康领域活动的过程中可以充分融合信息技术平台的多样化功能，以此来增强幼儿学习的效果。

### （四）创设氛围，信息技术优化“美育”内涵

幼儿教育阶段，美育教育渗透在五大领域的方方面面，其中最典型且最深刻的是艺术领域。在艺术领域活动开展与实施的过程中，美术、音乐等艺术活动需要教师不断地拓宽思维，创新活动的形式和方法，在这一过程中仅仅依靠口头的引导与讲解是远远不够的，教师应充分利用信息技术手段创设艺术领域活动的良好氛围，通过丰富有趣的艺术活动来提高幼儿参与和学习的积极性，促使幼儿在艺术领域的活动中感受美育的熏陶，体会到艺术之美。例如，在大班艺术领域美术活动“美丽的扎染”教学过程中，教师在讲解扎染技巧之前应利用信息技术手段来为幼儿展示扎染艺术的魅力和发展历史，通过播放视频、图片等内容让幼儿直观地了解什么是扎染，并产生对扎染艺术学习的兴趣和积极性，通过信息技术手段营造美术活动的氛围，促使幼儿在信息技术的带动下更积极地投入美术活动，在动手操作与锻炼的过程中激发幼儿的艺术审美能力。另外，幼儿在完成扎染作品后，教师可以将作品拍摄成

图片，并开展“小小最美扎染师”评选活动，通过微信平台对孩子们的手工成果进行投票，通过信息技术手段来激发幼儿美术创作的积极性，更好地激发幼儿对艺术的感知力和表现力。同时，在艺术领域音乐活动中教师也应融入信息技术的手段。例如，在大班韵律活动“剪羊毛”中，教师可以充分运用有趣的动画、视频、背景音乐来和孩子们展开积极的互动与交流，在相互配合与互动中锻炼幼儿的艺术表现力和音乐表达能力，更好地发挥美育教育的价值。

## 二、结语

总的来说，幼儿园教育阶段五育并举的实施与落实，离不开信息技术的影响与带动。对幼儿来说，教师在组织开展五大领域活动的过程中应注重融入信息技术的手段和内容，积极开展信息技术与五大领域相融合的创新实践活动，帮助幼儿在参与活动的过程中提升能力和本领，在活动中激发幼儿的学习兴趣，锻炼幼儿的各方面能力，促进幼儿的全面发展。

**参考文献**

[1] 刘美春．基于五育并举下幼儿园的特色课程构建［C］//广东教育学会．广东教育学会 2022 年度学术讨论会暨第十八届广东省中小学校长论坛论文选（二）．广东教育学会 2022 年度学术讨论会暨第十八届广东省中小学校长论坛论文选（二），2022：1850—1856.

[2] 郭海霞．“五育并举”理念下的幼儿园特色课程构建策略研究［C］//广东教育学会．广东教育学会 2022 年度学术讨论会暨第十八届广东省中小学校长论坛论文选（三）．广东教育学会 2022 年度学术讨论会暨第十八届广东省中小学校长论坛论文选（三）．

# 幼儿园家园共育的方法与策略

（陈常丽　深圳市宝安区福永兴围幼儿园）

**摘　要：**幼儿园和家庭在幼儿成长过程中起着至关重要的作用，也是实现幼儿身体和心理健康发展的基础。家园共育在融合教育资源的基础上形成教育合力，具有极其重要的意义。本文分析了幼儿园家园共育存在的问题，并提出相应的方法和策略，以期继续提高家园合作的能力。

**关键词：**幼儿园；家园共育；策略；现状

随着教育改革不断推进，在幼儿教育中对家庭教育也越来越重视，并逐渐成为新的教育趋势，同时家庭教育的提高对于幼儿园教育的发展也有实质性的进展和突破。但是传统教育中落后的幼儿教育观念深入人心，家长的意识观念里，幼儿园就是幼儿的游戏场所，幼儿教师的工作就是照看孩子，幼儿不需要在幼儿园中学到些什么。我们需要重视这一现象，因为在幼儿园阶段是儿童身体和心理全面发展的时期，这一时期的教育对幼儿未来成长起到引领的作用，只有在家庭和幼儿园的协同努力下才能促进幼儿身心的充分发展。

## 一、幼儿园家园共育的问题分析

### （一）家长沟通意识薄弱，主动性差

家长和教师双方的沟通不顺畅，主要是由于沟通意识差导致的。幼儿家长是幼儿生活中接触最多的人，是抚养幼儿的主要人员，虽然家长会主动找教师沟通幼儿在园的生活情况，但因为各种原因，如人员、时间、地点的限制，主动沟通行为的发生相对较少，沟通时间上就不够充足，无法深入沟通，所以家长更期望教师发起主动沟通。

### （二）部分幼儿教师缺乏有效的沟通技能

家长和教师二者在沟通交流时，部分幼儿教师沟通技能不足，无法达到沟通的有效性。家长一方受到教育程度、职业、社会地位、经验不同，面对不同的个体，有些教师不知用什么样的方法与家长交流，家长们没有学习过如何系统地和人进行沟通交流，又由于每个人个性的不同，有些不善于与人沟通的家长又想了解自己孩子在园的生活情况，但是又不知怎样和教师进行有效交流。

在工作中观察到，有班级的教师没有根据家长个体的差异采用不同的沟通方法，如有的家长受教育水平不高，教师和家长沟通的言语没有通俗易懂，就导致了双方沟通存在障碍，或是面对祖辈家长，教师在和他们进行沟通时通常存在沟通不畅的问题。

### （三）家长教育观念与幼儿园的活动观念不一致

教师和家长在幼儿教育中是处于同等重要地位的教育主体，但是双方的差异主要在于教育观念的不同。就如幼儿教师所说："也有家长认为家园活动不重要，配合的积极性不高；或幼儿园教育孩子就行，他们只要配合幼儿园老师的工作。"家长对幼儿的道德行为、个性、兴趣等方面的发展缺乏重视；一些家长则主张教师应多加强幼儿对知识点的认识和理解，在进入小学之前，要有一定的阅读、书写、运算能力。

还有些父母认为，幼儿被送到幼儿园，幼儿园就应该担负照顾幼儿的主要责任；还有些家长觉得工作太忙碌，而没时间对幼儿进行教育，于是就将教育的权利全部给予幼儿教师。对此幼儿教师持不同的观点，虽然他们承担对幼儿进行保育和教育的责任，但大部分责任还是属于家庭，幼儿园和家庭需要一起承担起保育教育幼儿的责任，双方建立起平等、共赢的合作关系。

### （四）家长主体地位认识不足，参与程度低

如今的家长对于家园共育活动的认识较高，参与情况良好，但是在活动中对自己所处的主体地位和自己身份的认识还有欠缺。并且在日常的活动开展中，幼儿园是作为活动的主要开展方，承接了活动的所有方面，如活动开展的方式、时间、流程等，家长通常只要按时到场参与，盲目地配合幼儿园的流程，家长的主观能动性受到限制并未充分发挥，因此家长的作用在此阶段中没有得到展示，只是被动地参与活动与配合园方。

另外，家长们普遍认为幼儿园是从事专门的教育，在育儿方面比较有权威性，需要听从幼儿园的指示与安排，所以幼儿园在组织活动中所处的地位要高于家庭，家长们只要做好幼儿园所交代的工作。访谈中还有家长说道："我学历不高，也不懂怎么教育孩子，很多时候不知道怎么做对孩子的成长比较好，所以我们听幼儿园的安排就行。"或是教师反映："在活动中，家长对于我们教师的行为不发表自己的意见，教师怎么说就怎么做。"

## 二、幼儿园家园共育的方法与策略

### （一）激发家长沟通主动性，形成教育合力

家长在育儿方面的作用是不容忽视的，要是能够调动家长们的积极性主动参与幼儿园的教育，从看客变为参与者，就可以事半功倍。无论是哪种形式的家园联系都是建立在沟通之上的，但每位教师与家长在沟通时都会出现不同程度的问题，而如何有效地进行家园沟通则成为一个长期的课题，找到问题并帮助家长解决问题，提升家长的育儿能力与幼儿园组成教育共同体，共同促进幼儿的身心健康发展。

### （二）通过在职培训，提高教师沟通技能

幼儿教师和家长之间的沟通是不可回避的，对此幼儿园必须对在职教师进行培训，提高教师的交流技巧，帮助教师应对各种不同个性的家长。另外，教师与家长之间沟通是否有效，取决于语气、语言的运用，如教师可以采用先表扬后批评的方式，使家长更容易听取教师的建议；多用商量的语气，让家长沟通时不那么拘束；与家长换位思考的方式，多从家长的角度思考问题。

### （三）更新教育理念，树立科学育儿观

家园共育，主要突出的是"共育"二字，家庭和幼儿园双方相互促进，相互配合，才能让孩子身心健康成长。幼儿园作为专业的幼儿教学机构，在了解家庭需求的基础上，给予家庭多方面的指导和建议，积极建立家园共同体，通过专家讲座、主题沙龙、育儿座谈会等，更新家长的教育观念，打破传统固有思维，传递新时代先进的育儿观，调动家长参与家园活动的主动性和积极性，提高家园活动的有效性。

可以利用家长会这种家长们普遍接受的活动，打破传统形式，变教师说家长听的旧形式为双方互动的新形式，教师作为活动的指引者提出问题让家长们互相讨论主动说起来，给出自己的意见和建议。家长不仅能在教师这里得到比较专业的育儿经验，增强了家长与教师之间的沟通，同时还能和其他家长讨论学到别人好的育儿经验，发挥幼儿园和家庭双方的优势

达到家园共育的目的。还可以利用现代通信技术，教师经常向家长们分享教育专家的育儿观念，组织家长们和他们一起线上学习讨论、共同成长。家长们传统陈旧的教育观念是在长期生活中形成的，想要改变观念不会是一蹴而就的，需要教师进行潜移默化的熏陶才能达到效果。

### （四）改革家长委员会，增多家长参与活动的机会

成立家长委员会的初衷是为了家园共同养育幼儿，发展共同的教育目标。家长委员会作为家长的代表，幼儿园可通过家长委员会促进家庭与幼儿园之间的联系，因此在幼儿园教育中它有着不可忽视的作用。家长委员会可以监督、帮助幼儿园发展，有效地组织和运用家长力量，努力唤起家长们对幼儿园工作的关注，改善幼儿园的环境，充分发挥家庭教育的优势，并提高幼儿教育质量。

鉴于此，通过改良教育制度、家委会的运作机制，激发家长参与活动的积极性，不仅是让家长停留在协助教师组织活动，而是和教师一起策划活动，发现幼儿园教育存在的问题，通过家长们的集思广益，寻求问题的解决策略。另外，还需要普及家长委员会的概念，让家长们加深对家长委员会的了解，清晰呈现成立家长委员会的原因与作用，才能使他们积极地参与家长委员会的建立和管理。

## 三、结语

家园共育的经验以及能力，并不是一次两次活动就能提高的。我们需要在一次次的活动中摸索适合自己的家园共育的方式，需要幼儿教师和家长不断地学习，增加知识的积累。最终，促进幼儿更好地成长。

### 参考文献

［1］雍银杉，罗玉蓉．家园共育下幼儿园劳动教育课程建构与实施：评《爱上劳动点亮未来：幼儿园劳动教育课程实践》［J］．学前教育研究，2023（12）：95.

［2］徐夏延．幼儿园家园共育的优化策略［J］．智力，2023（32）：179—182.

［3］刘燕红，付真伟．实施家长助教，提高家园共育质量［J］．安徽教育科研，2023（31）：79—81.

［4］陈雪兰．幼小衔接中家园共育的实践策略［J］．亚太教育，2023（21）：7—9.

［5］孟青青．论家园共育视野下幼儿早期阅读能力的培养［J］．甘肃教育研究，2023（10）：139—141.

［6］郁艳娟．花开有时，家园共育：幼儿园家园合作推动幼小衔接教育案例［J］．好家长，2023（35）：24—26.

［7］黄端阳．互联网＋背景下幼儿园家园共育新模式探究［J］．家长，2023（30）：68—70.

［8］徐少华．幼儿园以家园共育组织阅读活动的策略与方法［J］．科幻画报，2022（11）：81—82.

# 幼儿园教育评价的策略与实施

（张虎跃　北京市西城区实验幼儿园）

**摘　要**：幼儿发展评价不仅仅是简单针对幼儿成长发展状况进行评价，往往还关系着幼儿教育质量，成为优化幼儿园教育教学效果的重要手段。为了优化幼儿发展评价效果，基于多元主体视角进行完善极为必要。本文重点围绕着多元主体视角下的幼儿发展评价模式，在简要介绍了教师、幼儿、伙伴、家长、社区参与的多元主体幼儿发展评价机制，重点探讨了如何构建该多元主体视角下的幼儿发展评价模式，希望具备参考借鉴作用。

**关键词**：幼儿；发展评价；多元主体

幼儿园教育教学在现阶段面临更高要求，为了有效提高幼儿园教学质量，不仅要求明确幼儿教育目标和方向，对于幼儿发展评价也提出了较高要求。只有在准确客观评价幼儿发展状况的基础上，才能够更好指导幼儿园教育教学活动开展。当前幼儿发展评价方面依然存在着较多的问题和不足，尤其是从幼儿发展评价主体来看，过度依赖教师自身，容易出现不够全面以及不够客观的现象。基于此，未来幼儿教育发展评价应该注重凸显多元主体参与特点，综合多个幼儿相关主题的评价，以便更好地指导幼儿教育教学活动开展，相关研究极为必要。

## 一、多元主体视角下的幼儿发展评价概述

多元主体视角下的幼儿发展评价成为优化幼儿发展评价的重要方向和路径，其主要是在幼儿发展评价中引入运用多个主体，解决了原有单一依靠幼儿园教师进行评价的弊端，有助于更好增强幼儿发展评价效果。结合现阶段多元主体视角下的幼儿发展评价机制构建进行分析，主要涉及以下几个评价主体：（1）幼儿园教师，是幼儿发展评价的主体，也是最为核心的幼儿发展评价结果来源，且对于其他评价主体具备引领和协调作用；（2）幼儿自身，由幼儿自行进行评价，陈述自身发展成长状况，描述自身事实，弥补他人了解不充分的问题；（3）幼儿伙伴，针对幼儿的玩伴进行调查，了解其对于幼儿的客观描述，作为幼儿发展评价的参考依据；（4）幼儿家长，调查了解幼儿在家的表现，辅助判断幼儿发展状况，也是比较重要的信息来源渠道；（5）社区相关因素，在幼儿发展评价中发挥辅助作用。

## 二、多元主体视角下幼儿发展评价体系构建策略

### （一）统筹规划

幼儿发展评价中多元主体共同参与虽然确实可以发挥出较强的作用价值，有助于确保幼儿发展评价结果更为翔实客观，但是同样也明显增加了幼儿发展评价难度，针对多元主体进行协调调度的压力较大，给幼儿园提出了更大挑战。幼儿园应该围绕着多元主体视角下的幼儿发展评价体系进行统筹规划，促使所有相关主体均积极参与其中，且能够形成较强的协调性，解决多元主体在参与中出现的相互矛盾和不协调问题。基于此，幼儿园在明确幼儿发展评价中涉及的各个主体后，应该对这些主体进行统筹规划，结合幼儿发展评价目标，探讨如何引入恰当的评价主体，确保幼儿发展评价得以有序落实。由此可见，幼儿发展评价虽然应

该力求体现多元主体特色，但是也并不是针对幼儿发展进行评价时，需要所有的上述主体全部实时参与，可以结合不同需求有目的地选择其中关联性较高，或者是了解事实状况的评价主体参与其中，由此更好确保后续幼儿发展评价工作得以有序开展，避免在该方面不存在评价条件的主体参与其中，影响到最终幼儿发展评价实施效果。在此基础上，幼儿园也就可以围绕着幼儿发展评价目标，设定合理的评价周期，促使相关主体可以积极参与其中，能够在规定时间内完成评价任务，由此形成较为理想的配合度，形成多元评价效果。

### （二）科学引领

基于多元主体视角的幼儿发展评价体系的实施，幼儿园还应该注重针对各个主体进行科学引领，以便促使所有评价主体均可以有序参与其中，避免在评价中出现较为严重的偏差混乱问题。因为，上述很多幼儿发展评价主体并不具备相应的能力，更加没有相关经验，如果不能够对其进行科学引领和指导，则容易导致评价结果不够理想，难以具备参考应用价值。因此，幼儿园应该借助恰当适宜的时机，针对参与幼儿发展评价的各个主体进行必要指导，引领其明确幼儿发展评价重要性的基础上，准确掌握自身和幼儿发展评价的关系，进而也就可以促使其具备更高参与主动性的前提下，形成较为理想的评价结果。比如，针对幼儿家长，虽然在幼儿发展评价中扮演着重要角色，作用价值也较为突出，但是往往很多家长不具备客观评价条件，对于幼儿容易戴着“有色眼镜”评价，影响幼儿发展评价结果的准确度，无法对于幼儿园教育教学进行指导。幼儿园也就需要提前针对幼儿家长进行科学引领，促使其明确幼儿发展评价的重要价值，指导其掌握客观评价幼儿发展状况的方式方法，并且提醒其时刻保持客观性和公正性，以更好指导幼儿发展和成长为目标，确保幼儿家长这一关键评价主体的作用价值得以发挥。

### （三）动态跟踪

多元主体视角下的幼儿发展评价还应该注重体现过程性特点，这也是幼儿发展评价的基本要求，各个评价主体应该注重围绕着幼儿成长发展状况进行动态跟踪，基于幼儿发展过程进行评价。在幼儿发展评价时，各个评价主体应该注重避免只关注幼儿发展结果，还应该着重考虑到幼儿成长发展过程，如此才能够形成较为系统全面的评价效果，避免出现较为严重的评价偏差单一问题。比如，在针对幼儿某个习惯养成进行评价时，如果仅仅关注幼儿习惯形成效果，只考虑到最后的幼儿表现，则很容易忽视掉很多习惯培养过程中的关键因素，影响幼儿发展评价的作用价值。各个评价主体应该注重从幼儿培养该习惯的整个过程入手，综合分析评估幼儿养成相应习惯的流程，对于其中幼儿克服的难题以及具体行为表现进行跟踪评价，如此也就可以更好地针对幼儿进行发展评价，促使后续教育教学活动具备更强针对性，在培养其他习惯时也就可以进行参考，便于取得更为理想的成效。

### （四）综合分析

多元主体视角下的幼儿发展评价虽然确实能够获得较为丰富全面的幼儿发展评价结果，但是这些结果的应用同样也需要幼儿园予以综合分析，促使相应结果可以发挥出理想的参考价值，避免一些不当结果的直接应用，给幼儿发展以及幼儿园教育教学活动带来不利影响。即使幼儿园针对各个评价主体进行了科学指导，同样也不可避免地出现一些错误评价，或者是评价不够客观的问题，如此也就需要幼儿园针对所有幼儿发展评价结果进行综合分析，对于其中的无效信息以及不客观信息予以排除，然后对于其他有效信息进行汇总，力求针对幼儿形成较为准确全面的发展评价结果。比如，幼儿园针对幼儿伙伴的评价结果进行分析时，就需要重点分析其真实性和准确度，及时明确其中存在的虚假以及不客观的内容，仅仅关注幼儿伙伴对于幼儿行为的描述，尽量弱化幼儿伙伴的主观评价，幼儿园教师再根据幼儿伙伴的描述进行自主评价，最终更好地确保幼儿发展评价效果。

## 三、结语

综上所述，幼儿发展评价的重要性不容忽视，在幼儿园教育教学指导中发挥着重要作用。为了促使幼儿发展评价具备理想参考效果，幼儿园应该积极构建基于多元主体视角的幼儿发展评价体系，进而从多个角度针对幼儿发展状况进行系统评价，确保评价结果在客观丰富的基础上，更好指导幼儿园教育教学活动。

### 参考文献

[1] 曹筱一．交叠影响域理论视角下家长参与幼儿发展评价的策略［J］．成都师范学院学报，2022，38（6）：52—57.

[2] 黄敏娟．幼儿园实践场域中幼儿发展评价工作的困境与出路［J］．教育科学论坛，2021（4）：74—77.

[3] 郝爽，但菲．幼儿发展评价存在的现实问题及优化策略［J］．辽宁教育行政学院学报，2020，37（1）：28—32.

[4] 徐琳．我国幼儿发展评价研究的回顾与展望：基于1997—2017年CNKI期刊数据的分析［J］．商丘师范学院学报，2018，34（11）：71—75.

[5] 邓昌杰，胥兴春．美国幼儿发展评价取向的演变历程及其对我国的启示［J］．教育探索，2016（1）：154—157.

# 幼儿园生命教育活动的探索与实践

（陈习佳　江苏省常州市武进区前黄中心幼儿园文雅苑分园）

**摘　要：**随着生命教育发展步伐的加速，其核心内容也在逐步扩大，并已开始影响基础教育领域。尽管现在幼儿园教学中已融入生命教育，且两者价值观趋于统一，但实际操作仍存缺陷，这使得儿童对于生命的理解不够深入。因此，我们需要认真看待生命教育问题，进一步加强在幼儿园教学中的应用程度，使孩子们更能领悟到生活的真谛。以此为背景，本研究以生命教育为中心，探讨将其纳入幼儿园教学的重要性及实施方法，旨在提升孩子们的爱护与尊敬生命的情感。

**关键词：**幼儿园；生命教育；活动有效性

教育部颁发实施的《幼儿园教育指导纲要（试行）》指出，“儿童的健康和生活是最重要的基石，因此幼儿园需要高度重视并用正确的方式来促进他们的健康发展”。这就要求，我们应该从小就开始教导孩子尊重大自然、珍视生命的重要性。把幼儿园常规教学融入生命教育，全面体现生命的意义，培育孩子的完整生命观，鼓励他们积极地过好每一天，勇敢应对生活中的种种挑战。

## 一、幼儿园教育中融入生命教育的意义

### （一）引导幼儿正视生命

孩子们带着浓厚的求知欲望，用好奇的心观察四周的环境，但对身边的潜在风险往往难以察觉或给予重视。比如，有的幼儿会头朝下滑滑梯，有的幼儿会因为好奇在池塘边玩耍。虽然幼儿园里每学期都会有安全教育，但是孩子只知其然而不知其所以然，并未建立正确的人生价值观。因此，我们认为急需在学校教学过程中融入人生的生命教育，使孩子们了解有可能威胁生命安全的行为，深入理解生命的重要性，以便更有效地自我保护。

### （二）锻炼幼儿的意志力

现在的孩子大多数是独生子女，上面至少有 6 位大人围着打转。这种情况下，孩子们很容易养成以自我为中心且傲慢无礼的行为习惯，同时降低了他们在压力和逆境中应对的能力。因此，通过把生命教育融入幼儿园的教育体系，可以让孩子明白生命的价值所在，当面临生活中的挑战或学业难题的时候，能用更乐观的态度去寻找解决问题的方法，从而防止陷入消极思考并走向极端。

## 二、幼儿园开展生命教育活动的主要内容

### （一）期望幼儿爱护生命、尊重生命，与自然和谐相处

“珍视生命”是生命教育的主要目标，而要实现这一目标，关键就是要引导幼儿学会珍惜和保护生命。这包括教导孩子不去伤害或破坏任何生物（如树木、花朵、鸟儿等），也不对它们造成威胁；同时也要让他们学会不要过度消费那些稀有且具有研究价值的动植物资

源，从而培养出正确的生存意识和环保理念。此外，我们要引导孩子们理解生命的多元化和大自然的法则，这样才能让人类更深入地了解自然、探索生命并且享受自然之美，进而达到人与自然之间的和平共处状态，维护一种可持续发展和均衡的生态环境。

### （二）帮助幼儿了解生命、发现生命，亲近大自然

大自然是生命的摇篮，它也是我们最好的教育者。引导孩子参与科学探索，让他们深入了解并热爱大自然，这能激发他们对周边环境、生物及自然资源的好奇心。当孩子们能够亲自体验到大自然的奥秘和美丽时，他们的认知也会随之提升。为了让孩子更深刻地领悟生命的重要性，要教导他们明白生命是如何在大自然中诞生和延续的，同时也要让他们了解到这个过程中的艰辛，这样才能真正珍惜生命。例如，“种子的成长历程”和“蚕的生活周期”等都是生动且富有启迪性的生命教育素材。

## 三、幼儿园开展生命教育活动的有效途径

### （一）设定生命教育的明确目标

为了确保幼儿园里的生命教育的全面和多元化执行，我们必须预先制订详尽方案。这意味着要设立清晰的教育目的：使儿童理解并重视他们的生活意义；唯有如此才能够引领接下来的生死教学活动有条理地展开。关键是老师应该向孩子们解释生命的起始至结束过程，以此来培养孩子对生存尊严的态度。比如，可以让幼儿见证宠物的一生，接着是通过启发孩子的梦想去追求精彩的人生道路——借由激励性的故事、榜样人物等激发学生们勤奋学习的动力，未来能成为国家的有用之材并且继续奉献社会的力量。还有一点也是非常重要的一点就是让孩子学会如何爱护其他的生物体（包括人类和其他动物），从而实现人和自然的和平相处。

### （二）创设相应的物质环境

1. 定期在活动室进行生命知识的图文展示，是提升孩子、教师和家长的安全意识和能力的一种有效的方式。

2. 建立并完善幼儿安全的规章制度、教师的安全责任和工作标准，每个月都要对幼儿园的设施、水电、大型玩具、活动区域以及活动器械等进行定期检查，以便及时发现并消除潜在的安全风险。

3. 在科学区中构架生物角，为孩子们提供研究的实际环境，让他们理解生命的必然性、偶然性，还有一些无法抵抗的力量，以便形成正确的生命观。

4. 我们应该积极地运用父母的力量来提升他们的生命教育观念与技能。因为父母作为孩子们最初的教育者，他们对于生活的看法会直接塑造孩子的发展方向。社会的文化水平和社会道德标准也会成为决定孩子生命观的重要因素。因此，我们需要鼓励家长们提升自己的品质，建立正确的生命价值观，并以身作则给孩子做出好的示范。与此同时，我们也应指导他们在日常的科技活动里增强生命教育，使学校和家庭的教学资源得到有效整合，确保信息交流顺畅无阻，这样才能创造出有利于儿童生命教育的家庭氛围。

### （三）收集幼儿教学活动中有关生命教育的教材

1. 关于儿童的安全知识与紧急情况下的生存技能的教育材料。由于孩子们没有足够的经验处理危机状况，他们常常会感到不知所措且无法有效地自我保护，这种现象非常普遍。所以我们需要根据孩子的成长阶段提供适当的培训课程，包括如何面对火灾、水灾、燃气泄漏、食品污染等问题，教给他们正确的处理方法，以此避免意外事故导致孩子们的生命受到

威胁。可以采用的活动课，如《各种类型的标志》、《每个人都应该遵循交通安全规定》、《如何看待陌生人》、《自我救助》、《防范雷击》及《处处存在风险》等。

2. 关于如何融入并维护自然的教育课程是本教学的核心主题之一。所有生物并非独立存在于这个世界上，它们需要彼此间的协作及持续性的均衡才能构建出我们今日所见的多样化且充满活力的自然资源体系，如果这种资源系统受到干扰或失衡的话，它可能会对我们的生活空间产生负面效应。通过使用这些教导孩子珍惜大自然的教育素材，来让他们理解每个动物或者植物都依赖特定的生长条件以维持其生命力；因此他们应该意识到保持良好的生态环境对于保障他们的健康至关重要。我们可以设计一系列的活动，如“爱护候鸟”“水源污染问题”“认识各种绿色标识”“成为一名积极的环境保育者”等以此达到教育的目的。

### （四）实施开展各种预设主题活动

利用各类预定的主题活动来进行生命教育，同时也要注意在一天的活动中发掘出将生命教育融入科学活动的元素，以此不断扩大、延伸和深化主题活动。

1. 实施各种有趣且孩子能积极参与的研究项目。一旦孩子们开始关注大自然的生物，我们应给予他们这样的环境，允许他们在教室或者校园内设立“自然区”并进行养殖和培育工作。日常生活中，我们可以让孩子负责照顾这些小动物，如更换食物、清洗器皿、清理杂草、灌溉花卉等。同时，我们也应该激励他们仔细地观察这一切，并在老师的指导下，用文字描述他们的感受，然后与大家一起交流讨论。这样一来，孩子们就能亲身经历动植物的生长生活全过程，从而理解它们从出生、生长、疾病、衰弱直至最终消亡的过程。

2. 我们应该实施各种丰富多彩且有趣的活动来激发孩子的兴趣。例如：我们可以带孩子去参观医院，让他们亲身感受病人所经历的苦难，这样他们就能理解生活的美好与不幸，并学会关爱他人，珍视生命。此外，我们也应组织一些模拟的社会场景，教导他们在日常生活中遵循社会的道德准则，以提升他们的社交技能，增加自信度，使他们感受到愉悦的心情，这对于未来的幸福发展有着重要的意义。

## 四、结语

综上所述，要有效地推进幼儿园内的生命教育工作，就必须直接面对孩子的生存状态、关心他们的生活状况、尊重他们的人格价值并理解他们的成长需求，同时以孩子们的生命安全和健康发展为中心来构建我们的教学内容。通过引入生物生命问题的视角，将其融入学前教育的框架里，并将与之相关的内容整合进孩子们日常学习和生活当中，从而使其成为孩子们生命中的一部分。

### 参考文献

[1] 乐星宇．幼儿生命教育的内涵特性、现实困境与实施路径［J］．豫章师范学院学报，2023，38（6）：82—87.

[2] 张加朝．幼儿园生命教育的价值、问题及实践路径探究［J］．教育观察，2023，12（27）：81—85.

[3] 郑文．儿童哲学视域下幼儿园生命教育活动的路径研究［J］．华夏教师，2023（6）：37—39.

# 幼儿园家园共育的方法和策略

（邢文文　山东省烟台市蓬莱区实验幼儿园）

**摘　要：**幼儿园家园共育是指幼儿园与家庭共同合作，促进幼儿全面发展的教育模式。本文探索了幼儿园家园共育的策略，通过对现阶段家园共育过程中存在的问题进行分析，提出了一些实用的策略，如加强家长教育，优化沟通渠道，提高教师能力，丰富合作内容。通过实施这些策略，可以提高幼儿园家园共育的质量，为幼儿的发展创造更有利的教育环境。

**关键词：**幼儿园；家园共育；策略

## 一、选题背景

《幼儿园教育指导纲要（试行）》明确指出："家庭是幼儿园重要的合作伙伴，应本着尊重、平等、合作的原则，争取家长的理解、支持和主动参与，并积极支持、帮助家长提高教育能力。"幼儿园要和家庭携手合作互动共育，促进幼儿的全面发展。一个"共"字，将家园两者作了同等地位的定位，没有主次之分，因此，幼儿园和家庭应积极配合，互动共育，形成合力，促使每个孩子得到全面的发展。但在家园共育的过程中还存在着诸多形式化问题，如部分家长参与度不够高，合作不够深入；沟通渠道虽然多样化，但信息传达不够及时、全面；部分幼儿园在家园共育方面的指导和支持不足等。因此，对幼儿园家园共育进行研究并提出相应策略就显得十分必要。

## 二、幼儿园家园共育的现状

近年来，各级教育部门高度重视、积极推进家园协同育人工作，绝大多数幼儿园成立了家长学校和家长委员会，建立了多种形式的家园互动交流平台，家园协同育人取得了一定成效，但仍有一些问题亟待解决。

### （一）家长参与度不够高

家长是幼儿的第一任老师，他们在幼儿成长过程中起着至关重要的作用。家长的积极参与可以帮助幼儿更好地适应幼儿园生活，提高幼儿的自信心和社交能力，促进幼儿的全面发展。但部分家长因为工作繁忙，没有足够的时间参与幼儿园的活动或与教师交流，导致家长对幼儿园的教育目标、教学内容和活动安排不够了解，参与意愿不高。还有部分家长可能对自己的教育能力缺乏信心，不知道如何参与，或担心自己的参与会对幼儿产生负面影响。

### （二）沟通渠道单一

多样化的沟通渠道可以让家长和教师更加方便地分享幼儿在家庭和幼儿园的表现、进步和问题等信息。这有助于双方更好地了解幼儿的情况，制订更有针对性的教育计划。但就目前来看，教师与家长之间的沟通渠道还比较单一，仅仅在接送幼儿上下学的时候以及在微信、电话等网络平台有简单交流，这不利于老师和家长能够快速全面了解孩子在幼儿园和家庭的表现。

### （三）教育理念不同

教育理念的趋同可以使幼儿园和家庭在幼儿教育方面形成合力，共同为幼儿的全面发展提供支持和引导，这样可以更好地满足幼儿在认知、情感、社会交往等方面的发展需求。但是教师在与家长交流的过程中发现，有部分家长的教育理念与教师的教育理念存在偏差，这种不同的教育理念往往会导致家长与教师之间难以形成统一的教育目标，造成幼儿园的教育成效不仅很难在家庭教育中得以延续和拓展，甚至还会被消减。

### （四）合作内容不够丰富

幼儿园与家庭合作的活动形式单调，往往局限于家长会、亲子活动等传统形式，缺乏创新和多样性，无法满足家长和孩子的多样化需求。活动过程中互动性也不足，家长和教师之间、家长和孩子之间的互动不够充分，缺乏深度的交流和合作，无法有效促进幼儿的成长和发展。

### （五）幼儿园指导和支持不足

每个家庭和幼儿都有其独特的需求和特点，幼儿园可能无法充分满足家长的个性化需求，提供有针对性的支持。此外，幼儿园教师工作繁忙，可能没有足够的时间和精力为家长提供充分的指导和支持。

## 三、家园共育的应对策略

家园共育是幼儿园教育中不可或缺的一部分，它对于孩子的成长和发展起着至关重要的的作用，为了更好地实现家园共育这一目标，需要教师和家长共同努力、携手同行，为孩子创造一个更加优质的教育环境。

### （一）加强家长教育

首先，幼儿园可以定期举办家长会，让教师和家长面对面交流，了解幼儿在园的学习和生活情况，共同探讨教育问题。其次，通过微信、钉钉等网络平台，及时发布幼儿在园的信息和教育资源，让家长随时了解幼儿的学习情况。再次，幼儿园可以组织各类亲子活动，如亲子阅读、亲子游戏等，让家长在与孩子的互动中体验教育的乐趣，提高家长的教育意识。最后，幼儿园可以编写并发放一些有关幼儿教育的资料，如育儿手册、教育杂志等，让家长了解幼儿教育的基本原则和方法。

### （二）优化沟通渠道

幼儿园要与家庭建立多种沟通方式，除了面谈、电话、家访等传统方式外，还可以利用现代科技手段，如班级微信群、幼儿园官方 App 等，以便家长和教师能够随时随地进行沟通。另外，幼儿园要定期举办家长会，家长会是幼儿园与家长沟通的重要形式之一。可以通过家长会向家长介绍幼儿园的教育理念、教学计划、幼儿的学习和生活情况等，同时也可以听取家长的意见和建议。还可在幼儿园设置家长信箱，鼓励家长随时提出问题、意见和建议。幼儿园要安排专人定期查看并回复，让家长感受到幼儿园对他们意见的重视。最后，建立家长委员会：选拔一些热心的家长组成家长委员会，参与幼儿园的管理和决策。家长委员会可以作为家长和幼儿园之间的桥梁，及时反馈家长的意见和建议，促进家园共育工作的展开。

## （三）提高教师能力

教师在家园共育中起着关键作用，幼儿园应加强教师培训，提高教师的沟通、指导能力。教师需要不断提升自己的专业素养，关注幼儿教育领域的最新理论和实践成果，通过阅读专业书籍，了解幼儿教育学、心理学等相关知识，掌握科学的教育方法和策略。要与其他幼儿教育工作者交流和合作，分享经验和资源，互相借鉴，共同提高专业素养。教师更要积极参加专业培训、研讨会等教育实践和研究项目，将理论知识应用于实际工作中，探索有效的教育方法和策略，并通过研究成果推动幼儿教育的发展。

## （四）丰富合作内容

在日常生活中，幼儿园可以邀请家长志愿者参与日常的教学活动，如故事讲述、课堂助手等。家长志愿者可以为孩子们带来不同的视角，同时也能带来丰富的教学内容，让孩子们对自己周围的世界有更多的认识。除此之外，老师还可以给孩子布置一些需要家长参与的家庭作业，如亲子阅读、观察记录等，这些作业的意义不仅在于帮助孩子巩固所学知识，促进家长和孩子之间的互动，还能增进家长与教师之间的沟通与信任，让家长更好地了解幼儿园的教育理念和教学方法，有利于实现多种形式的合作。

## 参考文献

［1］田红玉．开展幼儿园家园共育工作的策略探究［J］．成才之路，2020（15）：99—100.
［2］赵玉洁．幼儿园教师与家长沟通策略一二［J］．青海教育，2020（5）：25.

# 浅析教育戏剧作用于绘本阅读的魅力

（刘亚洁　菏泽市牡丹区西城办事处中心幼儿园）

**摘　要：**教育戏剧是基于绘本素材与幼儿互动演化而来的一种教学载体。本文探讨了如何运用戏剧元素作为传递知识的方式，与幼儿的身心成长特点相契合的问题。此类教育能显著促进孩子们的语言沟通技巧、想象力的增强以及创新能力的激活，并更有助于推进他们在情感上的经历与体验。

**关键词：**绘本；幼儿园；教育戏剧

## 一、什么是教育戏剧

教育戏剧即将戏剧艺术与教育过程相结合的一种特殊类型教学活动，也是采用戏剧形式进行的学习过程。该方式的核心并非在于提高儿童的表演水平，而是把戏剧当作一项教学资源。最早将戏剧与教学结合的观点可以追溯到法国哲学家卢梭关于教育的两种观点，随后，美国教育家杜威提出了“学步教育法”，赫兹一麦恩斯也提倡“创造性教学法”。这些理念共同强调以培养学生的整体素养为宗旨，鼓励学生在实践中学习、在学习中实践，进而更全面地洞察生活，这一系列理念在欧美社会产生了深广的影响。因此，在此类教育思潮指导下，人们认识到戏剧化的游戏与即兴创造在学校教育领域中取得了显著效果，并且契合了传统教育的目的。于是，在20世纪初期，这类教育手段开始在儿童教学实践中得到应用，从而促进了教育戏剧的发展与变革。

在教育戏剧的过程中，儿童既是参与者，也是欣赏者。参与者所需要的基本能力包括感官、情感认知、想象力、身体动作、声音、纪律以及自我认知等，而欣赏者是情绪情感上的一种体验。因此，戏剧教学的核心在于互动参与，通过体验来理解智慧的精髓，并在彼此沟通的过程中培养潜力与创新能力。

## 二、教育戏剧在绘本教学中的魅力

### （一）教育戏剧促进绘本教学中的说

教育戏剧是基于绘本素材与幼儿互动演化而来的一种教学载体。借助绘本材料的支持，幼儿能够进入相应的语言环境中，在交流的同时积累语言学习经验。在教育戏剧的支撑下，幼儿能够通过参与、评价等方式应用语言，形成语言表达欲望，围绕教育戏剧不断发展语言能力。

### （二）教育戏剧促进绘本教学中的想象力

根据康长运的研究发现，绘本里面丰富多彩的图示可以帮助儿童超越书写语言的限制，进而激活他们的想象力。然而，要用教育戏剧手段来提升儿童的文学想象能力，教师需从基本概念做起，进而逐步拓展教育戏剧的素材，并努力使之变得浅显易懂，与儿童日常生活更为贴切。鉴于教育戏剧的特征，在指导儿童表演时，教师要确保演出内容既有根基于绘本的基础，也要使之生活化。考虑到学龄前儿童认识功能的特定发展阶段，大多数儿童对于绘本故事的理解是有限的，他们通常只能对亲身经历并感同身受的事物作出理解和表达。因此，教师应选择与儿童日常生活息息相关的素材来设计教育戏剧，这样可以在儿童参与表演时触动他们的情感，从而有效激发他们的文学想象力，并促使其持续成长和提升。

以绘本《蚂蚁和西瓜》的表演教学为例，该教育戏剧内容是让幼儿思考并模仿小蚂蚁发现西瓜时的心情、遇到问题如何解决、搬运西瓜时的动作。在指导儿童进行阅读绘本的表现时，教育者应将自己成长过程中累积的经验与教学素材联系起来。例如，找到珍爱物品的快乐感受、遭遇挑战时的应变方式等议题，借此加深对于故事情节的理解及情绪体验。通过赋予剧中人物真实的情感，该教学剧本以生动的场景刻画了蚂蚁合力挪运西瓜的经历，并与儿童的平日生活紧扣，让教学内容更加具有生活气息。教育者在儿童进行表演的过程中，应及时鼓励他们应用文学想象，讨论小蚂蚁如何处理运、载西瓜的动作。例如，抬、托、挎或举起，并利用一系列引导性问题，帮助儿童对绘本故事内容有更深层的洞察，同时通过丰富的语言训练激发他们的文学创造力。在此鼓舞下，儿童们在进行绘本故事表演之际，能够结合真实的表演情节进行思考：怎样才能表现出蚂蚁发现西瓜时的激动情感，以及如何刻画出让西瓜转移场景生动逼真的细节。这些教学要素都与孩子们的实际生活紧密相关，所以，在采用教育戏剧的教学法时，教育者应专注于引领儿童体验与日常生活贴合的绘本文学元素，进而激发和提升孩子们的文学想象力。

### （三）教育戏剧促进绘本教学中的生活融入

教育性戏剧是一种艺术表演形式，内含个人直观感受。幼儿生活实际可能会触及绘本故事，如绘本故事《我的妈妈》中对母亲声线的描绘：平时如同天籁般温柔，怒吼时则似狮子般威猛。如此描述让儿童根据生活经验即刻产生情感的共鸣。又如在不同节日中，如父亲节、母亲节，可以引入绘本《我爸爸》《我妈妈》以绘本作为支撑，通过角色扮演让孩子们模仿爸爸工作，妈妈洗衣做饭，从而融入生活，体验爸爸妈妈的辛苦，相得益彰呼应节日主题，让孩子知感恩、懂感恩，让此时的艺术在融入生活的过程中更好地服务于生活。

## 三、以教育戏剧浅析绘本教学的策略

教学剧场融合舞台艺术之根本特质与操作方法，与学校教育活动的授课技巧相结合，在教育者有序规划的教案带领下，通过扮演各种角色、进行创新戏剧活动、不设前稿的即兴表演、观察、模拟、游戏等系列互动性强的环节，促使参与者在相互作用的交流中，积极发挥想象力，自由阐释见解，且在动手实践的过程中得到学习，旨在让受教育者通过此种方式收获审美体验，提升认知能力及日常生活技巧。

### （一）角色扮演

在众多绘本故事中，角色设定往往构成了情节发展的关键，儿童通过模仿故事中的人物可以更透彻地领会并感悟故事内容。准备一些与绘本故事相关的舞台道具和服装，然后根据故事情节选择不同的角色，让幼儿在教育者的引导下参与到角色扮演中。这样不仅可以让幼儿更加深入地理解故事内容与情节，还可以锻炼他们的语言表达能力和社交能力，同时也能够增强幼儿的自信心和创造力。

### （二）情景模拟

教师可以通过情景模拟来进行创造性戏剧的活动。以《中秋节快乐》为例，教师可以设置明亮的大月亮、温馨的环境，让幼儿身在其中，感受浓浓的中秋节氛围。在这样的浓厚的氛围中根据故事情节设置小场景“菜园子、果园、松林、花丛、小河边、农场”，跟随兔妈妈的脚步让孩子们深入其中，最后用这一路收获的食材让孩子们做出又香又甜的月饼，感受中秋节的团圆与快乐，丰富其情感体验。所以情景模拟不仅可以让儿童更加深入地了解生活中的事物，还可以让他们在模拟的过程中体验到不同的情感，丰富情感体验的同时，还增强了儿童的想象力和创造力。

### （三）情景再现

情景再现是创造性戏剧中比较常见的一种形式，它可以使儿童更加深入地理解故事情节和角色特点，同时也可以培养儿童的创造力和表达能力。在绘本教学中，教育者可以通过影音资料或图片，让孩子们观看故事情节的重点部分，然后把儿童分成不同的小组，让他们合作完成情景再现。这样不仅能够增强儿童的创造力和表现力，还可以促进他们之间的互动与交流。

## 四、结语

教育戏剧是一种非常有效的幼儿园绘本教学方法，它可以促进儿童多元化发展，提高他们的表达能力和思维能力，同时也可以让他们在游戏的环境中得到愉悦的体验。因此，教育者在进行绘本教学时，不妨考虑运用教育戏剧的方式相信会有出色的效果。

### 参考文献

［1］林喜杰．中小学戏剧教师剧场教育培训模式探析［J］．创新人才教育，2016（4）：45—48.

［2］冯稳平．绘本剧表演在幼儿语言教育发展中的应用研究［J］．基础教育论坛，2023（7）：89—90.

［3］陈娇．如何利用绘本阅读提高幼儿的语言表达能力［J］．新课程（综合版），2019（12）：190.

［4］谢峰云．运用绘本剧策略促进幼儿文学想象力的发展［J］．教师，2020（28）：113—114.

［5］刘晨．浅谈多维体验式阅读在幼儿绘本阅读中的应用［J］．吉林教育，2022（6）：79—81.

# 有效激励家长参与幼儿园管理的策略分析

（胡依娜　北京市机关事务管理局第二幼儿园）

**摘　要：**本文探讨了激发家长参与幼儿园管理的有效策略。家长的有效参与对幼儿园的发展和教育质量具有重要影响。通过综合分析实践经验，本文提出了一系列策略，包括建立有效的沟通渠道、制订明确的参与计划、给予实质性的奖励与认可，以及培养家长领导力。这些策略的实施有助于建立积极的家园合作关系，促进家长更深入地参与幼儿园管理，为孩子的成长与发展提供更有力的支持。本文的研究结果可以为幼儿园管理者和教育从业者提供实用的指导，以激发家长更积极地参与幼儿园管理，实现家园合作共赢的目标。

**关键词：**早期教育；家长参与

在当今社会，幼儿园不仅是孩子早期教育的场所，更是家庭与幼儿园共同育人的重要平台。在这一过程中，家长的积极参与对于儿童的全面发展、幼儿的健康成长至关重要。深入研究如何有效激励家长参与幼儿园管理，建立更紧密的家园合作关系，显得尤为迫切。本文旨在通过综合研究和实践经验的总结，提出可行的策略，以激励家长更积极地参与幼儿园管理。这不仅有助于提高教育质量，更能够为孩子的成长提供更为全面的支持。对于促进家园合作、共同育人具有重要的理论和实践意义。希望通过本文的探讨，能够为幼儿园管理者和教育从业者提供有益的启示，推动家长参与管理的有效实践。

## 一、幼儿园教育的含义

幼儿园教育是为3～6岁幼儿提供的早期教育，旨在促进幼儿在身体、智力、情感和社交方面的全面发展。这个阶段的教育注重培养幼儿的社交技能、情感表达和学前学业知识。在幼儿园，教育者通过游戏和互动活动激发幼儿的好奇心和学习兴趣，帮助他们建立积极的学习态度。幼儿园教育是学前教育的一部分，为孩子顺利过渡到正式幼儿园教育体系做好准备。激励家长参与幼儿园管理，对于建立良好的家园合作关系、推动幼儿园教育质量提高具有重要作用。

## 二、家长参与幼儿园管理的意义

### （一）实现幼儿园与幼儿家庭的相互对接

家长参与幼儿园管理具有深远的意义，对于实现幼儿园与幼儿家庭的相互对接起到了关键作用。这种参与不仅是一种教育模式，更是一种社会化的过程，有助于构建积极的家园合作关系。家长的参与可以促进信息共享，增进双方的理解和信任，为幼儿的全面成长提供更为有力的支持。这种相互对接有助于形成一体化的教育环境，使幼儿园和家庭能够共同为幼儿提供更为一致和协调的成长支持。通过家长参与幼儿园管理，可以推动孩子在幼儿园和家庭中更好地融入社会生活，培养积极的学习态度和社会责任感。家长参与幼儿园管理不仅是一种教育实践，更是促进教育体系整合、实现幼儿园与家庭互补、相互支持的关键纽带。

### （二）帮助幼儿园了解幼儿的实际情况

家长参与幼儿园管理为幼儿园提供了深入了解幼儿实际情况的重要渠道。这种参与不仅是一种支持性的行为，更是一种建立有效沟通和紧密联系的机制。家长作为孩子的第一位教育者，能够提供宝贵的家庭背景和个体差异信息。通过与家长的深入交流，幼儿园管理层能够更全面地了解每个孩子的家庭环境、成长背景、兴趣爱好等方面的信息，为制订个性化的教育计划提供有力支持。这种参与不仅促进了信息的充分交流，也建立了更为紧密的合作关系，使得幼儿园和家庭能够共同关注、支持和引导每个幼儿的成长。这样的双向合作不仅有助于实现个性化教育，也为孩子的全面发展提供了更为有力的支持。

### （三）为幼儿园教学提供珍贵的意见

家长参与幼儿园管理对教学具有深刻的意义。家长作为孩子的第一位教育者，对孩子的行为、兴趣和学习风格有深入的了解。他们的参与可以为教学提供独特而珍贵的个体差异信息。通过共同参与管理，建立了开放、透明的沟通机制，教育者和家长可以更加平等地合作，共同关注幼儿的成长。家长参与幼儿园管理为教学提供了独特的、珍贵的意见。他们的参与促进了信息的多元化，为制定个性化教学提供了更为深入的了解。

### （四）为幼儿提供熟悉的环境

家长作为幼儿的第一亲近者，他们的参与有助于在幼儿园中建立起熟悉而温暖的情感连接。这种连接为幼儿提供了安全感，使其更容易适应新的学习环境。通过与家长共同参与管理，幼儿能够在幼儿园中感受到家庭的延续，有助于降低入学初期的焦虑感，促使幼儿更好地融入幼儿园生活。家长的参与有助于在幼儿园中创造一种熟悉的文化氛围。最重要的是，家长参与幼儿园管理为孩子提供了一个更为连贯、一致的成长环境。这种一致性有助于幼儿形成稳定的成长框架，促进其全面而健康地发展。

## 三、鼓励家长参与幼儿园管理的方法研究

### （一）结合网络交流平台连接到幼儿家长

通过建立专门的在线社区或家长群体，为家长提供一个方便的平台，使他们能够分享意见、交流经验，以及参与幼儿园管理的决策过程。这样的平台可以是社交媒体群组、在线论坛，或专门的应用程序。通过在线会议，家长可以就幼儿园管理、课程安排等提出建议和意见。利用电子通信和新闻稿，通过电子邮件、短信、幼儿园 App 等方式向家长发送幼儿园的新闻、活动信息和管理政策，确保信息的及时传达，以便家长能够了解幼儿园的最新动态。在网络平台上分享孩子在幼儿园的成就、作品和活动照片，让家长更直观地了解孩子在幼儿园的学习和生活，激发他们更多的关注和参与。

### （二）定期收集家长对幼儿园管理的反馈建议

确保幼儿园与家长之间有畅通的沟通渠道，包括面对面的会议、在线聊天、电子邮件等。通过这些渠道，鼓励家长提出问题、分享观点，同时为他们提供一个表达对幼儿园管理看法的平台。安排定期的家长会议，让幼儿园管理层与家长面对面交流。在这些会议上，家长有机会提出建议、提供反馈，并参与到幼儿园决策的过程中。定期向家长报告幼儿园在管理方面所做的改进和取得的进展。这样可以展示幼儿园是如何认真对待家长的反馈，并激发更多的家长参与。

### （三）组建多种多样的亲子活动

设计涵盖教育、心理健康、家庭关系等主题的工作坊，邀请专业人士或幼儿园教职工主持，以促进家长之间的互动和学习。定期组织游园日，让家长和孩子一同参观、参与游戏和活动，增进亲子关系的同时，也提供了了解幼儿园环境和教学活动的机会。在幼儿园举办各种文化节庆活动，邀请家长一同参与，可以涵盖不同文化背景，促进多元文化的交流。邀请专业医生或健康专家开展关于儿童健康、饮食、运动等方面的讲座，引导家长关注孩子的全面发展。通过实验、观察和探讨，组织科学探索活动，让家长和孩子一同参与，促进对科学的兴趣和理解。

### （四）提高幼儿园教师与家长交流的意识和技能

定期组织家长会，提供一个双向交流的平台，让教师能够分享关于孩子学习和行为，同时听取家长的反馈和建议。举办亲子活动和工作坊，让教师和家长在轻松愉快的氛围中交流，增进双方的互信和了解，增强彼此的沟通效果。组建家长委员会，让一些家长能够更深度地参与幼儿园的管理和决策，提高他们对幼儿园事务的责任感和参与度。建立定期的教学反馈机制，鼓励教师定期向家长汇报孩子的学习情况，听取家长对教学的反馈，调整教学方法和内容。建立共同的教育理念，促进更有针对性的教育合作。

## 四、结语

在幼儿园的管理中，积极鼓励家长的参与，对于创建一个积极、健康的学习环境至关重要。深入研究并分析各种策略有助于我们找到激励家长参与的有效途径，并更好地理解这对于加强幼儿园教师与家长之间沟通的重要性。实践证明，定期的家长会议、家访计划、电子沟通平台等措施为建立紧密的教育伙伴关系提供坚实的基石。亲子活动、工作坊和家长委员会则进一步推动教育共同体的形成。这些努力不仅在管理层面建立了更为融洽的合作关系，而且在培养孩子的过程中形成了教育的连续性。家长与教师之间良好沟通为孩子的全面发展提供了更有力的支持。在此过程中，双方的意识和技能得到了提升，共同致力于孩子的教育成为他们的共同追求。通过持续努力激发和促进家长的参与，我们不仅提高了整个幼儿园的管理水平，更为孩子的成长打下了坚实的基础。

### 参考文献

[1] 张晓辉．养成教育在幼儿园管理工作中的应用与探讨［J］．华夏教师，2023（30）：16－18.

[2] 黄小奇，宋慧，李青彦．家长参与幼儿园课程建设的路径探析：基于瑞吉欧经验的启示［J］．教育观察，2023，12（12）：22－25.

[3] 冯江英，王建虎．幼儿园家庭教育在线指导：内涵意蕴、价值重构与发展转向［J］．河北师范大学学报（教育科学版），2023，25（1）：129－134.

[4] 刘学．幼儿园课程生活化建设中家长深度参与机制及其实现［J］．教育观察，2022，11（18）：70－73，113.

[5] 邵镜睿．幼儿园微信订阅号在家园共育中应用效果的研究［J］．教育观察，2022，11（18）：89－93.

[6] 张晓艳．新时期提升幼儿园管理水平的路径思考［J］．亚太教育，2022（9）：46－48.

[7] 杨玲斌．基于钉钉平台构建幼儿园管理工作的革新路径［J］．亚太教育，2021（24）：47－48.

［8］宫晓波．幼儿园参与式家长工作策略的实践研究［J］．教育观察，2021，10（4）：126－127.

［9］罗美华．新时期幼儿园的规范管理的探索［J］．华夏教师，2020（10）：5－6.

［10］丁和琴．家长参与幼儿园管理的实践研究［J］．科教文汇（上旬刊），2020（4）：145－146.

# 浅析幼儿武术教育促进幼儿发展的实施路径与策略

（李伊　北京市机关事务管理局第二幼儿园）

**摘　要：**在中国漫长的历史发展进程中，出于强身健体自我防卫与家国保卫等原因，发展初步内容丰富多彩，形式多样的武术流派，武术作为国粹文化的一种，也逐渐深入幼儿教育中，成为幼儿教育不可替代的重要内容之一。本文针对幼儿教育中的武术教育问题进行探究，并提出新型教育理念下的武术教育策略。

**关键词：**幼儿武术教育；幼儿成长；武术策略

## 一、幼儿武术教育的重要作用

### （一）武术德育能够促进幼儿心理健康和优秀品质发展

中华武术的千年传承，除了留下一整套训练技巧外，重要的一点就是留下了中华武术精神。这些武术精神可以在幼儿武术学习中进行穿插讲解，通过趣味性的故事形式激发幼儿体育运动的兴趣，让幼儿能够在故事的讲解中感受到传统文化的熏陶，增加幼儿对武术内容的学习兴趣。

### （二）武术游戏能锻炼幼儿的身体素质

武术游戏实际上就是幼儿体育运动的一种内容和形式，武术游戏符合幼儿的年龄特点和身心特征，幼儿身体基本的反应速度和运动协调性以及敏捷性等身体素质能够在武术的学习中得到全面的发展，同时武术的游戏形式也能够吸引幼儿的兴趣，达到循序渐进锻炼身体的效果，完成当下国家教育对幼儿体育锻炼的要求。

### （三）武术礼仪教育能够促进幼儿在体育运动中的社会性发展

作为礼仪之邦，中华民族颇为重视幼儿礼仪教育。在幼儿体育运动中，幼儿学习基本的武术礼仪能够培养幼儿基本的武德，帮助幼儿形成尊师重道的思想，并且学会诚信和友善等多种品格，使幼儿能够得到全方面的发展，助力幼儿的成长。

## 二、幼儿武术教育的当下现状

当前幼儿武术教育仍然存在很多问题，这些问题都是直接或者间接影响幼儿的武术学习，对幼儿的学习成长起到了负面作用，本文将从以下几个方面来进行分析：

### （一）教师盲目地将武术教学看作活动课程

很多教师由于不了解武术学习，总是将武术学习当作活动课程来教，这样的教育方式弊端凸显。幼儿在其中学习不到我国优秀的武术文化，同时也感受不到武术活动的乐趣，渐渐地让幼儿丧失了对武术学习的学习兴趣，往往事倍功半。

### （二）教师专业能力不强

很多幼儿园在开展武术教学中没有考察教师的资质，很多教师不具备专业的武术教学能力，在教育教学中没有办法起到武术教学的真正作用，很多时候只是场面上的体现，却并没有真正提高幼儿的个人身体素质，帮助幼儿感受良好的中国武术文化。

### （三）武术教学的兴趣化缺失

当下大部分幼儿教师只是强调幼儿对于武术知识的学习，甚至很多时候用一些中小学的武术操来让幼儿进行模仿，实际上这样的武术学习并不能够达到武术学习的深层次要求，幼儿对于武术的认知会逐渐趋于片面和浅薄。针对这种情况就应当尝试建立与武术有关的活动，通过活动的设置来助力武术方面的多元融合和多元发展，形成幼儿园的独立武术课程教学特色，达成教学要求。

## 三、幼儿武术教育的实施策略

### （一）配备专业教师队伍

专业教师队伍是促进幼儿武术学习的保障，武术活动不是简单的运动或活动，而是专业化的学习内容，需要依赖教师的正确引领。对此若想真正完成武术的多方面教学，应当长期聘请高素质的武术专业教师，通过专业技术和教育教学的融合使武术教育实施更加有效。也可以对现有的武术教师进行综合性的培训，在师资方面通过培训来提高教师教学能力，建立良好的教师学习制度，或者进行教室内部的武术教学评选，提倡教师通过学习内化的方式应用到实践中，进一步加强教师对幼儿武术教育的指导作用，提高教师队伍的整体素质。

### （二）注重与学科的有机结合

武术教育与学科的结合能够提高武术学习的乐趣。经过调查研究，很多幼儿教师会采用故事会、观看电影等多种活动来帮助幼儿了解武林人物习武的毅力和恒心。在武术教育与学科的融合之中打破学科的限制。无论是语言领域，还是其他活动领域都能够帮助幼儿实现与武术融合的全面发展，加强武术对于当下幼儿成长的影响，进一步达成教学要求。

### （三）创编武术操和武术游戏

当下有很多教师在武术教育方面不成功的原因都是因为没有正确进行活动的创设，关于幼儿武术方面的学习一些教师还存在固有的运动理念，总是习惯性地采用自己的方式来引导幼儿完成武术的动作学习，让武术的学习内容变得更加僵硬而不能为幼儿所接受。对此基于不同年龄段儿童的特点，教师需要每学期创编大、中、小班各一套武术操，在武术操精气神的展示中，达到强身健体的目标，凸显幼儿的朝气和活力，并且尝试开展每一学期的武术操比赛，展示幼儿的武术成果。

这样的方式可以有效地帮助幼儿进行记忆。相对于那些僵硬的武术知识来说，幼儿更容易记忆的是那些不同的武术成果或者武术体操，符合该阶段幼儿的思想情况和学习情况，能够助力于幼儿关于武术的学习，提高幼儿对武术的探究能力。

### （四）与家庭进行融合

在武术教学中应当力争将武术课程延伸到家庭方面，以充实家庭生活的内容，比如可以尝试在武术教学中请家长在助教活动中给幼儿讲一讲历代名人的故事，完成家园联动。同时，还可以让武术课程走进社区，以点带面地推动社区精神文明的建设。在武术教学中也可以尝试构建“武术评价表”“武术课程家长建议收集表”……引导家长积极地参与幼儿的武术学习与探究，使家长可以了解幼儿的学习情况和幼儿的学习兴趣，进一步完成武术教学的家园共育连接，达成教育教学目标。

### (五) 建立评价激励机制

"以人为本""以幼儿发展为本"是当今许多幼儿园在参与武术活动评价中的最高准则。为了更好地保证幼儿园的武术教学成绩，应当尝试通过教学评价的方式来进行该方面的落实，采用全方位多元化的多元评价方式，让幼儿互相评价、家长评价、教师评价，采取多方面多角度的建议来改善武术课程。在此过程中也应当注重过程性评价，关注幼儿参与活动目标的达成等方面内容，进行评价内容的分析，根据具体情况采用描述性的评价等多种方式，来找到当下武术教学的不足，找到幼儿在学习武术方面的优点。

与此同时，还可以尝试在班级中设"武术大富翁""功夫熊猫特色章"等多个奖励活动，帮助幼儿完成武术学习，使幼儿能够积极主动地参与武术探究，走内涵的发展之路，提高幼儿的综合能力。

### (六) 打造园内武术特色

武术教学是重点教学内容，很多幼儿园都没有正确看待武术带来的特色课程。对此幼儿园可以尝试通过武术的教学来打造特色课程，让武术教学能够变得更加多元化、更加趣味化、更加符合当今幼儿的发展。例如，在幼儿园中可以设置"小小武术会"等多元化的活动，像这样的活动当作家长开放日的活动展示，或者当作幼儿园的招生简章，进一步打造幼儿园的武术特色内容。一方面可以促进幼儿园的招生工作；另一方面也能够使武术课程教学被更多的重视，达成教学要求。

## 四、结语

武术教学是重要的幼儿教学特色，在武术教学中也应当进一步深化课改理念，结合当今幼儿的实际情况走内涵发展之路。用"只有民族的才是世界的"这一宗旨来不断挖掘丰富民族文化资源，在不断促进幼儿发展的前提下推进武术文化教育，进一步助力幼儿的成长。

### 参考文献

[1] 汪小英．文化传承视角下发展幼儿武术教育价值研究［J］．亚太教育，2023.
[2] 胡静．幼儿武术游戏对幼儿智力发展的研究［J］．新课程，2021.
[3] 魏耀星．关于幼儿园开展武术教学的几点思考［J］．家长，2022.

# 浅谈怎样使幼儿更好地学习武术

（赵红　北京市机关事务管理局第二幼儿园）

**摘　要：**幼儿武术在传统文化教育中起着至关重要的作用，国家越来越提倡幼儿园、小学开展武术课程。武术不仅能强身健体，更能培养不怕艰难、坚韧不拔的高尚品质。教育幼儿爱民族、爱祖国的高尚情操。本文探讨了通过园本武术课程的开展，经过实践学习、教学得出了有效的引导幼儿学武术方法。主要有创编游戏教学法、动作分析和有效示范教学法、日常渗透培养法、注重个体差异因材施教法、注重实践和敢于创新法。

**关键词：**爱国；懂礼；实践；身心健康

武术是中华民族传统的宝贵国粹，具有广泛的社会价值和民族文化特色。武术精神时刻弘扬着中国传统文化，学武术更能培养青少年爱国主义精神，促进心理健康发展。我国全面建成小康社会，我们的生活水平越来越高，对孩子的教育也越来越重视，对幼儿的教育也有更高的要求和措施。注重幼儿文明礼仪的培养，传统文化的继承发扬显得十分重要。武术课程是我园的主要特色，通过全园领导、师生的一起努力下，我们构建了完整的武术体系课程。通过不断的观察、尝试、学习和实践，进一步体会到幼儿学武术的重要性，也得出了一些引导幼儿学武术的有效方法。

## 一、幼儿学武术的重要性

### （一）促进幼儿身心健康发展，培养克服困难的勇气

良好的武术教育能促进幼儿全身心健康发展、行为规范，很重要的体现就是在困难面前不服输，勇于面对，对自己有信心，对待他人文明有礼。我园中大班幼儿通过长期学习武术，个个文明有礼貌，性格活泼善于交往。身体协调性也发展很好，身体抵抗力也越来越强。面对小朋友之间的小摩擦，孩子们自己解决方式也很好。既能有效解决问题，又懂得尊重他人，爱护集体。

### （二）提高道德素养，强化爱国主义精神

学习武术不是为了打架斗殴，是为了强身健体，所以在学习过程中时刻不要忘记对学生的武德修养升华，告诫学生不要因为会武术就是持强凌弱，要做一个正直善良的人。良好的武术道德教育有利于和文化教育实现有效的配合，良好的武术道德能够使幼儿乐于接受优秀的传统，从而愿意学习，愿意坚持学习武术，养成爱民族、爱祖国的良好品质。

## 二、引导幼儿学习武术的有效方法

幼儿武术的教学内容不同于成人武术内容，因此要根据幼儿的生理和心理条件去规划，加之幼儿的注意力时间较短，教学方式更要符合幼儿年龄特点。我园经过长期有效开展武术课程，我们教师也在实践中积累了一些有效的教学方法。

### （一）创编有趣的游戏

游戏是幼儿活动的主要形式，在开展武术活动时也通过游戏方式进行，用新颖的方式，有趣的语言来调动幼儿的积极性，让幼儿在快乐轻松的氛围里学习。比如：在带领幼儿练习基本功时，如果让幼儿直接压腿、扎马步、弓步，练习拳、掌，幼儿会就得枯燥，没意思。当我们设计成有趣的模仿各种小动物走路、跳舞的游戏进行时，幼儿就会兴奋，愿意去做并不会觉得乏味。

### （二）在教学过程中针对武术动作进行难度分解和标准示范

在教学过程中针对武术动作难易程度进行分析和重复示范，如武术基本功学习拳、掌、勾、弓步、马步、虚步、跳步进行教学时，要针对较难的动作反复进行示范并有目标性地指导。在带领幼儿学习武术操过程中，也要用动作分解教学和重复练习的方法。同时，再针对个别幼儿纠正动作，加强与幼儿互动，把幼儿的主体地位发挥出来，加强课堂愉悦氛围，增强学习效果。平时多组织幼儿观摩教练练习武术的视频，武术表演视频，幼儿自己练习的武术视频，激发幼儿学习武术的欲望和兴趣。

### （三）日常渗透培养幼儿良好的意志品质

在语言活动中收集讲述一些英雄故事，如岳飞的英雄事迹，三国里的英雄人物，让幼儿被主人公的经历和精神感动，为培养良好的意志力奠定思想基础。教师通过介绍传统武术文化，地方人文武术资源来激发幼儿对中华武术传统的兴趣。在户外游戏中我们通过游戏来练习基本动作，如钻山洞游戏练习幼儿躲避灵活性，小青蛙跳荷叶游戏，练习幼儿跨跳能力，利用金鸡独立的游戏练习幼儿独步站立等。美工活动中通过观察和绘画各种人或动物，在掌握绘画技能的同时也渗透了对武术的教育。总之，要想把武术办成园本特色，让幼儿真正爱学武术，学好武术，光靠武术课上的时间是远远不够的。要把武术融入一日生活，让幼儿时刻能感受到浓厚的武术文化气息，才会使幼儿真正爱上武术，感受到武术的精神。

### （四）因材施教注重个性化，贴近实践，敢于创新

每个幼儿的身体素质和学习能力都有所不同，武术课程也需要因材施教。个性化的教育既能满足幼儿的学习需求，又能够激发他们的学习兴趣，增强学习乐趣。针对不同幼儿制订

不同教学计划，避免一刀切，注重个性化培养。传统武术文化不是一成不变的，在不同时代、不同的环境下应该有不同发展。因此，在文化课程体系建设中要注重实践和创新，将传统文化和实际情况结合起来，注重文化的传承，更要有创新，不断尝试新的教学方式和方法，不断提升课程的实用性。

## 三、结语

在众多的体育运动和训练项目中，武术既能强身健体又能防身。武术蕴含着良好的品德教育，能培养幼儿做一个讲文明、懂礼貌的好孩子。武术是一项中华民族特色的体育项目，武术活动开展对于弘扬武术精神、传统文化具有重要意义。我们幼儿园通过开展武术课程发扬武术文化并结合地方资源培养幼儿爱家乡、爱祖国的品德。同时，也增强幼儿身体素质，培养幼儿活泼、善良、团结集体的高尚品德。幼儿在学习武术的过程中也逐渐养成了不怕艰苦，勇于挑战、做事情不半途而废，遇到问题不哭哭啼啼善于思考的好习惯。我们将把这份宝贵的中华民族文化财富“武术”一直传承下去，并且发扬光大。

**参考文献**

[1] 高谊．教你学武术［M］．北京：中国少年儿童出版社，2003.10.

[2] 中华人民共和国教育部．3—6 岁儿童学习与发展指南［M］．北京：首都师范大学出版社，2012.

# 幼小衔接的认知问题及对策研究

（刘思源　北京市机关事务管理局第二幼儿园）

**摘　要：**在幼儿园教育中，随着“小学化”问题的不断纠正，称为“学前班”的机构越来越少，但各种各样的“幼小衔接班”却层出不穷。本文针对幼儿家长对幼小衔接认知现状进行分析探讨，指出了存在的一些问题并给予教育建议和对策，以期帮助家长形成正确的幼小衔接认知。

**关键词：**小学化；幼小衔接；教育建议

## 一、研究对象和方法

### （一）研究对象

本文的研究对象是北京市平谷区一所幼儿园的幼儿家长对幼小衔接认知现状的调查情况。

### （二）研究方法

我们采用了文献法、问卷法和访谈法。

首先以“幼小衔接”“小学化”为关键词在知网查找相关文献，得到57篇相关文献，通过阅读和总结已有研究成果，是本研究的理论支持。参考了李含笑的《幼儿园大班与幼小衔接班家长入学准备观念的比较研究》中的调查问卷。为解决问卷中的不足，又设计了访问提纲，随机对幼儿园的教师和家长进行了访谈作为数据支持。

## 二、家长对幼小衔接认知存在的问题

根据家长对幼儿幼小衔接认知现状的问卷结果、家长及教师访谈结果分析得知，家长对幼小衔接认知存在以下几个问题。

### （一）家长对幼小衔接的责任主体认知有偏颇

家长的受教育水平和工作状况在一定程度上对儿童入学准备产生间接的影响。硕士学历的家长对于幼小衔接责任主体认为是家长和老师共同责任。本科及以下学历的家长都认为是教师应当负责幼小衔接任务。这表明了家长对幼小衔接的责任主体认知是有差异的。根据教师对幼儿家长幼小衔接工作的态度反馈得知，大部分幼儿家长对幼小衔接工作认为是重要的并乐意参与和支持，少部分家长会认为幼小衔接工作与家长毫无关系。

### （二）家长对幼小衔接的内容和时间认知有偏颇

家长对儿童可持续发展价值的认识不足，出现以线性时间置换生命时间的加速成熟衔接观，处于幼小衔接过程中的“童年与儿童”被烙上“效率标签”和“准备标签”。3岁、4岁和6岁幼儿的家长对幼小衔接实施的时间理解为大班才需要进行。5岁幼儿的家长认为幼小衔接的实施时间是需要提前的，应当提前培养幼儿的专注力和学习能力。根据教师所表述的幼儿园日常实施幼小衔接工作时间和内容，以及对家长幼小衔接的沟通和干预，也可以了解到家长对幼小衔接认知是存在偏差的。家长对幼小衔接会出现过分关注或不关注这两个极端现象。在关注的情况下也会出现一些问题，大班幼儿家长对幼小衔接工作是积极响应的，小班和中班家长也是能够听取老师的教育建议的，但相比之下大班家长尤为重视。这都表明家长对幼小衔接的内容和时间存在认知错误。

### （三）缺少对幼小衔接的家庭指导

独生子女家长幼小衔接重视程度高于非独生子女家长。家长对于一个孩子教育的用心往往高于多个孩子，家长的精力有限，往往会忽视对孩子正确地引导教育。年龄大的家长幼小衔接重视程度低于年龄小的家长，文化程度低的家长重视程度低于文化程度高的家长。这两种情况是因为家长受教育程度和对幼儿教育了解程度的不同而造成的结果。年龄大和文化程度较低的家长对于幼儿的教育思想仍停留在早期不干预或强行干预的教育方式，从而造成幼儿不能正常生长发育。对这些家长应适当给予一些家庭指导，帮助家长形成正确的教育观去更好地教育和培养幼儿。

幼儿园和家长的幼小衔接理念缺乏共性，面对“双减”政策家长存在不理解和茫然的现象，同时社会资源作为教育的潜在资源缺乏方向性和领导力，缺乏幼儿园和小学学校主动领导和带动，更加需要幼儿园和小学双向配合完成工作。因此，幼小衔接工作需要家长、幼儿园和社会三方达成一致，共同努力才能更好地完成幼小衔接工作。

## 三、提高家长幼小衔接认知的教育建议和对策

《3—6岁儿童学习与发展指南》提出，关注幼儿学习与发展的整体性，儿童的发展是一个整体，要注重领域之间、目标之间的互相渗透和整合，促进幼儿身心全面协调发展，而不应片面追求某一方面或几方面的发展。从研究结果来看，家长对于幼小衔接认知存在偏差，对于幼儿的发展了解不够全面，为此我们提出以下建议。

### （一）幼小衔接的主体责任是家园双方

家长是孩子的第一任教师，也是终身教师，幼小衔接在很大程度上要有家长的参与才能很好地完成。幼儿家长对幼小衔接的责任人默认为是幼儿教师。幼儿家长作为幼儿的法定监护人，对幼儿有着照料和教育的双重责任，因此家长在幼小衔接的过程中也应当承担起相应的责任，帮助教师进行教育教学工作。教育不单单只是一方努力的结果，只有家长和教师共同努力才能达成最佳效果。幼儿园要为家长提供幼小衔接知识获取的途径，家长要积极参与到幼小衔接过程中，真正意义上实现家园共育，促进幼儿更好的发展。

幼小衔接是教师和家长的共同责任。幼儿家长作为幼儿的法定监护人，对幼儿应当起到照顾幼儿身心发展的作用，更应当承担教育幼儿的责任。因此，家长在幼小衔接的过程中更应当承担起相应的责任，帮助教师进行教育教学工作。

### （二）家长对幼小衔接的认知要全面

幼小衔接工作应当从幼儿进入幼儿园就开始直至幼儿园学习结束，幼小衔接中能力和行为习惯的培养应当从幼儿入园时就开始实施。家长对幼儿的教育发展急功近利，趋于小学化教育理念，要求幼儿教师教授小学知识。学前班、幼小衔接班层出不穷，家长为了让孩子赢在起跑线上，积极地去报各种课外班，这样的教育方式往往忽略了孩子真正所需的教育，急功近利的教育只会适得其反。好的教育应当符合幼儿自然的发展规律，揠苗助长只会适得其反。幼儿的发展有它自身的标准，强制更改不但没有帮助还可能将它摧毁。幼小衔接是自始至终贯穿整个幼儿园阶段的，不能过早地教授一些不该在此年龄段学习的本领，也不能对未达到的此年龄段应该学会的本领不做干预。教育就是让孩

子在正确的年龄学会相应的本领。

家长对幼小衔接的认知存在偏差是很正常的事情，对幼儿的教育不能以偏概全，要了解自己的孩子，查找问题，准确地解决问题。家长会忽视对幼儿能力的培养，往往只重视一个方面或几个方面，从而忽视了其他方面的培养。对幼儿的教育要遵循“木桶效应”，家长忽视的就像是木桶最短的那根短板，即使幼儿其他能力再强，也会存在短板。因此，家长对幼儿的教育要全方位考虑，针对自己孩子的特点，补齐短板。幼儿园应当采取措施帮助家长形成正确的幼小衔接认知：从幼儿园入学开始定期开展幼小衔接知识或教育交流会，教师根据情况采取针对性交流，帮助家长纠正倾向某一领域的能力重视或忽视的情况，在真正意义上形成家园共育。

### （三）幼儿园要针对幼小衔接加强对家庭的指导

在树立正确幼小衔接的基础上，幼儿园应当给予家长了解或参考如何进行正确的幼小衔接方式，可以定期在幼儿园公众号上做分享，定期开展幼小衔接分享会，教师定期回访等方式帮助家长，强化家庭指导，让家长有意识地培养幼儿的生活自理能力。

## 四、结语

无论是男孩还是女孩，也不论是否为独生子女，幼小衔接都是个关键而紧迫的问题。每个幼儿都应当享受平等的教育和充满爱的家庭氛围。家长应当平等地对待自己的孩子，偏心的行为会影响孩子的生长发育和心理成长。幼儿园可以开展平等教育的讲座或交流会，帮助家长有意识地改变教育理念，形成正确教育、平等教育理念。

### 参考文献

［1］孙蕾．家庭环境对学前儿童入学准备的影响［D］．长春：东北师范大学，2007.

［2］冯璇坤，黄进．症结、意义与超越：幼小衔接教育变革再审思［J］．中国教育学刊，2023（3）：45—50.

［3］杨文．当前幼小衔接存在的问题及其解决对策［J］．学前教育研究，2013（8）：61—63.

# 幼儿园大班教师如何培养幼儿的前书写能力

（郭姝好　北京市机关事务管理局第二幼儿园）

**摘　要：**语言的学习是潜移默化的。培养幼儿的前书写技能十分重要。幼儿园以游戏为基本活动，而进入小学后，授课的形式发生了巨大的转变，幼儿很难一下子适应小学的学习形式。从口头语言转化到书面语言的关键是读写的掌握，因此，幼儿园需要提供丰富的前书写，以及教师掌握科学的前书写指导方法。幼儿园班级中良好的前书写环境，对于幼儿适应小学的学习和生活大有助益。本文重点研究北京市部分幼儿园大班前书写环境的现状、前书写概念及前书写能力的培养，探讨了如何更好地促进幼儿前书写能力、早期读写能力的发展。

**关键词：**幼儿；幼儿园；前书写环境；前书写观念

2001 年 6 月，教育部颁布的《幼儿园教育指导纲要（试行）》（以下简称《纲要》），提出要“利用图书和绘画，引发幼儿对阅读和书写的兴趣，培养幼儿的前阅读和前书写技能”，强调幼儿应在正式的书写活动前先接触一种非正式的书写活动，即前书写活动。可见，前书写活动在幼儿的早期读写活动中是十分重要的。

## 一、前书写的含义及其重要性

幼儿园前书写活动，是指在幼儿园中，幼儿用笔或者其他书写替代物，通过感知、涂画、涂写、运用符号或文字等形式，用图形和文字与他人传递信息、表达情感及构建前书写经验的游戏和学习活动。这个活动既可以是幼儿自发的游戏活动，也可以是在教师的展示、辅助、引导下进行的以游戏为主的学习活动。当然，由于幼儿年龄尚小，需要教师的干预引导才能更好地发挥出读写环境的优势。教师的示范可以帮助幼儿更好更快地发展前书写能力。在家庭、幼儿园教育中，幼儿在环境中可以获得读写的经验知识，家庭、幼儿园也会为幼儿提供必要的教育资源。这些有价值的教育资源是一种隐性的环境，它既促进幼儿读写能力的发展，同时也对幼儿园的高质量的发展具有非常重要的作用。

## 二、目前幼儿园大班前书写中存在的问题

### （一）幼儿园大班前书写材料不够丰富，缺乏引导

目前，有些幼儿园教师不太了解如何有效地制作与投放前书写学习材料，更不清楚如何用材料支持和评价幼儿的学习，同样的材料在幼儿园放置了很多年，似乎缺乏挑战性和趣味性，幼儿与材料的互动多为无效，从而无法促进幼儿自发的前书写活动。开展前书写活动时教师对幼儿缺乏有效地引导，通常是让幼儿随意地书写绘画或者让幼儿根据教师给出的主题进行绘画。教师往往着重评价幼儿的作品是否与主题相关，忽视幼儿作品中的前书写角度以及幼儿的创新性，往往无法对幼儿的前书写作品进行有效的评价。教师也往往很少关注幼儿作品中每个符号的意义，让幼儿进行完分享便觉得绘画活动告一段落，这样也使幼儿的前书写作品失去文字意义，丧失了巩固发展前书写经验的宝贵机会。

### （二）幼儿园前书写活动开展较为单一

幼儿园开展形式丰富多样的前书写活动可以充分激发和调动幼儿的前书写兴趣和加入前书写活动的积极性，但是在观察中发现教师并不经常开展专门的前书写活动或在一日生活去渗透前书写，在早期阅读背景下，阅读占据着幼儿园教学计划的重心，前书写则备受忽视。教师总觉得前书写与“小学化”密不可分，因此不会着重地准备前书写的活动，以免违反相关政策。幼儿园目前开展的前书写活动更多的是在美工区使用笔涂涂画画，忽视了其他书写工具和书写情景的引导。

### （三）幼儿园教师对于前书写活动没有给予足够关注

在实际情况下，大多数教师不能正确理解前书写的内涵和意义，仅凭借字面意思去得知。虽然大部分教师知道前书写是正式写作前的准备，但仍然是不完整或不精确的，在进行前书写活动时，他们会默认前书写就是绘画或正式书写，这说明幼儿教师的前书写理论知识不足，对前书写教育的认识片面，出现教师指导重技能训练轻兴趣培养的问题。总之，由于教师对前书写活动的错误认识和缺少对前书写相关核心知识的了解，导致了幼儿园教师前书写观及其教育行为存在一定的问题。

## 三、促进幼儿园大班前书写的建议

### （一）大力开展幼儿园教师相关知识的培训

幼儿园应该对教师前书写相关知识的培训学习加以重视，让教师们可以接受到专业的教学指导与培训，在培训的过程中，教师可以相互讨论，互相交流经验，从而提高教师开展前书写活动的教学质量以及帮助教师树立正确的前书写观念。

### （二）丰富幼儿园班级的前书写材料

幼儿园应在班级的各个角落创设前书写环境，投放前书写材料，这样有助于幼儿主动发起前书写行为。教师应该在教室内各个区域提供多种书写工具，鼓励幼儿用书写、绘画的方式自由写作与表达，并请幼儿讲解自己的前书写作品的含义，从而促进幼儿对文字和图画的感知。同时教师应尽可能地投放趣味性和操作性强、有目标指向的前书写材料，让幼儿在动手操作中探索学习，鼓励幼儿动手，与材料的互动下发展前书写能力。

### （三）鼓励教师开展形式多样的前书写活动

教师可以选择在区角活动、一日常规以及主题活动中渗透前书写活动。书写活动可以渗透在许多游戏中进行。游戏环境是一个高度支持儿童语言学习与发展的环境。

由教师安排特定时间请幼儿进行分享，让幼儿养成记录自己想法和感受的习惯。一日常规中也可以将教师用作环创的照片替换成幼儿自己书写的符号，让幼儿逐步理解书写可以表达一定的意义。

### （四）加强家园共育促进幼儿前书写发展

“前书写”作为一个专业名词，家长不容易了解其本质意义，加上社会环境的影响，很容易就认为前书写就是写字、练习。幼儿家长应转变前书写的理念，积极配合幼儿园的活动。除物质帮助外，家长需要参与幼儿的前书写活动，与幼儿的前书写作品进行交流，也可以经常用文字与幼儿交流，如共同写简单的早上好、中午好等。在家中也可以开展前书写活动，让幼儿做个小小的“作家”。这里所说的写作不是让幼儿重复，机械地写、描，而是让幼儿尝试写下自己的所思所想或者看到的事情。比如，写便条、写信或者一起创编一本故事书，可以让幼儿边画边写、涂涂画画，家长也可以给幼儿的画配上文字解释。在家庭中的前书写活动更多的是加深幼儿对前书写的印象，让幼儿体验书写的快乐并丰富幼儿书写的经验。

## 参考文献

[1] 中华人民共和国教育部．幼儿园教育指导纲要（试行）[S]．北京：北京师范大学出版社，2001.

[2] 中华人民共和国教育部．3—6岁儿童学习与发展指南[S]．北京：首都师范大学出版社，2012.

[3] 王纬虹，申毅，庞青．幼儿前书写活动的研究与实践[J]．学前教育研究，2004 (5)：40—42.

[4] 周兢．促进幼儿前书写经验形成的教育支持策略[J]．幼儿教育，2012，12 (12)：13—16.

[5] 刘花雨．幼儿早期读写能力发展研究综述[J]．幼儿教育（教育科学版），2006 (Suppl1)：76—79.

[6] 万丹．幼儿园班级早期读写环境：要素、问题与对策[J]．陕西学前师范学院学报，2021，37 (3)：24—30.

[7] 李燕芳，董奇．儿童早期读写能力发展的环境影响因素研究[J]．心理科学，2004，27 (3)：531—535.

[8] Clay，M. M. Emergent reading behavior：Unpublished doctoral dissertation [M]．Auckland，New Zealand：University of Auckland，1966：81—85.

[9] 吴玲．农村教师的幼儿前书写观研究[D]．重庆：西南大学，2014.

[10] 陈思．儿童前书写的核心经验和发展阶段[J]．幼儿教育，2012 (34)：10—12.

[11] 邹群霞．支持儿童早期读写能力的发展：以美国伊利诺伊州的实践为例[J]．幼儿教育，2021 (31)：28—31.

[12] 姜岚．幼儿在一日生活中的前书写学习及教师的指导[J]．幼儿教育，2012 (34)：20—21.

# 六盘水市家长参与儿童入学准备的现状及对策

（黄连美　王大倩　六盘水市水城区第七幼儿园）

**摘　要：** 近年来，我们国家越来越重视学前教育方面的研究，其中家长参与入学准备的积极性也日益增强。根据六盘水已有家长对儿童入学准备的研究中可发现，参与的程度是偏低的。本文便是对六盘水家长参与儿童的入学准备情况、影响因素及其解决办法进行了研究，希望能为家长参与幼儿教养行为提供参考。

**关键词：** 家长参与行为；儿童入学准备；现状调查分析及对策

## 一、六盘水家长参与的现状

家长参与行为，也称为父母的参与行为或者家庭的参与行为。近年来，家长参与行为受到学者们的高度重视，并且开展了大量的理论与实践研究。家长参与，包含三个方面：(1) 家长和学校为了一致的目的相互配合，交互等过程。(2) 家长在子女的发展过程中要承担的责任。(3) 具体的家长参与行为和期望观念等，已有的研究者们大部分认为家长参与包含参与学校的教育活动、做学校的志愿者、和学校进行沟通、家长的期望督导、家庭的学习、家庭规范等。结合我国的现实状况，家长的参与行为主要包括指导孩子的行为习惯和生活自理能力、亲子交流小学学习情况、语言或认知类学习活动、家庭和学校进行联系、参加学校的管理事务等。

### （一）六盘水市家长参与儿童入学准备的总体情况

表 1　六盘水市家长参与行为总体情况及各维度的平均数与标准差（N=172）

| | 总问卷 | 父母指导 | 亲子交流关于小学事宜 | 语言或认知类学习活动 | 家庭作业指导与监督 | 家园联系 | 参与幼儿园管理 |
|---|---|---|---|---|---|---|---|
| M | 2.97 | 3.16 | 2.84 | 3.07 | 3.22 | 2.61 | 2.71 |
| SD | 0.67 | 0.82 | 0.74 | 0.80 | 0.76 | 0.72 | 0.86 |

从表 1 中可以看出，六盘水家长参与儿童入学准备行为的平均分为 2.97，说明了六盘水地区家长参与儿童入学准备行为表现呈现中等水平。在家长参与入学准备行为的六个维度中来看，平均的得分为 2.71～3.16。从这六个维度中可看出“父母指导”维度的得分最高，其次“家庭作业指导与监督”，得分最低的是“家园联系”和“参与幼儿园管理”。

### （二）不同变量背景家长参与儿童的入学准备情况

1. 身份的差异

从图 1 可以看出，在总的问卷各个维度划分的情况中，母亲的参与行为得分在各个维度上都比父亲的参与行为得分情况高，因为母亲与父亲在每个维度上都呈现出极其显著的差异（$P<0.001$），说明母亲参与儿童入学准备行为程度比父亲更高。

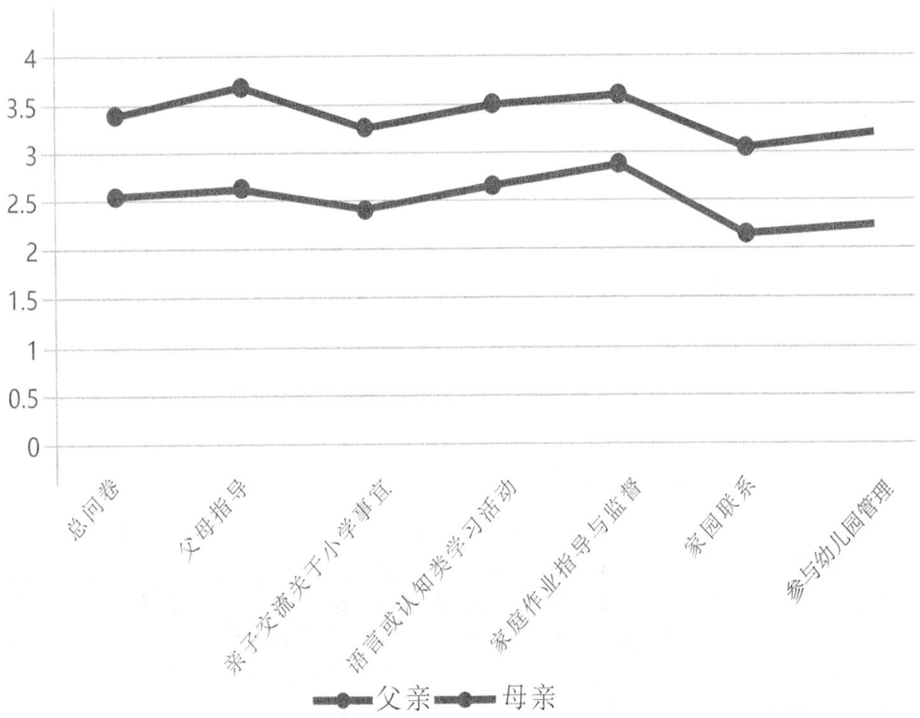


**图 1　父母亲参与情况得分比较**

2. 收入差异

**表 2　不同月收入家长参与得分比较（M±SD）**

| | 10000 元以上 | 5001～10000 元 | 3001～5000 元 | 2001～3000 元 | 1000 元及以下 | Sig |
|---|---|---|---|---|---|---|
| 总问卷 | 2.93±0.97 | 2.97±0.70 | 2.98±0.65 | 3.00±0.71 | 2.83±0.61 | 0.930 |
| 父母指导 | 3.14±1.25 | 3.29±0.85 | 2.48±0.92 | 3.17±0.82 | 2.99±0.75 | 0.766 |
| 亲子交流关于小学的事宜 | 2.48±0.92 | 2.77±0.86 | 2.84±0.65 | 3.01±0.73 | 2.77±0.79 | 0.365 |
| 语言或认知类学习活动 | 3.25±0.94 | 3.04±0.72 | 3.11±0.83 | 3.06±0.83 | 2.91±0.730 | 0.855 |
| 家庭作业指导与监督 | 3.58±0.75 | 3.17±0.76 | 3.22±0.75 | 3.25±0.87 | 3.11±0.62 | 0.668 |
| 家园联系 | 2.44±0.65 | 2.67±0.88 | 2.64±0.66 | 2.60±0.72 | 2.44±0.63 | 0.783 |
| 参与幼儿园管理 | 2.56±0.98 | 2.50±0.93 | 2.83±0.88 | 2.72±0.79 | 2.64±0.70 | 0.406 |

从表 2 中可以看出不同收入家庭的家长参与得分总体差异不显著，但是在“家庭作业指导与监督”的维度划分中可以看出家长参与行为得分比其他维度上得分高。在“家园联系”“参与幼儿园管理”的维度划分中得分也明显偏低。在总问卷中，月收入 1000 元以下的家庭家长参与得分在六个维度划分中，除了在“参与幼儿园管理”维度划分上不同之外，其他维度上占的平均分是最低的。

从访谈结果得出的结论是在 20 名家长中，在六盘水地区大部分的家长没有提早进行入学准备，而是在孩子读大班时才开始准备。有小部分家长则认为不用进行入学准备，他们觉得小孩子没必要那么累，他们应该无忧无虑地玩、快乐的地生活。还有一小部分的家长则认为孩子今后的学习成绩最重要，入学准备就是在上小学之前在学习方面做的准备，比如早期学习各种知识从而为小学成绩的提升做铺垫等。

## 二、六盘水家长参与儿童入学准备的影响因素

### （一）家长的性别是影响其参与程度的主要因素

根据调查研究，六盘水地区家长参与行为影响因素中父亲的参与行为程度要比母亲的低很多。在很多家庭当中教育子女的任务大多数都是由母亲来承担，父亲只是工作挣钱养家而已，其余大部分的时间只是做一些和自己相关的事情，如看电视、玩游戏等。有的母亲不仅要工作、做家务、照顾孩子，还要承担教育孩子的责任；有的母亲虽然没有工作，但是在家里面也还是要承担做家务、照顾老人孩子、教育孩子的责任，因此入学准备的参与者主要还是母亲。

### （二）家长收入、学历对孩子入学准备有重要影响

研究还发现，收入比较低的家庭入学准备行为得分都普遍偏低，大部分学历低的家庭入学准备行为得分也偏低。虽然在一些维度上差异不显著，但是总体上收入和学历的差异也影响孩子的入学准备。而且在访谈过程中也发现，学历和收入低的家庭入学准备意识都比较低。

### （三）家长入学准备的意识是影响孩子入学准备的重要因素

在访谈过程中发现有的家长有入学准备意识，而有的家长却没有。在准备行为方面重视的程度也不同。有的家长不注重入学准备，他们觉得孩子还小，玩才是他们主要的生活方式，有的家长过分重视入学准备了，很多家长缺乏科学的认识和方法，他们比较注重知识的获得，给孩子带来更大的压力。现在的孩子自然知识懂得较多，但社会知识、生活常识却很贫乏。大部分的家长在家里都会教孩子拼音和算术，“侧重学习知识文化”。由此可以看出，家长重视的是孩子的学习和成绩，不是孩子良好品格习惯的培养，身心的健康发展。在孩子自身兴趣培养方面是比较弱的。

## 三、六盘水家长参与儿童入学准备的对策

### （一）大力宣传父亲的教育作用

由于受中国传统文化“男主外，女主内”的相关影响，中国的父亲几乎很少参与或者不参与孩子的入学准备职责，大都由母亲来承担。因此，相关部门可以通过舆论的导向作用，加大力度来宣传父亲参与子女教育的重要作用，让“参与孩子入学准备的问题是父母共同的责任”观念深入人心。

### （二）通过各种媒介帮助家长树立正确教育观

我们要利用电视、网络、广播等形式加大幼儿科学教育的宣传力度，引导家长树立科学的儿童教育观，幼儿期是幼儿智力开发、个性品质、行为习惯形成的关键期，在幼儿成长中起着重要的作用，科学的幼儿教育为幼儿一生的发展奠定坚实的基础。六盘水地区也不例外。幼儿教育应遵循其身心发展规律和特点，培养他们的智力、良好品质、想象力和创造力等，而不是强化他们对拼音和加减法的死记硬背。

### （三）实行家园共育方针

参与孩子的入学准备是需要家长和学校一起完成的工作，它涉及家庭和学校多方面的内容，光是一方面完成是不行的。这不仅要家长提高自身的素质树立正确的教育观念，更需要家长在孩子上幼儿园时主动和老师学校进行沟通交流。如果只是一味地进行家长单方面的教育，那么家长就不会对孩子有更全面深入的了解，结果导致入学准备工作没有更好地完成。为了帮助孩子顺利进入小学，学校也应该做好相应的准备。比如，配合父母一起完成入学准备的相关内容，对于每个孩子具体问题具体分析，帮助每个孩子找出不足的地方并且制定合理的解决办法，使孩子以后更好地适应小学的生活。也可以通过举行一系列的亲子活动、开家长会定期举行针对家长的培训和讲座，每月设立家长观摩日，使得家长真正了解幼儿教育的意义并掌握科学的幼儿发展观，了解不同孩子在各个阶段的发展特点，更好地配合幼儿园工作，实现家园共育方针，从而促进孩子健康快乐的地成长。

## 四、结语

通过这些解决办法能够有效地帮助家长增强在家庭中的角色意识，让家长了解自身在幼儿教育中不可或缺的作用，增强其对幼儿教育过程中的能动性。了解家长参与教养中存在的影响因素，提出建议与对策。家长的入学准备工作做得好，就能使儿童顺利地度过小学适应阶段。

### 参考文献


［1］马忠虎．家长参与学校教育：美国家庭、学校合作的模式［J］．外国中小学教育，1996.

［2］孙蕾．家庭环境对学前儿童入学准备的影响［D］．长春：东北师范大学，2007.

［3］郜宇．儿童入学准备研究进展［D］．长春：东北师范大学，2010.

［4］杨懿．准备入学儿童的家庭亲职教育需求研究［D］．福州：福建师范大学，2013.

［5］邹扬．上海市父亲参与子女早期教育现状及问题研究［D］．上海：华东师范大学，2006.

［6］林淑娥．台中县国民小学学生家长教育期望与参与学校教育关系之研究［D］．台中：台湾“国立”台中师范学院进修推广部国民教育研究所，2004.

［7］李晖．3—6岁儿童兴趣发展与家庭教育方式关系的研究［D］．兰州：西北师范大学，2005.

［8］张月香．家长参与学前教育之研究［D］．台湾“国立”东华大学，2010.

［9］廖莎．父母关于儿童入学准备的影响［D］．广州：华南师范大学，2007.

［10］盖笑松，王海英．亲职教育的发展状况与推进策略［J］．东北师大学报（哲学社会科学版），2006（6）.

# KEEP 档案：提升幼儿园保育员职业能力的支持性载体研究

（姚芳美　杭州市西湖区嘉绿苑幼儿园）

**摘　要**：保育员是幼儿园工作的重要组成部分，保育员职业能力的高低直接影响着保教质量的发展。本文以“KEEP 档案”作为支持性载体，从系统化的理论学习、规范化的职业操作、多元化的评价体系和个别化的个人特质四个方面对保育员职业能力的探究，以期提升保育员的职业认同感，促进保育员职业成长。

**关键词**：KEEP 档案；保育员职业能力

## 一、研究缘起

幼儿园的保教质量越来越受人们的关注，保育员的重要性更是不可忽视，其职业能力直接影响着幼儿园的保教质量。

### （一）认同：保育员职业能力提升的重要意义

1. 在政策落实上，它能有力促进幼儿保教品质的发展。长期以来，我国幼儿教育一直提倡“保教结合”，《幼儿园工作规程》《幼儿园管理条例》《幼儿园教育指导纲要（试行）》《3－6 岁儿童学习与发展指南》等文件从不同方面要求幼儿园贯彻“保教并重”“保教结合”的方针。

2. 在家园共育上，它能更好地满足家长对幼儿园保育的要求。保育员工作主要包括清洁与消毒、生活管理、配合教育活动和安全工作等多个方面，涉及教育、卫生、心理等不同领域，家长对孩子在园的用餐、吃住、盥洗、安全等基础问题十分关注。而且伴随时代进步，知识背景越来越丰富的家长对幼儿教育有着更多更高的期待。

3. 在个人成长上，它能有效提高保育员自身的专业素养。在《保育员国家职业标准》里就把保育员看作一种职业，和教师、医生一样具有不可替代的专业地位，对于不同级别的保育员，要求有所不同，保育员应该朝着教师的方向发展。

### （二）审视：保育员职业能力提升的阻碍因素分析

为客观分析三园区保育员的现状，课题组成员通过钉钉问卷了解保育员的年龄、学历、工作经历、实际需求等各方面情况，做好前期的基础分析。根据统计分析，目前阻碍保育员职业能力提升的因素主要包括三个方面。社会影响方面：保育员就是“阿姨”“保姆”，社会尊重普遍缺乏。队伍建设方面：保育员团队缺乏系统性培训，整体素质薄弱。个人认知方面：保育员自认是个“搞卫生的”，身份低、不重要。

## 二、研究设计

### （一）操作定义

1.“KEEP 档案”的内涵。“KEEP 档案”，简单地说，就是一个基于保育员职业能力提升目的的支持性载体，服务于保育员自身成长与相互学习，是可回溯的原始记录。其主要结构如下图所示。

其中，KEEP 的本义是坚持，将该词运用到保育员职业能力的提升过程中，K 指的是 Knowledge 知识，重在保育工作系统化的理论知识；E 指的是 Exercise 练习，重在保育员的规范化的职业操作；E 指的是 Evaluate 评价，重在对保育员多元化的评价；P 指的是 Possibility 可能性，重在对保育员个别化特质的关注。以期通过“KEEP 档案”这个支持性载体的设计与使用，实现保育员职业能力提升的一体化跟进。

2.“KEEP 档案”的特点。“KEEP 档案”作为一个支持性载体，具备“档案”本身的特点即历史再现性、信息性、教育性等。从系统化的理论学习、规范化的职业操作、有效度的评价体系和个别化的个人特质四个方面进行设计，同时还具备融合性、系统性、差异性三个特点。

### （二）研究指向

1. 做好保育员职业能力提升资料的有效存档：从 K—E—E—P 四个维度建立档案，明确保育员职业能力提升的具体指向，形成原始记录并保留。

2. 为保育员职业能力提升提供有用的资料参考：通过“KEEP 档案”的实践，多元支持保育员职业能力的提升，在回溯、学习中不断增强其职业认同感。

## 三、“KEEP档案”的设计实践

### （一）知识档案（K档案）：多形式学习系统化理论

为有效提高保育员的专业知识水平，在知识档案（K档案）的实践中主要运用计划制定式驱动、多元资源式驱动两种策略，多形式学习系统化理论。

1. 计划制定式驱动：推进理论学习的“序度”开展。总务主任根据园区实际分别制订每学期的理论学习计划，以计划来驱动整个学期学习安排的“序度”开展，内容涵盖基础的保育员职业道德与职业规范、纲领性文件精神等。

2. 多元资源式驱动：拓展理论学习的“广度”整合。除了上传下达的理论学习，我们也倡导多元资源的汇入，鼓励资深保育员与新手保育员之间、不同园区的保育员之间、不同园所的保育员之间，相互学习专业知识，拓展理论的“广度”整合。例如，“保育员学习一刻”活动，由保育员轮流做“草根专家”进行理论分享。

### （二）操作档案（E档案）：多层次提升规范化操作

让保育员充分认识到“教育者”的角色定位，要将关键步骤、核心要素等记录到操作档案（E档案），运用关键问题式驱动、互助合作式驱动两种策略，多层次提升规范化操作。

1. 关键问题式驱动：关注实操过程的“深度”探究。结合保育工作的实际，开展“如何做好配班工作”“保育工作技能”等参与性强的培训，并通过日常工作中某一场景的还原，抛出相关话题或问题，关注实操过程的“深度”探究。

2. 互助合作式驱动：推进实操过程的“密度”配合。建立多元的带教结对，以点带面、全面辐射，通过不同层次间、同一层次间的互助合作，驱动保育员实操过程的“密度”配合。例如，管理人员的带教，即定期组织保育员进行业务学习，引领保育员的专业成长；教师的带教，在一日生活实操中指导保育员做好教育教学、家长工作等配班配合；保育员间以老带新，老保育员能向新保育员传授丰富的保育工作经验等。

### （三）评价档案（E档案）：多维度完善多元化评价

由保育员自身、保育组长、保健医生、总务主任等管理层共同参与评价，将要点记录到评价档案（E档案），通过串联式自评驱动、长程式他评驱动两种策略，便于保育员更客观地自我认识与提升。

1. 串联式自评驱动，关注多维评价的“信度”基础。根据保育工作中具体内容的不同性质，以不同的频率开展串联式自评，引发保育员自我反思，建立起多维评价的“信度”基础。例如，周评，回顾周计划中保育工作的重点是否达标，为下周推进做好准备；月评，在园区总务主任的组织下有重点地开展专项活动自评。

2. 长程式他评驱动：推进多维评价的“效度”延展。我园定期组织保育员开放半日观摩活动，观察其他平行班保育员的工作流程与状态，通过工作例会进行点评、分享，并开展长程式地跟进指导、问题闭环，鼓励各位保育员有则改之无则加勉，及时梳理和总结保育工作经验，推进多维评价的“效度”延展。

### （四）特质档案（P档案）：多角度认同个别化特质

通过才艺展示式驱动、自信挑战式驱动两种策略，让保育员充分认识到自己的“闪光处”，或图文或照片记录到特质档案（P档案），实现多角度认同个别化特质。

1. 才艺展示式驱动：开展特质挖掘的“风度”分享。借助例会前五分钟展示、园区文体活动等各类平台，充分挖掘保育员自己的个人才艺，或提升自己的办公体验感，或融于教育教学的实际所需，开展特质挖掘的“风度”分享，充分激发自信归属。比如，在马赛克DIY的活动中，有的保育员制作了杯垫，有的保育员将其变成了花瓶，再插上几朵花，为区域增添了一点亮彩。

2. 自信挑战式驱动：助推特质挖掘的“适度”提升。每位保育员都有不同特质，幼儿园提供可展示可分享的平台，如个性化的绿叶杯、团讨展示等，助推保育员特质挖掘的“适度”提升。例如，很多保育老师很会种植，会和孩子进行劳动教育，一起照顾植物，长势喜人。

## 四、研究成效及后续思考

经过“KEEP档案”近一年的实践研究，取得了一定成效。

### （一）大幅提升保育员的职业认同感

通过“KEEP档案”的实施，保育员全程参与、亲历探究、深入体验。

1. 促进自主。通过“KEEP档案”的运用，首先是心态上的改变；其次是理论与实操的一体化配套，各类各层的相关活动在为保育员搭建展示自我平台的同时，也进一步促进了规范操作的日常监督，从“要我成长”变成“我要成长”。

2. 优化模式。在“KEEP档案”的实施过程中，从最初的一言不愿发、不敢发，到现在能主动提出自己的见解和同事互动、交流，保育员能积极地参与其中建言献策、主动分享。优化的模式让保育员不论新老，都能从“单枪匹马”到“共享共长”，使保教融合的品质得以有效提升。

### （二）呈现出保育员职业成长的新样态

伴随着“KEEP档案”的有效推进，保育观、教育观也萌发了新的成长样态。

1. 队伍凝聚。通过“KEEP档案”这个支持性载体，我们为每位保育员建立了成长档案。保育组在历次年度温暖人物、亲密组等评比中，更多占比地收获了来自老师的认同、家长的肯定、专业机构的认定等，形成了比学赶超的良性氛围。

2. 凝练特色。在“KEEP 档案”的实施过程中留下了很多宝贵的学习资源，有操作视频、图文笔记等，形成幼儿园保育工作的资源库，源源不断地更迭、丰富，形成 1 + 1 大于 2 的抱团式提升。

在后续“KEEP 档案”的实践过程中，我们将持续拉动保育员的内驱力成长，增强保育意识，拓宽保育内涵，更好地为幼儿的健康成长保驾护航！

## 参考文献

[1] 林少玲．幼儿园保育员专业化成长的策略浅析 [J]．学前教育研究，2007 (7)．

[2] 梁春娟．保育员应知应会：《保育员国家职业技能标准》解读 [J]．科教导刊，2018 (4)．

# 以三代名片为载体推动幼儿自我认识发展的实践研究

（白霜　杭州市西湖区嘉绿苑幼儿园）

**摘　要：**自我认识在幼儿发展的过程中非常重要。目前，我园幼儿对自我认识的现状存在着消极性、单一性、模糊性。为此，笔者尝试使用“三代名片”这个可视化载体，通过“名片1.0版——发现自己，建立自信；名片2.0版——接纳自己，转变意识；名片3.0版——认识自己，规划发展”的方式逐步推进，提升幼儿更积极、更全面、更清晰地认识自我。

**关键词：**三代名片；自我认识发展

自我认识会影响我们的情绪、行为和决策，它是自我发现、自我提升、自我调节的前提条件。在幼儿园一日活动中，幼儿的自我认识非常重要，我们深知提升幼儿自我认识的意义。但是现阶段我园对自我认识存在着消极性、单一性、模糊性。因此，笔者提出“三代名片”这个载体，帮助幼儿寻找自信的自己，发现全面的自己，认识更棒的自己。

## 一、“三代名片”的设计

### （一）“三代名片”的概念

三代名片是幼儿园课程背景下幼儿专属的个性化名片。顾名思义就是三种版本的名片，名片中存在着包含和递进关系，最关键的是推动幼儿自我认识的发展。

三代名片具有可视性、适宜性、互动性和专属性的特点。每张小名片都有专注的小主人，让幼儿在专属中感受认同感。通过这样的方式让幼儿感受自己的成长和进步，促进幼儿对自我认识的发展。

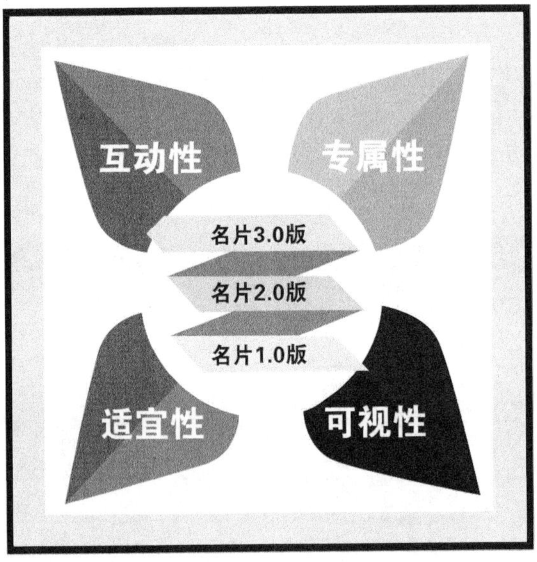


图1　“三代名片”的特点

### (二)“三代名片”的设计理念

1.“名片1.0版”——发现自己，激发了解自己的兴趣。“名片1.0版”更多以个人展示或个人表达为目的，呈现幼儿对自己的兴趣及成功体验。我们尝试从身心健康、科学探究、语言表达、艺术表现、社会交往以及生活自理能力这几个方面激发幼儿了解自己的兴趣并自我表达。

2.“名片2.0版”——接纳自己，全面了解自己的发展。“名片2.0版”将他人的评价融入幼儿的小名片中以多元评价的方式呈现，这样能促进幼儿意识的转变，从而慢慢接纳自己的“不完美”，更能让幼儿学会全面地了解自己。

3.“名片3.0版”——认识自己，主动内化自己的成长。我们将闭环发展这个概念融入到“名片3.0版”，以闭环发展的方式推动幼儿达成目标，从而得到发展。闭环发展包含了“计划—执行—检查—行动”，明确幼儿所要达成的目标。

### (三)“三代名片”的构成要素

1.“名片1.0版”——自我表达。“名片1.0版”侧重幼儿发现自我，寻找自己的兴趣和特点，更多的是引导幼儿通过自我表达的方式来推进幼儿的自我认识。在名片的呈现要素上突出幼儿的个性特点。

2.“名片2.0版”——多元评价。“名片2.0版”在“名片1.0版”的基础上融入了多元评价，以自评、他评等方式帮助幼儿全面地了解自己的优点和不足。

3.“名片3.0版”——互动反馈。“名片3.0版”在“名片2.0版”中增加了幼儿的内化及行动，让幼儿在明晰自己的不足之处后，能主动地制订计划，并以实际行动的方式和名片进行互动反馈，形成闭环发展。

每一代名片的重要构成要素都是为了推动幼儿自我认识的发展。每一代名片的升级都是在上一代的名片的基础上进行了优化。因此，三代名片的内容也存在着涵盖性和递增性。

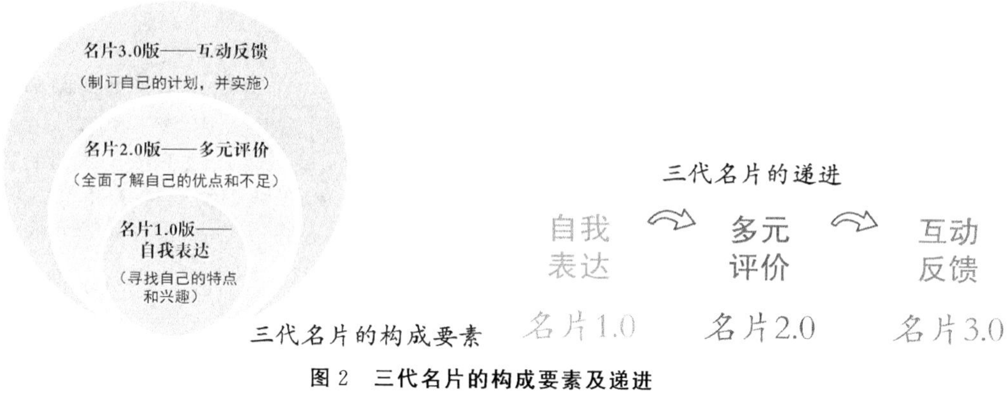


图2　三代名片的构成要素及递进

## 二、“三代名片”的实施与运用

在日常活动中，教师以“三代名片”为载体，通过名片的有效选择、实施，推动并拓展关于幼儿自我认识发展实施策略的适宜性及有效性，支持幼儿自我认识能力的发展。下面我们来具体阐述“三代名片”实施与运用的方式。

### （一）名片 1.0 版——引导幼儿发现自己，建立自信

“名片 1.0 版”的侧重点在于引导幼儿发现自己，建立自信。在采集和梳理信息中我会重点关注幼儿在园的一日生活中的小亮点，让孩子从自己最擅长的地方展现自己，感受了解认识自己的愉悦感。

1. 作品呈现，认识自我。孩子在新环境中常常感到陌生，不主动交往。这时，就需要教师在日常活动中帮助幼儿寻找自己的亮点，加深自我认知。从而鼓励他们敞开心扉，自由表达。比如，展现晨鸣的绘画作品，帮助晨鸣和同伴进行互动、分享。可见，通过展示孩子擅长的方面，可以帮助幼儿建立自信，激发互动的兴趣，为幼儿自我认识发展提供可能。同时，利用幼儿间的互动深化自我认识的核心点。

2. 兴趣切入，发现自我。当孩子对事情产生浓厚兴趣时，教师可以引导他们探索、求真，让他们发现用自己的力量也能解决问题，并鼓励他们将这种方法迁移到其他事情中。比如，将 lucky 小朋友在幼儿园的表现和品质进行梳理，突出 lucky 喜欢提问、探索的特点。帮助 lucky 在分享中认识自我，提升解决问题的能力。

3. 情境推动，表达自我。为了帮助幼儿更好地适应幼儿园生活，我们借助《情绪小怪兽》绘本，以颜色为载体，推动幼儿情绪表达。情境性名片展示了幼儿在不同心情下的场景照片，记录了他们的情绪变化。比如，月月、Mia 和艺欣分别用不同的颜色描述了自己的心情，如红色代表不开心，黄色代表开心，蓝色代表想哭。这些名片帮助幼儿在情境中认识自我，从而促进他们的自我表达能力的提升。

“名片 1.0 版”的呈现能引发孩子内心的认知和表达，更多地偏向内部的驱动力。互动和反馈的过程都是以孩子自我为中心，放大孩子的优点和兴趣，从而帮助他们成长和改变。

### （二）名片 2.0 版——引导幼儿接纳自己，转变意识

1. “名片 2.0 版”聚焦评价。在采集和梳理信息时，我们除了关注幼儿个性，还会收集评价内容。评价主体包括教师、家长、幼儿和同伴，不同的对象有着不同的看法和解读。这样，孩子能更全面地了解自己，认识自己的优点和进步的方面。

自我评价，展现自己。为了让孩子更加全面地认识自己，我们通过兴趣、个性、不足以及目标这四个关键词让孩子进行表达。这有助于幼儿全面评价并展现自己。

同伴评价，了解自己。为了让孩子从不同的角度了解自己，我们利用思考地图的方式让同伴进行评价。从孩子自身评价的角度和同伴评价的角度进行对比，让孩子了解不一样的自己。结合自我评价和同伴评价，名片展现孩子不同方面的发展，增强孩子自我认知的信心。

2. 多元评价，接纳自己。在孩子的成长过程中，家长和教师的支持至关重要。我们将多元评价融入家园合作的“成长小故事”中，从认识自我、思考、作品和活动等方面进行了阐述及表达，让孩子更容易接纳自己。

“名片 2.0 版”运用多元评价，内外驱动相结合，互动形式更多样，让孩子更全面地认识自己。

### （三）名片 3.0 版——引导幼儿认识自己，规划发展

在梳理信息时，“名片 3.0 版”会更加关注幼儿可发展的方面以及可解决的问题，并引导幼儿制订计划，解决问题能力得到进一步的提升。以闭环的方式推动幼儿的发展，闭环中所参与的主体依据幼儿发展的目标制定。

1. 闭环推进，解决问题。“名片 3.0 版”让幼儿认识自身不足，主动制订计划，并从实施中解决问题，形成闭环发展。

2. 全面分析，成长改变. 幼儿经过全面分析后，展现自己的亮点，也梳理出自己的不足。通过分享，孩子们对这些认识也越来越深刻。当提出不足时，孩子想到了达到的目标和

改进的方法。

3. 规划发展，实现挑战. 在闭环发展的概念下，进行品质的长线推动，我们引导孩子进行目标的设定以及实现目标的规划。“21 天习惯小挑战”就是遵循着这样的规律。在这个过程中，孩子也感受到了挑战的喜悦，明白了坚持的意义。

“名片 3.0 版”中更加注重实践性的体验，让孩子在实践中规划发展，从而改变和提升自己。三代名片的运用需要依据不同幼儿的个性特点，以及当下需要提升幼儿的哪个方面来进行适宜的选择。运用的时间和频率是不受限制的。

## 三、研究成效

在实践和研究的整个过程中，“三代名片”呈现的内容也在不断丰富和优化，不仅满足了学前幼儿自我认识发展的需求，也为教师的个别化教育支持提供了有效的载体。

### （一）幼儿自我认识发展从“消极”走向“积极”

在“三代名片”的运用中，幼儿针对自我认识进行表达，尝试从多角度展现自己，也尝试用表达表征的方式记录自己的想法。分析幼儿在“三代名片”的助推后的表现，笔者发现幼儿变得更加自信，表达欲也得到了提升。

### （二）幼儿自我认识发展从“单一”走向“全面”

在“三代名片”的使用中，幼儿从刚开始只发现自己某一方面的优点，到全面了解自己的优点和不足。“三代名片”的不同展示形式在一定程度上激发了幼儿的想象力与创造力。在这个过程中，幼儿学会接纳自我，了解了全面的自己。通过自我评价、同伴评价、多元评价等方式，接纳了多样的自己。

### （三）幼儿自我认识发展从“模糊”走向“清晰”

“三代名片”的实施让幼儿有了更多的自主权，他们可以根据自己的实际需求选择合适的目标推进。幼儿学会了提升自我，实现了目标的发展。通过闭环推进、全面分析、规划发展等方式，获得解决问题的办法。我们始终重视幼儿的实践和体验，让幼儿在过程中实现自身的成长及发展。

**参考文献**

［1］於佳萍. 大班幼儿作品展示“多维”策略的实践研究［J］. 万方数据，2017（2）：45—47.

［2］李海燕. 幼儿发展评价研究综述［J］. 教育导刊（幼儿教育），2011（5）.

［3］张明红. 学前儿童社会学习与发展核心经验［M］. 南京：南京师范大学出版社，2018（12）：39—40.

# 浅谈农村幼儿园如何做好科学有效衔接

（罗燕萍　云霄县马铺中心幼儿园）

**摘　要：** 幼小衔接是幼儿成长过程中的自然而重要的阶段，顺利实现从幼儿园到小学的平稳过渡，对幼儿的成长具有重要的意义。幼儿需要具备良好的学习主动性、抗挫受压能力、情绪表达等各项综合能力，才能自如地应对小学的学习生活。本文从农村幼儿园幼小衔接存在的系列问题入手，分析农村幼儿园幼小衔接问题的成因，并对农村幼儿园如何做好幼小衔接提出了指导策略。

**关键词：** 农村幼儿园；科学；幼小衔接

## 一、农村幼儿园幼小衔接的重要性

2023 年 3 月教育部发布的《关于大力推进幼儿园与小学科学衔接的指导意见》指出，幼儿园与小学要建立科学衔接的长效机制，减缓衔接坡度，帮助儿童顺利实现从幼儿园到小学的过渡。《3—6 岁儿童学习与发展指南》指出：“幼儿园应与家庭、社区密切合作，与小学相互衔接，共同为幼儿的发展创造良好的条件。”由于农村幼儿园的发展相对落后，在幼小衔接方面也缺乏专业的策略导向，因此笔者结合农村幼儿园幼小衔接实施的现状，对农村幼儿园幼小衔接策略进行分析。

## 二、农村幼儿园幼小衔接存在的问题

### （一）幼儿园与小学衔接方式呈现“表面化”

王芳在《农村幼儿园幼小衔接策略研究》中提到：幼小衔接中“幼”和“小”这两个阶段存在一定的差异，幼儿园阶段主要采用的是以游戏和能力发展为主的教育模式，而小学阶段则主要采用的是以正规课业和静态知识的学习为主的教育模式。在幼小衔接期间，幼儿园与小学会开展关于幼儿园和小学的学习方式、课程内容等进行交流，但大部分都停留在表面。笔者所在的乡镇地区，幼儿园开展幼小衔接活动仅局限于进入小学参观一趟，没有具体的活动方案。大部分小学教师和幼儿教师没有进行深入具体的交流，只局限于学习内容、时间等，没有各自深入课堂和幼儿，导致孩子进入小学后生活节奏变快，产生不适应感。例如，在学习方式上，幼儿园的活动方式主要是以游戏为主，在轻松、愉悦的氛围中发展幼儿的认知水平与培养行为习惯。而小学的学习形式是课堂教学，需要在课堂上持续 40 分钟的学习。不仅如此，在小学教学中要求严格的课堂纪律，不允许交头接耳，这就要求幼儿有较强的专注力和良好的学习习惯。

### （二）幼小衔接内容片面化，不注重全面性

幼儿园作为基础教育的起点，对于幼小衔接具有十分重要的作用。调查发现，农村地区的幼小衔接工作主要由幼儿园承担，但幼儿园与小学在教育目标、教育内容、教育实施、教育评价等方面存在明显差异。许多农村幼儿园会在大班下学期进行幼小衔接活动，将一日作息时间调整成和小学差不多，开展“我要上小学了”等主题活动，帮助幼儿产生对小学生活的美好向往。事实上，这样的衔接方式对幼儿学习品质的养成作用不大。农村地区幼儿园由

于存在班大人多的现象，虽然以游戏为基本活动，但是很难顾及每个幼儿。例如，在幼儿学习习惯养成方面，在活动中教师虽会以精彩的图片、动听的旋律来短暂吸引幼儿的注意力，但是没有针对性的训练，会导致幼儿不能长久坚持。又如，幼儿的学习创造力养成方面，在幼儿园活动中，幼儿通过游戏的方式环境材料进行互动，当幼儿在游戏的时候，教师无法关注到每个幼儿，发现不了经验生长点。

### （三）幼儿园师资力量不足，教师不够专业化

农村地区幼儿园教职工组成比较随机性，临时聘任人员、非本专业人员、年轻编制人员等组成教师队伍，工作动力不足，缺乏创新意识。部分教师没有经过系统专业的学习，也没有实际幼儿教育的经验，业务实践水平一般。一些年龄大的教师虽到幼儿园班级工作，但是充当的角色却只是“保育阿姨”，难以胜任教师的职责。此外，由于农村地区的局限性，经济发展缓慢，教师由于受到薪资水平的影响，流动性比较大。农村幼儿园由于资源的缺乏，对于教师专业成长的培训相对较少，许多教师无法接受先进教育理念的培训，只能按照自己原有的教学经验来实施幼小衔接，在一定程度上阻碍了幼小衔接的顺利过渡。

### （四）部分农村家长教育观念落后，衔接内容过于“小学化”

农村地区的家长由于自身文化水平和知识水平较低，对幼儿教育的认识存在误区。受经济水平的影响，许多家长不得不选择外出务工，照顾幼儿的责任则落到老一辈的身上。老一辈更主要的是关注幼儿的身体成长而忽视了幼儿学习发展，往往将教育幼儿推到教师身上。而有些家长虽有跟进幼儿的教育，但却只是放在学习知识的培养上，忽视了幼儿学习品质和习惯的培养。他们以孩子能够认识多少个“汉字”、会熟记古诗词、做算术题等为标准要求孩子，长此以往，对孩子身心健康可持续发展造成不良影响。

## 三、农村幼儿园幼小衔接的指导策略

### （一）农村幼儿园和小学加强双向衔接，增加有效互动

幼小衔接工作的开展离不开幼儿园和小学双方的交流与合作。《幼儿园工作规程》指出：幼儿园和小学应当密切联系，互相配合，注意两个阶段教育的相互衔接。目前，农村地区幼儿园大都以农村小学为依托设立附设幼儿班，这样利于幼儿园和小学之间的双向衔接。双方应以幼儿为本，尊重幼儿的年龄特点和发展规律，思考什么样的方式更适合幼儿的需求。幼儿园老师和小学老师可以走进彼此的课堂，感受教学方式和内容的不同，可以把小学生请到幼儿园来与幼儿分享小学的生活，感受小学生活的快乐。幼儿园在环境布置、学习内容等方面可以与小学做衔接，循序渐进地做好入学准备工作。此外，小学要明确自身的责任，主动深入幼儿园，全方位了解和熟悉幼儿园大班的日常教学工作，依据大班幼儿思维特点，科学制订新生的学习计划，为幼儿适应做好准备。

### （二）教师要加强自身专业素质，教师队伍建设要提高

幼小衔接质量的提升还在于幼儿园教师专业素养的提升和创新的教育理念。园所组织者应该争取和加大资源的投入，加强农村幼儿园课程的建设。聆听专家讲座、外出学习培训等是从根本上提升教师专业素质的有效途径。首先，在教学内容上不易超前化，不要提前教授“小学化”内容，要在游戏中激发幼儿的学习兴趣。教师可以在游戏中营造上小学的具体场景，组织幼儿讨论对于未来小学的设想，带领幼儿化身小学生，去体验小学生活。其次，在教学方式上，幼儿教师不要局限于让幼儿乖乖坐好、高度掌控活动目标，要增加创造性的游戏活动，鼓励幼儿主动参与，从而使得幼儿对学习充满兴趣。比如，教师可以开设形式多样

的区域游戏，将进入小学所需具备的学习经验融入游戏，如角色区的“我是小老师”“整理文具”；数学区中感受时间的长短、图形与方位等游戏；语言区的“故事大王”“制作图书”等。最后，在教学过程中，教师要经常反思，转变教学观念，提升专业素质，要将幼儿园教育教学活动和一日生活与幼小衔接相融合，有效促进幼小衔接。

### （三）改变家长教育观念，传递正确衔接意识

家长作为幼儿成长路上的重要引路人之一，要树立正确的幼小衔接观念，“小学化”的衔接方式对于幼儿学习与发展存在弊端，对幼儿小学后续学习发展可能会衍生出的厌学情绪等不良后果，家长要意识到科学的幼小衔接对幼儿后继学习与发展有促进作用。幼儿园主动发挥自身的正面引导作用，宣传科学的幼小衔接教育观念，可以邀请家长、小学老师来园参观和座谈，根据家长关心和疑惑的问题，进行相关的解答。有了家长的支持参与，儿童全面发展的基础将会打得更加牢固。

## 四、结语

综上所述，幼小衔接是一场三项奔赴的旅程，需要幼儿园、小学、家庭共同发力，要着眼于幼儿，要在观念和行动上同时着手衔接发展的需要，正确开展衔接工作。幼小衔接工作的顺利开展不仅有助于培养农村幼儿的学习习惯，帮助农村幼儿顺利地从幼儿园生活向小学生活过渡，还有助于推动整个农村幼教事业的发展，带动整个农村幼教事业的繁荣，有效缩小城乡幼教差距。

### 参考文献

［1］教育部．关于大力推进幼儿园与小学科学衔接的指导意见［EB/OL］．（2021－03－31）［2023－05－06］．http：//www.moe.gov.cn/srcsite/A06/s3327/202104/t20210408_525137.html.

［2］教育部．关于印发《3—6岁儿童学习与发展指南》的通知［EB/OL］．（2012－10－09）［2023－05－06］．http：//www.moe.gov.cn/srcsite/A06/s3327/201210/t20121009_143254.html.

［3］中华人民共和国教育部．幼儿园工作规程［M］．北京：首都师范大学出版社，2016.

# 如何在幼儿园开展项目式学习

（刘晓宁　梁卓　石家庄市桥西区瑞特幼儿园）

**摘　要：**《3—6岁儿童学习与发展指南》指出："要创设丰富的教育环境，最大限度地支持和满足幼儿通过直接感知、实际操作和亲身体验获取经验的需要，严禁'揠苗助长'式的超前教育和强化训练。"而项目式学习所具备的独特价值逐渐受到幼教工作者的青睐，如何在幼儿园开展项目式学习？本文通过梳理相关文献、结合自身教育实践，从增强学习积极性、培养综合能力、提高合作交流、促进全面发展等方面阐述了幼儿园项目式学习的价值和意义；梳理了项目式学习的实施路径，从设计和启动、实施与展示、评价与反思三个阶段的实施引发、推动幼儿深度学习。

**关键词：**项目式学习；意义；路径；幼儿园

《幼儿园保育教育质量评估指南》指出，教育要遵循规律，建构科学理念。建立怎样的科学理念？该评估指南明确阐释：相信每一个幼儿都是积极主动、有能力的学习者。在幼儿园的课程实施中，如何让教师追随幼儿的兴趣和需求实施课程，并真正将幼儿看成一个有能力的学习者？我园在课程实践和探索中，运用项目式学习的方式来落地这些科学理念。

## 一、开展项目式学习的意义

项目式学习（Project－based Learning，PBL）是学习者借助各种学习资源，在一段时间内持续探索完成一个项目，并在探索体验中获得较为完整而具体知识的综合化实践活动。项目式学习以幼儿为主体，强调围绕与幼儿生活关联的某一问题持续探究。项目式学习是一种注重实践、综合能力和全面发展的学习方法，对于幼儿教育来说，具有很大的价值和意义。

### （一）增强幼儿学习积极性

项目式学习是一种以实践为基础的学习方法。从问题出发，幼儿在真实场景中自主探究、解决问题、积累经验，再通过反思、总结、提升，将经验迁移到下一个问题中去，培养实践能力。这是提升幼儿思维能力的过程，是幼儿对生活经验的迁移，也是幼儿的成长历程，更符合他们的天性，能够激发他们的好奇心和探究欲望。

### （二）培养幼儿综合能力

项目式学习不仅注重学科知识的学习，更重视学习者的综合能力。它通过开放性的问题和项目，鼓励幼儿自主探究和解决问题，培养他们的创新思维和解决问题的能力，提高他们的综合素质。

### （三）提高幼儿合作交流

在项目式学习中，当项目问题发布以后，幼儿以自愿的方式加入项目任务，形成一个个项目小组。在一个项目小组中，幼儿性格各异、各有所长，相互之间分工合作，通过交流和讨论，共同提高，同时也提高了团队合作和交流能力。

### （四）促进幼儿全面发展

项目式学习的独特之处在于由一个问题出发，渗透五大领域的核心经验。它将幼儿内在的知识和经验以项目的方式整合，借助问题讨论、实地考察、多元表征、调查研究、分享展示五个元素，通过集体活动、区域活动、小组活动、亲子活动等方式，让幼儿在一个有联系、纵深递进的项目内，持续探究学习。在探究过程中，教师还会利用各种信息资源和认知工具来支持项目的开展，这种多领域、交叉式的学习使幼儿获得全面发展。

## 二、项目式学习的实施路径

项目式学习大致分为三个阶段：设计和启动、实施与展示、评价与反思，这三个阶段的实施将引发、推动幼儿深度学习。

### （一）以终为始：项目的设计和启动

以终为始要求幼儿教师树立开展活动的全局观，基于项目目标与项目产品进行顶层设计。在项目的设计与启动阶段，幼儿教师应重点思考如何提出儿童感兴趣的核心驱动问题，如何将儿童的兴趣与知识能力连接起来制订项目计划书。

1. 确定项目，提出核心驱动问题。驱动性问题是项目式学习的灵魂。提出一个幼儿感兴趣、有探究欲望的核心驱动性问题是项目式学习的前提。之所以叫作“核心”，是因为项目式学习是由若干驱动问题组成的，在项目的不同进程还可能有新的驱动问题出现，而核心驱动问题是项目的主心骨，一个适宜的有价值的驱动性问题能促使项目的有效展开。

优质核心驱动性问题的特性包括三个方面：(1) 链接幼儿真实生活激发学习动机；(2) 匹配儿童身心特点引发适度挑战；(3) 体现幼儿深度学习促进项目持续进行。

2. 制订项目计划书。为了保障项目式学习活动的后续开展，教师应与幼儿共同讨论项目的任务并完成项目计划书。计划书包括项目的名称、时长、驱动问题与子问题、学习的内容与目标、开展项目的准备、具体流程、人员分工等。

在开展“社区”主题活动时，幼儿感兴趣的问题有：社区里有哪些建筑物？这些建筑物有什么特点？怎么搭建社区？……教师经过审议，最终确定了以“怎么搭建社区?”作为驱动性问题。这个问题对幼儿来说，有一定的挑战性，幼儿除了要探究如何搭建，还要真正搭建出作品来。正是因为这个问题具有真实性、探究性等特点，我们才将其确定为核心驱动性问题。核心驱动性问题确定后，教师通过与幼儿集体讨论，了解幼儿的想法与需求，共同制订项目计划书。在社区项目中，计划书包含预期发展目标、项目准备、项目流程、资源利用等内容。其中预期发展目标为：激发幼儿对搭建社区的兴趣，让幼儿尝试使用各种低结构材料进行搭建，初步了解社区里各行业人员的工作并进行角色扮演；项目准备为：收集社区里的建筑物图片或视频，收集搭建的工具、材料，开展“爸爸妈妈进课堂之社区活动”，引发幼儿搭建社区的欲望等；项目流程为：制订参观计划—实地参观—谈话总结—亲子体验—搭建探索—展示作品等；资源利用为：将瑞特周边社区作为实地参观地点等。计划书的构建，让师幼有了一条任务线，并在项目实施中继续讨论、调整与完善。

### （二）以行为知：项目的实施与展示

以行为知体现了杜威“做中学”的教育思想。幼儿以项目展示为目标，在项目的实施过程中探索创新，运用并获得新知，锻炼能力，达到深度学习。

1. 活动探究。项目式学习强调在真实情境中解决真实的问题，目的在于引发幼儿的学习动机，让学习活动自然发生，既解决项目开始阶段产生的问题，也探究活动过程中出现的新问题，这是一个动态探究的过程。

在社区项目式学习中，幼儿实地参观瑞特社区时产生了“看什么？如何看?”的问题，于是，我们开展了“制订参观计划表”的活动。在搭建的过程中，幼儿又产生了一系列问题，如“搭建什么”“有窗户的房子怎么搭建”“怎么搭建可以钻进去的大房子”等。幼儿通过观察社区里有什么，确定搭建什么；通过观察真实的房子结构，探究如何搭建有窗户的大房子等。这些问题都来自真实的情境，围绕这些真实的问题，幼儿通过实地考察、调查记录、动手操作、交流讨论、多元表征、查找资料、寻求帮助等方式多渠道探究，不断解决出现的问题。解决问题的过程不仅是幼儿深度学习的过程，也是幼儿获取新经验的过程。

2. 产品的公开展示。产品的公开展示是项目学习必不可少的一部分，是项目学习区别于其他学习活动的典型特征。产品展示的形式是多样的，可以是一个具体的作品，也可以是一场戏剧表演等。展示不仅是幼儿表达与交流的平台，更是幼儿对本次项目式学习活动的总结。通过展示，幼儿会在同伴的建议下不断发现问题，改善产品，积累经验，完成最终产品。

社区作品制作完成以后，教师带领幼儿举办了社区作品展。4 个小组将自己的作品向其他班级幼儿展示，并主动解释自己对作品结构完整性和稳定性的理解，自信心与自豪感溢于言表，因为这是他们自己通过思考、讨论、合作制作出的作品。

### （三）从始而终：项目的评价与反思

从始而终意味着项目式学习中对项目的评价与反思并不是仅仅针对最终的产品，而是应贯穿于立项至结项的整个过程。

1. 评价。项目学习的评价主体、评价内容和评价方式均呈现多元、多样化的特点。项目评价既注重教师评价，又注重幼儿的自我评价；既注重项目过程中对幼儿能力发展与经验获得的评价，又注重对项目结果的评价。比如，幼儿是否回答了核心驱动问题，是否产生了新经验。教师不仅要了解幼儿在活动中获得的经验、参与程度和沟通协调能力，也要关注幼儿对项目成果的展示。

通过展示与交流，幼儿回顾了社区探究与搭建过程，建构了对社区的认识和理解。同时，幼儿在互相观摩中还能发现作品的不足，如第一组社区中医院的搭建中缺少医院的设备，第二组社区中菜市场的搭建中没有搭建收银台等，说明幼儿能够运用和反思自己获得的有关搭建社区的经验。

2. 反思复盘。项目的反思复盘，目的在于总结经验和教训，为下一个项目的开展做好充足的准备。

项目式学习以项目为形式促进幼儿的合作学习、深度学习与后继学习，为幼儿提供了一个由自己引发并享受其中的学习情境。幼儿园阶段是幼儿最初接受教育、培养能力的阶段，较早实施项目式学习将更有助于幼儿激发思维，开启心智，面向未来。

### 参考文献

［1］教育部基础教育司．《幼儿园教育指导纲要（试行）》解读［M］．南京：江苏教育出版社，2002.

［2］中华人民共和国教育部．2016 版幼儿园工作规程：附《3－6 岁儿童学习与发展指南》［S］．北京：首都师范大学出版社，2016.

# 浅谈幼儿生活教育化之策略

（杨盛洁　江苏省盐城市大丰区城东实验幼儿园）

**摘　要：** 幼儿时期是一个重要时期。在这个时期孩子们的道德品质、行为习惯和个性开始形成，陶行知先生说："教人要从小教起，幼儿比如幼苗，必须培养得宜，方能发芽滋长；否则，幼年受了损伤，即不夭折，也难成材。"因此，幼儿期是培养良好生活行为习惯、性格的关键时期。从小培养孩子的生活能力，将会影响孩子一生的发展。陶行知对教育方法的一系列论述影响着当代幼儿教育的改革。把握教育的方向和教育的内容和形式，让孩子们寓教于乐、寓学于乐，完全融化在轻松、和谐的"生活"气氛之中，无形中增长知识、技巧。

**关键词：** 生活即教育；环境；幼儿课程；培养

生活教育的关键是要在教育中培养，陶行知先生在改造中国教育的实践中提出了生活教育的理论，他主张各种知识最好在生活中进行，习惯培养更应该如此，他在《生活即教育》一文中写道："生活教育是生活所原有、生活所自营、生活所必需的教育，教育的根本意义是生活之变化，生活无时不变 ，即生活无时不含教育的意义。"因此，我们说：生活即教育，到处是生活，即到处是教育。整个社会是生活的场所，亦即教育之场所……随手抓来，都是活书、都是学问、都是本领……自有人类以来，社会即是学校，生活即是教育。多年来，我们一直对孩子进行着各种各样的教育模式，尝试了很多种教育方法和内容形式的更替，但取得的效果却是纸上谈兵、微乎其微。追溯其根源，是我们在教育形式上过于注重"知识点"的强化，而忽略了生活与教育的融合。

## 一、"生活教育"——与时俱进

陶行知先生的"生活教育"中提到"生活即教育"，他把"生活"作为幼儿教育的核心，教育顺应着生活中一切时刻变化，所以在生活里教育无处不在。《幼儿园教育指导纲要（试行）》指出："教育应该贴近幼儿的生活，充分利用各种教育资源，扩展幼儿的生活和学习空间。同时幼儿园应该为幼儿提供健康、丰富的生活和活动环境，满足他们多方面发展的需要。"由此可见，生活化是幼儿园课程的特点。幼儿的一日生活即课程，幼儿园的课程融合在幼儿的生活中。

生活中无时无刻不存在教育，幼儿生活也不例外，生活就是教育的根本，生活决定教育内容，所受教育相对于进行的生活，生活在变化，教育也跟着变化，这跟幼儿成长息息相关；教育脱离不了生活，教育要以生活为中心，必须和生活联系起来，根据生活进行教育，了解实际情况，满足发展需要，幼儿教育必须与生活相结合，不能脱离生活；教育可以影响甚至改变生活。

## 二、"生活教育"——方法探寻

在教育内容生活化的过程中，幼儿一日生活中有很多内容都可以生成教育课程，这就需要教师善于捕捉幼儿的兴趣点。兴趣是最好的老师，兴趣也是幼儿不断学习、自主探索的原动力。教师应该及时抓住幼儿感兴趣的内容，生成幼儿感兴趣的课程。幼儿"生活教育"方法种类繁多；教师采用"生活教育"时，要符合幼儿的年龄和实际生活情况，要用幼儿听得懂的言语，描述幼儿曾经亲身体会过的事情、亲眼看到过的事物，这样才能得到我们教育教学的效果和目的。

### （一）选择创设幼儿园家庭式“生活”环境

将优美的环境营造运用到幼儿生活中，孩子们初来到幼儿园，对幼儿园的环境比较陌生，往往需要一段时间的适应期。有的孩子很抗拒去上学，对幼儿园产生恐惧、害怕的心理，被家长强制送到幼儿园便不停地哭泣或者不言不语、一声不吭。在此情况下，幼儿园实时创设家庭“生活”环境场景和家庭替代角色的交替扮演，创造安静祥和的情感氛围，把孩子们从对父母的依恋转移到对幼儿园小伙伴和老师的依恋，有效地减少孩子们的负面心理，使他们能够得到温暖、散发出本身的勇气、自信，从而融入幼儿园的生活学习环境。

### （二）选择开展丰富多彩式“生活”活动

如果教育只是书面上的，那么就失去了教育的真正意义。将生活作为教育内容，才不会使得教育的内容广阔丰富，将多彩生活改造单一的生活。陶行知认为：“‘生活即教育’，是叫教育从书本的到人生的，从狭隘的到广阔的，从字面的到手脑相长的，从耳目的到身心全顾的。”经常和幼儿一起唱歌、表演、绘画、制作，共同分享艺术活动的乐趣，为幼儿营造良好的活动环境。要把孩子的教育作为一件大事来做，幼儿多彩丰富的活动教育更是如此。

## 三、“生活教育”——游戏实践

### （一）创新感知体验

案例一：秋天到了，幼儿园的后花园里到处都飘着落叶，孩子们拿着树叶仔细地观察着，不一会儿就有人提问：“老师，为什么大树要掉叶子呢？”“掉叶子的地方明年还会长出新叶子来吗？”善于思考的小宇提问说：“我发现很多叶子掉落到地上的时候都是叶子的反面朝上，为什么呢？”为了验证小宇的发现，我们和孩子们一次次地扔落叶做实验，孩子们发现他们的实验结果和小宇观察到的是一样的。为什么叶子落下来时会反面朝上呢？孩子们对于这个问题十分感兴趣，经过调查和研究，孩子们知道了原因：由于叶片上面和下面的细胞排列疏密度不同，叶绿体含量也不同，导致叶片上层比较重，下层比较轻，所以落下来时比较轻的叶面背部会朝上。季节带给我们很多有趣的现象，它们既贴近幼儿的生活又能激发幼儿的兴趣，满足幼儿的求知欲。

案例二：在钻爬活动中投放了软垫子、纸箱、泡沫板。将洗衣机、电视机纸箱做成小兔山洞，孩子们钻得乐此不疲；在跳跃活动时提供了荷叶垫、呼拉圈、橡胶地垫等；投掷活动中提供了纸球、酸奶瓶、沙包、飞盘、纸飞机等；走、跑活动中提供了小推车、皮球、拖拉玩具等。又如，用酸奶瓶制作了“拉力器”把废旧报纸卷成小棒，再捏个纸球，用纸棒赶纸球，美名其曰“赶小猪”。利用废旧布料制成小老鼠，尾巴是可脱卸的，一个小朋友拉着老鼠跑，一个小朋友在后面追，一脚踩住尾巴，乐得孩子们呀笑开了花。

老师根据孩子年龄特点、兴趣、动作发展特点，将体育基本动作融入一日游戏活动，分别提供不同材质、不同层次、用于不同活动形式的自制材料，为幼儿提供了自主选择与发展的环境空间。

### （二）追究自然生活

陶行知说：“知识，不是从玄想中跳出来的，必得在大自然里去追求。必须以大自然为您的生物园，才有丰富的收获。”大自然是我们最大的课堂，是生活的起源地。老师常常带着孩子们走进大自然，观察、体验大自然的美妙与神奇，更能让孩子们体验新奇有趣的活动。例如：在风和日丽的日子里，孩子来到户外的草地上，任由他们跑啊、跳啊、爬啊，让他们感受太阳照射在身上的温暖，尽情地呼吸青草的清香；在有风的日子里，给孩子们一只塑料袋制成的蝴蝶，想象自己变成了一只翩翩起舞的美丽蝴蝶，和风爷爷一起赛跑；再抱抱园中最大的树，看看到底有多粗。下雨了，孩子们穿上小雨衣，撑起小花伞，用耳朵倾听滴答滴答的声音，一起等待雨过天晴后的彩虹；如果遇上下雪，孩子们别提有多高兴了。一起堆个雪人，小脚踩在雪地里发出咯吱咯吱的声音，身后留下一串足迹。任雪花落在脸上，待它消失不见，对于孩子来说这是多么奇妙的事情啊！这一切不仅愉悦了孩子们的身心，丰富了生活经验，而且孩子们的模仿力、表现力、动作和情感都得到了自然而然的发展，他们的协调能力和运动能力也得到了全面的发展。

老师要关注幼儿的言行，乃至他们的一举一动、一言一行，有助于在实际教育中有针对性地“因材施教”“对症下药”。最佳方法是，教师每天记录幼儿学习与生活，及时发现问题，了解幼儿的需求，掌握幼儿的思维方向，利用鼓励、表扬、赞许等多种手段和幼儿拉近距离，培养师生感情。“生活”游戏活动在实际运作中，不仅符合幼儿的年龄特点，也对幼儿的创造性的思维以及动手动脑的能力有着很大的提升作用。

## 四、结语

总之，陶行知的生活教育理论是我们民族教育理论宝库中十分可贵的遗产。我们要重视开展“生活教育”课程的研究，寻找最恰当的运作方式，来培养幼儿学习知识的观察力、表达力、想象力、创造力。孩子是祖国的未来要重视幼儿教育的问题，不断地在实践中探索幼儿“生活教育”的方法，这样才能使得我们不辱使命，不辜负家长、不辜负祖国对孩子们的期望。

**参考文献：**

[1] 胡萍．方明与《陶行知教育名篇》[J]．爱满天下，2005（4）．

[2] 江苏省陶行知教育思想研究会．纪念陶行知［M］．长沙：湖南教育出版社，1984.

[3] 教育部．3—6岁儿童学习与发展指南［M］．北京：首都师范大学出版社，2012.

[4] 李怡．陶行知生活教育理论对幼儿教育的启示［J］．文山学院学报，2010（3）．

# 生活教育与科学教育融合促幼儿创新力发展

（林球扶　温州市第二十三幼儿园）

**摘　要：**随着生活水平和全民素质的提高，家长对幼儿教育的重视程度越来越高。相较文化知识的学习，他们更关注幼儿的生活能力和创新能力的发展。传统的幼儿教育方式如背儿歌、数数等已显得单调乏味，可能导致幼儿失去兴趣并产生厌学情绪。“生活教育”理念强调在科学教育与生活教育相融，使幼儿园生活更加丰富多彩，培养幼儿生活创新力发展。

**关键词：**创新力；生活教育；科学教育

3—6 岁阶段的幼儿正处于智力和情感开发的最好时期，他们的身体和心理都还发育不完善。教师针对幼儿的年龄特点，给予幼儿对应的教育，极大地帮助幼儿培养各项能力。著名教育学家陶行知先生就提出了以生活为中心的教育，结合科学教育，教会了幼儿如何生活，使他们能够在会生活、热爱生活的基础上健康快乐地成长，更快更好地适应社会发展。

## 一、什么是生活教育

### （一）生活即教育

生活教育指的是在生活中接受教育。狭义的教育认为幼儿主要在学校里学习科学文化知识，但广义的教育认为，幼儿在生活中能学到更多。例如，与父母生活在一起，观察他们的辛勤工作和照顾，能让幼儿更深刻地体会感恩精神。此外，日常生活中的小事如自己刷牙洗脸、整理玩具、挑选礼物等都对幼儿的心智有启蒙作用。生活教育不仅丰富了教育内容，还使其更贴近现实生活。

### （二）社会即学校

在传统的观念里，社会是为教育服务的，要为教育提供一些必备的物质基础，但在陶行知思想中，社会即学校，社会也算是一所大学校，社会为幼儿们提供了学校，反过来学校为社会的发展培养高素质的人才，两者是相辅相成、不可分割的。很多幼儿的人生观、价值观、生活观都是在社会生活中，通过与人接触慢慢形成的。

### （三）教学做合一

陶行知先生认为，不仅要教，还要会教。教一些有用的东西，教一些与社会生活相贴合的东西，而不是脱离实际的瞎教。在教学做合一中，做也是至关重要的，是理论联系实际的前提，彻底地脱离以前盲目的死记硬背，使幼儿所学能够在社会上在生活中所用，并且在所学和所用的基础上实现创新，适应现代社会的瞬息万变。

## 二、幼儿生活教育与科学教育融合的必要性

### （一）丰富幼儿学前教育内容

幼儿生活教育与科学教育的结合，为学前教育注入了新的活力。传统幼儿园中，幼儿主

要学习古诗、唱歌等，回家后家长仅要求复习，教育方式单调。幼儿生活教育与科学教育融合后，家长可在生活中教授更多的知识，带幼儿走出家庭、校园，接触自然与社会。参加社会劳动可提升生活能力和动手操作能力，如植树、参观科技馆等。这丰富了学前教育内容，使之更有趣、灵活。

### （二）促进学前幼儿的全面发展

通过融合幼儿生活教育与科学教育，能有效推动幼儿全面发展。生活教育鼓励幼儿参与日常活动，培养自理和社会交往能力。科学教育的探究和实验活动激发幼儿好奇心和探索欲。在科学探究中幼儿会平和交流、协商。奔跑在大自然里观察、嬉戏，身心愉悦健康。生活和科学中的艺术可以培养幼儿发现美、感知美，增加对美的认知，促进审美能力。生活教育与科学教育融合有效促进幼儿五大领域全面发展。

### （三）提高学前幼儿的创新意识和创新精神

幼儿生活教育与科学教育相结合，显著提升创新意识和创新能力。参与种植、观察昆虫、观赏星星等社会活动，培养幼儿好奇心和观察力。通过科学教育，幼儿深入了解自然现象背后的原理，如植物生长、昆虫生态、星星运行等。这些活动激发幼儿对自然的探究兴趣，培养探索精神和创新意识。实际操作和科学学习培养幼儿观察、思考、探究能力，提升创新意识和创新精神。活动丰富幼儿生活体验，提供促进创新的学习环境。

## 三、如何更好地促进幼儿生活教育和科学教育创新的有效融合

### （一）科学教育内容更加生活化

在幼儿教育过程中，我们要从幼儿的日常生活出发。比如，在学习环境的选择上，可以选择社区、幼儿园、医院等，有利于幼儿探索出更多的知识。教师带领幼儿们观察落叶，让他们从一片落叶上提出自己的问题，教师帮助幼儿一一解答困惑。也可以让幼儿自己动手制作东西，比如给一些小木棍让他们发挥自己的想象力，并拼接出自己喜欢的形状和图案，给幼儿准备一盆水让他们观察水中的影子的等等。最简单的，通过把一件东西扔在地上这一现象给幼儿引入牛顿的万有引力这一知识点。

### （二）科学教育活动中导入生活化

在幼儿的科学教育中，为了使幼儿更加有兴趣更加容易接受，我们通常会导入很多的活动。为了实现幼儿生活教育与科学教育的有效融合，在导入活动中生活化，比如在学习左和右的区别时，我们先让幼儿举起自己的小手，帮助幼儿分辨左右，然后让幼儿自己找出有左和右的东西，如耳朵、眼睛、小脚等。还可以带着幼儿出去，告诉他们左边是什么树，右边是什么树；某个小朋友的左边站着谁，右边站着谁，这样不仅使课堂氛围更加活跃，还大大提高了幼儿的学习兴趣，使幼儿都能够积极主动地参与活动，并且能够很快在活动中学习到更多的知识。

### （三）科学教育过程组织生活化

在传统的幼儿科学教育课堂上，教师只会拿着一件物品反复地向幼儿进行讲解，让幼儿经过多次听到相关的东西而学习到知识，在这样的方式中幼儿始终是被动的，教学形式也比较枯燥乏味，很多小朋友都不喜欢。幼儿的特点是自由随性，不受拘束，因此我们可以不断地创设情境，让幼儿可以从情境中得到情感体验。比如，有一次我带着幼儿进行户外活动时，出门的时候把教室门锁上了，回来后找出好几把钥匙问他们谁愿意帮忙开门，几个小朋

友都分别拿了一把钥匙，但是只有一个小朋友的钥匙能够把门打开。在用钥匙开门的过程中幼儿不断地进行猜想，最后得出结论是一把锁要有一把固定的钥匙。类似这样的活动看似简单，但是与我们的日常生活密切相关，幼儿自然而然地参与了，完全脱离了刻意的灌输式教育方法。

## 四、生活教育与科学教育结合的成效

### （一）生活中思维创新力养成

《幼儿园教育指导纲要（试行）》指出："科学教育应密切联系幼儿的实际生活进行，利用身边的事物与现象作为科学探索的对象。"教师在组织幼儿进行户外活动时，整理器械环节，足球区整理得很快，但是大型木质挑战区的梯子、木架……堆放杂乱无章，而且没有整合完成。其他完成整理的幼儿在焦急地等待，有的说："为什么还没整理好?"有的说："大家一起搬就快了。"幼儿你一言我一语讨论开来。幼儿们开始帮助挑战区的小伙伴出谋划策。其中有个幼儿说："我们可以进行分组，一些人去放器械，一些人去搬运器械。""女生们整理器械，男生们去搬运器械。"……但是，搬过来的材料还是不能整齐放置。"怎么整理才能整齐地放好呢?"于是幼儿们又开始观察思考，"来按大小分一分"，"对，一样大的放一起就整齐了"。在整理器械过程中发现问题、解决问题，幼儿通过观察比较，寻找空间与材料关系寻求答案。正是因为日常幼儿在生活中的创新力的培养，幼儿在整理时候才能主动积极参与，解决问题。思维创新力的发展，有助于加强幼儿观察、分析与探究力。

### （二）科探中行动创新力提升

幼儿科学教育可以联系幼儿的生活实际，活动内容与幼儿的生活实际进行切入。创设两者结合的情景导入活动，能调动幼儿参与活动的兴趣和积极性。例如，分辨生熟鸡蛋科学实验中，每位幼儿分到生熟两个鸡蛋，需要自己动脑筋来区分。幼儿自己观察鸡蛋的外形并滚动或旋转鸡蛋玩。幼儿从中发现生熟鸡蛋的转动速度是不同的，凡转得慢并只转一两圈就停下来的是生鸡蛋，转得快并能连续转好几圈的就是熟鸡蛋。通过动手操作，积极动脑获得经验，激发幼儿对科学更高的探索热情，使其产生强烈的学习主动性和积极性。

## 五、结语

幼儿天真活泼、思维活跃。同时，潜藏着他（她）们无限的潜力和可能性。我们的任务是要在尊重和保护他们天性的同时，让他们获得更多的科学文化素养。陶行知先生提出的"生活即教育"这一思想与幼儿科学教育相融合，让幼儿在生活中自然而然地学习和成长，更好地释放了幼儿的天性，丰富了幼儿的认知，让幼儿变得好学、乐学。在生活中学习科学，将科学融入生活中，有效促进他们的创新力，为未来的学习和生活奠定坚实的基础。

**参考文献**

［1］教育部基础教育司．《幼儿园教育指导纲要（试行）》解读［M］．南京：江苏凤凰教育出版社，2017.

[2] 蔡巧红．在生活化的科学教育中培养幼儿的探索精神［J］．新课程，2020（51）：210.

[3] 沈轩如，朱梦宁．幼儿园科学教育生活化的实施策略［J］．新课程，2020（52）：240.

[4] 常园园．浅谈幼儿园科学教育活动生活化［J］．百科论坛电子杂志，2020（1）：244.

[5] 黄怡婷．基于陶行知生活教育思想的幼儿园科学教育研究［J］．读与写，2020，17（17）：281.

# 浅谈家园合作培养幼儿良好饮食习惯的重要性

（李宏宇　北京市朝阳区南磨房乡幼儿园）

**摘　要：**在成长发育的过程中，幼儿期是最重要的，良好的饮食行为习惯能够确保孩子在该阶段吸收必需的营养。针对我们中班幼儿在幼儿园内以及在家的饮食习惯进行了研究，本文依据存在的问题和原因再进行探讨和分析，在如何培养幼儿形成良好的饮食习惯等方面上，提出了实效性的措施。以便促使他们能够形成良好的饮食习惯；树立正确饮食观念并落实到具体行动中；家园合作，科学培养幼儿形成良好的饮食行为习惯。

**关键词：**家园合作；幼儿饮食习惯；重要性

## 一、问题的提出

保护好幼儿的身心健康不仅是幼儿园的责任，更是每一个家庭的责任。如果幼儿喜欢吃瓜果、蔬菜等新鲜食品，愿意饮用白开水、不贪喝饮料，这就需要家长和幼儿教师共同配合，一起帮助幼儿养成良好的饮食习惯。幼儿期是各种良好行为习惯形成的关键期。幼儿园不仅要对家长的教育水平进行提高，而且需要培养幼儿的良好的生活习惯，形成正确的行为。研究主要指出了幼儿在饮食这一过程中所存在的状况，对该行为的出现原因进行分析，有指向性地提供解决措施，从而为幼儿园能够更好地培育幼儿良好的生活饮食习惯提供了理论依据。

所有相关资料都显示了一个较为明显的问题，到现如今都没有一个概念对饮食习惯进行一个准确的解释说明。但是对于幼儿来讲，保证生长发育的基本物质就是通过吃各种食物来取得，所以饮食的质量与习惯都会直接影响幼儿的生长发育。

## 二、幼儿饮食习惯现状及存在的问题

### （一）幼儿进餐前洗手行为缺乏自主性

我的观察发现，中班的幼儿的规则意识和习惯意识还没有很好地形成，所以对于饭前洗手这一行为没有明确和固定的意识，所以需要家长或者老师们经常提醒，从而渐渐养成习惯，因此我们大人的正确指导是至关重要的；从众心理会导致幼儿每一个动作或行为都去模仿同伴，所以会有幼儿模仿同伴洗手或模仿同伴不洗手。因此，规则意识的树立和习惯的养成对幼儿主动洗手这一行为有很重要的促进作用。

### （二）幼儿进餐专注度有待提高、独立性有待加强

从中班幼儿进餐专注性方面所呈现出来的现有行为习惯中发现了很多状况。例如，吃饭时不专心，会说话或者看电视等。首先，孩子之所以不专心吃饭是因为受到了外界许多因素的干扰。例如，新玩具、电视机放出的声音，或者是家长的聊天声等。其次，在吃饭的过程中，孩子之间也会互相说话聊天。最后，研究学者得出了结论：家庭会影响幼儿在吃饭过程中出现较多与吃饭并不相关的行为。若是想幼儿能够独立自主，就必须要求其自行吃饭；而无法自己吃饭的孩子，通常都会过度依赖父母家人，需要家人在后面唠叨才能吃饭等情况出现。这都和家长的教育方式有关，有的家长会关注幼儿自己能力的发展，即从进餐开始培养

幼儿独立进餐的能力和习惯；有的家长则过于溺爱孩子，导致幼儿养成一些不好的行为习惯。

家长应该严格地要求幼儿在进餐时的一些常规，做到饭前饭后洗手，合理固定的就餐时间等。这就需要家长做饭时间规律，每一天都在特定的时间吃饭，这样不仅给家长省去很多麻烦，而且有利于幼儿各种能力的培养。

### （三）家长在幼儿饮食行为习惯的培养方面行为不恰当

对于幼儿来说，在他们的整个成长阶段里，必然会受到家庭环境的影响，所以这也告诉我们应该重视家庭教育。通过和我班家长的咨询沟通后发现：对于现在的独生子女来说，无论是爸爸妈妈还是其余长辈都会有所宠爱，而且少部分家长也会满足孩子过于不合理的要求，尤其体现在饮食上，长此以往，这就会导致孩子在进食过程中会养成不好的习惯，只要孩子高兴就好，更不会为孩子的营养和健康着想。持续一段时间后，孩子会带着不良的饮食习惯进入幼儿园，从而出现了挑食等状况。除此之外，部分家庭是三代同住，孩子容易被宠坏，容易按照自己的想法来，也会出现以不吃饭来威胁家长，从而满足自己。

## 三、改进策略建议——家园共育促进幼儿良好的饮食习惯

### （一）为幼儿创设适宜的进餐环境

在《幼儿园教育指导纲要（试行）》提到过："对于教育发展来说，环境的影响是较为关键的，所以在引导幼儿成长的过程中，可以有效地对其周围的环境进行利用。"这样的方法可以更大程度地发挥环境创造作用。家长应该在幼儿就餐时营造一个轻松安静的环境，不要看电视和大声谈话。一家人要围坐在餐桌前一起吃饭，营造出就餐的气氛，这样也会增强幼儿的食欲；反之，幼儿独自吃饭会减弱幼儿的食欲，家长不要刻意提醒幼儿应该怎么做，避免在进餐时训斥幼儿，要让孩子在安静舒适的环境中用餐。与此同时，在具备一定的条件之下，还能对幼儿的自主性有一个良好的培养，有利于各种各样活动的展开，进而有利于幼儿朝着家人所希望的方向更好地发展。老师也可以在构建教室墙体的同时，尽可能地增加一些可以帮助幼儿培养良好的饮食习惯的文字或图案，在无意识的情况下，帮助孩子们养成一个良好的饮食习惯。

### （二）多样的形式引导幼儿注重饮食行为习惯的培养

幼儿园可以通过用游戏、绘本朗诵、观看影视动画等方式开展一些有关饮食健康教育的活动。例如，通过幼儿最喜欢的动画片来告知幼儿吃饭时不专心可能带来的后果或挑食的坏处，这样幼儿会更容易记住应该怎么做。此外，幼儿园还可以以拼图或儿歌的形式更好地进行健康教育，从而帮助幼儿养成良好的饮食行为习惯。针对本班幼儿情况我们设计了主题活动"健康宝宝"，通过活动孩子们了解到五谷类食物有热量，使我们身体有力气；肉有蛋白质，可以使身体有能量；蛋奶类食物有钙，让我们骨骼强壮；蔬菜有维生素，帮助消化。我们的身体只有一类食物可不行，需要四类食物共同作用，我们的身体才会健康茁壮地成长。在活动中，还和幼儿一起讨论（有幼儿建议：班级开展了"光盘小达人"比拼活动，每餐都能做到"光盘行动"的幼儿进行比赛，设计了墙饰，由幼儿将自己"光盘"的行为，记录在墙饰上）。由此挑食、剩饭的情况大大减少了，孩子们的体质也越来越好了。

### （三）家长树立正确饮食观念的同时也要落实到具体行动

家长应该尊重孩子的想法，从旁协助，让他们自己主动去适应，帮助孩子了解以及熟知如何吃饭，而且需牢记吃饭前洗手；在吃饭时，不挑食，不随意说话，不乱走动；少吃或者

是不吃零食和垃圾食品等。在幼儿出现不良饮食行为习惯时，家长更要耐心地用正确的方式去纠正幼儿所存在的问题，正确地去培养幼儿在饮食方面的良好的习惯。

### （四）家园合作，积极、科学地培养幼儿形成良好的饮食行为习惯

家访是连接学校和家庭的重要纽带，教师可以针对幼儿近阶段频繁表现出的不良饮食行为习惯进行家访，了解幼儿为什么会形成这种不良的饮食行为习惯。例如：针对幼儿在吃饭时常常喜欢吃汤泡饭这一现象，老师及时地和家长沟通，让家长知道这个现状，并让家长观察幼儿在家进餐过程中是否也存在这样的问题。向家长普及长期吃汤泡饭可能引起的不好的后果，家园共育，一起引导孩子们能够更好更快地形成健康的饮食行为习惯。

## 四、结语

研究发现，幼儿在饮食方面存在不良行为习惯，为此提出了以下具有可行性的方法：第一，创设良好的就餐环境，制定合理的进餐常规，创造一个适合幼儿的周边环境，环境影响人的行为习惯，恰当的周边环境有利于幼儿形成一个良好的饮食行为习惯。第二，以身作则，树立榜样。家长从各方面去带领幼儿们能够有一个好的饮食习惯。第三，制定科学营养的食谱，采用积极鼓励的方法。在学校里面，老师可以通过相应的方法对幼儿进行行为的引导；让家庭和幼儿园一起，共同承担起引导幼儿学习健康饮食行为习惯，这样家园合作的方式会更有利于幼儿良好饮食行为习惯的养成。

### 参考文献

［1］中华人民共和国教育部．幼儿园教育指导纲要（试行）［M］．北京：北京师范大学出版社，2015.

［2］李季湄，冯晓霞．3—6 岁儿童学习与发展指南［M］．北京：人民教育出版社，2018（3）：65—66，68，74.

［3］刘庆．4—6 岁幼儿的饮食行为及引导［D］．武汉：华中师范大学，2017，5.

［4］冯宝梅．幼儿生活习惯养成问题、成因及家庭教育策略研究［D］．福州：福建师范大学，2015，6.

［5］Skinner J D，Ziegler Pac S，et al. Meal and snack patterns of infants and toddlers［J］．J Am Diet Assoc，2014（104）：65—70.

［6］刘泽德．3—4 岁幼儿进餐教育现状研究［D］．南京：南京师范大学，2018，3.

［7］史慧静．学前儿童卫生与保育［M］．上海：复旦大学出版社，2013（6）：126—127，134.

［8］侯娟珍．幼儿园班级管理［M］．北京：北京师范大学出版社，2016（4）：151—155.

# 幼小衔接视域下的家园社协同育人策略研究

（谢珊珊　深圳市南山区前海时代第二幼儿园）

**摘　要：** 幼小衔接工作中的家园社协同育人将增强育人合力，为党育人为国育才责任分角色担当，以帮助儿童更科学地衔接。本文主要探讨如何在家园社的协同下做好幼小衔接的问题。了解科学的衔接观念，缓解幼小衔接社会压力，使科学衔接案例得到辐射推广，为后继儿童全面健康发展和入学准备起到促进作用。

**关键词：** 幼小衔接；家园社；协同育人

## 一、幼小衔接视域下家园社协同育人的意义

2021 年，教育部发布《关于大力推进幼儿园与小学科学衔接的指导意见》（以下简称《意见》），幼小衔接成为热门焦点话题，科学的幼小衔接对于促进儿童可持续发展，提高教育质量具有重要意义。什么是幼小衔接？为何衔接？如何衔接？就家园社三方协同现状并未有明确角色职责指引。2022 年，《家庭教育促进法》施行，该法引导全社会注重家庭、家教、家风，家庭幸福与社会和谐。在党的二十大报告中明确，“深化教育领域综合改革，健全学校家庭社会育人机制”。教育部等十三部门发布的《关于健全学校家庭社会协同育人机制的意见》要求增强协同育人共识，积极构建家园社协同育人新格局。幼小衔接工作中家园社的协同将增强育人合力，为党育人为国育才责任分角色担当，以帮助儿童更科学地衔接，缓解幼小衔接社会压力，减轻幼小衔接焦虑带给社会的负面影响，使科学衔接案例得到辐射推广，从而为后继儿童全面健康发展和入学准备起到促进作用。

### （一）贯彻国家政策要求

教育部印发《意见》明确指出，3—6 岁是为幼儿后继学习和终身发展奠基的重要阶段，也是为幼儿做好入学准备的关键阶段。应深入贯彻落实《3—6 岁儿童学习与发展指南》和《幼儿园教育指导纲要（试行）》，尊重幼儿身心发展规律和特点，实施科学的保育和教育，将入学准备教育渗透于幼儿园三年保育教育工作的全过程，帮助幼儿做好身心各方面的准备，实现从幼儿园到小学的顺利过渡。《家庭教育促进法》、教育部等十三部门《关于健全学校家庭社会协同育人机制的意见》提到需结合家庭教育推广交流家庭教育经验，帮助家长、学校、教师掌握科学家庭教育理念和方法，搭设家园社协同育人平台，携手助力幼儿成长。在幼小衔接这一教育难题上要落实践行党的教育方针，家园社协同育人新格局赋予了时代新命题，如何让有针对性和专业性的知识围绕身心、生活、社会、学习等进入小学所需的关键素质辐射普及进入寻常百姓家？这要求入学准备教育高质量平台的搭建和高水平专业人才的筹备。由此可见，幼小衔接视域下的家园社协同共育是时代所趋，亦是社会所需。

### （二）符合幼儿入学准备的需求

《幼儿园入学教育准备指导要点》中围绕身心、生活、社会、学习四个方面内容。家、园、社是幼儿成长过程中三个重要场所，家庭是幼儿成长的重要基础，幼儿园是幼儿接受教育的重要场所，社区则关乎幼儿成长环境。家园社的合作，可以为幼儿提供更好的成长环境和更全面的教育资源，对幼儿的成长和发展有着重要的促进作用。其中，幼儿园可以提供丰富的体育活动和游戏活动，帮助幼儿锻炼身体，增强体质。社会可以监督幼儿园提供的饮食

和卫生环境，保障幼儿的身体健康。家庭则可以为幼儿提供温馨的家庭环境和健康的生活习惯，帮助幼儿建立健康的生活方式和良好的生活习惯。家庭作为幼儿的第一学习环境，家长可以在日常的交流中，培养孩子正确的知识观念，且可根据幼儿的需要创造有利的学习环境，家园社共育可帮助适龄儿童营造有利的学习环境，提升幼儿的学习能力，帮助幼儿做好学习准备。社会环境及幼儿园教师，可以通过有趣的社区活动和教育活动，增强幼儿社会性发展的同时激发孩子的求知欲，增强探索知识和学习的能力。也就是说，家园社协同育人可以有效地帮助幼儿做好入学准备。

## 二、幼小衔接视域下家园社协同育人的现状分析

我们对深圳市某幼儿园教师、幼儿、家长进行了问卷和访谈，对大班幼小衔接主题活动开展和园所活动室内外环境进行了观察，以此分析幼小衔接视域下家园社协同育人的现状。

### （一）家园社职责不清界限不明

我们在与家长的访谈中了解家长对幼小衔接的认知有失偏颇。为了深入了解各责任主体在幼小衔接活动中的角色定位，我们曾对某天来园参加活动的不同年龄段家长和老师进行了访谈问卷。通过了解，我们了解到大约82%的家长认为幼小衔接应该更注重知识衔接，幼小衔接是从大班开始的，大班幼儿毕业后选择幼小衔接补习班则可以完成幼小衔接。60%的教师认为幼小衔接仅需要与小学做好联动，开展丰富活动则可以帮助幼儿认识小学，使幼儿提前了解小学学习与生活的不同以此做到入学准备和适应。90%的家长和教师表示社区在幼小衔接工作中参与度小。通过访谈问卷，我们发现，长期以来，家园社之间存在界限不清、职责不明的问题，成为协同育人实践中的一大难题，在幼小衔接活动中三方联动次数少，幼儿园主动引领、家庭切实履责、社区积极协同家园社三者协同共育的基本定位模糊，长期以来，幼儿园在幼小衔接工作中与家庭合作比重较大，没有充分挖掘社区在幼小衔接工作中可发挥的教育功能。

### （二）衔接需求繁杂，合作被动，协同育人实践瓶颈致使幼小衔接焦虑层出不穷

据我们的问卷访谈与环境观察发现，家长就幼小衔接定位不一，需求繁杂，除却关键素质衔接外，家长希望自己的孩子能够在技能和性格品质培养上有衔接。通过对大班四个班环境的观察，幼儿园幼小衔接协同较为被动，各项活动由幼儿园教师推动开展，处于幼儿园向上衔接的状态，家长跟随要求配合，小学根据文件指示配合，社区参与度较低。注重知识衔接的家长占比较多，对幼小衔接从小班开始的观点认知新奇。

根据问卷结果挑选代表性家长进行访谈，我们了解到，家长参与幼小衔接活动大都为幼儿园组织开展的，小学倾向宣发幼小衔接宣传册，社区组织的相应活动仅由家委会代表参加，科学的衔接观念及方式方法辐射性普及性较低。席卷而来的幼小衔接给家长带来了“我的孩子还不会写字”“幼儿园不会教拼音怎么办”“我的孩子没办法进入好的小学”等多种焦虑。焦虑情绪广泛传播使幼儿对上小学产生了畏难情绪，使家长否定幼儿园游戏化、探究式的学习方式，使教师在幼小衔接工作上时常面临家长的责难。

## 三、幼小衔接视域下家园社协同育人的建议

### （一）幼儿园发挥主导价值，用好社会育人资源，加强衔接科学指导

3—6岁是为幼儿做好入学准备的关键阶段。帮助幼儿科学地做好入学准备教育，是幼儿园教育的重要内容。幼儿园应该发挥主导价值，通过辅助社区网格做好科学衔接的宣传，

帮助家、园、社理性认识幼小衔接。打通幼小衔接仅仅是幼儿园、家庭、小学合作的认知壁垒。通过专家课堂讲述科学衔接方式方法连接千家万户，帮助社会了解衔接的关键素质、入学准备和入学适应教育。打破传统认知幼小衔接仅需要知识准备的错误观念。幼儿园组建平台，邀请小学专家教师，帮助幼儿园教师及家长了解小学教什么？如何教？小学教师在向下衔接的过程中幼儿园教师及家长寻找入学准备着力点，形成合力，使每个责任主体发挥最大价值。

### （二）家庭主动尽责，协同幼儿园入学准备教育，强化科学衔接意识

家庭是社会的基本细胞，家庭的前途命运同国家和民族命运紧密相连。家庭中每个人都应该参与幼儿的教育，关注幼儿成长，配合幼儿园工作。就家长而言，从幼儿步入幼儿园起，幼小衔接则贯穿在幼儿三年的学习生活当中，家长应认识科学的幼小衔接是衔接幼儿的丰富生活经验、良好生活学习习惯、优秀学习品质及自理和自我服务意识的培养，协同幼儿园入学准备教育的同时强化科学衔接意识，不盲目跟风为孩子补习，不向幼儿传播幼小衔接负面情绪。相信幼儿园的保教水平，以家长助教和资源帮助支持和引导幼儿主动学习，在幼儿现有发展水平基础上予以最大的支持，真正为幼儿后继的生活、学习、品格培养奠定良好的基础。

### （三）政府统筹，社会有效支持，丰富衔接资源，推进衔接资源共享，营造科学衔接环境氛围

幼儿入学适应期间是儿童自我主动建构学习的过程；是自我监控和自我调整的过程；是自我经验的积累过程。这些实践后积累的经验都将转化为日后的学习能力，这种能力不会自然生成，而是通过学习和生活中的实践逐步得到提高和发展的。家长、教师、社会在担任自我角色的同时，政府应该做好统筹，把握好科学衔接风向标，统一指引下引导家园社履行好各自职责。提供可用的社会资源，做好优质资源的辐射推广，建立科学衔接专题网络，责令借用幼小衔接名义的资本补习，消除社会因幼小衔接刮起的焦虑之风，营造健康的科学衔接氛围，帮助幼儿顺利过渡。

### 参考文献

[1] 中华人民共和国教育部．关于大力推进幼儿园与小学科学衔接的指导意见．教基〔2021〕4号，2021.03.30.

[2] 全国人民代表大会常务委员会．中华人民共和国家庭教育促进法，2021.10.23.

[3] 中华人民共和国教育部．教育部等十三部门发布的《关于健全学校家庭社会协同育人机制的意见》，2023.01.19.

# 浅谈有效提升与家长沟通能力的有效策略

（曹君默　北京市通州区幼儿园）

**摘　要：** 沟通交流能力是幼儿教师的一项基本功，尤其与家长沟通的艺术更是加强家园共育中非常重要的部分。家园共育的关键在“沟通”二字，家园双方通过交流彼此的观点、感情，求得相互理解和相互支持。然而在实际工作中，在与家长沟通时也会有些力不从心，存在这样或那样的问题，偶尔也会出现沟通方面的障碍。本文探讨并梳理了一些日常有针对性地与家长沟通的沟通技巧和方法。

**关键词：** 幼儿；家长；沟通；交往；策略；能力

## 一、真诚相待，尊重信任家长

我们要真诚地与家长沟通交流，让家长充分感觉到教师是真心地为幼儿成长和发展着想，对幼儿有爱心和责任感。教师要尊重家长，摆正摆好自己与家长的位置。家长与教师一样都是孩子健康成长的引路人，都肩负着教育好孩子的重任，教师与家长加强联系，目的是共同的。教师与家长其实是同盟军，家长和教师一样应该对幼儿的成长起教育、引导和示范作用。家长与教师之间不存在身价、地位的高低之分，教师与家长若能够相互信任、相互激励，则会出现友好、愉悦和互相合作的气氛。所以，教师要以真诚与平等的态度对待家长，取得家长的信任，争取家长的支持与配合，共同探讨对孩子的最佳教育方法，以达到共同的教育目的。

## 二、与家长沟通，要善于倾听

成功的教师通常是最佳的倾听者。倾听不意味着不说话，但倾听绝对是少说话。在倾听时，要听明白家长反映的事情和此次谈话的真正用意。任何教师，无论他具有多么丰富的实践经验和深厚的理论修养，都不可能把复杂的教育工作做得十全十美、不出差错。而且社会的不断进步与发展，家长的水平也在不断提高，他们的许多见解值得教师学习和借鉴，加之“旁观者清”，有时家长比教师更容易发现教育过程中的问题。因此，教师要经常向家长征求意见，虚心听取他们的批评和建议，以改进自己的工作。这样做也会使家长觉得教师可亲可信，从而诚心诚意地支持和配合教师的工作，维护教师的威信。

## 三、了解幼儿的家庭情况，对不同类型的家长采取不同的沟通方式

幼儿来自不同的家庭，每个家长的文化水平、素质和修养都不同，因此，我们要根据实际情况巧妙地运用语言艺术与不同类型的家长进行沟通。一是对于素质比较高的家长，就坦率地将幼儿在园的表现如实地向家长反映，并主动地请他提出教育孩子的措施，认真倾听他的意见和适时提出自己的看法，共同做好幼儿的教育工作。二是对于那些比较溺爱孩子的家长，就首先肯定其孩子的长处，给予真挚的赞赏和肯定，然后再用婉转的方法指出其不足之处，诚恳而耐心地说服家长采取更好的方式方法教育孩子。三是对于那些对孩子放任不管，把责任推给幼儿园和老师的家长，要想办法吸引他们主动参与教育孩子的活动，开始主动关心孩子，主动与孩子沟通，与教师沟通，为幼儿创造一个良好的家庭环境。四是对于后进生

或是认为自己对孩子已经管不了的家长，我们应尽量挖掘其孩子的闪光点和特长，让家长看到孩子的长处和进步，对孩子的缺点适时地每次说一点，语气委婉，并提出改正孩子缺点的措施，重新燃起家长对孩子的希望，使家长对孩子充满信心，只有这样，家长才会主动地交流孩子的情况，配合共同教育好孩子。五是对于个别不太讲理的家长，或是不理解学校的一些工作安排的家长。遇到这种情况时我就沉住气，先让家长说完，发完脾气和牢骚，并对家长的这种心情表示理解，然后再耐心地以平静的语气与家长解释、分析事情的利弊和对错，以理服人并体现出自己的宽容大度，赢得家长的好感，从而得到家长对学校教育工作的理解和支持。

## 四、充分了解幼儿，与家长谈及幼儿的缺点时注意方式方法

老师与家长的谈话都是为了孩子。作为老师，首先要充分了解孩子的情况，如孩子的性格特点、特长和爱好、优点和缺点等。因此，平日工作中与家长谈及孩子的发展情况时是比较具体的，从不笼统、模糊和泛泛而谈，没把握和不准确的不说，让家长感到我们对孩子的关心和重视，感觉到工作的细致、认真和负责。而且，与家长交流时，对孩子的评价也是客观而全面的，既肯定孩子的优点与进步，也真诚地提出其不足及改进办法。在谈到孩子的缺点时，也要根据具体情况而区别对待，与很熟悉的家长就说得直率一些；而有些家长自尊心强的，会把谈孩子的缺点视为对自己的批评而感到有压力的，就说得委婉一些，注意家长的可接受性，同时也表达对家长心情的理解，以心换心，坦诚地与家长交流，这样就可以达到共同解决孩子问题的目的了。

## 五、引导家长正确的赏识幼儿的方法

### （一）表扬不能太空泛

3—6岁幼儿的思维特点是具体形象思维占优势。为此，教师应该告诉家长，如果要表扬孩子，运用的语言一定要具体，如“你画的画真漂亮，你真是一个小画家”等笼统的语言来夸奖孩子，这种评价只会养成孩子对高期望评价的依赖心理。家长一定要用欣赏的眼光，真正用心发现孩子的闪光点，用语言具体描述孩子在哪一方面取得了进步，这样才能既让孩子感受到成人对自己的肯定，也能让他了解到自己的不足。例如，孩子帮助妈妈做了家务，妈妈就及时对孩子进行表扬：“谢谢你！你今天帮妈妈扫的地真干净，如果下次能帮妈妈把垃圾倒了，妈妈就更高兴了。”如孩子经过自己的努力拼插了一个变形金刚，妈妈就可以说：“你自己拼插了一个变形金刚，你的努力没有白费，我真为你高兴!”这样的具体评价，不但帮助孩子建立了自信，还适当地提出了家长对孩子的期望，能起到事半功倍的作用。

### （二）表扬不能夸大其词

很多家长为了表示对自己孩子的疼爱，往往会不自觉地使用一些过于夸大的言辞来表扬孩子，如“你是最棒的”“你比其他小朋友都聪明”“你是最好看的小公主”等。还有一些家长喜欢把表扬看作能随便赐予孩子的廉价物，每天总是滔滔不绝地夸奖孩子每一处小的优点。殊不知这样的表扬只会增强孩子的虚荣心，滋长他们看不起他人的心理。另外，盲目的表扬只会让孩子觉得家长的表扬来得太容易，长此以往，并不会让孩子体会到表扬的激励之情。教师在与家长沟通时，一定要把随意夸奖和夸大孩子优点的问题向家长善意地提出，引导他们认识到这种做法对孩子的不良影响。

### （三）让精神奖励成为孩子的动力

生活中也经常会有这样一些家长，每当孩子做了好事或者完成了一项任务时，就用物质来进行奖励。当然，物质奖励并非不能采用，但是这种奖励用得多了，就很容易让孩子失去新鲜感，不利于孩子形成主动做事的动机。因此，家长在赏识孩子的同时，一定要注重精神奖励。例如，当孩子努力做完一件事情后，给他一个肯定的微笑；当孩子克服了一个小毛病后，用合适的语言进行口头表扬。这些都能让孩子获得与物质奖励截然不同的满足感和愉悦感，帮助孩子树立自信心。

### （四）不迁就孩子的错误

很多家长出于爱孩子的心理，在发现孩子出现错误行为时，不但不及时进行提醒和纠正，还会出现睁一只眼、闭一只眼的情况，对孩子的错误进行迁就和妥协。可能家长是害怕批评会伤害孩子的感情，打击孩子的自信心，但他们没有意识到这样的处理方式非但不能帮助孩子认识到错误，相反还会纵容孩子的行为。

因此，如果教师发现家长出现这样的问题，一定要从关心孩子成长的角度出发，及时与家长进行沟通。教师要告诉家长，“一味的宽容就是放纵”。家长要为孩子确立“哪些事情能做，哪些事情不能做”的规则，给孩子一个正确的标准。当孩子做对了时要及时表扬，做了错事要及时批评，只有这样才是真正“爱”孩子的表现。

## 六、巧用多种方式提升家长科学育儿的能力

为了引领家长更新教育理念，形成家园共育的一致性，指导家长用科学的态度和正确的方法教育幼儿，提高家长科学育儿的水平至关重要，但在现代信息化社会，对家长来说，学习途径非常多样，家长可以通过网络、书籍、推送公众号等方式学到许多育儿的方法，了解先进的育儿理念，但如何将先进的育儿理念转化成有效的育儿策略，提升家长的育儿能力则需要教师巧妙的引领和有效的指导。

总之，教师要用行动赢得家长的信任，就要努力提高自己的业务能力，并在班务的管理、班级活动的组织等方面要认真负责，要让家长通过这些行动看出你的能力水平，你的事业心和责任感，让家长充分相信你，觉得把孩子放在你手里放心，从而支持你。

### 参考文献

［1］中华人民共和国教育部．3—6岁儿童学习与发展指南［M］．北京：首都师范大学出版社，2012.

［2］王文红．幼儿与家长沟通的策略［M］．北京：北京教育出版社，2016（8）.

# 信息技术助力家园共育

（郭硕　北京市通州区幼儿园）

**摘　要：** 随着信息技术的不断发展，信息技术手段开始在幼儿的教育领域不断渗透，信息技术和幼儿教育融合成为教育的新手段。信息技术的不断深入可以激发幼儿的学习兴趣，发展幼儿的思维能力和动手、动口能力。信息技术同样应融入家园共育中，为家园共育创造更好的条件，成为家园沟通的新方式。

**关键词：** 家园共育；信息技术；家园沟通

## 一、引言

《幼儿园教育指导纲要（试行）》指出，家长是幼儿园重要的合作伙伴。应本着尊重、平等的原则，吸引家长主动参与幼儿园教育工作。

《幼儿园工作规程》指出，幼儿园应主动与幼儿家庭配合，帮助家长创设良好的家庭教育环境，向家长宣传科学保育、教育幼儿的知识，共同担负教育幼儿的任务。

## 二、家园沟通的意义

### （一）家园沟通能够促进教师的成长

1. 家园共育帮助教师转变角色，换位思考。生活中很多矛盾之所以发生，不能形成共识，实际上就是由于我们无法做到换位思考，总是站在自己的立场上，而不考虑对方的感受。

在与家长沟通的过程中，我们能更多地倾听家长的想法，思家长之所思，想家长之所想，因而站在家长的角度去思考幼儿的教育问题，重新思考对于幼儿的引导策略。

2. 增强教师关注幼儿的能力。孩子是联系我们和家长关系最好的纽带，是我们与家长搞好关系的最有效的资源。要用一颗真诚的爱心去关注每一个孩子，用一双善于观察的眼睛去发现他们的每一点进步。只有这样，我们才能把孩子的每一点进步告诉家长，与他们共同分享孩子们的成长。

### （二）能够优化家长的教育理念

很多家长对于孩子的教育都很迷惘，他们对孩子的教育方法大多来自书籍和网络，有些家长甚至疏于对幼儿的教育，认为3～6岁的幼儿就只需要每天开开心心地玩就可以了，知识从小学开始学就可以。而有些家长则过于重视孩子知识摄取量的问题，孩子每天的课外班都是满当当的，压得孩子喘不过气来。

这个时候，教师的作用就体现了出来。我们每天和孩子们相处的时间要比家长还要多，我们有更多的时间与孩子交流想法，也更容易了解幼儿。通过我们的发现，加以理论知识的讲述，经过家园沟通这个渠道，在一次又一次的家园沟通中，我们可以慢慢优化家长的教育理念，给孩子更好，更适合他的教育方式。

### （三）能够集中家长指挥，促进幼儿园各项工作的改善

术业有专攻，我们对于幼儿的教育往往存在一定的局限性，而家长们却有着不同专业的特长。

在幼儿的一日生活中，我们常常会带幼儿进行一些种植活动，但是从没干过农活、没有体验过种植的我们又该怎样给孩子们带来一节生动有趣的种植活动呢？这个时候我们就需要发挥家长的作用。

家长的加入不仅能使种植活动更加专业化，还能激发孩子的参与兴趣。同时，家长还可以通过参与幼儿的教育活动，了解教育的方法，体验教师的辛劳。

## 三、信息技术助力家园共育

家园沟通这么重要，作为教师我们要怎样开展家园共育的工作呢？

我们往常开展家园共育的方法有面谈、电话沟通等方式，随着科技的不断发展，我们开始使用微信、QQ 等方式。

### （一）信息技术帮助家长了解幼儿在园情况

很多家长在问卷调查中指明，希望教师多拍摄一些孩子在园活动的照片，说明家长们都很希望能通过视频、照片等形式了解孩子的在园情况。

家长与幼儿从早入园起就与孩子分开，一直到孩子晚离园回到家才能见面，这中间间隔了 10 小时之久，家长想念孩子是一方面，同时也想通过教师了解孩子在园都做了什么，开心还是难过。除了半日活动，家长很难去了解孩子在园的情况、表现等。因此，教师发送的图片、视频是他们可以了解孩子在园情况最好的途径。作为教师，在保证幼儿安全的前提下，我们可以尽可能多地拍摄一些孩子在园的活动。拍摄内容可以是进餐、盥洗、午睡、教育活动、精彩瞬间等，老师和家长都能根据自己感兴趣的话题进行交流和讨论，通过互动的形式，让家长对幼儿园和自己的班级更快捷地了解，也可以对老师的教育教学工作提出许多建议和意见，从而更好地实现家园共育，唤起家长的主人翁意识，激发他们积极合作的态度。

### （二）信息技术助力家园活动开展

1. 信息技术助力故事大王。为了促进幼儿全面发展，幼儿园总会开展一些有趣的活动，如本园开展的“故事大王”活动，通过亲自共读、亲子讲故事、幼儿独立讲故事等，发展幼儿的语言能力。但是，幼儿体质差，常常因为生病不能来园，而无法参与活动，这个时候我们就可以利用信息技术，帮助幼儿参与活动。

活动可以通过线上和线下两种形式进行。未来园的孩子将讲故事视频上传到云端，教师下载下来播放给班里幼儿听，这样未来园的幼儿参与了活动，在园的幼儿也能欣赏到故事。

2. 信息技术助力亲子活动。亲子活动可以拉近亲子关系，提升幼儿能力，线下的亲子活动常常因为家长的工作原因、疫情、时间等无法随时开展，而线上云亲子活动则能轻易解决这些问题。线上云亲子活动可以设置一些趣味小游戏，包括趣味绘画、趣味解密、趣味拼贴等，家长通过线上平台参与到活动中，既能拉近亲子关系，又能参与到幼儿园的活动中。

### （三）信息技术丰富共育渠道

随着手机的普及，越来越多的应用软件被研发和运用，作为教师可以寻找合适的应用软件，将它运用到家园工作中，丰富家园共育的渠道。

1. 使用班级优化大师进行多元化评价，让家长更了解孩子。虽然班级微信群、QQ 群

可以让家长及时了解幼儿在园的一些表现，但还远远不能满足他们的需求，很多家长都迫切地想知道自己孩子的表现以及老师对孩子的评价。班级优化大师这一应用软件很好地解决了这一问题。教师只需创设一个班级空间，然后将本班幼儿的资料导入，再设置相应的指标项，就可以对幼儿进行评价了。而家长只要通过教师给的班级号，就能进入班级空间，看到老师对孩子的单项评价以及孩子的综合评价，以便于帮助孩子养成好习惯。

2. 借力晓黑板，增加沟通空间。虽然微信群、QQ群的使用大大提高了家园工作的效率，但有时在微信群中发布了重要消息，家长因为种种原因还是无法及时查看，教师还需要再次统计，通知未收到消息的家长。晓黑板软件的使用很好地解决了这一问题，在“发通知”功能中，教师可以向家长发送即时消息，系统会自动反馈每位家长是否收到消息。如果是紧急通知，老师还可以使用“提醒”功能，选择短信或电话的方式让系统直接通知家长。

## 四、结语

信息技术的飞速发展，带来了新的家园共育模式，我们要充分借助网络平台的优势，根据实际情况灵活运用各种沟通方式，以真诚相对，用真心握手，实现与家长平等对话，促进家园和谐沟通。

### 参考文献

宁德市教育信息技术研究“十三五”规划2017年度研究课题《借力信息技术，引领家园共育新模式的研究》的研究成果（课题编号：2013EI059315）.

# 如何开展幼儿园家园共育工作的策略分析

（金雨辰　北京市通州区幼儿园）

**摘　要：** 幼儿一旦进入幼儿园，就意味着其已经走出家庭、踏入社会。在这个新的阶段，幼儿需要自己去面对各种新的事物。在此期间为了保证幼儿的全方位能力发展，幼儿园教育和家庭教育都是极为重要的。本文从现阶段幼儿教育过程中家园共育工作的存在问题入手，为更好地利用信息技术开展幼儿园家园共育工作提出了相关实施策略，以实现家园共育的方式共同促进幼儿品格教育。

**关键词：** 幼儿园；家园共育；策略；品格教育；信息技术

## 一、现阶段幼儿园家园共育的发展现状

简单来说，幼儿园的家园共育就是家庭和幼儿园一同担负起幼儿教育的重任，在这个过程中需要通过家长和教师的共同努力和通力协作，方能促进幼儿的健康成长与全面发展。教育部早在21世纪初就颁布了幼儿园教育指导文件，这是幼儿园教育迈出改革步伐的第一步。其中就指出幼儿园要积极引导家长参与幼儿园的教育工作，这是我国幼儿园家园共育理念的初始。随后，家园共育的教育理念在全国范围内全面推广并推行实施。

然而，任何理念或制度的实施过程中免不了会出现些许有待改进的问题。首先，从家庭方面来讲，家长的家园共育意识不足、育儿经验不够科学。家长们普遍认为幼儿教育完全是幼儿园的事情，孩子交给了老师，就和自己没有太大关系了。在这种思想之下，家长不参加幼儿园组织的家长会议、亲子活动，也不主动联系老师，对幼儿的实际成长状况很难了解。此外，不少家长往往认为家园共育只是单纯性的知识教育，而完全忽略了德育这一重要内容，这也是不对的。其次，从幼儿园层面来说，教育相关监管机制不到位，一些民办幼儿园不能按照国家教育部相关要求进行教育改革，进而影响幼儿教育工作的发展；部分幼儿园家园共育的资金投入和硬件配备也没有很好地落到实处；作为家园共育的主要实施者教师的综合素养和教学经验也有待提升。

针对以上问题，笔者认为，应从观念转变入手，强化家庭教育与家长参与的重要性，幼儿园与家长协调努力，相互交流，以确保幼儿园家园共育工作的顺利进行。

## 二、开展幼儿园家园共育工作的有效策略

### （一）打破固有观念，树立科学认识

顺利开展幼儿园家园共育工作的有效前提就是转变家长固有的教育观念，帮助家长树立科学、正确的教育理念。正如前面内容中所讲的那样，很多家长都觉得幼儿教育就只是幼儿园的责任，自己不需要去配合，甚至有时候还会对教师的配合要求感到厌烦。家长这种错误的想法是开展幼儿园家园共育工作的绊脚石。作为幼儿园教师，在家园共育中一定要注意掌控好相关共育任务的难易程度和任务量，不能占据家长太多的时间，把握好这个分寸；此外，教师还要通过不同的形式和途径及时纠正家长的错误观念，让其正确认识家园共育的内涵，引导家长积极配合教师的工作。

例如，教师通过微信的群聊功能建立“幼儿家长交流管理群”，利用微信平台向家长推

送相关教育讲座，讲座时长一般控制在半小时左右，听完讲座后邀请家长在微信群中分享自己的学习感想，大家在交流中相互学习，正确认识家园共育的教育理念。教师还可以在每学期的始末分别召开家长座谈会和教学成果展示会，在帮助家长正确认识家园共育理念的同时，让其详细了解本学期班级的主要教学目标和教学任务，了解幼儿在本学期内在学习和生活上取得的成绩。这样一来，家长的错误认识就能被打破，幼儿园家园共育的工作也能更好地推行下去。

### （二）开展延伸活动，鼓励家长参与

在幼儿园教育教学中，延伸活动是很重要的一部分内容。为了保证教育的完整性和系统性，教师往往会安排一些延伸活动来巩固教育效果。幼儿园教师可以适当地安排家园协作的活动任务，拉近家长和幼儿之间的关系，保证幼儿完成幼儿园任务的同时，便于家长详细了解幼儿的成长状况。在这个过程中，家长陪伴幼儿一同完成活动任务，对其的关注度也有所增加，不再放任幼儿任性妄为，并且也能使教师了解幼儿的真实情况，为教学思路和方式是否改变提供基础。

例如，春天来了，到了吃野菜的季节。脚踏春风、播撒欢笑，走遍每一处田野，将野菜装满口袋，把春天的味道带回家，送入园。利用周末时间，和爸爸妈妈一同走进户外，挖野菜、尝春味。怎么找、怎么挖、怎么吃？跟着爸爸妈妈一起学习吧！将挖野菜的美好瞬间、做好的野菜美味用相机记录下来，上传到微信群中，与大朋友和小朋友们一同分享春天的野菜香。这样的活动难度不大，户外活动锻炼身体的同时完成教师布置的家园共育活动，配合教师完成“春天”有关的教学任务。活动过程中家庭与幼儿间的联系更加密切，玩中学，学中乐！

### （三）丰富活动内容，发挥共育价值

家长会是幼儿园和家庭了解孩子真实情况的重要方式，定期举行家长会可以帮助教师和家长更好地了解幼儿的真实成长状况，便于教师汲取家长的意见，有针对性地调整教学计划；也能够帮助家长树立正确的幼儿教育观念。家长会不能只关注幼儿的学习情况，教师还可对其日常生活的各方面表现做出点评，让家长了解幼儿没有父母在身边时的真实表现。家长会主要以教师发言为主，此外，还要鼓励家长勇于分享自己的育儿经验，大家共同探讨相互学习。除此之外，幼儿园还应适当地举行气氛轻松活跃的主题性活动或联谊活动。

例如，元旦前夕，教师可以举办“庆元旦，迎新年”联谊活动，欢迎家长入园一同参与。教师在联谊活动中让幼儿为家长们表演预先排演好的歌舞节目，让家长们看到自己孩子的成长和进步，为孩子感到由衷的自豪；还可以让家长和幼儿一起跟着欢快的音乐进行律动暖场，增进亲子之间的互动；有条件的还能邀请育儿专业人员为大家讲解育儿知识和方法。这样的联谊活动家长们普遍都能接受并且愿意去配合，还能让幼儿加强对幼儿园生活的喜爱。又如，重阳节，幼儿园举办“祖孙同乐、爱满金秋”的重阳主题活动，在教师的引导和协助下，幼儿们为爷爷奶奶、姥姥姥爷制作重阳小礼物，一张精美的贺卡、一颗红红的手工爱心，小小的礼物包含着幼儿对长辈无限的爱；回到家中，让幼儿为长辈做些力所能及的事情，暖暖的拥抱、甜甜的亲吻，让长辈感受孩子的温暖，让孩子懂得尊老爱老的传统。这种形式的家园共育活动意义非凡，幼儿在无形之中学会爱，懂感恩。

### （四）安排家访活动，进行平等对话

在非教学期间的国家法定节假日和寒假、暑假，幼儿会长时间待在家中。为了防止幼儿出现新的不好的行为习惯，教师应该适当地、有针对性地安排家访活动。教师通过电话事先征得家长同意，方能上门进行家访。在家访的过程中，教师应该先同家长进行单独沟通，了解孩子假期期间的生活成长状况；之后再和幼儿进行对话，问问幼儿自己有什么想法，对爸

爸妈妈、对老师有什么想说的话；随后再与家长相互反馈、交换意见。整个家访过程中，家长和教师的地位都是平等的，只有地位平等的对话机制，才能反映事情的真实本质。在假期期间进行这样的家访活动，可以保证教师对幼儿家庭情况了解的真实性和有效性，为幼儿园家园共育工作的良好开展奠定了基础。

### （五）强化专业素养，提升教育能力

为了保证家园共育的良好效果，作为幼儿园教师，应该自主性地进行家园共育专业素养的能力强化，综合利用互联网信息技术等多种渠道，如利用微信平台的群聊功能发布家园共育活动任务，利用专业的家园共育平台“幼教 365”分享育儿经验、收听育儿讲座等，注重发挥创新意识，提高自己的活动组织能力和现场掌控能力；作为幼儿园，还要定期组织教师参加新时代幼儿教育专业能力培训活动，鼓励教师每年参加幼教继续教育等，特别要注重团队的交流与合作，坚持做好定期的复盘、反思工作。

## 三、结语

综上所述，幼儿教育既不是家庭教育，也不是幼儿园教育，家庭和幼儿园必须保持高度的一致，才能为幼儿教育共同提供强大的动力，促进幼儿的全面发展。为了更好地开展幼儿园家园共育工作，必须打破传统思维认知的束缚，幼儿园要引导家长积极投身到幼儿教育中来，双方协同努力，为幼儿打造出良好的成长氛围和生活环境，促进幼儿健康成长，助力教育事业长远发展。

### 参考文献

[1] 龚书静，张玲玲．家园共育视角下幼儿早期阅读能力培养对策研究［J］．豫章师范学院学报，2022，37（1）：78—82.

[2] 孙庆芳，王晓戎．丰富网络媒介开拓家园共育新平台［J］．红豆教育，20213（16）．

[3] 姚小丽．基于“互联网＋”的幼儿园家园共育新策略［J］．中国新通信，2021，23（21）：226—227.

[4] 黄娅妮，洪鑫兰，陈传锋．幼儿园教师与祖辈家长的沟通：困境、成因与对策［J］．现代交际，2021（20）：136—138.

[5] 刘海云，封丽华．家园共育促进流动幼儿社会性发展的实证研究［J］．宁波教育学院学报，2021，23（5）：20—25.

# 民办幼儿园保育员保教能力现状及影响因素分析

（杨静怡　长春市汽车经济技术开发区杨柳幼儿园）

**摘　要：**保育员是指幼儿园负责幼儿保健和养育工作的人员，在幼儿的发展中扮演着照顾者、教育者的角色，对幼儿的身心健康、行为习惯以及个性发展、情感等各方面都产生深刻的影响。保育员的水平也成为家长择园的一个重要条件。

**关键词：**民办幼儿园；保育员；保教能力

## 一、研究背景

随着我国经济水平的不断提高，人民生活条件日益优越，人们对幼儿教育的水平也越来越重视。幼儿园保育员是陪伴幼儿在幼儿园一日生活与游戏的重要人员之一，承担着幼儿生活管理、保健卫生、配合教师完成教学工作的人员。幼儿园工作最重要的组成部分之一就是保育工作，保育员作为工作在一线的人员其素质也直接影响了保教的水平，保育员的培训与管理水平的高低直接影响着幼儿园保育工作的管理水平和实践能力，因此我们对民办幼儿园保育员保教现状及影响因素进行了调查研究。

## 二、保育员保教能力现状

### （一）环境维护能力

环境维护能力是指保育员处理幼儿一日生活起居所接触到的一切物品的能力，包括卫生清洁能力、消毒能力、班级物品摆放能力等。

幼儿比较弱小，相对于成人免疫力较低，在消毒方面的要求也应高于成人。笔者随机观察了 6 所幼儿园的 8 名保育员，发现保育员都具有较强的卫生清洁能力，但消毒能力较差。例如，保育员能够较好地完成幼儿日常用的小毛巾的日清洗、周消毒，以及玩具的周消毒的要求，能够做到盥洗室地面没有积水，极大程度地保证了幼儿盥洗的安全。盥洗室要求每天都消毒，但发现负责公共区的保育员只做到了日清洁的工作，会每两天消毒一次，而且发现所有的保育员对于所有的物品、地面以及所有需要消毒的物品都统一用“84”消毒液进行消毒，并没有根据要求按照一定的比例进行消毒。在随机的访谈中发现个别保育员认为用什么消毒方式都一样，没有什么影响。由此可知，保育员的卫生清洁能力较强，消毒能力较差。

班级物品摆放能力是指对班级物品进行合理的归类与摆放，也直接体现出一个班级的整体风貌。笔者随机访谈了 6 名保育员得知，班级物品的摆放要听从园长的安排，保育员能够做到物品摆放整齐，但没有按照教育的目的与要求进行摆放。

### （二）生活照顾能力

生活照顾能力是指保育员对幼儿生活自理能力方面的指导与照顾，以培养幼儿的良好习惯。具体体现在幼儿进餐、午睡、盥洗、入园与离园等方面的照顾。

笔者随机观察18名保育员，发现在幼儿早晨入园的时候保育员都能够较好接待幼儿、指导幼儿换好室内鞋、引导没吃早餐的幼儿进餐，并提醒幼儿细嚼慢咽、餐后及时漱口、午睡时积极引导幼儿叠好衣物并放到指定位置。当有幼儿出现难入睡的情况，部分保育员选择安抚睡眠。但是观察中也发现，有大部分的保育员对难入睡或者不睡的幼儿没有正确的引导方式，并且态度有些不耐烦；还有部分保育员要进行工作就把不睡的幼儿带在身边，这样不利于幼儿的身心发展，也影响了下午的活动。由此可知，保育员有较好的生活照顾能力，但个别保育员对于不午睡的幼儿没有恰当的照顾能力。

### （三）意外处置能力

意外处置能力，是指幼儿遇到紧急情况下保育员能够及时并适宜地进行处理，包括幼儿生理意外处理和心理意外处理。幼儿正处于学前期，大脑和神经系统发育不够完善，身体平衡能力较差、协调能力差，正处于无意注意的阶段。幼儿在园的一日活动充满了挑战，由于好奇心的驱使，他们活泼好动，缺乏自我保护意识和能力难免会出现磕磕碰碰等各种小意外，严重会出现摔伤、流鼻血等情况。因此，保育员必须学习幼儿生活的护理与意外情况的处置，掌握常用的护理方法与处置技能，减小意外情况给幼儿带来的伤害。

随机访谈了10名保育员，当幼儿发烧或呕吐时，保育员能够及时地与主班教师进行沟通，并及时地送到保健室；当幼儿流鼻血时保育员能够运用科学的方法帮助幼儿止血，做好消毒工作，并能够及时地安抚幼儿的情绪。但相对来讲，保育员的心理意外处置能力较差。

## 三、保育员教育能力

### （一）与教师的沟通配合能力

保育员与教师共同承担着幼儿健康成长，全面发展的责任，而保育员除了具备基础的保育能力外，还应具备良好的与教师沟通的能力。与教师沟通指保育员与教师之间思想与感情的传递和反馈的过程，以求思想达成一致和情感的通畅。与教师沟通主要包括幼儿一日生活的沟通、家长需求的沟通、会议的沟通等方面。

配合教师能力是保育员协助教师配合与引导幼儿顺利完成教学活动。作为教师的助手要帮助教师做好保健、养育以及教育的各项任务。具体包括生活与教学的配合和游戏的配合。观察的大部分保育员在生活与教学上配合能力较强，但在游戏配合上会差一些。具体表现为，在课间操时保育员能够帮助教师组织幼儿排队；饭前配合教师组织幼儿去洗手；在教学活动中，保育员能够协助教师按时发放并收回教具；但是在区角的活动中，只有几个幼儿在一起活动，保育员觉得没有什么观察的必要，由于教室内区角较多，教师照顾不过来，当幼儿遇到问题时，保育员没有及时去配合教师解决幼儿所遇到的问题。由此可知，大部分保育员生活与教学配合能力较好，游戏配合的能力却有待提高。

### （二）与家长沟通能力

幼儿园教育的密切合作伙伴就是家长，幼儿园工作的最重要组成部分之一就是与家长沟通。沟通具体包括沟通意识、语言技巧与适度指导。保育员要认真了解幼儿的生活细节，以便及时向家长反馈幼儿在园的表现，并予以家长适度的指导，帮助幼儿顺利度过最近发展区。

笔者对6所幼儿园的大部分保育员进行访谈与观察，发现大部分保育员有与家长沟通的意识，当家长问到保育员孩子在园的吃饭情况、午睡等情况时，保育员能够较好地与家长说明情况，但缺乏语言沟通的技巧。

## 四、保育员保教能力影响因素

### （一）自我认知

自我认知属于自我意识的认知成分，是指个体对自己身心特征和活动状态的认知与评价。保育员对自己的工作定位不准确，部分保育员认为自己就是照顾孩子的阿姨，只承担着幼儿生活照顾的责任，导致保育员对自身工作没有相应的认识。因此，保育员自身专业不够强，有些甚至是出现了消极怠工等情况，严重影响保育员的发展。由此可知，保育员对自己的认知不到位。

### （二）自我调控

自我调节能力，是指改变自己的心理状态以适应环境要求的能力。保育员的工作具有琐碎性、长期性、精细性等性质。在长期繁重的工作情况下容易导致不健康的心理。笔者在幼儿园实习期间的观察中发现，部分保育员的自我调控能力较差。当保育员情绪愉悦时，她们会带着自己喜欢的幼儿进行游戏，或在幼儿进餐的时候给自己喜欢的幼儿多一些食物等；而当她们因突发事件或身体不适时，便会对幼儿态度比较冷淡，具体表现为对待幼儿没有笑容，语言比较冷淡等。访谈发现，部分保育员已经意识到此情况，但没有及时地调整自己的情绪。可见，保育员缺乏情绪调控能力，不能及时调整心态和情绪，导致影响幼儿的身心健康成长，所以保育员要有自我调控能力。

## 五、保育员保教能力的提升

### （一）正确认知保育员角色

保育员不是保姆，而是幼儿生活的引导者、参与者，幼儿园应该给予保育员更多的关注。首先，给予保育员更多的人文关怀，精神上给予更多支持，有利于新保育员更快地适应新的工作岗位，有利于形成安全感与归属感，以便有饱满的情绪面对工作；其次，建立教师与保育员之间的帮带制度，教师带动保育员进行活动，在实践中领会教育的方式方法，在与教师的沟通配合中也能了解相应的教育原理，这不仅能够更好地配合教师，也能以科学的方式减轻教师的压力；最后，积极开展入园培训，强化保育员素质建设。

### （二）优化招聘条件

幼儿园在招聘保育员的时候应注意保育员年龄的均衡化。年龄太大的保育员的自主学习能力较差，进而导致保育员的教师沟通能力差；年轻的保育员相对经验较差，但自主学习能力较强，所以招聘时要注意年龄的均衡化，以便保育员的互相学习与交流。招聘时也要考虑到学历因素。学历低的保育员在教育方面与自主学习方面的能力较差，尽量选择学历稍高的保育员，这样专业素质会稍强一些。

### （三）树立正确的角色意识

保育员应正确认识自己在幼儿一日活动中所扮演的角色，树立自主学习的观念，注重积累保教知识。当遇到自己解决不了的问题时，应积极向教师、园长或其他有经验的教育工作者请教。要积极参加并珍惜幼儿园组织的相关培训，利用现有资源，将理论与实践相结合，提高自己的能力。培养自主学习的能力，养成良好的习惯，可在互联网教育培训平台，掌上图书馆等资源进行学习，形成强烈的学习欲望与动机，充分发挥自己的潜能。

### （四）及时反思与总结

及时反思，主要包括保育工作、教育工作与家长工作的反思。要养成反思的习惯，然后反思自己在保育、教育工作中哪些没有做好，及时改正。找到反思的途径，可以是同事之间的交流与反思，也可以是与教师之间的交流与反思。及时总结，保育员应该及时写一些反思、总结的记录，积极地记录一些当天的收获与想法，记录参加教研活动的过程。积极地在教研会上与其他教师进行讨论，这样有利于保育员养成良好的习惯，有利于自身素质的提高。

### 参考文献

[1] 蔡丹艳．保育员专业化的对策研究［D］．上海：上海师范大学，2011.

[2] 谢玉萍，陈爱萍．幼儿数学教育游戏化、生活化、综合化的研究［J］．早期教育，2002.

[3] 刘小红．上海市幼儿园保育员参与家园联系现状及对策研究［D］．上海：华东师范大学，2010.

[4] 刘婷．呼和浩特市区公办幼儿园保育员队伍建设问题研究［D］．呼和浩特：内蒙古师范大学，2016.

# 绘本教学中教师教学智慧的思考

（姜荣　长春汽车经济技术开发区杨柳幼儿园）

**摘　要：**教学智慧在《教育大辞典》中被定义为："教师面临复杂教学情境所表现的一种敏感、迅速、准确的判断能力。"拥有教学智慧有助于教师提升教学专业能力，有助于教师实现教学自由、自主的状态，更有助于教师感受教学生活的幸福。它应该成为每一位教师终身追求的专业理想与境界。本文结合作者早期绘本教学实践，谈谈对教师如何运用教学智慧进行智慧教学的思考。

**关键词：**教学智慧；绘本；反思

## 一、教学设计的智慧

教学智慧是一种实践性智慧，其践行本身就是目的。从早期绘本教学的角度来说，首先，教师的教学智慧体现在对教学活动的设计方面。

### （一）教材分析——判断教学的价值

绘本是用图画与文字共同叙述一个完整的故事。有的夸张幽默，有的柔美细致，有的温馨感人，有的富有哲理……如何把握绘本的主流价值，使其更有益于幼儿的长远发展，则需要教师有对绘本价值判断的智慧。

1. 了解绘本显性信息，读懂绘本。读懂绘本结构。每一本图画书都有一定的结构，比如封面、扉页、正文、封底等，从头到尾蕴含着丰富的信息，隐藏着许多"神秘"。

封面。拿到一本图画书，首先映入眼帘的是封面。一般封面上有绘本的题目、作者名、译者名、出版社名等。

扉页。在环衬之后，正文之前的那一页就是扉页，上面除了书名、作者（译者）等，还有图画。别小看了正文前的这些内容，仔细阅读，你就会发现这些扉页中同样也凝聚了绘者的巧妙心思，蕴含了丰富的教育价值。

正文。这是绘本的重点部分，这里包括了绘本的两大要素：图画和文字。正文内容决定了这本绘本的种类，有的是故事，有的是散文，有的是诗歌，有的是科普知识等。

封底。一本书的最后一页。阅读从一本书的封面开始进入，合上图画书，我们的阅读就结束了吗？有时是这样，有时不是这样。有的绘本封底上还有图画，有的图画是这个故事的延续。

2. 挖掘绘本隐性价值，读透绘本。对于一些包含文化象征和隐喻意义的图画书，教师在对它的内容、形式读懂的基础上，还要对绘本的文字和图画进一步深入分析，挖掘隐藏在绘本中的内涵，解读它内在的价值。

文字通常是表达内容的常用手段。通过文字，我们可以非常清楚地了解这本绘本主要讲了什么，特别是一些文学类的绘本，有可能是故事、散文或者诗歌，不同的体裁有不同的特点，那么，老师需要针对不同体裁的内容仔细分析，反复诵读。对文字的解读光靠一遍两遍是不够的，还需要教师几遍甚至几十遍地反复阅读，才能发现它的节奏、韵律、段落和隐藏在后面的思想和情感。

图画书像是一串珍珠项链，图画是珍珠，文字是穿起珍珠的细线，细线没有珍珠不能美丽。绘本的绘画风格各不相同，教师在进行绘本活动设计时，应尽可能引导幼儿在认识图画书艺术构成和特点的基础上进行，帮助幼儿积累阅读经验，最大限度地实现图画书的艺术鉴赏，从中获得审美愉悦并提升审美能力。

### （二）选择角度——重视幼儿的发展

一个好的绘本教学设计，智慧教师除了要站在自己的角度来分析绘本，挖掘绘本价值，清楚地知道什么样的内容是有意义的，还要站在幼儿的角度，准确解读班级幼儿的发展水平和年龄特点，根据幼儿的实际情况设计活动，用好绘本。

比如，俄国安德鲁·乌萨切夫的绘本《方格子老虎》，讲述的是在一个老虎家庭里，一只小老虎出生了，小老虎刚出生时身上是没有花纹的，必须由爸爸妈妈帮忙画上黑色的条纹。爸爸想让儿子成为与众不同的老虎，想画上竖条纹，而妈妈认为自己的儿子本来就是独一无二的，没必要在花纹上与众不同，坚持要画横条纹。双方谁也不愿意让步，吵了起来。小老虎看到爸爸妈妈为自己吵架，想了一个好办法：在自己身上画上了竖的，又有横的条纹，成了一只方格子老虎。其实，这是一则幽默、感人的故事，爸爸妈妈爱自己的孩子，为它忙前忙后，同时还寄予了很高的期望。小老虎用它善良而纯真的本性，融合了周围世界的矛盾，使其变得和谐，充满温暖与爱。同时，这又是一个耐人寻味的故事：父母对孩子的期望被具象化为各种条纹，这些条纹本来是属于孩子自身的特征，却被装在不同的罐子里，在商店里统一出售，讽刺了父母对孩子教育与期望的商业性、功利性。当然，对于幼儿园的孩子来讲，还不能理解故事背后这一深层次的含义。

### （三）精心设计——关注细节的处理

还是以绘本教学《方格子老虎》为例，其活动目标之一是引导幼儿学习观察画面的方法和清楚连贯地讲述。教师在引导幼儿理解小老虎方格子的由来部分，要求幼儿能仔细观察画面，看懂画面内容并讲述。虎爸虎妈争吵的几幅画面，教师采用了多种呈现方法：第一次是连续播放让幼儿整体感受，虎爸爸虎妈妈在干什么？第二次再次播放然后整体呈现，帮助幼儿整体观察讲述。第三次放大细节，引导幼儿重点观察，帮助幼儿理解讲述。在最后一幅画面出示时，教师则采用了这样的提问：“有一天傍晚，小老虎像往常一样出去散步，谁来接着讲下去？”引导幼儿观察画面，清楚完整地讲述。以上设计充分显示了该教师对细节的关注，特别是在出示画面的部分，教师采用三种不同的呈现方法，首先能激起幼儿继续观察画面的兴趣。另外，通过连续播放、整体呈现、细节放大的画面处理，能帮助幼儿完整、清晰、正确地表达，为其引导幼儿学习观察画面的方法和清楚连贯的讲述能力的目标服务。

## 二、教学互动的智慧

### （一）无事生非——制造矛盾，引发互动的生动性

比如，在绘本《小老鼠和大老虎》活动开始时，老师问：“大家都知道小老鼠和大老虎吧？它们长什么样啊？”幼儿都说知道，小老鼠小小的，老虎大大的。这是孩子已有的经验。随后，老师问：“如果它们两个在一起会发生什么事情呢？”对教师挑起的这个问题，幼儿很感兴趣，纷纷猜测着，有的认为小老鼠可能会被大老虎吃掉，有的认为大老虎会欺负小老鼠。这时，老师根据幼儿的回答反馈说：“听出来了，它们关系不好。”同时又话锋一转：“这儿也有一只小老鼠和大老虎，它们却是一对好朋友。”这时老师出示小老鼠和大老虎勾肩搭背的画面。

以上案例，都是通过教师预设的问题，挑起矛盾，从而引发了生动的师幼互动，引起幼儿的思考。老师带领孩子在情感上与作品走向同步，引起共鸣，在情感的交融中体

验到作品的内涵。

### （二）欲擒故纵——扩大矛盾，形成互动的丰富性

在绘本《猴妈妈真好》的教学中，有这样一个情节：有一天，熊妈妈托儿所里的熊妈妈老师生病了，于是，猴妈妈代替熊妈妈去给小朋友上课。因为是新老师，小动物们不喜欢它，都哭了起来。猴妈妈就想了个办法，戴上了熊妈妈的面具。在阅读过程中，有人认为是猴妈妈，有人认为是熊妈妈。老师抓住幼儿的争执，组织了一场“小小辩论赛”，请大家把各自的理由“晒一晒”。经过激烈的争论，幼儿根据对画面（猴妈妈的脚从裙子里露出来等）细节的观察和对前后画面的联系，最终确定是猴妈妈戴着熊妈妈的面具。

在这个活动中，教师没有把正确的答案一下子告诉幼儿，而是让幼儿在讨论、思辨的过程中自己寻找答案。在这样的绘本教学活动中，教师往往可以采用欲擒故纵的策略，不要马上亮出正确答案，通过扩大矛盾，然后以一连串的问题引出正确的认识，形成互动的丰富性。幼儿在与老师、同伴的互动中思辨探究，从而荡出思维的涟漪，激发智慧的火光。

### （三）推波助澜——有效反馈，推动互动的深刻性

一个教师如果能接住每个孩子抛过来的球，并且成功地把球变化一下，再抛给孩子，引发孩子更深的思考、更好的发展，那他无疑是一位有智慧的老师。有效回应幼儿抛过来的球，这是教师教学智慧的重要表现。

1. 强化。对于幼儿正确的，富有价值和意义的，能促使达成目标的回答，教师可以强化信息，采取适宜的方式加以突出和引导。

2. 提升。对于幼儿凌乱的、不完整的回答，教师可归纳、提炼幼儿的经验或富有条理地转述、厘清幼儿的思路。

3. 引导。如发现幼儿回答中有理解上的错误与思维方式上的局限时，教师要及时纠正和引导，如相同的回答时，老师可引导幼儿扩展思维，丰富经验。

## 三、教学反思的智慧

### （一）自我学习反思

绘本教学中教师自我反思的内容可以涉及各个方面，形式也可以多种多样，如随笔反思、阅读反思、故事反思、影像反思等，可以在教学前、教学中、教学后不同的时间段进行反思。

### （二）集体互助反思

绘本教学可以通过集体备课以及研讨活动进行集体反思，大家可以通过集体的交流、讨论，充分发表自己的意见，增强反思的有效性。

教师对教学智慧的追求是无止境的，不断提升教师的教学智慧也不是一蹴而就的事情，需要我们在日常的教学实践中不断学习、体悟，不断地自我完善与自我超越。

**参考文献**

[1] 中华人民共和国教育部．3—6岁儿童学习与发展指南［M］．北京：首都师范大学出版社，2012.

[2] 教育部基础教育司．《幼儿园教育指导纲要（试行）》解读［M］．南京：江苏教育出版社，2002.

# 项目式学习在科学领域的探究

（国馨莹　长春汽车经济技术开发区杨柳幼儿园）

**摘　要：**当前，幼儿园活动存在的主要问题是活动的形式与内容缺乏生成性，活动的情境缺乏真实性，活动中的教育评价缺乏多元性。项目式学习是通过做项目的方式开展教与学，具有儿童中心、做中学、合作学习等特点。本文主要探讨了项目式学习在科学领域中的应用问题。

**关键词：**项目式；活动；自主探究

## 一、项目式学习的特征

项目式学习是幼儿在一段时间内对自己感兴趣的、真实的问题进行持续深入的探索，创造性地解决问题的一种综合实践活动。项目式学习以幼儿为主体，强调围绕与幼儿生活关联的某一问题持续探究。

### （一）自主探究式学习

从问题出发，幼儿在真实场景中自主探究、解决问题、积累经验，再通过反思、总结、提升，将经验迁移到下一个问题中去。

### （二）小组合作式学习

在项目式学习中，当项目问题发布以后，幼儿以自愿的方式加入项目任务，形成一个个项目小组。合作性学习还包括师幼合作、亲子合作等。

### （三）领域融合式学习

项目式学习的独特之处在于由一个问题出发，渗透五大领域的核心经验。它将幼儿内在的知识和经验以项目的方式整合，通过多种方式，让幼儿在一个有联系、纵深递进的项目内，持续探究学习。

## 二、在科学领域中项目式学习的意义

对于思维认知还处于发展阶段的幼儿来说，每个科学探究都可以衍生成一个“项目”，在科学领域教学中融合项目化教学对幼儿成长的影响主要表现在以下几个方面。

### （一）培养学习兴趣，激发求知和探索欲

陶行知先生强调教育即生活，生活即教育，对于幼儿阶段的孩子来说，他们的认知多源于生活，生活是他们探索世界的源泉。项目化教学中的任务就来源于生活真实的场景中。

### （二）培养同伴意识，提升沟通和合作能力

项目化教学不是一个人的任务，而是一个团体的任务。幼儿基于任务实践的需要，合理地进行分工合作，参与项目化的实践。

### （三）培养自主意识，增强学习和实践能力

项目化教学是一个“行动导向”的教学模式，需要幼儿真正地参与其中并在实践的过程中发现问题和解决问题。有助于丰富幼儿的知识，培养自主意识，培养良好的学习品质，也能提升幼儿的实践能力和探索能力。

## 三、提升幼儿科学领域教学中项目化教学水平的策略

从幼儿本身发展角度来说，在幼儿科学领域教学中引入项目化教学有积极的意义，结合项目化教学实践和幼儿阶段孩子的年龄特点和认知方式，我认为在科学领域中开展项目化教学需要做到以下几点。

### （一）基于幼儿兴趣，确定项目化教学任务

教师可以通过对话或者观察幼儿日常活动中的表现，洞悉幼儿的心理，以此发现幼儿的兴趣点，从而确定项目化教学的任务和问题。与此同时，不断地调整任务，这样才能真正地激发幼儿的求知和探索欲望。

### （二）重视幼儿探讨，提高项目化教学水平

项目的开展是分阶段，并不断递进的过程。因此，幼儿始终是活动的主体，对于问题的深究离不开讨论。让幼儿提出质疑和猜想，并基于自己的猜想开展探索实践，作为教师要扮演好“引路人”的角色。

### （三）开展教学展示，实现项目化教学交流与应用

对于幼儿教师来说，项目化教学的开展还处于探索发现阶段，可以开展多种项目化教学案例评比展示活动，项目化教学是一个行动、探究、操作、交流、协作的教学过程，与教育家杜威提倡的“做中学”有相似的价值理念。

下面我们以课程故事《“光”彩夺目》为例来介绍项目式学习的过程与思考。项目式学习基本分为三个主要阶段：准备阶段、探索阶段和总结阶段。

## 四、准备阶段

### （一）如何选好项目主题

在课程故事中，幼儿不会自己告诉老师“我想学习光影知识”，而是在行为上体现出来这种兴趣。所以，老师需要着重观察与聆听幼儿的玩耍活动。幼儿在交往中对亮片的光影产生兴趣，于是一个关于“光影”的项目主题就诞生了。

### （二）项目实施网格

教师需要做关于项目发展方向的推测内容和内容梳理，以此准备相关的活动。

### （三）评估幼儿已掌握知识

评估幼儿已知的知识，能让老师更明确接下来的目标。幼儿在掌握了一定程度的光的反射知识下进一步对光影进行探索。

## 五、探索阶段

### （一）兴趣与能力差异

自主选择团队。在一定程度上让孩子们处于自愿，减少分歧。小组之间会为同一个目标去分配不同任务。在团队中可以选择轮流操作，也可以根据自己的水平去选择这个活动里自己需要做或者擅长做的事，把个体差异转换成团体力量。

### （二）教室环境创设

幼儿在对光影探索的过程中成立了“光影世界”。环境的布置可以作为一种激发问题的刺激源，当幼儿在其中玩耍时，老师的聆听与记录，以及展开集体讨论、反思会不断让幼儿提升探索欲望丰富探索知识。

### （三）丰富的过程性记录

幼儿通过多元表征记录“美丽光影哪里来”对活动过程进行记录，有利于幼儿在不断总结经验，提升问题高度，使幼儿的探索如螺旋上升似的前进。

## 六、总结阶段

### （一）多元化总结

在项目式学习中，评价的主体是多元的，所有参与人员都可以作为评价的主体。例如，幼儿在寻找光影时，遇到了同伴提出缺少光源的问题，幼儿便主动寻找手电筒。幼儿通过自评和他评发现问题，更自主地解决问题，投入项目式学习。

### （二）过程性活动

项目的总结与反思并不仅仅针对最后呈现的结果，而应贯穿整个项目式学习活动。过程性评价发生在活动过程中的每个阶段，它是动态而开放的。

### （三）结果性总结

教师通过对项目活动成果的分析，评价幼儿是否解决了驱动性问题，是否获得了新知识、新经验、新技能。

在整个过程中，教师要对自己的角色有着清晰的定位，教师是幼儿游戏的追随者和支持者。所以在幼儿的游戏过程中，教师要充分尊重幼儿，给予幼儿自主探索和表达自我的机会，同时帮助幼儿梳理游戏经验，让幼儿能真正在游戏中获得成长。

在这样课程探究中，我和孩子们在不断成长，心之所向，素履以往，生如逆旅，一苇以航。将自然教育真正地浸润童年，把游戏还给孩子。

### 参考文献

[1] 中华人民共和国教育部．3—6 岁儿童学习与发展指南［M］．北京：首都师范大学出版社，2012.

[2] 教育部基础教育司．《幼儿园教育指导纲要（试行）》解读［M］．南京：江苏教育出版社，2002.

[3] 虞永平．幼儿园课程建设与教师专业成长［J］．中国教师，2020（1）：5.

# 学前教育中亲子关系对幼儿学习质量的中介作用

（刘俊瑶　长春市汽车经济技术开发区杨柳幼儿园）

**摘　要：** 父母是孩子的第一任教师，幼儿自胎儿时期的胎教开始就一直受到家庭教育中父母的影响，父母采用何种教养方式直接关系到幼儿学习质量的发展。本文基于对父母教养方式重要性的理解，以家庭教育视角为切入点，分析了父母正念教养、亲子关系与幼儿学习品质的发展现状及它们之间的具体联系，并在讨论分析的基础上提出了相应的教育建议。

**关键词：** 学前教育；亲子关系；幼儿学习质量

学习品质是儿童在主动学习过程中表现出的知识、技能和态度的协调统一。为有效发展幼儿的学习品质，教育主体需要打造温暖、接纳、积极的教育环境，提供适时的回应和适当的支持。幼儿学习品质是其学习与发展的重要保障，不仅能够促使幼儿当前进行高质量学习，而且能够显著预测幼儿未来的发展程度与学习水平，是幼儿终身学习与发展所需的宝贵品质。良好的学习品质除了能够使幼儿在自我学习和入学准备中占据优势外，还能培养幼儿的个性，发展幼儿的分享、合作及协商能力，使其能与他人友好融洽地相处。更有研究指出，学习品质发展程度高的幼儿具有良好学习习惯和浓厚的学习兴趣，掌握了积极有效的学习策略和技巧，在学习方面表现更高的成就。学习品质项目中包括的好奇心、创造性、坚持性等要素能够正向影响幼儿的学习与发展。幼儿的学习品质发展程度与其学业成就普遍成正相关关系。

## 一、研究背景

父母是幼儿的最初教育者，其教养方式关系到幼儿身心各方面的发展，如学习品质。教养方式即父母在与幼儿互动过程中所展现出的情感、态度和行为的总和。无论是父母有意识的教养行为还是父母无意识的言行举止都会影响到幼儿的知识技能、道德礼仪、行为习惯等方面的发展。知识技能等方面的发展与幼儿的学习品质密不可分，因而父母选择何种教养方式对待幼儿，直接影响到幼儿学习品质的培养。大量研究表明 Baumrind 提出的父母教养方式三维结构中的权威型教养能够显著正向预测幼儿学习品质的发展。

## 二、概念界定

### （一）正念教养

正念教养（Mindful Parenting）是 Kabat－Zinn 等学者于 1994 年将正念（Mindfulness）融入父母教养后提出的一个新的教养方式和概念，它是哲学、禅学和心理学中正念理论和正念训练在家庭教育中的应用和扩展。指父母在当下的教养互动过程中，对自己和孩子的内在状态及教养行为有意识的、非评判性的注意（Attention）和觉知（awareness），包含自主权、同理心和接纳三大要素。Duncan 认为正念教养对改善教养关系和减少儿童问题具有重要意义，是一种有效的亲子交往方式，他基于 Kabat－Zinn 的三因素模型提出了五因素模型，涵盖全神贯注的倾听、对自己和孩子的不评判接纳、对自己和孩子的情绪觉察、在亲子关系中的自我调节、对自己和孩子的慈悲五个维度。

### （二）亲子关系

亲子关系，源于生物学和遗传学概念建立在亲代和子代的血缘关系以及共同生活的家庭基础之上。父母与子女在家庭中相互影响、相互作用，形成一种自然关系与社会关系相统一的人际互动关系，这种关系可以直接影响到儿童的身心发展。亲子关系有五大显著特点，包括属于生物学特征的不可替代性、持久性、强迫性以及属于社会学特征的不平等性、变化性。作为幼儿一生中最重要、最基本的关系之一，亲子关系是幼儿接触最早、持续时间最长、影响最深远的人际关系。它的质量高低直接影响到幼儿的生存与发展，对幼儿的认知、情感、行为、社会性和创造力等方面的发展起着极为重要的作用。除此之外，积极的亲子关系还可以构建和谐的家庭氛围，给幼儿必要的支持和鼓励，显著减少幼儿的问题行为，促进其学习质量的提高和身心的健康发展。

## 三、亲子关系与幼儿学习质量的关系

### （一）亲子关系对幼儿学习兴趣的影响

亲子关系对幼儿学习兴趣的影响是指父母与孩子之间的亲密关系对学习的兴趣产生的影响。亲子关系的良好与否直接影响着幼儿学习的积极性和主动性。研究表明，与父母有良好亲子关系的幼儿往往表现出更高的学习兴趣，对于学习新知识和技能更加积极主动，这是因为与父母的密切互动和积极的情感交流可以满足幼儿的情感需求，培养幼儿的信任感和安全感，从而促进幼儿的学习兴趣的培养。

### （二）亲子关系对幼儿学习动机的影响

亲子关系对幼儿学习动机的影响是指父母与孩子之间的亲密关系对幼儿在学习过程中产生的内在动机和外在动机的影响。亲子关系的质量直接影响着幼儿学习动机的形成和发展，与父母关系密切、亲近的幼儿往往具有更强的学习动机，更容易保持学习的持久性和自律性。有学者认为与父母的良好亲子关系能够提供给幼儿情感支持、认同和鼓励，满足幼儿的自尊需求，从而激发幼儿内在的学习动机和自主性。

## 四、教育建议

### （一）纳入正念教养意识

根据生态系统理论中家庭系统的相关观点，父母作为幼儿接触时间最早的教育者，其教育方式深刻影响着幼儿身心发展的各个方面。父母实施怎样的教育，其子女就会产生怎样的变化，调查认为父母的正念教养对促进幼儿学习品质发展具有重要作用。但目前仍有部分父母的正念教养水平处于较低层次，这类父母大都缺乏正念教养的意识，忽视幼儿的主体地位，采用较为专制冷漠的教养方式对待幼儿。在这种教养方式的影响下，幼儿学习品质发展缓慢甚至受阻。为改变当前现状，关键是，幼儿父母必须改变现有教养理念和教养方式。例如，将正念教养意识融入日常教养，以正念教养意识驱动自身教养行为。充分尊重幼儿的主体地位，给予幼儿自主选择的机会和权利。幼儿能够自主选择如何学习，并得到父母的支持和尊重，其学习兴趣和动机自然高涨，因而其学习品质的发展往往能够达到良好效果。

### （二）塑造和谐家庭氛围

家庭是父母和子女共同生活的地方，更是亲子交流的重要场所，家庭环境和氛围直接关系到亲子关系的类型和水平。事实证明，与和谐家庭相比，身处于专制或冷漠家庭氛围中的幼儿更容易与父母产生矛盾冲突。这类幼儿长期受到父母拒绝、惩罚、控制和忽视等负面影响，压抑了性情，对父母产生了不同程度的恐惧感和疏离感。同时，他们在心中筑起了自我保护的高墙，害怕和拒绝与父母进行沟通交流甚至相处。由于缺乏信任和沟通，亲子之间矛盾冲突频发，故冲突性亲子关系逐渐形成。面对此种情况，首先，幼儿父母应该主动改变与幼儿的相处模式，自觉控制自己的情绪和脾气，注意自身语言和行为，学会用恰当的方式教育子女，有效避免亲子之间的矛盾与冲突。其次，父母应该学会尊重幼儿，积极营造和谐温暖的家庭环境氛围，舒缓幼儿的心理压力和情绪焦虑，引导幼儿敞开心扉。唯有如此，方可促进亲子关系向好发展。

## 五、结语

良好的亲子互动是幼儿发展不可或缺的，亲子之间的互动，应该是亲子共同开展愉悦身心的相关活动。这些活动不仅能够激发亲子之间的积极情感，也能促进幼儿知识经验的增长，同时也能培养幼儿的学习品质。培养幼儿良好的学习品质需要家庭和幼儿园共同的努力，家长可能存在教育观念水平比较低或者方法不当的情况，因为大部分家长都不是教育专业人士，需要不断学习，这需要幼儿园搭建平台来更新家长教育观念，帮助父母或抚养者更好地与幼儿互动，促进幼儿的学习和发展。

**参考文献**

［1］洪培琼，陈妮娅．亲子互动质量对5—6岁幼儿学习品质的影响与提升［J］．福建技术师范学院学报，2023，41（5）：655—662.

［2］宫禹涵．感知学校氛围与初中生学习倦怠的关系：心理资本的中介作用和亲子沟通的调节作用［D］．牡丹江：牡丹江师范学院，2023.

［3］于佩莎．学校社工视角下家校合作、亲子沟通与青少年学习动机的关系［D］．成都：西南财经大学，2023.

［4］李伟．正念教养对5—6岁幼儿学习品质的影响：亲子关系的中介作用［D］．长春：吉林外国语大学，2023.

［5］孔静文．初中生亲子沟通质量与学校适应的关系：心理一致感和学习投入的中介作用及干预研究［D］．保定：河北大学，2023.

［6］苏松莺．优化主题活动中的亲子活动 助力幼儿学习品质培养［J］．天津教育，2023（5）：177—179.

# 浅谈学前教育幼小衔接“小学化”倾向问题

（桂光丽　贵州省安顺市西秀区旧州镇旧州幼儿园）

**摘　要**：近年来，幼小衔接被作为学前教育的重点获得了社会各界的广泛关注，其中幼小衔接“小学化”倾向成为被提及最多的问题。其缘由是多方面的，而其核心，就是对学前教育规律和3～6岁儿童身心发展规律的违背。要扭转幼小衔接“小学化”倾向问题，需要政府、幼儿园、社会、家长等多主体努力，端正学前教育理念，实施科学的学前教育行为。

**关键词**：学前教育；幼小衔接；“小学化”倾向

“人生百年，立于幼学”，幼儿阶段教育对于人的人生来讲，起到“打地基”的作用。据《2023年全国教育事业发展统计公报》统计结果，2023年幼儿园儿童4818.26万，同比增长2.21%；学前教育毛入学率达到85.2%，比上年提高1.8个百分点。这表明，我国学前教育事业继续稳中前进，在覆盖面上进一步扩大。但是，学前教育也出现了“肥胖”问题——忽视幼儿身心发展规律和学前教育规律，将小学教育的内容和方法强加给幼儿，特别是在“幼小衔接”阶段进行“小学化”教学的表现尤为突出。幼小衔接“小学化”倾向问题的存在，并不是单一的教育问题，而是社会性问题，因此必须加以重视，并积极实施去“小学化”倾向的策略。

## 一、学前教育幼小衔接“小学化”倾向的表现

幼小衔接“小学化”倾向的表现，可以分为显性表现和隐性表现两类。显性表现也可以称为教学行为表现，是在幼小衔接教育过程中，教师的行为偏离幼儿园而向小学靠拢，甚至幼师就采用小学教师的教学内容、方法、管理和评价等。隐性表现也可以称为教学理念表现，是违背了科学的幼小衔接教育规律和理念的一种表现，其具有盲目性、虚假性和功利性特点。显性表现和隐性表现往往是相辅相成的，互为表里。让我们来作进一步解释说明。

当前，幼小衔接经常出现“小学化”的教学内容，如背诵乘法口诀、认读汉字等，甚至一些幼儿园在幼小衔接阶段直接搬出小学阶段的英语、拼音等内容，将小学的学习内容“超纲”到学龄前。这就属于教学内容方面的显性表现，让幼儿无所适从。游戏是孩子除了吃饭、睡觉外最先发展起来的行为天性，对于幼儿来讲，生活、学习都是游戏，在游戏中学会知识、进行生活。因此，游戏化教学是幼儿园比较常用的教学方法。但是，幼小衔接中存在明显的“去游戏化”现象，弱化了幼儿参与游戏过程的体验感，过分地重视游戏所要达到的目的，幼儿游戏的过程变成了点缀。这就属于教学方法方面的显性表现。

任何一种显性表现，背后对应的都是隐性表现的一个或多个特点。例如，将小学的学习内容“超纲”到学龄前，这是教学内容方面的显性表现。而一些幼儿园和幼师水平不高，当地学前教育发展水准落后，在办学条件和办学理念上不能与时俱进，闭目塞听，因而无法明确把握幼小衔接阶段的内容尺度，这就是盲目性特点，造成的结果就是将小学知识“简单化”处理后向幼小衔接阶段的幼儿进行讲授。所谓虚假性，就是扯起幼小衔接的大旗，但是并未真正理解幼小衔接的内涵。自国家开放民办教育许可以来，民办幼儿园大量增加，很多幼儿园教师并不具备幼儿教师资格，也没有接受过学前教育专业系统理论教育，就从事了幼儿教师职业。幼儿园层面也并未进行有效的培训和管理，面对幼小衔接时，就出现了挂羊头卖狗肉的虚假表现。虚假性并不只是出现在民办幼儿园当中，一些公办幼儿园尽管各方面条

件要好，但是从事一线教学工作的幼儿教师也存在资格缺失、教育缺失的问题。甚至虚假性更为突出，把国家层面的《幼儿园教育指导纲要（试行）》《3－6岁儿童学习与发展指南》置于脑后，存在两套标准：一套应付上级检查，一套用于平时上课。所谓功利性，是一些幼儿园从经济利益出发，知其不可为而为之，通过开设“小学化”倾向的课程来吸引家长注意，满足家长望子成龙、望女成凤的传统教育期待，而获得招生人数，实现盈利的目的。

综上所言，幼小衔接“小学化”倾向的具体表现众多，大体上可以分为显性表现和隐性表现两类，二者互为表里。从中也不难发现，出现上述表现的原因是复杂的，涉及社会、教育、经济、文化等方方面面，因此学前教育幼小衔接“小学化”倾向问题的解决，绝非幼儿园一方的努力能够实现“去小学化”，需要的是众多主体的共同努力。

## 二、学前教育幼小衔接去“小学化”倾向的对策分析

### （一）完善顶层设计，强化政府督导

2018年，教育部办公厅就向各省、自治区、直辖市教育厅（教委），新疆生产建设兵团教育局印发《关于开展幼儿园“小学化”专项治理工作的通知》，此后，各类智库专家从国内、外理论和实践方面也进行了极其有益的探索和补充。这表明，在顶层设计层面，国家已经有了对幼小衔接“小学化”倾向的清醒认识。而至今此问题依然存在，说明了落实过程中的不到位。这就需要充分发挥政府各个相关部门的督导职能，对于执行不到位的情况，坚决予以纠正，从而保证幼小衔接的在轨开展。例如，教育行政部门应当加强幼儿园的年检制度，对幼小衔接的课程设计、教学方法等进行严格检查和监督，对于“小学化”倾向问题，要及时且明确地给出整改意见。

### （二）规范宣传导向，引导社会风气

应试教育体制，传统教育观念，都是助长幼小衔接“小学化”倾向的重要社会因素。在互联网传播媒介的传播下，使之容易成为全社会范围内的热议话题，导致的后果就是幼小衔接“小学化”的社会风气被赋予了合理的理论基础和现实依据。究其根本，这不是应试教育体制和传统教育观念的问题，而是宣传导向的问题。幼小衔接是为了使幼儿顺利地从学前阶段进入小学阶段，是顺应幼儿身心发展规律和教育规律的正确选择，而现实情况也确实如此。而在“小学化”倾向下，孩子变成了“书呆子”，失去了天马行空的想象力，才入学就厌学，一讲就会一考就错，失去童年应有的快乐等危害层出不穷。我们的宣传应该朝着这个方向展开。可喜的是，在教育问题上一些正确的理念正在获得更多的市场，如“孩子只是做错了题，并没有做错人”“考得好就报效国家，考得不好就承欢膝下”等。这是幼小衔接的宣传中值得借鉴的地方。

### （三）监督市场行为，杜绝功利导向

一些民办幼儿园或者学前教育机构，为了获得生源和利润，以幼小衔接“小学化”为噱头招揽家长，这本身是错误的市场行为。市场具有调节作用，作为民办幼儿园或者学前教育机构，其存在的作用首先是对公办学前教育机构的职能补充，是供需关系下的产物。在正常的市场规则下，国家是鼓励并对其支持的。如果生源下降，利润单薄，可以采取正常的市场策略进行经营，但是坚决不能突破作为学前教育主体的底线。市场具有盲目性，一些以盈利为主导的学前教育机构不自知，这就需要国家出发，发挥宏观调控的作用，严格监督市场行为，坚决杜绝功利导向。

## （四）更新家长观念，促进家园共育

家长是幼儿的第一任老师，家庭是幼儿的主要生活场所，家长的行为举止、思想观念将会对幼儿产生深刻的影响。因此，家长要能够认识到幼小衔接“小学化”倾向的危害，树立正确的教育理念，掌握科学的教育方法。当然，现实情况是每个家庭情况各有不同，我们不能盲目地要求家长全部是幼儿教育专家，这就需要通过家园共育实现对家长进行教育、更新家长观念的目的。家园共育，前提是幼儿园对家长的教育，幼儿园方面要认识到家长在提高幼小衔接教育质量方面的重要作用，引导家长去掉“小学化”思想。然后密切家长与幼儿园的联系与沟通，通过家访、班会、微信、电话等多种方式统一“去小学化”教育思想，最终形成幼小衔接教育合力。

## （五）严格办园标准，强化师资建设

学前教育幼小衔接去“小学化”倾向的工作，最终落脚点是幼儿园，是幼师。因此，教育管理部门要健全幼儿园的准入和退出机制，设立严格的幼儿园开办标准，杜绝几间民房就开办幼儿园行为的存在。对民办幼儿园，政府部门要严格审核法人主体的办学资质和办学能力。要强化师资建设，提升教师专业素养。一方面要提升幼儿教师的准入门槛，要求幼儿教师必须具备专业的学前教育专业背景，具有从事幼儿教师职业的资格和条件。另一方面，在工作期间，要组织幼儿教师开展培训，通过培训使幼儿教师树立正确的理念，掌握正确的幼小衔接教育方法和内容。

## 参考文献

[1] 姚刚，李华．幼儿园教育去“小学化”需多方协同配合［J］．中国教育学刊，2019（3）：1.

[2] 谢玉坤．幼儿园教育“小学化”倾向的表现及对策［J］．教育探索，2013（5）：2.

[3] 段会冬，莫丽娟，王轶哲．“双减”政策背景下如何安放家长的教育焦虑：基于幼小衔接的分析［J］．广西师范大学学报（哲学社会科学版），2022，58（2）：73－82.

[4] 李敏谊，崔淑婧，刘颖．近十年国外不同利益相关者对于幼小衔接问题看法的研究综述［J］．外国中小学教育，2010（5）：7.

# 浅谈如何培养幼儿一日活动中的自主性

（农金花　南宁市第一幼儿园）

**摘　要：**在一日生活中，我们都知道没有规矩不成方圆，大到三纲五常，小到不许到那里玩，太危险等，等，殊不知，在我们的“过多”干涉下，幼儿已经被困在过多的条条框框里面，没有自主性。在实际的一日活动中，往往因成人的“过度”介入和指导，幼儿在活动中失去了自主和自由，被动的接受新的知识和经验，从而影响幼儿的身心发展。本文探讨了在一日活动中如何培养幼儿的自主性，以及需要我们思考的相关问题。转变观念，尊重幼儿的选择性，并不断地培养幼儿的自主性。

**关键词：**幼儿；一日活动；自主性

所谓自主性，是指幼儿对自己的活动具有支配和控制的能力，简言之就是幼儿是活动的主人。自主性可以培养幼儿独立决策、独立思考、独立行动的能力，有益于促进幼儿独立性的发展，建立自我决定的责任感，有助于自主、创新型人格的建构。只有在自己做主的活动中，才能真正体现自主性，自主性活动是幼儿发展的需要，是幼儿心理活动和精神发展的强大动力，也是幼儿的权利。有了自主，幼儿就会选择自己感兴趣的东西，因为有兴趣，他就会反复做，就变得专注，在长久的专注中，自然习得相应的知识和技能，所以我们要尊重幼儿的意愿把自主还给孩子，让幼儿在自主的空间中获得成长。在一日活动中，如何做到让幼儿在一日活动中自主学习、自主游戏、自主生活、自主运动，成为活动的主人呢？

## 一、观念转变，让孩子成为活动的主人

思想决定行动，教师首先要从自身观念的转变开始，只有思想意识得到进一步提升，才能真正落实在行动中。教师需多研读中内外各种书籍，如学习英国教育家尼尔的教育理论、美国的高瞻课程理论、陶行知的教育理论、《3－6岁幼儿学习与发展指南》等，用先进的教育理念指导实践。放开手脚让幼儿去探索、发现、形成自己的认知，再通过讨论的形式让幼儿讲出自己的发现，然后教师根据幼儿的理解再做进一步的正确的引导，这种方式才符合《幼儿园教育指导纲要（试行）》的精神。所以教师在教育、教学的过程中，应注意观念的转变，变“教师在前，幼儿在后”为“幼儿在前，教师在后”，由之前的预设多、控制多，转变为观察多、理解多、追随多、调整多……只有改变观念，把自主权真正地交给幼儿，这样才能真正做到教育家陶行知先生提倡的“六大主张”，即解放头脑、解放双手、解放眼睛、解放嘴巴、解放空间、解放时间，让幼儿真正得到解放，成为活动的主人。

## 二、尊重幼儿，发挥幼儿的自主性

在一些幼儿园里，大部分时间幼儿都不能自由活动，必须很规矩地坐在课桌前听老师讲。这样，幼儿往往就失去了自我发展的机会。比如，一个孩子现在想去玩水，但是老师让他必须画画，当愿望和行动不能统一时，幼儿就不可能专注在画画上。可见，有时候教师准备的学习内容幼儿往往不感兴趣，也并不被幼儿全部接受，他们会根据自己不同的兴趣、爱好或者根据自身不同的发展水平选择自己感兴趣的内容接受。所以教师应该尊重幼儿的选择，把选择教学内容的权利交还给幼儿，让幼儿选择自己感兴趣的内容，这样的教学活动幼

儿更乐于接受，他们在教学活动中表现为积极参与，情绪高昂，学习兴趣浓厚，使幼儿的自主性得到充分的发挥。

## 三、区域活动中幼儿自主性的培养

教师极力营造一个支持幼儿自主学习的氛围，创设一个孩子自由探索的环境，让幼儿在区域活动中真正的成为活动的主人。

首先，让幼儿自主选择区域，引导幼儿解决人多的解决办法，幼儿自主判断、协商是否可以加入，这对幼儿来说也是一种自主学习。幼儿可以自主地使用教室里所有的材料，但是用完了以后一定要放回到原来的位置。其次，幼儿可以灵活的、自主的选择活动的场地，如孩子们想用水粉画画就可以把画架子搬到盥洗室水池旁边画，一方面便于收拾；另一方面可以自由创作。这样空间的打破使原来教师仅仅限制在艺术区作画的空间得到了扩大，幼儿的绘画创作也得到了很大的发挥。最后，要开放区域活动的时间，在时间安排上，一方面，要将完成活动的自主权给幼儿，让他们自己决定完成活动的时间，只要他们完成即可，教师不作硬性规定；另一方面，除每天安排的集体区域时间外，其余只要是非集体活动、游戏、课间、饭后幼儿都可以自由选择区域活动。

## 四、值日生工作中幼儿自主性的培养

值日生工作能给孩子带来一种劳动后的成就感，在一日活动中如何能体现值日生工作的自主性呢？首先，幼儿自主讨论决定值日生工作内容及规则，经过讨论，幼儿可以把值日生工作分配好各个区域，如“餐厅管理员”“午睡小帮手”“洗手监督员”“整理小能手”等等。有了明确的职务，就能清晰地了解自己的职责。其次，把选择值日生工作内容的权利还给幼儿，当天的值日生可以按照自己的兴趣和能力选择，幼儿才会清晰自己值日生的时间，知道做什么。最后，对值日生工作及时给予评价、鼓励，能较好的帮助幼儿明辨是非，端正值日生工作态度，提高做值日生工作的热情，更好地培养幼儿争当值日生的自主性。

## 五、户外游戏活动中幼儿自主性的培养

户外游戏活动在幼儿的一日活动中占有相当大的比重，也是最受幼儿喜爱的环节，如何让幼儿自主性地选择户外游戏活动并获得走、跑、钻、爬、跳、平衡等动作的发展？

### （一）营造宽松氛围发挥幼儿自主性

在户外游戏活动中，教师应该用敏锐的观察及时捕捉来自幼儿的信息，采用开放式的教学方法营造宽松的活动氛围，与幼儿对话，教师应采用弯腰或平蹲的姿势，用建议、协商的口吻引导幼儿自主解决问题。教师充当观察者、引导者和鼓励者，用赞赏、鼓励的目光耐心倾听幼儿的发现，让他们可以更积极主动地投入活动。

### （二）让幼儿成为户外游戏的主人

在户外游戏活动中，教师应该多观察，用带有启发作用的话语或行为对幼儿进行恰当的引导，充分发挥幼儿的自主性，做到“结伴自由、选择自由、投票自由”的标准。例如，在车类区活动中，幼儿们自由地骑着小车，过了一段时间，一些幼儿就会觉得无趣而用车互相碰撞，这时，教师可以引导他们说：“孩子们，我们现在开着各种各样的车在执行任务，但我们遇到了困难，你们想想自己的身份，是警察、是消防员还是医生？都遇到了什么困难？”于是幼儿想象着自己的身份以及面对的困难，开始玩得不亦乐乎。教师适时的引导启发幼儿

不仅能够提升幼儿的思维经验，还可以提高幼儿的游戏运动水平，一举两得。

### （三）根据幼儿需要合理投放区域材料

教师根据幼儿的兴趣和需要提供适宜的运动材料，同时在观察幼儿活动的基础上适当调整材料，可以发挥幼儿的运动潜能和智慧，使幼儿保持活动的兴趣，激励幼儿不断地探索、尝试，在探究和发现中体验成功的快乐，从而达到锻炼的目的。在日常户外活动中，教师不应该用规则去束缚幼儿，使他们失去自我，而应该用真诚的态度、引导的话语、赞许的目光去唤起幼儿主体意识的发挥，让他们用自己喜欢的方式参与户外游戏活动，寻找乐趣，获得发展。

## 六、进餐环节中幼儿自主性的培养

教师要注重进餐环节中幼儿自主性的培养，让幼儿从自主进餐中体验自我服务、自我管理的快乐。教师要熟练掌握幼儿自主进餐流程，从就餐前的准备，取餐环节的顺序，就餐结束后幼儿怎样正确使用擦嘴巾等细节的相关流程要做好详细的实施方案。先从改变用餐方式开始，幼儿从“等待用餐”变成了“自助式用餐”，幼儿自己动手拿餐具、盛饭菜、送餐具、维护卫生等。把最初的“教师盛饭菜”变成“幼儿自主盛饭菜”，从“教师端送到位”变成“轮流自主取餐”，从“均等菜量”到“按需取量”，不断完善幼儿自主取餐，快乐、自主进餐的全过程。在自主进餐中，幼儿喜欢自己动手盛饭菜，吃多少盛多少，避免了不必要的浪费，也节约了时间，幼儿吃饭的速度和饭量也会明显增加，从中也感受到谦让与协作的重要性，提高手部肌肉的力量，锻炼手眼协调能力，学会基本的生活本领，养成文明用餐的行为习惯，收获成就感，成为自己生活的小主人。在幼儿自主用餐时，教师要及时关注幼儿的进餐情况，及时帮助个别用餐情况特殊的幼儿，养成不偏食不挑食的习惯。

## 七、结语

总之，作为幼儿教育工作者，我们应该改变旧观念，认识到幼儿是发展的主体，在一日活动中要尊重幼儿的选择，充分发挥幼儿的主观能动性，在各个环节中经常调整自己的行为，观察幼儿的发展，调整教学结构，发挥幼儿的主体性，使幼儿在一日活动中真正成为学习的主人。

### 参考文献

[1] 杨朋朋，刘雪丽．自由游戏中幼儿学习特点及教师支持策略分析［J］．教育导刊（下半月），2017（12）：23—26.

[2] 林玉慧．促进小班幼儿主动学习的区域环境创设策略［J］．幼儿教育导读，2019（2）.

[3] 田劲枝．教师如何指导幼儿创造性游戏初探［J］．学术思潮，2010（2）：179—180.

# 幼儿园教育信息化的应用与探索：AI 助力幼儿教学的创新

（牛安旎　柳州市柳东新区第一幼儿园）

**摘　要**：本文结合当下人工智能技术的发展，探讨了如何运用 AI 技术在幼儿园教育中进行备课、生成生动形象的课件，以寓教于乐的方式促进幼儿教学的创新。通过 AI 技术的应用，幼儿教师可以更高效地准备课程内容，制作生动有趣的教学资料，为幼儿提供更具吸引力和趣味性的学习体验。

**关键词**：幼儿园教育；信息化；人工智能；AI 技术；教学创新

## 一、引言

随着信息技术的不断发展，人工智能技术在教育领域的应用也日益广泛。近年来，国家也日益重视人工智能，并鼓励发展人工智能互联网，而实际上，将人工智能应用在幼儿园教育中，也是未来学前教育的发展目标之一。如何有效地运用人工智能技术，增强教学效果，成为当前的研究热点之一。本文将结合当下人工智能的发展，探讨幼儿教师如何在上课时运用 AI 进行备课，运用 AI 生成 PPT、视频等生动形象的课件，以寓教于乐的方式来进行幼儿教学。

## 二、人工智能技术在幼儿园教学中的应用

1. AI 辅助备课。幼儿教师可以利用 AI 技术进行课程内容的整理、筛选和组织，快速获取相关教学资源，提高备课效率。目前的 AI 技术从单个网站变成井喷式发展，嵌入浏览器插件、Office 办公软件、手机应用等媒介。幼儿教师日常与学前年龄段的儿童进行教学，本身就是寓教于乐的方式，当教师没有教学灵感，或者需要设计教学游戏时，可以通过 AI 设计相应的游戏环节，或提出游戏建议。

2. AI 生成教学资料。通过 AI 技术，幼儿教师可以轻松生成生动形象的图像、视频等教学资料，增加教学内容的趣味性和吸引力。目前，可直接生成图像的 AI 有 Midjourney，制作视频的 AI 有 Runway，上手门槛低，只需输入文字信息，即可制作出相应的图画和视频。这种制作视频的成本极低，并且有一个强大的优点：在幼儿教育中，有些教学内容往往是一些童话、神话故事，天马行空的想象，恰是视频拍摄成本的高昂因素之一。假如运用 AI 生成图像和视频，就可以完全克服这一不利因素。想象一下，将短时间内生成的图像和视频展示给幼儿观看欣赏，不仅带给他们视觉冲击，也提高了他们的学习兴趣，这对于还在培养专注度的学前年龄段儿童来说，的确是两全其美的运用。

3. AI 个性化教学。AI 技术可以根据幼儿的学习特点和兴趣，提供个性化的学习方案和教学内容，更好地满足幼儿的学习需求。教师在管理本班学前年龄段幼儿时，需要因材施教，有时候人工智能集网络多元化于一体，可以解决信息闭塞的问题，启发教师教学及管理，提高两者水平。比如，运用 Chatgpt 的大语言模型，就像人和人对话一样，让 Chatgpt 提供最优的教学方案和教学内容。

## 三、AI 技术在幼儿园教学中的实际应用

本园幼儿教师探索如何利用人工智能技术来丰富幼儿的学习体验，开展了以二十四节气为主题的节气教育活动，通过人工智能工具的运用，为幼儿呈现了别具一格的教学内容。

备课阶段，教师们利用“Midjourney”这一人工智能生成工具，制作了生动形象的二十四节气图像。这些图像生动展现了不同节气的特点和变化，让幼儿们在视觉上更好地理解和记忆二十四节气的含义。

除了静态图像，教师还利用“Runway”这一人工智能工具，生成了二十四节气的短视频。通过视频的形式，幼儿们可以更加直观地感受到不同节气的气候变化和自然景观，增强他们对节气的认知和理解。

在教学过程中，幼儿教师们还向“ChatGPT”这一人工智能助手咨询，探讨如何将游戏元素融入到课程中，提高幼儿的参与度和学习效率。通过与 ChatGPT 的交流，他们设计出了一系列有趣的节气游戏，让幼儿在玩中学，在学习中乐。

这样一个结合人工智能技术的二十四节气教育活动，不仅拓宽了幼儿的视野和知识面，也为幼儿教育注入了新的活力和创意。我们也将继续探索人工智能在教育领域的应用，为幼儿们打造更加丰富多彩的学习体验。

## 四、结合实例探讨 AI 技术在幼儿园教学中的效果

以幼儿园音乐活动为例，教师利用 AI 技术生成生动有趣的音乐活动教学 PPT，包括歌曲律动、动画等元素，吸引幼儿的注意力，提高学习积极性；同时，通过 AI 个性化辅助教学，根据幼儿的学习表现调整教学内容和节奏，帮助幼儿更好地掌握音乐歌曲律动知识。

## 五、未来展望：AI 技术在幼儿园教学中的应用

在一堂关于动物世界的课程中，本园教师还利用 AI 技术设计了一个智能互动游戏。通过这个游戏，幼儿们可以与虚拟动物进行互动，了解它们的生活习性和特点。例如，幼儿可以通过触摸屏幕与虚拟小猫进行互动，喂食、抚摸等，同时学习小猫的习性和生长过程。

这种生动有趣的智能互动教学方式，为幼儿带来了多重益处。首先，幼儿通过互动参与，增强了对知识的记忆和理解，培养了观察和思考能力。其次，幼儿在游戏中体验到的乐趣激发了他们的学习兴趣，促进了学习动力的提升。最重要的是，这种互动教学方式能够激发幼儿的好奇心和探索欲，培养他们的创造力和想象力。

因此，通过生动有趣的智能互动，幼儿园教育不仅实现了知识传递和技能培养，更重要的是为幼儿的全面发展提供了更加丰富多彩的学习体验，促进了幼儿的认知、情感和社交发展。这种融合 AI 技术的教学方法，将为幼儿园教育带来更多的可能性和机遇，助力幼儿们健康快乐地成长。

## 六、结语

通过上述探讨和分析，我们可以看到 AI 技术在幼儿园教学中的巨大潜力和应用前景。幼儿教师可以利用 AI 技术提高备课效率，制作生动有趣的教学资料，为幼儿提供更具吸引力和趣味性的学习体验。希望本文可以为幼儿园教育信息化的进一步发展提供一定的启示和借鉴。

## 参考文献

[1] 未灿．人工智能时代背景下幼儿园人工智能教育活动的思考［J］．中国现代教育装备，2023（10）：1—4.

[2] 新挑战，新机遇：ChatGPT热潮下的幼儿教育发展策略［C］．幼儿教育研究，第三届幼儿园高质量发展专家研讨会论文集，2023（3）：1—5.

# 浅谈马赛克方法在幼小衔接工作中的应用

（周婉宜　广东省东莞市沙田镇第二幼儿园）

**摘　要：**当代教育强调“儿童视角”“儿童权利”，强调儿童作为自身生活的专家有表达自己的权利，而马赛克方法恰恰为倾听儿童的多种声音提供了支持工具。马赛克方法带给教师的不仅是一种研究儿童的方法，更是一种有效的教学策略，也是影响教育实践的起点，同时可以帮助幼儿园和小学之间的衔接课程。本文借助马赛克方法，探讨了幼儿园和小学共同合作，建立起无缝衔接的教育体系，以便为孩子提供更好的学习体验和发展机会。

**关键词：**马赛克方法；幼小衔接；应用

《幼儿园保育教育质量评估指南》中指出：重视幼儿通过绘画、讲述等方式对自己经历过的游戏、阅读图画书、观察等活动进行表达表征，教师能一对一倾听并真实记录幼儿的想法和体验。幼儿园和小学之间的衔接课程是教育体系中的一个重要环节。它旨在帮助幼儿顺利过渡到小学阶段，确保他们在学习和发展方面能够持续取得进步。然而，由于幼儿园和小学之间存在着教学内容、教学方法和教学环境的差异，幼小衔接课程常常面临一些挑战。借此，利用马赛克方法助力幼小衔接课程，以促进幼儿的顺利过渡和学习发展。

## 一、马赛克方法概述

马赛克方法是一种基于跨学科、跨领域的知识和技能，通过拼贴组合的方式，帮助孩子们更好地掌握知识和技能的方法。这种方法注重培养孩子们的自主学习能力、合作精神和创新意识，让他们在轻松愉快的氛围中学习。在马赛克方法中，每个孩子都可以成为自己学习道路上的主导者，发挥自身特长和兴趣，将各种知识技能拼贴组合，形成独特的“知识拼图”。

马赛克方法是幼儿开展自主游戏的有力支持及重要的探究方式。幼儿教师应该转换自身的角色，变成幼儿的视角，跟随幼儿的角度去发现世界。鼓励幼儿大胆运用儿童化的语言、儿童的摄影、儿童绘画、记录等多种方式发现问题、探究问题、解决问题。在幼儿纯真的童年，留下美好、有趣的幼儿园记忆。

马赛克方法也是一种基于合作学习的教学策略，通过将幼儿园和小学的教学资源和教学活动进行整合，实现幼小衔接课程的无缝衔接。马赛克方法的核心原理是通过合作学习，让幼儿园和小学之间的教师和学生共同参与教学活动，共同探索和学习知识。

在运用马赛克方法的过程中，时刻提醒着我们要转变儿童观尊重幼儿，要把幼儿看作独立的个体，相信儿童的力量，听见“失语”儿童的声音，以开放、多元的态度更好地理解儿童、支持儿童深度探究、促进儿童的可持续发展。它深刻变革着我们的教育思维，深切影响着我们的教育实践。我们要着眼于幼儿的核心素养和深度学习，深入探索马赛克方法在可持续发展教育园本课程中的有效实践。

## 二、幼小衔接中马赛克方法的作用

当今社会，幼小衔接已成为教育界关注的热点问题。幼儿园大班的孩子即将升入小学一年级，许多家长和教育工作者都致力于寻找有效的方法，以帮助孩子更好地适应从幼儿园到小学的转变。马赛克方法可以帮助孩子更好地适应小学的学习和生活环境，不断提高各方面的能力。

### （一）认知能力提升

马赛克方法通过鼓励孩子们从多个角度观察问题，思考问题的多种解决方案，培养他们的批判性思维和解决问题的能力。例如，在拼图过程中，孩子们需要不断思考如何将不同的板块拼在一起，这实际上锻炼了他们的逻辑思维和空间感知能力。这种思维方式在幼小衔接过程中有助于孩子们更好地适应新的学习和生活环境，提高他们的认知水平。

### （二）注意力训练

马赛克方法需要孩子们长时间专注于拼图式的知识点，这有助于培养他们的专注力和耐心。例如，在拼图过程中，孩子们需要耐心地完成每一个板块，这其实就是在训练他们的专注力和耐心。在幼小衔接过程中，注意力训练至关重要，有助于孩子们更好地掌握新的知识和技能。

### （三）激发学习兴趣

马赛克方法将学习和游戏相结合，让孩子们在轻松愉快的氛围中学习，有助于激发他们的学习兴趣。例如，在拼图过程中，孩子们可以自由选择他们喜欢的板块，这使得学习变得有趣和富有挑战性。在幼小衔接过程中，学习兴趣的培养对孩子们的未来发展具有重要意义。

## 三、如何在幼小衔接中应用马赛克方法

幼小衔接是教育教学中一个非常重要的环节，如何有效地进行幼小衔接是每个教育工作者必须掌握的技能。而马赛克方法则是一种非常实用的教学方法，可以帮助幼儿更好地理解和掌握知识。在幼小衔接中，我们可以运用马赛克方法来帮助幼儿更好地理解和掌握知识。

马赛克方法是一种将知识点拆分成小块，然后逐步组合起来的教学方法。通过这种方法，幼儿可以更加深入地理解知识点，从而更好地掌握知识。在实际教学中，我们可以将知识点拆分成小块，然后逐步组合起来进行教学。例如，在教授幼儿认字时，我们可以将一个字拆分成笔画，然后逐步组合起来进行教学。这样，幼儿可以更加深入地理解每个笔画的含义，从而更好地认识这个字。

在《你好，小学》主题活动中，嵌入“马赛克方法”，运用儿童会议获取幼儿了解小学的各种方式，帮助幼儿全面直观地了解小学环境和小学生的学习生活。在幼儿讨论中，我们将话语权交给孩子，让他们在宽松、安全氛围中交流。教师要以倾听儿童、赋权儿童来支持儿童对小学的探究。在参观小学的活动中，孩子们可以通过访谈、绘画表征等方式来解决想要了解的问题，并通过观看哥哥姐姐的采访视频，直观地解决了孩子对上小学存在的困惑。马赛克方法为我们提供了无限可能，探究出了更多倾听孩子的方法。我们要立足于儿童本位，利用观察、图画制作、魔毯、幼儿园之旅等马赛克方法，让孩子用不同的方式和在丰富的活动中体验小学生活，努力做好入学的四个准备，以更好的姿态迎接新阶段。

此外，在幼小衔接中，我们还可以运用马赛克方法来帮助幼儿建立知识框架。通过将知识点拆分成小块，然后逐步组合起来，幼儿可以更加清晰地了解知识点之间的关系，从而建立起知识框架。总之，马赛克方法是一种非常实用的教学方法，在幼小衔接中的运用可以帮助幼儿更好地理解和掌握知识。教育工作者可以在实际教学中灵活运用这种方法，为幼儿提供更加优质的教育服务。

## 四、对“马赛克方法”的应用思考

### （一）加深对“马赛克方法”的认识

马赛克方法作为现代教育理念下对幼儿教育领域做出的创新，也代表着未来我国幼儿教育领域的发展方向。而教师作为教育活动的主导者，其秉持着怎样的教育理念，对教育工作的开展具有决定性的影响。对幼儿教育而言，马赛克方法能否得到落实和贯彻取决于教师对马赛克方法的认识程度。作为一种新型教育方法，马赛克方法对传统幼儿教育理念做出大胆改革，将幼儿教育进行重构，其在很多细节的实施上需要教师发挥更多作用。

教师要确保自己对马赛克方法具有正确认识，并且在教学实践中对马赛克方法的内涵进行积极探索，深刻把握马赛克方法的使用重点。同时，在教学实践中要避免对马赛克教育理念的生搬硬套，不断提升对马赛克方法的使用熟练度。

### （二）“马赛克方法”的应用要结合幼儿特点

通过对马赛克方法的分析发现，马赛克方法在幼儿教育中的开展核心是幼儿主体地位的构建。例如，在幼儿园班级区域环境创建中，幼儿园的班级区域环境是十分重要的教育资源，其在潜移默化中能影响幼儿在身心方面的健康发展。教师首先要认识到，班级区域环境并非为教师创设，而是为了幼儿的成长创设。因此，教师在创设班级区域环境时要注重对幼儿主体地位的提升。以往在幼儿教育中，由于幼儿在发展阶段上的局限性，教师始终把幼儿视为不成熟的个体，对幼儿天马行空的想法不够重视。在对班级区域环境的创设中也没有引导幼儿参与，导致幼儿对班级区域活动的参与热情始终难以得到质的提升。

而未来马赛克方法在幼小衔接工作的应用中，教师要结合幼儿的阶段性特点，不要拘泥于马赛克方法在理论上的阐述。而是要将理论知识和幼儿的实际发展情况进行结合。在实践中对马赛克方法的应用做出创新，从而使马赛克方法在幼儿教育中的实效性得以提升。

### （三）建立“马赛克方法”的评价机制

马赛克方法是伴随幼儿教育的发展所推出的新型教育方法，要想确保教师在日常教学和管理中对马赛克方法的应用效率。除了教师方面主观积极性以外，幼儿园要建立一套科学的针对马赛克方法的教学评价机制。

马赛克方法作为时下流行的教学方法较为新颖，很多教师往往并无相应的教学经验。相对而言他们更习惯使用熟悉的传统教学方法，这就导致有些教师在教学实践中畏首畏尾，甚至对马赛克方法的使用浮于表面，导致马赛克方法在幼儿教育中的运用缺乏效率。因此，建立一套完整的教学评价机制至关重要。而在马赛克方法的教学评价体制构建中，幼儿园管理者还要做好对教师的培训，为教师在马赛克方法应用能力的提升上提供途径，以此多管齐下确保马赛克方法在幼儿教育中的应用质量。

“始于倾听，不止于倾听。”我们要学习把马赛克方法作为一种思维方式，让它融入我们课程、生活，真正去倾听孩子，用我们的课程回应孩子，回应孩子的经验。看见儿童，解读儿童，为儿童提供更多表达自己想法的机会。马赛克方法在运用过程中，提醒着我们要尊重每一个幼儿，要把幼儿看作独立的个体，有思想、有能力、完整的人，在研究过程中的每一步也体现了研究者对孩子的尊重和信任。

### 参考文献

［1］苗曼．“马赛克方法”与幼儿教育改革［J］．教育发展研究，2018，38（22）：7—15.

[2] 石淑琴．浅析幼儿园到小学衔接问题 [J]．课程教育研究，2020 (4)：1—2.
[3] 陈晓红，李召存．马赛克方法：实现儿童参与研究的好方法 [J]．幼儿教育，2015 (18)：33—37.
[4] 李凤淋．幼儿园幼小衔接的问题与对策 [J]．科学咨询（科技·管理），2020 (4)：287.

# 科学协同助衔接，幼小衔接促成长

（孙思涵　乌鲁木齐市第十三幼儿园）

**摘　要：** 幼小衔接的创建是为了保证幼儿园大班的孩子顺利地步入小学之后，能充分适应小学阶段的学习与生活，科学有效的幼小衔接在很大程度上能促进幼儿园教育与小学教育的双向衔接。幼儿园与家长需要掌握好幼小衔接的重要时期，帮助幼儿们实现平稳过渡，这样对幼儿步入小学阶段以及终身习惯都会产生非常关键的作用。科学有效的幼小衔接要做到教育部门、小学、幼儿园以及家庭的多方面的互相协调、全面开展，这样才能充分发挥出它应有的作用。本文主要阐述了当前幼小衔接科学进行的相关对策，以期能更好地促进幼小衔接的协同发展，促进幼儿的健康快乐成长。

**关键词：** 幼小衔接；科学协同；策略

## 一、实施科学有效的幼小衔接的必要性

幼小衔接是幼儿在经过三年的幼儿园教育后步入小学阶段的转折点，它具备承上启下的意义，充分做好幼小衔接教育工作，可以使幼儿们养成良好的学习习惯与生活作息，对终身发展打下扎实牢固的基础。幼儿从大班步入小学时面临着学习方法、生活作息以及人际交往等多个方面的改变。例如，在幼儿园时，幼儿教师的主要任务是保育教育，学习知识是次要的，但是小学一年级是以学习知识为主要内容，在生活作息以及学习方法上产生了很大的变化，许多一年级的学生会出现不适应以及身心疲倦的状况，在心理上会形成很大的压力。为了能够使幼儿们的身心得到全面发展，科学有效的幼小衔接是非常关键的，值得受到社会各个方面的共同关注。

## 二、促进幼小衔接科学发展的对策

### （一）小学方面设计科学的入学适应教育工作

小学是幼小衔接中非常重要的一个方面，小学需要提升与幼儿园之间互相衔接发展的观念，改变以往幼儿被动入学的模式，重视幼小衔接中存在的各种问题，把入学适应教育当做最核心的实际教学任务去贯彻与落实。在设计课程以及环境的时候，小学需要主动和幼儿园展开对接。比如，小学可以调整与改善一年级在课堂内容上的设计，降低教学进度，减少课程内容之间的差距性。还能够开设一段时间的适应阶段，在学生刚步入一年级时，找点对他们进行适应教育，设计他们所熟悉的，和幼儿园具有衔接性的学习氛围，减少他们因为变换学习氛围而形成的不适应感。小学需要重视学生个体之间存在的差别性，充分理解每个学生不同的知识储备情况以及不同的学习知识的能力等。小学教师可以创新教学思想观念与教学模式，重视学生的学习主体位置，选择他们感兴趣的课堂情境，增加学生对小学课堂的学习动力与参与积极性，使他们慢慢地适应小学学习环境中。

### （二）幼儿园方面做好系统的入学教育准备工作

入学教育准备工作属于需要长期进行的、循序渐进的教学阶段，所以，幼儿园需要将幼小衔接的教学任务合理科学的分配到幼儿园时期的教学工作过程中。依据广大幼儿在进入小

学之后需要具备的各方面素质要求，科学的设计教学的内容与方法，采取有针对性的准备工作。比如，在培养幼儿身心适应方面时，不但需要关注幼儿自身的身体健康情况，还需要重视他们的心理情况，是否具有对步入小学阶段的期待等。在学习方面，需要重点锻炼他们的注意力、理解力以及自我表达水平，促进幼儿形成自主的探究学习欲望。在生活方面，幼儿园不但需要指导幼儿形成正确的、良好的生活作息和生活习惯，还需要增强幼儿自我安全保护的水平。另外，幼儿园需要指导幼儿形成人际交往方面的能力。例如，锻炼幼儿与其他小伙伴的互动与交流，增加幼儿教师与幼儿之间的沟通等基本的社交能力，使他们形成诚实守信、团结合作的观念。幼儿园在实施入学教育准备工作的时候，需要重视幼儿不同的个性以及兴趣发展需要，设计恰当的教学模式，运用感知方法、实践操作方法、游戏教育方法或者创造情景的方法，把入学准备工作充分结合到幼儿园教学的整个过程中，促进幼儿们做好充分的入学准备。

### （三）幼儿园与小学创建双向衔接教育系统

幼儿园教师和小学教师之间的互动衔接比较少，主要表现在教学模式、教学观念以及教学评价等诸多方面，所以，幼儿园需要和小学进行主动的衔接，促进双方形成互助、协作、融合的教学系统，实现不同学段之间教育信息的共享。幼儿园和小学教师需要创建学习互助共同体，经过互助研讨、见习实习以及课程体验等多样方式，增加相互之间的交流与沟通。二者还可以一同探究儿童教育学，分析儿童成长阶段的不同特点，研究实用的教学模式等，及时分析幼儿在入学准备以及适应小学阶段中出现的问题，促进教师对学生产生深刻认知，充分做好系统全面的入学工作。

### （四）家长方面主动配合幼儿园与小学的工作

家长需要创建科学有效的幼小衔接观念，在促进幼儿身心全面发展的基础上，关注幼儿的个人兴趣以及情感变化特点，充分满足他们的实际需要，改变功利态度，降低内心焦虑，全面认识到超前学习的消极影响，以免产生过度追求实时效果，盲目增加知识储备量的问题，给幼儿真正地创造出适合他们未来长期发展的、可以有效增强他们身心发育水平的入学准备以及学习氛围，充分配合幼儿园以及小学教师们的工作。为了能形成科学有效的幼小衔接观念，家长必须理解与掌握家庭教育和幼儿身心发展的有关知识理论，能运用专家教育讲座、微信公众号或者线上培训的方法，有针对性的去分析与了解幼儿的身心、成长以及学习等多个方面需要进行的准备重点。另外，还需要重视在不知不觉间对幼儿进行家庭教育，使他们在温馨祥和的家庭环境中掌握小学的入学适应教育，帮助他们慢慢习得小学学习与生活的必备能力。比如，在生活角度上，家长需要辅助幼儿学习合理的计划时间，逐渐形成良好的学习与生活习惯。还可以引导幼儿学习独立自主去做力所能及的事，培养他们形成生活自理水平。在学生身心发育方面，引导他们多参与体育锻炼，学习正确的方法去释放自己的压力与情绪，充分缓解心理情绪。同时，还可以锻炼幼儿的思维能力，使他们形成独立思考的水平，重点培养他们在做事时的专注力和计划性。

### （五）社会多个方面全力协作

科学有效地贯彻落实幼小衔接，需要社会多个方面的共同努力，从以往的家校合作转为多个方面的全力协作。基于此，幼儿园和小学需要科学客观地看待家庭具有的积极作用，促进实现教育部门、家庭、小学以及幼儿园的共育教育机制。幼小衔接教育的每个主体都具有自身的优点与个性，都可以发挥十分关键的作用。因此，需要引导与鼓励各个方面都运用不同内容的活动去增加互相之间的互动与交流，主动分享经验，增强对幼小衔接教育的认知水平。比如，教育部门可以积极主动的宣讲关于幼小衔接的相关政策要求，为大家普及关于科学衔接的观念和做法，增加对一些教育培训机构的监督与管理，指导家长清楚地认识到超前学习的缺点，降低家长的过分焦虑，进而推动家庭中形成和谐的亲子氛围，促进幼儿园与小学的科学有效衔接。幼儿园能够开展开放日活动，辅助小学教师以及家长充分了解与掌握幼儿们的学习个性，指导双方都要积极做好衔接工作。此外，还可以运用自身在教育上的特点，组织开展公益性的教育讲座或者培训，辅助家长和小学教师充分了解与掌握幼小衔接的观念。小学也能够开展开放日活动，促进幼儿园教师和家长分析和掌握小学的学习流程与氛围，指导他们做好各方面的准备工作。

## 三、结语

综上所述，幼小衔接属于基础教育阶段的关键环节，也是广大幼儿成长过程中非常关键的转折点。科学有效地掌握幼小衔接，避免各种问题，实行双向的教育衔接模式，要做到小学、幼儿园、家长以及各个部门之间的互相协同合作，这样才能为广大幼儿们创建舒适的氛围，指导他们平稳安全地跨过幼小衔接的时期，为未来的长期发展打下扎实牢固的基础。

**参考文献**

[1] 杨树青，杨树燕．优化幼小衔接教育，提升幼儿科学素养［J］．天天爱科学（教育前沿），2022（1）：17－18.

[2] 车远侠．当下幼小衔接的困境和科学路径探索［J］．早期教育，2021（44）：11－13.

# 借助评估指南，做好幼小衔接

（李思盈　北京明天幼稚集团怀柔分园）

**摘　要：** 幼小衔接是幼儿教育的重要环节，也是孩子们从幼儿园向小学过渡的关键阶段。为了帮助孩子们更好地适应小学的学习和生活环境，本文探讨了如何借助《幼儿园保育教育质量评估指南》做好幼小衔接工作。通过深入理解评估指标、制订个性化的教育计划、加强与小学的合作与交流、创设良好的教育环境和注重家庭教育的作用等方面的措施，可以更好地促进孩子们的身心发展，帮助他们顺利完成幼小衔接。

**关键词：** 评估指南；幼小衔接；幼儿教育

## 一、引言

随着教育的不断发展和改革，幼小衔接问题越来越受到社会各界的关注。幼小衔接是孩子们成长过程中一个非常重要的阶段，它不仅关系到孩子们未来的学习和发展，也影响着他们的身心健康和情感成长。因此，如何做好幼小衔接工作成了幼儿教育的重要课题。而《幼儿园保育教育质量评估指南》（以下简称《评估指南》）则为这一工作提供了重要的指导和支持。

## 二、《评估指南》对幼小衔接的意义

《评估指南》作为国家教育部制定的指导性文件，不仅为学前教育机构提供了明确的教育质量评估标准，更为幼小衔接工作指明了方向。其意义主要体现在以下几个方面。

1. 明确方向。《评估指南》为幼小衔接工作提供了明确的指导，使得教育工作者和家长能够更加清晰地了解孩子在身心发展、社交技能、学习品质等方面的要求，从而有针对性地制订教育计划。

2. 发现问题。通过《评估指南》的评估指标和标准，我们可以全面了解孩子们的发展状况，发现可能存在的问题和不足。例如，孩子们可能在心理适应、社交技能、时间管理等方面存在挑战。这些问题的发现有助于及时采取措施进行干预和调整。

3. 促进发展。借助《评估指南》，我们可以根据孩子们的个体差异和发展需求，制订个性化的教育计划，促进其全面发展。例如，对于自信心不足的孩子，可以设计一系列增强自信心的活动，帮助他们在实践中逐渐建立自信。

4. 提高质量。《评估指南》不仅关注孩子们的发展状况，还关注学前教育机构的教育质量。通过评估和反馈，可以帮助学前教育机构发现自身的不足，提高教育质量，从而更好地服务于孩子们的成长。

5. 加强合作。《评估指南》强调多方面的合作与交流，包括学前教育机构与小学、家长、社区等的合作。这种合作模式有助于形成教育合力，共同促进孩子们的顺利过渡。

综上所述，《评估指南》对于幼小衔接工作具有重要的指导意义，有助于我们更好地了解孩子们的发展需求，发现问题并采取有效的措施进行改进和提升。通过深入理解和贯彻

《评估指南》的精神，我们可以为孩子们的顺利过渡和全面发展创造更加良好的条件。

## 三、如何借助《评估指南》做好幼小衔接

### （一）深入理解评估指标

为了更好地进行幼小衔接工作，我们首先需要对《评估指南》中的评估指标进行深入理解和分析。这些指标涵盖了孩子的身体发育、心理发展、社会适应能力等多个方面，为我们提供了全面的评估依据。通过深入学习这些指标，我们可以更准确地评估孩子的发展状况，发现存在的问题和不足，从而为后续的幼小衔接工作提供明确的指导。例如，某幼儿园在按照《评估指南》进行评估时，发现大部分孩子在自理能力方面存在不足，如不会系鞋带、不会自己上厕所等。针对这一问题，幼儿园制订了一系列针对性的教育计划，加强自理能力的培养，通过日常生活中的实际操作和模拟情景教学等方式，帮助孩子逐渐掌握自理技能，更好地适应小学生活。

### （二）制订个性化的教育计划

在深入理解评估指标的基础上，我们需要根据每个孩子的个体差异和发展状况，制订个性化的教育计划。这些计划应该充分考虑孩子的兴趣爱好、性格特点、学习方式等因素，确保教育内容和方式符合他们的需求和特点。通过个性化的教育计划，我们可以更好地促进孩子的全面发展，帮助他们顺利适应小学的学习和生活。例如，某幼儿园在制订个性化教育计划时，发现小明特别喜欢画画，但在数学方面存在困难。针对这一情况，老师为小明制订了一个个性化的学习计划，将数学学习与画画相结合，通过画图、涂色等方式帮助他理解数学概念，提高学习兴趣。经过一段时间的努力，小明的数学成绩有了明显的提高，同时他的画画技能也得到了进一步的发展。

### （三）加强与小学的合作与交流

幼儿园与小学之间的合作与交流是做好幼小衔接工作的重要环节。通过组织幼儿园教师和小学教师的交流活动，我们可以分享教育经验和教学方法，共同探讨幼小衔接的有效途径和方法。这种合作与交流有助于双方教育的有机衔接，为孩子的顺利过渡创造更好的条件。例如，某幼儿园与附近的小学建立了合作关系，定期组织幼儿园教师和小学教师进行交流活动。在一次交流中，小学教师分享了如何培养小学生的时间管理能力，幼儿园教师则分享了如何通过游戏活动培养孩子的注意力集中能力。双方还共同探讨了如何更好地进行幼小衔接工作，如开展联合教学活动、共同制定教育计划等。通过这种合作与交流，双方教师都能够更好地了解彼此的教育方式和要求，为孩子的顺利过渡提供了更好的支持。

### （四）创设良好的教育环境

良好的教育环境是孩子健康成长的重要保障。在物质环境方面，我们需要提供丰富多样的教育资源和教具，满足孩子的学习需求。同时，我们还需要营造温馨、关爱、支持的心理环境，使孩子能够愉快地学习和成长。这种环境不仅有助于提高孩子的学习效率，还有助于培养他们的积极心态和自信心。例如，某幼儿园在创设良好的教育环境方面做得非常好。他

们提供了各种教具和教学资源，如图书、玩具、实验器材等，满足了孩子多样化的学习需求。同时，老师们也特别注重心理环境的营造，通过关心和支持孩子们的需求和情感表达，建立起了亲密的师生关系。在这样的环境下，孩子不仅能够更好地学习和成长，还能够更加自信和乐观地面对未来的挑战。

### （五）注重家庭教育的作用

家庭教育是孩子们成长过程中不可或缺的一部分。为了更好地进行幼小衔接工作，我们需要加强与家长的沟通和合作，引导他们正确认识幼小衔接的重要性。同时，我们还可以组织家长开展相关活动，如亲子阅读、家庭教育讲座等，帮助他们更好地理解和支持孩子们的成长需求。通过家庭教育与学校教育的有机衔接，我们可以为孩子的顺利过渡提供更加全面的支持。例如，某幼儿园为了加强与家长的沟通和合作，定期举办家长会，让家长了解幼小衔接的重要性和孩子们在园中的表现。同时，他们还邀请了家庭教育专家为家长举办讲座，分享如何培养孩子的学习习惯、时间管理能力等方面的知识和技巧。此外，他们还组织了亲子阅读活动，让家长和孩子一起阅读绘本、故事书等，培养孩子的阅读兴趣和阅读能力。通过这些活动，家长不仅能够更好地了解孩子在园中的情况，还能够学到更多的家庭教育知识和方法，更好地支持和引导孩子的成长。

## 四、结论

幼小衔接是幼儿教育的重要阶段，也是孩子成长的关键时期。借助《评估指南》，我们可以更好地了解孩子的发展状况，发现存在的问题和不足，从而采取有效的措施进行改进和提升。同时，要加强与小学的合作与交流、创设良好的教育环境和注重家庭教育的作用等方面的工作，为孩子的顺利过渡打下坚实的基础。

### 参考文献

[1] 凌晓俊，姚玉香，于秀霞．小学在幼小衔接中的履责困境与对策：基于“新方案”“新课标”的分析 [J]．天津师范大学学报（基础教育版），2022（06）．

[2] 陈玉霞．基于德尔菲法修订拒绝上学行为评估问卷的研究 [J]．教育导刊，2022（4）．

[3] 刘源，程伟，董吉贺．我国幼小衔接教育政策的演变与反思：基于对 1949～2019 年相关政策文本的分析 [J]．学前教育研究，2021（1）．

[4] 刘晓东．中国小学教育亟待战略转型：兼论“幼小衔接”应向“小幼衔接”翻转 [J]．湖南师范大学教育科学学报，2019（3）．

[5] 刘丽伟，李敏谊．在家努力还是参与学校：家长参与幼小衔接情况调查 [J]．学前教育研究，2015（6）．

# 构建幼儿教师专业学习共同体的个案研究

（张曦予　天津市河东区第一幼儿园）

**摘　要：** 幼儿园教师队伍的专业化是推动学前教育发展的关键，在实际教育的过程中，需要围绕共同体理论开展分析，拓宽专业发展路径，提升幼儿园教师的专业素养，为更好地培育幼儿打下良好基础。幼儿园在建设学习型社区时必须找到正确的思路和优化策略，深入研究社区建设的要求，结合实践活动的经验，走可持续发展的道路。

**关键词：** 幼儿教师；专业学习；共同体；构建；个案研究

## 一、绪论

### （一）研究缘起

幼儿教师的专业发展成为研究的热点问题。在社会不断发展中，人们逐渐认识到，幼儿教师不仅是幼教改革的主体，而且是优化教育质量的保障。幼儿教育作为生命教育的开端，其重要性不言而喻。随着我国经济社会的发展，人们越来越关注学前教育的质量管理问题。

### （二）文献综述

1. 关于教师学习共同体的内涵。当前，对于学习共同体内涵的研究其实也可以称为专业的小组学习，内涵都是一种团体学习。“学习共同体”的概念最早是由博耶尔在 1995 年发表的题为《基础学校：学习共同体》报告中提出的。

2. 关于教师学习共同体的特征。在对学习共同体的特征研究中，王佳媛在研究中表明，在幼儿教师专业发展共同体的理论和策略中，幼儿教师专业发展共同体是在幼儿教师的共同努力下创建的。

3. 关于幼儿教师学习共同体的构建。关于幼儿教师学习共同体的构建的研究中，我国直接研究“幼儿教师学习共同体的构建”的内容比较少，本研究只参考了“构建教师学习共同体”的相关研究并进行了整理。

### （三）研究思路与研究方法

1. 文献法。本人收集和研究幼儿教师的专业学习共同体和有关专业发展的文献。在查阅相关文献的基础上，总结相关研究，明确研究内容、研究设计构想和研究方向。

2. 访谈法。本人在对幼儿园教师职业教育群体有一定了解的基础上通过参与式观察，选取了 5 名幼儿教师，对天津市 T 幼儿园的 A 教师、N 教师、L 教师以及新手教师 W、新手教师 J 进行观察与访谈。

## 二、幼儿教师专业学习共同体的构建情况

### （一）幼儿教师专业学习共同体的构建过程

1. 创设有利于进行学习共同体的环境。“今年是我第一年进入幼儿园里工作，感觉学校里学的知识都运用不到现实里，每个孩子都是独立的个体，我都很头疼，我就希望有经验的主班老师能教教我，可是每次请教他们，他们都会说，多教几年自然而然就会了。”（新手教师 J）

通过对新手老师的访谈，以及和很多其他老师的日常聊天发现：作为幼儿教师，大家对于专业学习都有很强烈的欲望，奈何没有可以实施的场景以及可以请教的人选。

2. 建立共同体成员身份的认同。“我们大班有的孩子还是会以平行游戏为主，很少与其他孩子合作，在活动区进行活动的时候，还是自顾自的，自言自语。”（新手教师 W）

因此，构建一个幼儿教师专业学习的共同体，首先要面对要解决的就是如何凝聚起这个大集体，对学习目标进行分解寻找不同目标之间的共同联系，将幼儿园的系统化调整与教师的学习和个人成长关联到一起，从组织层面上共同推动幼儿的成长，个体与组织充分结合共同围绕着幼儿的发展做好各自的工作。

3. 发展共同体成员的能力。在教学活动期间，利用丰富的活动方式展现出活动的魅力，引导幼儿及教师群体从多个角度体会活动的收获，交流各自的经验。同时，我们也需要发展幼儿教师的相关能力以便更好的促进共同体发展。根据米勒和李伯曼的观点，我们幼儿教师需要发展的能力有：真诚交流，真正的共同体成员应该坦诚相待，不该藏着掖着，相互促进，不应该敷衍了事；自觉成为知识加工者，在面对实际的个例问题时，教师应该从实际出发，而不是纯用理论，虽然这一切是建立在丰富的理论基础之上。

4. 带头人要发现问题并解决问题。幼儿园园长、专业型教师、教学研究人员、其他专业组织的成员以及大学的相关专业人员，都可以为教师创造机会，在幼儿园教师学习共同体发展的早期阶段介绍知识、技能，激励和支持教师的协作工作，并在专业学习共同体中促进学习。

### （二）幼儿教师专业学习共同体的实施现状

1. 定期开展培训，提升理论素养。理论素养，就是在平时对知识的学习，对理论的研读，以及学用结合，在理论指导实践的过程中，所表现出来的素质修养和能力水平。

2. 展示交流，实现异质共享。通过一次次的观摩活动，教师也会有更深层次的理解，由模糊到清晰，由浅层到深层。

3. 网上论坛，实现互助无边界。在互联网平台上，教师群体能够实现无障碍的交流，增加了教师的交流机会和频率，教师使用平台，探讨教学内容及方法共同为提升教学能力互相帮助。

4. 竞赛考核，展示共同体实际成果。学习活动与教师的教学能力有密切联系，因此幼

儿园可以组织多样化的学习活动，分析教师的个人学习风格与需求，组织有针对性的专项学习活动，如教学研讨会、专业技能考核、教学技能比赛、观摩教学活动等。运用信息化技术构建教师学习及交流平台，对外展示教师的学习成果。

## 三、存在的问题

### （一）幼儿园教师缺少相关的学习动机

幼儿园教师花费大量时间在工作上，直接减少了个人的学习时间。很多老师说他们没有足够的时间学习，因为教学任务压力太大。

### （二）幼儿园教师学习的内容比较单一

幼儿园教师对学习内容的需求多种多样。据访谈，幼儿园的教师倾向于根据与教育活动相关的技能来选择学习内容。幼儿园教师学习的内容也和教育实践密切相关。为落实《3－6岁儿童学习与发展指南》和《幼儿园教育指导纲要》，幼儿园只能从教学观念方面做出调整，这关系到教师的教学方式和理念。教师作为与幼儿接触的群体，应该从自身做起转变学习重点，关注教学理念、教育方法、教育技术等方面。

### （三）可享资源有限

创建学习共同体，需要依托于大量的学习资源，但是资源毕竟是有限的，实现资源共享才能提升教师群体的学习效率。收集大量的最新资源并且充实到专业学习共同体领域，有利于促进学习模式的可持续发展，为幼儿教师提高个人的教学水平带来重要保障。

## 四、解决对策

### （一）给予幼儿教师结构性支持

在本次研究中我们发现，天津市 T 幼儿园教师开展这项研究并不是缺乏时间和精力，而是缺乏教师开展这项研究的有效时间和精力。学习活动需要不断的构建知识，才能形成知识体系。学校应尽最大努力为教师提供适当的时间、空间和其他资源，减少教师的高工作量，避免教师在促进其专业发展方面的“后顾之忧”。

### （二）给予幼儿教师制度性支持

我国不断加强幼儿园教师培训力度，避免培训流于形式。为了能更好地构建幼儿教师专业学习共同体，健全的评价制度是必不可少的，具有检测和激励的双重特征。它不仅能客观认识教师的发展情况，还可以通过具体的奖惩制度鼓励教师不断进步。良好的评价机制可以满足教师和学校的共同需要，鼓励教师提高专业实践技能和教育水平，提高教育质量，培养自主学习态度，最终促进教师的专业发展。

### （三）为幼儿教师制造一个专业的学习机制

合作学习可以帮助教师克服自身理解的局限，提高认知能力，改善人际关系，建立良好的同伴互助网络，促进教师的健康成长。

## 五、结论与反思

### （一）研究结论

随着时代的变迁和社会的进步，幼儿教师仅仅是被动发展是远远不够的，但目前幼儿教师的专业发展面临着学前教育质量参差不齐、职后培训难以保障、教师素质低下等问题。幼儿教师在发展中缺乏合作与沟通，存在追求职业发展的主观意愿不强。建立幼儿教师专业发展共同体是解决当前幼儿教师专业发展问题的有效途径，新时期教师队伍建设也要求幼儿教师不断学习。幼儿园在开展活动方面做出精准的定位，采取合理的思路，对共同体的构建活动进行分析，理论与实践活动融合，总结构建活动的经验与教训，才能促使学习模式不断延续。

### （二）对未来构建幼儿教师专业学习共同体的展望及建议

通过本次研究，本人发现了一些问题，也对我们未来的学习共同体的实施有一些看法和建议：首先，实行开放管理，因地制宜地进行体制改革。其次，坚持学习规律，激发共同体动力机制；再次，建设包容性共同体，营造共同成长的文化氛围；最后，以课程研究为基点，形成多元化的学习共同体。

### （三）此次研究的不足

由于各种因素影响以及研究者个人研究能力的有限，本次研究还有很多不足的地方。

1. 幼儿教师专业学习共同体构建的理论尚未得到充分的理解，一些观点也不够具体，有些研究的设计也不是那么科学，研究方法也很片面很单一。

2. 由于经费、各类人员认知不同，幼儿园可以开展的学习共同体活动相对减少了，且本人能参与进去的活动也十分有限。

3. 研究结果既不完善，也没有涵盖构建学前教师专业学习共同体所需的全部内容。

4. 道阻且长，作为一名即将从事幼教行业的工作者，本人的理论水平以及阅历都不是很强，需要在以后的工作和生活中不断提高，不断充实自我。

### 参考文献

[1] 杜赟．学习共同体中幼儿新手教师的专业发展［D］．西安：陕西师范大学，2013（1）．

[2] 全守杰．“学习共同体”研究理论考察与新探［J］．湖北经济学院学报（人文社会

科学版)，2007（10）：34—35.

［3］曾晓滢．高质量的幼儿教师专业学习共同体建设：源自西方国家的经验［J］．现代教育论丛，2021（3）：47—48.

［4］容珍．幼儿园教师学习现状的调查研究［D］．石家庄：河北师范大学，2019：37—38.

［5］杜赟．学习共同体中幼儿新手教师的专业发展［D］．西安：陕西师范大学，2013：47—48.

［6］容珍．幼儿园教师学习现状的调查研究［D］．石家庄：河北师范大学，2019：41—42.

# 浅谈幼儿心理健康教育

（肖碧娴　广东省河源市紫金县城南实验幼儿园）

**摘　要：**健康是人类的最基本要求，是指一个人在躯体、精神和社会等各个方面都处于良好健康的状态。但是，人们现在对于健康的理解并不全面。一提到健康就主动理解为体格强健，身体无病。这种片面的健康观，在很大水平上忽略了心理健康的重要性，非常不利于幼儿的身心发展。本文主要是从对幼儿心理健康的含义及其表现的认识，分析当代社会对心理健康教育存在的问题，论述对幼儿心理健康教育的有效方法这几个方面来进行，帮助老师及家长更好地去理解幼儿。

**关键词：**幼儿心理健康；健康教育；情绪情感

健康是人最基本的权利，是生命存在的最佳状态。传统的健康观是“无病即健康”，随着时代的进步，现代人的健康观已提升到“整体健康”。“整体健康”指的是一个人在身体、精神、社会和道德各方面都能达到一个良好的状态。也就是说，一个健康的人，应该具备强壮的身体、饱满的的精神状态、良好的社会适应力以及健康的道德观，这才能算得上完全健康的人。心理健康影响人的生活质量，也影响到其劳动力的效率和对社会的贡献力。每对父母都希望自己的宝贝能快快乐乐、健健康康的长大，成为以后对社会有帮助、有贡献的人，因此，关注幼儿的心理健康是我们不可忽视的重要环节。

## 一、幼儿心理健康的含义及其表现

谈到关注幼儿的心理健康，首先我们必须清楚明白的知道何为“心理健康”。很多家长简单地把“幼儿心理健康”理解为宝贝的脾气好不好，性格开朗不开朗，其实这样的理解太过狭隘了。海内外的教育工作者同心理专家对此提出了初步的看法概念，认为一般心理健康的幼儿应该具有如下特点：（1）智力发展正常，喜学好问；（2）丰富的情感，情绪比较开朗；（3）行为活泼而有一定的自我控制能力；（4）合群，能适应及喜欢集体生活，能与同伴友好相处。具体来说，他们在生活、学习、劳动以及人际交往、品质道德等方面，应有如下几个方面的表现。

### （一）生活方面

心理健康的幼儿情绪基本上是比较稳定、愉快的，他们不会出现经常无缘无故发脾气，乱扔乱摔东西这些行为。他们在饮食起居方面的习惯非常规律、正常，能够按时入睡，睡眠安稳，没有吸手指或咬东西入睡的习惯，也不会过分的挑食、挑物，基本上大人的合理嘱咐都能听从。

### （二）学习方面

心理健康的幼儿求知欲比较强，他们喜欢提问题并积极寻求解答。记忆力比较正常，在做力所能及的事情时，注意力会非常集中。他们很爱说话，语言表达能力跟年龄相应，不会出现口吃的现象。

### （三）劳动、人际交往方面

心理健康的幼儿劳动力比较强，喜欢做力所能及的事，不会过分消极等待别人的帮助，能很认真的去完成别人委托的任务；比较合群，会主动跟小朋友交往，待人友好真诚，会主动帮助别人，不会打骂别人，不会妒忌小伙伴，能在集体中愉快的生活。

### （四）心理健康的幼儿的自尊心和自信心都比较强烈

他们渴望得到表扬，对赞赏会感到兴奋，对批评会感到羞愧，喜欢做受欢迎的事情；不喜欢做遭人讨厌批评的事。他们都非常的诚实，不会说谎，不会私自拿别人的东西，做错事后能勇敢承认，不会故意隐瞒。

以上几点都是幼儿心理健康在各个方面的表现，幼儿的心理健康与身体健康是紧紧相连、密不可分的，老师和家长们在关注幼儿身体健康时，也不能忽视幼儿的心理健康。幼儿的心理健康是需要大人们引导的。因此，关注幼儿的心理健康是不可忽视的重要事情。

## 二、幼儿心理健康教育问题

### （一）对幼儿心理健康教育不够重视，认识不足

世界卫生组织早就提出健康的概念，指出健康不只是指一个人的身体没有出现疾病，而是一种在心理上、躯体上、社会上达到康宁的完美状态。而现在的幼儿园虽然也开设了幼儿心理健康教育的各种有关课程和相应的特色活动，却没有真正意识到心理健康教育的重要性，真正地把心理健康教育实施起来。在日常教育教学中，他们还是习惯把规范性、知识的获得放在教育的最首位，主观上把心理健康教育放在幼儿健康发展中的最小作用化。这种重形式、轻内容的教育方式，把幼儿心理健康教育的作用大大地削弱了。

### （二）父母对幼儿心理健康方面的忽视

家庭是幼儿社会化的重要场所，是幼儿每天待的最多的地方，也是最早生活和接受教育的地方，父母是孩子的第一任老师，对幼儿的身心健康发展至关重要。现在的大部分家长为了给孩子更好的生活都忙于赚钱干事业，孩子一般是交给老人代管。老一辈们疼爱第三代，往往在生活上对他们照顾得面面俱到、无微不至，从而忽视了心理上和情感上的交流，这种做法事实上很大程度剥夺了孩子自我发展的条件，使这些幼儿在独立和心理承受能力等方面出现欠缺。

### （三）师资力量的缺乏

当前实施幼儿心理健康教育的主力军大部分都是幼儿教师，但实际上许多幼儿教师在学校中学习到的关于幼儿心理健康教育方面的知识只是简单的一些皮毛，知识量较少且较为肤浅。他们对幼儿在日常生活中出现的一些心理问题也经常感到手足无措，既没有丰富的理论知识去帮助幼儿解决，也没有有效的方法进行预防。由于我国的一些幼儿教育工作者没有相应的心理健康教育理论，又不能接受国外已经存在的先进理念，这就导致了我国传统的幼儿工作教育者更多的充当了“保姆”的角色。师资力量的缺乏致使我国幼儿心理健康教育的工作无法有效开展。

### （四）社会环境的影响

幼儿生活在一定的环境中，周围环境的各种因素（生活方式、风俗习惯、道德风貌、文化水平等）都会影响到幼儿心理健康的发展。古代的“孟母三迁”讲的就是这道理。同样

地，在一些经济水平落后的地区，当地的幼儿心理健康教育也相对落后。他们不知道环境的好坏对幼儿心理健康的发展会有直接的影响，所以也根本没有要进行心理健康教育的意识。

### （五）理论体系的不完善

虽然现在随着经济水平的提高，我国幼儿教育的发展水平也得到了普遍提高。但我国在幼儿心理健康教育这方面历史比较短暂，在知识上比较薄弱，实践上也缺乏一定的理论依据。理论体系的不够完善导致了幼儿教育工作者教育水平低，在解决幼儿心理问题时比较片面，常常只改正了表面，而没有站在幼儿心理健康教育的角度去分析和引导，这严重影响了幼儿的心理健康。

## 三、幼儿心理健康教育的有效方法

每个幼儿都是一个完整而独立的主体。在心理健康教育中，我们只有充分去了解，尊重这一主体，才能使其发挥它的主体性，幼儿才能主动积极的去活动。这样心理健康教育才会起到最大的作用。注重幼儿心理健康教育，可以合理去掌握一些有效的方法，才能有事半功倍的效果。

### （一）注重对幼儿的情绪情感进行合理的培养和疏导

良好的情绪情感是幼儿心理健康的必要条件之一。培养幼儿健康的情绪情感有利于健康人格的形成。而培养幼儿健康的情绪情感的前提就是满足幼儿的需求。这种需求不单单是指物质方面的，也包括精神方面的，老师与家长应保持亲切和蔼的态度与幼儿进行交流，让他们时刻感到温怀和呵护。当幼儿的某种需求没有得到满足时，老师与家长应该及时引导幼儿疏导自己的情绪，使其用正确的方式合理发泄出来。

### （二）注重幼儿良好行为习惯的养成

良好的行为是幼儿心理健康的表现之一。培养幼儿良好的习惯行为有利于健康人格的形成。老师家长们可以利用榜样的作用来引导幼儿辨别、学习正确的行为习惯。在幼儿做了好人好事之后，也要及时地进行表扬和赞赏，让幼儿意识到自己的做法是在正确的，是可以继续下去的。

### （三）注重对幼儿进行挫折教育

合理的挫折教育可以培养和锻炼幼儿的坚强意志和性格。教师和家长要充分发挥挫折的激励作用，及时对幼儿进行教育。例如，在玩耍受伤了之后却不哭不闹，医生打针时也能勇敢面对，这种情况教师和家长就应该及时地对孩子进行教育和表扬。当幼儿自己面临困难时，也可以用一些动漫童话人物的光辉形象进行激励，让其积极勇敢地面对。在进行教育之后更重要的是要让孩子在战胜困难的过程中树立自信心。

## 四、结语

时代在变迁，教育在改革，各行各业都在快速发展。幼儿是我们祖国的未来，是民族的希望，关注幼儿心理健康也成了教师刻不容缓的任务。奥地利心理学家弗洛伊德也曾说过“早期的心理健全，对一个人未来的发展很重要”。所以，教师也要不断地完善提高自身的能力，才能够引导幼儿。良好的行为习惯和道德品质、正确的人生观、学会独立思考和具备实践的动手能力，这些才是我们可以并且应该给予他们的财富。只要人人都关注幼儿，“一切为了孩子的发展”将不再成为空话；只要人人都献出一片真心，教育这朵花将会被浇灌得越来越美。

## 参考文献

[1] 李江美，沈清．我国的幼儿心理健康教育［J］．早期教育（教师版），2005(12)：32.

[2] 韩冰．幼儿心理健康教育的有效方法及发展趋势［J］．考试周刊，2010.

# 理念·体验·互联
## ——探索农村幼儿园家园共育新模式

（姚文婷　俞晶晶　萧山区浦阳镇径游幼儿园）

**摘　要**：《幼儿园保育教育质量评估》指出："幼儿园与家庭、社区密切合作，积极构建协同育人机制，充分利用自然、社会和文化资源，共同创设良好的育人环境。"幼儿园与家庭是密不可分的，幼儿的发展离不开幼儿园和家庭的紧密配合。因此，幼儿园与家庭应提供多种行之有效的策略拉近家园共育的距离，使其同步协调发展，帮助幼儿健康快乐地成长。

**关键词**：实施策略；家园共育；协调发展

幼儿教育是学校教育与终身教育的基石，家庭与幼儿园对于幼儿来说是具有直接影响力的两大主体。而农村幼儿园在家园共育上存在的问题主要是以下三个方面：理念缺乏互通，家长资源缺少优化利用，家园活动固态化。只有解决以上三类问题，充分发挥家园各自独特的优势和长处，才能真正促进两者的发展。

## 一、互通理念，家园共情

家长和教师的理念互通非常重要，为后续活动的开展实施起到良好的铺垫作用，也是共同学习的基础。并且理念的互通也是为了更好地进行学习共同体的组合，真正实现家园共情。

### （一）搭建平台，形成高效对话

有效的家园沟通能够将教师与家长的理念进行互通，提高家长对幼儿园工作的认可度。其中首先是提供平等对话和交流的平台。家长会、家长开放日就是主要的沟通平台之一，我们改进了家长会以及开放日原来的开展方式，利用田园运动会、家园信箱等形式，同时设置情绪沟通角，让家长、幼儿、教师三者能够进行面对面的交谈，使家园之间的距离得以缩减的同时，与家长们达成教育共识，互通教育理念，形成家园共情。

例如，每一次家长会开展前，教师可以以问卷星的形式收集家长的疑惑和兴趣点，在家长会当天通过辩论、探讨、研究等方式对幼儿的行为习惯、学习兴趣等方面各抒己见。并且家长会采用了动静结合的方式，将家长会与田园运动会进行结合，让家长在聆听、参与中感受孩子的幼儿园生活。

而家长开放日除了与家长会结合之外还会以家长信箱、情绪沟通角等方式进行，当信箱有家长的反馈时，我们就会把家长请到现场来答疑解惑。当存在其他沟通问题时，可以借助情绪角来开展，进行面对面的梳理沟通。这个过程帮助教师与家长形成良好的对话和沟通，有效地解决教师与家长刚需的问题。

### （二）云端共享，促进个别需求

网络时代也给予家园互动新的共育模式，QQ、微信群、钉钉等线上平台的建立也让教师与家长的沟通实现了云端共享，除了每天捕捉孩子们的精彩片段，制成小视频、互动到群里，如果家长对于幼儿有一些个别化需求，也能借助这些媒介及时找到我们并得到相应解决。

如同我们平时借助微信公众号推送的游戏案例，家长在关注后就可以马上了解在此游戏中幼儿的表现，以及相应的支持策略，让家长有清楚认识的同时也能有针对性地帮助幼儿提升。这样沟通便捷的同时也让家长与幼儿园迅速达成共识。

例如，室内开展游戏时幼儿表现出来的精彩瞬间，以及各种假期风俗活动时幼儿所展现的表现我们会做成一个个小视频，动态的视频家长也能身临其境地感受到幼儿当时的情绪。在钉钉上还能让我们关注到家长的回应度，方便我们及时统计，针对家长的需求做出调整。同时，每个月我们都会推送相应的游戏案例，都是以小组式进行追踪，让家长能够直观地关注到幼儿的表现，促进个性化体现。

## 二、互动体验，家园共进

《幼儿园保育教学质量评估指南》指出："家长有机会体验幼儿园的生活，参与幼儿园管理，引导家长理解教师工作对幼儿成长的价值，尊重教师的专业性，积极参与并支持幼儿园的工作，成为幼儿园的合作伙伴。"儿童的学习不是独立的，而是在许多情况下，主要是在与家长、教师和同伴的互动过程中，儿童既是教育资源的受益者，又是教育资源的提供者，充分利用家长资源，使家长参与教育活动，帮助完成教学任务。

### （一）实践参与，构建共进场域

当一些传统节日来临时，我们会邀请家长一起参与，不仅向幼儿传递传统习俗，感受节日教育的价值，也是拉近与家长距离的方式之一。我们常开展亲子社区体验、家长助教等，就是让家长走进幼儿园，让家长参与幼儿园的管理，理解对于幼儿的成长来说放手即为最好的方式之一。亲子社区体验主要以即将步入托班的幼儿为主，让家长进园与孩子一起游戏，一起感受幼儿园的环境，一起领略幼儿园的魅力……当然最便于家长能够观察到幼儿的表现与已有经验，依据其表现有更好的心理与物质准备。家长助教的形式即为充分发挥家长的资源，让家长当老师直接参与幼儿园的教学活动，家长们不同的民族背景、职业身份、个性特征，是幼儿园教育资源的重要补充。家长助教活动能丰富幼儿园的园本课程内容，也能引领家长真正走入课程。

例如，我们的亲子社区体验每次都会开展一个活动一个游戏，围绕园内特色以及风俗习惯开展，都是以亲子的方式进行参与。而我们的家长助教都会以四步法的方式开展，采用"问卷调查找资源－自主报名巧安排－方案设计展活动－精彩瞬间助宣传"的四步推进策略，让家长资源得到最优化。

### （二）资源整合，支持共进需要

结合园内的课程需求对班级的家长资源以及周边的乡土资源进行梳理，将其分类管理，并将这些资源合理分配共享到每一次活动中，每班可以互相交换共享，丰富了家园共育的题材，让家园走向共进。

例如，在主题行进过程中，我们会需要有不同岗位、不同领域的家长来进行展示、讲述，让幼儿能够亲身聆听、感受。当我们在开展主题活动《我来显身手》时，正好处于新冠疫情期间，有一位孩子在介绍自己爸爸的职业时说道："我的爸爸会做口罩。"其他孩子虽然见过口罩但不知道口罩的制作流程，我们也是抓住这个时机让孩子爸爸远程跟所有的孩子简单地介绍口罩的制作流程，让孩子满足好奇心的同时也理解到每一位劳动者的辛苦。当然乡土资源也是非常需要的，当开展主题活动《多彩的秋天》时，孩子想要认识水稻，感受丰收的乐趣，就可以利用家长以及周边的农田资源进行亲子秋游之旅。

## 三、互建共联，家园共育

将家长资源利用最优化就需要家园共育的新模式，自然以幼儿为主体，让家长与孩子一起走进相应的活动情境中去，策划相应的活动，分享互动活动的感受。此处以班级项目组以及家委会的形式开展，打破原有的活动范畴，增添了新的活动开展思路，使家园共育有了新方向、新局面。

### （一）成立项目组，发挥带头效应

班级成立项目小组，结合之前的家长助教等活动充分挖掘“项目组”的潜在资源，开设“故事组、种植组”等丰富的娱乐小组活动，拉近家长与家长，家长与幼儿，家长与教师，幼儿与幼儿之间的关系。

例如，每个项目组可设立组长、副组长各 1 名，针对本班孩子的一些特性开展相应的活动。就像围绕我们班的种植地丰收会开展“收获节”，项目小组会选出有种植经验的家长来参与策划此次活动，与我们班的幼儿一起有趣味地收获蔬菜，让家长与老师孩子打成一片，从而真正实现家园共育。

### （二）组建家委群，参与日常管理

幼儿园应充分发挥家长委员会群体的效能，我园每学期都会开展，让每班 2 位家委代表聆听我们各科室的工作安排，确保园务公开。同时，邀请我们家委代表参观我们的工坊，体验我们园特色工坊的各项活动，真正地走进幼儿的一日生活之中。

例如，家委会的安排每学期组织一次，制定相应的活动流程，常常以游戏的情境来展开。最有特色的是安排相应的工坊活动，制作陶艺、制作木工……让家长走进孩子的探索世界，充分体验，并进行意见的互通。有时也会伴随着一些制作、比赛等，体验老师的一些日常活动，增进理解。

家园共育工作是一门艺术，对于家长以及幼儿园双方来说，信任为第一基础，它是良好家园关系的纽带，遇事能够主动地去沟通而不是盲目猜测，这样保证了家园沟通的氛围能够更加轻松和谐。在此基础上我们也要做到经常地换位思考，有时也可以站在家长的角度来思考问题，设想他们关注的点，想要知道的问题，理解他们的初衷。并且正确的沟通技巧也是十分的重要，家长和老师之间一定要勤沟通，了解幼儿的近况，如此当幼儿出现一些变化时，家长与老师都是第一手资料的收集者，在沟通过程中教师用专业扎实的理论结合实际能让家长更加信服自己。平时在一日生活中要做到关注每一位幼儿，捕捉他们的行动轨迹，收集有用的信息，为后续与家长的沟通交流增加底气，这也就是常说的“细节决定成败”，善于发现孩子的细节变化，不仅助推教师认识孩子身上的美好，也是教师与家长之间的催化剂。

# 浅谈在教联体背景下农村园区发展策略

（王俊琪　麻城市第二幼儿园中馆驿园区）

**摘　要：**幼儿园教育现状形成已久，农村教育设备及观念普遍比城市落后，各种资源也比较紧缺。如何扭转这一颓废局势，解决农村幼儿园存在的这些问题呢？本文就探讨一下在教联体背景下如何促进农村幼儿园的发展问题。需要有针对性地改变错误观念。

**关键词：**规范；扶持；关爱留守；去小化；换岗轮岗；提高

教联体成立快一年，在核心园的带动下，作为成员园的一名普通教师，已经感受到了政策带给幼儿、带给教师的红利。有了核心园的指导和传帮带，我们农村园的发展仿佛进入了快车道。但是依然存在着诸多的问题。要从根本上解决这些问题，需要各方面的合力。下面我们从以下几个方面进行探讨。

## 一、加深对农村幼儿园规范办园的指导

政府重视农村幼儿园的发展和改革，首先要在教育资金和教师资源上加大对较困难的农村幼儿园财政上的扶持，改善其教学设施，为其分配和保留一些优质的幼师；其次，向农村幼儿园大力宣传幼儿园课程改革相关规定和内容，加大宣传力度和扩大宣传范围，建议定期下派专业讲师提高农村幼儿园领导、教师和农村地区人们对去“小学化”教育课程改革的重要性和执行方法；最后，加大对幼儿教师的选拔，鼓励大学生加入幼教行列，并正确分配人才资源，将人才用在正确的岗位上。

学校建立长效管理机制，首先将课程改革工作纳入学校常规工作中，对任职老师、员工、家长加大宣传力度，开发多形式宣传方式（如工作会、交流会等）。其次，在人员招聘上，要严格要求，确保每个人都是持证上岗，并且证件类型和级别符合工作要求，合理分配工作；然后定期组织幼儿园教师进行相关知识培训，让教师了解去“小学化”课程改革内容和自身专业素质，优化和提升农村幼师整体素质。最后，建立考核机制和自查机制，建立老师专业知识考核，一是对其日常授课进行考核，考核方面包括对幼儿教学方式和教学评价以及交流是否符合幼儿成长规律，对幼儿是否存在言语或行为上的迫害；二是以考试或提问的方式考核老师授课内容、幼儿教育等理论知识的掌握情况，对不合格的人进行再教育，确保每一位老师都是符合新课程改革的，后者是监督学校人员是否按照制度执行，如有条件还可聘请第三方评估（也可幼儿园之间相互评估），加强员工执行力度，规范日常工作，杜绝相互隐瞒包庇的事件。

幼儿园应树立正确的幼儿教育理念，要努力贯彻执行《幼儿园教育指导纲要》及《3－6岁儿童学习与发展指南》等文件的指导工作，重视幼儿身心发育和根据指导为孩子打造一个符合幼儿学习的教室环境、教学读物、活动安排等，避免存在不符合教育指导的教材、读物等“小学化”教育模式，为幼儿提供健康的教学环境。

## 二、加强对农村各附属园的扶持力度

充分发挥示范园的辐射引领作用，加强对农村各附属园的扶持力度，通过资源共享，结对帮扶，送教入园等方法，提高贫困地区的办园水平，提升办园理念。积极开展各项活动，

让优质的资源向农村的附属园稍作倾斜。天下的孩子都是祖国的花朵，希望通过这样的措施，让每个地方的孩子都能拥有美好的童年。

## 三、关爱留守儿童加强家园沟通

农村的留守儿童是园幼儿的主力军，他们是需要社会和学校的关注和爱护的。幼儿园有必要建立针对“留守儿童”的机制，呵护儿童的健康成长。要充分认识到他们的生活问题。与其他的孩子相比，留守儿童缺少父母的照顾，在家里生活起居没有规律，有的爷爷奶奶务农，让孩子坐校车，很早就把孩子们叫了起来，他们睡眠不足，有的营养不良，由于缺乏必要的保护，出现安全事故的比例较高。这些问题都需要得到重视。

对于留守儿童的沟通问题一直也是农村幼儿园老师最为头疼的问题之一，教师经常遇到问题联系不到爷爷奶奶，只有自己多留一份心，给留守儿童多一份关爱。遇到重要的问题，可以跟爸爸妈妈沟通。家长才是对孩子学习生活影响最深的存在，所以转变家长错误的教育观念能大大改善课程改革的困境。政府：不定期向社区、学校下发并张贴“小学化”教育相关资料，让更多的人了解和认识到“小学化”教育的危害性和如何正确教育幼儿的相关知识，让幼儿家长了解什么是“小学化”教育。(1) 给家长发放《3－6 岁儿童学习与发展指南》等关于正确教育幼儿的资料，提高幼儿家长对幼儿科学教育的认识。(2) 多多开展能吸引家长参加且能体现课程改革下幼儿教育的成效，让家长更直观地发现孩子在性格、情感、能力等多个方面的提高，更加放心幼儿园的教育模式，配合幼儿园的教学工作。(3) 不定期的组织幼儿家长向学校及老师提出育儿困惑、和其他家长分享孩子情况，促进其树立科学的育儿理念，摒弃错误陈旧的教育观念，与学校达成教育共识。

## 四、“去小化”路上多学多思行到实处

“去小化”是一条漫长的道路，幼儿园小学化问题太多，在实施的过程中会有许多的问题。幼儿园要从各方面下力气，从各种渠道多学习、多思考，针对于本地的实际情况，完善本园的方方面面，不求立竿见影，但求践行在实处。让农村的每个孩子都能受益。

## 五、鼓励城市与乡村之间领导、一线幼师换岗轮岗

教师是教育的根本，也是“小学化”教育的执行者，由此可见，解决农村幼儿园去“小学化”实施困难的首要任务是重视教师自身专业素质和成长。

第一步，幼师树立正确的幼儿教育观，提高她们对学前教育的认识。学习教育局新颁布的与幼儿园教育相关的内容，认识到幼儿教学应以游戏为主体，遵循幼儿成长规律，将主要精力放在培养幼儿情感、习惯、动手能力等方面。第二步，重视教师专业素质。在聘请幼师时，要求按照标准任职，作为班级主教一定有幼师资格证并具有相关知识储备或是工作经验，考虑到幼儿园资源问题可以选取一些经验欠缺的老师做副教，并且在上岗前经过统一系列的幼儿教育培训，巩固和掌握幼儿教学方式，并且定期请专业人士为学校老师授课，防止教育方式及内容与时代脱节，还可以几个学校之间开展工作交流，相互学习取长补短。第三步，鼓励优秀的幼师下乡从教，相互交流，把先进的教学理念带到乡村幼儿园，实现真正的资源共享。

## 六、提高幼师福利待遇保护幼师权利

要给幼儿提供健康的成长环境，仅有好的物质条件是不够的，毕竟每天与孩子们接触的

最多的是幼儿教师。幼儿教师的流动，幼儿教师的专业知识不够，幼儿教师的身体状况，甚至于幼儿教师的心理健康都会直接关系到班级幼儿的一天活动质量。而现在的社会状况对幼师的认可度极低，幼师的工作既琐碎又复杂，需要有极大的耐心和极强的爱心。

提高农村幼师的待遇，保证其稳定性和长期性是十分重要的。只有这样，才会有更多的优秀人才，更多的大学生愿意加入幼师的队伍，为幼儿的发展谋出路。

## 参考文献

[1] 尧莹莹．幼儿园教育“小学化”倾向的现状分析与对策研究［M］．河南师范大学，2017：51—53.

[2] 朱剑英．农村幼儿园“小学化”的利益相关者研究［M］．西南大学，2017：55—59.

[3] 郑天竺．幼儿园教育“小学化”倾向的现状调查研究［M］．海南师范大学，2015：58—60.

[4] 袁爱玲，何秀英．幼儿园教育活动指导策略［M］．北京：北京师范大学出版社，2007：1—1.

# "家园共育"视角下科学推进幼小衔接的实践探究

（朱墨涵　江苏省徐州市新沂市合沟镇中心幼儿园）

**摘　要：**学前教育是终生教育体系中的组成部分，是个体学习生涯的起始阶段。小学教育则是个体系统化学习知识与技能的开始阶段。"幼小衔接"是两者之间"沟通交流"的桥梁，即"幼小衔接"是学前教育向小学教育的过渡阶段。本文重点探讨了在"家园共育"视角下如何科学推进幼小衔接的问题。科学推进幼小衔接不仅对于幼儿生理和心理的健康发展具有重要作用，而且对幼儿适应新环境的能力具有促进作用。

**关键词：**幼小衔接；家园共育；科学教育

中共中央办公厅、国务院办公厅印发了《关于进一步减轻义务教育阶段学生作业负担和校外培训负担的意见》（以下简称"双减"）。"双减"政策的实施旨在从学生角度出发，减轻学生负担，构建良好的教育生态，从而促进学生健康快乐的发展。

对于幼儿园来说，幼小衔接既是一个现实问题，又是一个社会热点问题。我们认为在"家园共育"视角下科学推进幼小衔接是十分重要的。幼小衔接不仅是幼儿园和幼儿教师应承担的责任，也应是家长需要承担的责任。幼儿园作为"引导者"，通过家园联系、家园共育等方式向家长宣传科学、正确幼小衔接思想与理念，改变家长错误的教育思想和教育行为，让其能用科学的教育思想、方法与幼儿园共同促进幼儿科学的幼小衔接。

## 一、"家园共育"视角下幼小衔接存在的问题

### （一）幼儿园——教育教学的小学化倾向

幼儿园教育教学与小学教育从教学内容、方式、目标等方面都存在较大的差异性。幼儿园教育是一种"活动""游戏"的感知与体验，"学习"是以幼儿直接经验为基础、游戏为基本活动的教育方式；更加重视幼儿在日常生活和游戏中通过直接感知、实际操作、亲身体验等方式去获取自己需要或感兴趣的经验；小学教育采用"分科目"的教学方式，教学目的更加注重学生文化知识的学习。两者相比较，幼儿园教育以幼儿已有的经验为基础，贴近幼儿生活，更具有生活化、游戏化和趣味性；小学教育各科目划分明确，学习内容多样化、复杂化。

1. 幼儿园幼小衔接的"片面化"。家长"不输在起跑线"的需求，无形之中给予幼儿园、幼儿教师压力，幼儿园为了争取到更多的"生源"，开始不得不迎合家长的需要开展小学课程。长时间后，很多教师的教育观念开始出现错误的发展，即认为"幼小衔接"与小学知识学习画上等号；"幼小衔接"就是要在大班开设教学小学的知识内容，导致幼儿园教育教学由"自主游戏学习"转变成"固定知识"的教授。

2. 幼儿园幼小衔接的"忽视化"。幼儿园教育与小学教育之间存在的差异性会对儿童的身心健康、学习发展、人际交往、社会适应等方面产生较大的影响。而开展科学、正确的幼小衔接的目的就在于帮助儿童从心理和生理上健康、和谐、平稳的过渡到小学教育阶段。但实际的幼儿园教育中，教师认为幼儿随着年龄的不断增长，心理和生理的承受能力也不断地提升，儿童能够自然而然的适应小学的学习和生活的变化，忽视幼小衔接的重要性。

### （二）家长——认知理念的错误认识

1. 家长幼小衔接“主体”的错误认识。在面对科学幼小衔接的问题时，家长存在“主体”认识的错误。有的认为幼小衔接幼儿园是负责主体，有的认为小学是负责主体。而忽视了家长“自身主体”的责任。

家长在科学幼小衔接的过程中，所承担的责任也是至关重要的。大部分家长对于家庭中的幼小衔接还停留在简单配合幼儿园的工作，缺乏主观能动性，忽视自身的重要性，这种错误的“主体”认知是不可取的。儿童的全面发展不仅是幼儿园这个主体的责任，也是家庭和社会的责任，三者缺一不可。

2. 家长幼小衔接“理念”的错误认识。家长幼小衔接“理念”的错误认识主要包含：认为幼小衔接就是要提前学习小学课程；幼小衔接最重要的是提升儿童的学习知识的能力；不理解幼小衔接过程中幼儿园“游戏化”的教育方式；不重视幼小衔接过程中儿童情绪情感、社会性及社会适应性的能力。

## 二、“家园共育”视角下科学实施幼小衔接的原则

### （一）“儿童为本”原则

幼小衔接一切的出发点和最终目标都应是“儿童”，儿童才是幼小衔接的“主体”。因此，在实施幼小衔接的过程中，必须坚持以“儿童为本”的原则，注重儿童完整、连续的发展，尊重儿童的个体差异性，帮助儿童从心理、生理等方面做好全面的准备与适应，从而有利于儿童形成终身学习的发展品质。

### （二）“家园共育”原则

幼儿园幼小衔接时要充分利用家长资源，让家长充分参与幼小衔接。帮助家长逐步形成科学正确的幼小衔接理念，减轻家长因错误幼小衔接理念带来的“焦虑”问题。双方携手，科学进行幼小衔接，帮助儿童各方面良好品质的形成与发展。

### （三）“双向互动”原则

开展幼小衔接是一个“双向奔赴”的过程。幼儿教师在了解儿童心理、身体发展特点的基础上，适宜的将幼儿教育向小学教育靠近；而小学教育也应向幼儿教育倾斜。双方共同合作，科学衔接，帮助儿童正确、科学的完成从幼儿园教育到小学教育的过渡。

### （四）“多元主体”原则

幼小衔接是一个系统性的工程，需要多元化主体的积极、有效参与。构建从国家、社会、学校、家庭四个因素的联动配合。国家是幼小衔接政策的支撑主体；社会是幼小衔接“氛围”的支持主体；学校是幼小衔接“中坚力量”的支持主体；家庭是幼小衔接“必不可少”的支持主体。四个因素相互合作、相互配合，从而进一步推动幼小衔接的顺利开展。

### （五）“全面发展”原则

开展幼小衔接不是让幼儿某一方面的能力得到发展，而是让幼儿从学习品质、情绪情感、社会性适应、心理生理健康等方面都得到发展，这样儿童才能顺利完成向小学教育的过渡。

## 三、"家园共育"视角下科学实施幼小衔接的措施

### （一）家长层面

1. 科学的幼小衔接理念。科学的幼小衔接理念能帮助家长科学地对儿童实施教育。家长应简单了解儿童认知发展的特点，包括儿童注意力的转变，无意注意到有意注意；儿童思维的转变，从具体形象到抽象逻辑的过渡等，使得家长不会产生过度的"焦虑与担心"，这样才能更好地进行幼小衔接。

2. 承担家长"主体"责任。家长要积极承担在幼小衔接过程中的责任，在幼小衔接的过程中多陪伴儿童，学会倾听儿童的声音，站在儿童的角度去思考，不要给儿童施加过多的"任务""负能量"，以积极的心态和儿童一起面对在幼小衔接过程中出现的问题，共同克服困难，顺利完成幼小衔接的过渡。

### （二）学校层面

1. 加强家园共育合作途径。幼儿园通过积极探索家园共育的合作途径，向家长宣传相关教育政策、教育知识，提升家长幼小衔接的能力。如家长会、家长半日活动、家长工作坊、家长讲座以及新媒体网络工具的联系使用，例如，微信、电话、钉钉等。

2. 儿童的学习环境。随着儿童年龄的不断增长，儿童的兴趣和需要也会发生改变。为了更好地促进大班儿童的发展，我们可以改变儿童的学习环境，让幼儿"体验小学"。在教室里设置相关的小学体验区，如图书区延伸出沙画写字、科学区延伸出小学物品认识体验区、系红领巾体验区等。潜移默化地帮助幼儿了解小学，顺利过渡小学学习。

3. 课程教学改变。教师要能够提炼出小学教学与幼儿园教育内容上的相似性，将其转化为儿童接受的学习方式投放到区域中，让幼儿在游戏的过程中学习小学、了解小学。

同时，在教育教学环节中可以做出适当的调整，让儿童适应小学的课堂教学。例如，对于儿童规则意识的培养与加强，教育儿童要在规定的时间内如厕，集体活动时不能随便离开座位去如厕等。在一日活动环节中适当的改变，更有利于儿童提前适应小学的学习节奏与环境适应，帮助儿童顺利衔接。

## 四、结语

综上所述，家园共育能更好地推进科学的幼小衔接，给予家长正确的幼小衔接理念，减少家长的焦虑，帮助儿童健康、平稳地过渡到小学教育阶段。"幼小衔接"是儿童学习与发展过程中重要的阶段之一，对于儿童来说也是关键过渡的阶段之一。

### 参考文献

[1] 李阳，张莉琴．线上线下家园联动式大班幼小衔接课程模式的探索［J］．黑龙江教师发展学院学报，2023（3）：125—128.

[2] 金扬菁，余滢莹，肖菊梅．"双减"背景下幼儿园"去小学化"与"幼小衔接"的有效探索［J］．黑龙江教师发展学院学报，2023（3）：117—121.

[3] 宗跃风，"以美联通"，助力幼小衔接［J］．基础教育课程，2023（4）：12—18.

[4] 李秀云．家园共育中存在的问题及策略分析［J］．当代家庭教育，2020（29）：26—27.

[5] 潘逸纯．家长参与幼小衔接的问题及对策研究［D］．武汉：华中师范大学，2022.

[6] 苏云迪．幼小衔接背景下大班幼儿学习习惯培养研究［D］．长春：长春师范大学，2022.

# 山后地区家园共育的现状研究
## ——以北京市海淀区山后四镇为例

（李童　北京市海淀区上庄学校附属艺鸣实验幼儿园）

**摘　要：**本文通过对北京市海淀区山后地区的特殊家庭构造进行分析，探究了家庭教养方式与家园共育及其关系。家园共育确实能对幼儿的教育和发展带来极大的好处，处于不可或缺的重要地位。但是在很多山后地区由于各种原因导致家园共育还存在一定不足。基于此，本文以海淀山区后四镇为例，通过论述该地区教育共育的现状引申出家园共育对该地区幼儿教育的重要性，并对重要性进行了详细的论述。为了能够使家园共育对山后地区的幼儿教育发挥更大的水平，对如何完善山后地区的家园共育提出了改进对策，对山后地区更好地开展家园共育提供借鉴意义，对幼儿的发展带来积极影响。

**关键词：**幼儿园；家园共育；教育对策；现状研究

## 一、家园共育对山后地区家庭教育的重要性

### （一）帮助家长掌握正确的育儿技能

家庭作为幼儿成长的第一场所，是能够对幼儿产生潜移默化的影响的。幼儿的父母在幼儿的成长过程扮演着第二个教师的角色，因此家长对于幼儿的成长起着至关重要的作用。但是作为一名家长，虽然要对幼儿的教育负有应尽的责任和义务，却没有足够的、正确的育儿技能帮助他们实现。同时，由于家长身处社会时间较长，受到工作、社会等影响使得他们的世界观、人生观、价值观各具形态，而“三观”又会在一定程度上影响着家长的思想，导致家长在进行育儿时可能会出现思维上的偏差，对幼儿带来误导。但是通过开展家园共育，老师通过召开家长座谈会等方式让家长深入地参与育儿的过程，并且在这个过程中幼师会向家长传播育儿的经验和方法，使家长树立了正确的教养观念，提高了育儿水平，帮助家长掌握了正确的育儿技能。

### （二）有利于幼儿综合素质的发展

对于幼儿来说，这个年纪正是认知能力、身体协调能力等方面的重要发育时期，因此这个时期也是提升幼儿德、智、体、美综合素质的重要时期。对于幼儿来说，培养德、智、体、美是需要多管齐下的，对于品德来说幼师可以通过讲故事的方式对其循循善诱，告诉他们什么是优良的品德，而家长也正是通过以身作则的方式潜移默化地告诉幼儿什么是应该发扬光大的品德。幼师通过她们专业的教师技能帮助幼儿进行智力发展，当然这也离不开家长的适当辅导。就体育方面来说，幼师可以通过校园活动和课间操等方式训练幼儿的体育能力，而家长则是通过亲子活动的方式带领幼儿提升身体素质。就审美方面来说，学校和幼师通过手工艺术品等活动培养幼儿的审美。而审美的形成与家长有千丝万缕的关系，因为审美观的形成并非一日之功，对于幼儿审美观的养成，家长的作用更大。总之，幼儿的综合素质的培养、形成和发展都离不开幼师的教育，更离不开家长的辅导。家庭作为幼儿的第二课堂，对于幼儿综合素质的培养可谓至关重要。然而山后区的家长对幼儿进行教育时，常会缺少正确的教育方法，导致对幼儿的教育达不到预期效果，唯有通过家园共育，在幼师正确的指导下，家长的教育方法更加科学，与幼师进行合作的时候更加契合，最终产生 $1+1>2$ 的

效果，更有利于幼儿综合素质的发展。

## 二、山后地区家园共育的现状——以海淀山区后四镇为例

### （一）家园共育形式单一

《幼儿园教育指导纲要（试行）》指出：“家庭是幼儿园重要的合作伙伴，应本着尊重、平等、合作的原则，争取家长的理解、支持和主动参与，并积极支持帮助家长提高教育能力。”纵观当前海淀山区后四镇的家园共育情况，方式较为单一，老师联系家长进行合作的方式多是停留在练习册、家长座谈会等较为落后的初级模式上，这样的合作方式导致老师与家长的合作较为浅显。譬如：多数的教师只是在相关刊物中截取一些简短文章的复制粘贴给家长，家长会变成表面文章。家长与教师之间的合作也不到位，双方不能深入交流，缺少互帮互助的精神，家长更不能被允许参与课程的制定与管理上，导致家长对教育者的工作不能充分的理解与支持。

### （二）隔代教育现象严重

由于海淀山区后四镇的地理位置比较偏远，因此对这个地区的家庭来说，很多父母都会外出到北京市中心的地方进行工作，谋取更好的生活，这使得他们无暇照顾自己的孩子。并且正值三胎政策开放，许多家庭都抚养了多个孩子，爷爷奶奶、姥姥姥爷自告奋勇要帮忙带孩子，导致本就无暇顾及家中的父母，即使有了第二个、第三个孩子，也还是没有回归到家庭，出现了“给父母生孩子”这一现象，很多孩子都是由家中老人帮忙抚养。这导致了在幼儿的教育上，多数都是爷爷奶奶帮忙进行教导，因此该地区的隔代教育现象非常严重。

## 三、提升山后地区家园共育的对策

### （一）学校多渠道帮助家长提升育儿的能力

为了能够保证家园共育可以切实提高家长育儿的能力，学校和老师应该多管齐下对家长进行培训。首先老师可以通过调查问卷的方式对家长进行调查，从问卷中整理出家长普遍关心认同的课题，由课题为基础有针对性地对家长进行教育，从而让家庭教育更加专业化、系统化。其次，学校应该多举行与家长之间的互助互动活动，让家长深入参与活动，积极地交流经验，互相咨询问题，勇敢地抛出疑问，让我们的家长实实在在掌握育儿知识，完善家庭育儿体系。再次，学校应该订阅一些教育方面的期刊供家长们学习和提升，帮助家长获取育儿知识。最后，幼儿园要建立与家长的联动机制，山后地区虽然经济和设施较为落后，但是几乎每个人都会用使用微信、QQ。因此学校和老师应该建立微信群或 QQ 群，这样教师随时随地都可以和家长进行沟通，家长也可以随时了解幼儿在园的学习生活情况，做到家长心中有数。在放假期间家长也要记录幼儿的生活情况，做到假期不失联。

### （二）家长要强化自身在家园共育中的作用意识

家园共育离不开学校和老师的帮助，但更离不开家长的积极参与。由于山后地区很多孩子的父母在外打工，幼儿多数是隔代长辈在照顾，他们的思想相对保守传统，对教师虽然听从，却不是十分明确教师的存在意义，他们认为教育完全是学校的事，孩子的教育问题都应该是由老师全权负责，孩子有没有养成好习惯，老人并不在乎，只要孩子健健康康、白白胖胖，就已经心满意足，完全没有意识到自己在家园共育中的作用。基于此，家长要强化自身在家园共育中的作用意识。要引导家长认识到自己就是孩子的第一任老师，自己的一言一行

对于孩子有着不可替代的影响，呼吁家长回顾到家庭，参与幼儿的教育，因为幼儿园阶段的孩子正是模仿他人行为的时期，家长的言传身教此时起着重要的作用，教师应与家长形成合力，保持教育观念上的一致。要做到家庭与幼儿园的同步理念，要时刻明白自己所处的位置，回归家庭，与幼儿园相互配合，学习先进的教育理念，在幼儿期这个黄金时期给孩子打下良好的基础。

## 四、结语

家园共育对幼儿教育的重要性是不言而喻的，对于山后地区而言，开展家园共育更是家庭、学校所需要且必要的。在山后地区开展家园共育可以帮助家长掌握正确的育儿技能、减轻学校和教师的教育负担、有利于幼儿综合素质的发展。但是由于山后地区位置偏远，经济落后设施陈旧，师资力量薄弱导致教育共育开展并不顺利，所取得的效果也十分有限。为了能够使幼儿得到更好的教育和更好的发展，如何提升山后地区的家园共育将会是教育界今后重点研究的内容，本文所提出的改进意见还十分浅显，很多地方需要提升和弥补，但随着山后地区家园共育问题成为国内专家学者的研究重点，山后地区的家园共育一定会得到妥善处理。

**参考文献**

［1］彭妹．家园共育促进学前儿童社会性发展的研究［D］．长沙：湖南师范大学，2014.

［2］朱丽君．幼儿园家园共育的积极互动策略研究［D］．上海：上海师范大学，2017.

［3］陆雅琦．微信公众平台在家园共育中的应用研究［D］．宁波：宁波大学，2017.

［4］闫灵麟．幼儿园的家园共育研究［D］．武汉：华中师范大学，2012.

［5］刘娟．微信在家园共育中的应用研究［D］．开封：河南大学，2017.

［6］徐欣．家园共育的教育平台与幼儿园管理系统的集成［D］．天津：天津大学，2014.

［7］李峰．对幼儿园家园共育的研究［J］．才智，2018（34）：27.

［8］高丽萍．浅谈幼儿园家园共育的重要性［J］．学周刊，2019（16）：167.

［9］万春．农村幼儿园“家园共育”存在的问题及对策［J］．基础教育论坛，2019（30）：37—40.

［10］李颖，袁爱玲．农村幼儿园家园共育急需家长树立的观念：基于广东省农村学前教育问题的调查［J］．现代教育论丛，2014（1）：92—96.

［11］王平芳．幼儿园利用家园共育进行品格教育的研究［D］．上海：华东师范大学，2019.

# 一颗闪闪发光的星星

## ——自闭症幼儿在普通幼儿园中家园共育的过程及效果

（陈泓羽　贵州省文化和旅游厅机关幼儿园）

## 一、“来自星星的孩子”要来了

2023年8月中旬，我得知我班即将加入一名“来自星星的孩子”，对于这个消息，我与班级教师的心情既担心又焦虑。因为我们从未有过相关的经验以及知识储备，对于自闭症儿童没有足够的了解，缺乏处理自闭症儿童的行为问题的方法和技巧，能否胜任这一工作成了压在我们心里最大的石头。

### （一）“我想了解你！”

为了了解幼儿的病因以及现状、了解家长对于幼儿病情的态度和期望，更重要的是让家长信任幼儿园，相信教师，从而更好地配合教师的教育工作，达到较好的家园共育效果。我们邀请熙熙家长来园交流。

### （二）幼儿现状

由于熙熙确诊时间较晚，在个训机构干预的效果不明显，虽然熙熙在其他普通班级尝试过融合教育，但效果不佳。熙熙在园表现主要为不能与他人建立正常的人际交往，具体表现出与他人无目光对视，表情贫乏，无法回应他人的交流，不喜欢与同龄儿童一起玩耍，更多的时候是独处状态，在集体活动中无法集中注意力，无法参与集体活动。

### （三）家长态度及期望

在前期与家长的沟通中，了解到家长能接受熙熙的不同，家长自述：“我就希望他能在这里玩的开心，能交到朋友就行了。”根据熙熙的实际情况以及家长的期望，我们教师与家长达成现阶段对熙熙的干预目标，让熙熙能感受到在幼儿园中的快乐，通过与普通幼儿的接触，锻炼熙熙的社会性行为。

### （四）“我们一起努力吧！”

基于以上的了解和沟通，我们班级教师与家长进行了一次任务的分工：

幼儿园方面：两名教师以社交引导为重点，生活老师以生活引导为重点，从不同重点方方面面引导幼儿，帮助幼儿适应集体生活；同时，将积极记录幼儿在园的生活，与家长进行分享。

家长方面：家长则需要在家多鼓励幼儿分享在园的生活小事，激发幼儿喜欢幼儿园的情绪，培养幼儿在家也要养成在园时的生活状态。例如，按时就餐、按时午睡等生活习惯。同时，需要家长积极分享幼儿在家的状态，以便教师可以全方面地了解幼儿。

## 二、“你好，宝贝！”

终于开学了，我们也迎来了“来自星星的孩子”，按照前期的任务分工，我们对熙熙进行了仔细的观察和分析，并进行了总结。

| 对幼儿 A 的观察分析表（第 1～3 周） | | | | |
|---|---|---|---|---|
| 社交能力 | 规则意识 | 安全意识 | 情绪表达 | 生活自理能力 |
| 不回应教师及同伴的交流（具体表现：无视教师和幼儿）发出的对话，没有回应 | 能持续坐在位子上倾听时长达到 5 分钟（具体表现：5 分钟内能安静地、专注地倾听教师，5 分钟后会离开座位，到游戏区域中进行自主游戏） | 喜欢用肌肤接触去探索陌生物体（具体表现：当幼儿看见一种之前未接触过的物品，会拿起物品，通过抱一抱，摸一摸，放在脸上搓一搓的方式对物品进行初步探索） | 对于悲伤、不高兴的事情有情绪变化（具体表现：哭泣、大叫、有攻击行为），对于高兴的事情并无外显的情绪变化 | 如厕环节：不能主动去如厕，需要外界提醒，没有外界的帮助，不知道需要自己用手辅助生殖器，从而时常尿湿裤子 |
| 没有眼神交流（具体表现：教师和同伴对 A 打招呼时，幼儿 A 有手部动作进行回应，但没有看着对方） | 需做完手中的事情才能做下一件事情（具体表现：当游戏时间结束需要进行下一个环节活动时，幼儿 A 的游戏并未结束的情况下，幼儿 A 不能理解“明天继续玩”，而是必须满足幼儿的游戏兴趣，待兴趣消退后才能进行下一环节） | 有一定的危险预判能力，能够躲避一些较快速的冲击危害（具体表现：看见有危险的物品时，能够知道需要躲避，不去触碰） | 不主动表达自我需求（具体表现：需要教师询问幼儿是否需要如厕、饮水等，幼儿才会回应要或者不要） | 就餐环节：能够自主拿取餐食，但是用餐习惯需要引导。具体表现：使用餐具的姿势不正确、挑食、桌子上有掉落出来的菜饭等） |
| 没有同伴游戏（具体表现：只有自我游戏，对于他人主动发出的合作邀请，持无视态度，在区域游戏、自主游戏环节都是一个人游戏，一个人自我对话的） | 没有“物归原位”的意识（具体表现：拿取玩具游戏后，没有意识主动将玩具送回原本的位置，需要他人的提醒后，才会将玩具归为） | | 自我服务环节：能够自己穿脱鞋子、衣服，但是有依赖现象存在（具体表现：坐在床上等待教师帮助） | |
| | | | | 入睡环节：自主入睡较困难，在无教师安抚的情况下，会发出尖叫等声音 |

根据对幼儿的分析总结，与家长进行了熙熙入园后的第一次反馈。根据总结并与家长讨论后我们一致认为，现阶段熙熙最迫切需要的干预是能够认识老师，喜欢老师，尝试适应集体生活，逐渐培养出一定的生活自理能力。

### （一）“我相信你可以的！”

为了让幼儿感觉在幼儿园的生活是快乐的，老师和同伴是喜欢他的，老师们和家长一起做了很多的努力。

## （二）“早上好，熙熙！”

入园时，教师用激动高昂的情绪向幼儿打招呼，向幼儿发出对话邀请，鼓励幼儿看着教师，用语言回复“早上好”，告诉幼儿“我是C老师，你可以和我说C老师，早上好！”待幼儿回应后，对幼儿进行及时的鼓励表扬，强化熙熙的行为。一周后，熙熙能够记住班级教师的姓氏，在教师的提醒下，能够准确地说出：“C老师，早上好！”

## （三）“熙熙快回来！”

晨间锻炼时，教师带领幼儿一起参与体能循环活动，当幼儿完成一项活动时，对幼儿进行及时的鼓励，牵着熙熙一起完成跑步，手把手带领熙熙一起与同伴进行早操活动。

经过一周的观察，发现熙熙能够自主的参加体能循环活动，能跟随教师一起参加循环跑，但是大班早操有较多的队形变换，熙熙不能很好地参与其中，对早操不感兴趣，想去沙池游戏。一开始，教师还是希望熙熙能够参加早操环节的，在发现这一现象后，教师让幼儿在早操环节时进入沙池游戏，满足熙熙的游戏需求。教师发现在满足熙熙的游戏需求后，熙熙当天的在园情绪较稳定，没有大叫或是激烈的情绪出现。

## （四）“熙熙这么厉害呀！”

通过第一周的观察，熙熙能安静坐在座位上的时间不超过5分钟。5分钟后熙熙就会离开座位，去拿玩具玩，或者是脱鞋子抠脚。

但在某天，教师准备与幼儿一起开展绘本共读的集体活动时，熙熙一直专注地看着教师准备的课件，并且指着课件说：“秋分至，秋意浓……”这时教师对幼儿有如此大的识字量发出了赞叹，同伴们纷纷自发地为熙熙鼓起了掌声，这次长达30分钟的集体活动，熙熙专注力持续的时间较长，没有出现离开座位去玩玩具的情况。

在此后的集体活动时，我们都会有意请熙熙告诉其他小朋友们这句话是什么？当熙熙准确说出这句话后，获得了全班的掌声。

## （五）“一个不可思议的朋友”

在熙熙刚入园的第二周，我班个别幼儿就向教师发出过疑问：“为什么熙熙什么也不知道啊？”这也是我一直在苦恼如何向其他孩子们解释熙熙的不同的问题。我通过分享绘本《不可思议的朋友》的方式，希望幼儿们知道熙熙的不同，学会理解和尊重熙熙。在分享完绘本后，我发现我班幼儿对于熙熙的接纳度明显增高，一些幼儿能自发性地提醒熙熙：“你要不要去上厕所？”等。男生会在熙熙如厕时，主动站在熙熙旁边提醒“你的裤子脱下来点”等，在入园时遇到熙熙，会主动牵着熙熙的手上楼，带领熙熙放书包，再牵着熙熙下楼参加晨间活动。

## （六）“我们要和姥爷聊聊了！”

生活自理能力方面，我们观察到熙熙能够自己穿脱衣物，认清衣物以及鞋子的正反，但是熙熙习惯坐在位置上，等待他人的帮助。在与家长沟通后了解到，熙熙的姥爷比较宠溺孩子，几乎包办了熙熙的一切事物。虽然父母曾多次与长辈进行过沟通，但效果甚微。针对该情况，我们积极鼓励幼儿自己穿脱衣物，当熙熙做到时，进行及时的表扬和奖励；长辈方面，利用幼儿离园时间，与熙熙姥爷进行沟通，拍摄照片和视频给其姥爷观看，让长辈了解到孩子的能力水平，倡导长辈适量地“放手”。

## （七）“软糯的小耳朵！”

家长在幼儿入园前就与我们进行过沟通，让熙熙入睡是非常困难的一件事情。在之前的班级时，入睡准备时间较长，有些时候一个中午都无法入睡。家长自述熙熙喜欢家人抱着他入睡或者一直抚摩他。在熙熙入园的第一周，我们尝试用拥抱的方式让熙熙入睡，但熙熙在被我们抱着时，入睡准备的时间仍然较长，我们必须保持一个姿势不动，否则会激发熙熙的兴趣，延长其入睡准备的时长。我们开始尝试抚摩幼儿不同部位，让熙熙入睡，并记录每天熙熙的抚摩部位以及入睡时间，发现抚摩熙熙的耳垂是最能让熙熙快速入睡的方式。

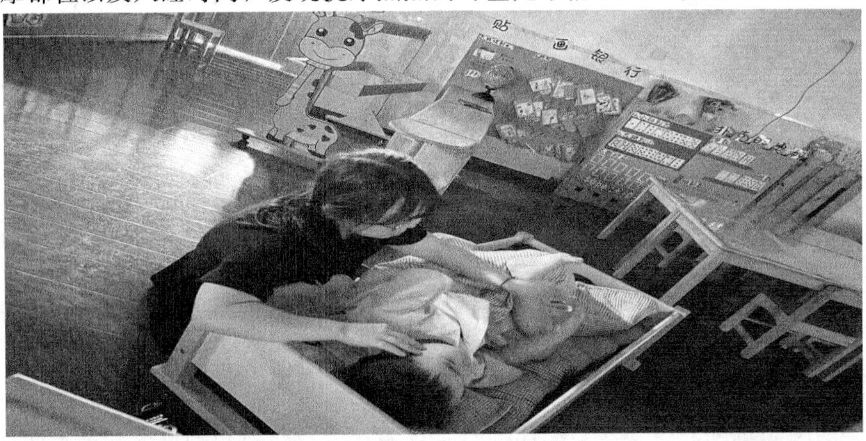

### （八）“老师，我全听你的！”

在此期间，班级教师与父母保持一周至少 3 次的线上沟通，利用每天幼儿离园时间，与熙熙姥爷分享今日熙熙在园的表现。

熙熙家长对于教师的工作表示赞扬，称能明显感觉到熙熙的成长，现在熙熙回家能够与家长分享今天玩了什么，在家时的情绪状态也稳定了许多。原本对熙熙比较宠溺的姥爷，也能“放手”地让孩子自己穿脱衣物了。

## 三、“你们都好棒呀！”

### （一）“熙熙真的好厉害呀！”

在对熙熙持续观察的第 5 周，老师发现熙熙开始与同伴之间有互动。同伴主动请熙熙读故事给他们听，熙熙给同伴们读起了绘本。其他幼儿对于这件事情很高兴，跑来对老师说起了此事：“老师，我给你说，刚刚熙熙给我们读故事了！他真的好厉害呀！所有字都认识。”幼儿们在表达这件事情的时候，语言中也充满着对熙熙能认识这么多字的崇拜。

### （二）“我和×××是好朋友”

从第 7 周开始，熙熙的社交性行为明显增加，与同伴的游戏次数增多，户外自主游戏时都能看见熙熙在与同伴一起做游戏了。家长反馈现在熙熙回家与家长分享今天和×××一起玩了什么游戏，并且表示明天还想和他/她一起玩。

### （三）“你听得可真认真！”

在集体活动中，熙熙的专注力开始有明显的增加。

贵州省文化和旅游厅机关幼儿园

## 自主游戏观察记录表

<table>
<tr><td>观察日期：2023.10.21</td><td>观察时间：16:30—17:00</td><td>观察者：陈泓羽</td></tr>
<tr><td>观察对象：某某</td><td>观察地点：音乐教室</td><td>观察方法：定点观察</td></tr>
<tr><td>我看到了什么（游戏过程实录）</td><td colspan="2">今天是中秋国庆双节放假的前一天，由于今天的天气原因，一直在下雨，所以下午的户外体育活动时间，教师组织全体幼儿到音乐教进行全体幼儿的打击乐表演。<br>在幼儿自主选择乐器时，我引导某某幼儿选择之前已经学过的乐器(铃鼓)进行表演。在前一次学习时，由于本班幼儿没有学习乐器的经验，所以我的主要观察重点是全班幼儿的音乐活动常规等方面，请生活老师带领某某一起跟着其他幼儿一起进行铃鼓学习，所以我没有仔细观察某某的学习情况<br>今天，基于本班幼儿建立了基本的音乐活动常规的基础上，在集体活动时，我特别观察了某某的学习状态。出乎意料的是，在我授课时，某某的专注力很好，眼睛一直注视着老师。在合奏环节，也能按照我的指挥棒，适时地打击自己的乐器</td></tr>
<tr><td>我想到了什么（幼儿行为表现和分析）</td><td colspan="2">对于某某(已经确诊轻度自闭症的幼儿)的情况，在开学第一周时，我们观察到某某不能适应集体生活，对于教师发起的集体活动，几乎不能激发幼儿的兴趣，具体表现为不能安静地坐在椅子上，无法接收教师的语言。<br>但对于本周某某的表现，明显发现幼儿对于他人指令的专注度增强，对于教师发起的集体活动有参与，并且能够根据指挥进行活动。</td></tr>
</table>

## 四、教育效果评估

在前期的一系列教育引导、家园共育的影响下，教师再次对幼进行量化分析

| 对幼儿 A 的观察分析表（第 4～10 周） | | | | |
|---|---|---|---|---|
| 社交能力 | 规则意识 | 安全意识 | 情绪表达 | 生活自理能力 |
| 能够通过行动或简短的语言，回应教师及同伴的交流（具体表现：能在教师主动打招呼后，回应教师；能够在同伴发出讲绘本听的邀请时，给同伴讲故事） | 能持续坐在位子上倾听时长达到 15～30 分钟（具体表现：根据幼儿 A 兴趣点不同，专注力以及倾听的时长不同，但能在 15～30 分钟内较好地保持） | 喜欢用肌肤接触去探索陌生物体（具体表现：当幼儿看见一种之前未接触过的物品，会拿起物品，通过抱一抱，摸一摸，放在脸上搓一搓的方式对物品进行初步探索） | 对于悲伤、不高兴的事情有情绪出现的频率降低（具体表现：哭泣、大叫的行为出现的频率降低，几乎没有攻击行为出现）对于高兴的事情并有外显的情绪变化（具体表现：有大笑的行为、“好”“棒”等词语的出现） | 如厕环节：依旧需要外界提醒才能如厕；在教师或同伴的语言提醒下，尿湿裤子的频率降低 |
| 开始有眼神交流（具体表现：能够专注地参与集体活动；能够看着沟通对象的眼睛进行交流） | 可以较好地遵守《幼儿一日生活流程》的规定（具体表现：能够在游戏时间结束后，在旁人的提醒下较短时间内停止游戏，进行接下来的生活环节） | 有一定的危险预判能力，能够躲避一些较快速的冲击危害（具体表现：看见有危险的物品时，能够知道需要躲避，不去触碰） | 有主动表达自我需求的出现（具体表现：尿急时，会主动向教师说“尿”等） | 就餐环节：能够自主地取餐食，但是用餐习惯需要引导（具体表现：能够正确地使用餐具，但挑食、桌子上有掉落出来的菜饭等不良习惯仍需要引导） |
| 开始同伴游戏（具体表现：能够认识并知道游戏同伴的名字，并且在户外自主游戏时，与同伴进行游戏） | 具有一定”物归原位“的意识（具体表现：在结束游戏时，知道物归原位，需要旁人提醒的频率降低） | | 自我服务环节：能够自己穿脱鞋子、衣服，能够在教师的鼓励下自主穿脱衣物 | |
| | | | | 入睡环节：能够在教师抚摩下入睡，入睡准备时长缩短 |

《1～3周观察分析表》与《4～10周观察分析表》

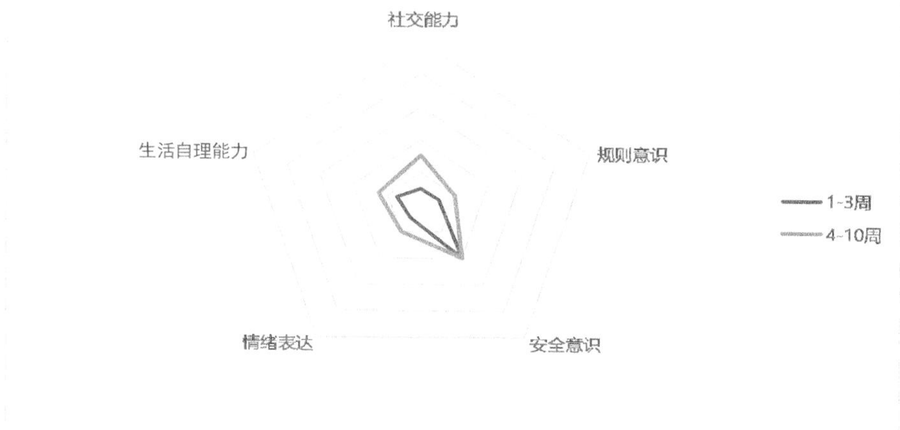

通过1～10周对熙熙的追踪观察，发现在和谐、有爱的集体环境、教师耐心的引导、家长足够的相信下，“来自星星的孩子”通过融合教育，社交能力、规则意识、生活自理能力等方面都有明显的提升。因此，熙熙妈妈在第11周告诉老师：“看到孩子的进步，让我们看到了希望，我们想让孩子去北京接受更专业的干预。”虽然对熙熙的观察只持续到第10周，但我们也积极与家长保持联系，希望通过对熙熙干预后的情况进行分析，届时为熙熙制定更加适合幼儿现状的教育引导。

## 五、结语

总之，幼儿自闭症的融合教育需要教师、家长和同伴的共同努力，通过个性化的教育计划和教学策略，帮助自闭症儿童逐步融入普通教育环境，提高他们的社交互动、语言表达和自我管理能力，促进他们的全面发展。

通过本班教师与家长的通力合作，熙熙在幼儿园取得了一定的进步。由此可见，家园共育是提升自闭症儿童融合教育质量尤为关键的环节。在本个案研究中，熙熙的父母和祖父母通过教师对幼儿一次次的观察、分析和指导，同时提供了专业材料和相关案例，多次共同制定不同阶段的干预目标。熙熙不断的进步，不仅对教师给予了强烈的认可，也能配合教师的教育工作，对熙熙进行适时适量的教育支持。从而使家庭协作与家庭教育方式逐渐科学化，在该儿童融合教育过程中给予了内在保障。

# 聚焦新时代下的项目化学习，在未来教育路上行走

（朱晓雯　上海市浦东新区金科苑幼儿园）

**摘　要**：“核心素养”成为深化课程改革、落实立德树人目标的灵魂要件，是检验基础教育改革是否有效的核心尺度。项目式学习以其独有的优势，自然成为核心素养在基础教育实践中落地的一个最好的抓手而广受瞩目。我园的办园理念是“以兴趣唤醒儿童的生命潜能”，为了进一步落实“以兴趣激发儿童的主动学习”课程理念，我们将项目化学习和主题活动融合开展，希望以此调动幼儿学习的主动性、积极性促进他们全面发展，成为有能力的学习者。本文通过大班项目化学习《有用的植物》的实践与推进过程，探究项目活动的育人方向和课程走向，促使课程形态和育人方式发生全新的跨界转变，从而实现新时代下的教学模式，促进幼儿全面发展，掌握解决问题的能力。

**关键词**：项目化学习；自主探索；家园协同

“有用的植物”是大班一个非常重要的探究主题，在主题中幼儿发现人类与植物有着密切的联系，在探究中他们对于周围的植物也产生了浓厚的兴趣。植物作为每天出现在幼儿生活中的内容，在很多时候引起了幼儿的关注。散步时，对季节轮换给植物带来的变化感到惊讶；午餐时，对家里没有吃过的蔬菜感到好奇，想知道他们是什么蔬菜，原来是什么样子的。本学期的秋游活动中，孩子和爸爸妈妈一起包饺子，他们对饺子馅是用什么植物做的？……带着这些问题，我们开启了我们《有用的植物》的项目化学习活动，和孩子们一起探究植物的秘密。

## 一、秋游引发的问题、与幼儿兴趣“链接”

### （一）以幼儿为中心，生成项目化学习主题

教师要俯下身子，以儿童视角看问题，发现幼儿的兴趣所在从而基于幼儿的兴趣动态生成项目化活动。在本学期的一场秋游活动中，孩子兴高采烈地在和爸爸妈妈包饺子。他们看到了盆里的馅料，纷纷好奇地问：“这馅料里面都有些什么呀?”从孩子兴奋的交流与提问中，我发现了幼儿对于饺子里面的馅料充满着浓厚的兴趣和探究的欲望。于是，第二天，回到教室后，我对幼儿发出了提问：“昨天我们在春游的时候包的饺子是什么馅料的，这些馅料中有哪些植物呢？你还知道有哪些饺子馅呢?”通过这些问题，幼儿展开了激烈的讨论。通过此次秋游活动，以“饺子里的秘密”为出发点，贴近幼儿生活的内容更容易激发幼儿的探究欲望和兴趣，更能够成就“活”幼儿。由此，基于幼儿兴趣的项目化学习活动就这么诞生了。

### （二）学校与家园协同合作，共同进行信息收集

项目化学习的出发点和落脚点都是幼儿，我们需要始终坚持幼儿在前教师在后，时刻把握幼儿的兴趣和需要。结合幼儿提出的问题，我们设计了《有用的植物》项目家庭指导手

册。面对幼儿高涨的兴趣，结合家庭，请幼儿与家长一起协作进行信息收集的活动并实时进行反馈和交流。信息收集的过程就是幼儿主动学习的过程，如何激发幼儿对植物的信息收集兴趣是活动开始的关键。我们通过项目化家庭指导手册，指导家长可以这样问孩子：今天吃的饺子里面有什么馅料？这些馅料里有哪些是蔬菜？你最喜欢吃的有哪些蔬菜或者植物？家长可以引导幼儿用绘画、图片等形式将说到的馅料记录下来，唤醒他们已有的经验。

## 二、“链接”多元学习路径，强化幼儿自主探索

### （一）调查分享、拓宽经验

通过项目化家庭指导手册，幼儿与家长共同收集关于植物的相关信息，并来园和其他幼儿一起分享。通过集体分享，小记者们用清晰且完整的语言播报自己调查的植物，帮助同伴丰富且拓宽了植物的相关经验。大家还初步了解了一些植物的秘密，如我最喜欢的植物，植物有哪些作用，植物是如何种植的等等。

### （二）观察思考、讨论投票

在观察和记录以后，幼儿将自己对于植物的观察和研究以儿童会议的形式和大家进行了分享与交流。在梳理幼儿分享的植物信息的过程中，幼儿通过投票的方式，各自选择了自己最想要研究的植物。在这个过程中，幼儿不仅通过分组统一了意见，也学会了新的讨论方式。

### （三）分工协作、绘制设计图

在妍妍分享她调查植物的结果时，幼儿发现她调查表中画的饺子是粉红色的。于是，这激起了他们浓厚的兴趣。他们纷纷表示好奇，并提出了疑问：“饺子为什么是粉红色的？哪有粉红色的饺子呀！”其他孩子说：“是呀，饺子皮怎么可能会有颜色呀！”幼儿展开激烈的讨论，到底有没有彩色的饺子皮？彩色的饺子皮究竟是怎么制作的？随着幼儿自主生成的问题，他们开始了彩色面团的探索之旅。他们分组商量以后，一致认为要用有颜色的蔬菜汁和面，这样面团就有颜色了。随之而来的新问题又出现了，这些有颜色的水应该去哪里找呢？于是，幼儿开始了彩色饺子皮探索之旅。

图文结合的呈现形式能够将幼儿的思维过程可视化，帮助师幼双方更直观地了解思考过程。在项目实施前，我们以小组为单位组织幼儿进行讨论，以思维导图的形式，梳理出制作彩色饺子皮的操作过程及准备的材料。通过同伴间的学习分享，快速促进幼自身思维与表达能力的发展。

## 三、建立更多元的链接，鼓励幼儿积极拓宽经验

### （一）与科学链接——不粘手的面团、研究各种材质的面粉

通过了解绘本《小麦的旅行》的故事，幼儿了解到了饺子皮也是由植物做成的。我给幼儿们观看了小麦生长过程的视频，让幼儿更加直观地了解了小麦的形状。

在对面粉不断的研究过程中，幼儿逐步发现各种粉的秘密，原来植物制作出来的粉不光只有面粉，幼儿开始对其他的粉产生了好奇。他们从家里带来各种各样的“粉”，开始研究比较高筋面粉、低筋面、大米粉与玉米粉的区别，从而探索面团粘手是否会与粉的材质有关。在这个过程中，他们表现出了极大的积极性和自觉性。他们发现问题、寻找问题答案的能力是我难以在普通的教学活动中所看到的。

### （二）与生活链接——植物美食大作战

植物与面粉结合可以做出怎样的美食呢？幼儿与爸爸妈妈们一起进行了“植物美食”的大调查。幼儿了解到面团不光能够变成各种各样的颜色，也能够变成各种各样的形状。于是产生新的驱动性问题：我们用面团能够做出什么形状的美食？制作过程中需要什么样的工具呢？幼儿发现植物可以做成包子、面条、饺子、包子等美食。

制作美食的过程中使用的工具引发幼儿思考，他们开始主动对工具进行探索，并联动家庭的帮助，将自己需要的工具带来幼儿园，助推进一步的自主深度学习。在一次次的体验、动手美食制作的过程中，不仅满足了幼儿们的味蕾，更让幼儿们体验了生活，学会了坚持、耐心、细心地完成每一件事。

### （三）与艺术链接——周末组团亲子活动

为了追随幼儿的兴趣，同时将项目化学习延伸到孩子的家庭中，我们组织了周末组团亲子活动（植物扎染活动）。家长和幼儿寻找周边的大自然中的材料，利用各种工具，提取植物里的颜色。有的幼儿利用小手用力的挤压、有的幼儿用石头“狠狠”地砸了上去。幼儿们都意识到了通过挤压、研磨等方式可以提取自然中的色素，从而用“扎染”的形式将植物的颜色留住。在整个活动中，他们不断收获新经验，逐步掌握提取植物色彩的技巧，提升解决问题的能力。幼儿在“探索自己感兴趣的”过程中，收获到真正的快乐、真正的经验和真正的发展。

## 四、与家庭链接——家庭式项目化学习的开展

### （一）家校协同，共同交流项目疑惑

在项目化学习活动进行的过程中，家庭式项目化始终贯穿其中。我班教师向家长讲述开展家庭式项目化学习的价值意义，解读“家庭式项目化学习六步法”的操作要点。不仅如此，我园根据幼儿生成的兴趣点还开发编制了《家庭式项目化学习家长指导手册》，清晰的活动环节、生动的指导语言、多样的图表应用、明确的指导提示，能直接助推家长有效实施。

### （二）适时指导，助推家庭式项目化学习

通过语音、图画、视频等形式了解了孩子的已有经验和兴趣点，并收集相关问题，制订项目方案，为后期活动的开展打好基础。每周开展一次分享交流，充分运用信息技术。当孩子遇到困难时，适时和家长开启讨论，鼓励孩子大胆说说自己的想法。个别与集体互动方式相结合，通过亲子互动、师幼互动，孩子们大胆表达，还提出了各种各样的问题。我们将一些共性问题分享在集体中讨论，寻找失败的原因，从失败中积累经验，收获经验。

## 五、结语

在本次的项目化学习中，我们始终追随着幼儿对“植物”的兴趣，生发了《有用的植物》项目化学习活动。整个活动以幼儿兴趣为导向，以问题为驱动，充分地发挥了幼儿的主体性，让幼儿成为学习的主人。同时，项目化学习不仅局限于园内，更是结合了幼儿的发展特点和家庭项目式学习特点，形成了一系列的家园合作实践策略，旨在通过家庭式项目式学习为家园合作模式提供新的思考和方向，支持幼儿的全面发展。

### 参考文献

[1] 王海，赵东梅．项目式学习：走向知识的新建构［J］．教学考试，2022（50）：4.

[2] 华婷．小小探究家：幼儿园项目探究活动教学方法及理论［M］．上海：复旦大学出版社，2023.

# 浅析在幼儿园培育和践行幼儿友善价值观

（邓晨　天津市南开区第二幼儿园）

**摘　要**："友善"是社会主义核心价值观中关于人际交往的基本准则。友善不仅能够在社会交往方面帮助幼儿促进与同伴、与家人之间的关系，还能够在情感素养方面帮助幼儿更好地理解他人、为他人着想，成为懂礼、有礼的文明小朋友。友善既拥有春风化雨般的温情又拥有振奋人心的力量。本文探讨了在幼儿的教育活动、一日生活活动、游戏活动中如何进行恰当的"友善"教育问题。从而为幼儿营造一个良好的环境，帮助幼儿提升友善的情感素养、提高社会交往能力。

**关键词**：友善；礼仪；社会交往；情感素养

## 一、在幼儿园培养幼儿"友善"情感素养的重要性

提到"友善"我们并不陌生，"友善"既是社会主义核心价值观中公民准则的关键一词，又是中华文化传承了5000多年的礼仪。幼儿园是幼儿一切的起点和开端，在幼儿园阶段帮助幼儿营造友善的环境、建立友善的意识、学习友善的礼仪，就能够帮助他们在以后的人生中打好人际交往和社会交往的良好基础。

### （一）友善有助于建立良好的人际关系

当前家庭的普遍组成是"6＋1"的家庭结构，即父母、祖父母、外祖父母六位家长共同照顾一名幼儿，在这样极度被关注和爱护的环境下长大，幼儿容易以自我为中心，不容易关注到他人的情绪和需要。因此，在幼儿园的集体生活中幼儿的社会交往方面会出现告状、争抢甚至打架等不友善的行为。"良言一句三冬暖，恶语伤人六月寒"，友善的言语和态度能够增进幼儿与同伴之间的感情，促进同伴之间的友谊。同时，友善的培养与践行能够帮助幼儿更好地理解家人之间的爱，关心、关爱家人，提升家庭成员的幸福感。

### （二）能够帮助幼儿更好的融入社会

在幼儿社会性和世界观初步形成的阶段将友善的种子种在他们的心间，这样幼儿在初步接触社会乃至融入社会时都会带着友善的方式和态度。友善的方式更容易被别人接受，能够使幼儿更好地适应社会。如果每个幼儿都能从小受到友善的教育和影响，社会中的每一个人都带着友善的态度，那将使整个社会变得和谐美好。

### （三）友善是中国传统礼仪的情感体现

礼仪的表现形式只是一种表象，其实质是我国传承了5000多年的情感。友善就是"不以善小而不为，不以恶小而为之"，是用一种和谐、友善的态度来对待自然、对待社会、对待他人，以一种宽广和友好的胸怀来处理各种关系。在高速发展的现代社会传统礼仪不应该被遗忘，而是以一种适应新时代的形式存在着。友善包含在生活的各个方面，对事对人表现出来的友善便是礼仪。幼儿学礼、讲礼，才能够成长为懂礼、有礼的文明小朋友。

## 二、培育和践行“友善”的途径

友善更多的是以情感、态度、行为等方式存在的，而不是以知识性的形式存在。因此在幼儿园教育中培育和践行“友善”价值观不能单独以教育活动或枯燥的说教进行，而是要融入幼儿的一日生活活动、游戏，随时随地、潜移默化地影响幼儿。

### （一）在教育活动中开展相关活动

教育活动作为幼儿一日中最集中的教育形式，是不可或缺的。教师在备课的过程中要结合本班幼儿的实际情况和兴趣进行教育活动的设计。我们班的孩子很喜欢绘本故事，因此我在教学活动设计时经常将绘本融入其中。一次我发现绘本《冰糖葫芦，谁买?》充满了民间传统的特色，并且故事情感丰富，很符合我们班幼儿的特点。所以我在绘本的第一次精读活动中以深挖故事的情感为目的。这个绘本主要讲述了卖冰糖葫芦的老爷爷和小猫们充满友善和关心的故事。我将活动目标围绕社会主义核心价值观中的“友善”设立，以“感受故事中的友善，体会友善会换来帮助”为情感主线，引导幼儿在阅读活动中感受友善的温情和友善的力量。活动中孩子虽然不能说出“友善”这个词语，但说出了“老爷爷是个好心的人”“老爷爷很善良”“老爷爷关心小动物”等，他们能够感受到老爷爷的善意和小猫们的回报。甚至有的幼儿说出了“老爷爷在卖糖葫芦的时候对每个小朋友都很友善”这样的回答。这说明绘本中老爷爷的友善无处不在，通过这个绘本活动孩子受到了感动的同时，情感素养也有了提高。

### （二）在一日生活中潜移默化的影响

一日生活是幼儿在幼儿园里生活的主体，也是零碎且容易被忽视的教育环节。其实在一日生活中更能看到幼儿的常态化，更能发现问题，这时就需要教师恰当地进行教育和影响。每天的入园环节孩子来到幼儿园都会和老师问早，但是很少有小朋友互相问早的情况。一次在晨谈中我问孩子：“你们每天来到幼儿园都会看到老师吗?”孩子回答会，我又接着问：“那么你来到幼儿园以后还会看到谁?”孩子有的说会看到其他班的老师，有的说会看到小朋友，有的说会看到门卫爷爷。我继续问：“每一天早晨老师都会和在幼儿园见到的每一个人问早，这些人包括其他班的老师、保安爷爷、小朋友。我们互相问早以后都会很开心的度过幼儿园的一天。”这时就有小朋友说：“我以后也要和小朋友们问早，和保安爷爷问早，因为我希望我们都很开心。”其他小朋友们都随着附和起来。我还鼓励孩子们在进餐时主动帮够不到筷子的小朋友递筷子，而被帮助的孩子会主动说谢谢。当有小朋友拉了裤子时，我提醒其他小朋友不要笑话他，而这时竟然有小朋友拿来了自己的换洗衣物说：“你穿我的裤子吧。”每当这样的时候我都为我的孩子感到骄傲。不嘲笑别人是礼貌，主动帮助别人是友善；在递接物品时的谢谢是礼貌，每天跟见到的同伴问早是礼仪。这些情感素养的培育和提升都在一点一滴、潜移默化地改变着幼儿。

### （三）在游戏中适时指导和介入

游戏是幼儿自愿参加并能从中获得积极情绪的活动，在游戏里幼儿是自由的、放松的，游戏也是幼儿人际交往的重要时机。一次在户外自主游戏时，几个小朋友因为争抢户外的材料争吵起来，我站在不远的地方观察着他们，并没有马上干预。一个男孩大声说：“这个是我们先拿到的，我们放在这去拿别的材料了!”女孩回答说：“可是你们放在这这么多材料也不摆，我们又不知道那是你们的。”一边说着两边孩子开始往两边拉那个材料，双方争执不休。这时，我走过去对他们说：“这个材料现在只有这一个，但是你们都想玩，有没有什么友善一点的办法呢?”“那么我们就一起搭一个大个的基地一起玩吧!”说完孩子们就一起去搭了。心平气和地解决问题比争吵更有效果，如果每个人都带着友善的态度去交往，那将是社会和谐的一剂润滑剂。

### （四）教师的示范作用

幼儿会模仿教师的行为、语言甚至对人对事的态度，作为教师要时时注意自己的言行举止，文雅的教师才能培养出儒雅的幼儿。我们班有个小朋友非常敏感，喜欢交朋友但是表达的方式不太合适，班上的小朋友起初都不愿意跟他一起玩。我总是在他做得好的时候特别表扬他，跟他说话的时候更加地耐心和温柔，我没法去干预幼儿们选择和谁交朋友，但是在老师的行为影响下幼儿们开始发现他的闪光点，他们不再将他区别的对待而是愿意和他一起玩耍。教师心平气和地与别人探讨问题，幼儿才能用友善的态度与同伴相处；教师每天带着微笑，幼儿才能友善地对待每个人；教师在得到帮助时表达谢意，幼儿才能懂礼、有礼。友善是一种会在人与人之间传递的情感，教师将友善作为接人待物的态度，幼儿才能耳濡目染，将友善内化于心。

## 三、在幼儿园培育和践行“友善”价值观的意义

人之初，性本善。幼儿就像一张张白纸，可以绘成一幅美轮美奂的画卷，也可以变成杂乱无章的草纸。作为社会主义的接班人，幼儿是什么样的，未来的中国社会就会是什么样的。中国传承了5000多年的文明与礼仪，不是古老的传说，而是浸润在生活中的各个细节和角落里，友善是优秀的品质，友善是构建和谐社会人际关系的纽带。人与人之间的交往、人与自然之间的相处都是友善的体现之处。在幼儿园培育和践行幼儿的友善价值观，是对幼儿自身、对幼儿的家庭、对未来的社会都大有裨益的。

# 论幼儿园家庭教育指导的有效对策

（钟学飞　深圳市龙岗区龙岗街道第一幼儿教育集团）

**摘　要：**现阶段，许多幼儿园缺少对家庭教育指导的重要认知，即便部分幼儿园对家庭教育进行指导，但是也面临相对单一、浅显等问题，未能发挥应有的教育指导作用。为此，幼儿园需要注重与幼儿家庭教育的互动交流，发挥双方的合力作用，才能为幼儿成长创造良好的教育环境，促进幼儿茁壮成长。

**关键词：**幼儿园；家庭教育；指导方法

现如今，社会对于人才的要求逐渐增多，导致人才之间的竞争越发激烈，孩子需要从小培养，在幼儿园阶段接受正确的教育，帮助其形成正确的“三观”意识，幼儿教育除去源于学校之外，还与家庭教育息息相关。在过去，家庭教育主要针对家里父母对于孩子的教诲，随着社会不断进步发展，家庭教育涵盖许多含义，也包括父母与孩子之间相处形成的间接影响等。家庭教育对于个人发展有着不可忽视的作用，特别是原生家庭的氛围、父母理念等都会对孩子性格、品质的形成产生影响，为此每位父母有责任与义务去学习科学的育儿方法，意识到家庭教育的重要性，才能与幼儿园教师形成合力，为幼儿共创良好的成长环境。

## 一、幼儿园在家庭教育指导中的积极作用

幼儿园作为家庭教育指导的重要组织者，如若家长把幼儿的教育场所转移到家庭，此项指导能够为其教育过程提供有价值的参考意见，从而帮助幼儿的身心健康得到发展，同时也能进一步强化家长的教育意识，改变自身错误的教育认知与教育行为。

对于幼儿的身心健康来讲，幼儿园教育与家庭教育发挥着不可忽视的作用，只有将幼儿园教育与家庭教育的发展进程保持一致，才能确保幼儿身心健康发展长期处于稳步趋势。对于幼儿园而言，需要注重幼儿与家庭教育的本质关系，以便展现自身的教育优势。而对于家庭教育来讲，幼儿园教育指导的作用是幼儿身体健康发展的基础条件。

## 二、幼儿园家庭教育指导的有效方法

### （一）改变传统指导路径，培养良好的行为习惯

对于幼儿来讲，常常对世界充满强烈的好奇心与探索欲，但是因幼儿还未形成良好的辨别是非能力与独立生存能力，需要家长与教师加强保护与引导。幼儿园教师应该改变固有的教育观念，优化家庭教育指导路径，在幼儿园中积极推行由园长带领家庭指导小组的工作方式，通过严格选取小组成员，全面考量小组成员的工作经验、责任意识、工作能力，确保教师能够在家庭教育指导工作中发挥积极的促进作用，使幼儿可以放下自身的紧张约束状态，轻松乐观地参与教育活动，而家庭指导小组的教师也要在长期工作中积累经验，调整自身的工作态度、心理素质，在面对幼儿突发情况时，教师也要保持平稳的心态，完成对幼儿有关安全教育方面的教导。

## （二）利用家访方式，建立幼儿园与家庭的互动平台

家访是作为幼儿教师与家长联系最为有效的方式。家访方式包括许多种。如接待时对家长的随机访问、到幼儿家展开访问、电话访问等，尤其在互联网技术水平日益提高的今天，幼儿教师可通过网络的方式，创建家庭教育指导微信群、QQ群、钉钉群等，从而形成教师与家长、家长与家长的互动交流平台。通过利用不同的家访方式，能够了解每个幼儿所处的家庭环境，掌握家长的教育态度与教育方式，实行对症下药，并对家长展开有针对性的教育指导。家长能够通过家访感受到教师对于自家孩子的关心与喜爱程度，并体会到教师为了孩子健康成长所作的一切努力。在家访过程中，教师、幼儿、家长之间的情况也会越发融洽，提高家长对教师的信任度，从而积极配合与支持幼儿园的教育教学工作。

## （三）成立家长学习培训会，展现家庭教育指导作用

家长会作为教师对家长群体展开有效指导的一种手段。为此，幼儿园可通过邀请专业的幼儿教育专家进行主讲，围绕本班幼儿共同存在的问题，帮助家长进行分析，为家长提供相应的指导建议。与此同时，还可以向家长介绍本班幼儿发展现状、幼儿园保教工作目的、班级教学规划等内容，以便提高家长与幼儿园的互动效果，使家长能够更加理解教师的工作。

## （四）促进政府监管作用发挥，增强教师的综合素质

相关研究发现，现阶段家庭教育需求与幼儿园实际指导情况有明显差距，而形成这一现象的原因与政府有关部门及幼儿园没有注重家庭教育指导有关。只有政府部门展现自身的引导作用，并颁布有关政策机制，才能确保家庭教育指导工作贯彻落实，并促进家庭教育指导工作向着预期目标不断前进。如若政府颁布有关法律政策，就会在无形中形成对幼儿园组织在家庭教育指导的约束，从而保障家长教育的基本权益。另外，不同区域可在国家法律支持下根据本省的具体情况，进一步设定明确内容，只有提高政府部门对家庭教育的重视意识，才能带动社会各界的关注，长此以往形成良性循环发展体系，不但能构建和谐的家庭与社会环境，还能提高幼儿家长在育儿方面的教育成效。除此之外，还要强化幼儿教育从业者的综合素质，由于幼儿教育从业者群体作为幼儿与家长直接接触的主要对象，是幼儿在园中学习生活的重要责任人，需要实时将幼儿自身存在的缺陷不足向家长进行反馈，并传授给家长适当的解决方法，为此幼儿是家长与教师交流互动的枢纽，提高幼儿教师的综合素质势在必行。通过组织上岗前教师参与专业技术培训活动，定期对其进行教育考核，只有通过考核的教师才能正式投身于教育工作岗位。同时，在教育教学工作中，幼儿教师也要抽出适当的时间进行学习，树立终身学习目标，不断强化自身的综合素养与教育水平，才能为家庭教育指导工作的开展奠定良好基础。

## （五）根据家长的实际需求，提供多元的教育指导

毋庸置疑，家长作为幼儿的第一监护人，对家长进行家庭教育指导的需求并不是解决幼儿问题，也要注重解决家长本身存在的教育问题，才能促进幼儿身心健康发展。幼儿园应该提高对家长教育的重视意识，将其当作检验幼儿园家庭教育指导工作的有效路径，才能进一步了解教育指导工作策略是否有效、是否满足家长的基本需求。同时，家长也要注重社会不同组织在家庭教育方面提供的不同指导服务，并提高自身的配合度，实现幼儿园教育与家庭教育的协同发展。作为家庭教育内容的重要载体，不管应用哪种方式开展家庭教育指导工作，都要确保满足家长的实际需求。基于心理学的层面展开分析，需求也可理解成被需要，是人类进行一切活动的基本动力。在家庭教育指导工作中，会激发家长对指导活动参与的主动性，提高家庭指导工作效率。另外，在家庭教育指导时间方面，教师需利用弹性时间，尽可能满足不同家长群体的实际需求，指导的频率可结合实际状况，指导形式也可运用针对性

指导与集体指导相融合的方式，强化家庭教育的指导效果。

### （六）利用家长开放日，调动家长参加指导的能动性

在幼儿阶段，孩子会对事物充满无限好奇，教师与家长形成教育合力，通过深入挖掘、正向引导，才能使幼儿园家庭教育指导工作的效率不断提高。幼儿教师在家庭教育指导工作中，不可操之过急，也不能滞后拖沓，只有这样才能把握好教育良机。在此阶段，家庭教育指导具有开放性，幼儿园可设定家长开放日，以便为家长与教师提供共同培养幼儿的良好契机。家长开放日的设定有许多特殊含义，但是因许多家长都忙于工作，和教师沟通只能利用交流软件。另外，家长开放日也是增进亲子关系的有效手段，孩子会由于父母的参加而显得更加热情、积极，家长与教师在实践活动中的密切配合，将会提高家长对家庭教育指导工作的重视程度。父母在实践活动中也能了解到孩子的表现，了解孩子的优缺点，使孩子收获满满，并进行合理反馈。建立家长开放日教育指导活动，使幼儿教育形成一种内部与外部的协同配合作用，促进幼儿的全面发展。

## 三、结语

综上所述，幼儿园教育和家庭教育的相互融合是必然结果，也是幼儿在特殊时期不可或缺的一部分。家庭作为幼儿所接触的首个社会场所，幼儿园是幼儿所接触的集体场所，无论是教育还是场所，这两者对于幼儿的成长来讲意义重大。为此，幼儿园教育和家庭教育的融合是必需的，只有两者相辅相成、保持协同，才能对幼儿的身心健康成长带来积极影响。因此，幼儿园教师应该定期或不定期与家长进行有效互动，并通过家长会、亲子课程等方式强化家庭教育指导，促进幼儿园教育与家庭教育的协同发展，以便为幼儿共创和谐、良好的成长环境。

**参考文献**

[1] 熊丽梅．幼儿园家庭教育指导工作的开展策略［J］．中外交流，2019，26（40）：368.

[2] 陈娟．幼儿园开展家庭教育指导工作的困境与出路探析［J］．明日，2019，2（44）：1－1.

[3] 石璐．浅谈幼儿园如何帮助家长开展有效的家庭教育［J］．新智慧，2019，3（29）：115－115.

[4] 樊荣．浅谈在家庭教育中对幼儿有效渗透传统文化的策略探究［J］．新课程．综合，2019，2（12）：224－224.

# “双减”背景下幼儿家长对幼小衔接的期待误区及解决策略

（郭优美　广东省深圳市龙岗区龙城街道保利上城幼儿园）

**摘　要：**当下教育资本化问题严峻，加之“双减”政策呼吁教育回归本质，家长对幼小衔接的期待在原本资本化教育背景的浸淫下与当下提出的新的教育政策的冲突势必带来新的教育冲突和矛盾。对此，本文结合当下教育热点，以“双减”为背景，运用访谈法对A园大班家长进行随机访谈。探讨了在“双减”背景下幼儿家长对幼小衔接的种种期待和存在的误区，并提出了相应的解决方法和措施。

**关键词：**家长期待；幼小衔接；双减

## 一、研究背景

随着基础教育课程改革的深入推进，教育朝着更加关注学生主体地位、注重学生全面和谐发展、着重培养学生实际解决问题的能力的方向迈进。然而，当下教育领域乱象丛生——教育逐利化、教育内卷化、教育形式化等现象层见叠出。2021年7月24日，中共中央办公厅、国务院办公厅发布“双减”政策，旨在减轻学生、家长以及学校等各方负担，促使教育回归本质，以人为本发展教育，促进学生健康、全面、可持续发展。自“双减”政策公布以来幼儿园教育模式也受到广泛关注，本文将以“双减”政策为研究背景，重点分析家长对幼小衔接的期待，探析其心理偏差和教育误区，提出对策建议。

## 二、“双减”背景下幼儿家长对幼小衔接的期待误区

### （一）课程误区

义务教育阶段各学科课程标准默认小学生在入学前理应掌握相关基础概念，如熟练画出常见几何图形、规范书写以及对识字量作出规定等，进入小学后便在此基础上要求学生进一步学习掌握更精深的知识。但学前阶段《3—6岁儿童学习与发展指南》并未对此方面知识作出能够与之匹配衔接的相关要求，即使“双减”政策指出“严格按课程标准零起点教学”，但小学仍然存在实施不到位的问题。幼儿园与小学在学习任务难度上存在的衔接断层不由得引发家长过分焦虑，这也使得家长期待幼儿园多教给幼儿一些“超前知识”，以便其适应小学教学节奏。为此，在同等具有进入公立幼儿园资格的前提下，部分家长不惜选择相对收费更贵、课程更为单一的私立幼儿园。面对此类现象便有越来越多的私立幼儿园迫于招生压力不得不走向“小学化”的迷途，使得幼儿园行业出现如此恶性循环的“怪圈”。不仅教学内容“小学化”，作息规律也偏向“小学化”，无形之中加大了幼儿负担。

### （二）责任误区

通过对大班家长的访谈得知，部分大班家长忽视家庭教育的作用，认为幼小衔接教育乃至整个幼儿阶段的教育都是幼儿园的义务。模糊责任边界，推诿教育责任。此类家长认为只需满足幼儿基本生活需要或提供给幼儿优渥的物质条件即是尽到了家长的义务，却忽视了幼

儿的心理需要和生活教育的重要性。家长是幼儿的第一任老师，幼儿对家长的无条件信任和模仿就决定了家长在幼儿教育中不可替代的作用。如果家长一味地推卸自身教育职责、不注重自身带给幼儿潜移默化的影响，这种长期的言传身教就可能使得幼儿成长面临诸多误区，影响幼儿健康发展。

### （三）理念误区

家长对幼小衔接的期待误区也与我国古代“学而优则仕”的功利读书观有着莫大的联系。在古代读书几乎是实现阶级转变的唯一途径，所谓“寒门贵子”的观念使得家长对成绩趋之若鹜，也使得“功利化”的读书观深入人心。时下社会大多数人将教育当作谋生的“手段”，将学习成绩视为衡量高质量人才的“标准”，用所学知识换取自身物质需要。家长对成绩的过度追求使其忽视了对幼儿综合能力的培养，重知识轻能力的教育理念无形之中带给了幼儿扭曲的学习观和人生观。他们将知识金钱化，将其视为牟利的手段。这种功利色彩的学习观对幼儿的长远发展来说没有益处，反而可能因为家长的过高期待和社会带来的压力丧失对学习的兴趣。

另外，超前学习对幼儿来说弊大于利。部分家长认为幼小衔接即“学前班”。幼儿在“学前班”学到的内容和一年级大多重复，但同样知识点一年级讲解相对来说更加深入，速度也比较快。幼儿在“学前班”学过相同内容后，再次面对看似“重复”的内容就会失去兴趣、骄傲自满。他们认为自己能够轻而易举地掌握知识，便体会不到通过自身的努力去实现既定目标的满足感。相反，一些没上过“学前班”的幼儿在进入小学之初可能各方面能力相较一些有准备的幼儿稍逊一筹，但他们在幼儿园养成了良好的学习习惯和乐观向上的积极心态。在面临学习和生活上的挫折时，他们能及时调整心态、依靠自己的努力达成目标。不仅能够体会自我价值的实现，也利于激发其自信心，对其性格的养成打下良好基础。

## 三、“双减”背景下幼儿家长对幼小衔接期待误区的解决策略

### （一）规范幼儿园课程，强化幼小协同机制

2018年7月教育部办公厅印发《关于开展幼儿园“小学化”专项治理工作的通知》（以下简称《通知》）。《通知》指出“严禁教授小学课程内容”“纠正‘小学化’教育方式”。“双减”政策也有此方面要求。幼儿园课程“去小学化”要从程目标、课程内容、课程评价模式等多方面入手。变更以往的行为目标取向，转向过程性目标取向或表现性目标取向，强调幼儿个性、独立发展；变更以往模式化地照搬书本中课程计划的教育方式，以更加适宜幼儿发展水平的、贴近幼儿生活和兴趣需要的方式开发课程，与幼儿共同建构课程，尊重幼儿主体地位；变更以往“唯分数论”的结果性评价，关注对幼儿的多元智能评价，鼓励其综合能力的发展。

改变家长的期待误区不仅需要幼儿园单方面的努力，也需要幼儿园、小学以及政府多方形成合力，共同扭转当下幼小衔接不合理的局面。“双减”政策指出“坚持政府主导、多方联动，强化政府统筹，落实部门职责”，政府应有效发挥中间协调作用，在课程改革、法律法规的完善及有关政策执行方面发挥强有力的作用；同时幼儿园、小学双方应加强配合，就双方课程设置、园校环境、学生发展等方面的发展现状及时沟通，发现共同点携手开发和调整双方课程设置，同时查缺补漏发现课程衔接断层进而采取对策加以弥补。

### （二）厘清责任边界，履行家长职责

“双减”政策不仅强调学校的作用，也强调家庭方面在为学生减负上所发挥的作用。家长是孩子的第一任老师，家长的言传身教对子女有潜移默化的影响，幼儿平素行为表现都是

家长价值观的外化。因而树立幼儿正确的世界观、人生观、价值观需要家长担负起教育责任。教育从来不是一蹴而就的，就像罗马不是一天建成的一样。家长仍需在心理上、生活上、学习上对其加以引导。关注幼儿心理变化并及时干预；鼓励幼儿大胆与环境接触；认真倾听并给幼儿充分表达自己所思所想的机会，满足其被关注的需要，在心理上保障幼儿健康阳光地成长。生活上提供给幼儿参与各项活动的机会，与幼儿积极互动，善于发现生活中的教育资源，多管齐下引导幼儿热爱生活。家长对待幼儿的学习切不可急于求成、揠苗助长。幼儿有其自身的发展规律，要在尊重规律的基础上对幼儿抱有合理期待并施以科学教育，不断创造幼儿发展环境，使其在自身原有知识的基础之上不断建构新的知识。家长除需重视家庭教育以外，仍需配合幼儿园教育工作，家园合作共促幼儿健康成长。

### （三）转变教育理念，树立科学教育观

教育不是手段而是目的。“双减”政策意在将资本驱逐教育行业。教育不是逐利的工具，不是通往所谓“黄金屋”的“康庄大道”，教育本身即是目的。转变家长乃至整个社会“功利化”的教育观需要社会各界的努力。首先幼儿园要加强宣传教育，克服家长对幼小衔接的过度恐慌。幼儿园可通过定期举办家长座谈会向家长传播科学育儿方法、解读当下教育政策；设置“家长开放日”让家长参观幼儿园教学，使其了解幼儿在园的真实情况，缓解家长心理压力，减轻家长心理负担；举办“亲子交流活动”加深家长对幼儿发展现状的了解，增强对幼儿自主发展的信任感。其次社会方面的作用也不可忽视，可通过媒体加强科学教育理念的宣传；社区定期举办座谈交流活动；邀请专家开办讲座；提供亲子活动空间等方式多角度转变家长育儿理念，帮助其树立科学教育观念，正确看待幼小衔接，减轻幼儿学习负担。

## 四、结语

家长对幼小衔接的期待误区不单是其自身教育理念不科学、缺乏教育相关知识等原因造成的，这也与当下社会经济发展状况、人才衡量标准以及我国几千年来传统思想等方面关系密切。想要改变家长教育观念，引导其科学看待幼小衔接，单纯寄希望于家长自身是远远不够的。同时，需要社会多方群策群力，共同促进幼儿的全面和谐发展。

### 参考文献

［1］杨维坤，邱小健．“双减”背景下家长的教育焦虑及其化解策略［J］．教学与管理，2023（9）：14—17.

［2］叶海，李琛．“双减”政策的实施效果及家长教育价值观对教育焦虑的影响：政策态度的中介作用［J］．心理月刊，2023，18（2）：86—89.

［3］倪晓连．实现幼小有效衔接教学策略探究［J］．国家通用语言文字教学与研究，2022（9）：179—181.

［4］沈洁．“双减”政策背景下缓解家长教育焦虑的策略探究［J］．华人时刊（校长），2022（6）：40—41.

［5］李冰，陈兴中，向晏平．“双减”背景下揠苗助长的教育乱象观察、审思与突围［J］．教育科学论坛，2022（7）：5—15.

# 幼小衔接的创新教育策略

（隋子硕　北京市怀柔区杨宋镇中心幼儿园）

**摘　要：**对于所有的幼儿来说，“幼升小”都是人生的必经阶段，更是幼儿学习生涯的重要转变。如何引导幼儿更好地适应小学的学习与生活，如何让幼儿在幼儿园阶段更好地理解和认识小学生活，这是幼儿教师在幼儿幼小衔接过程中需要深入思考的重要问题。为进一步促进幼儿平稳实现幼小衔接，本文将围绕幼儿园幼小衔接展开创新教育策略的探讨。

**关键词：**幼儿教育；幼小衔接；教育策略

越来越多的幼儿教师开始意识到应从幼儿教育教学角度给予幼小衔接以充分的重视，从幼儿教育教学角度促进幼儿平稳度过幼小衔接阶段，对于个体的未来发展来看，其价值是不可估量的。既然在幼儿园教育教学活动中从幼小衔接入手创造教育教学理念与模式具有如此重要的价值，那么，如何做好幼小衔接工作以促进幼儿的全面发展呢？我认为从以下角度入手围绕幼小衔接展开教育教学的创新尝试是值得思考的。

## 一、兴趣激发——“体验小学”成为奖励

要想降低幼儿对小学生活的抵触情绪，幼儿教师还应该从兴趣激发的角度调动幼儿对小学生活的好奇心，使幼儿能够带着对小学生活满满的向往、满满的信心以更从容的态度走进小学阶段的学习与生活。幼儿教师可以从兴趣激发的角度引导幼儿在刺激－反应－强化中对小学生活的无限憧憬与向往。

例如，幼儿教师可以在幼儿园活动区域内部设置“小学校”的情境，但并不是让所有幼儿都同时感受这一情境，而是让“体验小学”成为一种奖励，只得“优秀”的幼儿才有机会在幼儿园游戏区域中去体验小学生活、去感受小学氛围；又如，当某一个淘气的幼儿今天不仅遵守纪律，还关心同学，教师在对其进行表扬时，就可以为其发放一个“小红花”标志；再如，当某个幼儿今天在游戏活动中获胜，得到了第一的名次，教师就可以为其发放一个“小红花”标志。这种将对小学生活的抵触情绪转化为对小学生活的无限向往，就使幼儿在幼小衔接的重要阶段做好了充足的心理准备，也为幼儿更好地面对小学生活提供了更积极的态度！

## 二、习惯养成——素养能力的多重准备

要想使幼儿更好地面对未来的小学生活，幼儿教师还应该从习惯养成、行为指导、心理暗示、能力培养等多个维度对幼儿进行引导，使幼儿从素养与能力的多个维度入手做好幼升小的准备。

例如，在幼儿游戏活动的设定活动中不仅要从教师的角度守护幼儿的安全，更应该从幼儿的角度提升幼儿自身的安全意识，使幼儿在享受游戏快乐的同时，更提升自己的安全意识；又如，在幼儿的生活管理过程中，幼儿教师还要引导幼儿提升自我管理能力，养成独立习惯，学会自己穿衣服、自己穿鞋甚至是自己系鞋带，让学生的独立意识为其小学生活提供更多便利……从上述维度对幼儿进行引导，使每一个游戏活动的设定都围绕幼儿的核心素养提升而展开，使每一个幼儿教学设计都为更好地实现幼小衔接做准备，让幼儿从心理、行为、习惯、能力、素养、更多的角度做好迎接小学生活的准备！

## 三、情感情绪的宣泄和引导——平稳过渡的情感支持

幼小衔接的过程，幼儿可能会面临着各种情感与情绪的波动和迷惘。幼儿教师在这个阶段需要给予幼儿情感上的关怀和支持，帮助他们平稳过渡。

首先，幼儿教师可以通过情绪宣泄的方式，让幼儿有机会表达他们的担忧、忧虑和焦虑感。例如，可以设置情绪表达的小组活动，让幼儿通过绘画、手工制作、角色扮演等方式表达他们的内心感受。同时，幼儿教师要倾听和尊重幼儿的感受，给予他们情感上的支持和安抚，让他们感受到自己被理解和关心。

其次，幼儿教师要引导幼儿积极面对挑战和改变，让幼儿对即将到来的小学生活保持积极的态度。可以通过故事、游戏、讨论等方式，帮助幼儿树立自信和勇敢面对新的环境和任务。同时，幼儿教师要积极营造积极向上的氛围，鼓励幼儿互相支持和鼓励，增强他们的集体归属感和自信心。

最后，幼儿教师要与家长密切合作，共同关注和引导幼儿的情感发展。定期与家长沟通、交流幼儿的情绪表现和变化，共同探讨并制定适合幼儿的情感引导策略。同时，家长也要扮演积极的角色，给予幼儿情感上的支持和鼓励，帮助他们更好地适应幼小衔接的过程。

## 四、有针对性的学习辅导和训练

在幼小衔接的过程中，幼儿教师可以针对幼儿的学习情况和需求，提供有针对性的学习辅导和训练，帮助幼儿适应小学的学习要求。

幼儿教师可以通过个别辅导的方式，针对幼儿的学习进展和困难点，进行有针对性的指导和帮助。通过个别辅导，教师可以根据幼儿的学习能力和兴趣特点，调整教学内容和方法，帮助幼儿理解和掌握小学的学习内容。

幼儿教师可以设置专门的学习活动，帮助幼儿熟悉小学的学习环境和学习方式。例如，可以模拟小学的课堂教学，让幼儿体验小学的学习氛围和学习方式，帮助他们适应小学的学习节奏和学习方法。

幼儿教师还可以组织幼儿参加小学的学习活动，如参观小学，参加小学的课程或者活动，让幼儿亲身体验小学的学习内容和学习方式，增强他们对小学的认知和适应能力。

通过有针对性的学习辅导和训练，幼儿可以更好地适应小学的学习要求，提升学习能力和自信心，实现平稳的幼小衔接。

## 五、提供综合能力培养和素质教育

除了学习内容的过渡，幼儿园还应该注重对幼儿的综合能力培养和素质教育，以帮助幼儿更好地适应小学的学习与生活。

首先，幼儿园可以通过丰富多彩的活动，培养幼儿的社交能力和合作精神。例如，组织幼儿参与集体活动和小组活动，鼓励幼儿与同伴合作、互相帮助，在团队中建立良好的人际关系。

其次，可以开展一些探索性和创造性的活动，培养幼儿的探索精神和创新意识。通过开展科学实验、艺术创作、手工制作等活动，激发幼儿的兴趣和好奇心，拓宽他们的思维方式、增强他们的创造能力。

再次，还可以注重培养幼儿的情商和自我管理能力。通过开展情绪管理培训、自我认知训练等活动，帮助幼儿认识和表达自己的情感，学会理解和处理情绪，提升情商和人际交往能力。

最后，幼儿园还应注重培养幼儿的道德品质和价值观。通过开展道德教育、故事分享、社区参与等活动，引导幼儿形成正确的道德观念和价值取向，培养他们良好的行为习惯和品德素养。

通过综合能力培养和素质教育，幼儿园可以为幼儿提供全面而系统的培养，使幼儿在幼小衔接过程中具备综合素质和能力，更好地适应小学的学习和生活。

通过以上创新的教育策略，幼儿教师可以在幼升小的过程中更好地引导和支持幼儿的成长。积极引导幼儿的兴趣、培养好的习惯、关注幼儿的情感发展，将为幼儿平稳度过幼小衔接阶段提供有力的支持。同时，家庭和学校的密切合作也是实现幼小衔接的成功的关键因素，只有形成家校共育的良好机制，才能确保幼儿的全面发展和未来的成功。

## 六、结语

作为幼儿教育教学工作者，在幼儿教育教学活动中应给予有效衔接以更充分地关注。应从避免幼儿教育小学化倾向以及泛娱乐性幼儿游戏设置等角度出发，让幼小衔接工作在科学合理的轨道上稳步前进。希望本文所提出的创新教育策略能够为幼儿衔接工作的开展提供必要的参考，能够使幼儿以更饱满的热情、更积极的态度以及更充分的准备面对未来的小学生活，能够使幼小脱节的现象成为历史！

### 参考文献

[1] 付瑞华．我国幼小衔接现状及对策浅析［J］．中国科教创新导刊，2008（36）．

[2] 顾伟毅，朱静，杨伟伟．“我要上小学”主题区域活动（大班）［J］．幼儿教育，2008（7）．

[3] 李晓慧．幼儿园幼小衔接教育策略的研究［J］．纵横，2019，136（9）：72—73.

# 幼小衔接中幼儿任务意识的培养

（杨丹丹　贵州省文化和旅游厅机关幼儿园）

**摘　要：**幼小衔接是幼儿成长过程中最重要的一个阶段，幼儿园与小学阶段的过渡对幼儿的心理和身体的影响是很大的，这不仅意味着幼儿需要经历一段影响自身能力的跨学段阶段，更意味着幼儿即将面临着新的发展阶段。幼小衔接过程是幼儿人生中重要的一个拐点之一，因为在这个阶段，幼儿将离开幼儿园的学习生活，开始进入小学的另一段生活。本文重点探讨了幼小衔接中教师应该如何重视幼儿任务意识的培养等问题。

**关键词：**幼小衔接；任务意识；培养策略

小学教育最大的教学特色就是任务型教育，也就是让学生在完成任务的过程中去获取更多的知识，并且在这个过程中，学生不能随意行动，学生课堂上的限制也会有很多，而幼儿教育中，很多知识大多数都是以活动的形式开展的，目的就是让幼儿在做活动的过程中学习知识，并且幼儿在这些活动中能够尽情发挥自己的天性，这与小学教育完全不同。因此，为了让幼儿更加顺利地适应从幼儿园进入小学后的学习生活，教师应该做好幼小衔接的各项工作，培养学生的任务意识，让幼儿能够在最短的时间内认识到小学学习与幼儿园学习的差异。

## 一、培养幼儿任务意识的重要性

幼小衔接阶段是每一个幼儿都必须经历的一个阶段，而为了让幼儿能够更快的适应进入小学阶段的学习生活，不仅需要幼儿教师对幼儿的生活习惯以及学习习惯进行相关的调整培养，还需要小学教师对刚进入学校的幼儿进行耐心的指导。小学阶段的第一堂课就是教育学生要懂得很多上课的规律，同时还要求学生有完成任务的意识，而学生需要完成的任务就是教师布置的各种学习任务。所谓的任务意识是指人类在心理作用的加持下愿意主动并积极地完成他人给自己布置的任务的选择意愿，也就是说幼儿教师要培养幼儿面对任务时的心态，要让幼儿能够在完成任务的过程中不怕困难，坚定的克服困难并实现目标。任务意识是小学阶段中对学生学习效果影响最为严重的一个因素，而培养幼儿的任务意识不仅能够减轻他们进入小学阶段时的学习压力，还可以帮助他们养成良好的学习习惯，让他们懂得自主探究学习的重要性，这样幼儿才能变得更加独立，也会学到更多的技能，而这些技能对他们以后的学习有着很大的帮助。

## 二、影响幼儿任务意识的原因

### （一）幼儿自身因素

幼儿任务意识薄弱与幼儿自身的生理、心理因素有着很大的关系，因为幼儿的心理不够成熟，他们并不懂得完成任务的意义，并且由于幼儿对外界的所有事物都有着更强的好奇心，他们会不自主地去获取外界的新事物，这就会让幼儿在完成任务的过程中更容易思想不集中。另外，幼儿的学习能力是非常强的，他们往往更愿意去参加一些自己能够做主的独立活动，而这样的独立活动只会让幼儿更加控制不了自己的行为，导致他们做任何事都缺乏耐心。

### （二）家庭教育因素

因为幼儿年龄太小，并且现在很多家庭都过于宠爱幼儿，导致幼儿很少有对自己的事情做决定的机会，幼儿的自主能力就会下降，并且很多幼儿在家庭中会受到很多的关注和保护，幼儿家长并不会有预谋的培养幼儿的任务意识，反而会在各种事情上给予幼儿更多的宽容，这就让幼儿养成了依赖他人的习惯。不仅不能独立解决问题，也缺乏锻炼自身能力的机会，逐渐幼儿面对各种任务时就会毫无目的，更不懂得如何找到解决问题的方法。

### （三）社会规划因素

虽然现在的社会对幼儿的健康成长极其重视，并且很多地区还会专门出台一些对幼儿健康成长有意义的政策，但是很少有相关部门重视幼儿任务意识的培养，更不会为幼儿提供相关的锻炼机会去增强他们的幼儿意识。另外，在幼小衔接的过程中，即使很多教师都会重视幼儿任务意识的培养问题，但是幼儿教师和小学教师在培养幼儿任务意识的问题上却不能保持一致的决策，幼儿教师与小学教师之间关于幼儿任务意识的培养缺乏沟通和交流，导致幼儿的任务意识很薄弱。

### （四）幼儿园课程设计因素

各地区幼儿园在设计课程的过程中，不仅会考虑幼儿的学习状态，还会考虑幼儿的心理承受能力，但是不会设计一些能够培养幼儿任务意识的课程。因为大多数幼儿园都认为幼儿是不能承受任务活动中的压力的，并且也缺乏做任务的能力。但是，幼儿实际上是懂得做任务的意义的，并且也愿意去为一个任务负责任，而实际的课程中却没有这样的课程让幼儿发挥能力，自然就会导致幼儿的任务意识得不到真正的发挥。

## 三、培养幼儿任务意识对幼儿的改变

幼儿在幼儿园中的学习生活是很少有压力的，幼儿园的育人理念是以趣味引导为主，让幼儿在各种各样具有趣味性的活动中去收获知识。这样的育人模式虽然很大程度上保留了幼儿的天性，从幼儿的天性出发去让幼儿能够充分的展示自己，但是实际并不能帮助幼儿建立自主解决问题的思想。也就是说幼儿在做活动学习知识的过程中，不仅不会懂得做任务的意义，也不会自主去体验做任务的过程。在这样的学习环境中，只会让幼儿过于依赖家长和教师，不懂得自主解决问题，对任何事情都没有负责任的态度。因此，在幼小衔接的过渡教育阶段，不论是幼儿园教师还是小学教师，都应该培养幼儿的任务意识，强化幼儿的自身责任感，让幼儿能够懂得做事负责的道理。超强的任务意识能够让幼儿做任何事情时都能够集中注意力去完成任务，从而在不知不觉中约束幼儿的不当行为，使幼儿能够独立的面对一些他们能够解决的事情，帮助他们养成做事负责的态度以及不怕困难的心境。

## 四、幼小衔接中如何培养幼儿的任务意识

### （一）培养幼儿学习基本技能时的自信心

培养幼儿的任务意识是为了让他们能够更加积极地参与各种各样的学习任务。但是，仅仅通过任务意识去引导幼儿完成任务，反而会导致幼儿的任务意识变得薄弱，所以教师可以通过培养幼儿的基本技能去锻炼他们做任务的能力，而基本的技能也可以让幼儿在做任务的过程中变得更加自信，这对他们的任务完成都有着很大的帮助。因此，教师可以通过锻炼幼儿的基本技能去激发他们的任务意识，让他们能够拥有完成任务的能力和自信心。例如，在幼儿的教学活动中，教师可以鼓励幼儿做一些力所能及的小事。比如，帮助其他小朋友摆放桌椅，或者让幼儿学习叠被子，在这个过程中教师要给予幼儿更多肯定，帮助幼儿建立做任务时的自信心，这样才能让幼儿养成不依赖他人的好习惯。

### （二）让幼儿感受到平等的任务环境

幼儿的心智不成熟，做任何事情时都喜欢争强好胜，并且还喜欢追求平等，所以只有平等的任务环境才能让幼儿积极参与做任务的过程。幼儿教师在布置任务的时候，要将一些与任务相关的见解告知每一个幼儿，不能因为外界因素而忽略任何一个幼儿对完成任务的决心。另外，教师的鼓励和帮助都应该是公平的，要尽力帮助每一个幼儿去完成任务，也要对每一个幼儿给予一定的鼓励。

### （三）培养幼儿自主完成任务的能力

很多幼儿在做任务的过程中遇到困难就会选择放弃任务，这样的任务意识是不对的，所以教师在教学中就要引导幼儿自主完成任务，要让他们懂得克服困难、取得任务成功的意义，这样的任务意识才是幼儿应该拥有的。另外，如果幼儿能够自主完成任务，教师也要给予一定的鼓励，这样才能帮助幼儿建立自主完成任务的自信心。比如，每次吃完餐点或者水果后，教师可以引导幼儿将自己的碗筷收拾干净，鼓励幼儿将吃饭时的桌子擦干净，让幼儿能够具备自主完成任务的能力，这样对培养幼儿的任务意识有着很大的帮助，能够让幼儿懂得自己的事情自己做，从而让幼儿懂得自主完成学习任务的道理。

### （四）建立幼儿在任务活动中的责任心

教师之所以要培养幼儿的任务意识，就是要让幼儿对任何学习任务负责任。由于幼儿的心理和生理特点，他们在做事情的过程中很容易半途而废。这样既不能达到任务教学的目的，同时也会让幼儿养成不好的行为习惯，所以教师在培养幼儿的任务意识时，首先要帮助幼儿建立做事情的责任感，这样才能让任务教育发挥其真正的作用。

## 五、结语

总而言之，在幼小衔接的过程中，培养幼儿任务意识不仅仅是幼儿教师的工作，更是小学教师的工作。只有让幼儿能够真正的理解任务学习的意义，才能让他们的任务意识不断增

强。教师要正确引导幼儿的行为习惯，帮助幼儿养成一定的责任感，这样才能让他们建立良好的任务意识。

**参考文献：**

[1] 徐小敏．培养4～6岁幼儿的任务意识［J］．儿童与健康，2020（7）：38—39.

[2] 颜钰铃．利用任务本促进大班幼儿任务意识的养成［J］．东方娃娃·保育与教育，2020（6）：42—43.

[3] 于朦．浅谈大班幼儿任务意识培养的指导策略［J］．吉林教育，2020（15）：42.

[4] 王文英．幼小衔接之规则任务意识的建立［J］．山西教育（幼教），2016（6）：36.

[5] 季莉春．强化任务意识使幼小衔接趋向完美［J］．青春岁月，2016（3）：188.

# 浅谈幼儿园家园共育的有效实施策略

（梁海燕　深圳市第十幼儿园）

**摘　要：** 家园共育在幼儿园教育中起着至关重要的作用。为了实现有效的家园共育，家长和教师需要保持密切的沟通和合作，包括亲子活动、家园联系册、开放日活动、线上沟通平台等多种方式。当前家园共育存在双向协同意识不高、专业指导和培训不足、资源投入不够等问题，本文通过提高家长参与度和互动意识、加强沟通渠道建设和管理、周密计划和组织活动、注重专业指导和培训、整合和优化教育资源等策略，探讨了如何提升家园共育方法的有效性，共同为孩子的成长和发展创造良好的环境，以便促进孩子的全面发展。

**关键词：** 幼儿园；家园共育；有效策略

## 一、引言

幼儿园家园共育的含义，就是指幼儿在被教育过程中，家庭和幼儿园共同合作完成的教育，通过幼儿园和家庭的合作与交流沟通，促进孩子健康全面发展。在现代生活中，家庭教育和学校教育之间的共育，都是非常重要的部分。本文将探讨当前阶段幼儿园家园共育的常见方法及存在问题的分析，就问题提出有效性策略，旨在为家园共育教育实践提供一些有益借鉴。

## 二、家园共育常见的方法

### （一）家长会

家长会是最常见的家园共育方式。幼儿园每个学期召开家长会，向家长介绍幼儿园的教育理念、教学计划和孩子的表现情况，同时听取家长的意见和建议，共同制订教育方案。家长会为家长提供了一个了解孩子在园情况的机会，也为家长和教师提供了一个面对面交流的机会，有助于增强彼此之间的理解和信任。

### （二）家长学校

幼儿园组织家长到学校参加学校的教育培训，使家长的教育理念和幼儿园的合作能力得到提高。通过家长学校的学习，家长可以更好地了解孩子的心理和需求，然后去解决所发现的问题，家长们掌握科学的教育方法，让家庭教育水平提升一个台阶。家长学校也可以为家长提供一个交流学习的平台，促进家长之间的交流分享和愉快合作。

### （三）亲子活动

组织各种亲子活动，如运动会、文艺表演等，加强家庭和学校之间的联系和互动，促进幼儿和家长之间的情感沟通。通过亲子活动，家长可以亲身参与孩子的教育过程，增强孩子的自信心和创造力，也可以增强家庭之间的感情和家庭集体观念。

### （四）家园联系册

通过家园联系册，记录孩子在幼儿园和家庭的表现和进步。这种方式可以加强家庭和学校之间的信息交流，促进双方的沟通和合作。教师可以通过联系册向家长反馈孩子的学习情况和生活状态，家长也可以通过联系册向教师反馈孩子在家中的表现和需要。

### （五）开放日活动

定期举行家长开放日活动，让家长进入幼儿园，亲身感受孩子的学习和生活环境，了解教师的教学方式和方法。这种方式可以增强家长的参与感和责任感，让家长更加了解孩子在幼儿园的具体情况，家长也可以通过联系册向教师反馈幼儿在家中的表现和需求，进而能更好地做好家长工作和促进家园合作。

### （六）线上沟通平台

利用现代信息技术的方法，建立线上沟通的工具，如企业微信群、微信群、QQ 群等等。这些方法可以方便家庭和学校之间的信息交流和互动，教师可以发布通知、作业等信息，家长可以向教师反馈孩子的表现和需要。线上沟通平台也可以为家长提供一个沟通交流和互动的平台，促进家长之间的经验分享和合作。

## 三、家园共育存在的问题及分析

### （一）参与度和互动性不足

无论是家长还是教师都要认识到家园共育有着非常特殊的意义，积极参与并发挥作用。如果他们在家园共育中的参与度和互动性不足，那么效果就会大打折扣。如家长学校虽然可以提高家长的教育水平，但它的内容和形式可能不符合所有家长的需求。有些家长可能没有足够的时间或兴趣参加家长学校，导致他们的参与度不高。有些家长可能认为家长学校的内容不够实用或不够深入，导致他们对家长学校的满意度不高。

### （二）沟通和信息交流不充分

有效的家园共育需要家庭和幼儿园之间进行充分的信息交流和沟通。如果这些环节没有得到充分的保障，那么就可能出现信息传递不及时、不准确或者信息遗漏的情况，影响家园共育的效果。例如，家园联系册，有些家长可能认为填写过于烦琐或没有实际意义，导致他们的参与度不高，教师没有及时反馈信息也会加剧此种现象的发生。

### （三）计划和组织不周密

无论是家长会、亲子活动，还是开放日活动，都需要有周密的计划和组织。如果没有明确的计划和组织，就可能出现时间安排不当、人员配置不合理或者活动流程混乱的情况，影响活动的顺利进行。

### （四）缺乏专业指导和培训

教师和家长都需要具备一定的专业知识和技能才能有效地进行家园共育。如果缺乏专业指导和培训，那么就可能出现教育方法不当、教育效果不佳的情况。特别是家长学校，教育的对象和教育的目的发生明显变化，一般的讲师无法胜任该项工作。

### （五）资源投入不足

无论是人力、物力还是财力，家园共育都需要一定的资源投入。当前阶段政府财政压力大、新生幼儿锐减，如果重视程度降低，导致资源投入不足，那么就可能出现教育设施不完善、教育活动无法开展的情况。

## 四、提升家园共育的建议

### （一）提高家长参与度和互动意识

家长是幼儿园家园共育的重要合作伙伴，提高家长参与度和互动意识是优化改进的关键。首先，提供多元化的参与方式，如线上互动、家长志愿者、家长开放活动等，方便家长根据自己的时间和能力选择合适的参与方式。其次，加强家校有效互动，充分发挥家长资源作用。例如，可以组织家长助教活动，让家长当老师亲身参与孩子的教育过程，增强彼此之间的互动和合作。最后，探索建立有效的激励机制，鼓励家长和教师积极参与家园共育活动中来，对于积极参与的家长和教师给予适当的奖励或荣誉，激发他们的积极性。

### （二）加强沟通渠道的建设和管理

有效的沟通与交流是幼儿园家园共育的重要保障。首先，应该建立平等对话与交流平台，如家长座谈会、茶话会、家长沙龙、经验分享会，方便家长和教师之间的良好的对话与沟通，解决实质性问题。其次，应该加强沟通的管理和规范，确保沟通渠道的畅通和有效，如QQ群、微信群等线上平台需要保持更新与管理，引导家长从仅看自己孩子照片到慢慢关注本班活动，进而出现家长相互之间的育儿交流，实现家庭、幼儿园的有效互动。同时，应该注重沟通的质量和效果，避免信息传递的失真和误解，如家长开放活动要有针对性、有准备的开放某个环节活动，保证质量。此外，应该加强沟通技巧的培训和学习，提高教师和家长之间的沟通能力，促进彼此之间的理解和合作。

### （三）周密的计划和组织

在组织家园共育活动前，如亲子活动、公益活动等，需要制订详细的计划，充分考虑幼儿园师资力量和家长资源两个方面，细化时间安排、人员配置、活动流程等事项，确保活动的顺利进行。确定合适的活动形式和内容，充分听取家长委员会的意见和建议，针对幼儿的年龄特点和兴趣，选择适合的活动形式和内容，提高活动的吸引力和效果。在活动过程中，充分挖掘家长志愿者资源，引导家长提高参与度，同时幼儿园教师需加强管理，确保活动的顺利进行，及时处理可能出现的问题。

### （四）注重专业指导和培训

专业指导和培训是提高幼儿园家园共育质量的关键因素。教育行政部门和幼儿园管理者应该为教师提供系统的专业指导和培训，帮助他们掌握科学的家园共育理念和方法。同时，可以开展嘉宾有约等活动，邀请成功的家园共育案例分享会，让教师和家长互相学习和交流成功的经验。此外，还可以建立专家指导机制，邀请家庭教育专家、心理咨询师等专业人士为家长提供培训和指导服务，帮助家长更好地理解和支持孩子的成长和发展。

### （五）整合和优化教育资源

教育资源是幼儿园家园共育的重要物质基础。首先，应该建立并掌握家园共育“三张清单”，做到心中有数。“三张清单”可以概述为学校现有资源清单、家长可以提供资源清单、社区等社会可利用资源清单。我们将尽最大努力，以得到社会各界的支持和资源，更多地保障和支持家园共育。其次，加强“三张清单”教育资源的整合和优化，合理配置和使用各种资源，包括人力、物力和金融资源等。最后，便是加强教育资源的科学开发和灵活利用，围绕实践的有效性，家园共育的内容和形式会不断丰富和创新。

## 参考文献

［1］齐阳阳．幼儿园“家园共育”教育模式的有效性探究［J］．赤子，2017.

［2］朱卫光．别忽视了家访［J］．中学时代（理论版），2014.

［3］王俊琴．浅谈幼儿园家长开放日活动的价值取向［J］．科教文汇（中旬刊），2011(20)：47—48.

# 戏剧活动改善幼儿性别角色错误认知的探讨

（林曦　梁欢　广东技术师范大学）

**摘　要**：3～6 岁幼儿存在着性别角色认知偏差的现象，这种现象不仅限制了性别多样性的展现，同时也为幼儿的行为和心理发展带来了负面影响。本文探讨了戏剧活动的社会互动性特点及其对幼儿性别角色认知的积极影响，有效引导幼儿形成正确的性别角色认知。

**关键词**：性别角色认知；认知偏差；戏剧活动

## 一、性别角色教育的重要性与影响

在过去的数十年里，幼儿园对性别教育的重视程度逐渐增加，幼儿正处于性别意识的初步形成到基本稳定的转变阶段，此时期的外部影响因素对幼儿的性别认知具有决定性作用。众多研究指出，许多幼儿 5 岁时便已存在性别刻板印象，或出现性别认同的误区现象。性别角色认知错误的成因在前人的研究中具备一定的共识。张梦芸认为家庭因素和幼儿园教育因素是影响性别角色认知的两大核心，性别角色认知错误将会抹消幼儿的性别多样性，使幼儿难以适应社会性别的变化趋势，且刻板印象一旦形成就会持续终身，对幼儿的心理状态和身心发展产生不利影响。国务院下发了《中国妇女发展纲要（2021－2030 年）》和《中国儿童发展纲要（2021－2030 年）》，在“妇女与教育”板块中，特别强调了在各级学校广泛推广性别平等教育，并探索学校、家庭、社会教育三者相结合的性别平等教育模式。因此，强化性别教育对于维护幼儿的身心健康发展及帮助其适应社会性别角色的变化具有重要意义。

## 二、戏剧活动对幼儿角色认知的作用

戏剧活动在形成性别角色认知方面的作用，涉及科尔伯格与皮亚杰的认知发展理论、班杜拉的社会认知理论以及莫利诺博士的心理治疗观点。心理因素是性别角色认知错误的成因之一，莫利诺博士强调戏剧教育在心理治疗方面的价值，指出其对于矫正性别角色认知的误区具有重要作用。台湾艺术大学戏剧系副教授张晓华认为，戏剧是个人与团体的互动，它可以促进幼儿正确认知的形成。性别角色认知错误的形成因素包括个人认知与后天习得，通过戏剧的互动性，幼儿可以在个人与团体的交流中学习并正确形成性别角色的认知。科尔伯格发展了皮亚杰的认知发展理论，在 1966 年发表的《儿童的性别角色概念和态度的认知发展分析》中认为，幼儿是在人与人的交往互动中理解和获得性别概念，从而转换为性别行为机制，即性别角色表现。戏剧活动中，幼儿在社交互动的同时理解并获得性别概念，从而形成性别行为机制。社会认知理论的发展者班杜拉认为，幼儿是在个人、环境、行为三元交互中自主获得性别角色的发展，他认为直接教育、模仿与观察学习和角色扮演是幼儿主动构建性别角色概念的有效途径。当然性别教育途径除了直接教育外，模仿与观察、扮演与体验也是性别教育的有效途径，这两种途径能够改变幼儿被动接受知识灌输的局面，从而主动构建对性别角色的认知结构，戏剧活动以其模仿和角色扮演的特性，提供了一个改变幼儿被动学习状态、主动构建性别角色认知的有效平台。

## 三、戏剧活动对幼儿性别角色正确认知的影响分析

### （一）认知特点与角色体验

根据科尔伯格的性别角色发展阶段，幼儿性别角色认同可以分为三个阶段：2～3 岁幼儿还不能正确认知自己和他人的性别，3 岁左右才能够基本区分；4～5 岁，幼儿能够清楚知道性别是基本稳定的，并形成正确的性别认同；6～7 岁，幼儿能够认识到性别不会因外部条件变化而更改。能基本区分性别、基本了解性别的稳定性是 3～6 岁幼儿的共性，这种共性为戏剧活动的开展提供了必要的前提。

幼儿在选择角色的时候通常会考虑性别与社会认同。例如，绘本《小红帽》中有小红帽、大灰狼、猎人等角色，幼儿对于角色挑选的动机过程是其性别认同的强化过程，男孩对自己的性别认同为男性，他们认为男性是勇敢、果断、爱冒险的；女孩对自己的性别认同是女性，她们认为女性是柔弱、可爱、胆小的，因此在实践过程中选角的情况一般都是固定的：大灰狼和猎人由男孩担任，小红帽和外婆由女孩担任。同时，在演绎过程中，幼儿能够切身体验该角色给其带来的职业体验、职业兴趣，感受外部评价和不断生成的自我评价，幼儿能够充分地发挥其自主性，形成对性别角色的概念建构。

### （二）性别图式与社会视角

性别图式是一种认知结构，是幼儿在学习其所处的社会文化所定义的男性女性过程中形成的。哈尔弗森认为性别图式应建立在幼儿的性别同一性之上，他注重其如何获得性别知识，如何定型，如何形成合适的性别脚本。在戏剧活动中，角色的选定过程给予了幼儿性别认同的动机，科尔伯格认为，大部分幼儿在 3 岁就能对自己的性别产生一定认知，这就意味着性别认同偏差也开始在此阶段形成。然而戏剧活动中剧本会对性别认同偏差的幼儿的言行起到一定的纠正作用，幼儿在选择角色的过程中也会受到同伴的观念影响。总的来说，戏剧舞台提供了一个对性别角色认知的社会视角，幼儿在演绎过程中不断习得外部刺激，不断自我审视，不断构建新的性别角色图式。

### （三）自我概念与自我审视

罗杰斯认为，自我概念是个人自我知觉的组织系统和看待自身的方式。心理学先驱詹姆斯认为自我结构由“主体我”和“客体我”构成，主体自我是自我动力和自我活动；客体自我是由社会对自己有组织的态度系统而形成。米德认为“客体我”制约着“主体我”的活动。在本文中，幼儿的性别认同就是“主体我”，戏剧活动带来的教育效果就是“客体我”，“主体我”将会是“客体我”的动机和动力，在戏剧活动中将体现为选角和对角色的自我表达；而“客体我”是“主体我”的制约因素，在戏剧活动中体现为剧本和同伴对个体观念的约束。威廉和詹姆斯认为，主体自我和客体自我在连续的交互影响过程中将会形成最终的行为倾向，也就是在戏剧活动中，幼儿以原本的性别认同为动机，在角色扮演过程中不断接受外界的观念刺激，也就是“领导者”的正确指引和具有正确价值观剧本的言行约束从而不断自我评价、自我接纳、自我审视、自我转换，从而形成正确的性别角色认知。

## 四、戏剧活动的有效指导策略

### （一）剧本文化及内容选择

合乎性别角色教育目的的剧本文化和内容选择能有效促进幼儿的性别角色认知。例如，本文要探讨的戏剧活动促进幼儿性别角色的正确认知形成，那么剧本文化就必须发挥正确的性别角色价值观导向，克服性别认同偏差、克服性别刻板印象。例如，我们可以选择《糟糕，走错洗手间了》进行剧本创作的原脚本："我知道，我是男生，姐姐是女生，可是，为什么要把我们用的洗手间分开呢？"在演绎过程中引发的思考，能够促进幼儿对自我性别认同的审视，从而促进幼儿正确性别认同的形成。再者，绘本《我们都可以——性别不是边界线，偏见才是》中，"拯救世界的英雄，不只有他，也有她……""男孩不一定要很坚强，他也会流泪；女孩不一定很乖巧，她也会调皮"等等，幼儿在演绎过程中，常常会受到剧本文化及内容的影响而进行自我审视，建构新的认知结构，一个合适的剧本能有效促进幼儿正确性别角色认知的形成。

### （二）有效发挥"领导者"的作用

"领导者"在戏剧活动中扮演的角色尤为重要，这个"领导者"不仅能指引幼儿的舞台演绎，还能去担任幼儿所不认同的角色，起到一个榜样作用。例如，《修理汽车》中，大象、松鼠、鳄鱼、鸭子开着汽车到汤米家玩，结果发生了碰撞事故，汤米作为维修工的角色帮助朋友们修理汽车，在此过程中，女孩儿们都不愿意做维修工，她们认为维修工应由男孩儿担任。在这时，"领导者"便可以主动担任维修工的角色，用形象生动的言行举止感染幼儿，唤醒幼儿对性别角色的进一步审视；当然"领导者"也需要秉持正确价值观，以身作则，在观念灌输和语言传递中潜移默化地进行性别角色教育。

### （三）幼儿参与式剧本创编

卢梭的"自然主义"教育及人本主义观念认为要"以幼儿为中心"，那么我们便能够将"以人为本"的思想融入剧本中。如《不一样的女孩》中，"玩儿过家家时，男孩不能玩，女孩才能玩！"老师问："男孩儿们，面对这样的情况，你们会怎么说？"大家都认为女孩儿们应该很温柔、甜蜜蜜而且香喷喷，女孩儿应该穿粉色。老师可以引导："女孩儿们，你们都喜欢粉色吗？你们平时都玩什么样的游戏呢？""如果对方要求你们要做个温柔的女孩子，你们会怎么回答他呢？"通过老师引导、幼儿创编的剧本，才能真正把幼儿放归主体，增进其兴趣，加深其体验，以进一步达到戏剧活动对幼儿性别角色认知的教育目的。

### 参考文献

[1] 赵元璐．幼儿园班级环境中性别刻板印象研究［D］．成都：四川师范大学，2021.
[2] 方芳．学前儿童戏剧活动是什么［D］．南京：南京师范大学，2012.
[3] 张金梅．幼儿园戏剧综合活动研究［D］．南京：南京师范大学，2003.
[4] 颜瑶卿．促进3—6岁儿童人格特质培育的微型戏剧游戏活动设计与实施［J］．陕西学前师范学院学报，2022，38（2）：20—27.
[5] 张丹．戏剧游戏促进大班幼儿创造性思维发展的实证研究［D］．青岛：青岛大学，2017.
[6] 张梦芸．幼儿性别角色教育的实践研究［J］．考试周刊，2020（68）：167—168.
[7] 金盛华．自我概念及其发展［J］．北京师范大学学报（社会科学版），1996（1）：30—36.

# 新时代幼儿园教师师德师风存在的问题及措施研究

（王欢　武汉市江岸区滨江幼儿园）

**摘　要：** 随着社会的发展和教育理念的更新，幼儿园教师的师德师风建设显得尤为重要。本文从新时代教育理念出发，探讨了幼儿园教师师德师风的内涵，分析了当前幼儿园教师师德师风存在的问题，并提出了相应的养成措施，旨在为幼儿园教师的师德师风建设提供一定的参考。

**关键词：** 新时代；幼儿园教师；师德师风

## 一、新时代幼儿园教师师德师风内涵

### （一）教育理念更新

在新时代，教育的根本任务是培养德、智、体、美全面发展的社会主义建设者和接班人。因此，教育的目标不仅是传授知识，更是要培养学生的道德品质、情感态度和社会责任感。教师作为幼儿园教育的实施者和引导者，必须深刻理解并积极践行新时代教育理念。以德立身成为教师的根本前提，要求教师不仅要具备扎实的专业知识和教育技能，更需要具备高尚的道德品质和良好的师德师风。这意味着教师在日常教育实践中，应当积极引导学生培养正确的价值观、道德情感，成为学生道德品质的榜样和引领者。

### （二）教育过程中的德育

在幼儿园教育过程中，师德师风的内涵还包括了对幼儿进行德育的重要内容。幼儿期是人格形成的关键阶段，也是道德品质和行为习惯的养成期。因此，教师在幼儿园教育中扮演着至关重要的角色。教师应当通过言传身教，用自己的言行举止来示范和引导幼儿树立正确的价值观，培养良好的品德和习惯。例如，在日常教学活动中，教师可以通过讲故事、演示活动等方式，向幼儿传递正面的道德信息，引导幼儿在行为上具备正确的道德选择。

### （三）师德师风对幼儿发展的积极影响

良好的师德师风对幼儿的发展起到了积极的促进作用。教师的言行举止直接影响到幼儿的学习态度、行为习惯等方面，同时也会在心理、情感等方面对幼儿产生深远的影响。一来良好的师德师风能够建立幼儿对教师的信任和依赖，从而促进幼儿的学习积极性和主动性。二来良好的师德师风也能够促进幼儿的品德养成和道德修养。通过教师的引导和示范，养成良好的品德和行为习惯，为其未来的成长奠定坚实的道德基础。

## 二、当前幼儿园教师师德师风存在的问题

### （一）幼儿园教师整体素质有待提升

当前幼儿园教师的整体素质问题是新时代教育领域中备受关注的一个重要议题。虽然大多数教师对教育有着坚定的热情和责任感，但部分教师的素质与新时代教育理念的要求之间仍存在着一定差距。

一是教师的教育观念和师德师风需与时俱进。有些教师在处理幼儿问题时，过于倚重严厉的惩戒，忽略了与幼儿建立平等、尊重的关系，以及理解幼儿需求的重要性。例如，在处理幼儿冲突时，有些教师过于着重于纠正错误，而非关注幼儿背后可能存在的心理问题。这种方式不仅无助于幼儿问题的根本解决，还可能对幼儿的自尊心和情感发展造成伤害。二是教师的职业素养和道德修养亟须提升。对于教师而言，道德修养与职业素养至关重要。一些教师因个人情绪或教学压力，对待幼儿的态度显得急躁或缺乏耐心。这会无意间伤害到幼儿的情感，使他们产生消极情绪。而在新时代的教育理念下，教师的角色已经不再仅仅是传授知识，更要关注幼儿的全面成长，包括情感、价值观、社交等方面。

### （二）幼儿园教师教育教学方式有待改进

在新时代教育背景下，教育教学方式的创新尤为重要。而目前，幼儿园教师停留在传统的教学模式中，他们会错失许多创新和现代教育技术所提供的机会，从而影响教育质量。比如，一位教师在教授数学概念时，会在黑板上讲解和使用传统的教材。而另一位教师会使用教育科技工具，如平板计算机或教育软件，设计互动性强的数学游戏。他们可以使用应用程序，让幼儿通过拖拽数字来解决问题，从而激发了幼儿的兴趣并让学习更具趣味性。这些情况凸显了幼儿园教师需要改进教育教学方式的紧迫性。

### （三）幼儿园教师培训学习机会较少

目前，幼儿园教师的培训学习机会相对有限，这使得教师在教育理念更新、教育方法改进等方面面临困境。一来缺乏资源和资金。二来时间压力。幼儿园教师通常需要全天照顾幼儿，因此他们可能难以腾出时间参加培训活动。缺乏灵活的时间安排可能限制了他们的学习机会。三来培训内容不够实际。有些培训与实际教学情境脱节，导致教师认为培训不值得或无法直接应用到自己的教学中。四来缺乏激励机制。缺乏奖励和激励机制会使教师不愿意主动参加培训。

## 三、新时代幼儿园教师师德师风改善措施

### （一）建立健全师德师风评价机制

建立健全师德师风评价机制对于提高幼儿园教师的职业素养和教育质量至关重要。这个机制可以确保教师的师德和师风得到全面、客观的评估，同时为他们提供明确的发展方向和改进建议。

一是建立科学合理的评价标准。首先，需要确定清晰的评价标准，这些标准应该基于教育法律法规、职业道德规范以及幼儿园的教育愿景和目标。二是多元化的评价方法。评价机制应采用多元化的方法，包括自评、互评、家长评、学生评、学校领导评等多个维度的评价。三是周期性评估。评价机制应该是定期的，不仅应该有年度评估，还可以包括中期评估。四是反馈和改进建议。评价机制的关键是提供反馈和改进建议。评价结果应该以明确和建设性的方式向教师提供，帮助他们认识到自身的优点和不足，并提供改进的具体建议。五是培训和支持。评价机制应该与培训和支持相结合。培训和支持可以是个性化的，根据每位教师的需要来定制。六是透明和公正。教师需要知道评价的标准和过程，并有机会提出异议。建立健全师德师风评价机制可以提高幼儿园教师的职业水平，鼓励他们积极发展和改进，从而提高教育质量，创造更好的教育环境。

### （二）加强师德师风教育培训

举办各类师德师风教育培训活动，包括理论学习、案例分析、教学实践等形式，提升教

师在师德师风方面的认知和实践能力。

加强师德师风教育培训对于提高幼儿园教师的师德和师风素养至关重要。一是理论学习。师德师风培训通常会包括理论学习，以帮助教师深入理解相关的教育法律法规、职业道德准则以及教育伦理原则。二是案例分析。培训活动可以通过案例分析来具体展示师德师风的实际应用和挑战。三是教学实践。培训活动还可以包括教学实践，让教师有机会将所学的师德师风知识应用到实际的教育活动中。这有助于提高教师的实际教育能力，使他们能够更好地践行师德和师风。四是角色扮演和模拟练习。通过角色扮演和模拟练习，这种互动式的培训方法有助于提高教师的应对能力和决策能力。五是专题研讨和讲座。师德师风培训还可以包括专题研讨和讲座，邀请专家或有经验的教师分享他们的见解和经验。六是反馈和评估。培训活动应该包括反馈和评估机制，以便教师了解自己的师德师风表现，并获得建设性的反馈。这有助于他们不断改进和提高。通过这些多样化的培训方法，教师可以不断提升师德师风方面的认知和实践能力，更好地履行他们的职业责任，提高教育质量，创造更有益于幼儿发展的教育环境。

### （三）构建共建共治共享的教育环境

幼儿园、家庭、社会共同参与，共同推动幼儿园教师师德师风建设，形成良好的教育氛围，为教师提供更多的支持与帮助。幼儿园是教育的重要场所，应当在构建共建共治共享的教育环境中发挥核心作用。通过制定和实施明确的师德师风规范和标准，为教师提供明确的道德和职业准则。家庭是儿童成长和教育的重要支持系统，可以在师德师风建设中发挥积极作用。培养孩子的道德价值观和社会行为准则，以便孩子能够在学校中遵守师德师风的规范。定期参与学校活动，支持教育和师德师风建设的举措。社会是广泛的资源和支持网络，可以为幼儿园教师提供更多的支持和帮助。举办社会活动和倡议，以强调教育的重要性和师德师风的价值。

通过学校、家庭和社会的共同参与，可以形成一个有利于师德师风建设的良好教育氛围。这种共建共治共享的环境将促进师德师风的提高，支持教师在教育中更好地履行职责，同时也有助于幼儿的全面成长和发展。这一合作模式可以确保教育体系的健康和持续发展，为社会提供更多受益的教育服务。

## 四、结语

本文初步探讨了新时代幼儿园教师师德师风建设的内涵和重要性，深入分析了其中存在的问题，以及可以采取的养成措施。幼儿园教师师德师风建设不仅是一项教育工作，更是塑造新一代的未来和社会的未来的关键环节。

教师是儿童成长道路上的引路人，他们的言传身教对幼小的心灵产生深远的影响。因此，应时刻警醒，注重自身师德师风的修养和提升，做一个积极向上的榜样。同时，教育管理部门和幼儿园领导也应该提供支持和培训，以帮助教师更好地履行教育使命。通过共同的努力，建设更加健康、积极向上的新一代，他们将成为国家的栋梁和社会的积极力量。

### 参考文献

[1] 孙静．幼儿园师德师风建设的实践探索［J］．教育界，2022（30）：119－121.

[2] 库靖萱．新时代幼儿园教师践行师德的实践研究［D］．太原：山西师范大学，2023.

[3] 刘铭，郗厚军．新时代师德师风的内涵、形态与建设理路［J］．中国德育，2023（18）：21－26.

# 绘本在幼儿园幼小衔接工作中的运用

（朱莉涵　内蒙古呼伦贝尔满洲里市幼儿园）

**摘　要：**本文探讨了绘本在幼小衔接阶段的重要作用及其与幼小衔接教育的融合。通过对绘本特点和幼儿发展需求的分析，阐述了绘本对幼儿情感、认知和语言发展的积极影响。同时，还探讨了巧用绘本对于开展幼小衔接工作起到的积极作用，并提出了将绘本融入幼小衔接教育的教学策略和方法。研究表明，绘本是促进幼儿顺利过渡到小学教育的有效工具。

**关键词：**绘本；幼小衔接；策略

## 一、引言

随着国家对学前教育质量的日益重视，要求我们对幼小衔接工作也愈发具体和细致。然而，当前仍存在诸多问题，如小学未能真正实现“零起点教学”、社会上“幼小衔接班”泛滥以及家长和教师缺乏正确的教育观念等。这些问题在一定程度上影响了儿童的身心健康发展。因此，寻找有效的幼小衔接途径，实现科学合理的过渡，成为当前的重要课题。为了探究幼儿的学习模式，研究人员发现，在幼小衔接阶段运用绘本阅读，有助于儿童提升适应能力，能使其更好地适应小学生活，促进儿童身心的健康和谐发展。

## 二、绘本对幼儿成长的积极影响

### （一）促进幼儿社交能力的发展

在社会生活中，人际交往不可或缺，而同伴交往更是幼儿发展的重要组成部分。通过阅读《一头非常粗鲁的犀牛》等绘本，幼儿能够在幽默诙谐的故事中懂得与人交往时要有礼貌。

### （二）提高幼儿的自理能力

例如，在阅读《玩具回家》后，幼儿会意识到整理玩具的重要性；而《小熊不刷牙》则能让他们在日常生活中更加认真地刷牙。

### （三）培养幼儿的语言能力

绘本上丰富多彩的画面和简洁明了的文字能够有效激发幼儿的语言交流欲望，从而提升他们的口语表达和用词能力。

### （四）提升幼儿的审美能力

幼儿在欣赏绘本图画的过程中，受到艺术熏陶，感受色彩、线条和形态的美妙。这有助于培养他们对美的感受和欣赏能力。

## 三、巧用绘本提高幼儿的各项能力

### （一）利用绘本提高幼儿的语言表达能力

充分发挥绘本图文结合的优势，将其与幼儿的生活经验相结合，拓展幼儿的思维和语言表达。以《小岛》为例，教师引导幼儿理解文字并表达感受，从而提高他们的表达力。

### （二）通过绘本促进幼儿思维发展

绘本以有趣的故事和图形促进幼儿思维发展。在从具体形象思维向抽象逻辑思维过渡的过程中，《怪兽大风吹》等绘本能够帮助幼儿初步理解“减”的概念；《小小消防队员》所描绘的场景与图像的空间概念紧密相连。它采用将物体按属性划分的方式，将物体分成几个等份，使孩子们能够从图片上了解到不同的形状、颜色和大小等特征。数字图画能够有效地帮助孩子建立情境，进而理解他们的数学观念，图画书为他们创造了一个积极的学习环境。

### （三）利用绘本培养幼儿规则意识

幼儿园和小学在活动方式和教育方式上存在一定差异。让幼儿了解两者的区别，如小学生的学习方式、上课时的行为规范以及校园内的遵守准则等，避免出现不遵守课堂纪律、小动作过多和交头接耳等不良习惯，以免影响学习进度。教师应借助绘本培养孩子的规则意识，因为图画往往是孩子的良师益友，其中虽没有直接的规则讲解，但巧妙地体现了规则的重要性，能让孩子在不断的重复中得到成长。

### （四）利用绘本调整幼儿的作息时间

在幼儿园，孩子早上入园，晚上离园，中午有固定的午睡时间；而小学则没有。因此，家长和教师需要帮助孩子建立时间概念，形成稳定的生活和学习节奏。这样，孩子进入小学后就不会在课上打瞌睡。

可以尝试以下方法：

1. 选择有关时间的绘本。寻找一些专门讲述时间概念的绘本，如《金老爷买钟》《老狼，老狼，几点了?》等，通过故事中的情节和角色，让孩子对时间有初步的认识。

2. 讲述绘本中的时间线索。在阅读绘本时，强调其中与时间相关的元素，如早晨、中午、晚上等，帮助孩子理解时间的顺序和周期。

3. 利用绘本中的事件排序。让孩子根据绘本中的故事情节，将事件按照时间顺序进行排列，培养他们的时间顺序意识。

4. 制作日常作息绘本。与孩子一起制作一本属于他们的日常作息绘本，用图片展示起床、刷牙、吃饭、玩耍、睡觉等活动，并标上对应的时间，让孩子清晰了解自己的日常生活节奏。

5. 设置时间相关的游戏。根据绘本内容，设计一些与时间有关的游戏，如计时比赛、寻找时间线索等，增加孩子对时间的兴趣和感知。

6. 强调时间的重要性。通过绘本中的故事，向孩子传达遵守时间的重要性，如准时上学、按时完成任务等。

7. 与实际生活结合。将绘本中的时间观念与日常生活紧密结合，例如提醒孩子看时钟，按照时间表进行活动。

通过这些方法，孩子在愉悦的绘本阅读中逐渐建立起时间观念，为他们的日常生活和学习打下良好的基础。

## 四、亲子阅读绘本在幼小衔接中的作用

许多家长对于如何做好幼小衔接存在不正确的认识。家长应学会以科学的方式教育孩子，例如让孩子在轻松的氛围中读书、玩游戏，以锻炼他们的阅读和注意力。孩子初入小学后，家长应与老师共同训练孩子正确的写字姿势，并适时调整日程安排，为孩子的正常学习做好充分的心理准备。家长可以与孩子一起进行“亲子阅读”，用手指着字句和图片朗读，既能增进亲子关系，又能激发孩子的阅读兴趣。采用图文结合的“随文识字法”，还能提高儿童的识字效率。家长应带孩子多读一些幼小衔接的绘本，如《小阿力的大学校》，让孩子了解小阿力入学前后的态度变化，从而消除他们对新学校的抗拒心理；读《同桌的阿达》，引导孩子学会与同学友好相处，帮助他们建立良好的人际关系。

## 五、结语

幼小衔接工作的顺利进行对儿童的发展至关重要。研究更科学的幼小衔接方式是学前教育发展的必然趋势，这对于贯彻落实国家的基础教育目标有重要意义。儿童喜欢阅读绘本，通过阅读绘本可以获取知识、培养习惯、发展能力，是促进幼儿健康成长的有力助手。因此，充分利用绘本阅读的优势，能够更好地开展幼小衔接工作。通过绘本阅读推动幼小衔接工作，为充实幼小衔接的教育理论提供了思考与借鉴。

**参考文献**

阿斯更．亲近绘本，快乐成长：绘本在幼儿教育的有效应用策略探究［J］．幼儿教育科学，2021，3（2）：14—15.

# 立足幼儿发展 四步助推班本课程前审议

（谢秋霞　昆明市五华区第二教工幼儿园）

**摘　要：**随着近年来幼儿园教育趋势的变化，开展班本课程逐渐成为一种主流趋势。班本课程以幼儿为主体、以幼儿的兴趣和最近发展区为依托，致力为幼儿提供个性化、全面性发展的教育，相比于传统的五大领域教学也给教师带来很大的挑战。教师作为以幼儿为基点的课程开发者，在课程推进前结合具体情况多方进行课程前审议，是促进班本课程顺利实施的必要手段。然而，尽管课程审议如此重要，但很多一线教师在课程中依然会遇到诸多问题，如课程目标定位不准确、课程资源更新不及时、课程预设与生成衔接失调，导致班本课程难以继续推进，这与课程前审议的质量有着很大的关系。本论文将结合具体实践，从内容来源、幼儿发展水平、资源范围及主题架构四步具体阐述如何做好班本课程前审议，以期给同行一些班本课程审议的参考建议。

**关键词：**幼儿；班本课程；前审议

班本课程是指，教师以班级为本进行课程实施和开发，根据班级幼儿的已有经验和共同兴趣，充分运用班级的各种课程资源，在教师与幼儿及各种资源的互动中，运用自己的教育理念、知识储备及教学智慧，和幼儿共同建构课程、探索学习的动态过程。从班级角度出发，以儿童视域为抓手，不断优化班本课程审议，是提升保教质量最直接最简单的方法。在教学实践中，很多一线教师在班本课程的推进中遇到了诸多问题。例如：课程目标定位不准确，难以找到关键生长点支持幼儿继续学习；课程资源更新不及时，幼儿的积极性深受影响；课程对幼儿的价值不大；课程框架不稳，找不到课程的核心线索，导致班本课程在后续很难继续推进。究其原因，主要是在课程开展前教师对课程做什么、怎么做还有一定的实践差距。如何立足幼儿发展开展班本课程前审议，有效保证班本课程有效、高质地开展呢？

## 一、一审内容：兴趣为本，问题导向

### （一）广泛了解

关注班级幼儿，坚持以儿童为本位的教育观，就要坚持以幼儿兴趣和问题为导向。陶行知的“生活教育论”、陈鹤琴的“活教育论”，要求教师时刻树立“一日生活皆课程”的教育理念，学会从生活中挖掘教育资源，发现生发课程的关键点。

1. 搜寻兴趣

教育家赞可夫说：“对所学知识内容的兴趣可能成为学习动机。”幼儿的身心特点及发展是动态化的，对周围环境、资源都有可能充满好奇，一日活动中的集中教育活动、区域游戏、生活活动、同伴交往都有可能激发幼儿的学习动机。教师要做有心人，眼里有幼儿、心中有幼儿，跟随幼儿、成为幼儿的伙伴，了解他们真正感兴趣的范围。

2. 搜寻问题

班本课程的核心是在幼儿感兴趣的基础上坚持问题为导向，解决问题。问题的来源可以直接来自幼儿，也可以来自教师对幼儿的观察。例如，在中班“春天”主题中，幼儿对昆明本地盛开的郁金香很感兴趣，通过讨论了解到幼儿的问题围绕郁金香的颜色、花期及种植条件。结合《3－6 岁儿童学习与发展指南》与《幼儿园保育教育质量评估指南》，教师根据中班幼儿的发展目标，对照本班幼儿的发展情况，梳理出班级幼儿的问题。例如，班级内幼儿在进餐时呈现两极分化，一些吃得很快、一些吃得很慢，教师可以围绕这一问题，和孩子们展开讨论，以儿童的视角了解问题、解决问题。

### （二）梳理问题

幼儿的问题有可能天马行空，教师则要从众多问题中找到共性与重点。当发现幼儿的问题后，鼓励幼儿进行整理，以自己的方式表现出来。教师可以帮助他们记录问题，然后共同梳理找到本班幼儿主要关注的问题，并且对这些问题进行探究，找到班本课程内容的方向。

### （三）确定班本雏形

在整理问题后，引导幼儿小组研讨，教师即可了解班本内容方向。例如在大班班本课程“我要上小学”中，鼓励幼儿以交流、绘画表征等多种方式记录自己的问题，然后集中分享，共同细化核心线索：小学的建筑物——小学的运动项目。围绕以上两个核心问题，明确班本课程的内容。

## 二、二审幼儿：原有经验，能力发展

幼儿是课程推进与实施的参与者，课程的顺利开展要建立在幼儿的兴趣上，还要考虑他们的原有经验，找到最近发展区，以此来判断课程指南与发展方向。以“番茄”课程为例，不同年龄班幼儿的课程指向也不同，教师在考虑幼儿的能力发展时，要对本班幼儿的知识、经验、能力做综合判断。例如：在小班班本课程“番茄朋友”中，了解到本班孩子对番茄有一定的生活经验，了解番茄的形态和颜色，但动手操作及思维发展还有局限性，对番茄的了解还需要各种感官来认识，可以将课程重心锁定在“吃”番茄方面，结合生活体验馆品味番茄美食；中班的孩子在做“番茄”课程时，对番茄的经验基础有所提高，可以参与一些观察探究，重点锁定在“认”番茄方面，通过动手操作观察、了解不同种类、形态特点的番茄，进一步提高对番茄的了解；大班幼儿在中小班的基础上，能力、认知与生活经验有了明显提升，好学好问且喜欢探索，则可把更多的任务与解决问题的主动权给孩子，引导以“探究”为主的课程内容，支持幼儿进行深度学习探究。

不同年龄阶段、同一年龄阶段的不同孩子，都有可能存在差异，教师要认识到班本课程的核心一定是在幼儿经验、基础上建立的探究式问题，而不能运用一把尺子量到底的方法去剖析。

## 三、三审资源：资源融合，多方助力

课程资源是一切能够运用到活动中的条件和材料。班本课程的有效资源，主要为支持幼儿的多方思考、探索提供有力保障，在前审议中，需要围绕班本课程中的有用资源，梳理建立课程资源库。

### （一）资源的便捷性

资源审议中，考虑已有资源能否及时、便捷地为幼儿的学习提供支持，若成本过高、运送困难、不便于观察，不能直接连接幼儿的关键经验，则是无用的。以中班课程“荠菜香香”为例，在课程前审议中，教师需要对周边“资源”思考，预判是否便于幼儿直接建立生活经验？或是周边有资源的？如果资源不便，那资源库建立不起来，课程在后续过程中则难以推进。

### （二）资源的有效性

有效的资源需要立足幼儿的已有经验，寻找一切能够与班本课程联动起来的资源，赋予教育价值，进行有效的课程开发。要关注幼儿的兴趣和经验，提供幼儿获得多元经验生长的支持，帮助幼儿实现有质量的发展。例如，中班“春菜进厨房”，考虑到的资源有周边菜市场、每天都要买春天的蔬菜、家长资源中有关于昆明本地特色春菜的厨师等，这些足以支持幼儿在做课程时及时有效地观察、尝试与探究。

## 四、四审路径：框架预设，核心线索

课程脉络是课程实施的“兵书”，在对前面三方面进行了价值分析与确立后，教师要着眼幼儿，架构实施脉络，制定具体的课程实施计划。

### （一）制定课程目标

结合幼儿的兴趣及发展，明确制定课程目标。首先明确课程的领域范畴，制订对应的目标。如：有的课程更偏重于科学领域，在目标上则需要围绕动手操作、观察对比等方式；有的课程更偏重于语言领域，在目标的制定上需要围绕倾听、讲述、阅读等方面。

### （二）构建思维导图框架

结合幼儿的基础、兴趣及核心问题，搭建以问题为导向的思维导图，构建可视化的行动路径，便于根据幼儿的生发点灵活调整课程动向。框架中，主要围绕幼儿的问题梳理，预设可能出现的问题及对应的教育对策，为下一步正式推进提供知识储备。

### （三）预留生成活动空间

值得一提的是，教师在做框架时，不必将方方面面的活动进行预设，而应该结合班级幼儿的能力发展，预留出一定的生长空间。尊重幼儿的主观能动性，让其在符合自己兴趣与需要的前提下参与活动，如在中班科学类班本“风狂探秘”中，教师引导幼儿找风、探风、玩风的相关活动，发现孩子们对“玩风”很感兴趣，在这一部分中，教师可筛选幼儿核心问题，预留更多“玩风”的空间，支持课程的推进。

## 五、结语

总之，课程审议已成为幼儿园班本课程实施中一个非常重要的环节，课程审议作为课程建设的重要途径和方法，已逐渐走进幼儿园、走向教师。我们要抓住班本课程的幼儿核心，明确班本课程的内容、资源以及课程生发的意义，以幼儿发展的视角去构建课程发展的脉络，重点思考幼儿需要什么、会怎么做、可以提供怎样的支持，是课程前审议的必要条件。只有明确课程审议的内容及方法，才能在实践中距离幼儿发展更进一步，从而助推幼儿的深度学习，更好地实现教育目标。

### 参考文献

[1] 周海燕．“寻味”精彩童年生活体验特色班本课程［J］．当代家庭教育，2019（26）：20—21.

[2] 高山．正确理解《幼儿园保育教育质量评估指南》，提升师幼互动质量［J］．东方娃娃·保育与教育，2023（10）：41—42.

[3] 倪金花，武敏．班本课程构建与实施的问题及对策［J］．上海托幼，2023（Suppl1）：48—49.

[4] 江慧玫．“以问题为中心”的立体式教研：幼儿园班本课程建构路径探究［J］．教师，2023（30）：105—107.

[5] 陆晓旦．基于问题的特色班本课程研究［J］．教育界，2021，（34）：75—76.

[6] 洪秀婷．基于幼儿核心素养目标的班本课程建构探颐：以中班《橘子罐头》为例［J］．家长，2023（30）：98—100.

[7] 黄琰琰．幼儿园班本课程审议机制的构建与实施［J］．甘肃教育，2023（22）：47—51.

[8] 徐姗姗．立足幼儿发展需要的班本课程审议［J］．山西教育（幼教），2022（09）：46—47.

[9] 韩燕燕．提高幼儿园班本课程实施质量的有效策略［J］．科学咨询（教育科研），2021（05）：147—148.

# 筑梦未来
## ——活力教育的前行与愿景

（罗玉珊　广州市花都区狮岭镇中心幼儿园）

**摘　要：**本文主要探讨活力教育在幼儿园教育中的实践与发展。内容分为五个部分，依次是活力教育概述、活力管理机制的构建、培养有活力的教师队伍、打造活力课堂的教学模式、培养有活力的幼儿群体。借助深入分析上述各个方面的内容，以便为幼儿园教育的高质量发展提供有益的思路与建议。

**关键词：**幼儿园；活力教育；前行；愿景

活力教育是当今教育事业中的重要一环，其核心在于激发教育主体的活力，促进学校的全面发展。幼儿园阶段是孩子人生的起点，因此，如何在这个阶段培养孩子的活力，具有极其重要的意义。本文将从活力管理、教师队伍、课堂教学、幼儿培养等方面，探讨如何在幼儿园教育中实施活力教育，为幼儿园教育的未来发展提供思路与借鉴。

## 一、活力教育概述

### （一）活力教育的概念与内涵

活力教育作为一种新型教育理念，强调激发幼儿的学习热情和活力，培养其综合素质和创新能力。它不仅关注幼儿的知识水平，更注重培养幼儿的学习动力、自主性和合作精神。活力教育的内涵包括：注重幼儿个性发展，强调幼儿的主体地位和发展潜力；重视实践与体验，倡导通过实践探究来促进幼儿的综合素质提升；关注情感与情绪，重视幼儿的情感体验和情绪管理，营造积极向上的学习氛围。

### （二）活力教育的重要性与意义

活力教育有助于激发幼儿的学习兴趣和动力，提高学习效率和成就感。活力教育强调幼儿的全面发展，注重培养幼儿的综合素质和创新能力，有利于幼儿成为未来社会的有益成员。此外，活力教育倡导积极向上的学习态度和合作精神，有助于营造和谐的学习氛围，促进校园文化的建设和发展。因此，活力教育对于提高教育质量、推动教育事业的发展具有重要的现实意义和深远的历史意义。

## 二、活力管理机制的构建

### （一）活力管理的关键要素分析

活力管理作为活力教育的重要支撑，需要考虑多个关键要素。学校领导的支持和推动至关重要，教师应该充分认识到活力教育的重要性，并提供必要的资源和政策支持。教师队伍的建设是活力管理的关键，教师需要具备积极向上的工作态度和专业素养，可以有效地引领幼儿积极参与学习活动。另外，家校合作也是活力管理的重要环节，幼儿园加强与家长沟通，家长应该积极参与学校的教育活动，与学校形成良好的互动关系，共同促进幼儿的全面发展。

### （二）建设“有活力的管理机制”的策略与路径

为构建“有活力的管理机制”，需要制定一系列策略和路径，学校可以建立完善的管理体系，明确各级管理部门的职责和权限，建立科学有效的绩效考核机制，激励教师和幼儿的积极参与。学校可以开展相关培训和研讨活动，提高教师的教育教学水平和管理能力，促进教师专业发展和职业认同。与此同时，学校还可以借鉴其他成功经验，积极探索符合本校实际情况的管理模式和方法，不断优化管理机制，提高学校活力教育的水平和质量。

## 三、培养有活力的教师队伍

### （一）活力教师的特征与素质要求

活力教师应具备一系列特征和素质，以更好地适应幼儿园教育的需求。活力教师应具有积极向上的工作态度，可以充满热情地投入教育工作，并乐于与幼儿进行互动。教师需要具备较高的专业素养和教育技能，可以运用各种有效的教学方法和手段，促进幼儿的全面发展。此外，活力教师还应具有较强的责任心和爱心，可以关爱每个幼儿，关注幼儿的成长与发展，为幼儿营造良好的学习环境。

### （二）激励与激发教师活力的有效途径

在激励教师与和激发教师工作活力这两个方面，可以采取多种有效途径。学校可以建立激励机制，设立奖励和荣誉制度，及时表彰优秀教师的工作成绩和教育成果，激发教师的工作积极性和创造力。可以开展丰富多彩的教师培训和交流活动，为教师提供学习成长的机会，拓宽教师的教育视野，激发教师的教育热情。另外，还可以建立良好的团队氛围，促进教师之间的合作与共享，形成良性循环的教育发展模式。

### （三）专业发展与职业认同的提升

为了提升教师的专业发展和职业认同，可以采取一系列措施，学校可以建立健全教师培训体系，组织开展系统性、有针对性的培训课程，提高教师的教育教学水平和专业能力。可以加强对教师的评价和指导，为教师提供个性化的成长支持，帮助教师实现职业发展目标。此外，还可以借助多种途径，如发表教育研究论文、参加学术交流等提升教师的职业认同感和社会地位。

## 四、打造活力课堂的教学模式

### （一）创新教学方法与手段

在幼儿园阶段的教育中，创新教学方法与手段是打造活力课堂的关键之一。教师可以运用多种创新教学方法，如游戏教学、情景模拟、故事讲解等，以吸引幼儿的注意力并激发幼儿的学习兴趣。借助引入多媒体技术和互动式教学工具，如电子白板、AI 教学软件、信息技术化教学等，可以增强课堂教学的趣味性和生动性，提高幼儿的学习积极性和参与度。此外，还可以结合幼儿的实际情况和兴趣特点，设计具有创新性和趣味性的教学活动，使幼儿在轻松愉快的氛围中学习和成长。

### （二）积极引导幼儿参与与合作

在活力课堂中，积极引导幼儿参与与合作是至关重要的。教师可以通过设置小组活动、合作任务等方式，激发幼儿的合作精神和团队意识，培养幼儿的集体观念和协作能力。同时，教师应该注重引导幼儿主动参与课堂讨论和互动，鼓励幼儿表达自己的想法和见解，培养幼儿的表达能力和自信心。借助积极的参与与合作，幼儿可以更好地理解和消化所学知识，培养良好的学习习惯和合作意识。

### （三）个性化教育与差异化教学

活力课堂的教学模式还应注重个性化教育与差异化教学，教师应根据每个幼儿的兴趣、特长和学习能力，设计个性化的学习任务和教学内容，满足不同幼儿的学习需求和发展水平。借助差异化教学，可以更好地发挥每个幼儿的潜能，促进幼儿的全面发展。同时，教师还应及时对幼儿的学习情况进行评估和反馈，有针对性地进行教学调整，保障每个幼儿都能得到充分的关注和支持，实现个性化的教育目标。

## 五、培养有活力的幼儿群体

### （一）培养幼儿的创新思维与实践能力

在幼儿园阶段的教育中，培养幼儿的创新思维与实践能力至关重要。教师可以通过设计富有挑战性和启发性的教学活动，引导幼儿主动探索和实践，激发幼儿的好奇心和求知欲。借助手工制作、角色扮演、小组合作等形式，培养幼儿的动手能力和创造力，引导幼儿在实践中体验成功的喜悦，提高解决问题的能力和创新思维。同时，教师还应为幼儿提供丰富多样的学习资源和素材，鼓励幼儿探索和发现，培养幼儿的观察力和思考能力，促进幼儿的全面发展。

### （二）激发幼儿的学习兴趣与动力

活力教育的关键之一是激发幼儿的学习兴趣与动力。教师可以借助设计生动有趣的教学内容和活动，调动幼儿的学习积极性和参与度。借助游戏化教学、趣味化教学等方式，营造轻松愉快的学习氛围，引导幼儿在快乐中学习、在游戏中成长。同时，教师还应注重情感引导和激励，给予幼儿及时的肯定和鼓励，树立正确的学习态度和价值观，培养幼儿坚定的学习信心和毅力，激发幼儿不断进取的学习动力。

### （三）健康成长与全面发展的促进

活力教育主要目的在于促进幼儿的健康成长和全面发展。教师应关注幼儿的身心健康，为幼儿提供良好的成长环境和情感支持。通过生活习惯教育、情感教育等活动，培养幼儿的自理能力和情绪管理能力，促进幼儿的身心健康发展。同时，教师还应注重素质教育，培养幼儿的审美情趣、品德修养和社会交往能力，帮助幼儿树立正确的人生观和价值观，实现全面发展和终身成长。

## 六、结语

在活力教育的引领下，幼儿园教育将迎来更加美好的未来。借助构建有活力的管理机制、培养有活力的教师队伍、打造活力课堂、培养有活力的幼儿群体以及构建有活力的校园文化，教师相信，幼儿园将成为孩子们生命中最美好的起点，幼儿将在这里获得充分的发展与成长，为未来的社会贡献自己的力量。

## 参考文献

[1] 单佳缘，田澜，郑兴国，等．论活力教育的理论依据及实践体系［J］．教育观察，2022（17）：4—7.

[2] 刘卫红．以“活力教育”涵育师生活力［J］．北京教育教学研究，2017.

[3] 张谷风．童心视界：筑梦未来让公平教育从幼教开始［J］．中华儿女，2019（11）：2.

[4] 张文华．以教育为家，打造高品质活力教育新局面［J］．未来教育家，2021（2）：4.

# 幼儿园家园共育中存在的问题及改进策略

（刘秀稳　冠县第三实验幼儿园）

**摘　要：**幼儿园在“家园共育”教育模式的推行中主要存在的问题：首先，教师和家长对于“家园共育”这一教育理念的重要性认识充分，但双方对各自承担责任认识不足；其次，“家园共育”教育模式内容广泛，但教师和家长对于一些关注内容没有形成共识；最后，“家园共育”这一教育理念的形式多种多样，但利用率低导致家园共育工作出现表面化。为了促进家园之间的有效合作，本文以冠县第三实验幼儿园家园共育为例，探讨了家园共育存在的问题，并提出了有效的解决方案和建议。

**关键词：**幼儿园；家园共育；对策研究

## 一、家园合作的重要性

### （一）家园联系有利于幼儿成长

幼儿学前教育培养已经不单单是学校、家庭每一方可以独自胜任的工作，而是需要两者之间密切联系共同关注。家园联系推行的主要目的在于可以极大程度上确保幼儿全面发展。幼儿存在着个体差异，需要家长对孩子有一定的了解，才能配合幼儿园的教育从而巩固幼儿学到的各项内容。家长细心观察幼儿在家的行为表现，教师留心孩子在学校的动作行为，家园及时沟通，能为幼儿提供健康积极的生活、学习环境，促进幼儿身心健康发展，更有利与幼儿健康成长。

### （二）家园联系有利于家长掌握科学教育方式

家园联系的教育培养方式能够保证家庭和园所足够了解幼儿的日常行为和生活习惯。幼儿园制定的亲子活动可以邀请家长过来参加，家长也方便在活动的过程中观察幼儿对此活动的兴趣程度。通过家长参与幼儿园组织的活动，也拉近了家长与园所之间的距离感。不论是幼儿的教育问题、行为习惯，还是对园所组织的活动内容、形式和影响效果，家长和教师都可以敞开了细谈。例如，家长参加了幼儿园举办的以“球”为主题，教师、家长和孩子一起查找资料，家长和孩子主动交流，让孩子先发言，锻炼幼儿独立思考的能力。幼儿几个人一组，制作球模型，根据几个人讨论在球上画出自己想象的世界，之后和大家讲解自己的看法。在这个游戏过程中，家长的积极参与给幼儿增添了信心，融洽的氛围让幼儿的思维活跃，给幼儿营造了快乐学习的气氛，园所结合活动的特点，对家庭中出现的一些大众性的问题进行科学的指导和宣传，并且以问题的科学性解决为主题开展各类的教育活动，改善家长对家教问题的科学态度，家园对幼儿教育的观念才会越来越统一，心理健康教育方法才会越来越科学。

### （三）家园联系有助于教师了解家庭情况，增强教育效果

对于幼儿学前教育问题，幼儿园和家庭要有一致的目标，由于两者思考的角度不同、思想层面不同，教育方法也会有所不同。因此，园所和家长应该建立长期的互动关系，从幼儿的实际情况出发，同时幼儿园也需要知道家长对幼儿成长教育的侧重点，在尊重家长建议的前提下，制定统一的教育目标和教育方式。幼儿学习习惯、生活习惯的养成需要家长和教师

共同努力。教师了解幼儿的家庭情况时，对待幼儿和家长要做到尊重，教师在家园联系中扮演的是联系者的身份，来增强教育效果和完成幼儿学前教育的重要任务。

## 二、幼儿园家园共育存在的问题

### （一）教师与家长对各自承担责任认识不足

家园共育是一种家庭和幼儿园之间的合作，使家园共育工作发挥出应有的作用，就必须要明确双方的责任。教师与家长对自己的角色和职责并不了解，但是他们却对家园共育的重要性有充分认识。在问卷调查中大部分教师认为双方应该各自承担一半的责任，在教育孩子上双方都是幼儿园家园共育的主体。有些家长认为教师应该承担主要责任或双方各承担一半的责任，由此可见看出家长对责任意识的一种迷惘感。

### （二）教师与家长关注内容侧重点不一致

家长对幼儿学习的重视程度高于对行为的重视程度，而教师却与之相反。由此可见，家长和教师关注点不相同，使得双方的出发点也会不同。因此，在家园共育的内容上教师和家长的意见并不统一。另外，作者还发现两者均未充分关注幼儿的思想道德、性格和心理的发展。当今社会风气状况的大前提下，部分家长都希望孩子不输在起跑线上，当今社会竞争逐渐激烈，升学问题成为家长关注的另一个焦点，许多家长将目光不断提前，聚焦在幼儿期，他们希望幼儿园能够开设教幼儿写字、运算、外语等方面的课程，甚至在幼儿的课余时间增设了各种活动以及补习。家长不希望自己的孩子落后于其他孩子，但很多老师认为孩子应该有一个快乐的童年，这导致家长和教师对家园共育关注内容侧重点不一致。

### （三）幼儿园的合作互动环节不够丰富

幼儿园在开展互动的过程中仅仅是偶尔进行开展，缺乏开展的全面性，在进行家园互动的过程中，应当进一步的对活动环节进行丰富，使幼儿能够接触到更多的互动环节，但是相关的调查发现，很多教师对幼儿进行家园互动的活动环节没有进行足够的重视，虽然设置了家园互动，却不能够发挥其主要的价值以及作用。

## 三、促进幼儿园家园共育的建议

### （一）树立正确的角色职责认识

教师和家长要明确自己在教育幼儿问题上的职责，树立正确的角色，并且相互信任、相互依存从而形成一种平等的关系。作为一位新时期的家长应转变观念，主动地与教师合作倾听教师的指导，和教师一起讨论幼儿的成长经验，勇于表达自己的观点和意见。作为一位新时期的教师应转变观念，积极与家长沟通幼儿成长中的问题，给予家长更多的辅导和建议。教师和家长想要幼儿健康快乐的成长，就应进行合作转变传统的家园共育观念。同时，教师要尊重家长，还要有良好的文化修养，积极主动与家长进行沟通，平等对待家长和尊重他们的意见和想法。家长也应该对教师表示信任与尊敬，理解教师的辛苦和对教师的贡献表示认可，教师和家长之间要相互尊重和信任。教师的教育是幼儿终身学习的关键环节，家长要虚心倾听教师的教学方法以取长补短，不应忽视其重要性，这样对开展家园共育有着重大的意义，还可以促使幼儿的健康发展。

### （二）拓宽家园共育的内容，增进教师与家长之间的沟通

在幼儿园对幼儿进行教育时，教师要取得家长的理解和帮助，幼儿园对幼儿的教育是理论性的教育，而家庭教育是在家庭生活中进行的，这样会促进幼儿在生活中掌握的知识更稳固。在家园共育中除了关注幼儿的知识学习外，还应关注幼儿的行为习惯等内容。在日常教学中幼儿园除了积极开展家园共育的教育活动，还应该注重幼儿的民族文化传统的培养。一方面可以在每一个星期举行一次关于文化传统的课，把中国的传统美德融入课堂里；另一方面，还可以通过邀请家长的参与来提高家庭教育的整体水平。幼儿园还要多开设公开课，同时也能让幼儿把幼儿园所学的知识应用到日常生活中去，还能让家长了解幼儿在幼儿园的各个方面的表现，从而促进幼儿的全面和谐发展。

### （三）提高家园共育形式的使用

幼儿园可以通过多开展亲子活动加强教师与家长之间的沟通，在开展亲子活动的过程中，教师可以更好地了解家长，从而实现无障碍的与家长沟通，家长则可以从幼儿在园的各个方面对自己的孩子有更多认识，从而激发家长合作的兴趣。幼儿园是幼儿教育的一个重要组织，教师作为一名有丰富教学经验的专业人士，要向家长详细介绍幼儿园的各个方面，而且要正确引导家长能够更好地理解幼儿园的日常工作，主动参与幼儿园的各项工作，家长的参与既可以对教师的付出与辛劳有所理解，又可以让家长了解到幼儿园的各个环节，从而确保家园共育的高效进行。

## 四、结语

总之，“家园共育”教育理念已经成为国内外学者研究和关注的一个重要内容，其已然成为现在幼儿教育发展的一个大趋势。幼儿园拥有科学的教育方法、专业的老师是幼儿教育的重要阵地；家庭是幼儿成长的大环境，家庭对幼儿会产生潜移默化的教育作用，家庭教育是幼儿教育的重要起点，而家园共育教育理念可以将家庭教育与幼儿园教育的优势结合起来，能够促进幼儿全面发展，实现幼儿教育的重要目标。因此，在对国外家园共育成熟理念的研究基础上，结合我国幼儿园教育的具体情况积极推进和落实这一理念有利于推动幼儿的健康成长和发展，这成为一个不可阻挡的重大趋势。

### 参考文献

［1］黄志敏，莫立芸．家园共育的教育价值探究［J］．山东教育，2020（15）：4—6.

［2］刘艳．幼儿心理健康问题及其影响因素分析与应对［J］．学前教育研究，2019（3）：70—72.

［3］刘奕．浅谈基于家园共育的中班幼儿自信心提高策略［J］．家教世界，2021（9）：63—64.

［4］马爱莲．家园共育现状及其改善措施［J］．太原师范学院学报（社会科学版），2021，10（4）：152—154.

［5］马静．家园共育的现状及其改进策略和措施探讨［J］．科教导刊（中旬刊），2019（18）：236—237.

# 正向行为支持对大班 ADHD 幼儿多动行为干预的有效策略

（门俊楠　北京市昌平区南邵镇中心幼儿园）

**摘　要：**注意力缺陷多动障碍是儿童多动症的全称，是注意力缺乏、唤起过度、活动过多、冲动性、和延迟满足困难等一系列心理行为问题的总称，是儿童时期最常见、最复杂的心理与行为障碍之一。干预主要是指教师参与幼儿游戏，从而对幼儿游戏施加影响的行为。本文探讨了如何利用正向行为对幼儿多动症的干预及其有效策略。

**关键词：**正向行为支持；ADHD 多动行为；干预策略

注意力缺陷多动幼儿行为具有一些共同的行为特征。为了有利于正确对待幼儿的注意力缺陷多动行为，促进教育质量的提高，更有助于教师把握自己的教学过程和提高教学水平，为此我们进行了专门的观察、研究，并努力在实践中探索有效的解决方法。

## 一、大班 ADHD 幼儿多动行为表现及动机分析

### （一）自我发泄

在组织幼儿过渡环节边弹边唱《小星星》时，全班幼儿跟随老师一起唱歌，唱到一半时，闻闻突然提高声调，频繁发出了怪声，立刻有其他幼儿参与进去，教室里顿时乱成一片。

分析：这种行为是来自“自我发泄”的需求，过渡环节后需要进行的是较安静的集体活动，不能满足他的需求，而体内“过剩的精力”需要通过一定的方式“发泄”出来。

### （二）相互交流

在奥尔夫音乐活动中，2 名幼儿注意力不集中，互相交头接耳打闹，想表达对音乐的感受，但表达的方式不对，以致教学活动无法正常进行。

分析：在音乐活动中孩子与孩子之间缺少交流，教师的提问不能满足幼儿的交流需求，就产生了幼儿之间的“交流”了。

### （三）希望被关注

区域活动时，子硕从这个区域跑到其他区域，又从那个区域跑到另一个区域，并不时地弄倒椅子，抢别人的玩具，活动秩序大乱。后来经过调查分析：发现该幼儿是“希望引起老师的关注”因为整个活动中，教师去关注的区域总是他不在的区，他感到冷落了，就用这种“捣乱”的方式，引起老师的关注。

### （四）教师“反向”语言

户外活动结束幼儿正在排队，闻闻不是伸出脚绊其他幼儿，就是故意推别人，并为自己造成的结果感到得意扬扬。老师教育他时，他满不在乎，一脸的“看你能把我怎么样”的表情。

分析：这种“捣乱”行为，来自对老师以往批评指责的“反抗”心理。他平时活动量大，自制力差，经常会做错一些事情，批评他对他来说是家常便饭，再加上可能以往教师在教育方法上过于简单，刺伤了他的自尊心，于是他就故意捣乱，和教师对立起来。

### (五) 好奇心

班级的自然角摆放着很多的小植物，但有几种都接近枯萎了，经过询问才得知，原来是幼儿想看看小植物是怎么长大的，植物和人的成长是不是一样的，以至于孩子们没有及时给植物浇水，导致小植物接近枯萎。

观察发现有的幼儿由于调皮而引起的注意力缺陷行为，通过观察分析说明注意力缺陷行为并不是一味去指责就可以改正的，有些行为也是由于幼儿的某些环境因素或者心理因素造成的，如果一味的指责那将对孩子造成不利的影响，我们也错怪了孩子。

《3－6 岁儿童学习与发展指南》指出：“观察幼儿，倾听幼儿，及时关注幼儿在生活和学习中的表现，了解幼儿的需要并给予适时的支持和帮助。善于发现和捕捉突发性的教学问题，在观察基础上合理分析，灵活调整教学目标、改进教学方法。”

## 二、大班 ADHD 幼儿多动产生行为的原因

### (一) 忽视幼儿的心理需求

由于个体差异的存在，每个幼儿的心理需求不尽相同。教师在设计活动时，往往注重对知识、能力方面的培养，忽视了对心理需求方面的满足，从而产生注意力缺陷的行为。

1. 活动内容单一、没有吸引力，无法引起情感上的共鸣。

2. 环节之间安排不紧凑，等待时间太长。

3. 对注意力缺陷心理不能正确理解，过多约束，产生逆反心理。

4. 批评指责过多，伤害自尊心，导致对立关系。

### (二) 不当的家庭教养态度和方式

1. 传统型——会过分限制孩子的活动，拘束天性引起孩子的反抗，在家里和在幼儿园判若两人。

2. 放纵型——无原则地满足任何需求，对行为不加以控制，到了幼儿园就难于遵守常规。

## 三、对注意力缺陷多动障碍行为教育的对策及具体措施

### (一) 自我发泄：老师以身作则，做表率

幼儿有很强的可塑性和模仿能力，会不加选择地模仿老师的言行。老师的话可以说是“最高指示”，经常可以听到孩子们为自己的言行辩解：“老师就是这样说的。”这就对老师的言行提出了较高要求。教师要多鼓励幼儿说出自己的想法，耐心倾听幼儿的心声，有针对性地进行引导，促进幼儿学会控制自己的行为。

对于“活动量大”的幼儿，可通过保证户外活动时间等方法，让幼儿有发泄过剩精力的机会；对于希望被老师关注的幼儿，运用多种方式与他们交流，让他们感受到来自教师的关心爱护；家园表现不一的幼儿，可以多增加家园互动，加强家园教育的协调统一；还有一些是主意比较多的孩子，可以充分发挥他们的优点，利用创设问题情境，引导他们解决问题等方法，激发他们积极向上的心理需求，将他们的兴趣点转移到学习活动上。同时，在组织幼

儿一日活动时，各个环节安排紧凑，减少等待的时间。设计和组织教育活动时，选择能满足幼儿心理需求，幼儿有兴趣的内容，符合年龄特点的活动，将活动安排的丰富多彩，生动有趣，能获得各方面的满足。

### （二）相互交流：培养幼儿的自控能力

针对自控能力差的孩子，让幼儿参与生活常规的制定．就能更主动地遵守常规养成好的习惯。在每次活动进行之前，提出具体要求，在活动中注意提醒幼儿遵守规则，对达到要求的孩子教师立即给予肯定和鼓励。

### （三）发现、肯定幼儿的“闪光点”

爱“捣乱”的幼儿虽然有不尽如人意的表现，但也有许多可贵的地方。比如：不听话，也反映了孩子有主见；好奇心强，敢于大胆探索和求知，教师要善于挖掘幼儿的“闪光点”，用其“闪光点”来激励幼儿，帮助幼儿纠正不良行为。

### （四）以正面引导为主，多鼓励表扬幼儿。

细心观察幼儿的点滴进步，多鼓励表扬。在纠正不良行为习惯中，注意运用适当的语言，要“对事不对人”。例如：“老师和你一起收拾玩具”和“快来帮老师收拾玩具”两种说法对幼儿的影响也是不同的，显然前一种可保护孩子自尊心，而后一种会使孩子产生自卑感。

### （五）好奇心：寓教于一日生活中

在平时教学活动中通过讲故事、儿歌等幼儿易于接受的方式，使幼儿明白良好的习惯会有利于身心健康，对个性的发展和优良品质的形成都有重要的影响。例如，通过绘本故事的形式让幼儿明白平时要经常漱口，刷牙讲卫生等道理，在不知不觉中受到感染，并促使幼儿在日常生活中不断模仿尝试，最终使其养成良好的卫生等行为习惯。

游戏是幼儿的主导活动，在游戏中幼儿心情愉快，思维活跃，接受能力强。通过游戏的活动过程，能学会正确处理人与人之间的关系，容易形成一些良好的品质。我们还做了“带宝宝看病”的游戏，幼儿模仿父母照顾“孩子”，带孩子去看病，体会在生病时父母的焦急与辛苦，使幼儿更加理解和尊重自己的父母。另外，还经常玩一些社会游戏，如“理发店”的理发师，“医院”的医生与护士，体会各种职业的社会角色，从中得到社会规范意识和伦理精神的最初启蒙。

同时，充分挖掘儿歌的教育功能，将各种好行为、好习惯的具体要求创编成儿歌。幼儿在读儿歌的过程中．受到教育和熏陶。不要小看一首首小小的儿歌．它与幼儿的一日生活紧紧相连，能渗透幼儿养成良好的生活习惯，可以使教育效果事半功倍。

### （六）希望被关注：抓住典型，锲而不舍

良好行为习惯并不是阶段性形成的，要养成好习惯，必须经过反复的历练和强化。特别是对记忆能力、控制能力相对弱的儿童来说，重复训练尤其重要。养成好习惯是一个螺旋式上升过程，是不断与坏习惯较量的过程，这就要求教师要有耐心，要多强调。

通过实践，有注意力缺陷的孩子们有了明显的改变，各方面都有了较大的进步。个别孩

子能主动控制自己的行为，懂得遵守集体规则，听指令做事，学会了耐心等待，别人说话不插嘴，上课举手回答问题等良好的行为习惯。他们的改变也得到了同伴及家长的认可，与此同时，有注意力缺陷的孩子找到了自己的优点，不断努力控制自己的不良行为。相信只要坚持不懈的努力，只要对他们有信心，针对情况适时给予引导，最终一定能取得好的教育效果。

## 参考文献

[1] 任会芳．正向行为支持对自闭症儿童攻击性行为干预的个案研究［D］．广州：广州大学，2018.

[2] 王晶晶，赵睿．正向行为支持干预多动症儿童的调查［J］．现代交际，2020（1）：69，68.

[3] 张婧．正向行为支持对随班就读自闭症谱系障碍儿童逃课行为干预的个案研究［J］．教师，2021（3）：124—126.

[4] 袁小惠．音乐治疗对注意缺陷多动障碍的系统综述［D］．深圳：深圳大学，2019. DOI：10.27321/d.cnki.gszdu.2019.000064.

[5] 李晶晶．注意缺陷多动障碍儿童的干预训练研究［D］．昆明：云南师范大学，2015.

[6] 谭蕾．融合教育环境下正向行为支持对儿童攻击性行为干预的个案研究［D］．成都：四川师范大学，2017.

[7] 刘文雅．正向行为支持方案干预中度智障学生行为问题的研究［D］．重庆：西南大学，2017.

# 幼儿园种植活动中的幼儿劳动教育实践

（谷盈　北京市昌平区机关幼儿园）

**摘　要**：劳动教育是促进儿童全面发展的重要途径。涵养幼儿劳动意识，发展幼儿劳动技能，培植幼儿劳动情感是幼儿劳动教育的内在要求，也是我国新时代学前教育的重要目标。本文立足幼儿园种植活动，从劳动视角出发，探讨如何有效开展劳动教育实践，以提高对幼儿园种植劳动教育关注度。加强幼儿种植劳动教育的理论教研与实践关联，鼓励家庭社区共同参与幼儿种植劳动教育。

**关键词**：种植园；幼儿劳动教育；种植劳动

种植园是大自然的缩影，也是幼儿认识自然、参加劳动的重要平台。当前，在立德树人背景下，在活动中渗透劳动教育已经成为教育研究的重要内容。幼儿园依托种种植活动，不仅为幼儿提供观察、探索、实践平台，也为幼儿创造了接触自然，感受生命的成长，培养幼儿的责任心和热爱劳动的美好品质。因此，幼儿园应重视采取有效策略在种植活动中的劳动教育内容。

虞永平教授指出："种植活动是幼儿园常见的一种活动形式，是幼儿与植物、泥土、水以及各类工具相互作用的过程，也是幼儿加深对植物的生长发展过程以及植物与泥土、阳光、空气及水等要素相互关系的认识的过程。"幼儿园种植劳动教育，是在幼儿园室内自然角和户外种植园，通过幼儿开展种植、管理与收获等劳动活动，引发对泥土、水、劳动工具与植物生长过程及其属性的初步认知与体验，并促进幼儿获得一定的生活自理与服务能力。

裴斯泰洛齐认为，最伟大的教育来自生活，主张教育要和劳动融为一体，劳动是儿童发展体力、智力和道德能力的重要手段。种植劳动与幼儿日常生活紧密相关，是幼儿认知经验范围内且较易熟悉的活动。幼儿园种植园地中的自然性种植活动，其本身也是幼儿在园感兴趣且在家庭中较难接触到的内容，其中种植劳作、浇水除草观察收获等实践，也是符合幼儿直接感知、亲身体验和实际操作的感知特点的学习方式。种植劳育是幼儿园重要的劳育，与其他形式劳育相同，都是以幼儿发展与兴趣需要为主体。教师通过环创形成具体情境引导幼儿主动参与劳动实践，并需与幼儿集体服务、游戏等其他形式劳动教育相融合，共同促使其劳动教育内容的逐渐习得。

## 一、种植园开展幼儿劳动教育的主题实践

幼儿园种植课程是指教师根据幼儿的身心发展特点和学习方式，通过种植园地选择适合幼儿发展的教育内容，通过多种方式对幼儿身心进行引导，使其获得有益经验的课程。同时，其在种植课程关键经验中集中阐明认知、技能与情感的三方面经验：植物、生态的认知经验；观察、劳动操作、问题解决、团体合作等技能经验；主动性、劳动情感、成就感与自信、责任感、大自然情感等情感态度经验。基于此，以幼儿为主体，从主题环创、教育活动、劳动实践与社会活动等方面开展种植劳动主题实践。

### （一）创设种植主题环境

基于种植劳动教育的自然性与科学性特点，幼儿园利用走廊的空间区域，采用吊饰的环创方式，按照时间顺序分块，依次立体呈现二十节气内容。师幼在每一节气环境用其特有的

时节环境物、植物果实加以装饰，便于幼儿直观地初步感知不同节气的相应特点及四季的鲜明变化，也便于师幼逐步加深对节气与农事种植的认识。

### （二）开展种植主题教育活动

幼儿园小、中、大共12个班级根据主题目标与五大领域，开展了以探究种植物生长变化、属性价值为主线的主题式教育活动。师幼要充分利用种植区的自然性及其劳动教育天然情境性与变化性等特点，围绕植物的种植方法、生长环境、变化过程、物体属性、作用价值等主题，展开观察、讨论、探究、游戏等学习活动。一方面，教师结合户外种植园地植物自然生长的活动环境，在日常户外自由活动环节与集体教学时间，定期组织幼儿对具体作物生长情况展开整体与细致的观察；另一方面，师幼充分利用室内走廊自然种植角、班级活动室、主题墙面、区域等活动环境，进行随机与集中的种植劳动教学、绘画等游戏活动，引导幼儿主动学习，探究植物种植、管理、收获、食用与珍惜，以及服务于他人等劳动教育内容。幼儿园所有种植活动中都采用真实的植物素材与活动方式，以保障劳动教育的真实性与操作性。

### （三）开展秋季植物采摘活动

基于种植劳动教育的生活性与操作性，秋季集中组织了全园幼儿进行种植园地的收获劳动。活动前，幼儿共同讨论制订采摘计划，确定合作小组与劳动分工。活动中，幼儿可在采摘区自主收获植物，并与同伴自由讨论解决问题和组合处理果实，并在教师引导下协助食堂烹饪。活动后，幼儿可以品尝自己收获的食物。同时，幼儿间相互交流采摘劳动体验，并进行相关绘画、记录等表达。

## 二、幼儿园种植劳动教育实践的有效策略

### （一）提高对幼儿园种植劳动教育关注度

由于幼儿年龄小，身心发展尚不成熟，我们必须遵循幼儿的年龄特点，进行适时适度的劳动教育。当前，劳动教育已经在幼儿园不同程度开展，这就必须要求，成人认识到幼儿与其他学段以及成人劳动综合素养的不同。必须基于儿童视角开展幼儿园种植劳动教育活动，这也是幼儿园种植劳育提升的首要策略。在幼儿园种植劳动教育中，成人需要坚持以幼儿主体为地位，实施具体劳动教育，正确运用自身已有的劳育经验与思维。

### （二）加强幼儿种植劳动教育的理论教研与实践关联

新时期幼儿劳动教育首先要内化其本质，即劳动作为人实践基本形式所蕴含的平等内涵及其全人发展的教育思想。这是我们社会主义发展中对教育的最基本把握。教师要提高幼儿种植劳动教育的教研水平与质量，研究幼儿、种植、劳动、教育的关联，了解相关理论，明晰其对幼儿的发展价值。卢梭自然主义教育思想、裴斯泰洛齐劳动教育思想、霍姆林斯基自然教育思想、陈鹤琴“活教育”、生命教育理论等都是与种植劳动教育紧密相关的重要指导理论。但是要选择适宜性的理论，将其与种植实践恰当结合，形成从理论研习到实践思考，再到具体设计以及再反思的动态化劳动教育研发体系。

### （三）强化户外种植与室内种植教育的有机整合

基于幼儿种植活动的特点及其劳动教育需要的本质要求，幼儿园要强化户外种植与室内种植教育的有机整合。即室内教育活动与户外种植劳动的开展，要有机配合、相辅相成以达成动态平衡的教育状态。教师根据主题需要灵活安排室内外种植活动进程。例如：二十四节

气主题与相应种植活动的开展要能协同进行；植物种植、管理、收获等不同阶段的生长变化可便于幼儿室内外同步观察。此外，种植劳动教育活动还需整体规划与领域整合。例如，以蔬菜为主题的种植课程，种植蔬菜与观察蔬菜、蔬菜加工活动、绘画活动、谈话活动均要全面展开，在主题教育活动、日常生活活动、自主游戏活动时间均渗透进去，为幼儿获得整体关键经验做准备。

### （四）完善种植劳动的实践设计

劳动教育的根本在于促进儿童的全面发展，种植的核心也是让幼儿获得新经验。幼儿园要完善种植劳动的实践设计，就要以幼儿为活动主体，在教师和家长等引导下，种植选种、培土、播种、浇水、日常管理、采摘收获、烹饪食用等劳动及相应主题教育的实践。幼儿与自然充分接触，才能观察到植物变化，理解阳光及水与植物的关系，进而知道种植劳动的不易，知道对成果的珍惜。

首先是劳动教育的目标设计。科学的劳动教育目标需要针对不同年龄阶段、不同类型的儿童特点，以日常生活劳动、生产劳动和服务性劳动为主要内容进行搭配，从而开展劳动教育。关于幼儿园户外种植活动，《3—6岁儿童学习与发展指南》科学地指出了各年龄段幼儿的发展目标，教师可据此深入研究幼儿对种植劳动认知、技能水平与情感态度，做适宜性设计。其次，种植活动设计包含基于幼儿年龄特点进行的种类选择、时节安排、方式设计、工具准备、场地规划。最后在实践评价中，更需强调幼儿的主体评价，鼓励不同年龄段幼儿通过绘画、劳动成果展示、体验交流等形式，呈现其对种植劳动的看法，以便于持续调整种植劳育。

### （五）鼓励家庭社区共同参与幼儿种植劳动教育

劳动教育需要搭建一个多方协作的平台，在家庭、幼儿园、社会之间建立一个良好的教育链。建立以家庭为基础、学校为主导、社会为依托的三方协同育人体系，以儿童的全面发展为目标，劳动教育才能真正发挥作用。在幼儿种植劳动教育中同样适用，幼儿园需要鼓励家庭社区共同参与幼儿种植劳动教育。因为社会、家庭、幼儿园是幼儿密切接触的环境，三者应当发挥合力作用，积极宣传劳动的价值，营造符合时代发展的社会氛围。

### 参考文献

[1] 虞永平．用“全收获”的理念开展幼儿园种植活动［J］．幼儿教育，2017（Suppl4）：4—6.

[2] 经柏龙，周佳慧．裴斯泰洛齐劳动教育思想之精髓及其解析［J］．沈阳：沈阳师范大学学报（社会科学版），2021，45（1）：115—119.

[3] 田素娥．幼儿园劳动教育存在的问题及其解决策略［J］．早期教育（教育教学），2020（12）：12—13.

# 秉幼儿之心 筑课程之魂
## ——"儿童本位"视角下幼儿园课程园本化的实践策略

（侯雨彤　沈阳市和平区南宁幼儿园）

**摘　要：**儿童是什么？这个问题不断地叩问着每一位学前工作者，影响着我们的教育行为。我园在贯彻落实"儿童本位"教育理念的过程中，以儿童真实的兴趣和需要为起点，收集并梳理较具代表性的教学困惑，通过本体论、认识论、方法论等不同维度的分析与探索，为教师教育指导策略提供抓手，为有效回应儿童发展提供支持，进而做好幼儿园课程园本化的重构与改革工作。

**关键词：**幼儿园课程；课程园本化；儿童本位

## 一、问题提出

### （一）"儿童本位"视角的内涵是什么？

赵老师：最近不论是园里开会还是在学习资料上，总是能够看到"儿童本位"视角，虽能大致理解其思想，但如果真的要系统地阐述出来，感觉还是不太明确其内涵是什么。

### （二）"儿童本位"视角是否意味着教师退场？

张老师：感觉"儿童本位"这个理念较为宏观与抽象，聚焦在教学实践中，我该如何践行"儿童本位"？现在，我不知道是否应该给予幼儿指导、指导到什么程度、何时给予支持，突然感觉自己不会教学了。

孙老师：目前我在教学设计上，能够较好地落实"儿童本位"视角，会更多地从幼儿的已有经验、兴趣爱好、学习发展等维度出发进行活动设计。然而，在自主游戏中，关于"儿童本位"视角下的教师支持方面尚待提高。

### （三）"课程园本化"是否等同于重编教材？

李主任："课程园本化"是否意味着要重编课程？在此过程中，如何处理好"园本课程"与"区域统编教材"的关系？"课程园本化"建设是否有终点？

### （四）如何将"儿童本位"与"课程园本化"融合？

张园长：如何将"儿童本位"与"课程园本化"科学衔接，是我们目前亟待攻克的难点。我想，只有处理好其中的关系，才能更好地组织园所实施课程改革。

## 二、案例分析

上述声音反映出部分基层幼儿园与一线教师的普遍困惑。为了进一步解答困惑，推动工作，我们需要重塑认知：

### （一）本体论：洞见"儿童本位"的本质

此处，值得思考一个问题，"幼儿愿意做、喜欢做"的事就是"幼儿应当做"的吗？完全按照幼儿的动机安排幼儿园活动就是“儿童中心”吗？

试想在一个活动中，完全任由幼儿自我活动，并不会推动幼儿的探索与学习，缺乏适时、必要的支持，反而会使游戏陷入僵局。因此，我们提倡“儿童本位”视角，并不意味着“教师缺位”，也并非完全摒弃教师的专业支持与重要作用。而是应谨防在幼儿园课程中出现儿童边缘化倾向，从而导致在教育的实践场中，使教育陷入“儿童缺失”的泥潭。

我们通过教研活动引导教师理性认知上述关系，在随后的活动中，教师能够理性区分“陈述要求”与“和幼儿共同协商”、“直接提供答案”与“启发幼儿”之间的区别，通过搭建支架的方式开展活动，推动“儿童本位”在实践中落地。

### （二）认识论：何为“课程园本化”

“课程园本化”是幼儿园根据国家、地方精神，基于幼儿园实际情况，结合幼儿兴趣、教师专长、家长与社区资源等情况对本园多种课程形式进行不同程度的适宜调整及重构，为幼儿设计和组织有益于其身心和谐发展的各类活动的总和。可见，“课程园本化”出发点和落脚点从来都不是“重编教材”，不应以集体备课的形式微调或照搬省级教材及教案。也并非构建后一劳永逸、一成不变。

在“课程园本化”过程中，幼儿园应处理好“五大关系”，即“课程理念中科学与适宜之间的关系”“课程目标中预设与生成的关系”“课程内容中普适与个性之间的关系”“课程实施中标准与留白之间的关系”“课程审议中赋权与回应之间的关系”。

### （三）方法论：如何实施“儿童本位”视角下的“课程园本化”

1. 聚焦“关键人物”的需求

在课题研究过程中，我们鼓励儿童积极参与课程规划，与儿童共同探究、讨论、反思并理解彼此，构成一个积极的学习共同体。我们幼儿园相继开展了“星光奇妙帐篷之旅”“趣玩雪”“旧物遇新主”等诸多基于儿童兴趣的系列活动。在活动前、中、后各个阶段，我们把制定规则的权力交给幼儿，让幼儿心情愉悦、自主自发地参与活动，与同伴、教师进行自然、主动、良好的互动。

2. 抓准“关键时刻”的介入

抓准“关键时刻”给予有效支持，是促进幼儿从已有经验水平迈向新的经验水平的关键。在教研活动中，教师们总结了以下适宜介入的“关键时刻”：

（1）活动中幼儿面临潜在的危险时；

（2）当幼儿遇到困难、挫折，难以实现自己的愿望时；

（3）当幼儿寻求帮助时；

（4）活动中出现过激行为时；

（5）活动中出现不符合社会规范的消极内容时。

当发生以上情况时，如果幼儿能够独立解决遇到的困难、挫折、纠纷，那么教师可以暂时不去干预，解决问题的过程更有利于幼儿自发的建构经验。如果幼儿没有办法解决，且有放弃活动的倾向，教师的介入才更为合理与必要。

3. 促进“关键能力”的发展

实践中，我们注重优化活动总结环节的“启发式”谈话，即教师根据幼儿年龄特点、实际能力和活动过程选择合适的提问类型，并鼓励幼儿交流、分享。

（1）指向幼儿的知识经验——“今天你扮演的是谁？做了些什么？”

（2）指向幼儿对已有经验的理解程度——“你为什么要用这个材料？”

（3）鼓励幼儿用已有经验解决问题——“你用什么方法把屋顶搭牢固？”

（4）鼓励幼儿尝试初步反思与评价——“这样做有效果吗？为什么？”

活动的小结与分享环节是教师推动幼儿经验螺旋式上升、促进关键能力发展的重要环节。准确把握话题的选择和提问的指向性，能够更好地促进幼儿认知的建构与能力的发展。

## 三、改革措施

### （一）放手·发现儿童：课程园本化的开发

不同于成人，儿童对世界的认知是具体的、形象的，通常是在人和物的相互作用中获得体验。因此，教师只有学会“放手”，方有“发现”儿童的时机。教师在与幼儿交流、沟通中发现孩子对火爆的“夜市”十分感兴趣，而原本的课程体系中并没有设置与“夜市”相关的主题课程。教研组抓住此次教育契机，进一步“采访”幼儿感兴趣的游戏内容，并以此调整特色活动的材料、活动形式，相继开展一系列“市集嘉年华”活动。

### （二）看懂·理解儿童：课程园本化的实施

园本课程建设完毕后，并非一成不变地要求教师硬性执行，而是将目光聚焦在园本课程的实施与调整上。

例如，中班的孩子在户外活动的时候发现了一条毛毛虫，引发了他们对毛毛虫以及蝴蝶羽化过程的探究兴趣。但是，此时班级正在开展的主题是“不一样的我”。教师提问：“我该如何做出决策？是根据预设继续我的教学计划，还是基于儿童生成新的内容？”

经过教研活动的研判，建议教师做好“课程融合和经验迁移”工作。具体实施中，大班教研组可以将《虫虫总动员》的主题资料分享给中班教研组，请他们利用小块时间向幼儿展示、交流“毛毛虫羽化成蝶”的秘密，满足了幼儿的好奇心和探索欲的同时，为后续进行该主题做好前期经验的铺垫。可见，课程园本化实施过程中我们遵循：走近儿童 — 发现问题 — 适当迁移 — 创生策略的路径，“下接地气，上承方向”地踏实开展每一个主题。

### （三）回应·追随儿童：课程园本化的审议

1. 为教师的课程审议“留白”

课程园本化的实施过程中包含预设、准备、生成、反思等诸多环节与变量，若采用过于严苛的评估框架将会束缚教师的思考和行动。为此，我们为教师提供了便于理解、易于记忆的“135 操作代码”，为教师自我评估“留白”，鼓励教师遵循基本原则开展课程审议，并创生个性经验。

“1”是指在园本化课程全过程，都要遵循“儿童本位”的教育理念。以此确保课程进行中对儿童进行合理、准确的分析、判断、支持。“3”是指课程实施阶段，教师要做好三个角色，即做拥有童心的陪伴者、做善于尊重的共情者、做乐于欣赏的支持者。这样，当我们面对幼儿或天真烂漫，或渴求探索，或止步不前，才能够灵活、妥善地处理各种状况。“5”是指课程目标的设计阶段，注重五大领域的融合与均衡；在课程形式的组织阶段，注重“观察、倾听、操作、思考、表达”的“看、听、做、思、说”五大能力的同步发展。

2. 为儿童的课程审议“赋权”

以幼儿为主体的评价，不应将幼儿作为“被评价”的主体进行指标性的硬性考核，而是将幼儿置于课程中央，通过对幼儿活动状态的观察、调查、反思，评价幼儿是否在不同领域都拥有相对丰富的经验，是否拥有适应集体探究的良好的学习品质。为此，我园采用了关注过程与发展的评价方式，通过观察活动、访谈幼儿喜爱或感兴趣的事物、分析幼儿作品等方面，反思“课程设计是否符合幼儿兴趣”“课程内容是否基于幼儿经验”“课程实施是否支持幼儿发展”三大核心问题，将幼儿学习与发展的前后水平作为评价课程有效性的核心要素。

“儿童本位”承载着我们对每一个生命的敬畏和责任，让每一位幼儿向着美好不断生长，是每位“学前人”的神圣使命。让我们“乘幼儿之心 筑课程之魂”，培育幸福儿童。

## 参考文献

［1］彭丹．西方文化研究的历史及其对儿童观的促进［J］．学前教育研究，2022（3）：10—19.

［2］王微丽，霍力岩．支架儿童的主动学习［M］．北京：北京师范大学出版社，2016：240.

# 一线教师对行动研究法的应用问题分析与改进路径探讨

（李桂芳　北京市东城区新中街幼儿园）

**摘　要：**在教育领域，行动研究正在从一套由大学研究者驱动的方法转变为由实践者提出和实施的研究，它使“教师即研究者”的观念深入人心。本文从一线教师的视角分析了当前一线教师在运用行动研究法过程中存在着模糊和泛化研究边界、在边缘化和“去理论化”之间摇摆，以及缺乏行动研究的元认知等问题，进而提出加强对教育行动研究法的“元研究”和开展平等合作，强化理论学习的改进路径。

**关键词：**一线教师；教育行动研究；元研究

行动研究是指有计划有步骤地对教学实践中产生的问题，由教师或研究人员共同合作边研究边行动，以解决实际问题为目的的一种科学研究方法。它始于实践，成于实践，并在实践中升华，最终改善实践。行动研究法于20世纪80年代开始应用于我国教育研究领域始，并因为研究者即行动者这种角色的一致性，使理论与实践完美融合，高度贴合广大教育实际工作者而备受一线教师和教育学术界的青睐。在基础教育课程改革不断深化的大背景下，研究型教师成为时代的呼唤和要求，而行动研究法则成为破解教师研究能力发展瓶颈，提升教师专业能力的行之有效的方法之一。

## 一、教育行动研究法概述

### （一）教育行动研究的行动“本位”

跟许多与理论发展相关的研究法不同，行动研究法将理论与实践结合起来，并应用理论的原则来定义和指导有效的行动。问题是研究的起点，而在教育行动研究中，研究的起点始于真实的教育教学情境中的问题，关注情境中的行为以及情境如何塑造行为，并以“行动”为本位，即由行动者（研究者）以教育行动为研究对象，在行动中进行研究，并将研究结果落实于行动中。有研究者将行动研究法的特征贴切地总结为：“为行动而研究”、“在行动中研究”和“由行动者研究”，并以研究提高实践质量。

### （二）教育行动研究的一般模式

行动研究法以一线教师为研究主体，拓宽了“研究者”的边界，赋予教师开展研究的逻辑和范式，让教育实践工作者能发挥自己“近水楼台”的优势，基于自己的问题，开展自己的研究。同时，这也是对教师研究能力的一种肯定，行动研究法的内在逻辑是基于中小幼一线教师具备从事研究的能力。就教育行动研究的具体活动模式而言，凯米斯（Kemmis. S）给出了一个较为完善而经典的一般模式：由计划、行动、观察和反思构成的自我反思的螺旋上升式循环过程。这也是目前在教育领域普遍获得认同，并运用较广的一种教育行动研究模式。尽管在实际的行动研究调查中，有些步骤可能会被跳过或重新排序，但行动研究确实有上述步骤的特征组成部分和阶段。广大教师通过自身的教育教学行为开展研究，既有实践的行动，也有对理论的省思，并促进了实践和理论的生成，产生新的知识。

## 二、一线教师行动研究法运用的问题和成因分析

行动研究法在教育领域的引入和推广，在较大程度上弱化了教育研究的神秘性，转变了“专家搞研究”的传统思想，让教育科研在中小幼教育实践场域得以普及，同时业提升了教师从事研究的自觉性，使“教师即研究者”的观念深入人心。但对于身处教育教学一线的教师来说，运用行动研究法开展教育实践研究，依然存在着不小的困难和较多的问题。

### （一）模糊和泛化研究边界

行动研究通过将行动与研究有机结合，让一线教师通过理论的学习为行动提供可靠的导向，用行动的有效为理论的深化提供实践根基，在解决自身实践问题的同时，也提升专业技能。然而由于广大教师对行动研究基本概念的理解往往是将“行动”和“研究”分离，认为“行动”即实际工作者和实践者的实际工作或活动，“研究”即受过专门训练的专业工作者或学者专家对社会活动或科学的探讨。这种浅层化和表面化的理解，使得一线教师在实际的教育研究中模糊和泛化行动研究的边界。例如，将教育行动等同于教育行动研究，对自己的任何行动都冠以“行动研究”之名。在一线教师开展的实际研究中，往往存在着有行动无研究、有研究无行动、有研究无成果、有成果无应用等情况。例如，部分教师确实制订了计划，并开展了实践活动，却没有理论的支撑和思考，停留于从实践到实践的经验性层面。或有的教师撰写了论文甚至专著，呈现了丰厚的研究成果，但却缺乏生动鲜活的实践行动或教育教学案例；而有的则是在开展了扎实的实践行动，并通过思考和学习，深化生成研究成果，但没有将研究成果进一步转化成实际的运用，用成果指导实践。

### （二）在边缘化和“去理论化”间摇摆

尽管行动研究的兴起，改变了以往教育研究为专业研究者所把持的局面，赋予了一线教师以“研究者”的身份，并提供了新的专业发展路径，但在实际的行动研究中，很多一线教师需要与专业的研究者合作开展。由于对技术理性的敬畏和崇拜，导致在行动研究中专家拥有着绝对的话语霸权，而一线教师则被边缘化，沦为专家知识的被动接受者和科学方法的简单模仿者，导致行动研究与自身真正的教育教学实践脱离，甚至脱轨，使行动研究的目标和过程异化，研究的实效性和行动的力量也被大打折扣。而另一种极端则是部分教师过于强调教育行动研究的实践性指向，无须理论的指导，也不用在研究中提炼和生成理论。这些“形式主义”“急功近利”的倾向，让一线教育实践者从崇拜理论而被边缘化的极端，走向“去理论化”的另一个极端。

### （三）缺乏行动研究的“元认知”

教育行动研究对一线教师的意义不仅在于解决其在实践中发现的问题，更在于赋予教师一种研究的思维和方法，让教师懂得“为何研究”和“如何研究”。尽管教育行动研究的开展在我国已经有四十多年的历史，但由于学术界对教育行动研究的探究大多停留于思辨性描述，缺乏有价值的实践性参考案例和有针对性的反思性研究，大部分一线教师对行动研究法的运用一直处于摸索和探索阶段，缺乏对行动研究法本身的“元认知”和“元分析”，和对整个行动研究法的系统设计和把握，在具体的实践研究中出现碎片化、表面化、重复化和无效化等问题。

## 三、一线教师行动研究法运用的改进策略

### （一）加强对教育行动研究法的“元研究”

掌握研究方法的最好途径是对其进行“元研究”，即以教育行动研究的本质原理、发展历程、使用范式和方法、研究情况，以及对教育研究的利与弊等诸多“元问题”进行分析和了解，以全面且深入地掌握教育行动研究法。对于一线教师而言，开展教育行动研究的“元研究”，首先，要对其进行元理论研究，掌握国内外教育行动研究的相关思想和理论，从概念、术语、假设等的合理性和有效性入手，进而分析其衍生出的不同流派和研究范式，形成对教育行动研究法的最初认知。其次，要对教育行动研究的元方法进行比较和分析，作为一种综合研究法，教育行动研究法是质性研究和量化研究的综合运用，包含着访谈法、问卷观察法、实验法等多样研究方法，而具体的应用需要根据具体的研究问题进行组合调整，并对每一种方法的运用和彼此间的关系进行透视分析，以切合和助推研究的开展。最后，还要对教育行动研究的元资料进行研究。即在对行动研究中产生的资料进行分析形成研究结论和结果的基础上，跳出该行动研究的逻辑，对其结论和结果进行“再分析”，从“滴三眼”的视角进行“复核”。对教师行动研究的“元研究”不仅能帮助一线教师廓清概念上的模糊界定，形成深层次理解，更能深化教师对教育行动研究法的“元认知”，掌握行动研究法的技术路线和运用技巧，帮助其诊断、分析和调整自己的研究，促进研究科学有效地开展。

### （二）开展平等合作，强化理论学习

教育研究的进行往往需要专业研究者和一线教师“双剑合璧”，形成理论与实践相互支撑的合力，但这并意味着两者分而“专”之。教师要转变对理论的盲目崇拜，辩证看待理论和实践的管理，认识到实践并不是理论的简单应用，而是高度依赖教师具体实践的介入，方能发挥应有的效力。进而明确自身在教育行动研究中的不可或缺的地位和对研究的重要促进作用，实现与专业研究者的平等对话与合作，与之形成健康的伙伴关系，成为实质性的研究者。

此外，一线教师自身还要强化对理论的学习。尽管实践是理论的基础，且行动研究中的教育教学的实践问题，不一定都能找到相应的理论支撑，但理论作为研究系统的一般模式、结构和规律的知识，能为教师提供理论思维和逻辑框架，帮助检视、指导和推动教师教学实践和研究的开展。正如恩格斯所言：“我们一个民族想要站在科学的最高峰，就一刻也不能没有理论思维。”

### 参考文献

[1] 澳凯米斯．张先怡译．行动研究法：上［J］．张先怡，译．教育科学研究，1994（4）：32—36.

[2] 苏鸿．具身实践视野下的教育行动研究［J］．中国教育科学，2020（5）：135—141.

[3] 郑蕴铮，郑金洲．教育行动研究：成效、问题与改进［J］，教育发展研究，2020（4）：18—23.

# 创新学习制度提升教师主动学习意识赋能专业成长

（徐淑松　北京市通州区花石匠幼儿园）

**摘　要**：为更好地顺应新时代要求，打造高品质学前教育显得十分重要。本文针对当前幼儿教师专业发展存在的问题，如目前教师队伍普遍比较年轻，提升专业水平和不断学习的内驱力有待加强，当前多以集体培训的方式提高教师专业水平，自主学习较少，建立起一支新时代专业化的幼儿教师队伍。

**关键词**：教师主动学习；专业成长；创新

## 一、创新学习资源分层管理模式为教师蓄能

### （一）分层培养，构建教师梯队建设

为努力建设一支师德高尚、业务精湛、结构优良、充满活力的高素质专业化教师队伍，结合园所情况，我们针对不同职期的教师，遵循“分层培养、层级递进”的原则，构建教师队伍梯队发展平台，采用了有针对性的培训旨在帮助教师提升教育理念，全力推进教师全面发展，以骨干教师队伍建设为抓手，以成就名优教师为重点，探索多元开放的教师培训体系和梯队建设模式。有效利用信息化平台，开展个性学习、碎片学习及自主学习，助力教师在自主学习中实现专业成长。

1. 积极探索培训学习模式

秉承“教师为本”的理念，为促进教师在自主学习中实现专业化成长。例如，公布学习培训项目—教师自主报名—参加培训—效果展示等四步骤保证学习效果，激励教师实现自我超越，在自主学习中提升专业素养；针对不同教龄、学历的教师在自主学习频率上都存在显著差异，依据不同教师的工作特点和需要，采取名师工作室、连片教研组等多种形式支持不同教师外出学习，为教师自主学习需求搭建平台，拓宽教育视野，丰富教育策略。

2. 为教师搭建自主学习的研修网络

为有效推进幼儿园教师信息技术应用能力提升，完成幼儿园“一划两案”。即幼儿园教育信息化发展规划、园本研修方案和园本考核方案，幼儿园采用培训学习、自主学习、个性化学习等形成推进策略设立学习资源库。通过线上讲座、中国知网电子文献数据库等多种方式为教师扩充学习资源。此外，幼儿园为教师搭建一个集个人反思、小组互助、专家指导为一体的自主学习研修网，切实促进教师高效的在线学习。

### （二）专家引领，助力教师专业自主发展

根据教师在组织教学中的实际情况，幼儿园依托市区级专家引领，借助市区级个性化项目培训等优质资源平台开展研学活动。例如：组织教师参加奥尔夫音乐项目培训、幼儿园体育活动系列培训等，有效提升教师对专业知识的重新认知与理念架构，帮助教师提升专业素养和实践基础；邀请专家主动学习进行指导，共同创设自主区角游戏环境等培训。后续通过集体备课、视频录制等形式获得专家深度及个性化分析指导。幼儿园采取跟进式园本研修，

在研课、磨课、录课，推动和鼓励教师反复将理论运用于实践，不断提高教师的专业水平，支持教师在“培、练、研、展、研”中提高组织能力，在促进幼儿自主发展的同时也助力教师将自主学习的理念融通渗透在自身的工作和学习中。

### （三）教科研引领，促进教师内涵提升

教科研是促进教师专业发展的有效途径，也是园所持久发展的不竭动力。为了提高教师的教科研工作能力和水平，秉承教科研兴园的管理理念，坚持“园长—科研主任—教师”的三级教科研机制，尝试以“卷入式”教科研形式，以教学研究为阵地，引导教师全员参与、全程卷入，促进其自主学习。

在前期针对教师自主学习方式的调查中发现只有4.76%的教师会选择通过承担或参与研究课题进行学习。“问题即课题，行动即研究”，以科研课题为牵引促进实践成果与研究成果的转化，核心团队深入研究。相关教师阅读理论专著，共学、共研、共享、共赢，分享收获和经验。根据现实学情与教学状况，研制出适合本班级的教学方案。例如，我园依托现场实地“诊断式教研”开展有计划有主题的深入研究。依托“网络互动式教研”将教师碎片化的时间巧妙利用起来进行教研，引导教师聚焦教学关键事件及问题，以策略为平台、评价为杠杆开展专题研究。以问题为导向促进教师将“学”与“研”融为一体，同时增加了教育敏感与教学经验。

## 二、创新多元成果展示平台在展示中给教师赋能

### （一）评优激励，赋予教师成长路径

评优作为一种评价机制具有很明确的导向功能，即通过评优促进优的更优，同时促进更多的教师跨进优秀教师群体。科学民主的评优机制能够发挥激励导向作用，能够调动教师的工作积极性和学习自主性。为了更好地发现问题，优化工作，更好地落实“双减”精神，我园积极探索以教师为本的人性化评优模式，通过评优激励教师不断进步和成长。

### （二）适度退后，赋予教师成长空间

促进教师自主学习就是要充分尊重教师教学主体地位，为教师提供更为广阔和自主的发展空间。在幼儿园多项工作中我们采用为教师放权、适度退后等方式，赋予教师成长空间。

一是为教师放权，调动教师的学习内驱力。提高教师教学水平是提高教学质量的关键，在市区级教学评优中，我们采取自下而上的形式，积极引导教师投身于各种工作实践中，鼓励教师结合自身专业兴趣自主设计教学活动方案，赋权教师让其成为活动的主人。

二是适度退后，把成功的喜悦留给教师。幼儿园的发展离不开教师积极主动的付出，教师的职业幸福感是开展一切工作的前提。因此，增强教师职业幸福感，调动教师内心的主动性和创造性尤为重要。为促进教师自主学习，幼儿园以支持作为教师成长的基石，当教师即将成功的时候，选择适度的退后，把成功的喜悦留给教师，使教师从“陪我学习”逐步转向“我要学习”。例如，从2017年到2023年，在调研分析的基础上，起初我园采用干部引领，以“师徒结对”的方式让教师参与课题研究，提升教师的科研意识。随着教师科研意识和能力的提升，教师的自我发展主动性被调动起来，开始独立申报科研课题，“十三五”“十四

五”以来我园教师申报的市区级科研课题实现了从“0”到三十余项零的突破和飞跃式发展，也充分地体现了教师研究的自主性。

## 三、创新学习小组模式助力教师个性化发展让教师释能

### （一）关注个体，让“躺平”教师释放工作激情

善于观察细致统计，寻找教师学习兴趣。每学期进行一次调研，结合上学期教师发展情况设计问卷，通过数据直观了解当下教师感兴趣的学习方向及内容，同时也可以了解到不同教师的不同学习兴趣。管理者整理共性兴趣的同时可以针对教师的个性兴趣进一步进行梳理。有针对性地对其进行后续支持。

成立学习兴趣小组，激发教师学习兴趣。无论是幼儿还是成人，我们的发展都是存在差异性的。兴趣也是一样。在开展共性学习的同时，成立个性化的学习小组对于支持教师的个性化发展有重要的意义。他们可以在自己的兴趣小组中通过各种形式进行相互分享。这种个性化的经验交流，教师在总结自己教学经验的基础上和其他教师分享探讨，从而促进教学经验的完善。了解自己欠缺的东西，促进彼此教学经验的获得和补充。在兴趣的驱使下学习也会更加深入有效。

学习内容共享，满足教师学习兴趣。随着当前社会对教育行业的重视，作为教师我们有更多的机会进行不同形式的学习，但是很多教师总是会因为学习名额有限，时间冲突等原因不能参与自己感兴趣的学习。当教师进行外出学习时，请教师进行及时记录，在培训后将学习内容按教师的兴趣进行分类后上传学习资源库。教师可以结合兴趣随时随地自主选择进行学习。在课题进行前期相比，在一系列有针对性的支持策略助力下，园内教师自主学习时间均有一定提升。每日自主学习时间能够达到2～3小时的教师从20人涨至35人。能够进行3～4小时以及4小时以上自主学习的教师也有所增加。

### （二）个性支持，让“特长”教师释放工作潜能

不同教师的专业发展水平存在着很大的差异，每个人都有自己的特长。为使他们在专业发展上获得更多的支持，进一步释放工作潜能，是一个亟待解决的问题。

第一，尊重教师想法，发挥运用特长。为提升活动开展的有效性，激励鼓舞教师，我们在活动开展前都会充分尊重教师意愿，共同商定一些重要活动。在活动设计阶段采取主动承担的方法激励教师发挥特长协助活动的开展。

第二，活动中展示教师特长，提升专业能力。对于有“特长”的教师给予更多机会，提供更多的资源，让他们在个人发展上获得更多的支持，为提高教师专业化水平创造条件。管理者要善于挖掘教师的优势，为每位教师打造合适岗位、有针对性地支持其参与学习、支持每位教师开展个性化发展。例如，有些教师擅长进行研究可以为其提供偏向研究类型的学习机会，参与课题分享活动等。有些教师擅长教学活动的组织与实施，可以为其提供更多展示平台进行公开课、观摩活动展示等。在助力教师专业能力提升的同时帮助教师将其优势、特长最大化地展示出来。这些活动的开展也在无形中为教师积累了经验、带来了荣誉。